기획실업무편람

남영호 저

세명서관

머 리 말

최근 글로벌 경제는 성장률 정체의 지속으로 전 세계적인 성장동력 약화에 대한 우려가 확대됨에 따라 Goldilocks와 금융위기 이후 세계경제는 3%대의 성장이 지속되는 New Normal 시대에 봉착하게 되었으며, 이러한 저성장 기조와 생산성 하락은 산업경쟁력 강화전략의 추진으로 인하여 4차 산업혁명이 촉발되고 있다.

4차 산업혁명의 등장으로 새로운 기술을 적용한 미래 산업구조의 변화에 대한 대비가 필요하다. 따라서 기업은 중장기적인 비전이나 전략을 수립함에 있어서 미래변화를 예측하는 노력이 절실하게 되었고, 4차 산업혁명을 주도할 기술시장 선점을 위한 선제적 대응체계가 요구되고 있다. 이에 따라 우리나라 기업들도 4차 산업혁명을 이끌 차세대 미래산업 발굴에 뛰어들고 있을 뿐만 아니라 공유경제 및 온디맨드 경제 등의 기술기반 플랫폼 사업에 대해 포괄적인 시각과 장기적인 관점에서의 전력마련이 긴요한 시점에 이르렀다.

사회적 가치의 변화, 경제에 있어서의 구조조정, 기술의 비약적 발전 등 최근의 급격한 환경변화는 기업성장과 발전에 중요한 변수로 작용하고 있으며, 이러한 경영환경의 변화요인으로 말미암아 기업경영에 있어서 기획부문의 역할이 무엇보다 중요시되고 우선시되는 전환점에 도달하였다. 격변하는 환경 속에서 생존과 성장을 위해서는 사고와 행동이 전략적으로 이루어져야 하고, 이를 체계적으로 다루어 나아갈 관리상의 어프로치가 바로 기획부문의 문제이다.

기획이란 어떤 특정과제나 문제를 정확히 파악하고, 그 과제의 완수 또는 그 문제해결을 달성하기 위하여 주요사항을 파악하고 미리 예측하여 목표한 결과를 얻을 수 있도록 하는 일련의 사고과정 및 행동양식을 개념화하는 것과 그 개념화에 따른 실행과 실행 후의 평가까지의 총체적인 과정을 말한다. 그러므로 기획은 절차와 과정을 의미하고, 사전적 의미의 계획은 어떤 일을 함에 앞서 방법 · 차례 · 규모 등을 미리 생각하여 계획을 세우는 것을 의미한다. 기획은 계획을 수립하고 집행하는 과정이며, 계획은 기획을 통해 산출되는 결과라고 할 수 있다. 기획이라 함은 미래를 대상으로 바람직한 목표달성을 위한 효율적인 수단을 강구하는 합리적 의사결정과정이며, 발전된 방향으로 업무를 집행하기 위한 의도적인 경영계획이라고 할 수 있다.

필자는 오랜 기간 동안 상장기업의 전문경영인으로 특히, 전략적 경영을 몸소 실행하면서 터득한 다양한 경험과 이론적 체계를 근간으로 하여 실무 위주로 누구나 응용과 적용이 용이하도록 심혈을 기울여 전략기획서의 저술을 구상해 오면서 이를 집대성할 기회로 오늘에 이르러서야 이 한권의 책을 출간하게 되었음을 밝혀두고자 한다. 이 책은 비단 전략기획부문에 종사하는 경영자나 관리자뿐만 아니라 관련 내용과 연관된 프로젝트를 수행하는 스태프나 전문가에게도 방향을 제시하는 유용한 안내서로서 역할을 할 수 있으리라 믿어 의심치 않는다.

이 책의 내용은 개괄적으로 총7편 16Chapter로 나뉘어져 구성되어 있다. 제1편은 경영전략 관련부문으로 Chapter1 경영전략과 전략적 경영, Chapter2 경영환경분석, Chapter3 사업전략 수립으로 나누어져 있으며, 경영전략이 기업경영에 있어서 중요한 경영요소가 되는 이유는 경영전략이 변화하는 경영환경에 기업이 유연하게 대처할 수 있도록 하는 조직의 환경적응능력을 촉진시킬 수 있기 때문이다. 경영전략은 기업의 경영자원을 전사적인 관점에서 효율적으로 배분할 뿐만 아니라 기업내부의 다양한 경영활동을 통합시키는데 기여하게 된다.

제2편은 경영계획부문으로 Chapter4 전략적 경영계획의 수립, Chapter5 장단기 경영계획, Chapter6 사업계획서이다. 경영계획이란 다변화되는 기업 경영환경의 변화 속에서 새로운 성장기회나 경쟁기회를 발견하여 이를 최대한으로 이용하는 전략을 탐구 · 선택하여 실현하기 위한 경영계획을 말한다. 기업은 합리적이고도 시의 적절한 전략적 결정에 의해서만 급격한 외부환경의 변화에 적응하여 기업의 대외적 균형을 유지할 수 있기 때문이다

제3편은 사업성분석과 평가부문으로 Chapter7 사업타당성분석, Chapter8 사업타당성평가로 나누어져 있다. 기업이 영속적인 성장을 위해서는 사업포트폴리오의 구축이 중

요시 될 뿐만 아니라 미래의 주력사업이 될 수 있는 신성장 동력의 발굴이 절실히 요청된다. 사업타당성분석이란 이러한 사업을 전개하기 이전에 특정사업의 성공가능성에 대한 정보를 파악하기 위해 사업개발전략 · 기술성 · 시장성 · 경제성 · 위험정도 등을 분석하고 평가하는 총체적인 일련의 과정을 말한다. 사업타당성분석은 크게 나누어 1단계 예비사업성분석과 2단계 사업타당성분석, 3단계 사업타당성평가로 나누어 볼 수 있다.

제4편은 내부감사와 경영진단부문으로 Chapter9 기업내부감사, Chapter10 기업경영진단이다. 내부감사의 역할은 규정이나 법규의 준수를 지적하는 종래의 관행에서 벗어나 조직 · 시스템 · 프로세스에 대한 위험을 파악하고 이를 방지하기 위한 위험관리 및 지속적인 프로세스 개선을 함에 있어 조언을 해 줄 수 있는 전사적인 위험관리자의 역할로 변화되고 있다. 또한 경영진단이란 기업의 경영계획 · 방침 · 조직 · 업무절차 · 방법과 관련된 문제들을 확인하고 조사하여 적합한 조치를 권고하고 그 권고안들이 기업에서 이행되도록 도와주는 서비스이다.

제5편은 기업공개에 관한 부문으로 Chapter11 기업공개(IPO)이다. 기업공개는 증권시장에서 자유롭게 거래될 수 있게 함으로써 직접금융방식에 의한 기업의 자금조달을 원활하게 하고 자본과 경영권의 분리에 의한 경영합리화를 도모함과 동시 기업의 건전한 발전을 통한 경쟁력강화와 사회적 책임을 다할 수 있게 함으로써 국민기업으로 성장할 수 있는 기초를 마련하는데 그 의의가 있다. 여기에서는 IPO의 개요에서부터 시작하여 유가증권의 상장과 상장절차, 그리고 우회상장에 관한 내용에 역점을 두었다.

제6편은 기업인수합병부문으로 Chapter12 합병, Chapter13 M&A(인수합병)의 절차, Chapter14 기업회생절차와 M&A로 나누어져 있다. 합병이란 두개 이상의 회사 또는 일부가 해산하고 소멸하면서 그 회사의 권리의무의 전부가 청산절차를 거치지 않고 합병으로 인하여 성립된 회사 또는 합병 후 존속하는 회사에 포괄적으로 승계되는 회사법상의 법률사실을 말한다. 이 책에서는 일반적인 M&A의 절차와 특수합병의 절차, 합병비율과 합병가액의 산정방법과 '채무자 회생 및 파산에 관한법률'에 따른 회생절차의 M&A 전반에 관한 실무 중심으로 구성하고자 중점을 두었다.

제7편은 업적평가부문으로 Chapter15 업적평가와 보상, Chapter16은 핵심성과지표인 KPI에 관한 내용으로 구성하였다. 성과관리란 기업의 전략목표에 따른 개인 · 조직의

목표를 설정하여 평가하고 feed back을 통하여 개인과 조직의 시너지효과를 창출하고 성과의 계속적인 관리로 인하여 급변하는 기업 경영환경에 부응하기 위한 제도이다. 따라서 성과관리 업적평가는 단순히 보상을 위한 평가가 아닌 역량개발을 통한 동기부여와 과정코칭, 평과결과 상담으로 인한 계속적 성과를 이끌어내기 위한 관리제도라고 할 수 있다. 따라서 목표에 의한 성과관리시스템은 기업의 업종이나 규모 및 기업환경에 따라 전략적인 접근을 통하여 추진하여야 하며, 제각기 자신의 기업에게 적절한 시스템을 선택하여 도입하는 것이 바람직하다.

끝으로 이 책이 독자 여러분들께서 수행하는 비즈니스 퍼포먼스에 있어서 업무매뉴얼로써의 길잡이가 되고 나침판의 역할을 하는데 부족함이 없도록 지난 1년간 고뇌하면서 집필에 전념하여 왔기에, 원고를 탈고하면서 지난 시간들을 돌이켜 보면 원고작업의 어려움과 아쉬움이 새로운 감회에 젖게 한다. 또한 이 책이 출판되기까지 오랜 세월 함께 작업을 추진하고 진행해 오면서 늘 아낌없는 지원과 성원을 보내주신 세명서관 오영환 사장님과 편집부 직원들의 열성과 그 노고에 충심으로 감사의 인사를 드린다. 그리고 무엇보다도 독자 여러분께도 깊은 감사를 드리고자 한다.

2018년 3월 연구소에서

저 자

차 례

제1편 경영전략

제2편 경영계획

제3편 사업성분석과 평가

제4편 내부감사와 경영진단

제5편 기업공개

제6편 기업인수합병

제7편 업적평가

제1편
경영전략

Chapter 1 경영전략과 전략적 경영

Chapter 2 경영환경분석

Chapter 3 사업전략 수립

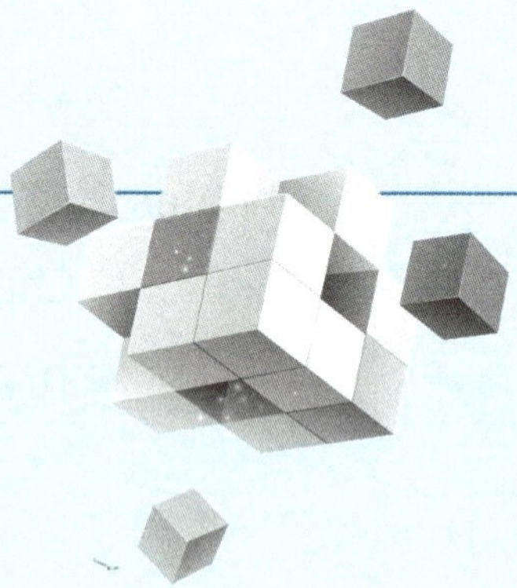

Chapter 1 경영전략과 전략적 경영

01 경영전략
02 전략적 경영
03 신사업전략

경영이란 특정 조직이 추구하고자 하는 목표인 바람직한 미래의 상태를 달성하기 위하여 요구되는 모든 활동들을 효과적이고 능률적인 방법으로 계획·조직화·지휘·조정·통제하는 관리활동을 의미한다. 효율적으로 일을 한다고 하는 것은 바람직한 목표를 달성하는데 가장 확률이 높은 수단을 우선적으로 선택하고, 그 수단을 갖고 최소의 비용과 희생으로 최대의 성과를 낼 수 있도록 하는 것이다. 계획이란 바람직한 목표를 달성하기 위해 요구되는 일련의 활동들을 사전에 구체화시킨 것을 말하며, 조직화란 각 구성원들이 수행하여야 할 역할이나 책임을 명료화 하는 것을 의미하며, 지휘란 각 구성원들에게 자신에게 주어진 목표를 달성하도록 이끄는 것이다. 조정은 각 기능의 원활한 수행을 위해서 조화와 균형을 추진한다. 통제는 목표를 달성할 수 있도록 조직의 성과를 감독하고 평가·개선하는 활동을 말한다. 따라서 경영 관리란 목표를 효율적·효과적으로 달성하기 위하여 동원되는 여러 경영자원들, 예컨대 재료·노동·자본·에너지·기술·정보 등을 계획화·조직화하고 지휘하며 통제하는 일련의 활동과 과정의 집합을 말한다.

전략(Strategy)이란 군사용어로서 전술(military tactics)과 대립되는 말이다. 다시 말해서 국지적·단기적 내지 소단위적 전투와 관련되는 방안인 전술에 비하여 전략은 전쟁수행이라는 대국적 입장에서 보다 장기적이고 대단위적인 전쟁수행과 관련된 용어이다. 이 용어가 경영학에 이용된 것은 약 50년 전이며 개념상 확대에 자극한 것은 게임이론(Game Theory)이라고 한다. 따라서 전략이란 한 조직이 나아가야 할 장기적인 방향을 제시하고 그 조직의 사명과 목표를 지속적 경쟁우위를 유지하면서 달성하고자 자원을 활용토록 하는 종합적인 행동계획이라고 할 수 있다.

게임이론에서 경영전략이란 개념은 경쟁적인 조건 위에서 경영활동을 소망스러운 확률로 개선하기 위해서 사용되는 통계학적인 일련의 법칙을 말하나, 이는 다른 유사용어와 혼동하면서 점차 순화하는 과정에 있다. 경영전략에 대한 개념은 두 가지로 구분하여 볼 수 있는데, 첫째는 경영전략을 경영관리나 조직구조와 같은 다른 경영시스템들을 통합·조정하는 상위시스템으로 보는 관점이며, 둘째는 경영전략을 계획(Plan)·실행(Do)·통제(See)의 프로세스인 경영관리 Cycle 중에서 계획과정의 하나로 보고 생산·판매와 같은 경영관리의 하위과정으로 보는 관점이 있다.

경영전략이 기업경영에 있어서 중요한 경영요소가 되는 이유는 경영전략이 변화하는 경영환경에 기업이 유연하게 대처할 수 있도록 하는 조직의 환경적응 능력을 촉진시킬 수 있기 때문이다. 경영전략은 기업의 경영자원을 전사적인 관점에서 효율적으로 배분할 뿐만 아니라 기업내부의 다양한 경영활동을 통합시키는데 기여한다.

구분		외형중심	이익중심	가치중심
경영관리	목표지표	매출	당기순이익	EVA
	조직	• 기능 중심 조직 • Cost Center	• BU 중심 조직 • Profit Center	• BU 중심 조직 • Value Center
	경영계획 (Plan)	• 물량중심 Bottom-Up 방식	• 이익중심 Top-Down	• 가치중심 (Value Driver / KPI) Top-Down
	성과측정 (See)	• 매출 / 매출원가 / 비용 • 물량분석	• 다차원 수익성 분석 (BU / 상품 / 고객)	• 가치분석 • Risk 분석
	보상 (Rewards)	• 물량 성장성 중심 보상	• 이익성과 중심 보상	• 가치 및 KPI 성과중심 보상
거래처리(DO)		• 외부 재무보고 중심 • 외형성장 / 원가절감 추진활동	• 내부 성과보고 중심 • 경영정보의 신속성 • 이익개선 활동	• Value, KPI 중심 경영보고 • 가치창출 중심활동
시스템(Infra)		재무시스템	관리시스템	SEM (전략적 경영관리시스템)

경영관리 체제의 발전단계

01 경영전략

기업 내·외부를 둘러싸고 있는 변수들로 말미암아 점점 다양하고 변화가 심한 경영환경에 직면하여 있는 현대 기업들은 기업 내부의 효율적 관리에만 의존해서는 더 이상 생존하기 힘든 상황에 처해 있다. 경영자에게는 기업의 생존과 번영을 위해 기업을 둘러싸고 있는 사회·경제·정치·문화 등 일반 환경조건뿐만 아니라 경쟁자·공급자·소비자·정부정책 등 과업환경의 변화를 면밀하게 검토하고 창조적으로 대응하여야 할 필요성이 점진적으로 증대되고 있는 실정이다. 따라서 경쟁을 극복하고 궁극적으로는 경쟁의 우위를 확보하여 경쟁상황에 능동적으로 대처할 수 있는 전략을 수립하는 것이 기업경영에 필수적이라고 할 수밖에 없다. 이를 위해서는 기업 내부에 대한 철저한 분석과 외부환경에 대한 이해 없이는 불가능한 일이다. 경영전략은 바로 기업이 복잡화되고 급변하는 환경 속에서 장기적으로 어떻게 변신해 나갈 것인가에 관한 과제를 던져주고 있다.

1. 경영전략의 의의와 정의

■ 경영전략의 의의

전략(Strategy)이란 군사용어로서 전술과 대립되는 말이다. 다시 말해서 국지적·단기적 내지 소단위적 전투와 관련되는 방안인 전술에 비하여 전략은 전쟁수행이라는 대국적 입장에서 보다 장기적이고 대단위적인 전쟁수행과 관련된 용어이다. 이 용어가 경영학에 이용된 것은 약 50년 전이며 개념상 확대에 자극한 것은 게임이론(game theory)이라고 한다. 따라서 전략이란 한 조직이 나아가야 할 장기적인 방향을 제시하고 그 조직의 사명과 목표를 지속적 경쟁우위를 유지하면서 달성하고자 자원을 활용토록 하는 종합적인 행동계획이라고 할 수 있다.

게임이론에서 경영전략이란 개념은 경쟁적인 조건 위에서 경영활동을 소망스러운 확률로 개선하기 위해서 사용되는 통계학적인 일련의 법칙을 말하나, 이는 다른 유사용어와 혼동하면서 점차 순화하는 과정에 있다. 경영전략에 대한 개념은 두 가지로 구분하여 볼 수 있는데, 첫째는 경영전략을 경영관리나 조직구조와 같은 다른 경영시스템들을 통합·조정하는 상위시스템으로 보는 관점이며, 둘째는 경영전략을 계획(Plan)·실행(Do)·통제(See)의 프로세스인 Management Cycle 중에서 계획과정의 하나로 보고, 생산·판매와 같은 경영관리의 하위과정으로 보는 관점이 있다.

경영전략이 기업경영에 있어서 중요한 경영요소가 되는 이유는 경영전략이 변화하는 경영환경에 기업이 유연하게 대처할 수 있도록 하는 조직의 환경적응 능력을 촉진시킬 수 있기 때문이다. 경영전략은 기업의 경영자원을 전사적인 관점에서 효율적으로 배분할 뿐만 아니라 기업내부의 다양한 경영활동을 통합시키는데 기여한다.

■ 경영전략의 정의

전략(Strategy)이란 용어는 그리스어 「Strategia」에서 기원하였다. 이 말은 "전쟁에서 적을 속이는 술책"이란 뜻을 지니고 있으며 사전적인 의미로는 "전쟁에서 승리하기 위해 전투를 계획·조직·수행하는 계책"을 뜻하고 있다. 전략에 대한 서술적 정의는 최근 30년간 다양한 시각으로 조명되어 왔으며 전략의 핵심을 규명하는 시각을 다음과 같이 요약할 수 있다.

챈들러(A.D.Chandler) 전략이란 '기업의 장기적인 목표와 목적을 수행하기 위하여 활동방향을 설정하고 자원을 할당하는 일련의 활동'이라고 정의하였다. 이는 전략이 조직의 목표와 이를 달성하기 위한 수단으로서 전략의 수립과 실행의 측면을 모두 포괄한다고 보고 있으며, 따라서 목표는 장기적이어야 하며 또한 기업에 있어서 가장 근본적인 것이므로 조직에 미치는 영향이 크다.

포터(Michael Porter) '전략은 기업의 경쟁우위를 구축하고 구체적인 경쟁식을 선택하는 의사결정이다.'라고 정의하였다. 이는 전략경영의 상대성 및 경쟁우위의 중요성을 강조하는 것으로서 전략은 기업이 자신을 둘러쌓고 있는 경쟁환경 하에서 경쟁우위를 구축하고 생존을 위해서 환경에 대한 분석을 통해 자신의 본원적 위치를 결정하는 과정으로 이해하고 있다.

앤드류즈(K.Andrews) 전략이란 '목표·목적의 원형이며 이러한 목적을 성취하기 위한 중요 정책이고 계획이다. 이는 기업이 어떤 사업에 참여 또는 참여할 것인지, 그리고 기업이 어떤 유형의 기업인지 또는 어떤 유형의 기업이 될 것인지에 대한 정의를 내리는 방법으로 언급된다.'라고 말하였다. 이러한 관점에서 전략이란 어디에서 무엇을 가지고 경쟁할 것인지에 대한 구체적인 계획의 과정에서 수립되는 의사결정의 결과로 보는 것이다.

글루크(W.F.Glueck) 전략을 '기업의 기본적인 목표들을 달성할 수 있도록 설계된 단일화되고 포괄적이며 통합된 계획'이라고 정의했다. 여기서 단일화란 전략이 기업의 모든 부분을 하나로 엮어야 한다는 것이고, 포괄적이라는 것은 기업의 모든 중요한 면을 내포해야 한다는 것이며, 통합적이라는 것은 계획의 모든 부분이 서로 양립하고 잘 어울려야 한다는 것을 의미한다. 이는 일상적인 업무나 기능별 활동과는 구별되는 전략의 미래지향적이며 통합적인 측면을 강조하는 개념이다.

결론적으로 여러 학자들의 전략에 관한 시각들의 공통점은 경영전략이란 기업에게 경쟁우위를 제공 유지시켜 줄 수 있는 주요한 의사결정과정이라고 정의 될 수 있다. 즉, 경영전략은 경쟁상황에서 어떻게 자신에게 경쟁우위를 가져다 줄 수 있는가를 체계적으로 분석하게 하여 주는 구체적인 사고방법이다. 기업이 경쟁에서 승리하기 위해서는 구체적인 목표의 설정, 경쟁상황에 대한 이해, 자신과 경쟁자의 경영자원에 대한 객관적 평가 그리고 효과적인 전략수행이 필수 불가결한 요소임을 보여 주고 있다.

Tip 전략과 전술의 차이

- **전략의 사전적 의미** : 전쟁을 전반적으로 이끌어가는 방법이나 책략으로 전술보다 상위개념이며, 정치·경제 따위의 사회적 활동을 하는데 필요한 책략이다.
- **전술의 사전적 의미** : 전쟁 또는 전투 상황에 대처하기 위한 기술과 방법 등으로 전략의 하위개념이며 일정한 목적을 달성하기 위한 수단이나 방법이다.

경영전략의 요소

군사전략이나 경영전략에 있어 전략의 기본개념은 환경의 불확실성에 주목하여 변화하는 환경에 대해 적응을 모색하는 것이다. 이러한 기본개념에는 기업목적의 설정, 대체수단의 선택과 의사결정, 경쟁환경 아래에서의 적응이라는 세 가지 요소가 포함되어 있다고 할 수 있다.

기업목적의 설정 경영전략은 전략 그 자체가 목적이 아니라 기업의 목적을 달성하기 위한 필요한 행동을 일으키게 하는 수단이다. 이를 위해서는 우선 기업목적이 설정되어야 한다. 그와 동시에 경영전략은 기업 전체에 대해서 하나의 방향을 가리키는 지침이다.

대체수단의 선택 및 의사결정 경영전략은 그러한 목적에 도달하기 위한 대체적인 수단을 선택하는 의사결정(Decision Making)과 그 과정(Process)이다.

경쟁환경 적응 경영전략은 급변하는 경쟁적 환경 속에서 현재 및 장래의 경쟁기업의 행동과 환경변화에 대해 적응하는 것이다. 이렇게 볼 때 경영전략은 끊임없이 변화하는 기업환경 속에서 기업의 유지와 성장을 위해서 경영환경의 변화에 대해 기업 전체로서 적응 또는 대응하기 위한 목표의 설정과 그 수단의 선택에 관한 의사결정이다.

경영전략의 기능

경영전략은 근본적으로 우선 기업을 급변하는 환경에 적응시켜야 하며 또한 전체 기업으로서 적응해야하기 때문에 시스템적인 기능이 문제가 되며, 동시에 의사결정을 할 수 있는 결정기준으로서의 기능을 발휘하여야 한다. 따라서 경영전략의 기능은 다음과 같이 요약할 수 있다.

환경적응 기능 경영전략은 전체 기업의 내외적 환경변화에 혁신적으로 적응할 수 있는 기능을 발휘하여야 한다. 경영자가 전술적 결정(Tactical decision)에만 치중하고 전략적 결정(Strategical decision)을 경시하게 되면 전체 기업에서의 성장성과 경쟁력을 상실하게 된다. 따라서 급변하는 대외적 정책운영에서는 전략적 결정에 치중하는 환경적응 기능을 수행하여야 한다.

기회 및 문제발견의 기능 경영전략은 기업의 내외환경의 변화 속에서 기업의 성장을 가능케 하는 잠재적 성장 개념을 발견하여 이들 기회를 확정하고, 그것을 최대한으로 이용하는 경영전략 프로세스 기능을 수행한다.

시스템적 기능 경영전략은 기업 전체를 하나의 시스템으로서 받아들여 시스템 전체를 환경의 변화에 적응시키는 기동성을 회복하는 기능을 수행하는 것이다. 오늘날 기업규모가 커지고 업무가 복잡해짐에 따라 부문의 세분화가 이루어지고 있는데, 이에 따라 각 부문 상호간에는 높은 장벽이 생기게 되고 각자 고유의 목적을 추구하게 된다. 그 결과로서 기업 전체의 이익을 희생하면서 각 부문의 이익을 추구하게 되어 기업을 둘러싼 내외의 환경변화에 대해서는 기업 전체로서의 통일적인 행동을 할 수 없게 된다.

의사결정기준 기능 환경적응 기능과 시스템적 기능을 잘 수행할 수 있다고 해도 의사결정기준(Decision Rule) 기능이 결여되면 경영전략은 그 본질과 목적을 상실하는 경우가 있다. 의사결정기준 기능은 목표지향적인 활동을 결정하고 방향을 제시하는 핵심적인 성격을 가지고 있다. 경영전략은 기업의 목표를 달성하기 위해 필요한 활동에 대해서 방향지시적 행위의 결정이라고 할 정도로 의사결정기준 기능이 중시되고 있다. 의사결정기준 기능은 다음과 같이 두 가지로 분류된다.

- 탐구적 기준 : 의사결정행위 이전의 결정에 관계되는 자료와 정보의 수집을 통해서 이를 분석·검토하여 일정한 방향을 제시하는 의사결정의 분석적 역할을 의미한다.
- 선택적 기준 : 탐구적 기준을 기초로 전략적 결정 이전에 다양한 실행안의 평가기준을 설정하여 그 기준에 따라 선별하게 되는 선택기준의 역할을 의미한다.

2. 경영전략 프로세스

경영전략 프로세스란 기업이 나가야 할 방향을 알 수 있도록 조직적인 변혁과 성장을 위한 조직적인 운영을 토대로 한 알맞은 전략을 세우는 일련의 과정을 말한다. 기업경영에 있어서 전략의 수립이 실행에 있어서 정확히 이루어지지 않는 경우가 비일비재하다. 전략이 수립되기 위해서는 현실적으로 채택해야 할 전략안은 최고경영층이나 조직 구성원들의 의사가 충분히 반영되어져야 한다.

경영전략에 필요한 전략을 수립하는데 고려해야 할 요소는 다섯 단계의 과정으로 구분해 보면 제1단계는 기업의 비전과 전략목표의 설정, 제2단계는 전략적 환경분석, 제3단계는 경영전략의 수립, 제4단계 전략의 실행, 그리고 제5단계로 전략의 평가와 통제로 구분할 수 있다. 경영전략 수립을 위해서는 기업을 둘러싸고 있는 환경에 대한 분석이 필수적이다.

기업이 직면한 상황을 정확히 파악할 필요성을 갖기 때문에 전략경영에 있어서 환경분석은 매우 중요한 Factor가 아닐 수 없다. 환경분석을 함에 있어서는 경쟁환경 분석과 관련법률·제도·문화·경제의 성장성·사회관습 등의 일반적인 환경분석 뿐만 아니라 기업의 내부 보유 경영자원의 양과 특성 등에 관한 내부환경 분석도 간과해서는 아니 된다.

환경분석이 끝난 후에는 전략 대안들이 설계되어야 하며, 그 대안들은 과거관념에 얽매이지 않고 새로운 관점에서 바라보며 설계해 나가야 하며 환경분석에서 나온 성과를 적절히 반영하여 최적의 전략대안을 만들어야 할 것이다. 알맞은 전략대안이 설계되면 그에 따른 정확한 평가가 실행되어야 하며, 평가기준에는 실천가능성·기술적 실천가능성·시간대비 효율성·성과기여도 측정 등이 이에 속한다. 또한 전략적 대안이 수용되었을 때 그에 따른 효과를 파악할 수 있어야 한다. 이러한 일련의 프로세스가 진행되면 구체적이고 명료한 실행계획으로 전략목표·활동단계별 일정목표·평가방법 설계 등이 고려되어야 한다.

비전과 전략목표 설정

기업의 전략은 대부분 최고경영자의 가치관과 비전 등을 토대로 경영철학이 형성되면서 이들이 전략결정에 전체적인 영향을 미치게 된다. 기업의 사명(Mission)과 목표(Goals)는 기업이 나가야 할 방향 및 목표를 결정하는 과정으로 목표구조의 형태는 수립된 목표의 우선순위로 결정되며 이에 포함되어야 할 요소는 다음과 같다.

- 기업의 존립근거와 존립의 당위성
- 사업영역의 결정
- 기업의 전략적 목표와 재무적 목표
- 경영이념

■ 전략적 환경분석

외부환경 분석을 통하여 그 환경에서 받을 수 있는 기회(Opportunity)나 위협(Threat)을 파악하고, 내부환경분석으로는 자원능력분석을 통한 기업의 강점(Strong)과 약점(Weakness)을 분석한다. 따라서 환경분석의 Tool로서는 SWOT분석기법을 활용할 수 있다.

외부환경의 분석 기회와 위협의 포착을 위한 외부환경의 분석은 포터의 '산업구조분석' 기법을 활용할 수 있으며 이에 관한 상세한 내용은 제2장에서 구체적으로 설명하기로 한다.

내부환경의 분석 강점과 약점의 발견을 위한 내부환경의 분석은 포터의 '가치사슬분 석' 기법을 활용할 수 있으며 이에 관한 상세한 내용은 제2장에서 구체적으로 설명하기로 한다.

■ 경영전략의 수립

경영전략을 어떠한 수준에서 설정할 것인가에 따라 기업전략(Corporate strategy)과 사업부전략(Business strategy), 그리고 기능별전략(Functional strategy)으로 구분할 수 있다.

기업전략 기업전략이란 전사적 수준에서의 전략으로서 전략본부의 책임을 맡고 있는 최고경영층에 의해 이루어진다. 이것은 주로 기업의 전체목표를 정의하고, 무슨 사업에 참여하며 어떻게 사업부 간에 자원을 배분할 것인가를 결정한다. 따라서 전사적 수준의 경영전략은 다각화·수직적 통합·기업인수 합병·해외진출·성장의 우선순위 결정·장기적 자본조달 방안·배당정책 등과 관련된 기업 전체의 조직구조 형태를 결정하는데 관심이 있다. 이와 같은 문제들은 기업 전체적 관점과 장기적 시야를 필요로 하며, 잠재적 수익성이 높은 반면 위험부담이 높은 것이 특징이다. 전사적 수준의 의사결정은 보통 최고경영자가 전략스텝의 도움을 받아 결정하거나 이사회의 결의를 통해 결정한다.

사업부전략 여러 사업들을 동시에 영위하는 기업의 경우 여러 개의 독자적인 사업부가 존재한다. 각 사업부는 각기 독자적인 사업영역을 가지고 있으며, 생산·마케팅·재무·인사 등 독자적인 경영기능을 소유하고 있다. 사업부 수준의 경영전략이란 이러한 개별 사업부 안에서 이루어지는 것을 말한다. 전사적 경영전략이 기업 전체의 관점에서 사업의 균형을 이루는데 주안점을 두는 것에 반해 사업부 수준의 경영전략은 특정 사업에 국한된 전략적 의사결정들을 주요 내용으로 한다. 즉 이것은 전사적 수준에서 결정된 전략적 방향과 목표에 입각하여 개별사업의 영위에 필요한 구체적 전략을 결정한다. 따라서 사업부 수준의 경영전략은 미리 정해진 사업영역 안에서 어떻게 경쟁자들과 효과적으로 경쟁해 나갈 것인가의 문제를 주로 다룬다. 사업부 수준에서의 전략적 의사결정은 시장세분화·유통채널·원가구조·공장입지 등과 같이 상대적으로 구체적이고 경쟁우위의 확보와 관련된 것이 대부분이다.

기능별전략 기능별 경영전략은 궁극적으로 각 경영기능별 경영자들이 담당한다. 이것은 생산·마케팅·재무·인사·연구개발 등 각 경영기능에서의 단기적 목표와 전략 방안들을 강구함을 주요 내용으로 한다. 기능별 수준에서의 의사결정은 사업부 수준에서 결정된 전략을 실천하는 것과 직접 관련되어 있다. 따라서 기능별 수준의 전략은 앞에서 설명한 사업부 수준에서의 전략과 일관성을 가져야한다.

기능별 수준에서의 전략적 의사결정은 전사적 또는 사업부 전략에 비하여 단기적이며 보다 구체적이다. 즉, 이러한 의사결정은 주로 생산시스템의 효율성 제고·적정재고수준의 결정·고객서비스의 질적 향상·연구개발의 방법결정 등과 같은 실천적 문제를 다룬다.

■ 경영전략의 실행

전략의 실행단계에서는 기업이 추구하고 목표로 한 것을 어떻게 달성할 수 있는지에 대한 대답을 하게 된다. 전략 실행을 위해서는 첫째, 기능전략(functional strategy)이 수립되어야 한다. 기능전략은 기업전략(corporate strategy)과 사업전략(business strategy)을 부서나 작업자 그룹 또는 개인이 실행할 때 적용할 행동계획을 제공한다. 둘째, 프로그램·예산·절차 등 자원배분에 필요한 운영계획을 수립하여야 한다. 셋째, 기업문화·구조·리더십의 변화가 필요하다.

■ 전략의 평가 및 통제

전략의 평가와 통제과정은 전략의 실행과정을 감시하여 성과측정의 결과·품질의 효율성·경쟁우위를 조장하도록 하는 과정을 말한다. 전략이 계획대로 실행되어지며 의도된 결과를 달성하는가에 대한 답을 제공한다.

일반적으로 통제 메커니즘은 피드포워드 통제(Feedforward control) 아니면 피드백 통제(Feedback control)의 형태를 취한다. 전자는 기업의 사명을 달성하고 전략적 목적을 완수하는 능력에 영향을 미칠 외적환경과 내적운영에 변화가 있음을 규명하기 위해 설계됨으로 이러한 변화가 감지되면 기업은 전략을 이러한 변화에 적응하도록 해야 한다. 그러나 후자는 기업에서 계획한 성과와 실제 성과를 비교케 한다. 이러한 통제는 전략수립 시에 설정한 목적과 실행계획을 대상으로 삼는다.

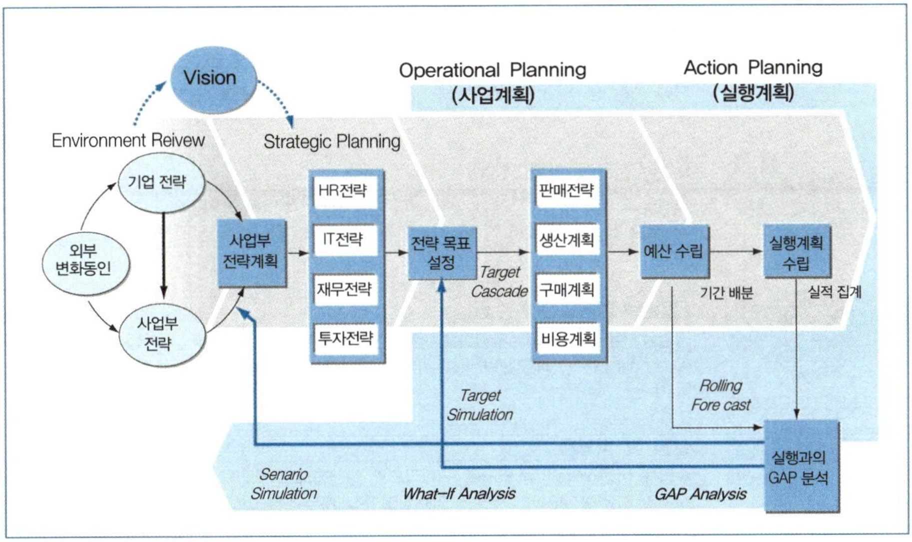

경영전략 프로세스

3. 경영전략 수립절차

경영전략 수립절차에 대한 정답은 없다. 그 기업의 사업특성이나 경영환경에 따라 기업이 채택할 수 있는 Tool을 혼합하여 응용할 수 있다. 여기에서는 일반적으로 활용할 수 있는 전략수립 절차에 대해 각 Step별로 구분하여 살펴보고자 한다.

■ 경영전략수립의 단계별 개요

경영전략수립은 다음과 같이 단계별로 구분하여 살펴 볼 수 있다.

1 단계	**사업구조 파악** 경영목표 및 경영전략 수립을 위한 추진 조직의 구성 및 상세 추진계획을 수립하는 단계이다.
2 단계	**외부환경 분석** 경영전략 및 평가체계 수립을 위해 외부환경 변화를 파악, 분석하여 이에 대한 기회와 위협 요인을 도출하는 단계이다.
3 단계	**내부역량 분석** 기존의 경영이념 및 사업영역을 바탕으로 핵심역량과 프로세스, 재무능력 및 이해관계자에 대한 평가 및 분석을 통해 강점 및 약점 요인을 도출하는 단계이다.
4 단계	**비전 / 전략적 과제 도출** 전략수립 주체의 실천 및 구체화 작업으로 SWOT분석을 통해 전략적 과제를 도출하고 사업별·시기별 전략적 방향을 설정하는 단계이다.
5 단계	**사업별 / 기능별전략 수립** 경영목표를 설정하고 사업별로 경영자원과 경영전략 의지를 마케팅전략·개발전략·Logistic전략·재무전략 등의 하부구조를 재분배 및 세부계획을 수립하는 단계이다.
6 단계	**실행 및 피드백** 수립된 비전과 전략적 의지를 구체적으로 실천함으로써 전략의 타당성을 증명하고 핵심전략 요소와 기능별 전략의 일체화를 전개하는 단계이다.

1단계 / 사업구조 파악

- 목적 : 경영목표 및 경영전략을 수립하기 위한 추진 조직의 구성 및 상세 추진 계획을 수립한다.
- 적용기법
  - Organization Power Analysis(조직전력분석)
  - 면담 및 설문조사

Tip 조직전력분석이란

전력화되어 운영 중인 조직의 운용실태를 분석하여 문제점 및 개선요구사항을 확인한 후 전략에 반영함으로써 현재의 전력을 극대화하고 미래전력의 효율성을 제고하는 분석이다.

- 입력물
  - 조직도
  - 교육교재 등
  - Interview 양식
- 진행절차
  - 추진 조직 구성
  - 사용양식의 확정
  - 임직원 면담 실시
  - Kick Off Meeting
  - 사용구조 정의
- 출력물
  - 추진 조직도
  - Slogan 및 홍보전략
  - 최종 사용 양식
  - 면담 결과표
  - 사업 관련성 도표
  - Organization Power Chart

2단계 / 외부환경 분석

- 목적 : 경영목표 및 평가체계 수립을 위해 외부환경 변화를 파악·분석하여 이에 대한 기회 및 위협 요인을 도출한다.
- 적용기법
  - Positioning
  - GE Matrix
  - Brain storming / Workshop
  - BPM(Business Process Management)

Tip BPM 구축절차

1. **프로세스 설계** : 기입 내의 비즈니스 프로세스 설계 및 모델링
2. **검증 및 최적화** : 시뮬레이션을 통한 검증 및 최적화
3. **실행 및 운영** : BPMS를 통한 업무 적용 및 모니터링, 운영
4. **성과분석 및 개선** : 성과 측정 / 분석, 개선점 도출을 통한 지속적인 개선

- 입력물
  - 산업 통계 자료
  - 판매 / 공급 Network
  - 설문지 조사표
  - 조사보고서
  - 기존 양식
  - 진행절차
  - 거시 및 미시 환경분석
  - 시장동향 / 동종업계 파악
  - 조사 설문 분석
  - Positioning Map 분석
  - GE Matrix 분석
  - 관련 부서의 Group Meeting
  - Workshop 실시

Tip 포지셔닝 맵(Positioning Map)

브랜드에 대한 소비자의 인식을 2차원 또는 3차원의 그래프로 표현하는 것으로써 경쟁사 브랜드에 대한 현재의 위치대비 앞으로 출시할 새로운 브랜드의 차별적 위치를 결정하거나, 기존 브랜드의 경우에도 리포지셔닝(Repositioning)을 위한 새로운 돌파구의 마련을 위해서도 반드시 필요한 과정이다.

- 출력물
  - 환경분석 자료
  - 산업영향력 지도
  - 지도동향 분석 자료
  - 동종업계 현황
  - 산업매력도 분석표
  - 경쟁자 비교 분석
  - Positioning Map
  - GE Matrix
  - Five Forces Chart
  - 기회 및 위협요인 분석

Tip 산업매력도분석

전략적 사업단위에 대한 비즈니스 포트폴리오 분석을 수행하는 모델로서 매킨지 매트릭스·GE 매트릭스·사업평가배열·GE 사업스크린이라고도 불린다.

- **사업매력도 지표** : 시장매력도에 영향을 미치는 외적인 요인들
- **사업강점시표** : 전략적 사업단위의 경쟁적 강점에 영향을 미치는 외부 요인들

3단계 / 내부역량 분석

- 목적 : 기존의 경영이념 및 사업영역을 바탕으로 자사의 내부역량·프로세스·재무능력 그리고 이해관계자에 대한 평가 및 분석을 통해 강점 및 약점요인을 도출한다.
- 적용기법
  - 조직문화 진단
  - Cost Structure Chart(비용구조도)
  - Value Chain Analysis(가치사슬 분석)
  - Process Analysis
  - VOC(고객의 소리)
  - Bench marking

Tip Cost Structure Chart

수명주기 각 연도별 비용평가를 위한 기준을 설정하기 위한 비용요소들의 구조도이다. 획득비와 운영유지비용으로 대별되며, 획득비와 운 유지비용은 각 세부적인 비용요소로 구성되어 있다.

- 입력물
  - 시장동향 및 동종업계 현황
  - 경쟁사 대비 조사 설문서
  - 공급자 분석
  - 조직진단 설문지
  - 벤치마킹 대상 List
  - 고객의 소리 대상 List
- 진행절차
  - 조직진단
  - 사업별 매력도 분석

- VOC 실시
- 벤치마킹 실시
- Cost structure Analysis
- Value Chain Analysis

• 출력물
- 조직진단 결과
- 핵심 프로세스 도출
- VOC 분석 결과
- 벤치마킹 실시 결과
- Cost Structure chart
- 강점 및 약점 요인 도출

4단계 / 비전 및 전략과제 도출

• 목적 : 전략 수립 주체의 실천 및 구체화 작업으로 SWOT분석을 통해 전략적 과제를 도출하고 사업별·영역별·시기별 전략적 방향을 설정한다.

• 적용기법
- SWOT Analysis
- Workshop / Brain storming
- BPM(Business Process Management) Analysis
- Fish bone Diagram(특성요인도) Analysis
- Core Competency(핵심역량) Analysis

Tip **Fish bone Diagram**

특성요인도란 품질특성 또는 어떤 결과에 영향을 미치는 크고 작은 요인들의 인과관계에 대한 여러 사람들의 의견을 한 장의 종이 위에 집약하여 물고기 뼈 모양으로 나타낸 그림으로 품질에 관련된 문제가 발생했을 때 그 원인을 찾고자 할 때 많이 활용된다. 다른 말로는 '어골도'라고도 불린다.

• 입력물
- Five Force Chart
- SWOT 요인
- 고객·경쟁자·공급자 프로필

- Interview 결과
- 조직진단 결과
- 벤치마킹 결과
- VOC 결과

• 진행절차
- SWOT 분석
- BPM 분석
- 비전 수립
- 핵심역량 분석
- 전략과제 도출
- 이해관계자 분석
- 전략적 방향 도출

• 출력물
- SWOT Analysis Diagram
- 비전
- 핵심역량 정의 Sheet 및 평가표
- 사업별·기능별·전략적 과제
- 사업별·영역별·시기별 전략적 방향
- 이해관계자 분석 결과

5단계 / 사업별 기능별 전략수립

• 목적 : 경영목표를 설정하고 사업별로 경영자원과 경영전략 의지를 마케팅 전략·개발전략·Logistic전략·재무전략 등의 하부구조로 재분배 및 세부 계획을 수립한다.

• 적용기법
- Brain storming / Workshop
- PTP Analysis

• 입력물
- 핵심역량 정의 Sheet 및 평가표
- 제품·기술·시장별 시나리오
- 사업별·기능별 전략적 과제
- 사업별·영역별·시기별 전략적 방향

제2편 경영계획
제3편 사업성 분석과 평가
제4편 내부감사와 경영진단
제5편 기업공개
제6편 기업인수 합병
제7편 업적평가

- 진행절차
  - 임원 Workshop 시행
  - 사업별·기능별 전략수립
  - 사업별·기능별 세부추진계획 수립
- 출력물
  - 사업별 목표 및 추진 전략수립
  - 사업별·기능별 세부 추진계획
  - 조직 및 인력 수급계획
  - 정보시스템 경영계획

6단계 / 실행 및 피드백

- 목적 : 수립된 비전과 전략적 의지를 구체적으로 실천함으로써 그 전략의 타당성을 증명하고 핵심전략 요소와 기능별 전략의 일체화를 전개한다.
- 적용기법
  - 시스템개발 접근방법론
  - ROI(Return On Investment)
  - Workout Meeting
- 진행절차
  - 세부전략 및 추진계획 실행
  - 기술도입 및 경영시스템 개발
  - 선진 시험 평가기술 개발
  - 선도적 사업에 자원 집중투입 및 공감대 형성을 통한 지속적 관리
- 출력물
  - 경영목표 및 Vision 수립
  - 사업별 목표 및 추진전략 수립
  - 사업별·기능별 세부추진 계획
  - 조직 및 인력 수급계획
  - 정보시스템 경영계획

02 전략적 경영

전략적 경영(strategic management)이란 제한된 경영자원을 효율적으로 배분하여 기업의 경쟁우위를 창출하고 유지시켜 줄 수 있는 주요한 의사결정으로써 장기적인 기능수행을 결정하기 위한 일련의 경영활동이다. 이는 내외부적인 환경적 측면을 고려하여 전략적이거나 장기적인 계획·전략적인 수행·평가·통제의 모든 과정을 포함한다. 그러므로 전략적 경영은 외부적인 기회와 위협에 중점을 두는데 이는 기업의 강점과 약점의 측면에서 바라본 것이다. 전통적으로 기업경영정책이라고 불리는 전략적 경영은 장기적인 계획이나 전략과 같은 주제와 통합된다.

이와 반대로 경영정책(business policy)은 일반적인 경영의 조류를 따르고 기업의 다양한 기능을 적절히 통합하기 위하여 기업의 관심사에 대해 내부적으로 고찰하는 경향이 있다. 전략적 경영은 기업경영정책을 더욱 다양한 환경측면과 전략적 중요성의 측면을 통합한다. 그러므로 전략적 경영은 경영정책을 기업의 각 분야에서 더욱 자주 쓰이는 대체용어로 쓰는 경향이 있다.

1. 전략적 경영의 의의와 정의

■ 전략적 경영의 의의

일반적으로 전략적 경영의 개념은 첫째, 조직의 주요 의사결정들에서 나타나는 일관되고 통합적인 유형이다. 둘째, 환경으로부터의 기회와 위협 하에서 조직의 목표달성을 위한 일련의 행동 및 이에 대한 자원의 배분양식을 말한다. 셋째, 현재와 미래의 조직활동영역에 대한 선택과 선택된 활동영역 내에서 경쟁우위를 달성하고 이를 지속적으로 유지하기 위한 일련의 활동이라는 의미를 함축하고 있다.

전략적 경영의 특징 전략적 경영은 전략적 결정의 특징과 전략적 경영의 특징으로 구분할 수 있으며 이러한 특성은 전략적인 사고에서부터 출발하여야 한다.

- 전략적 결정

  전략적 결정(Strategic decision Making)을 한마디로 표현하기는 어렵다. 하지만 전략적 경영 자체가 기업 전체의 생존의 문제와 직결되기 때문에 그 결정 자체는 영향력이

지대하다고 할 수 있다.

- 선례가 드물다
  전략적인 결정은 그 발생빈도도 적고 그에 대한 내부의 경험과 정보 또한 부족한 경우가 많다. 따라서 어느 누구도 경험하지 못한 사안에 대해 의사결정을 해야 한다.

- 파급효과가 크다
  전략적인 결정은 선례도 많지 않을 뿐만 아니라 그 규모가 크기 때문에 그 성공과 실패 여부에 따라서 기업 전체에 미치는 파급효과가 매우 크다.

- 자원의 재배분를 수반한다
  전략적인 결정은 기업이 목적과 방향을 바꿀 잠재력을 가지고 있기 때문에 사업의 정의·규모·범위 등에 있어서 중요한 변화를 초래하게 된다. 이것은 곧 자원배분의 방식에 변화를 수반하게 된다.

- 다른 모든 결정을 통제하고 범위를 정해준다
  전략적인 결정을 하고나면 그것을 구체화하고 실행하기 위하여 여러 가지 많은 하위결정들을 내려야 한다. 따라서 하위결정들은 전략적 의사결정에 의해 그 범위가 결정되고 조정·통제된다.

전략적 사고 전략적 사고는 현상에 대한 치밀한 분석에 기반을 두면서 기존의 고정관념을 타파하고 새로운 발상을 지향하는 혁신적인 사고의 자세를 말한다. 그러므로 전략적 사고는 행동지향적일 뿐만 아니라 또한 성과 지향적이며 계속적인 학습과 문제해결 과정을 통해 체득하고 개발되어져야 한다. 세계 경제의 글로벌화와 지식산업사회로의 진입이후 오늘날의 무한경쟁적인 경영환경은 과거 정보산업사회에서 경영자들이 접했던 상황과는 사뭇 다를 수밖에 없다. 그러므로 미래환경에 있어서의 전략적환경은 또 다시 상당 수준의 변화를 경험하게 될 것을 우리는 예측할 수 있다. 이러한 전략적 사고의 진화는 이와 같은 변화들을 반영하여 그 초점이 산업 경제학에서 자원기반과 인간 및 지적자본의 관점으로 점진적으로 옮겨 갔음이 주요한 특징이라 할 수 있다.

전략적 사고는 두 가지의 발상으로부터 시작한다. 시스템적인 사고와 창조적인 사고가 결합되어 전략적 사고를 이끌어 내게 된다. 시스템적 사고란 논리력을 바탕으로 분석·통합하는 사고의 방식이다. 이 사고의 방식은 동일한 수준이라면 기본적으로 누가 작업을 하든지 동일한 Out put을 낼 수 있으며, 또한 재생이 가능한 특징을 가지고 있다. 그러나 창조적인 사고는 구체적인 작업이나 명시적인 프로세스가 표시되지 않기 때문에 사람에 따라서 성과의 결과가 매우 다르며 재생이 가능하지 않다. 따라서 전략적 사고는 집요성과 반복성에 의하여 더욱 발전될 수 있다. 전략적 사고의 특성은 다음과 같다.

- 전략적 사고는 균형 잡힌 사고를 요한다.
- 전략적 사고는 객관적이며 냉정하고 현실성 있어야 한다.
- 올바른 전략을 수립하기 위해서는 적극적이고 긍정적인 사고를 요한다.
- 전략적 사고는 논리적이고 구조화된 사고이다.
- 전략적 사고는 불확실한 미래의 리스크를 판단하여 분명한 결정과 선택을 한다.
- 전략적 사고의 뜻에는 근본과 전체가 포함된다.

전략적 사고의 특징

경쟁적 초점	제품과 시장	자원과 역량	재능과 꿈
전략적 목적	방어가능제품 – 시장지위	지속가능우위	지속적 자기혁신
기법과 관점	• 산업분석, 경쟁사분석	• 핵심역량	• 비전과 가치
	• 시장 segmentation과 포지셔닝	• 자원기반전략	• 유연성과 혁신
	• 전략기획	• 네트워킹	• 기업가정신
핵심적인 전략자산	금융자본	조직역량	인적·지적자본

전략적 사고의 원칙 전략적으로 사고하기 위해서는 지켜야할 원칙이 있다. 이를 일반적으로 전략적 사고의 3원칙이라고 하며 첫째는 열린 사고의 원칙, 둘째로 논리적 사고의 원칙, 셋째는 비판적인 사고의 원칙으로 구분할 수 있다.

- 제1의 원칙(Open Thinking / 열린 사고)

  경영계획을 수립함에 있어 전략적 사고를 저해하는 요인 중의 하나로 자신의 능력만을 믿고 논리의 함정에 빠지는 경향이 있다. 자신의 판단에 대해 너무 과신하거나 남의 의견을 무시하고 자신의 관점에서만 사물을 판단하고 평가하려하며 도리어 자신의 논리로 상대를 설득하려는데 그 원인을 찾을 수 있다. 그러므로 이러한 논리적 모순을 제거하기 위해서는 전략적으로 사고하는 자세가 무엇보다 중요한 것이다. 따라서 열린 사고는 닫힌 사고로부터 벗어나 관성을 타파하고 유연성을 가져다준다. 열린 사고를 위해서는 다음과 같은 기법들을 적용해 볼 수 있다.

  - 제로베이스 사고
  - 현장중심 사고
  - 역발상 사고

- 제2의 원칙(Logical Thinking / 논리적 사고)

  말을 잘하는 사람들을 우리는 '언변이 좋은 사람'이라고들 한다. 화려한 언변과 말솜씨는 사람들을 매료시키는 힘을 발휘하기 때문이다. 물론 이러한 사람들 중 몇몇은 타고난 달변일 수도 있지만 대부분의 경우에는 그렇지가 않다. 논리적으로 이야기 하고자 하는 목적과 핵심적인 사항을 일목요연하게 전개하는 사고를 가지고 있기 때문이다. 논리적 사고는 기획부문 종사자가 갖추어야할 가장 기본적인 소양중의 하나로서 논리적 체계와 정보습득 능력의 향상 및 핵심을 꿰뚫을 줄 아는 통찰력을 키워주고 의사결정의 타이밍을 정하는 능력을 가져다준다. 논리적인 사고를 위해서는 다음과 같은 기법들을 적용해 볼 수 있다.

  - Frame work
  - MECE적 사고
  - Logic Tree

- 제3의 원칙(Critical Thinking / 비판적 사고)

  비판적 사고란 어떤 사물이나 개념에 있어서 '정말 그럴까.'하는 의문을 갖고 사물을 바라보는 것을 의미한다. 비판적인 사고를 갖는다는 것은 현실에 기반을 둔 근거나 기술을 갖고 논리적으로 분석해 나가는 것을 의미한다. 따라서 비판적인 사고를 갖기 위해서는 역발상적인 사고와 항상 사물이나 개념을 관찰함에 있어 의문을 가져야 한다. 비판적인 사고능력을 함양하기 위해서는 다음의 기법들을 활용해 볼 필요가 있다.

  - So What? / Why So?
  - 3 Why?

Tip 전략적 사고를 저해하는 요인

- 남이 하니까 나도 하는 전략
- 나의 결정을 모두가 받아들이고 지지한다고 오해
- 듣고 싶은 말만 듣고 듣기 싫은 말은 무시
- 자신의 판단에 대해 너무 과신하는 경향
- 자신이 처한 상황에 대해 필요 이상으로 낙관주의적 해석
- 사안에 따라 판단하는 기준이 일정치 않음
- 내가 하면 미래에 대한 투자이고 남이하면 쓸데없는 돈 낭비
- 사안을 분석하고 가치 있는 의사결정을 내리기 보다는 현재의 상황을 유지하려고 하는 형태
- 의사결정을 할 때 항상 어떤 근거를 다른 요인보다 큰 비중을 두는 경향

■ 전략적 경영의 정의

전략적 경영이란 일반적으로 기업목표를 달성하기 위하여 고안된 계획들을 입안하고 실천하기 위한 의사결정과 행위들의 집합으로 정의할 수 있다. 즉 전략경영은 기업의 미래방향을 결정하고 기업의 중장기 목표를 달성하기 위해 내려진 의사결정들을 실천하는 것이라고 할 수 있다. 이러한 전략경영은 정해진 방향 속에서 효율적 업무수행에만 초점을 두는 업무수준의 관리와는 본질적으로 다르다.

전략경영은 업무관리와는 달리 기업조직을 특정 부분이 아니라 기업 전체적 관점에서 파악한다. 또한 주된 관심이 일상적으로 반복되는 의사결정이아니라 환경과의 관계 설정과 관련된 전략적 의사결정에 있다. 이때 우리는 전략적 의사결정이 어떤 내용들로 구성되어 있고, 그것이 어떠한 과정을 통해 만들어지는지를 이해할 필요가 있다. 왜냐하면 이러한 이해를 기초로 특정 기업이 처하여 있는 전략적 문제가 무엇인지를 규명해 내고 해결방안들을 제시할 수 있는 능력을 키워 나갈 수 있기 때문이다.

전략적 경영의 구성요소 전략적 경영의 수행과정에 관하여 기존의 경영전략이론은 여러 가지 내용들을 제시하고 있다. 주로 미국 경영학자들에 의해 제시된 이 구성요소들은 학자에 따라 다소 차이가 있으나 대체로 전략의 수립과 실천으로 대별하여 볼 수 있다.

이때 전략의 수립이란 기업의 외부환경과 내부자원을 분석하여 적절한 전략을 선택하는 것을 말한다. 그리고 전략의 실천은 이렇게 선택된 전략이 제대로 실천되도록 적절한 조직구조와 통제시스템을 설계하는 것을 의미한다.

전략적 경영의 구성요소들을 좀 더 구체적으로 살펴보면 다음과 같다.

- 기업의 목표를 설정한다.
- 기업이 처하여 있는 외부환경을 분석한다,
- 기업 내부의 자원과 역량을 파악한다.
- 전략적 대안들을 도출하고 가장 바람직한 전략을 선택한다.
- 조직구조와 통제시스템을 설계하는 등 조직내부를 정비한다.
- 전략 실천의 결과를 평가하여 미래 의사결정에 피드백 한다.

위와 같은 전략경영의 구성요소들은 합리적인 전략의 수립과 실천을 통하여 목표달성에 유리한 방향으로 외부환경과 상호작용하도록 하는 데 그 목적이 있다.

2. 전략적 경영의 과정

전략적 경영이 이루어지는 과정과 순서는 기업의 전략적 의사결정과정의 논리적 프로세스와 일치한다.

> 첫째, 경영전략을 수립하기 위해서는 현상에 대한 객관적인 분석이 선행되어야한다. 즉 기업의 외부환경과 내부역량에 대한 체계적인 분석을 통해 외부환경의 기회요인과 위협요인, 그리고 기업내부의 강점과 약점을 파악할 필요가 있다.
>
> 둘째, 현상에 대한 객관적 분석이 이루어지면 몇 개의 전략적 대안을 도출한다. 새로운 전략적 대안을 도출하기 위해서는 기존의 관행이나 고정관념에서 탈피하여 과감하고 혁신적인 사고의 발상을 하는 것이 중요하다. 각 전략적 대안은 예상되는 재무적 효과, 실행상의 난이도 및 예상되는 위험요인을 평가한 후 최적의 전략안을 선정한다.
>
> 셋째, 선정된 전략안이 성공적으로 실행되기 위해서는 현장부서의 적극적인 참여하에 세부적인 활동계획이 준비되고, 명확한 책임소재와 일정계획 하에 경영자원의 배분이 이루어져야 한다. 그리고 경영전력의 실행여부 및 중간결과가 수시로 관리되고 평가될 수 있어야 한다.

그 과정을 구체적으로 살펴보면 전략경영과정은 기업에서 전략이 개발되거나 형성되는 과정과 이 전략들이 조직 내에서 여러 요인들과 상호작용하면서 실행되는 과정 및 에에 대한 통제에 이르기까지의 전 과정을 포괄한다.

■ 전략적 경영의 과정

전략적 경영의 과정을 다음과 같이 살펴보기로 한다.

기업의 사명과 목표설정 전략적 경영과정의 첫 번째의 구성요소는 기업의 사명과 주요 목표를 정의하는 것이다. 기업사명은 다른 기업과 구별되는 기업의 독특한 존재 의의와 그 활동영역을 규정하는 것이다. 즉 기업의 사명은 최고경영자의 가치가 반영된 것으로 기업의 제품시장영역과 그 활동범위를 규정하며 이 영역에서 어떠한 방법으로 어떤 요소에 중점을 두고 기업 활동을 전개하겠다는 의지를 담고 있는 것이다. 목표는 기업의 중장기적으로 달성하고자 하는 내용을 보다 구체화한 것이다.

환경분석 전략적 경영의 과정은 우선 문제의 인식을 위한 환경분석으로부터 시작된다. 외부환경의 분석을 통해 기업에 주어지는 기회와 위협요소를 파악하고 내부환경의 분석을 통해 기업의 강점과 약점을 파악하는 과정이다. 기업의 외부환경은 기업에 직접적인 영향을 주는 경쟁자를 중심으로 하는 산업환경과 넓게는 경제적·정치적·기술적·사회적 환경 등 기업의 운영에 직·간접적으로 영향을 미치는 기업의 거시환경이 있다. 이러한 외부환경을 분석함으로써 기업의 핵심성공요인을 알 수 있게 되며, 내부환경 분석을 통해 보유한 자원과 역량을 파악하고 외부환경의 기회와 위협에 효과적으로 대처할 수 있게 된다.

전략의 수립(strategy formulation) 전략의 단계(기업전략·사업전략·기능별 전략)에 따라 무엇을(What to do) / 어떻게(How to do) 할 것인가를 결정하는 것을 말한다. 기업의 목표설정과 환경분석이 이루어지면 이로부터 조직의 선택 가능한 전략적 대안들이 도출되며 이러한 대안분석에 의해 전략선택이 이루어진다.

전략의 실행(strategy implementation) 전략을 수립한 이후 수립된 전략을 구체적으로 실행하는 것을 말한다. 실행단계에서는 구체적인 프로그램을 세우고, 거기에 맞는 예산을 책정하며 구체적인 절차(procedure)를 수립하게 된다.

평가와 통제(evaluation and control) 전략을 실행한 후 이를 평가하고 그 성과에 따라서 다음 전략수립에 반영하는 것을 말한다. 이는 전략경영과정이 효과적으로 이루어지고 있는지를 점검하여 문제점을 규명하고 이를 개선함으로써 전략목표의 효과적 달성을 도모하기 위한 것이다

■ 전략의 계층

전략은 분석수준에 따라 기업전략·사업부전략·기능전략의 세 가지로 나눌 수 있으며, 이는 전략적 의사결정이 이루어지는 조직의 계층에 따른 구분이기도 하다. 전략적 경영이라는 개념은 기업의 규모나 영리성에 상관없이 원칙적으로 적용이 가능하지만, 이미 기업의 기반이 잡혀있고 규모가 큰 대기업과 아직 기반이 잡혀있지 않고 규모가 작은 중소기업은 기업을 운영하는데 있어서 많은 차이가 있다. 따라서 기업전체를 상위와 하위단위로 나누어 전략을 살펴봄으로써 다양한 계층에서 추구하는 전략의 개념과 범위, 또는 구성요소를 살펴볼 수 있을 것이다.

기업전략(corporate strategy) 기업전략은 전사적 전략이라고도 하며 기업전체가 나아갈 방향을 결정짓는 문제를 다룬다. 따라서 사업을 영위할 영역인 제품과 시장을 결정하고 기업전체의 조직구조를 어떤 형태로 갖출 것인가를 결정짓는다. 또한 기업전체를 범위로 함으로써 기업전략의 성과측정 기준은 기업전체의 생존과 성장 혹은 기업전

체의 이윤 등이 된다.

- 성장전략(growth strategy) : 기업의 성장 또는 확장전략
- 안정전략(stability strategy) : 안정을 추구하며 현재의 수준으로 유지전략
- 축소전략(retrench strategy) : 사업부문의 부분적 철수 또는 축소
- 다각화 전략(diversification strategy) : 기업을 새로운 제품과 영역으로 다양화

사업전략(business strategy) 사업전략은 다른 말로 경쟁전략이라고도 하며 기업전략이 정한 각각의 사업영역에서 '어떻게 경쟁할 것인가'를 결정짓는 문제를 다룬다. 특정 산업마다 다른 경쟁자와 대면하게 되므로 모든 사업영역에서 동일하게 적용될 수 없다. 일반적으로 사업마다 핵심성공요인이 다르기 때문에 특정산업이나 시장에서 기업의 제품 혹은 서비스의 경쟁우위를 향상시키기 위한 경쟁전략(competitive strategy)을 말한다.

사업전략은 마이클 포터에 의해 '본원적 전략'이라는 개념으로 확립되었으며 경쟁은 본원적으로 저원가로 경쟁할 것인가, 차별화로 경쟁할 것인가 하는 문제를 다룬다고 할 수 있다. 사업전략의 성과측정 기준은 기업전략보다는 보다 구체적인 것으로 시장점유율 및 이윤 등이다.

- 원가전략(저원가 / 고원가)
- 차별화전략
- 집중화전략

기능별전략(functional strategy) 기능전략은 사업전략 등 상위전략을 효과적으로 뒷받침해 줄 수 있도록 각 사업부나 부서 내에서 각 기능이 얼마나 효율적으로 수행되도록 할 것인가의 문제를 다루고 있다. 기능별전략의 가장 주된 목적은 자원을 효율적으로 사용하는 생산성 혹은 비용절감이라 할 수 있다. 기능별전략이 중요한 이유는 원활한 기능전략의 수행 없이는 경쟁전략이나 기업전체의 전략수행이 어렵기 때문이다. 이러한 하위전략인 기능전략은 상위전략의 보조적 개념으로 본다.

- 마케팅 전략
- 재무관리 전략
- 생산관리 전략
- 조직·인사관리 전략

3. 전략적 의사결정

의사결정(decision making)이란 여러 대안 중에서 하나의 행동을 고르는 일을 해내는 정신적 지각활동이라고 할 수 있다. 모든 의사결정의 과정은 하나의 최종적 선택을 가지게 되며 이 선택의 결과로 어떤 행동 또는 선택에 대한 의견이 나오게 된다. 심리학적 관점에서는 개별 의사결정이 어떤 개인의 필요·선호에 의해 가치를 갖는 상황 안에서 내려지게 되는지를 연구한다. 한편 인지심리학적 관점에서 의사결정과정은 환경과 계속적으로 상호작용을 일으키는 가운데에서 행해지는 연속적인 과정으로 보아야 한다. 그러나 다른 차원에서 의사결정은 만족할 만한 해결책이 나올 때까지 수행해야 할 문제해결 활동으로 여겨진다. 그러므로 의사결정은 이성적이거나 비이성적일 수 있으며 어떤 분명한 혹은 불분명한 가정에 기반을 둔 논리적 이유나 감성적 이유에 의해 내려지는 결정이다. 모든 의사결정은 반드시 주어진 정보와 지식에 기초하여 결정하여야 하는 논리적 의사결정이어야 한다. 하지만 예를 들어 의학적 결정을 위해서 진단과 처방을 통해 의사결정을 하는 경우 대단히 시간에 쫓기고 위험도가 높으며 불확실성이 크다. 따라서 최적의 의사결정을 내리는 것이 쉽지 않으며 불확실한 가운데에서도 최적의 의사결정을 위한 여러 가지 방법이 의사결정분석을 통해 이루어져야 한다.

■ 의사결정의 유형

의사결정의 유형은 구조적 의사결정과 반구조적 의사결정, 비구조적 의사결정으로 구분할 수 있다.

구조적 의사결정 구조적 의사결정은 비구조적 의사결정과는 반대로 반복적이고 일상적이며, 이를 다루기 위한 확실한 절차를 포함하므로 매번 새로운 것처럼 다루지 않아도 된다.

반구조적 의사결정 반구조적 의사결정은 문제의 일부만이 인정된 절차에서 제공된 확실한 답이 있다. 보통 구조적 의사결정은 낮은 조직 수준에서 좀 더 우세하며, 비구조적 의사결정은 기업의 높은 수준에서 좀 더 일반적이다.

비구조적 의사결정 비구조적 의사결정은 의사결정자가 문제를 풀기 위해 판단·평가·통찰을 제공해야만 하는 것을 말한다. 의사결정의 각각은 새롭고 중요하며 일상적이지 않으며 의사결정을 위해 잘 이해되고 합의된 절차가 없다.

전략적 의사결정

전략적 경영이란 업무관리와 달리 전략적 의사결정에 주된 관심을 둔다. 그렇다면 어떠한 것들이 전략적 의사결정인가. 물론 의사결정이 전략적으로 중요한 정도는 기업이 처하여 있는 상황과 시점에 따라 다를 수 있다. 그렇지만 대체로 다음과 같은 특성을 갖는 의사결정의 경우 전략경영의 대상이 된다고 할 수 있다.

최고경영자의 의사결정 참여를 필요로 한다 전략적인 문제는 보통 기업 내부의 여러 부문에 동시에 관계되기 때문에 전사적 안목과 자원배분의 권한을 가진 최고경영자의 의사결정을 필요로 한다.

대규모의 자원동원을 필요로 한다 전략적 의사결정은 보통 장기적 관점의 투자를 필요로 하며, 자본·인적자원·물적자산에 관한 심각한 배분문제를 발생시킨다.

기업의 경영성과에 장기적인 영향을 미친다 전략적 의사결정은 장기투자의 문제를 다루며, 이러한 투자결과의 영향은 기업에 오랜 기간 동안 영향을 미치게 된다.

미래지향적이다 전략적 의사결정은 현재의 지식과 정보보다는 미래에 대한 예측과 판단에 기초한다.

각 경영기능 또는 사업단위에 파급효과가 크다 전략적 의사결정은 기업 내부의 각 부분들과 복잡한 관계를 가지며 자원 및 책임의 재분배라는 측면에서 중요한 영향을 미친다.

외부환경에 대한 고려를 중요시 한다 기업은 환경변화로 인한 영향을 심각하게 받으며, 전략적 의사결정은 경쟁자·소비자·공급자·정부 등 외부로부터의 영향에 대해 효과적으로 대응함을 주된 과제로 한다.

전략적 의사결정 도구

불확실성 아래에서의 전략적 의사결정을 위한 Tool로서 의사결정나무분석, 실물옵션분석법, 시나리오계획법을 활용할 수 있다.

의사결정나무분석(Decision Tree) 의사결정나무분석은 의사결정규칙을 나무구조로 도표화하여 분류와 예측을 수행하는 분석방법이다. 의사결정나무는 불확실한 상황들을 몇 가지 경우의 수로 나눠 분석할 수 있는 도구로써 자사의 행동과 같이 선택에 의해 실현가능성이 높은 대안은 의사결정마디로, 그에 따른 반응이나 결과처럼 예측하기 어려운 대안들은 불확실성마디로 구분할 수 있다. 각 경우에 있어 어떤 특정한 사건이 발생할 확률과 예상되는 수익을 곱한 기댓값을 계산하여 이를 근거로 계량적인 의사결정을 내릴 수 있다.

실물옵션분석법(Real Option Valuation) 실물옵션분석법은 특정 대안에 선불리 집중 투자하기보다 가능성 있는 복수의 대안을 선정하여 여러 곳에 분산투자하는 방식이다.

시나리오계획법(Scenario Planning) 시나리오계획법은 불확실한 미래를 구체적으로 현실화하려는 노력, 설정한 목표를 달성하는 방법으로서 한 가지 전략에만 집착하지 않고 항상 대안을 염두에 두고 실행하여야 한다.

1 단계

주요 환경동인 도출
- 기업에 영향을 줄 수 있는 환경동인을 도출
- 각각의 전개방향을 전망 - 전문가 집단 Workshop 등

2 단계

환경동인 분류
- 도출된 요인을 불확실성과 기업경영에 대한 영향력·중요도를 기준으로 분류
  - 시나리오 구성요인 : 불확실성과 영향력이 높은 요인들로 시나리오 구성에 사용
  - 시나리오 전제요인 : 영향력은 높으나 불확실성이 낮은 요인으로서 공통적 요인
  - 참고요인 : 영향력이 낮은 요인들로서 시나리오 구성에서 제외

3 단계

시나리오 축 설정
- 시나리오 구성요인들을 요인간의 상관관계와 중요도를 고려하여 재구성, 시나리오를 구성하는 2개의 축을 설정
  - 해외시장 여건
  - 국내 정치사회 안정 여부

4 단계

시나리오 작성
- 2개의 시나리오 축에 의거 4개의 시나리오를 작성

시나리오계획 작성 단계

03 신사업전략

4차 산업혁명이 주도하는 환경변화에 더욱 민첩하게 대응하여 원천기술의 수준을 제고하고 융·복합 제품을 개발하는 것이 기업경쟁력 제고의 핵심임은 물론 산업 및 국가경쟁력 확보에 필수 불가결한 요소가 될 것이다. 또한 신산업을 중심으로 제품 포트폴리오를 고도화하기 위해서는 신산업에 적합한 생태계를 조성하는 것이 무엇보다 중요하다.

과학 및 산업기술의 혁신이 가속화되면서 산업 자체의 진화는 물론 새로운 제품과 서비스가 지속적으로 창출될 전망이다. 나아가 빅 데이터·인공지능·사물인터넷 등과 같은 산업과 사회 전반에 미치는 파급력이 큰 새로운 혁신기술의 등장도 이어질 것이다. 사회발전에 따른 새로운 수요에 대응하여 미래의 산업도 여러 형태의 융합이 주도하면서 계속 탄생할 전망이다.

산업환경의 급변 및 기술의 혁신 및 진보 속에서 우리나라 경제가 현재 직면한 가장 큰 과제의 하나는 미래의 성장을 담보할 먹거리를 확보하는 일이다. 주력산업의 글로벌 경쟁력이 계속 약화되고 있는 가운데 세계시장에서도 경계를 파괴하는 새로운 경쟁구조가 전개되는 등 시장의 불확실성이 높아지고 있다. 그렇지만 다양한 산업들이 어떻게 진화하고 발전할 것인가를 예측하기는 매우 어려운 과제이며, 어느 국가나 모든 신성장 산업에 대해 경쟁력 있는 수준으로 신기술을 개발·확보하면서 신시장을 선점할 수 없는 것도 사실이다. 우리나라가 잠재력을 갖추고 잘할 수 있는 영역을 선택과 집중전략으로 육성할 필요성이 있다.

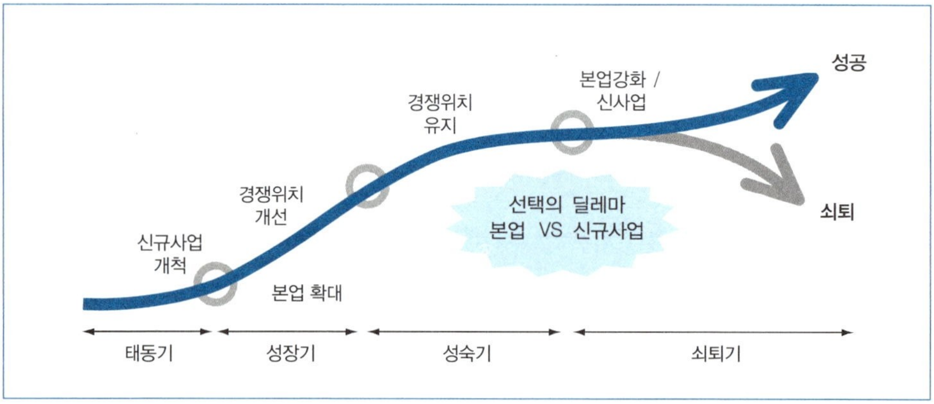

기업의 Life Cycle

1. 신성장 사업

산업구조의 고도화, 미래 수요의 대응, 경쟁우위의 확장가능성, 민간 주도의 산업성장가능성, 신성장산업의 시장구현시기 등 수요 측면에서 신성장산업의 개념을 새롭게 정의할 필요성이 강력히 대두되고 있다. 우리나라의 경제성장을 선도하고 양질의 일자리를 지속적으로 창출하면서 경쟁력 있는 산업구조 고도화를 촉진할 것으로 기대되는 산업이 우리나라의 신성장산업이라고 할 수 있다 또한, 미래사회에 대한 통찰력 있는 예측을 바탕으로 미래 잠재수요가 크고 사회·경제적 파급효과가 클 것으로 예상되는 산업이 신성장산업의 범위에 포함된다. 다음으로는 글로벌 가치사슬 및 전후방 연관산업에서 국내의 기술경쟁력과 보유자원 경쟁력을 감안하여 한국의 경쟁우위가 가능할 것으로 분석되는 산업을 들 수 있다. 그리고 무엇보다도 산업 경쟁력의 핵심주체인 민간기업 주도의 산업성장성이 큰 분야를 신성장산업으로 육성하여야 한다.

유망 신성장산업 신성장산업의 특성분석 및 유형화를 위한 신산업별 구성요소를 도출한다. 구성요소는 각 신산업의 주요 제품과 부품·서비스를 의미하며, 이러한 구성요소가 전반적으로 잘 갖추어졌을 때 산업화가 진전될 수 있을 것이다. 최근 제조업과 서비스업의 경계가 흐려지고, 더 나아가 산업 간 경계 또한 흐려지는 추세이며, ICT를 중심으로 산업융합이 가속화되고 있다. 신산업의 경우 아직 기술적 개념 및 제품이 명확하지 않고 범위 또한 모호하기 때문에 구성요소 도출에 본질적 한계가 존재한다.

주요국의 신성장산업의 개념 비교

구 분	한 국	일 본	중 국	미 국
범위	제조업과 기반기술 병행	제조업 중심	제조업 중심	첨단 제조
고려요인	- 수출시장성 - 제조역량의 확장 - 미래 수요	- 내수기반 - 제품의 시스템적 접근 - 미래 수요	- 내수기반 - 선진국과의 격차축소	산업전반에 영향을 줄 수 있는 첨단 제조 분야
정책목적	- 신시장 진출을 위한 기술확보 - 고부가가치화	- 해외시장 진출 확대 - 신시장 선점	- 제조업 기술력 강화 - 내수시장 자립성 향상	- 기술개발 지원 - 산학연 협동
개념의 특성	- 제조강점을 활용한 경쟁우위확장 가능성 - 산업고도화 촉진 - 민간주도의 성장 - 사회경제적 파급 효과	- 신시장 선점 - 일본 특유기술의 복합화 / 시스템화 - 미래 신기술 확보 - 사회경제적 파급 효과	- 내수시장 자급 - 신흥시장 개척	미국 제조업의 부활

특히 서비스 부문의 경우 대부분의 신산업이 아직 활성화되지 않아 구체적인 구성요소 도출에 어려움이 있을 수 있다. 무인항공기·빅데이터 및 클라우드·3D프린팅·미래콘텐츠 등 여러 신산업이 적용범위가 매우 광범위하고, 불확실한 요소가 많은 상황이다.

신성장산업별 구성요소

산업명	구성요소(핵심 부품 및 기술·서비스)
지능형로봇	감지 및 인지 센서, 인간-로봇 상호작용, 로봇 인공지능, 제어, 작업 / 기구, 네트워크 인프라
스마트공장	응용시스템, 설비제어, 데이터수집, 데이터 기반 제조공정, 보안, 산업데이터 분석, 산업용 통신 / 네트워크
3D프린팅	3D프린팅용 소재, 장비 및 시스템, 3D스캐너, 3D 설계 소프트웨어, 3D 프린팅용 제품 최적 설계, 관련서비스
무인항공기 (드론)	- (지상통제장비) 실시간 통제 컴퓨터, 안테나 및 추적기, 광대역 송수신장비, 통신제어기, - (비행체) 센서, 촬영용 / 센서용 멀티스펙트럼 카메라, 소형 배터리 부품, 항공용 회전익용 모터 - (서비스) 항공용 무선데이터 통신 서비스, 정보활용 클라우드
스마트 자동차	레이더(라이더), 영상센서, 자동차용센서, V2X 통신모듈, 디지털맵, 차량용 인포테인먼트 시스템, 텔레매틱스 시스템, 자율주행시스템 전자제어 부품, 무선통신기반 서비스
빅데이터 / 클라우드	분산스토리지시스템, 빅데이터저장 및 처리를 위한 컴퓨터 HW, 네트워크 가상화 SW, 분석소프트웨어, 무선데이터 통신 서비스, 사물인터넷 정보 활용 클라우드, 빅데이터 기반 서비스
스마트 헬스케어	유전체 및 바이오 / 의료빅데이터 분석 소프트웨어, 스마트 센서(바이오 메디컬센서, MEMS기반 센서), 의료 빅데이터 시각화 솔루션, 웨어러블 장비 기반 측정정보 실시간 분석, PHI 이기종 플랫폼 연계서비스, 개인 건강기록 정보 활용 클라우드, 바이오 / 의료빅데이터 구축 서비스
의약	임상용 마이크로로봇, 위치정보 센서 및 의료용 자기장 제어기, 유전체 및 바이오 / 의료 빅데이터 분석 SW, 생체조직칩, 마이크로로봇-약물 인터페이스 서비스, 분리 / 검사기기, 의약 및 의료제품 생산 지원 장비, 바이오제품 제작장비, 바이오스캐너, CRO(계약임상연구기관) 서비스
차세대 식물재배	친환경자재, 기능성 품종 종자, 음극선관 형광등, 고압나트륨등, LED장치, 양액시설 및 성분변화센서, 자동화장치, 생산력 예측시스템, 국내외 작황정보 시스템, 자원순환형 시스템
미래콘텐츠	미래콘텐츠 경험 디바이스, 각종 센서,착용형 출력장치, 실감형 가상 시뮬레이터, 착용형디바이스 시스템통합 및 평가, 콘텐츠 제작장비, 실감형 콘텐츠, 제조공정용 콘텐츠, 차세대 통신장비 및 서비스
에너지 신산업	ESS, 에너지프로슈머 관련사업, 에너지관리시스템, 마이크로그리드
첨단소재	첨단 비철금속 소재, 탄소소재,기타 신소재, 첨단소재 가공시스템

2. Global Mega Trend

메가트랜드는 미래사회에 발생가능성이 높고 영향력이 큰 이슈를 의미한다. 인구구조 변화, 중국의 세계최고 경제대국 부상, 국가 간 상호의존도 증기, 기후변화 위협증가 등이 이에 속한다. 평균연령의 증가 또는 고령화로 인한 인구구조의 변화는 평균수명의 연장 및 출산인구의 감소로 인해 비교적 예견되어 왔던 사실이다. 문화적 측면에서는 개인의 권한이 커지고 개인주의적 성향도 더욱 커질 것으로 전망된다. 개인의 교육 및 경제수준 향상, 중산층의 증가 등이 이러한 경향에 기여할 것으로 보인다. 또한 삶의 질을 중시하는 문화가 확산되면서 여가활동을 중시하고 일과 노동의 균형을 추구하는 라이프스타일이 확산되고 있다. 또한 모든 정보의 실시간 교류 및 공유 등을 가능하게 하는 디지털 사회의 도래는 제품의 생산·서비스, 정치·문화 등 모든 분야에 큰 영향을 끼칠 것이다. 결국 기술개발은 더욱 가속화되고, 기술의 사회적 확산을 통한 영향력은 더욱 커지는 메가트랜드가 존재하게 될 것이다.

인구구조 및 사회문화적 성향 변화

- 고령화 및 평균연령 증가로 인한 인구구조 변화
- 개도국 인구 급증, 반면 선진국 인구 증가 정체
- 전 세계 중산층 인구 증가
- 여성의 소득 및 지위 향상
- 1인 가구 증가 등 전통적인 가족 개념의 변화
- 개인주의 성향 더욱 확대

신기술 / 신산업의 사회적 영향력 확대

- 언제 어디서나 정보 수집·분석이 활용 가능한 디지털 사회 도래
- 컴퓨터 및 인공지능의 업무 대체로 인한 일자리의 변화
- 건강관리 수요를 충족하는 실시간 건강관리 서비스의 확산
- 증강현실 및 가상현실의 일상화
- 맞춤형 생산시스템 확산 및 개인 제조업자 증가
- 기술변화와 기술 확산속도의 빠른 증가
- 기술발달의 부정적 효과로 인한 자연주의 성향의 확산
- 사이버 범죄 등 초국가적 테러 증가

환경 및 기후변화 및 자원고갈 문제의 현실화

- 지구온난화 또는 기후변화로 인한 부정적 영향 증가
- 에너지·물 등 핵심자원 수요의 일부 국가 및 지역 집중화의 증가
- 전 세계적인 식량·물 부족 현상 발생
- 석유·가스 등 주요자원 고갈 압박 상승

글로벌 경제성장 침체 속에 경제양극화 현상 확대

- 신흥개도국 경제규모의 증가 가속
- 중국이 세계 최고의 경제대국으로 부상
- 제품뿐만 아니라 서비스·투자·인력 등 국가 간 교류 확대
- 경제 양극화 및 불평등 구조 더욱 확대
- 글로벌 경제성장의 침체
- 지식기반자본 중심의 경제성장

글로벌 권력의 이동 및 파편화

- 미국의 지배력 약화, 글로벌 권력은 다극체제로 이동
- 국가 간 상호의존 확대로 인한 갈등 증가, 이로 인한 국제규제 증가
- 국가 간 경계가 사라진 국가경제통합(EU 등) 현상
- 민족·종교 등으로 인한 국가 간 갈등심화
- 공공부문 부채 증가로 인한 공공서비스 제약 발생

■ 한국산업에 미치는 영향력

한국산업연구원이 설문조사를 한 결과 먼저 사회·기술·경제에 속하는 메가 트렌드는 전반적으로 긍정적 영향력이 더 강한 것으로 나타났다. 사회분야의 메가 트렌드가 긍정적 영향력을 끼친다는 응답이 36.1%, 약간 긍정적이라는 응답이 28.9%로 전체 응답자의 65.0%가 긍정적인 응답을 하였다. 기술분야는 긍정적 응답의 비중이 61.5%로 사회분야보다 소폭 낮은 수준이다. 일반적으로 사회보다는 기술적 요인이 산업에 더 긍정적인 영향을 끼친다고 생각할 수 있다. 경제분야는 긍정적 응답이 약 50%로 높은 수준이나, 부정적 응답 또한 약 43%에 달해 긍정적 응답과 유사한 수준을 보였다. 이러한 결과는 경제분야의 메가 트렌드가 다른 분야에 비해 산업에 끼치는 영향력이 더욱 강하다는 것을 의미하며, 자연스러운 결과로 볼 수 있다.

Tip 우리산업의 미래 대응방안

- 지식기반자본 중심의 산업혁신 전략 추진
- 글로벌 경쟁력을 갖춘 융복합 인력 양성
- 미래산업 환경조성에 정부 역량 집중
- 양극화 및 불평등의 해소와 사회적 지본(social capital)의 확충
- 제조업의 신흥국 시장 진출 및 혁신형 생산체계 구축
- 서비스산업의 기술혁신 기반 고부가가치 서비스산업 육성
- 정보통신산업의 수요 중심 비즈니스 모델 확장 및 해외 진출 촉진
- 에너지산업의 합리적인 에너지정책 추진체계 확립
- 중소기업의 생산성 제고

환경 분야의 메가 트렌드는 전반적으로 부정적으로 평가되었는데, 그 중에서 석유와 같은 주요자원의 고갈 압박이 산업적으로 매우 부정적일 것으로 평가되었다. 한편 정치 분야도 환경과 유사하게 긍정적 응답의 비중이 25% 수준으로 매우 낮았다

3. 미래산업

4차 산업혁명이란 정보통신기술(ICT)이 제조업 등 다양한 산업들과 결합하며 지금까지는 볼 수 없던 새로운 형태의 제품과 서비스 및 비즈니스를 만들어내는 것을 말한다. 4차 산업혁명의 시대를 맞아 사물인터넷·5G·자율주행 등 새로운 혁신기술들이 주목받고 있으며, 이러한 기술들의 핵심은 연결에 있다. 지금까지의 기술이 단순히 사람과 제품, 제품과 제품의 연결에 집중했다면 이제는 연결을 통해 우리 삶을 어떻게 바꿀 수 있을 것인가에 초점을 두고 있다.

다보스 포럼(2016)에서는 4차 산업혁명은 '모든 것이 연결되고 보다 지능적인 사회로 진화시켰다'고 선언된 바 있다. 4차 산업혁명의 시대의 도래와 함께 사회는 초연결사회로 진입했다. 초연결사회란 사람·사물·공간 등 모든 것들(Things)이 인터넷(Internet)으로 서로 연결되어 모든 것에 대한 정보가 생성·수집되고 공유·활용되는 사회를 뜻한다. 모든 사물과 공간에 새로운 생명이 부여되고 이들의 소통으로 새로운 사회가 열리는 것이다. 즉, 초연결사회에서는 인간 대 인간은 물론 기기와 사물 같은 무생물 객체끼리도 네트워크를 바탕으로 상호 유기적인 소통이 가능해진다. 컴퓨터나 스마트 폰으로 소통하던 과거의 정보화 사회와 달리 초연결 네트워크로 긴밀히 연결된 초연결사회에서는 오프라인과 온라인의 융합을 통해 새로운 성장과 가치창출의 기회가 더

제2편 경영계획
제3편 사업성 분석과 평가
제4편 내부감사와 경영진단
제5편 기업공개
제6편 기업인수 합병
제7편 업적평가

욱 증가할 전망이다. 무엇보다 사물인터넷·인공지능·센서 등 기술발달로 제조·유통·의료·교육 등 다양한 분야에서 지능적이고 혁신적인 서비스 제공이 가능해진다. 초 연결사회가 가져올 변화는 단지 기존의 인터넷과 모바일 발전의 맥락이 아니라 우리가 살아가는 방식 전체, 즉 사회의 관점에서 큰 변화를 가져올 것이다.

■ 교육

Connected Learning으로의 진화와 실감형 교육을 확대 운영한다.

Connected Learning 교육(Edu)과 기술(Tech)의 결합으로 가까운 미래에 완전히 새로운 교육 환경을 경험하게 될 것이다. 실제 에듀테크(Edu Tech) 기업에 대한 투자는 2010년 3억 6,000만 달러에서 2015년 18억 5,000만 달러로 크게 증가했으며, 에듀테크 시장은 2013년 432억 달러 규모에서 2020년 937억 달러 규모로 성장할 전망이다. 이러한 흐름에 따라 교육환경 내에서도 많은 사물과 사람이 모두 연결되는 'Connected Learning'로의 진화가 예상되고 있다. 'Connected Learning'에서는 학생과 교사간 또는 학생간 연결에 의한 상호작용이 강조되며, 개개인의 학생들은 사물인터넷·인공지능 기술 등을 바탕으로 최적화된 맞춤학습을 제공받을 수 있게 될 전망이다. 문제풀이를 도와주는 SNS·빅데이터를 활용한 수준별 문제제공 및 오답관리 서비스가 증대되고 있다. MIT Media Lab에서는 사물인터넷에 감정컴퓨팅 기술을 결합해 학습자의 반응과 태도뿐만 아니라 감정 흐름을 읽는 학습 친구를 개발하고 있다.

실감형 교육 흥미와 몰입을 최대화할 수 있는 증강현실·가상현실 기반교육을 활성화할 것이다. 학교 내 활용뿐만 아니라 유아 및 성인 교육시장에서의 활용에 대한 기대로 최근 전 세계 교육계는 증강현실·가상현실의 교육시장 적용에 주목하고 있다. 과거의 종이교과서는 보고 듣는 디지털교과서로, 그리고 이제는 만지고 조작할 수 있는 디지털교과서로 진화했다. Google은 학생들이 가보고 싶은 지역에 대해 조사한 후 우주·해저·피라미드·궁전 등을 가상현실로 옮겨 수업에 활용할 수 있는 Expedition 서비스를 소개했으며, 이 밖에도 페이스북, 퀄컴, 마이크로 소프트 등은 증강현실·가상현실의 교육분야 적용에 활발한 움직임을 보이고 있다. 공감각적인 체험을 제공하는 교육 도구들의 발달과 함께 실감형 교육이 불러올 미래의 모습이 기대된다.

■ 의료

원격 의료서비스의 제공과 의료 AI를 통한 정밀의료를 실현케 한다.

원격 의료서비스 삼성·Apple·Google 등 세계적 IT기업들의 의료분야 진출이 두드러지고 있다. 전자·관광·주택 등 그 동안 의료와 관련이 없었던 산업에서도 의료 분야를 중요한 미래전략으로 인식하고 있으며, 의료산업에 투자하는 비용 역시 증가하고 있다. 5G·사물인터넷·클라우드 컴퓨팅 등 IT기술의 발달은 원격 모니터링 및 관리의 최적화뿐만 아니라 원격의료를 가능하게 함으로써 시간과 공간의 경계를 넘어서는 의료서비스를 제공할 전망이다. 이미 영국 NHS는 HP와 협력하여 웨어러블 센서 및 사물인터넷 기기를 개발하여 테스트 베드를 설치했으며, 치매환자를 대상으로 가정에 사물인터넷 기기를 설치·모니터링 하는 시범사업을 시행 중이다. 세계경제포럼(2015)에 따르면 2022년 세계 인구의 10%는 인터넷이 연결된 의류를 착용하고 의류 내 센서를 통해 심박수·호흡·혈류량 등의 실시간 신체 정보를 얻게 될 전망이다. 수집된 데이터는 건강기초자료로 활용되어 원격진료·자가 통증치료를 비롯한 다양한 의료서비스를 가능하게 할 것이다.

정밀 의료 최근 국내 병원에도 인공지능 IBM Watson이 도입되었다. 대표적인 의료 AI인 IBM Watson은 의사들이 암 환자들에게 데이터에 근거한 개별화된 치료 방법을 제공할 수 있도록 지원하는 역할을 수행한다. 이 밖에도 병명과 확률, 필요한 검사 등을 알려주는 '화이트잭', '로봇페퍼'뿐만 아니라 약 제조나 음성 커뮤니케이션을 통해 환자를 간호하는 인공지능 간호사 '몰리'도 등장했다. 의료 AI는 의료환경을 바꾸고 진단을 넘어 꿈의 의학인 정밀의학을 가능하게 할 것으로 기대된다. 양질의 데이터를 기반으로 개인의 의료·유전체·생활 데이터를 분석하여 맞춤형 진단을 제공하고, 진단 중심의 의료에서 예측의료시스템으로 의료시스템 전반에 큰 변화를 가져올 예정이다. 아직 초기단계이긴 하지만 의료현장에서 인공지능이 가져올 영향력이 큰 만큼 인공지능을 의료분야에 적용하기 위한 노력 역시 전 세계 곳곳에서 활발하게 이루어지고 있다.

■ 금융

현금 지참이 불필요한 사회의 도래와 금융서비스의 디지털 시대가 도래 한다.

현금이 불필요한 사회 전 세계 비현금결제 거래규모는 지속적으로 증가하고 있다. 주요국의 현금결제비중은 계속 감소하고 있으며, 이는 최근의 모바일·간편결제 증가현상과도 무관하지 않다. 모바일·간편결제는 사용의 편의성·휴대성 등으로 확산 추세에 있으며, 이러한 흐름은 블록체인기술의 도입으로 더욱 현저할 것으로 예상된다. 비트코인(Bitcoin)과 같은 가상화폐에서부터 시작된 블록체인기술은 디지털화폐 구현을 가시화하고 있으며, 금융사와 IT기업들은 보안성 확보에 주목하고 비트코인을 대체할 수 있는 다양한 가상화폐 개발에 앞장서고 있다. 금 부문에서 블록체인기술이 시작되고, 현실에서 직접 적용되어온 만큼 향후에도 관련기술 및 상품개발에 금융권의 적극적인 행보가 나타날 전망이다. 실제로 현재 다양한 금융기관들이 상호협력을 통해 블록체인 플랫폼을 구축하고 있으며, 머지않아 송금·환전·지급결제 등 기존 금융시스템을 현금 없이 사용할 수 있는 현금 없는 사회가 도래할 것으로 예상된다.

Digitalization 금융산업에 디지털기술이 확산됨에 따라 은행 및 증권산업과 보험산업의 패러다임이 변화할 것이다. 로보어드바이저의 보편화로 많은 사람들이 시공간을 초월한 고객맞춤형 재무자문서비스 혜택을 누릴 것으로 보인다. 로보어드바이저 시장은 확대되고 있으며, 보험산업은 고객맞춤형 상품개발과 다양한 채널을 통한 신규고객 확보, 자동화된 언더라이팅 시스템을 통한 비용효율성 제고 등 디지털기술로 인한 혁신으로 가치사슬(Value Chain)이 재정립되고 있다. 기존 계약인수심사기능을 IT기술로 대체하는 '보험계약자동심사시스템'을 활용하는 보험사가 늘고 있으며, 자동화시스템을 통해 개별고객과의 커뮤니케이션이 활성화될 것이다. 향후 금융산업은 인공지능과 빅데이터 분석을 기반으로 보다 고차원적인 서비스를 제공할 수 있을 것으로 기대된다.

■ 교통

지능형 교통시스템의 구축과 자율주행자동차 시대가 도래 한다.

지능형 교통시스템(ITS) 초연결사회의 교통은 사물인터넷을 기반으로 자동차의 지능화뿐만 아니라 도로시설 및 공간의 지능화가 이루어져 교통으로 인한 도시인의 고통을 해소시켜 줄 것으로 기대된다. 이러한 이유로 ITS를 위한 투자는 지속적으로 증가하고 있다. 교통정보의 수집·제공 장치가 설치된 특정도로 지점에 차량이 통과해야만 교통서비스가 가능했던 기존의 교통시스템은 스마트교통시스템 구축을 통해 차량과 차량이 상호 통신하며 교통정보를 공유하는 방향으로 빠르게 변화할 것이다. 미래 도로에는 각종 스마트센서가 설치되며 이들 센서로부터 수집된 정보는 데이터 플랫폼을 통해 도로 이용자·관리자·각종 전자기기에 자동으로 전달될 것이다. 또한, 전달된 정보는 현재

수동으로 이뤄지는 도로의 파손 상태, 사고정보 확인 등 도로 유지관리가 자동으로 이뤄지도록 바뀌놓을 것으로 예상된다. 이처럼 도로시설의 지능화는 교통 혼잡 감소뿐만 교통인프라의 유지·관리 등 사회적 비용 절감에도 기여할 것이다.

자율주행자동차 테슬라·포드·BMW 등 세계적인 완성차 기업들은 2021년 자율주행자동차를 상용화하겠다고 밝혔다. 자율주행자동차는 5G·사물인터넷·클라우드 컴퓨팅 등 첨단기술의 집약체라고 할 수 있다. 부착된 센서는 실시간으로 차량 내부의 중앙컴퓨터와 통신을 하며, 사람보다 더 빠르게 주변상황을 읽고 판단할 것이다. 제3의 운송혁명으로 여겨질 만큼 큰 변화를 가져올 것으로 예상되는 자율주행자동차의 보급은 사람이 운전하는 자동차보다 더 효율적이고 안전한 주행을 가능하게 함으로써 현재의 교통기관과 물류시스템을 획기적으로 변화시킬 가능성이 높으며, 이동 중 다양한 생산활동이 가능하므로 운전자에게 도로의 새로운 가치를 제공하는 서비스개발도 가능하다. 자동차는 이제 이동수단에서 모바일 생활공간으로 변화할 것이다.

■ 제조

스마트 공장의 보편화와 메이커 운동의 확산이 진행된다.

스마트공장 제조업의 위기 돌파구로 주목받고 있는 스마트공장은 Intel·Siemens·GE 등 세계적 기업을 중심으로 급속히 확산되고 있다. 'Markets and Markets'(2016)에 따르면 세계 스마트공장은 2016-2022년 간 10.4%의 연평균 성장률로 성장을 지속하여 2022년 74.8억 달러 규모에 이를 전망이다. 스마트공장을 이루는 주요 요소 중 하나인 스마트기계는 기업 안팎의 클라우드 네트워크와 실시간으로 데이터와 정보를 주고받으며 최적의 생산효율을 가능하게 하며, 가상현실시스템(CPPS)은 실제 생산 프로세스와 동일한 상태를 사이버상에 구현함으로써 기업의 생산성 증진에 기여할 전망이다.

뿐만 아니라 스마트공장은 R&D·구매·물류·판매와 사후관리 서비스 등 모든 기업 활동 영역과 긴밀한 관계를 맺고 기업에 더 많은 정보와 의사결정 도구, 비용절감과 혁신 등 이전에 경험하지 못한 새로운 가능성의 기회를 제공할 것이다. 향후 블록체인 기술의 적용을 통해 스마트공장은 공급사슬관리상의 가시성과 투명성을 증대시키고 기업경영 전반에 더 큰 영향력을 가져올 전망이다.

메이커 운동 제조의 주체가 변화하고 있다. 소비자들이 제품의 개발과정에 적극적으로 참여함에 따라 소비자에서 제조자로 소비자의 정체성은 변화를 맞이하고 있다. 소비자들은 점점 더 자신들의 필요에 맞는 개인화 및 맞춤화된 제품들을 찾고 있으며, 디지털기술의 발달로 많은 소비자들이 개인화와 맞춤화의 혜택을 보고 있다. 특히, 개인이나 벤처·중소기업 등 누구든지 혁신적인 아이디어를 디지털화 하고 시제품 공유를 통한 피드백을 통해 제품의 완성도를 높일 수 있는 메이커 운동(Maker Movement)이 확산됨에 따라 제조의 주체가 변화하고 제조공정의 혁신 역시 활발해지고 있다.

■ 유통

소유에서 공유로 공유경제가 보편화되고, 옴니채널이 등장하고 혁신적으로 진화하게 된다.

공유경제 보편화 세계적인 미래학자 Jeremy Rifkin 교수는 자본주의의 미래는 사물인 터넷이라는 혁명적인 플랫폼을 통해 공유사회로 나아가고 있다고 주장한다. 공유경제를 활용하는 소비자는 점차 증가하고 있으며, 2016년 3월 기준 미국 시가총액 상위 10개 기업 중 6개가 공유경제와 관련을 맺고 있을 만큼 공유경제 관련 기업의 성장은 두드러진다. 초연결사회에서 공유경제는 다양한 사회경제적 모델을 탄생시키면서 삶을 빠르게 변화시키고 있지만 그 중에서도 유통에서의 영향력은 막대하다. 모든 것이 실시간으로 연결된 세상에서 소비자는 재화를 직접 소유하지 않고 필요할 때마다 온라인과 모바일을 통해 손쉽게 이용한다. 새로운 유통의 시대에는 차·장난감·도서·집뿐만 아니라 더욱 다양한 영역에서 공유경제가 적용될 것이며, 인공지능과 같은 첨단기술과 결합해 소비자의 소비방식과 생활양식에 더 큰 변화를 가져올 것이다.

진화된 옴니채널 초연결사회에서 소비자들의 구매 행동과 유통 서비스의 혁신을 보여주는 가장 대표적인 사례는 바로 옴니채널(Omni-channel)의 등장이다. 옴니채널은 전통적인 오프라인 환경과 온라인, 모바일 및 다양한 정보기술이 결합돼 소비자들이 모든 유통경로가 연결된 환경에서 쇼핑하는 것을 의미한다. 옴니채널을 활용한 비즈니스 즉, 옴니비즈니스 전략에 대한 인식이 높아지고 있으며, 가상·증강현실, 챗봇 등으로 옴니채널 서비스는 더욱 혁신적으로 변화할 것이다. 특히, 온·오프라인의 경계가 허물어지고 있는 가운데 유통업체는 이를 쇼핑에 활용해 2020년에는 1억 명 이상이 증강현실로 쇼핑을 할 것이라고 분석했다. 소비자는 증강현실기술을 활용해 구매하고 싶은 가구를 본인이 거주하는 집에 배치해 볼 수 있으며, 다양한 모바일과 웨어러블 및 센서 등과 연동되어 초개인화된 서비스를 제공할 전망이다.

■ 공공부문

공공데이터 활용 확대에 따라 공공정보의 공개와 시민이 공공데이터를 능동적으로 활용하게 되며, 위험요소에 대한 사전예측을 위한 지능형 재난안전망을 구축하게 된다.

공공데이터의 활용 확대 세계적인 언론학자 Clay Shirky는 정보기술의 발달이 폭넓은 개방과 협업을 기회를 제공하고 이로 인해 사회 전체의 가치가 증대될 것이라 언급했다. 국가는 보유한 다양한 데이터를 국민들에게 개방하여 새로운 가치를 창출할 수 있는 방안을 모색하고 있으며, 시민들은 공동의 노력으로 문제 해결에 앞장서고 있다. 한국을 비롯한 영국·호주·미국 등 대부분의 선진국은 국가가 보유한 공공데이터 개방을 확대하고 있으며, 시민들은 데이터를 장애인관광·노인복지·임금체불 등 사회문제 해결에 활용하고 있다. 서울시의 '올빼미버스' 역시 공공데이터를 빅데이터와 사물인터넷·인공지능 등의 기술과 결합하여 활용한 대표적인 사례이다. 초연결사회에서는 공공데이터의 활용을 통해 숨어있던 가치를 찾아내고, 시민들이 능동적으로 사회문제 해결에 참여할 수 있는 기회가 더욱 확대될 것으로 기대된다.

지능형 재난 안전망 최근 지진이나 태풍과 같은 자연재해를 비롯해 큰 사건사고로 안전·생존에 대한 국가적 관심이 최고조에 달하고 있다. 하지만 위험요소에 대한 사전예측의 어려움과 불확실성의 증대로 불안 역시 가중되고 있다. 초연결사회에서는 도시 곳곳에 적용된 센서기술과 시민들의 참여를 통해 안전과 밀접한 연관이 있는 다양한 상황정보를 얻고 이를 바탕으로 위험에 대한 사전예측 및 선제적 대응을 할 수 있을 것이다. 이미 미국에서는 시민들이 지진·암반 함몰사례를 직접 신고·접수하는가 하면 더블린에서는 센서가 부착된 자전거를 이용해 환경정보를 수집하는 등 시민들의 참여를 통해 상황정보를 얻고 있다.

4. 신사업 전략수립

신사업의 활성화는 기업의 지속적 성장, 자본 시장의 긍정적 평가, 종업원에 대한 미래 비전 제시 등의 긍정적 효과를 가져 오게 된다. 또한, 기술 발전의 속도가 점점 빨라지고 제품의 성숙화 및 범용화가 가속화되는 21세기에는 지속적인 신사업 발굴 없이는 꾸준한 성장 더 나아가 생존 자체를 걱정해야 하는 형국이 되고 있다. 하나 같이 기존 사업 부문에서 세계 최고의 경쟁력을 확보하고 있는 기업들도 신사업 부문에서 항상 성공하는 것은 아니다. 오히려 기존 명성에 흠집을 내는 경우도 많다. 혹은, 전략의 일관성을 유지하지 못한 채 이리 저리 휘둘리기도 한다. 기존 사업에 비해 볼 때 신사업은 그만큼 위험이 크고 불확실성이 높다는 이야기이다. 대기업일수록 또는 기존 사업이 안정적일수록 신사업을 추진해야 한다는 필요성에는 모두가 공감하지만 막상 추진 주체를 찾으려고 하면 나서는 사람이 없다. 또한 인력과 자본의 투입 계획에서 기존 사업에 우선 순위를 뺏겨 추진 주체가 자주 바뀌고 그 추진의 일관성을 잃어버리는 일이 다반사하다.

■ 신사업 전략의 수립

신사업 전략을 수립하는 프로세스는 일반적으로 첫째로 사업 아이템의 발굴, 둘째로는 해당 아이템에 대한 마켓 리서치, 세번째로 해당 사업에 대한 사업타당성 분석, 마지막으로 비즈니스 활동계획의 기획의 단계를 거치게 된다. 단계별로 볼 때 첫 번째인 Item Screening 단계에서는 기업의 신사업으로 도출된 아이템에 대한 산업별 사업매력도 분석과 이를 통한 업종 선택과 업태 선택이 이루어지게 된다. 이 단계에서는 물론 시장요인 분석과 자사역량 분석이 동시에 실시되어야만 정확한 신사업 방향이 결정지어지게 되므로 반드시 병행되어야 할 것이다. 이 첫 번째 단계가 결국 어떠한 아이템을 가지고 어떠한 방향으로 기업의 미래 성장엔진이 되는가를 가늠하는 점에서 볼 때 매우

구분	평가 요소	배점
사업 매력	매출 이익	10
	시장 성장	10
	경쟁 상황	10
	분야 확대	10
	리 더 십	10
	특수 상황	10
	자 금 력	10
기업 역량	자 금 력	10
	마케팅력	10
	제조 능력	10
	개발 능력	10
	획득 능력	10
	경영지원	10

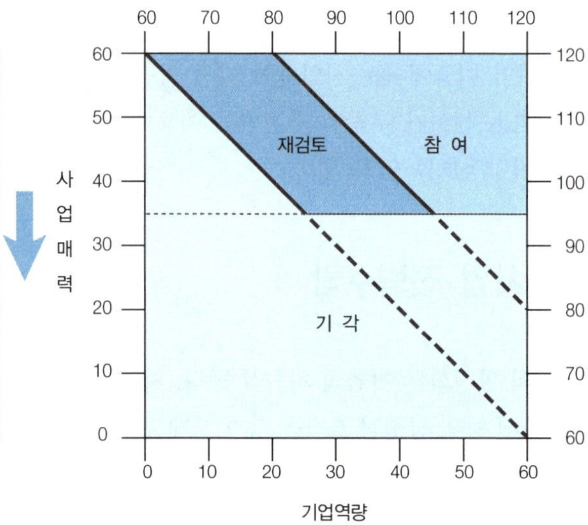

사업매력도 Analysis Matrix

중요한 단계라고 볼 수 있다. 도출된 아이템에 대하여서는 산업별로 사업매력도 분석을 통해 새로운 사업에 대한 참여 여부를 판별할 수 있다.

■ 차별화 전략의 수립

신사업의 본질을 철저히 파악하고 이를 따르는 것만으로는 부족하다. 그것만으로는 기존 경쟁 업체와 차별화할 수 없기 때문이다. 사업의 본질을 파악했다면 후발 사업자만이 할 수 있는 그 무엇으로 게임 룰을 바꾸어야만 한다. 사업의 본질을 철저히 파악하는 것과 게임 룰을 바꾸는 것은 서로 충돌하는 명제인 것처럼 느껴진다. 사업의 본질을 파악하다 보면 새로운 혁신의 가능성이 소실되고, 적응하는데 급급해 질 수 있다는 이유 때문이다. 그러나 반대로 사업과 고객에 대한 이해 없는 성급한 차별화는 가치가 없는 차별화 또는 비용만을 증가시키는 차별화로 전락될 가능성이 크다. 무엇보다도 사업과 고객에 대한 철저한 이해와 고민 속에서 변화가 시도되어야만 고객이 가치를 느끼는 차별화가 가능한 것이다.

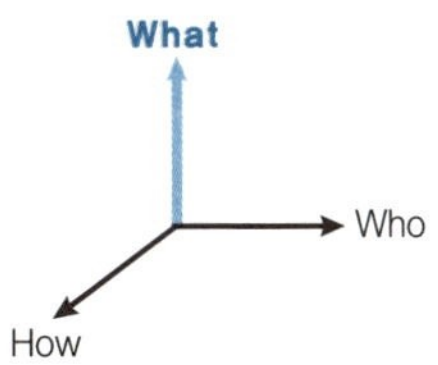

Varisty Based Positioning

특정 산업에서 고객을 구분하기 보다는 다양한 사업영역에서 자사의 독특한 가치활동을 이용하여 가장 잘 할 수 있는 특정영역에 집중하는 Positioning

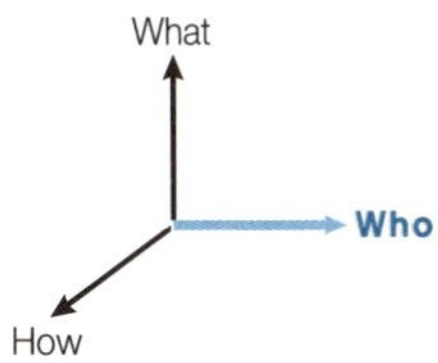

Needs Based Positioning

특정 산업에서 자사의 독특한 가치활동을 이용하여 가장 잘 충족시킬 수 있는 특정 고객의 모든 욕구(needs)에 집중하는 Positioning

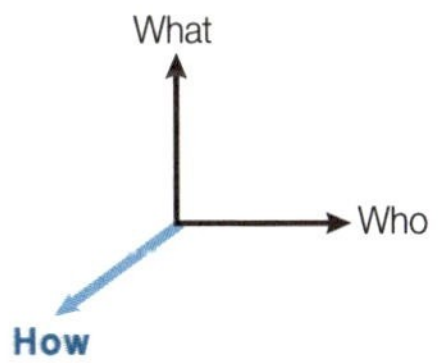

Access Based Positioning

유사한 욕구를 가졌으나 지리적으로나 규모상의 차이로 인해 다른 방법으로 접근이 가능한 고객집단을 분할하고 이 중 최적의 집단에게 집중하는 Positioning

신규사업 개발전략 Framework

Chapter 2 경영환경분석

01 외부환경분석
02 내부환경분석
03 산업환경분석

01 외부환경분석

기업환경(Business environment)의 개념은 '기업에 영향을 미치는 모든 요인과 기업에 대해서 영향을 미치는 모든 요인의 상황전제'라고 표현할 수 있다. 현대의 기업환경은 D.Barom이 주장한 바와 같이 직접적인 환경과 간접적인 환경요인의 상호관계에 의해 조화가 이루어져야 하므로 동태적인 의미가 추가된 광의의 개념이 적합하다고 할 수 있다.

환경분석의 궁극적 목적은 주변 환경의 변화 추세 및 그 원인들을 확인함으로써 변화대응적이며 환경대응적인 보다 효과적인 전략을 개발하는 데 그 목적이 있으며, 기업의 일반적인 환경분석은 경제·정치·기술적·법률적·인구통계학적·사회심리학적인 환경변화와 변화요인들을 분석함으로써 주변 환경의 변화추세 및 일반적인 동향을 파악하는 것이다.

이처럼 기업은 환경분석을 통해 전략수립에 필요한 유효한 정보를 얻을 수 있다. 예를 들면 환경분석을 통해 목표시장에 대한 이해를 높일 수 있는데 구체적으로 앞으로 어떤 시장의 성장 가능성이 높으며, 어떤 시장이 생성되고 있는가에 대한 정보를 얻을 수 있다.

외부환경의 분석 목적은 외부환경 분석을 통해서 기업 활동에 큰 영향을 주는 동인(動因)들이 어떻게 자사에 있어서 현재와 미래의 기회와 위협요인으로 작용하는가를 분석하여, 기업전략 수립의 기본 자료로 활용하기 위한 것이다.

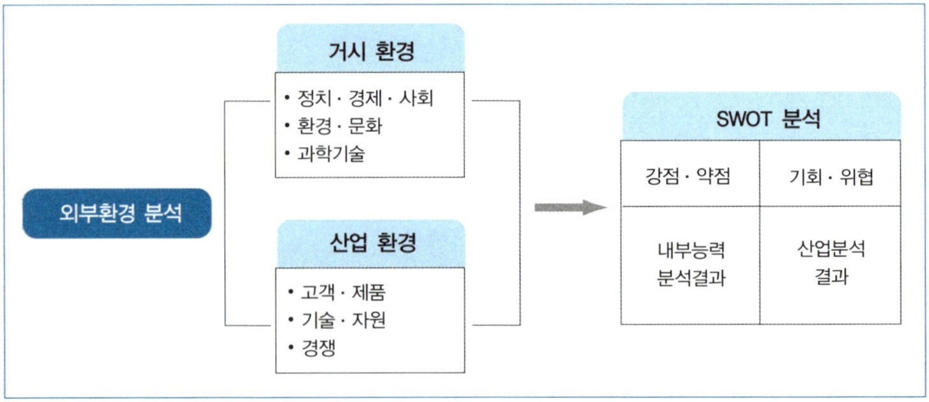

외부환경 분석도

1. 거시환경의 분석

일반환경(General Environment)은 특정 산업분야에 관계없이 한 사회 내에서 모든 조직에 대체로 유사한 영향을 미친다. 일반환경이란 개별조직이 어떠한 노력을 기울이더라도 그에 영향을 미칠 수 없는 환경으로써 거시환경이라고도 한다. 정치·경제·사회·기술적인 환경요인을 분석함으로써 기업의 의사결정과 경영활동에 미치는 영향들을 예측하고 향후 전략수립에 참고할 수 있기 때문이다. 그러므로 기업의 경영활동에 영향을 미치리라고 예상되는 요인을 중심으로 집중적인 분석을 할 필요성이 있다. 기업을 둘러쌓고 있는 독립적인 변수로서의 거시환경은 다음과 같이 요약할 수 있다.

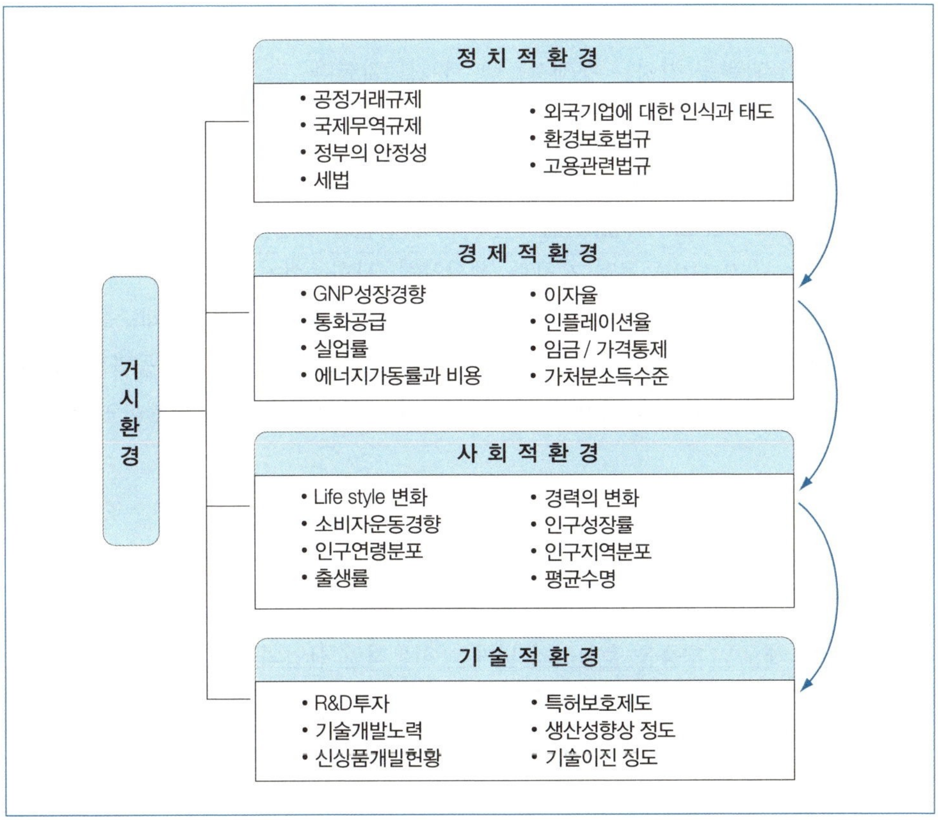

기업의 거시적 환경 요인도

■ 정치적 환경

정치적 환경(Political Environment)은 정부가 규정하고 있는 법률과 깊은 연관성이 있다. 모든 조직은 여러 가지 정치적 체제 아래에서 정치적 체제를 통해서 운영되고 있다. 넓은 의미에서 볼 때 조직과 환경과의 상호작용은 하나의 상호 영향 관계가 된다. 즉, 기업은 그의 생존의 기회를 얻기 위해서 정치체제에 영향을 미치려 한다.

■ 경제적 환경

경제적 환경(Economical Environment)은 생산과 배분 그리고 제품과 서비스에 대한 소비의 본질과 방향을 결정해주는 기업에 대한 압력인 동시에 전반적인 경제적 건전성을 의미한다. 따라서 기업환경을 경제적 환경이라고 말할 만큼 경제적 환경은 기업의 일반적 환경 중에서 가장 중요한 위치를 점하고 있다. 즉 경제적 환경이란 기업경영 활동과 직접적인 관련을 가지는 경제시스템 전체를 말한다.

■ 사회적 환경

사회적 환경(Social Environment)이란 사회나 집단을 구성하고 있는 개인의 행동에 영향을 미치는 여러 요인들로서 가치관, 생활양식, 사회구성원의 욕구, 가족 구성원의 변화, 그리고 사회적 전통이나 관습 등과 같은 모든 사회제도나 사회적 태도를 말한다. 이와 같은 요인은 기업경영자나 종업원의 행동은 물론, 소비자의 구매행동과 소비행태에도 영향을 미치기 때문에 기업의 의사결정이나 제품계획에 이를 반영하여야 한다.

■ 기술적 환경

기술적 환경(Technological Environment)이라 함은 사회전반적인 기술발전 추세나 새로운 기술의 등장과 같은 거시적인 기술변화를 말한다. 이러한 기술변화는 기존 제품의 진부화 및 새로운 제품을 출현시켜 넓게는 전통적인 산업의 쇠퇴와 함께 새로운 산업의 형성을 초래하기도 한다. 기술적인 환경으로는 생산기술환경, 제품기술환경, 대체기술환경, 재활용의 기술 등이 있다.

2. 산업환경의 분석

기업이 경영활동을 하는 공간으로서의 산업환경은 경영전략에 직접적인 영향을 준다. 따라서 산업환경의 분석은 전략수립에 있어서 가장 중요한 요소 중의 하나이기도 하다.

산업환경은 그 산업 내의 기업들에게 직접적인 영향을 미치며, 경쟁의 정도를 결정한다는 점에서 경쟁환경(Competitive Environment)라고도 한다. 특정산업에서 활동하는 기업이 전략을 통해 효과적으로 환경에 적응하는 방법으로서 두 가지를 들 수 있다.

첫째, 당면한 환경에 적합한 전략을 활용하는 것이다. 이는 기존환경에 대한 적응이라는 측면에 초점을 둔 것으로 전통적으로 전략 이론의 일괄된 흐름이라 할 수 있다.

둘째, 전략을 통해 기업활동에 유리한 방향으로 환경을 변화시킴으로써 산업 내에서 경쟁우위를 달성하는 것이다. 이는 적극적인 의미에서의 환경적응으로서 기업의 전향적 역할을 강조하는 관점이다.

이처럼 유리한 환경의 창출을 통한 환경적으로는 두 번째 경우가 기업의 입장에서는 보다 어렵지만 성공할 경우에는 더 큰 대가가 보장된다.

산업환경을 분석하는 도구로서는 마이클 포터 교수의 5 Force Analysis를 이용할 수 있다.

잠재적 진입자의 위협 잠재적 경쟁자란 현재는 산업 내에서 경쟁하고 있지 않지만, 향후 해당 산업에 진입하여 경쟁에 뛰어들 의지와 능력을 가지고 있는 기업, 즉 잠재적 진입기업(potential entrants)을 의미한다. 상당한 자원과 능력을 가진 잠재적 경쟁자가 산업에 진입하게 되면 산업의 경쟁은 보다 치열해지고 이에 따라 기존 기업들의 시장점유율이나 수익성이 종전에 비해 저하되는 것이 보편적인 현상이다. 진입장벽의 원천은 다음과 같은 요소를 고려해야 하며, 이들 요인들이 독자적으로 또는 상호 연관되어 진입장벽의 높이에 영향을 미치게 된다.

- 규모의 경제
- 제품 차별화
- 소요 자본의 규모
- 유통경로에의 접근
- 교체비용
- 절대적 원가우위
- 정부정책

기존 경쟁자의 위협 경쟁구조는 한 산업 내 기업들의 수와 규모분포에 대한 것으로 세분화된 산업으로부터 통합된 산업에 이르기까지 다양한 형태를 띤다.

- 세분화된 산업
- 통합된 산업
- 철수장벽

Tip 철수장벽의 요인

- **특수한 설비나 자산** : 생산설비나 특정목적의 시설 등이 다른 목적으로 사용하기 어렵고 매각도 불가능한 경우
- **전략적 관련성** : 다각화된 기업의 경우 성과가 저조한 사업부문이 여타 사업부문의 경쟁력에 중요한 역할을 할 경우
- **정부 및 사회적 제약** : 실업 증대나 지역 경제에 미치는 영향 등을 우려하여 특정기업의 철수를 막거나 억제하는 경우
- **정서적 장벽** : 해당 사업에 대한 소유자나 경영자의 애착이나 자부심, 장래에 대한 불안, 경영층의 이해관계 등이 있는 경우

구매자의 교섭력 구매자는 가격인하나 더 좋은 품질과 서비스를 요구함으로써 혹은 경쟁기업들을 서로 대립시킴으로써 기업에 위협 요인으로 작용할 수 있다. 구매자의 영향력은 구매자의 교섭력(bargaining power of buyers)으로 표현된다.

Tip 구매자의 교섭력이 강해지는 상황

- 구매자 집단은 소수이고 규모가 큰 경우
- 구매자의 구매량이 많고 해당 기업의 판매에서 차지하는 비중이 큰 경우
- 제품이 규격화되어 있어서 제품차별화가 어려운 경우
- 교체비용이 낮은 경우
- 구매자가 후방통합(backward integration)의 의도를 가지고 있는 경우 (예 자동차 부품 자체생산 기능)
- 해당 제품이 구매자의 제품 원가에서 차지하는 비중이 큰 경우
- 구매자가 해당 산업에 대해 자세한 정보를 가지고 있는 경우

공급자의 교섭력 유력한 공급자들은 가격 인상이나 공급물량의 감축 위협 등을 통해 특정 산업에서 활동하는 기업들에 대해 영향력을 발휘할 수 있다. 이처럼 고객에 대해 공급자가 행사할 수 있는 영향력이 공급자의 교섭력이다.

Tip 공급자의 교섭력이 강해지는 상황

- 공급자가 소수의 회사로 제한되어 있고 또 공급 대상 산업보다 집중되어 있다.
- 공급자들이 판매하는 제품에 대한 대체품이 거의 없다.
- 해당 산업이 공급자 집단의 주요 고객이 아니다.
- 공급자들의 제품이 구매자들의 생산 및 경영활동에 핵심이 되는 제품이다.
- 공급자들의 제품이 차별화되어 있거나 교체비용이 크다.
- 공급자들의 신빙성 있는 전방통합을 위협 수단으로 삼는다.

대체품의 위협 대체품(substitutes)이란 제품의 물리적 특성은 다르지만 고객 욕구의 충족이라는 측면에서 유사성을 가지고 있는 제품이다. 특정산업에 있어서 대체품이 미치는 영향을 살펴보면 특정 산업 내 기업들의 제품가격에 상한선을 설정하는 역할을 함으로써 수익률에 영향을 미치고 시장 기반을 잠식한다. 고객들이 가격이외에도 품질이나 서비스·디자인 등을 비교하게 하여 가격 경쟁을 유발한다. 일반적으로 대체품의 가격이 낮을수록 품질이나 성능이 높을수록, 그리고 교체비용이 낮을수록 대체품의 위협은 커지게 된다.

- 기술의 대체품
- 기술의 진입장벽
- 기술과 구매자 교섭력
- 기술과 공급자 교섭력
- 기술과 기존 기업 간의 경쟁
- 기술변화의 산업영역
- 기술변화의 산업 매력도
- 정부정책

02 내부환경분석

전략수립은 환경분석과 더불어 기업의 내부능력에 대한 평가를 바탕으로 이루어진다. 내부환경 분석은 환경분석과 함께 경영전략 수립에 있어 중요한 요소가 아닐 수 없다. 기업내부에 대한 분석은 기업 내부의 자원에 대한 분석을 통하여 강점과 약점을 파악하여 산업분석에서 파악된 주요성공요인과의 적합성을 이루는 전략을 수립하는데 있어 기초 자료를 마련하려는데 있으며 기업의 현재 및 미래경영능력을 진단하여 Vision을 실현할 수 있는 능력을 파악하고, 그 결과를 통해 기업의 강점과 약점을 도출하는데 그 목적이 있다.

산업구조에 대한 분석 결과 산업환경이 매우 양호하더라도 기업이 사업을 성공적으로 수행할 수 있는 능력이 없거나 부족하다면 산업 내 경쟁에서 도태할 수밖에 없을 것이다. 그러므로 자신의 사업이 과연 지속적으로 경쟁우위를 창출할 수 있는 핵심역량을 가지고 있는지, 어떤 부분에 역량을 발휘해야 할지, 또한 부족한 측면이 무엇인지 파악하고 핵심역량을 강화하기 위해 해야 할 일들이 무엇인지 분석하는 것이 무엇보다 중요하다.

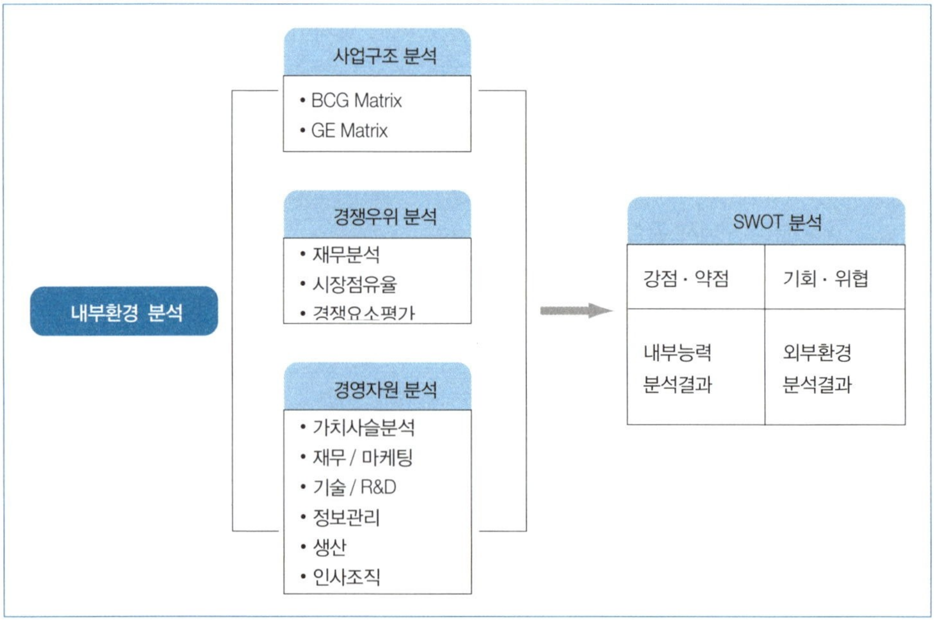

내부환경 분석 절차도

1. 사업구조의 분석

사업구조분석은 전략사업단위별로 경제적 부가가치 정도를 분석·평가하여 이에 기초한 다양한 사업단위(SUB)가 전사 차원에서 어떻게 현재 또는 미래의 기업가치에 기여할 것인가를 평가하게 된다. 사업구조분석에 있어서 포트폴리오 분석방법으로 가장 많이 쓰이는 모형으로서는 BCG성장·점유율 매트릭스와 맥캔지와 GE가 공동 개발한 GE 매트릭스가 있다.

포트폴리오 모형은 사업을 잘 이해할 수 있고, 이로 인해 보다 나은 전략적 의사결정을 내릴 수 있으며, 특히 자원배분에 관한 의사결정에 도움이 될 뿐만 아니라 포트폴리오의 균형을 분석하는 데 도움이 된다는 이점을 가진다. 관련성이 낮은 사업단위 간의 의사결정을 상호 연관시킴으로써 자원배분의 효율성을 극대화할 수 있다, 이때 포트폴리오 모형을 도입할 경우 각각의 사업단위에 다른 전략적 임무를 부여하고, 기업 전체를 하나의 통합된 단위로 운영함으로써 전략적 사업 단위들 간의 보완성을 높일 수 있다.

따라서 포트폴리오 모형은 전략적 사업단위 간의 자금 배분에 관한 의사결정을 내리는데 있어서 유용한 분석수단이다.

Tip SBU(Strategic Business Unit)

전략사업단위(Strategic Business Unit)란 경쟁자 및 고객을 대상으로 제품이나 서비스를 제공하는 사업조직단위를 의미한다. 고객 요구가 다양해짐에 따라 각 사업부 간 자원중복현상 등의 불합리한 점이 드러나게 되었고, 이러한 문제를 해결하기 위한 대응전략으로서의 운영하는 조직이 전략사업단위이다.

■ BCG 매트릭스

BCG 매트릭스는 Boston Consulting Group(BCG)이 개발한 모형으로 수직축에 산업성장률을, 수평축에 상대적 시장 점유율(최대 경쟁 기업의 시장 점유율에 대한 비율)을 측정변수로 정해놓고 있다. BCG 매트릭스의 기본전제는 산업성장성과 시장점유율이 산업의 매력도와 사업의 경쟁지위를 대변하는 가장 좋은 변수라는 것이다. 이 모형은 산업 성장률과 시장 점유율이라는 단일 변수를 채택함으로써 간단하면서도 쉽게 계량화할 수 있는 장점이 있다. 이들 변수의 선정에는 다음과 같은 논리적 근거가 있다.

BCG 매트릭스를 작성하는데 있어서 수직축과 수평축의 중간점을 어떻게 정할 것인가 하는 것이 중요한 문제가 된다. 먼저 수직축의 산업 성장률은 GNP 성장률·해당산업의 성장률·바람직한 성장률 등에서 하나를 선택할 수 있을 것이다. 한편 상대적 시장점유율은 원래 1.0이 중간점이 된다. 그런데 상대적 시장점유율은 자기 기업을 제외한 업계의 최대 기업과 비교한 점유율을 말하므로, 상대적 시장점유율이 1.0보다 크다는 것은 자기 기업이 업계의 선두기업이라는 것을 의미한다. 이상의 방법으로 중간점을 설정할 경우 매트릭스는 4개의 상한으로 나누어진다. 따라서 개별산업단위가 속한 산업의 성장률과 상대적 시장점유율을 평가함으로써 산업단위들을 4개의 상한에 나타낼 수가 있다. 각 상한에 속한 사업단위는 각각 스타(stars)·문제아(problem children)·현금젖소(cash cows)·개(dogs)로 불려진다.

스타(stars) 시장성장률이 높은 산업에서 높은 시장점유율을 점하고 있는 사업단위를 지칭한다. 스타에 해당되는 사업들은 산업이 성장국면에 있기 때문에 성장을 뒷받침하는 현금을 필요로 한다. 한편 이들 사업은 높은 시장점유율(강한 경쟁지위)로 인해 경험곡선효과를 크게 누릴 것이므로 마진이 매우 높다. 따라서 많은 현금을 창출하게 될 것이다. 그러므로 스타에 해당하는 사업들은 전체적으로 현금의 수요와 공급이 균형을 이루게 된다. 아직 경쟁지위를 완전히 굳히지 못한 사업단위는 추가적인 투자가 필요할 것이므로 현금을 필요로 할 것이다. 산업의 전체 성장성이 낮아질 경우 스타는 현금 저조가 되어 현금을 창출하는 원천이 된다.

현금젖소(cash cows) 현금젖소는 저성장 산업에 속하면서 시장점유율이 높은 사업단위를 지칭한다. 현금젖소에 속한 사업 중에서도 현재 지위를 유지하는데 필요한 투자가 이뤄지기도 하지만, 이들 산업의 매력도가 낮아지고 있으므로 현금투자의 필요성을 그렇게 높지 않다. 반면 강력한 시장지위로 인해 많은 현금을 창출하게 될 것이므로, 전체적으로 다른 사업단위에 투자하는 데 필요한 현금을 공급하게 된다. 현금젖소에서 창출되는 현금은 다음에서 볼 문제아 사업 중에서 스타로 발전할 가능성이 있는 사업에 투자하거나 기업 전체의 연구개발 활동에 투자할 것이다.

개(dogs) 성장률이 낮은 시장에 속하고 시장점유율도 낮은 사업단위를 개라고 지칭한다. 이들은 낮은 시장점유율 때문에 경험곡선효과를 거의 누릴 수 없고, 경쟁지위가 뒷받침되지도 않으므로 이익을 창출하지도 못한다. 그리고 산업의 성장성이 낮기 때문에 투자의 매력도도 낮다. 여기에 속한 사업단위는 주로 현금 사용자가 되는데, 현재의 위치를 고수하기 위해 때로는 많은 현금을 필요로 할 수도 있다. 개에 해당되는 사업단위는 특정한 세분시장에 집중함으로써 수익성을 회복할 수 있다. 그렇지 않을 경우 신규투자를 억제하고 수확전략이나 투자회수 전략을 수행하거나 사업을 매각하거나 청산을 통해 현금을 창출하여야 할 것이다.

문제아(problem children) 문제아는 성장성이 높은 산업에 속하지만 시장 점유율이 낮은 사업단위를 지칭한다. 이들 사업은 사업매력도가 높으므로 성장에 필요한 자금을 많이 필요로 하지만 시장점유율이 낮아 경험곡선효과를 얻지 못하는 사업들이다.

따라서 이들 사업이 당면하는 문제는 사업의 경쟁지위를 강화하여 스타가 되는 것이다. 이를 위해서 많은 현금이 필요한데, 투자자금이 제한되어 있다는 점을 고려할 때 문제아 중에서 선별적으로 투자하여야 한다. 문제아가 스타가 되지 못하고 시장이 성숙기에 접어들면 개가 되어 현금을 소비하는 사업단위가 될 것이다.

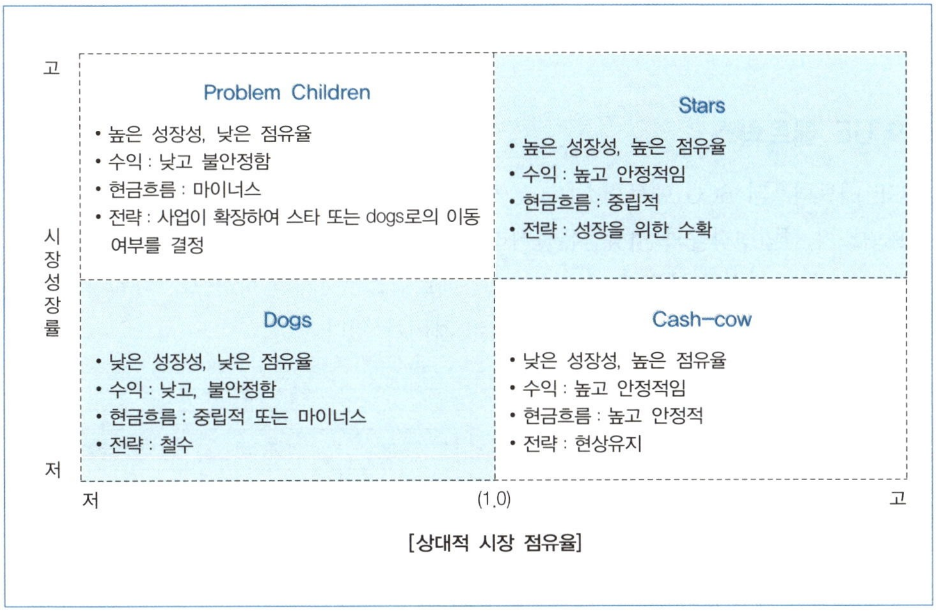

BCG 매트릭스

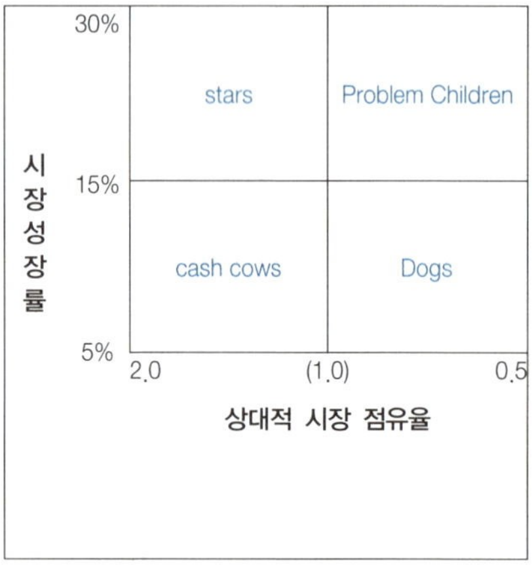

구 분		제품1	제품2	제품3
최근 3개년 평균	매출액			
	시장성장률			
	상대적 시장점유율			
목표 년도	매출액			
	시장성장률			
	상대적 시장점유율			
분석결과요약				

BCG 매트릭스 사업구조 분석

■ GE 매트릭스

GE 매트릭스와 BCG 매트릭스는 그 아이디어에 있어서 기본적으로 동일하다. BCG 매트릭스가 산업성장률과 시장점유율이라는 단일 변수를 사용하는 것에 비해 GE 매트릭스는 복수의 변수를 사용한다는 것, BCG 매트릭스는 4개의 상한으로 나눠지는데 비해 GE 매트릭스는 9개의 셀로 나눠진다는 차이가 있다.

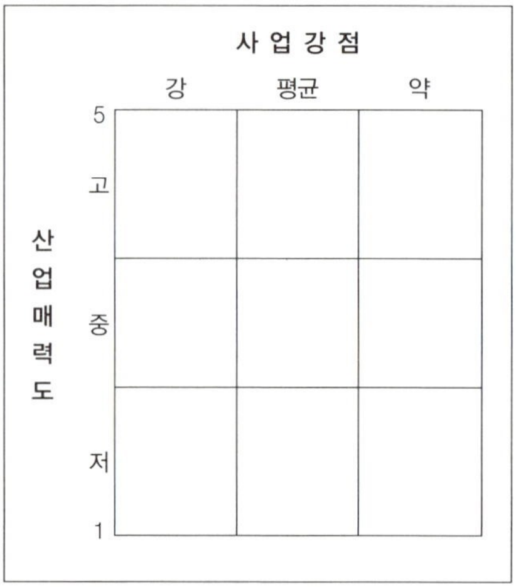

구분	매출액	시장점유율
사업1		
사업2		
사업3		

분석결과요약

GE 매트릭스

GE 매트릭스는 크게 상황평가단계와 전략개발단계의 두 단계로 나누어서 설명할 수 있다. 상황평가단계는 매트릭스의 작성단계라고 할 수 있으며, 전략개발단계는 작성된 매트릭스를 바탕으로 각 사업단위에 적합한 전략을 개발하는 단계이다.

상황평가 단계 첫 번째 단계는 분석단위를 결정하는 것이다. 기업전략 수준에 있어서 개별사업단위가 분석단위가 되는데, 사업전략수준에서 이 모형을 사용한다면 주요 시장이나 제품 라인이 분석단위가 된다. 이때 각 분석단위들은 어느 정도 독립된 의사결정이나 자원배분이 이뤄지는 단위이어야 할 것이다.

두 번째 단계에서는 적절한 변수를 파악하여야 한다. 산업에 따라서는 수익성을 결정하는 주요변수가 무엇인가 하는 것이 잘 알려져 있는 경우도 있으나 어떤 산업에서는 여기에 대해 논란이 많은 경우도 있다.

세 번째 단계는 파악된 변수들의 상대적 중요도에 따라 가중치를 부여하는 단계이다. 산업매력도와 경쟁지위를 결정하는 변수들이 영향력에 있어서 모두 동일하다고 볼 수는 없을 것이다. 따라서 변수의 중요도에 따라 가중치를 부여할 필요가 있다. 가중치는 평가자에 따라 현저하게 달라질 수 있으므로 어느 정도의 객관성을 유지하는 것이 중요한 과제이다.

네 번째 단계는 매트릭스 상에 사업단위의 현재 위치를 나타내는 것이다. 이를 위해 두 가지 차원에 대해 각 변수들의 점수를 평가하고 차원별로 합산하면 개별사업단위의 매트릭스상의 지위가 결정된다.

[산업매력도 분석]

산 업 매 력 도	사 업 강 점
- 시장규모와 예상성장률 - 경쟁의 강도 - 수익성의 정도 - 수요의 계절성과 주기성 - 기술 및 자본의 요구정도 - 진입장벽 및 철수 장벽 - 사회, 문화, 정치적 환경 요인 - 대두되고 있는 기회나 위협	- 상대적 시장점유율 - 핵심성공요인의 보유정도 - 경쟁기업과 비교한 이익 마진 - 제품 품질과 서비스의 정도 - 상대적 원가 지원 - 고객과 시장에 대한 지식 - 기술적 능력 - 경영층의 지질

전략의 개발단계 첫 번째 단계는 현재 전략을 계속 수행할 경우 환경변화에 따르는 미래 상황을 예측하는 것이다. 예측기간은 환경의 변화정도에 따라 보통 3년 내지 5년

을 기준으로 그보다 길거나 짧게 잡을 수 있다.

두 번째 단계는 전략변화를 평가하는 것이다. 매트릭스 상에는 하나 이상의 표준적인 전략이 제시되어 있는데, 최고경영자는 이를 바탕으로 개별사업단위의 실제전략을 구체화하여야 할 것이다. 이를 위해 전략의 전반적 방향에 있어서 경영자들의 상반된 의견을 수렴시켜 주는데 도움을 준다. 그러나 실제로 어떤 구체적인 행동을 취해야 할 것인가에 대해서는 별다른 도움이 되지 않는다. 따라서 매트릭스가 제시해 주는 일반적 투자전략을 구체화시키는 전략을 수립하는 단계가 뒤따라야 한다.

2. 경쟁우위 분석

경쟁우위란 우월한 경쟁적 위치에서 현재 또는 잠재된 경쟁자에 의해 동시적으로 수행되지 않는 가치창조활동을 수행하거나, 경쟁자와의 경쟁에서 전략적 우월지위를 확보함으로써 얻어 질 수 있는 것이다. 그러므로 전략적으로 중요한 활동을 경쟁자보다 비용에서 우위를 점하거나 가격경쟁 등에서 더 좋은 방법을 수행함으로써 경쟁우위를 확보할 수 있는 것이다. 경쟁우위는 크게 보다 원가우위와 차별화우위로 구분할 수 있다. 원가우위는 경쟁자와 동일하거나 유사한 상품을 제공함에 있어 경쟁자보다 낮은 비용구조로 가치활동을 수행함으로써 얻어진다. 모든 가치활동을 수행하면서 경쟁자 보다 저원가선도전략에 의한 비용우위를 점할 때 원가우위를 갖게 된다. 차별화우위는 경쟁자와 동일한 제품을 가지고 경쟁함에 있어 일관된 차이가 중요한 구매속성에 반영되어 고객에게 인식될 때 비로소 달성하게 되는 것이다. 성공적인 차별화는 차별화를 위해 소요되는 추가적인 비용을 초과하는 가격프리미엄을 얻을 수 있는 수준에서 구매자를 위해 새로운 가치를 창출할 수 있는 방법을 찾아냄으로써 가능한 것이다.

Tip Poter의 경쟁우위 원천의 조건

- 경쟁사보다 뛰어난 기술과 자원보유
- 고객에게 가치를 제공하는 기술과 자원의 확보
- 경쟁에서 이길 수 있는 기술과 자원의 준비
- 환경변화에 유연한 기술과 자원의 유지 및 예측

■ 경쟁우위의 지속성

경쟁우위의 지속성이란 이미 존재하는 경쟁우위, 즉 경쟁적 위치가 시간의 흐름에도 불구하고 유지되는 것을 의미한다. 사업단위의 경쟁우위가 있다 하더라도 지속성이 유지되지 않는다면 가치가 없는 일이다. 이는 장기적으로 산업 내 평균보다 높은 성과를 얻기 위해서는 경쟁우위를 지속시킬 수 있는가에 달려있기 때문이다. 경쟁우위를 지속시킬 수 있는 핵심역량을 발굴하기 위해서는 동종 산업군에 속하는 선진기업군을 벤치마킹함으로서 핵심역량을 찾아낼 수 있으며 또한 이를 지속적이고 차별적인 역량으로 유지해 나가는 것이 무엇보다 중요한 일이다.

따라서 지속적인 경쟁우위를 유지하기 위해서는 더욱 중시 되는 것이 기술의 독창성이다. 경쟁우위를 지속적으로 유지 가능하게 하는 조직능력이나 독창적인 기술은 경쟁자가 쉽게 모방할 수 없는 경쟁우위의 요소이기도 하다.

■ 경쟁우위 전략

현실적으로 모든 경쟁요소들에 대해서 우위를 누린다는 것은 불가능하다. 왜냐하면 경쟁요소들이 실현과정에는 서로 상충되는 요인들이 있기 때문이다. 경쟁요소에 대한 차별적 우선순위 경쟁개념에 의한 경쟁전략은 비용우위전략·차별화전략·집중화전략을 들 수 있다.

비용우위전략 타 기업보다 원가 우위를 확보함으로써 산업의 가격측면에서 선도적인 위치를 확보하고 유지하는 것이다. 일단 비용우위를 확보하게 되면 강력한 경쟁요인이 있다고 하더라도 평균 이상의 수익을 올릴 수 있으며, 이러한 비용우위전략은 새로운 경쟁자의 출현을 억제할 수 있다. 왜냐하면 비용우위는 시장에서의 진입장벽 역할을 하기 때문이다.

차별화전략 산업에서 기업이 가격경쟁요소가 아닌 비가격경쟁요소, 즉 품질이나 시간·융통성·디자인 등의 측면에서 구매자로부터 널리 가치를 인정받는 유일한 확보를 통한 경쟁전략을 의미한다. 그러므로 품질·납품시스템 또는 마케팅 등의 측면에서 차별화를 할 수 있다.

집중화전략 구매자집단이나 또는 지역적으로 한정된 시장을 집중적인 목표로 삼는 것이다. 비용우위 또는 차별화전략은 산업전체를 대상으로 하고 있으나, 집중화전략은 산업 내에서 한정된 범위에 대해서 비용우위 또는 차별화를 적용함으로서 평균 이상의 성과를 올릴 수 있다. 차별적 경쟁우위를 위한 마지막 단계는 설정된 전략의 성과를 극대화할 수 있는 인프라를 구축하는 것이다.

인프라는 인체의 동맥과 같은 역할을 하기 때문에 경쟁우위를 확보하기 위해서는 필수 불가결한 요소이기도 하다. 따라서 인프라 그 자체가 경쟁우위를 결정하는 요소가 되기도 한다. 따라서 차별적 경쟁우위 확보를 위해서는 3가지의 단계가 서로 균형과 조화를 이룰 때만이 가능해 진다.

Poter의 본원적 전략을 도식화하면 다음과 같이 요약할 수 있다.

<table>
<tr><th colspan="2" rowspan="2">구 분</th><th colspan="2">경쟁우위 요소</th></tr>
<tr><th>차별화</th><th>낮은 원가</th></tr>
<tr><td rowspan="2">경쟁범위</td><td>넓은 목표시장</td><td>차별화 전략</td><td>원가우위전략</td></tr>
<tr><td>좁은 목표시장</td><td>차별화 집중력</td><td>원가우위 집중화</td></tr>
</table>

Porter의 본원적 전략

지속가능한 경쟁우위를 확보하기 위해서는 목표를 설정하고, 여러 경쟁요소들 중에서 목표에 상충하는 경쟁요소를 지배적 경쟁전략으로 추구하는 것이 바람직한 일이다.

초우량 기업으로 선진화한 회사들로부터 발견할 수 있는 공통점은 자사가 영위하는 사업에 적합한 핵심역량을 찾아내서 이들을 경쟁우위 확보를 위한 핵심요소로 지속적으로 활용한다는 것과, 경쟁우위 요소를 기반으로 고객중심적인 경영을 통해 수익창출 사업을 지속적으로 발굴해 나간다는 점이다. 뿐만 아니라 모든 경쟁요소에 대해 우위를 누리는 것이 아니라, 특정의 동질적인 경쟁요소에 집중화하여 이를 지배적 경영전략으로 추진하고 있다.

<table>
<tr><th rowspan="2">Business Unit</th><th colspan="3">시장점유율</th><th colspan="4">경쟁요소분석</th></tr>
<tr><th>T=-2</th><th>T=-1</th><th>T=0
(P)</th><th>원가지위</th><th>생산능력</th><th>마케팅력</th><th>기술력</th></tr>
<tr><td>BU-1</td><td></td><td></td><td></td><td></td><td></td><td></td><td></td></tr>
<tr><td>BU-2</td><td></td><td></td><td></td><td></td><td></td><td></td><td></td></tr>
<tr><td>BU-3</td><td></td><td></td><td></td><td></td><td></td><td></td><td></td></tr>
<tr><td>BU-4</td><td></td><td></td><td></td><td></td><td></td><td></td><td></td></tr>
</table>

3. 내부역량과 자원분석

경영전략이 과거에는 산업환경이나 경영자에 대한 경쟁우위라는 외부환경이 중시되었지만 현재에 이르러 점차적으로 기업내부의 핵심역량이 중요시 되고 있다. 따라서 최근의 경영전략은 경영자원과 핵심역량을 중심으로 하여 내부적인 경영환경을 분석하여 이를 전략에 적절히 반영하는 방향으로 전개되어지고 있다.

■ 경영자원 분석

경영자원이란 기업이 생산물을 만들어 내기 위하여 투입하는 요소를 의미한다. 종래의 3M(Material·Money·Man), 즉 물적자원·재무자원 그리고 인적자원을 중시해 왔다. 현대에 들어오면서 과거와는 다른 형태의 경영자원, 즉 기능과 기술 및 특허권과 같은 기술자원, 외부로부터 수집된 정보나 학습을 통해 축적된 지식과 같은 정보자원, 그리고 원활한 생산활동을 가능하게 해주는 충분한 양의 용수나 공기 등과 같은 생태적자원의 중요성이 더욱 커지고 있다. 경영자원이 중요한 이유는 무엇보다도 필요한 경영자원을 확보하지 못할 경우 기업경영의 영속성을 보장받을 수 없기 때문이다. 기업경영의 영속성을 보장받기 위해서 기업은 필요한 경영자원을 반드시 확보하여야 한다. 내부여건을 분석하는 일차적 목적은 기업이 보유한 자원과 능력을 평가하여 경쟁우위의 원천이 되는 강점과 약점을 파악하는데 있으며, 보다 궁극적으로는 외부기회에 대해 강점을 활용하거나 또는 핵심역량 및 능력의 개발·축적을 통해 강점을 계속 유지하고 약점을 보완하는 데 있다.

Tip 경영자원의 특성

- **유용성** : 보유한 자원이 유용할 때 그 자원은 지속적인 경쟁우위의 원천이 될 수 있음을 의미한다.
- **희소성** : 다른 기업이 그 자원을 보유하고 있지 않을수록 자원의 희소성이 증대되고, 그러한 자원을 보유한 기업은 보유하지 않은 기업에 비해 경쟁 우위를 갖게 된다.
- **불완전한 모방성** : 유용하면서 희소한 자원이라 하더라도 장기적으로 다른 기업들이 이들 자원을 획득할 수 없을 때, 비로소 경쟁우위를 지속적으로 유지할 수 있다.
- **불완전한 대체성** : 기업의 자원이 경쟁우위의 원천이 되기 위해서는 대체자원이 존재하지 않아야 한다.

기업이 보유한 자원을 크게 분류한다면 유형자원과 무형자원(인적자원)으로 나눌 수 있다. 유형자원은 기계·장비 같은 물질적 자산과 재무적 자원 등 가시적 자원을 의미하며, 무형자원은 기업의 명성·기술·노하우와 같은 비가시적 자원을 의미하며, 인적자원은 조직 구성원을 의미한다.

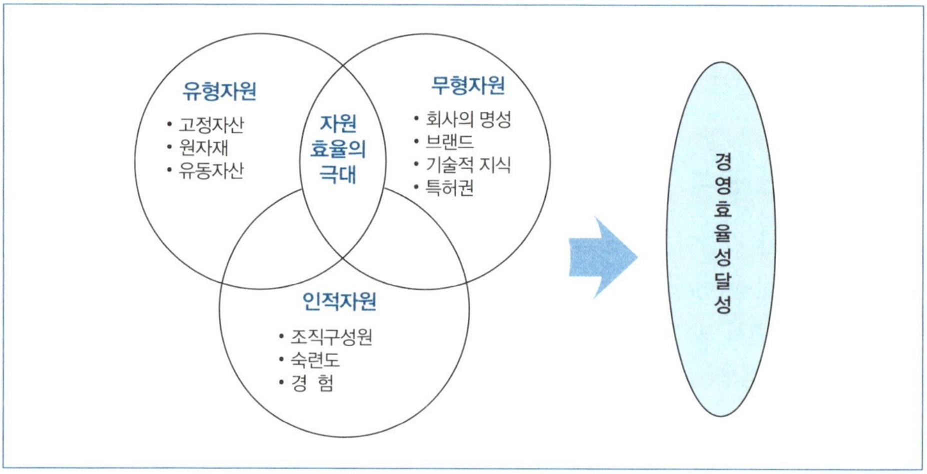

경영자원의 유형과 관계

[자원의 특성과 경쟁지위]

자원의 특성				경쟁지위
유용성	희소성	불완전한 모방성	불완전한 대체성	
×	×	×	×	경쟁열위
○	×	×	×	동등한 경쟁
○	○	×	×	일시적 경쟁우위
○	○	○	○	지속적 경쟁우위

■ 핵심역량분석

핵심역량(Core Competence) 경영은 경쟁기업에 비하여 훨씬 우월한 능력으로 경쟁우위를 가져다주는 능력으로 기업을 기본적으로 유지시켜주고 있는 핵심역량을 발견하여 이것을 전사적 차원에서 이용하여 기존의 핵심역량에 새로운 기술·제품·서비스 등을 연계시켜 새로운 성장분야로 다각화하는 경영기법이다. 핵심역량은 고객에게 가치를 높이거나 그 가치가 전달되는 과정을 더 효율적으로 할 수 있는 특정한 방법의 능력을 나타내며, 이러한 능력은 또한 기업이 신규 사업으로 진출할 수 있는 능력이 된다.

핵심역량은 여러 조직단위에 내제되거나 통합되어 있는 능력이나 기술이다. 그러므로 핵심역량은 정체되어 존재하는 것이 아니며 산업 환경의 변화나 경쟁자의 등장, 고객의 새로운 욕구에 따라 항상 변하고 있다. 경영환경 변화에 따라 핵심역량을 어떻게 파악하고 확보해야 하는지가 매우 중요한 일이다.

핵심역량의 의의 핵심역량이란 조직구성원들이 보유하고 있는 독자적 기술과 지식의 조합체로서 구체적으로는 경쟁사보다 몇 단계 뛰어난 수준에서 고객에게 이익을 제공할 수 있는 힘, 조직 구성원의 내제된 능력을 결집하여 새로운 기술·기능을 만들어 내는 힘, 그것을 다양한 상품에 응용하고 발전시켜 나가는 힘, 조직구성원이 하나가 되어 환경변화에 재빠르게 대응하는 힘 등을 말한다.

이와 같은 핵심역량은 기업활동의 전 과정 중의 하나, 또는 여러 측면에서 세계최고의 자리를 확보하는 능력으로 과거에 이끌어 왔으며 또한 적절하게 전환하거나, 추가의 역량을 축적시키면서 미래 성장의 견인차 역할을 할 수 있는 기업 내부에 공유되고 있는 특유의 총체적인 능력, 기술, 지식, 문화를 의미한다. 이와 같은 힘은 매우 본질적이고 근원적이기 때문에 특정사업 분야에서 뿐만 아니라 이것을 활용하여 다른 관련 사업으로의 진출까지도 성공을 보장해 주는 특성을 가지고 있다.

핵심역량의 필요성 모든 기업들의 전략수립 단계에서 자연스럽게 등장하는 단어가 핵심역량의 확보일 것이다. 전략을 효과적으로 전개하기 위해서 등장하는 이 단어가 전사차원에서 고려될 때는 사업 전체의 연결고리를 형성하는 중요한 개념으로 작용한다. 핵심역량을 이처럼 강조하는 이유는 다음과 같다.

첫째, 기업의 핵심역량을 파악함으로써 현재 영위하고 있는 사업의 경쟁력을 판단할 수 있다. 또한 사양산업에서의 철수는 그 분야가 가지고 있는 기술력을 포기하는 것과 같은 것이므로 자사의 핵심역량이 판단의 기준이 될 수 있다.

둘째, 전략적 제휴를 효과적으로 활용할 수 있는 기반이 된다. 전략적 제휴나 라이센스를 통하여 새로운 핵심역량을 확보하기 위해서는 자신이 보유하고 있는 핵심역량을 정확히 알고 있어야 한다.

셋째, 사업 다각화에 대한 기준을 제공한다. 기업들이 사업을 전개해 나갈 때 핵심사업의 기본으로, 이를 적극적으로 활용할 수 있는 분야로 진출을 모색하기 위해서는 자사의 핵심역량이 무엇인가를 정확하게 파악하는 것이 우선되어야 한다.

넷째, 조직의 활성화를 주도할 수 있다. 핵심역량을 추구하고 발전시켜나가는 기업들의 공통적인 특징은 조직이 능동적이며 활동적이라는 것이다. 이는 전사 차원의 목표를 명확하게 함으로써 개별사업부의 목표와 일치할 수 있으며 사업부간 시너지 확대와 조직 구성원의 시야를 넓혀주는 역할을 하게 되는 것이다.

Tip 핵심역량의 특징

- 제품이나 기능이 아닌 능력이나 지식의 집합이다.
- 최종제품에 대하여 고객이 느끼는 편익을 제공해 준다.
- 핵심역량은 한정된 초점을 맞추어야 한다.
- 경쟁자들이 모방하기 어려워야 한다.
- 핵심역량은 경쟁 상대를 능가할 수 있는 분야이다.
- 지속적으로 축적되어 더 큰 역량을 발휘할 수 있다.
- 조직 시스템으로 인식되어야 한다.
- 핵심역량은 매우 다양한 시장으로 진출할 수 있는 가능성을 제공하여 준다.

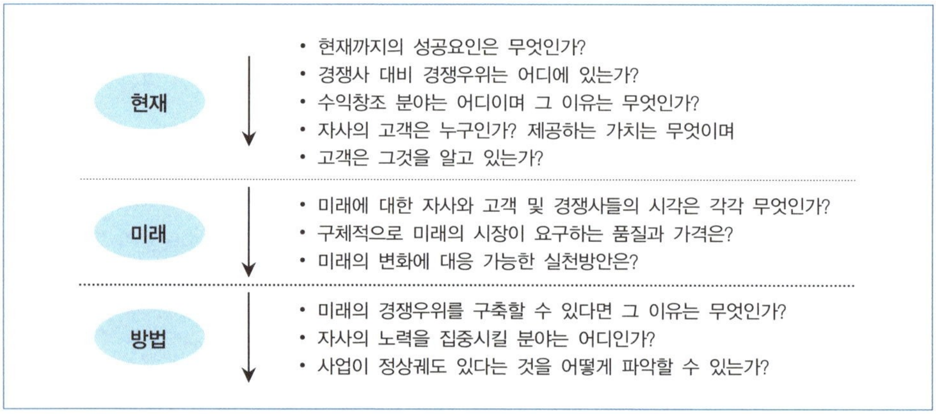

핵심역량의 도출을 위한 Keyword

핵심역량의 조건

핵심역량은 다음과 같은 조건들이 반드시 고려되어 반영되어야 한다. 첫째, 매우 다양한 시장으로 진출할 수 있는 가능성을 제공하여야 한다. 둘째, 최종 제품에 대해 고객이 느끼는 편익을 증대시킬 수 있어야 한다. 셋째, 경쟁자들이 흉내 내기가 어려워야 한다. 특히 핵심역량을 파악할 때 전사차원에서 비전을 설정하고 자사의 역량을 바라보아야 한다. 비전이 없는 상태에서의 역량은 표면적이고 가시적인 또는 부분적인 역량만을 발견하게 되지만, 비전이 설정된 상태에서는 잠재적인 역량, 역량간의 결합 등을 통하여 보다 강력한 핵심역량을 창조해 낼 수 있기 때문이다.

미래에 자사의 사업을 영위하는데 가장 중요한 핵심역량이 무엇인지 파악되었다면 이를 확보하기 위해 다음과 같은 전략적 접근법을 사용할 수 있다.

첫째, 핵심역량이 무엇인지, 그리고 무엇이 되어야 하는지가 명확해지면 우선적으로 확보해야 할 과제가 무엇인지를 파악해야 한다. 물론 모든 핵심역량을 단숨에 확보하는 것이야 말로 최선의 방법이 되겠으나, 한정된 자원을 효율적으로 이용하여 가장 시급하게 확보해야 할 부분부터 구체화해야 한다. 우선과제는 시급성, 실현 가능성 및 경쟁력에 미치는 영향 등을 평가하여 도출되어야 한다. 이 단계에서 효과적으로 활용이 가능한 기법으로는 기업의 전반적인 활동을 세분화한 가치사슬분석(Value Chain Analysis)이나 기업 조직차원의 기능별 분석이 효과적이다. 가치사슬분석을 통하여 구매, 생산, 판매, 마케팅, R&D 등 부문별로 몇 가지 핵심역량을 분류함으로써 어떠한 기능영역 부문에서 가장 시급한 경쟁력을 필요로 하는지를 분석해 낸다. 조직차원의 기능분석은 가장 기본적인 개인의 능력에서 부터 이를 통합적으로 운영·관리할 수 있는 능력의 분석을 통해 핵심능력이 어느 부분에서 발생할 수 있는가를 파악하는 것이다.

[내부역량 분석을 위한 평가시트 예시]

내부능력 결정요인			능력 평가					가중치	평가치	가중 평가치
구분	항목		1	2	3	4	5			
본원적 활동	관리능력 자금조달비용 R&D투자	인력구조 가용자금 기술수준								
투입물류 산출물류	부품조달력 재고수준 결품률	물류비 조달시간 물류 입지								
생산운영	가동률 외주능력	제조원가 품질수준								
마케팅 판매	시장점유율 가격경쟁력 영업력	브랜드충성도 영업조직망 마케팅능력								
서비스	A / S 조직망 고객만족수준 서비스 품질									

주) 1 : 상대적 열세 매우 큼 ... 3 : 보통... 5 : 상대적 우위 매우 큼

둘째, 우선적 해결과제로 선정된 분야에서의 자사 능력을 정확하게 파악하여야 한다. 현재의 내부적 역량 수준은 어느 정도이며, 이러한 내부능력이 핵심역량의 역할을 하지 못하고 있는 문제점을 파악함으로써 세부 실행전략 수립의 기본적인 정보를 파악할 수 있다.

셋째, 핵심역량 확보를 위한 방법과 이를 실행하기 위한 세부 실행전략을 수립한다. 핵심역량을 확보하는 방법에는 내부적으로는 전 조직에 걸쳐 업무수행 자체에 대한 혁신적인 방안을 고려하는 방법과 프로젝트를 수행함으로서 특정 역량을 집중 육성하는 방안을 고려할 수 있다. 외부적으로는 전략적 제휴나 아웃소싱(Outsourcing), 인수·합병(M&A) 등을 통하여 핵심역량을 갖춘 타 기업을 통해 신속히 핵심역량을 구축하는 방안을 고려할 수 있다.

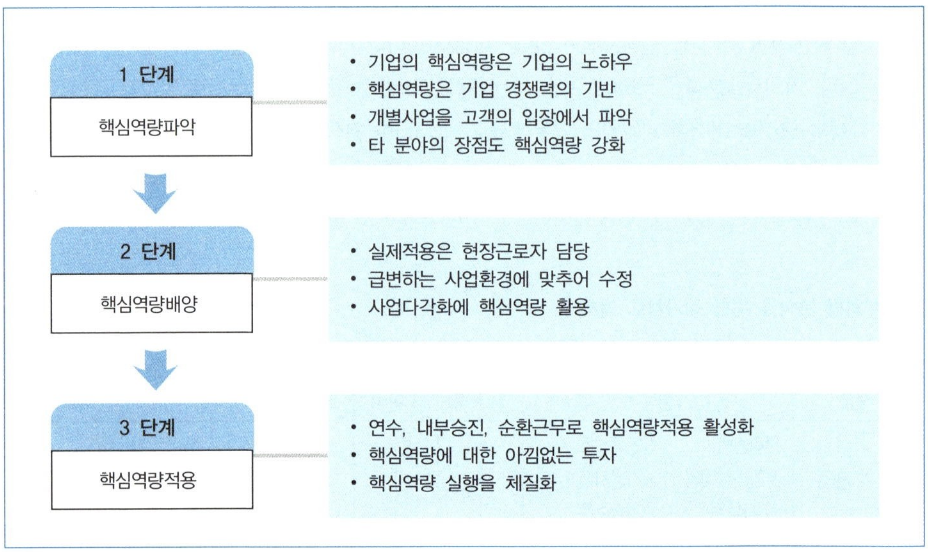

핵심역량의 확대과정

4. 가치사슬분석

가치사슬(Value Chain)이란 컨설팅 회사인 McKinsey가 개발한 Business System을 Porter가 훨씬 정교한 분석틀로 발전시킨 것으로 기업의 전반적인 경영활동을 주 활동부분과 보조 활동부분으로 나누어서 기업의 구매활동에서부터 생산·물류·판매·재고관리·서비스 단계에 이르기까지 각각의 부문에서 비용이 얼마나 들고 소비자들에게 얼마나 부가가치를 창출할 수 있는가를 정교하게 분석할 수 있게 해 준다. 가치사슬은 한 기업의 활동을 전략적으로 연관성이 있는 몇 개의 활동들로 나누어 원가가 발생하는 원천과 자사 제품을 경쟁사의 제품과 차별화시키는 원천을 밝혀내기 위해 도입된 개념이다.

가치사슬 내의 연계가 경쟁우위를 확보하는데 있어 매우 중요하지만 이를 인식하는 일은 매우 어려운 문제이다. 최근에는 정보처리기술의 발전으로 인해 새로운 연계를 찾을 수 있게 되었으며 기존의 연계를 잘 조합해서 경쟁우위를 증진시킬 수도 있게 되었다. 연계는 기업의 가치사슬 내에서뿐만 아니라 공급자나 경로의 가치사슬과 기업의 가치사슬 간에도 이루어진다. 이러한 연계를 수직적 연계라고 한다. 수직적 연계를 통해 기업 내에서의 연계와 마찬가지로 공급자나 경로의 활동과 기업 활동이 비용이나 성과면에 영향을 주고받는다. 공급자는 기업의 가치사슬에 투입되는 제품이나 서비스를 공급함으로써 기업이 가치사슬에 영향을 미치는 한편 다른 측면에서도 기업에 영향을 준다. 기업의 획득활동이나 물류투입 활동은 공급자의 주문처리 시스템과 관련이 있으며 공급자가 제공하는 기술자는 기업의 기술개발 활동이나 제조활동에 기여하게 된다. 공급자가 제공하는 제품이 특성과 여러 측면에서 발생하는 상호관계는 기업이 원가를 절감하거나 차별화를 증진시키는 데 영향을 준다. 즉 공급자의 가치사슬과 기업의 사치사슬의 연계는 경쟁우위를 증진시켜준다.

포터는 기업의 경쟁우위를 살피기 위해서 기업의 모든 구성요소를 몇 개의 범주로 세분하여 분석했다. 따라서 이러한 분석을 위한 세분화는 상호 비교를 위해 기본적 틀이 필요하며, 이러한 필요에 따라 기업의 거의 모든 활동을 전략적 단위활동으로 구분해 놓은 그림이 바로 가치사슬이다. 가치사슬에서 가치란 기업이 공급하는 제품에 대해 구매자가 기꺼이 지불하려고 하는 금액을 말한다. 가치사슬은 총 가치로 구성되며, 다시 총 가치는 가치 활동과 이윤으로 구분된다. 가치 활동은 소비자에게 가치 있는 제품을 제공하기 위해 기업이 수행하는 활동이며, 이윤은 총 가치에서 가치 활동 수행 시 필요한 원가를 뺀 차액을 말한다.

■ 가치창출 활동

가치창출 활동은 본원적 활동과 지원활동으로 구분한다.

본원적 활동 본원적 활동이란 물류투입·운영 및 생산·물류산출·마케팅 및 영업·서비스에 이르는 활동들을 말하며 제품이나 서비스의 물리적 가치창출과 관련된 활동들로서 직접적으로 고객들에게 전달되는 부가가치 창출에 기여하는 활동들을 의미한다.

지원활동 지원활동이란 회사의 인프라·인적자원관리·기술개발·구매조달이 이에 포함되며, 본원적 활동이 발생하도록 하는 투입물 및 인프라를 제공한다. 지원활동들은 직접적으로 부가가치를 창출하지는 않지만 이를 창출할 수 있도록 지원하는 활동을 의미한다.

■ 가치활동과 가치시스템

특정 산업에 있어서의 회사의 가치사슬은 가치시스템이라고 하는 보다 큰 활동들의 흐름 속에 포함되며, 가치 시스템은 회사 내의 가치 활동들은 연결할 뿐만 아니라, 회사의 가치사슬과 공급자 가치사슬 및 유통-구매자와 사용자 가치사슬이라는 전방채널 가치사슬 사이에 상호 이론적 관계를 창출케 한다.

따라서 가치시스템은 기업간 뿐만 아니라 동종업체, 산업 및 국가 간에 이르기까지 확장될 수 있으며, 각각의 경쟁우위 강화 및 구축을 위한 전략적 도구로서 활용될 수 있다.

가치시스템 하에서 회사는 공급자와의 관계에서 공급사슬관리, 회사와 고객과의 관계에서는 고객관계관리가 삽입되며, 오늘날 ERP는 회사 하부구조 차원을 넘어 지원 및 본원적 활동 전 영역으로 확대되어 적용되고 있다.

■ 가치사슬 분석

가치사슬 분석은 회사의 경쟁하는 방법을 검증하는 중요한 기법으로서 회사 전체의 비즈니스 프로세스와 활동을 연구하고, 정해진 프로세스에 대한 코스트의 할당과 서로 다른 프로세스에 의해 발생된 가치를 결정한다. 이러한 부분이 Cost(원가)·Speed(속도)·Efficiency(효율성)을 분석하여 경쟁우위 구축을 위한 도구로 활용된다는 데에 그 의미가 있다. 가치사슬분석에 있어서 각 가치 활동들을 상호 독립적 활동들로 분리하여 분석해서는 아니 되며, 상호 이론적 활동으로 그 연계를 통한 시너지 효과를 고려하여 분석하여야 한다.

■ 가치사슬과 경쟁우위

가치시스템의 경쟁우위는 가치시스템 참여 기업들의 집단인 산업의 경쟁우위를 결정하게 되며, 회사의 경쟁우위 평가는 자사의 가치사슬, 공급자의 가치사슬, 전방채널 참가자의 가치사슬을 포함하는 가치시스템에 대한 이해를 필요로 한다.

가치사슬 분석은 최종 사용자에게 제공되는 제품이나 서비스를 형성하는 모든 활동에 대한 전략적 우위 및 열위를 결정함으로써 경쟁우위를 평가하는 하나의 방법이다. 이러한 활동들은 회사의 활동뿐만 아니라 회사 밖 외부기업들인 공급자, 유통업자, 물류업자, 처리 및 리싸이클링 업자를 포함하며, 회사는 고객에게 Focus된 프로세스를 창출하는 전체 가치 사슬의 한 부분이다. 가치사슬 분석은 최고의 경쟁우위를 가져오는 가치사슬의 조합으로 가치사슬 분석의 핵심개념은 기능적 구조에 대한 강조를 줄이고, 제품 투입과 함께 시작하여 제품 산출 및 고객으로 종결되는 조직에 대한 수평적 관점인 프로세스 시작을 채택하는 것이다.

Tip 가치사슬 분석을 통한 경쟁우위 평가 방법

- **내부 코스트 분석** : 프로세스를 창출하는 내부 가치에 대한 수익성 원천 및 상대적 코스트 지위를 결정한다.
- **내부차별화 분석** : 프로세스를 창출하는 내부가치 내에서 차별화 원천을 이해하는 것이다.
- **수직적 연계 분석** : 고객에게 전달되는 가치를 최대화 하고 코스트를 최소화하기 위하여 외부공급자와 고객들 중에서 관련성 및 연관된 코스트를 이해하는 것이다.

가치사슬의 한계성

가치사슬에서는 경쟁우위 획득에 있어서 중요한 모든 혁신과 전략적 의사결정의 주체인 기업가 활동이 배제되어 있으며, 조직의 최상위 수준에 적용하는 것은 한계가 있다. 그 이유로서는 하나의 산업은 서로 다른 프로세스에 대한 요구 및 서로 다른 경제적 상호 관계와 역동성을 포함하는 많은 다른 구분된 부문들을 내포하고 있기 때문이다.

따라서 가치사슬 분석은 참여자 등 사이에 정적인 상호관계를 평가하는 데는 매우 유용하나 끊임없이 가치사슬 관계를 재 정의하는 변화의 속도가 매우 빠른 산업과 관련된 역동성을 이해하기에는 약점을 가지고 있다. 또한 각 가치사슬활동에 대하여 쉽게 활용할 수 있는 데이터의 획득이 실무적으로 매우 어렵다는 한계성을 가지고 있다.

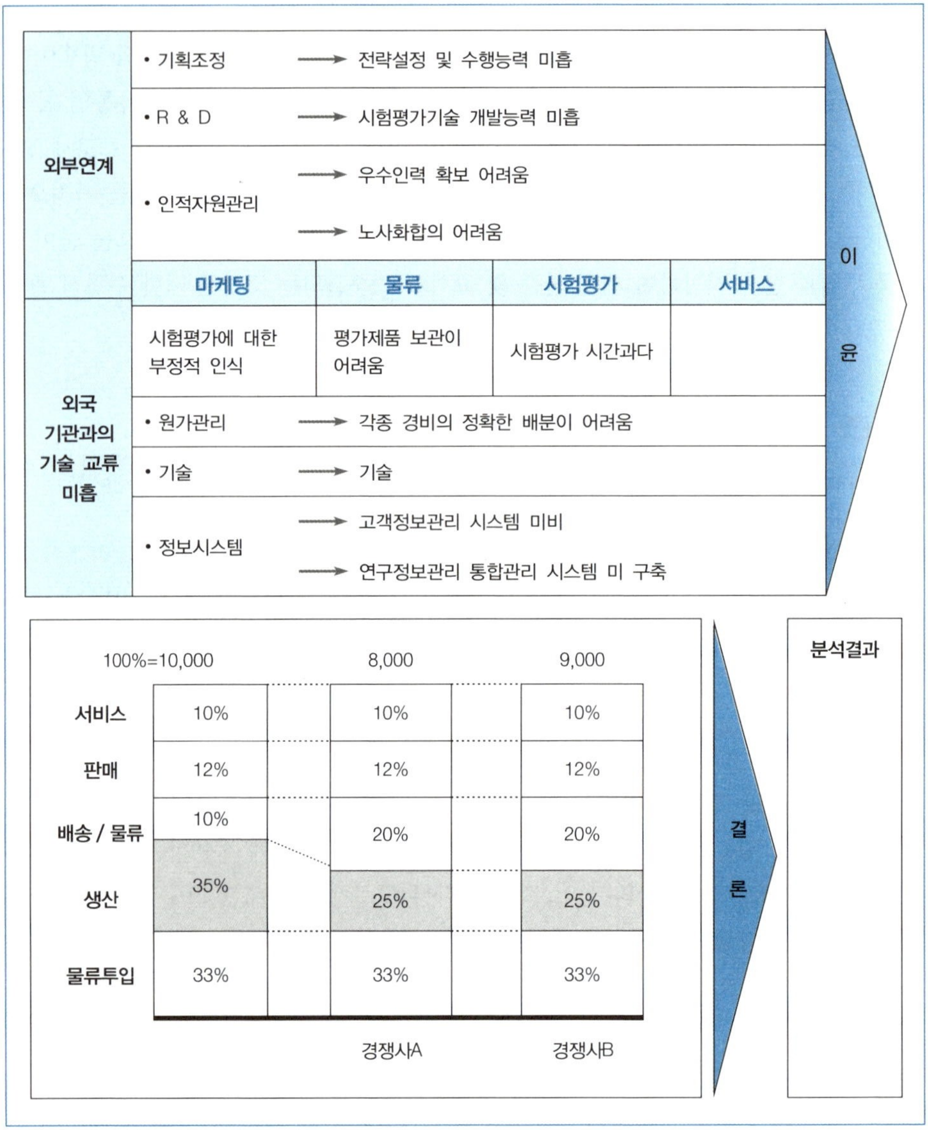

Value Chain 분석 예시

03 산업환경분석

산업분석(Industry Analysis)이란 산업의 특성과 전망에 대한 분석으로 개별산업 또는 관련 사업에 중요한 영향을 미치는 요인들을 광범위하게 연구·분석하는 것을 말한다. 즉 경제 사회의 환경변화에 따른 산업의 변화와 이것이 개별기업에 미치는 영향을 파악하는 것이라고 할 수 있다.

산업분석은 현재 산업동향과 산업의 역동성, Life Cycle 분석 및 경쟁사 분석 등을 통하여 산업의 핵심성공 요인을 파악하고 경쟁우위 확보를 위한 핵심역량 강화 및 사업방향 등의 전략 대안을 도출하는 데 그 목적이 있다. 따라서 산업분석에 있어서 전략집단은 전략적 사업단위(SBU / Strategic Business unit)로 구분하여 접근 하는 것이 분석의 효율성을 제고시킬 수 있다. 산업분석은 특정 산업에 대한 매력도를 판단하고 특정 산업에서 성공할 수 있는 핵심성공요인을 파악하기 위한 것이 목적이다.

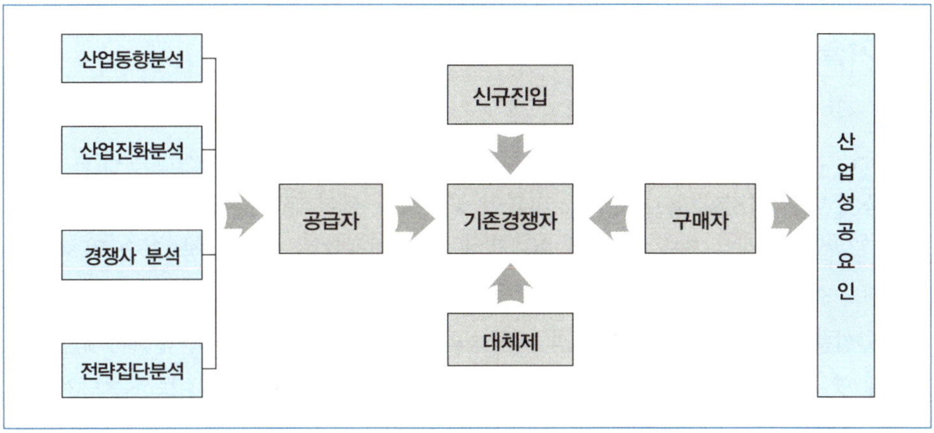

산업환경분석의 기본 틀

1. 산업동향의 분석

산업동향 분석에서 그 산업의 특성 인자로 시장성과 기술적 타당성, 성장가능성 및 위험요소에 대해 분석해 볼 필요가 있다.

시장성분석

현재 또는 미래에 자사가 추진하고자 하는 사업 환경으로서의 시장의 특성 및 구조가 어떻게 되어 있는지 파악하는 것은 중요한 일이다. 시장의 위치나 유통경로 및 조직·Logistic·거래조건 등의 특성과 구조를 먼저 이해하고 이들 전략사업단위의 국내의 수급동향과 중장기적인 수급전망을 분석하고 동업자나 유사 제품과의 경쟁상태 및 향후 경쟁제품의 출현가능성, 국내의 가격구조 및 가격동향, 목표시장 선정 및 판매전략 등은 시장성분석에 있어서 중요한 검토대상 요소가 될 수 있다.

Tip 시장성분석의 Key Point

- **수요분석** : 주요 고객, 예상 소비량, 총 수요금액
- **공급분석** : 기존 기업의 공급능력, 기존 제품의 가격·품질·판매전략 등
- **거래수요의 분석** : 생산제품에 대한 미래수요추정
- **시장점유율 추정** : 수요·공급·경쟁자의 위치와 구상하고 있는 사업의 판매 계획 등을 고려하여 계획한 상품의 시장 점유율을 추정한다.

기술성분석

기술성이란 제품의 생산과 관련된 제 요소인 제품이 원만하게 생산 될 수 있는지를 분석하는 요소이다. 제품에 대한 특성·화학적 반응·기계적 기능·생산시스템·수정 등 생산제품에 대한 철저한 조사·분석과 더불어 공장입지·시설계획 및 생산시설규모·생산능력 및 조업도·원재료 조달 및 제품 원단위에 대한 원재료 소요량 산정, 기술 및 기능인력 확보, 예상 불량률 및 개선 가능성들을 종합적으로 분석해야 한다.

기술성분석은 사업계획의 기술적 타당성과 원가추정을 위한 기초자료를 제공하고, 사업에 영향을 미치는 여러 가지 요인을 고려하여 기술적 대안을 비교·검토하는 단계이다. 기술성분석에서는 이용할 기술과 공정 등을 검토하여 다음 내용을 포함시켜야 한다.

- 제품의 물리적·기계적·화학적 특성에 관한 사항
- 제조공정에 관한 사항
- 수요량을 생산할 수 있는 공장 규모 및 생산 능력의 결정
- 구입한 기계의 가격 및 설비의 성능·예비 부품의 조달가능성
- 기계의 장·단점을 충분히 비교·검토한 자료 및 기계의 배치
- 이용되는 기술로부터 예상되는 폐기품의 종류와 양, 처리방식 및 비용

■ 성장성 및 위험요소 분석

사업환경분석에서 검토되어야 할 또 다른 측면은 사업의 장기적 성장가능성분석이다. 성장추세분석에서는 기업성패의 중대한 영향을 미치는 기업 환경요소중 기업경영에 치명적 영향을 미칠 가능성이 있는 위험요소에는 어떤 것이 있으며, 이들 위험요소에 대한 정확한 대응전략의 수립이 가능한지의 여부와 장기적으로 성장가능성이 어느 정도인지를 분석하여야 한다.

[산업특성분석]

분석대상 요소		핵 심 내 용
수급동향	수 요	
	공 급	
시 장		
기 술		
경 쟁 구 조		
발 전 전 망		
경 쟁 원 천		

[산업 발달과 핵심 Trend 분석]

사업세분화	Trends		성장 Trends
	긍정적 측면	부정적 측면	

[성장추세 분석]

구 분		SBU1			SBU2			SBU3		
		매출액	구성비	시장성장률	매출액	구성비	시장성장률	매출액	구성비	시장성장률
과거	T=-3									
	T=-2									
	T= 1									
현재	T=0(P)									
미래 예측	T=1									
	T=2									
	T=3									

[시장점유율 분석]

구 분		자사	경쟁1	경쟁2	경쟁3	성장추세분석 / 그래프
과거	T=-3					
	T=-2					
	T=-1					
현재	T=0(P)					
미래예측	T=1					
	T=2					
	T=3					

2. 산업진화 분석

경제환경의 변화와 발전은 기업으로 하여금 혁신을 끊임없이 요구하게 되었고 이러한 혁신을 이루어내는 과정에서 산업의 변화 내지 진화에 대해 미치는 효과를 분석한 것이 산업진화 분석이라고 할 수 있다. 기업이란 시장환경에 대한 불확실성과 경영성과의 결과에 대한 예측에 대한 불확실성으로 인해 나름대로의 독특한 행동규칙을 형성하고 있다. 이러한 행동규칙은 그 기업 고유의 역사와 경험에 의존하여 형성됨으로 기업간의 이질성이 나타나는 한 원인이 되고 있다. 한편 이 행동규칙에 문제가 있을 경우 새로운 행동규칙을 모색하는 탐색과 이것이 성공적일 경우 경험 학습을 통해 이를 적응하는 과정을 거쳐 변화되어 간다. 또 이 행동규칙은 통상적인 의사결정에 있어서 뿐만 아니라 장기적인 투자 결정에 있어서도 형성됨으로 개별 기업의 전략적 방향과 내용도 결정하게 된다.

산업진화의 특징은 시장이 선별과정을 통해 그 산업을 구성하고 있는 이질적인 기업들로 하여금 끊임없이 변화하도록 강제함에 따라 산업진화가 나타난다. 산업을 구성하는 기업들은 행동 규칙의 차이와 탐색하고 적응하는 능력의 차이 등으로 인해 이질성을 지닐 수밖에 없고 이는 기업성과의 차이로 나타난다. 결국 기업은 시장 경쟁에서 살아남거나 더 큰 성과를 얻기 위해서 끊임없는 혁신을 추구하게 되며 그 성과에 따라 선별되거나 쇠퇴하게 된다. 이러한 과정을 거치면서 산업전체에 있어서도 진화가 나타나게 되며, 산업의 고유한 특성에 따라 선별환경도 달라지기 때문에 각 산업 사이에도 이질성이 나타날 수밖에 없다.

■ 산업수명주기 모형

산업수명주기 모형은 산업의 발달이 경쟁세력에 미치는 영향을 분석하는데 유용하다. 이 모형은 산업의 발전 단계를 환경적 특성을 달리하는 배아기 산업(embryonic industries)·성장기 산업(growth industry)·산업 조정기(shakeout stage)·성숙기 산업(maturity industry)·쇠퇴기 산업(declining insustry)으로 구분한다.

배아기 산업(embryonic industries) 배아기 산업의 성장은 느리다. 규모의 경제가 실현되지 않아 가격은 높고 유통망도 엉성하다. 이 단계의 진입장벽은 원가 및 브랜드 충성도 보다 핵심기술의 노하우에 접근하기 어렵다는데 있다. 진입장벽이 높다는 것이다. 그래서 잠재경쟁자로부터 보호 받을 수 있다. 배아기 산업에서의 경쟁은 고객을 교육시키고, 유통망을 구축하고, 제품설계의 완성도를 높이는 경쟁이다. 개별 기업의 혁신적 노력이 배아기 산업을 형성하기도 한다.

성장기 산업(growth industry) 성장기 산업은 제품이 수요가 증가하면서 성장기로 진입한다. 고객은 제품에 대해서 잘 알고 규모의 경제로 가격은 인하된다. 유통망이 구축되면서 시장은 성장한다. 이 단계에서 그간 진입장벽으로 여겨왔던 기술지식의 중요성이 줄어들면서 몇몇 기업은 규모의 경제를 달성하거나 브랜드 충성도를 구축하기 때문에 진입장벽이 낮아지고 잠재경쟁자가 출현할 위협이 생긴다. 단순하게 말하면 수요가 넘쳐나기 때문에 경쟁사의 시장점유율을 빼앗지 않고도 기업의 수입과 이익을 확대할 수 있다. 그래서 전략적인 기업은 유리한 성장기의 환경을 다가올 산업 조정기의 경쟁에 대비한다.

산업 조정기(shakeout stage) 산업조정기는 수요는 포화수준이 되고 잠재적인 신규고객이 감소하기 때문에 수요는 대체수요에 한정되고 성장률은 둔화된다. 이 단계에 접어들면 기업 간이 경쟁은 치열해진다. 기업들은 고속성장에 익숙해져 있어 생산능력을 늘린다. 하지만 수요가 과거와 같이 급속하게 증가하지 않아 초과공급의 위험상황에 놓이게 된다. 그래서 기업들은 생산능력을 활용하려고 가격을 인하한다. 가격전쟁이 시작되는 것이다. 가격전쟁이 시작되면 효율성이 낮은 기업은 파산하고 신규진입은 멈춘다.

성숙기 산업(maturity industry) 성숙기 산업은 산업 조정기가 끝났음을 의미한다. 성숙기 산업의 성장은 인구가 증가될 경우에만 가능하며, 이때에만 신규고객이 시장에 진입하거나 대체수요가 증가하게 된다. 성숙기는 진입장벽은 높고, 잠재경쟁자의 진입은 위험은 감소한다. 시장점유율을 유지한다고 해도 성장기와 같은 성장률을 기대하기 힘들다. 이 단계까지 생존한 기업은 브랜드 충성도를 높인 기업이거나 저가에 효율적으로 운영한 기업이다. 이는 진입장벽이 된다.

쇠퇴기 산업(declining insustry) 쇠퇴기 산업은 성장이 한계에 도달함을 의미한다. 쇠퇴기는 기술적인 대체, 사회적 변화, 인구통계학적 특성, 국제경쟁 심화로 인해 맞이하게 된다. 이 산업 내에서의 경쟁 정도는 보통 증가하고 퇴출장벽의 높이에 따라서 경쟁압력은 조정기만큼 치열할 수도 있다. 이 단계의 가장 큰 문제는 수요 감소로 인하여 초과생산능력이 초래되는 것이다. 이는 곧 가격 전쟁을 야기 시킨다. 퇴출장벽은 초과공급능력을 조정하는데 일익을 하지만 퇴출장벽이 높을수록 기업은 공급능력을 줄이기 어려워지고, 가격경쟁 위험은 더욱 커진다. 산업진화분석에 있어서 산업수명주기 모형을 다음 Sheet와 같이 작성해 볼 수 있다.

[산업수명주기와 산업진화]

구 분	배아기	성장기	조정기	성숙기	쇠퇴기
시장특성					
전략목표					
원가					
구매자					
고객					
경쟁자					
매출액					
마케팅					

3. 경쟁자 분석

경쟁전략이란 경쟁자에 비해 상대적으로 우월한 경쟁우위 전략을 개발하는 것이다. 이러한 경쟁전략을 도출하기 위해서는 경쟁자와 경쟁상황에 대한 정확한 인식이 먼저 이루어져야 한다. 경쟁자란 현재 존재하지 않거나 전략적인 목적 아래 또는 기존의 상표·유통경로·기술력 등을 이용하여 시장에 진입할 경우 상당한 상승효과를 거두면서 강력한 경쟁자로 부각되는 기업을 의미한다. 어떠한 산업에 새로이 진출하는 기업이 주는 위협 정도는 그 산업에 내제된 진입장벽과 신규 진출기업이 예상되는 기존업체들의 여러 가지 형태의 대응방법에 의해 경쟁구조가 좌우될 수밖에 없다.

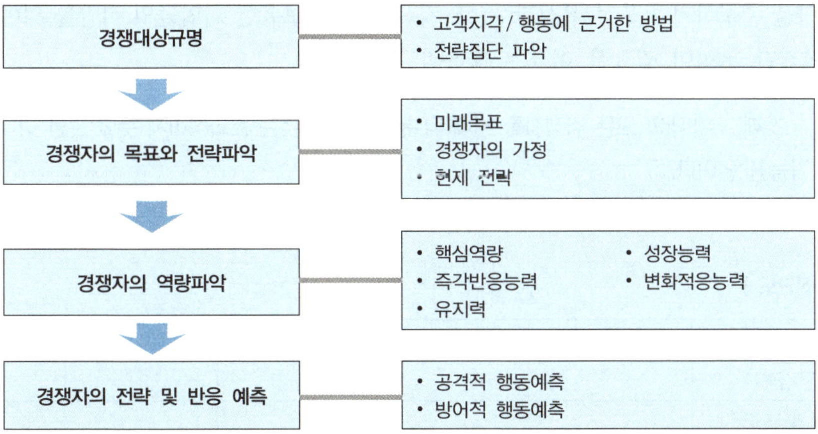

■ 경쟁대상 규명

경쟁대상의 규명방법에는 고객의 지각이나 행동에 근거한 방법과 전략집단에 근거한 방법으로 구분하여 생각해 볼 수 있다.

고객의 지각이나 행동에 근거한 방법 고객의 지각이나 행동을 분석하여 서로 대체 가능성이 높은 제품일수록 경쟁의 정도가 치열해 진다. 따라서 고객의 지각에 근거하여 경쟁자를 규명하는 방법으로 사용 상황별 대체 분석 방법을 주로 많이 사용한다.

또한 고객의 행동에 근거하여 경쟁자를 규명하는 방법으로 수요의 교차탄력성을 분석하는 방법을 많이 사용한다. 어떤 상표의 가격이 1% 상승했을 때 다른 상표의 판매량이 얼마나 변화되는가를 나타내는 지표이다.

$$\text{수요의 교차 탄력성} = \frac{\frac{\triangle QX}{QX}}{\frac{\triangle PY}{PG}}$$

여기에서 $\triangle QX$는 제품 X의 판매량의 변화이며 QX는 제품 X의 판매량을 말한다. 또한 $\triangle PY$는 제품 Y의 가격의 변화이고 PY는 제품 Y의 가격을 말한다.

전략집단에 근거한 방법 전략집단이란 용어는 헌트(hunt)에 의해 1972년에 처음소개 되었으며, 그 후에 뉴만, 포터 등 여러 학자들에 의한 연구가 진행되었다. 전략집단이란 하나의 산업에 속한 기업들 중에서 오랜 시간에 걸쳐 서로 동일하거나 유사한 경쟁 전략을 추구하거나 또는 유사한 특성, 자산 역량을 보유한 기업들의 집단을 의미한다.

전략집단 분석이 필요한 이유는 다음과 같다.

첫째, 산업내의 모든 경쟁자를 전체 다 분석한다는 것은 효과적이지 못할 뿐만 아니라 불가능한 일이다.

둘째, 자사가 경쟁하기에 유리할 것으로 판단되는 시장을 선택할 필요가 있기 때문이다.

[전략집단도]

구 분	특징과 전략	주요경쟁사	기 회	위 협	점유율
전략집단A					
전략집단B					
전략집단C					

경쟁자의 목표와 전략분석

경쟁자의 목표와 전략을 분석하기 위해서는 먼저 경쟁대상자의 파악을 우선 실시해야 한다. 그러하기 위해서는 먼저 잠재 경쟁자를 규명할 필요성이 있다. 잠재경쟁자란 현재 시장에 참여하고 있지는 않지만, 시장의 진입장벽을 쉽게 극복할 수 있는 기업으로써 자사가 위치한 산업에 진입함으로써 현재 영유하고 있는 사업과의 시너지 효과를 기대할 수 있는 기업이다. 그러므로 현재 전략 확장과정에서 자사가 진출해 있는 산업에 진입가능성이 있는 기업으로서 전방통합이나 후방통합을 할 가능성이 있는 공급자나 구매자 또한 잠재경쟁자에 속한다고 할 수 있다.

경쟁대상자가 파악되면 이들의 목표와 전략을 분석해야 한다. 여기에서 경쟁자의 역량에 대한 분석을 위해서는 질적이고 판단적인 방대한 자료가 요구되어 진다. 이 자료에 포함되어야 할 사항으로 경쟁자의 목표·경쟁자의 가정·경쟁자의 현재전략 등이 있으며, 이를 구체적으로 살펴보면 다음과 같다.

경쟁자의 목표 경쟁자의 목표를 분석하려면 먼저 포괄적인 이해가 필요하다. 이는 방대한 정보와 충분한 해석이 요청되며 전 조직의 단일 목표는 존재하지 않는다.

- 전략적 목표
- 기업문화 목표
- 조직 목표
- 재무적 목표

경쟁자의 가정 경쟁자의 가정(Assumption)을 분석하기 위해서는 경쟁자 자신에 대한 가정과 자사의 상황과 특성에 대한 가정이 동시에 이루어져야 한다. 또한 산업과 산업내의 다른 기업들에 대한 가정으로써 산업환경과 경쟁자들에 대한 나름대로의 가정도 간과해서는 아니 된다.

경쟁자의 현재 전략 경쟁자의 현재전략이란 규명된 목표를 어떻게 달성하고자 하는지를 파악하는 것이다. 그러하기 위해서는 먼저 경쟁자의 표적고객을 규명해야 한다. 경쟁자가 추구하는 목표고객을 규명하는 방법으로써 경쟁제품의 특성 자체를 직접 확인하여 파악하거나 기업·홍보자료 또는 연설문 등 자료를 통하여 파악할 수 있으며, 경쟁자가 어떠한 마케팅 믹스전략을 활용하고 있는지를 조사함으로써 파악할 수도 있다. 여기에서 주요한 체크사항으로서 경쟁자의 핵심전략과 그 기능들이 상호 어떤 연계를 이루고 있는지가 무엇보다 중요한 이슈들이 된다.

[경쟁자의 마케팅전략 분석표]

전략요소	Competitor 1	Competitor 2	Competitor 3
미래목표			
표적시장			
포지셔닝전략			
제품전략			
가격전략			
촉진전략			
유통전략			

■ 경쟁자의 역량 파악

경쟁자의 역량과 강점 및 약점을 파악하기 위해서는 그들의 핵심역량이 무엇이며, 성장능력과 환경변화에 신속한 대응 능력이 있는지와 변화할 수 있는 능력이 있는지 파악하여야 한다.

[경쟁자의 역량 그리드 분석표]

역 량		경쟁자1	경쟁자2	경쟁자3
생산능력	공장 / 규모, 노후			
	설비 / 자동화, 유연성			
	근로자 / 기술수준, 노조결성			
개발능력	기술 / 특허수, 개발단계			
	연구개발비 / 총액, 매출액비율			
	기술개발 / 핵심능력, 선점, 모방			
마케팅력	광고 / 능력, 인지도, 포지셔닝			
	판매조직 / 능력, 크기, 유형, 위치			
	서비스능력			
	유통력(경로, 커버리지)			
재무능력	유동성			
	현금흐름			
	부채비율			
관리능력	핵심인물 / 계획수립능력			
	인원충원 / 이직률, 숙련도			
	조직의 유연성			

* A : 강함, B : 평균 이상, C : 평균, D : 평균 미만, F : 약함

■ 경쟁자의 전략 및 반응 예측

경쟁자의 전략과 반응 예측에는 공격적 행동의 예측과 방어적 행동의 예측이 있다. 공격적 행동의 예측이란 경쟁자가 현재의 위치에 대해 만족하고 있는지를 경쟁자의 목표와 역량 분석을 통해 발생 가능한 각 행동들의 강도를 예측하는 것이다.

방어적 행동의 예측이란 경쟁자가 현재의 위치에 대해 그들의 취약점이 무엇인지, 또는 그들의 도발성이 예측되는 부문이 무엇인지, 방어적 행동을 전략적으로 전개할 경우 반응의 효율성이 얼마만큼의 수치로 나타날 것인지를 예측하는 것이다.

4. 전략집단 분석

전략집단(Strategic Group)이란 산업분석의 한 부분으로서 산업 내에서 유사한 경쟁

방식과 포지션을 갖는 경쟁자들로 구성되어 있다. 전략집단을 분석하는 목적은 경쟁자의 경쟁포지션과 산업그룹 내 또는 산업그룹 간 경쟁강도를 파악할 뿐만 아니라 산업내의 다양한 전략집단의 잠재수익률 및 분석대상 기업의 경쟁포지션에 대한 정태적·동태적인 전략적 의미를 찾는 데 그 목적이 있다.

- 전략집단에 대한 신규진입 위협의 영향
- 전략집단에 대한 내부경쟁의 영향
- 전략집단에 대한 구매자와 공급자간 교섭력의 영향
- 전략집단에 대한 대체품위협의 영향에 대한 접근을 통하여 전략적 근거와 의미를 둔다.

■ 전략집단에 대한 신규진입 위협의 영향

경쟁자로부터 자사의 경쟁 포지션을 보호하기 위하여 개별 기업들은 이동 장벽을 구축하여 진입을 저지하게 된다. 이동장벽의 원천으로는 시장 관련전략·산업의 보급특성·기업의 특성이 포함된다.

전략집단에 대한 내부경쟁의 영향 전략집단 간의 경쟁강도를 결정하는 요소로서는 다음을 둘 수 있다.

- 산업내의 전략집단 숫자와 집단 간의 시장점유율
- 전략집단 간 전략상의 거리
- 전략집단의 상호 시장의 혼성을 들 수 있다.

전략집단에 대한 대체품위협의 영향 특정산업에서 경영활동을 하는 기업의 경우 넓은 의미에서 대체품을 생산하는 전략집단과도 경쟁을 해야 한다. 대체품이 자사의 제품보다 가격 및 효능 측면에서 우월하거나 전략집단 자체가 높은 이윤을 얻는 경우가 있다.

전략적 방향	이 동 장 벽
자사 → 집단A	
자사 → 집단B	
자사의 미래 전략방향	

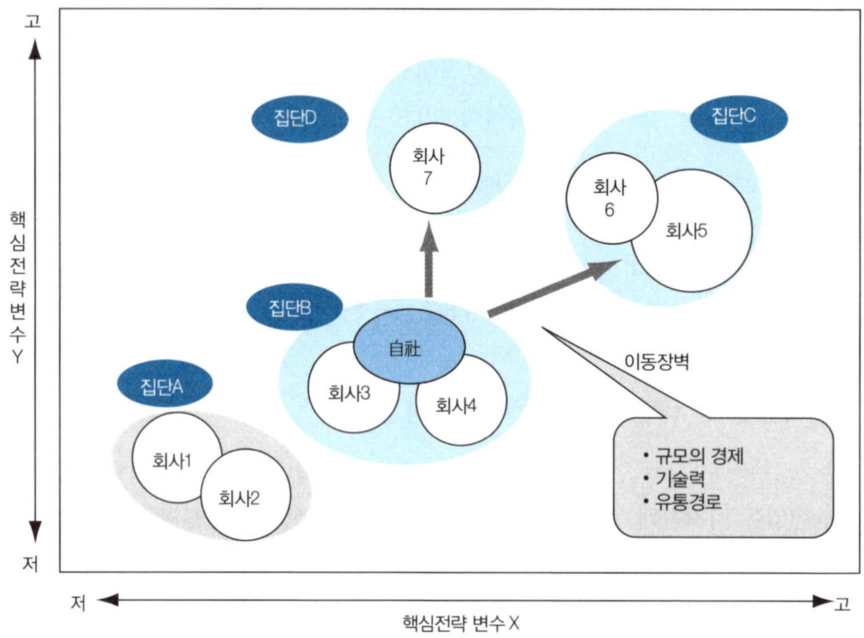

전략집단도

5. 산업구조분석

산업구조를 분석하는 기법을 처음으로 경영전략에 도입한 사람은 Michael porter이다. 포터는 1980년 「Competitive Strategy」라는 자신의 저서에서 경제학의 산업조직론에서 발전된 산업구조분석을 기업에 적용하기 쉽도록 변형시킨 분석들을 제시하였다.

산업구조의 분석은 사업전략이라는 측면에서 환경을 분석할 때 사용하는 방법으로 이러한 환경분석으로 산업구조분석(Five Force Analysis)과 SWOT분석이 대표적이다. 포터의 이론 체계를 올바로 이해하기 위해서는 산업구조분석 혹은 다섯 가지 경쟁세력(Five-force) 모델에 대한 검토가 필요하다. 경쟁전략의 수립은 기업과 그 기업을 둘러싸고 있는 주변 환경을 연결시키는 데 본질적인 의미가 있다. 그러나 기업과 그 기업을 둘러싸고 있는 주변 환경을 연결시켜 경쟁전략을 수립하는 일이 쉽지는 않다. 따라서 전략가들은 모든 환경요인을 분석하기 보다는 오히려 기업 간 경쟁에 가장 큰 영향을 미치는 환경 요인, 즉 산업을 집중적으로 분석한다. 산업은 여러 환경 요인 중에서 기업 활동에 가장 직접적인 영향을 미치는 요인이기 때문이다. 산업구조는 기업이 잠재적으로 활용할 수 있는 여러 가지 형태의 전략뿐만 아니라, 경쟁의 규칙에도 큰 영향을 미친다.

■ Five Force Analysis

포터(M.E.Porter)는 어느 산업의 경쟁강도가 5개의 기본적인 경쟁세력(Five Force Analysis), 즉 잠재적 진출기업의 위협, 대체상품의 위협, 구매자들의 교섭력, 공급자들의 교섭력, 기존 기업들 간의 경쟁에 의해 좌우되고 있으며, 이러한 요인들의 총체적인 힘이 그 산업에서 기대할 수 있는 궁극적인 이윤잠재력, 즉 투자에 대한 장기적인 측면에서 측정된 이윤잠재력을 결정짓는다고 보고 있다. 포터의 5Force Analysis에 대해서는 '산업환경분석'에서 이미 설명하였으므로 생략하기로 한다.

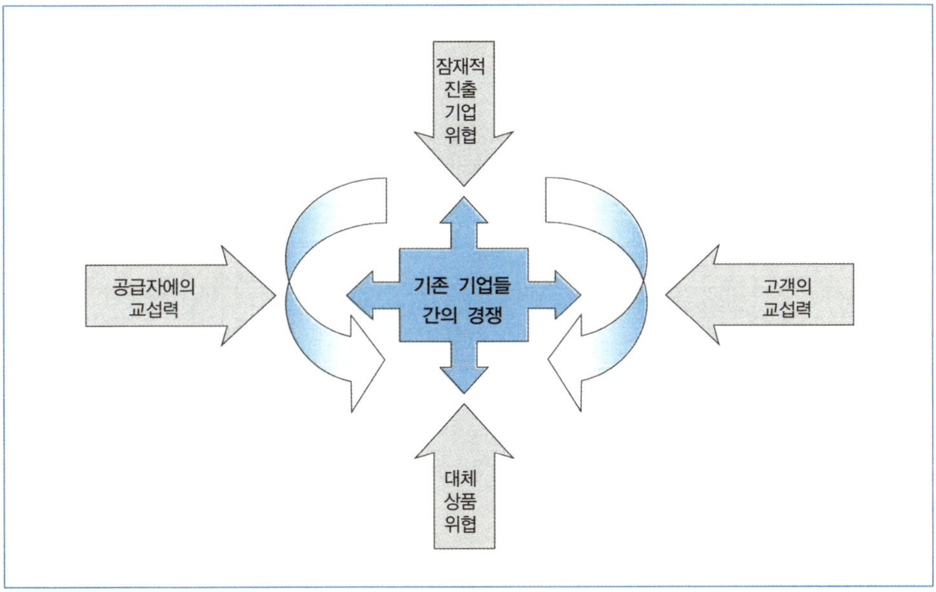

포터의 Five Force Analysis

[경쟁강도 분석표]

구 분	분석 요소 (결정 요인)	검 토 사 항	현재 위협	미래 위협
신규 진입자의 위협	규모의 경제			
	독점적 제품 차별			
	…………			
	경쟁강도 종합	경쟁강도에 대한 종합 정리		
기존 경쟁자간 경쟁강도	산업 성장률			
	브랜드 이미지			
	…………			
	경쟁강도 종합	경쟁강도에 대한 종합 정리		
공급자 협상력	공급물품의 차별성			
	공급물량			
	…………			
	경쟁강도 종합	경쟁강도에 대한 종합 정리		
구매자 협상력	구매물량			
	가격 민감도			
	…………			
	경쟁강도 종합	경쟁강도에 대한 종합 정리		
대체제의 위협	대체재의 상대적 가격			
	교체비용			
	…………			
	경쟁강도 종합	경쟁강도에 대한 종합 정리		

SWOT분석

SWOT는 경영전략을 수립하기 위한 분석도구로서 내적인 면을 분석하는 강점(Strength)과 약점(Weakness)분석, 외적환경을 분석하는 기회(Opportunity)와 위협(Threat)분석하는 도구이다. 보통 X·Y축으로 2차원의 사분면을 그리고 각각 하나의 사분면에 하나씩 배치하여 연관된 사항들을 우선순위로 배치한다. 이러한 분석을 통해 기업이 처한 시장상황에 대한 인식을 할 수 있으며 앞으로의 전략을 수립하기 위한 중요한 자료로 삼을 수 있다. 이 방법은 스탠퍼드 대학에서 1960년대와 1970년대에 포츈지 선정 500대 기업들을 연구하면서 얻게 된 결과를 바탕으로 알버트 험프리가 고안해낸 내·외부환경 분석 방법의 하나이다.

SWOT 전략수립 SWOT 매트릭스를 작성한 후 전략을 수립해야 한다. 이때의 기본적인 관점은 외부요인에 대한 대응이다. 내부요인은 통제가 가능한 변수이지만, 외부요인은 대기업의 경우는 외부요인에 대해 통제도 어느 정도 가능하지만 일반적인 기업들은 통제가 불가능하기 때문이다.

기회요인에 강점을 활용하는 전략(SO전략), 기회요인에 약점을 보완하여 대처하는 전략(WO전략), 위협요인에 강점을 활용하는 전략(ST전략), 위협요인에 약점을 보완하는 전략(WT전략)을 도출한다.

전략적 대안 선택 SWOT분석은 환경에서 나타나는 기회와 위협을 파악하고 조직의 강점과 약점을 인식하여 전략적 도전방법을 찾아내어 여러 형태의 전략적 반응을 유도하기 위한 방법이다. 즉, 외부환경 분석에서 도출한 기회와 위협, 내부환경 분석에서 도출한 강점과 약점을 하나의 틀 속에 결합함으로써 전략적 상황을 효과적으로 평가할 있게 한다. 이 방법은 과거와는 달리 기회와 위협이 불연속적으로 오는 환경에서 충격과 놀라움의 원인과 반응을 전략적으로 분석해서 미리 대비하고 나아가 위협을 극복하고 기회를 포착하는 분석방법이다.

- WT전략(mini-mini)
  일반적으로 WT전략의 목적은 약점과 위협 모두를 최소화하는데 있다. 조직이 외부의 위협에 노출되어 있고 이에 대응할 능력이 없는 상태, 즉 내부약점이 존재한다면 이는 조직을 쇠퇴하게 만드는 매우 불안정한 상태를 말한다, 따라서 조직의 생존을 우선시하는 WT전략을 선택할 수밖에 없는 것이다. 기업조직의 경우 전통적 업종에 주력하는 기업이나 사양산업에 종사하는 기업 등이 이러한 WT전략을 종종 사용하게 된다. 그러나 환경에 적극적으로 대응하면서 변화를 창출하는 고객의 다양한 욕구를 만족시켜 주는 고객만족을 추구해야 하는 당위론적 입장에서 보았을 때는 별로 바람직하지 않은 소극적인 전략인 것이다.

- WO전략(mini-maxi)
  WO전략은 약점을 최소화하고 기회를 최대화하는 전략이다. 어떤 조직이 외부환경에서의 기회를 맞이하였으나 이러한 기회를 활용하여 조직의 발전과 성장을 추구하는 것을 가로막는 내부의 약점을 가지고 있을 경우가 비일비재하다. 예를 들어, 어떤 자동차부품

회사가 마이크로컴퓨터로 제어되는 자동연료분사장치를 대량으로 요구하는 주문을 받았을 때, 이러한 장치를 생산할 수 있는 기술이 미흡한 경우 모처럼의 기회를 활용하지 못하고 조직의 발전과 성장의 기회를 사장하게 되는 것이다. 이러한 불행한 사태를 미연에 방지하기 위해서는 SWOT분석을 기반으로 하여 조직의 약점을 최소화하고 핵심역량을 구축할 수 있어야 한다.

- ST전략(maxi-mini)

이 전략은 환경으로부터의 위협에 능히 대처할 수 있는 조직의 강점에 기초를 두고 있다. 즉 ST전략의 목적은 강점을 극대화하고 위협요소를 극소화하는데 있다. 이는 강력한 조직이 일거에 정면으로 환경으로부터의 위협에 직면하게 됨을 의미하는 것은 물론 아니다. 그러나 강력한 조직이라도 1960년대에 미국의 GM이 겪었던 것 같은 경우를 당할 수도 있다. 즉 GM은 당시 네이더라는 경쟁자의 등장으로 미처 예상하지 못했던 많은 문제에 직면했던 적이 있다. 이 사례가 주는 교훈은 자신의 강점만을 너무 의식하고 과신한 나머지 부적절한 대응을 해서는 아니 되며, 강점이 가끔씩은 창조적이며 유연한 대응에 거대한 제약으로 작용하므로 신중하게 판단할 필요가 있다는 것이다.

[SWOT 분석]

내부환경 / 외부환경	Strength - 마켓 리더십(핵심제품) - 우수한 품질 및 가격 경쟁력 - R&D 및 핵심 기술 선도 능력 - IT 기반 경영 인프라 - 자금력	Weakness - 미래 성장엔진 미흡 (미래 유망 사업 아이템 부재) - 사업 포트폴리오의 불균형 - 조직 비대화 / 업무 비효율성 - 인적자원의 역량관리
Opportunity - 산업 / 기술간 융합화·복합화 - IT 신기술의 발전 - 4차 산업혁명 유망사업 진출 - 중국시장의 급팽창	**OS 전략** ① 핵심역량 기본사업 강화·확정 ② 해외 시장 적극 진출 ③ 기술기반 신규사업 투자 ④ 차세대 성장엔진 집중투자 및 글로벌 전략적 제휴 추진	**WO 전략** ① 기존사업 포트폴리오 재구축 ② 조직운영의 효율성 추구를 위한 혁신강화 ③ 글로벌 인재 성
Threat - 독과점에 대한 정부의 규제강화 - 경쟁자간 경쟁심화 / 낮은 진입장벽 - 00주력시장의 성장 둔화 - Global 기업의 시장진입 가능성	**ST 전략** ① 해외 유망 신시장 개척 ② 신규사업에 대한 선택과 집중 강화 ③ 게임의 규칙을 새롭게 할 신기술개발 ④ 새로운 비즈니스 모델 개발	**WT 전략** ① 저수익 사업에 대한 투자 재검토 ② 조직 및 인력의 재구축 (전략적 아웃소싱) ③ 생산기지·OEM 업체의 이전검토

- SO전략(maxi-maxi)

  SO전략은 SWOT분석 결과 파악된 자신의 강점과 기회를 극대화하려는 전략이다. 어떠한 조직이라도 자신의 강점과 기회를 극대화시키려고 하는 것은 너무 당연하다. 이러한 조직은 자신의 강점을 발판으로 조직의 성장과 발전을 위해 생산 활동과 서비스 산출에 자원을 동원하고 배분한다. 성공적 조직은 항상 당면한 기회를 잡기 위해 자신의 강점을 활용할 준비가 되어 있는 조직이다. 만약 약점이 발견되었다면 성공적 조직은 이를 극복하고 강점으로 전환시킨다. 또 위협에 직면하게 되면 이에 적절히 대처함으로써 위기 뒤에 찾아오는 기회를 놓치지 않는다.

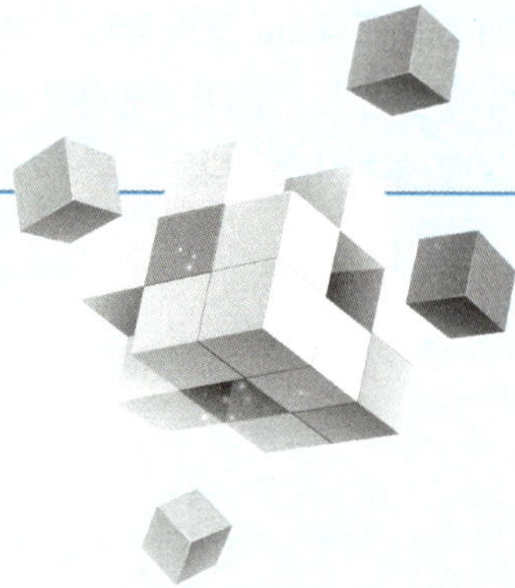

Chapter 3 사업전략 수립

사업전략의 수립은 지속적 경쟁우위 확보의 출발점이다. 이제 기업들은 환경에 대응하기 보다는 환경을 예측하고 자사의 핵심역량을 기반으로 미래 성장엔진을 발굴하기 위한 노력을 보다 적극적으로 추진해야 할 시점에 이르렀다. 기업전략은 기업의 비전 및 미션의 수립, 전략적 기반 또는 전략조직의 구축, 위기관리체계의 구축, 그리고 재무전략 등의 테마로 구성되며 사업전략은 기업의 신규사업에 대한 전략수립, 각 사업에 대한 사업성 또는 타당성분석, 사업의 재 정의를 통한 사업구조의 재편, 사업다각화 등을 통한 새로운 사업기회의 모색 등의 테마로 구성되어 있다.

기업의 비전(vision)을 전략과 사업계획에 반영하는 과정에서 성공적인 전략을 수립하기 위해서는 기업 내외의 환경을 정확히 파악하고 적절한 전략 대안을 수립하는 것이 필요하다. 불확실한 경쟁환경 아래에서 어떤 사업분야가 경쟁에서 앞서기 위해서는 경쟁을 위한 기본 틀이 필요하다. 가장 상위개념의 비전이나 경영목표가 최고경영자의 의지나 사원의 꿈을 나타내는 것이라면 그것이 기업의 현재상황과 차이가 있는 것은 당연하다. 이러한 차이를 메우는 수단이 바로 전략이라고 할 수 있다. 기업이 경영활동을 하면서 비전이나 사업영역 결정을 전략에 반영하고 이를 실현가능한 실행계획으로 구현해 나가는 과정에서 전략의 정확성을 어떻게 확보해 나갈 것인지가 전략적 과제가 된다.

차별적이고 독창적인 전략이 부재하면 부가가치가 높은 방식으로 사업수행을 못하게 되어 항상 저조한 수익률을 감수할 수밖에 없다. 한 기업의 수익성은 소속된 산업에 의해서도 결정되지만 보다 결정적인 것은 다른 경쟁자들이 모방할 수 없는 방식으로 사업을 수행하느냐의 여부이다. 사양산업으로 분류되는 산업에서도 뛰어난 수익성을 보이는 우량기업들이 존재하는데 이들은 예외 없이 독창적인 전략과 고유의 핵심역량을 기반으로 경쟁우위를 유지하고 있다.

또한 독창적인 전략이 부재하면 운영수준(Operational Level)에서 경영의 제반 시스템 구축 시 개별요소들을 통합하는 준거의 틀이 없기 때문에 시스템 간에 정합성을 확보하지 못하여 지속적인 경쟁우위 확보의 근간이 되는 핵심역량을 확보하지 못하게 된다.

01 전략수립의 순위

전략이란 '조직체의 기본적인 장기 목표를 정하고 이들 목표를 달성하기 위하여 행동방식을 채택하고 이에 소요되는 자원을 분배하는 일이다.'라고 Alfred D. Chandler는 정의하였다. 또한 Kenneth Andrews는 '기업의 목표와 그 목표를 달성하기 위한 여러 가지 계획이나 정책을 말한다.'라고 주장한 바 있다. 전략을 수립하는 궁극적인 목적을 이해하려면 먼저 전략 수립의 필요성을 이해하지 않으면 안 될 것이다. 일반적으로 조직(Organization)이란 공통의 목적을 달성하기 위한 일과 사람의 공동체라고 표현된다. 여기에서 말하는 공통의 목적이 곧 조직의 미션과 비전·핵심가치·조직문화·정관 등으로 표현되는 부분이라고 할 수 있다.

전략수립의 과정은 일반적으로 외부환경 분석에서 출발하여 내부능력 분석, 경영목표의 수립, 중·장기 전략수립, 기능별 전략수립, 활동계획수립에 이르기까지 일련의 프로세스에 의하여 이루어지고 있다.

외부환경요소는 기업에 미치는 기회와 위협요소를 분석하고 내부능력은 강점과 약점을 검토한다. 경영목표와 중·장기 전략은 외부환경과 내부자원 분석을 바탕으로 기업이 나가야 할 전략적 방향을 결정한다. 일반적으로 전략수립의 순위는 다음과 같은 프로세스에 의하여 전개된다.

Tip 전략 수립의 필요성

- 기회 표착과 위험 회피
- 전략적 과제의 파악
- 경영 정보를 조직적으로 수집
- 장기간을 요하는 사업에 대비
- 사업의 통합과 자원 배분의 합리화
- 구조 조정을 통한 미래의 업무 균형 달성
- 경영 혁신

1. 미션의 수립

미션(Mission)이란 기업이나 조직의 존재이유를 나타낸 문장으로써 기업이 존재하는 이유와 기업이 존재하는 한 변하지 않을 가치를 의미한다. 따라서 미션은 기업과 조직의 경영활동의 기본이 되고 출발점이 되는 개념이다. 미션은 구성원들에게 자부심을 느끼게 하여 조직의 일에 몰입할 수 있도록 동기를 부여한다. 따라서 미션은 사명선언문 등의 형태로 조직 내·외부로 표현된다.

조직의 사명선언은 고객에 대한 책임을 공개적으로 천명하는 것이며, 내부 구성원으로 하여금 고객에 대한 책임의식을 잊지 않도록 일깨우고, 모든 업무와 활동의 지침이 되는 방향성을 제시한다. 또한 조직의 존재이유와 다른 조직과의 차이를 설명하여 조직이 추구하는 가치와 이상을 명시함으로써 조직구성원의 정체성을 내재화하는 역할을 한다.

미션을 수립하기 위해서는 시장과 고객개념을 제시하고 기업이 제공하는 상품과 서비스의 구성요소를 명확히 할 필요가 있다. 여기서 더 나아가 고객이 우리를 필요로 하거나 우리에게 기대하는 요소가 무엇인지, 우리가 경쟁상대와 차별화 될 수 있는 요소가 무엇인지를 명확히 표현해야 한다.

미션의 역할

미션의 역할은 다음과 같다.

- 조직의 존재이유, 추구하는 가치와 이상을 명시화
- 조직의 활동범위를 결정해주는 경계의 역할
- 지속적으로 조직 활동에 참여하도록 동기부여 하는 역할
- 조직 내 의사결정에 대한 판단기준을 제공
- 평가척도의 역할

미션의 구성요소

미션의 구성요소는 다음과 같다.

- 우리는 왜 존재하는가?
- 목적에 대한 질문

- 우리는 누구를 위해 존재하는가?
- 주요 고객에 대한 질문
- 우리는 무엇을 제공하기 위해 존재하는가?
- 핵심서비스에 대한 질문

2. 비전(Vision)

비전(Vision)이란 현실성 있고 믿을 만한 진정으로 열망하는 미래의 기대모습으로써 조직 전체가 합의한 '꿈(Dream)이 실린 목표(Objective)이며, 일반적으로 조직의 5년~10년 후 미래에 마땅히 있어야 할 모습인 미래상을 표현한 것 이라고 할 수 있다. 따라서 비전은 추상적이어서는 아니 되며, 가능한 한 원하는 미래의 모습(그림)을 명확한 말로 표현하고 위로는 미션(Mission)과 아래로는 전략(Strategy)의 연관관계를 설명할 수 있어야 한다.

■ 비전의 의의

비전이란 그 미션이 제대로 수행 되었을 때 달성되는 최종상태를 나타낸다. 또한 비전은 꿈이 아닌 미래의 실제 모습으로 장기적인 목표와 의미를 부여한다. 비전에 반드시 포함되어야 할 요소로는 핵심이념과 미래형상이 제시되어 있어야 한다. 핵심이념은 조직의 핵심가치와 핵심목적으로 구성되며, 미래형상은 원대하고 대담한 목표가 제시되어 있어야 하고 생생하고 감동적인 표현으로 묘사되어야 한다. 핵심이념을 추출하기 위해서는 창업자나 최고 경영층의 의지나 포부 등이 주요 검토요소가 될 것이다. 미래형상을 표현하기 위해서는 경영을 둘러싸고 있는 여러 환경의 변화 트랜드, 즉 패러다임에 대해 고찰할 필요가 있으며 선진 기업에 대한 벤치마킹도 필요하다. 세계적 수준의 동종기업의 경영에서 단초를 얻을 수도 있고 신규사업영역의 확대나 회피 등의 거시적인 전략적 판단도 가능하게 된다.

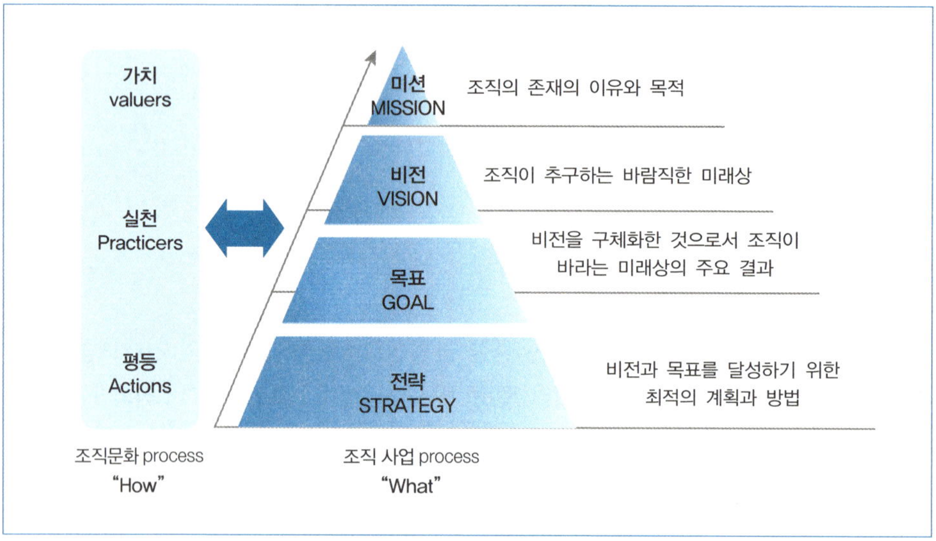

비전의 기본요소

수익실현에 반드시 비전이 필요한 것은 아니다. 비전이 없어도 수익성 좋은 사업을 벌일 수 있다. 많은 수익을 올리면서도 비전은 없는 사람들도 많다. 하지만 수익실현 이상의 것을 원한다면, 즉 위대한 기업을 세우고자 한다면 비전이 있어야 한다. 전략은 목적을 어떻게 달성할 것인가 하는 방법에 관한 것이다. 전략이 곧 목적을 의미한다는 말이다.

따라서 목적이 선명하지 않으면 효과적인 전략을 세울 수 없다. 전략은 비전을 달성하기 위한 과정이기 때문이다. 목적지를 정확하게 알지 못하면 목적지에 도달하는 방법을 알 수 없는 것과 같다.

핵심가치와 믿음 기회라는 맥락에서 볼 때 수익은 우리의 유일한 목표가 아니라 노력의 결과여야 한다.

목적 목적은 핵심가치와 믿음의 자연스런 결과물이다. 목적은 기업이 존재하는 근본 이유이다. 목적은 수평선을 좇아가거나 길잡이 별을 따라 가는 것처럼 성취할 수 없으면서도 항상 앞을 향해 나아가게 하는 것이다.

목적은 항상 지평선에 있어 결코 도달할 수 없지만 항상 앞으로 나아가게 하는 별과 같다. 이와 달리 '사명'은 오르고 있는 특정한 산이다. 일단 정상에 올라가면 다시 길잡이 별을 좇아 올라갈 다른 산을 찾게 된다.

사명 사명은 노력을 기울일 때 무엇에 주안점을 두느냐 하는 것으로 명확하면서 거역할 수 없는 일반적인 목적이다. 결코 성취할 수 없는 목적과 달리 사명은 성취해야 하는 것이다. 훌륭한 사명은 확실한 목적지, 즉 종착점이 있다. 달에 착륙하겠다는 사명이나 산 정상에 올라가겠다는 사명과 같이 사명은 도달할 때를 반드시 알 수 있어야 한다.

■ 비전수립의 단계

비전수립은 기회탐지·비전입안·비전선별·비전실행계획의 수립으로 구분하여 4단계에 의하여 수립된다.

Tip 좋은 비전이란

- 조직과 시대와 조화를 이룬다.
- 탁월성의 기준을 설정하고 높은 이상을 반영한다.
- 목적과 방향을 명료하게 해 준다.
- 열정과 헌신적 참여를 고무시킨다.
- 매우 명확하게 표현되고 쉽게 이해된다.
- 조직의 독특성·조직의 능력·조직의 대의명분·조직이 성취할 수 있는 것을 보여 준다.
- 큰 뜻을 지닌다.

기회탐지 기회탐지 단계에서는 먼저 기업을 둘러쌓고 있는 트렌드를 분석하고 메가트렌드와 불확실한 요소 그리고 그 외의 기타 그룹으로 그룹화하여 그룹화된 메가트렌드에 대하여 내부역량의 준비도를 평가하고 기회요인을 탐지해 낸다.

비전입안 비전입안 단계에서는 탐지된 기회용인을 분석하여 비전 초안을 작성 하고, 불확실성에 대해 작성된 시나리오를 합쳐서 각 비전초안이 시나리 오별로 어떤 리스크를 가지고 있는지 평가한다.

비전선별 비전선별 단계에서는 선별된 비전초안에 대해서 비즈니스 케이스를 작성하여 이에 대한 리스크·잠재성 등을 평가한다. 그 후 비전선별의 기준을 합의한 후 그 기준에 따라서 비전을 선별하고 비전 문구에 대해서 토의한다.

비전실행계획 수립 비전실행계획 수립단계에서는 선별된 비전을 실행할 때의 장애요인을 탐지하고 이를 극복하기 위한 조력자를 어떻게 강화할지도 검토한다. 그리하여 최종적으로 비전실행계획안을 도출해 낸다.

3. 재무목표

비전의 결과로 이루게 될 재무적 성과를 재무목표라고 한다. 재무목표를 설정함에 있어 비전을 구체적으로 실행하는 단계의 재무적 요소를 정확히 파악하고 장래의 궁극적인 성과를 계량화하는 것이 재무전략의 방향이 되어야 할 것이다.

재무목표는 크게 보아 추정대차대조표·추정손익계산서·추정현금흐름표에 재무적 목표가 수치로 표시되는 것이다.

[추정 대차대조표]

구 분		T=0 (P)	T=1	T=2	T=3
자산	유동 자산				
	고정 자산				
자 산 총 계					
부채	유동 부채				
	고정 부채				
부 채 총 계					
자본	자 본 금				
	이익잉여금				
	(당기순이익)				
자 본 총 계					
부채 및 자본총계					

[추정손익계산서]

구분	T=O (P)	T=1	T=2	T=3
매출액				
매출원가				
매출총이익				
판매비와 관리비				
영업이익				
영업외수익				
영업외비용				
경상이익				
특별이익				
특별손실				
법인세비용전 순손익				
법인세비용				
당기순이익				

[추정현금흐름표]

구분	T=O (P)	T=1	T=2	T=3
영업활동으로 인한 현금흐름				
① 당기순이익 ② 감가상각비				
투자활동으로 인한 현금흐름 ① 고정자산의 증가 ② 기타 유동자산의 증가				
재무활동으로 인한 현금흐름 ① 차입금의 증가 ② 보통주의 발행				
현금의 증가				
기초현금				
기말현금				

4. 기업전략

기업전략(Corporate Strategy)을 간략하게 표현한다면 '어떠한 사업을 할 것인가와 관련된 결정'을 하는 것이다. 따라서 기업 전략을 구조적으로 해석한다면 기업 전체의 경영을 지배하는 가장 상위의 경영 전략이라고 볼 수 있는 것이다.

기업은 그 규모와 업종에 따라서 여러 가지의 구조적 형태를 갖추고 있다. 그룹 기업의 경우에는 많은 계열회사로 구성되어 있다. 이러한 기업의 기업 전략이라 함은 그룹 내의 모든 계열회사를 포함한 그룹 전체의 경영전략을 의미한다. 그룹 전체의 기업전략은 그룹 내부의 자원 분배를 통하여 그룹 전체의 방향을 설정하고, 그룹 내부의 계열회사는 기업 전략의 자원 배분에 따라서 조직 경영에 많은 영향을 받게 되며, 각기 다른 산업이나 업종에서 사업을 전개한다. 그렇지만 이와 다른 계열화되어 있지 않은 대기업이나 중소기업의 경우에도 기업 전략이 회사의 방향을 결정하는 가장 상위 경영 전략인 것임에는 동일하다. 다시 말하면 기업 전략은 새로운 사업으로의 진입 여부나 기존에 운영하는 사업으로부터의 탈퇴 여부를 결정짓는 가장 상위의 경영전략이라고 할 수 있는 것이다. 이러한 기업 전략은 성장 전략의 다각화 전략과 전략적 제휴, 축소전략인 철수 전략이 있다.

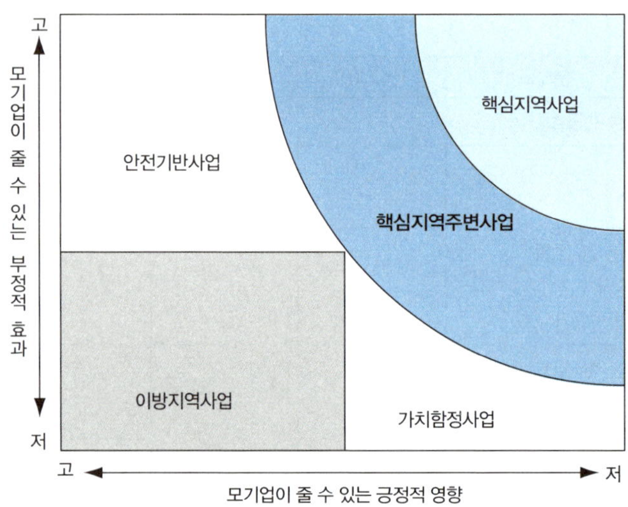

Corporate Strategic Matrix

Tip 다각화 전략이 가져다주는 이점

- 핵심 경쟁 역량을 활용할 수 있다.
- 하부조직을 공유할 수 있다.
- 재정자원이 균형적으로 이루어질 수 있다.
- 성장을 유지할 수 있다.

5. 사업전략과 경쟁전략

기업전략이 기업전체의 최상위 전략이라고 한다면 사업전략은 각 사업 내에서 해당 사업이 갖는 경쟁적 우위를 지키기 위하여 필요한 모든 활동을 의미하는 것으로 한 단계 아래의 세부적 전략이라 할 수 있다. 즉 외부의 기회와 위협을 제대로 인식하고 기업전략에 의해 기업 전체적으로 자원이 배분되면 사업부 수준의 전략에서는 기업내부의 자원을 활용하여 경쟁기업과 경쟁할 구체적인 방향과 방법을 강구하게 되는 것이다.

사업전략은 개별 사업 단위의 목표를 성공적으로 달성하기 위해 사업의 장기적 경쟁우위를 어떻게 구축하고 공고히 할 것인가에 초점을 둔다. 원료 조달·생산·마케팅 등 기업의 핵심활동을 수행함에 있어서 경쟁기업보다 상대적으로 앞서 있는 핵심역량을 만들어 활용함으로써 사업부의 경쟁우위를 확보할 수 있는 것이다. 물론 경쟁우위의 개념은 사업부 수준에서 뿐만 아니라, 기업전체에도 적용할 수 있는 개념이다. 기업이 경영전략을 수립하는데 가장 중요한 관심은 어떻게 하면 경쟁자에 비해서 경쟁우위를 확보할 수 있는가의 문제이다. 만일 경쟁자가 없다면 우리는 경영전략을 수립할 필요가 없을 것이다. 전략을 수립하는 가장 중요한 목적은 경쟁자에 대하여 보다 높은 경쟁우위를 유지하는 것이기 때문이다. 즉, 경쟁전략은 상대방 경쟁자의 강점에 비추어 어떻게 하면 강점을 가장 효율적으로 사용할 수 있는가를 파악하는 것이다. 경쟁전략 수립시 고려해야 하는 요소들은 다음과 같다.

첫째, 산업 구조를 분석하고 그 개별 산업의 특성을 이해하는 일이다. 그렇게 함으로써 우리는 각 산업 특유의 성공요인을 알 수 있다.

둘째, 기업 자신의 경영자원, 및 핵심 역량을 분석하는 일이다. 우리 기업이 경쟁사에 비해서 어떻게 하면 경쟁우위를 유지할 수 있는가를 파악하기 위해서는 기업이 가진 경영자원, 즉 기술력·자금력 또는 마케팅 능력 등과 기업의 조직 구조·문화·최고경영자의 리더십에 대한 이해가 필요하다.

셋째로, 경쟁사의 전략을 이해하는 것이다. 경쟁전략이란 적의 약점에 대해 자신의 강점을 집중하는 것이기 때문에 경쟁사에 대한 깊은 이해가 필요하다.

즉 경쟁전략은 경쟁기업의 행동에 따라 달라질 필요가 있는 것이다. 만일, 어느 기업이 시장점유율을 늘리기 위해 가격인하를 시작 한다고 하자. 이에 맞서 경쟁기업이 똑같은 폭의 가격인하를 감행한다면 소비자들이 느끼는 기업의 상대가격은 변함이 없다. 결국 두 기업 모두 자신의 이윤만 줄어들 뿐 각사의 시장점유율은 변하지 않는다. 또한 어느 기업이 제품 차별화를 시도하여 신제품을 발표 하였을 때 경쟁사가 똑같은 제품을 빠른 시일 내에 시장에 출시하면 그 기업의 차별화된 경쟁우위는 유지될 수 없다. 이와 같이 산업구조 및 경영자원에 대한 분석, 자사가 가진 핵심역량에 대한 분석, 경쟁사의 경쟁전략 및 경쟁우위에 대한 분석이 행해져야만 성공할 수 있는 경쟁전략의 수립이 가능하게 되는 것이다.

원가주도전략

기업이 특정산업에서 경쟁우위를 획득하기 위해서는 여러 가지 전략적 방법 중 원가주도전략은 원가우위에 영향을 미치는 여러 가지 수단을 이용하여 특정 산업에서의 원가우위를 통해 경쟁우위를 획득하려는 전략을 말하는 것이다. 그러므로 원가주도전략을 추구하는 기업의 목표는 경쟁사보다 더 낮은 가격으로 제품이나 서비스를 생산할 수 있는 모든 방법을 동원하여 경쟁사에 대해 우위를 확보하는 것이다. 이러한 원가주도전략은 다음과 같은 두 가지 측면에서 우위를 확보할 수 있다.

첫째, 경쟁사보다 낮은 가격으로 제품을 공급함으로써 시장점유율을 제고할 수 있다.

둘째, 만약 경쟁사와 유사한 가격으로 제품을 공급하는 경우에는 원가가 낮기 때문에 경쟁사보다 더 높은 이윤을 창출할 수 있다.

하지만 원가주도자는 대체로 제품차별화의 수준이 낮다. 이는 제품차별화에는 추가적인 원가부담이 필요하기 때문이다. 따라서 원가주도자는 차별화를 추구하는 경쟁자의 제품차별화 정도에 비해 뚜렷이 열등하지 않은 정도만의 차별화, 낮은 원가로 가능한 차별화 수준을 목표로 한다. 또한 일반적으로 평균적인 고객을 주 대상으로 하며, 시장세분화는 크게 염두에 두지 않는다. 왜냐하면, 서로 상이한 세분화된 시장의 욕구에 맞는 제품개발에는 추가적인 비용이 소요되어 원가우위기반이 상실될 수 있기 때문이다. 이와 같은 이유 때문에, 원가절감에만 관심을 기울이다 소비자의 기호변화에 적절히 대응하지 못하여 큰 타격을 입을 수도 있는 전략이기도 하다.

■ 차별화전략

원가주도전략이 원가를 낮추는데 주안점을 두는 전략이었다면 차별화전략은 그 목적이 제품이나 서비스를 차별화하는 것, 즉 고객에게 자사의 제품이 독특한 것으로 인식되도록 함으로써 경쟁우위를 획득하는 것에 목적이 있는 전략이라고 볼 수 있다 따라서 원가주도전략을 사용하는 기업들이 낮은 원가로 가능한 수준에서 차별화가 머물렀던 것에 비해, 차별화전략을 사용하는 기업들은 고객의 욕구나 행동을 주위 깊게 파악하고 그들이 무엇에 가치를 두는지 면밀히 분석하여 보다 소비자들이 원하는 가치의 차별화를 두게 된다.

이러한 차별화방법에는 여러 가지가 있지만 크게 제품의 품질이나 기술 등과 같은 기술적 요인에 의한 기술차별화와 상표·광고·고객서비스 등과 같은 마케팅활동에 의한 마케팅차별화의 두 측면으로 나누어 살펴볼 수 있다. 그리고 성공적인 차별화는 높은 제품가격을 설정할 수 있고, 경쟁사보다 더 많은 제품판매를 통한 시장점유율을 증대시킴은 물론 자사 제품에 대한 고객충성도까지 제고할 수 있다는 장점을 가지게 된다. 이와 같이 차별화는 차별화를 달성하는데 소요되는 비용보다 더 높은 가격으로 제품을 판매를 가능하게 함으로써 수익성 향상에 기여를 한다. 하지만, 만약 고객이 차별화의 가치를 인정하지 않는 경우에는 이 모든 것이 무의미해지는 것이며 차별화의 달성에 필요한 추가적 비용보다 더 높은 가격을 고객에게 부담시킬 수 없을 때에는 수익성의 저하를 초래하게 되기도 한다.

■ 집중화전략

앞에서 살펴본 원가주도전략이나 차별화전략은 산업 전체를 대상으로 하는 전략들이었다. 하지만 집중화전략은 특정 구매자집단이나 특정 제품 또는 지역적으로 제한된 시장만을 집중적인 목표를 삼는 전략으로 그 대상부터가 다르다고 할 수 있다. 그러므로 집중화 전략의 요체는 고객들이 독특한 요구를 가지고 있는 시장에서의 적소를 선택하는 것에 있다.

이러한 적소는 지리적 영역·제품사용에서의 특정 욕구·고객유형 등에 의해 정의될 수 있다. 집중화전략을 사용하는 기업들은 대체로 규모가 작고, 한정된 제품, 시장영역 내에서 차별화 또는 원가우위를 통해 경쟁우위를 획득하는 방법을 택하는 특징을 가지고 있다. 따라서 집중화전략은 다시 원가집중화와 차별적집중화로 나눌 수 있게 된다. 집중화전략은 경쟁자들이 이와 유사한 제품을 공급하기 어렵기 때문에 산업 내 타 기업들과의 경쟁을 회피하게 해 주며, 구매자의 교섭력도 약화된다. 또, 기업 활동이 고객과 밀착되어 이루어짐으로써 고객의 욕구변화에 대응하기 쉽다는 장점을 가지고 있다.

고전적 경쟁전략 매트릭스

02 사업전략 수립의 TOOL

기업의 경영전략은 크게 기업전략과 사업전략(Business Strategy)으로 나누어진다. 기업전략은 기업의 비전 및 미션의 수립, 전략적 기반 또는 전략조직의 구축, 위기관리 체계의 구축, 그리고 재무전략 등의 테마로 구성되지만 사업전략은 기업의 신규사업에 대한 전략수립, 각 사업에 대한 사업성 또는 타당성분석, 사업의 재 정의를 통한 사업 재구축, 사업다각화 등을 통한 새로운 사업기회의 모색 등의 테마로 구성되어 있다.

경영 전략의 접근 방법은 분명하고 일치된 목표를 설정해야 하며 무엇보다도 외부환경에 대한 정확한 이해가 우선된 이후 자사의 강점과 약점에 대한 객관적 평가가 이루어져야 한다. 그런 연후에 효과적인 전략의 수행이 뒤따라야만 하는 것이다.

1. 전략의 유형

경영전략의 일반적인 유형은 전략기간별·사업범위별·기능범위별로 구분할 수 있으며 그 내용은 다음과 같다.

전략기간별 유형

- 장기전략 : 일반적으로 대상기간이 5년 이상
- 중기전략 : 대상 기간이 2~3년
- 단기전략 : 대상 기간이 1년

사업범위별 유형

- 그룹전략 : 그룹 차원의 전략 수립
- 기업전략 : 개별 기업 차원의 전략 수립
- 사업전략 : 전략적 사업 단위(SBU) 차원의 전략 수립

기능범위별 유형

- 전사전략 : 전사적 차원의 전략 수립
- 기능전략 : 기능별 전략 수립(인사조직·재무·마케팅·생산·기술 등)

2. 전략수립 프로세스

전략수립 프로세스는 다음의 그림과 같다.

■ 제1단계 / 사전 준비

제1단계는 사전 준비 단계로서 먼저 팀을 구성하여 계획을 수립하고 전략수립에 대한 방법론을 확정하여야 한다.

- 팀 구성 : 프로젝트 팀(TFT)를 결성하고 참여 인력의 관리방안을 마련한다.
- 계획 수립 : 세부일정계획을 수립하고 일정관리방안을 마련한다.
- 방법론 확정 : 단계별 프로세스 및 활용 툴을 찾아 방법론을 정립한다.

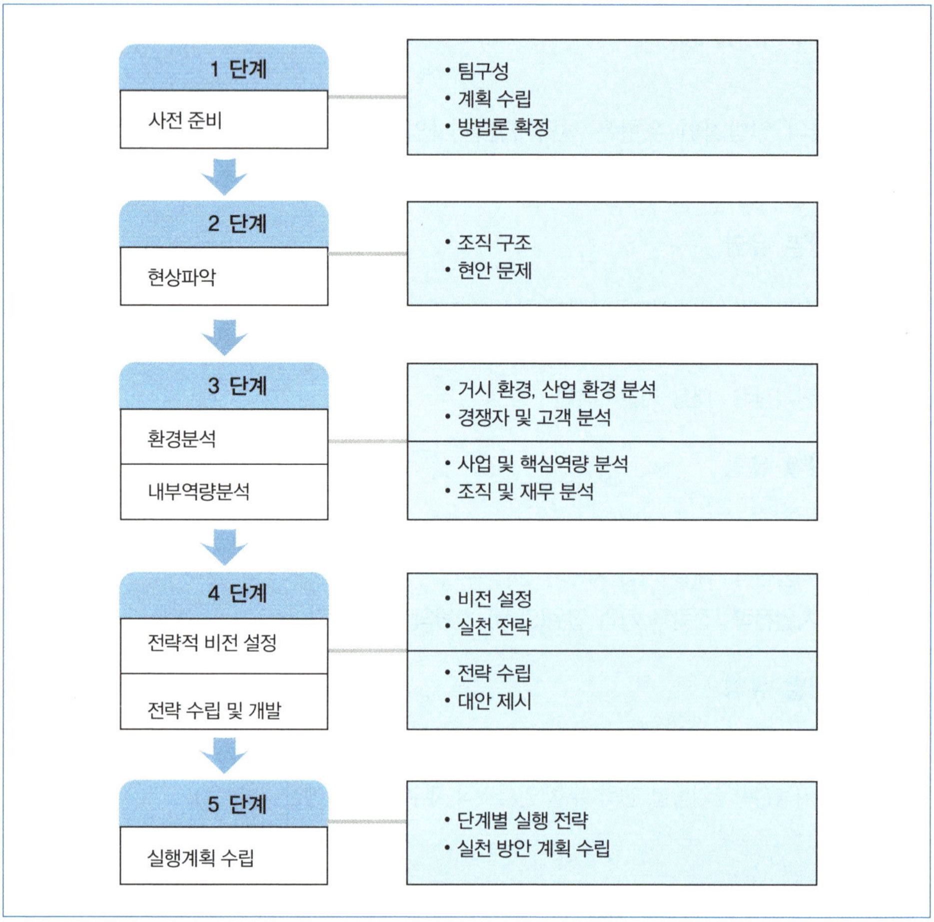

전략수립 프로세스

■ 제2단계 / 현상파악

제2단계는 현상파악 단계로서 기업의 조직구조와 현안 문제를 파악하고 이를 분석하는 단계이다.

- 기업내부분석
  - 회사 제품안내서, 조직 및 인력 현황
  - 사규, 방침
  - 재무제표, 손익계산서
  - 주요제품 생산공정, 판매 및 유통경로

- 제품별 판매 및 생산실적

- 기업환경분석
  - 시장환경분석
  - 기술환경분석
  - 자본환경분석
  - 노동환경분석

- 업계분석
  - 회사 연혁
  - 업계의 일반특성
  - 시장에서의 position
  - 업적과 경영상의 일반적인 과제

- 기초자료
  - 경영철학 및 경영이념, 비전의 제시
  - 경영방침 및 경영목표, 기업 환경인식도
  - 제품·시장에 대한 방침사항
  - 연구·개발에 대한 방침사항
  - 생산 전반에 대한 방침사항
  - 재무관리에 대한 방침사항
  - 인사·조직에 대한 방침사항

■ 제3단계 / 환경분석과 내부역량분석

제3단계는 환경분석 단계로서 거시환경 분석·산업 환경 분석·경쟁자 분석·고객 분석을 실시하는 과정이다.

거시환경분석

- 분석방법으로 국내 및 해외로 구분하여 거시경제 및 통상·사회·문화·정부정책·기술발달 등의 측면에서 분석힌다.
- 분석 차에 있어서는 자사의 기회와 위협이 되는 환경변화의 키워드를 추출하고, 환경변화의 방향·속도·결과 등에 대하여 분석하여 전략적 기본방향의 설정을 위한 시사점을 도출한다.

산업환경분석

- 산업의 본질적 특성을 이해하고 과거와 현재 그리고 미래를 시계열적으로 분석하여 추이를 파악한다. 산업의 규모와 변화를 파악하기 위한 성장성분석, 산업의 수익성과 안정성, 시장점유율을 조사함으로써 경쟁성을 분석하여야 한다.
- 산업의 가치체계를 분석한다.
- 산업의 활동요소를 파악한다.
- 활동 단계별로 가치와 규모와 부가가치추이를 파악한다.

경쟁자분석

- 사업이 속해 있는 산업의 경쟁구조를 이해하고 매력도를 평가하여 전략적 시사점을 도출한다.
- 기존기업과의 경쟁관계에서 현재의 경쟁자가 누구인지 파악한다.
- 잠재진입자는 누구이고 진입 협의 수준이 어느 정도인지 파악한다.
- 기존제품에 대한 대체품은 무엇이며 대체압력은 어느 정도인지 파악한다.
- 구매자와의 교섭력은 어떠한지 조사한다.
- 공급자와의 교섭력은 어떠한지 조사한다.

고객분석

- 고객분석은 현재와 잠재고객에 대한 분석을 통하여 고객의 특성과 변화의 방향을 파악한다.
- 전략적 시사점을 도출한다.
- 고객분석의 절차로서 고객행동이해·시장세분화·세분시장의 매력도평가와 목표시장별 제품Positioning전략을 수립한다.

고객 유형	고객 특성	구성비율	
		현재	미래

전략적 과제

■ 내부역량 분석

제 3단계의 두 번째 과제로써 내부역량을 분석해야한다. 내부역량 분석을 위해서 먼저 자사의 사업분석을 하고 핵심역량과 조직 및 재무에 대한 분석을 실시한다.

사업분석 현재의 사업의 구성이 어떠한 형태로 전개되고 있는지를 제품 포트폴리오 매트릭스(PPM)를 통하여 분석한다.

시장성장률 (고 ↑ ↓ 저) \ 시장점유율 (고 ← → 저)	고	저
고	인기사업 (성장을 위한 자원 투입)	문 제 아 (집중 투자전략 또는 과감한 퇴출)
저	돈을 맺는 나무 (회사 자금원 역할)	싸움에서 진 개 (처분 또는 퇴출 전략)

PPM Matrix

핵심역량분석 기업의 핵심역량은 다른 기업에 비해서 고객에 대한 경쟁적 우위를 창출하는 유형·무형의 인적자원 요소이다.

고객에게 가치를 높이거나 그 가치가 전달되는 과정을 더 효율적으로 할 수 있는 특정한 방법을 나타내고 이러한 능력은 기업이 신규사업에 진출할 수 있는 능력이 된다.

핵심역량		시장: 기존	시장: 신규
핵심역량	신규	기존시장에서 경쟁적 지위를 유지하기 위해서는 어떠한 핵심역량을 보완해야 하는가.	장래의 매력적 시장에 진입하기 위해서 요구되는 핵심역량은 무엇인가.
핵심역량	기존	현재 보유한 핵심역량을 활용하여 기존 시장에서 경쟁력을 향상시킬 수는 없는가.	현재 보유한 핵심역량을 재배치, 재결합하여 신상품과 서비스를 얻을 수는 없는가.

핵심역량 Skill

핵심역량분석의 의미는 첫째, 기존사업의 경쟁력을 유지하고 둘째, 신규 사업으로의 다각화를 모색할 수 있으며 셋째, 조직활성화의 방향을 제시할 뿐만 아니라 넷째, 전략적 제휴의 지침을 제공한다.

조직분석

- 경영전략 : 장기목표는 명확하게 설정되어 있으며, 자기목표의 달성을 위해 제한된 자원이 효과적으로 분배되어 있는지, 외부환경의 변화에 대응하기 위하여 일관성 있는 정책방향을 가지고 있는지 파악한다.
- 조직구조 : 조직목적을 달성하기 위하여 요구되는 업무기능을 수행하고 있는지, 조직구성단위의 편제업무 분장, 규모 및 인력 배분이 적절하게 운영되는지, 요구되는 기능 및 서비스의 변화에 따라 조직 구조가 탄력적인지를 파악한다.
- 운영체계 : 업무의 계획·집행·통제의 Management Cycle이 체계적이고 업무가 수행되는 과정 및 절차가 효율적인지, 의사결정 및 의사전달은 신속하고 정확하게 이루어지고 있는지 조사한다.
- 구성원 : 필요한 인재를 필요한 만큼 확보하고 있으며, 인사관리는 합리적으로 실행되고 있는지, 교육훈련은 효과적으로 실시되는지 파악한다.
- 조직풍토 : 조직구성원이 무엇에 노력을 기울이고 있으며 조직구성원간의 인간관계는 우호적인지, 경영층의 Leadership은 어떠한 유형인지 파악한다.
- 조직능력 : 조직구성원의 능력이 조직을 통하여 시너지효과를 발휘하고 있으며, 문화적으로 독특한 강점과 약점이 무엇인지, 조직구상원이 능력을 발휘할 수 있는 여건은 조성되어 있는지 파악한다.
- 공유가치 : 조직의 존재목적은 명확히 설정되어 있으며, 조직구성원에게 공유되고 있으며, 업무를 수행함에 있어서 적용하는 판단기준은 일치한지, 조직구성원이 존중하고 공유하는 전통적 가치는 있는지 파악한다.

재무분석

- 대차대조표 : 유동비율·부채비율·자기자본비율을 통해 기업의 안전성을 파악한다.
- 손익계산서 : 매출액증가율·매출원가율·영업이익증가율·경상이익률·당기순이익율 등을 통하여 기업의 생산성·성장성과 수익성을 파악한다.

[내부역량요인 체크리스트]

요 인	주요 항목	세 부 내 용
종합적인 기업분석	재무분석	- 수익성, 안정성, 손익분기점, 부가가치생산성, 자금회전율분석, 동종타사 비교 등
인적부문	경영자능력	- 인간성, 가치관, 사명감 - 경영자의 타입(기업가, 독재자 등) - 경영능력, 사회적 신용, 사원들의 신뢰성 - 후계자 육성
	관리자	- 계획적인 인재육성, 자기개발 - 관리능력, 업적 추구능력, 행동력, 부하 장악력(리더십)
조직부문	경영조직	- 조직형태(분권화, 집중화) - 경영관리시스템(전략경영시스템, 업적관리시스템, 소집단 활동, 목표관리 등) - 경영노하우(경영경험 축적도, 사내외 전문가 활용능력, 사외인맥 등)
	조직풍토	- 사풍 - 하고자 하는 의욕, 의식수준, 교육 또는 학습풍토
물적자원	제품력	- 제품의 특성, 품질, 사양, 제품차별화 등 제품의 경쟁력
	시장력	- 국내시장, 해외시장 점유율, 단위고객의존도 - 신용도, 재고관리 및 물류시스템 - 고객서비스 능력, 광고, 신용관리 등
	생산력	- 구매, 자재관리력, 품질관리, 작업관리, 안전 - 위생관리, 환경관리, 생산 및 통제계획 등
	연구개발력	- 신제품개발력, 연구개발예산, 기술정보 - 인재육성(기술이력), 기술의 시장결합력 등
자금분석 및 평가	자금력	- 자금조달수단의 합리성, 금융여력, 금융기관과의 관계, 자금조달능력 등
정보분석 및 평가	정보력	- 정보원 확보, 비밀유지·보안 - 경영정보시스템 및 Data Base 구축 등

■ 제4단계 / 전략적 비전 설정과 전략수립

제4단계는 전략적 비전설정과 전략수립의 단계이다. 기업비전의 구조를 파악하고 장래의 기업의 모습을 그리고 이에 따른 전략을 수립하는 단계이다.

기업 비전의 구조

- 기업 이념 : 기업의 사회에 대한 책임·목적·사명·경영자세를 밝힌 것으로 사내·외에 일관되게 주장해 나가는 것이다.
- 도메인 : 자사가 지향하는 사업영역·존재의의·제공하는 가치 등을 한마디로 표현한 것으로 「생존영역」이라고도 불린다.

- 기업문화 비전 : 기업문화가 가져야 할 모습과 구체적 행동으로 연결시키기 위한 행동규범으로 구성된다.
- 사업 비전 : 질적·양적 목표 및 장래 확립해야 할 사업영역인 SBU(전략사업단위)로 구성된다.
- 조직/프로세스 비전 : 조직구조나 기업경영의 프로세스가 보여 주어야 할 모습이다.

■ **비전 설정**

- 경영진
- 경영이념
- 기업비전
- 사업영역
- 사업목표
- 도출을 위한 Workshop 진행

전략수립 SWOT분석을 통해 외부환경의 기회와 위협, 내부역량분석을 통하여 도출된 강점과 약점을 파악하고 기존시장, 신규시장별 기존제품, 신규 제품분석을 통해 사업구조전략을 수립한다.

전략적 우위요소와 전략적 목표분석을 통해 사업경쟁전략을 수립하며 그 실천전략에는 다음 사항이 포함되어야 한다.

- 부서장·팀장
- 비전달성전략
- 부서별 기본전략
- 전사추진 실천과제
- 실천행동지침
- 도출을 위한 Workshop 진행
- 현 사업의 종합적인 분석을 바탕으로 전략적 대안을 전개
- 시나리오 구상
- 시뮬레이션

전략적 방향	전사전략	사업전략(SBU)	기능전략(OBU)

전사방향	전략과제	효과성 (50)	실행가능 (20)	중요성 (30)	합계 (100)	우선순위

제5단계 / 실행계획 수립

제5단계는 Action plan 수립 단계로서 수립된 비전과 전략적 의지를 구체적으로 실천함으로써 그 전략의 타당성을 증명하고 핵심전략 요소와 기능별전략의 일체화를 전개하는 단계이다.

진행절차

- 세부전략 및 추진계획 수립
- 기술도입 및 경영시스템 개발
- 선진시험평가기술 개발
- 선도적 사업에 자원집중 투입
- 전사적 공감대 형성을 통한 지속적 관리

Action plan

- 경영목표 및 Vision 수립
- 사업별 목표 및 추진전략 수립
- 사업별 / 기능별 세부추진계획
- 조직 및 인력수립계획
- 정보시스템 경영계획

전략 실행의 전략적 변화 8단계 과정

- 위기감 정착
- 핵심집단 구성
- 비전과 전략의 개발
- 비전의 전달

- 권한이양
- 단기적·가시적 성과달성
- 지속적인 변화
- 문화의 변화

3. 사업전략 개발프로세스

사업전략 수립의 기본 프로세스는 문제·기회의 발견·가설수립·가설 테스트·전략 확정 및 실행의 각 단계별로 이루어지게 되며 주요 포인트를 알아보도록 한다.

■ 문제·기회의 발견

독창적인 사업전략의 수립은 기존에 당연시되는 관행들로부터 문제를 찾아내는 것에서부터 시작된다. 문제를 발견하기 위해서는 업계의 일반적인 관행을 확실히 파악하는 것이 선행되어야 한다. 현장에서부터 업계의 관행이 무엇인지 파악한 후에는 왜 그러한 관행이 계속 유지되는지 근본적으로 따져보면서 더 나은 대안은 없는지 끊임없이 고민해야 한다. 이 때 고객 및 일선현장의 구성원들과 접촉을 통해서 얻을 수 있는 현실감 있는 질적 자료가 중요한 역할을 한다. 중요한 아이디어는 대개 일선 현장에 암묵적인 형태로 존재하는 경우가 많기 때문이다. 다만 현장의 아이디어는 편파적이고 논리적 틀을 갖추고 있지 못한 경우가 많기 때문에 사업 전반의 거시적인 틀에 비추어서 재해석되어야 한다.

경영자가 사업에 대한 통찰을 지속적으로 얻기 위해서는 근본적인 문제의식을 가지고 영업현장·생산현장에서 고객 및 구성원들과 직접 접촉하면서 현장을 경험할 수 있는 기회를 가질 필요가 있다. 현장경영이라고 하면 공장이나 영업현장을 스탭들과 함께 순시하는 정도로 착각하는 경우가 많다. 그러나 그러한 활동이 현장에서의 질적 자료나 사업에 대한 감(感)을 얻을 수 있는 기회가 되지 못하고 일과성 행사로 끝나게 되면 구성원이나 고객에 대한 상징적 효과 이외에는 얻는 것이 없을 것이다.

■ 가설 수립

기존 관행에서 문제를 발견하였으면 그러한 문제의 원인과 해결 방안에 대한 여러 가지 가설을 세워봐야 한다. 이 때에 고객의 관점에서 근본적으로 사업의 본질에 대해 다시 생각해보는 것이 가장 중요하다. 이를 위해 사업의 기본을 구성하는 주요변수들을 파악하고 이들 간의 인과관계를 구성하여 논리적 지도를 그려보는 것이 도움이 된다.

즉, 고객만족의 가장 핵심적인 요소가 무엇인지, 그러한 요소를 충족시키려면 어떤 역량을 지녀야 되는지, 필요역량을 확보하기 위해서는 어떤 노력을 집중적으로 해야 되는지, 그것이 잘 안 되는 근본적인 이유는 무엇인지 등의 기본적인 질문들을 계속 던지면서 사업의 큰 그림을 그려보는 것이다. 사업 관련 중요변수들을 도출하여 변수간의 인과관계를 가설적으로 그려보는 과정을 통해 몇 가지의 가상적인 사업모델을 구성할 수 있을 것이다. 물론 이 과정에서도 현장에서 얻은 통찰이 중요한 역할을 한다.

■ 가설 테스트

여러 가지 가설을 기반으로 몇 가지 유형의 사업모델을 구성하였으면 각 대안의 타당성을 테스트 해봐야 한다. 이 때 가장 큰 문제는 계량적 분석을 실시할 수 있는 양적 데이터가 없는 경우가 많다는 것이다. 따라서 정교한 계량분석기법을 활용한 테스트보다는 고객·현장구성원·관련 전문가로부터 가설의 타당성에 대한 의견을 듣는 것이 보다 현실적인 방안이다.

다양한 의견수렴과정을 거쳐서 사업모델을 수정·보완하되 궁극적인 판단은 결국 최고경영자의 몫이다. 이 때, 자신이 구상한 사업컨셉은 뛰어나다고 스스로 생각하면서 과잉기대를 가지는 경우가 많은데, 확신이 들 때까지는 계속 대안을 의심하고 발생 가능한 문제를 확인·점검하는 자세가 중요하다.

■ 전략확정 및 실행

사업전략의 타당성을 점검한 뒤에 확정을 하고 나면 구체적인 실행안을 마련해야 한다. 사업전략이 실행될 수 있는 구체방안을 운영수준의 각 기능별로 마련하고 각종 인프라 구축의 마스터 플랜을 짜야 하는 것이다. 특히, 일선 구성원들과의 명확한 커뮤니케이션을 통하여 수립된 사업전략의 의미에 대한 공통의 이해를 형성하는 것이 중요하다. 구성원들이 제대로 이해하지 못하면 아무리 좋은 전략도 실행될 수 없기 때문이다. 이런 점에서 평가시스템을 커뮤니케이션의 도구로 활용할 필요가 있다. 즉, 조직단위·개인단위의 평가지표들이 전략을 구체적으로 반영하게끔 선정하여 구성원들이 전략을 이해하고 그 방향으로 움직일 수 있도록 해야 하는 것이다.

■ 개선활동

이렇게 수립된 사업전략은 Plan-Do-See라는 일상 경영활동 속에서 지속적으로 점검되고 수정되어야 한다. 산업의 활동은 계속 변화하고 특히 오늘날에는 그 변화속도가 엄청나게 빠르기 때문에 일단 성공적인 것으로 확인된 전략이라 하더라도 유효성을 계속 점검해야 하는 것이다.

전략적 사업계획(Strategic Planning)을 기존전략의 타당성을 점검하고 사업에 관한 통찰·지식이 활성·공유되는 장으로 활용할 필요가 있다. 대부분의 기업에서 전사 및 부문별 사업계획의 수립, 공유과정은 목표설정을 둘러싼 협상게임으로 전락되어 있다. 계획수립과정을 통한 별다른 가치창출 없이 시간과 비용을 낭비하는 경우가 많다는 것이다. 그러나 사업전략수립에 있어서 중요한 것은 목표수립 자체보다도 수립된 목표의 달성방안을 창의적으로 모색하는데 있다. 선진기업의 경우 사업계획 수립 및 공유과정을 통해 얻고자 하는 바를 명확히 하면서 목표설정 자체보다는 사업에 관한 통찰지식의 창출과 도전의식의 공유를 북돋우는 방식으로 사업계획 수립 프로세스를 운영한다.

■ 사업 통찰력

창의적인 사업 컨셉이라고 하면 갑자기 번쩍 떠오른 아이디어를 연상하기 쉽다. 그러나 실행 가능한 사업 컨셉은 끊임없이 문제와 기회를 탐구하고 구상된 아이디어를 지속적으로 가다듬고 구체화해 나가는 과정 속에서만 얻어질 수 있다. 이를 위해 최고경영자와 전략기획부서 구성원들이 기본적으로 가져야 되는 태도로는 다음의 네 가지를 들 수 있다

첫째, 선행적 마인드(Proactive Mind)이다. 지금 이대로 가면 10년 후에 우리 기업이 유지될 수 있을까라는 질문을 던지고, 환경변화에 의해 발생하는 기회 및 위협에 대해 항상 주의를 기울이면서 그것이 주는 함의를 신속하고 정확히 파악하여 즉각적으로 대비할 수 있어야 한다. 특히, 사업에 대한 문제의식을 항상 잃지 않는 것이 중요한데, 문제의식이 없는 상태에서는 아무리 중요한 정보에 접해도 별다른 함의를 얻을 수 없기 때문이다.

둘째, 비판적인 사고(Critical Thinking)이다. 사업수행에 있어서의 기본 가정을 의심하고 끊임없이 새로운 사업수행방식을 모색하는 태도를 견지해야 하는 것이다.

셋째, 사업에 대한 열망(Aspiration)이다. 사업에 대해 정말 더 잘해보려는 열망이 없이 현상유지에 만족하는 경우에는 새로운 문제의식과 비판적인 사고를 지닐 수 없게 되는 것은 너무나 당연하다.

넷째, 현장중시의 마인드이다. 항상 현장에 마음을 두고 공급자와 고객, 내부 구성원들과 직접 대화·관찰 등의 상호작용하는 과정에서 사업에 관한 통찰지식을 얻으려고 노력해야 한다.

과거 우리 기업들은 신규사업에 대한 진출은 과감히 추진한 반면, 정작 진출한 사업에서 사업을 수행하는 방식은 독자적인 사업모델에 기반으로 하기 보다는 소위 Me-too 전략으로 일관한 경우가 적지 않았다. 이제 우리 기업도 독창적인 사업전략을 기초로 글로벌 시장을 리드할 수 있는 실력을 갖추어야 할 때이다.

03 사업 포트폴리오

사업 포트폴리오(Business portfolio)란 기업이 취급하고 있는 모든 사업부문과 제품의 집합체를 의미하는데 여기서 가장 이상적인 사업 포트폴리오는 기업이 주어진 환경 속에서 자신의 장점과 단점을 사업기회에 최대로 적응하여 나아가는 데 있다고 하겠다. 따라서 경영층에서는 기업의 사명과 목적이 결정되면 이에 따라 사업 포트폴리오 계획을 수립하여야 한다.

이러한 사업 포트폴리오의 계획수립 시 기업은 현재의 사업 포트폴리오를 분석하여 투자의 확대와 축소를 결정하고 그 다음에는 그에 알맞은 성장전략의 개발의 결정이 필요하다.

1. 사업 포트폴리오의 설계

기업은 경영전략에 따른 경영목표 달성을 위하여 사업 영역확대의 방안으로 사업다각화전략을 전개하게 된다. 이러한 사업영역을 확대하려는 또 다른 이유 중의 하나는 Management Risk를 분산시키려는 목적을 내포하고 있다. 여러 사업을 동시에 전개함으로써 각 사업 간의 시너지효과를 증대시켜 기업 전체의 가치를 높이고 한 사업부문이 목표에 도달하지 못하게 되더라도 기업 전체의 위험은 감소하게 되기 때문이다.

결국 기업이란 진행하고 있는 개별사업단위에 대한 지원뿐만 아니라 전체 사업단위 간에도 효율적인 경영자원 분배를 통해 최대이익을 실현할 수 있도록 해야 한다. 이러한 사업 포트폴리오 전략은 기존사업 전략뿐만 아니라 신규 사업의 선택이나 각 사업 간의 경영자원 배분 등을 고려하여 효과적으로 수립하여야 한다. 사업 포트폴리오를 결정하려면 먼저 현재 사업 포트폴리오를 확인해야 한다. 현재의 사업 포트폴리오를 구성하고 있는 SBU에는 어떤 것이 있으며, 어떻게 분포하고 있는지 확인해야 한다.

전략적 사업단위(Strategic Business Unit)란 조직 전체를 구성하고 있는 사업부문이나 제품 등을 말하는데 일반적으로 동일한 목표를 가진 기업 내의 사업단위를 말한다. 현재의 사업 포트폴리오가 확인되면 각 전략적 사업단위에 대한 평가와 분석이 이루어지게 된다. 현재사업 단위들의 현황과 위치를 파악하고 평가·분석이 끝나면 이 결과에 따라 효과적으로 경영자원을 최고의 효율을 얻을 수 있는 전략을 세운다.

2. 현재 포트폴리오의 분석

우선 최고경영자는 핵심적인 사업부문인 전략사업부문(SBU)을 파악하는 일이 필요하다.

■ 전략사업부문(SBU)의 특징

전략사업부문의 특징은 다음과 같이 요약할 수 있다.

- 하나의 단위사업
- 특정된 목표 혹은 사명을 지니고 있다.
- 경쟁자의 존재
- 책임 있는 경영자의 존재
- 생산에 필요한 모든 자원의 통제가능
- 독자적으로 전략적 계획 수립가능
- 타 사업부문과는 별도로 계획이 수립된다.

■ 포트폴리오 계획수립 방법

전략사업부문의 시장매력도나 산업 전체의 매력도, 그리고 당해시장이나 당해산업에서의 전략사업부문이 차지하고 있는 위치상의 강점이라는 두 가지 중요한 요소를 토대로 평가하는 것으로서 미국의 경영자문회사인 보스턴 컨설팅사(Boston Consulting Group : BCG)가 개발한 분석방법이 대표적이며, BCG 기법은 모든 전략사업부문들을 성장률 및 시장점유율 행렬표에 그 위치를 표시 분류한 것으로 다음과 같다.

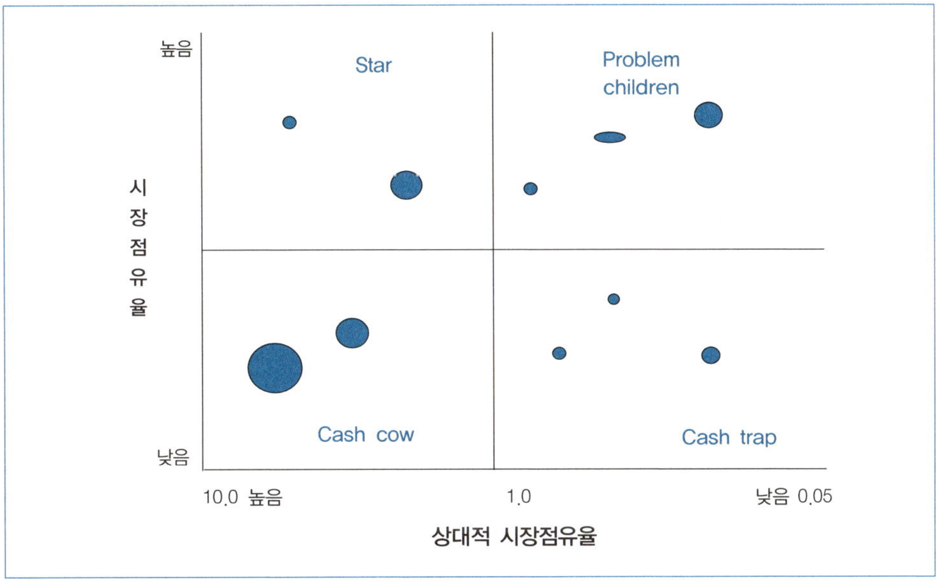

BCG Business Portfolio Matrix

그림에서 종축은 시장성장률(Market Growth Rate / 당해 사업부문이나 제품들이 판매되는 시장의 연간 성장률)을 나타내고 있는데 10%의 성장률을 기준으로 하여 그 이상을 고성장률, 이하를 저성장률로 구분하고 있다.

횡축은 상대적 시장점유율을 표시하는데 여기서 상대적 시장점유율이란 동일 산업에서 가장 큰 시장점유율을 차지하고 있는 경쟁자에 대한 당해 전략사업부문의 시장점유비율을 말한다. 상대적 시장점유율은 1.0을 기준으로 하여 그 크기를 대수(log)로 표시하고 있다. 그림에서 각 원의 크기는 당해 전략사업부문의 판매액의 크기를 나타내고 있으며, 10개의 전략 사업부문을 보유하고 있음을 나타내고 있다.

이러한 기법에서 전략사업부문은 10%의 시장점유율과 1.0의 상대적 시장점유율을 기준으로 4가지 유형별로 구분된다.

스타(star) 시장점유율이 높고 상대적 시장점유율도 높은 전략사업부문이다.

- 자체의 성장유지를 위하여 많은 자금이 필요함으로 급격한 고도성장을 뒷받침하기 위하여 여기에서 획득한 이익을 재투자할 필요가 있다.
- 이익은 많이 거두고 있으나 성장유지를 위한 자체 자금이 필요하기 때문에 가격인하·제품 개량·시장범위확대·생산성제고 등의 형태로 재투자를 함으로써 기존 시장점유율을

보호하는데 전략의 주안점을 두어야 한다. 특히 관심을 두어야 할 부분은 신규고객의 창출과 제품의 용도 확대를 통하여 성장을 기하는 것이다.

캐쉬 카우(cash cow) 성장률은 낮으나 시장점유율이 높은 전략사업부문이다.

- 자체의 사업뿐만 아니라 여타의 전략사업부문에 필요한 자금을 공급하여 주는 역할을 할 수 있다.
- 기술개발이나 가격 면에서의 주도권을 중심으로 시장지배를 유지하는데 모든 전략을 집중하여야 할 필요가 있고, 1차 수요가 특별히 크지 않는 한 제품다양화나 시장확대는 가능한 한 배제할 필요가 있으며, 그 대신 여유자금을 기술개발과 여타의 성장가능 사업분야에 투입할 필요가 있다.

문제아(problem children) 성장률은 높으나 시장점유율은 낮은 사업부분이다.

- 성장률은 높으나 이익이 적어 다량의 자금을 필요로 한다. 따라서 자금을 공급 지원하지 않는 한 저성장으로 바뀔 경우 캐쉬 트랩이 되기 쉽다.
- 전략으로 집중투자를 통하여 신규판매의 잠식을 대량으로 시도하거나 경쟁사를 합병하여 기존의 시장점유율을 흡수함으로써 스타의 위치에 올려놓거나 또는 사업에서 손을 떼는 양자택일의 방법을 생각할 수 있고, 가능한 특정된 시장부문을 발견하여 이 부문으로의 진출도 꾀할 수도 있다.

캐쉬 트랩(cash trap) 성장률이나 시장점유율이 모두 낮은 전략사업부문이다. Cash trap의 특징은 시장지배자가 1인인 경우가 대부분이고, Products Life Cycle상 성숙기에 있는 사업단위로서 비용 면에서는 불리하며, 성장 가능성이 희박하므로 새로운 경쟁자의 출현도 희박하다. 이와 같이 전략사업부문의 위치가 결정되면 각 전략사업부문의 역할이 어떠한 것이 되어야 하는가를 결정하는 과제가 남게 되는데 그에 대한 기본적인 전략은 다음과 같다.

- 육성(build) : 당해 전략사업부문의 시장점유율을 확대할 목적으로 하는 전략이며, 문제아에 속하는 전략사업부문에 적합하다.
- 보존(hold) : 당해 전략사업부문을 보존하고 유지하려는 전략으로서 캐시카우 전략사업부문에 적합하다.
- 수확(harvest) : 장기적인 효과보다는 단기에 수익의 증가를 노리는 전략으로서 캐쉬 카우에 적합하며, 문제아나 캐쉬 트랩에도 사용 가능하다.
- 처분(divest) : 현재의 사업을 청산하는 전략으로서 캐쉬 트랩이나 문제아에 속하는 전략사업부문에 적합하다.

3. 포트폴리오의 응용

사업 포트폴리오 계획의 이용 이유는 다음과 같다.

- 개별독립채산제나 제품전략보다도 기업 전체의 장기적인 성과를 주안점으로 한다.
- 균형 잡힌 Product Mix 전략을 채택함으로써 자금 및 자원 활용을 장기적으로 극대화할 수 있다.
- 누구나 쉽게 이해하고 이용할 수 있다.

■ 포트폴리오 개념의 응용 한계

사업 포트폴리오 계획에서 상대적 시장점유율을 사용하는 이유는 시장점유율과 수익성과는 정(+)의 상관관계가 있다고 가정하는데 있다. 하지만 다음과 같은 경우에는 시장점유율을 분석의 지표로 이용하기 어렵다.

- 한 경쟁자가 기술적인 우위를 확보하여 비용을 계속 절감할 수 있을 경우
- 한 경쟁자가 수직적 통합의 정도가 매우 높을 경우
- 경쟁자들이 경험곡선의 법칙에서 벗어나 합병이나 기술합작을 통하여 우위를 점할 수 있을 경우
- 공장규모와 관계없이 조업률에 따라 수익성이 민감한 반응을 보일 경우 등

Tip 경험곡선(experience curve)

기업의 코스트 변화를 나타내는 곡선. 학습곡선이라고도 한다. 제품의 단위당 실질 코스트는 누적경험량(누적생산량 또는 판매량)이 증가함에 따라 일정비율로 저하되는데, 누적경험량이 2배가 되면 코스트는 20% 정도 떨어지는 것이 보통이다. 그래서 누적경험량이 큰 기업은 코스트도 낮고 수익성도 높다. 이 곡선은 기업의 경영전략을 구상하는데 기초가 된다.

사업 포트폴리오 계획에서는 자금수지의 균형을 강조하고 있으나 주주의 이해, 전반적인 경제 국면, 사회적 내지 정치적 압력, 원료공급의 원활 여부, 기술변화 등에 따라 특정된 전략 선택이 불가능할 경우가 있으므로 복적 타당성에 대한 검토가 필요하다. 또한 시장과 제품의 범위와 시장세분화의 범위 등 측정상의 문제가 있다.

GE의 평가방법

General Electric사가 경영자문회사인 맥킨지사의 도움으로 개발된 기법으로「GE 복수요소 포트폴리오 매트릭스」라고도 하며, 종축은 산업의 매력정도를 나타내며 다음과 같은 여덟 개의 요소로 구성되어 있다.

- 시장규모 : 시장 규모가 클수록 매력 있는 산업으로 간주한다.
- 연간 시장성장률 : 성장률이 높은 시장일수록 진출하려는 기업이 많을 것이다.
- 이익률 : 이익률이 높은 산업에 보다 매력이 있을 것은 당연하다.
- 경쟁도 : 다수의 경쟁자, 극렬한 경쟁이 있을수록 지출의 어려움이 있다.
- 순환변동 : 제품판매의 주기적 변동이 클수록 매력이 적을 것이다.
- 계절적 변동 : 판매가 계절변동이 심할 겨우 상대적으로 매력이 작다.
- 규모의 경제 : 생산시설을 확대하여 제품단위당 생산비용이 절감되는 산업이 보다 매력이 있을 것이다.
- 경험곡선 : 생산과 유통부문에의 경험이 많을수록 단위당 생산비용이 체감되는 산업이 보다 유망하다.

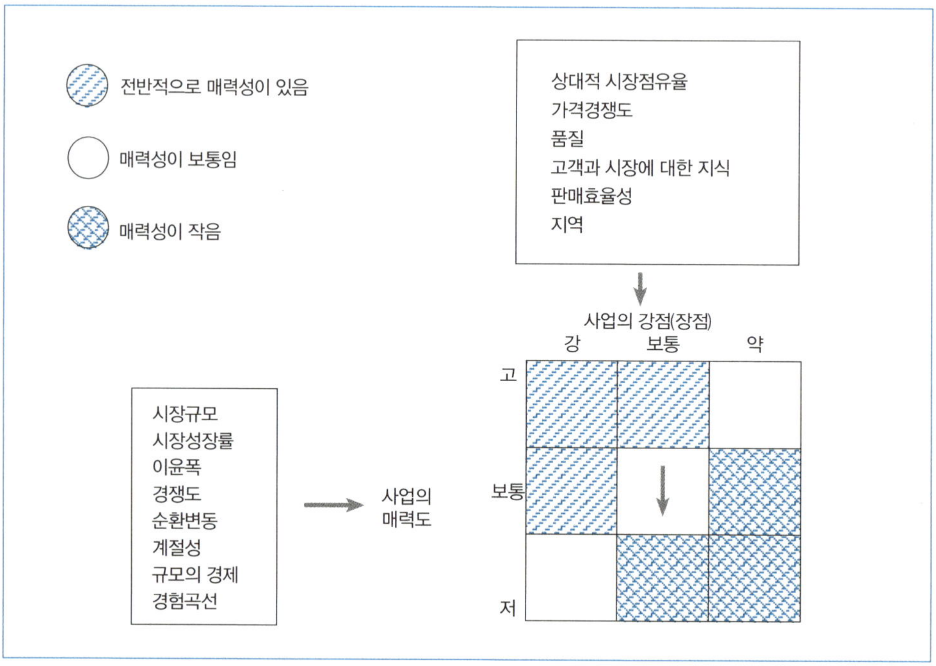

GE 복수요건 포트폴리오 매트릭스

이러한 여러 가지 구성요소들을 중요도에 따라 점수를 주어 가중 평균하여 매력도를 구하는데 여기에서는 상·중·하로 구분하고 있다.

그림에서 횡축은 기업의 장점을 표시하고 있는데, 다음과 같은 여섯 가지 요소로 구성되어 있다.

- 상대적 시장점유율 : 시장점유율이 클수록 유리한 위치
- 가격경쟁력 : 가격경쟁력이 강할수록 유리한 위치
- 품질 : 경쟁자에 비해 품질이 우월할수록 유리
- 고객에 관한 정보 : 정보의 확보에 따른 유리한 위치
- 판매효율성 : 판매효율성이 높을수록 유리한 위치
- 판매지역 : 지역이 넓을수록 유리한 위치

이러한 요소들도 중요도에 따라 점수를 주어 가중 평균하여 기업의 장점을 평가한다.

4. 성장전략의 개발

기업의 목적은 흔히 이익의 증대·판매성장·시장점유율의 확대·위험의 분산·혁신 등으로 표시되고 있다. 이러한 기업의 목적 내지 목표를 달성하기 위한 설계가 필요하며, 이것을 전략이라고 부른다. 기업이 추구하는 목적방향을 선택하고 그러한 방향으로 나아가는데 필요한 자원을 배분하는 것이 전략인 것이다.

■ 집중적 성장

기존의 활동범위 내에서 기업이 이용할 수 있는 기회를 찾으려 하는 것을 말하는데, 기존의 제품이나 기존시장을 완전히 이용하고 있지 않을 경우에 적합한 성장전략이다.

시장침투(market penetration) 보다 적극적인 마케팅 활동을 통하여 기존시장에서 기존제품의 판매를 증가시키려고 하는 것이다.

시장개발(market developmcnt) 기존의 제품을 새로운 시장에 판매하려는 것으로 구체적으로는 지역적으로 새로운 시장부문을 설정하여 침투하는 방법이 있을 수 있다.

제품개발(product development) 새로운 제품을 개발하거나 기존제품을 개량하여 기존시장에서 판매를 증가시키려는 것이다.

	기존 제품	신제품
기존시장	1. 시장침투	2. 제품 개발
신 시 장	3. 시장개발	4. 다 양 화

제품 및 시장 확대전략

통합적 성장

마케팅 경로 상에 위치하고 있는 어느 한 조직 혹은 기구를 통합할 기회를 찾는 것이다.

- 후방 통합 : 원료나 제품생산에 필요한 자원을 공급한 업체에 대한 소유권을 획득하거나 통제를 강화하는 방법이다.
- 전방 통합 : 유통경로상의 기구를 소유하거나 통제하는 것이다.
- 수평 통합 : 경쟁자에 대한 통제 내지 지배권을 강화하거나 소유하려는 방법이다.

다양화를 통한 성장

기존의 마케팅 경로체제 외에 존재하는 기회를 찾으려 하는 것이다.

- 집중적 다양화 : 기존의 제품을 생산하여 판매하는 것과 동일한 기술과 마케팅 활동으로 보다 큰 효과를 가져 올 수 있는 새로운 제품을 추가 하는 것이다.
- 수평적 다양화 : 현재 생산하고 있는 제품과 질적으로 관련성이 없으나 기존의 고객에게 호감을 줄 수 있는 신제품을 추가하는 것을 말한다.
- 집체적 다양화 : 기존의 기술이나 제품 및 시장을 대상으로 하는 것과는 별개의 신제품을 추가하는 것을 말한다.

성장기회는 집중적 성장과 통합적 성장, 다양화를 통한 성장으로 구분할 수 있으며 각 각의 성장기회에 따라 달리 전략을 구사한다.

[성장기회의 분류]

집중적 성장	통합적 성장	다양화를 통한 성장
A. 시장침투 B. 시장개발 C. 제품개발	A. 후방통합 B. 전방통합 C. 수평통합	A. 집중적 다양화 B. 수평적 다양화 C. 집체적 다양화

제2편
경영계획

Chapter 4 전략적 경영계획의 수립
Chapter 5 장단기 경영계획
Chapter 6 사업계획서

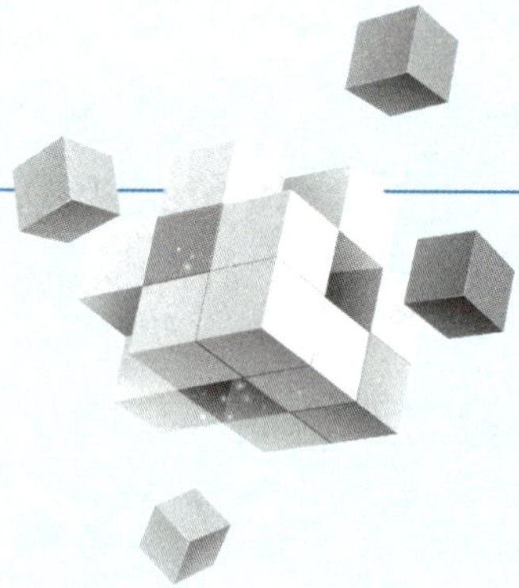

Chapter 4 전략적 경영계획의 수립

기업 활동을 합리적으로 수행하고 경영하려면 무엇보다 먼저 기업이 향후 나아가야 할 방향과 행동과정을 결정하여야 한다. 미래의 여러 대체적인 행동과정 중에서 기업목표에 가장 부합되는 행동과정을 선택하는 것을 경영계획의 수립이라 하며 선택된 행동대안을 경영계획이라 한다. 전략적 경영계획(Strategic business planning)이란 다변화되는 기업경영 환경의 변화 속에서 새로운 성장기회나 경쟁기회를 발견하여 이를 최대한으로 이용하는 전략을 탐구·선택하여 실현하기 위한 경영계획을 말한다. 기업은 합리적이고도 시의 적절한 전략적 결정에 의해서만 급격한 외부환경의 변화에 적응하여 기업의 대외적 균형을 유지할 수 있다.

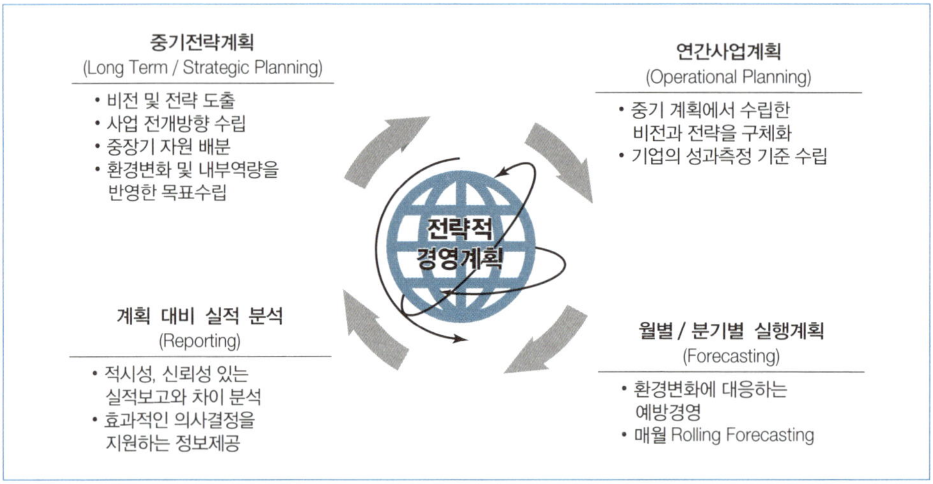

전략적 경영계획의 Flow

그러나 현실적으로 경영자는 기업경영과 관련하여 발생하는 일상적인 정형적인 문제처리에만 몰두하기 쉽다. 즉 기업의 전략적 결정에 대해서는 흔히 계획의 그레샴의 법칙(Gresham's law of planning)이 작용하게 된다. 전략적 경영계획은 경영자의 전략적 결정에 대하여 이와 같은 계획이 그레샴의 법칙이 작용하게 되는 것을 방지하기 위한 경영계획이어야 한다. 계획의 그레샴의 법칙이란 혁신의 그레샴의 법칙이라고도 하며 경영자가 정형적 결정의 책임과 혁신적 결정의 책임의 쌍방을 동시에 가질 경우에는 일상적인 정형적 문제처리에만 몰두하게 되어 기업의 환경적응을 도모하는 것과 같은 전략적 결정이나 혁신적 결정이 희생되는 사태가 야기되는 것을 말한다. 이러한 사태가 야기되는 것은 정형적 결정을 위한 사무 처리의 양이 많고 또한 정형적 결정에는 일정한 처리기한이 있는데 반하여 전략적 결정이나 혁신적 결정은 문제의 발견이 어렵고, 또한 그러한 결정에는 일정한 기한이 없어 항상 뒤로 미루게 되기 때문이다. 뿐만 아니라 혁신적 결정에는 Risk가 수반되기 때문에 그 책임을 회피하고자 하는데도 그 이유가 있다. 그러나 기업에 새로운 이익의 원천이 되는 것은 혁신적 결정이다. 더 나아가서 전략적 경영계획의 수립을 통하여 혁신적 결정의 문제를 발견하고 이에 직면하는 기회를 만들 필요가 있다.

01 전략적 경영계획

1. 전략적 경영계획의 의의

기업이란 경쟁자보다 더 우월한 제품과 서비스를 생산하여 이를 소비자에게 판매하여 부가가치를 획득하는 조직이다. 따라서 기업은 영속적인 이윤을 창출해야만 하는 것이 기업의 목표이며, 이러한 기업 활동이 보다 효율적이고 효과적으로 달성되도록 관리하는 것이 경영이다. 경영활동은 크게 기획(planning)·실행(implementation)·통제(control)의 3단계로 구성된다. 1990년 대 이후 선진기업을 중심으로 채택된 전략적 경영(Strategic Management)은 이러한 모든 기업 활동을 그 기업의 전략을 중심으로 경영한다는 것이다. 무엇보다도 기업 활동을 전개하기 전 향후 일정기간 경영활동의 구체적인 방향 설정과 청사진을 제공하기 위한 일련의 프로세스를 전략적 경영계획이라고 할 수 있다.

전략이 모든 기업 활동의 핵심요소가 되는 이유는 무엇보다도 80년대 이후 경영환경이 보다 복잡해지고 경쟁이 심화됨에 따라 해당 산업 혹은 시장에서 기업이 경쟁에서 이기기 위해서는 다른 어떤 것보다도 특정 시장에서 경쟁자를 이길 수 있는 방법 즉 전략이 정해지고, 이러한 전략목표를 달성하는 방향으로 모든 기업 활동이 전개되어야 하기 때문이다. 기업 경영환경은 경쟁자는 많아지고 경쟁강도가 높아지는 반면 고객의 욕구도 다양해짐에 따라 기업경영은 점점 어려워져 가고 있다. 오늘날 전략개념은 경쟁우위를 달성하기 위해서는 경쟁자에 비해 특화된 자원과 능력을 차별화하고 집중화하는 방향으로 경영활동을 전개하는 것으로 볼 때 이를 핵심역량이라고 한다.

이러한 핵심역량을 중심으로 언제·어디서·어떻게 싸울 것인지를 결정하는 것을 Strategic Positioning이라 하며, 이러한 핵심역량은 오랫동안 축적되어야 하는 경우가 많은데, 예를 들면 기술·특정설비나 장비·브랜드·고객관계·유통네트워크·기술개발능력·마케팅 등 다양할 뿐만 아니라 최근에는 브랜드·공급자관계·고객관계 등도 핵심역량에 속하고 있다. 그러므로 전략은 결국 전략적 포지셔닝과 거의 같은 말이 되는 것이다. 전략적 경영계획은 전략적 포지셔닝을 통해 해당 기업이 어떠한 사업 분야에서 어떤 제품이나 서비스로 또한 어떤 방법으로 경쟁할지에 대한 단기적 또는 중장기적 경영계획을 의미한다.

전략적 경영계획의 특성

전술적 경영계획에 비하여 전략적 경영계획에서 다루게 되는 전략적 문제는 다음과 같은 특성을 지니고 있다.

계획의 전체성 전략적 경영계획은 기업 또는 그의 주요 부문활동을 전체로서 또한 시스템으로서 환경의 변화에 적응시키기 위한 계획이다. 따라서 기업 전체 또는 사업부 기타의 주요 부문 활동의 전체와 관련된 계획으로 이루어지게 된다. 예컨대 다각화를 도모할 것인지, 또는 내부 확대를 도모할 것인지 하는 전략의 결정은 하나의 부문에 관한 문제가 아니라 기업 전체의 문제가 된다. 이에 반하여 전술적 경영계획은 개개의 부문계획이며 개별 계획의 성격을 지니게 된다. 제품설계의 변경계획·기계의 대체계획이나 인원의 채용계획 등과 같은 개별 계획은 전술적인 경영 계획이다. 각 개별 계획을 부문별로 정리한 부문계획도 전술적 계획의 성격을 지니고 있다.

정보의 유형 전략적 경영계획을 수립함에 있어서 기업 내부정보도 필요하지만 기업 외부의 환경정보가 크게 필요한데 반하여 전술적 경영계획은 주로 기업 내부에 관한 정보가 주요한 부분을 차지하게 된다. 전략적 경영계획을 수립하는 경우에는 경쟁업자의 동향, 장래의 기술동향, 일반경제의 동향, 사회적·정치적 변화, 고객욕구의 변화 등과 같은 외부 환경 정보가 중요한 정보가 된다. 이에 반하여, 예컨대 전술적인 생산계획에 있어서는 자사에 있어서의 과거의 생산 및 재고기록 등과 같은 내부정보가 주요한 정보가 되는 것이다.

불확실성 전략적 경영계획이 의존하게 되는 외부정보는 전술적 경영계획이 의존하는 내부정보에 비하여 불확실성이 높다. 전술적 문제는 오로지 기업 내부에서 발생하는 환경변화와 관련되고 있다. 이에 반하여 전략적 문제는 기업외부에서 발생하는 환경변화에 기인하여 야기되는 것이다. 따라서 전략적 경영계획의 수립에 필요한 정보는 전술적 경영계획의 경우에 비하여 그의 정보수집이 어려우며 확실성이 뒤지게 된다. 뿐만 아니라 전략적 경영계획은 일반적으로 전술적 경영계획보다도 더 장기적인 장래의 환경변화에 관한 정보를 필요로 하게 된다. 따라서 전략적 경영계획을 수립하는 경우에는 전술적 경영계획에 비하여 보다 높은 불확실성의 문제에 직면하지 않을 수 없는 것이다.

문제발견의 곤란성 기업의 전술적 문제는 그의 발생을 지각하는 것이 용이한데 반하여 기업의 전략적 문제는 그의 발생을 지각하는 것이 어렵다는 특징을 지니고 있다. 전술적 문제가 일상적인 경영 가운데서 자기 재생적인데 반하여 전략적 문제는 자기 재생적이 아니다. 따라서 전략적 경영계획에서는 전술적 경영계획의 경우에 비하여 문제발견의 과정이 계획 수립의 제1단계로서 보다 중요한 위치를 차지하게 된다.

전략적 경영계획의 중요성

전략적 경영계획이 기업경영전략에 있어서 중요한 이유를 다음과 같이 요약해 볼 수 있다.

미래 경영 방향을 제시 전략적 경영계획은 여러 가지 중요한 의미를 지니고 있으나 그 중에서도 가장 중요한 것은 기업경영의 방향과 목적의식을 제공한다.

수행과정에서 조정·개선 경영활동이 계획적으로 수행하게 될 때 조정의 개선을 도모할 수 있다. 이는 조직 내에서 각각의 조직 단위들이 개별적으로 경영활동을 추진함에 있어 동일하거나 유사한 업무가 중복되거나 상충되어 경영효율을 저하시킬 가능성을 사전에 예방할 수 있다. 그러므로 명확한 전략적 경영계획은 조직 내에서 전략적 의사결정을 통한 조직의 전체 목적을 실현하기 위해 각 부문이 무엇을 할 것인가를 명시해 주며, 각 목표달성을 위한 일관성 있는 직무를 수행하여 하여 조직의 전반적인 목표를 달성할 수 있도록 한다.

경영활동의 집중성 및 신축성 전략적인 경영계획에 의한 경영활동은 최상의 업무수행 방법을 강구할 수 있다. 따라서 고객의 요구에 부응할 수 있는 경영활동의 추진을 가능하게 할 뿐만 아니라 환경변화에 신축적으로 대응해 나갈 수 있는 방안을 사전에 강구할 수 있다.

미래의 기회와 위험의 제시 경영학자 P.F. Drucker에 따르면 '계획이 장기적인 의사결정의 위험을 제거해 주지는 못하지만 적어도 위험을 최소화 시켜주고 잠재적인 기회와 도전을 인식하게 해 준다'고 하였다. 즉 전략적 경영계획은 기업 환경변화에 대응하여 성장과 발전을 도모하기 위해서 수립되는 것이기 때문이다.

2. 전략적 경영계획의 목적

전략적 경영계획은 공공서비스의 제고를 위해 미국 등의 국가에서 제한된 자원으로 조직의 목표를 보다 효과적으로 관리하기 위한 수단으로서 국가경영에 본격적으로 적용하기 시작하여 1920년대에 하버드 경영대학원이 하버드정책모형(Harvard Policy Model)이라는 전략기획방법론을 개발하면서부터 민간부문에서 확산되기 시작하였다.

기업은 사회적 책임을 달성하기 위해 존재한다. 이러한 사회적 책임을 다하기 위해서는 기업이 추구하여야 하는 바를 기업경영이란 틀 안에서 책임을 완수할 때에만 비로소 이루어지게 되는 것이다. 기업의 사회적 책임이란 기업은 영리를 추구하는 단체로서, 첫째는 정부에 대한 책임이다. 이는 이윤 중 일부를 납세를 통하여 정부재정에 기여하는 것을 의미한다. 둘째는 주주에 대한 책임이다. 이는 기업의 경영성과 중 일부를 기업의 주인인 투자자에게 적정하게 보상하는 배당제도를 통하여 주주에게 투자수익을 환원해 주는 것을 말하며, 셋째는 종업원에 대한 책임이다. 이는 기업의 경영성과를 만드는 과정에서 참여한 모든 임직원에게 그들이 가진 개인의 역량을 서비스한 대가로 급여나 성과급을 지급함으로써 보다 더 나은 개인생활을 추구하게 된다.

이러한 기업의 사회적 책임을 다하기 위해서는 전략적인 경영전략을 통한 기업성장이 지속적으로 이루어져야만 될 것이며, 기업경영의 Management Cycle(Plan-Do-Check-Action)이 원활하게 피드백 되지 않고는 만족할만한 성과를 거둘 수가 없다. 전략적인 경영계획을 수립하는 목적이 여기에 있는 것이다. 전사적인 경영계획의 목표달성을 위해서는 사업실행을 위한 외부환경 분석에서부터 경영 패러다임의 분석, 내부역량분석을 통해 기업의 자원요소를 측정하고 전략사업단위의 사업성장 예측, 사업 포트폴리오 분석, SWOT분석, 미래의 목표달성을 위한 GAP분석에 이르기까지 다양한 분석툴을 사용하여 사업을 예측해야 한다. Business Plan에서는 사업의 전략적 기조에 따른 사업 비전의 정의, 사업실행을 위한 인적자원의 활용, 사업목표의 정의, 사업추진에 따른 사업 전개 방향을 결정하여야 한다.

전략적 사고와 행동촉진

조직의 환경을 평가하고 조직 자체의 장점과 약점을 평가함으로써 미래 지향적이고, 성과 지향적이며 환경 지향적인 사고와 행동을 가능하게 한다. 이를 통해 미래의 방향을 명확하게 할 수 있고, 행동의 우선순위 설정이 가능하므로 조직의 통제 하에 그 분야에서 조직이 최대한의 재량권을 발휘 할 수 있도록 도와준다.

조직을 미래지향적으로 전환

광범위한 정보수집과 다양한 대안을 탐색하여 현재 결정이 미래에 미치는 관련성을 강조하도록 요구된다. 과거의 전략경영계획이 조직의 주체가 무엇을 해야 하는가를 계획하는 것이라면, 현대적 의미의 전략적 경영계획은 조직의 주체가 어떤 조직이 되어야 하는가에 초점을 맞추는 계획으로 이해할 필요가 있다.

의사결정의 개선과 합리성제고

미래의 관점에서 현재의 결정을 도와주며, 합리적이고 방어 가능한 근거를 의사결정자에게 제공해 줌으로써 의사결정을 지원한다.

[전통적 경영계획과 전략적 경영계획의 비교]

구 분	전통적 경영계획	전략적 경영계획
목표	전제	전제되지 않음
사용목적	목표의 구체화 수단	전략적 쟁점의 확인 및 해결
방법	추세연장법에 의한 미래예측의 기초	불연속성을 전제로 조직의 환경평가
비전	목표의 진술형태	조직 비전의 개발·추구
비전의 적시성	낮음	높음
행위지향성	낮음	높음
활용도	낮음	높음
재량범위	최소화	최대화
포괄성	포괄적	선택적
방향성	주로 물리적 개발, 토지이용	기능을 위한 전략
과정	변경이 어려움	변경수용
형식성	획일	다양

■ 조직 성과관리향상

진단·목표·설정·전략형성의 과정을 가지고 있는 전략계획을 통해 한 조직의 역량과 환경을 고려할 수 있으며, 주요한 자원배분의 결정을 가능케 한다.

■ 조직의 성과기여

과정보다는 구체적인 조직문제의 확인과 해결에 초점을 맞추고, 조직이 처한 환경과 조직의 역량에 가장 잘 부합하는 최선의 결정에 도움을 준다. 따라서 조직의 상하간·부서간·사업 상호간의 의사전달을 촉진시켜 준다.

■ 계획의 탄력성과 실용성 제고

변화하는 상황에 대응하고 새로 발생된 조직의 장점을 살리기 위한 전략계획의 업데이트에 따른 탄력성과 성과를 위한 대상 설정, 진행사항을 모니터링하기 위한 방법의 제시, 진행 중인 운영계획 및 예산지침을 제공한다.

■ 전략적 비전

전략적 비전이란 기업이 설정하고 있는 경영이념 및 창업이념을 기초로 회사가 도달할 수 있는 최대한의 마땅히 있어야 할 모습과 목표를 설정하고 그에 도달하기 위한 시나리오·방침 그리고 행동규범을 설정하는 것이다.

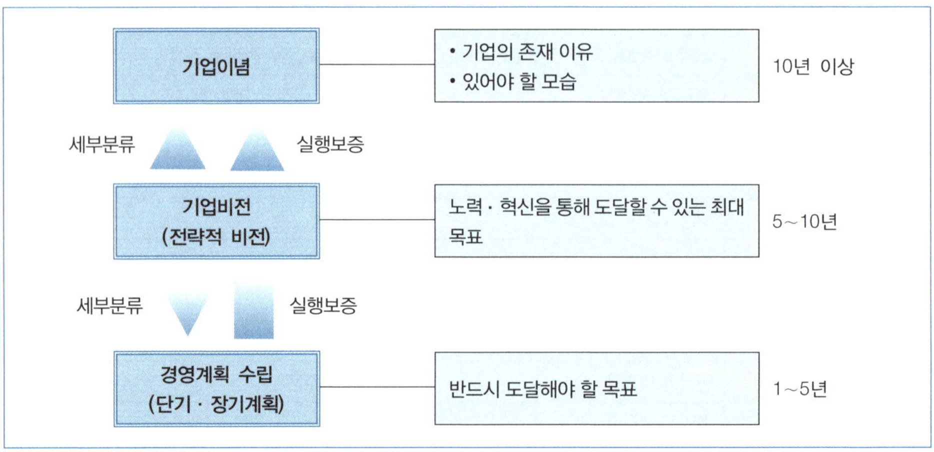

전략적 비전의 구조

■ 전략의 수립

전체 전략수립(Strategy Formulation)은 기업전체의 전략이나 전체조직에 대한 경영계획을 수립하는 단계이다. 전략의 수립은 기업의 장기적인 목적을 결정하고 그 목적을 달성하기 위한 계획을 결정하는 것이다. 기업구조가 결정되면 기업전체 전략이 실현될 수 있도록 각 하부조직 단위마다 단기적이면서도 나름대로 전략적인 목표를 설정해야 한다. 이는 회사의 전사 전략이 수립되면 각 차원의 전략이 그에 따라 수립되는 것을 의미한다. 전략의 실행을 위해 조직 구성원들이 각자 주어진 업무를 수행할 때 기업전체의 방향과 개인의 업무 방향과 강도가 최대한 근접하도록 연결시킬 필요가 있다.

■ 전략 실행의 요소

성공적인 전략의 실행에 결정적인 역할을 하는 사람들 대부분은 CEO를 비롯한 상위급 관리자가 아니라 하부 사람들을 포함한 모든 직원들이다. CEO를 비롯한 상위급 관리자들에 의하여 전략이 수립되고 그 실행에 대한 지휘가 이루어지지만, 일이 실제 성공적으로 이루어지기 위해서는 하위수준 관리자들의 능동적인 참여와 협력이 반드시 필요하다. 최고경영자의 Leadership은 중요하지만 특히 실행과정의 신속하고 성공적인 관리를 위해서는 실행을 맡은 중간 하위관리자들의 Leadership 역시 절대적으로 필요하다. 특히 비전이나 경영목표와 경영전략 및 경영정책 등을 변화시킬 때 그 중요성이 하부사람들을 포함한 모든 직원들에게 명확하게 이해되지 않으면 실제 일을 해야

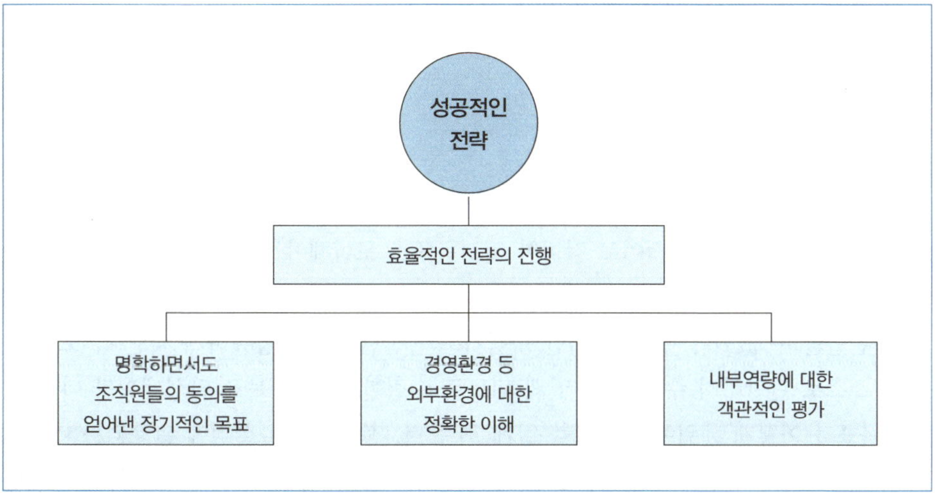

성공적인 전략의 핵심 Factor

하는 사람들이 그 실행을 의도적이건 아니건 저지하거나 지연시키는 일이 생길 수 있기 때문이다. 성공적인 전략의 핵심요소로서의 전략의 실행을 도식화하면 앞의 그림과 같다.

■ 전략달성의 기본조건

전략적 경영계획의 전략을 달성하기 위해서는 다음과 같은 기본적인 조건을 갖추어야 한다.

Vision 공유 한마음 공동체 형성을 통한 신나는 직장 만들기와 현장중시·인간존중·고객감동의 Vision을 적립해야 한다.

의사 결정력 강화 환경분석 및 미래예측 기능의 강화를 통하여 전략적 의사결정시스템을 운영해야 한다.

경쟁 및 고객 중시 체질화 경쟁력 강화를 위해 체질을 개선하고 고객 지향의 Pull형 업무체계를 구축해야 한다.

전략적 인재개발 핵심역량 강화를 위한 전문가 양성 프로그램의 개발과 운영 및 외부로부터 우수인력을 확보하는데 인색해서는 아니 된다.

전략과 운영의 연계성 향상 전략과 운영의 원활한 연계를 위해서 자율 경영체제를 구축하고 장기 전략의 수립·실행·평가·보상의 연계 시스템을 구축해야 한다.

3. 목표의 설정

전략적인 목표의 설정은 구체적이고 측정하고 평가할 수 있으며 성취 가능할 뿐만 아니라 현실적이며, 구체적이고 적절한 일정목표를 포함해야 한다. 전략적 목표는 비전을 달성하기 위한 구체적 실행계획이어야 하고 각 단계별로 목표와 일치하는지를 측정하고 판단할 수 있어야 한다. 이러한 측정기준과 판단기준을 공유하게 되면 각 조직 기능이 스스로 판단하며 수행할 수 있게 되므로 수립한 전략적 목표 달성계획과 다를 때 수정목표를 어떻게 세워야 하는가를 알게 해 준다. 전략적 목표설정에 활용되는 기법으로는 BSC가 있다. BSC기법이란 Balanced Score Card의 약자로서 기존의 전통적인 재무적 관점 일변도의 경영관리에서 탈피하여 재무·고객·내부 프로세스·학습과 성장의

4가지 관점에서 목표를 설정·측정·평가한다. 그럼으로써 효과적으로 경영목표를 달성하고 지속적인 성장을 가능하게 하는 전략도구이다.

■ 재무적 관점(Financial Perspective)

재무적 관점은 기존의 전통적 성과측정 시스템에서 주장하던 요소들과 다를 것이 없다. 즉, 기업자본(자기자본과 타인자본)의 사용에 대한 적정성·안정성 등을 나타내준다. 이는 기업 재무상태의 건실성 여부를 나타냄과 동시에 다른 모든 기업 경영의 결과를 반영하는 측면을 보여주는 것이다. 따라서 BSC에서는 회계적 측면을 과소평가하는 것이 아니라 다른 세 측면의 결과로 해석한다. 기업에서는 재무적 측면에서의 장기전략을 영업현금흐름(cash flow)의 극대화 또는 비용절감을 통한 이윤 극대화(Lowest Cost) 등으로 세울 수 있고 이를 위한 구체적 측정치로는 잉여주주현금흐름·생산성장률·투자수익률 등을 사용할 수 있다. 이는 기업이 속해있는 산업군이 무엇인지, 또는 현재 성장기에 있는 산업인지에 따라 다르게 도출될 수 있다.

■ 고객의 관점

고객은 기업의 입장에서 보면 수익의 원천이다. BSC에서는 세분화된 고객집단의 성향 또는 제품에 대한 만족정도를 반영하고 있다. 이렇게 파악된 정보는 내부 비즈니스 프로세스와 종업원의 학습 및 성장측면의 결과로 반영된다고 본다. 이는 바로 고객의 취향을 중심으로 제품과 서비스를 생산 및 공급해야 한다는 측면을 강조하는 것이다. 따라서 기업은 '타겟 고객 층의 만족 극대화'를 전략적 목표로 세울 수 있고, 그것의 구체적 측정수단으로서 고객의 만족정도, 고객 유지율, 대리점 매출증가율 등을 사용할 수 있다.

■ 내부비즈니스 프로세스의 관점

성과를 최대한으로 달성하기 위해 어떠한 프로세스에서 탁월해야 하는지 규정하는 것이 이 관점의 목표이다. 이는 바로 가치사슬(value chain)을 의미하는 것인데, 기업의 가치를 증대시킬 수 있는 핵심적 역량을 찾는 것이다. 내부 비즈니스 시각에서 고객에 초점을 둔 측정지표를 토대로 하여 자사 제품 및 서비스가 고객들의 기대를 충족시키기 위해서는 내부적으로 무엇을 해야 하는지를 파악하는 것이다. 또한 프로세스 면에서 경쟁사들보다 앞서기 위해 무엇을 준비를 해야 하며, 그것을 통해 효율적인 프로세스 과정을 만들어 내는 것이다.

본 관점에서는 주로 BPR(Business Process Reengineering)에 중점을 두게 된다. 효율적인 비즈니스 프로세스 과정은 합리적 비용배분을 통한 제품·서비스의 생산이므로 생산과정의 효율성에 중점을 둔 성과측정치를 도출하게 된다. 따라서 신제품 출하율, 재고 수준, 제품의 질 척도 등이 측정치로 사용된다.

BPR(Business Process Reengineering)의 개념 '할 수 있는 것'에서 '해야 하는 것'으로의 혁신적인 사고 전환을 통해 업무처리 프로세서를 목적 추구형, 병렬 처리형 등으로 혁신시킴은 물론 이와 관련된 Infra structure 및 Technology, Organization을 동시에 혁신시켜 기업의 경쟁력을 세계 초일류 수준으로 끌어올리는 기법이다.

BPR의 목표 BPR은 기업활동을 부가가치의 창조를 위한 프로세스로 파악하는 것이며 이 프로세스란 고객의 주문부터 제품의 인도까지 이익을 실현하는데 핵심이 되는 활동들의 연결고리를 말한다. 기업은 모든 조직 및 활동을 이 프로세스에 집중시키기 위해 불필 요한 부분을 모두 제거, 기업의 효율을 극대화시킨다는 것이 BPR의 목표가 되고 있다.

■ 학습과 성장의 관점

학습과 성장의 관점은 재무적 관점과 고객의 관점, 내부비즈니스 관점의 목표들이 달성될 수 있게 하는 원동력으로써의 기능을 수행한다. 성과를 거두는 기반을 마련하고 직원들을 교육시키거나 필요한 정보가 시기적절하게 제공될 수 있도록 시스템을 갖추게 하는 것이 이 관점의 목표이다. 학습과 성장을 가능하게 하는 것은 바로 구성원의 역량과 업무환경이다. 기업 내에 이에 대한 자료가 있다면 분석을 통해 조직구성원의 역량을 가장 잘 발휘될 수 있는 요소들을 찾을 수 있다. 이때 이용되는 기법이 바로 마이닝(Mining)이다. 이 부분이 바로 제품·서비스 생산의 효율성과 연결되는 것이다. 기업은 이를 위해 직원만족도·전략이행정도 등을 측정지표로 사용할 수 있다.

Tip Mining기법

Data Mining은 데이터 간의 관계, 패턴, 규칙 등을 찾아내고 모형화해서 통찰력과 예지력을 도출함으로써, 사실에 근거한 객관적 의사결정을 가능하게 하는 일련의 계산과정이다.

훌륭하게 구축된 Balanced Score card의 다양한 측정지표들은 일관성이 있으면서도 서로를 강화시키는 연관된 목표와 측정지표들로 구성되어야만 한다.

첫째, 모든 선택된 목표는 전략을 나타내는 원인과 결과 사슬의 일부여야 한다. 측정 시스템은 다양한 시각에서 목표 상호간의 관계를 명확히 함으로써 관리되고 결과에 대한 원인을 규명할 수 있도록 고안되어야 한다.

둘째, 모든 선택된 목표와 측정지표는 궁극적으로 재무 결과에 긍정적인 영향을 줄 수 있어야 한다. 궁극적으로는 기업이 경쟁력을 지니고 수익을 올리고자 노력과 투자를 하는 것이다. 따라서 고객·비즈니스 프로세스·학습과 성장 시각에서의 목표와 측정 지표들이 그 자체로 존재하는 것은 의미를 가질 수 없고 각각의 목표에 영향을 주어 궁극적으로 재무 결과에 관련되어야 한다.

셋째, 활동에 대한 결과를 가져오기 위한 원인이 되는 활동들이 회사의 측정 지표들을 구성하는데 균형 있게 포함돼 있어야 한다.

Tip BSC(Balanced Score Card)

전략적 성과평과 도구로서 재무적관점과 고객·내부프로세스·학습과성장 측면의 3가지 비재무적인 관점을 측정 가능한 핵심성과지표(KPI)로 전환하여 관리함으로써 균형적인 경영성과 관리를 실행하도록 도와주는 성과관리기법이다.

4. 전략적 경영계획 프로세스

전략적 경영계획의 접근 방법은 분명하고 일치된 목표를 설정해야 하며 무엇보다도 외부환경에 대한 정확한 이해가 우선된 이후 자사의 강점과 약점에 대한 객관적 평가가 이루어져야 한다. 그러한 연후에 효과적인 전략의 수행이 뒤따라야만 하는 것이다.

■ 전략적 경영계획 수립과정

전략적 경영계획의 수립과정은 다음과 같다.

현재 상황 평가 기업의 자원·시장추이·경제지표·경제요인 등 기업의 현재 상태를 평가한다. 기업의 외적·내적 환경을 개관하고 기회를 이용하고 위협은 피하고자 추구하는 장기적인 목적을 설정한다. 자사의 강점과 약점이 무엇인지 평가한다.

목적과 목표의 설정 기업의 현재상황이 파악되면 목적(Goal)과 목표(Objective)를 설정한다. 목적은 기업의 사명(Mission)을 달성할 미래의 상태 또는 조건을 의미한다. 목표는 기업의 목적을 달성할 단기적이면서 더욱 구체적인 측정 가능한 Target을 말한다.

실행계획 수립 목표 달성을 위해서는 구체적인 실행계획(Action plan)이 선행되어야 한다. 이러한 행동은 목표를 달성할 구체적인 수단이다. 각 목표를 달성하는데 도움이 되는 대안을 평가하고 이러한 수단을 통하여 목표를 달성할 자원은 무엇인지, 이러한 과정에서 발생할 장애요인은 무엇인지 규명한다.

자원배분 조직에 있어서 목표설정은 경영관리에 있어서 중요한 부분에 속한다. 목표를 설정함으로써 조직은 어떻게 인적·물적·재무적·시간적 자원을 활용할 것인가를 결정하게 된다. 목표를 잘못 설정하게 되면 낭비나 비효율을 가져오게 된다.

계획의 실행 실행(Implementation)이란 계획을 행동으로 실천하기 위하여 경영자원을 활용하는 것을 의미한다. 경영자와 조직 구성원들은 계획을 이해하고 이를 실행하는데 필요한 자원을 준비하고 이를 효율적으로 실행하고자 하는 동기를 가져야 한다.

실행의 통제 기업이 의도하는 목표가 달성될 수 있도록 모든 경영활동을 관리해야 한다. 통제란 실제의 결과가 계획한 결과와 일치하도록 모든 경영활동을 관리해야 함을 의미한다.

전략적 경영계획의 분류기준

전략적 경영계획의 유형을 구분하는 가장 보편적인 방식은 적용범위·시간구분·계획의 구체성·이용 빈도 등 다양한 기준에 의해 구분할 수 있다. 따라서 전략적 경영계획의 분류기준은 독립적인 것이 아니라 상호의존적이다.

적용범위에 따른 분류 계획이 조직 내에서 적용되는 폭이나 범위에 따라 구분하는 방식으로 전략적 계획과 운영계획으로 구분한다. 전략적 계획은 조직 전반에 걸쳐 적용되며, 전반적인 조직목표를 설정하고 조직이 처한 조직 환경적 관점에서 조직의 위치와 방향을 정하고, 이것이 실현될 수 있도록 하기 위해서 어떠한 전략과 자원이 필요한가를 결정하게 된다. 운영계획은 전략적 계획에 비하여 범위가 제한되어 있고 전략계획의 전반적인 목표를 어떻게 달성할 것인가에 대하여 구체적으로 규정한 세부계획으로 전략적 경영계획을 수행하는데 필요한 활동과 자원에 비중을 두고 있다.

기간구분에 따른 분류 계획을 적용하는 기간에 따라 중장기계획과 단기계획으로 구분한다. 일반적으로 중장기계획이란 3년 이상, 단기계획이란 1년 이내를 의미하나 이러한 기간구분에 대해 규정이나 논리적 근거가 있는 것은 아니므로 이의 적용은 그 조직이 직면한 문제의 특성이나 환경에 따라 계획기간의 적용은 달라질 수 있다.

02 사업구조의 계획

기업은 새로운 가치창조를 위해 존재하고 계속기업으로써의 꾸준한 성장을 목표로 한다. 이러한 목적을 달성하기 위해 새로운 경영자원을 동원하기도 하고 또한 동원된 자원을 유기적으로 결합하여 새로운 가치창출에 활용한다. 반면에 기업이 동원한 경영자원이나 사업단위가 전사차원에서 어떻게 현재 또는 미래의 기업 가치에 기여할 것인지를 평가하게 된다. 현재의 경영자원이나 사업단위가 더 이상의 새로운 가치를 창출하지 못하게 되면 그러한 자원과 조직의 결합관계는 지속될 수가 없다. 사업구조란 기업이 전개하고 있는 다양한 사업들의 구성형태를 말한다. 사업구조전략은 사업단위 간의 전략적 연계성을 검토하고 사업단위 간의 현금흐름은 문제가 없는지, 전사적 수익성과 성장성 전망은 어떠한지 등의 전략으로서 사업다각화의 정도, 사업간 재무자원 및 인적자원의 배분형태, 사업 전망에 따른 구성분포 등을 전사차원의 기업전략 관점에서 출발한다.

1. 사업구조조정

구조조정이란 조직이 시스템이나 조직을 새로운 방향으로 조정·재구축하는 것을 말한다. 어떤 사업을 축소 또는 철수 시킬 것인지, 어떤 신규사업에 진출할 것인가를 결정하는 것이다. 즉, 조직의 경쟁력 강화를 위해 전략경영의 차원에서 각 사업단위를 축소 통폐합 및 확대와 신규사업의 진입과 주력사업의 선정 등을 실시하여 이러한 사업들을 어떻게 연계하고 통폐합할 것인지를 결정하는 복잡하고 다차원적인 경영전략으로서의 의사결정을 의미한다.

거시적인 관점에서 구조조정은 경제발전단계나 임금수준 등 경제여건이 변함에 따라서 경쟁력이 영향을 받아 어떤 산업은 도태되고 어떤 사업은 성장하여 대체로 고부가가치 산업을 중심으로 산업구조가 고도화되어 가는 과정을 말한다. 여러 국가들은 천연자원과 인력자원·기술과 문화·지리적 위치·정부정책 등에 따라 각각의 고유 산업과 업종의 경제구조를 가지고 있고 산업과 업종은 경제발전과 생산요소의 비교가치 변화에 따라 각기 도태 또는 성장하면서 경제구조가 변화한다. 이 경제구조 또는 산업구조상의 변화 과정이 바로 거시적 관점에서의 구조조정이다.

미시적 관점에서의 구조조정은 기업이 환경변화에 대응하여 획기적인 경영전략과 사업전략 그리고 내부조직구조의 개혁과 경영행동의 개선으로 조직의 경쟁력을 향상시키는 과정을 의미한다. 조직구조의 조정은 기존사업의 퇴출·또는 통폐합·신규사업 진출·인수합병·빅딜·사업매각·전략적 제휴 및 아웃소싱·조직 슬림화·수평화·소규모화·업무과정 리엔지니어링 등 조직 및 하부구조의 재구성과 개혁을 포함한다. 그리고 이들 구조조정의 효과가 발휘하도록 이에 적용되는 인적자원관리와 기능별 경영활동을 포함한다.

■ 리스트럭처링(Restructuring)

조직의 경쟁력 강화를 위한 전략경영의 차원에서 기존사업단위의 축소, 통폐합 및 확대여부와 신규사업 진입 여부, 주력사업의 선정 등에 관한 결정과 함께 이러한 사업들을 어떻게 연계하여 통합할 것이지를 결정하는 복잡하고 다차원적인 전략기획의 방법으로 리스트럭처링은 합리화 또는 감량경영을 위한 경영노력이라는 의미로 자주 쓰이고 있는데 본래는 전략에 근거한 사업구조의 재구축이란 뜻을 가지고 있다. 리스트럭처링은 사업구조의 기본적인 전환을 통하여 기업의 체질개선을 꾀하는 경영혁신의 한 방식을 말하며 일반적으로 사업의 재구축이란 의미로 사용되어지고 있다. 리스트럭처링은 환경의 변화에 대응하는 효과적인 사업구조를 창출해 내는 것으로서 경영자원의 재분배를 목적으로 한 경영혁신의 한 방식이다. 리스트럭처링의 유형은 다음과 같다.

- 사업구조 재구축(business portfolio restructuring) : 기업 또는 사업단위의 흡수·합병·매각 등을 통해 전반적인 사업구조의 변화를 추구한다.
- 조직 재구축(organizational restructuring) : 조직구조의 변화를 추구한다.
- 재무구조 재구축(financial restructuring) : 재무구조의 개선을 추구한다.

리스트럭처링의 목적은 다음과 같다.

기업전체의 경쟁력 제고 사업구조의 개혁을 통해 주력사업을 선정하고 주력사업과 주변 관련사업, 지원사업의 연계관계를 통해 전체적인 통합화를 추구함으로써 경쟁력 있는 사업구조를 형성할 수 있다.

기업의 혁신과 체질 개혁 조직개편이나 기업풍토의 개선만으로는 기업의 혁신을 기대하기 어렵다. 사업구조의 개혁을 통해서 기업의 체질을 개선할 수 있다. 즉 창조적인 주력사업을 제시하고, 이의 경쟁력 제고를 위해 과감히 신규사업에 진입하고 중복사업들을 통폐합하거나 철수·축소함으로써 전 구성원들에게 혁신의 의지를 명쾌히 제시할 수 있다. 이렇게 함으로써 기존의 틀에서 벗어난 혁신을 추구할 수 있으며 이에 따라 기업체질도 바꿀 수 있다.

신규사업으로의 진입 훌륭한 신규사업의 개발을 통해서 장기적인 관점 하에서 이윤 창출을 기대할 수 있다.

전 사원의 건전한 위기의식 제고 강력한 위기의식을 전 임직원이 공감하여 기업의 체질을 강화하고 경쟁체질로 전환할 수 있다.

■ 리엔지니어링(Reengineering)

리엔지니어링이란 조직의 사업내의 사업단위 간의 생산공정·물류시스템·서비스 기간·절차 등의 과정에서 중복된 기능과 불필요한 기능을 제거하는 것으로써 시간단축 및 비용절감을 통해 고객만족을 증진시키는 기법이다. 리엔지니어링의 목적은 시간단축과 비용절감, 즉 중복된 기능과 불필요한 기능을 폐지하는데 중점을 둔다. 중복된 기능이 없어짐으로 인해 비용절감과 시간단축이 가능하며 고객만족을 개선시키는데 도움을 준다. 리엔지니어링의 필요성은 다음과 같다.

경영환경 변화에의 대응 기업 환경 변화 중에서 가장 중요한 요인으로 고객 중심적인 시장으로의 변화, 경쟁의 심화, 변화의 가속화를 들고 있는데, 이러한 환경변화에 능동적으로 대응하여 경쟁력을 유지하기 위해서는 환경변화에 맞게 업무방식 역시 새롭게 바꾸어야 한다.

조직의 복잡성 증가와 효율성 저하에의 대처 기업이 성장하고 규모가 점차 커지게 되면서 조직의 복잡성 증대·기업 내 프로세스의 단편화·혁신과 창의성의 결핍·규모의 비경제 등의 문제들이 발생하게 되었는데, 이러한 문제들을 과감히 해소하기 위한 것이다.

정보기술을 통한 새로운 기회의 모색 정보기술은 이제 조직운영의 핵심적 요소가 되고 있다. 기업 활동의 수행과 기업전략을 효율적으로 지원하는 정보기술은 기업경영에 있어서 기업 경쟁우위의 확보·기업의 생산성 및 업무성과 제고·새로운 경영방식과 조직과 방식의 제공·새로운 사업기회의 제공 등의 구체적인 목적으로 활용될 수 있다.

리엔지니어링과 리스트럭처링과의 차이점을 살펴보면 리스트럭처링은 변혁을 사업의 조직구조면으로 포착하는 반면, 리엔지니어링은 사업보다 업무를 비지니스 프로세스 관점으로 포착하고 있다는 점이 다르다. 리스트럭처링은 기업을 둘러싼 환경변화에 맞추어 경영의 변혁을 도모하는 것, 즉 사업 재구축인 반면 리엔지니어링은 업무과정(Business process)을 근본적으로 다시 생각하고 설계하는 것이다.

■ 리인벤팅(reinventing)

리인벤팅이란 고객 지향적이고 성과지향 위주의 조직역할 및 기능의 재조정을 말한다. 과거의 정부개혁 노력과는 본질적으로 그 맥락을 달리하는 단순한 구조개혁이나 점진적 개혁이 아니라 기존의 정부조직의 구조·과정·행태·전략 등을 근본적으로 부정하는 것으로 부터 출발하고 있다.

■ 벤치마킹(Benchmarking)

벤치마킹은 자기분야에서 가장 우수한 성과를 내고 있는 최고회사를 모델로 삼아 그들의 독특한 비법을 배우면서 자기혁신을 꾀하는 것으로 넓은 의미에서는 리엔지니어링의 개념에 포함시키기도 하지만 독립된 한 분야이다. 지속적인 개선을 달성하기 위해 조직내부의 활동과 기능, 그리고 관리능력을 다른 조직과의 비교를 통해 평가하고 판단하는 것이라 할 수 있다.

벤치마킹의 특징 무엇보다 최고관리자의 역할이 중요하며 조직의 내부조건이 구비되지 않은 상황에서 외부의 벤치마킹에 전적으로 의존하여 작업과정을 개선하려는 경우에는 어려움을 겪게 된다.

벤치마킹의 이점 벤치마킹은 조직이 자신을 성공적인 조직과 비교하여 조직의 개선전략을 구체화 하는데 도움을 줄 수 있다. 벤치마킹은 조직이 경쟁조직으로부터 그들의 경험을 학습할 수 있게 해 준다. 또한 벤치마킹은 업무할당과 자원분배에 있어 변동의 필요성을 창출하는데 도움을 준다.

다운사이징(downsizing)

다운사이징은 조직의 효율성을 향상시키기 위해 의도적으로 조직 내의 인력·계층·작업·직무·부서 등의 규모를 축소시키는 기법이다. 이는 슬림화(slim)화를 통해 능률의 증진을 추구한다.

다운사이징의 유형

- 인력감축(workforce reduction) : 해고·퇴직·전출 등
- 조직재설계(organizational redesign)
- 기능 및 계층의 축소, 부서 : 통폐합 등
- 체계적 접근 : 총체적인 조직문화 및 경영 혁신 운동

다운사이징의 특성

- 조직의 의도적인 행위이다.
- 인력의 감축을 수반하는 경우가 대부분이다.
- 조직의 효율성 증대를 강조하는 조직혁신기법이다.
- 어떤 형태로든 조직의 업무프로세스의 변화를 초래한다.

TQM(Total Quality Management)

TQM은 품질을 개선시키기 위해서는 노동 질적인 측면도 고려해야 한다는 일본식 품질관리원리에 영향을 받으면서 발전했다. 지엽적인 제도나 기법에만 매달려서는 품질경영의 진정한 효과를 얻기 어렵고 품질위주의 기업문화를 창조하여 조직구성원의 의식을 개혁해야만 궁극적으로 기업의 국제경쟁력을 높일 수 있다는 전사적 품질관리 경영기법이다.

TQM의 실천원칙

- 고객에 초점을 둔다.
- 결과뿐만 아니라 과정도 중시한다.
- 검사보다는 예방에 치중한다.
- 구성원의 참여를 바탕으로 창의력과 전문기술을 동원한다.
- 사실에 입각한 의사결정을 행한다.
- 피드백(feedback)에 의한 지속적인 개선을 추진한다.

TQM의 문제점

- 많은 비용, 추진과정에 많은 장애요인이 존재
- 비제조업, 공공기관에 대한 적용이 곤란
- 많은 장애요인에 대한 적절한 대처가 필요

아웃소싱(Out Sourcing)

모든 일을 한 부문이나 한 업체에서 수행하기에는 경쟁력·효율성 등이 떨어질 경우 일정 부분을 외부의 전문기업에게 위탁하는 경우가 있는데 이런 경우를 아웃소싱이라고 한다. 아웃소싱의 형태에는 여러 가지의 경우가 있다. 보통 아웃소싱과 계약방식을 연계하여 분류한다. 예를 든다면 하나의 위탁업무를 두개 이상의 외부업체에 위탁하는 Selective-아웃소싱, 업무부서의 핵심인력을 가동하여 아웃소싱업체를 관리하는 Co-아웃소싱, 위탁업무 모두를 한 개의 사업자에게 일괄 발주하는 주사업자선정방식 등 여러 방식이 있으며 모두 장단점을 가지고 있다. 아웃소싱을 함으로써 경쟁력을 가질 수 있지만 나타날 수 있는 문제로 기술축적이 어렵고, 보안문제가 발생할 수 있으며, 아웃소싱업체를 장악하지 못하면 사업목적을 달성하기 보다는 오히려 이끌려 갈 수 있다. 따라서 계약의 완전성을 기하여야 한다.

인수합병(Mergers & Acquisitions : M&A)

M&A란 합병(Mergers)과 매수(Acquisitions)를 의미하는 두 단어의 이니셜에서 나온 용어이다. M&A는 두 개 이상의 회사가 청산절차를 거치지 않고 한 개 이상의 회사가 소멸함과 동시 소멸회사의 권리·의무가 존속회사에 포괄적으로 이전·승계되는 회사 간의 계약을 말한다. 법률상으로 볼 때 기업합병은 흡수합병과 신설합병으로 나눌 수 있다.

흡수합병(merger) 몇 개의 기업이 결합할 때 그 중 한 기업이 법률적으로 존속하여 다른 기업을 인수하고, 인수되는 기업은 소멸하는 형태의 합병을 말한다.

신설합병(consolidation) 결합하려고 하는 기업 모두 해산되고 새로운 하나의 기업이 설립되어 이 신설기업이 합병에 참여하여 모든 기업의 권리·의무를 이전 받는 형태의 합병이다.

■ 매수(Acquisitions)

기업매수는 매수기업이 피 매수기업의 주식이나 자산의 일부를 취득함으로써 기업결합을 추구하는 형태로서 이러한 형태는 기업합병과 다소 달리 개념규정을 하는데, 즉 기업매수는 이루어지고 난 뒤에도 양사가 개별기업으로 계속 존재한다는 것이다. 매수는 크게 주식매수와 자산매수로 나누어지는데 주식매수는 매수기업이 피 매수기업 주식의 전부 또는 일부를 구 주주로부터 취득하는 것이고, 자산 매수는 두 기업 간에 체결된 계약에 따라 한 기업이 상대기업 경영의 전부 또는 일부를 인수하는 것이다.

■ Work Out

미국의 GE(General Electric) 회장 잭 웰치에 의해 대중화된 용어로 구조조정을 통한 경쟁력 강화의 의미로 사용됐다. 보통 '기업개선작업'으로 번역된다. 워크아웃은 경제적 회생가능성은 있으나 재무적으로 곤경에 처한 기업이 대상이 된다.

■ BIG Deal

기업 간의 비교우위 사업부분을 교환하여 핵심역량을 갖춘 사업부문에 집중하거나 핵심 업종을 전문화하고 육성, 다시 말해서 사업을 맞교환 하는 것을 말한다. 최근 기업의 구조조정과 관련하여 전략적으로 큰 효과를 가져 올 수 있는 것이 기업 간의 사업교환, 즉 빅딜(Big Deal)이다. 1992년에 미국의 듀퐁(Dupont)회사는 영국의 임페리얼 화학회사와 합성섬유 분야에서 각기의 사업구조를 보완해 주는 사업을 주고받음으로써 각기의 경쟁력을 향상시켰다. 대기업 그룹간의 사업부문 교환을 통하여 업종전문화를 이루고 잉여설비를 감축한다는 차원에서 5대 그룹 구조조정안의 핵심기업 설정과 관련하여 5대그룹의 빅딜을 추진사항으로 합의 한 바도 있었다.

■ 기업분할(Division operations)

기업분할(Division operations)은 합병에 반대되는 제도로서 통상적으로 기업이 어느 일정사업부문을 분할하여 독립시키는 것을 하는데, 이는 시장에서 독자적으로 활동할 수 있는 기업의 일부를 분리하여 독립 법인화시킴으로써 위험을 분산하거나 경영의 효율성을 재고시키기 위한 구조조정의 일환이라고 할 수 있다. 기업분할제도가 기업의 경영위기 극복을 위한 기업구조조정의 원활화 차원에서 개정 상법에서 인정함에 따라 국내 기업들도 부실사업정리와 재무구조개선의 목적으로 수익성 높은 핵심사업 부문까지도 기업분할 후 매각을 통한 사업구조조정이 이루어지고 있다. 구조조정이 본격화되고 M&A 시장이 활성화되면 국내 기업들도 기업변신을 위해 기업분할을 적극 이용하게 된다. LG반도체를 인수한 현대전자가 1999년 9월까지 반도체부문의 하이닉스반도체와 전자부문의 현대산업전자로 분할하기로 결정한 것이 상장회사로서는 처음으로 상법상 분할제도를 이용하였다.

2. Restructuring

리스트럭처링(Restructuring)은 기업의 경쟁력 강화와 비전 달성을 목표로 전사적 차원에서 미래사업구조를 근본적으로 재구축하려는 경영혁신기법이다. 이는 급변하는 글로벌 경쟁 환경의 변화 속에서 기업이 생존과 성장을 위해 제시한 미래의 비전을 사업구조 차원에서 구체화시키는 방법이다. 비전이 기업의 추상적인 미래 지향점이라면 리스트럭처링은 이러한 비전을 달성할 수 있는 해답을 사업구조의 재구축을 통해서 제시하는 경영기법이다. 리스트럭처링의 도입초기에는 인수할 회사 자체를 담보로 금융기관에서 대출 자금으로 기업인수(LBO)나 전략적 제휴까지를 포괄하는 개념으로서 M&A를 적극적으로 활용하여 사업단위를 재구축하는 전략을 의미하였다. 그러나 일본에서는 「리스트라」라는 용어로 변형되어 경영합리화·사업의 축소·인원감축 등의 명분으로도 사용되었다.

■ 리스트럭처링 방식

보통 리스트럭처링에는 두 가지 방식이 있다. 첫 번째는 철저한 비용절감이다. 과잉설비의 폐기·불량자산 처리·채산성이 낮은 사업에서 철수 및 정리·잉여인원 감축·유휴자산 처분·차입금 반제 등 사람·물자·돈을 줄일 수 있는 만큼 줄이는 것이다. 심각한 경제위기를 겪으면서 우리나라의 많은 기업들이 이러한 방식을 채택했다. 두 번째 방식은 기존사업 또는 신규사업에 투자를 확대하는 것이다. 즉, 기존사업의 경쟁력을 강화하기 위해 생산·마케팅·개발에 투자하고, 신제품·신사업 개발·시장 참여에 대한 투자를 감행하는 것이다. 이것은 비용절감에 비해 전향적인 리스트럭처링이다.

사업재구축이라는 말로도 표현되는 리스트럭처링의 시행절차는 비전 및 미래목표의 잠정적 설정, 전략사업단위의 설정, 리스트럭처링 방향설정 작업, 리스트럭처링 확정,

비전 및 미래목표의 수정, 비전 및 미래목표의 확정 등 6단계로 구성된다.

리스트럭처링과 리엔지니어링 업무 재설계(Business process Reengineering)는 경영혁신기법의 하나로서 기업의 활동이나 업무의 전반적인 흐름을 분석하고 경영 목표에 맞도록 조직과 사업을 최적으로 다시 설계하여 구성하는 것이다. 어떤 제조부문이나 서비스부문의 프로세스·공정·절차 등을 컴퓨터나 정보통신시스템을 이용하여 개혁시킴으로써 원가우위를 갖게 하거나 차별화를 제고시키는 혁신기법이다. 이러한 혁신을 통해 기업은 고객의 만족을 극대화시키고 기업의 경쟁력을 제고시킬 수 있는 것이다. 비즈니스 리엔지니어링은 주로 기업의 하위사업단위에서 수행하는 것이고, 따라서 리엔지니어링은 사업단위별 경쟁우위전략으로서의 저원가·차별화전략을 지원하는 혁신기법이라 할 수 있다.

반면에 Business Restructuring이란 이러한 미시적인 프로세스나 공정을 개혁하는 것이 아니고 앞으로의 환경변화에 적극적으로 대응하기 위한 비전을 새로이 설정하고 이에 도달하기 위해 기업 전체 차원에서 기존 업종을 철수할 것인지, 축소할 것인지, 중복사업을 통폐합할 것인지, 아니면 기존 사업을 계속 확대할 것인지, 더 나아가 어떤 신사업에 참여할 것인지, 미래에는 어느 사업을 주력사업으로 할 것인지, 기존사업과 신규사업을 어떻게 연계시켜 상승효과를 낼 것인지 등을 고려한, 즉 기업의 미래모습을 새로이 만들어 나가는 기업전체 차원의 혁신기법이라 할 수 있다. 이러한 면에서 Business Restructuring은 기업의 중장기 경영전략의 커다란 부분을 차지하는 것이다. 그러므로 Business Process Restructuring은 비지니스 리스트럭처링의 하위개념이라고 정의할 수 있다. 따라서 Business Restructuring의 방향이 확정된 후에 프로세스나 공정 혹은 절차 등을 혁신시키는 Business Reengineering을 도입해야 한다.

리스트럭처링과 벤치마킹 벤치마킹이란 '지속적인 경쟁우위를 확보하기 위해 최고의 기업과 비교하여 창조적 모방을 통해 그 차이를 뛰어넘는 혁신기법'이라고 정의할 수 있다. 이러한 벤치마킹은 그 자체로 따로 하는 것이 아니고 비지니스 리스트럭처링을 하거나 비지니스 리엔지니어링을 할 때 사용하는 하나의 기법에 불과하다. 즉 기업의 사업구조를 리스트럭처링을 위해서는 선도경쟁기업이 과연 어떠한 사업구조를 갖고 있으며 앞으로 이를 어떻게 개혁하는가를 벤치마킹함으로써 기존사업구조를 개혁하기 위한 많은 전략적 시사점을 얻을 수 있다. 비지니스 프로세스 리엔지니어링을 위해서도 선도경쟁기업이 프로세스나 공정을 어떻게 개혁하고 있는가를 지속적으로 벤치마킹해 보아야 우리 기업의 프로세스나 개혁하기 위한 창조적 모방을 할 수 있는 것이다.

리스트럭처링의 유형

비지니스 리스트럭처링은 기업의 상황에 따라 여러 가지 모습을 보이고 있으나 대표적인 두 가지 유형에 대해 살펴보자. 그러나 실제로는 이 두 가지 유형으로 확연히 구분되는 것이 아니고 두 가지 유형이 서로 중복되어 사용되는 것이 보통이다.

적극적 리스트럭처링 이러한 유형의 리스트럭처링은 환경변화에 대응하여 미래지향적인 주력사업을 선정하고 이의 경쟁력을 제고시키기 위해 신규사업으로의 다각화, 국내외 타 기업과의 전략적 제휴(strategic alliance), 새로운 기술의 접목, 다른 사업부와 공동사업의 추진 등을 통하여 사업구조를 보다 적극적으로 개혁하는 것을 의미한다.

수동적 리스트럭처링 이러한 유형의 개혁은 보다 수동적인 차원에서 사업구조를 개혁하는 것으로서 주력사업의 경쟁력을 회복시키기 위해 수익성이나 성장성이 낮은 사업을 축소 또는 철수하거나 중복사업을 통폐합하고, 더 나아가 조직구조 재편·인원감축·합리화 등을 추구하는 것을 의미한다.

리스트럭처링의 목적

리스트럭처링을 하는 목적을 살펴보면 다음 다섯 가지로 구분할 수 있다.

첫째, 사업구조의 개혁을 통해 주력사업을 선정하고 주력사업과 주변관련사업, 지원사업의 연계 관계를 통해 전체적인 통합화를 추구함으로써 경쟁력 있는 사업구조를 새로이 형성하고, 이에 따라 자원의 배분을 올바르게 할 뿐 아니라 기업전체의 경쟁력을 제고시키기 위함이다.

둘째, 리스트럭처링을 통해 기업을 혁신하고 더 나아가 기업체질 자체를 바꾸기 위함이다. 조직개편이나 기업풍토의 개선만으로는 기업의 혁신을 기대하기가 어렵다. 따라서 진정한 기업의 혁신과 체질개혁은 사업구조의 개혁을 통해서만 이루어질 수 있는 것이다. 즉 창조적인 차원에서 주력사업을 제시하고, 이의 경쟁력 제고를 위해 과감히 신규사업에 진입하고 중복사업들을 통폐합하거나 철수·축소함으로써 전 구성원들에게 혁신의 의지를 명쾌히 제시할 수 있다. 이렇게 함으로써 기존의 틀에서 벗어난 혁신을 추구할 수 있으며 이에 따라 기업체질도 바꿀 수 있다.

셋째, 시대조류에 대응한 신규사업으로의 진입을 계획적으로 추진하기 위해서다. 훌륭한 신사업의 개발은 장기적 관점 하에서 인력과 자금을 투입함으로써 가능해진다. 리스트럭처링 없이 연차계획만으로 이를 추진하게 되면 인력과 자금투입이 그때그때의 수익상황이나 경영자의 사고에 좌우되어 새로운 사업의 개발이 어렵게 되기 때문이다.

넷째, 현재수익과 미래수익의 균형을 맞추기 위해서다. 기존사업 중 경쟁력이 없거나 앞으로 경쟁력이 저하될 사업들에 대한 투자를 줄이고 신규사업이나 신제품에 대한 투자 등을 추진함으로써 건전한 흑자부문을 키우며 이에 따라 미래에도 꾸준히 수익을 확보할 수 있게 되기 때문이다.

다섯째, 전 사원에게 건전한 위기의식을 제고시키고 기업의 경영체질을 강화하기 위해서다. 즉 기존 사업구조를 가지고 변화를 거부하면서 5년 또는 10년이 지난다면 과연 우리 기업은 어떠한 모습을 가지겠는지, 과연 그 때에도 경쟁력이 있겠는지, 과연 그 때 살아남을 수 있겠는지 라는 강력한 위기의식을 전 임직원이 공감하여 기업의 체질을 강화하기 위함이다.

■ 리스트럭처링의 실행절차

리스트럭처링의 실행절차는 다음에서 설명하는 프로세스에 의하여 이루어져야 한다.

- 비전 및 미래 목표의 잠정적 설정
- 전략사업단위의 결정
- 거시환경 분석과 산업환경 분석
- 산업분석
- 선도 경쟁기업의 집단화
- 선도 경쟁기업 벤치마킹
- 고객 분석 : 고객의 욕구(needs, wants) 분석
- 자사 분석 : 자사 분석, 기존사업 포트폴리오분석(기존사업의 선별 육성·축소·철수)
- 리스트럭처링 방향도출 : 기존사업의 선별육성, 신규사업 범위의 확정, 주력사업의 선정
- 세부 신규사업의 선정 : 신규사업에 대한 세부분석 / 선정
- 기존사업과 신규사업의 관련성분석 : 일관성 / 보완성분석, 사업의 통폐합 결정, 주력사업, 주변관련사업, 지원사업간의 연계관계 확정
- 비지니스 리스트럭처링의 확정 : 새로운 사업구조 편성, 기존사업의 방향, 신규사업의 방향. 비전 및 미래목표의 확정
- 비전 및 미래 목표의 수정 : 피드백(feedback) 과정

3. 전략적 제휴

경영 전략적인 의미에서 볼 때 기업 간 제휴는 단기적 이익을 얻기 위한 보완적인 수단이 아니라 글로벌 경영환경 하에서 기업이 생존하고 번영하기 위한 본원적인 수단으로의 성격을 갖는다고 볼 수 있다. 또한 국경 없는 글로벌 경쟁에 대응하기 위하여

기업들은 전 세계를 대상으로 하여 경영자원을 동원하여 기술개발·조달·생산·판매 등 모든 경영활동을 전개하는 국제화전략을 추구하게 되며 이러한 상황에서 제휴는 필수적인 전략수단이 되고 있다.

경쟁관계에 있는 기업이 일부사업 또는 기능별 활동부문에서 경쟁기업과 경쟁을 위해 일시적인 협력관계를 갖는 것을 전략적 제휴라고 한다. 전략적 제휴는 단순한 업무제휴와 지분참여를 통한 제휴로 분류된다. 단순 업무제휴는 전략적 제휴의 초기적인 형태로서 마케팅제휴를 들 수 있다. 반면에 지분 참여제휴는 상대의 지분을 확보함과 동시에 일정분야에서의 협력관계를 유지하는 것을 말한다. 이러한 제휴는 기술력이 있는 기업과 자본력이 있는 기업 간에 성사 되는 경우가 많다. 그러나 전략적 제휴는 시너지 효과를 창출한다는 목적에서는 M&A와 유사하지만 거래방식에서는 커다란 차이가 있다. 다시 말해서 인수기업에 의한 완전한 결합방식이라는 점에서 차이가 있는 것이다. 따라서 전략적 제휴는 신규사업을 창업하는 것과 기존기업을 인수·합병하는 M&A의 중간 형태라고 볼 수 있다.

■ 전략적 제휴의 목적

전략적 제휴는 다음에서 열거하는 목적에 따라 이루어지게 된다.

자원과 위험의 공유 보완적인 제품·유통망·생산기술이나 능력을 가진 경쟁기업과의 제휴를 의미한다. 신제품개발과 시장진입의 속도를 단축시키기 위해 시간에 의한 경쟁우위를 목적으로 제휴하는 것을 의미한다.

산업표준의 선택 세계적으로 공인된 기술 표준화에 의하여 시장점유율 방어를 목적으로 어쩔 수 없이 제휴하는 경우도 자주 발생한다. 특히 전자나 아이티산업에서 흔히 볼 수 있는 일이다.

기업의 유연성 확보 사업 포트폴리오상 사양산업의 위치에 있는 사업으로 특히 가동률이 현저히 떨어지는 사업구조일 경우 설비를 줄이고 고비용 구조를 해소하기 위한 목적으로 시장점유율이 제일 높은 경쟁자와 합작투자 형식을 취함으로써 공장의 활용도를 높일 수가 있다.

특정시장 접근 경영전략상 특정시장을 목표시장으로 선정한 경우 현지기업을 인수함으로써 공장을 신규로 건설 않고도 제품을 생산하고 판매할 권리를 현지회사를 통하여 라이센스 계약을 체결한다.

정치적 위험 회피 글로벌 경쟁체제 아래에서 일류기업들은 현지화전략을 피할 방도가 없게 된다. 그 나라의 법적규제를 피하기 위해서는 그 나라의 업체와 전략적 제휴를 맺지 않을 수가 없는 경우가 이에 속한다.

■ 전략적 제휴의 유형

전략적 제휴는 다음에서 설명하고 있는 바와 같이 다섯 가지 유형으로 구분할 수 있다.

연구개발 컨소시엄(R & D Consortium) 항공기·정보통신·반도체 생산기술 분야의 차세대 고속 DRAM개발을 위해 인텔, 삼성, 히다치, NEC, Micron, Infenion 6개사가 컨소시엄을 형성하여 공동 개발한 사례를 들 수 있다.

기술제휴 라이센스 기업이 다른 기업에 생산기술을 공여하거나 기술을 기반으로 신제품을 개발할 수 있는 권리를 공유하는 것으로써 특허권 사용계약을 체결하고 일정액의 Royalty를 계약 조건에 따라 지불하는 것이 이에 속한다.

생산 라이센스(production license) 규모의 경제를 활용하고 유휴생산시설을 활용하기 위한 방법으로 복수의 기업이 공동 생산할 수 있는 license를 보유하거나 자체수요를 위해 직접 특허기술을 license받아 생산하는 방법으로써 공동생산·OEM생산과 아웃소싱·부품의 공용화 등이 이에 속한다.

제품스왑(product swap) 타사의 제품에 자사 브랜드를 붙여 자사 제품처럼 판매하는 방식으로써 주문자상표부착생산방식이 대표적인 경우이다.

주식교환 상호 유대관계를 강화하기 위한 목적으로 쌍방의 주식을 상호 소유하는 것으로써 제휴의 성공가능성이 높은 특징을 가지고 있다.

합작투자(Joint Venture) 합작투자에는 기능별제휴와 직접합작투자 방식이 있다. 기능별제휴라 함은 지분참여 없이 기업 간 계약과 거래에 의한 것이 보통이며, 하나의 기능은 하나의 업무분야에 국한된다. 합작투자란 법률적으로 모기업으로부터 독립된 법인체를 설립하는 방식으로 여러 분야에 있어서 종합적으로 협력관계가 필요할 때 제휴방법으로 파트너의 기여도 및 교섭능력에 따라 지분율을 결정하게 된다. 그러나 합작비율이 동일한 비율일 경우에는 의결권행사에 있어 의견대립이 발생하게 되면 갈등의 소지가 남게 되고, 반면에 합작비율이 불균형일 때에는 경영권다툼 문제가 제기될 여지가 많다.

03 조직구조의 계획

조직구조(Organization structure)는 성공적인 경영활동을 위해 필요한 일과 부서, 직위나 권한 관계 등을 안정적으로 짜놓은 뼈대이다. 모든 기업은 조직구조를 바탕으로 각 부서 간의 업무를 정하고 인적자원을 배치한다. 따라서 전략의 성공적 실행을 뒷받침하는 가장 중요한 요소 중의 하나가 조직구조이다. 조직은 공통의 목적을 추구하는 사람들의 집단이다. 전략경영의 시각에서 본다면 조직의 목적은 기업의 사명과 장·단기적 목표로 구체화 된다. 이러한 목표를 달성하기 위해 여러 가지 가치활동을 수행하여야 한다.

■ 조직과정(Organizational process)

인간이 조직 내에서 담당하고 있는 직위간의 업무활동이 일상적으로 행하여지는 관계, 즉 업무활동의 흐름이라 할 수 있다. 조직의 과정은 구조라는 고정된 관계 하에서 일상적으로 이루어지는 활동관계이고, 조직의 구조는 조직의 과정과 통합됨으로써 활력을 얻게 된다.

■ 조직설계(Organizational design)

챈들러에 의하면 조직전략과 조직구조는 상호간에 매우 밀접한 관계가 있다고 하였다. 표준화된 제품을 대량으로 생산하는 조직, 철저한 비용통제를 하는 조직은 대체로 기계적 조직구조를 설계한다. 그러나 주문생산이나 다양한 제품을 생산하는 조직, 벤처와 같은 새 사업을 개발하는 소규모단위의 분권적인 조직, 연구개발과 지식 창출을 강조하는 조직은 유기적 조직구조를 설계한다.

일반적으로 조직구조는 창의성을 중심으로 발전하며 명확한 방향을 설정하고 업무를 지시하는 기능화 중심으로 권한 위양에 의한 분권화와 조정시스템의 정교화로 통합화 함으로서 개인의 차이를 인정하고 구성원들 간의 상호작용을 통한 협력을 강조하는 조직화로 발전단계를 거친다.

1. 조직화의 일반원칙

경영조직이 효율적으로 운용되도록 하는 조직화의 원칙은 기업의 규모, 생산의 내용, 인적구성에 따라 차이가 있으나 보편적으로 적용되는 일반원칙은 다음과 같다.

■ 기능화의 원칙

한 사람이 여러 가지의 이질적인 기능을 종합적으로 담당하는 것보다 각자가 한가지 또는 가급적 소단위 기능을 전문화시킴으로써, 조직능률을 높이는 것을 기능화의 원칙 또는 전문화의 원칙이라 한다.

■ 책임과 권한의 원칙

직무권한의 원칙이라고도 하며 넓은 의미에서는 직무수행을 위한 권한과 책임 그리고 의무가 서로 밀접하게 균형을 이루어 삼위일체의 관계에 있어야 한다는 원칙으로서 직무의 삼면등가의 원칙이라고도 한다.

■ 권한위양의 원칙

위양의 원칙이라고도 하는데 조직 내의 상위자에게만 권한이 집중되어 있는 경우, 하위자는 상황변화에 따라가면서 작업을 신속히 처리하지 못하게 되고, 상위자는 일상의 세부적인 일까지도 의사결정을 하여야 하므로 의사결정시간이 길어지고 업무능률이 오르지 않는 조직이 된다. 그러므로 상위자는 가급적 하위자에게 권한을 위양해야 할 필요가 있다. 권한위양이 적정화된다면 상위자는 매일 대체적으로 반복하여 발생하는 일상 업무로부터 해방되고 보다 더 중요한 예외적인 업무를 할 수 있게 된다. 또 권한을 위양 받은 하위자는 창의성 내지 잠재적 능력을 발휘하여 의욕을 갖고 일을 하게 되어 업무결과에 대한 책임을 보다 무겁게 지게 된다. 이를 권한위양의 원칙 또는 예외의 원칙이라고 한다.

■ 명령통일의 원칙

명령일원성의 원칙이라고도 하는데 어떠한 행위에 대해 한 사람의 하위자는 두사람 이상의 상사로부터 명령을 받아서는 인된다는 원칙이다. 만일 두 사람의 상사가 한 사람 또는 한 부문에 대해 명령권을 행사한다면, 때로는 서로 다른 내용의 명령이 혼동을 가져와 규율은 위태롭게 되고 질서는 문란해지며 조직의 안정을 잃게 되기 때문이다.

■ 관리한계의 원칙

감독의 범위, 관리상의 책임한계 혹은 감독범위 적정화 등으로 통칭되며 한사람의 상사가 지휘나 감독을 할 수 있는 하위자 수에는 한계가 있다는 것을 나타낸 원칙이다. 많은 부하를 가지면 불충분한 감독이 되고 또 반대로 적은 부하를 갖게 되면 지나친 감독으로 부하의 창의와 자주성을 발휘하는데 방해가 된다. 적정한 부하의 수는 감독자의 능력과 부하의 능력 또는 작업의 성질에 따라 다르다. 일반적으로 육체적인 작업은 15~30명, 두뇌적인 작업은 5~6명 정도가 적정규모라 한다. 그러나 이 수는 반드시 고정된 것은 아니다.

■ 계층단축화의 원칙

위에서 설명하고 있는 관리한계의 원칙에 의하면 기업규모가 커지고 종업원 수가 늘어남에 따라 부장·과장·대리 등과 같은 조직계층이 길어지게 된다. 조직계층이 길게 되면 될수록 커뮤니케이션이 어렵고 명령전달도 늦어지게 되며, 인건비도 증가하므로 조직계층을 적정하게 단축해야 한다는 원칙이다.

■ 조정의 원칙

조직의 공통목적을 달성하기 위하여 각 부문이나 각 구성원의 갈등이나 충돌을 해소하고, 조직 각 부분간의 제 활동의 내적 균형을 꾀하며 조직 스태프(Staff)을 조절하려는 원칙을 조정의 원칙이라 한다.

2. 조직구조의 구성요소

경영조직이란 둘 이상의 사람들이 모여서 어떤 공통된 목표를 달성하기 위해 협동적으로 일을 수행하는 조직체이다. 조직화는 기업의 목표를 달성하기 위해 어떠한 형태로 조직을 구성할 것인가를 결정하고 자원들을 배분하고 조정하는 활동으로 조직화를 통해 누구가 책임을 지고, 누구에게 지시를 받고, 무엇을 어떻게 해야 하며, 어떤 자원을 이용할 수 있는지를 결정하게 된다.

제1편 경영전략
제2편 경영계획
제3편 사업성 분석과 평가
제4편 내부감사와 경영진단
제5편 기업공개
제6편 기업인수 합병
제7편 업적평가

■ 전문화

전문화란 단일의 전문화된 업무를 담당하도록 하는 것으로 업무가 전문화될수록 생산성이 높아지지만 일정수준 이상이 되면 오히려 낮아진다. 따라서 전문화의 정도를 합리적으로 결정해야 한다.

■ 부문화

기업목표나 경영전략을 고려하여 필요한 일을 결정하고 명확히 하여 담당자에게 할당하고, 세분화된 업무를 다시 유사한 업무들로 묶는 활동을 말한다. 여기에는 기능별 부문화·제품별 부문화·지역별 부문화·프로세스별 부문화·고객별 부문화가 있다.

■ 권한의 배분

권한(authority)이란 조직에서의 합법적이고 공식적인 권리를 의미한다.

집권화 조직의 의사결정 및 통제권한이 조직의 상위 층에 집중되어 있는 상태를 말한다. 집권적 조직의 경우 의사결정의 속도가 빠르다. 강력한 추진력으로 효율성이 높은 경우도 있다. 상위계층으로 인해 부문 간 마찰의 해결이 용이한 반면 수동적이며 타율적인 행동을 보일 수 있다. 조직 내의 권한 위양 정도가 매우 낮아서 의사결정이 대부분 최고 경영층에 집중되어 있다면 그 조직은 집권화 조직에 속한다고 볼 수 있다.

분권화 분권화란 의사결정권과 명령지시권이 조직의 여러 계층에 대폭 위양되어 있는 상태를 말한다. 분권적 조직의 경우 긍정적인 경쟁분위기를 유도함으로서 창의적이고 자율성을 고취시키고, 직무만족도도 향상된다. 수시로 변화하는 상황에 대처하는데 효과적이지만 기능 및 업무의 중복현상, 각 부문의 자기집단 이기주의의 현상으로 인해 비효율성이 나타날 가능성도 있다.

- 수평적 분화
  수평적 분화란 조직이 상이한 부서나 전문화된 하위 단위로 나누어지는 것을 의미하며, 수평적 분화는 직무전문화와 밀접한 관계를 가지는데 조직 내의 전문적인 지식이나 새로운 기술을 요하는 직무의 수가 생기게 되면 수평적 분화에 의한 조직의 복잡성은 증대된다.

- 수직적 분화

  수직적 분화는 명령계통과 관계되는 개념으로 과업의 분화가 상하 관계를 가지고 이루어진다. 오늘날 기업은 수직적 분화를 통해 피라미드형의 권한 구조를 형성하게 되는데, 이때 통제의 폭과 계층의 수는 서로 밀접한 관계를 가지면서 조직 구조를 형성하게 된다. 수직적 분화의 목적은 보고체계를 명시화 하는 데 그 목적이 있으며, 이와 같은 과업의 분화가 상하 관계를 형성한다.

- 지역적 분산

  지역적 분산은 조직의 물리적 시설과 인력이 지리적으로 분산되어 있는 정도를 말한다. 조직의 사무실, 공장 또는 구성원들이 지역적으로 분산되어 있을수록 의사소통, 조정 및 통제가 어려워지기 때문에 복잡성은 증가하게 된다.

공식화 공식화란 조직 내의 업무가 얼마나 표준화되어 있는지와 업무의 목적과 업무를 구성원들이 수행하는데 있어서 취할 수 있는 수단 및 행동과 관련된 사항들이 얼마나 구체적으로 제시되어 있는가 하는 정도를 말한다. 다시 말하면 조직 구성원들의 태도가 문서화된 규칙이나 절차에 의존하는 정도를 의미한다.

3. 조직구조의 모형

조직구조의 기본요소와 구성에 대한 선택은 한 조직의 구조적 특성을 결정한다. 기본적으로 조직구조의 특성은 기계적 구조(Mechanistic structure)와 유기적 구조(Organic structure)로 구분할 수 있다. 이러한 구분은 조직구성원에게 주어지는 공식적 구조와 통제의 정도와 관련되어 있다.

기계적 구조는 엄격히 규정된 직무·규칙과 규정 등 높은 공식화, 집권적 권한, 분명한 명령체계, 좁은 통솔 범위, 낮은 팀워크를 특징으로 하는 조직구조로 내적 통제에 따른 예측가능성이 높다는 장점이 있다. 반면 유기적 구조는 적은 규칙과 규정 등 낮은 공식화, 분권적 권한, 광범위한 직무, 넓은 통솔 범위, 높은 팀워크를 특징으로 하는 조직구조로 환경의 적응성이 높다는 장점이 있다. 그러나 어떠한 조직도 배타적으로 기계적 또는 유기적 구조에 해당되는 것은 아니며, 다섯 가지 대안적 조직구조들은 기계적 구조와 유기적 구조의 양극단 사이에 위치하게 된다.

[기계적 조직과 유기적 조직 비교표]

구 분	기계적 조직	유기적 조직
주요 목표	효율성, 생산성	유연성, 적응성
운영방식	기계적 방식에 의존	인간의 잠재력 활용
조직구조의 구성요소	높은 과업의 분화 높은 집권화 높은 공식화	낮은 과업의 분화 높은 분권화 낮은 공식화
조직과정의 운영방식	조직지위에 기초한 의사결정 하향적 커뮤니케이션 상급자에 의한 조정	개인능력에 기초한 의사결정 쌍방적 커뮤니케이션 상호조절 및 자발적 조정
적합한 상황요인	대량생산, 연속생산기술 안정적이고 단순한 한경	소량주문생산기술 동태적이고 복잡한 환경

■ 기능구조

기능구조(Functional structure)는 기능 부서화 방식에 기초한 조직구조 유형으로 조직의 전체업무를 공동기능별로 부서화하게 되는데, 기본적으로 수평적 조정의 필요가 낮을 때 효과적인 조직구조이다. 특정기능에 관련된 조직구성원들의 지식과 기술이 통합적으로 활용되므로 그 전문지식과 기술의 깊이를 제고할 수 있는 조직구조이다.

장점

- 기능 내에서 규모의 경제를 제고할 수 있다. 같은 기능적 업무를 묶어 시설과 자원을 공유함으로써 중복과 낭비를 막아 효율성을 높일 수 있는 것이다.
- 비슷한 기능을 수행하는 조직구성원들 간의 분업을 통해 전문기술을 더욱 발달시킬 수 있다.
- 비슷한 기술과 경력을 가진 구성원들 간에 응집력이 강해 부서 내 의사소통과 조정이 유리해진다.

단점

- 부서들 간의 조정과 협력이 요구되는 환경변화에 둔감하다. 부서별로 상이한 기능을 수행하면서 각각 독특한 시관, 목표관을 갖게 되어 부서들 간에 조정이 어려워진다.
- 의사결정 권한이 계층제를 따라 고위관리자에 집중되면서 업무의 과부하에 걸려 빠르게 대처하지 못하게 된다.
- 고도의 전문화에 따라 일상적이고 동기부여에 불리하다.

기능구조는 조직목표 달성에 깊은 전문지식이 필수적인 경우, 안정적 조직환경과 일상적 조직기술, 그리고 조직이 수직적인 계층제로 통제·조정될 필요가 있는 경우, 수평적인 조정의 필요가 적은 경우, 내적 능률성이 중요한 경우에 효과적인 조직구조이다. 즉 기능구조는 집권적 권한, 좁고 전문화된 직무, 부서간 팀워크가 적게 요구된다는 측면에서 일반적으로 기계적 구조에 속하게 된다.

■ 사업구조

사업구조(Divisional structure)는 산출물에 기반한 사업부서화 방식의 조직구조 유형으로 산출물구조·사업구조·전략사업 단위라고도 한다. 사업구조의 각 부서는 한 제품을 생산하거나, 한 지역에 봉사하거나, 또는 특정 고객집단에 봉사할 때 필요한 모든 기능적 직위들이 부서 내로 배치된 자기완결적 단위이므로 기능간 조정이 극대화될 수 있는 조직구조이다. 서로 다른 시장에 대한 상품을 생산하는 대규모 기업의 경우 각 사업부서들은 자율적으로 운영되며, 각 기능의 조정이 부서 내에서 이루어지므로 기능구조보다 분권적인 조직구조를 갖는다. 사업구조는 기능간 조정이 우수하므로, 불확실한 조직환경, 비정규적인 조직기술, 높은 부서간 상호의존성, 외부지향적 조직목표인 상황에 적합한 조직구조이다.

장점

- 사업구조의 각 부서는 자기완결적 기능단위로 기능간 조정이 용이하므로 환경변화에 좀 더 신축적이고, 대응적일 수 있다.
- 특정산출물별로 운영되기 때문에 고객만족도를 제고할 수 있다.
- 성과에 대한 책임성의 소재가 더욱 분명해져 성과관리에 유리하다.
- 조직구성원들에게 기능구조보다 더 포괄적인 목표를 갖게 해준다.

단점

- 산출물별 생산라인의 중복에 따른 규모경제와 효율성에 손실이 있다.
- 기능직위가 부서별로 분산되므로 기술적 전문지식과 기술발전에 불리하다.
- 사업구조의 부서 내 조정은 증진되지만, 자율적으로 운영되는 부서간의 조정은 더욱 어려워진다.
- 사업부서간의 경쟁이 지나치면 조직전반에 부정적 결과를 초래할 수 있다.

■ 매트릭스 구조

매트릭스 구조(Matrix structure)는 기능구조와 사업구조의 결합을 시도하는 조직구조로서 조직환경이 복잡해지면서 기능부서의 기술적 전문성이 요구되는 동시에 사업부서의 신속한 대응성의 필요가 증대되면서 등장한 조직형태이다. 즉 기능구조는 전문가의 집합으로 전문성을 살릴 수 있으나 조정이 어렵고, 사업구조는 전문가의 조정은 용이하나 비용이 중복된다는 문제가 있어 양자의 장점을 채택한 조직구조이다.

매트릭스구조의 기본적 특성은 이원적 권한체계를 갖는데 있으며, 동시에 기능부서 통제권한의 계층은 수직적으로 흐르고 사업부서 간 조정권한의 계층은 수평적으로 흐르게 된다. 이러한 이중구조에서 조직구성원은 동시에 두 명의 상관에 보고하는 체계를 가지므로 명령통일의 원리에 위배되며, 기능적·사업적 권한체계의 적절한 균형을 찾는 것이 중요한 문제가 된다. 따라서 두 상관의 갈등적인 요구를 해결해야 하는 매크릭스 조직의 구성원은 탁월한 인간관계 기술이 필요하며 매트릭스구조의 상관은 부하에 대해 완전한 통제력을 갖지 못하며, 상관들 간에 대면·협력·갈등을 조정할 수 있는 관리능력이 요구된다.

장점

- 신축성과 적응성이 요구되는 불안정하고 급변하는 조직환경에 효과적인 구조이다.
- 잦은 대면과 회의를 통해 예상치 못한 문제를 파악하고, 새로운 해결책을 찾는 데 기여할 수 있는 조직구조이다.
- 구성원들을 부서 간에 공유함으로써 조직은 자원의 효율성을 제고할 수 있다.
- 개인들은 다양한 경험을 통해 전문기술을 개발과 더불어 더 넓은 시야와 목표를 갖게 할 수 있는 기회를 가진다. 조직구성원의 직무 동기부여에 기능적으로 작용한다.

단점

- 이중권한 체계가 개인에 미치는 혼란·갈등·좌절의 가능성이 높다.
- 기능부서와 사업부서 간의 갈등의 가능성이 높다.
- 갈등해결에 요구되는 시간과 노력의 낭비가 불가피하다.
- 기능부서와 사업부서 간의 적절한 권력균형을 찾는 것이 쉽지 않을 수 있다.

■ 수평구조

새로 등장한 유기적 구조모형의 하나는 수평구조 또는 팀 구조이며, 조직구성원을 핵심 업무과정 중심으로 조직하는 방식이며, 특정한 업무과정에서 일하는 개인을 팀으로 모아 의사소통과 조정을 쉽게 하고, 고객에게 직접적으로 가치를 제공하도록 한다. 이러한 조직구조 접근법은 최근의 새로운 사업환경 변화에 대한 대응으로 등장하게 되었다. 기술의 진보로 정보통신기술에 기초한 조정과 통합이 가능해졌고 고객은 더욱 빠르고 좋은 서비스를 기대하며, 조직구성원은 새로운 기술을 학습하고 좀 더 큰 책임감을 감수하려고 한다.

Tip team제 조직구조의 특성

- 조직구조가 과업·기능·지리에 기반 하지 않고 핵심과정에 기초한다.
- 수평구조의 기본구성단위는 자율팀으로 과업수행에 필요한 자원에 접근할 수 있고, 의사결정 권한을 가진다.
- 핵심과정에 대한 전체적인 책임은 각 과정조정자가 진다.
- 팀원은 여러 직무를 수행할 수 있게 훈련을 받는다.
- 조직효과성은 핵심과정별 최종성과지료, 고객만족도·종업원만족도·재정기여도 등에 의해 평가된다.

많은 조직들이 부서간 조정을 위한 교차 기능팀·임시과제 수행을 위한 임시작업단(Task forces) 등 수평적 기제를 실험해 왔으며, 1990년대 이후에는 리엔지리어링의 결과 상설 팀제를 조직 전반에 도입하는 사례가 적지 않게 확인된다. 수평구조는 팀제를 전반적으로 채택하여 수직계층과 부서간 경계를 실질적으로 제거하는 대단히 유기적인 조직구조인데 수평구조의 큰 장점은 고객수요 변화에 신속히 대응할 수 있는 조직의 신축성을 크게 제고할 수 있는 데 있다. 구조 자체가 모든 구성원들의 관심을 고객만족도의 증진에 두게 된다. 그리고 부서 간의 경계가 없어 개인들은 조직전체의 관점에서 업무를 이해하게 되고, 팀워크와 조정에 유리한 조직이다. 또한 조직구성원들에게 자율관리, 의사결정 권한과 책임을 위임함으로써 사기와 직무동기부여에 기여한다.

수평구조는 먼저 조직목표 달성에 핵심적인 업무과정을 분석해야 하는 준비가 필요하다. 그리고 수평구조로의 변화는 직무설계·관리철학·정보 및 보상체계 등에 대한 대대적인 혁신을 요구하는 장기적이고도 어려운 준비과정이 필요하다. 관리자는 권한을 행사하는 감독자에게 팀을 후원하는 코치로의 역할 변화를 인정하고, 부하들은 자율적이고 신축적인 업무환경에서 일할 준비가 되어 있어야 한다.

■ 네트워크 구조

네트워크 구조란 조직의 자체 기능은 핵심역량 위주로 합리화하고 여타 기능은 외부기관들과 계약관계를 통해 수행하는 조직구조 방식이다. 네트워크구조는 유기적 조직 유형의 하나로서 정보통신기술을 확산으로 채택된 새로운 조직구조 접근법이다. 한 조직 내에서 모든 기능을 수행하는 방식을 탈피하여 회계·제조·포장·유통기능 등을 외부기관에 아웃 소싱하여 조직본부와 연결하고 있다. 때문에 환경변화에 따라 신속하게 외부계약 관계를 재조정할 수 있다. 이러한 네트워크구조에는 정보통신기술의 속도와 편리성이 필수적인 기반시설이 된다.

장점

- 전 지구적으로 최고 품질과 최저비용의 자원들을 활용할 수 있으면서도 대단히 간소화된 조직구조를 갖는데 있다. 정보통신망에 의해 조정되므로 직접 감독에 필요한 많은 지원 및 관리 인력이 불필요하게 된다.
- 환경변화에 신축적이고, 신속한 대응이 가능해진단. 경쟁력 있는 기술을 가진 활동에 집중하고, 나머지 활동은 계약 관계로 수행하므로, 환경변화에 따라 거대한 초기 투자 없이도 신속히 새로운 제품을 출시할 수 있다.
- 네트워크조직 내 개인들은 도전적인 과업을 수행하면서 직무의 확장과 확충에 따라 직무동기가 유발된다.

단점

- 계약관계에 있는 외부기관을 직접 통제하기 어렵다는 점이다. 외부기관들의 협력으로 대리인문제가 발생하기 쉬워, 조정 및 감시비용이 증가한다.
- 제품의 안정적 공급과 품질관리에 어려움이 있을 수 있다.
- 네트워크구조에서 조직은 모호한 조직경계에 따라 조직의 정체성이 약해 응집성 있는 조직문화를 가지기 어렵고, 구성원의 충성을 기대하기 쉽지 않다. 따라서 조직구성원의 이직이 빈번하게 된다.

4. 기업조직의 일반적 유형

■ 기능별 조직

각 직능별 부서장이 소관 부서운영의 정보를 최고경영자에게 직접보고하고, 최고경영자는 이를 종합·판단하여 각 부문의 전략적 의사결정과 매일의 기업 경영문제를 동시에 관장하는 조직형태이다.

조직운영의 장점 기능별조직은 단순하여 신속한 의사결정이 가능하고 비용을 절감할 수 있다는 점에서 기업성장에 유리하다. 또한 각 부문 담당자가 그 부문 전문가로서 능력의 발휘가 가능하며 기업규모가 작을 때에는 최고경영자의 조정을 통하여 각부분간 원활한 의사소통이 이루어 질 수 있다.

조직운영의 문제점 기능별조직은 최고경영자가 일상적 운영에 모두 관여하는데서 문제가 생긴다. 기업규모가 커지고 생산물이 다양하며 조직이 복잡한 경우는 최고경영자가 각 부서의 업무를 동시에 관장하는 구조이므로 업무의 과중과 시간부족으로 기업성장의 장기Vision의 준비를 간과 할 수도 있으며, 또 각 부문의 업무를 정확히 알지 못하면 부서를 효과적으로 통제하기 곤란하다. 또한 각 부서가 독립된 원가계산 및 이익계산 단위가 아니므로 조직이 효율적으로 운영되고 있는지 여부를 객관적 지표를 통하여 파악하기 어려우며, 또 부서장이 부서의 인원과 예산을 늘려 방만하게 집행하거나 회사이익과 배치되는 개인의 이기주의 행동이 있을 수 있으며, 부서장이 정보를 왜곡하면 최고경영자의 전략적 의사결정에 영향을 미칠 수도 있다.

■ 사업부 조직

사업부조직은 시장의 광역화, 제품의 다양화, 업무분화의 심화에 따라 기능별 조직에 의한 관리가 어렵게 됨으로써 등장한 조직유형으로 전략적 의사결정을 하는 본사와 일상적 운영을 하는 사업부로 조직을 이원화하는 형태이다. 이때 새로운 사업의 선택이나 이를 위한 자금조달 등 회사 전체의 발전방향과 관련된 전략적 사항이나 각 사업부간의 이해관계 조정은 본사에서 담당한다. 이를 위해서 본사에는 기획실이나 비서실을 두고 임원과 전문가를 배치하여 각 사업부문간의 업무조정과 사업부의 업무평가 및 감사업무 등을 담당하며 최고경영자의 장기경영계획 수립 업무를 보좌한다. 또한 각 사업부는 생산과 판매 등의 일상적 업무를 이양 받아 수행하는 형태로서 시장의 광역화, 제품의 다양화에 따른 업무분화의 필요성이 있을 때 채택되는 조직유형이다.

조직운영의 장점 사업부는 하나의 원가계산 및 이익중심단위로 운영되므로 각 사업부서의 사업간 또는 동업타사와의 경영성과를 비교. 평가가 가능하며 사업부조직을 가지면 새로운 사업을 인수하여 이를 기업의 한 사업부로 운영하거나 현재 운영 중인 사업부를 분할하여 매각할 수도 있어 사업영역에 맞추어 회사 기구를 확대하거나 축소하기도 용이하다. 또한 최고경영자는 일상적인 과중한 업무에서 벗어나 장기 전략에 전념할 수 있다. 동시에 사업부의 책임자는 경영실적을 평가받기 때문에 각 사업부를 하나의 독립된 기업처럼 효율적으로 운영하여 조직운영 효율을 높일 수 있다. 그래서 이 조직구조가 잘 운영되면 대기업의 장점인 규모의 경제와 중소기업의 기동성을 함께 유지할 수 있다.

조직운영의 문제점 기업규모와 조직이 커질수록 이해의 조정이 어렵고 구성원의 이기심이 발생하거나 사업부간 업무의 중복이 발생하므로 이에 따른 관리비용과 영향적 비용이 많아진다. 또한 사업부단위로 경영을 활성화하려면 사업부에 많은 권한을 이양해야 하는데 이때 기업전체의 생산성과 이익을 높이기 위한 기업본부의 조정업무와 사업부의 권한이 충돌하거나 사업부간 이해가 상충되고 소모적인 마찰이 있을 수도 있다.

■ 혼합형 조직

사업부조직과 기능별조직을 혼합한 것으로 각 사업부단위에서는 독립적인 업무중심으로 수행하고, 공통으로 업무를 수행 할 필요가 있는 업무는 통합하여 기능별 조직에서 최고경영자의 일상적 통제를 받도록 설계된 조직을 말한다. 즉 제품의 생산방식은 다르지만 판매방식이 같은 경우 판매활동은 기능별 조직으로 생산은 제품별로 사업부제를 두거나, 또 생산과 판매방식은 다르지만 연구개발은 공동으로 해야 할 필요가 있을 때에는 연구개발만 기능별 조직에서 담당하도록 하는 것이다.

혼합형 조직은 기업의 특성과 규모에 따라 사업부조직과 기능별조직을 혼합하여 장점을 채택하여 탄력적인 조직운영이 가능하고 비용절감과 조직효율을 기할 수 있는 장점이 있으나, 반면 위에서 열거한 사업부조직과 기능별 조직 운영의 문제점 및 한계를 동시에 가질 수도 있다.

5. 조직구조의 결정요인

조직구조는 조직마다 다양하게 이루어진다. 조직구조는 조직목표의 효과적 달성에 영향을 미친다. 조직구조에 대한 많은 연구들은 조직구조에 영향을 미치는 요인으로 조직의 전략, 규모, 기술, 환경 등을 들 수 있다. 즉, 조직구조들을 설계할 때 이와 같은 상황변수들의 특징을 고려하여 조직구조의 형태를 선택하여야 보다 효과적이다. 이에 따라 기계적 조직 혹은 유기적 조직으로 설계되며, 조직 활동의 결과로서 조직의 성과와 구성원들의 조직만족이 결정된다. 다만, 조직성과와 만족은 조직구성원들의 개인적 성향과 조직문화의 차이에 따라 달라진다.

조직구조 결정요인으로서 조직전략은 조직의 목적을 달성하기 위하여 수립한 계획으로 조직이 자원을 배분하고 경쟁적 우위를 달성하기 위한 주요 방침이다. 따라서 조직의 전략이 바뀌게 되면 구조가 바뀌게 된다. 한편, 소규모조직과 대규모조직은 다른 조직구조를 가지게 된다. 대규모조직은 소규모조직에 비해 업무가 전문화·분화되어 있고 많은 규칙과 규정이 존재하게 된다. 기술은 조직이 투입요소를 산출물로 전환시키는 지식·기계·절차 등을 의미하며, 소량생산기술을 가진 조직은 유기적 조직구조를, 대량생산기술을 가진 조직은 기계적 조직구조를 가진다. 조직은 환경의 변화에 적절하게 대응해야 하므로 환경에 따라 조직의 구조가 달라진다. 안정적이고 확실한 환경에서는 기계적 조직이 적합하고, 급변하는 환경에서는 유기적 조직이 적합하다.

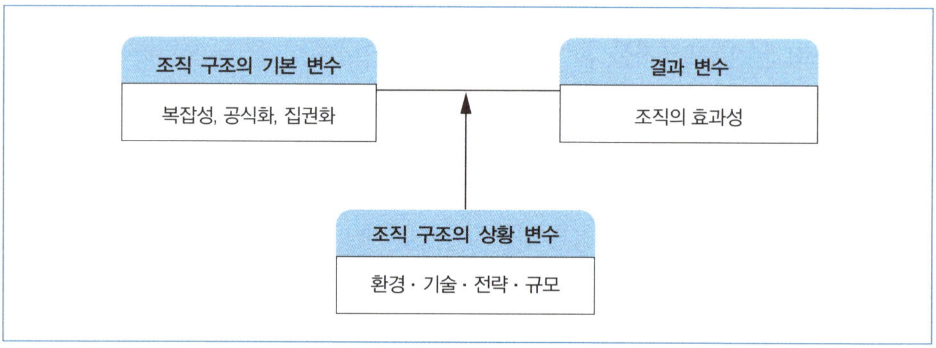

조직구조 결정요인도

Chapter 5 장단기 경영계획

01 중장기 경영계획의 수립

02 단기 경영계획의 수립

경영계획이란 기업의 행동예정을 행동에 앞서 결정하는 일이다. 즉 어떤 행동이 목적에 부합하는지 평가하여 최적의 방안을 세워 행동예정으로 한다. 경영계획은 이처럼 의사결정을 하고 그것을 문서로 작성한 것이다. 기업의 행동에는 모방적·시행착오적·합리적·관습적 행동 등 여러 가지가 있으며 각각에 대응해서 경영계획을 수립한다. 기업간의 경쟁이 치열하고 기업을 둘러싼 환경변화가 심할수록 경영계획을 수립해야 할 필요성은 더욱 커진다. 왜냐하면 환경변화가 클수록 기업의 행동변화는 절실해지고 그 변화를 합리적으로 결정해야하기 때문이다. 경영계획의 종류는 구분방법에 따라 여러 가지로 나눌 수 있다. 기간에 따른 구분방법인 중장기계획과 단기계획으로 나누어 볼 때 중장기계획은 3~5년 때로는 10년간에 걸친 것이며 대외전략과 구조계획을 주로 한다. 또한 변화 정도로는 혁신계획·구체성에서는 방침계획·횟수에서는 1회용 계획이며 기능별 계획보다 오히려 프로젝트 계획을 주로 한다. 이에 비해 단기계획은 6개월 또는 1년간의 계획으로 중장기계획을 전제로 세워진다.

기업 경영활동의 궁극적인 목적은 장기적으로 수익성이 뒷받침된 성장을 통해 기업가치를 극대화하는데 있다. 기업들은 이러한 목적을 달성하기 위해 각종 투자계획을 포함한 장단기 사업전략 및 계획을 수립하게 된다. 일반적으로 이러한 장단기 사업전략 및 계획은 대부분 불확실한 미래 사업 환경에 대한 여러 가지 예측과 가정을 토대로 수립된다. 현재 우리가 직면하고 있는 어려움도 미래의 불확실성을 파악하고 관리할 수 있는 능력을 제대로 갖추지 못했기 때문에 발생했다고 해도 과언이 아니다. 따라서 기업가치 극대화를 위한 사업전략이나 계획을 수립할 때에는 미래의 불확실성으로 인해 발생할 수 있는 위험을 제대로 파악하고, 이러한 위험에 효과적으로 대응할 수 있는 방안을 사전에 충분히 고려하여야 한다.

01 중장기 경영계획의 수립

중장기 경영전략 수립이란 대게 5~10년 정도의 목표기간을 염두하며 장기적인 사업전략을 재구성하거나 새로운 방법으로의 방향을 모색하는 경영 및 사업전략이다. 따라서 장기적인 시각과 거시적인 안목으로 기업 및 사업 환경의 변화에 대응할 수 있도록 하며, 그런 환경의 변화를 능동적으로 대응하기 위해 사업을 재 구조하기 위한 전략적 방향을 설정하는 것이라 할 수 있다. 따라서 일정계획과 같이 상세한 계획을 의미하는 것이 아니라 백지에 사람의 형체를 어렴풋이 알아 볼 수 있도록 그 윤곽을 잡는 것이다. 그러므로 중장기 경영전략에서 가장 중요한 이슈는 미래에도 우리 기업이 성장하고 보다 활성화되기 위해서는 어떠한 사업을 해야 하는가 하는 관련사업의 선택이 핵심이라 할 수 있다. 중장기 경영전략의 수립은 그 목적이 달성될 수 있도록 하여야 한다.

사업구조의 변화와 혁신을 통한 기업의 전반적인 쇄신을 꾀하고 시대에 부응하는 신제품 개발이나 서비스의 개발을 계획적으로 추진함으로써 현재 수익과 미래수익의 균형을 유지하는 것이다.

또한 목표를 명확히 하여 전략의 우선순위를 정하여야 하고, 이에 따라 적시에 적절한 자원을 배분하여 투자할 수 있어야 한다. 이를 위해 사전에 내부적으로는 조직구성원에게 기업의 미래비전을 제시하여 그들이 동기부여를 받을 수 있도록 하여야한다. 장기적인 중장기사업 및 경영목표를 명확히 설정함으로써 단기적인 경영활동에 지침과 규율을 마련하고 기업의 경영체질을 강화하는 한편, 기업전체의 목적과부분의 목적을 일치하도록 하여야 한다.

제1편 경영전략
제2편 경영계획
제3편 사업성 분석과 평가
제4편 내부감사와 경영진단
제5편 기업공개
제6편 기업인수 합병
제7편 업적평가

1. 중장기경영계획의 의의

경영계획이란 기업이 환경의 변화에 대응하면서 장래의 경영활동에 관하여 의사결정을 행하ㅊ고 행동예정을 구체적으로 표현하는 일이다. 광의의 뜻으로는 기업경영에 관한 모든 계획을 말하지만 협의의 뜻으로는 그러한 계획들 중에서 경영자가 결정하는 기본적·전사적·장기적 계획만을 말한다.

계획은 기간의 길이에 따라 단기계획·중기계획 및 장기계획으로 나누어 볼 수 있다. 통상 길이가 2년 이내인 계획을 단기계획, 3~5년인 계획을 중기계획, 5~10년인 계획을 장기계획이라고 한다.

개념적으로 볼 때 중기는 기업이 생산시설을 확장내지 축소하여 그 효과가 영업성적에 나타나는 시간의 여유는 있으나 새로운 분야로 진출하거나, 기존의 사업을 포기하는 시간적 여유는 갖지 못한다. 반면 장기는 새로운 사업 분야로 진출하거나 기존의 사업을 포기하고, 또 그 효과가 기업의 영업성적에 반영될 수 있는 충분한 시간을 의미한다.

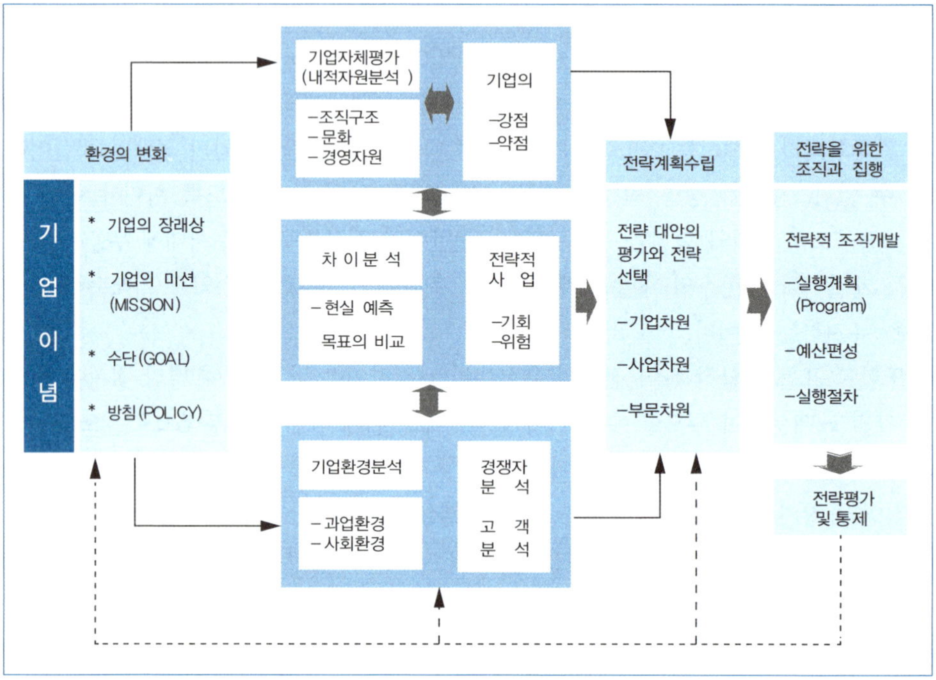

중장기경영계획의 Frame

중장기전략계획

중장기전략계획이란 기업이 미래에 달성하고자 하는 꿈과 의지를, 그리고 그것을 실현시킬 전략을 구체적으로 공식화하는 것이다. 급변하는 경영환경의 변화 속에서 미래의 환경변화를 예측하여 장래의 꿈이나 비전 그리고 기업이 나아갈 새로운 방향을 설정하는 일은 필수불가결한 업무가 되고 있다. 그런 의미에서 현재의 숫자를 미래로 잡아 늘리는 것, 즉 현재의 연장선상에서 세우는 장기목표와 계획은 진정한 의미의 중장기전략계획이 아니다. 진정한 중장기전략계획은 혁신적인 경영전략을 주요 내용으로 하여 미래 비전을 달성하기 위해 전략의 혁신, 사업구조의 혁신을 추구하는 것이다.

기업이 꿈이나 소망을 가졌다고 해서 그것이 반드시 실현되는 것은 아니다. 그러나 꿈과 소망이 없는 기업은 절대 그것을 실현하지 못한다. 따라서 기업은 꿈과 소망을 가져야 하고, 그것을 실현하기 위해서 지금부터 무엇을 할 것인가를 선택해야 한다. 중장기전략계획은 종합전인 계획이며 체계적인 정보와 아이디어의 수집에 의거하여 많은 대체 안 중 그 우선순위를 정하고 가장 유리하게 기업 내의 경영자원을 배분하는 것이다.

여기에서 얘기한 꿈이나 소망을 기업에서는 비전이라고 말한다. 따라서 중장기전략계획이란 기업이 미래 환경변화에 적응하면서 비전을 달성하기 위해 필요한 종합적인 계획이다.

중장기경영계획의 목적

중장기경영계획은 기업 전체를 대상으로 기업의 현재와 미래를 모두 포함하는 개념이다. 따라서 중장기경영계획의 영향을 받는 기업 구성원과 경영자원 등의 내부요소를 기준으로 그 목적을 살펴보면 다음과 같이 구분할 수 있다.

첫째, 사업구조의 변혁을 통해 기업을 혁신하기 위해서이다. 즉 기존사업과 신규 사업의 비중을 적절히 조정하고 이에 대한 자원 배분을 올바르게 하여 투자를 사전에 하는 것이 그 목적이다. 다시 말하면 앞으로 일어날 변화를 예측하고 이를 기회로 활용하기 위해 지금부터 무엇을 해야 할 것인가를 결정하는 것이다. 기업은 중장기경영계획을 통해 새로이 나아갈 방향을 설정함으로써 기존의 틀에서 벗어나 혁신을 추구하게 된다.

둘째, 시대조류에 대응한 신제품개발이나 서비스개발을 계획적으로 추진하기 위해서이다. 훌륭한 신제품이나 서비스의 개발은 장기적 관점에서 인력과 자금을 투입함으로써 가능해진다. 중장기경영계획 없이 연차계획만으로 이를 추진하게 되면, 인력과 자금투입이 그때그때의 수익상황이나 당시 경영자의 사고에 좌우되어 새로운 사업개발이 어렵게 된다.

셋째, 현재수익과 미래수익의 균형을 맞추기 위해서이다. 신규사업이나 신제품에 대한 투자 등을 추진해야만 현재뿐 아니라 미래에도 꾸준히 수익을 확보할 수 있는 것이다.

넷째, 전사의 목표를 명확히 하여 전략의 우선순위를 정하고, 이에 따라 올바르게 자원을 배분하기 위해서이다.

다섯째, 전 사원에게 미래의 비전을 제시하고 동기를 부여하여 기업의 경영체질을 강화하기 위해서이다.

여섯째, 장기적인 목표를 설정함으로써 단기적인 행동에 지침을 마련하고, 기업전체의 목적과 부분의 목적을 일치시키기기 위해서이다.

한편 중장기경영계획은 환경변화에 수반되는 불확실성에 대처하여 바람직한 목표를 설정하고 그 목표달성을 위한 전략을 개발하기 위한 수단이다. 따라서 수립되는 중장기경영계획의 내용에 따라 그 목적을 두 가지로 구분할 수 있다. 첫째는 경영에 관련된 불확실성과 위험성을 감소시킨다는 소극적 목표이고, 둘째는 기업의 재무적·상업적·경쟁적 성공률을 높인다는 적극적 목표이다. 중장기경영계획을 약으로 비유한다면 소극적 목적은 전염병에 걸리지 않기 위한 예방약의 역할이고, 적극적 목적은 신체를 더욱 튼튼하게 할 보약의 역할이라 할 수 있을 것이다.

급변하는 경영환경의 변화 속에서 미래의 환경변화를 예측하여 장래의 꿈이나 비전 그리고 기업이 나아갈 새로운 방향을 선정하는 일은 필수 불가결한 업무가 되고 있다. 그런 의미에서 현재의 연장선상에서 세우는 중장기목표와 계획은 진정한 의미의 중장기전략계획이 아니다. 진정한 중장기전략계획은 혁신적인 경영전략을 주요 내용으로 하여 미래 비전을 달성하기 위해 전략의 혁신, 사업구조의 혁신을 추구하는 것이다.

2. 중장기경영계획의 필요성

오늘날의 기업경영환경은 과거보다 더 어려워졌다. 경영자는 환경변화의 힘을 인식하고 구성원들이 변화에 대한 두려움과 저항을 극복하고 이를 받아들이도록 미래 지향적인 조직분위기를 조성해야 한다. 그러나 불행하게도 많은 경영자들은 이러한 변화에 마음을 닫아 버리거나 변화에 적응하는 중장기 전략적 경영계획에 관하여 말만 할 뿐 실행에 옮기지 못하고 있다. 그 원인은 사고가 과거 지향적이고 혁신적 대응이 결여되었기 때문이다. 가장 중요한 것은 변화이다. 기업이 경쟁에서 살아남아서 성장·발전하기 위해서는 급속히 변화하는 상황에 적응해 가면서 경쟁력을 강화해야 하고, 이를 위해서 경영자들은 다음의 네 가지 사항을 수행해야 한다.

- 사업에 영향을 미칠 수 있는 주요 변화를 예측한다.
- 사업의 미래방향을 올바로 정한다.
- 사업의 미래목표에 도달하기 위한 방법을 찾아낸다.
- 채택된 방법으로 목표를 달성하기 위해 필요한 자원을 할당한다.

중장기경영계획은 기업성과를 증진시키기 위한 지속적인 과정이다. 이것을 수립하기 위해 엄밀한 과학적 방법을 동원해야 할 필요는 없다. 그러나 이것은 반드시 체계적이라야 한다. 중장기경영계획은 마치 자동차의 헤드라이트에 비유할 수 있다. 훤한 대낮에는 헤드라이트가 없어도 운전하는데 어려움이 없으나 깜깜한 밤에는 헤드라이트가 없이 자동차가 움직이기는 곤란할 것이다. 최근 글로벌 경영환경은 불확실한 상황에 처하게 되었고, 멀리 미래를 내다보기 어려운 상황에서 헤드라이트가 되어 기업경영의 앞을 비추어 줄 수 있는 것이 바로 중장기 전략적 경영계획이다. 다만 헤드라이트가 얼마나 멀리 그리고 밝게 앞을 비출 수 있는지를 헤드라이트 전구의 성능과 전지의 에너지에 의해 좌우되듯이 중장기경영계획이 얼마나 실용성을 높일 수 있는지는 직접 중장기 경영계획에 참여하는 경영자들의 능력과 자세 그리고 궁극적으로 기업이 갖고 있는 총체적인 역량에 의해 좌우될 것이다.

중장기경영계획이 성공적으로 수립되기 위해서는 그 내용이 목적성·일관성·유연성·미래지향성·창조성을 지녀야 하며 그 내용에 관하여 조직구성원 간에는 최대한의 공감대가 형성되어야 한다.

목적성 무엇을 달성하기 위해 무엇을 해야 하는지가 어느 정도 명확하고 구체적으로 표시 되어야 한다.

일관성 중장기경영계획이 달성하고자 하는 목표와 그 수단이 되는 전략계획이 일관성을 유지해야 하며 자기모순을 내포하고 있으면 안 된다.

유연성 전략계획은 어떠한 고정관념이나 선입견에 얽매이지 말아야 하며, 상황변화에 대응할 대체 안이 마련되어 있어야 한다.

미래지향성 전략계획은 바람직한 미래의 경영성과를 실현하기 위한 방법을 구체적으로 기술하는 것이다.

창조성 계획을 실행에 옮기는 것이 아무리 중요하다 하더라도 지나치게 현실적인 계획은 전략계획으로서의 가치가 적다. 현상 연장형인 계획으로는 창조적이고 미래지향적인 목표를 달성할 수 없기 때문이다. 따라서 경영계획은 현실을 뛰어넘는 독창성과 창조성이 요구된다.

공감대의 형성 전략계획은 최고경영자 혼자, 혹은 기획실의 몇몇 브레인이 독자적으로 수립하는 것이 아니다. 그러한 경우 계획 자체는 참신할지 모르나 전체 조직구성원의 공감대를 형성할 수 없기 때문에 수립된 계획의 집행이 어렵다. 따라서 경영계획은 계획 수립단계에 가능한 한 많은 조직구성원을 참여시켜 공감대를 형성해야 한다.

3. 중장기경영전략의 방향

기업은 중장기경영전략을 크게 세 가지 관점에서 방향을 잡아야 할 것이다. 첫째는 가치창조, 둘째는 사회적 책임, 셋째는 성과책임이 그것이다. 사회·경제적인 변화와 기업 경영환경의 변화에 따른 기술개발로 인해 제품의 질이 상향되거나 평준화 되고 인터넷을 통한 신속한 정보전달이 쉬워지는 지식·정보화 사회가 가속화되었기 때문에 그 속도는 더욱 빨라지고 있다. 이제 잘되는 기업과 그렇지 않은 기업의 차이는 고객중심의 기업과 그렇지 않은 기업으로 구분할 수 있을 만큼 고객이라는 키워드가 기업경영에 확실하게 자리 잡게 되었다.

이러한 고객중심의 경영환경 변화에 따라 기업들은 향후 중장기 전략방향을 어떻게 가져가야 할 것인가. 관점에 따라 여러 가지 의견이 나올 수 있겠지만 크게 세 가지 방향으로 압축할 수 있다.

■ 가치창조(Value creativity)

시장에서 선택할 것이 한정되어 있고 품질이나 가격이 차별화되어 있던 시대에는 고객으로부터 선택받는 것이 어렵지 않았기에 대부분의 기업은 제품이나 상품 또는 서비스 자체를 기업의 입장에서 파는 것에만 급급했다. 그러나 지금의 현실은 고객들이 선택할 수 있는 경우의 수가 너무 많다보니 기업에게는 마음쓰린 고통이겠지만 웬만해서는 고객의 눈길조차 받기 힘들 지경이고 High Quality, Low Cost, High Speed 조차 기본이라 불릴 정도다. 회사를 살리고 싶다면 고객의 기대를 가치화하여 지극히 고객중심으로 상품과 서비스의 포지셔닝에 대해 새로운 가치개념을 도입하여 고객에게 다가가야 한다. 20세기 기업의 가치창조에 가장 중요하게 기여했던 유형자원을 뛰어넘어 21세기에는 무형자원이 가치창조에 절대적으로 기여할 것이다. 각 사업별로 기존의 유형자원에 더해서 무형자원을 어떻게 활용할 것인가를 전략적으로 고민해야 할 것이다.

■ 사회적 책임(Social responsibility)

국제표준화기구인 ISO에서는 품질(9000시리즈)과 환경(14000시리즈), 안전(18000시리즈)기준에 이어 기업의 사회적 책임기준을 정의한 26000시리즈를 준비 중이다. ISO의 사회적 책임범위를 보면 부정부패·인권보호·환경·노동 분야로 구성되어 있으며 앞으로는 제품이나 상품·서비스 자체의 품질이나 가격보다도 그 제품을 만드는 기업이 얼마나 사회적 책임과 의무를 다하느냐에 따라 소비자들의 선택이 달라질 전망이다. 그만큼 이익창출이 기업생존의 충분조건이 더 이상 될 수 없다는 뜻이다. 기업이 이러한 사회적 책임을 다하기 위해서는 최근에 이르러 사회적 화두가 되고 있는 '지속가능경영'을 이제는 구체적으로 경영전략 측면에서도 실천해야 할 것이다. 지속가능경영의 핵심은 윤리·사회적 책임과 친환경이다. 예전에는 제품의 품질이나 가격이 수익의 원천이었다면 이제는 사회적 책임의 결과로 얻어지는 것이 수익이다. 피터 드러커는 일찍이 기업의 존재목적이 '고객만족의 극대화'라고 설파했고 앨빈 토플러는 기업의 존재목적을 '구성원들의 능력개발'이라고 하였다. 즉, 내부 구성원들의 능력을 지속적으로 개발하면 역량이 강화된 구성원들이 고객을 만족시킬 것이고 만족된 고객은 계속 해당기업에 충성하여 결국 기업의 이윤이 극대화되는 것이다.

■ 성과책임(Performance accountability)

기업이 변화된 경영환경에서 살아남기 위해서는 과거 환경에서 유효했던 중앙집권식 통제중심의 조직구조나 경영관리 메커니즘을 성과책임중심으로 과감하게 리모델링해야 할 것이다. 기업을 둘러싸고 있는 외부 경영환경은 이미 고객중심으로 변했는데 기업의 경영관리 프로세스나 의사결정 메커니즘은 아직도 공급자중심의 중앙집권방식이 많기 때문이다. 이러한 방식으로는 급변하는 시장환경에서 살아남을 수가 없다. 먼저 조직을 중앙집권적인 피라미드 조직에서 스포츠구단 조직으로 과감하게 전환시켜야 할 것이다. 흔히 변화에 둔감하다고 생각했던 정부기관 마저도 각 부처에 실질적인 '팀제'가 도입되면서 자율·성과·책임중심으로 조직을 관리하고 있다. 또한 기업 내 모든 역량을 고객접점에 있는 선수들인 구성원들에게 집중시켜야 한다. 전문경영인이나 사업부장·팀장·팀원에게 믿고 맡겼으면 성과를 가지고 책임을 물어야지 과정이나 절차를 일일이 간섭해서는 창의적인 기업가정신이 나올 수가 없다. 앞에서 이미 언급한 가치창조나 사회적 책임보다 기업에게는 전체 경영 메커니즘을 시장·고객·성과중심으로 혁신하는 것이 장기적으로 보면 훨씬 중요한 과제라고 본다. 창의적 핵심인재가 경영의 핵심축이라고 누누이 얘기들 하고 있지만 정작 기업내부에 들어가 보면 아직도 우리는 산업사회 경영관리의 틀에서 벗어나지 못하는 경우가 비일비재하다. 또한 기업이 탁월한 경영성과를 원한다면 고객접점에 있는 구성원들을 신바람 나게 만들어야 한다. 그렇지 않으면 외부고객만족은 있을 수 없다. 조직구성원을 신바람 나게 하려면 비전과 목표를 분명히 제시하고 실행방법은 과감하게 권한을 위임하고 성과는 파격적으로 보상하는 방법이 유용할 것이다.

■ 경영전략과 HR의 연계

조직의 향후 경쟁력에 대한 관점은 항상 이슈 거리이다. 과거 기업들의 경영전략 내용이 주로 생산과 마케팅에 중점을 둔 것에 비해 향후에는 인적자원을 어떻게 성과 지향적으로 경영할 것인가에 기업의 경쟁력을 가늠하는 중요한 잣대로 사용될 것이다. 기업의 경쟁력 증대 및 성과의 극대화는 곧 미래를 약속하는 것이기 때문이다. 기업의 경쟁력을 높이고 성과를 극대화시키기 위한 전략 방향은 크게 네 가지로 압축할 수 있다.

첫째, 기업의 비전이나 중장기전략과 맥락을 같이 하는 개인별 경력비전을 명확하게 합의하여 설정해야 할 것이다. 기업입장에서의 비전도 중요하지만 이제는 구성원들의 경력개발에 대한 비전이 와 닿지 않으면 아무리 보상이 파격적이더라도 과감하게 이동할 것이다.

둘째, 조직이 수평적인 조직으로 운영되기 위해서는 무엇보다 인사조직이 내부고객 중심으로 변화하고 조직의 현장관리자들을 통제적 관리자가 아닌 성과 지향적 경영자로 탈바꿈 시켜야 할 것이다. 기업전체 입장에서 눈에 보이는 외부 경영환경에 대처하는 것도 중요하지만 인적자원관리 관점에서 가장 시급한 것은 바로 중간관리자들의 리더화이다.

셋째, 직원들을 아마추어에서 프로페셔널로 혁신시켜야 한다. 기업규모가 커지고 인원이 많을수록 구성원들은 조직의 크기와 시스템에 안주한 채 진정한 창의적이고 모험적인 프로의 모습을 잃어가고 있다. 내부경쟁시스템을 과감하게 작동시켜 구성원들이 스스로 실행한 자율적인 의사결정의 결과가 어떻게 자신들에게 영향을 미치는지를 보상뿐만 아니라 다른 측면에서도 느끼게 해주어야 한다.

넷째, HR의 기반을 보유능력중심에서 발휘역량중심으로 구조조정 해야 한다. 역량중심으로 재조정하기 위해서는 해당기업만의 독특한 성과에 미치는 역량을 관찰하고 실험해야 한다. 기업이 고객들에게 경쟁자와는 차별화된 부가가치를 전달해 주기 위해서는 구성원들의 행동이 차별화되어야만 가능하다. 해당기업만의 독특한 색깔과 메커니즘을 구성원들에게 습관화되도록 해야 할 것이다

■ 중장기경영계획 수립의 효과

중장기경영계획이란 미래를 위하여 사전에 포석을 하는 것이다. 따라서 기업은 증상이 나타난 후에 병을 치료하는 사후적인 경영이 아니라 미리 병을 예방하는 사전적·미래지향적 경영 활동을 수행할 수 있게 된다. 그러나 기업은 중장기경영계획을 수립하는 과정에서 다음과 같은 여러 가지 부수적인 효과를 얻게 된다.

첫째, 우선 중장기경영계획을 수립하는 과정을 통해 최고 경영층·전략실무부서·관리자 등 참여자들은 전략적 사고능력을 갖게 된다. 미래를 내다보는 안목을 갖게 되며, 한 부분이 아니라 기업 전체의 모습을 살펴봄으로써 나무가 아닌 숲을 보는 거시적인 안목을 갖게 되는 것이다.

둘째, 모든 참여자들은 거시적인 안목을 통해 자신이 속한 기업을 분석함으로써 기업이

현재 어디에 위치하고 있는 가를 알 수 있게 된다. 중장기경영계획 수립과정을 통해 이에 참여한 자는 기업에 대한 보다 객관적인 시각을 갖게 된다.

셋째, 참여자는 전략회의나 그 밖의 과정을 통해 자신과 다른 참여자간의 견해차를 발견할 수 있게 되는데, 이는 상호 이해를 위한 첫걸음이 되며 또한 자신을 비판적 시각으로 성찰하여 스스로를 객관화시켜 보는 계기를 마련해준다. 이러한 과정을 통해 전사적인 커뮤니케이션이 개선될 수도 있다. 이러한 변화는 모든 참여자들이 기업의 미래를 구상한다는 동일 목적을 추구하는 가운데 기능별 또는 상하간의 의견교환이 부족하여 서로의 입장을 이해하진 못하던 그 동안의 상황을 극복하고 허심탄회하게 의견을 개진함으로써 자연스럽게 나타나는 것이다.

넷째, 참여자들이 기업의 미래와 관련된 자신의 견해를 피력하고 그것이 중장기경영계획에 수렴될 때, 이들의 동기는 크게 유발되는 것이다. 즉 과거에는 소극적이고 수동적이던 구성원들도 자신의 의견이 포함된 기업의 미래상이 현실화되면 기업에 대하여 더 많은 애착을 갖게 되고 따라서 적극적이고 능동적으로 기업 경영에 참여하게 되는 것이다.

다섯째, 미래의 경영자는 지금까지의 경영자와는 다른 능력을 필요로 한다. 즉 미래 예측능력, 투철한 경쟁마인드, 정보마인드와 거시적인 시각을 가진 자만이 앞으로 성공적인 경영자가 될 수 있다. 이러한 경영자는 하루아침에 탄생되는 것이 아니고 오랜 경험과 교육을 통해 만들어지는 것이다. 전략회의에 참여하는 관리자들과 실무자들은 이 과정을 통해 위에서 언급한 경영자가 갖추어야 할 능력을 갖추게 된다.

여섯째, 개별적인 사업 프로젝트를 중장기경영계획과 연계시키면 중장기경영계획의 효과를 높일 수 있는 것이다. 특히 매수나 합병 등과 같은 전략적인 프로젝트는 중장기경영계획의 범위 안에서 세워져야 한다. 왜냐하면 매수나 합병은 그 성질상 기업의 장래를 좌우 하는데 만약 이 판단을 중장기경영계획의 범주 밖에서 한다면 기업 전체적인 차원에서 시너지효과를 얻기가 어렵기 때문이다. 반면에 중장기경영계획을 수립해 놓은 상태에서는 우연한 제의나 문득 떠오른 생각·착상 등에 의한 개별 프로젝트가 나타나더라도 그 내용을 중장기경영계획에 맞추어 평가함으로써 시행착오를 피할 수 있다. 바로 이러한 문제 때문에 기업이 처한 상황의 인식, 문제발견, 개별 프로젝트의 우선순위 결정, 자원배분 등을 중장기경영계획의 범위 안에서 해야 하는 것이다.

4. 중장기경영계획 수립절차

중장기 경영계획 수립에 있어 신사업이거나 기존 사업에서 한 사업 및 기업의 단기경영계획을 비롯하여 중장기경영계획의 수립은 기업 존속과 생명을 좌우하는 중대한 계획 중에 하나이다. 기업 전체 차원에서 최적화를 확보하는 전략수립방법은 다음과 같이 나타낼 수 있다.

- 기업이 나아가고자 하는 미래의 바람직한 모습인 비전을 세운다.
- 이러한 비전을 달성하기 위한 10년 정도 기간의 목표와 사업구조 모습을 그리는 장기경영전략을 세운다.
- 기업의 실제 경쟁이 일어나는 사업영역인 전략사업단위를 세우고 전략사업 단위별 경쟁력을 평가한다.
- 각 전략사업단위의 경쟁력 평가의 결과를 바탕으로 장기 경영전략에서 주어진 중기목표를 달성하는 전략 및 전략사업단위의 포트폴리오를 구성하고 각 전략사업단위에게 목표를 부여한다.
- 중기경영전략에서 기업전체 차원을 고려한 전략사업단위의 목표가 결정되면 이에 일관성을 유지하는 전략사업부의 경쟁전략 대안을 선택하고 확정한다.

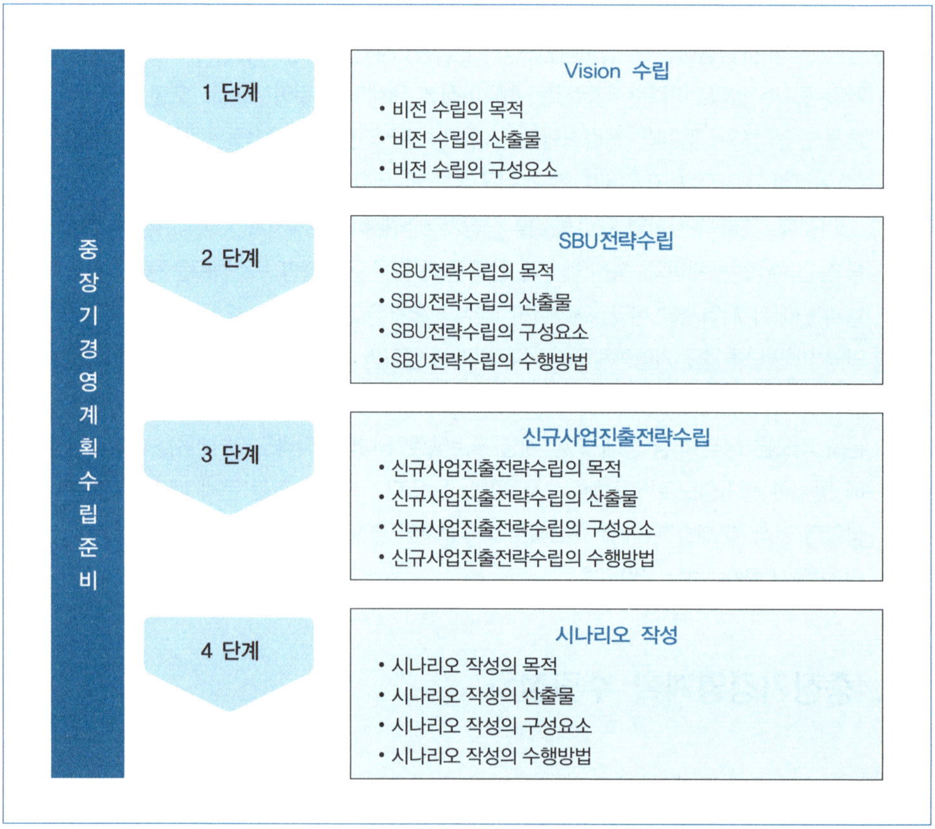

이러한 중장기 경영계획의 목적이 달성될 수 있도록 사전 중장기경영계획 수립 단계를 꼼꼼히 수행할 필요가 있는데 중장기경영계획 수립의 일반적인 단계는 4단계로 진행될 수 있다.

■ 제1단계 / 비전수립

전략의 효과적인 수립과 실행에 있어서 가장 중요한 것이 바로 조직전체의 몰입(commitment)을 얻어내는 것이다. 자신을 희생해 가면서 조직을 위해 맡은 일에 최선을 다해 열성적으로 하는 몰입이 생기는 데는 비전이 결정적인 역할을 한다. 이 때 비전이란 한 조직의 미래에 대한 이미지로 총체적인 조직의 미래상을 말한다. 비전은 한 조직이 여러 활동을 통해 도달해야 하는 종착지로 현재보다 성공적이고 더 바람직한 미래상을 기술해 놓은 것이다. 비전은 오래 동안 변하지 않기는 하지만 그래도 정기적으로 변하는 요소로서 언제까지 어떤 회사가 된다. 라는 어떻게 보면 기업전략·경쟁전략·기능전략 그리고 그것을 숫자로 표현한 재무적인 목표까지도 종합적으로 포괄하게 된다. 혹은 재무적인 목표가 비전을 수치화한 것으로 볼 수도 있다.

비전수립의 목적

- 조직에 목표의식과 의미를 부여
- 사업의 전략방향과 조직운영의 행동기준을 제공
- 조직구성원에게 동기부여와 참여의식을 유발함으로 조직 활성화에 기여

비전수립의 산출물

- 비전 선언문
- 미래 사업영역 (Business Domain 설정)
- 성과목표(Performance Targets) 확립
- 성과지표 개발
- 핵심 전략과제 (key Strategic Initiatives) 도출

비전수립의 구성요소 올바른 비전을 수립하기 위해서는 최고경영자는 미래 경영환경에 대한 흐름(Trends)을 읽을 줄 아는 식견(insight)과 직관력(Intuition) 그리고 그와 같은 미래관을 조직 구성원들이 공유할 수 있도록 하기 위한 리더십을 필요로 한다. CEO의 의지가 반영된 전략적 비전을 수립하기 위한 핵심요소는 다음과 같다.

- 미래관의 설정

- 회사 열망의 구체화
- 조직 역량의 확인
- 세계 수준의 벤치마킹

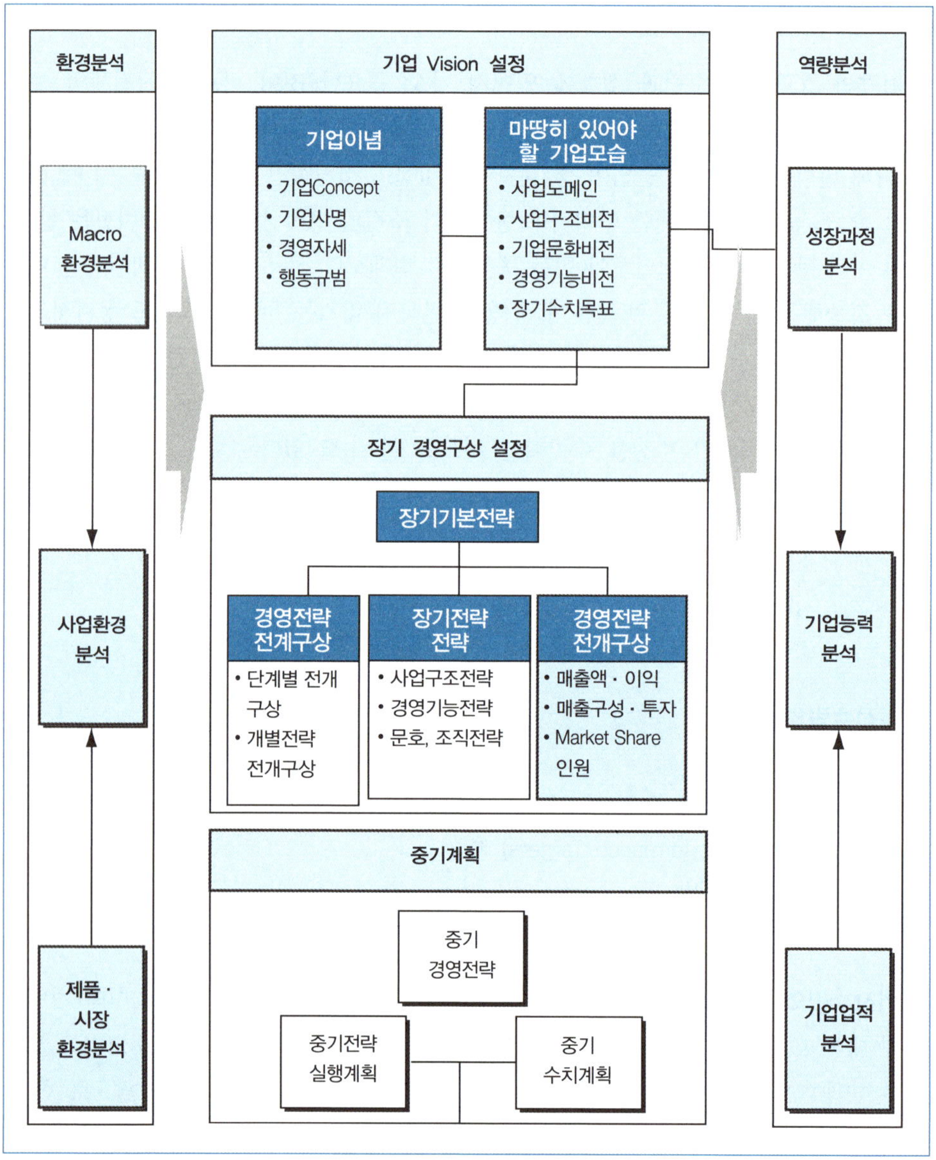

비전수립체계

비전수립의 수행방법

- 최고 경영자가 기업이 나아가야 할 방향을 제시한다.
- 실무 전담 팀에서 각종 분석과 의견을 수렴해서 비전의 초안을 작성한다.
- 최고 경영진은 작성된 비전 초안을 토의하고 수정한다.
- 실무 팀은 수정된 비전 안을 추가 분석과 의견 수렴과정을 거쳐 최종 확정한다.

제2단계 / SBU전략 수립

전략사업단위인 SBU(Strategic Business Unit)란 분명한 경쟁자 및 고객을 대상으로 제품이나 서비스를 제공하는 사업조직 단위를 의미한다. 사업수준의 전략은 특정한 개별적인 제품시장을 대상으로 핵심역량을 개척하여 경쟁우위를 얻고자 설계된 통합되고 조정된 몰입과 행동들의 집합이다. 사업전략의 핵심은 경쟁할 산업이 기업전체 차원으로부터 이미 선택되어 있다는 점이다. 나아가 산업에서 경쟁을 능가하는 경쟁우위를 어떻게 달성할 것인가를 그 초점으로 하고 있다. 시장을 의미하는 고객은 사업수준의 전략의 초점이 된다.

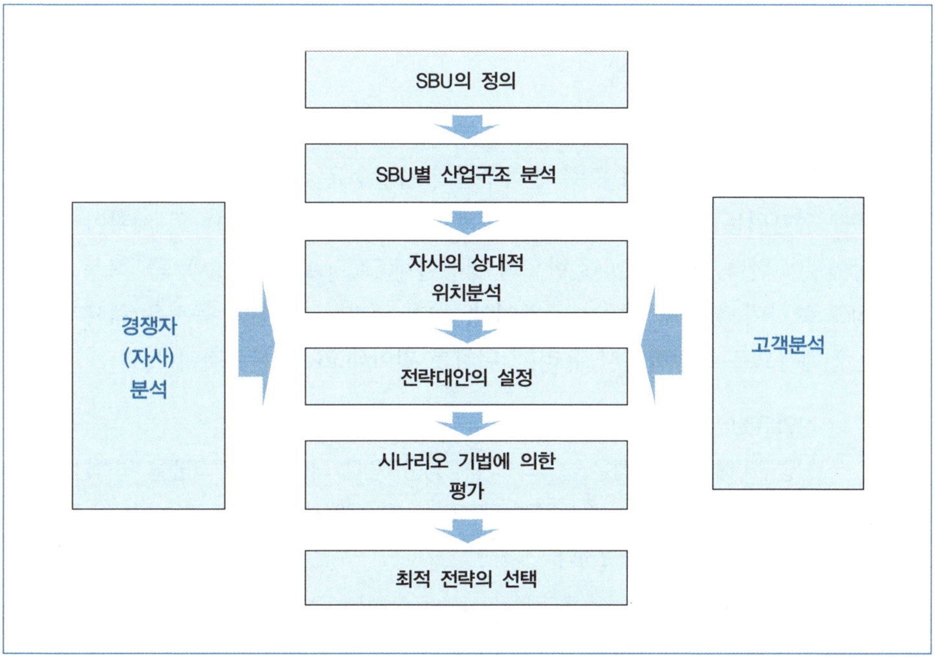

SBU 전략수립 모델

SBU 전략수립의 목적

- 조달·생산·마케팅 등 기업의 핵심활동을 수행함에 있어서 경쟁기업보다 상대적으로 앞서는 핵심역량을 개발해 최대한 활용함으로써 사업의 경쟁우위 확보.
- 사업단위의 경쟁전략수립 접근방법은 전략 수립의 대상이 사업부로서, 실제로 경쟁이 발생하는 사업영역을 대상으로 경쟁우위를 차지하기 위한 전술적 전략을 마련
- 사업단위별로 나누어 경쟁자를 보다 쉽게 인식

SBU 전략수립의 산출물

- 업계동향 및 추세
- 경쟁자의 행동 예측
- 자사분석
- 고객분석
- 시장점유율
- 전략대안의 구체적인 실행 수단

SBU 전략수립의 구성요소

- 전략사업단위의 설정
- 산업구조 분석
- 경쟁사 분석(자사분석)
- 자사의 위치분석

SBU 전략수립의 수행방법 SBU 전략수립의 출발점은 전략사업단위에 대한 규정이다. 전략사업단위는 기본적으로 계획실체(Planning Entity), 즉 하나의 계획이 적용되는 대상이어야 한다. 이와 동시에 반드시 경쟁실체(Competity Entity), 즉, 특정 경쟁자를 대상으로 하여 경쟁을 벌이는 주체여야 한다. 전략사업단위의 목적은 회사가 속한 시장을 전체적으로 조망하면서 유리한 위치를 찾아내고자 하는 것이다.

- 산업구조에 대한 분석

  산업구조에 대한 분석은 산업의 5가지 경쟁요인에 대한 분석과 이들을 통합한 동태적 변화과정을 파악하는 것이 중요하다. 또한 산업 내에서 유사한 전략을 취하는 전략집단의 구분도 상당히 중요하다.

- 경쟁자분석과 고객분석

  경쟁의 목표인 고객에 대해서 분석을 해야 한다. 또한 자사에 대해서도 분석해야 하는데 자사분석은 경쟁기업과 별도로 진행되는 것이 아니다. 자사분석의 목적은 자사의 강점

과 약점이 파악에 있고, 강점과 약점의 분석이란 결국 경쟁자에 대비한 개념이기 때문이다. 즉, 경쟁자분석과 자사분석은 항상 동시에 이루어져야 한다. 더욱이 경쟁자에 대응해서 상대적인 경쟁우위를 확보하려면 제품을 구매하는 구매자가 이를 받아들여야 하므로 고객에 대한 분석이 별도로 이루어져야 한다.

- 자사의 위치분석
경쟁사·자사·고객의 분석을 통하여 기업은 자사의 상대적 위치를 파악하게 되고 경쟁기업보다 우위에서 전략대안을 개발할 수 있게 된다.

제3단계 / 신규사업진출 전략수립

기업을 둘러싸고 있는 환경은 시시각각 변화하고 있다. 이러한 변화는 단순하게 개별 기업에 영향을 주는 것만은 아니고, 제품 라이프사이클 단축, 신산업의 탄생 등 산업의 성쇠에도 영향을 미친다. 이와 같은 환경 하에서 혁신적 기업은 본업에 대신하는 주력 사업의 육성이나 환경변화에 의해 새롭게 발생하는 사업기회를 잡아서 본업을 지원하거나 또는 제2의 주력사업 육성을 성공적으로 이루기 위한 방향을 설정하는 것이다.

전략수립의 목적

- 신규사업진출을 통한 기존 퇴출사업 대체
- 고부가 가치 사업군 형성

전략수립의 산출물

- 메가트렌드 분석
- 유망사업 분석
- 유망산업 인식도
- 산업예측 Matrix
- 벤치마킹을 통한 사업기회 분석
- 사업특성 및 진입능력
- 사업매력도 분석
- 사업전망 Matrix 산업구조 분석
- 성장추세 분석
- 신규사업 진출전략

전략수립의 구성요소

- 신규사업 진출가능분야 파악

- 사업전망 분석
- 선정사업 분석

전략수립의 수행방법 신규사업을 개발하는 방법에는 여러 가지가 있다. 핵심역량을 이용한 방법, SWOT 분석을 통한 방법, 선도기업 벤치마킹을 통한 방법 그리고 이를 종합하는 방법 등 기업의 상황에 맞추어 사용할 수 있을 것이다. 이 책에서는 가장 일반적으로 사용하는 분석을 중심으로 살펴보도록 한다. 이러한 방법에 사용 가능한 다른 기법들을 혼용하여 사용한다면 더욱 정교한 신규사업진출 전략수립이 가능할 것이다.

- 메가트렌드 분석
  가장 먼저 미래학 서적 혹은 외부 전문가 집단의 의견을 종합하여 미래의 가장 중요한 트렌드를 도출한다. 보통 워크-숍(Work shop)등을 통하여 분석하고 그 결과를 종합하는 형식이 일반적으로 사용된다.

- 유망사업 선정
  메카트렌드 분석에서 도출된 유망산업분야별로 신사업기회를 구체화하고 미래 유망산업에 대한 경영진 또는 관리자의 인식을 투자시급성과 투자 집중성·사업전망과 강점 활용 측면에서 분석하며, 이를 전문가 집단에 다시 검증을 받는다.

- 사업전망 분석
  사업을 지배하는 일반적인 성격을 분석함으로써 사업의 특성을 파악하여 사업성공을 위한 핵심성공요인을 도출하고 각 핵심성공요인에 대한 자사의 능력평가의 기초자료로 활용한다. 자사에 대한 능력평가는 강·중·약으로 표시를 하며 가능한 한 각 항목내용을 구체적으로 계량화하도록 한다.
  - 사업매력도 분석 : 신규사업 후보군을 일정한 기준에 따라 평가하여 자사에 매력도가 높은 사업을 선정하기 위한 분석방법으로 각 평가항목에 대하여 5등급 평가기준을 설정하여 평가하고, 각 평가항목별 가중치를 부여하여 최종 평가한다. 평가항목에는 보통 시장규모·성장성·진입강도·경쟁강도·투자규모 등이 보통 사용된다.
  - 사업전망 Matrix : 사업전망 Matrix 분석을 통해 유망하다고 판단된 신규사업은 별도로 정리한 후 산업구조분석 및 성장추세분석을 통해 보다 구체적인 분석을 하고, 추가적으로 사업진입계획 및 매출계획도 함께 작성하도록 한다.
  - Five Forces 분석 : Five Forces 분석을 통해 진입장벽 분석, 공급자의 교섭력 분석, 구매자의 교섭력 분석, 대체재의 위협 분석, 기존산업 간의 경쟁 분석을 종합하여 그에 따라 기업의 전략방향을 서술한다.

- 신규사업 진출전략
  분석을 토대로 진행일정 및 방법들을 사업별로 작성한다.

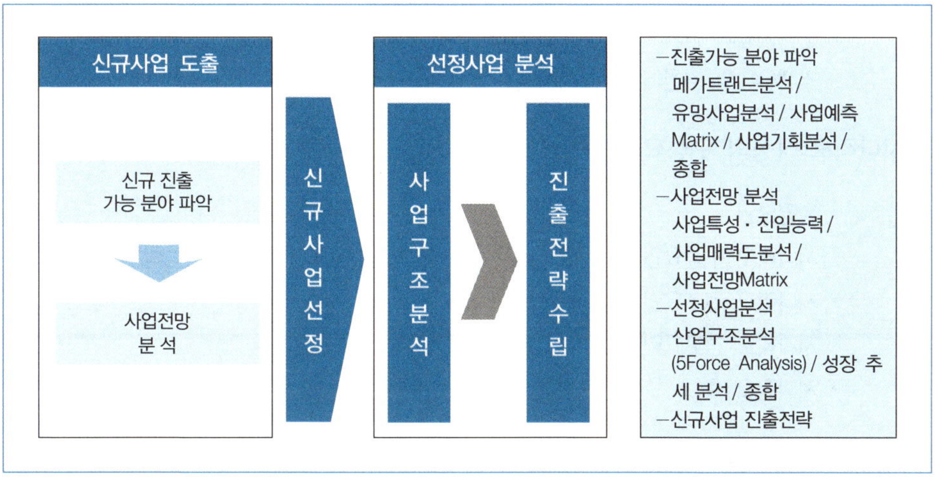

신규사업진출 프로세스

제4단계 / 시나리오 작성

기업의 비전을 수립하고 비전 달성을 위한 중장기 전략을 수립하는 단계에서 기업이 고려해야 하는 사항은 내·외부환경에 상존하는 불확실성에 관한 것이다. 이 때문에 불확실성이 전략에 미치는 의미를 충분히 이해하기 위한 도구로 시나리오기법이 있다.

시나리오란 기업에 관련된 불확실한 환경적 요인들, 그것이 기업에 미칠 영향 그리고 이에 대응하기 위해 기업이 취할 행동 방향 등을 서술해 놓은 각본을 말한다. 즉 미래상황이 어떤 형태로 전개될 것인가를 미리 예측하여 펼쳐 놓은 것을 시나리오라고 부르는 것이다.

시나리오 작성의 목적

- 회사가 자신의 현실을 발견함에 있어서 잠재적 환경을 밝힌다.
- 서로 다른 환경 내에서 성공을 위하여 요구되는 사항을 밝힌다.
- 각각의 환경에 우선하는 핵심지표를 평가한다.
- 장기전략 수립을 지원한다.

시나리오 작성의 산출물

- 미래의 산업구조
- 산업의 구조적 매력도에 대한 시사점
- 경쟁기업의 반응
- 경쟁우위의 원천에 대한 시사점

시나리오 작성의 구성요소

- 환경요인
- 시나리오 구성요인
- 시나리오 전제요인
- 시나리오 참고요인
- 시나리오 축

시나리오 작성의 수행방법

- 산업구조에 영향을 주는 불확실성 요인 도출
  산업구조에 영향을 미치는 추세만을 고려해서 전략을 수립할 경우 산업 구조에 중대한 변화를 일으킬 수 있는 불연속적인 불확실성을 간과할 수 있다. 때문에 아무리 확률이 낮은 불확실성 요인이라 하더라도 산업구조에 잠재적으로 큰 충격을 줄 가능성이 있다고 판단된다면 무시해서는 아니 된다. 때문에 이런 불확실성이 산업구조에 어느 정도로 어떻게 어느 방향으로 영향을 미칠 것인가 등에 대한 분석이 이루어져야 한다.

- 시나리오 변수의 결정
  시나리오는 각 시나리오 변수별로 실현 가능한 가정들에 근거하여 작성 된다. 시나리오는 시나리오 변수에 대한 일련의 가정으로부터 출발하는 것이다. 시나리오 변수를 선택하는 기준으로는 다음과 같은 것들이 있다.
  - 전략적 중요성이 높은 시나리오 변수부터 선정한다.
  - 불확실성 요인 발생가능성이 높은 시나리오 변수부터 선정한다.
  - 불확실성 요인으로 인해 발생한 결과를 예측하기 어려운 시나리오 변수부터 선정한다.
  - 보다 근원적인 환경요인부터 시나리오 변수로 선정한다.

- 시나리오 변수에 대한 가정 도출
  시나리오를 작성하기 위한 다음 단계로는 각 시나리오 변수에 대한 여러 가정들을 만드는 것이다. 시나리오 변수에 대한 가정은 미래 산업구조들의 차이점을 노출시키는 동시에 각 변수의 실현 가능한 범위를 제한시킨다.

- 제반 가정의 일관성 검토
  시나리오 변수에 대한 가정의 범위가 결정되면 이러한 시나리오 변수에 대한 가정들이 서로 일관성이 있는가를 검토해 보아야 한다. 흔히 시나리오 변수들은 서로 영향을 주고 받기 때문에 그들에 대한 가정들이 내적으로 일관성이 없는 경우도 있으며, 이럴 경우 일관성 없는 가정들로 작성된 시나리오는 분석대상에서 제외되어야 한다.

- 산업 시나리오 작성 및 분석
- 각 시나리오 별 최적 경쟁전략 수립

위와 같은 방법으로 도출된 다양한 시나리오 별로 최적 경쟁전략을 수립한다. 하나의 시나리오에서 수립된 전략은 불확실에 대한 위험성이 높다. 그러나 모든 시나리오를 전부 고려하여 전략을 개발하려면 많은 시간과 비용이 소모된다. 또한 서로 다른 시나리오를 가정한 전략은 모순된 결과를 초래하기 쉽다. 기업이 상이한 전략적 시사점을 제공하는 시나리오에 접했을 때 전략을 선택하는 데는 다섯 단계 혹은 다섯 가지 방법을 결합한 기준으로 선택하는 것이 좋다.

- 가장 가능성이 높은 시나리오 선택 : 가장 가능성이 많아 보이는 시나리오를 중심으로 전략을 구성하는 것이다.
- 가장 좋은 미래를 보여주는 시나리오 선택 : 기업이 주어진 경쟁적 위치와 자원으로 가장 지역적으로 장기적인 전략적 우위를 이룩할 수 있는 시나리오에 대해 전략을 구성하는 것이다.
- 위험을 분산하는 방법 : 모든 시나리오, 혹은 최소한 발생 가능성이 있는 것으로 생각되는 모든 시나리오에서 만족스러운 결과를 도출할 수 있는 전략을 선택하는 것이다. 일반적으로 위험분산 효과를 도모하게 되면 어떤 시나리오에도 적절하지 않은 전략을 채택할 위험이 있다. 이러한 위험분산 전략은 일반적으로 하나의 전략적 상황이 아닌 몇 개의 가능한 전략적 상황을 동시에 대비해야 하기 때문에 앞에서 제시한 전략들보다 더 많은 비용이 든다.
- 유연성을 유지하는 방법 : 특정 전략을 위해 자원을 투입하는 의사결정을 일단 보류하고 있다가 불확실성이 해소되면 발생할 것으로 보이는 시나리오를 선택한 후 자원을 집중 투입한다. 그러나 유연성을 유지하는 방법은 산업의 초기 진입 장벽을 만들어 초기 진입으로 인한 이점을 상실할 수도 있다.
- 영향력을 발휘하는 방법 : 불확실성에 대처하기 위해 기업이 바람직하다고 생각되는 시

나리오를 실제로 실현시키기 위해 기업의 자원을 이용하는 것이다. 기업이 자신의 전략적 우위를 높여주는 시나리오의 발생 가능성을 향상시키기 위해 시나리오에 내재한 요소에 영향을 미칠 수 있도록 노력하는 것이다.

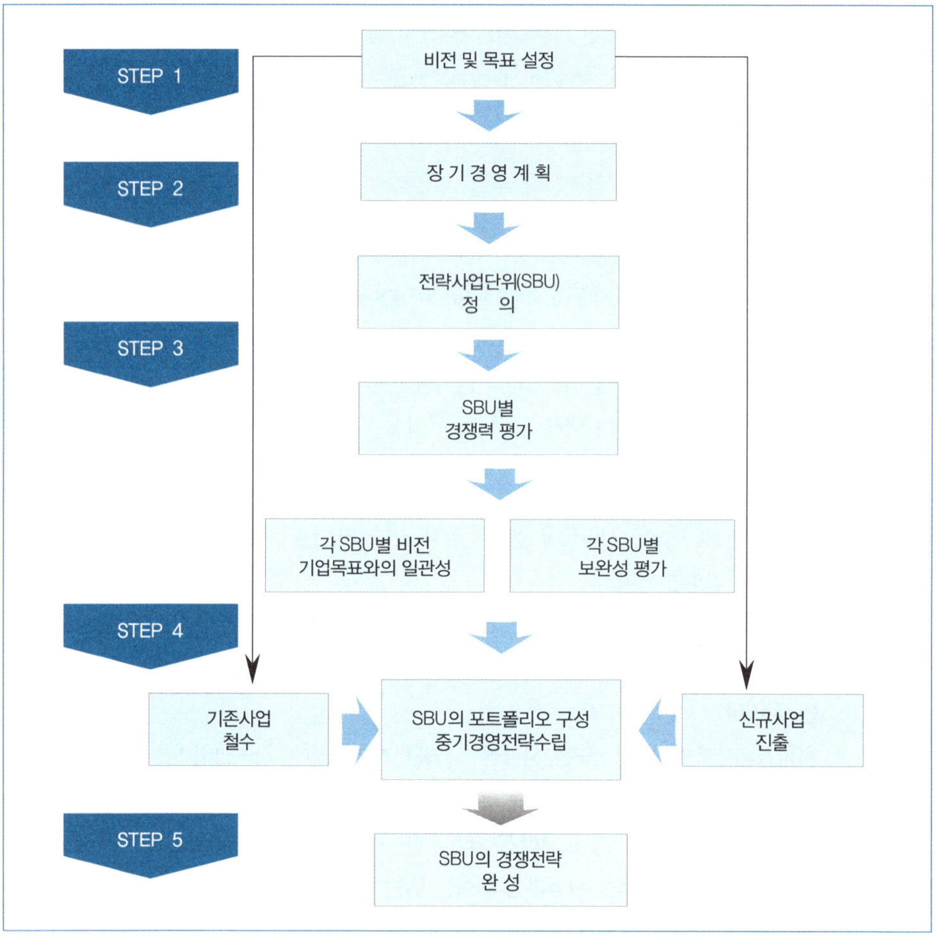

중장기경영계획 Flow

02 단기 경영계획의 수립

오늘날 우리가 살아가고 있는 시대를 혹자들은 성숙화의 시대, 불확실성의 시대, 혼돈의 시대라고 말한다. 산업사회가 지나가고 정보산업사회가 도래하고 다시 지식산업사회가 그 서막을 열게 됨에 따라 산업사회를 중심으로 한 과거의 아날로그 시대에서 지식과 정보를 기반으로 하는 디지털 시대로, 수직적 권위주의적 사회에서 수평적 네트워크 사회로 급속하게 변모하면서 기존의 경영방식에서 탈피하여 새로운 틀·새로운 의식·새로운 관행 등 환경변화에 기인하여 기업경영의 방식과 패러다임을 시대적 요구에 맞추기 위한 혁신의 필요성이 경영의 최우선 과제로 대두되고 있다. 따라서 지금 우리 기업은 어디에 있으며, 어디로 가야할 것인지 하는 현재의 모습 및 위상과 방향성을 전략적으로 결정하지 않으면 무한경쟁에서 도태될 수밖에 없는 경영환경에 처하게 된 것이다. 이는 곧 원하는 미래와 예상되는 미래에 대한 괴리율을 어떻게 줄이고 극복해 나아가기 위해서는 앞으로 우리 기업이 어떻게 가야 할 것이며 어떠한 전략대안이 필요한 것인지를 고민하게 만들고 있다. 다시 말해서 Mission과 Vision은 어떻게 정해야 하며, 무엇을 경영목표로 하여 기업성장 방향과 비전 달성을 위하여 어떠한 전략적 경영계획이 필요하며 수립한 경영계획을 실행하고 평가할 것인가의 일련의 프로세스가 협의의 경영계획인 연간경영계획이라고 할 수 있다.

기업 활동을 합리적으로 수행하고 관리하려면 무엇보다 먼저 기업이 앞으로 나아가야 할 방향과 행동과정을 결정하여야 한다. 미래의 여러 대체적인 행동과정 중에서 기업목표에 가장 부합되는 행동과정을 선택하는 것을 계획수립(planning)이라 하며, 선택된 행동 대안을 계획(plan)이라 한다. 계획수립은 우리가 현재 있는 곳과 장래에 가기를 원하는 목표와의 차이를 연결해 준다. 장래를 정확하게 예측한다는 것은 거의 불가능하기 때문에 계획을 수립하지 않으면 그만큼 실패할 위험이 높다. 계획은 무엇을 해야 할 것인가, 어떻게 해야 할 것인가, 언제 해야 할 것인가, 그리고 누가 해야 할 것인가를 미리 결정하는 것이다. 따라서 경영계획이란 기업의 미래지향적인 목표·방침·절차·예산·활동과정 등을 설정하고, 이를 가장 합리적으로 달성하기 위한 미래의 설계와 구상을 말한다.

경영계획이 다른 관리활동에 비하여 갖는 특성을 살펴보면 계획은 목표기여, 계획우선, 계획의 일반성 및 계획의 효율성을 통해 수립되어야 한다.

첫째는 목표기여이다. 이는 모든 경영계획과 파생되는 하위계획의 목적은 기업목표의 달성을 보다 용이하게 하기 위한 것이다. 따라서 관리자는 계획을 수립할 때 목표달성을 위해 일관되고 통합된 활동을 유도할 수 있도록 계획을 수립하여야 한다. 둘째는 계획우선이다. 계획은 기본적인 필수전제가 되며 논리적으로 볼 때 계획수립은 다른 모든 기능이 수행해야 할 목표를 수립한다고 하는 점에 중요성이 있다. 셋째는 계획의 일반성이다. 계획수립의 성격과 범위는 경영자들이 가지는 권한과 상급자가 정하는 방침과 실시계획에 따라 다르지만, 계획수립은 모든 경영자들이 가지고 있는 직능이다.

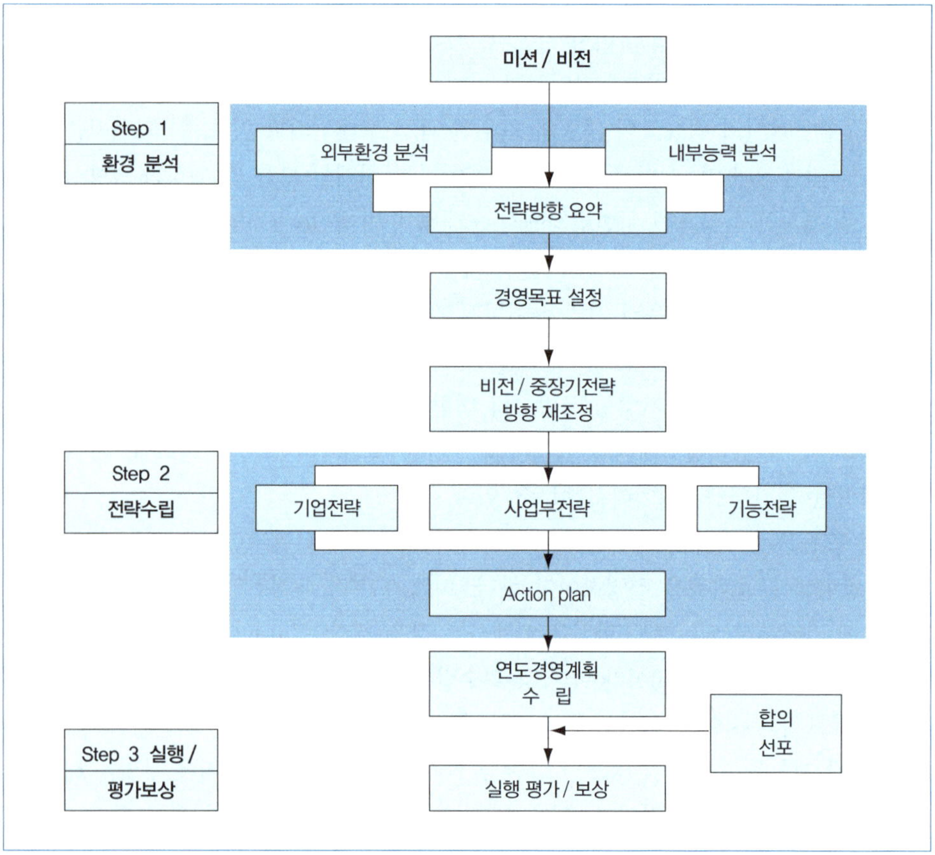

단기경영계획 수립 Process

1. 단기경영계획의 개요

단기경영계획은 각 부문별로 연차계획을 세우고 이를 실현하기 위해 계획을 추진하는 것이나. 따라서 단기경영세획은 업적평가의 기준이 되며 또한 행동의 지침이 된다. 그러므로 단기경영계획이 제대로 수립되고 실행될 때에 비로소 중장기경영계획은 달성되며 나아가 경영비전과 목표, 그리고 기업이념을 실현할 수 있게 된다. 그만큼 단기경영계획이 기업경영에서 차지하고 있는 비중과 위치는 막대함을 알 수 있다. 단기경영계획이 실행계획인데 대하여 중장기경영계획은 목표적 또는 지표적 성격의 계획이라고 할 수 있다. 그러하기 때문에 중장기경영계획은 단기경영계획의 실행 결과에 따라 수정할 필요가 있다.

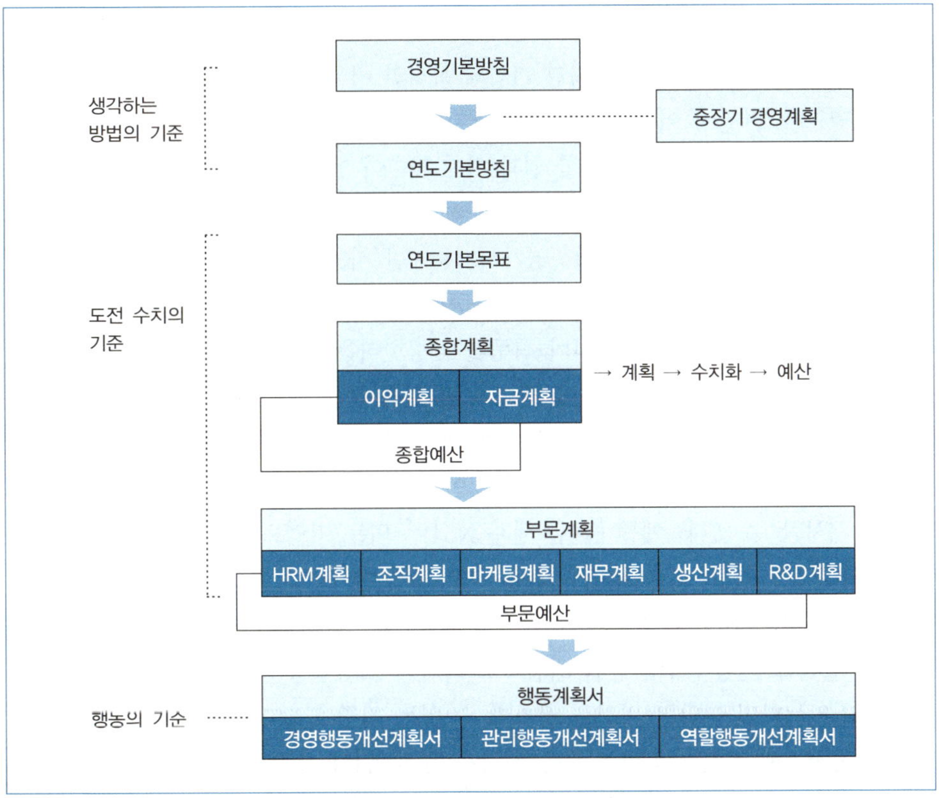

단기경영계획의 체계

경영이념과 비전 / 목표

기업의 존재이유를 정의한 것을 기업이념이라고 하며, 그 이념을 투영해서 기업이 미래에 이루고자 하는 열망을 명확하게 목표의식을 갖고 기술한 것이 비전과 목표이다. 비전과 목표를 달성하기 위해 준비된 구체적 방안이 장기일 경우 중장기경영계획이라고 칭하고, 이를 연간단위로 구체화한 것이 곧 단기경영계획, 즉 익연도 사업계획이 된다.

경영이념 이념의 사전적 의미는 모든 경험에 통제를 부여하는 순수이성에서 얻어진 최고의 개념이라는 뜻이다. 모든 경험에 통제를 부여한다는 말은 개인 또는 조직이 하는 행동에 해야 할 것과 하지 말아야 할 것을 구분할 수 있는 기준이 된다는 말이며, 순수이성으로부터 얻어진다는 말은 절대적인 근거에 의한 것으로 시간이 지나도 불변하는 개념을 의미한다. 다시 말하면 경영이념이란 조직이 해야 할 일과 하지 말아야 할 일을 구분하는 절대 불변하는 개념이다. 기업이 가지는 경영이념에는 기업의 존재가치·사업운영가치기준·사업추진기준이 포함되어 사훈과 같은 추상적인 개념을 좀 더 구체화한다. 기업의 존재가치는 일반적인 기업의 목적인 이윤추구 외에 기업이 존재하는 이유를 규명한다. 예를 들어 디즈니의 존재가치는 어린이들에게 행복을 주는 것이다. 기업의 존재가치는 그 기업이 해야 할 일과 하지 말아야 할 일을 크게 구분지우는 최상위 개념으로 디즈니의 경우 어린이들의 행복에 해가 되는 사업이나 일은 하지 말아야 한다는 것을 내포한다. 다음으로 사업운영가치기준이란 사업을 운영하면서 최우선으로 전념하고자 하는 기본가치를 정의하는 것이다. 예를 들어 창의력을 중시한다던가, 품질관리를 철저히 한다던가, 어떤 가치의 상품을 제공한다는 등의 개념이 포함될 수 있다. 이것 역시 조직이 해야 할 일과 하지 말아야 할 일을 구분하는 기준이 된다. 마지막으로 사업추진기준 또는 사업전개기준이란 향후 어떤 사업부문을 특화할 것인지에 대한 기준을 설정한다. 여기에는 어떤 사업을 할 것인지나 말 것인지 등 구체적인 행동에 대한 기준을 제시할 수 있다. 예를 들어 '세계 No1이 되는 기업으로 성장시키겠다.' 라고 기업경영이념을 정할 경우 여기에 해당한다.

이렇게 이념은 해야 할 일과 하지 말아야 할 일을 구분하는 절대 불변의 개념으로서 비전·전략·목표·실행계획의 상위 개념으로 각각의 의사결정 기준이 된다. 경영이념이 정의되지 않는다면 다양한 비전을 평가할 수 있는 기준이 없다는 것이 되며 합리적인 비교가 불가능해 자칫 잘못된 비전을 가지게 될 수 있다. 잘못된 비전은 잘못된 전략·잘못된 목표·잘못된 행동을 불러일으켜 기업에 심각한 피해를 끼칠 수 있다.

Vision 원칙의 사전적인 의미는 여러 사물이나 현상에 두루 적용되는 법칙, 근본이 되는 법칙이란 의미로 이념보다 상위의 개념으로 볼 수 있다. 절대 불변이라는 면에서는 동일하지만 원칙이란 모든 현상에 적용될 수 있는 반면 이념이란 주로 행동의 판단기준으로 사용된다. 최고를 향한 열정·겸양·인간주의·합리와 같은 추상적인 불변의 개념의 원칙이 될 수 있을 것이다. 일상적으로 말하는 비전과 기업의 비전은 큰 차이가 있다. 기업에서 말하는 경영비전이란 현상과 목표를 결부시킨 경영구상이라고 할 수 있다. 따라서 Vision은 막연한 꿈이나 희망과는 명확히 다른 것이며, 기업의 존재의식과 기업경영의 원리원칙이 포함되어 있어야 한다. 짐 콜린스(Jim Collins)는 1992년 '짐 콜린스의 경영전략'을 통해 비전경영을 소개했다. 그는 경영체제를 '비전-전략-전술'로 정의하고, 비전을 가장 상위에 두었다. 비전을 핵심가치와 믿음·목적·사명의 3요소로 구성했는데, 이것이 일반적으로 사용하는 비전경영의 의미라고 할 수 있다 .비전이 기업경영에서 중요한 이유는 기업은 비전을 수립하지 않으면 관리적인 경영에만 몰두하게 되고 거시적이고 장기적인 마스터 플랜에 의한 기업경영을 할 수 없을 뿐만 아니라 매년 이루어 놓은 성과를 바탕으로 다음연도의 경영계획을 수립하고 이를 달성하기에만 급급하게 된다. 그러나 기업이 비전 실천형일 경우 단기적인 성과보다는 궁극적인 기업가치를 높이기 위한 경영을 추진하게 됨에 따라 전략적 경영의 바탕 아래 기업가치를 극대화할 수 있다.

- 비전의 수립절차
  - 명확한 환경 분석(자사·경쟁사·고객)
  - 기업의 미래상 및 사업 분야의 선정
  - 미래상과 사업 분야에 맞는 중장기 로드맵 선정
- 비전의 달성 방법
  - 전략적 경영시스템의 도입
  - 기업문화의 정립

목표 목표를 영어로 Goal·Objectives·Target 등으로 표현한다. 경영목표는 조직문화·조직의 철학 및 비전에 따라 전략적으로 설정되어야 하고 이를 위한 기본적인 경영시스템을 갖추어야 한다. 또한 경영목표 및 하위목표 달성의 성과를 측정할 수 있는 적절한 성과지표를 설정하고 이를 관리하여야 한다. 경영활동이란 목표의 설정에서부터 시작된다. 목표설정이란 기업이 지니고 있는 유한한 경영자원을 일정한 목표를 향하여 집중 투하함으로써 최대한의 능력을 도출하고 장애와 제약을 돌파하려고 하는 노력을 의미한다. 목표에는 달성을 향한 노력의 과정 자체가 기업과 개인의 능력과 힘을 증대시키는 효과 및 목표와 노력의 결과를 비교함으로써 보다 명확한 형태로 노력의 성과를 측정할 수 있고 다음 목표에의 의욕을 환기시키는 효과가 있다. 목표는 기대하는 상태 또는 바람직한 상태를 나타낸 것이므로 미래지향적으로 세워야 한다. 목표는 방치하면 어떻게 될지 전혀 알 수 없는 미래를 자신이 의도하고 원하는 방향으로 이끌고 가려는 의지의 표현이다.

- 좋은 목표의 속성
  - 구체적이어야 한다.
  - 측정할 수 있어야 한다.
  - 성취 할 수 있어야 한다.
  - 결과 지향적이 되어야 한다.
  - 시간 또는 기간이 정해져야 한다.

- 목표설정의 추가적인 요소들
  - 자기 자신과 기업의 목표가 되어야한다.
  - 존재이유와 잠재력·가능성에 도전하는 것이어야 한다.
  - 목표가 개인 또는 기업의 것이 되어야 한다.
  - 근본적인 기본목표는 변하지 말아야 한다.
  - 목표는 다른 목표들과 조화를 이루어야 한다.
  - 목표에는 우선순위가 중요하다.

- 목표설정 시 고려사항
  - 생존을 위해서 무엇을 해야 하는가.
  - 우리가 고려하고 있는 목표에 대하여 타인은 어떠한 반응을 보이는가.
  - 환경적 요소는 어떠한 영향을 미치는가.
  - 우리는 어떠한 인적·물적 자원을 소유하고 있는가.
  - 필요한 이익을 창출하기 위해서는 무엇을 해야 하는가.
  - 우리는 왜 존재하는가.
  - 어떠한 기회나 대안이 존재하는가.
  - 우리의 경쟁자는 무엇을 하고 있는가.

경영원칙이 미래를 향해 구체화될 때 경영이념이 생성되고, 경영이념이 중장기 관점에서 다시 구체화될 때 비전이 보인다. 비전이 전략을 낳고, 전략은 목표를, 목표는 실행계획을 이끌어 낸다. 목표 없는 실행계획이나 전략 없는 목표, 비전 없는 전략, 이념이나 원칙 없는 비전은 사상누각이 될 수가 있다.

단기경영계획과 중장기경영계획

원칙적으로는 중장기경영계획을 수립하고 이를 실행하기 위해 단기경영계획을 작성하는 것이지만 실무상으로는 오히려 단기경영계획을 제대로 수립하는 것이 중요하다. 단기경영계획이 중심계획이 되지 못하고 중장기계획만 그럴듯하면 그림의 떡이 될 수 있다. 따라서 단기경영계획과 중장기경영계획은 서로 보완적이고 일관성을 유지해야 한다.

단기경영계획을 일상적인 관리수단이 아니라 사업 및 제품의 구조조정, 그리고 업무프로세스와 구성원의 의식을 혁신 또는 변화시키는 촉진수단으로서 전략화해 나가야 한다. 기업을 경영해 나가는데 있어서 구체적인 계획이 없으면 목적과 방향도 모른 채 결국은 목표달성이 불가능하게 된다. 그러하기 때문에 기업은 내부능력인 강점요인과 약점요인, 외부환경요인인 기회요인과 위협요인을 면밀히 분석·평가하여 경영계획을 수립하고 이를 추진하지 않으면 안 된다.

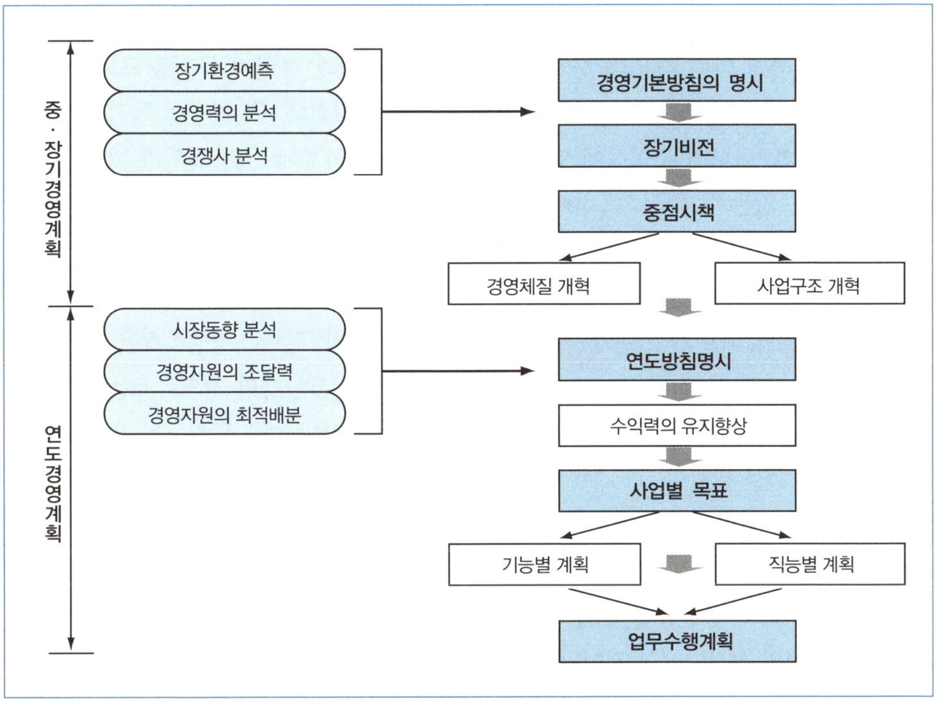

중장기경영계획과 연간경영계획의 관계

2. 단기경영방침과 목표 설정

경영방침은 경영목적을 합리적·효율적으로 달성하기 위한 행동원리이며 지배원칙이다. 첫째 경영목적에 봉사하는 것이다. 따라서 먼저 명확한 경영목적 의식이 있어야 한다. 둘째 합리적·효율적으로 경영목적을 달성하려는 것이다. 즉 경험이나 짐작에 의하는 것이 아니라 합리적 기초에 입각하고 효율적인 행동을 예정하는 일관된 합리정신이 전제된다. 셋째 경영목적 달성을 위한 행동원리이고 경영지배원칙이다. 즉 행동을 예정하고 그 행동에 규범·기준을 부여하여 경영의 지휘·지배를 행하는 실천원리·응용원칙이다. 개념적 원리원칙이 아니라 구체적이고 구성화를 지향하는 규준·규칙·절차를 내재한 것이다. 그러므로 데이비스(R.C.Davis)는 '경영방침은 본질적으로는 경영목표의 효과적 달성을 조건으로 하고 그를 지배하는데 있어서 일정의 행동규칙을 동반한 원칙 내지 일련의 관계 제 원칙이다'라고 했다.

경영이 특정의 목적에 대해 가장 합리적으로 접근하는 의식적 사회구성체를 가리키는 것이라고 하면 이런 경우의 경영목적은 광의의 목적과 협의의 목적을 포함한다. 광의의 경영목적은 경영의 본질적 측면에서의 목적을 가리킨다. 즉 경영의 목적이 경제성에 있는 것인가, 아니면 수익성에 있는 것인가, 또는 생산성에 있는 것인가 내지는 자주성의 확립에 있는가 하는 목적적 사고이다. 협의의 목적은 정관에 표시된 목적(Purpose)을 가리키는 경우이다. 즉 정관에 규정된 목적은 경영활동의 출발점이 되고 경영의 영역과 구조를 규제하는 것이 된다.

경영목적과 경영방침의 관계를 고찰해 보면 다음과 같다. 경영목적은 경영목표(Objector goal)와 흔히 혼동되어 사용되지만 엄격히 구분한다면 경영목표는 경영목적의 도달점을 의미한다. 이에 대해 경영방침(Policy)은 경영목적을 구현하기 위한 기본원리·원칙·준칙 등을 말한다. 즉 경영목적에 대한 행동의 기본사항을 의미한다. 경영방책이라고 하는 경우는 방침의 구체적 전개경로·순서 등의 지침을 가리키고, 경영정책이라고 하는 경우는 방침과 방책을 총괄한 개념이다. 경영목적이나 경영목표는 추상적·보편적·이념적인 것이므로 실천단계에서는 더욱 구상화·실체화해야 하는데 이 과정이 경영방침이나 경영방책의 설정단계인 것이다. 또 경영목적은 고정적·비 선택적인데 반해 경영방침은 유동적·탄력적이고 선택적이다. 경영의 내외여건이 격동을 계속하고 있으며 경영활동은 이에 수시로 적응해 나가야 하며 경영방침은 끊임없이 경영목적에 대해서 적응적이어야 한다.

■ 단기경영방침의 설정

경영비전과 경영목표 달성을 위해 구체화한 중장기 대응전략과 중장기 실행전략, 그리고 전기의 반성과 당기의 기업 경영환경 또는 당면 문제점 등을 감안해서 당기의 경영방침을 설정한다. 물론 경영방침은 슬로건과 같이 단순히 나열하는 추상적인 것보다는 구체적인 것이어야 한다. 예를 들면, '내부역량 강화'보다는 '사람이 중심이 되는 회사'이라든가, '조직구성원의 창의성 개발'이라고 하는 것이 알기 쉽다. 마찬가지로 '부가가치 경영'보다는 '고부가가치 상품의 개발'라든지, '기회비용의 절감'등이 더 바람직하다. 이러한 경영방침과 구체적인 시책의 실현을 도모하기 위한 조직 체제를 굳힌다. 이 조직편성방침에 대해서는 경영방침에 포함시켜도 좋고, 별도의 조직편성방침으로 나누는 방법을 생각해 볼 수 있다. 경영방침 없는 경영계획은 아무런 의미가 없다. 따라서 경영방침은 다음의 프로세스와 같이 설정하여야 한다.

방침	내용
경영기본방침	회사의 경영이념 등 회사로서 갖춰야할 면을 인간적 측면에서 명시
장기경영방침	장기경영 비전의 사업적 측면에서 명시
연도경영방침	당해 연도의 구체적 방침을 경영자원 및 경영기능 등에 명시
부문방침	부문책임자가 단기방침에 기초하여 부문방침을 명시

경영방침 수립 Process

■ 단기경영목표의 설정

경영목표는 평소에 스스로 가능하다고 생각하는 그 이상의 것을 추구하는 수준으로 정하는 것이 바람직하다. 물론 그렇다고 해서 실현 불가능한 수준이어서는 안 된다. 다만 업무프로세스를 혁신하고 또한 예년의 노력보다 더 한층 힘을 기울인다면 얼마든지 실현 가능한 도전적 목표이어야 한다. 경영목표에 포함되어야 할 사항에는 다음과 같은 것들이 있다.

영업 및 마케팅에 대한 목표

- 기존 시장에 진출해 있는 제품과 서비스에 대한 목표

- 제품 및 서비스와 시장의 폐기에 대한 목표
- 기존 시장에 진출할 새로운 제품 및 서비스에 대한 목표
- 새로운 시장에 대한 목표
- 유통 조직에 대한 목표
- 서비스 기준 및 성과에 대한 목표
- 신용 공여 기준 및 성과에 대한 목표 등

혁신에 대한 목표

- 제품 및 서비스의 혁신에 대한 목표
- 시장·소비자 행동·가치와 관련된 혁신에 대한 목표
- 제품 및 서비스의 시장 공급에 필요한 다양한 기술과 활동에 관련된 혁신에 대한 목표

생산성에 대한 목표

- 경영의 질적 수준을 측정하는 가장 우선적인 척도는 생산성, 즉 자원(인적·재정적·물적)의 투입과 산출의 비율이다.
- 생산성 목표를 세우지 않고는 사업의 방향을 설정할 수 없다. 또한 생산성 척도가 마련되어 있지 않으면 사업을 통제할 수가 없다.

인적 자원 / 재정 자원 / 물적 자원에 대한 목표

- 필요로 하는 인재를 유인하고 보유하기 위한 직무분석
- 현재 노동시장에서 노동력 공급사정에 대한 검토
- 그들을 끌어들이려면 기업이 무엇을 해야 하는지의 검토
- 필요로 하는 자본을 유입하고 그것을 유지하기 위해 자금의 투입을 어떤 식으로 구성할 것인지에 대한 검토

사회적 책임에 대한 목표 기업에 있어 사회적 책임은 생존에 관련된 문제이다. 기업은 사회와 경제 속에 존재한다. 사회와 경제는 어떤 기업이라도 단 하룻밤 만에 사라지게 만들 수 있는 힘을 가지고고 있다. 기업은 사회와 경제가 허용하는 범위 내에서만 존재할 수 있으며, 오로지 사회와 경제로부터 쓸모 있고 유익하며 생산적인 일을 하고 있다고 인정받을 때에만 살아남을 수 있다.

이익에 대한 목표 지금까지의 5가지 분야의 목표들이 신중하게 고려되고 설정되었다면 이제 기업존속을 위한 또 하나의 필요조건인 이익을 올려야만 한다. 이익은 미래에 대한 비용, 즉 사업을 계속해 나가기 위한 비용이다. 이익계획의 수립은 당연히 필요

하다. 그러나 그것은 '이익의 극대화'라는 의미 없는 구호를 위한 계획이라기보다는 필요한 최소한의 이익을 달성하기 위한 계획이어야 한다. 많은 기업들에 있어서 최저 필수이익은 실제로 달성하고 있는 이익의 수준일 뿐만 아니라 이익목표보다 한 층 더 높은 수준으로 밝혀지는 경우도 많다.

일반적으로 대부분의 기업은 매년 말 회사의 익연도 사업계획을 확정하고 확정된 사업계획에 따라 부문별목표 및 개인별목표를 설정한다. 많은 기업들이 과거 단기위주의 목표 및 재무중심의 목표설정에서 한계점이 들어나자 균형 있는 관점의 목표설정인 BSC(Balanced Score Card) 목표를 도입하여 사용하고 있다. 또한 전사적 자원관리(ERP) 차원에서 목표설정 및 관리를 전산화·자동화하여 목표를 세우고 있다. 그러나 여전히 많은 기업은 목표설정 시 여러 가지 문제에 봉착하고 있다. 그 동안 많은 경영자들은 고객 관계·조직의 프로세스·핵심역량 등의 중요성을 강조하면서도 재무중심으로 목표를 세우고 재무지표 중심으로 성과를 측정하여 왔다. 그러나 기업이 장기적으로 성장하려면 재무적 측정지표뿐만 아니라 비재무적 측정지표도 고려되어야 한다.

3. 경영과제 파악

기업의 경영계획은 기업 활동의 행동계획표와 같다. 예를 들어 어떤 수험생이 자격증 취득을 목표로 수험계획표를 작성하는 경우 먼저 자신의 지식과 실력이 어느 정도인지를 파악하고 현재 자신이 처해 있는 상황을 인식해야 하는데, 이 과정이 결여되면 아무리 근사한 계획서를 작성했더라도 별 의미가 없다. 경영계획의 수립도 이와 동일하다. 경영계획을 수립하기에 앞서 우선 기업의 실상을 분석하고 기업이 처해 있는 현재의 위치를 분석하는 자세가 중요하다. 전자를 기업분석이라고 한다면 후자는 환경분석이라고 할 수 있다.

재무제표를 통한 기업현황 파악

- 대차대조표에 따라 회사의 현황을 파악하는 포인트
  - 회사는 지금까지 어느 정도 이익을 실현하고 있는가.
  - 사업 활동에 필요로 하는 자금의 조달과 운영방식은 합리적인가.
  - 투입한 자본은 유효하게 활용되고 있는가.
  - 회사의 장래성은 어떤가.
- 기업체질 분석
  - 백분비율의 대차대조표를 작성

- 추이대차대조표에 따른 구성분석
- 경쟁회사와 비교
- 자회사를 포함한 연결대차대조표 분석

- 손익계산서로 회사의 성적을 파악
  - 연도별 손익계산서 Trend 분석
  - 제조원가명세서로 각 과목의 구성분석

부가가치분석을 통한 활력파악 손익계산서는 기업이 1년간 어느 정도의 이익을 올렸는지를 제시한 계산서로서 이익의 내역을 파악은 편리하지만 기업의 현실에 맞는 이익규모를 실현하고 있는지를 파악함에 있어서 손익계산서로는 불충분하다. 부가가치분석은 기업이 새로이 창출한 가치, 즉 부가가치를 계산함으로써 어느 정도의 새로운 가치를 창출하였는지, 새로 창출한 부가가치는 어떻게 배분되는지 등 진정한 기업활력을 파악할 수가 있다. 기업이 얼마만큼의 부가가치를 창출하였는가를 알아보는 것은 대단히 중요하다. 그러나 기업에게 있어서 가장 중요한 것은 종업원1인당 얼마의 부가가치를 창출하고 있는가와 1인당부가가치가 얼마인가 하는 것이다. 1인당부가가치는 노동생산성이라고도 불리며 이 지표의 크기와 성장성이 기업경영의 좌표축이 된다.

[부가가치분석 Sheet]

<table>
<tr><th colspan="3" rowspan="2">구 분</th><th colspan="2">금 액</th><th rowspan="2">비 고</th></tr>
<tr><th>공제법</th><th>가산법</th></tr>
<tr><td rowspan="6">공제법</td><td colspan="2">매 출 액</td><td></td><td></td><td>100%</td></tr>
<tr><td rowspan="4">외부구입 가치</td><td>원재료비</td><td></td><td></td><td></td></tr>
<tr><td>외주가공비</td><td></td><td></td><td></td></tr>
<tr><td>간접재료비</td><td></td><td></td><td></td></tr>
<tr><td>외부구입가치 합계</td><td></td><td></td><td></td></tr>
<tr><td colspan="2">부 가 가 치 액</td><td></td><td></td><td></td></tr>
<tr><td rowspan="8">가산법</td><td rowspan="2">인 건 비</td><td>제조원가</td><td></td><td></td><td></td></tr>
<tr><td>관리판매비</td><td></td><td></td><td></td></tr>
<tr><td rowspan="2">감가상각비</td><td>제조원가</td><td></td><td></td><td></td></tr>
<tr><td>관리판매비</td><td></td><td></td><td></td></tr>
<tr><td rowspan="2">임 차 료</td><td>제조원가</td><td></td><td></td><td></td></tr>
<tr><td>관리판매비</td><td></td><td></td><td></td></tr>
<tr><td rowspan="2">조세공과</td><td>제조원가</td><td></td><td></td><td></td></tr>
<tr><td>관리판매비</td><td></td><td></td><td></td></tr>
</table>

구분			금액		비고
			공제법	가산법	
가산법	금융비용	이자비용			
	법인세차감전계속사업이익				
	부가가치액				
종업원수					
1인당 부가가치액					
매출액 부가가치율					
노동분배율					

손익분기점으로 안전성 파악 손익분기점이 낮을수록 불황에 대해서 여유 있는 기업체질을 갖추고 있다고 본다. 손익분기점은 불황에 대한 회사의 저항력을 나타내는 바로미터이며 저항력의 척도는 손익분기점비율로 측정된다.

$$\text{손익분기점비율} = \frac{\text{손익분기점}}{\text{실제매출액}} \times 100\%$$

Tip 기업의 안전성 평가기준

- **매우 안전한 회사** : BEP비율 60% 미만
- **안전한 회사** : BEP비율 60~75% 미만
- **요주의 회사** : BEP비율 75~95% 미만
- **위험한 회사** : BEP비율 100% 이상

손익분기점분석을 통한 접근방법

- 매출액의 증가
  - 제품단가의 인상은 어떤가.
  - 판매수량의 증가는 어떤가.
- 변동비의 절감
  - 변동비 자체의 절감은 어떤가.
    재료비 = 소요량 × 단가(재료 원단위 등 변동)
  - 외주가공비의 변화는 어떻게 되고 있는가.
  - 변동비율(변동비 / 매출액)은 저하되고 있는가.
- 한계 이익의 증가
  - 매출액의 신장은 어떠한가.

- 한계이익률(한계이익 / 매출액)은 향상되고 있는가.
- 변동비율의 증감률은 어떠한가.

[비용분해도]

비용		분해		
		고정비	변동비	혼합
재료비			●	
노무비		●		
제조경비와 관리판매비	외주가공비		●	
	특허권사용료		●	
	포장비		●	
	임차료	●		
	보험료	●		
	수선비	●		
	여비교통비	●		
	통신비	●		
	접대비	●		
	보관료	●		
	소모품비	●		
	시험연구비	●		
	감가상각비	●		
	세금과공과	●		
	잡비	●		
	수도광열비			●
	제조경비 운반비			●
	판매수수료		●	
	판매운임과 발송비용		●	
	급료와임금	●		
	복리후생비	●		
	퇴직급여	●		
	광고선전비	●		
	수도광열비	●		
	지대집세	●		
	기부금	●		
영업외손익		●		
합계				

- 고정비의 절감
  - 고정비의 변동비화는 진행되고 있는가.
  - 작업개선·인건비 관리에 따른 고정비의 절감은 진행되고 있는가.
  - 고정비의 증가율은 매출액 신장률 이하인가.
  - 금리부담의 경감은 어떤가.

- 손익분기점 도표를 작성해 본다.
  손익분기점 도표의 작성을 통해서 변동비율과 한계이익, 그리고 손익 분기점과 안전비율을 산출함으로써 현재 기업이 처하고 있는 상황을 파악한다.

주요경영분석 레이더 차트로 회사의 종합력을 파악 경영분석에 따른 기업의 기업체질을 파악할 수 있으며 경영분석은 두 가지 측면에서 과거 3~5년의 자사지표를 비교하고, 경쟁기업의 지표와 비교한다. 경영분석표를 작성하여 보면 자사의 과거와 비교하여 어느 부분이 개선되지 않았는지, 또 어디에 문제점이 있는지를 파악하는 동시에 경쟁기업과 비교하여 자사의 장단점을 파악할 수 있다.

- 수익성 분석
  - 어느 정도 이익이 실현되었는가.
  - 총자본이익률, 매출액경상이익률, 총자본회전률

- 안전성 분석
  - 자금의 균형은 어떠한가.
  - 자기자본비율, 운전자금비율, 고정비율,
  - 고정장기적합률

- 활동성 분석
  - 자산은 유효하게 활동 되는가.
  - 매출채권회전률, 재고자산회전률, 유형자산회전률

- 성장성 분석
  - 성장성은 어떠한가.
  - 매출액증가율, 경상이익증가율, 총자본증가률

- 생산성 분석
  - 생산성은 어떠한가.
  - 매출액부가가치율, 부가가치생산성, 노동분배율
  - 기계투자효율, 노동장비율

주요 경영관리시스템의 파악

- 경영방침
  - 경영비전·기본방침은 명확한가.
  - 단기방침은 명확한가.
  - 경영목표는 명확한가.
  - 경영방침 발표회의 개최 유무
- 목표관리 시스템
  - 중장기계획의 책정
  - 단기경영계획의 책정
  - 행동계획의 책정
  - 예산편성제도 / 예산통제제도
- 업적평가시스템
  - 월차결산제도 / 월차결산 경영회의
  - 월차결산과 연차결산의 연결
  - 예산차이분석 / 표준원가계산제도 / 원가차이분석
- 경영정보시스템
  - 급여계산 / 재고관리 / 재무관리 / 공정관리
  - 원가계산 / 고객관리, 판매통계 / 인사정보관리
  - 수요예측·시장조사 외 최신 프로그램
- 관리체제의 강화
  - 원가관리 / 공정관리 / 품질관리 / 구매관리 / 재고관리
  - 거래처관리 / 외주관리 / 물류관리 / 채권·신용관리
  - 임금관리 / 인사·노무관리

전사 및 부문의 경영과제 파악 연간경영계획을 작성하기 위해서는 기업체질이나 경영능력 등 기업의 현상 분석을 하고 자사의 문제점을 정리하여 전사적 또는 부문의 경영과제를 파악한다.

- 전사 경영과제 검토표의 작성
  - 경영과제 검토표를 관리자가 공동으로 작성
  - 자사의 현상과 문제점을 정리
  - 경영과제 정리

- 문제를 파악하는 방식
  - 목표, 방침과 비교해서 이에 접근하지 못하고 있다.
  - 이전의 상태와 비교해서 상황이 더 악화되었다.
  - 바람직한 형태와 비교해서 좋지 않은 상태이다.
  - 문제와 고민은 별개의 것 / 문제의 정도를 파악할 것
  - 잠재된 문제일수록 큰 문제 / 문제는 사실(데이터)로 제시
  - 현상에 만족하지 말고 항상 의문을 갖고 보다 좋은 방법을 생각§사물을 솔직히 살피고 끊임없이 생각하는 습관을 갖는다.
  - 넓은 시야로 사물을 본다. / 남의 이야기를 잘 듣고 정보 수집

- 문제처리방식 : 문제해결의 6단계방식에 따라 전개한다.
  - 제1단계 : 문제를 파악
  - 제2단계 : 문제의 사실을 개진
  - 제3단계 : 문제의 원인 파악
  - 제4단계 : 핵심적인 원인 파악
  - 제5단계 : 목적을 분명히
  - 제6단계 : 대책을 정한다.
  - 부문별 경영행동 개선 계획
  - 금년도에 달성해야 할 부문의 경영목표
  - 각 관리자가 작성한 전사의 경영과제 시나리오를 기본으로 전사 공통의 경영과제
  - 전사의 경영과제를 해결하기 위한 부문별 과제
  - 부문과제를 해결하기 위한 구체적인 개선계획
  - 부문의 경영과제를 해결하기 위하여 관리자로서 해야 할 개선계획

4. 단기경영계획 작성지침

연간경영계획을 제대로 수립하기 위해서는 먼저 다음 사항들을 철저하게 검토해야 한다. 첫째, 이미 설정된 경영이념·경영비전 / 목표 및 경영기본방침을 확인·검토하고 둘째, 기업의 내부능력인 강점요인과 약점요인 및 경영현황을 추세석으로 철저히 분석하고 인식해야 한다. 셋째, 외부의 경영환경의 기회요인과 위협요인을 추세적으로 철저히 분석하고 인식해야 한다. 넷째, 이미 설정된 중장기적 대응전략 및 실행전략을 확인·검토하고 미진하거나 필요하면 수정 또는 재설정한다.

■ 계획수립 시 고려해야 할 사항

연간경영계획을 수립하기 위해서 고려해야 할 사항은 다음과 같다.

새로운 경영 패러다임 최근의 경영 패러다임은 다음과 같이 7가지로 정리할 수 있다. 연간경영계획을 수립할 때에는 이들에 대해 충분히 검토하고 자사의 실정을 감안하여 어떻게 대응해나갈 것인지가 반영되어야 한다.

- 경영목표
  - 가치창조경영 : 모든 부문, 모든 업무가 부가가치 창출에 초점을 맞춘다.
  - 고객만족경영 : 행복한 고객을 창조하는 것이 기본 목표이다.
- 경영자원
  - 지식중시경영 : 지식경영활동의 도입 및 성공적 정착에 기반을 둔다.
  - 인간중시경영 : 사람이 가장 중요한 자원이며 경쟁력이다.
  - IT중시경영 : e비즈니스시스템 및 정보 활용
- 경영환경
  - 세계화경영 : 사고·행동·경영의 세계화 필요
  - 환경중시경영 : 전략적으로 친환경적 경영이 요구되는 시대

경영환경변화에 대응 최근의 경영환경의 특징은 다음의 4가지로 요약할 수 있다. 이들에 대해서도 충분한 검토와 대응 방안이 연간경영계획에 반영되어야 한다.

- 기업경영의 글로벌화
- 기술 중심의 경쟁역량 확보
- 창조적 인재 확보
- 지속적인 변화와 혁신 추진

집중화 경영전략 기업경영은 한마디로 어떤 사업·제품·고객을 선택하느냐와 선택한 사업·제품·고객으로부터 우수한 성과를 내기 위해 기업의 자원을 어떻게 집중할 것인가 하는 선택과 집중이 그 핵심이라고 할 수 있다.

Tip 집중화 경영의 일곱가지의 원칙

1. 주력사업을 명확히 하고, 그 사업에서 승부를 건다.
2. 적자사업·사양사업·열등사업 등 한계사업은 과감히 정리한다.
3. 주력사업과 시너지가 큰 사업을 적극 발굴·육성하여 사업간 통합효과를 극대화한다.
4. 집중육성사업에 선별 투자하여 미래의 주력사업으로 키운다.
5. 주력사업·집중육성사업의 핵심 역량 키우기에 주력한다.
6. 시장 경쟁우위를 고려한 전략적 다각화를 추진한다.
7. 항상 건전한 사업 포트폴리오를 유지한다.

경쟁우위 핵심요소의 이해 기업이 시장에서 경쟁상대에 비해 경쟁상의 우위를 확보함으로써 성공적인 경영성과를 실현하기 위해서는 먼저 경영성과·경쟁력·경영자원의 인과관계를 이해해야 한다. 이익·매출·현금흐름 등의 재무적인 성과뿐만 아니라 고객만족도·종업원의 사기·제품의 품질 등 비재무적인 성과가 좋은 기업은 성공기업이라고 할 수 있다. 반대로 이런 성과들이 나쁜 기업은 실패기업이라고 할 수 있다. 왜냐하면 경영성과가 좋은 기업은 이익발생 및 자금호전 등으로 이어지면서 계속적으로 성장 발전할 수 있지만 경영성과가 나쁜 기업은 손실발생 및 자금악화 등으로 이어지면서 도산할 수밖에 없기 때문이다. 경영성과는 기업이 갖고 있는 경쟁력 수준에 의해 좌우된다.

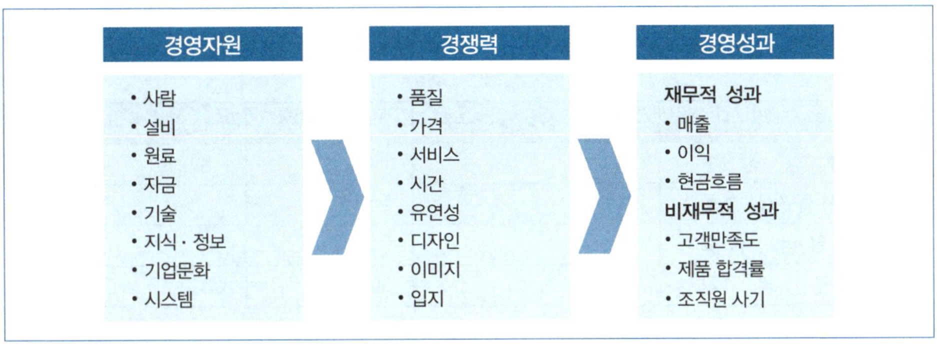

경쟁우위 핵심요소의 Process

연간경영계획 작성지침

연간경영계획의 작성지침은 명문화되어 별도로 규정된 것은 없으나 일반적으로 다음에서 정한 방법을 준용하여 실시하고 있다.

공통기준 및 지표

- 편성전체
  - 기간 : 사업연도 개시일로부터 종료일까지
  - 조직단위 : 익연도 경영계획 작성지침 하달일 현재 팀 단위
  - 관련 규정 : 지침서에서 특별히 정하지 않은 사항은 기업에서 정한 내부표준이나 규정에 따름.

- 공통기준
  - 단위 : 금액단위 : 천원, 천$
    수량단위 : 각 포장단위별 개, Box, Kg 등
    기타단위 : 단가 : 원, 비율 : 소수 둘째자리
  - 작업일수(예) / 년257일·하기휴가일 5일
  - 작업시간 : 일 8시간 기준

- 공통지표
  - 경제성장률 : 년___%
  - 물가상승 : 소비자물가 상승률____% 적용
  - 환률 : ______원 적용(원 달러 평균환률, 연평균)
  - 금리 : _____% 적용(현행 조달금리+1.0%)

- 익년도(20××년) 국내경제전망

구 분	단위	삼성경제연구소	LG경제연구소	KDI	평균
경 제 성 장 률	%				
소 비 자 물 가 상 승 률	%				
원 / 달 러 환 률	평균				
평 균 금 리	%				

연간경영계획 및 예산편성지침

연간경영계획 수립을 위한 연도경영계획과 예산편성지침은 다음 내용을 벤치마킹 모델로 하여 해당 기업의 실정에 알맞게 응용하여 활용할 수 있다.

- 모든 계획은 의욕적으로 달성이 가능한 계획을 표시한다.
- 예산편성은 경영목표 달성을 위한 각종 대안 중 가장 합리적이고 효율적인 방안을 채택

하여 편성하고 각 부문 간에 세밀한 협의를 거쳐야 한다.

- 예산편성 작업 시 부문단위로 구분 편성한다.
- 각종 금액은 정확한 산출근거와 함께 단위당·목표당 수량 및 단가의 향후 증감요소를 파악할 수 있도록 정확히 명시한다.
- 경비예산편성은 부문업무와 세목별 분류에 따라 작성하되 월 단위로 편성하여 실시하고, 세목별 경비입력 기준으로 통제관리 한다.
- 경영계획에 월별로 편성된 예산 이외의 경비지출은 원칙적으로 인정되지 않는바 각 부문에서는 월별 예산편성에 누락 되지 않도록 하고, 특히 각 부문의 경상경비는 최대한 억제 편성하여 안정적 성장과 수익구조 개선 및 효율성 증대를 도모한다.
- 각 세목별로 편성된 예산의 추가예산편성 및 용도변경에 의한 전용은 원칙적으로 인정되지 않는다.
- 모든 고정비예산은 당년도 수준으로 동결하며 물가상승이 부득이한 경우에만 증액 시킨다.
- 각 부문장은 업무내용을 전반적으로 잘 알고 있는 자를 예산편성담당자로 임명하여 부문예산편성 및 관리를 하도록 하며, 예산관리의 책임은 부문장에게 있다.
- 각 부문장은 예산편성에 필요한 다른 부문의 인력·교육·자산구입 등의 협조사항을 긴밀하게 우선적으로 처리 한다.

부문별 세부계획 편성지침

기업 경영목표에 의한 부문별 세부계획의와 편성지침은 다음과 같이 정할 수 있다.

환경분석

- 경영기획부서는 국내·외 경제전망 및 주요전략과제를 도출한다.
- 경영기획부서는 금년도의 경영실태 회고
- 마케팅부서와 영업부서는 산업과 동종업계 전망 및 경쟁기업의 현황과 향후 전략정보의 수집

신제품 개발계획

- 신제품 발매계획은 발매시기·단가·주요 유통경로·판매량 및 금액을 포함하여 월별로 작성한다.
- 단가는 확정된 경우에는 확정단가로 하고 미확정된 경우에는 예상단가를 기록 한다.
- 신제품 발매는 수익성을 감안하여 계획을 수립한다.

판매계획 / 생산계획

- 판매 및 생산계획은 경영방침에 부합되게 목표를 달성할 수 있도록 수립하며, 제품별·월별·수량·단가·금액으로 편성한다.
- 월별 판매계획은 직전 3개년 월별 매출지수 등을 감안하여 작성하고 사업 기말에 치중되지 않도록 한다.
- 영업방침에 부합한 영업정책을 수립하여 영업효율 제고를 위한 목표를 수립한다. (이익율·에누리율·반품율·회전율·지역별 및 유통경로별 판매구성 ·매출채권회수율· 채권확보·부실채권회수·매출할인 등)
- 영업이익률 제고를 위하여 수익품목 위주의 판매 전략을 수립하되 생산계획과 연계하여 품목관리 방안을 작성해야 한다.
- 생산계획은 제품별 판매계획과 재고계획을 감안하여 수립 하며 제품별로 목표 수율을 설정하여 월별 생산량에 대한 차이를 구분 할 수 있도록 수립하여야 한다.
- 생산능력의 과부족은 설비투자계획과 상호 연계하여 계 획을 수립하며 조업수준을 안정적으로 유지하도록 하고 판매계획과 연계하여 적정재고량을 산출하여 과다재고 및 품절을 방지한다.
- 생산성 향상을 위하여 다음과 같은 생산관련 목표를 수립한다.
  (1인당 생산액 - 생산액 / 1인, 단위당 생산액 - 생산액 / 제품 단위)
- 월별 생산능력표를 제품별로 산출하여 설비투자계획 및 판매계획과 상호보완 할 수 있도록 한다.
- 사업부별 및 월별로 매출채권 및 현금 회수계획을 작성한다.
- 현금흐름을 개선하기 위한 목표를 설정한다.(평균회전일 단축)

구매계획

- 생산계획에 따른 경제적 발주계획을 수립한다.
- 원재료별로 재고·발주·미 통관을 감안하여 구매량을 산출한다.
- 내자 및 외자로 구분하여 편성한다.
- 구매계획에 따른 소요 자금은 월별로 작성한다.

비용계획

- 일반경비는 현재연도 수준으로 작성기준을 준수한다.
- 예산실적집계표의 월별실적을 참고로 하여 예산을 수립한다.
- 세목별로 편성하여 집계표와 부서별 예산신청서를 제출한다.

- 경비계획은 해당부문 예산편성지침에 의거 세목별로 편성한다 .
- 예산편성은 산출근거를 명확히 하고 발생기준에 의해 월별로 편성한다.
- 경비는 통제 불능비용과 통제 가능비용으로 구분한다.

투자계획

- 생산계획에 수반한 설비투자계획을 수립한다.
- 투자의 분류(이월·신규·증설·보완투자)를 명확히 하고 자산의 유형을 분류 하여 설치부서 및 생산 제품명을 명기해야 한다.
- 투자계획은 투자의 분류별로 중요도 순에 따라 편성한다.
- 투자계획에 따른 소요자금은 월별로 편성한다.

자금계획

- 자금계획은 조달 및 운용계획으로 구분하여 부서별 편성항목을 기준으로 수립한다.
- 자금계획은 현금발생기준으로 작성한다.

인력계획

- 각 부서에서는 현재 업무를 간소화하고 생산성을 높여 증(충)원 기준은 임원회의에서 정한 바에 따른다.
- 인원 증(충)원시에는 현재 업무의 간소화 계획을 작성하고 증(충)원의 필요성을 상세히 작성하여 제출한다.
- 각 부서에서는 인원계획서를 작성하여 인사부서로 제출한다.
- 생산부문 인력계획은 생산지원 부서에서 집계하여 인사부서로 제출한다.
- 인사부서는 전사 인력운영계획을 수립한다.

광고 / 판촉계획

- 제품의 판매력 증대를 위한 광고 선전과 기업이미지 향상을 위한 광고계획을 수립한다.
- 제품별·매체별로 계획을 월별로 수립한다.
- 기업 외부환경 변화에 대한 정보수집 및 대책을 수립한다.
- 계절요인과 판매추이 등을 포함한 시상동향을 예측한다.
- 시장수요예측은 계량적인 모델을 이용하여 시장 규모를 예측한다.
- 각 경쟁사별 마케팅전략을 분석하여 대응책을 수립한다.
- 판매계획 달성을 위한 목표 시장점유율을 제시한다.

- 판촉계획에 의한 판촉예산은 세목별(세미나·판촉물·특매·샘플·광고 홍보·인센티브·문헌제작·기타)로 구분하여 편성한다.

Tip 판촉계획의 Key Point

- 시장동향 및 경쟁사 동향에 대한 대응전략
- 신제품 시장도입을 포함한 제품전략
- 목표이익과 시장점유율을 고려한 가격 전략, 판매조건
- M/S 향상을 위한 판촉전략, 판매망 정비전략 등

교육계획

- 교육의 종류별로 교육목적 및 경영목표에 부합되도록 교육계획을 수립 한다.
- 교육목적에 맞게 대상자 및 인원을 선정한다.
- 교육계획은 정기적·비정기적인 것을 구분하여 편성한다.

5. 단기경영계획 수립절차

연간경영계획은 업종이나 경영규모에 따라 다를 수 있지만, 다음과 같은 작성(수립) 순서를 밟는 것이 일반적이다.

첫째, 준비단계에 속하는 것으로서 각종 자료의 수집과 분석이다. 가령 세계경제의 분석, 국내경기의 분석, 각종 관련통계 자료의 분석, 동업계의 동향, 시장수급의 상황, 신상품의 출현, 법령의 변화, 행정지도의 동향, 관계자의 의견, 그리고 최근 몇 년간의 자사 실적분석 등이다.

둘째, 연간경영계획의 경영방침과 경영목표를 설정한다. 즉 회사의 이익방침, 판매방침, 생산·투자방침, 원가방침, 재무방침을 비롯해서 인사·노무방침, 연구·개발방침, 업무운영방침 등을 확정해야 한다. 이어서 달성해야 할 경영목표, 노력목표 등을 확정해야 한다.

셋째, 연간경영계획의 수립은 관계자들과 심의·조정을 통해 결정한다. 여기에서는 예산 책정도 함께 이루어져야 한다.

■ 연간경영계획수립의 적정성 검토

연간경영계획 수립에 있어서 그 적정 여부를 다음에서 열거하고 있는 평가기준으로 검토해본다.

- 일치성 : 계획이 경영이념이나 비전, 목표·중장기계획 및 경영방침과 일치하는가.
- 조화성 : 계획은 외부환경과 내부의 변화에 조화를 이루는가.
- 경쟁우위 : 계획이 경쟁우위를 제공하고 있는가.
- 가치창조 : 계획은 얼마나 많은 경제적 가치를 창조하는가.
- 가능성 : 계획이 필요한 경영자원의 획득가능성 측면에서 적절한가.
- 위험정도 : 계획은 수락 가능한 정도의 위험을 내포하고 있는가.
- 현실성 : 계획의 가정들은 현실적인가.
- 적시성 : 계획은 적절한 시기를 지니고 있는가.
- 실현성 : 계획은 실현 가능한가.
- 추진성 : 계획은 능률적으로 그리고 효율적으로 수행될 수 있는가.

항 목		10월	11월				12월			
		사전계획	총괄계획		합의계획		CM 계획		세부계획	
		15~31	~7	~15	~22	~30	~7	~16	~22	~31
전사기준	편성지침확정	기획▼								
	Version 생성	기획▼								
투자계획	투자계획	투자계획 지침▼	사업부▼		전사▼					
물류계획	판매계획	판매계획▼	판매계획▼	조정▼	조정▼	매출채권계획▼		최종매출계획▼		
	생산계획	생산계획▼	생산계획▼	조정▼	조정▼					
	구매계획	구매단가▼	원재료소요계획▼			매입채무계획▼				
인력운영계획	인원계획		인원계획▼							
	인건비계획	인산부문 표준단가표▼		인건비계획▼						
원가계획	기준정보정비	BOM정비▼								
	제조원가계획	사전원가▼		부서별비용▼ 제조원가 확정▼						
비용계획	사업부비용			부서별비용▼						
손익계획	I/S, B/S, C/F		사업부내 1차손익▼	사업부내 2차손익▼		사업분내 1차취합▼	사업부내 2차취합▼	전사취합▼ 최종손익계획▼		
보고	보고 및 합의		사업부장 1차보고▼	사업부장 2차보고▼	사업부내 매출심의▼	사업부내 손익심의▼	사업부내 C/M▼	전사 C/M▼		

연간경영계획 표준일정표

연간경영계획의 수립 절차

지금까지 살펴본 내용들을 종합적으로 구성하여 볼 때 구체적인 연간경영계획의 수립절차를 다음과 같이 요약할 수 있다.

내 · 외부 환경분석	• 자사분석 및 경영현황 분석 • 외부경영환경 분석 및 인식
중장기전략 확인	• 중장기적 대응전략 및 실행전략 확인 • 연간경영계획과의 연계 수정 · 보완
연간경영방침 설정	• 신년 경영방침(안) 설정 • 신년 경영계획 수립 기본방향(안) 설정
연간경영계획 편성지침	• 경영이념 · 비전, 기본방침 확인 및 재설정 • 연간경영계획 편성지침 확정 후 하달
부문별 연간경영계획(안) 수립	신년 경영계획 수립 기본방향에 따른 부문별 신년 경영계획(안) 수립
부문별 연간경영계획(안) 수정	• 임원회의에서 부문별 계획(안)심의 • 수정 · 보완 후 최종(안) 제출
연간경영계획 확정	• 회사 전체의 연간경영계획 보고 • 이사회 최종 확정
계획 대 실적 평가	경영회의에서 월 · 분기 · 반기 경영계획 대 실적 분석 · 평가 및 최고경영자 보고

연간경영계획 수립 Process

6. 부문별 단기경영계획 수립

연간경영계획에서 가장 중요한 비중을 차지하고 있는 부분은 이익계획·판매계획·생산투자계획·자금계획으로써 그 체계는 다음과 같이 서로 밀접한 연관성을 가지고 있다.

이익계획

이익계획은 다른 계획과 마찬가지로 이익계획만을 독립해서 생각할 수는 없는 것이므로 판매계획 등 다른 계획과 종합적으로 판단해서 결정하지 않으면 안 된다. 이익계획을 수립하는데 있어 손익분기점의 활용 이외에 적정조업도와 시장조사의 활용도 필요하다. 이익계획에서는 예상손익계산서를 작성하고, 손익분기점분석을 통하여 추정이익규모와 당초 기대했던 예상이익규모와의 차이를 규명하고 판매·생산 / 투자·자금 계획상의 일관성·정합성 여부를 검토한다. 특히, 이익을 단순히 수익과 비용으로만 인식해서는 안 된다. 계획이익은 결과가 아니라 획득해야만 하는 것으로 인식해야 한다. 즉, 이익은 기업성장을 위한 장래적인 비용으로서 반드시 실현해야만 하는 것이다. 따라서 이익은 결과가 아니라 목표라고 인식해야 한다. 즉, 이익을 '목표이익 + 필요경비 = 필요수익'으로 인식하고 계획해야 한다. 따라서 목표이익은 투하자본에 대한 적정이익, 매출액에 대한 적정이익, 차입금의 변제에 필요한 이익, 경쟁사에 대비하여 뒤처지지 않는 이익, 자사의 과거 평균 이상의 이익, 성장을 위한 투자에 필요한 이익 등이 감안되어야 한다. 목표이익 설정방법에는 이익처분에 의한 방법, 부가가치에 의한 방법, 총자본이익률에 의한 방법, 인적지표에 의한 방법이 있다.

이익처분에 의한 방법

- 배당금
- 이익준비금
- 임원상여
- 내부유보액
- 목표이익

$$\text{이표이익} = \frac{\text{배당금(자본금} \times \text{배당률)}}{1 - (\text{내부유보율} + \text{임원상여금})}$$

부가가치에 의한 방법

- 인건비 : 노동분배율
- 세금 : 세율
- 자본에의 배분 : 이자, 감가상각비, 임차료, 이익

총자본이익률에 의한 방법

- 총자본경상이익률
- 매출액경상이익률 : 매출액경상이익률, 매출원가율, 제조원가율, 판매관리비율
- 총자본회전률 : 총자본회전률, 매출채권회전률, 재고자산회전률, 고정자산회전률

인적지표에 의한 방법

- 1인당 매출액
- 1인당 부가가치액
- 1인당 인건비
- 1인당 경비
- 1인당 금융비용
- 1인당 경상이익

■ 판매계획

판매계획에서는 시장환경과 자사의 역량에 대한 객관적인 분석을 바탕으로 달성 가능한 목표매출액을 추정한다. 즉, 현재 및 미래 시장에서의 자사의 위치부터 파악하고 시장점유율이나 판매 가능한 매출액 크기를 산정한다. 아울러 판매계획은 이익계획을 바탕으로 판매방침에 따라 과거의 판매실적·장래의 판매예측·손익분기점 등을 참고해서 수립해야 한다. 또한, 일정기간에 어떤 상품을 얼마나 팔아야 되는가 하는 계획으로써 일반적으로 연간·월간 등으로 수립한다. 목표매출액은 각 부문에 미치는 영향도 크기 때문에 최종적으로 경영진이나 각 부문 간의 조정을 통해서 결정한다.

손익분기점에 의한 방법

$$\text{필요매출액} = \frac{(\text{고정비}+\text{목표이익})}{\text{한계이익률}} \times 100$$

부가가치를 기준으로 하는 방법

$$\text{필요매출액} = \frac{(\text{종업원수}\times 1\text{인당부가가치목표액})}{\text{부가가치율}} \times 100$$

총자본이익률에 의한 방법

$$필요매출액 = \frac{목표액이익}{매출액이익률} \times 100$$

■ 생산 / 투자계획

매출목표가 결정되면 재고량을 감안하여 생산량을 결정하고, 필요한 투자규모와 투자액을 추정하게 된다. 생산계획은 장기적으로 판매계획과 일치돼야 하며, 연간생산계획은 연간판매계획과 동등한 것이 보통이다. 이것을 다시 월간·주간·일간계획으로 세분화해 가는 것인데, 이 경우에는 반드시 동기간의 판매계획과는 일치하지 않는 경우가 많다. 그 이유는 판매액은 제품에 따라 계절적인 영향을 받기 쉬운 것이며, 또 수주생산의 경우에는 발주자의 발주기간에 좌우되는 것이지만, 생산계획은 이들 단기간의 매출액의 문제를 고려함이 없이 생산능력 면에서 능률적 가동을 하게끔 세워진 것이기 때문이다.

생산계획은 판매계획에 연동되는 경향이 강하다. 한편 생산방식은 업종과 업태에 따라 다르므로 생산계획 책정방법도 생산실정에 맞도록 연구 검토함이 필요하다. 특히 주의해야 할 점은 생산과 판매계획과의 조정이다. 호황 시에는 조업도를 상회하는 생산담이 되고 역으로 불황 시에는 조업도를 하회하게 되며 생산과잉현상이 나타난다. 또 단기판매목표가 중간에 수정되며 단기의 생산계획에 대표적인 수정을 가져오게 된다. 따라서 생산계획은 수주나 생산계획의 조정시스템의 양상이 강하고 항상 영업·판매부문과의 일체화가 필요하다.

Tip 생산계획수립 Check Point

- 생산계획은 타 경영계획과 연동하고 있는가.
- 판매부문과 생산부문의 연계는 잘 되어가고 있는가.
- 계획의 변경이 빈번하게 행해지고 있지 않은가.
- 부품 전개도·재료 사용방식·원가내역은 정비되어 있는가.
- 각 작업공정 및 외주처의 처리능력은 파악되고 있는가.
- 설계·자재·외주·공정 계획에 따른 생산계획에 무리는 없는가.
- 자가·외주의 구분 및 변경사항에 무리는 없는가.
- 생산계획을 결정하는 경우 그 절차는 어떠한 형태로 진행되는가.
- 생산예정표의 작성은 무엇을 기본으로 행해지고 있는가.
- 재료 소요량 계산은 어떻게 되어 있는가.
- 생산계획 입안에 있어 원가절감은 충분히 고려하고 있는가.
- 생산계획 중에 합리화 및 생산성 향상대책은 고려되어 있는가.

이와 같은 의미에서도 기업환경 변화가 격심한 시대의 생산계획은 특히 생산성의 향상이나 합리화에 의한 생산구조의 변혁이 요청된다. 생산계획의 기본적인 사고방식은 생산형태에 따라서 달라지는 점은 없으나 생산계획 책정 시에는 생산형태에 대응한 몇 가지의 중요한 포인트를 고려하지 않으면 안 된다.

설비투자를 결정하는 척도 설비투자를 결정하는 방법에는 자금회수기간법과 투자이익률법이 있으며, 이에 대한 구체적인 내용은 다른 장에서 다루기로 한다.

$$\text{자금회수기간법} = \frac{\text{예상투자액}}{\text{연간예상액}}$$

$$\text{투자이익률법} = \frac{\text{연간예상 캐시 플로우}}{\text{예정투자액}} \times 100$$

■ 자금계획

각 부문의 계획이 세워진 후에는 각 부문의 계획을 수행하는데 필요한 자금계획이 세워지지 않으면 안 되며, 그에 따라 자금의 조달계획도 마련된다. 자금계획에서는 앞서 수립된 계획들을 바탕으로 추정된 자금소요액을 조달하기 위한 자금조달방법, 즉 내부조달과 외부조달, 그리고 금리·시기·기간 등을 결정하게 된다. 자금계획의 핵심은 자금소요액을 추정하는 것이라고 할 수 있는데 그 추정방법에는 다음과 같은 두 가지 방법을 활용하는 것이 바람직하다.

첫째, 위와 같이 판매계획·생산투자계획·원가계획 등을 감안하여 추정하는 방법이다.

둘째, 자본회전율·매출액영업이익율·부채비율·자본비용 등과 같은 재무비율의 과거추이를 분석하고, 미래 목표치를 설정하여 이를 바탕으로 현재와 같은 경영성과가 계속 유지될 경우와 미래목표로 하는 경영성과가 달성되었을 경우에 조달 가능한 자금규모를 추정하는 방법이다.

■ 부문별 연간경경계획 수립 포인트

연간경영계획은 사업의 전략적 전개에 대한 조감도이며 나침반이 되어야 한다. 경영의 비전과 목표를 위해 해당 년도에 어떤 경영을 추진할 것인지를 분명하게 제시함으로써 시너지 효과를 낼 수 있도록 작성되어야 한다. 아울러 각 부문과 전체 역량을 조정·

통합·평가하는 기능을 할 수 있어야 한다. 이러한 관점에서 각 부문별 연간경영계획을 수립하는 포인트는 다음과 같다.

[마케팅부문]

주 요 부 문 계 획	포 인 트
매출액계획(월별, 상품별, 거래처별, 사원별, 판매점별)	과거의 실적을 활용하면서 관계자들이 검토
판매비 계획(월별, 상품별, 거래처별, 사원별, 판매점별)	손익계획의 각 비목의 범위 내에서 수립
판매촉진계획(월별, 상품별, 거래처별, 사원별, 판매점별)	목표·방침을 기본으로 수립
신규개척계획(월별, 부서별)	신규개척 리스트를 작성하여 건수와 금액을 정한다.
회수계획(월별, 거래처별, 판매점별)	회수율 및 채권 회수기간 방침에 따라 수립
재고계획(월별, 거래처별, 판매점별)	임시재고를 중심으로 수립
구입계획(월별, 거래처별, 판매점별)	매출계획과 판매촉진계획과 일치하도록 수립
세일즈맨 교육훈련계획	기본·지식·기법 OJT(사내 훈련) 중심으로 수립

[생산부문]

주 요 부 문 계 획	포 인 트
매출액 계획과 잘 조정된 생산계획	실적이나 예측이나 판매계획을 잘 검토
제조원가계획	손익계획의 원가명세서에 따라 수립
재료·부품·외주계획	제조원가계획을 근간으로 수립
연구개발계획	목표·방침에 따라 수립
설비투자계획	중·장기적 관점에서 수립
월별작업예정계획	매출액 계획을 근간으로 수립

[인사·조직부문]

주 요 부 문 계 획	포 인 트
월별 주요 행사 계획	전사적으로 조정하여 수립
인력자원계획	중·장기적 관점에서 수립
임금계획	종합손익계획 및 손익원가계획에 따라 수립
안전위생계획	무재해·쾌적한 직장환경 추구
인재육성계획	OJT를 중심으로 수립
각종 제도의 개폐	동업계의 변화 참고

[재무부문]

주 요 부 문 계 획	포 인 트
월별 손익계산	종합손익계획표에 따라 수립
월별 제조원가예산	제조원가 계획표에 따라 수립
월별 자금예산	추정 재무제표 및 연도자금 계획표에 따라 수립
월차 결산 계획	월차 체크가 이루어지도록 수립
OA(사무자동화) 계획	ERP(전사적자원관리)시스템 구축계획에 따라 수립
계정과목 처리기준 정비계획	필요한 중점항목계획을 포함해서 수립

Chapter 6 사업계획서

01 사업계획서의 개요

사업계획서란 계획한 사업의 추진방향과 목표를 달성하기 위한 수단으로 사업 성공 여부를 결정하는 매우 중요한 문서로써 기업이 영위하고자 하는 특정 사업의 내용과 목표에 대해 타당성과 전망을 객관적이며 계량적으로 분석하고 이의 성공적인 달성을 위해 동원해야 할 여러 가지 경영자원의 조달계획과 일정계획을 제시한 사업설계도라고 할 수 있다.

오늘날과 같이 복잡하고 다양한 경제환경 속에서 많은 사람들이 단순히 어떠한 사업을 하겠다는 생각만을 가지고 사업에 뛰어드는 경향이 있다. 그러나 계획 없이 시작하는 사업은 언젠가는 처음으로 되돌아가서 계획을 다시 세우고 모든 것을 새로 시작하게 되며, 설령 계획 없이 출발이 가능했다 할지라도 운영 중에 많은 어려움에 처하기 쉽다. 따라서 여기에서는 사업계획서에 관하여 구체적으로 알아보고자 한다.

사업계획서를 작성하는 목적은 크게 두 가지로 구분할 수 있다. 첫째는 기업 내부용으로 기업이 사업방향을 설정하고 조직이 사업목표를 달성할 수 있도록 전략을 설정하고, 수립한 목적을 향하여 모든 의사결정이 이루어지도록 기업을 견인해 갈 수 있는 지침서로서의 사업계획서와, 둘째로 외부용으로 기업의 성장에 필요한 자본을 외부에서 조달하기 위한 목적으로 사업계획서를 작성하게 된다. 사업계획서란 계획된 사업과 관련된 모든 외적·내적 요소를 문서로서 작성한 것으로 기업을 둘러쌓고 있는 외적인 요소인 법규·경쟁·사회적 변화·소비자 욕구의 변화·새로운 기술 등을 고려하는 동시에 제조·마케팅·인적자원 등과 같은 기업 내부의 내적요소를 고려해서 계획을 세워야 한다.

1. 사업계획서의 목적과 기능

사업타당성분석을 통해 사업진출에 관한 의사결정이 완료되면 그 다음으로 구체적인 신규사업계획서를 작성해야 한다. 또한 모든 기업은 한 해가 시작되기 전에 연도사업계획을 수립하게 되며, 더 나아가 기업전략에 기초한 중·장기사업계획을 수립한다. 사업계획서에는 사업개요에서 부터 자금조달 및 수지계획 등에 이르기까지 세부적이고 구체적인 계획이 포함되어야만 한다.

■ 사업계획서의 목적

사업계획서를 작성하는 목적은 제품과 서비스를 고객에게 제공함에 따른 고객만족을 이끌어 냄으로써 목표로 한 이윤을 획득할 수 있다는 것을 보여줄 뿐만 아니라 보다 효율적이고 경제적인 방법으로 사업을 지속적으로 추진하는데 있다. 이를 위해서는 다음과 같은 조건을 갖추어야 한다.

명확성 어떤 동기와 목적으로 사업을 추진코자 할 때 취급하려는 상품과 서비스는 어떤 것이며, 어떤 방법으로 구매하고 판매하려 하는 것인지를 분명하게 밝혀야 한다. 사업의 핵심적인 내용을 명확하게 밝히지 못한다면 작성자가 계획된 사업을 잘 이해하지 못하고 있거나 사업에 대한 열정이 부족한 것으로 평가 받을 수도 있다.

객관성 사업계획서는 객관성을 확보하고 있어야 한다. 근거가 불충분한 자료나 비논리적인 추정은 피하고 객관적이고 공신력 있는 정보를 이용함으로써 그 신뢰도를 높여야만 한다.

단순성 모든 계획서는 간결하고 평상적인 문체로 단순하게 기술해야 한다. 전문적인 용어나 전문가만이 이해할 수 있는 방법은 가급적 사용하지 말고 전문가가 아닌 일반인도 쉽게 이해할 수 있어야 한다.

일관성 판매하고자 하는 상품과 서비스·마케팅 전략·자금 및 수지계획·생산과 기술개발계획 등 전략적 측면에서 일관성을 유지 하여야 한다. 예를 들면 집중화된 시장에 대한 Segmentation을 하였다면 이 사업에서는 차별화전략이 아닌 저원가선도전략을 사용하는 것과 같은 불일치된 계획이 내포되어 있다면 좋은 사업계획이라고 할 수 없기 때문이다.

차별성 계획하고 있는 사업이 기존의 사업과 다른 점을 명시해야 한다. 예를 들어 제품의 특성·운영방법·표적시장 등에서 기존 사업과의 차이점을 설명하고 경쟁우위를 확보할 수 있다는 것을 설득력 있게 보여 주어야 한다.

■ 사업계획서의 기능

사업계획서는 많은 이해관계자들에게 다양한 기능을 수행하나, 크게 내적기능과 외적기능으로 나누어 볼 수 있다. 사업계획서가 수행하는 내적기능은 기업내부의 관리목적에서 수행하는 기능을 말하며, 외적기능은 외부투자자들에게 투자의사결정에 참고할 정보를 제공하는 기능을 말한다.

사업계획서의 내적기능 사업계획서는 기업 및 내부 구성원들로 하여금 고려중인 사업을 성공적인 사업으로 키울 수 있도록 하는데 있어서 다음과 같은 크고 작은 많은 도움을 준다.

- 계획서류로서의 사업계획서

  마케팅·재무·생산·기술개발·경영지원 업무 등 기업 활동을 사전에 검토함으로서 전략을 구체화 시킬 수가 있으며, 사업전개 방향에 있어서 아이디어를 개발하는 유용한 수단으로 사용될 뿐만 아니라 실제 사업전개 시에 직면할 수 있는 오류를 서류상에서 경험할 수 있는 기회를 제공함에 따라 시행착오를 최소화시키므로 사업성공을 제고할 수가 있다.

- 사업 활동의 안내서로서 사업계획서

  전투를 할 때 기본이 되는 것이 작전계획서이다. 상황이 전개되면 주어진 작전계획에 따라 전투를 수행하게 된다. 이와 마찬가지로 사업계획서 역시 사업의 지침서로서 사업 활동의 안내서의 역할을 한다.

- 평가 잣대로서 사업계획서

  일반적으로 기업경영이란 모든 경영활동이 Management Cycle에 따라 PDCA의 일정한 사이클에 따라 전개된다. 사업계획서는 경영활동의 결과를 피드백 할 수 있는 도구가 된다. 일정한 기간이 지난 후 사업계획에 대한 점검을 통하여 향후 새로운 사업계획서를 작성하는 기초 자료로서의 기능을 가지고 있다.

Tip 매니지먼트 사이클(management cycle)

경영이란 계획(Plan) - 실행(Do) - 조정(Check) - 통제(Action)의 기능을 순환시키는 것이며 이 순환과정을 매니지먼트 사이클이라고 한다. 계획은 기업경영의 합리적 방법을 미리 구상해 두는 것이며 실행은 계획된 업무를 제각기 수행 하는 것이며 조정이란 업무의 수행과정에서 일어나는 여러 가지 문제를 적절히 정리하는 것을 말한다. 그리고 통제는 부하가 업무명령이나 지시에 따라 계획대로 업무를 수행하고 있느냐의 여부를 규명하는 것을 말한다.

사업계획서의 외적기능 사업계획서는 기업의 외부관계자들로 하여금 계획사업과 관련된 의사결정에 참고할 수 있는 다음과 같은 기능을 수행한다.

- 기업정보의 제공

  인·허가 업무를 담당하는 기관에게 사업의 목적, 계획 사업의 경제·사회적 기여도, 사업 주체의 인적 구성, 사업장의 위치와 환경문제 등에 관한 정보를 제공한다. 또한 원자재

공급업자, 판매업자 및 납품업체, 예비종업원 등에게 사업내용을 소개해 줌으로써 거래 관계를 맺도록 하는 데 기여한다. 즉, 사업계획서는 이들에게 사업의 목적, 제품아이디어 및 제품의 성능, 관리능력 및 방식, 자금조달능력, 성장계획 등에 관한 정보를 제공해 줌으로써 기업에 대한 이해와 거래를 유인하는 기능을 수행한다. 마지막으로 은행, 창업투자회사, 창업자금지원기관 등에게 자금지원을 위한 판단근거를 제공한다. 즉, 사업계획서는 이들에게 제품아이디어·업계동향·수요추세·경쟁상태·소요자금·경영진의 경영능력 등에 관한 정보를 제공해 줌으로써 투자의사결정에 활용할 수 있도록 한다.

- 자금조달 도구

신규 사업이나 창업의 경우에는 사업계획서를 통하여 자금을 확보하는 경우가 많이 있다. 자금을 빌려주는 금융기관이나 자본을 투자하는 투자자들은 일반적으로 사업계획서를 통하여 회사를 검토한 후에 의사결정을 하게 된다. 대다수의 금융기관 투자자가 대출이나 투자를 검토하기 위하여 요구하는 첫 번째 자료가 사업계획서이며, 이점에서 사업계획서가 자금조달을 위한 첫 걸음이라는 사실을 이해하는 것이 매우 중요하다고 할 수 있다.

2. 사업계획서의 중요성

현대 기업경영의 목적은 단순한 최대 이윤추구에서 벗어나서 기업으로 하여금 경제적 책임뿐만 아니라 사회적 책임을 다 할 때만이 기업경영의 목적을 완수하는 것으로 정의하고 있다. 더 나아가 기업의 도덕성도 새로운 책임으로 대두되고 있는 실정이다. 기업이 이와 같은 책임과 의무를 제대로 수행하기 위해서는 수익성이 선행되어야만 가능하고, 기업의 요소와 요건을 포함하는 희소한 경영자원에 대한 경제적인 활용계획이 필요할 수밖에 없게 되었다.

사업계획의 수립은 두말할 필요도 없이 보다 효과적이고 효율적이며 경제적으로 사업을 추진하기 위함일 것이다. 모든 일은 미리 대비를 하면 이루어지고 대비하지 않으면 실패하는 것이다. 일을 시작하기 전에 그 일을 할 만한 준비를 하여 두면 곤란을 당하는 일이 없게 된다. 현실적으로도 사업계획서의 작성은 이제 상식이 되고 있으며 많은 사람들이 그 필요성을 강조하고 있고, 실제 경영자들이 이에 동의하고 있다. 사업계획서의 필요성을 요약하면 다음과 같다.

기본적 필요성

SWOT 분석 등 분석기법을 활용함으로 감상적이거나 자아도취적인 아이디어 또는 경험에 의존하는 주먹구구식 계획을 제거할 수 있고, 사업계획의 체계적인 접근은 사업계획서를 구체적이며 세부적으로 수립함으로써 계획의 정당성을 입증하여 현실감과 성공가능성을 높여준다. 훌륭하게 작성된 사업계획서는 설득력 있는 문서로서 이해관계인의 관심을 유도하고 신뢰감을 얻을 수 있다.

업무적 필요성

사업계획서의 업무적 필요성은 사업계획서의 사용목적 또는 용도에 따른 구분이라고 할 수 있다. 사업계획서는 기본적으로 기업내부의 경영관리에 유용한 기초자료로 활용하기 위하여 작성되며, 부차적으로 자본의 조달, 사업의 승인, 개별법에 의한 인·허가 등과 관련하여 외부기관에 제출하기 위한 대외적 목적을 위하여 작성된다. 이와 같이 경영관리를 위하여 작성되는 사업계획서는 미래의 변화를 예측하여 미리 준비하는 과정에서 자연스럽게 기업 구성원의 아이디어를 수렴할 수 있고 경영에 대한 공통인식을 창출하는 등 계획수립 참여에 따르는 효과를 얻을 수가 있다. 그리고 구상하고 있는 사업의 형성요소를 파악하여 기업의 설계 역할을 하고, 사업구조와 경영체질의 강화, 목표설정에 의한 단기적인 행동지침 및 부문 업무 수행의 적합성 판단 등에 대한 기준을 제시한다. 특수한 목적의 대외 제출용 사업계획서는 경영관리에 사용되는 사업계획서를 기본으로 하여 이를 변형하거나 응용함으로써 특수 용도에 맞는 계획서가 도출되는 것이다.

- 사업계획서는 계획사업의 청사진이다.

  사업계획서는 계획사업에 관련한 제반사항, 즉 계획사업의 내용, 계획제품시장으로 구조적 특성, 소비자의 특성, 시장 확보의 가능성과 마케팅전략, 계획제품에 대한 기술적 특성, 생산시설, 입지조건, 생산계획과 더불어 계획아이템에 대한 향후 수익전망, 투자의 경제성, 계획사업에 대한 소요자금의 조달계획, 차입금의 상환계획, 조직 및 인력계획 등 경영에 관련되는 제반사항을 객관적이며 체계적으로 작성하는 계획사업의 청사진으로서 매주 중요한 자료이다. 그러므로 전체적인 사업계획의 모습이 드러나면서 계획사업의 전반적인 강점과 약점을 알게 되고 이에 대한 효과적인 대처방안을 강구함으로써 계획사업의 시행착오를 줄여주게 된다.

- 계획 사업의 지침서이다.

  사업계획서는 기업 자체에게는 계획사업의 타당성검토를 통해 사업성공의 가능성을 높여주는 동시에 계획적인 추진을 가능하게 하고 추진기간을 단축시켜주며 계획사업의 성취에도 많은 영향을 미친다. 또한 제3자 인 투자자·금융기관·더 나아가 일반고객에 이르기까지 필수적인 자료이며 사업성공의 지침서이다. 따라서 사업계획서는 업무추진계획서와도 같은 것이다. 사업이 일단 시작되면 처리해야할 업무가 많고 시간이 부족하여 여러 가지 내안 등을 검토하고 세부적인 계획을 수립하는 일에 많은 시간을 낼 수 없다. 업무에 치중하다보면 눈앞의 일들만 매달리게 되고 당초 추구하고자 한 계획사업의 기본방향과 목적 등의 장기계획을 잊어버릴 수가 있다. 이 때 사업계획서는 사업의 기본방향을 일깨워주고 유용한 행동지침이 될 수 있다.

- 잘 만들어진 사업계획서는 이해관계자의 마음을 움직인다.
  신규 사업을 추진하려할 때 가장 핵심적인 요소가 자금조달이다. 이 자금부족을 해소하는 방법으로 투자가를 유치할 수 있다. 그러나 이 투자가를 유치할 때 단순히 말로 설명하는 것보다 논리정연하고 설득력 있는 사업계획서는 투자가의 마음을 보다 쉽게 움직일 것이다. 또한 금융기관으로부터 대출을 받을 때도 마찬가지이다. 담보만 있다고 해서 자금을 대출하여 주는 것은 아니다. 자금을 대출해주고 난 후에 사업이 성장하여 차입금을 상환할 수 있는 능력이 있는지, 사업자의 경영능력은 있는지 등을 종합적으로 판단하기 위해서 사업계획서를 요구한다. 잘 만들어진 사업계획서는 이해관계자들의 마음을 움직이는데 있어 큰 힘이 된다.

- 인·허가 등 사업계획서의 제출
  신규사업을 추진하는 경우 업종에 따라 달리 적용되겠지만 관계기관으로부터 인·허가를 받는 일이 있게 된다. 최근 정부의 기업 활동 규제완화나 행정규제개혁 등으로 기업들의 경영활동을 제한하는 규제들이 많이 완화되었지만 아직도 사업 인·허가를 위해 관계기관으로부터 허가를 득해야 하는 일들이 많이 있다. 허가기관에서 요구하는 사업계획서는 대부분 정해진 양식이 있으나 사업자가 미리 작성해 둔 사업계획서가 있다면 이를 근거로 하여 소정 사업계획서 작성이 용이할 것이다.

3. 사업계획서의 특징

사업계획서는 사용목적 또는 용도에 따라 연간 사업계획서, 신사업 사업계획서, 프로젝트 사업계획서 등으로 구분할 수 있다. 이러한 사업계획서는 기업이 구현하고자 하는 사업의 종류와 달성목표에 따라 다르게 작성되어야 한다. 그러나 이러한 차이점에도 불구하고 체계적이며 완벽한 사업계획서는 공통된 몇 가지 특징을 가지고 있다. 독일에서 벤처캐피탈의 투자를 받기 위한 사업계획서 작성 경진대회가 열렸다. 다음의 지침은 이 대회에서 미국의 유명한 컨설팅회사가 조언한 성공적인 사업계획서 작성 전략이다.

■ 생명력 보유

사업계획서는 그 자체로 생명력이 있어야 한다. 이는 계획서가 자체적으로 잘 짜여진 구조를 가지고 있어야 함을 의미한다. 처음에는 몇 가지 핵심적이고 기본적인 사업개념 만을 제시하다가 점점 세부적인 사항으로 전개되고, 또 거기에 대한 근거를 제시하는 형식이 보는 사람으로 하여금 지겹지 않고 점점 발전해나간다는 느낌을 받게 할 수 있다.

따라서 컴퓨터 소프트웨어 프로그램 등을 사용해서 모든 사항에 번호를 붙이고, 참고사항을 강조하는 사소한 작업도 중요하다.

■ 명확화

사업계획서는 명확해야 한다. 투자유치용 계획서의 경우 사업계획서를 통해서 투자가들이 궁금해 하는 사항이나 관심 있는 분야에 대해서 쉽게 답을 구할 수 있어야 한다. 그러기 위해서 사업계획서는 그야말로 유리처럼 투명해야 한다. 투자가들에게 확신을 주는 것은 많은 분량의 분석 자료가 아니라 중요성에 따라 간결하게 표현된 명확한 결론이다. 따라서 투자가들의 관심을 끌만한 사항이면 어떤 주제든지 완벽하고 간결하게 논의되어야 한다. 최종적으로 사업계획서는 총 30페이지 정도의 분량이 좋다. 투자가들은 표현되어 있는 사실 그대로를 이해하기 때문에 내용은 명확하고 분명해야 한다. 따라서 사업계획서를 제출하기 전에 객관적인 입장에서 평가할 수 있는 사람에게 읽어보게 하는 것이 좋다.

■ 객관성 확보

사업계획서는 객관성을 지녀야 한다. 종종 작성자가 느끼는 감정을 표현할 때 스스로 도취되어 객관성을 상실하는 경우가 있다. 물론 사업계획서는 적극적으로 작성되어야 하지만 이해관계자가 핵심적인 사항에 집중할 수 있도록 객관적인 어조를 유지하는 것이 바람직하다. 광고 카피처럼 꾸며진 사업계획서는 호감을 주기보다는 오히려 거절당하기 쉽다. 그런 사업계획서는 의구심과 회의만을 줄 뿐이기 때문이다. 마찬가지로 계획에 대해서 지나치게 비판적으로 쓰는 것 또한 위험하다. 계산에 오류가 있다거나 과거의 실수에 대해서 언급하는 것은 오히려 이해관계자로 하여금 기업의 능력과 동기에 대해서 의심만을 일으킬 뿐이다.

■ 이해도

사업계획서는 문외한도 이해할 수 있을 정도로 쉬워야 한다. 신규사업계획서의 경우 정교하게 디자인 된 사업계획서나 복잡해 보이는 분석자료 같은 기술적인 부분으로 이해관계자들에게 강한 인상을 심어줄 수 있다고 믿는 경우가 있다. 그러나 이것은 사실과 다르다. 몇 몇의 기술 분야의 전문가들만이 사업계획서를 평가하는데 참여한다. 대개의 이해 관계자들은 기술적인 문제에 대해 별로 관심을 두지 않고 오히려 분명한 사진이나 그림과 같은 단순한 설명에 대해 평가한다. 몇 가지 이유로 기술적인 부분이 반드시 포함되어야 한다면 별도의 첨부 자료로 포함시키는 것이 유용하다.

■ 일관성 유지

사업계획서는 일관된 필체로 작성되어야 한다. 사업계획서를 작성하는 과정에는 여러 분야의 구성원들이 함께 모여서 작업을 하지만 일관성을 유지하기 위해서 최종 사업계획서는 한 사람이 작성해야 한다.

■ 전문성

외부 제출용도의 사업계획서는 이해관계자에게 제출하는 기업의 명함이다. 사업계획서는 하나의 스타일로 작성되어야 할 뿐만 아니라 일정하고 전문적이어야 한다. 제목을 다양한 크기나 형태를 사용할지라도 내용과 구조는 일관성을 띄어야 한다. 회사 마크와 같은 효과적인 그래픽의 사용은 사업계획서를 훨씬 더 단정하게 한다.

02 사업계획서의 유형

사업계획서는 추진하고자 하는 사업에 대한 설계도의 기능, 정부 정책자금의 신청, 벤처캐피탈에 대한 투자제안, 엔젤투자가의 투자유치, 창업보육센터 입주, 기술과제 신청 등 다양한 상황에 필요하게 된다. 이때 사업계획서는 용도와 상황에 따라 알맞게 편집되거나 새로운 사업계획서를 작성해야 한다. 일반적으로 전문가에 의하여 작성되어지는 사업계획서는 정부기관·금융기관·투자대상 주체 등에게 제출하는 사업계획서이다. 이러한 사업계획서는 그 기업을 정확히 알리고 영위하고자 하는 사업의 비전과 성공 가능성을 입증하는데 중점을 둔다. 반면, 신사업이나 프로젝트의 경우 전문가그룹에 의하여 작성되는 사업타당성 분석형 사업계획서는 비즈니스의 설계도를 그리는 것과 같다. 따라서 여기서는 사업에 대한 실질적인 분석의 툴이 적용된다. 즉, 산업의 분석, 외부환경과 자사의 역량 분석, 경쟁분석, 인적·물적 자원, 생산, 마케팅, 재무관리, 기술개발, 경제성 및 기술성, 운영전략 등이 실질적이고 객관적인 기준으로 작성되어져야 하는 것이다.

1. 사업계획서의 종류

사업계획서는 사업계획서의 유형이나 사업형태 또는 형식에 따라 구분하여 분류할 수 있다.

■ 유형에 따른 분류

사업계획서는 그 유형에 따라서 다음과 같이 구분할 수가 있다.

연도 사업계획서 기업의 경목목표와 연간 사업방침에 의하여 매년 연간 단위로 수립하는 사업계획서

투자유치 사업계획서 ‘IR계획서’ 또는 ‘투자제안서’라고도 칭하며 투자를 받기 위한 용도의 사업계획서

기술 사업계획서 벤처기업, 신기술기업, 신기술 프로젝트 등의 기술평가용 사업계획서

중장기 경영계획서 기업의 중장기 경영계획에 의하여 일정기간에 대하여 사업 전반에 대한 중장기 전략에 의한 사업계획서

출연자금용 사업계획서 정부의 연구·개발자금을 지원 받기 위한 사업계획서

정책자금용 사업계획서 정부 각 부처에서 매 연도마다 실시하고 있는 각종 정책자금의 지원을 받기 위한 사업계획서

■ 사업형태에 따른 분류

사업형태에 따른 사업계획서는 다음과 같이 분류해 볼 수 있다.

- 창업을 위한 사업계획서
- 신규 사업을 위한 사업계획서
- 사업 확장을 위한 사업계획서
- 외국인투자 또는 해외투자 유치를 위한 사업계획서
- 기술도입 또는 기술이전을 위한 사업계획서
- M&A를 위한 사업계획서
- 공장설립을 위한 사업계획서
- 전략적 업무제휴를 위한 사업계획서
- 회사홍보 및 기업 IR을 위한 사업계획서
- CB·BW 등 자본유치를 위한 사업계획서
- 연구 / 기술개발을 위한 사업계획서
- 중장기 경영개선 및 구조조정을 위한 사업계획서

■ 형식에 따른 분류

형식에 따른 사업계획서는 크게 보아 비정형화된 사업계획서와 정형화된 사업계획서로 분류할 수 있으며 구체적인 내용은 다음과 같다.

비정형화된 사업계획서

- 내부관리용 목적으로 작성되는 사업계획서
- 투자유치 용도로 작성되는 사업계획서(투자제안서)
- 일반 금융기관 대출신청을 위한 사업계획서
- 회사 IR자료로 사용되는 사업계획서(IR계획서)

정형화된 사업계획서

- 가스안전관리자금(신청) 사업계획서
- 건설교통기술연구개발사업 지원자금(신청) 사업계획서
- 공업기반기술개발사업 지원자금(신청) 사업계획서
- 공장설립승인(신청) 사업계획서
- 과학기술진흥기금(신청) 사업계획서
- 관광진흥개발기금(신청) 사업계획서
- 광업 및 석·골재산업 지원자금(신청) 사업계획서
- 국가지정연구실사업 지원자금(신청) 사업계획서
- 국민주택기금(신청) 사업계획서
- 국민체육진흥기금(신청) 사업계획서
- 기술담보대출 지원자금(신청) 사업계획서
- 기술평가(신청) 사업계획서
- 노인복지시설자금(신청) 사업계획서
- 농공단지 입주 지원자금(신청) 사업계획서
- 농림기술개발사업 지원자금(신청) 사업계획서
- 농수산물 가격안정기금(신청) 사업계획서
- 민군겸용 기술사업 지원자금(신청) 사업계획서
- 발명시제품 제작 지원자금(신청) 사업계획서
- 방위산업 육성기금(신청) 사업계획서
- 벤처기업 육성자금(신청) 사업계획서
- 보건의료기술 연구개발사업 지원자금(신청) 사업계획서
- 산업기반기금(신청) 사업계획서
- 산업기술개발자금(신청) 사업계획서
- 산업기술기반조성자금(신청) 사업계획서
- 산업디자인 지원자금(신청) 사업계획서
- 산업재해예방기금(신청) 사업계획서
- 생산기술개발 지원자금(신청) 사업계획서
- 소상공인 창업지원자금(신청) 사업계획서
- 소프트웨어 공제사업기금(신청) 사업계획서
- 수시상품화기술개발 지원자금(신청) 사업계획서
- 수출기업화사업 지원자금(신청) 사업계획서

- 에너지기술개발사업 지원자금(신청) 사업계획서
- 에너지기술학술진흥사업 지원자금(신청) 사업계획서
- 에너지이용합리화자금(신청) 사업계획서
- 연구개발성과 확산사업 지원자금(신청) 사업계획서
- 유명규격 / 인증(신청) 사업계획서
- 유통업 구조개선자금(신청) 사업계획서
- 장애인고용촉진기금(신청) 사업계획서
- 재활용산업 육성자금(신청) 사업계획서
- 전력기술개발사업 지원자금(신청) 사업계획서
- 정보통신연구개발사업 지원자금(신청) 사업계획서
- 정보화사업 지원자금(신청) 사업계획서
- 정보화촉진기금(신청) 사업계획서
- 제품구현화실장검증 지원자금(신청) 사업계획서
- 중소 벤처기업 창업 및 육성자금(신청) 사업계획서
- 중소기업 경영안정자금(운전자금)(신청) 사업계획서
- 중소기업 공제사업기금(신청) 사업계획서
- 중소기업 구조개선자금(신청) 사업계획서
- 중소기업 근로자복지진흥기금(신청) 사업계획서
- 지방중소기업 육성자금(신청) 사업계획서
- 중소기업 입지지원자금(신청) 사업계획서
- 중소기업기술혁신개발사업 지원자금(신청) 사업계획서
- 직업훈련시설 장비 지원자금(신청) 사업계획서
- 창업보육사업 지원자금(신청) 사업계획서
- 창업사업계획 승인(신청) 사업계획서
- 창업투자자금(신청) 사업계획서
- 특정물질사용합리화기금(신청) 사업계획서
- 특정연구개발사업 지원자금(신청) 사업계획서
- 특허기술평가지원자금(신청) 사업계획서
- 폐광지역대체산업 육성자금(신청) 사업계획서
- 해외시장개척기금(신청) 사업계획서
- 해외유명규격 인증획득 지원자금(신청) 사업계획서
- 협동화사업 지원자금(신청) 사업계획서
- 환경개선지원자금(신청) 사업계획서

2. 사업계획서의 용도

사업계획서는 작성된 목적에 따라 그 용도가 제각기 다르며, 이에 속하는 것으로서 연간 사업계획서, 신사업 사업계획서, 프로젝트 사업계획서, 대외제출용 사업계획서가 있다.

■ 연간 사업계획서

기업은 새로운 한해가 시작되기 몇 개월 전부터 다음연도 사업계획 수립 방침을 정하고 이 지침에 따라 연간 회사의 경영목표가 확정되며, 회사의 경영전략을 기초로 하여 각 사업부문의 사업부별 사업계획이 수립된다. 이러한 사업계획은 기획담당부서에서 종합하여 조정·통합의 절차를 거쳐 이사회의 결의에 의하여 사업계획이 최종 확정된다. 이렇게 작성된 연간 사업계획서는 해당연도의 매월이나 분기·반기의 사업 지표로서 활용될 뿐만 아니라 그 기간 동안 사업성과를 계획 대 실적을 비교하여 문제점을 발견하고, 개선하거나 방향을 조정해 나가는 역할을 함으로 연간 사업계획서는 그 기업의 1년간 항해해야 할 항해계획서나 마찬가지이다.

■ 신사업 사업계획서

기업이 기존의 사업에 추가하여 새로운 사업을 기획하거나, 새로운 사업 분야에 진출을 하는 경우 신규 사업에 대한 사업계획을 수립하게 된다. 신사업의 개발전략이나 신사업타당성 검토에 대해서는 이미 앞에서 구체적인 설명이 있었기에 생략하기로 하고, 신사업 사업계획서는 신사업의 설계 단계에서부터 신사업의 개시 단계까지의 추진하여야 할 모든 사항을 단계별로 그려진 설계도면과 같은 것이라 할 수 있다. 잘 지어진 건물은 먼저 그 설계도면이 건축물의 건축목적과 일치하여야 하고, 또한 그 설계도면에 일치하게 건축되어야만 하듯이 신사업 사업계획서 또한 이와 마찬가지라고 할 수 있다.

■ 프로젝트 사업계획서

프로젝트 사업계획서는 그 프로젝트가 가지고 있는 독창적이며 고유한 프로젝트의 특성에 의하여 작성되어져야 하며, 프로젝트 타당성검토 절차에 의하여 분석·평가된 사항들에 따라서 조정되거나 통합화의 절차를 거쳐 마련되어야 한다. 무엇보다도 프로젝트를 성공적으로 수행하기 위해서는 프로젝트에 투입된 인적자원의 구성과 그 역할이 사업계획서에 어떻게 반영하느냐는 중요한 과제가 아닐 수 없다. 또한 프로젝트에 소요되는 프로젝트의 비용에 대한 정확한 계획이야말로 프로젝트 성공을 위한 핵심요소가 아닐 수 없다. 끝으로 프로젝트 사업계획서에는 프로젝트의 소요기간에 대한 객관성 있는 계획의 수립이 요구된다. 프로젝트 계획서에는 이와 같이 프로젝트에 투입되는 인적자원·비용·시간이 잘 계획된 사업계획서가 되어야만 당초 기획한 프로젝트 소기의 성과를 얻을 수가 있다.

■ 대외 제출용 사업계획서

대외 제출용 사업계획서는 사업계획서를 작성한 기업의 입장에서 보는 것과 이 사업계획서를 보고 투자 의사결정을 해야 하는 투자자의 입장으로 구분하여 생각할 수가 있다.

기업의 입장에서 볼 때 사업계획서는 조직 구성원이나 각 부문 간의 의사소통의 수단이 될 뿐만 아니라 업무 수행의 행동지침으로 사용되어 진다. 그러나 반대로 외부 이해관계자의 시각으로 본다면 사업계획서는 투자에 관한 의사결정을 하는데 사용하는 가장 기본적인 자료이다. 이러한 사업계획서는 사업 제안자와 투자자가 직접적이나마 최초로 접촉하게 하는 매개물인 경우가 많다. 사업계획이 어느 정도 가능성을 시사해야 사업 제안자는 투자자를 직접 만나서 사업을 논의할 수 있게 될 것이다. 따라서 사업계획서는 외부 이해관계자의 입장에서 볼 때 사업평가의 가장 기본적인 자료이기도 하다. 이러한 사업계획서는 회사를 정확히 알리고, 기업이 영위하고자 하는 사업의 비전과 성공가능성을 입증하는 데 중점을 둔다.

- 자금조달 투자유치용
- 정책자금 조달용
- 정부출연자금 신청용
- 신용보증 신청용
- 일반은행자금 신청용
- 기술평가 벤처기술평가
- 기술담보가치 평가용
- 코스닥 상장 예비심사를 위한 기술평가
- 기타 기술평가용
- 인허가 사업계획 승인용

- 각종 인허가용
- 기타 창업보육센터 입주신청용
- 정책과제 수행용
- IR 자료용
- 신사업 제안용, M&A, 전략적 제휴 등

3. 사업계획서의 구성요소

■ 연간 사업계획서

연간 사업계획서의 사업계획 수립 절차에 의한 항목별 구성요소를 각 단계별로 다음과 같이 요약할 수가 있다.

1단계 : 경영비전, 방침의 확인 기업이념에 따라 현재까지의 경영과 앞으로의 경영자세에 대한 경영 원리 원칙을 확립하고 경영의 Key Word를 정하여 사훈·사시의 구체화를 통한 경영기본방침을 정한다.

2단계 : 자사의 내부역량 분석 먼저 성장성·활동성·수익성·안정성·창조성에 대한 경영분석을 실시하고, 다음으로 관리시스템·조직효율·영업력·생산력·연구개발력에 대한 경영활동을 분석한 다음 사업분석을 한다. 사업분석은 수익성·성장성·마켓-쉐어를 분석한다. 이러한 분석이 끝나면 중장기 개선과제와 익연도 개선과제를 선정한다.

3단계 : SWOT 분석 먼저 환경의 변화요인인 국제환경·국내환경·산업 내 또는 업계환경에 따라 유통환경·생산환경·기술환경·노동환경·금융환경·구매환경이 자사에 미치는 영향과 대응책을 수립하고 중장기적인 대책과 익연도의 대응책을 강구한다.

4단계 : 중장기 경영목표의 확인 먼저 시장 또는 거래처·제품·조직구조·기업규모·경영성과에 대한 도달하여야 할 목표와 현상을 분석하여 목표와 현상의 갭을 위한 전략으로 경영전략·판매전략·인사전략·재무전략·정보전략·제품개발전략을 수립하고 전략 실현을 위한 CSF(핵심성공요인)에 따라서 익년도 경영방침을 수립한다.

5단계 : 익년도 경영 중점 방침 설정 제2단계에서 현상분석을 통하여 익년도 경영계획에 있어서의 개선과제와 제3단계의 외부환경 분석에서 익년도 경영에 있어서의 대응책 그리고 제4단계의 중장기 목표 중 익연도 경영계획에 반영할 이와 같은 모든 사항중 당해연도 경영계획에 있어서의 미결과제는 익연도 경영중점방침으로 정해야 한다. 이를 구체화한 다음 익연도 조직운영방침을 정한다.

6단계 : 시장·제품 PPM계획 먼저 중장기목표로써의 시장과 제품분석을 하여야 하며, 자사의 강약점의 과제를 선별하여 목표를 설정하고 이에 따라서 익연도의 시장구성과 제품구성을 결정한다.

7단계 : R&D, 투자 계획 검토 중장기 경영목표의 투자계획에 의한 R&D 예산에 근거하여 익연도 중점방침과 투자계획을 수립한다. 투자계획에는 설비투자계획, 인재육성계획, 연구개발투자계획이 이에 속한다.

8단계 : 이익계획 Master Plan 당해 연도의 추정재무제표에 의하여 고정비의 증가분 분석과 운영자본의 내역을 면밀히 분석한 후에 다음 연도의 고정비 내역, 목표이익·한계이익 효율개선 목표를 수립한다. 이러한 목표에 근거하여 목표매출액을 정하고 매출가능 실현액을 분석하여 이익계획 Master Plan을 확정한다.

9단계 : 각 부문 사업계획 수립 익연도의 경영 중점방침과 이익계획 Master Plan, 당해 연도 부문실적 추정을 종합하여 익연도 부문예산을 편성하여야 한다. 그 다음에는 익연도 경영방침을 각 부문에 제시하고 각 부문계획의 조정을 통해 각 조직계획에 이를 반영하여 부문계획을 확정한다.

10단계 : 전체 계획과 부문 계획의 조정 연도중점방침·이익계획·부문예산·부문방침의 Gap에 대한 격차해소 대책을 수립하여야 한다. 이 격차는 예산수정을 통하여 수정중점방침과 수정전사이익, 수정부문예산, 수정부문방침을 다시 확정한다.

11단계 : 부문계획 확정 사업부문 방침에 따라서 사업부장의 목표가 정해지며 이러한 사업부장 목표에 의하여 사업부예산·매출목표·이익목표·비용목표가 정해지면 이를 월별예산으로 하여 부문계획을 확정한다. 팀별 목표와 팀장의 목표는 사업부 목표에 따라 동일한 절차와 방법에 의하여 확정하여야 한다.

12단계 : 전사 예산의 확정 먼저 이미 확정된 이익계획에 따라 회수예산계획·지불예산·설비예산에 대한 자금계획이 수립된다. 회수예산계획은 연도중점방침에 의한 매출예산에 의해서, 지불예산은 구매조달예산과 비용예산 및 재고예산에 의해 편성해야 하며 이러한 자금계획은 추정대차대조표와 추정손익계산서에 의해서 표시되며 자금흐름표상에 계상되어진다.

13단계 : 사업계획 확정 및 발표 전사적인 매출·이익·투자·경영혁신 목표는 CEO의 경영방침으로 하며, 사업부예산·매출목표·이익목표·비용목표·월별예산은 사업부문 방침에 따른 사업부장 및 팀장의 목표로 하여 사업계획을 확정한다. 사업계획이 확정되면 팀장급 이상으로 구성된 팀장회의나 임원으로만 구성된 임원회의에서 이를 발표한다.

내부용 사업계획서

내부적으로 경영관리에 필요한 사업계획서의 항목별 구성요소는 다음과 같이 요약할 수 있다.

기업체 현황

- 회사개요
- 회사연혁
- 비전 및 미션

조직 및 인력현황

- 조직도
- 대표자·경영진 및 종업원현황

주주현황

기술현황 및 기술개발계획

- 제품의 내용
- 기술현황
- 기술개발투자 및 기술개발계획

생산 및 시설계획

- 시설현황
- 생산공정도
- 최근 2년간 생산 및 판매실적
- 원·부자재 조달상황
- 시설투자계획

시장성 및 판매전망

- 시장에 대한 전망
- 동 업계 및 경쟁회사현황
- 판매실적 및 판매계획

재무계획

- 최근 결산기 주요 재무상태 및 영업실적
- 금융기관 차입금현황
- 소요자금 및 조달계획

사업추진 일정계획

기타 특기사항

첨부서류

- 정관
- 상업등기부 등본
- 사업자등록증 사본
- 최근 2년간 요약 결산서
- 경영진 이력서

■ 외부용 사업계획서

대외적으로 제출해야 하는 필요성이 있는 사업계획서의 항목별 구성요소는 다음과 같이 요약할 수 있다.

업체 현황

- 회사개요
- 회사연혁
- 비전 및 미션
- 경영전략

조직 및 인력현황

- 조직도

- 대표자 및 경영진 현황
- 주주현황
- 관계회사현황
- 인적자원현황

기술현황 및 기술개발계획

- 제품소개
- 사업전망
- 기술현황
- R&D현황 및 계획

생산 및 시설계획

- 생산 및 시설현황
- 최근 2년간 생산 및 판매실적
- 생산공정도
- 시설투자계획
- 원·부자재 사용 및 조달계획

시설투자계획 시장성 및 판매전망

- 동 업계 및 경쟁사 황
- 연도별 판매계획 및 마케팅전략

시설투자계획 재무 현황

- 최근 연도별 주요 재무상태 및 영업실적
- 금융기관 차입금현황
- 추정대차대조표, 추정손익계산서, 추정현금흐름표
- 향후 5개년 수익전망 및 투자수익률 분석
- 소요자금조달 및 운용계획

기업가치평가

첨부서류

- 정관

- 상업 등기부등본
- 사업자등록증 사본
- 최근 2년간 결산서
- 최근 월 합계잔액시산표
- 경영진 이력서
- 기타 요청서류

03 사업계획서의 작성

사업계획서는 그 목적과 용도 및 제출대상에 따라 내용상 차이가 있으며 분량과 첨부할 서류에서도 큰 차이가 난다. 또한 기업 내부에서 직접 작성하느냐, 외부 전문기관에 의뢰하여 작성하느냐에 따라 전문성과 내용이 달라질 수 있다. 사업계획서 요약은 두 세장 분량으로 사업전반의 핵심내용을 집약하여 전체 사업계획 전반부에 삽입하는 것이 효과적이다.

일반적인 사업계획서의 유형으로는 개조식(個條式)·도식형·도표비교형 등이 있다. 서술형 사업계획서의 경우 사업내용에 대한 상세한 설명과 편안한 접근에 강점이 있으므로 공공기관 및 기관투자가 선호하는 경향이 있으며, 프레젠테이션용 사업계획서는 사업 내용에 대한 발표를 목적으로 다양한 그림과 압축 요약된 사업내용을 전달하는데 장점을 가지고 있다. 최근 다양한 용도로 선호되고 있으며 서술형 사업계획서의 보완자료로 활용되고 있는 추세이다.

1. 기본방향

사업의 근본이 좋으면 사업전략은 성공적이고, 그렇지 못하다면 사업전략은 성공적일 수 없다. 건전한 전략이란 가장 명쾌한 전망을 제시하여 주고 자신 있게 좋은 결과를 기대할 수 있는 전략을 말한다. 사업계획서를 작성하는 기본방향 또는 전제조건은 일반적으로 사업의 근본이 되는 아이템이 어떠한지를 따져보고 그것이 사업다운 올바른 사업 아이템인가를 분석한 후 그 타당성을 검토하는 일이다. 타당성이 검증되지도 않은 사업 아이템을 가지고 사업계획서를 작성한다는 것은 실패의 원인이 된다. 따라서 전략적 타당성 측면에서 전략적 합성을 갖는 사업전략을 사업계획서로 구체화하는 작업이 요구되는 것이다.

사업 아이디어가 기업화되기 위해서는 사업화에 필요한 인적·물적요소 측면에서 타당성을 지녀야 한다. 즉 사업 아이템이 기업의 역량에 얼마만큼이나 조화되느냐 하는 문제이다. 추진하고자 하는 사업의 핵심요소와 요건을 준비하고 요소간의 결합을 적절하게 도출해 낼 수 있느냐에 대한 검토가 우선되어야 한다는 것이다.

전략적 측면에서 아무리 훌륭한 사업을 구상한다 하더라도 사업 착수에 따르는 핵심요소인 3M(Man / Money / Material)이 적정시점에 준비되어 공급되지 못하고, 핵심요건을 해결하는 데 장기간이 소요된다면 그 사업은 때를 놓친 그림의 떡이 되고 만다. 신규사업이나 프로젝트의 사업방향과 사업시점을 잘 맞추었다고 하더라도 궁극적으로 수익성이 목표에 미치지 못한다면 그것은 경제적 사업으로서의 가치가 없어진다. 기업이란 적정한 투자로 경제성의 확보와 더불어 이를 달성하기 위한 시장성과 기술성·재무수익성 및 공익성을 만족시킬 수 있는 구체적이고 현실적인 방법과 기술이 있느냐, 즉 사업의 경제적 결과를 어떻게 기대하며 그와 더불어 사회적 책임인 공익성도 수행할 수 있는가에 대한 경제적 타당성검토를 바탕으로 한 사업계획이 필요하다는 것이다. 그러므로 사업계획서의 작성은 살펴본 바와 같은 전제조건 내지는 기본방향을 토대로 하여 이루어져야 한다. 기본방향 또는 전제조건이 무시된 사업계획서는 아무런 의미가 없음을 인식하고 기본적인 흐름을 따라 체계적으로 접근해 나가는 것이 사업계획서 작성의 기본이 된다.

따라서 사업계획서 작성 전에 미리 기본계획과 작성순서를 정하고 작성해야만 시간과 노력을 절약할 수 있으며, 내용도 충실해질 수 있다. 효율적인 사업계획서 작성을 위해 사업계획서를 실제 작성하기 전에 미리 준비할 사항과 사업계획서 작성의 기본순서를 알아두는 것이 필요하다.

■ 제1단계

사업계획서 작성의 목적에 따라 기본 방향을 설정하는 것이다. 사업계획서 작성의 목적은 크게 나누어 사업타당성 여부 검증을 포함해서 사업계획을 구체화하기 위한 수단으로서 작성하는 경우, 자금조달을 목적으로 작성하는 경우, 공장설립 및 인·허가 등을 위해 작성하는 경우 등으로 구분해 볼 수 있는데, 이들 목적에 따라 기본목표와 방향을 정하지 않으면 안 된다. 기본목표와 방향이 정해지지 않으면 사업계획서가 초점을 잃기 때문이다.

■ 제2단계

사업계획서 작성목적 및 제출대상에 따라 소정양식이 있는지 미리 알아보아야 한다. 자금조달을 위한 경우라도 조달처가 은행이냐, 신기술사업금융회사이냐, 창업투자회사이냐에 따라서 그 내용이 약간 차이가 있다. 구체적으로 어떤 은행, 어떤 신기술사업금융회사이냐에 따라서 그리고 어느 창업투자회사에 지원요청을 할 것이냐에 따라 다소 차이가 있기 때문이다.

■ 제3단계

사업계획서 작성 계획 수립이다. 대부분의 사업계획서는 사업계획 추진 일정상 일정 기한 안에 작성해야 할 필요성이 있는 경우가 많다. 자금조달을 위한 경우이든, 공장입지를 위한 경우이든 관련 기관에 제출하기 위해서는 빠른 기간 내에 작성하지 않으면 안 되기 때문이다. 사업계획서 작성이 지연되는 이상으로 계획사업 추진에는 더 큰 지연이 따르게 된다. 따라서 각 부분별로 작성일정과 보조를 받아야 할 사람을 확정할 필요가 있다. 주관은 누가 하든지 간에 시장성 및 판매 전망은 영업부문에서, 자금조달 운용계획 및 추정재무제표 작성 등 재무에 관한 사항은 재무부문에서, 그리고 제품 및 기술성 분석에 관한 사항은 연구개발부문에서 작성하는 것이 여로 모로 합리적이다.

■ 제4단계

사업계획서 작성에 직접 필요한 자료와 첨부서류 등을 철저히 준비하는 일이다. 흔히 사업계획서 작성 시 이상의 3단계까지의 절차를 거치지 않고 자료 수집부터 하는 경우가 간혹 있다. 그러나 이것은 불충분한 자료수집 때문에 재차 자료수집을 해야 하는 경우도 생기고, 경우에 따라서는 많은 시간낭비를 가져올 수 있다. 자료수집은 3단계가 끝난 후에 실시하여도 늦지 않다.

■ 제5단계

작성해야 할 사업계획서의 양식을 결정하는 일이다. 제2단계에서와 같이 특정기관의 소정양식이 있는 경우는 그 양식에 의하여 작성하면 별 문제 없지만, 특정양식이 없는 경우에는 미리 작성해야 할 사업계획서의 양식을 구성할 필요가 있다.

■ 제6단계

실제 사업계획서를 작성하는 일이다. 외부제출 용도에 따라 사업계획서 작성방법을 간단히 설명하고 있는 경우도 있지만, 그것만으로는 충분하지 못하다. 사업계획서 작성자는 사업계획서 작성요령을 미리 숙지하여 둘 필요가 있다. 실제 사업계획서 작성단계에서는 원칙도 중요하지만 작성 상 많은 기교도 필요하다. 즉 정해진 사업계획서 양식에 따라 순차적으로 작성해 나가는 것보다는 재무적 자료의 기초가 되는 추정재무제표를 가장 먼저 작성하는 것이 시간절약에 도움이 된다. 사업계획서에 표현될 많은 수치와 계획들이 추정 재무제표와 일치하지 않을 때 그 사업계획서는 신뢰성과 정확성을 상실하기 때문이다.

■ 제7단계

사업계획서의 편집이다. 사업계획서는 내용도 중요하지만 그 내용을 포괄하고 있는 표지 등 편집도 대단히 중요하다. 정성을 다하고 모양을 새롭게 하여 사업계획서를 보는 사람으로 부터 좋은 인상을 받도록 최후까지 신경 쓸 필요가 있다. 사업계획서 제출 시에는 그 내용을 충분히 숙지하여 설명과 응답에 부족함이 없어야 한다. 설령 외부 전문기관에서 작성하였다고 하더라도 마찬가지다.

2. 작성원칙

사업계획서는 단순히 해야 할 활동들을 나열하는 것이 아니라 추구해야 할 목표와 이를 달성하는 방안에 관한 내용을 담고 있어야 한다. 따라서 사업계획서는 작성과정에서 거쳐야 할 여러 대안들의 우선순위에 대한 체계적인 검토가 선행되어야 한다. 목표가 지나치게 일반적이거나 모호해서도 아니 되며, 지나친 낙관론과 대안전략이 없이는 더욱 곤란하다. 그리고 사업계획서 작성절차나 틀에 얽매여 지나치게 기술적인 문제에만 초점을 맞추거나 그 역할과 목적을 잘못 이해함으로써 오는 경직된 결과가 나올 수 밖에 없는 방식이 되어서는 안 된다. 외부용도의 사업계획서는 자금조달을 위한 형식요건으로만 생각하는 경향이 있다. 목표는 명확하고 측정가능하고 시간개념이 있고 현실적이고 수정가능 하도록 설정되어야 하며, 각 구간별 달성목표들도 함께 설정하여 그 진척도를 지속적으로 점검해야 한다. 또한 지속적인 환경변화 탐색을 통해 필요할 경우 목표를 수정 보완하는 기민성과 유연성을 가져야 한다.

사업계획서 준비과정에서는 모든 관련 부서가 참여하여야 하며 논리적이고 포괄적이고 다른 사람들이 읽어서 이해할 수 있는 계획이 나와야 한다. 사업계획서 작성을 전적으로 외부전문가에게 의뢰하는 것보다는 회사 내부의 관련 부서 모두가 직접 사업계획서를 작성함으로써 그 과정에서 목표시장 등에 대한 근본적인 오류들을 파악할 수 있고 외부 이해관계자들도 사업계획서를 철저히 이해하고 있는 경영진들을 신뢰할 수 있다.

■ 명료성의 원칙

사업계획서는 되도록 간결·명료하게 작성해야 한다. 사업계획서를 준비 작성하는 과정에서 제반 수집정보를 조직화하는 것이 필요하다. 수집정보들을 몇 가지 영역으로 체계적으로 분류하고 이들을 사업계획서에 통합해서 활용해야 한다. 혁신적인 제품개발 등의 경우 활용 가능한 과거자료가 없는 경우에는 선진국현황으로부터 유추나 목표시장 점유율 결정을 위한 시장구조분석 등을 통해 재무분석의 기초자료를 산출한다. 이 경우 논리적 근거에 바탕을 두어야 함은 특히 중요하다. 한편, 사업계획서 편집상의 고려사항으로는 사업계획서는 가능한 한 간략하게 작성되는 것이 좋다. 본문은 간략하게 작성하되 참고자료나 세부적인 사항은 부록에 제시한다. 필요에 따라 사업계획서를 요약하여 요약 사업계획서를 만들어 사용 할 수도 있다. 잘 작성된 여러 사업계획서를 참고하도록 한다.

■ 합목적성의 원칙

사업계획서는 사용용도인 경영관리·금융지원·사업승인 등에 따라 그 목적에 적합하도록 작성되어야 한다. 자금을 지원하는 기관에 자금을 신청하기 위하여 사업계획서를 작성하는 경우라면 지원기관의 사업심사기준이나 요구사항에 방향을 맞추어 사업계획서를 작성해야 한다.

■ 일관성의 원칙

사업계획서는 첫 장에서 마지막 장까지 그 내용이나 수치에 있어서 일관성을 유지하여야 한다. 생산이나 판매계획에서 계량화되는 금액들은 추정재무제표나 회사 수익성 분석 등에서 일관성 있게 반영되어야 한다.

■ 객관성의 원칙

사업계획서는 비논리적인 추정을 피하고 확실한 근거와 함께 사실에 접근하여야 한다.

외부기관에 제출하기 위한 사업계획서를 작성할 때 흔히 발생되는 오류인데, 계획사업에 대한 주관적인 의견보다는 통계적이고 객관적인 자료를 근거로 하여 합리적인 내용으로 작성되어야 한다. 외부에 제출하기 위해서 작성하는 사업계획서는 더욱 그러하다. 이해관계인에게 신뢰감을 주고 동조를 얻을 수 있는 힘을 가지고 있어야 한다. 사업승인권자에게는 계획사업이 미치는 긍정적인 파급효과를 제시하게 되고, 자본투자가에는 투하자본의 충분한 보상을 보장하는 제안은 설득력을 가질 수 있을 것이다.

■ 충분성의 원칙

사업계획서는 각 사업운영 부문별로 충분히 다루어 주면서 그 내용을 명료하게 나타내어야 한다. 사업계획은 생산·판매·자금·인력·상품소개·시장현황 등 사업과 관련된 내·외적인 요소를 골고루 포함하여야 한다. 그리고 내용의 중복성을 피하여 명료하면서 이해하기 쉽도록 표현하여야 한다.

■ 탄력성의 원칙

사업계획서는 계획사업에 내재되어 있는 문제점과 사업의 위험을 인식하고 이에 대한 대안을 가지고 있어야 한다. 모든 사업은 강점이나 기회와 함께 약점이나 위험이 있다. 그 약점을 보완하고 극복할 수 있는 전략이 필요하다. 모든 사업에는 그 기업이 가지고 있는 강점이 있다. 그 강점은 계획사업을 성공으로 추진하게 하는 경쟁력이다. 보유한 강점이 무엇이며 어떠한 방향으로 사업성공에 기여하는지 확실하게 제시하여야 한다. 한 가지 방법으로써 밑줄을 긋거나 글씨체나 글자의 크기를 달리하여 눈에 띄게 할 필요가 있다.

■ 검증가능성의 원칙

구매·생산·판매·관리·자원으로 이어지는 모든 사업 내용은 추정재무제표로 작성이 되고 재무분석을 통하여 계획사업의 적정 수익성과 성장성 등이 검증되어야 한다. 또한 기술성분석에 대한 내용은 가급적 전문적인 용어의 사용을 피하고 단순하고도 보편적인 내용으로 구성하고 근거자료로서 공신력 있는 기관의 기술타당성검토보고서 또는 특허 등의 증빙자료를 첨부하는 것이 좋다. 자금조달운용계획은 정확하고 실현가능성이 있어야 한다. 조달 가능한 자기자본을 구체적으로 표시함으로써 이해관계자들로부터 신뢰하게 해야 하며, 사업계획서는 투자자나 금융기관 등이 제출받아서 검토하므로 사업계획서 작성 시에 실행 가능 여부에 대한 체계적인 검토가 필요하다. 또한 계획사업에 잠재되어 있는 문제점과 향후 발생 가능한 위험요소를 심층 분석해서 예기치 못한 사정으로 인하여 사업추진이 지연되거나 불가능하게 되지 않도록 계획사업의 차질이 발생하였을 경우를 대비책을 서술하는 것도 필요하다.

3. 사업계획서의 구성내용

사업계획서(Business Plan)란 향후 전개하고자 하는 계획사업에 대한 내용을 서면으로 나타낸 자료이다. 프로젝트의 경우나 기존사업과 다른 새로운 사업을 구상하는 경우 또는 사업다각화 및 사업 확장을 계획하는 경우 등 신규사업을 준비할 때에 계획사업에 대한 내용을 사전에 일관성 있게 기획하는 것이라 볼 수 있다.

사업계획서의 내용은 사업의 형태나 종류에 따라 달라지겠지만 일반적으로 사업의 목적 / 사업의 방향 / 사업의 개요 / 제품이나 상품 / 서비스에 대한 설명 / 시장현황 및 전망 / 시설투자계획 / 조직 및 인원계획 / 원자재조달계획 / 생산계획 / 판매계획 / 마케팅전략 및 방법 / 소요자금 및 조달계획 / 차입금의 상환계획 / 사업추진일정계획 / 추정재무제표의 수립 등으로 구성된다.

사업계획서는 사업을 준비하는 기업에게 있어서 사업의 구상을 체계적이면서 구체적으로 정리할 수 있는 기회를 주고 사업계획서를 작성하면서 부문별 사업내용을 다시 점검하기 때문에 사업의 시행착오 예방과 사업성공의 가능성을 높여줄 수 있다. 그리고 사업계획서는 내부적인 사업성검토 기능뿐만 아니라 외부적으로도 해당 사업과 관련이 된 정부 및 이해관계자 등에게 제출하여 그들로부터 사업의 인·허가를 받는다든가 사업에 필요한 자금을 지원받는 중요한 용도로 사용이 된다. 따라서 사업계획서는 사업계획서의 사용 용도에 따라 목적적합성을 가지고 작성되어야 하며, 내부적 사업관리 측면에서의 사업계획서는 내부 경영자원(인력·자본·기술·지식 등)의 검토와 면밀한 사업 환경분석 그리고 향후 발생 가능한 위험잠재요인을 충분히 검토하여 이에 대한 대안을 수립하면서 보다 보수적인 측면에서 작성이 되어야 한다. 또한 외부제출용으로 작성되는 사업계획서는 심사기관이나 사업계획서를 검토하는 사람으로 하여금 사업의 내용을 쉽게 이해할 수 있도록 핵심적인 사항을 중심으로 명료하게 작성이 되어야 하며 사업계획서의 검토 및 심사기준을 사전에 파악하여 이에 준할 수 있도록 합리적이며 설득력 있게 작성하는 것이 매우 중요하다.

■ 총괄 요약문

사업계획서를 접하고 첫 장을 넘기게 되면 가장 먼저 접하게 되는 공간이 총괄요약문이다. 총괄요약문은 사업의 중요한 모든 사항을 가장 간결한 형태로 정리한 미니사업계획서로서 이 부분은 사업계획서의 심장에 해당한다. 총괄요약문은 목차 앞에 나오는 사업계획서에 담고 있는 내용 중 중요한 항목을 2~3쪽 내에 포함하게 된다. 투자자의 책상 위에는 투자를 요청하는 수많은 사업계획서가 놓여 있다. 투자자가 사업계획서를 접하게 될 때 20~40쪽 되는 사업계획서를 모두 읽을 시간적 여유가 없다. 따라서 이들은 총괄요약문에서 사업에 대하여 처음으로 접하게 된다. 투자자가 총괄요약문을 읽은 후 사업계획서를 구체적으로 읽고 싶어 하도록 유인할 수 있어야 한다. 이 역할이 바로 총괄요약문이 수행해야할 역할이며 목적이다. 많은 사람들은 총괄요약문이 사업계획서의 내용을 제대로 반영하기 위해서는 사업계획서가 작성되고 난 후에 총괄요약문을 작성하는 것이 당연하며 또한 매우 쉬울 것으로 생각한다. 물론 이러한 접근도 가능하나 성공적인 총괄요약문이 되려면 사업계획서를 작성하기 전에 먼저 총괄요약문의 초안을 작성하고, 본 사업계획서를 완성한 후에 다시 총괄요약문을 수정 작성하는 것이 바람직할 것이다.

■ 목차

목차는 사업계획서에 포함된 모든 부분의 제목과 해당 쪽 번호와 함께 표시하여야 하며, 특히 사업계획서 전체 내용의 논리적인 전개를 한눈에 볼 수 있게 정리되어야 한다.

■ 회사 소개와 조직

사업계획서의 각 세부 영역에 대한 내용을 구체적으로 설명하기에 앞서 사업계획서를 읽는 사람에게 먼저 사업의 기본적인 내용에 대하여 설명하여야 한다. 회사 및 사업개요 부분은 사업의 목적, 회사의 과거·현재·미래·회사의 법률적 형태, 소유권 및 주요 경영자, 제품 혹은 서비스, 향후 중요 일정 등에 관한 정보를 제시하는 데 있다. 이 부분은 다른 영역에 비하여 상대적으로 작성하기 용이할 지도 모른다.

회사개요 부분에서 회사의 기본적인 배경 정보와 사업개념의 틀을 제공하여야 한다. 또한 회사의 역사, 즉 어떻게 지금까지 왔으며 향후에 어디로 향할 것인지를 설명한다. 회사에 대한 설명은 사업의 목적과 목표시장에 대하여 설명한 회사의 미션 문장을 작성하는 것에서부터 시작하여야 한다. 일단 회사의 미션이 완성되면 다음과 같은 세부적인 사항에 대하여 설명하여야 한다.

회사의 미션 회사의 미션부분에서는 한 두 문장 이내에 회사의 비전을 제시하고 사업의 본질을 설명하여야 한다. 미션 문장은 사업의 목적과 목표시장에 관한 내용을 담고 있어야 하며, 사업계획서에 대한 상대방의 흥미를 자아내어야 한다. 회사의 미션이 명확하게 정의되지 못하면 이는 곧 사업의 목적 자체가 명확하지 못하다는 사실을 인정하는 것이 된다. 실제로 많은 기업의 경우 회사가 무엇을 하는지 설명하는데 어려움을 겪곤 한다. 자사의 사업이 무엇인지에 대하여 한 두 마디 정도밖에 말하지 못하거나 사업을 설명하는데 너무 장황하게 필요 없는 말을 많이 사용하여 오히려 상대방의 초점을 흐리게 하기도 한다. 사업을 명확하게 설명할 때 이들은 추진하고자 하는 사업에 대한 사업 목적과 목표시장을 명확하게 이해하고 있다고 믿고 신뢰하게 된다.

회사의 과거 역사 - Back Ground '회사배경'이란 제목으로 표현될 수 있으며 창업 및 발전과정을 설명하여야 한다. 설립연월일·설립목적·주요성과·사업방향의 변천사 등 과거의 역사 속에서 사업의 변화과정을 설명할 수 있으면 전략변화도 설명할 수 있다. 역사적인 내용을 언급하는 목적은 성공한 사실을 강조하는데 있으며, 이 경우 성공사실을 강조하기 위하여 판매액·이익·종업원 수·위치 등과 같은 기본적인 내용에 관한 사실과 숫자를 포함하여야 한다. 그러나 반대의 경우 오히려 판매감소나 손실이 발생하였다면 정확하게 인식하고 이를 설명하여야 한다.

회사의 현재 상태 - SWOT 분석 이 부분에는 회사의 현재상황을 요약 설명한다. 즉 현재 판매제품은 무엇인지, 종업원이 얼마나 많은지, 산업 내에서 혹은 시장에서 기업의 현재 입지는 어떠한지, 매출의 추세는 어떠한지 등에 대하여 설명함으로써 사업계획서를 읽는 사람이 최근 몇 개월간의 전반적인 기업상황 및 방향에 대하여 인식할 수 있도록 하여야 한다. 그리고 회사의 현재 상태에서 특히 회사의 강점이 무엇이며, 약점이 무엇인지에 대한 답을 기술하여야 한다.

회사의 미래 목표 - Strategy 이 영역이 작성하기에 가장 어렵다. 새로운 시장이나 신제품에 대한 어떠한 계획을 가지고 있으며 목적이 무엇이며 목표가 무엇인지, 기업이 어디로 향하고 있는지 설명하여야 한다. 이 부문은 '회사의 목표' 혹은 '회사의 전략'이란 제목으로 설명된다. 회사가 과거에도 지속적으로 성장하였거나, 시장에서 성장의 징후가 나타나고 있다면 미래에 대한 이러한 예측은 매우 신뢰할 수 있다. 특히 외부환경의 추세는 이러한 예측을 더욱 신뢰할 수 있게 해준다. 새롭게 창업하는 회사의 경우에는 추세를 파악할 수 있는 지난날의 역사도 없고 현재의 운영현황도 없다. 그렇기 때문에 어떤 면에서 보면 오히려 기존회사 보다 미래를 예측하기가 용이하다. 반면 사업계획서를 읽는 상대방의 입장에서 볼 때에는 이들이 낙관적으로 회사의 미래를 예측하여도 이를 반박할 근거가 없기 때문에 얼마나 신뢰할 것인가 하는 의문이 생기게 된다.

주요 경영자 누가 전략을 결정하고 실행하는지 경영자의 역할은 매우 중요하다. 특히, 새롭게 태어나는 창업기업의 경우에는 절대적이다. 이때 경영자는 이전회사나 현재 회사에서 달성한 실적에 기초하여 신뢰할 수 있는 사람이어야 함은 물론 전략을 수행하는데 적합한 사람이어야 한다.

사업계획서는 회사에 대한 과거·현재·미래의 기본정보를 제공하여야한다. 다시 말해 회사의 과거역사에 관한 정보가 있어야 하며, 만약 새롭게 창업하는 회사라면 시장과 제품개념이 어떻게 변해왔는지 설명하여야 한다. 회사의 현재상태에 관한 정보는 물론 이거니와 향후 회사가 어디로 가고자 하는지 미래회사 전략과 목표, 그리고 목표달성을 위하여 요구되는 활동에 대하여 설명하여야 한다. 또한 회사의 존재이유와 비전도 제시하여야 한다. 회사가 주식회사인지 등 회사의 법적형태에 대해서도 설명하여야 한다.

■ 산업분석

산업분석은 산업의 형태, 현재 이 산업의 시장규모, 미래시장규모의 예측, 산업의 특성, 현재 이 산업에서 가장 중요한 소비자는 누구인지, 새로 생산될 제품이나 서비스가 적용되거나 이용될 주요 분야는 어떤 것이 있는지, 산업의 변화추세는 어떤지, 사업에 영향을 줄 산업의 내적 외적인 변화는 어떤 것이 일어나고 있는지 등에 대한 분석이다.

제품에 관한 사항 사업계획서의 제품부분에는 제품이 무엇인가에 대하여 완벽하면서도 간결하게 기술하여야 한다. 제품이 무엇이며, 고객이 제품을 사용함으로써 어떠한 편익을 얻고자 하는지, 회사의 제품이 이들에게 제공할 수 있는 편익이 무엇인지 등에 관하여 설명하여야 한다. 궁극적으로 이해관계자가 사업계획서의 제품 부분에서 기술한 내용을 보고 경쟁사 제품에 비하여 자사 제품이 무엇이 다른 가를 인지할 수 있도록 하여야 한다. 일반적으로 사업계획서의 제품 부분을 구성하는 내용은 다음과 같다.

- 제품 설명
- 제품 특성(경쟁사 제품과의 차이점, 비교우위 등)
- 제품 연구개발 활동
- 제품 생산 및 보증수리 활동

표적시장 일반적으로 사업을 시작할 때는 넓은 소비자 계층을 대상으로 하지 않고 특수하면서도 확실한 소비자들을 대상으로 하는 특정한 시장을 Niche Market이라고 한다. 새로운 회사가 뚫고 들어가야 할 시장은 어떤 것인지, 어떤 소비자 그룹을 대상으로 제품을 만들고 마케팅 전략을 세워야 하는지, 누가 이 제품을 살 것인지, 소비자는 왜 다른 것을 사지 않고 이 제품을 살 것인지, 경쟁자들은 어떻게 할 것인지, 즉 표적시장 항목에서는 계획제품의 시장침투 가능성 및 수요전망을 제시해야 한다. 산업과 표적시장에 관하여 산업의 규모가 얼마나 되는지, 산업이 성장단계 혹은 쇠퇴단계에 있는지, 산업의 진입장벽은 무엇인지 등 산업에 관한 분석 내용을 조사 자료와 함께 포함한다. 그리고 시장에 대해서는 누가 회사의 제품이나 서비스의 잠재 고객인지, 또는 누가 잠재 고객이 될 것인지를 규정하고 설명하여야 한다. 그리고 표적시장·시장규모·경쟁상태·고객의 구매의사결정과정·시장세분화·경쟁사에 대한 방어전략 등과 같은 시장의 중요요소에 대하여 설명하여야 한다. 시장분석을 위하여 다음 네 가지 내용을 담아야 한다.

- 목표시장의 위치
- 목표시장의 규모
- 시장세분화 정도
- 시장이 향후 진행방향

소비자 분석 사업의 성패는 결국 소비자들의 반응에 달려 있기 때문에 투자자를 포함한 모든 사람들은 소비자들의 반응에 관심이 있을 수밖에 없다. 수요 계층·소득·나이 등 소비자에 대한 일반적 분석은 물론 수요예측과 그러한 수요예측의 근거를 제품별로 구체적으로 제시하여 신뢰를 주어야 한다.

경쟁자 분석 경쟁 역시 사업의 성패에 결정적 영향을 미치는 요소이다. 어떤 산업은 경쟁이 이미 치열하거나 경쟁자가 너무 강력해 승산이 없는 분야일 수도 있다. 기본적으로 동업계현황 및 경쟁제품을 자사와 비교 장·단점을 분석해야 하고, 진출하고자 하는 업계의 경쟁강도를 분석해야 한다. 수많은 경쟁자와 소비자들이 어떻게 움직일지 정확히 예측한다는 것은 사실상 불가능하다. 그러므로 항상 시장동향과 신기술동향으로부터 눈을 떼지 않도록 주의해야 한다. 사업계획서의 경쟁분석 부분은 회사와 경쟁사를 객관적으로 검토 비교하는 곳이다. 회사의 직접적인 경쟁자와 간접적인 경쟁자가 누구인지, 그리고 잠재 경쟁자가 누구인지 먼저 정하고, 이들이 무엇을 어떻게 판매하는지, 얼마나 된 회사인지, 구체적인 시장은 어디인지, 경쟁사의 강점과 약점이 무엇인지 파악하여야 한다. 그리고 경쟁자에 관한 정보원천도 함께 설명하여야 한다.

마케팅계획(marketing)

누가 회사의 고객인지 파악한 후 이들에게 팔고자 하는 제품을 어떻게 팔 것인지 구체적인 방법을 결정한 다음 어떤 활동을 통하여 이들에게 자사의 제품을 알려서 구매로 연결할 것인가를 고민하는 장이 마케팅계획 부문이다. 즉 마케팅계획 부문은 회사 제품의 4P를 설명하는 장이다.

Tip 마케팅 믹스(Marketing Mix)전략

마케팅 믹스(Marketing Mix)전략이란 일정한 환경적 조건과 일정한 시점 내에서 기업이 기대하는 마케팅 목표를 달성하기 위하여 전략적으로 실시하는 마케팅 활동으로 4P는 제품(product), 판매가격(price), 유통경로(place), 판매촉진(promotion)을 뜻한다.

Product(시장 포지셔닝) 제품 혹은 서비스가 시장에서 어떻게 포지셔닝할 것인지, 시장 포지셔닝을 결정하는 것은 시장에서 자사의 실체를 정립하는 것을 말한다. 즉 시장에서 고객과 경쟁사가 자사의 제품을 어떻게 인식해 주기를 바라는가에 대한 답을 구하는 것을 말한다. 즉 누구를 대상으로 어떠한 특성을 제공할 것인지에 따라서 포지셔닝이 달라진다.

- 제품이나 서비스는 무엇이 독특한가.
- 제품은 어떠한 고객의 요구를 충족시켜줄 수 있나.
- 사람들이 제품을 어떤 제품으로 봐주기를 원하는가.
- 경쟁사는 어떻게 시장에서 포지셔닝 하는가.

Price(가격결정) 제품의 가격을 결정할 때 일반적으로 고려하게 되는 요소는 다음과 같다. 이미 안정적인 시장을 확보하고 있는 기업의 경우 제품의 가격결정은 원가, 규모의 경제성 등의 관계 속에서 이루어진다. 그러나 벤처기업의 경우에는 '가격은 원가를 설명하는 것이 아니라 가치(가치 = 고객의 지불의향)를 설명하는 것이다.'라는 가치중심적 사고를 가지고 원가·경쟁자 등 위에서 제시된 요소를 종합적으로 검토한 후 가격을 결정하는 접근이 요구된다.

- 원가 + 마진
- 고객의 지불 의향
- 경쟁자의 가격
- 규모의 경제성 반영
- 제품 특성이 가격에 미치는 효과

제1편 경영전략
제2편 경영계획
제3편 사업성 분석과 평가
제4편 내부감사와 경영진단
제5편 기업공개
제6편 기업인수 합병
제7편 업적평가

place(사업장 위치선정) 사업장의 위치를 어디로 정하는가 하는 의사결정은 사업의 성공과 실패를 결정짓는 중요한 요소가 될 수 있다. 제조업·유통업·서비스업 중 어느 사업을 하는 경우라도 모두 사업장의 위치가 매우 중요하다. 사업장의 위치를 평가할 때 특히 관심을 가질 것은 현재의 상황을 분석하는 것은 물론이거니와 미래에 예상되는 상황변화까지도 예상하여 의사결정 하여야 한다. 사업장을 찾을 때 가장 우선적으로 고려할 사항은 목표시장에 얼마나 용이하게 접근할 수 있는가 하는 시장문제이다.

promotion(판매촉진 활동) 판매촉진 활동은 제품이 고객이 원하는 편익을 가지고 있다는 사실을 효과적으로 전달하여 고객이 구매의사결정을 하도록 하는 모든 활동을 포함한다. 사실 제품을 판매한다는 것은 기업의 수많은 업무 중에서 가장 어렵고 중요한 일이다. 따라서 사업계획서에 이 부분을 작성함에 있어 아주 신중하게 작성하여야 한다. 사업의 어느 영역도 어떻게 판매할 것인가를 결정하는 문제보다 중요하지 않다. 판매하지 못한다면 마케팅·생산·연구개발 등 모든 영역이 완벽하게 수행된다고 하더라도 사업 자체가 의미가 없다. 사업계획서에는 어떻게 제품을 판매할 것인지 구체적으로 언급하여야 한다. 판매과정을 설명하기 위하여 판매방법·판매원관리·촉진활동에 대하여 기술하여야 한다.

■ 재무계획

재무계획은 가정으로 뭉쳐진 추정치이다. 따라서 재무계획의 모든 부분에서 어떠한 가정을 가지고 추정하였는가를 나타내어야 한다. 컴퓨터를 사용하여 작성하는 재무계획은 가정 하나를 수정함으로써 엄청난 결과치의 변화를 초래할 수 있기 때문이다.

재무요약 서두에 재무계획과 관련된 주요 사항을 간단하게 요약한다. 손익계산서나 대차대조표의 주요 사항인 매출·원가·자산·부채·자본금의 상태 등에 대해 기술한다.

투자제안 투자자에게 요청하는 투자요구사항이다. 주식투자를 원할 경우 구주매출인지 신주증자인지 기술하고 투자자가 획득할 수 있는 지분율과 금액을 표시한다. 투자자는 이 내용과 사업계획서의 타당성을 비교하여 투자를 결정한다. 특히 재무계획의 추정치를 분식하여 투자자가 매입할 주식의 가치가 적정한지 평가하는 기준이 여기에 있다.

투자금의 용도 투자자는 자신의 투자자금이 어디에 사용되는지 궁금해 한다. 운전자금·시설자금 등으로 투자금의 사용용도를 분류해 주고 투자 자금이 향후 회사의 실적에 어떻게 연관되는지 설명한다.

투자회수방안 안전하고 충분하게 투자자금을 회수하는 것은 모든 투자자의 목적이다. 투자자는 좋은 사업에 투자하여 사회에 기여하는데 만족하지 않는다. 사업계획서를 검토하는 것도 투자를 하여 위험을 최소화하면서 충분한 수익을 올리면서 투자자금을 회수할 수 있는지 판단하기 위해서다. 따라서 반드시 어떤 방법으로 투자자가 투자자금을 회수할 수 있을지 명시해야만 투자자를 설득할 수 있다. 특히 국내 벤처캐피탈은 투자한 뒤 수년이 지나도 수익을 올리지 못한 투자 사례를 많이 경험하였기 때문에 이 부분을 명확하게 설명해야 한다. 이익을 많이 내고 배당금을 충분히 지급하는 방법도 있고 상장요건을 갖추어 유가증권상장을 추진하여 시장에서 투자자가 주식을 매각하여 투자수익을 올릴 수 있는 방법도 있다.

추정대차대조표 대차대조표는 특정시점의 기업의 재산상태를 표시한다. 자산의 구성내역과 자산의 자금출처, 즉 부채와 자본금 등의 내역을 표시한 것이므로 사업계획서 내에 첨부되는 대차대조표는 가장 최근 수치를 사용하여야 한다. 신설법인의 경우 개시대차대조표도 포함시키고 손익계산서처럼 3개년에서 5개년 수치를 작성한다.

추정손익계산서 손익계산서는 일정기간동안의 수입과 비용을 표시한 것으로 가장 널리 사용되는 기업의 실적표이다. 일반적으로 5개년 수치를 작성하며 적어도 3개년 수치에 대한 추정치를 작성해야 한다. 초기년도에는 가능하면 분기별로 작성한다.

추정현금흐름표 현금흐름의 추정은 재무계획에서 가장 중요한 부분이다. 현금흐름표는 언제 어디서 현금이 회사로 유입되고 언제 어떻게 현금이 유출될 것인가를 일목요연하게 알 수 있기 때문에 단순히 사업계획서를 위해서만 아니라 기업의 경영상황을 관리하기 위해 가장 필수적인 도구이다. 최근 흑자도산하는 기업의 대부분이 현금흐름을 적절히 통제하지 못했기 때문인데, 기업이 지속적으로 현금을 보유할 수 있도록 계획해야 한다. 손익계산서 상의 이익이 회사 금고나 통장에 현금이 있다는 것을 의미하진 않는다. 사업을 하다 보면 추가 운전자금이 필요한데 현금흐름표를 잘 작성하면 이에 대한 대비를 할 수 있다. 초기년도는 최대한 자세하게 현금흐름표를 작성하되, 손익계산서와 연동하여 분기별 혹은 연도별로 작성한다. 3개년에서 5개년치 정도 추정한다.

손익분기점분석 손익분기점분석은 신설법인이 총비용과 같은 규모의 매출액을 산정할 때 자주 사용된다. 손익분기점분석을 함으로써 손익분기점매출을 달성하기까지 소요되는 비용도 파악할 수 있으므로 사업이 궤도에 오를 때까지 필요한 자금소요량도 추정할 수 있다. 사업계획서에 손익분기점분석이 포함될 정도면 재무계획에 상당히 신경 쓴 경우라 할 수 있다.

과거 재무제표 신설법인이 아닐 경우 당연히 3개년에서 5개년의 과거실적 재무제표를 첨부하고 한국은행이나 산업은행에서 발간되는 기업경영분석 자료를 통해 업종평균 재무제표와 비교하면 좋다. 또한 재무제표는 과거실적이든 미래 추정치든 현재와 가까운 시점일수록 정확하고 자세하게 기술해야 한다. 재무계획 작성 시에는 다음과 같은 사항을 유의하여 작성하여야 한다.

■ 기술 및 연구개발

이 부분에서는 대상기술의 내용 및 특성인 기술의 우위성을 제시한다. 기술의 핵심내용을 그 분야에 대해 잘 모르는 사람이 읽더라도 이해할 수 있도록 쉽게 설명하고 아이템 선전과정 및 기술현황, 사업화 가능성 및 전망 그리고 향후 R&D 투자계획을 개발목표, 개발인력 구성, 개발소요자금, 개발 일정 등으로 설명한다. 사업계획서를 읽는 이해관계자는 이 부분에서 제품개발 가능성 및 기술능력인 기술인력현황, 핵심기술내역, 기술도입 및 협력가능성과 제품의 특성 및 경쟁력으로 유사품 대비 기술적 우위성, 가격경쟁력, 대체기술 출현가능성, 기술특허현황, 기술도입가능성, 기술변화 등을 파악하기를 원한다. 기술력에 기초한 벤처기업의 경우 투자자는 제품개발상황에 대하여 관심을 가지므로 다음과 같은 내용을 설명하는 것이 바람직하다.

- 필요한 연구개발 내용을 모두 기술한다.
- 다른 선도 기술에 대한 의존정도를 기술한다.
- 경쟁기술을 평가한다.
- 향후 기술개발 방향에 대하여 설명한다.
- 보유하고 있는 지적자산에 대하여 설명한다.

■ 생산과 시설계획

아이템이 제품의 실제생산이 필요한 것인 경우 다음과 같은 형태의 생산계획안이 제시되어야 한다.

- 연차별 가동 계획
- 제품별 생산 공정도 및 공정 설명
- 원·부자재 소요 및 조달계획
- 생산 및 시설투자 계획

경영과 소유 / 인력계획

아무리 사업 아이템이 좋고 시장전망이 좋아도 그 사업을 시작하고 경영하는 것은 결국 사람이다. 기술개발자·재무관리자·영업담당자·생산현장에서 감독할 사람 등의 해당분야에 대해 어떤 경험과 지식을 쌓아왔는지 밝히는 것이 좋다.

부 록

여기에서는 앞에서 삽입하지 못했던 자료, 시제품의 사진, 신문 스크랩 등을 첨부한다. 제출 첨부 서류를 예시하면 다음과 같다. 대표자 및 임원 이력서·기술진 이력서·최근 3년간 결산서류·담보 제공시 담보물감정서·도시계획확인원·등기부등본·보증 관련 서류·사업자등록증 사본·정관·법인등기부 등본·제품 카탈로그·기타 필요하다고 인정되는 서류 등이다.

www.supercooler.co.kr
SeoulBingo
사업계획서
수퍼쿨러주식회사
"세계 최초 슬러시 냉장고"

SeoulBingo
1 기업개요
1. 회사 개요
2. 경영이념
3. VISION
4. 제품 소개
5. 사업모델 (Business Model)
6. 사업매력도 (Key Success Factor)
7. 제품 포트폴리오 (Products Portfolio)
8. 비즈니스 프레임워크 (Framework)
9. 조직도 (Organization Map)
"세계 최초 슬러시 냉장고"

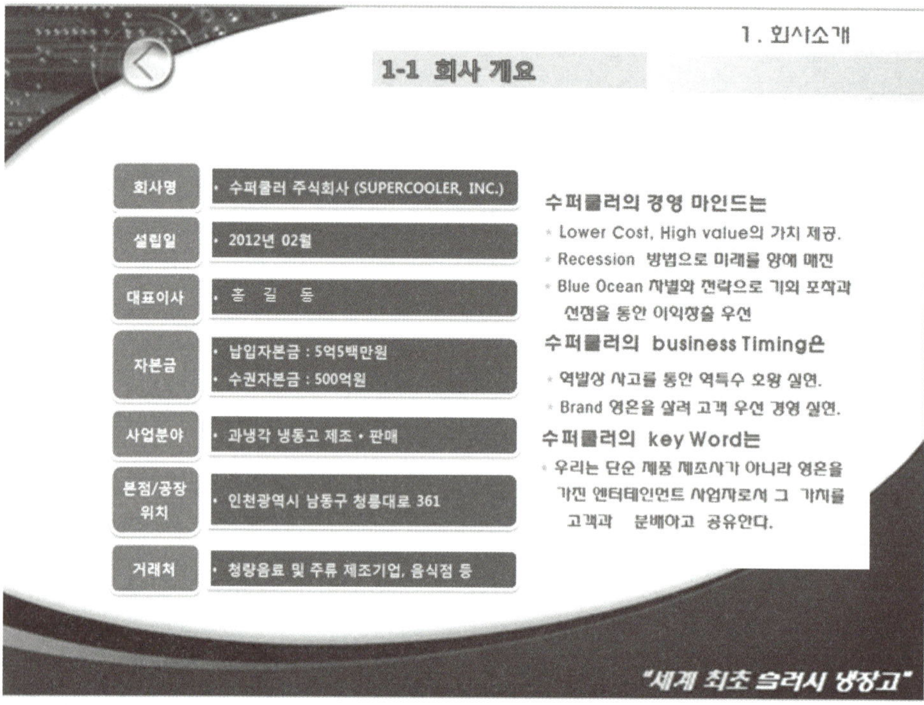
1. 회사소개
1-1 회사 개요
회사명
· 수퍼쿨러 주식회사 (SUPERCOOLER, INC.)
설립일
· 2012년 02월
대표이사
· 홍 길 동
자본금
· 납입자본금 : 5억5백만원
· 수권자본금 : 500억원
사업분야
· 과냉각 냉동고 제조 · 판매
본점/공장 위치
· 인천광역시 남동구 청룡대로 361
거래처
· 청량음료 및 주류 제조기업, 음식점 등
수퍼쿨러의 경영 마인드는
* Lower Cost, High value의 가치 제공.
* Recession 방법으로 미래를 향해 매진
* Blue Ocean 차별화 전략으로 기회 포착과 선점을 통한 이익창출 우선
수퍼쿨러의 business Timing은
* 역발상 사고를 통한 역특수 오왕 실현.
* Brand 영혼을 살려 고객 우선 경영 실현.
수퍼쿨러의 key Word는
* 우리는 단순 제품 제조사가 아니라 영혼을 가진 엔터테인먼트 사업자로서 그 가치를 고객과 분배하고 공유한다.
"세계 최초 슬러시 냉장고"

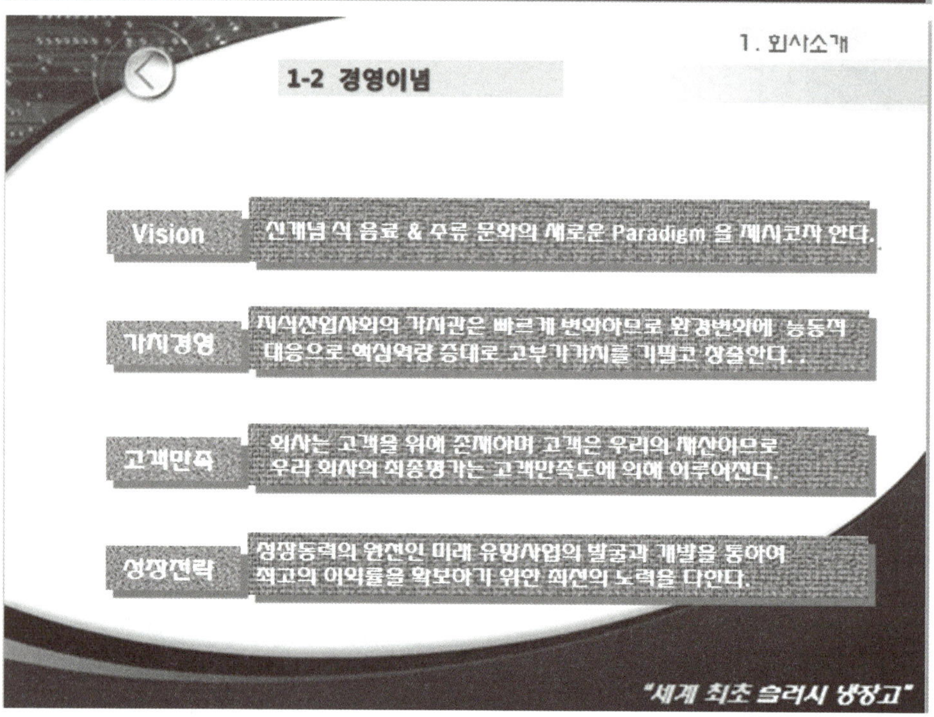
1. 회사소개
1-2 경영이념
Vision
신개념 식 음료 & 주류 문화의 새로운 Paradigm 을 제시코자 한다.
가치경영
지식산업사회의 가치관은 빠르게 변화하므로 환경변화에 능동적 대응으로 핵심역량 증대로 고부가가치를 기필코 창출한다. .
고객만족
회사는 고객을 위해 존재하며 고객은 우리의 재산이므로 우리 회사의 최종평가는 고객만족도에 의해 이루어진다.
성장전략
성장동력의 완전인 미래 유망사업의 발굴과 개발을 통하여 최고의 이익률을 확보하기 위한 최선의 노력을 다한다.
"세계 최초 슬러시 냉장고"

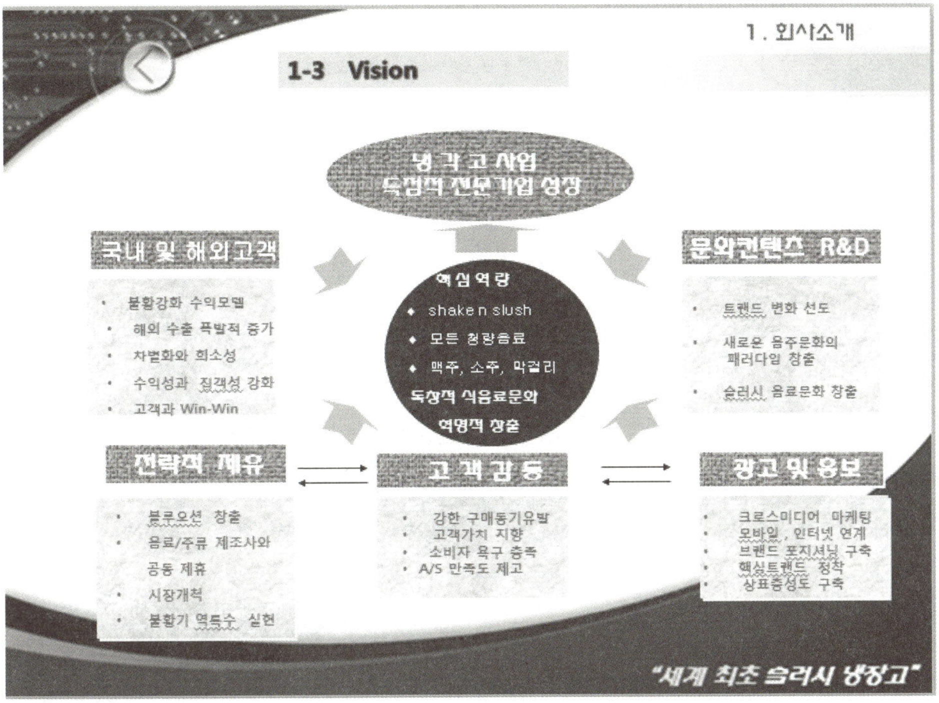
1. 회사소개
1-3 Vision
냉각고 사업
독점적 전문기업 성장
국내 및 해외고객
· 불황강화 수익모델
· 해외 수출 폭발적 증가
· 차별화와 희소성
· 수익성과 집객성 강화
· 고객과 Win-Win
핵심역량
◆ shake n slush
◆ 모든 청량음료
◆ 맥주, 소주, 막걸리
독창적 식음료문화
혁명적 창출
문화컨텐츠 R&D
· 트렌드 변화 선도
· 새로운 음주문화의 패러다임 창출
· 슬러시 음료문화 창출
전략적 제휴
· 블루오션 창출
· 음료/주류 제조사와 공동 제휴
· 시장개척
· 불황기 역특수 실현
고객감동
· 강한 구매동기유발
· 고객가치 지향
· 소비자 욕구 충족
· A/S 만족도 제고
광고 및 홍보
· 크로스미디어 마케팅
· 모바일, 인터넷 연계
· 브랜드 포지셔닝 구축
· 핵심트렌드 정착
· 상표충성도 구축
"세계 최초 슬러시 냉장고"

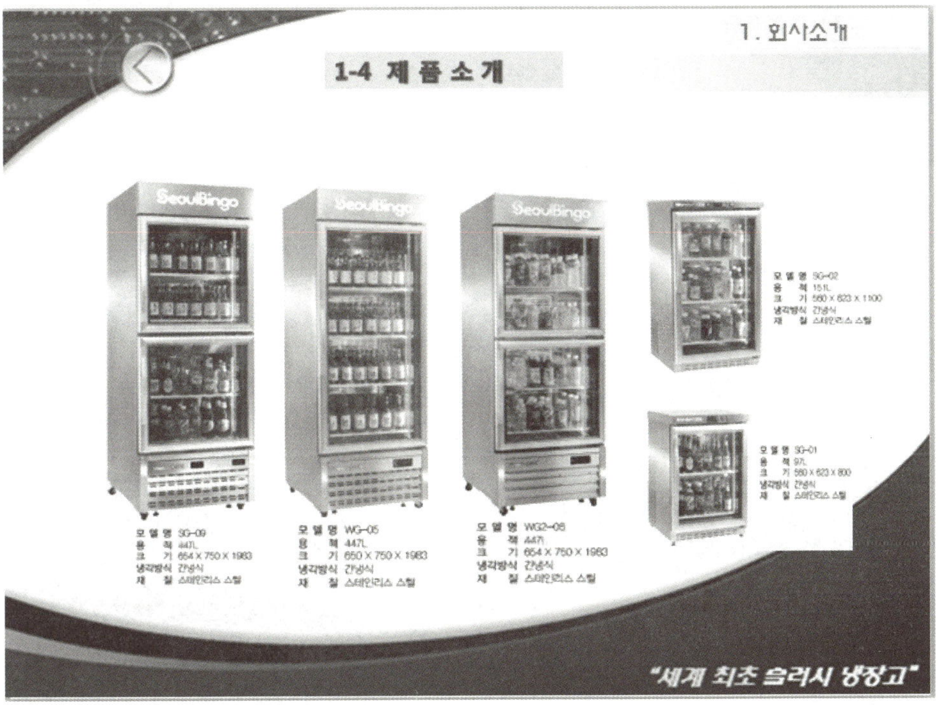
1. 회사소개
1-4 제품소개
SeoulBingo
모 델 명 SG-09
용 적 447L
크 기 654 X 750 X 1983
냉각방식 간냉식
재 질 스테인리스 스틸
모 델 명 WG-05
용 적 447L
크 기 650 X 750 X 1983
냉각방식 간냉식
재 질 스테인리스 스틸
모 델 명 WG2-08
용 적 447L
크 기 654 X 750 X 1983
냉각방식 간냉식
재 질 스테인리스 스틸
모 델 명 SG-02
용 적 151L
크 기 580 X 623 X 1100
냉각방식 간냉식
재 질 스테인리스 스틸
모 델 명 SG-01
용 적 97L
크 기 580 X 623 X 800
냉각방식 간냉식
재 질 스테인리스 스틸
"세계 최초 슬러시 냉장고"

1. 회사소개
1-5 사업모델 (Business Model)
설 빙 고
세계 최초로 개발한 특허제품
마술인가? 기술인가!!
SeoulBingo
"설빙고"
상식을 뛰어넘는
과냉각의 신비로움
"설빙고" 에서
꺼내기만 해도 얼음이
사르르~~ 액체가 순간
얼음이 되는 마술쇼가
펼쳐집니다
"세계 최초 슬러시 냉장고"

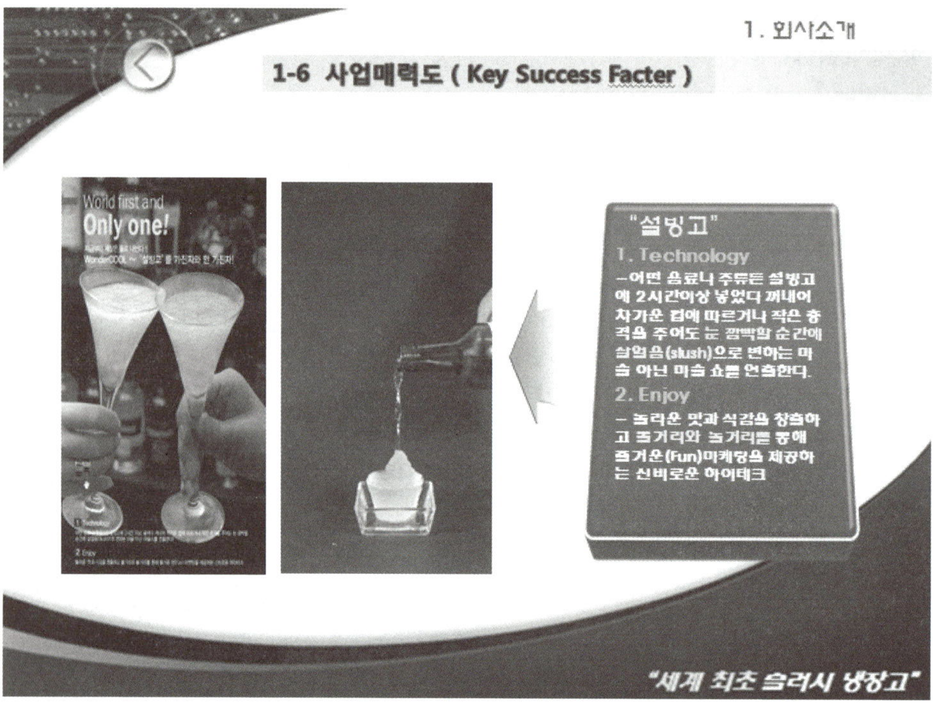
1. 회사소개
1-6 사업매력도 (Key Success Facter)
World first and
Only one!
"설빙고"
1. Technology
-어떤 음료나 주류든 설빙고 에 2시간이상 넣었다 꺼내어 차가운 컵에 따르거나 작은 충격을 주어도 눈 깜빡할 순간에 살얼음(slush)으로 변하는 마술 아닌 마술 쇼를 연출한다.
2. Enjoy
- 놀라운 맛과 식감을 창출하고 즐거리와 놀거리를 통해 즐거운(Fun)마케팅을 제공하는 신비로운 하이테크
"세계 최초 슬러시 냉장고"

1. 회사소개

1-7 제품 포트폴리오 (Products Portfolio)

- 생수(설빙수) 및 모든 청량음료
- 슬러시 맥주 – 설빙 맥주
- 슬러시 막걸리 – 설빙 막걸리
- 슬러시 소주
- 기타 – 식혜, 녹차, 과일쥬스, 야채쥬스, 건강 비타민음료, 스포츠음료, 전통음료, 와인, 사케(일본 주), 복분자 등 각종 전통주, 모든 청량음료

프라스틱 및 페트병, 유리병, 종이팩, 기타 밀폐용기 등

"세계 최초 슬러시 냉장고"

1. 회사소개

1-8 비즈니스 프레임워크 (Business Framework)

희소성	최소 영하 –5도에서 영하 –20도 까지의 기존 냉장고보다 몇 배나 차가운 Super Cooling의 음료를 마실 수 있다.
독창성	음료자체가 얼기 때문에 대장균이 우글거리는 얼음을 넣지 않아 극히 위생적이다.
영속성	외부에서 얼음이 투입되지 않으므로 끝라나 음료, 술의 맛이 전혀 변하지 않는다.
성장성	특히 소주, 막걸리, 맥주 등은 차가우면 30%이상 많이 마시게 되어 매출 증대를 가져다 준다.
내세성	설빙고는 추운 겨울 등에는 보통 냉장고로 동치미 보관 등으로 사용하거나 일반 냉장고로도 병행사용 가능한 것이 가장 큰 장점이다.

"세계 최초 슬러시 냉장고"

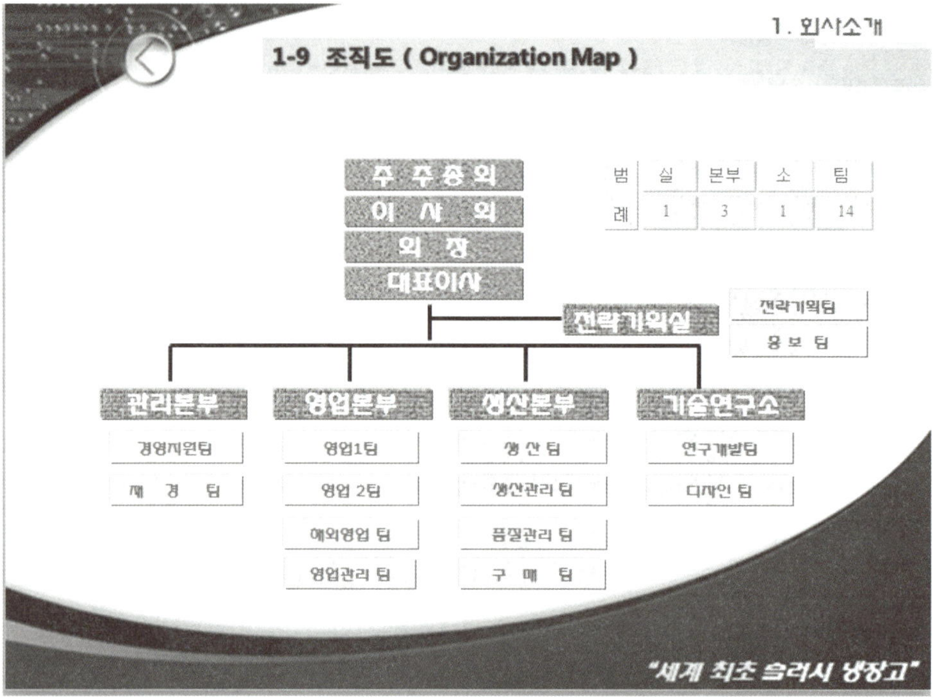
1. 회사소개
1-9 조직도 (Organization Map)
범례
실 1
본부 3
소 1
팀 14
주주총회
이 사 회
회 장
대표이사
전략기획실
전략기획팀
홍 보 팀
관리본부
경영지원팀
재 경 팀
영업본부
영업1팀
영업 2팀
해외영업 팀
영업관리 팀
생산본부
생 산 팀
생산관리 팀
품질관리 팀
구 매 팀
기술연구소
연구개발팀
디자인 팀
"세계 최초 슬러시 냉장고"

2
환 경 분 석
SeoulBingo
1. 사업환경요인분석
2. 환경요인분석
3. SWOT 분석
"세계 최초 슬러시 냉장고"

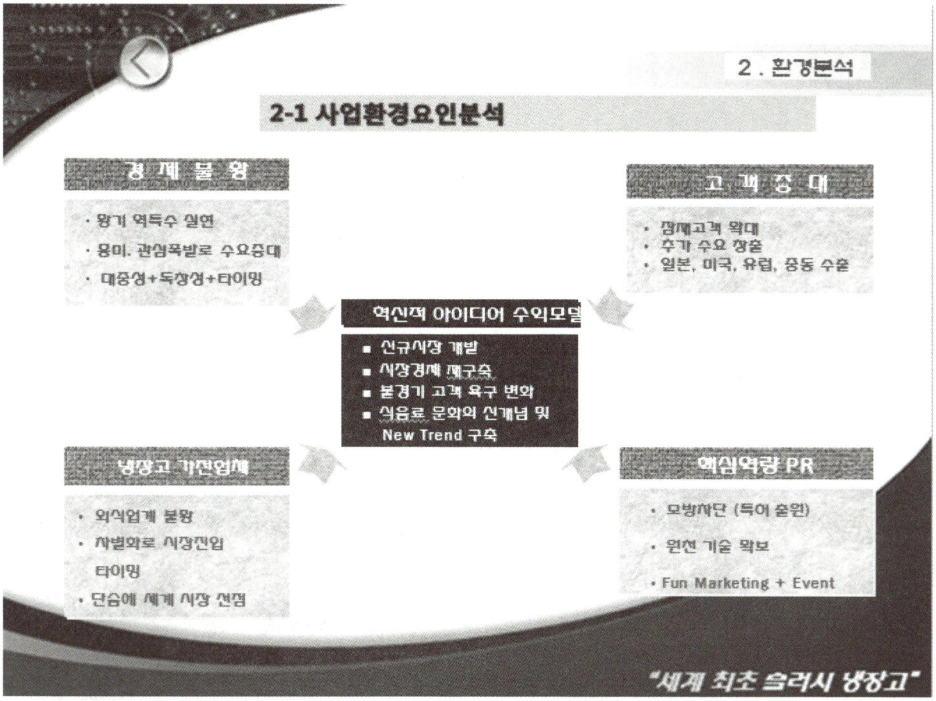
2 . 환경분석
2-1 사업환경요인분석
경 제 불 황
· 왕기 역득수 실현
· 용미. 관심폭발로 수요증대
· 대중성+독창성+타이밍
고 객 증 대
· 잠재고객 확대
· 추가 수요 창출
· 일본, 미국, 유럽, 중동 수출
혁신적 아이디어 수익모델
■ 신규시장 개발
■ 시장경제 재구축
■ 불경기 고객 욕구 변화
■ 식음료 문화의 신개념 및 New Trend 구축
냉장고 가전업체
· 외식업계 불황
· 차별화로 시장진입 타이밍
· 단숨에 세계 시장 선점
핵심역량 PR
· 모방차단 (특허 출원)
· 원천 기술 확보
· Fun Marketing + Event
"세계 최초 슬러시 냉장고"

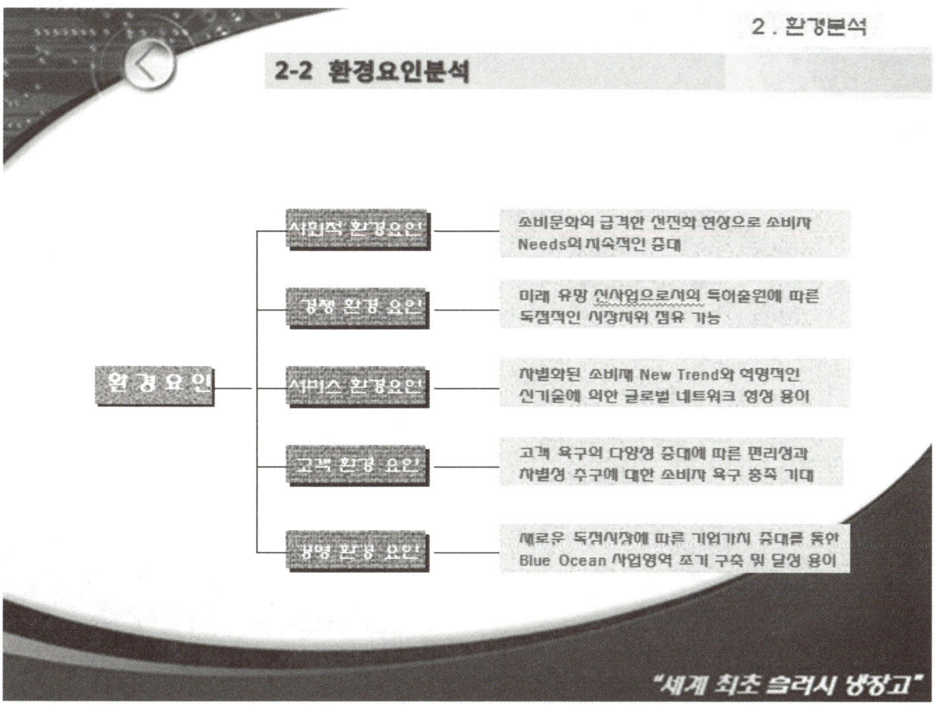
2 . 환경분석
2-2 환경요인분석
환 경 요 인
사회적 환경요인
소비문화의 급격한 선진화 현상으로 소비자 Needs의 지속적인 증대
경쟁 환경 요인
미래 유망 신사업으로서의 특허출원에 따른 독점적인 시장지위 점유 가능
서비스 환경요인
차별화된 소비재 New Trend와 혁명적인 신기술에 의한 글로벌 네트워크 형성 용이
고객 환경 요인
고객 욕구의 다양성 증대에 따른 편리성과 차별성 추구에 대한 소비자 욕구 충족 기대
경영 환경 요인
새로운 독점시장에 따른 기업가치 증대를 통한 Blue Ocean 사업영역 조기 구축 및 달성 용이
"세계 최초 슬러시 냉장고"

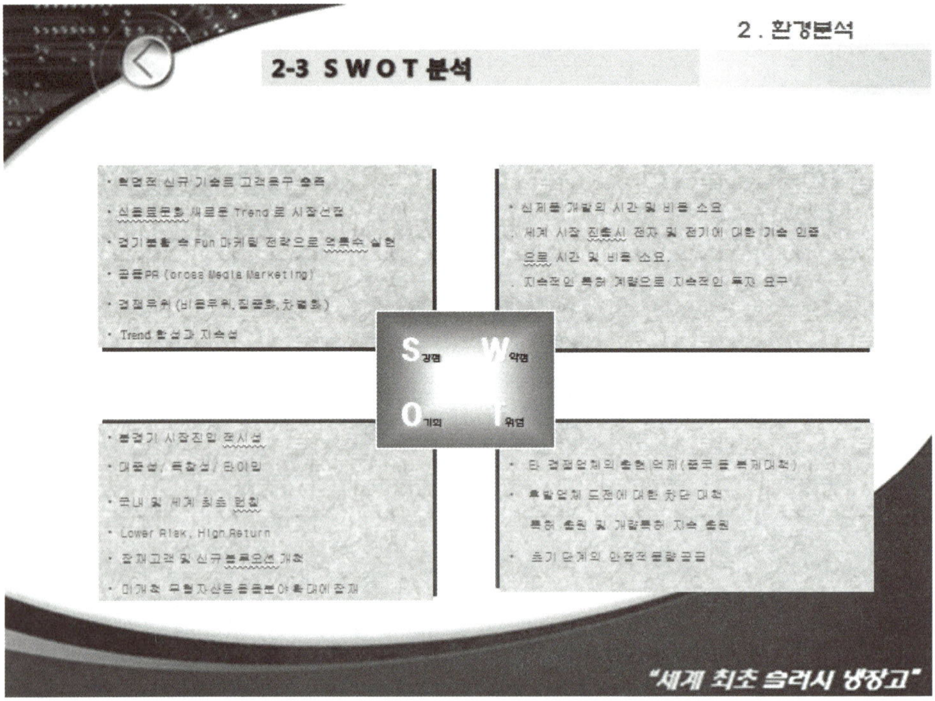
2. 환경분석
2-3 SWOT 분석
• 혁명적 신규 기술로 고객욕구 충족
• 경쟁우위 (비용우위, 집중화, 차별화)
• Trend 창출과 지속성
S 강점
W 약점
O 기회
T 위협
• 신제품 개발의 시간 및 비용 소요
. 세계 시장 진출시 전자 및 전기에 대한 기술 인증으로 시간 및 비용 소요.
. 지속적인 특허 개발으로 지속적인 투자 요구
• 불경기 시장진입 적시성
• 대중성/ 독창성/ 타이밍
• Lower Risk, High Return
• 잠재고객 및 신규블루오션 개척
• 타 경쟁업체의 출현 억제(특허 등 복제대책)
• 후발업체 도전에 대한 차단 대책
특허 출원 및 개량특허 지속 출원
• 초기 단계의 안정적 물량 공급
"세계 최초 슬러시 냉장고"

SeoulBingo
3 경영전략
1. Mission
2. Corporation Portfolio
3. Business Trend
"세계 최초 슬러시 냉장고"

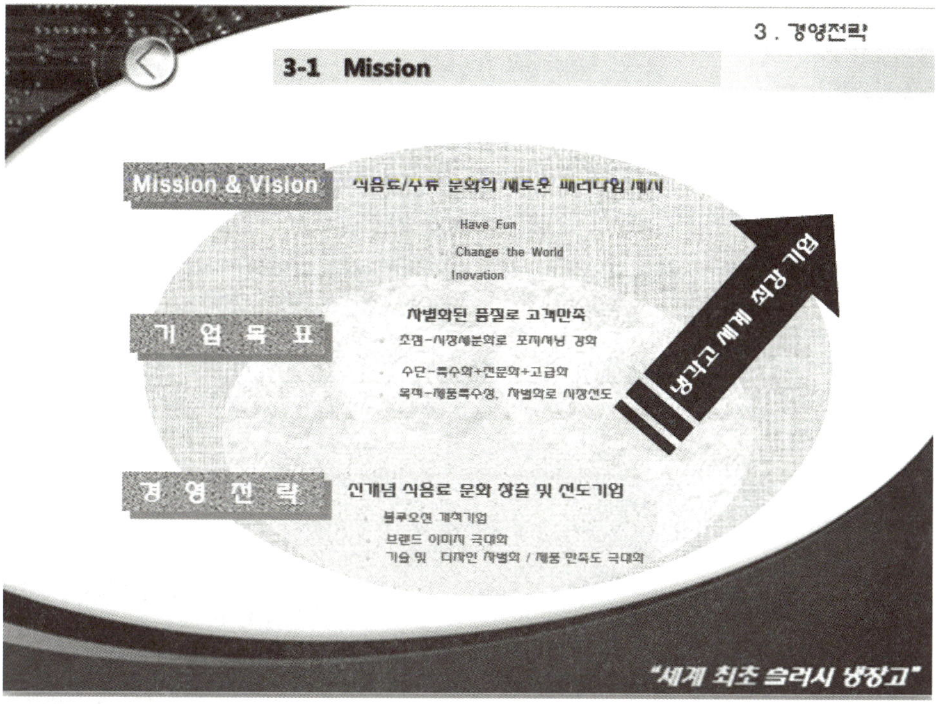
3. 경영전략
3-1 Mission
Mission & Vision
식음료/수류 문화의 새로운 패러다임 제시
Have Fun
Change the World
Inovation
기 업 목 표
차별화된 품질로 고객만족
초점-시장세분화로 포지셔닝 강화
수단-특수화+전문화+고급화
목적-제품특수성, 차별화로 시장선도
냉각고 세계 최강 기업
경 영 전 략
신개념 식음료 문화 창출 및 선도기업
블루오션 개척기업
브랜드 이미지 극대화
기술 및 디자인 차별화 / 제품 만족도 극대화
"세계 최초 슬러시 냉장고"

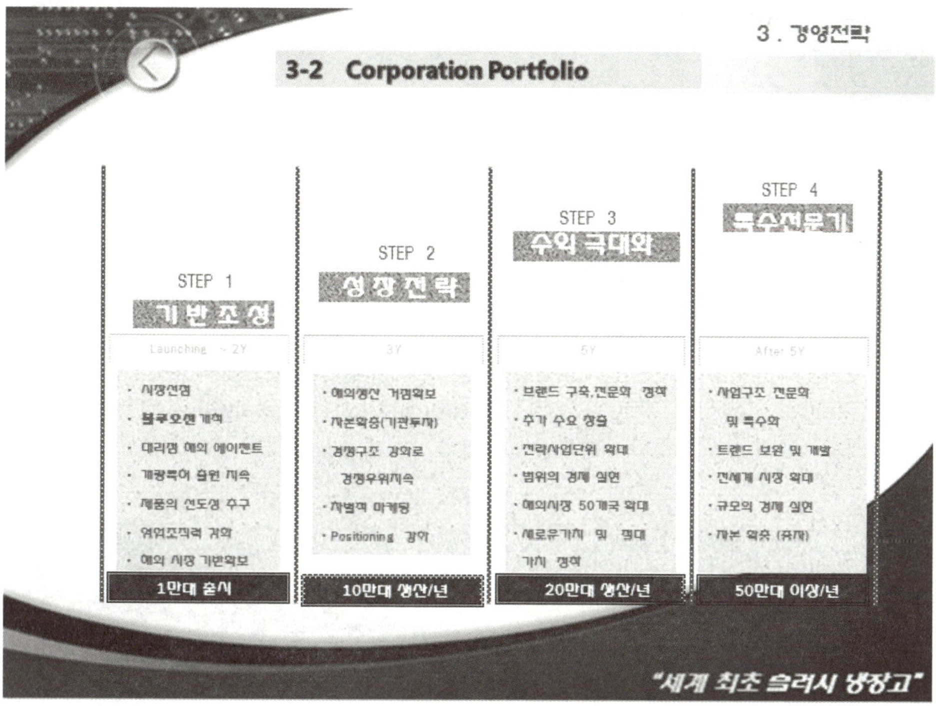
3. 경영전략
3-2 Corporation Portfolio
STEP 1
기반조성
Launching ~2Y
· 시장선점
· 블루오션 개척
· 대리점 해외 에이전트
· 개량특허 출원 지속
· 제품의 선도성 추구
· 영업조직력 강화
· 해외 시장 기반확보
1만대 출시
STEP 2
성장전략
3Y
· 해외생산 거점확보
· 자본확충(기관투자)
· 경쟁구조 강화로
경쟁우위지속
· 차별적 마케팅
· Positioning 강화
10만대 생산/년
STEP 3
수익 극대화
5Y
· 브랜드 구축,전문화 정착
· 추가 수요 창출
· 전략사업단위 확대
· 범위의 경제 실현
· 해외시장 50개국 확대
· 새로운가치 및 확대
가치 정착
20만대 생산/년
STEP 4
After 5Y
· 사업구조 전문화
및 특수화
· 트렌드 보완 및 개발
· 전세계 시장 확대
· 규모의 경제 실현
· 자본 확충 (유치)
50만대 이상/년
"세계 최초 슬러시 냉장고"

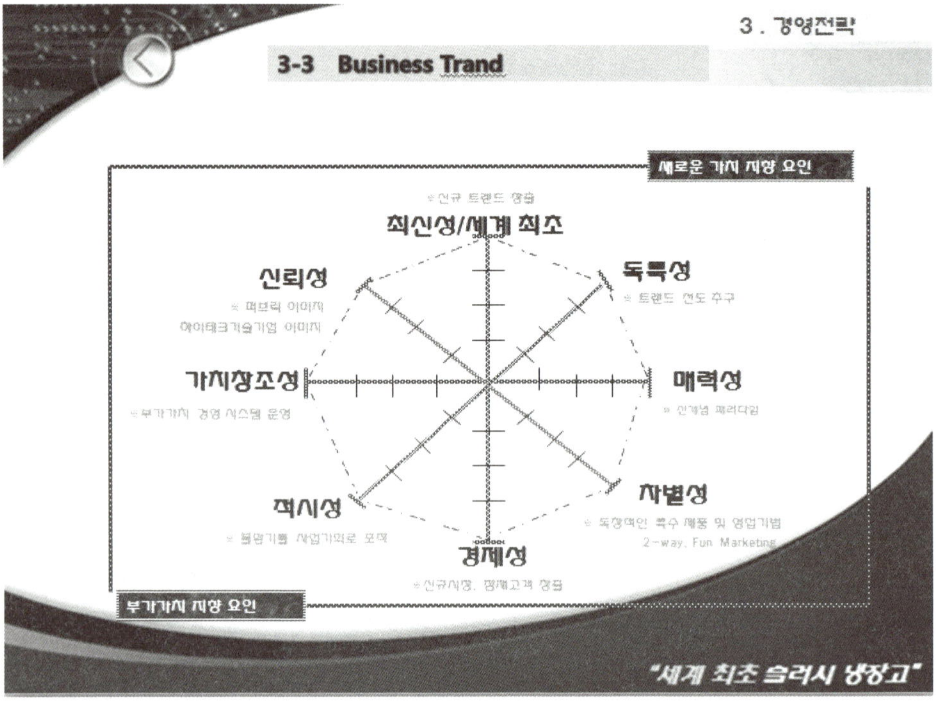
3. 경영전략
3-3 Business Trand
새로운 가치 지향 요인
※신규 트렌드 창출
최신성/세계 최초
신뢰성
하이테크기술기업 이미지
독특성
※ 트렌드 선도 추구
가치창조성
※부가가치 경영 시스템 운영
매력성
※ 신개념 패러다임
적시성
차별성
2-way, Fun Marketing
경제성
※신규시장, 잠재고객 창출
부가가치 지향 요인
"세계 최초 슬러시 냉장고"

SeoulBingo
4 사업전략
1. 본원적 사업전략 (Business Strategy)
2. 단계별 Corporate Strategy
3. 시장세분화(Segmentation) 전략
4. Positioning 전략
5. Marketing Mix 전략
"세계 최초 슬러시 냉장고"

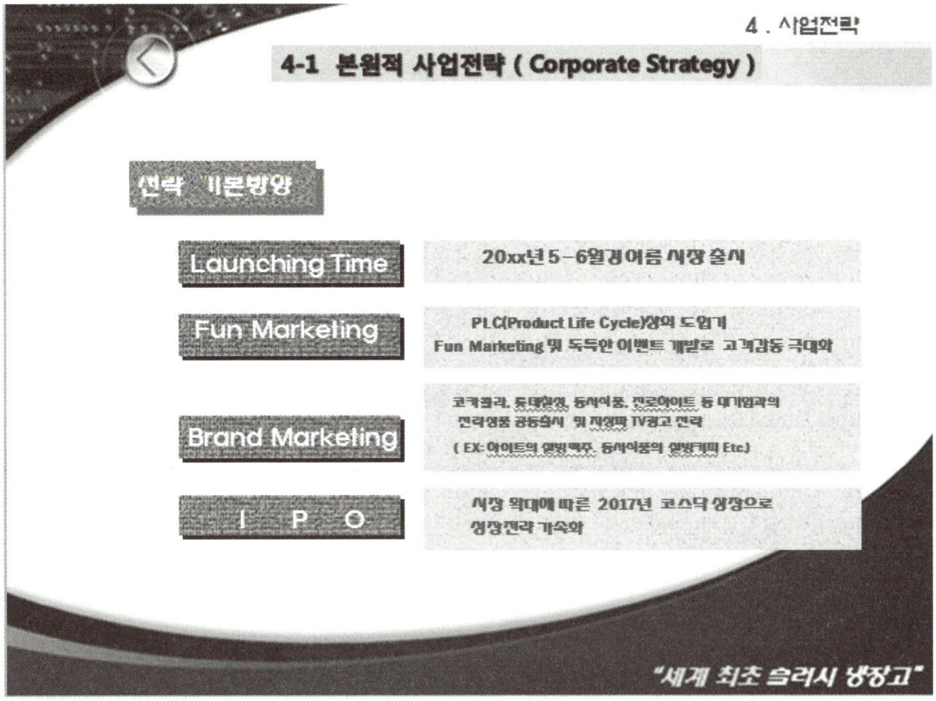
4. 사업전략
4-1 본원적 사업전략 (Corporate Strategy)
전략 기본방향
Launching Time
20xx년 5-6월경 여름 시장 출시
Fun Marketing
PLC(Product Life Cycle)상의 도입기
Fun Marketing 및 독특한 이벤트 개발로 고객감동 극대화
Brand Marketing
코카콜라, 동대한정, 동서식품, 진로하이트 등 대기업과의
전략상품 공동출시 및 지명판 TV광고 전략
(EX: 하이트의 얼빙맥주, 동서식품의 얼빙커피 Etc)
I P O
시장 확대에 따른 2017년 코스닥 상장으로
성장전략 가속화
"세계 최초 슬러시 냉장고"

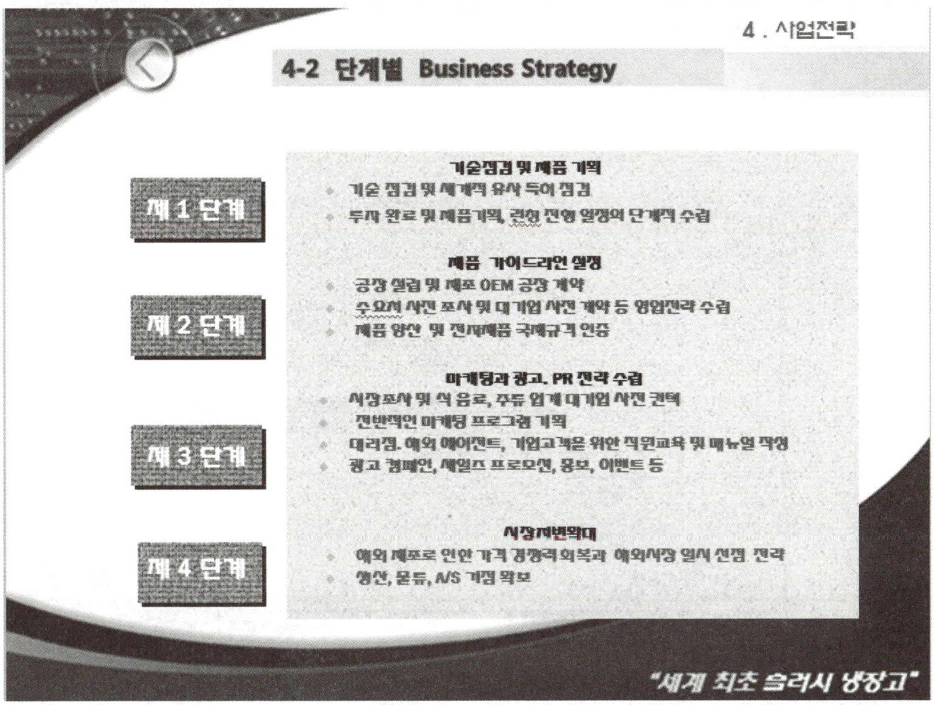
4. 사업전략
4-2 단계별 Business Strategy
제 1 단계
기술점검 및 제품 기획
기술 점검 및 세계적 유사 특허 점검
투자 완료 및 제품기획, 런칭 진행 일정의 단계적 수립
제 2 단계
제품 가이드라인 설정
공장 설립 및 제조 OEM 공장 계약
수요처 사전 조사 및 대기업 사전 계약 등 영업전략 수립
제품 양산 및 전시제품 국제규격 인증
제 3 단계
마케팅과 광고, PR 전략 수립
시장조사 및 식 음료, 주류 업계 대기업 사전 컨택
전반적인 마케팅 프로그램 기획
대리점, 해외 에이전트, 기업고객을 위한 직원교육 및 매뉴얼 작성
광고 캠페인, 세일즈 프로모션, 홍보, 이벤트 등
제 4 단계
시장저변확대
해외 제조로 인한 가격 경쟁력 회복과 해외시장 일시 선점 전략
생산, 물류, A/S 거점 확보
"세계 최초 슬러시 냉장고"

4 . 사업전략
4-3 시장세분화 (Segmentation) 전략
Market Segment
가정용, 호텔용, 오피스용,
편의점
한식당, 일식당, 중식당,
레스토랑, 카페, 커피숍, 제과점 등
노래방, BAR, 단란주점, 유흥음식점
식음료, 주류취급 관련 프랜차이즈
백화점
제과점 등
커피 전문점
식 당
주 점
슈퍼/ 편의점
Brand Marketing
코카콜라, 펩시콜라, 스내플, 선키스트, 트로피카나 오렌지 쥬스
맥도날드, 스타벅스, KFC, TGI프라이데이, 아웃백 등 외식업계
진로, 하이트, OB, 카스, 이동주조, 국순당, 배상면 주가
롯데칠성음료, 동서식품, 동아오츠카 등 청량음료 회사
웅진, 청호나이스 등 렌탈회사
"세계 최초 슬러시 냉장고"

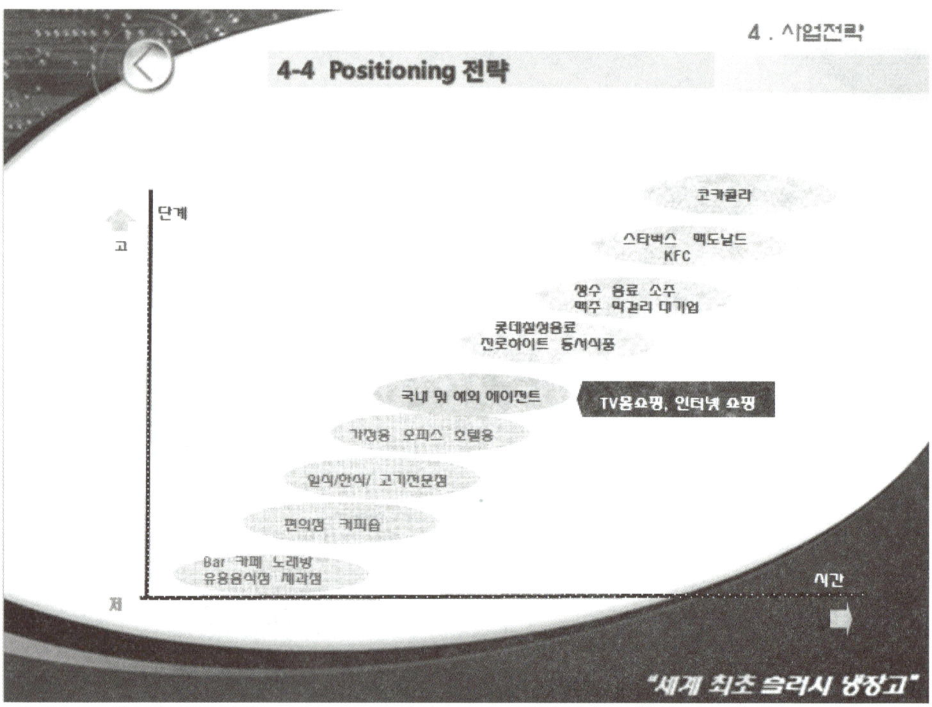
4 . 사업전략
4-4 Positioning 전략
단계
고
저
코카콜라
스타벅스 맥도날드
KFC
생수 음료 소주
맥주 막걸리 대기업
롯데칠성음료
진로하이트 동서식품
국내 및 해외 에이전트
TV홈쇼핑, 인터넷 쇼핑
가정용 오피스 호텔용
일식/한식/ 고기전문점
편의점 커피숍
Bar 카페 노래방
유흥음식점 제과점
시간
"세계 최초 슬러시 냉장고"

4 . 사업전략

4-5 Marketing Mix 전략 - 1

Products **제품 차별화 전략**

- 제품의 소구가 기존 냉장고와는 전혀 다른 신개념 New Trend 특성에 포커스
- Brand 강화를 통한 고객가치 증대 중시

Place **선택적 유통경로 전략**

- Positioning에 따른 선택적 유통경로에 대한 집중화 전략을 극대화
- Brand Marketing에 따른 1차 Vender와의 Win-Win 전략 강화
- 프랜차이즈 Strategy에 의한 net-Work 확산 및 강화

Price **마케팅 목표에 따른 가격 전략**

- 도입기 가격전략과 성장기 가격전략은 마케팅 환경에 따라 유동적 적용
- 에이전트 프리미엄 리베이트 전략을 통한 초창기 제품 확산으로 매출기여도 증대
- 에이전트, 프랜차이즈 가맹점 등 vender별 Profit Center 구축

"세계 최초 슬러시 냉장고"

4 . 사업전략

4-6 Marketing Mix 전략 - 2

Promotion **Customer & Consumer 커뮤니케이션 강화전략**

- 크로스 미디어 마케팅 (Cross media marketing) 전략
- 하이브리드(Hybrid) 마케팅 전략
- 웹 소문- 미니홈피, 블로그, 마니아 층, 사용후기 유도
- 대중미디어 – 일간스포츠, 스포츠조선, 매일경제, 여성지 등
- 미디어 릴레이션(Media relations) – 기자친분 이용 기사 유도
- 프리코노믹스(공짜) 이벤트로 관심유도
- 고급 Bar 공짜 이벤트 및 독특한 이벤트 추첨

TV프로그램 출연 및 취재 유도.(VJ특공대, 각종 드라마 PPP)
K-POP 등 한류 스타 마케팅, All-K- POP, 카카오 톡 등
스마트폰 광고-식음료,주류, 프랜차이즈 오너 전화번호 입수
대기업 제품 지상파, 종편 TV -CF 매칭 전략

"세계 최초 슬러시 냉장고"

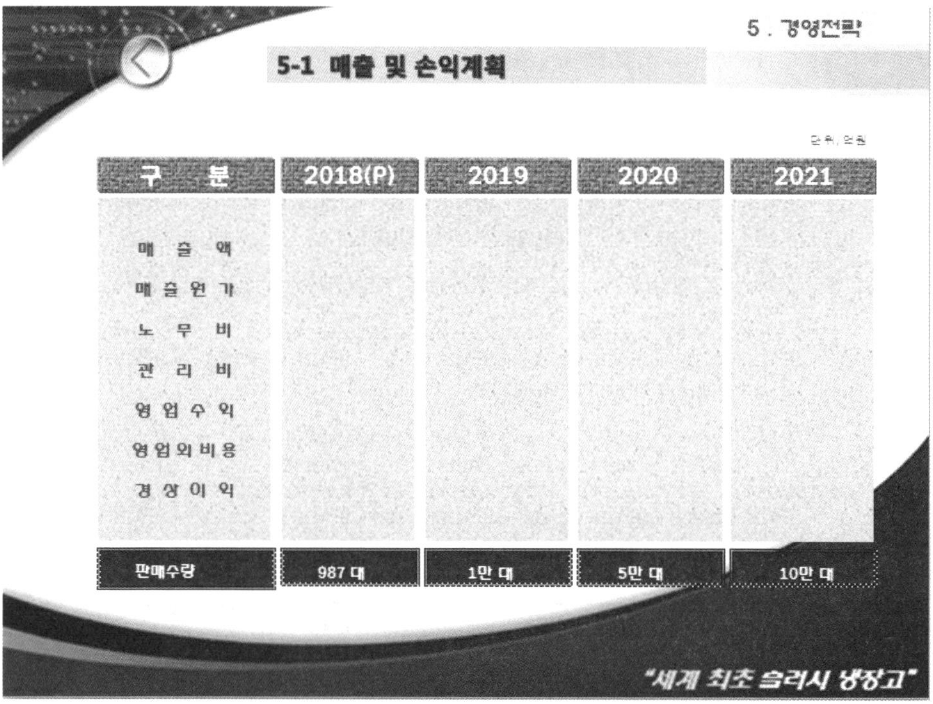

구 분	2018(P)	2019	2020	2021
매 출 액				
매 출 원 가				
노 무 비				
관 리 비				
영 업 수 익				
영 업 외 비 용				
경 상 이 익				
판매수량	987 대	1만 대	5만 대	10만 대

5 . 경영전략

5-2 자본확충계획

구 분	단위	2018(P)	2019	2020	2021
출 자 주 체	-	대주주	기관투자	기관투자	I P O
출 자 방 법	-	발기출자 등	CB / CW	CB / CW	공모증자
발행 예정가	원	500	30,000	40,000	50,000
발행 주식수	주	1,010	50	100	600
누적 주식수	주	1,010	1,060	1,160	1,760
발행 자본금	억원				
누적 자본금	억원				
증가자본잉여금	억원				
누적자본잉여금	억원				
자 기 자 본	억원				
대주주 지분	%	79.7 %	75.9 %	69.4%	48.5 %

Notice : IPO는 2016년 7월 주관사회사 선정하여 2017년 하반기에 코스닥상장을 기준으로 작성하였음.

"세계 최초 슬러시 냉장고"

5 . 경영전략

5-3 소요자금계획

단위: 억원

구 분	2018(P)	2019	2020	2021
고 정 투 자				
설 비 투 자				
R&D 투 자				
원 부 재 료				
차입금 상환				
인 건 비				
경 상 비 용				
법인세 비용				
합 계				

Notice : 1. 2016년 고정투자 80억원은 공장이전에 따른 경제자유지역 부지매입 및 신축비용임.
2017년 고정투자 170억원은 해외 현지법인(유럽/중국 등) 자본 100% 투자금액임.
2. 차입금상환은 수출금융 등 당기에 차입하여 당기에 상환하는 단기금융을 의미함.

"세계 최초 슬러시 냉장고"

5. 경영전략

5-4 자금조달계획

단위: 억원

구 분	2018(P)	2019	2020	2021
Ⅰ 소요 자금				
Ⅱ 자금의 원천				
1. 전기이월금				
2. 자본증가				
3. 매출액 회수				
4. 신규차입				
5. 영업 외 수익				
6. 기타 수입				
Ⅲ 과부족 자금				
Ⅳ 기말의 현금				

Notice : 1. 신규차입은 수출금융 일시 단기 차입으로 당기에 상환되는 것으로 계상 하였음.
2. 자본증가는 자본확충 계획에서 조달한 자기자본금과 자본 잉여금을 의미함.

"세계 최초 슬러시 냉장고"

5. 경영전략

5-5 추정 재무재표

재무상태표

단위/억원

구 분	2018	2019	2020	2021
유동자산				
비유동자산				
자산총계				
유동부채				
비유동부채				
부채총계				
납입자본금				
이익잉여금				
자본잉여금				
자본총계				
자본과 부채 총계				

"세계 최초 슬러시 냉장고"

제3편
사업성분석과 평가

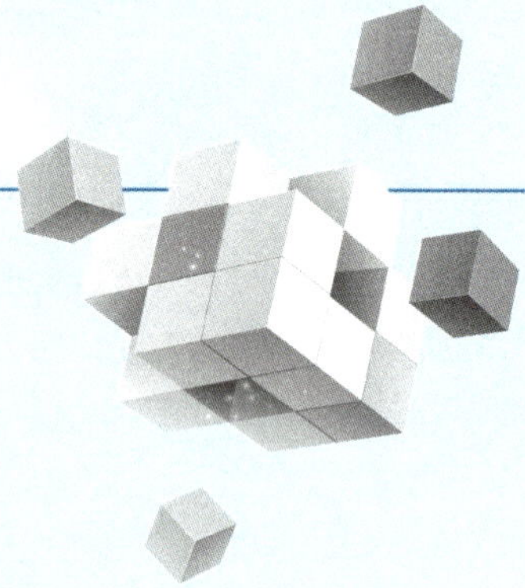

Chapter 7 사업타당성분석

오늘날 많은 기업들이 미래의 새로운 성장엔진을 찾는데 골몰하고 있다. 신사업은 기업의 성장활력 강화, 사업리스크 감소, 조직의 미래비전 제시 등을 통해 기업가치를 제고시켜 주기 때문이다. 시장의 특성이 변화함에도 불구하고 대부분의 기업들이 과거와 같은 자기중심적 시장접근을 고수하고 있다. 이러한 행동은 전도유망한 시장에 대한 접근을 저해하여 기 성장의 걸림돌로 작용한다. 기업이 신사업을 추진하려 할 때도 모든 시장을 파악하고 모든 역량을 구축하려는 것은 어불성설이다. 가능성 있는 신시장을 발굴하는데 있어 그 효과성이 떨어지고, 신사업을 진행하는데 있어 그 효율성이 떨어지기 때문이다. 특히, 대규모 자본이 투입되거나 기술변화 및 난이도가 높은 하이테크 산업일수록 그러하다. 그럼으로 내부 역량 구축만이 아닌 합작·제휴·M&A 등을 통한 외부로부터의 역량 소-싱도 적극적으로 활용해야 한다. 신사업을 추진하기 위해서는 지금까지 쌓아올린 것들을 버릴 수 있어야 한다. 새로운 것을 받아들이길 거부하는 것은 기업생존에 있어 결정적 장애물이다. 새로운 환경에서 성공적으로 신사업을 추진하기 위해 기업은 다양성을 존중하는 개방적인 문화를 구축해야 한다.

이제는 기업도 기존의 자사 중심적인 신사업 전개방식을 재고하여 시장상황에 적합한 새로운 신사업 창출요건을 확보해야 한다. 변화하는 환경에 적응하고 생존할 수 있도록 하는 전략적 선택의 중요성이 강조되고 있다. 기업에 있어 시장과 경쟁자에 대한 정보, 즉 Market Intelligence(MI)라 할 수 있다.

Technology Intelligence(TI)를 포함한 Market Intelligence의 중요성 역시 오래 전부터 강조되어 왔다. 하지만, 그 중요성에 동조하면서도 왜 필요한지에 대한 인식이 경영 일선에서 부족한 것이 사실이다. 급변하는 환경에서 기존의 경쟁력을 유지하기에도 바쁘기 때문에 곧바로 가시적 성과가 나타나지 않는 MI는 언제나 우선순위에서 밀린다. 이는 내일을 위한 사과나무를 심지 않는 것과 같은 일이다. 최근에 이르러 정보통신기술(IT)·생명공학기술(BT)·나노기술(NT)·환경공학기술(ET)·우주항공기술(ST)·문화콘텐츠기술(CT)의 첨단기술 산업이 4차산업혁명과 관련된 신사업으로 각광을 받고 있기도 하다.

01 사업성분석의 기본절차

1. 후보사업의 탐색

성공적인 사업을 발견하기 위해서는 될 수 있으면 많은 아이템을 탐구할 필요가 있다. 가능한 모든 분야에서부터 출발하여 점차 좁은 범위로 옮겨가면서 체계적인 분석을 하다 보면 예비사업 아이템이 탐색되고 이어서 적합한 후보 사업 아이템이 1차적으로 선정된다. 후보사업 아이템을 선정하는 과정 및 절차를 살펴보기로 한다.

첫째, 성공가능성이 높은 사업유형의 선별이 필요하다. 소비자에게 만족을 주는 신사업을 개발하여 수요가 있는 기존시장에 판매하는 경우로 성공가능성이 상당히 높다. 또한 성장기 또는 성숙기에 있는 기존제품을 사업 아이템으로 하여 새로운 시장에 참여하는 경우에도 성공가능성이 비교적 높은 편이다. 그러나 신제품을 생산하여 새로운 시장에 판매하기 위해서는 소비자의 의식변화가 선행될 필요가 있고 비교적 고가제품인 경우 성공가능성이 매우 낮다. 또한 기존제품을 기존시장에 판매하기 위해서는 경쟁회사 또는 해외제품과 경쟁하여 이겨야 하는 경우에도 성공가능성이 낮은 편이다.

둘째, 성공가능성이 높은 사업유형과 기본요건을 기준으로 현재 존재하는 사업을 조사한다.

세째, 기존 제품의 응용 및 개선 가능성을 정밀 검토한다. 색깔이나 모양을 변경하거나 순서·부품·패턴 등을 재배치하거나 확대·축소·대체·결합 등의 방법을 동원하여 특징이 개선되고 성능이 우수해진다면 적합한 후보 아이템이 될 수 있는 것이다.

성공적인 제품의 기본 요건은 다음과 같다.

- 욕구충족형 제품 : 필요성은 인정되나 욕구를 충족시킬 수 있는 제품을 생산하는 방법을 아는 사람이 없거나 욕구의 인식 부족으로 인해 제품이 개발되지 않은 경우 또는 미래 욕구 분출 가능성이 있는 상품이다.
- 경쟁력이 있는 제품 : 실용신안 의장등록, 성능개선 및 특징추가 등으로 품질이 향상된 상품이거나 저렴한 원재료개발 및 기술혁신으로 원가절감을 가져올 수 있는 경우이다.
- 일정기간 수요증가 예상 제품 : 소비인구의 증가가 지속되는 경우, 소비자 취향의 변화 및 소비자 의식의 변화가 예상되는 경우, 국민경제 수준의 증가 등으로 수요증가가 예상되는 제품이다.

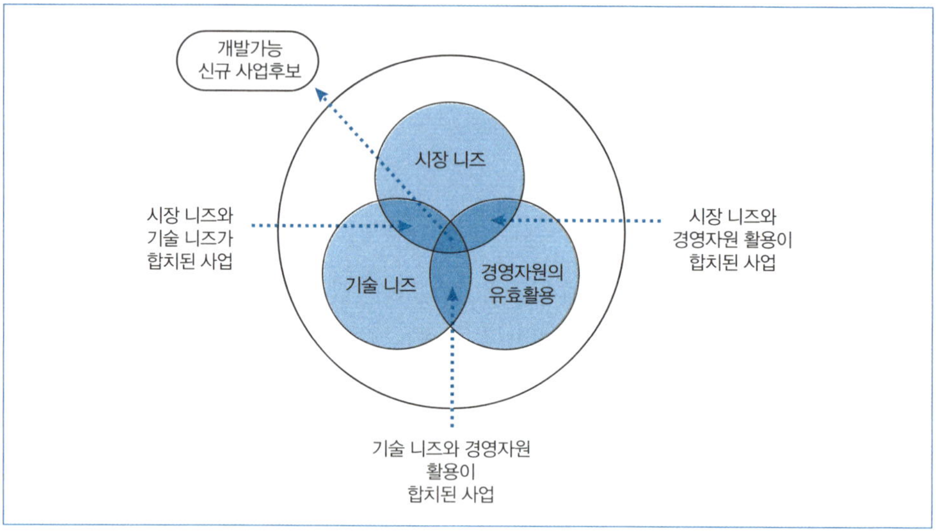

신규사업 개발 Key Success Factor

2. 예비사업성분석

예비사업성분석은 후보아이템을 비교·분석하여 아이템의 우선순위를 결정할 수 있도록 후보아이템 상호간의 상대평가 및 후보아이템에 대한 적응도분석을 통해 최적의 아이템 선택을 위한 과정을 말한다. 모든 후보아이템에 대해 개별적인 예비사업성분석이나 세부분석을 한다는 것은 현실적으로 많은 시간과 비용이 소요된다. 그러므로 성공할 가능성이 희박한 사업아이템은 예비선별을 통해 제거하고, 남아있는 사업아이디어를 비교·평가함으로써 우선순위를 결정하게 된다.

예비사업성분석 과정을 살펴보면 다음과 같다.

- 첫번째 단계는 후보아이템을 비교·분석하는 것이다.
- 두번째 단계는 제1단계에서의 평가요소별 세부검토사항에 대한 가중치부여와 각 요소에 대한 점수 산정이다. 여러 가지 후보아이템을 비교·평가하기 위해 네 가지 주요 항목(상품성·시장성·수익성·안정성)에 대한 평균점수를 구해 비교한다.
- 세번째 단계는 후보아이템에 대한 적응도분석 및 예비사업성분석이다. 어떤 방법으로 사업아이디어를 얻든지 간에 사업을 성공하기 위해서는 자사의 경험·능력·관심·목적 등에 적합한 아이템이어야만 한다.

- 예비사업성 검토의 마지막 단계는 다음과 같다.
  - 후보아이템이 자사의 경험·지식·취미 등과 부합하여 적합한지
  - 인·허가, 자금조달능력 등을 감안하여 자사의 능력범위 내인지의 여부
  - 해당 아이템이 빠른 성장과 투자수익률이 높아 발전가능성이 높은 지 최종적으로 분석

후보 아이템별 우선순위결정 및 예비사업성 분석표에 의거 아이템별로 평점을 산정하여 우선순위를 정하는 것과 병행하여 예비 사업성 분석표 외적 요인에 대한 분석을 실시할 필요가 있다. 예비사업성 분석표 외적요인으로 다음 사항들을 고려하여야 한다.

- 후보 아이템에 대한 소비자 및 소비지역의 인식 정도
- 사업장의 확보가능성 등을 검토하고, 여러 가지 방법을 이용하여 관련 업계에 대한 정보 및 자료를 수집해 보아야 한다.

예비사업성분석은 이상과 같은 일련의 과정을 통해 구체화되고, 문제점이 제거되는데 다소 복잡하고 불필요한 과정일 수도 있다. 그러나 예비사업성 검토는 신사업 사업성분석의 기본단계로서 이를 소홀히 할 수는 없다.

3. 선정사업의 사업타당성분석

국내외 유수의 연구소들은 21세기 지식기반경제 하에서 다양한 사회·경제·정치적 변화들이 도래할 것으로 예측하고 있으며, 이러한 미래사회에서 지속가능한 발전을 가져오는 유망한 산업을 선정하고 있다. 이러한 미래 유망산업의 발굴과 육성이야말로 기업의 지속적 존재가치를 확인시켜 주고 국가의 경제성장을 견인하는 키워드로써 그 중요성은 아무리 강조해도 지나치지 않다. 환경분석의 메가트렌드 분석에서 도출된 외생변수 가운데 높은 영향력을 가지면서 불확실성이 낮은 핵심구동인자를 도출하여, 이들과 주력 산업군과의 상호관계 속에서 창출될 수 있는 산업군의 방향성을 확인하고, 유망산업군을 발굴하도록 한다. 예비사업성평가가 끝나면 사업아이템으로서의 특정한 업종 및 제품이 결정된다. 특정업종과 제품이 결정되면 반드시 사업타당성 평가를 실시하는 것이 원칙이다.

차세대 성장산업과 제품들을 선정하기 위한 7단계의 프로세스를 살펴 볼 필요가 있다. 각 단계마다에서 평가기준에 의한 테스트나 필요조건과 영향력에 대한 평가를 통해 논리적인 결론을 도출할 수 있다. 이 프로세스는 기업의 외적요인과 내적요인으로 구분하

[후보 아이템 상대평가 시 검토 항목]

주요항목	평가요소	세부검토사항
상품성	상품의 적합성	- 자사가 잘 아는 제품이나 공정인가? - 비필수품이거나 사치품은 아닌가?
	상품의 독점성	- 중소기업의 참여를 배제하는 사실상의 독점은 없는가? - 정부의 인·허가에 의해 실제 사업이 제한되어 있지 않은가?
시장성	시장의 규모	- 예상되는 고객의 수는 어느 정도인가? - 국내 및 해외 시장 규모는 금액으로 어느 정도인가?
	경쟁성	- 경쟁자의 세력 및 지역별 분포는 어떤가? - 경쟁제품과 비교했을 때 품질과 가격관계는 유리한가? - 판매 유통이 용이하며, 물류비용이 저렴한가?
	시장의 장래성	- 잠재 고객 수의 증가는 있는가? - 새로운 기업의 침투 가능성은 어느 정도인가? - 소비자 성향이 안정적이고, 필요성이 증가하는가?
수익성	생산 비용의 효익성	- 적정 비용으로 제품을 생산할 수 없는 요인이 있는가? - 생산공정이 복잡하지 않고, 효율성은 있는가?
	적정 이윤 보장성	- 원자재조달이 용이하고, 값은 안정적인가? - 필요한 노동력 공급이 용이하며 저렴한가? - 제조원가, 관리비, 인건비 등 제 비용 공제 후 적정 이윤이 보장되는가?
안정성	위험수준	- 경제 순환과정에서 불황 적응력은 어느 정도인가? - 기술적 진보 수준은 어느 정도이며, 기술적 변화에 쉽게 대처할 수 있는가?
	자금투입의 적정성	- 초기 투자액은 어느 정도이며, 자금조달이 가능한 범위인가? - 이익이 실현되는 데 필요한 기간은 어느 정도이며, 그 동안 자금력은 충분한가?
	재고수준	- 원자재 조달, 유통과정상 평균재고 수준은 어느 정도이며, 재고상품의 회전기간은 어느 정도인가? - 수요의 계절성은 없는가?

여 평가 하고 있다. 기업 외부적 요인들을 다루고 있는 외적요인은 5단계로 구성되고, 내부적인 기업역량과 경쟁력을 다루고 있는 내적요인은 2단계로 구성된다.

- 외적요인
  - 제1단계 : 수요측면의 결정요인 테스트
  - 제2단계 : 공급측면의 요건평가
  - 제3단계 : 산업전망 테스트
  - 제4단계 : 기술요건평가
  - 제5단계 : 정부정책의 영향평가

- 내적요인
  - 제6단계 : 기업역량 테스트
  - 제7단계 : 기업경쟁력 테스트

[12대 신산업의 2025년 주요 발전목표]

구 분	'25년 주요 발전목표
전기·자율차	전기수소차 35만대 수출, 레벨 4 자율차 시대 진입
스마트선박	LNG추진선 등 친환경 선박 점유율 70%로 확대
IoT가전	IoT 등을 활용한 가전수출 200억불 달성
로봇	생산 10조원, 수출 40억불 달성
바이오헬스	의료정보 빅데이터화를 통해 디지털헬스케어 플랫폼 선점
항공·드론	상업용·고기능·중대형 무인기 시장 30억불 창출
프리미엄 소비재	'설화수'와 같은 글로벌 매출 1조원 프리미엄 브랜드 15개 창출
에너지 신산업	신재생 수출 200억불, 스마트미터(AMI) 보급 2,200만호 확대('20년)
첨단신소재	탄소소재, 타이타늄 등 경량·친환경 첨단 소재 수출 230억불
AR / VR	매출 1,000억원 이상 전문기업 100개사 창출
차세대 디스플레이	OLED로의 주력품목 전환 (매출액 비중 75%)
차세대 반도체	저전력·초경량·초고속 시스템반도체 세계시장 점유율 10% 달성

자료 : 산업통상자원부

02 예비사업성분석

예비타당성조사의 분석에 대해서는 대체로 경제성평가와 분석, 정책성 평가와 분석 및 분석적계층화법의 3단계로 세분화하여 분석을 실시하고 있다. 경제성 평가와 분석은 대상사업의 국민경제적 파급효과와 투자적합성을 조사하는 과정으로서 원칙적으로 비용-편익분석(Cost-Benefit Analysis)을 기본적인 수단으로 하고 있다. 편익추정에 있어서는 과거의 경험이나 유사사업 사례 등을 토대로 수요를 추정하고 이를 근거로 경제적 편익을 추정하도록 하고 있다. 비용의 경우 건설비·용지보상비 등 시설 구축을 위한 비용과 유지관리비·시설개량비 등 시설운영에 따른 비용을 추정하여야 한다. 예비타당성지침에서는 제시하고 있지는 않으나 연구시설 등에 있어서는 연구개발 수행을 위한 소요연구비 규모의 추정이 필요할 것으로 판단된다. 경제적 타당성분석·평가를 위해서는 다양한 방법이 존재하며 각각의 장단점이 있으므로 가능한 다양한 방식으로 경제성을 검토하는 것이 필요하다. 이를 위해 우선 비용편익비율(B / C : Benefit Cost Ratio)을 구하여야 하며 이 비율이 1보다 클 경우 경제성이 있다고 분석한다.

사업 추진에 따른 비용과 편익을 기준으로 순현재가치(NPV : Net Present Value)를 추정하는 것도 필요하다. 순현재가치란 사업에 수반된 모든 편익과 비용을 기준년도의 현재가치로 할인(discount)하여 총 편익에서 순편익을 제한 값이며 NPV>0이면 경제성이 있는 사업으로 분석된다. 이와 함께 내부수익률(IRR : Internal Rate of Return)을 계산하는 것도 병행하고 있다. 내부수익률은 편익과 비용의 현재가치로 환산된 값이 같아지는 할인율을 구하는 방법으로 사업 시행 시 순현재가치를 '0'으로 만드는 할인율이다. 내부수익률이 사회적 할인율보다 클 경우 사업이 경제성이 있다고 판단한다.

사업의 경제성평가·분석을 위해 고려해야할 중요한 기준의 하나는 현재가치로 전환시키는 사회적 할인율의 결정이다. 또한 경제성 평가·분석을 위한 비용편익 산정기간은 교통시설(도로·철도 등)과 동일하게 완공 후 30년을 분석기간으로 하고 있다. 정책성 평가·분석은 경제성 평가·분석에는 포함되지 않으나 사업전반의 타당성조사를 위해 고려해야 하는 제반 평가요소들을 포함하여 검토하는 것을 의미한다. 계량적 분석을 주로 하는 경제성분석과는 달리 정책성분석은 계량화하여 비용편익분석 틀 속에서 검토할 수는 없으나 사업의 시행여부를 결정하는데 있어 반드시 고려해야할 특성분석을 포함한다.

예비타당성 조사에서는 모든 사업에 공통적으로 고려해야 하는 '기본항목'과 '사업특수평가항목'으로 구분하여 정책성 평가·분석을 추진하도록 하고 있다.

[예비타당성 정책성 평가 / 분석 기법 비교]

중 분 류	세 부 평 가 항 목
지역균형발전	- 지역낙후도, 지역경제 파급효과, 추가 평가항목(선택적)
정책의 일관성 및 추진의지	- 관련계획 및 정책방향과의 일치성, 사업추진 의지 및 선호도, 사업의 준비정도 - 추가 평가항목(선택적)
사업추진상의 위험요인	- 재원조달 가능성, 환경성, 추가 평가항목(선택적)
사업특수 평가항목	- 추가 평가항목(선택적)

기본항목에서는 지역경제 파급효과, 지역균형 발전을 위한 낙후도 평가, 정책의 일관성 및 추진의지, 사업 추진상의 위험요인, 국고지원의 적합성 등 매우 다양한 항목이 분석되고 있다. 특히 지역경제 파급효과 분석과 관련, 역산업 연관모형(KDI Multi-Regional Input Model)을 구축, 해당 사업 투자가 생산·부가가치·고용·임금 등 주요 경제지표상에 미치는 영향을 분석하는 점은 특기할 만하다. 특수항목의 경우 개별사업 특성을 반영한 지표를 신축적으로 활용할 수 있도록 하고 있다.

타당성 평가 분석의 최종 단계는 경제성 평가 분석과 정책성 평가 분석 결과를 종합하여 조사에 참여한 연구팀원들의 의견을 수렴하고 평가하여 사업의 시행 여부를 판단하는 과정이다. 다기준분석(Multi-Criteria Analysis)방법의 일종인 분석적계층화법(AHP : Analytic Hierarchy Process)을 활용, 경제성과 정책성 평가 / 분석의 다양한 평가요소들을 주요 요소와 세부 요소로 구분하여 계층화하고 계층별 요소들에 대한 쌍대비교를 통해 각 요소와 대안들의 선호도를 척도로 측정, 정량적인 형태로 결과를 도출하는 과정을 갖는다. 이 과정이 중요한 이유는 경제성 분석은 그 결과가 B / C 비율 등 정량적으로 제시되는 반면, 지역균형발전 등 정책적 분석에 포함되는 많은 평가 항목은 정성적인 요소로서 경제성 분석결과와 연계하기가 어렵기 때문이다. 결론적으로 본 과정을 통해 다수의 정량적 정성적 평가항목을 고려하여 경제성이 높으면서도 정책으로 타당한 사업을 식별해 내는 데 의의가 있다.

1. 비용편익분석

비용-편익분석(benefit-cost analysis)은 정부에 의해 수행되는 갖가지 정책이나 투자사업에 대한 평가를 위해 사용되는 가장 일반적인 분석의 틀로서 정부가 정한 정책목표를 달성하기 위해 사용할 수 있는 여러 가지 정책대안을 수행하는데 소요되는 비용과 그로 인한 편익을 측정하고, 이에 기초하여 최선의 대안을 선택하기 위해 사용되는 기법이다. 따라서 비용편익분석은 환경영향평가, 경제영향평가, 규제영향평가, 비용효과분석, 환경피해평가, 환경위험평가와 같은 기타 정책평가기법을 포괄하는 대단히 종합적인 분석기법이라고 할 수 있다.

비용편익분석의 특징으로서는 우선 비용편익분석이 정부의 정책과 투자사업에 대한 평가를 위해 사용되므로 그 구성항목도 역시 국민경제 전체의 관점에서 파악되어야 한다는 점을 들 수 있다. 개별 기업이 자신의 투자사업에 대한 평가를 할 경우에는 투자에 소요될 것으로 예상되는 비용과 그로 인해 기대되는 수입을 비교하여, 기대 수입에서 예상비용을 빼준 기대이윤이 최대가 되는 사업에 투자하고자 할 것이다. 이 경우 기업의 수입과 비용은 어디까지나 기업 자신에게만 귀속되는 사적인 수입과 비용이다. 그러나 비용편익분석에 있어서의 편익과 비용은 환경 질적인 개선이나 오염의 피해와 같은 사회나 국가전체의 관점에서의 편익과 비용에 영향을 주는 요소들을 모두 포함하여야 한다.

비용편익분석의 두 번째 특징은 현실성을 고려한 실무적인 분석수단이라는 점이다. 비용편익분석은 학문적인 관심을 충족하기 위해서 행해지기도 하지만 무엇보다도 가장 효율적인 방법으로 정부의 정책목표를 달성할 수 있는 정책수단을 찾고자 사용되고 있으며, 또한 정부정책을 의회가 승인하는데 필요한 정보를 얻기 위해 사용되기도 한다. 따라서 비용편익분석에는 정책의 실행가능성에 영향을 미치는 여러 사회·경제적·정치적 요인들이 고려되어야 한다. 결론적으로 비용편익분석은 이와 같은 정부의 공공투자사업을 현명하게 선정하는 데 이용되는 절차와 방법을 다루고 있다. 따라서 비용편익분석은 정책결정자에게 중요한 의사결정수단으로서의 역할을 제공하며, 공공투자사업의 타당성분석(feasibility analysis)의 하나라고 하겠다.

비용편익분석에 의한 정책대안의 평가와 이를 토대로 한 최적 정책대안 선택의 절차는 대략 다음과 같은 다섯 단계로 나누어 볼 수 있다.

- 1단계 : 정책대안의 식별과 분류
- 2단계 : 각 대안들의 편익과 비용의 추정
- 3단계 : 대안비교기준의 결정
- 4단계 : 비교기준에 의한 대안의 비교
- 5단계 : 최적대안의 선택

위의 절차는 정책분석에서 최선의 정책수단선택을 위해 행하는 일반적인 분석적·합리적 방법의 절차와 동일하다. 이를 좀 더 구체적으로 살펴보면 다음과 같다.

정책대안의 식별과 분류

정책대안(policy alternative)은 채택 가능한 여러 가지 정책들 하나하나를 지칭하는 용어이다. 이를 좀 더 구체적으로 보면 일정한 정책목표를 달성하기 위해서 여러 가지 정책수단을 채택할 수 있을 때, 정책목표와 이를 달성하기 위한 정책수단들의 배합하나하나가 정책대안이다. 예를 들면, 대도시의 교통문제를 해결하는 것을 정책목표로 하여 이를 달성하기 위한 정책수단으로 대중교통수단의 확대를 채택할 수 있을 때 이것이 하나의 정책대안이 되고, 동일한 정책목표달성을 위해서 도로의 신설·확대·포장을 정책수단으로 채택할 수 있을 때 이 '목표와 수단의 조합'이 또 하나의 정책대안이 된다. 이런 식으로 하나의 정책목표를 위해서 여러 가지 정책수단이 이용된다.

■ 사업수명 결정

최초의 사업투자가 시작되어 투자가 끝나는 시점까지를 말하는데 비용발생이 계속되는 한 사업이 지속된다고 본다. 사업기간에 따라 편익·비용의 결과가 상당히 달라지므로 사면수명을 결정하는 것은 중요하다. 투자기간과 편익발생기간이 다른 경우가 많은데, 투자를 시작해서 더 이상 편익을 발생하지 않을 때까지를 공공사업의 사업수명으로 보아야 한다.

■ 할인율 및 편익·비용의 시간적 가치측정

공공사업의 타당성 여부는 현재시점에서 평가되어야 하는데, 공공사업의 편익과 비용은 일시에 발생하는 것이 아니라 수년에 걸쳐 발생한다. 따라서 미래의 모든 편익과 비용을 현재가치로 환산해야 하는데, 이는 현재가치로 할인한다는 뜻이며, 이 때 적용되는 이자율을 할인율(discount rate)이라 한다. 할인율은 시간에 대한 선호를 반영시키고 있는 이자율이라 하겠다.

공공사업의 내구기간이 n년이라고 하고 할인율 r을 선택했을 때 비용편익분석에서 순편익($B-C$)의 할인된 현재가치는 다음과 같이 나타낼 수 있다.

$$NPV = \left[\frac{(B-C)_0}{(1+r)^0}\right] + \left[\frac{(B-C)_1}{(1+r)^1}\right] + \left[\frac{(B-C)_n}{(1+r)^n}\right]$$

$$= \Sigma\left[\frac{(B-C)_t}{(1+r)^t}\right] \quad \text{단, } t = 0,\ 1,\ 2,\ \cdots,\ n$$

NPV가 정(正)이면 검토 중인 사업은 채택될 수 있고, 부(負)이면 기각될 것이다. 높은 할인율은 편익이 단기간에 걸쳐 집약적으로 발생하는 단기투자에 유리하고, 낮은 할인율은 장기간에 걸쳐 편익이 발생하는 장기투자에 유리하다. NPV와 같이 공공사업을 평가하고 순위를 결정하는 작업에서 어떤 규모의 할인율을 적용하느냐에 따라서 그 결과가 크게 달라져, 할인율은 어떤 사업의 평가결과에 결정적인 역할을 하게 된다. 편익의 현재가치는 할인계수를 먼저 구하고 이를 발생되는 편익액에 곱하여 줌으로써 계산된다. 할인율(r)의 해당연도(t)에서의 할인계수는 다음의 공식에 의해 구해진다.

$$\text{할인계수} = \frac{1}{(1+r)^t}$$

이 때 t는 사업시작연도인 0부터 마지막 사업연도까지 가능하다. 시간이 흘러감에 따라 할인계수의 크기는 급격히 감소하는데 이는 미래에 발생하는 편익의 현재가치가 그만큼 감소한다는 것을 의미한다. 이처럼 미래에 발생하는 가치를 현재가치로 전환시키는 것을 할인한다고 하는데, 이 때 적용되는 할인율은 이자율의 일종이지만 개념상으로는 이자율과 서로 반대의 의미를 가진다. 할인율은 미래의 가치를 현재의 가치로 바꾸는데 사용되는 반면, 이자율은 현재의 가치를 미래의 가치로 환산하는데 사용된다. 할인율을 너무 높게 잡으면 순현재가치가 작아지므로 사회적으로 필요한 사업이 불합격 판정을 받을 수 있고, 반대로 너무 낮게 잡으면 불필요한 사업이 타당성 있는 사업으로 평가될 수도 있으므로 적정할인율의 선택은 매우 중요한 과제이다. 할인율 적용에 있어서의 고려해야 할 대상은 다음과 같이 요약할 수 있다.

시장이자율 민간자본시장에서 형성된 시장이자율을 공공사업의 할인율로 사용하는 것이다. 자본시장이 완전 경쟁적이라면 이 때 형성된 시장이자율은 소비자의 시간적 선호가 적절히 반영되고 있으며 동시에 자본이 갖는 한계생산성과도 일치하게 된다. 따라서 완전한 자본시장이 존재한다면 시장이자율을 공공사업의 할인율로 사용하는 데 아무런 문제가 없다. 그러나 현실적으로 자본시장은 불완전하므로 장래에 대한 불확실성 및 위험부담으로 프리미엄이 붙은 이자율이 형성되고 또한 단기, 장기에 따라 다양한 금리체계를 형성하게 된다. 이런 상황에서 어떤 시장이자율을 할인율로 사용할 것인가를 결정하기 위해서는 우선 시장이자율의 구조가 검토되어야 하며, 또한 여러 가지의 시장이자율을 통합한 적절한 가중평균이자율을 채택해야 할 것인데 실제로 이러한 이자율을 계산한다는 것은 쉬운 일이 아니다.

공채이자율 정부공채이자율은 정부가 발행하는 국공채에 부과된 이자율로서 이것은 정부가 민간부문으로부터 차입하는 차입금에 대해 지불하는 이자율을 뜻한다. 만약 정부가 국공채에 5%의 이자율을 부과하고 국민들이 이 수준의 이자율에서 국공채를 구입하는데 만족한다면 이는 다르게 표현해서, 정부가 공공사업을 추진하여 최소한 5%의 수익을 달성한다면 국민들은 아무런 불평 없이 이에 만족할 수 있다는 의미가 된다. 따라서 이러한 의미에서 정부의 국공채 이자율이 국민들에게 받아들여질 수 있는 수준이라면 이를 공공투자사업의 할인율로 채택할 수 있을 것이다. 정부국공채는 위험부담이 전혀 없으므로 정부국공채이자율이 투자수익률 측면에서 최소한의 대안으로 간주될 수 있다.

기업할인율 기업할인율은 한 기업이 자신의 잠재적 투자 사업을 평가할 때 사용하는 할인율을 가리킨다. 기업할인율은 투자 사업에서 최소한 기대되어야 하는 수익률에 위험부담률 및 기업이 부담하는 세금까지도 포함시키는 것이 일반적이다. 이와 같은 기업할인율을 공공투자사업에서의 할인율로 사용하고자 하는 이유는 자원의 효율적 사용이라는 측면에서 공공투자도 민간기업 투자와 경쟁적인 것으로 간주되어야 하고, 공공투자도 민간기업 투자만큼 수익률을 올려야 타당성이 있게 된다는 논리에 근거하고 있다. 이는 공공투자에서 자본의 기회비용을 강조하는데서 유래된 것이다.

사회적 할인율 사회적 할인율은 개인을 사회의 한 구성원으로 파악하고 이들 구성원들의 경제적 행태에 의해 할인율이 결정된다고 보는 것이다.

사회적 할인율이란 과연 무엇이고 어떻게 결정되느냐에 관해서는 그 동안 학계에서 많은 연구와 논란이 있어 왔다. 사회적 할인율의 개념을 거시경제이론적인 시각에서 살펴보면 한 국가나 사회의 투자와 저축간의 적정배합을 통해 사회적 할인율이 도출된다. 투자와 저축은 소득의 일정량으로 고정되어 있고 그래서 균형 상태에서는 자본의 성장률은 소득의 성장률에 일치되고 나아가서 소득의 균형성장률은 노동의 성장률과 같아지게 된다. 한 나라의 경제가 이러한 상황에 있을 때 진정한 사회적 할인율은 소득의 균형성장률, 즉 노동(인구)의 성장률이 된다.

■ 대안의 분석기준 설정

비용편익분석에서 대안을 분석하는 기준으로는 비용변제기간, 순평균수익률, 순현재가치(NPV), 비용편익비율(B / C ratio), 내부수익률(IRR) 등이 있는데, 주로 순현재가치(NPV)와 비용편익비율(B / C ratio) 그리고 내부수익률(IRR)이 주로 이용된다.

비용변제기간 이 기준에 따르면 사업의 총비용을 가장 짧은 기간에 변제할 수 있는 사업이 가장 우선적으로 선정된다. 이 기준은 사업을 선정하는데 할인율을 적용시킬 필요가 없는 상황에서 주로 사용되며, 민간 기업에서 단기사업의 경우 고려되고, 과거 사회주의 국가에서 주로 사용되었다.

순평균수익률 순평균수익률(net average rate of return)이란 사업의 전 기간에 걸쳐 발생하는 순편익의 합계를 편익이 발생하는 사업기간 연수(年數)로 나눈 것을 의미한다. 이 기준은 사업의 총 연한을 중요하게 고려하는데, 장기에 걸쳐 편익이 발생하는 공공사업에 적용시키는 데에는 한계가 있다.

순현재가치(NPV) 순현재가치(net present value)란 투자사업의 전 기간에 걸쳐 발생하는 순편익의 합계를 현재가치로 환산한 값을 의미한다. NPV 〉 0인 경우, 그 사업은 경제적으로 타당성 있다고 평가된다. 순현재가치기준은 비용편익분석에서 가장 널리 사용되는 보편적인 기준이지만 이 기준에 전적으로 의존하는 것은 문제가 있다. 이 기준은 대규모 사업이 소규모 사업에 비해 순현재가치가 크게 발생하게 되어 대규모사업이 통상 유리하게 평가된다는 문제점을 지닌다.

비용편익비율(B / C ratio) 비용편익비율 기준은 B / C ratio가 높은 사업일수록 경제적 타당성이 높은 것으로 평가하는 기준이며 다음 산식에 의하여 나타낼 수 있다.

$$B/C = \sum B_t / (1+r)^t / \sum C_t / (1+r)^t$$
$$t = 0,\ 1,\ 2,\ \cdots\ ,\ n$$

이 경우 B / C ratio 〉 1이면 사업은 타당성이 있다고 평가된다.

소규모 사업이 상대적으로 높은 B / C ratio를 갖게 되는 경우가 많다는 문제점을 지닌다.

내부수익률(IRR) 내부수익률(IRR : Internal Rate of Return)은 투자사업이 원만히 진행된다는 전제하에서 기대되는 예상수익률로서 투자사업의 전 기간에 걸쳐 발생하는 편익의 현재가치와 비용의 현재가치를 일치시켜 순현재가치(NPV)가 0이 되게 하는 어떤 할인율이다. $IRR > rs$(rs = 사회적 할인율)이 되면 통상적으로 그 사업은 타당성이 있는 것으로 평가된다.

이때의 사회적 할인율(rs)은 사업평가자의 입장에서 그 사업을 통해 얻어야 한다고 느끼는 최소한의 수익률(cut-off rate)을 의미한다. 내부수익률 기준이 사업평가에 널리 사용되는 이유는 내부수익률을 계산하는 데 있어 순현재가치(NPV) 기준과 달리 사회적 할인율을 몰라도 그 계산이 가능하기 때문이다.

[예비타당성 경제성 평가 / 분석 기법 비교]

분석기법	판 단	장 점	단 점
편익 / 비용비율(B / C)	B / C≥1	- 이해용이, 사업규모 고려가능	- 상호배타적 대안선택의 오류발생 가능
순현재가치(NPV)	NPV≥0	- 대안선택 시 명확한 기준 제시 - 장래발생편익의 현재가치 제시 - 타 분석에 이용가능	- 장래발생편익의 현재가치 - 이해의 어려움 - 대안 우선순위 결정시 오류발생 가능
내부수익률(IRR)	IRR≥r	- 사업의 수익성 측정가능 - 타 대안과 비교가 용이 - 평가과정과 결과 이해가 용이	- 사업의 절대적 규모 고려하지 않음 - 복수의 내부수익률 가능

내부수익률은 일종의 이익률 개념이므로 내부수익률이 높을수록 사업의 타당성도 그만큼 높아진다. 따라서 여러 개의 사업들 가운데서 우선순위를 결정할 때에도 내부수익률이 높은 순서대로 선택하면 된다. 그러나 이것은 어디까지나 여러 사업들이 서로 독립적인 관계를 가지고 있는 경우에만 허용될 수 있는 기준이다. 사업들이 상호배타적인 관계를 가지고 있을 때에는 내부수익률의 크기에 따라 사업을 선정하는 방법은 옳지 못하다.

상호배타적인 사업에 있어서는 사업들의 내부수익률을 계산하여 이를 직접 비교하는 것은 아무런 의미가 없다. 내부수익률은 어떤 사업이 성질상 사업의 초기에 많은 비용이 투입되고 어느 정도의 편익기간이 지난 후 다시 대규모 비용이 발생하는 경우 두개로 계산될 수 있고, 예산상 제약이 있거나 사업 간의 상호배타적인 관계가 있을 때에는 직접적으로 적용할 수 없다는 취약점을 가진다.

■ 비용편익분석의 한계

비용편익분석은 유용한 정책의사결정의 분석도구이지만 이 또한 많은 문제점과 한계를 가지고 있다. 가장 심각한 문제가 정보획득의 문제이다. 아무리 정교한 분석기법을 개발하였어도 정보가 불충분하고 부정확하다면 의미 있는 결과를 도출하는 것이 불가능해진다. 비용편익분석의 또 다른 중요한 한계는 분석 자체가 많은 비용과 시간을 수반한다는 것이다. 현실적인 정책의사결정은 많은 경우 긴급하게 이루어져야 하는데, 통상의 비용편익분석은 흔히 수개월 내지는 수년까지의 시간을 요구하며 이에 막대한 예산과 인력을 수반하는 것이다.

비용편익분석을 실제로 수행하는 분석전문가들의 전문성이 절대로 중요하지만 이에 못지않게 정책결정권자들도 비용편익분석의 원리 등에 대해서 상당한 이해가 있어야 한다. 그렇지 않으면 분석과정에 정치적 이해관계가 개입될 수 있고, 정책결정권자의 편견이나 정실, 부정 등이 개입될 여지가 있는 것이다. 아무리 분석을 철저히 잘 했다고 하더라도 정책결정권자의 이에 대한 이해가 부족하면 그 분석은 무용지물이 되고 만다. 우리나라를 비롯한 많은 국가에서 예산과 관련된 각종 공공사업에 대한 타당성 평가가 제도적으로는 비교적 원만하게 이루어지는 것처럼 되어 있으면서도 사실상 제대로 이루어지지 않고 있는 이유는 이상에서 말한 여러 가지 제약요인들 때문이다. 따라서 비용편익분석에 대하여 개선되어야 할 사항을 다음과 같이 요약해 본다.

장래수요에 대한 정확한 예측 정부에 의해 제공되는 주요 서비스들의 장래수요에 대하여 정확한 예측이 선행되어야 한다. 정확한 수요예측은 공공투자사업의 규모를 적정하게 결정토록 하는 데 필수적이며 불필요한 과다투자가 일어나지 않도록 도와준다. 그러나 부정확한 수요예측 아래에서 이루어진 비용편익분석의 결과는 공공자금의 낭비를 초래하고 나아가서 민간부문의 생산 활동까지 위축시키는 부정적인 효과를 가져다 줄 것이다.

목표를 달성할 수 있는 가능한 모든 대안 제시 정부가 어떤 명확한 정책목표를 가지고 특정한 공공서비스를 제공하고자 할 때 이 목표를 달성할 수 있는 대안들을 가능한 한 모두 제시하고 이들 각각에 대하여 철저한 검토가 이루어지도록 하는 노력이 필요하다. 자칫 시간과 예산에 쫓겨 한 가지의 대안만을 가지고 타당성을 검토하려고 하는 경향이 있는데 이는 대단히 위험하며 성급한 판단을 내릴 가능성이 높다.

사회영향분석의 활성화 비용편익분석에서는 여러 가지 정보수집의 어려움 때문에 각종의 사회영향분석을 소홀히 하기가 쉽다. 그러나 이러한 사회영향분석들은 가능한 자료수집의 범위 내에서 최선을 다해 그 효과를 규명하는 노력이 필요하며, 계량적 분석접근이 어려울 때에는 비계량적 분석이라도 충실히 해야 할 것이다. 특히 최근에는 환경에 대한 영향평가가 주요 관심사가 되고 있으므로 환경을 보호한다는 이유에서도 환경영향분석에 최선의 노력을 다해야 할 것이다.

2. 비용효과분석

비용편익분석은 공공사업의 비용과 편익이 모두 화폐가치로 측정되고, 양자의 크기를 NPV나 B/C ratio 등과 같은 동일한 기준으로 비교할 수 있는 것을 전제로 하고 있다. 그러나 현실의 공공사업 중에는 비용과 편익이 모두 화폐가치로 측정되고 양자의 크기를 동일한 기준으로 비교할 수 있는 분야가 많지 않기 때문에, 이런 경우에는 비용편익분석방법으로 대안을 비교·평가하기가 힘들어진다. 이때에 이용될 수 있는 것이 비용효과분석이다.

■ 비용효과분석의 필요성

비용과 편익항목들이 제대로 분류되고 측정되지 못한다면 비용편익분석은 무용지물이 되고 만다. 그런데 경제적 편익의 측정이 거의 불가능한 경우가 생기며, 특히 사회정책사업(social project)에서 이런 경우를 자주 발견하게 된다. 이러한 상황에서 사용되는 방법이 비용효과분석이다.

비용효과분석에서 가치측정이 전적으로 배제되는 것은 아니다. 비용은 비용편익분석에서와 똑같은 개념과 절차에 따라 추정되어야 한다. 다만 효과를 측정할 때 화폐단위보다는 물리적 단위를 사용하여 측정하게 된다. 비용효과분석은 첫째, 목표(효과)가 알려지고 주어져 있다고 할 때 이 목표를 달성하는 데 가장 적은 비용이 들어가는 대안을 선택하는 방법 둘째, 예산(비용)이 주어져 있다고 할 때 이 예산 아래에서 목표를 최대로 달성하게 하는 대안을 선택하는 방법 중 한 가지 방법에 의해서 행해진다. 첫 번째 방법을 택한다면 각 대안의 비용 / 효과 비율을 계산하여 이 비율이 가장 낮은 대안을 택해야 할 것이며, 두 번째 방법을 택한다면 각 대안의 효과 / 비용 비율을 계산하여 이 비율이 가장 높은 대안을 택하는 것이 원칙이다. 비용효과분석에서 서로 다른 목표를 가지고 있는 사업들에 대해서는 이를 비교, 평가할 방법이 없다.

■ 의사결정기준

비용효과분석에 있어서의 의사결정기준을 몇 가지로 나누어서 살펴보면 다음과 같다.

사업의 채택여부 사업의 채택여부는 그 사업의 비용 / 효과 비율이 정책결정자의 지불의사(WTP)와 어느 정도 차이가 나느냐에 달려있다. 만약 그 비율이 WTP보다 낮거나 최소한 같으면 사업은 채택된다.

Tip 지불의향가격(WTP : Willingness To Pay)

지불의향가격이란 소비자가 어떤 재화 한 단위를 추가적으로 구입하기 위해 지불하고자 하는 최고 금액을 뜻한다. 간단히 말하면 소비자 혹은 고객이 어떤 재화나 서비스에 대해서 기꺼이 지불할 수 있는 금액이다. 따라서 수요곡선의 높이가 바로 그 수요량 수준에서 소비자의 지불용의를 의미한다.

독립적인 사업들 중 몇 개 선택 예산제약이 없는 경우에는 독립적인 사업들 중 각각 비용 / 효과 비율에 따라 순위를 매길 수 있는데, 이 경우 정책결정자의 WTP가 어느 정도인가에 따라 1순위라도 비용 / 효과 비율이 WTP보다 높으면 선택될 수 없고 마지막 순위라도 WTP보다 낮으면 그 사업과 선순위 사업들은 선택된다. 반대로 예산제약이 있는 경우에는 예산의 범위 내에서 비용/효과 비율이 가장 낮은 사업부터 순차적으로 높은 사업을 채택하면 될 것이다. 물론 이 때에도 비용/효과 비율이 정책결정자의 WTP보다 높지 않아야 함은 당연하다.

상호배타적인 사업들 중 하나를 선택 상호배타적 사업의 경우 각 대안의 독자적인 비용/효과 비율을 비교하는 것은 의미가 없다. 이 경우 한계적 비용/효과 비율을 비교해야 하는데, 한계적 비용/효과 비율은 'with 對 without'의 상황에서 계산되는 것과 같은 개념에 해당된다. 한계적 비용/효과 비율은 아래와 같이 구해진 값을 가지고 어느 대안을 선택하느냐는 앞의 경우와 마찬가지로 정책결정자의 WTP에 달려있다.

$$\text{한계적 비용/효과 비율} = \frac{\text{연속되는 사업(정책)간의 비용 변화 분}}{\text{연속되는 사업 (정책)간의 효과 변화 분}}$$

의존적인 사업들 중 몇 개를 선택 예산제약이 없는 경우 가장 단순한 의사결정기준은 한계적 비용/효과 비율이 정책결정자의 WTP보다 낮은 한 조합 가능한 사업의 조합들을 모두 선택하는 것이다. 그러나 예산제약이 있는 경우에는 한계적 비용/효과 비율이 정책결정자의 WTP보다 낮은 한 예산의 범위 내에서 가능한 사업의 조합들이 어떤 것인가를 확인하여 그것을 선택하는 것이다.

대안분석

의사결정기준에 따른 대안분석은 최소비용기준 대안분석과 최대효과기준 대안분석으로 나누어 생각해 볼 수가 있다.

최소비용기준 대안분석 최소비용으로서 일정 수준의 효과수준을 정해 놓은 다음에 이 수준에 도달하는 몇 개의 대안들의 비용을 비교하여 이 중에서 가장 작은 비용의 대안을 선정한다. 예를 들면 과다한 교통량을 해소하기 위한 동일한 효과를 위해서 동일한 지역을 통과하는 두 가지의 도로 중에서 건설비용이 적게 드는 도로를 선택하는 것이다.

최대효과기준 대안분석 최대효과로서 비용의 최고 한도를 정해 놓고, 이 비용한계를 넘는 것은 제거하고 나머지 가운데서 최대효과를 발휘하는 대안을 택한다. 또는 비용이 동일한 대안이 여럿이면 이 중에서 효과가 가장 큰 대안을 선정한다.

■ 비용편익분석과 비용효과분석의 비교

비용-편익분석과 비용효과분석을 비교하면 다음과 같다.

비용효과분석이 적합한 경우 비용효과분석은 편익을 화폐적 단위로 측정할 수 없는 그런 사업들을 평가하는 데 있어서는 매우 유효한 분석기법이다. 또한 실제로 많은 정부사업을 평가하는 데 비용편익분석보다도 비용효과분석을 더 많이 활용하기도 한다. 비용효과분석에서는 비용과 효과가 서로 다른 단위로 측정되기 때문에 총효과가 총비용을 초과하는지의 여부에 대한 직접적인 증거는 제시하지 못한다. 그러나 한 공공사업이 달성해야 할 효과수준이나 지출할 수 있는 자원의 한도가 확정되어 있을 경우에는 비용효과분석은 대안선택의 복잡성을 감소시킬 수 있는 적절한 방법이 될 수 있다.

비용편익분석이 적합한 경우 정책판단을 위한 정보를 더 많이 제공해줄 수 있는가라는 측면에서는 비용편익분석이 더 적실하다. 그리고 비용편익분석은 경제적 효율성을 측정하고 있는 반면, 비용효과분석은 경제적 효율성에 관해서는 아무런 정보를 제공하지 못하고 있다. 비용효과분석은 사업에 투하된 자원이 어느 정도 효과를 내고 있느냐를 밝히는 것이 주목적이며 자원배분에 대한 사회구성원의 사회적 선호(social preference)를 측정하지는 않는다. 따라서 어떤 대안에서 자원이 가장 효율적으로 사용되고 있는가에 대해서는 비용효과분석만으로는 아무런 결론을 내릴 수 없음을 인식해야 할 것이다.

양자의 접목 비용효과분석과 비용편익분석을 적절히 함께 사용함으로써 정부사업을 더욱 정확하게 평가할 수 있다. 예를 들어, 환경문제가 내포된 정부의 여러 사업들을 평가하는데 있어서 비용편익분석을 우선적으로 실시한 후 여기서 합격된 사업들에 대하여 비용효과분석을 행하여 최종적인 선택이 이루어지게 함으로써 최선의 결과를 얻도록 하는 것이다. 경우에 따라서는 비용효과분석을 먼저 실시하여 여기서 도출된 정보에 따라 대안별 비용효과분석을 행하는 것도 무방할 것이다.

3. 민감도분석

불확실성하에서 위험 발생의 경우에 대비하여, 가정의 변화에 따라 날라시는 내안들의 결과를 알려주어 제대로 평가할 수 있게 해주는 분석으로, 미래에 발생할 수 있는 다양한 변동 상황이 사업에 어떠한 영향을 미치는가를 분석하는 것을 민감도분석(sensitivity analysis)이라고 한다.

민감도분석은 각각의 가정변수(입력변수)들이 예측변수(결과변수)에 미치는 영향력에 대한 정보를 제공해 준다. 시뮬레이션이 수행되는 동안 크리스탈 볼은 모든 가정변수와 예측변수 간의 순위상관계수를 계산하여 민감도를 분석하여 이를 차트로 보여준다. 상관계수는 예측변수와 가정변수 간의 상관관계의 정도를 나타내는 수치로 만약 가정변수와 예측변수가 높은 상관계수를 갖는다면 가정변수가 예측변수에 대해 유의한 영향력을 갖는다는 것을 의미하고, 양의 상관관계는 가정변수가 증가함에 따라 예측값도 증가한다는 것을 의미한다. 반대로 음의 상관관계는 가정변수가 증가함에 따라 예측값이 감소함을 의미함으로 상관계수 값이 크면 클수록 더 강한 상관관계를 갖게 된다. 크리스탈 볼의 민감도 차트는 가정변수가 예측변수에 미치는 영향력의 크기에 따라서 순차적으로 표시한다. 또한 영향력의 정도를 막대 또는 파이 차트로 보여준다.

민감도분석으로 가정변수가 예측변수에 어느 정도의 영향력을 갖는지 알 수 있으며 보다 현실적인 스프레드시트 모델을 구축할 수 있다. 또한 가정변수들이 모델에 어떠한 영향을 미치는지 알게 됨으로써 결과의 정확도를 증가시킬 수 있다.

■ 민감도분석의 목적

공공사업을 운영하는 과정에서 예기치 못한 변동상황이 발생하며 각종의 위험요소들이 도사리고 있다. 이는 그만큼 미래의 불확실성이 존재하고 있다는 것을 의미한다. 따라서 공공사업에 대한 타당성을 사전에 평가할 때 이와 같은 변동 상황을 미리 고려하여 이것이 공공사업의 성패에 어떠한 영향을 미치는가를 분석하여, 그 분석결과가 최종 결정권자의 사업 선택에 관한 최종판단에 도움을 줄뿐만 아니라 사업의 성공적 집행을 위한 사전예방조치를 강구하도록 하는 계기를 줄 수 있다.

■ 민감도분석의 접근방법

민감도분석을 위한 접근방법에 대한 구체적인 접근방법에 대해서 알아보기로 한다.

주관적 예측 주관적 예측이란 장래에 발생할지도 모를 변동 상황을 주관적인 느낌으로 예측하고 판단하는 것으로 가장 신속하고 간편한 접근방법이라 하겠다. 이와 같은 판단은 분석전문가의 경험과 감각에 의존하는 경우가 많다. 그런데 이러한 예측, 판단은 공식적인 계산과정을 통해 도출되는 것이 아니라 순전히 주관적·경험적 판단에 의해 도출된다.

선택적 민감도분석 선택적 민감도분석이란 객관적인 검토과정을 거쳐 이루어지는 것으로 여러 가지 가능성 있는 변동 상황 가운데서 중요한 상황들을 선택하고 이들의 변화가 사업의 NPV와 IRR에 어떻게 영향을 미치는가를 밝혀내는 방법이다.

이 방법에서는 첫째로 산출물의 가격, 산출량, 둘째로 투입물의 가격, 산출량, 셋째는 시설의 가동률, 넷째로 공사기간이나 혹은 시설가동률을 목표수준까지 끌어올리는 데 소요되는 시간 등에 대해 심층분석이 이루어져야 한다.

Tip

- **민감도지수** : 민감도 지수는 '내부수익률의 %변화 / 관련변수의 %변화폭'으로, 민감도지수가 클수록 내부수익률에 민감하게 영향을 주게 된다.
- **전환 값** : 전환 값이란 사업의 NPV를 0으로 만드는 어떤 변수의 변화 분을 백분율(%)로 나타낸 값을 말한다. 사업이 성공적으로 완성되기 위해서는 순현재가치의 값이 최소한 0보다 커야하는 바, 주요변수들의 변화폭을 어느 정도까지 감수할 수 있는가를 밝혀주는 것이 전환 값의 역할이라 하겠다.

일반적 민감도분석 일반적 민감도분석은 사업의 NPV 또는 IRR에 영향을 미칠 수 있는 주요변수들의 변화가 실제적으로 일어날 수 있는 가능성을 모두 나열하고 그 가능성 하나하나에 대해 확률을 부여함으로써 장래에 발생하는 여러 상황을 종합적으로 정리 분석하는 방법이다.

예컨대 선택적 민감도분석에서는 몇 가지 선택된 주요변수들의 변화상황으로 범위를 제한하고 이에 대한 민감도를 계산하는 것이라면, 일반적 민감도분석에서는 주요변수가 10개이고 변화될 수 있는 상황이 3가지라면 총 310가지의 변화상황을 모두 고려하여 이의 효과 및 이에 상응하는 확률을 배분하는 접근방법을 택한다. 따라서 일반적 민감도분석은 사업효과에 대한 확률분석이라고 하겠으며 일종의 위험분석(risk analysis)이라 하겠다.

학술적인 정의를 가지고 양자를 구별한다면, 위험은 비록 주관적인 판단이지만 어떤 의미 있는 확률을 배정할 수 있는 상황을 의미하는 반면, 불확실성이란 이와 같은 확률을 배정하는 것조차 불가능한 상황을 의미한다. 물론 위험과 불확실성 모두가 분석가의 주관적 판단에 의해 설정되는 상황이지만 대체로 불확실성의 상황이 위험상황보다 더 많은 추측이 요구되는 상황이라 할 수 있다. 예를 들어, 어느 연도의 우리나라 강수량에 대한 예측은 위험상황에 해당하는 것인 반면 남북관계에 대한 예측은 불확실성의 상황이라고 볼 수 있다. 그렇다고 불확실성의 상황에 대해서는 민감도분석을 할 수 없는 것은 아니다. 다만 분석이 그만큼 어렵고 애매해질 수밖에 없어 정밀도가 뒤떨어질 수 있다.

■ 민감도분석의 수준

민감도분석의 수준에 관한 어떤 일반적인 규칙은 없으나 경제이론상의 '효율성 규칙

(efficiency rule)'을 적용시켜 볼 때 다음과 같은 설명이 가능하다. 비용편익분석의 절차가 사업목표의 설정 및 구체적 대안 마련, 각 대안에 대한 비용과 편익의 분류 확인, 비용과 편익의 측정 및 수익성 도출, 민감도분석, 최종선택 및 보고서 작성으로 구성되어지는데, 효율성 규칙이란 위의 5단계 절차에 대하여 예산을 배정할 때 한 절차에 배정한 달러의 한계가치가 다른 절차에 배정한 달러의 한계가치와 일치하도록 하고 그래서 전체 비용편익분석의 총가치가 최대로 증가될 수 있도록 자금을 배분해야 한다는 것이다.

민감도분석의 수준을 결정하는 데 있어서 효율성 규칙을 반드시 적용시켜야 한다는 절대성은 없다. 다만 분석전문가들은 정책결정자가 원하는 수준과 예산사용의 효율성 등을 고려하여 가장 합당한 분석의 수준을 결정하면 족할 것이다.

■ 최적대안 제안

최적대안의 제안은 정책분석가가 정책결정자에게 분석결과 최선의 대안으로 판명된 최적의 대안을 제안하는 것을 말한다.

4. AHP 분석

AHP는 Analytic Hierarch Process의 약어로 계층분석과정 또는 계층분석방법이라고 불린다. AHP는 의사결정의 계층구조를 구성하고 있는 요소간의 쌍대비교를 통해 평가자의 지식, 경험 및 직관을 포착하는 의사결정방법론 중 하나이다. 즉 의사결정의 전 과정을 여러 단계로 나눈 후 이를 단계별로 분석 해결함으로써 최종적인 의사결정에 이르는 방법이라고 할 수 있다. 즉 AHP는 다수의 대안에 대하여 다면적인 평가기준과 다수 주체에 의한 의사결정을 위해 설계된 방법이다. 의사결정자의 직관적, 합리적 또는 비합리적 판단을 근거로 정량적인 요소와 정성적인 요소를 동시에 고려함으로써 의사결정문제의 해결을 위한 포괄적인 틀을 제공해준다.

AHP의 간략한 과정은 우선 직면한 의사결정 문제를 구성하고 있는 모든 요소를 나열한다. 그 요소로는 의사결정의 목적, 대안, 그 대안을 평가할 수 있는 기준 등이 있다. 이러한 요소들을 계층의 형태로 만든다. 이후 그 계층을 구성하고 있는 요소들 간 1 대 1로 쌍대비교를 한다. 비교결과를 선형대수학의 고유 벡터법을 이용하여 요소들의 가중치를 구한다. 마지막으로 각 레벨에서 구한 요소들의 가중치를 상위레벨에서 하위레벨로 곱하게 되면 의사결정대안의 최종가중치가 구해진다. 이를 토대로 의사결정을 내리게 된다.

AHP는 1970년대 Pennsylvania University Wharton School의 Thomas L. Saaty 교수가 미 국무부의 무기통제 및 군비축소에 관한 의사결정의 비능률을 개선하기 위해 개발하였으며, 인간의 사고 체계와 유사한 접근방법으로서 문제를 분석하고 분해해 구조화할 수 있다는 점에서 공공부문투자사업의 의사결정과정에 적극적으로 활용되고 있다.

AHP는 의사결정의 목표 또는 평가기준이 다수이며 복합적인 경우, 이를 계층화하여, 주요요인과 그 주요요인을 이루는 세부요인들로 분해하고, 이러한 요인들을 쌍대비교를 통해 중요도를 산출하는 분석방법이다. AHP는 다수의 속성들을 계층적으로 분류하여 각 속성의 중요도를 파악함으로써 최적 대안을 선정하는 기법으로 정의할 수도 있다. AHP는 의사결정요소들의 속성과 그 측정척도가 다양한 다기준의사결정 문제에 효과적으로 적용되어 의사결정자가 선택할 수 있는 여러 가지 대안들을 체계적으로 순위화를 시키고, 그 가중치를 비율척도로 도출하는 방법을 제시한다.

AHP(계층화 분석법)는 사업시행타당성 등의 여부를 판별하기 위해 널리 쓰이는 분석기법이다. 오늘날 AHP는 대운하·새로운 공항·지하철·도로 등 기반시설 사업의 타당성 여부를 판별하는데 있어 B / C분석과 더불어 가장 많이 쓰이는 분석기법 중 하나이다. AHP의 적용 분야는 에너지·자원·교통·입지 등을 비롯한 경제문제에서부터, 재무·금융·회계·인사조직·마케팅·호텔·관광 등의 경영문제, 정부·국방 등의 정치문제, 교육·안전·재해·복지, 도시·환경·건설·보건·의료·농업·체육 등의 사회문제, R&D·신제품개발·생산·제조·품질, 컴퓨터·정보 등의 기술문제까지 매우 다양하게 활용되고 있다.

AHP의 원리는 인간이 의사결정시 두뇌가 단계적 또는 위계적 분석과정을 활용한다는 사실에 착안하여 개발 되었다. 연구 결과에 의하면 사람은 문제를 해결할 때 첫째로 계층적 구조의 설정, 둘째로 상대적 중요도의 설정, 마지막으로 논리적 일관성 유지란 이러한 원칙을 따른다.

■ 계층적 구조의 설정

인간은 복잡한 현상을 그 구성요소 별로, 나아가 더 작은 부분으로 나누어 종국적으로 계층구조를 설정한다. 어떠한 현상을 동질성을 가진 부분으로 나누고 다시 보다 더 작은 부분으로 나눔으로써 보다 많은 정보를 문제의 구조에 포함시켜 보다 완벽한 전체 시스템을 구성할 수 있게 된다. 가장 기본적인 AHP 계층은 맨 윗부분에 목적을 두며, 그 밑에 판단기준이 되는 기준을 두고 가장 아래 계층에 대안을 두는 구조이다. 판단기준이 되는 요소를 여러 단계로 나눌 필요가 있을 경우에는 Criteria 밑에 Sub-criteria를 두게 되며, 더 나아가 Sub-sub-criteria를 둘 수도 있다. 이 과정에는 한계가 없으며 그 현상이나 문제, 시스템이 난해하거나 심층적 분석을 요하거나 많은 변수들을 가질수록 더 복잡한 계층구조를 가지게 된다.

■ 상대적 중요도의 설정

사람은 관측한 사물 사이의 관계를 인식하고, 유사한 사물들을 짝으로 묶어 특정기준에 대하여 비교하고 그 짝의 구성 인자 사이의 선호도를 판단하는 능력을 소유하고 있으며, 최종적으로 상상이나 논리적 과정을 통하여 그들이 내린 판단을 종합하여 전체 시스템에 대한 이해를 보다 강화한다. AHP의 가장 큰 장점은 이러한 인간의 특성을 그대로 반영하여 복잡한 의사결정 상황에서 수많은 의사결정 요소들의 가중치 또는 중요도를 간단한 쌍대비교(1 : 1 비교)를 통하여 산출해 내는데 있다. 여러 의사결정 요소들을 동시에 고려해서는 그들 사이의 중요도를 산출하기가 사실상 불가능하다. 그러나 요소를 1 : 1로 비교하는 것은 누구나 쉽게 할 수 있으며 이들 전 요소에 대한 1 : 1비교 자료를 가지고 비교행렬을 구성한다.

■ 논리적 일관성의 유지

사람은 사물이나 생각들을 논리적 일관성을 갖도록 관계를 설정하는 능력을 갖고 있다. 일관성은 두 가지 의미를 갖는데, 유사한 사물이나 생각들을 동질성이나 관련성에 따라 묶는 것과 특정한 기준이 있을 경우 생각이나 사물들의 관계의 강약을 그 기준에 따라 논리적인 방법으로 구성한다는 것이다. AHP에서는 비교행렬의 주 고유벡터를 활용한 1 : 1 비교 결과의 통합과정에서 AHP의 커다란 장점 중 하나인 "비일관성지수"를 도출하게 되며 이를 이용하여 의사결정자의 논리적 일관성 유지 여부를 확인하고 의사결정의 합리성과 논리성을 높일 수 있게 된다. 일반적으로 비일관성지수(Inconsistency Index)를 Random Index로 나눈 비일관성비율(Inconsistency Ratio)이 0.1을 넘게 되면 의사결정자가 논리적 일관성을 잃고 있는 것으로 판단하여 의사결정과정을 재점검하도록 하는 신호를 보내는 기준으로 삼고 있다.

■ AHP의 장점

AHP의 장점을 크게 세 가지로 구분해서 생각해 볼 필요가 있다.

정량적 요소와 정성적 요소의 통합 일반적인 의사결정 방법의 가장 큰 문제점은 비용·수익, 거리, 무게 등과 같은 계량화가 가능한 정량적 요소의 반영은 가능하나 "고객서비스의 향상", "회사 이미지 제고" 등과 같은 정성적 요소의 반영에는 커다란 한계를 가지고 있다는 사실일 것이다. 일정규모의 금전적·경제적 이득보다는 고객서비스의 향상, 회사의 이미지 제고, 직원의 사기 진작과 만족도의 향상과 같은 정성적 요소가 더 중요한 의사결정 요인인 경우가 많이 있다. 그러나 이런 정성적 요소를 합리적으로 반영하고 정량적 요소와의 중요도의 비교를 설득력 있게 도출할 수 있는 방법을 찾기가 쉽지 않다. AHP는 이런 문제점을 극복하면서도 누구나 쉽게 활용할 수 있는 의사결정 이론이다. 상이한 척도를 가진 요소들의 비교·통합, 또한 계량화가 가능한 정량적 요소라고 하더라도 척도(scale)가 다른 요소들의 합리적 비교·통합은 또 다른 문제점으로 지적되고 있다. 이러한 경우 일반적으로 주관적인 감각이나 직관에 의존하게 된다. 그러나 AHP를 활용함으로써 다른 척도를 가지고 있는 요소간의 비교와 통합을 보다 수월하면서도 합리적이며 체계적으로 할 수 있게 된다.

평가의 일관성 파악 및 개선 AHP의 또 다른 특징은 AHP를 활용하여 의사결정하는 과정에서 의사결정자의 논리적 일관성의 유지 여부를 확인할 수 있도록 지원한다는 점이다. AHP에서 이용하고 있는 고유치계산 방법을 수행하는 과정에서 필연적으로 비일관성지수(Inconsistency Index)가 산출되며 이를 통하여 의사결정자의 논리적 일관성 유지 여부와 개선을 위한 기준을 제시한다.

의사결정 참가자의 의견 통합 및 집단의사결정 도출 AHP 개발의 동기가 되었던 점이 바로 의사결정자의 의견을 합리적·논리적으로 통합하여 집단의 의사결정을 도출하는 것이었다. 통상적인 경우 의사결정참여자의 다수 의견을 취하거나 평균을 내어 집단의 의사결정으로 삼는 것이 대부분일 것이다. 그러나 이런 방법을 취할 경우에는 소수의 의견이 완전히 무시되거나 의사결정참여자의 정확한 요소별 또는 대안별 선호도 차이의 반영이 불가능하게 된다. AHP는 의사결정참여자 모두의 의견을 반영시킬 뿐만 아니라 각자의 요소별 또는 대안별 선호도의 차이를 100% 반영할 수 있게 되어 보다 합리적인 집단의사결정의 결과가 도출되도록 지원한다.

AHP의 활용단계

AHP는 5단계로 구분하여 활용하여야 한다.

제1단계 : 브레인스토밍(Brain storming) 브레인스토밍은 계층구조를 설정하기 위하여 평가의 목표를 명확히 하고 평가에 중요한 요인들을 도출하기 위하여 머릿속에 떠오르는 모든 관련된 항목과 대안을 열거하는 과정이다.

제2단계 : 계층구조의 설정 계층구조의 설정이란 Brain storming을 통하여 찾아낸 의사결정에 영향을 미치는 요소들 사이의 종속관계를 찾아내고 군집화하여 최상의 계층에는 문제의 궁극적인 목표를 나타내고 제1수준에는 최종목표에 영향을 미치는 평가기준을, 그 다음 단계로서 제2수준에는 제1수준에 영향을 미치는 세부 평가 기준을 나타내고, 최하위 수준에는 평가 대안들을 위치시키는 과정이다. 이러한 과정을 통하여 복잡한 사안들을 계층화시키고 시각화함으로써 논리적인 판단을 통한 보다 올바른 의사결정을 할 수 있도록 하는 단계이다.

제3단계 : 쌍대비교 및 상대적 중요도의 설정 이러한 계층적인 분석을 통하여 얻어낸 각각의 요소 및 대안간의 쌍대비교(1 : 1 비교)를 통하여 각각의 요소 및 대안들이 상위요소 및 기준에 대하여 얼마나 많은 영향을 미치는지 또는 중요성을 갖는지 등을 찾아내는 과정이며 이러한 과정을 전 계층에 대하여 수행하고, 찾아낸 비교 값을 고유치계산 방법을 이용하여 풀면 최종적으로 각 요소들 간의 중요도 및 대안의 선호도를 찾아낼 수 있다.

제4단계 : 논리적 일관성의 유지 분석적사고의 다음단계는 의사결정자나 설문에 응한 사람의 판단이 얼마나 논리적 일관성을 유지하는가를 판단하는 것이다. 일관성이 결여된 판단은 잘못된 정보나 개념으로 인한 계층구조의 모순일 경우도 있지만 의사결정자의 판단상의 오류에서 기인하는 것이 대부분이다. AHP모델에서는 이러한 비일관성의 정도를 측정하는 비일관성 비율을 산출해 줌으로써 결과의 수용여부를 결정할 수 있도록 하며 이러한 수치가 일정수준 이상으로 나타날 때에는 정확한 판단이 얻어 질 때까지 반복 작업을 수행한다.

제5단계 : 피드백(Feedback) 아무리 잘 된 모델이나 그를 통하여 도출된 요소별 가중치라고 하더라도 모든 상황에서 타당성을 갖는 것은 아니다. 상황의 변화에 따라 융통성 있게 조정 및 개선되어야 한다. 예를 들어 중동에서의 전쟁의 발발, 세계적 폭설로 인하 유가의 폭등 등 의사결정 당시에는 예상하지 못했던 매우 중요한 상황의 변화가 발생할 수 있는 것이 현실이다. 따라서 주기적으로 상황변화에 따른 모델의 타당성과 가중치의 적정성 등을 점검하여야 한다. AHP는 이러한 시장상황의 변화와 이에 따른 새로운 기준의 추가 또는 삭제, 모델의 재설정 등의 Feedback을 쉽게 할 수 있도록 지원하는 융통성 있는 의사결정방법이다. 이는 의사결정의 시간과 질을 향상시키는데 크게 공헌하게 될 것이다.

AHP의 과정

과정은 3단계로써 문제설정 및 계층적 구조화단계, 문제별 쌍대비교 단계, 가중치 산정 및 일치성 분석 단계로 구분할 수 있다.

문제설정 및 계층적 구조화 의사결정을 해야 할 문제를 제시하고 각 문제의 구성요소를 계층화하는 단계인데, 계층화 과정에서 비교되는 각 요소들이 최종 목적을 결정하는데 영향을 주기 때문에 서로 비슷한 특징끼리 묶고 분류하여 계층화해야 한다. 이 단계에서는 어떤 문제를 구성하고 있는 가장 핵심요소들을 결정하고 그 다음으로 최선의 방법으로 이들 요소를 보완하고 대체하여 평가해야 한다. 최종적으로 해결 대안들을 가장 효과적인 방법으로 측정하게 된다. 이러한 과정은 중요한 모든 요소가 포함되었다고 간주될 때까지 계속해서 수정과 재검토를 반복하고 되고 일련의 계층구조에 따라 순차적으로 수행하게 된다.

문제별 쌍체비교 단계 문제별 구성요소들은 그들이 내포하고 있는 특징별로 상대적인 영향 측면에서 한쌍씩 비교되는데, 즉 각 평가요소를 1 대 1로 비교하여 상대적 중요도를 결정하게 된다. 두 요소를 비교할 경우에 비교하는 방법은 A와 B 중에 어느 것이 더 중요한가(심각한가) 라고 질문하게 되는데, 그 심각성의 정도를 비교하는데 사용되는 쌍대비교의 척도는 일반적으로 다음과 같이 1에서 9까지 사이의 점수를 사용하게 된다.

척 도	정 의	내 용
1	동등하게 심각함	해당 문제에 대한 A가 B의 심각도와 동일
3	약간 더 심각	A가 B보다 약간 더 심각
5	꽤 더 심각	A가 B보다 꽤 더 심각
7	상당히 심각	A가 B보다 상당히 심각
9	절대적으로 심각	A가 B보다 절대적으로 심각
2, 4, 6, 8	인접한 두 판단 사이의 중간 정도 중요	필요시 사용
이상척도의 역수	B가 A보다 중요 할 경우 사용	-

쌍대비교의 주된 이점은 인간 마음이 여러 문제를 동시에 구별하는 것보다 2개의 상이한 문제별로 세분하여 판단하면 중요도의 차이를 더 쉽게 구별할 수 있다는 점에 있다. 가중치 산정 및 일치성 분석은 다음과 같이 할 수 있다.

가중치 산정 계층분석법의 최종단계는 각 문제별 가중치를 산정하고 응답의 신뢰성을 검증하는 단계이다. 이 단계에서는 전문가 집단이 응답한 쌍대비교의 값을 집계하여 해당 부문별 중요도 즉 가중치를 산정하고 이를 기초로 전체 응답자들이 신뢰성 있고 일관성 있는 응답을 하였는지 여부를 확인하게 된다. 가중치 계산방법은 문제별 쌍대비교 값을 정방행렬로 배열하고 이를 이용하여 문제별 가중치를 산정한다.
각각의 지속가능부문 이슈를 A1⋯ An로 두고 지속가능 정도를 V1⋯Vn이라 할 때 이슈별 쌍대비교 값을 정방행렬[A]로 배열하면 다음과 같다.

	A1	A2	⋯	An
A1	V1 / V1	V1 / V2	⋯	V1 / Vn
A2	V2 / V1	V2 / V2	⋯	V2 / Vn
–	–	–	⋯	–
An	Vn / V1	V2 / Vn	⋯	Vn / Vn

위 표에서 V1 / V1은 A1 자신에 비교한 것으로 그 값은 1이다. V1 / V2은 A2에 비교한 A1의 심각정도를 나타낸 값이고 V / Vn은 An에 비교한 A1의 쌍대비교 값을 의미한다.

일치성 분석 다음으로 전문가 집단이 주관적으로 판단한 요소간의 심각성이 이행성의 공리를 만족시키면서 얼마나 일관성 있게 응답하였는가를 알기 위해서 일치성 분석이 필요하다. 일치성분석을 하려면 첫째, 최대고유치 λmax를 구하고 둘째, λmax를 이용하여 일치성지수(CI)를 구해야 한다. 셋째, 최종적으로 일치성지수 CI를 가지고 일치성비율(CR)을 구하게 되며 이 일치성비율을 가지고 일치성 여부를 판단하게 된다.
먼저 λmax는 다음의 과정을 통하여 도출한다. 즉 n × n 정방행렬[A]와 n × 1 가중치행렬[W]를 곱하면 새로운 n×1 가중벡터행렬[Y]가 산정되는데, 이 가중벡터 행렬의 구성요소 Y1⋯Yn과 가중치 W1⋯Wn을 이용하여 λ max를 얻을 수 있다. 이를 수식으로 표현하면 다음과 같다.

[A] × [W] = [Y]이고,

(Y1 / W1 + Y2 / W2 + ⋯ + Yn / Wn) / n = λmax

다음, 일치성 여부 검증은 일치성지수(CI)와 각 행렬의 크기별로 결정되는 임의지수 간의 비중을 의미하는 일치성 비율(CR)로 판단한다. 일치성 비율은 설문에 응한 응답자의 일치성이 임의적인 응답의 일치성과 얼마나 차이가 나는지 보여주게 되는데, 일치성지수는 다음과 같이 정의된다.

$$CI = \frac{\lambda max - n}{n - 1}$$

$\lambda max \geq n$

(단, n = 행렬의 차원)

여기서 주관적 쌍체비교가 임의적으로 이루어질 때 발생할 수 있는 값 즉, 임의지수와 일치성지수를 비교하면 일치성비율(CR)을 얻게 된다. 응답자들이 쌍체비교에서 완전히 일치되게 응답할 것으로 기대하지는 않지만, 통상 CR이 10% 이하이면 양호하게 응답한 것으로 간주된다.

무작위 일관성 지수에 관한 행렬의 크기는 다음과 같다.

행렬의 크기	무작위일관성 지수	행렬의 크기	무작위일관성 지수	행렬의 크기	무작위일관성 지수
2	0	5	1.12	8	1.14
3	0.58	6	1.24	9	1.45
4	0.90	7	1.32	10	1.49

이렇게 산정된 가중치와 사업 시행 적합도를 곱해서 나온 수치들을 모든 요소에 대해 구한다. 이렇게 해서 구한 수치들을 총합하여 이 총합치가 0.5를 넘는지 여부를 판단한다. 다시 말해 타당도의 판정 기준은 0.5이다. 0.5를 넘으면 AHP로 분석한 사업의 타당성이 입증된 것이고 그렇지 못하다면 입증되지 못했다고 판단한다. 예를 들어 AHP종합 평점이 0.4752라면 0.5 미만이므로 이 수치를 제공한 사업의 타당성은 낮다고 판단하는 것이다.

[APH분석을 위한 가중치 산정범위]

경제성 분석	정책적 분석	지역균형발전 분석
40~50%	25~35%	15~25%

[예비타당성 조사 결과 요약 매트릭스(예시)]

지표 분야	주 요 결 과	
Ⅰ. 사업의 개요	- 사업추진주체 - 사업의 기대효과	- 사업의목적 - 사업기간
Ⅱ. 경제성분석	- 총사업비 - 총편익 - 순현재가치 - 재무성 분석	- 수요 - B / C비율 - 내부수익률
Ⅲ. 정책적 분석	- 지역경제 파급효과 분석 - 재원조달 가능성 평가 - 사업추진 의지	- 지역낙후도 평가 - 환경성 평가 - 기타 특수항목
Ⅳ. 종합판단 및 정책제언	- 타당성 유무 - 정책적 고려사항	- 대안 검토 및 제시

[예비타당성 조사 결과의 등급화 지표(예시)]

평가등급	해 당 조 사 결 과
A^+	- 경제적 타당성 및 정책적 타당성이 명확함. - 타당성조사 및 기본설계의 동시 실시를 건의함.
A^o	- 경제적 타당성 및 정책적 타당성이 명확함. - 기술성검토에 치중한 타당성조사가 필요함
A^-	- 경제적 타당성 및 정책적 타당성이 인정됨. - 타당성조사 단계로의 이행을 건의함
B^+	- 경제적 타당성 등에 다소 문제가 있으나 정책적 추진이 필요함. - 타당성조사 단계로의 이행을 건의함
B^o	- 사업계획을 일부 수정·보완하여 현 단계에서 추진 가능함. - 타당성조사 단계로의 이행을 건의함.
B^-	- 현 단계에서 타당성이 없으나 향후 일정한 요건 충족 시 자동적으로 타당성조사 단계로 이행 가능함.
C^+	- 현재는 타당성이 없으나 일정기간 후, 또는 사업계의 변경 후 약식의 예비타당성 조사를 통해 재검토함.
C^o	- 현재는 타당성이 없으나, 일정기간 후, 또는 사업계획 변경 후 약식의 예비타당성 조사를 통해 재검토함.
C^-	- 사업의 타당성이 전혀 없었으므로 추후의 논의가 불필요함.
I	- 조사결과의 등급화가 불가능함(이 경우 종합적으로 서술하는 의견 개진

AHP의 평가

평가내용과 평가기준 ASP의 평가항목별 평과내용과 평점기준은 아래의 표에서 설명하는 바에 의한다.

예비타당성 조사 종합판단 예비타당성 조사 종합판단과성은 나수의 전문가로 구성된 예비타당성 조사 연구진 각자의 의견을 반영하여 종합적인 판단을 수행한다는 측면에서 집단의사결정의 성격을 갖는다. AHP기법은 개개인의 의견을 종합하여 최종적인 의사결정에 도달하도록 지원하는 집단의사결정 지원도구로서도 적절한 방법론이다. 집단의사결정시 의사결정에 참여하는 구성원은 의사결정 결과에 직접적인 영향을 미치므로, AHP기법을 통하여 사업의 타당성을 종합 판단할 때 평가자를 신중히 선정해야 한다.

[ASP평가항목별 평가기준]

평가항목			평가내용	평점기준	비　　고
경제성분석			경제적 측면에서의 사업타당성	경제성분석 결과 도출된 B / C 비율	B / C비율이 높을수록 사업시행 점수가 높음.
정책적 분석	지역균형발전	지역 낙후도	지역균형발전 측면에서 사업의 필요성	지역낙후도지수 및 순위(다수의 시·군에 걸쳐있는 경우 대표 시·군의 낙후도를 기준으로 평가.	낙후 정도가 심할수록 사업시행 점수가 높고, 발달된 지역일수록 사업미시행 점수가 높음.
		지역경제 파급효과	해당 사업의 시행으로 인한 지역경제 파급효과	지역 내 부가가치유발액 / 지역 내 총생산액 및 연구수행과정에서 얻은 정보를 정성적 판단.	비율이 높을수록, 파급효과가 클수록 사업시행 점수가 높음.
	일관성·추진의지	관련계획 정책방향 일치성	- 상위계획 및 관련 계획에의 반영 여부 - 주무부처에서 추진하는 정책방향과 일치 여부	연구 수행과정에서 얻은 정보를 정성적으로 판단.	반영이 구체적일수록, 일치성이 높을수록 사업시행 점수가 높음.
		사업추진 의지 및 선호도	중앙정부, 해당 지자체 및 주민의 사업에 대한 추진의지, 선호도 및 숙원도	연구 수행과정에서 얻은 정보를 정성적으로 판단.	추진의지가 클수록 사업시행 점수가 높고, 대의견이 많을수록 사업 미시행 점수가 높음.
	추진상위험요인	재원조달 가능성	재원조달계획의 실현 가능성	연구 수행과정에서 얻은 정보를 정성적으로 판단.	재원조달 문제가 없을 시 AHP 평점은 문제가 있을 경우 사업미시행 점수가 높음.
		환경성	주변환경에 미치는 영향, 환경문제 발생 가능성,	연구 수행과정에서 얻은 정보를 정성적으로 판단.	환경문제가 없을 시 AHP평점은 문제가 있을 경우 사업미시행 점수가 높음.
		사업특수 평가항목	기타 사업타당성 평가를 위하여 고려할 사항		

[평가자별 의견일치도와 AHP 평점에 따른 결론]

구 분	AHP < 0.45	0.45 < AHP < 0.5	0.5 < AHP < 0.55	0.55 < AHP
4 : 0	–	–	타당성 있음	타당성 있음
3 : 1	Feedback	아주 신중	약간 신중	타당성 있음
2 : 2	AHP < 0.42 타당성 없음 AHP > 0.42 약간 신중	신중	신중	AHP > 0.58 타당성 있음 AHP < 0.58 약간 신중
1 : 3	타당성 없음	약간 신중	아주 신중	Feedback
0 : 4	타당성 없음	타당성 없음	–	–

주 : 구분의 '횡선'란은 종합평점, '종선'란은 시행 : 미시행을 의미함.

03 시장성분석

1. 시장성분석의 중요성

아무리 품질이 우수하고 신제품이라 하더라도 판매가 되지 않으면 결코 사업에 성공할 수 없다. 흔히 좋은 제품을 만들고서도 매출이 제대로 되지 않거나, 매출액증가율이 높지 않아 손익분기점 매출액에 이르는 기간이 너무 길어 사업이 본 궤도에 올라보지도 못하고 도산해 버리는 경우가 많다. 따라서 철저한 시장성분석이 선행되어야 한다.

시장성분석은 그 구체적 목표에 따라서 신제품개발에 필요한 정보수집을 위한 시장분석, 미래수요예측을 위한 시장분석, 유통경로개선 내지는 유통경로발굴을 위한 시장분석 및 광고전략 수립을 위한 시장성분석 등으로 구분해 볼 수 있다. 그러나 어떤 경우든지 시장성분석의 최종목표는 계획제품에 대한 판매예측, 즉 앞으로 생산할 제품이 시장에서 얼마나 팔릴 것인가, 향후 수요증가추세는 어떻게 변할 것인가 등을 분석하는 것이다. 시장성분석은 사업타당성 분석을 하는 과정에서 별도로 수행하는 경우도 있지만, 계획사업의 전반적 타당성조사의 일부로 수행하는 경우가 대부분이기 때문에 각 평가항목 상호간의 관계와 순서도 생각하면서 분석하지 않으면 안 된다. 시장성분석은 이와 같이 시장성분석 자체 항목수도 다양할 뿐 아니라, 평가항목 상호간에도 조화가 이루어져야 한다.

2. 시장성분석 프로세스

■ 분석 목표설정

시장성 분석에서 맨 먼저 해야 할 일은 계획제품의 시장성을 분석하기 위한 구체적인 작업 목표를 설정하는 것이며, 이는 제품의 종류·원료·용도나 특성에 따라 달라진다. 따라서 계획제품의 수요처가 그렇게 많지 않고 경쟁사의 현황도 잘 알려져 있다면 목표설정과 시장성 분석 자체가 비교적 쉽다. 그러나 제품 용도가 일반 대중적이고 유통구조가 복잡할 뿐만 아니라 경쟁사도 많은 경우라면 시장분석을 위한 작업이 매우 복잡해지므로 목표설정 과정에서부터 상세하고, 체계적인 계획을 세우지 않으면 아니 된다. 시장성분석의 최종목표는 제품이 얼마나 팔릴 수 있는가를 조사·분석하는 것으로 전체 시장 규모와 동종 및 유사제품과의 경쟁 상태에서 경쟁시장 침투 가능성, 그리고, 당해 회사가 점유할 수 있는 시장의 규모를 추정하는 일련의 과정에 따라 세부적인 분석목표를 설정하여야 한다.

■ 신사업 시장성 분석 목표

신사업과 관련하여 시장성분석을 하는 경우에는 다음과 같은 세부적인 사항들을 조사목표로 설정하는 것이 보통이다.

첫째, 제품에 대한 전체 시장규모가 어느 정도이며, 경쟁제품과 유사제품 그리고 수입제품에 대한 시장은 어떤 특성과 구조로 이루어지고 있는지를 분석함과 동시에 소비자 구성분포 및 변화추세 등도 분석한다.

둘째, 계획제품이 경쟁제품과 비교하여 어떤 특성을 가지고 있으며, 품질수준은 어느 정도인지, 경쟁회사에는 어떤 회사들이 있으며, 이들 회사의 기본적 재무상태와 영업실적, 가격경쟁력의 여부도 분석해야 한다.

셋째, 국내의 주요 경쟁업체의 시장점유율 현황분석과 각 판매 영역에 있어서의 제품별 판매예상량을 향후 2~3년간 추정한다.

넷째, 시장 및 제품 환경 분석과 판매전략의 수립이다.

아무리 정확한 수요예측이 이루어졌다 하더라도 이 예측은 시장 및 제품 환경의 변화에 따라 유동적일 수밖에 없다. 따라서 가능한 모든 환경변화를 고려하여 그에 따른 구체적인 판매전략이 수립되어야 한다. 신사업에 있어서는 다양한 시장성분석 항목 중 적어도 이상과 같은 항목은 심층적으로 분석되어야 하며, 이들 요소를 신사업과 관련한 시장성분석의 목표로 설정할 필요가 있다.

시장성분석 계획수립

시장성분석의 목표가 정해지면 다음으로 시장성 분석의 구체적인 계획을 세워야 한다. 시장성분석 계획에 포함할 내용은 조사명칭·조사목적·조사내용·조사방법·조사일정·조사자 및 조사부문으로 구분된다. 시장성분석 계획은 시장성분석의 최종목표인 정확한 수요예측과 판매전략을 전제로 하여 수립되어야 한다.

시장조사 및 시장성분석 계획수립 시 고려해야 할 사항을 살펴보면 다음과 같다.

첫째, 이미 설정한 시장성분석 목표상의 하위분석 목표, 즉 분석항목의 범위와 수준을 결정하는 일이다. 모든 항목을 분석대상으로 하면 더없이 유용하겠지만 조사자의 능력, 분석기간의 제약 등으로 모든 항목을 분석대상으로 하기에는 많은 제약이 뒤따른다. 따라서 조사자의 능력과 분석 계획기간에 맞춰 적절한 항목을 선별하지 않으면 안 된다. 또한 시장성분석 계획수립 시 고려해야 할 사항은 시장성분석의 수준 결정 문제이다. 시장성분석의 수준은 약식시장성분석 정도로 할 것인가, 아니면 외부의 전문컨설턴트 또는 전문기관에 의한 정식시장성분석으로 할 것이냐도 계획수립 시 검토해야 할 사항이다.

둘째, 시장성 분석의 자료수집 범위, 자료 수집처 및 자료수집 방법 등의 결정이다. 시장성분석 시 활용되는 자료에는 정부기관 및 단체·금융기관·대학·정부 연구기관·기업부설 연구소·업계의 협회·조합 등에서 발행한 통계자료·각종 연감·보고서·잡지 등에서 수집 가능한 기존자료와 제품과 관련된 사람들과 기관, 즉 경쟁자·정부관리·무역협회·소비자 단체·구매자 및 소비자를 통한 설문조사·전화면담·직접면담 등의 방법을 통해 추가 생산한 새로운 자료로 구분할 수 있다. 따라서 많은 자료 중에서 시장성분석 목표달성을 위해 꼭 필요한 자료를 수집하기 위해 시장성분석 계획단계에서 자료의 수집범위, 자료 수집처, 그리고 자료수집 방법을 사전에 계획하여야 한다. 자료수집이 얼마나 목적에 부합되는가, 그 질과 양이 유용한가, 자료 수집처의 선정이 잘 되었는가, 그리고 자료수집 방법에 있어 질문항목, 질문방법 및 질문에 대한 응답률 제고를 위해 사전에 얼마나 치밀한 계획을 세웠느냐에 따라서 시장성분석 그 자체가 잘 되었느냐 못 되었느냐에 따라 판가름이 나기 때문에 자료 수 계획은 중요한 의미를 갖게 되는 것이다. 또한 시장성분석 자료수집에 못지않게 중요한 사항은 수집된 자료를 어떻게 분석하고 해석할 것인가의 문제이다. 이와 같이 자료의 활용가치 여부는 그 자료의 타당성·공평성·신뢰성 등으로 판단되기 때문에 그 자료가 사용자의 목적에 부합할 수 있도록 가장 최근의 자료를 수집해야 함은 물론, 그 자료가 객관성과 공평성을 가질 수 있도록 가능하면 공공기관에서 발행된 자료를 활용하는 것이 바람직스럽다.

셋째, 분석항목별 소요인력, 분석기간 및 소요예산 등에 대한 계획의 수립이 필요하다. 시장성분석 항목이 많을 때에는 한사람이 수행하기에 부적합한 경우도 있을 수 있기 때문에 필요한 분석기간을 결정한 다음 여기에 맞는 분석 소요인력과 소요예산을 계획하여야 한다.

넷째, 시장성 분석기법, 즉 수요예측방법의 결정이다. 시장성 분석에서 주로 쓰이는 예측방법에는 분석자의 직관과 주관적인 관점에서 수요를 예측하는 판단 예측법, 계획제품 시장과 깊은 관련이 있는 소비자, 판매자, 중개상, 관련기업이나 조합, 연구기관 등의 종사자들에게 설문조사를 하여 수요를 예측하는 설문조사 예측법, 과거의 경향이 앞으로도 지속될 것이라는 가정 하에 통계적 방법을 활용하여 수요를 예측하는 시계열 분석법, 종속변수와 독립변수 또는 설명변수 상호간의 관련 정도를 알아내어 수요를 예측하는 상관 분석법 등이 있는데 이들 방법 중 적절한 방법을 선택하는 것도 시장성 분석의 계획단계에서 결정할 일이다. 시장성 분석 시 분석기법의 선택은 조사자의 능력, 제품의 종류와 용도, 유통구조 등의 특성에 따라 어떤 방법을 사용할 것인지와 자체 분석에 의할 것인지 외부의 전문가에게 위임할 것인지도 계획 단계에서 검토되어야 한다.

다섯째, 시장성 분석은 제품의 시장출시와 관계가 깊기 때문에 시판계획 시점에 맞춰 진행하지 않으면 안 된다. 따라서 계획제품의 시판을 전제로 한 시장성분석은 계획된 일정에 따라 추진하지 않으면 안 되기 때문에 시장성분석의 계획단계에서부터 시장성분석의 일정계획이 수립되어야 하는 것이다.

■ 자료수집 및 분석

시장성분석 자료는 시장성분석의 계획수립 단계에서 설계된 내용에 따라 수집하면 된다. 앞에서 설명한 방법에 따라 수집된 자료는 분석과정을 통해 시장성분석 목적에 맞게 재생산되어야 한다. 이렇게 재생산된 자료는 시장성 유무의 평가기준으로 활용되어진다. 또한 기존시장의 크기, 시장점유율, 시장의 성장추세 및 전망, 유통과정 및 기타 시장의 특성에 대한 정보로도 활용된다. 자료의 분석과 해석과정에서 간과해서는 안 될 사항은 자기중심적 판단이 아니라 객관성이 있는 해석이 요구된다는 점이다. 신사업타당성분석에 있어서 흔히 실수하기 쉬운 부분이 바로 자사의 계획사업 및 제품에 대해 지나치게 낙관적으로만 판단하는 경향이 있다는 점이다.

■ 시장성분석의 핵심요소

시장성분석의 핵심요소란 전반적인 시장동향 분석·제품성 분석·경쟁적지위 분석·제품가격 분석·수요예측, 그리고 시장 및 제품 환경분석 등에 핵심이 되는 요소들을 말한다. 이들 시장성분석 요소는 신사업의 시장성 유무평가의 기준이며, 이들 요소의 평가 결과 사업성이 있다고 판단되는 경우에는 판매계획 및 판매전략 수립을 통해 그 효과를 극대화하여야 한다. 이들 요소는 개별적으로 분석하되 그 평가는 시장성 측면에서 종합평가 되어야 함은 물론, 여타 사업타당성 평가항목과도 연관시켜서 분석되어야 한다.

■ 판매전략 수립

시장성분석 결과는 엄격하게는 여러 가지 기업환경 변화와 판매계획 및 판매전략에 따라서 좌우될 수밖에 없다. 즉 시장성분석은 기업환경 변화예측과 더불어 적정한 판매전략이 연계될 때 가치가 있는 것이다. 판매계획 및 판매전략을 수립하는 데 있어 고려하여야 할 사항은 마케팅 계획, 광고 등의 판촉활동, 판매비용 계획 등이며, 광고·판촉·판매 활동에 투입할 인적·물적 자원의 규모와 투입시기도 함께 결정되어야 한다.

마케팅계획은 일명 영업계획이라고도 할 수 있으며, 제품별·지역별 판매계획을 수량 또는 금액으로 표시하여야 한다. 이 마케팅 계획은 생산 및 원자재 구입계획과 연결되도록 계획되어져야 한다. 광고와 판촉계획에는 판촉방법·광고매체 및 시기·광고선전비 등이 포함되어야 하며, 계획단계에서 결정해야 할 주요한 내용은 계획제품의 성격·시장의 특성·소비자의 분포 등에 따라 광고와 판매활동을 어느 수준에서 어떤 방법으로 전개할 것인지가 결정되어야 한다. 판매비용계획은 마케팅계획을 근거로 하여 고객과의 접촉, 제품의 인도 및 배달, 수금 등에 소요되는 비용계획을 대상으로 하되, 변동비와 고정비를 구분하여 수립하면 손익분기점분석 등이 용이해서 좋다.

■ 시장성 유무평가

일련의 시장성분석 항목 평가에 의거하여 계획상품의 시장성 유무를 평가하게 되는데, 이 평가기준을 정형화하는 데는 한계가 있다.

왜냐하면 어느 정도의 시장규모가 있어야 시장성이 있는지, 또 어느 정도의 시장점유율 확보가 가능할 때 향후 시장성 전망이 있는 것으로 볼 것인지 등의 객관적 기준이 없기 때문이다.

일반적으로 시장성이 있다는 것은 경쟁업체수와 대비하여 연도별로 점진적인 시장점유율 확보가 가능 시 되고, 계획기간 내에 손익분기점매출액에 도달할 수 있는 경우를 말한다. 손익분기점매출액은 제조업일수록, 그리고 설비투자 규모가 큰 사업일수록 오랜 기간이 지나야 달성되며, 품목에 따라서는 개시연도에 손익분기점매출액을 상회하여 당기순이익이 시현되는 경우도 있다. 도·소매업의 경우에는 특별한 경우가 아니면 개시연도부터 이익이 시현되는 것이 보통이다. 그러나 제조업이든 설비투자 규모가 큰 사업이든 적자가 3년 이상 지속된다면 문제가 있다. 이와 같은 사업은 자기자본 조달능력이 뛰어난 기업이 아닌 경우 사업이 지속되더라도 은행 등 금융기관의 신용평가에서 좋은 점수를 받기 어렵기 때문에 자금에 큰 어려움을 겪을 수밖에 없게 된다. 따라서 창업 후 2~3년 이내에 흑자경영이 곤란한 사업은 창업품목으로 부적합하다고 볼 수 있으며 이런 사업은 포기하거나, 시장규모가 신장될 때 까지 착수를 늦춰야 한다. 아울러 시장성 유무평가 시에는 시장성검토 과정에서 파악된 여러 가지 불확실성 요인에 의한 위험성의 정도와 그 위험의 극복 가능성도 평가되어야 한다.

3. 시장성분석의 평가요소

시장성 분석의 최종목표는 계획사업에 대한 판매예측, 즉 앞으로 생산할 제품이 시장에서 얼마나 세일즈 아웃되느냐로 집약할 수 있다. 이와 같은 최종목표를 달성하기 위해 평가기준이 되는 시장조사 범위를 결정해야 하며 조사자는 그 목표와 수준에 맞게 조사항목을 선정하여 활용하여야 한다. 가능하면 광범위하게 시장분석 범위를 정하는 것도 필요하겠지만, 그 범위가 넓으면 비전문가에게는 한계가 있고, 많은 시간이 소요되기 때문에 조사자가 적정한 범위를 정하여 수행할 수밖에 없다.

■ 전체적 시장현황분석

시장성분석에 있어서 제일 먼저 조사되어야 할 내용으로 기존제품 및 유사 경쟁제품에 대한 전체적인 동향분석이다. 업계의 자료를 충분히 수집하여 관련 시장에 대한 시장규모, 시장의 특징 및 구조, 소비자 행태 등에 대해 분석하여야 한다.

■ 제품 분석

시장성분석 자체는 어떤 특정제품에 대한 시장의 내용·특성·수요 등에 대한 분석이지만, 제품 자체를 염두에 두지 않은 시장성분석은 의미가 없다. 따라서 제품성은 기술성분석 차원에서도 검토되어야 하지만 제품 자체의 강점과 약점분석, 제품의 라이프 사이클·보급률 등에 대해 분석하여야 한다.

■ 경쟁적 요소분석

시장성분석 중 가장 중요한 요소로 반드시 행해야 하는 항목이라 할 수 있다. 경쟁기업의 범위는 동일 한 제품을 생산하는 회사는 물론 유사제품 또는 대체품을 만드는 회사까지 포함하여 분석하는 것이 좋다. 그 다음 경쟁회사가 선정되면 기본적인 재무상태, 생산능력과 생산실적, 시장점유율 등 기타 주요 경쟁요소를 비교해 보아야 한다.

■ 채산성분석

제품에 대한 채산성분석은 사업의 수익성을 측정하는 중요한 항목으로 아무리 높은 매출을 실현하더라도 채산성이 없다면 시작하지 말아야 한다. 오히려 매출액은 적더라도 수익성이 좋은 사업이 더 좋은 사업이라 할 수 있다. 채산성분석은 제품원가 및 영업비용 분석, 도매가·소매가 및 마진율 분석을 포함하는 것이 일반적이다.

■ 수요 예측

시장성분석의 최종적인 주된 내용은 판매되는 상품의 수량 또는 매출액 측정에 있다고 하겠다. 수요예측이 사업성분석 과정에서 중시되는 이유는 판매계획·생산계획·자금조달계획 등이 바로 이 수요 예측의 추정에서부터 출발하기 때문이다.

04 기술적 타당성분석

1. 기술적 타당성분석의 중요성

기술적 타당성분석이란 현재 구상하고 있는 아이디어가 기술적으로 실현가능한지 여부를 분석하고 그 대안을 찾고자 하는 절차이다. 신상품에 대한 아이디어가 있다고 하여도 기술적으로 불가능할 경우에는 사업화가 어렵고 또한 기술적으로 가능하다 하더라도 여러 가지 대안들 중에서 최적의 방법을 찾아 최대의 이익을 창출할 수 있도록 하여야 할 것이다. 즉, 기술성분석은 계획하고 있는 사업을 영위하는 데 필요한 기술·기계와 장비·자재와 노동력·입지 및 시설 등을 대상으로 하여 제반의 기술적인 측면을 검토하고 평가하는 분석영역을 말한다.

기술적 타당성검토는 계획제품에 대한 기술적 측면에서의 사업타당성평가 부분으로서 일반적으로 계획제품의 효율적 생산가능성과 관련된 계획제품의 특성·생산공법·생산공정의 적정성·공장입지 조건의 적합성·시설규모 및 생산능력·계획시설의 적정여부·생산계획의 적정성·소요원재료의 수급계획 등을 검토대상으로 하고 있다. 신기술 및 기술집약형 사업의 성공여부는 기술의 신규성과 독창성 및 사업의 성공가능성에 있는 만큼 기술적 타당성분석은 계획사업의 핵심기술에 대한 내용을 정확히 파악함은 물론 기술의 유용성, 기술의 위험요소 및 기술적 성공가능성 정도를 평가하는 것을 핵심 과제로 하고 있다.

기술적 타당성 평가 요소는 크게 나누어 계획제품의 용도·품질·경쟁성분석·입지조건분석·계획시설의 적정성 및 장래성분석·생산 및 재고분석 등으로 분류할 수 있다. 이와 같은 기술적 타당성 평가요소는 다음과 같은 두 가지 관점에서 객관적이고 심층적으로 분석하고 있다. 첫째는 특정문제로 인하여 제품생산 자체가 불가능한지의 여부, 시험생산 결과 불량률이 사업한계선을 상회하는지의 여부, 제품에 대한 기술력이 평균수준을 하회하여 제품의 경쟁성이 현저히 낮은 경우 등이 존재하는지를 검토해야 한다. 둘째는 생산환경 문제로서 계획시설 수준이 동 업계 평균수준에 못 미치는지의 여부, 주요 계획시설 내용·시설배치·계획시설의 장래성 등으로 보아 시설계획의 적정성에 하자가 있는지의 여부, 생산방식·생산공정·가동률·생산조직·주요 원재료 수급·재고량 등 생산 및 재고관리의 합리성이 결여되어 있는지의 여부 등을 평가하는 것이다.

신사업이나 프로젝트투자에 관한 사업성검토에서 기술적 타당성분석이 중요한 이유는 다음과 같다.

> 첫째, 계획하고 있는 제품을 생산하거나 판매하는 데 필요한 기술의 질적 수준은 사업의 성패를 좌우하는 핵심적 요인의 하나이므로 이에 대한 면밀한 검토는 사업성검토에서 중요하게 된다. 예를 들어 제품을 생산하는 기술이 우수해야 질적인 측면에서 경쟁력 있는 제품을 생산하는 것이 가능하게 되어 사업의 성공가능성은 높아지게 된다.
>
> 둘째, 계획하고 있는 제품을 생산하는데 필요한 설비·원재료·인력 등의 가격이나 수급과 관련된 문제는 계획사업의 성패를 결정하는 중요한 문제이므로 이에 관한 자세한 검토는 사업성검토에서 중요하게 된다. 예를 들어 인력과 원재료의 가격수준이 높고 공급에 차질이 있을 수 있는 제품이라면, 자연히 이러한 제품의 원가는 높아질 것이고 그만큼 경쟁력은 낮게 되어 성공을 기대하기 어렵게 될 것이다.

셋째, 사업성패의 핵심적 요소들인 생산기술·생산설비·원재료·인력 등에 관한 분석된 정보는 계획사업의 성공가능성을 말해줄 뿐만 아니라, 계획사업의 성공가능성을 높이기 위해 무엇을 어떻게 해야 할 것인지에 대한 대비를 가능하게 해주기 때문에 중요하다. 예를 들어 경쟁기업에 비해 생산기술이 떨어진다면, 이를 보완하거나 향상시킬 수 있는 대안을 마련하지 못하는 한 계획사업의 성공은 기대할 수 없을 것이다.

이와 같이 기술적 타당성분석은 계획사업의 강점과 약점에 관한 정보를 제공해주기 때문에 내·외의 분석주체들로 하여금 계획사업의 사업성을 평가 가능하게 하며, 사업주체들에게 계획사업의 성공가능성을 높이기 위해 무엇을 어떻게 해야 할 것인지에 대한 대비를 가능하게 한다. 특히 현대와 같이 기술의 발전속도가 빨라 생산기술 및 설비의 진부화 속도가 빠른 환경에서는 새로 시작하려는 사업의 기술성에 대한 분석이 중요하게 된다. 사업의 내용이 제조업인지 또는 판매업인지에 따라 분석대상과 내용이 달라질 수 있지만 일반적으로 기술적 타당성분석에서 분석대상으로 삼아야 할 내용은 계획하고 있는 제품의 기술적 특성·입지의 적합성·설비 및 장비·생산공정과 공법·생산자원·건물규모 및 건설계획 등이 있다.

2. 기술적 타당성분석 대상

기술적 타당성분석 대상은 일반적으로 보유기술의 분석과 생산기술여건의 분석으로 구분할 수가 있다.

■ 보유기술 분석

보유기술의 분석항목으로는 아이템 특성의 분석, 보유기술분석, 보유기술의 유용성과 경쟁성을 검토하고 보유기술의 장래성과 향후 개발기술이 기술적 타당성 분석을 통해 아이템의 적합성 분석과 개발계획을 수립해야 한다.

■ 아이템 특성분석

아이템의 사양·기능·재료·품질·가격 및 아이템을 제공하는데 필요한 장소·시설·자원 등을 검토한다. 또한 아이템의 특성분석을 통해 필요한 기술·시설·인력내용을 파악한다.

보유기술 분석

- 사업과 관련된 법률에 의한 기술과 기능자격 보유 여부를 검토한다.
- 보유기술과 자격의 수준 및 활용 정도에 대하여 검토한다.
- 보유기술과 자격분석을 통해 생산 인력계획을 수립한다.

보유기술의 유용성

- 사업화를 위한 자금규모는 적정한지를 검토한다.
- 사업화에 대한 소요기간의 적정성 여부를 검토한다.
- 신규 사업자에게 진입장벽이 될 수 있는 기술인지를 분석한다.
- 계속해서 기술이 발전될 수 있는 전망을 가지고 있는지 검토한다.
- 기술수명의 사이클이 사업에 장애가 되지 않는지 검토한다.
- 고객의 구매를 확대시킬 수 있는 기술인지 여부를 검증한다.
- 산업재산권으로 보호받을 수 있는 기술인지 확인한다.

기술의 경쟁성

- 경쟁에 영향을 미칠 수 있는 기술인지 검토한다.
- 복잡한 기술로 모방가능성의 정도를 검토한다.
- 기술의 차별화가 가능한지 분석한다.
- 기술의 대체가능성이 어느 정도인지 검토한다.
- 사업에서 전략적 위치선정이 가능한 기술인지 검토한다.
- 기술을 사용하는데 제한적인 사항이 없는지 검토한다.
- 기술적 가치가 사라질 가능성은 없는지 검토한다.

■ 생산기술 여건분석

생산기술 여건의 분석항목으로는 입지분석·시설분석·자원분석·작업분석 등으로 나누어 볼 수 있다.

입지분석

- 상권 및 입지 선정요인을 검토한다.
- 법률에 의한 입지 제한요소를 검토한다.
- 입지분석을 통해 입지의 적합성과 사업장 비용을 파악한다.

시설분석

- 사업장 구조 및 면적과 법적인 시설요건을 검토한다.
- 설비·장비·비품의 규모 및 수량을 검토한다.
- 시설분석을 통해 사업장 및 시설의 적정성과 투자금액을 파악한다.
- 주요 시설장비 보유현황을 파악한다.

자원분석

- 재료 수급의 원활성과 소요재료를 검토한다.
- 재료의 재고기준 및 구매주기 등을 검토한다.
- 자원분석을 통해 재료 조달계획과 재료비용을 파악한다.

작업분석

- 시설의 레이아웃과 공정별 작업내용을 검토한다.
- 작업내용별 필요인원과 기 수준을 검토한다.
- 인원분석을 통해 인력계획과 소용인원 및 인건비용을 파악한다.
- 참여 인력현황표를 작성한다.

3. 기술경제성분석

세계를 움직이는 주요 국가들은 모두 자국의 기술·산업·인적 경쟁력을 바탕으로 글로벌화 및 블록화를 추진하고 있으며 이러한 국가들의 첨병인 거대 다국적 기업들은 국제표준을 무기로 세계 곳곳에서 시장확보 쟁탈전을 벌이고 있다. 즉 이제는 어떠한 상품도 개발초기부터 국제경쟁력을 통해 시장을 창출해야 하는 치열한 경쟁 태에 처해 있다고 볼 수 있다.

이러한 과학기술 시장경제의 구조변화 속에서 경제성 개념이 배제된 주먹구구식의 기술개발과 상품생산은 자칫 막대한 연구개발비를 낭비할 수도 있다. 특히 인프라로서 파급효과가 큰 IT의 경우에는 더욱 그렇다고 말할 수 있겠다. 이에 따라 최근 기술경제성분석이 강조됨은 물론 사전에 사업성검토를 철저히 수행함은 새삼스러운 일이 아니다.

경제주체는 시장을 지배하거나 새로운 시장을 선점하기 위해 또는 생산성을 향상시킬 목적으로 연구개발을 통한 기술혁신 과정을 끊임없이 수행하고 있으며 여기서 성공한 기술은 시장구조를 변화시키고 있다. 즉 연구개발 투자의 성과는 경제적 가치를 지닌 기술발전뿐만 아니라 산업화와 상용화를 통해 경제적 잉여창출을 가져와 궁극적으로 경제성장에 이바지하는 것이다. 하지만 모든 투자가 반드시 경제적 효과를 나타내는 것은 아니므로 경제주체는 연구개발투자에 앞서 사전적으로 기술경제성을 파악하는 것이 성공적인 사업전략이 될 것이다.

기술경제성분석이란 연구개발을 수반하는 신기술의 타당성을 검토하기 위한 것으로 투자가치가 있다고 판단되는 어떤 사업의 시행에 앞서 직·간접적 영향으로 발생하는 투입·산출과 비용·편익을 시장개념에 입각하여 측정하는 것이다. 이 결과는 어떤 사업의 수행여부 또는 우선순위를 결정하기 위한 중요 자료로 활용되기도 한다. 그러므로 기술경제 분석은 경제적 가치 외에 기술성·시장성·사업성을 종합적으로 분석할 필요가 있다. 과학기술과 정보통신이 성장동력으로서 거듭나고 있는 시대적 역할에 비추어 볼 때 기술경제성분석이 우리나라에서도 제도화가 되어야 할 것이다. 그러나 아직까지는 상당부분 형식에 치우치고 경제성분석에 대한 개념 및 평가체계가 불분명하여 대형사업을 제외하면 유명무실한 형편이다. 다행스럽게도 정부는 국책 R&D사업의 사업화 촉진을 위해 경제성 검증을 강화키로 하고 외부기관을 통한 경제성평가를 도입하였다.

4. 기술적 타당성평가

사업타당성평가 요소 중 가장 어렵고 전문성이 요구되는 부분이 바로 기술적 타당성 검토이며, 특히 최근에 이르러 신사업 전개방향을 볼 때 신기술 및 기술집약형 사업을 기업화하는 경우가 많아지는 추세를 감안할 때 기술적 타당성검토는 중요한 의미를 갖는다.

신기술 및 기술집약형 사업의 성공 여부는 기술의 독창성 및 사업의 성공 가능성에 있는 만큼 기술적 타당성분석은 계획사업의 핵심기술에 대한 내용을 정확히 파악함은 물론 기술의 유용성·기술의 위험요소 및 성공가능성 정도를 평가하는 것을 핵심과제로 하고 있다.

기술적 타당성평가의 핵심은 제품을 확보 가능한 기술진에 의해 원만히 생산할 수 있는지, 불량률을 목표수준까지 낮출 수 있으며, 이로 인한 제품의 경제성 및 경쟁력을 확보할 수 있느냐에 달려있다. 결국 제품이 당해 회사의 기술수준에 의해 원만히 생산되고 생산된 제품의 불량률이 목표수준에 이름으로써 제품의 경제성이 인정되며, 나아가서 국내 경쟁사의 경쟁제품뿐만 아니라 외국의 제품과 비교해서 품질 및 가격 측면에서 경쟁력이 있을 때 기술적 타당성이 높다고 볼 수 있다. 그러나 현실적으로 이와 같은 제품을 발견하기란 어려운 일이며 더군다나 객관성 및 신빙성이 있는 평가기준을 마련하기란 결코 쉽지 않은 일이다. 그러나 신사업을 검토함에 있어 기술적 타당성을 확보하지 못한다면 사업은 실패할 수밖에 없는 바, 가능한 범위 내에서 최선의 검토방법을 찾아내지 않으면 아니 된다.

5. 기술적 타당성 평가요소

제품에 대한 기술적 타당성검토는 일반적으로 제품의 효율적 생산가능성과 관련된 제품의 특성·생산공법·생산공정의 적정성·공장입지조건의 적합성·시설규모 및 생산능력·계획시설의 적정여부·생산계획의 적정성·소요원재료의 수급계획 등을 대상으로 하고 있다. 기술적 타당성 평가요소는 크게 나누어 계획제품의 용도, 품질 경쟁성 검토, 입지의 적합성 검토, 생산능력의 검토, 생산공법 및 공정의 검토 ,시설계획의 검토, 생산자원의 검토, 시설소요자금의 검토 등으로 분류할 수 있다.

이와 같은 기술적 타당성 평가요소는 다음과 같은 관점에서 객관적이고 심층적으로 분석되지 않으면 아니 된다.

첫째, 기술적 근본문제로서 기술환경 요소라고 할 수 있는 치명적 요소가 존재하는지를 검토하는 일이다.

둘째, 생산 환경요소로서 제품개발에 간접적으로 작용하는 평가요소를 검토하는 것이다.

■ 기술환경 요소평가

기술환경 요소는 기술과 제품 사이에 존재하는 핵심요소로서 이들 요소를 간과하였을 때 제품생산은 물론 사업 실패와 직결되는 치명적 요소가 되는 것이다. 이와 같은 기술환경 요소는 제품생산 관련 요소 중 어떤 특정문제로서 제품생산 자체가 불가능한 경우는 없는지, 제품의 불량률이 경쟁사와 비교하여 상대적으로 높은지, 제품의 경쟁성, 과다한 제조원가, 소비자 인식제고 곤란 등의 이유로 인하여 기술의 경제성이 없는지 등을 검토하기 위한 것이다. 기술환경 요소평가 결과 장기적으로 부정적인 요인이 존재한다면 해당기술을 기각하고 새로운 대체기술 개발이 이루어져야 할 것이며, 새로운 대체기술마저도 없다면 그 사업 자체를 포기하는 것이 바람직할 것이다.

생산환경 요소평가

기술적 생산환경 요소란 기술관련 사항 중 기술환경 요소라 할 수 있는 직접요소 이외에 제품기술에 간접적으로 작용하는 평가요소를 말한다. 기술적 생산환경 평가요소는 크게 다음과 같이 나누어 볼 수 있다.

- 계획제품의 용도·품질 및 경쟁성 분석
- 일반적 입지조건 및 제조업 주요입지인자 분석
- 계획시설의 적정성 및 장래성 분석
- 생산설비의 선정 및 적정성 분석
- 생산 및 재고 분석 등으로 나눌 수 있다.

용도·품질 및 경쟁성분석

기술적 타당성 평가요소 중 계획제품의 용도·품질·경쟁성은 제품의 용도·주요 소비처·제품의 기능과 제품의 물리 화학적 특성·제품의 품질·특성·기술보유 내용 등 계획제품의 품질 및 기술수준, 원가·품질·공정·채택 원료의 국내외 경쟁제품과의 비교 우위성, 가격 경쟁성 등 제품 및 기술의 경쟁성과 계획사업 기술에 대한 대체기술 여부 및 출현 가능성, 보유기술의 기술변화 사이클 상의 단계 등 기술의 장래성을 검토한다. 제품은 근본적으로 그 용도·특징·품질 및 경쟁성을 분석해 보아야 한다. 하나의 기술이 제품화될 때 가장 먼저 평가되는 부분이 바로 어떤 소비자에게, 어떤 용도로 사용되어지는 제품이며, 품질수준이 어느 정도인지 분석하는 일이다. 제품의 특질 및 품질은 제품의 일반적 특징뿐만 아니라 화학적·물리적 특성까지도 분석되어야 한다.

제품의 경쟁성은 국내 경쟁회사의 경쟁제품, 유사제품, 대체제품 뿐만 아니라 해외업계의 도입제품에 대해서도 분석해야 한다. 국내 경쟁업계에 대해서는 업체명칭, 사업장 소재지, 공정과 시설내용, 자동화 정도, 시설의 노후도 및 최근 시설개체 내용 및 향후계획, 기술수준 및 원단위, 신제품 출현가능성 및 개발계획 등 경쟁회사에 대한 모든 정보를 수집하여 심층 분석해야 한다. 해외 수입제품에 대해서도 원가 및 수송비, 기술수준, 유통경로, 국내 판매원 등도 조사·분석해야하며, 해외 경쟁업체들의 생산시설, 기술수준, 향후 수출입과 관련된 해당 국가 간의 상호무역협정, 지역동맹, 교역수준, 향후 수출입 규모 등과 더불어 기타 계획 제품과의 경쟁에 영향을 미치는 제 요인을 검토해야 한다.

입지의 적합성분석

계획사업의 사업장이 들어설 입지는 제품의 제조원가 또는 판매가격에 큰 영향을 미친다. 뿐만 아니라 일단 입지가 결정되고 나면 바람직한 방향으로 주변여건이 급격하게 변화되지 않는 한 주어진 여건을 수동적으로 감수해야만 하므로 그 영향을 장기간에 걸쳐 피할 수 없게 된다는 특징을 갖고 있다. 따라서 제조업의 경우 공장입지를 잘못 선정하면 인력수급·수송·용수·전력·공해 등으로 원가와 투자비용 면에서 큰 부담을 안게 된다. 그리고 판매업의 경우 점포의 위치를 잘못 선정하면 교통·주차장·주변지역의 여건 등으로 인해 일정수준 이상의 매출액증대를 기대할 수 없게 된다.

위치와 교통 여기서는 원재료 공급지 및 주요 소비자와의 거리, 최적수송수단의 이용가능성, 인접도로의 개설여부 등을 검토한다. 물론 판매업의 경우에는 교통문제, 주차공간의 확보, 주택가·상가·공장지대·학교·오피스 지역 등 주변여건을 추가적으로 검토해야 한다. 특히 계획제품이 철강·시멘트·점토·목재·화학·산업설비 등 부피와 중량이 큰 제품인 경우에는 제품과 원자재의 수송비가 생산원가에 미치는 영향이 크므로 도로·철도·선박·항공기 등 수송수단에 대한 철저한 검토가 기본적으로 요구된다. 뿐만 아니라 장시간 동안의 무리한 수송에 따라 원료 및 제품의 질이 변질 될 수도 있기 때문에 수송시간·수송거리·수송수단 등에 대한 검토도 필요하게 된다. 그리고 계획사업이 판매, 식·음료, 유흥, 오락·스포츠, 호텔·여관 등 서비스업인 경우에는 대중교통수단의 이용가능성, 주차공간의 확보가능성, 주택·아파트·상가 등 주변여건에 대한 검토가 중요하다.

전력 및 용수 많은 공장의 주요 동력원은 전력이다. 특히 전력 사용량이 많은 철강·비철금속·석유화학 등의 공장은 풍부한 전력의 공급이 가능한 지역에 위치해야 한다. 왜냐하면 전력공급원과 거리가 먼 경우에는 수전설비와 송전선 등 고압전력의 인입에 따른 설치비용을 추가적으로 부담해야 하기 때문이다. 그리고 대부분의 공장은 많은 양의 물을 필요로 한다. 그러므로 계획사업이 필요로 하는 용수확보에 대한 문제를 검토해야 한다. 특히 식음료·제지·섬유·철강업종의 경우에는 수자원의 비중이 크기 때문에 필요한 물의 확보 여부는 제품의 원가 및 품질에 결정적인 영향을 미칠 수 있다. 특히 음료와 술 등의 경우에는 질 좋은 많은 양의 물을 필요로 하므로 수자원은 사업성패의 큰 요인으로 될 수 있다.

노동력 제조업의 경우 일시적으로 제조원가에서 차지하는 인건비의 비중이 재료비 다음으로 크기 때문에 제조업의 기술성분석에서 노동력의 확보가능성에 대한 검토는 중요하게 된다. 특히 전자·섬유·조립금속 등 많은 노동력을 필요로 하는 노동집약적 업종의 경우에는 공장입지 선정 시 양적으로는 물론 질적 측면에서도 노동력의 확보가능성에 대한 충분한 검토가 요망된다. 노동집약적인 업종의 경우 대부분 노동력이 풍부한 대도시 인근지역이나 공업단지에 위치하고 있으나, 지가의 상승으로 점차 대도시 인근지역에 공장을 설치하는 것이 어려워지고 있다. 그러므로 신규사업에 대한 기술성을 분석할 때는 사업장이 들어설 주변지역의 상주 인구수·근로가능 인구수·노동력의 질적 수준 등을 감안하여 소요인력의 확보가능성을 검토해야 한다. 또한 인력확보의 방안으로 기숙사와 사택건축, 출퇴근을 위한 교통지원 등에 대한 대책도 세워야 한다.

원재료 철강·시멘트·정유 등 원재료수송 물량이 방대한 업종의 경우는 원재료산지와 인접해 있거나 수입항 근처에 위치한 지역에 공장을 세움으로써 수송비를 크게 절약할 수 있다. 특히 원재료의 장기보관이 어려운 농수산물가공업, 원재료와 제품의 가격 및 중량 차이가 큰 요업, 목재가공업, 철강과 시멘트 등 원재료의 부피가 크고 중량이 많이 나가는 업종은 원재료 공급지와의 거리가 생산원가에 큰 영향을 주게 된다. 따라서 이들 업종이 계획입지를 선정할 때는 이러한 요인을 충분히 검토해야 한다. 그러나 수송비를 절약할 수 있는 유리한 입지는 대개 토지가격이 높으므로 장기적인 수송비 누계와 지가의 차이를 분석하여 유리한 방안을 선택해야 할 것이다.

공해 산업화가 진전될수록 공해의 폐해는 커질 수밖에 없다. 따라서 오늘날 공해방지에 대한 사회적 관심이 높아지고 있으며 공해방지를 위한 입법이 늘어나고 있다. 특히 계획된 사업장의 인근지역에 주거 및 농경지역이 있는 경우 생산활동의 결과로 발생되는 폐수·분진·소음·중금속오염 등의 공해문제로 지역주민이나 농민과 심각한 마찰을 빚을 가능성이 크다. 또한 그 폐해로 인한 법적 책임 및 보상문제로 기업이 심각한 위기에 봉착할 수도 있다.

따라서 공해발생이 불가피한 업종이 경우에는 공장입지에 따라 직·간접으로 나타나는 원가부담이 크게 되므로 이로 인한 비용부담이 적은 지역에 공장을 세워야 한다. 예를 들어 도금이나 염색 등 공해업종은 폐수처리시설 등 공해방지설비가 이미 갖추어진 공업단지에 입주함으로써 공해문제로 발생되는 추가적인 비용을 절약할 수 있다.

■ 적정성 및 장래성분석

현재 계획 기술이 최상의 것이라 해도 기술수준이 수시로 변화하기 때문에 신사업

기술에 대한 대체기술 여부 및 향후 출현 가능성과 보유기술의 기술변화 사이클 상의 단계도 미리 예측해야 한다. 시설계획의 적정성 분석은 주요 계획 시설의 내용, 시설규모 및 능력 분석 등 계획 시설의 적정여부, 시설 배치의 합리성, 시설 공사 진행 계획 분석, 그리고 생산기계 진부화에 따른 위험도, 시설개체 시기 및 경제성, 생산설비의 대체성 및 호환성 등 계획시설의 장래성을 주요 분석 대상으로 하고 있다. 과잉시설의 경우에는 설비투자에 따른 금융비용이 상대적으로 높고, 시설관리비 및 생산원가 등이 많이 소요되기 때문에 결국 자금부족 현상으로 이어지는 것이다. 따라서 계획시설 문제는 그 규모·성능 등이 경쟁회사와 비교하여 경쟁성이 있어야 하는 동시에 과잉설비로 인한 자금부담을 경감해야 하는 상반된 틀 속에서 조화성 및 적정성을 염두에 두고 계획되어야 한다.

생산설비 설치계획이 수립되면 구체적으로 어떤 기계 설비를 설치할 것인가 하는 문제, 즉 국산기계로 할 것이냐, 외국산 기계로 할 것이냐, 자동화 기계로 할 것이냐, 수동식 기계를 설치할 것이냐, 값은 어느 정도의 기계설비로 할 것이냐 등 결정해야 할 문제가 여러 가지 있다. 생산설비는 비교적 값이 고가이기 때문에 한 번 잘못된 설비는 새로이 교체하기가 불가능하다. 설령 부분적인 교체가 가능하더라도 전체 생산설비와의 조화 등에서 예상 밖의 문제가 생길 수도 있기 때문에 생산설비 선정에 신중을 기하지 않으면 아니 된다.

생산능력의 검토

기술적 타당성분석에서는 계획하고 있는 사업의 현재와 미래수요를 감안하여 설비의 생산능력이 적합한 것인지를 검토해야 한다. 이론적으로 볼 때 최적생산능력은 장기평균비용이 최소로 되는 생산규모이지만, 실제로는 미래의 예상수요, 경쟁업체의 생산능력, 보유하고 있는 인력의 작업능력, 자본조달능력 등에 따라 영향을 받기 때문에 계획사업의 최적생산능력을 결정한다는 것이 결코 쉽지 않다. 따라서 실무적으로는 기대되는 시장수요와 경쟁업체와의 원가비교 등을 통해 설비규모의 적정성여부를 검토하게 된다.

생산능력의 산정 생산능력은 기술적인 제약 없이 정상적으로 가동되는 상태를 가정하는 경우 특정 생산설비가 생산해낼 수 있는 최대생산능력을 말한다. 생산능력은 1일 가동시간과 연간 가동 일수에 따라 달라질 것이므로 제품특성상 1일 가동시간과 연간 가동 일수가 관례적으로 정해진 경우가 아니면 통상 1일 8시간, 연간 300일을 기준으로 삼는다. 그리고 유리·철강·도금·시멘트 등 주 생산설비의 가동중단이 불가능한 경우에는 1일 24시간, 연간 365일을 기준으로 생산능력을 산정한다. 그러나 계획사업의 실제생산량은 학습부족, 기술의 미숙, 불량품, 시장여건 등의 영향으로 산정 된 생산능력에 미치지 못하는 것이 일반적이다. 따라서 실무적으로는 이들 요인을 고려하여 추정된 가동률에 최대생산가능량을 곱하여 생산가능량을 구하게 된다. 생산능력의 산성방법은 각 공정별 생산능력을 파악하여 최소공정능력을 기준으로 산정 하는 방법, 생산이 주공정과 부공정으로 이루어지는 경우 주공정의 능력을 기준으로 산정 하는 방법, 조립업종의 경우 투입인력에 의해 산출하는 방법, 석유화학설비에서와 같이 설비제조업자가 보장생산능력을 기준으로 산정 하는 방법 등이 있다.

생산능력의 적정성 검토 이론적으로 특정 계획사업의 최적생산규모를 계산하는 것은 불가능하므로 경쟁업체와의 경쟁·시장수요 등을 고려하여 적정여부를 판단하게 된다. 즉, 실무적으로는 동종기업들 중 생산규모 상위 50%에 속하는 기업들의 평균생산능력을 계산하여 계획사업의 생산능력과 비교해 보고, 계획사업의 가능판매액과 계획사업의 생산능력을 대비하여 적정여부를 검토할 수 있다. 그리고 계획사업의 손익분기점을 계산해 계획사업의 생산능력과 비교하여 적정성여부를 판단할 수 있다. 즉 계획사업의 손익분기점비율(손익분기점의 매출액 / 추정된 매출액×100)이나 안전한계비율[(추정된 매출액 - 손익분기점매출액) / 추정된매출액×100]을 계산하여 모범기업이나 경쟁기업의 그것들과 비교할 수 있다. 일반적으로 손익분기점비율이 50% 이하이면 매우 우수한 것으로 평가되며, 80% 이상이면 불량한 것으로 평가한다. 그리고 안전한계비율은 큰 값을 가질수록 더욱 우수하고 안전한 기업으로 평가된다.

■ 생산공법 및 공정의 검토

신규사업의 기술적 타당성 분석에서는 계획제품의 생산을 위한 생산공법 및 생산공정이 품질과 원가 면에서 적합한 것인지에 대한 검토를 해야 한다.

생산공법의 검토 생산공법을 검토할 때는 계획하고 있는 공법과 경쟁기업의 공법을 상호 비교하여 투자금액·제조원가·품질·생산성·기술진보 수준 등의 측면에서 우열여부를 평가해야 한다. 또한 채택한 공법이 실천가능성이 있는지 또는 진부 화된 공법은 아닌지를 검토하여야 하며, 비록 국제적으로 인정된 최신공법이라 할지라도 경제성과 성공사례 등에 대한 추가적인 조사를 수행해야 한다. 그리고 채택한 공법의 특허권 침해여부를 검토해야 하고, 특허공법이 포함된 경우에는 특허권자와의 특허권사용계약의 체결가능성도 검토해야 한다. 특히 석유화학제품 등 생산에 다양한 공법이 있는 경우 공법들 사이에 고유한 장·단점이 있을 것이므로 현재 또는 미래의 가능여건을 고려하여 가장 유리한 공법을 선택해야 한다.

생산공정의 검토 생산공법과 마찬가지로 생산공정을 검토할 때도 계획하고 있는 공정과 경쟁기업의 공정을 상호 비교하여 투자비용·제조원가·품질·생산성 등의 측면에서 우열을 평가해야 한다. 그리고 계획하고 있는 공정에 특허가 있는 경우 특허권자와의 사용계약체결 가능성도 검토해야 한다. 또한 생산공정 절차와 내용에 문제점이 없는지를 검토하고 공정 간의 균형여부를 파악할 필요도 있다.

시설계획의 검토

계획사업의 시설계획에 대한 검토에서는 토지·건물·기계장치 등 고정자산의 질적·양적 적합성 여부를 평가하고 공사 진행 계획의 절차와 일정을 검토하게 된다.

생산시설의 검토 생산시설에 대한 검토에서는 부지와 공장 면적, 기계보유대수 등 양적인 측면과 생산성과 성능 등 질적인 측면에서 보유하려는 고정자산이 얼마나 적합한 것인지를 검토하고, 품질과 원가 면에서 경쟁기업의 그것과 어떻게 다른지를 평가하게 된다. 토지의 경우에는 제품의 성격 및 생산능력 등을 검토하여 소요면적을 산정하고 확보된 토지가 이에 적절한 것인지를 검토한다. 또한 건물의 경우에는 제품·제조공정·제조공법·시설내용 등을 고려하고 소요면적과 구조와 배치 등을 참작하여 건축할 건물의 적합성을 평가한다.

공사 진행 계획의 검토 여기서는 공사의 진행일정 및 절차, 공사소요기간, 착공 및 완공 시점, 시운전기간 등 공사 진행계획이 합리적이고 타당한 것인지를 검토하고 현재 진행상황을 참작하여 계획한 대로 공사가 순조롭게 진행 될 것인지를 검토한다. 또한 건설공사의 진행에 있어 지질검사·설계·엔지니어링 등 전문기술분야의 전문가를 보유하고 있는지의 여부를 파악하여 필요한 경우 외부 전문기술을 이용할 수 있을 것인지도 평가해야 한다.

생산자원의 검토

기술적 타당성분석에서는 원재료·노동력·유틸리티·기술수준 등 제품생산에 투입될 자원의 소요량 및 질, 자원의 확보가능성, 자원사용의 효율성 등을 검토하여 적정한 원가에 생산이 가능한지를 검토하게 된다.

원재료 계획하고 있는 제품을 생산하는데 투입되는 원·부재료의 내용, 소요량, 요구되는 품질 및 규격, 조달 가능성 등을 평가하여 원재료 문제로 인한 생산의 차질가능성과 원가부담 등을 검토한다. 원·부재료의 내역 및 소요량은 일반적으로 계획제품단위당 원·부재료별로 표시되는 원단위로서 파악하게 되며, 이를 경쟁업체와 비교하여 원재료비 구성상의 장·단점을 파악한다. 또한 원재료의 국내·외 수급상황, 가격동향 등을 검토하여 소요원재료의 조달가능성을 평가하고 조달할 원재료의 품질과 가격 면에서 경쟁업체와의 경쟁가능성을 검토한다. 특히 철강·석유화학·목재·점토·시멘트 등 원재료 물동량이 큰 제품의 경우 소요원자재의 조달가능성에 대한 검토에서는 원자내의 성격상 수송비가 문제로 될 수 있으므로 이를 입지와 연계하여 검토해야 한다.

노동력 계획사업에 필요한 소요인원, 노동력의 질, 임금수준, 노동력의 확보가능성 등을 검토하고 인원계획이 적절한지를 검토한다. 소요인력은 설비 및 공정별로 구분하여 한 번 교대하는 데 필요한 인원수를 산정한다. 또한 소요인력을 기술자·숙련공·미숙련공으로 구분하여 산정한다. 특히 기술자 또는 기능공 중 특별한 자격능력 및 자격조건이 필요한 경우를 검토하고 이들의 확보가능성도 검토한다. 그리고 동종업계의 임금수준을 조사하여 계획사업에서 제시하고자 하는 임금수준으로 인력을 확보할 수 있을 것인지도 검토한다.

유틸리티 전력·용수·연료 등 계획제품을 생산하는 데 소요되는 자원의 양·조달가격·조달가능성 등을 조사하고 평가한다. 유틸리티 소요량은 원 단위를 기준으로 산정하고 소요량의 적합성여부를 경쟁업체 또는 이론적 계산 값과 비교하여 타당성을 검토한다.

기술수준 계획제품을 생산하는 데 요구되는 기술의 내용과 수준을 열거하고, 이를 계획하고 있는 사업에서 확보 가능한 기술수준과 비교한다. 만약 자체적으로 조달할 수 있는 기술수준이 부족한 경우라면 기술습득방안 또는 기술도입방안을 강구하고 그 타당성을 조사한다. 특히 기술도입에 관한 계약 내용을 검토하여 필요한 기술의 도입가능성과 기술도입의 경제성 등을 다른 회사의 기술도입사례와 비교하여 평가한다.

05 재무적 타당성분석

1. 재무적 타당성분석의 필요성

아무리 제품의 품질이 좋고 시장성이 뛰어나서 성공적으로 생산·판매된다 하여도 수익이 제대로 창출되지 못하거나 투자의 경제성이 없다면 그 사업은 근본적으로 실익이 없는 것으로 판단할 수 있다. 이러한 재무타당성분석은 사업타당성분석의 최종단계일 수도 있으며 나아가서 경영전략을 수립하기 위한 사전 준비과정일 수도 있다. 왜냐하면 신사업이 그 특성상 수익성이 낮다면 영업외적 요소, 즉 인건비나 경비를 줄일 수밖에 없는 경영전략 수립이 요구되며, 경제성이 없다면 새로운 사업 분야의 탐색 등이 필요하기 때문이다.

재무타당성분석 및 경제성분석은 추정재무제표의 작성을 그 전제로 하고 있다. 수익전망은 향후 3년 내지 5년간의 추정제조원가명세서와 추정손익계산서를 작성하여야만 그 예측이 가능하며, 예측된 매출액 및 당기순이익 규모에 의해 손익분기점분석이 가능한 것이다. 또한 추정대차대조표와 자금조달운용계획표가 작성되어야만 이를 근거로 투자수익 및 계획사업에 대한 경제성평가가 가능하고, 자금흐름 예측에 의거하여 자금수지 및 자금조달 능력을 검토할 수 있기 때문에 수익성분석은 추정재무제표 작성을 전제로 하고 있다.

2. 평가기준

평가항목은 크게 나누어 수익전망, 손익분기점분석, 투자수익 및 계획사업의 경제성분석 등으로 분류할 수 있다.

> 첫째, 수익전망은 창업 후 3년 내지 5년간의 추정손익계산서와 제조원가 명세서, 추정대차대조표 및 자금수지계획서를 작성한 후 이를 근거로 기준시점 이후 3년 내지 5년간의 수익전망 및 흑자실현 가능시점 등 수익성을 검토한다.
>
> 둘째, 손익분기점분석은 손익분기점매출액, 즉 기업이 영업활동에서 발생하는 수익과 비용이 일치하는 매출액과 비용은 어느 정도이며, 어느 시점에 실현 가능한지를 중점적으로 분석

한다. 또한 부수적으로 손익분기점 산출 후 판매수량·금액·고정비·변동비 등이 균형을 이룰 수 있는지도 검토되어야 한다.

셋째, 투자수익 및 계획사업의 경제성분석은 각종 투자수익률 산출방식에 의한 투자수익률을 산출함과 동시에 계획 사업을 통해 최소한 목표수익률 이상의 수익실현이 가능하며, 나아가서 계획사업의 경제성은 있는지를 분석하게 된다.

■ 수익전망

수익전망은 추정손익계산서를 근거로 하여 예측한다. 향후 3년 내지 5년간의 추정손익계산서가 작성되면 손익계산서상 연도별 매출액·매출총손익·영업이익·경상이익·세전 순이익·그리고 당기순이익 등을 분석한다. 매출액에 대한 매출원가는 동 업계와 비교하여 과다하지 않은지, 판매비와 일반관리비는 매출액 또는 전체적인 영업규모에 비해 과다하지 않은지 종합하여 분석해 보아야 한다. 그리고 최종적으로는 당기순이익 규모가 적정한지, 매출액에 대한 당기순이익률은 경쟁사 대비 어느 수준인지도 검토되어야 한다.

수익전망분석에서 검토되어야 할 또 다른 요소는 흑자실현 가능시점의 분석이다. 몇 년이 지나도록 이익이 실현되지 못하고 있거나, 이월결손금 보전이 안 된 경우라면 결코 사업성이 있다고 볼 수 없다. 아무리 신사업이라 하더라도 2~3년 내에 이익실현이 불가능한 경우이거나 5년 이내에 이월결손금이 보전되지 않은 사업이라면 재고의 여지가 있다고 본다. 또한 아무리 대규모 장치 산업이라 하더라도 중소기업에 있어서는 5년 이내에 이익실현이 불가능한 경우라면 5년 이후에 큰 수익이 기대되더라도 사업자체를 재고하지 않으면 아니 된다. 5년 내에 자금압박으로 도산해 버린다면 5년 이후의 큰 수익은 아무 소용이 없기 때문이다.

3. 손익분기점분석

손익분기점이란 기업경영에 있어서 수익총액과 비용총액이 일치하게 되는, 이익도 손실도 없는 매출액 또는 조업도를 말한다. 손익분기점은 어느 정도의 매출을 실현하여야만 이익도 손실도 아닌 분기점에 도달할 수 있는 것이며, 분기점 도달시점은 영업개시 후 언제가 될 것이냐가 분석의 핵심과제가 되는 것이다. 손익분기점분석은 사업성패의 관건인 동시에 자금수급계획의 지침이기도 하다. 매출이 손익분기점에 이르기 전까지나 손익분기점에 이른 후에도 일정기간 동안은 자금의 투입만이 이루어지기 때문에 동 기간 동안 소요될 자금을 미리 확보하지 않으면 사업이 정상궤도에 오르기 전에 실패하고 마는 결과를 가져올 수 있는 것이다. 따라서 손익분기점분석은 자금조달계획을 미리 수립하기 위한 척도로서 활용할 수 있다. 또한 손익분기점 산출 후 손익분기점 달성시점을 재조정할 필요성이 있는 경우 판매수량·금액·고정비·변동비 등의 타당성을 검토함은 물론 이들 요소로부터 경비의 절약방안 등을 강구할 수 있어서 손익분기점 자체를 재조정할 수도 있다.

손익분기점의 평가기준은 그 평가 목적에 따라서 다양하다. 단순히 손익분기점매출액을 산출하는 경우에는 손익분기점에 이르는 매출액 규모의 산출에 그 목적이 있으며, 이 손익분기점매출액을 산출하면 이를 근거로 하여 창업 후 어느 시점에 이익 실현이 가능한지를 예측해 볼 수 있는 것이다. 이때 손익분기점매출액은 다음과 같은 산식에 의해 산출이 가능하다.

$$
\begin{aligned}
\text{BEP(손익분기점)} &= \text{F (고정비)} \div \left(1 - \frac{\text{V(변동비)}}{\text{S(매출액)}}\right) \\
&= \text{F (고정비)} \div \text{공헌이익(부가가치)율}
\end{aligned}
$$

여기에서 손익분기점매출액 규모가 산출되면 현재의 실제 매출액을 기준으로 언제쯤 이익실현이 가능한지 분석해 볼 수 있다. 신사업에 있어서는 손익분기점매출액 자체보다는 언제쯤 이익실현이 가능한지가 더 중요한 지표일 수가 있다. 이외에도 손익분기점분석은 다음과 같은 좌표를 경영자에게 제시하여 준다.

- 목표이익을 ○○○원으로 할 때 이 목표이익 달성을 위한 매출액의 산출

$$\text{매출액} = (\text{고정비} + \text{목표이익 ○○○원}) \div \left(1 - \frac{\text{변동비}}{\text{매출액}}\right)$$

- 목표매출액 ×××원일 때 예상손익 규모의 산출

$$\text{예상손익} = \text{목표매출액 XXX원} \times \left(1 - \frac{\text{변동비}}{\text{매출액}}\right) - \text{고정비}$$

- 목표 매출액 ×××원일 때 목표이익 ○○○원을 달성하기 위한 비용절감 목표액산출

$$\text{비용절감목표액} = (\text{고정비} + \text{목표이익 ○○○원}) - \text{목표매출액 ×××원} \times \left(1 - \frac{\text{변동비}}{\text{매출액}}\right)$$

4. 경제성분석

계획사업의 경제성분석은 목표수익률 이상의 수익률실현이 가능하며 얼마나 확실성이 있는지를 순현기법·내부수익률법·수익성지수법·회수기긴법·회계적이익률법 등의 재무적 방법을 사용하여 평가한다.

■ 순현재가치법(NPV)

순현재가치법이란 어떤 투자안에 대한 투자액을 최소한의 자본비용, 즉 할인율로 할인한 현재가치와 투자자의 과실로 얻어지는 현금유입액을 시장할인율로 할인하여 현재가치화한 후 현금유입의 현재가치에서 투자액의 현재가치를 차감한 순액이 양(+)이면 투자안이 경제성이 있다고 평가하며, 음(-)이면 경제성이 없다고 평가한다.

따라서 2개 이상의 예비 사업 아이템에 대해 순현재가치법으로 경제성 평가를 하는 경우에는 순현재가치의 크기가 큰 순으로 사업 우선순위를 결정하게 되는 것이다. NPV는 모든 예상되는 현금유입의 현재가치에서 모든 현금유출의 현재가치를 빼주면 된다. 이를 산식으로 표시하면 다음과 같다.

$$NPV = (\text{미래 예상 현금유입} - \text{현재 현금유출}) / (1 + \text{시장이자율})$$

$$NPV = -L_o + \sum_{i=1}^{n} \frac{CF_2}{(I+y)^2}$$

CF_t : t 기간의 현금유입

L_o : 투자 지출액

y : 할인율

미래의 모든 현금유입의 현재가치에서 미래의 모든 현금유출의 현재가치를 뺀 값이 바로 순현재가치(NPV)이고, 이때 판단기준은 NPV가 0보다 크면 투자안을 채택하고, 0보다 작으면 투자 안은 기각한다. NPV=0인 경우도 투자 안은 채택한다. 할인율만큼은 보상되면서 기업 활동을 통한 다른 가치창조가 일어나기 때문이다.

어떤 신사업에 45,000백만원을 투자하면 다음과 같은 현금흐름이 예상되고 할인율은 15%이라면 NPV는 다음과 같이 구할 수 있다.

$$NPV = -45{,}000 + 5{,}000/(1.15) + 10{,}000/(1.15)^2 + 15{,}000/(1.15)^3 + 20{,}000/(1.15)^4 + 40{,}000/(1.15)^5$$
$$= 8{,}094\text{백만원}$$

기 간	0	1	2	3	4	5
현금흐름	-45,000	5,000	10,000	15,000	20,000	40,000

따라서 위 투자 안은 재무관리 관점에서는 충분히 채택할 수 있는 투자 안이다. 만약 같은 방식으로 계산된 또 다른 프로젝트의 NPV = 7,000이라면 재무관리 관점에서는 NPV = 8,094인 쪽이 더 매력적이다.

그런데 할인율은 어떤 의미일까? 할인율은 문자 그대로 할인되는 비율이다. 할인율이 높아지면 NPV가 작아진다. 미래현금의 현재가치가 줄어들기 때문이다. 그러므로 할인율은 리스크의 크기로 볼 수 있다. 똑같은 현금흐름이 발생하더라도 할인율이 20%인 프로젝트는 할인율이 15%인 프로젝트보다 NPV가 더 작아진다. 이렇게 NPV법은 프로젝트의 리스크 정도에 따라 적절한 할인율을 넣어서 계산해 볼 수 있다는 장점을 가지고 있다

■ 내부수익률법(IRR)

내부수익률법은 어떤 사업안에서 예상되는 투자액의 현재가치와 현금유입의 현재가치를 일치시켜주는 할인율(자본수익률)에 의해 사업안의 경제성을 평가하는 방법이다. 내부수익률(IRR)은 투자안으로 부터 현금유입액의 현가와 현금유출액의 현가를 일치시키는 할인율이다. 또는 일련의 미래의 현금흐름의 순현가(Net Present Value)를 0으로 만드는 할인율이다. 내부수익률(r)이 산출되면, 그 내부수익률에 따라 $r > r0$(목표수익률)이면 경제성이 있고, $r = r0$이면 경제성은 0이며, $r < r0$이면 경제성이 없는 것으로 평가한다. 이 방법은 장기간에 걸친 사업의 현재가치를 0으로 하는 수익률이 얼마인가를 알아보는 방법으로, 이 때의 수익률(r)이 목표수익률($r0$)보다 클 경우 채택하는 것이다.

현재가치로 할인한 투자수익과 자본투자액의 순액이 0이 되게 하는 r값을 산출하면, 이 값이 바로 구하고자 하는 내부수익률로써 내부수익률을 구하는 식은 n차 고차방정식이므로 수작업으로 해를 구할 수 없으며, 전자계산기나 컴퓨터를 이용하여 시행착오법에 의해 근사치를 구해야 한다.

이를 산식으로 표시하면 다음과 같다.

내부수익률 : "$NPV = 0$"이 되게 하는 할인율 "Y"이므로

$$I_o = \sum_{t-1}^{n} \frac{CF_t}{(I+y)2}$$

CF_t : t기간의 현금유입

I_o : 투자 지출액

y : 할인율

위의 산식에서 내부수익률(r)이 산출되면, 그 내부수익률에 따라 $r > r0$이면 경제성이 있고, $r1 = 1r0$ 이면 경제성은 0이며, $r < r0$이면 경제성이 없는 것으로 평가한다.

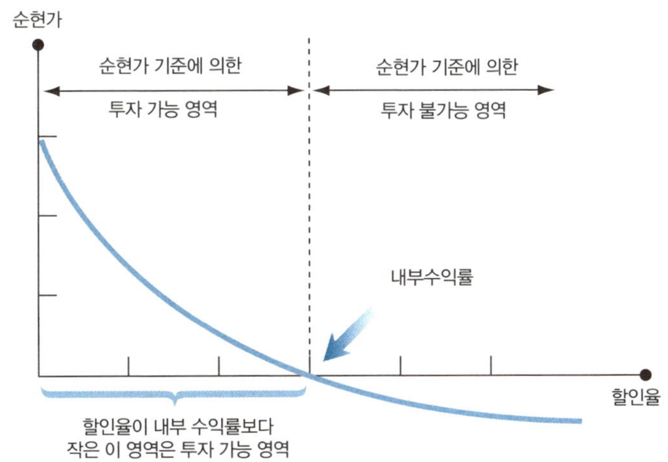

IRR에 의한 투자 분석 Grape

■ 수익성지수법(PI)

수익성지수법은 투자금액의 현재가치에 대한 현금흐름의 현재가치를 비율로 나타내는데, 이는 투자 원금 1원당 현금흐름의 크기를 나타내며, 결국 투자금액의 크기를 고려한 효율성 지수이다.

$$PI = \frac{\text{현금유입의 현가}}{\text{총투자액의 현가}} = \frac{\sum_{t=1}^{n} \frac{CF_t}{(I+k)^y}}{\sum_{t=1}^{n} \frac{I_t}{(I+k)^t}}$$

단, k는 할인율(자본비용)

수익성지수를 이용하여 투자 안을 비교·평가하는 것은 각 투자 안에 동일한 투자금액을 중복하여 투자할 수 있다는 가정을 하고 있는 것과 같다. 즉 수익성지수를 기준으로 투자 안을 평가하는 방법은 똑같은 투자기회가 여러 번 있을 경우를 가정한 것이다.

■ 회수기간법

회수기간법이란 투자 후 얼마의 기간이 경과 하여야만 투자액을 회수할 수 있는지를 평가하는 방법이다. 투자 금액을 되찾는 데 걸리는 기간으로 투자안의 가치를 평가한다. 회수기간법은 이해하기가 쉽고 간편하기 때문에 기업 현장에서 자주 쓰이기도 한다. 계산하는 법을 요약하면 다음과 같다.

100억원을 투자하면 1년째 20억원이 들어오고, 2년째 30억원, 3년째 40억원 순으로 예상되는 프로젝트가 있다고 가정하자. 100억원의 투자액을 되찾는 데는 3.2년이 걸린다. 왜냐하면, 3년째까지 총 90억원이 들어오고, 4년째 벌어들일 액수인 50억원 중 10억만 더 들어오면 되므로, 1년을 1 / 5로 나누면 0.2년, 따라서 3.2년이 된다.

회수기간법에 의해 투자안을 채택할 것인가, 부결시킬 것인가를 결정하는 기준은 특별히 없다. 다만 기업의 선택에 달려 있을 뿐이다. 투자 후 4년 안에 투자액을 회수하기를 원한다면 위 투자안의 경우 회수기간이 3.2년이므로 채택할 수 있다. 회수 기간을 길게 잡는 것은 그만큼 더 리스크를 안겠다는 의미이기도 하다.

투자액	1년째	2년째	3년째	4년째	5년째
100억원	20억원	30억원	40억원	50억원	60억원

회수기간법은 위와 같이 간단하게 계산해 볼 수 있는 현금흐름을 감안한 투자안 평가 방법이며, 리스크가 고려된 방법이라는 장점을 갖는 대신 화폐의 시간가치가 고려되지 않고 있다는 점과 회수기간 이후의 현금흐름에 대해 고려하지 않는다는 단점이 있다. 동일한 투자금액 10억원, 회수기간이 10년인 두 개의 프로젝트일지라도 매년 1억원씩 들어오는 프로젝트와 10년 후에 10억원이 들어오는 프로젝트의 가치는 많이 다르지만

회수기간법으로는 양 프로젝트 모두 10년으로 동일하다. 또한 회수기간 이후의 현금흐름을 고려하고 있지 않기 때문에 위의 프로젝트가 6년째 140억원의 적자가 나는 것이더라도 투자안 채택 쪽으로 결정될 수가 있다. 반대로, 6년 이후에도 계속 로열티가 지급되는 어떤 프로젝트의 경우는 6년째 이후 부분을 감안할 수가 없다.

■ 회계적 이익률법

회계적 이익률법이란 회계적 자료를 활용하여 연평균 순이익을 구하고 이를 연평균 투자액으로 나눈 값이 예상하고 있는 목표이익률 보다 클 경우 채택하는 방법이다. 1년 단위로 평균 투자액 대비 회계적 이익이 얼마가 발생 하였는지 분석하는 것으로써 과거 성과를 평가하는 방법이다.

회계적 이익률 = 회계이익 / 평균투자액

회계적 이익률법에 속하는 분석평가지표에는 ROE(Return On Equity), ROA(Return On Asset) 등이 있다. ROE는 한 기간의 당기순이익을 자기자본으로 나눠준 것이고 ROA는 당기순이익을 자산으로 나눈 값이다. 전자는 주주가 투자한 것에 대해서 회수 정도를 의미하고, 후자는 자산 대비 회계적 이익을 의미한다. ROE와 ROA는 양자 모두 회계 장부상의 데이터를 단순 계산하는방법으로써 화폐의 시간가치가 고려되지 않은 방법이다. 이 방법은 간단하여 이해하기 쉽고 자료수집이 용이한 반면 목표수익률 설정이 자의적이라는 단점이 있다.

Tip ROE를 분석할 때 유의해야 할 점

부채가 증가해도 자기자본이익률이 높아질 수 있다. ROE는 자기자본의 기준이기 때문에 돈을 빌려서 이익이 나면 부채는 자기자본이 아니므로 산식에 포함되지 않지만 당기순이익으로 잡히기 때문에 부채의 흐름을 주목해야 한다. 즉 부채를 사용할 경우 ROE가 높아진다는 것을 알 수 있다. 따라서 ROE가 높으면 좋은 기업이지만 부채비율을 함께 고려하여 파악하는 습관을 길러야 한다. 갑자기 기업의 부채비율이 높아졌다면 ROE가 높더라도 주의 깊게 분석해야 한다.

5. 자금수지분석

자금수지 및 자금조달 능력은 수익성이 있는 사업이라 하더라도 과연 그 사업에 필요한 적정자금의 규모는 어느 정도이며, 이 자금을 적기에 차질 없이 조달할 수 있는지,

그리고 조달된 자금은 상환조건에 따라 상환기간별로 원만히 상환할 능력이 있는지 여부를 검토하는 것이다.

■ 소요자금 검토

소요자금의 규모결정은 사업규모와 함께 생각하는 것이 좋다. 반면 사업규모는 자금조달 능력에 의해서 결정되어진다. 따라서 소요자금 규모결정은 자금조달 능력과 연계시켜 검토하는 것이 합리적이다. 자금조달·운용계획을 수립하는 제1단계는 총 소요자금 규모에 따라 자금조달계획을 수립하는 것이다.

신사업 프로젝트에서 총 소요자금 사정은 여러 측면에서 정확한 산정이 현실적으로 매우 어려운 것이 사실이다. 공장 건설비 견적서의 부정확, 기계설비 내용 및 성능차이에서 오는 소요자금 차이뿐만 아니라, 예측치 못한 여러 상황에 따라 추가로 소요되는 경우도 허다하다. 따라서 자금조달계획을 수립할 때는 총소요자금을 최대한 정확히 산정하되, 소요자금의 불확실성 및 소요자금 산출상의 누락분 등을 감안하여 총소요자금의 1.5배 내지 2배로 자금조달계획을 수립하는 것이 필요하다. 이와 같은 불확실성 또는 불예측성 요인뿐만 아니라, 공기가 연장되는 경우, 시운전기간의 연장, 사업준비 지연, 그리고 매출액 증가에 따른 추가 운전자금 소요 등의 이유로 약 5년간 소요될 총자금을 정확히 산정할 수 없다는 제약점 때문에 이들 요소를 충분히 감안하기 위한 것이다.

총소요자금 대비 자금조달계획이 수립되면 제2단계로 자금조달 능력을 검토하여야 한다. 자금조달 방법은 자기자본과 타인자본으로 구분할 수 있는데 자금조달 능력은 자금조달에 따른 위험수준에 따라 자사의 실정에 맞춰 그 조달 범위를 결정하여야 한다. 자금조달·운용계획의 수립 절차상 제3단계는 자금조달 능력의 적정성평가이다. 자금조달 능력이 계획금액에 이르지 못하면 사업규모를 줄이지 않으면 안 된다. 자금조달계획이 아무리 정확하게 산정되었다 하더라도 사업을 하다 보면 추가로 자금이 소요되는 경우가 반드시 발생할 수밖에 없기 때문에 안정적 경영을 도모하기 위해 사업 규모를 자금조달능력의 1.5 내지 2배 정도로 결정함이 바람직할 것이다.

■ 자금계획서

소요자금 규모 및 조달가능성 검토가 끝나면 이들 자료와 추정재무제표, 특히 자금조달운용표를 작성한 후 이를 근거로 자금계획서를 작성한다. 자금계획서는 기간 및 자료성격에 따라 단기 총괄자금계획, 시설자금 조달계획, 연도별 소요자금 및 조달계획을 작성한 후 이를 심층적으로 분석한다. 자금계획서 작성 시에 누락되는 항목이 없도록 세심한 주의를 요하며 견적서 등 객관적이 근거자료에 의거해서 작성하여야 할 것이다.

■ 차입금 상환능력 검토

차입금은 장기적 측면에서 상환능력 범위 내에서 조달되어야 한다. 흔히 차입금의 상환 가능성을 염두에 두지 않거나, 벌어서 갚을 수 있으리라는 막연한 생각만 가지고 당장 급하다고 하여 차입을 늘리다 보면 이들 차입금의 상환기간이 거의 일시에 중복적으로 도래할 경우 기업은 큰 곤경에 처하게 되는 것이다. 이런 관점에서 차입금 상환능력 검토 시에는 연도별 매출액과 당기순이익의 규모 및 증가율을 감안하여 조달계획을 수립하지 않으면 아니 된다.

06 성장성 및 위험요소분석

신규사업의 타당성분석의 최종적인 단계로서 기업의 성패에 중대한 영향을 미칠 수 있는 위험요소의 분석과 더불어 장기적 기업경영 측면에서 지속적인 성장발전이 가능한지를 분석하는 성장성분석이 요구된다. 이들 요소는 장기 안정 성장을 도모하는데 절대적으로 필요하다.

1. 성장성분석

신규사업 타당성분석에서 검토되어야 할 또 다른 측면은 계획사업의 장기적 성장가능성의 분석이다. 성장성분석 시에는 기업성패에 중대한 영향을 미치는 기업환경요소 중 기업경영에 치명적 영향을 미칠 가능성이 있는 위험요소에는 어떤 것이 있으며, 이들 위험요소에 대한 정확한 대응전략의 수립이 가능한지의 여부와 장기적으로 성장가능성이 어느 정도인지를 분석하여야 한다. 기업의 성장성, 즉 미래 지향성분석은 근본적으로 장기경영계획을 전제로 분석하는 것이다. 즉 장기경영계획을 체계적으로 작성하고 있는 경우에 이 장기계획이 순조롭게 이행될 수 있는지의 여부와 각종 계획수행에 필요한 자금 및 예산이 원활이 조달되고 집행될 수 있는지의 여부를 분석한다. 또한 기업의 미래지향성 분석은 연도별 생산, 판매계획의 적정성, 인력 증원의 합리성, 시설투자의 적정성, 수익전망의 합리성, 자금조달·운용계획의 실현 가능성 등 경영 전반에 걸친 장기예측의 정확성을 검증함으로써 이루어진다.

> 첫째, 제품의 수명 및 신제품의 개발전망 분석이다. 제품의 수명분석은 제품의 수명주기에 의해 시장상태를 알아보는 이외에 해당 제품시장이 5년 후 또는 10년 후 어떤 상황, 어떤 상태에 있을 것인지를 예측해 보는 것이다. 제품수명분석을 한 후에는 신제품의 개발시점, 품목 등도 어느 정도 예측해 보아야 한다.
>
> 둘째, 추정재무제표에 의한 매출액·당기순이익 등의 적정성 및 성장전략의 달성 가능성을 분석해야 한다. 특히 추정손익계산서를 근거로 한 매출액은 흔히 외형이라 하여 기업규모의 측정기준이 되므로 정확한 예측과 더불어 미래 지향성 측면에서 5년 후, 10년 후의 증권거래소 상장요건 대비 및 상장가능성 등의 예측도 필요하다.
>
> 셋째, 조직 및 인력의 성장도 분석대상이 된다. 설립 후 5년 또는 10년 후의 조직규모·총인원 등에 대해서도 미래 지향성을 분석해 볼 필요가 있다.

2. 위험요소분석

투자사업의 타당성을 평가하는 과정에서 사업성분석 항목들이 고정값(Deterministic Value)으로 주어지고 있다. 그러나 사회경제지표의 급격한 변화, 사업목적 및 설계의 오류, 공사기간 연장 등의 이유로 공사기간, 비용이 초과되는 경우가 많다. 따라서 이러한 사업의 변동을 사업초기의 사업성에 반영하기 위해서는 사업의 위험도를 정확히 파악하고 계량화하는 작업이 필요하다. 기존의 사업성분석은 최소한의 사업성 변동을 평가하기 위해 민감도분석(Sensitivity Analysis)을 수행하고 있으나 이 기법은 사업성평가 기법상의 논리적인 문제점을 안고 있다. 즉 민감도분석은 여타 조건은 일정하다는 가정하에 특정항목의 변동을 추정하고 있으나, 사업의 불확실성을 고려하기 위해서는 변동가능한 항목 간의 복합적인 조합을 분석해야 한다. 또한 할인율·이자율 등 사업 외적변동은 분석기간 내 장기간에 걸쳐 일률적으로 적용됨으로써 분석을 경직적으로 만든다. 이러한 기존 사업성분석의 한계점을 개선하고 사업에 진입함으로써 발생하는 사업성의 변동을 분석하기 위해서는 고정 값으로 주어지던 재원인 비용·시간의 변동을 확률적 개념으로 적용하는 위험도분석(Risk Analysis)을 도입하는 것이 바람직하다. 특히 수익이 불확실한 경우 사업추진 과정 중에 발생하는 사업성의 변동을 합리적으로 관리하기 위해서는 무엇보다도 각 사업주체 간의 역할을 설정하여, 합리적인 위험도 분담원칙 하에 위험을 경감하는 방안을 모색하여야 한다. 따라서 이러한 위험도의 기본개념과 위험요소, 분석의 종류 및 종류별 장·단점을 살펴보고는 것도 무엇보다 중요한 일이다.

위험도의 정의 및 분류

사업성의 변동은 미래의 불확실성으로부터 발생한다. 확실성(Uncertainty)과 위험도(Risk)의 차이를 프랭크 나이트(Frank Knight)는 확실성이 결여 되어 있는 세계에서 의사결정을 하는 경우, 의사결정의 기초가 되는 확률분포가 존재하느냐의 여부를 기준으로 삼아 분류하였는데 확률분포가 존재하면 위험성 하의 의사결정이라 하고 존재하지 않으면, 불확실 하의 의사결정이라고 하여 양자를 구분하였다. 따라서 위험도는 사업의 불확실성으로 인하여 금전적으로 손실을 입을 가능성 중 확률분포로 나타낼 수 있는 경우로 정의 할 수 있다. 위험도는 위험도의 성격에 따라, 발생원에 따라, 사업에 미치는 영향에 따라 다양하게 분류될 수 있다.

위험도의 성격에 의한 분류

- Known : 알고 있으나 정확히 측정을 못하는 경우(노동의 생산성)
- Known-Unknown : 예상할 수 있으나 일반적으로 기대되지 않는 것(지진·태풍 등)
- Unknown-Unknown : 예측할 수 없는 것(산업재해)

위험도의 성격과 발생원에 의한 분류

- External-Unpredictable(자연재해)
- External-Predictable(인플레이션·환율·환경적 영향·사회적 영향)
- Internal-technical(기술적 사항·사업규모 등)
- Legal(특허권)

사업에 미치는 영향에 의한 분류

- Cost Risk
- Schedule Risk
- Quality Risk

■ 위험요소

기업경영은 경영환경 변화에 따라서 수시로 변한다. 추정 재무제표뿐만 아니라 사업타당성 분석도 여러 가지 가정과 상황 안에서 이루어지기 때문에 여기에 대응한 새로운 대응책이 나오지 않으면 안 될 상황에 이르게 된다.

계획사업에 대한 위험요소는 수행하고 있는 업종에 따라, 그리고 그 업체의 특성에 따라 다르기 때문에 일률적으로 말할 수 없지만 일반적인 경우를 살펴보면 표에서 보는 바와 같다. 분석자는 이와 같은 위험요소 중 해당기업의 성패에 중대한 영향을 미칠 수 있는 항목을 선택하여 그 항목의 변화 정도에 따라 계획사업에 어느 정도의 영향을 미치며, 위험요소별로 대응책을 마련함으로써 그 위험요소가 통제범위 내인지를 분석하여야 한다.

[계획사업에 대한 위험 요소]

구 분	위 험 요 소
정책변동	조세, 관세정책 및 금융지원제도의 변경 금리 및 환율의 변동 생산 제품에 대한 중소기업 고유업종 해제 및 수입 개방
시장경쟁 심화	경쟁기업 진입(대기업 참여 포함) 판매 단가 조정
생산요소변동	주요원자재(수입, 내수)파동 가능성 생산량 및 생산수율, 판매량, 가동률 변동요인 발생 여부 전략 제품의 변경 및 제품믹스의 실패
기타	노사분규 시설자금 및 소요 운전자금의 적기 조달 실패 입지조건 부적합 자연환경 및 공해 규제 환경, 보건, 조세 등 법률상 제약 공장 건설의 지연 기타 계획사업에 대한 위험요소 등

3. 위험도 분석기법

■ 위험도의 모형화

위험도분석의 모형화는 재무적 위험도의 크기를 계량화하는 과정이다. 여러 가지의 다양한 방법들이 사용될 수 있다. 재무적 변동을 분석하는 위험도 분석기법은 사업기간 내에 발생하는 위험도를 결정하는 변수를 확률분포로 설정하여 비용 또는 재무옵션의 위험도(Financial Risk)를 설명하는 기법이다. 여기서 비용은 결정적인 모델에 의해서 이루어지지 않고 확률적 추정에 의해서 이루어지며, 확률적 추정은 위험도 변수의 선택과 위험도의 분포형태, 변수들 간의 상관관계에 의해 결정된다. 이때 결과는 비용과 시간의 확률밀도함수(PDF), 누적확률분포함수(CDF)로 제공되며, 분석가는 사업주체의 효용에 따라 합리적인 재원배분을 계획한다. 사업성을 평가하는 과정에서는 사업주체의 위험에 대한 효용 유형에 따라 사업의 추진 유형이 달라진다. 사업주체는 사업의 효용 수준에 따라 합리적인 위험도 관리목표 값(Target Value)을 선정하고, 이에 따라 총 투자비용을 결정한다.

■ 위험도의 분석기법

위험도 분석기법에는 분산공분산법·이력시뮬레이션기법·시나리오시뮬레이션기법·몬테카를로시뮬레이션기법이 있다.

분산공분산법(Variance-Covariance Approach) 중심극한 이론에 의해 관찰치가 정규분포가 된다는 가정에서 출발하여 모든 위험도의 변수는 정규분포를 띠고 정규분포하의 위험도 함수는 선형의 성질을 가지는 것으로 분석한다. 따라서 계산시간이 짧고 분석이 용이하지만, 분석의 정확도가 떨어지고 비정규와 비선형의 특성을 반영하지 못하는 단점을 가지고 있다.

이력시뮬레이션기법(Historical Simulation Approach) 과거의 이력자료를 이용하여 위험도 변수의 분포를 추정하는 방법으로 개념적으로 간단하고 확률분포에 관한 가정에 의존하지 않아 분포의 계수추정으로 인한 평가의 부정확성에 대한 위험이 존재하지 않고 과거의 위험도 발생 추세를 적절히 반영할 수 있다. 그러나 실질적인 자료획득이 어렵고, 이력자료 집합의 신뢰성에 문제가 있을 수 있을 뿐만 아니라, 이력자료 추세별로 미래의 불확실성이 발생하지 않을 경우에 대한 분석이 불가능하다.

시나리오시뮬레이션기법(Scenario Simulation) 이력시뮬레이션기법과는 반대로 사업성을 결정하는 중요한 변수에 대해 일어날 수 있는 대안들을 시나리오로 작성한다. 이때 분석가는 이력자료에는 없지만 있음직한 대안을 주관적으로 판단하여 적용한다. 그러나 잘못 설정된 시나리오는 잘못된 추정을 낳게 되고, 변수간의 상관관계가 발생할 경우, 추정의 정확도가 떨어지는 단점이 있다. 따라서 사업의 대규모 변동을 나타내는 변수에 대해여 타 기법을 보완하는 기법으로 적용하는 것이 바람직하다.

몬테카를로시뮬레이션기법(Monte Carlo Simulation) 몬테카를로시뮬레이션기법은 위험도 발생 항목의 확률 변수를 설정하여, 해당 분포의 범위 내에서 난수를 발생하여 사업성의 불확실성을 평가하는 시뮬레이션기법이다. 위험도 변수들을 광범위하게 평가하며, 다양한 분포형태와 변수 간의 상관관계를 설명할 수 있다. 이는 주어진 분포 형태별로 난수(Random Number)를 발생하여 위험도 발생 변수의 분포를 추정한다. 이 방법은 여타 방법들의 문제점을 해소할 수 있으나, 많은 추정량과 이에 따른 시간 때문에 컴퓨터 등의 관련 기술이 발달되기 이전에는 아이디어를 현실화시키는 한계가 있었다.

Tip 확률밀도함수(PDF)와 누적분포함수(CDF)

- **확률밀도함수(PDF)** : 확률밀도함수(PDF)는 분포를 나타내는 곡선이다. 예를 들어, PDF는 숲속에 있는 나무의 지름에 대한 분포를 설명할 수 있다.
- **누적분포함수(CDF)** : 임의 값 x에 대한 누적분포함수(CDF)는 확률분포함수와 관련된 누적확률을 제공한다. 특히 CDF는 지정하는 값까지 PDF 아래의 누적면적을 계산한다. 예를 들어, CDF를 통해 지름이 10인치 이상인 나무의 비율을 확인 할 수 있다.

Chapter 8 사업타당성평가

선진국 진입의 갈림길에서 선택과 집중이 요구되는 우리나라의 경우, 한정된 자원과 재원의 효율적 활용은 필수적인 중요한 전략으로서 이를 위해 장기적인 관점에서 성장의 원동력이 되는 유망산업의 발굴육성은 다양한 분야에서의 공통적인 관심사가 되고 있다. 더욱이 기술혁신의 가속화와 글로벌화의 진행으로 산업공동화 현상이 나타나고 국가경제의 침체에 따른 성장둔화에 대한 우려가 제기되고 있는 현실에서 향후 국가경제를 주도할 주력산업의 발굴의 중요성은 아무리 강조해도 부족함이 없다고 할 수 있다. 사업타당성평가는 사업의 성공가능성 여부를 확인하는 절차로서 미래의 기업으로 성장할 수 있는 가능성을 체계적인 방법으로 평가하게 되는 것이다. 기업의 성공여부는 철저한 사업성 평가를 통해 예측 가능해지는데 사업성 평가를 통해 얻어지는 기업이 당면한 문제점, 위험요소 및 성장기회에 대한 종합적인 정보는 기업의 투자의사결정 및 경영의사결정에 있어 중요한 판단기준으로 활용될 수 있다.

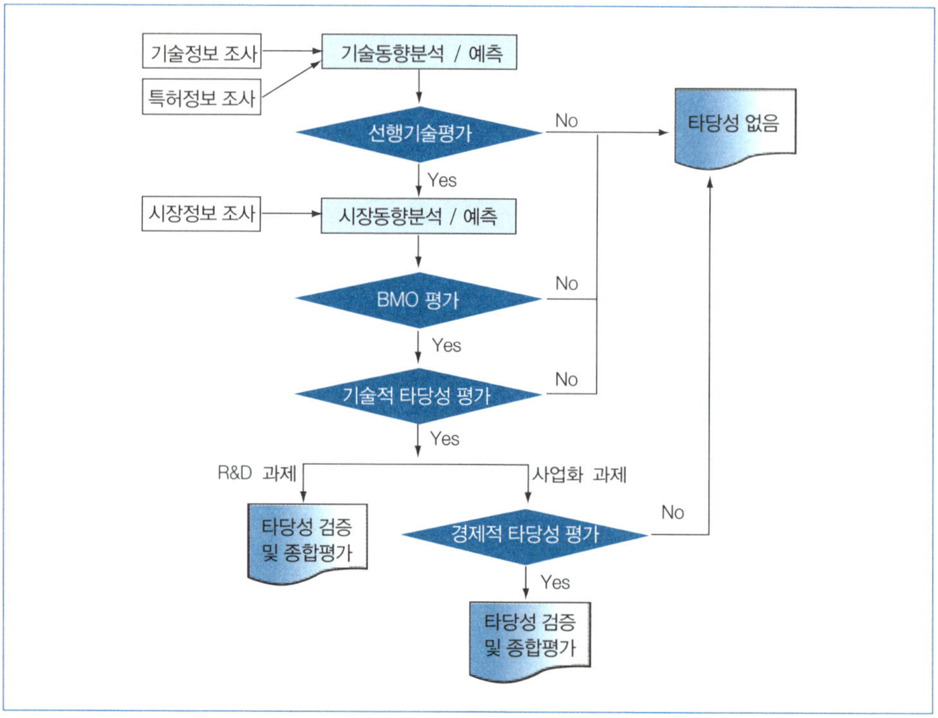

사업성평가 프로세스

01 사업성 평가기법

1. BMO평가법

사업을 성공적으로 달성하기 위해서는 계획된 사업들의 컨셉에 대한 평가를 실시할 필요가 있다. BMO(Bruce Merrifeld-Ohe)평가법이란 신규사업의 아이디어의 대표적인 평가방법으로써 펜실베니아 대학 경영대학원 Bruce Merrifeld 교수가 고안 한 것을 일본의 Takeru Ohe 교수가 일본의 기업환경에 적합하게 조정하여 만든 것으로 두 사람의 머리글자인 Bruce Merrifeld & Ohe의 머리글자를 따서 이름 붙여진 것이다.

BMO 평가법은 신규사업 참여 시 성공확률을 정량적으로 평가하기 위한 기법으로 주로 경영자가 생각해 낸 아이디어에 대한 평가·연구 성과에 대한 정량적인 평가·컨설턴트·은행·납품고객·무역상사 등 외부로부터 들어 온 아이디어 또는 사내 공모 아이디어를 평가하는 경우에 널리 사용되는 한편 신규사업에 대한 선택기준과 기존사업에서의 철수기준을 결정하기 위한 방법으로도 활용되어 오고 있다.

BMO 평가법을 도입하는 경우에는 여러 가지 연구를 통하여 기업 실정에 맞게 평가항목의 일부를 변경하거나 또는 평가항목의 비중을 달리하거나 평가항목을 추가 하는 등의 방법을 통하여 기업의 실정에 적합하게 기준의 일부를 변경하여 활용할 수도 있다.

■ 평가단계

BMO 평가방법은 후보사업을 3단계로 나누어서 평가한다. 제1단계에서는 후보사업이 어느 정도 매력적인 사업인가를 평가한다. 일단 매력적인 사업이라고 판단되면 제2단계로 그 매력적인 사업이 기업의 실정에 적합하다고 판명되면 제3단계로 어느 정도 성공확률이 있는가를 평가한다. 과거의 사업평가로부터 사업의 성공률과 BMO 평가법의 평가결과와의 상관성은 X축을 성공도, Y축을 사업도(매력도+적합도)로 한 성공곡선을 통하여 경험적으로 산출할 수가 있다.

이 성공률이 기업의 기준에 만족한다면 그 사업에 참여할 필요가 있다고 평가할 수 있다. 많은 기업이 이용하고 있는 신규사업 평가방법을 조사해 보면 매력도만을 기준으로 평가하는 경향이 있다. 단순히 시장의 크기와 시장의 성장률만으로 사업을 평가

하며 그 사업이 자사분석 결과 적합한지에 관해서는 대부분 무시하는 경향이 없지 않다. 동업종의 경쟁자가 참여함으로 자사도 참여할 수밖에 없다는 결정은 매우 위험한 결정이며, 대부분의 경우 매력도와 적합도가 혼재되어 있는 경우가 많다. 그러나 보통 사업의 매력도와 적합도는 별개 사항이다. BMO 평가법은 평가항목을 회사의 내·외부적인 요인으로 분리하고 사업을 매력도와 자사의 적합도로 구분하여 정량적으로 평가한다.

[BMO 평가법의 평가지표]

매 력 도		적 합 도	
시장규모(매출, 이익가능성)	10	자금력	10
성장성	10	마케팅력	10
경쟁력	10	제조력	10
리스크분산도	10	기술력	10
사업 재구축 가능성	10	원자재 확보 능력	10
사회적 우위성	10	경영 지원	10
소계	(60)	소계	(60)

매력도 매력도는 사업의 아이디어가 사업으로서 어느 정도 매력이 있는가를 평가하는 것으로 기술 및 아이디어의 사업화 가능성의 조건을 발취하고 단순히 성장성과 시장규모뿐만 아니라 경쟁의 정도와 이익가능성 등을 반영하여야 한다. 매력도의 평가요소로는 매출·이익가능성, 시장의 성장성, 경쟁력, 리스크 분산, 업계 재구축 가능성, 특별한 사회적 돌발상황 등으로 이 6가지를 각각 10점 만점으로 평가한다. 매력이 있는 사업이라면 최소 목표를 35점 이상으로 하고 사업의 형태가 변경되면 당연히 매력도 평가도 변화한다.

그 중에서 매출과 이익성장률 지표의 평가는 시장선택에 관한 사항으로 참여시장에 대한 검토가 필요하며 현재 시장에 대한 평가가 아니고 사업 참여 후에 예상되는 시장규모를 평가하고 투자수익률 계산은 현시점에서 평가가 어려움으로 무리한 계산은 불필요하다.

[매력도 평가 가이드라인]

항 목		기 준	점 수
시장규모 (10점)	시장참여 5년 후의 시장규모추정 (5점)	- 1조원 이상 : 5점 - 5천억원 이상 : 4점 - 1천억원 이상 : 3점 - 1백억원 이상 : 2점 - 1백억원 이하 : 1점	
	투자효율 ROI (5점)	- 20% 이상 : 5점 - 15% 이상 : 4점 - 10% 이상 : 3점 - 5% 이상 : 2점 - 1% 이상 : 1점	
성장성 (10점)	시장성장가능성 (10점)	사업참여 후 5년간의 연평균 시장성장률(%) - 20% 이상 : 10점 - 14% 이상 : 7점 - 10% 이상 : 5점	
경쟁력 (10점)	선발회사와의 대응력정도(4점)	선발회사의 독점시장 : 0점	
	Product Life Cycle(3점)	5년 이상 : 3점	
	특허·상표 방어가능 여부(3점)	- 강력한 특허 보유 : 3점 - 지적재산권 없음 : 0점	
리스크분산 (10점)	Segment에 따른 리스크분산(10점)	시장세분화 종류 - 5종 이상 : 10점 - 3종 이상 : 6점 - 1종류 : 0점	
업계재구축 (10점)	업계에 미치는 임팩트 (10점)	- 업계재편 유발가능 : 10점 - 양분화 가능 : 5점	
사회적우위성 (10점)	정치적 공정거래, 사회환경 상의 문제 (10점)	- 문제없음 : 10점 - 문제가 있는 경우 : 5점에서 감점	
합 계			

적합도 적합도는 자금력·판매력·제조운영 능력·기술서비스 기획력·원자재 확보능력·경영지원 등 6가지 지표가 이용되고 그 사업에 대한 기업의 경험과 능력에 관한 적합성을 평가한다. 각각 10점 만점으로 매력도와 적합도의 합계를 사업도로서 120점 만점으로 한다.

자금력 지표에서 필요한 자금이 누구에게서나 조달할 수 있는 자금이라면 그 조달하는 것이 간단하여도 10점이 아닌 5점으로 평가하고, 막대한 자금이 필요하고 극히 소수만이 조달 가능하고 충분히 자체적으로 해결이 가능한 경우에는 10점으로 하며 필요자금규모가 적고 누구라도 조달이 가능한 경우에는 5점으로 한다.

[적합도 평가 가이드라인]

항목		기준	점수
자금력 (10점)	필요자금 규모와 대응 가·부 (10점)	- 막대한 자금이 필요하지만 자체적 대응 가능 : 10점 - 누구에게나 조달 가능 : 5점 - 자체적 자금조달 어려움 : 감점	
마케팅력 (10점)	기존 마케팅력과의 적합성 (10점)	- 조기 사장 확보 가능 : 10점 - 새로운 마케팅 채널 및 인재 육성 필요 : 감점	
제조력 (10점)	설비·인력·기술력과의 적합성 (10점)	- 기존 설비·인력·기술력을 사용하는 경우 : 고 7~10점 중 4~6점 저 0~3점	
기술력 (10점)	기술 및 서비스 기획력과의 적합성 (10점)	- 고객에게 새로운 서비스의 기획 능력 : 고 7~10점 중 4~6점 저 0~3점	
원자재 확보력 (10점)	원자재·부품·상품 정보 수집력 (10점)	- 저렴하고 안전하게 우수한 부품 및 원재료 입수 가능 여부 : 고 7~10점 중 4~6점 저 0~3점	
경영 지원 (10점)	최고경영자의 참여도 (5점)	- 장기적 비전에 의한 인재·자금적인 지원 가능 여부 - 경영자의 사업 자신감 : 고 7~10점 중 4~6점 저 0~3점	
	강력한 사업 추진자의 유·무 (5점)	- 강력한 사업 추진자 존재 : 5점 - 강력하여도 겸직 경우 : 감점	
합계			

마케팅력·제조력·기술력·원자재 확보력 지표는 미래에 대한 평가가 아니고 현재에 대한 평가로서 경영지원지표는 최고경영자의 협력을 얻을 수 있는가에 관한 사항으로서 신규사업 프로젝트가 기업의 비전과 일치하면 점수가 높으며 더욱이 프로젝트를 추진하기 위한 강력한 인재가 필요한 것이다.

한편 사업을 평가하는 경우에는 미래에는 어떻게 될 것인가를 평가하는 것이므로 누구도 미래의 상황에 관하여 알 수는 없다. 따라서 너무 세심한 부분까지 검토하지 않는 것이 바람직하며 여러 가지 전문지식을 구비한 전문가로부터 도움을 받아 합리적인 방법을 도출하기 위한 방법으로 BMO 평가법이 활용되고 있다.

■ 사업 참여기준

BMO평가법을 사용하여 사업계획을 평가하면 실제로 사업에 참여할 필요가 있는가에 관한 판단이 어느 정도는 가능하다. 신규사업이 어느 정도 성공할 것인지, 사업계획에서의 모순과 약점, 기업이 성장하기 위해서 필요한 과제를 명확히 하고 필요한 전략을 수립하기 위한 자료로도 활용할 수가 있다. 일반적으로 신규사업 프로젝트에 관한 조사로부터 매력도가 35점 이상이고 매력도와 적합도를 합친 사업도의 점수가 80점 이상이면 프로젝트의 성공확률은 80% 정도로 사업의 성공가능성이 크며 70점 미만이면 성공가능성이 낮다고 할 수 있다.

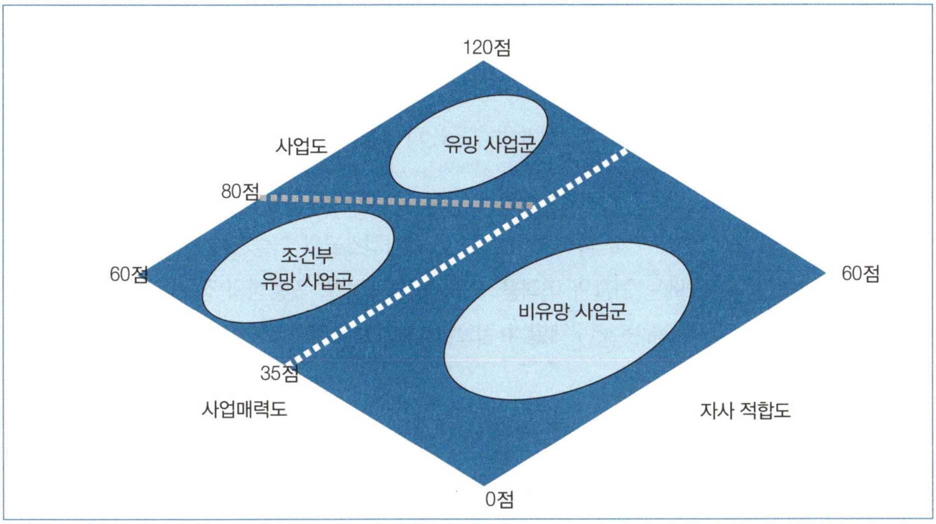

BMO의 평가 Map

2. 기술전략분석법(STAR법)

기술전략분석법(Strategic Technology Assessment Review Program)은 기업이익에 기여할 수 있는 개발테마의 선택과 효율적인 개발투자를 위한 연구개발과 사업전략을 효율적으로 관리하여 연구개발 활동의 효율을 높이기 위한 프로그램이다. 기술전략분석법은 개발 프로젝트에 대한 효과를 무리하게 수치와 금액으로 나타내는 대신 수입·원가·리스크 등에 영향을 미치는 여러 가지 요소들을 검토하여 개발 프로젝트의 성격과 특징을 이해하는 한편 어떠한 성격과 특징을 가지고 있는 개발 프로젝트인가를 파악하여 기업의 이익에 직접 공헌할 수 있는 프로젝트인가를 평가하는 기법이다.

STAR법의 평가요소는 리스크 분야 2요소와 사업특성 4요소 등 총 21종류의 평가항목으로 구성되어 있으며 이들 6가지 요소가 균형 있게 높은 평가를 얻는 것이 유망한 개발 테마의 전제조건이다.

■ 리스크요소

프로젝트화 평가항목인 리스크 요소는 다음과 같다.

- 외적인 불확실성 : 시장불확실성으로 시장 및 경쟁에 관한 정보 분석
- 내적인 불확실성 : 기술 불확실성으로 연구개발리스크와 기술개발 리스크로 구분되며 연구개발 리스크에는 기술의 어려움, 조직 내부의 반발 가능성의 정도 등이 이에 속하며 기술개발 리스크에는 연구개발비·필요인재·코아 콤피던스 등이 이에 속한다.

■ 사업특성요소

상품화 평가항목인 사업특성 요소는 다음과 같다.

- 예상되는 수입규모 : 수요의 크기, 진입장벽, 채용속도 등
- 수입 지속성 : 대체품 출현, 경쟁에 의한 모방가능성, 표준화 가능성 등
- 제품화 원가 : 기존 생산시설 및 판매규칙의 활용 가능성

■ 상품화원가

기술전략분석법에서의 사업특성 요소는 미래의 시장규모 및 매출을 무리하게 금액으로 환산하는 것이 아니다. 개발하려고 하는 기술로부터 탄생되는 제품이 집중화된 시장

을 구성하는지, 제품의 용도, 고객층과 고객의 구매빈도, 수요예측 등의 관점에서 제품의 특성을 판단할 수 있으며, 특정사업이 파악되면 사업의 잠재성도 알 수 있다. 즉 시장규모를 포함하여 개발능력의 우수성 여부, 시장지배력 등에 대한 예측이 가능하고 시장점유율이 증가하는 경향을 예상할 수 있다. 또한 전체 원가 및 소요경비에 대해서는 정확히 알지는 못하여도 원재료 조달 여부, 개발기술의 중요성 등에 관한 개발 프로젝트 성격을 알 수 있다. 한편, 리스크 요소에 관해서도 개발 프로젝트가 가지고 있는 리스크 및 불확실성 요소들을 이해할 수 있다.

[외적 불확실성 평가]

번 호	평 가 항 목	평 가 점 수						
		1	2	3	4	5	6	7
1	참여하고자 하는 시장의 총 수요는		●					
2	장래의 매출 규모는			●				
3	협력업체로부터 지원정도			●				
4	매출의 커다란 변동폭은				●			
5	장기적인 법적 책임문제의 정도는		●					
6	제품가격 수준 정도는					●		
7	인·허가에 필요한 기간은						●	
8	시장에서 상품을 인정 받기까지의 기간은							
9	상품을 시장에 런칭하기까지의 투자비용은			●				
10	서비스 체제구축에 소요되는 투자액은					●		
11	디자인 변경의 빈도는				●			
12	경쟁기업에 대한 기업체 인지 정도는	●						
13	경쟁업체의 저항력의 강도는			●				
14	고객이 요구하는 상품의 조합성은						●	
15	경쟁상품을 개발 중에 있는 업체 수는			●				
16	신제품이 나올 때까지 고객의 기대심리에 대하여							●
17	표준규격이 준비 되었는가		●					
18	업계의 규격설정 시작까지의 소요시간은					●		
19	행정기관의 규격설정 완료 시까지의 시간은				●			
20	협력업체의 규격결정 전 투자 가능성은						●	

외적인 불확실성은 제품수요의 정확한 파악 정도, 법적책임의 인식정도, 시장에서 받아들이는 시간에 대한 판단의 정확도, 등에 관한 질문으로부터 개발 제품의 불확실성이

어느 정도로 높은가 낮은가를 파악할 수 있다. 그러나 내적인 기술적 불확실성은 개발완료 시점, 개발총비용 규모, 개발인력의 채용 등과 같은 프로젝트가 내포하고 있는 리스크 정도를 사전에 파악할 수 있다. 실제로 자체적으로 개발할 수 있는가에 관한 내적 요인에 관한 불확실성과 함께 시장규모와 경쟁제품 등 외적 불확실성의 정도에 따라 개발테마에 어떠한 개발전략이 필요한 것인가에 대한 가이드라인을 제시한다.

특히 STAR기법의 특징은 기술전문가가 아닌 경영자 층에서도 기술에 대한 가치를 이해하고 연구개발의 시비를 판단할 수 있는 정량적인 평가방법이다.

[내적 불확실성 평가]

번 호	평 가 항 목	평 가 점 수						
		1	2	3	4	5	6	7
1	개발완료 시기에 대하여			●				
2	개발 프로젝트의 개발비는				●			
3	필요한 인프라의 구축에 대하여		●					
4	개발에 필요한 총 소요비용은				●			
5	필요한 기술 입수 가능성은			●				
6	필요한 시스템의 원가에 대하여						●	
7	필요 기술의 종류에 대하여					●		
8	인재확보에 관하여				●			
9	필요한 설비 및 기기류의 종류에 대하여			●				
10	필요한 설비 및 기기류의 입수 가능성은				●			
11	필요한 설비 및 기기류의 원가에 대하여				●			
12	필요한 원자재의 종류는		●					
13	필요 원자재 조달 가능성은	●						
14	예측되는 기술적 장애를 극복하기 위한 능력은					●		
15	시장에서 요구되는 품질 수준은							●
16	시장에서 요구되는 서비스 수준은			●				
17	필요한 생산 능력은					●		
18	필요한 인력확보 가능성은		●					
19	프로젝트를 실패하는 경우 원인규명 방법에 대하여			●				
20	상품화에 필요한 기술은					●		
21	전문연구팀 구성 가능성에 대하여						●	
22	개발기간 단축에 대하여				●			
23	프로젝트 성공을 위한 필요한 문제해결책은			●				

개발방침의 결정

불확실성의 포트폴리오에 현재 추진 중인 여러 종류의 개발 프로젝트를 기입하여 보면 그 포트폴리오가 과연 기업의 성장전략과 일치하고 있는지를 평가할 수 있다.

개발테마의 선택방법

기업의 경영자원은 한계가 있으므로 연구개발 프로젝트를 평가하여 그 중에서 필요한 프로젝트를 선택해야 하며 이와 같은 경우에 STAR기법이 이용된다.

경쟁환경의 분석 먼저 개발 프로젝트를 선택 대상으로 할 것인지 여부를 검토해야 하며 그러기 위해서 경쟁 환경상황을 분석한다. 이 분석 중에서 진입이 불가능하거나 이익이 착취당할 우려가 있는 프로젝트에 관하여는 대응전략이 마련될 때까지 기다리거나 프로젝트 자체를 단념할 필요가 있다.

수요와 모방 다음으로 경쟁 환경을 검토한 결과 채택된 프로젝트에 대해서는 수요와 모방에 관한 평가를 한다. 이상적인 프로젝트는 수요가 크고 모방되지 않는 프로젝트이지만 그와 같은 프로젝트는 존재하지 않는다. 따라서 수요가 크다고 파악되면 어느 정도 모방되어도 개발에 참여하는 의미도 있을 수 있다. 그러나 수요가 적으면 참가하는 의미가 없다.

수요와 원가 다음으로 수요와 모방 검토과정에서 채택된 프로젝트를 대상으로 수요와 원가의 특징을 나타내는 평가를 한다. 이 단계에서는 수요가 많으며 원가 경쟁력을 구비하고 있는 프로젝트를 모방당할 우려가 적은 사업이며 사업가능성이 높은 프로젝트로 보고 선정 평가한다.

내적 불확실성과 외적 불확실성 마지막으로 지금까지 검토된 개발 프로젝트를 실제 개발 프로젝트로 선정할 것인지를 검토한다. 외적인 불확실성이 높다는 것은 시장이 아직 형성되어 있지 않으며 경쟁상대가 누구인지, 고객이 어느 정도의 가격을 지불할 것인지, 시장규모가 발전할 것인가를 확실히 알지 못하는 상황이다.

이와 같은 상황에서는 개발 프로젝트를 추진하는 것보다 좀 더 시장을 관망하여 본 다음에 개발 프로젝트를 추진하는 것이 바람직할지도 모른다. 한편, 내적인 불확실성이 높다는 것은 프로젝트의 진행을 늦추는 것이 좋다.

02 미래 유망산업의 사업성평가

유망산업에 대한 선택의 단계로서 SRI의 차세대 성장산업 스크리닝 프로세스와 BMO평가 방법이 있다. 이는 유망산업평가 시에 고려되는 요인을 정하고 그 평가방법을 체계화 하는데 의의가 있다. BMO평가기법에 대해서는 이미 앞에서 설명하였으므로 여기에서는 SRI을 통해서 미래 유망산업의 유망성을 평가하는 요인들을 체적으로 세분화하고 각 요인별 특성들을 정리하여 보기로 한다.

SRI는 차세대 성장산업과 제품들을 선정하기 위한 7단계의 프로세스를 제시한다. 각 단계마다 평가기준에 의한 테스트나 필요조건과 영향력에 대한 평가를 통해 논리적인 결론을 도출한다. 뿐만 아니라 SRI는 기업의 외적요인과 내적요인으로 구분하여 평가하고 있다. 기업 외부적 요인들을 다루고 있는 외적요인은 5단계로 구성이 되고, 내부적인 기업역량과 경쟁력을 다루고 있는 내적요인은 2단계로 구성된다.

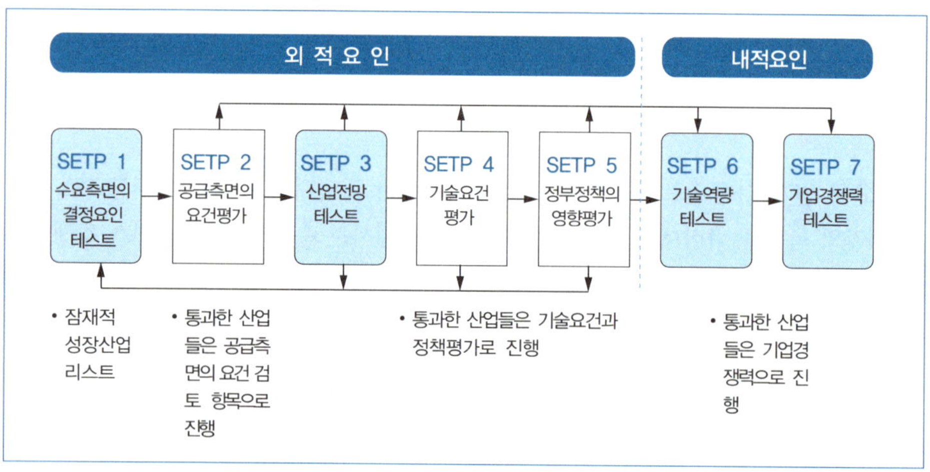

STI의 차세대 성장산업 도출 프로세스

1. 외적요인 평가

단 계	평가대상 요인
제1단계	수요측면의 결정요인 테스트
제2단계	공급측면의 요건 평가
제3단계	산업전망 테스트
제4단계	기술요건 평가
제5단계	정부정책의 영향 평가

■ 수요측면의 요건테스트

첫번째 단계는 기본적으로 소비자와 시장추세라는 관점에서 특정산업의 제품에 대해 지속적인 성장이 가능할 만한 큰 시장과 수요가 있는 지를 판단하기 위한 테스트이며, 다음에 제시한 요소들을 포함한 "수요 측면의 동인들"은 21세기 초의 직업 및 개인생활에 필수적인 제품형태들을 도출하는 데 도움을 줄 것이다.

- 잠재시장규모
- 소비자 기호, 가치관, 생활양식 요소들(예 : 건강중심의 생활양식·편리성·속도)
- 관련 소비계층(예 : 고령화·베이비붐 시장)
- 표적집단의 실질적인 구매력
- 현재의 또는 예상되는 소비패턴
- 기타 장기적 추세(환경보호 추세 등)
- 신기술로 창출되는 수요
- 시장변화 또는 특수환경

수요측면의 요건 테스트는 소비재산업과 자본재산업의 두가지 측면으로 나누어서 결정요인들을 정한다.

본 단계에서는 각 산업의 소비재산업에 있어서 외적 수요측면의 변인들에 따라 점수를 산정한다.

[소비재 산업에 대한 수요측면의 결정요인]

<table>
<tr><th colspan="12">A 테스트</th></tr>
<tr><th colspan="12">소비재산업에 대한 21세기의 수요 측면의 결정요인들</th></tr>
<tr><th>총계</th><th rowspan="2">시장
규모</th><th colspan="4">가치</th><th colspan="4">생활양식</th><th colspan="2">대상소비계층</th></tr>
<tr><th>산업</th><th>환경친화형
제품</th><th>건강</th><th>효율</th><th>학습</th><th>편리성
스피드</th><th>옵션</th><th>자극</th><th>레저·
오락</th><th>고령화</th><th>베이비
붐세대</th></tr>
<tr><td></td><td></td><td></td><td></td><td></td><td></td><td></td><td></td><td></td><td></td><td></td><td></td></tr>
</table>

시장규모(Market Size)

- 3점 : 전세계 시장이 500억 달러 이상일 때
- 2점 : 전세계 시장이 250억 달러~500억 달러일 때
- 1점 : 전세계 시장이 30억 달러~250억 달러일 때
- 0점 : 전세계 시장이 30억 달러 이하일 때

가치(Value)

- 환경친화적 제품
  - 3점 : 환경보호 제품에 대한 소비자 요구에 상당한 긍정적 영향
  - 2점 : 환경보호 제품에 대한 소비자 요구에 어느 정도의 긍정적 영향
  - 1점 : 환경보호 제품에 대한 소비자 요구에 별 영향이 없을 때
  - 0점 : 환경에 부정적 영향을 미치는 제품
- 건강(Health)
  - 3점 : 건강 제품에 대한 소비자 요구에 상당한 긍정적 영향
  - 2점 : 건강 제품에 대한 소비자 요구에 어느 정도의 긍정적 영향
  - 1점 : 건강 제품에 대한 소비자 요구에 영향이 없을 때
  - 0점 : 소비자 건강에 부정적 영향을 끼치는 제품
- 완전성 / 효율성(Perfection / Efficiency)
  - 3점 : 완전성 / 효능성에 대한 소비자 요구에 상당한 긍정적 영향
  - 2점 : 완전성 / 효능성에 대한 소비자 요구에 어느 정도의 긍정적 영향
  - 1점 : 완전성 / 효능성에 대한 소비자 요구에 별 영향이 없을 때
  - 0점 : 완전성·효능성에 대한 소비자 인식에 부정적 영향을 미치는 제품
- 학습 / 교육(Learning / Education)

- 2점 : 학습 / 교육에 대한 소비자 요구에 상당한 긍정적 영향
- 1점 : 학습 / 교육에 대한 소비자 요구에 어느 정도의 긍정적 영향
- 0점 : 교육에 대한 소비자 요구에 별 영향이 없을 때

생활양식(Lifestyle)

- 편리성(Convenienec)
  - 3점 : 편리성에 대한 소비자 요구에 상당한 긍정적 영향
  - 2점 : 편리성에 대한 소비자 요구에 어느 정도의 긍정적 영향
  - 1점 : 편리성에 대한 소비자 요구에 별 영향이 없을 때
  - 0점 : 소비자의 편리성 인식에 부정적 영향을 끼치는 제품
- 속도(Speed)
  - 3점 : 시간 절약에 대한 소비자 요구에 상당한 긍정적 영향
  - 2점 : 시간 절약에 대한 소비자 요구에 어느 정도의 긍정적 영향
  - 1점 : 시간 절약에 대한 소비자 요구에 별 영향이 없을 때
  - 0점 : 소비자의 시간 절약 요구에 부정적 영향을 미치는 제품
- 선택권 제공(Choices)
  - 2점 : 선택권 제공에 대한 소비자 요구에 상당한 긍정적 영향
  - 1점 : 선택권 제공에 대한 소비자 요구에 어느 정도의 긍정적 영향
  - 0점 : 선택권 제공에 대한 소비자 요구에 아무런 영향이 없을 때
- 자극(Stimulation)
  - 2점 : 자극에 대한 소비자 요구에 상당한 긍정적 영향
  - 1점 : 자극에 대한 소비자 요구에 어느 정도의 긍정적 영향
  - 0점 : 자극에 대한 소비자 요구에 아무런 영향이 없을 때
- 레저 / 레크리에이션(Leisure / Recreation)
  - 2점 : 레저 / 레크리에이션에 대한 소비자 요구에 상당한 긍정적 영향
  - 1점 : 레저 / 레크리에이션에 대한 소비자 요구에 어느 정도의 긍정적 영향
  - 0점 : 레저 / 레크리에이션에 대한 소비자 요구에 아무런 영향이 없을 때

인구통계(Demographics)

- 고령화(Aging)
  - 2점 : 고령 인구층의 요구에 상당한 긍정적 영향
  - 1점 : 고령 인구층의 요구에 어느 정도의 긍정적 영향

- 0점 : 고령 인구층의 요구에 부응하지 못함

- 베이비붐(Baby Boom)
  - 2점 : 베이비붐 세대의 요구에 상당한 긍정적 영향
  - 1점 : 베이비붐 세대의 요구에 어느 정도의 긍정적 영향
  - 0점 : 베이비붐 세대의 요구에 부응하지 못함

위의 단계에 따라서 소비재 산업에 대한 수요측면의 변인들을 테스트 하고 아래 표에 나타낸 바와 같이 자본재 산업에 대한 수요측면의 변인들에 따라 점수를 산정한다.

[자본재 산업에 대한 수요측면의 결정요인]

B 테스트								
자본재산업에 대한 21세기의 수요 측면의 결정요인들								
총계	시장 규모	본제품을 사는 기업의 혜택			성장산업에의 연계성	소비재산업에 인풋제공	필수서비스 인프라	친환경성
산업		원가절감	정보지식	효율성				

시장규모(Market Size)

- 3점 : 전 세계 시장이 500억 달러 이상일 때
- 2점 : 전 세계 시장이 250억 달러~500억 달러일 때
- 1점 : 전 세계 시장이 30억 달러~250억 달러일 때
- 0점 : 전 세계 시장이 30억 달러 이하일 때

제품을 사는 기업에 주는 이익

- 원가절감(Cost Reduction)
  - 3점 : 원가절감에 대한 기업의 요구에 상당한 긍정적 영향
  - 2점 : 원가절감에 대한 기업의 요구에 어느 정도의 긍정적 영향
  - 1점 : 원가절감에 대한 기업의 요구에 별영향이 없을 때
  - 0점 : 원가에 부정적 영향으로 원가를 증가시킴
- 정보 / 지식(Information / Knowledge)
  - 2점 : 보다 많은 정보를 얻으려는 기업요구에 상당한 긍정적 영향
  - 1점 : 보다 많은 정보흫 얻으려는 기업요구에 어느 정도의 긍정적 영향
  - 0점 : 보다 많은 정보를 얻으려는 기업요구에 아무런 영향이 없음

- 효율성(Efficiency)
  - 3점 : 보다 큰 효능성에 대한 기업요구에 상당한 긍정적 영향
  - 2점 : 보다 큰 효능성에 대한 기업요구에 어느 정도의 긍정적 영향
  - 1점 : 보다 큰 효능성에 대한 기업요구에 아무 영향이 없음
  - 0점 : 사업의 효능성에 부정적 영향을 끼치는 경우

성장산업에의 연계성

- 2점 : 성장산업과의 상당히 긍정적인 연계성
- 1점 : 성장산업과의 어느 정도 긍정적인 연계성
- 0점 : 성장산업과의 아무런 긍정적 연계가 없음

소비재산업에 대한 인풋 제공

- 2점 : 소비재산업에 상당한 인풋을 줌
- 1점 : 소비재산업에 어느 정도 인풋을 줌
- 0점 : 소비재산업에 아무런 인풋이 없음

기초 필수적 서비스 / 인프라

- 2점 : 산업 / 제품이 필수적인 기초 서비스나 인프라를 제공해 줌
- 0점 : 산업 / 제품이 필수적인 기초 서비스나 인프라를 제공해 주지 못함

환경친화성

- 3점 : 환경친화형 제품에 대한 기업요구에 상당한 긍정적 영향
- 2점 : 환경친화형 제품에 대한 기업요구에 어느 정도의 긍정적 영향
- 1점 : 환경친화형 제품에 대한 기업요구에 아무 영향이 없음.
- 0점 : 환경에 부정적 영향을 끼치는 제품의 경우

■ 공급측면의 요건 테스트

제2단계인 이 평가는 업계에 새로 진입하려는 기업은 물론 해당산업에 대한 공급측면의 요건들을 검토하며, 이 평가에서는 아래에 서술한 것과 같은 투입요소들은 물론, 기타 공급능력에 영향을 미칠 수 있는 주요 변인에 초점을 맞춘다.

- 천연자원 요건, 확보 가능성

- 자본투자 요건
- 생산 노동기술 요건
- 기술 요건(4단계에서 다시 분석)
- 규모의 경제(Economies Of Scale) 요건
- 시장·유통망 요건
- 물류 요건
- 제품원가의 경쟁력
- 애프터서비스 요건
- 신기술로 창출된 생산 효율성
- 전 세계적·지역적·국가적 시장 접근성

1단계의 테스트를 마치면 다음으로 산업들은 각 요건들이 실행 가능한지 확인하기 위한 공급측면의 체크리스트를 제공한다.

[공급 측면의 산업평가]

21세기의 공급측면의 산업							
산업	진입장벽		천년자원 요건	마케팅 유통요건	자본투하 요건	노동기술 니즈	애프터 세일즈니즈
	규제	기술					
	V	V	Yes	V	$$	V	V

진입장벽(Barriers To Entry) 해당 산업 내에 제품의 생산과 마케팅에 관련된 제반 진입장벽의 유형을 검토한다. 진입에 대한 장벽은 그 업계에 들어서려는 기업에게 처음에는 불리하게 작용하지만, 일단 기업이 그 장벽을 건너게 되면 유리하게 작용한다.

- 규제(Regulatory) : 해당 산업 / 제품의 제조와 마케팅에 대해 중요한 규제장벽이 있는지를 검토한다.
- 기술(Technology) : 해당 산업 / 제품에 필요한 기술의 구매, 사용허가 취득 또는 개발에 관해서 중요한 규제 장벽이 있는가를 검토한다.

천연자원과 관련한 요건 해당 산업 / 제품의 천연자원이나 특수한 인풋에 대한 니즈를 평가해 보고, 해당 산업의 생산지가 천연자원이나 특수한 인풋을 확보하기에 편리한가를 파악한다.

마케팅 / 유통 요건 해당 산업 / 제품의 마케팅과 유통 요건들을 평가한다.

자본(Capital) 해당 산업에서의 조업개시와 운영을 위해 필요한 자본을 검토하고, 필요한 자본이 터무니없이 엄청난 것은 아닌지 파악한다.

노동기술 니즈(Labor Skill Needs) 해당 산업 / 제품에 필요한 노동기술을 평가한다. 현재의 노동력을 가지고 해당 산업 / 제품의 기술적 필요조건을 충족시킬 수 있을 지 파악한다.

애프터세일즈 니즈(After Sales Needs) 해당 산업 / 제품에 대한 애프터세일즈 요건을 파악한다.

산업전망 테스트

앞의 두 단계를 통과한 산업들은 추세분석, 전망평가, 라이프사이클 측정 등을 포함한 일련의 산업평가들을 거치게 된다. 3단계의 목적은 21세기에 산업이 생존 가능할 것인가, 발전할 것인가, 또는 쇠퇴할 것인가를 판단하기 위해서이다.

이를 위한 첫번째 과제는 특정산업에서의 향후 성장전망에 대한 결정요인들을 얻기 위해 그 산업의 현재 추세를 검토하는 일이다. 다음에 제시된 수량적 지표들은 고객요건·기술 추세·산업간 경쟁·R&D 활동 등과 같은 질적 평가에 의해 보완될 수도 있다.

- 생산액과 매출액 성장
- 자산 / 자본 / 매출 수익률
- 수익성 수준 및 추세
- 해당산업의 주가 추세
- 장기적 투자수준
- 국제 무역 성장

두번째 과제는 해당 산업이 라이프 사이클상 어디에 위치해 있는지 판단하는 일이다. 산업 / 제품 발전의 단계를 알면 미래 성장전망을 도출하는데 도움이 된다.

[산업전망 테스트]

<table>
<tr><th colspan="10">B 테스트</th></tr>
<tr><th colspan="10">21세기의 산업전망 테스트</th></tr>
<tr><th>점수</th><th colspan="4">추세분석</th><th colspan="2">전망</th><th colspan="3">라이프 싸이클상 단계</th></tr>
<tr><th>산업</th><th>매출액 성장</th><th>수익성장</th><th>자본 이익률</th><th>자산 이익률</th><th>가격추세</th><th>신제품 전망</th><th>고 성장기</th><th>안정기</th><th>쇠퇴기</th></tr>
<tr><td></td><td></td><td></td><td></td><td></td><td></td><td></td><td></td><td></td><td></td></tr>
</table>

추세분석(Trend Analysis)

- 매출액 성장
  - 3점 : 매출액 성장률이 연간 15% 이상일 때
  - 2점 : 매출액 성장률이 연간 10%~15%일 때
  - 1점 : 매출액 성장률이 연간 5%~10%일 때
  - 0점 : 매출액 성장률이 연간 5% 이하일 때
- 이익 성장
  - 3점 : 이익 성장률이 연간 15% 이상일 때
  - 2점 : 이익 성장률이 연간 10%~150%일 때
  - 1점 : 이익 성장률이 연간 5%~10%일 때
  - 0점 : 이익 성장률이 연간 5% 이하일 때
- 자본이익률
  - 3점 : 자본이익률이 연간 15% 이상일 때
  - 2점 : 자본이익률이 연간 10%~15%일 때
  - 1점 : 자본이익률이 연간 5%~10%일 때
  - 0점 : 자본이익률이 연간 5% 이하일 때
- 자산이익률(Return On Assets)
  - 3점 : 자산이익률이 연간 15% 이상일 때
  - 2점 : 자산이익률이 연간 10%~15%일 때
  - 1점 : 자산이익률이 연간 5%~10%일 때
  - 0점 : 자산이익률이 연간 5% 이하일 때

전망(Prospects)

- 가격추세
  - 3점 : 예상가격 상승률이 연간 10% 이상일 때
  - 2점 : 예상가격 상승률이 연간 5%~10%일 때
  - 1점 : 예상가격 상승률이 연간 0%~5%일 때
  - 0점 : 가격하락이 예상될 때
- 신제품 전망(Prospects For New Products)
  - 2점 : 신제품이 상당히 많이 등장할 것으로 전망될 때
  - 1점 : 신제품이 어느 정도 등장할 것으로 전망될 때
  - 0점 : 신제품이 거의 등장하지 않을 것으로 전망될 때

산업의 라이프사이클(Industry Growth Cycle)

- 2점 : 고성장 또는 상승기
- 1점 : 안정기
- 0점 : 쇠퇴기

■ 기술요건 평가

제4단계인 기술요건 평가에 있어서 SRI의 견해는 전부가 아니라 하더라도 대부분의 산업들의 전망이 직접적, 필수적으로 기술의 추세와 발전에 연계되어 있다고 보며, 실제로 기술적 혁신이 많은 전통산업들을 재편하기도 하고 성장산업들을 주도한다. 이에 따라서 본 평가도 해당 산업에 성공적으로 진입하고 경영하는데 필요한 핵심기술요건을 도출하는데 초점을 맞추고 있다.

- 요구되는 기술의 절대적인 확보성
- 필요한 기술에의 접근성(사용허가, 합작투자, 기술협정 등)
- 기술취득 비용
- 중핵기술 기반에 대한 요건
- 기술변화속도(즉 따라잡아야 할 수준)

산업들에 대해 필요한 기술이 실행가능한 지를 확인하기 위해 다음 표와 같은 체크리스트를 이용하여 평가한다.

[기술상의 필요조건 체크리스트]

21세기를 위한 기술상의 필요조건 체크리스트							
산업	기술 확보 가능성	필요한 기술의 확보			M&A 또는 업그레이드 비용	지적재산권 여건평가	기술의 변화속도
		기업내부 능력	라이센스	합작투자			
	V		V		$$	V	High

절대적인 기술확보성(Absolute Availability Of Technology) 이 산업 또는 제품에 필요한 기술을 누가 갖고 있는지 파악한다.

필요한 기술의 확보성(Access To Needed Technology)

- 기업 내부역량 : 해당산업에서 필요한 기술을 창출할 R&D 능력을 현재 갖고 있는 지, 그렇지 않다면 연구능력 수준의 개량을 통해서 기술을 창출할 수 있는 지를 평가한다.
- 라이센스 : 기술의 사용허가협정이 요구되는지, 만일 그러하다면 어떤 조건 하에서인가를 파악한다.
- 합작투자 : 기술 취득 / 개발을 위해 합작투자가 요구되는지, 만일 그렇다면 어떤 조건 하에서인가를 파악한다.

기술인수 혹은 업그레이드에 드는 비용 기술을 인수하거나 기존 R&D 능력을 업그레이드하는 데 소요되는 비용을 산정한다.

지적재산권 보호 평가 개발 중인 제품 및 프로세스에 대한 지적재산권 비용, 전략 및 관련 사항들을 검토한다.

기술변화의 속도 해당 산업 / 제품에 대한 기술변화속도와 그 산업 / 제품에서의 첨단기술 수준을 유지하기 위해 필요한 비용과 노력을 평가한다.

■ 정책영향 평가

제5단계는 정책영향 평가이다. 경제 및 산업정책들은 산업전망에 막대한 영향을 미친다. 예를 들어 미국에서의 규제철폐정책은 항공, 정보통신, 금융산업을 근본적으로 바꾸어 놓았다. 환경보호관련 규제는 제품과 제조 프로세스 양쪽에 영향을 미쳤으며, 전 세계적으로 특정 산업들(예 : 방위, 우주항공)은 막대한 정부보조를 받아 왔다. 따라서 21세기의 새로운 산업기회를 고찰하려면 최소한 다음에 등장하는 유형의 정책들이

갖는 성질과 영향력에 대한 기본적인 연구가 필요하다.

- 글로벌시장 및 주요 시장의 무역정책(그리고 그 정책의 실행)
- 규제정책
- 독점금지 및 대외 투자정책
- 환경정책 및 관련요건
- R&D정책과 프로그램
- 정부보조 및 세계
- 지적재산권 정책추세
- 민영화 추세(예 : 공공사업에 미치는 영향)

다음으로 모든 산업들에 대한 정부정책의 영향에 대해 다음 표에 나타낸 체크리스트를 이용하여 평가하고 각 산업에 유리하게 작용하는지 확인한다.

[정책의 영향에 관한 체크리스트]

21세기의 산업전망 테스트									
산업	무역정책영향			인센티브&세제		규제평가		독과점 정책	환경규제 영향
	세계	지역	국가	인센티브	세제	생산(국내)	해외규제		
	V		V	$$	$$	V	V	V	V

무역정책 영향

- 전세계(Global) : 세계시장의 무역정책(WTO)이 해당 산업 / 제품의 수출과 수입에 대해서 끼치는 영향을 평가한다.
- 지역(Regional) : 각 지역 무역협정(예 : NAFTA, EU, 기타)이 해당 산업 / 제품의 수출 및 수입에 대해 끼치는 영향을 파악한다.
- 국가(National) : 최종 수요 국가 내에서 해당 산업 / 제품을 생산하는데 발생할 수 있는 무역 정책의 영향을 평가한다.

정부 인센티브 및 세제

- 인센티브(Incentives) : 각 생산가능 지역마다 생산 상의 인센티브가 어떠한가를 파악하고 중요하다면 현재 고려 중인 제품에 대한 정부지출과 보조금정책을 평가한다.
- 세제(Texation) : 다양한 시나리오를 가지고 투자·R&D·운영·수익·배당 등에 대한 주요 과세정책의 영향을 평가한다.

규제 평가(Regulatory Assessment) 현재 고려중인 산업 / 제품에 있어서 생산과 마케팅에 대한 주요 규제정책의 영향은 무엇인지 파악한다.

독점금지 정책의 영향(Anti-Trust Policy Impact) 특히 주요 전략이 M&A에 바탕을 두고 있을 때 독점금지 정책의 내용을 파악한다.

환경규제의 영향(Environmental Regulatory Impact) 해당 제품 제조에 관련된 환경정책의 영향을 평가한다. 환경정책에는 해당 산업의 현재 및 장래의 규제법안 모두가 포함된다.

2. 내부요인 평가

단 계	평 가 대 상 요 인
제6단계	기업역량 테스트
제7단계	기업경쟁력 테스트

■ 기업역량 테스트

제6단계는 현재 평가 중인 산업에 있어서 자신의 생산능력에 대한 내적 평가과정이다. 본 단계부터는 외적분석에서 내적분석으로 옮겨가며, 특히 6단계는 해당 산업 및 제품들에 대한 기업의 생산능력을 평가하는 내부평가를 포함하고 있다. 아래의 그림에서 보듯이 공급측면의 필요요건, 산업평가 및 기술 측면의 필요요건들을 이용하여 기업의 내부적 니즈를 직접 테스트할 수 있다.

[기업역량 테스트]

<table>
<tr><th colspan="10">C 테스트</th></tr>
<tr><th colspan="10">21세기에 대한 기업능력 테스트</th></tr>
<tr><th>점수</th><th rowspan="2">핵심역량과
산업니즈의
만족도</th><th rowspan="2">기존제품과
시너지
효과측정</th><th rowspan="2">신규수요
창출능력</th><th colspan="2">캐쉬플로 예측</th><th colspan="3">시장진입 자원</th></tr>
<tr><th>산업</th><th>BEP</th><th>IRR</th><th>노동</th><th>R&D</th><th>설비</th></tr>
<tr><td></td><td></td><td></td><td></td><td></td><td></td><td></td><td></td><td></td></tr>
</table>

핵심역량(Core Competencies)

- 3점 : 핵심역량이 고려중인 산업 / 제품 니즈를 강력하게 만족시킴
- 2점 : 핵심역량이 고려중인 산업 / 제품 니즈를 어느 정도 만족시킴
- 1점 : 핵심역량이 고려중인 산업 / 제품 니즈를 겨우 만족시킴
- 0점 : 핵심역량이 고려중인 산업 / 제품 니즈를 만족시키지 못함

기존제품들과의 시너지 창출 기회

- 3점 : 기존제품과의 시너지효과가 매우 큰 경우
- 2점 : 기존제품과의 시너지효과가 큰 경우
- 1점 : 기존제품과의 시너지효과가 보통인 경우
- 0점 : 기존제품과의 시너지효과가 미미한 경우

제품에 대한 새로운 수요창출 기회

- 2점 : 기존제품에 대한 강력한 수요를 만들어 냄.
- 1점 : 기존제품에 대한 적당한 수요를 만들어 냄.
- 0점 : 기존제품에 대한 수요를 창출할 가능성이 없음.

캐쉬플로 예측

- 손익분기점(Break-Even Point) : 현재 고려중인 산업 / 제품에 대해 손익분기점을 측정한다.
- 내부수익률(IRR) : 현재 고려중인 산업 / 제품에서 예상되는 투자에 대한 순수 캐쉬플로와 내부수익률을 측정한다.

시장진입에 필요한 자원

- 노동(Labor) : 고려중인 산업 / 제품에서 요구되는 새로운 노동자들의 수를 측정한다.
- R&D : 현재 고려중인 산업 / 제품에 필요한 총 R&D 예산을 측정한다.
- 설비(Facilities) : 새로운 산업 / 제품에 대한 전체 자본비용을 측정한다.

■ 기업경쟁력 테스트

마지막 제7단계는 기업경쟁력 테스트 단계이다. 6단계에서 얻은 정보를 활용하여 해당기업은 경쟁사에 대한 자신의 위치를 벤치마킹함과 동시에 해당산업에서의 자신의

잠재적 경쟁지위를 평가한다. 이 과정에서 이 기업은 자신의 강점과 약점의 판단은 물론 현재의 업종 내 최고의 회사에 대한 경쟁전략을 결정하게 된다.

7단계는 현재 평가 중인 산업에서 가장 경쟁력이 있는 선진기업과 비교한 자신의 능력을 평가하며 벤치마킹하기 위한 준비과정이다.

[기업경쟁력 테스트]

D 테스트							
21세기에 대비한 기업능력							
특징	기술혁신	원가경쟁력	관리	생산성	재정자원	마케팅 유통	공급회사 접근성
산업주도1							
산업주도2							

다음 목록에 따라서 주도기업에 대한 경쟁지위 점수를 평가한다.

- 기술 / 이노베이션
- 원가경쟁력
- 관리
- 노동자 기술 / 생산성
- 재정자원
- 마케팅 / 유통
- 협력회사 확보성
  - 3점 : 기업이 그 범주에서 매우 강력한 경우
  - 2점 : 기업이 그 범주에서 강력한 경우
  - 1점 : 기업이 그 범주에서 중간 정도인 경우
  - 0점 : 기업이 그 범주에서 약한 경우

3. 평가프레임

■ 평가영역

유망산업에 대한 사업성평가 시 어떤 영역을 다룰 것인가에 대해서 기본적인 프레임을 SRI의 7단계 프로세스를 적용한다.

산업의 유망성, 즉 매력도 측정영역은 연구의 목적에 맞도록 첨삭하여 다양하게 구성할 수 있고, 각 영역에 대한 가중치를 적절히 조정할 수 있을 것이다. 구체적으로는 7단계 프로세스 중 사업주체에 대한 주관적인 영역을 제외하고 외적요인 평가영역인 5단계 부문을 사용한다. 관점에 따른 필요에 따라 다양한 평가영역을 제시할 수 있으나 수요측면·공급측면·산업전망·기술요건·정책영향을 평가영역으로 한다. 기본적인 시장 메커니즘을 결정하는 수요와 공급 측면, 거시환경을 바라보는 시각에서 산업전망과 정책부분, 미래 신규 유망산업의 속성을 규정하는 대표적인 속성인 기술부문을 평가하는 것이 비교적 합리적 접근이라고 판단된다.

- 제1단계 : 수요측면의 결정요인
- 제2단계 : 공급측면의 요건 평가
- 제3단계 : 산업전망 테스트
- 제4단계 : 기술요건 평가
- 제5단계 : 정부정책의 영향 평가

평가수준(Level)

산업(Industry)이란 유사한 제품을 유사한 니즈를 갖고 있는 고객 집단에게 상품이나 서비스를 생산 또는 판매하는 기업들의 집단으로 정의할 수 있다. 일반적으로 물적 재화의 생산과 더불어 서비스의 생산을 포함한다. 즉 농림·어업·광업·제조업·건설업·공익사업·운수통신업·유통업·금융업·보험업·부동산업 기타 모든 서비스업을 지칭한다.

산업매력도 분석이란 어떤 산업은 다른 산업에 비해 왜 더 많은 이익을 내고 있는가, 또는 미래 지향적 관점에서 이익창출 가능성이 어느 정도인가, 라는 질문에 대해 객관적으로 산업을 분석하여 평가하는 것이다. 산업매력도가 높다는 것은 그 산업이 장기적으로 높은 이익률을 유지 할 수 있다는 것을 의미하며 평가가 낮다는 것은 그 산업에 진출하려는 기업은 사업기회를 재검토하고 신중해야 한다는 것을 의미한다. 이에 반해 사업(Business)은 구체적으로 특정 산업에 포함된 기업과 개인들의 구체적인 경제활동의 내용이라고 할 수 있다. 사업매력도란 특정 경제활동의 주체들이 얼마나 이익을 창출할 수 있을 것인가에 대한 판단으로 산업매력도와 개념상 차이가 있다. 따라서 산업매력도는 기업의 입장에서 필수적으로 겪어야 할 외부환경에 속하며 사업매력도는 구체적이고 주관적인 환경이라고 할 수 있다. 산업매력도가 높은 분야에서의 사업매력도가 반드시 높다고 할 수는 없으나 많은 사업기회를 제공할 수 있다. 그러므로 신규 사업에 대한 평가 시 거시적 관점에서 산업평가와 미시적 관점에서 사업평가가 함께 고려되는 것이 바람직하다.

■ 평가요인(Determinants)

신규사업 유망성을 평가하는 평가영역 내에서 구체적인 요인(Determinants)은 SRI의 평가요인과 BMO의 평가 요인들을 참고로 17개 평가요인을 제시할 수 있다.

제1단계 / 수요측면의 요건(Demand-Side Determinants) 미래 유망산업은 산업분야를 막론하고 소비자의 트렌드와 속성을 적극적으로 반영하는 것이 매우 중요한 전제이다. 따라서 소비자의 트렌드를 반영하여 미래 큰 시장이 형성되며 그 속에서 개별 기업이 일정수준의 규모로 사업을 수행할 수 있는가에 대한 평가요인들을 포함시켜야 한다.

제2단계 / 공급측면 요건(Supply-Side Requirements) 이 평가는 산업영역에서 특정 산업에 진입 시 평균적으로 어느 정도의 자금력을 필요로 하며 여타 진입장벽이 무엇이고 비즈니스 영역에서 경쟁에서 승리하여 시장구조 및 업계판도를 재구축할 수 있는가에 대한 평가요인들을 포함시킨다.

제3단계 / 산업전망(Industry Prospect) 거시적 측면에서 신규산업의 이익창출가능성을 산업성장성·수익성·산업 라이프 사이클로 평가하고 비즈니스 영역에서 새로운 개념의 사업기회를 창출할 수 있을 것인가에 대한 평가요인들을 포함시킨다.

제4단계 / 기술요건(Technology Requirement) 산업의 미래 유망성을 판단하는 중요한 요인인 기술에 대해 현재 국내 기술의 선진국과 비교한 격차와 수준, 그리고 사업을 수행하는데 필요한 기술을 적절한 시점에 확보할 수 있을 것인가에 대해 기술실현시기를 평가요인으로 한다.

제5단계 / 정책영향(Policy Impact) 자유경제주의 체제에서도 정부의 규제나 지원정책은 산업과 비즈니스 영역에서 매우 중요한 요소가 되어 정책영향을 평가요인으로 한다. 기업의 경쟁력 평가는 기업이 지니고 있는 고유의 자원이 산업 내 다른 경쟁기업에 비해 경쟁요소별로 우위에 있는가를 평가하는 것이다. 기업의 경쟁우위는 외부환경에 대해 적절히 대응하여 사업기회를 포착하고 내부의 핵심역량을 극대화하여 경쟁에서 승리함으로써 생기는 것이다. 따라서 기업의 외부환경과 기업의 경쟁능력을 평가하는 것은 기업의 미래수익을 판단할 수 있는 지표가 될 것이다. 그러나 기업의 경쟁력 평가 기준은 개별 기업의 특성에 따라 다양하여 개별 기업의 평가부분은 제외시킨다.

제1편 경영전략
제2편 경영계획
제3편 사업성 분석과 평가
제4편 내부감사와 경영진단
제5편 기업공개
제6편 기업인수 합병
제7편 업적평가

4. 평가요인의 세부기준

미래유망산업의 세부평가요인은 구체적인 정량적 데이터에 의해 상대적·절대적 평가가 가능한 요인들과 분석자의 주관이 반영되는 정성적 요인들이 혼재되어 있다. 이들 평가요인들을 종합하여 특정산업의 유망성을 평가하기 위해 미래유망산업 후보군 속에서의 절대적·상대적 위치를 계량화하여 평가한다. 평가기준시점은 미래유망성에 대한 판단이라는 점에서 적어도 현재시점으로부터 4~5년 뒤의 현상을 보는 것이 적합할 것이다. 따라서 현재 연도를 평가의 기준시점으로 하고 각 세부평가 요인별 결과를 10점 만점으로 하여 별도의 세부기준을 마련한다. 이 책에서는 사업 주체가 국내 대기업 군에 속하며 기업의 핵심 주력사업으로 자리매김할 수 있는 위치에 있는가를 판단하고자 한다. 그러나 사업화 주체의 특성과 사업화 시점에 따라 세부평가요인들의 평가기준들은 탄력적으로 수정이 가능할 것이다.

미래 유망산업의 유망성을 평가하는 요인들을 구체적으로 세분화하고 각 요인별 특성을 정리하고자 한다.

[세부평가요인 종합]

평가 Determinants		평가Level		Determinant 특성	
		Industry	Business	정량적	정성적
수요측면	시장규모	●		●	
	유효시장성		●		●
	소비자 트렌드	●			●
공급측면	투자자본	●		●	
	기타 진입장벽	●			●
	업계재구축 가능성				●
산업전망	성장성	●		●	
	수익성 수준	●		●	
	신시장창출가능성		●		●
	산업 Life Cycle	●			●
기술요건	기술수준 및 기술격차	●	●	●	●
	기술격차	●		●	●
	기술실현시기	●		●	●
정책영향	정부인센티브(지원)정책	●	●		●
	정부규제정책(환경 등)	●	●		●

수요측면(Demand-Side)

수요측면의 평가요인은 정량적 데이터의 조사 및 예측이 가능한 시장 규모와 표적시장(Target Market)의 적정성으로 한다. 환경분석을 통해 도출한 정성적으로 도출한 소비자 트렌드를 정량화하여 평가한다. 시장규모에 대한 평가기준 평가대상 연도를 기준으로 하며 세부 기준은 아래 표와 같다.

[시장규모 평가기준]

0점	2점	4점	6점	8점	10점
5천억원 미만	1조원 미만	5조원 미만	10조원 미만	20조원 미만	20조원 이상

그러나 다른 책에서 보여주는 방법론의 주요 결정요인이 되는 시장규모의 경우 시장규모가 커서 해당 산업의 파급효과가 크고 유망성이 보장된다 하더라도 세부시장이 분할되어 있고, 시장간 연계성이 낮아 실제로 특정기업이 진출하여 점유할 수 있는 마켓-쉐어가 적은 경우가 있다. 예를 들면 의료기기 사업의 경우 수 십조원 이상의 시장규모로서 시장규모만으로는 유망하다고 할 수 있으나 시장구조를 분석하여보면 중소벤처기업, 1억원 미만의 영세한 소규모 기업들이 다수 포진하여 있어 특정기업의 신규 사업군으로는 유망성이 떨어진다고 할 수 있다. 이런 경우 시장규모만으로 유망성을 판단할 수는 없으며 실제로 기업이 진출하여 점유할 수 있는 시장을 표적시장의 적정성으로 평가하도록 하여야 한다.

[표적시장의 적정성 평가기준]

독립된 표적시장의 수	보편적 개념에 의한 시장 접근성	원천기술의 산업 내 일관성	기업집중도
1-3점	1-3점	1-3점	1-3점

독립된 세부산업의 수가 적을수록 특정기업이 점유할 수 있는 유효한 시장규모가 크다고 할 수 있으며 1개의 산업이 존재할 경우 만점인 3점을 부여받게 된다. 보편적 개념(Universal Concept)에 의한 접근가능성에서는 이질적 산업 내에 속한 사업주체들이 보편적 관점, 즉 실버·환경 친화 등의 주제(Key Words)를 표방하며 산업 또는 시장에 어느 정도 접근이 가능한가를 질문할 수 있다. 보편적 개념에 의한 접근가능성이 높은 산업일수록 산업 내 표적시장의 적정성이 낮을 가능성이 크며, 이에 대한 평가는 분석

자의 주관적 판단에 따라 1~3점까지 부여할 수 있다. 또한 일관된 원천기술을 보유여부에 따라 1~3점을 부여한다. 해당 세부 산업 내 시장구조에 따라 기업집중도를 평가한다. 시장구조상 독점·과점·자유경쟁 등의 개념과 유사하며 1~3점까지 부여한다.

이상을 종합(12점 만점)하여 10점 만점으로 환산하여 표적시장의 적정성을 평가한다. 소비자 트렌드 평가는 환경분석 중 수요중심의 핵심 트렌드를 도출하여 트렌드별 영향력 지수(0~3점)를 고려하여 점수를 부여한다. 이후 Σ(핵심 수요 트렌드×영향력)으로 수요 트렌드를 평가하며, 영향력(2점~10점)을 평가하고 이상을 종합(12점 만점)하여 10점 만점으로 환산하여 표적시장의 적정성을 평가한다.

■ 공급측면(Supply-Side)

공급측면의 결정요인은 정량적 측면의 평가인 투자자본평가와 정성적 측면의 평가인 업계재구축 가능성평가와 진입장벽 평가가 있다. 투자자본의 평가는 산업별 평균 투자규모와 신규사업 추진기업의 적정 투자규모를 비교하여, 산업진입 시 투자부담의 정도를 기준으로 평가하여야 한다. 업계재구축 가능성은 기술 또는 마케팅에 의해 공급패턴의 변화를 통한 기존업계의 판도가 바뀔 가능성에 대한 평가이며, 기타 진입장벽은 해당 산업의 진입 시 투자규모·기술·정책부문 이외의 진입장벽의 강도를 평가하도록 한다. 업계 재구축가능성과 진입장벽에 대한 평가는 분석자의 심층분석을 전제로 정성적 평가에 의한다. 공급자 측면의 결정요인 세부평가기준은 아래 표와 같다.

[공급자 측면의 결정요인 평가기준]

투자자본	산업진입시 투자부담 없이 사업전개가 가능함	10점
	산업진입시 투자부담이 다소 있으나 사업전개에는 지장이 없음	5점
	산업진입시 투자부담이 상당히 큼	2점
업계 재구축 가능성	혁신적 기술로 업계 재구축의 달성 가능성 매우 높음	10점
	제품 또는 판매형태에 혁신을 초래할 가능성이 있음	5점
	상품의 단순 개량, 개선	2점
진입장벽	진입장벽이 없어 자유로운 진입 퇴출이 예상됨	10점
	진입장벽의 강도가 다소 있으나 신규진입이 절대적 기준 아님	5점
	진입장벽이 매우 강하여 신규진입이 매우 어려움	2점

산업전망

제3단계 산업전망 평가에서는 평가대상 기준연도의 매출액을 기준으로 한 성장성과, 업계 선두업계의 최근 3년간 영업 이익률을 기준으로 한 수익성 평가를 통한 추세분석, 산업의 발전단계 평가, 신제품 창출을 통한 신시장 전망을 평가하며 산업전망 결정요인의 정량평가 세부기준은 아래 표와 같다.

[산업전망 결정요인 정량평가 기준]

구 분	10점	7점	5점	3점	0점
성 장 성	20% 이상	15% 이상	10% 이상	5% 이상	5% 이하
수 익 성	13% 이상	10% 이상	7% 이상	4% 이상	1% 이하

그러나 해당 산업군의 라이프 사이클이 유망성 판단시점이 성장기에 있는 경우 가장 다이나믹한 시장전개로 기업의 성장성과 수익성이 높을 가능성이 크다. 시장의 성장이 단순 수요증가인지, 신제품·신 서비스의 출현을 포함하고 있는지 평가로 신시장 창출가능성을 평가하며 산업전망 결정요인의 정성평가 세부평가기준은 아래 표와 같다.

[산업전망 결정요인 정성평가기준]

구 분	10점	5점	0점
Life Cycle	성장기	도입기, 성숙기	쇠퇴기
신시장 창출가능성	신제품, 서비스의 다수 등장	신제품, 서비스의 등장	단순수요증가

기술요건

제4단계인 기술요건 평가의 경우 서비스 산업은 제외하는 것을 원칙으로 하고, 기술수준의 정성적 평가 결정요인인 주요기술의 실현시기와 기술수준 및 격차를 바탕으로 해당 산업군을 평가한다. 기술요건 평가는 산업의 유망성과는 간접적으로 관련이 있으나, 이후 기술기반을 고려한 사업추진전략을 수립하는 것으로 부족한 부분의 해결이 가능하다.

기술수준과 격차평가에서는 기술수준으로 먼저 파악하고 기술격차로 정성적으로 조정하고, 기술실현 시기는 사업화 시점을 기준으로 실현여부를 판단하며 기술수준과 격차 평가기준 및 기술실현시기의 세부 평가기준은 아래 표와 같다.

[기술수준과 격차 평가기준]

구 분	2점까지	4점까지	6점까지	8점까지	10점까지
기술수준과 격차	40 미만	60 미만	70 미만	80 미만	80 이상

[기술실현시기 평가기준]

구 분	4점까지	7점까지	10점까지
국 내	현시점기준 5년 이내	현시점기준 5년 이내	현시점기준 이내
세 계	현시점기준 5년 이내	현시점기준 이내	현시점기준 이내

■ 정책영향

제5단계 정책영향 평가의 경우는 정부 인센티브 정책과 규제정책의 정성적 평가만을 결정요인으로 선정하여 해당 산업군을 평가하며 정부정책 영향의 세부 평가기준은 아래 표와 같다.

[정부정책영향의 평가 기준]

정 부 정 책	구체적이고 강력한 긍정적 정부정책이 있음	6 ~10점
	특별한 정부 지원 및 규제 정책 없음	5점
	정부규제정책이 존재하며 영향이 큼	0 ~4점

미래 유망산업의 선정은 외부환경·내부역량 등 포괄적인 접근에 의한 산물이며, 발굴주체에 따라 다양한 시각에서의 접근방법이 모색될 수 있다. 이 책에서는 객관적 기준설정이 비교적 용이한 외부환경 중심의 미래 유망산업 선정 프로세스를 체계화하여 제시하였다. 이 프로세스는 기존의 방법론과 비교하여 다음과 같은 차별성을 가진다.

첫째, 기존의 막연한 환경분석의 절차를 사업유형을 구체화하는 단계에서 핵심구동요인으로 반영한다.

둘째, 기존의 유망산업에 대한 문헌을 종합하고 국내 실증자료 및 산업분석으로 보정하는 절차를 통해 객관적이고 주관적인 시각을 동시에 포함시킨다.

셋째, 산업유망성의 평가단계에서 평가영역, 평가수준, 평가요인으로 고려사항을 체계화하고 세부평가요인을 계량화하여 미래 유망성 판단의 결과를 가시적으로 확인할 수 있도록 한다.

넷째, 신규유망사업 아이템 발굴을 체계화함으로써 학문적 단계에 머무르지 않고 실무적으로 용이하게 활용할 수 있는 실용적 접근에 무게를 두고 있다.

03 신기술의 사업성평가

세계경제의 불황과 국내경제의 침체를 극복하고 지속적인 국가발전을 위해서는 기존 산업의 고부가가치화와 함께 신산업의 창출을 통한 국가경쟁력 강화가 필요한 시점이다. 21세기 성장 동력원이 될 정보기술(IT)·생명공학기술(BT)·나노기술(NT)·우주항공기술(ST)·환경기술(ET)·문화기술(CT) 등 미래유망 신기술은 과학기술의 발전과 경제사회 변혁을 주도할 새로운 패러다임으로 정착하고 있다. 미국·일본·EU 등 주요 선진국들도 각국의 특성에 따라 국가 중점투자 대상 분야를 선택하여 전략적으로 이를 집중 지원하고 있는 실정이며 일부 미래유망 신기술은 선진국도 개발초기 단계일 뿐만 아니라 세계시장의 빠른 성장과 주도권 경쟁이 전망되므로 국가적인 육성 전략이 필요한 시점이기도 하다.

미래유망 신기술은 21세기 미래사회에 지속적인 국가경쟁력 제고와 삶의 질 향상을 위한 핵심 수단이 될 것이다. 우리나라의 경우 이동통신기술·초고속통신망·반도체 등 IT 분야를 중심으로 신기술을 확보할 수 있는 기반이 구축되어 있고 미래 유망 신기술에 대한 R&D 투자를 확대하고 있지만 주요 선진국에 비해 투자의 절대규모와 인력이 부족한 우리의 실정을 감안하여 전략적인 육성지원 시책 또한 필요하다. 따라서 미래유망 신기술 분야를 국가전략과학기술로 지정하고, 국가차원의 핵심기술 확보가 필요하다.

미래유망 신기술은 미래 사회경제와 생활방식을 주도적으로 변화시킬 것으로 예상되며, 정보를 생성·도출·가공·전송·저장하는 모든 유통과정에서 필요한 정보기술인 IT(Information Technology)기술은 타 분야와의 융합이 급속히 진화되어, 생명현상을 일으키는 생체나 생체유래물질 또는 생물학적 시스템을 이용하여 산업적으로 유용한 제품을 제조하거나 공정을 개선하기 위한 생명공학기술인 BT(Bio Technology), 물질을 원자·분자 크기의 수준에서 조작·분석하고 이를 제어할 수 있는 과학과 기술을 총칭하는 나노기술인 NT(Nano Technology), 디지털미디어에 기반을 둔 첨단 문화예술 산업을 발전시키기 위한 기술을 총칭하는 문화기술인 CT(Culture Technology) 등의 기술발전을 주도할 기반기술이 될 것으로 예상되고 있다. BT는 IT 이후의 미래 선도 기술로서 식량문제 해결, 신약개발, 생명공학 등 응용분야가 넓고 경제사회 전 분야의 모습을 바꿀 수 있는 핵심기술로 부각되고 있으며, NT는 물리·화학 등 기초기술을 바탕으로 미래 기술혁신을 주도할 기반핵심기술이 될 것으로 전망된다. 또한 위성체·발사체·항공기 등의 개발과 관련된 복합기술인 우주항공기술 ST는 전자·반도체·컴퓨터·소재 등 관련 첨단기술을 요소로 하는 시스템기술로 기술개발 결과가 타 분야에 미치는 파급효과가 매우 큰 종합기술로서 IT·NT 등 각 산업분야의 첨단기술을 주도해 나갈 미래유망 핵심기술 분야이다. 그리고 환경오염을 저감·예방·복원하는 기술로 환경기술, 청정기술, 에너지기술 및 해양환경기술을 포함하는 환경기술인 ET는 쾌적한 삶에 대한 욕구의 증대, 환경기준의 설정을 통한 새로운 무역규제의 등장 등 환경관련 수요가 증대되고 있으며, 지구적 차원에서 환경문제 해결방안 모색을 위해 그린라운드가 현실화될 것으로 예상되는 등 향후 환경기술은 급격하게 발전될 전망이다.

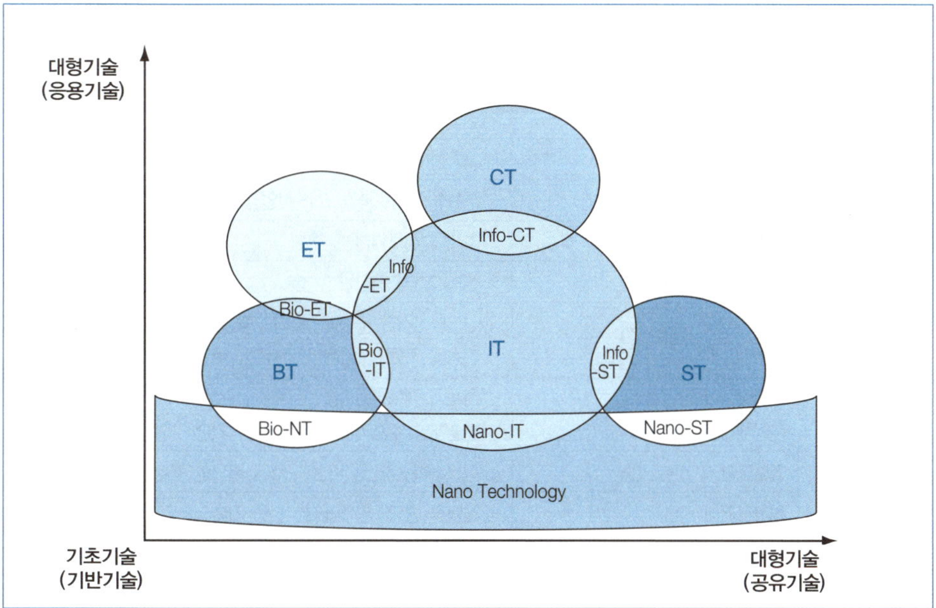

미래 신기술산업의 구성도

1. 신기술사업 분야

■ 정보기술(IT) 분야

광대역 멀티미디어 중심의 기술환경 변화와 데이터 수요의 폭발적 증가로 통신망의 고속화·대용량화가 전망된다. 따라서 트래픽 병목현상을 해결하기 위한 대량의 정보를 짧은 시간에 효과적으로 전송할 수 있는 초고속·대용량의 광통신 기술과 대량의 정보를 짧은 시간에 효과적으로 분배하기 위해 점대점 광신호 전송에서 광 네트워크로 발전되고 있다. 또한 이동통신 등 무선통신 기술의 발전으로 유·무선 통합환경이 조성되고 사용자가 어디서나 정보처리를 할 수 있는 이동성이 극대화됨에 따라 무선통신 시장이 유선분야를 앞지르게 되었다. 정보기기의 고집적·다기능·저전력화가 급진전은 사용자 위주로 원하는 시간에 원하는 정보통신 서비스를 편리하게 받을 수 있는 지능형 정보처리 시스템 및 정보보안 기술발전이 이루어지고 있는 실정이다.

[정보기술(IT)분야 중점개발기술]

구 분	기 술 명	비 고
핵심부품	테라비트급 광통신 부품 기술	- 정보통신기반 구축에 필요한 핵심원천기술
	집적회로기술(설계, 장비 및 비메모리 분야 중점)	- 산업경쟁력강화에 필요한 핵심기술 - 정보통신 기반 구축에 필요한 핵심원천기술
	차세대 디스플레이 기술	- 고도정보사회구현을 위한 차세대 정보원천기술
	고밀도 정보저장장치 기술	- 경제적 파급효과가 크고 산업경쟁력 강화에 기여도가 큰 기술
차세대 네트워크 기반	4세대 이동통신	- 차세대 정보원천 기술
	대용량 광전송 시스템 기술	- 정보기반의 핵심원천기술
	고속 인터넷 네트워킹 기술	- 정보통신기반 구축에 필요한 핵심원천기술 - 전략적 중요도, 경제적·기술적·사회적 파급효과가 큰 기술
정보처리 시스템 및 S/W	멀티미디어 단말기 및 운영체계 기술	- 차세대 정보원천기술 - 기술개발 수준과 가능성이 높은 기술
	정보보안 및 암호기술	- 정보사회구현 및 기반 구축에 필요한 핵심원천기술
	전자상거래 기술	- 전략적 중요도와 공공성이 큰 기술
	신호처리기술	- 영상처리기술과 음성처리기술을 통합
	정보검색 및 DB 기술	- 시장규모가 급증할 것으로 예상되는 정보원천기술

■ 생명공학기술(BT) 분야

인간 유전자지도 공개에 따라 포스트게놈 시대에 생명공학 시장을 선점하기 위한 유전체 관련 신기술 개발 경쟁이 치열해질 것으로 예상되며, 규명된 유전자 지도를 이용하여 유전자의 기능을 밝히는 유전체 기능연구, 질병발생 및 의약품 개발과 직결된 단백질체학(Proteomics) 등의 연구분야에서 세계적 경쟁이 심화됨에 따라 생명공학과 정보기술이 융합되어 유전자 정보의 분석과 활용, 관련 DB구축을 추구하는 생물정보학기술 개발이 급속히 확대되는 추세이다.

[생명공학기술(BT) 분야 중점개발기술]

구 분	기 술 명	비 고
기초·기반기술	유전체 기반 기술	- 유전체 분석 등 생명공학 분야의 핵심 기술로서 전략적 중요도가 매우 높음
	단백질체 연구	- 단백질 응용을 위한 기초기술로서 전략적 중요도가 매우 큼
	생물정보학 기술	- 전략적 중요도와 공공성이 매우 높은 미래원천기술
	생명현상 및 기능연구	- 기술의 범위가 포괄적이지만 미래원천기술
	뇌신경과학연구	- 전략적 중요도가 크고 기술 및 사회경제적 파급효과가 큰 미래원천기술
	생물공정기술	- 생물 의약품 및 산업용 단백질제품 등의 산업화 관련 기술로서 경제적 파급효과가 큼
	생명공학 산물 안전성 및 유효성 평가기술	- 바이오 보건 제품의 안전성 관련 기술로서 공공성 및 전략적 중요도가 매우 큼
	바이오 칩 개발 기술	- 응용 영역과 성장가능성이 큰 미래원천기술
보건 의료 관련 응용	바이오 신약 개발 기술	- 산업경쟁력 강화에 크게 기여할 수 있는 기술
	난치성질환 치료 기술	- 고령화 사회로의 진입에 따른 삶의 질 강화에 필수적인 원천기술
	생체조직 재생기술	- 인공장기 등 시장에의 파급효과는 지대하며 기술 및 사회적 파급효과와 전략적 중요도가 매우 큼
	유전자 치료 기술	- 유전자 서열 규명후 시장확대가 예측되는 등 경제적 파급효과가 큰 기술
	기능성 바이오 소재 기반 기술	- 경제적 파급효과가 매우 큰 기술로서 바이오 소재는 생명공학시장을 주도 - 국가 전략적 중요도가 높음
	한방응용기술	- 국가 경쟁력을 강화시킬 수 있는 특화기술
농업·해양 관련 응용	유전자 변형 생물체 개발 기술	- 선진국 시장독점에 대비한 시장보호 및 세계시장 선점을 위한 전략적 중요도가 높은 기술 - "농업·해양 형질전환 동식물" 및 "산업유용물질 생산용 형질 전환체" 포함
	농업·해양 생물자원의 보존 및 이용기술	- 신기능 생물소재 산업화를 위한 기초기술로 생명공학 육성 기반기술 - 세계 각국의 유용유전자 확보경쟁에 대응한 전략적 중요도가 높은 기술
	동식물 병해충 제어 기술	- 식량의 지속적 확보에 필수적인 기술로서 공공성이 매우 큼

이에 따라 유전체 해석과 활용의 급속한 진전으로 응용분야 확대와 신기능의 생명공학 제품기술 개발이 급속히 추진되고 있으며 보건·의료분야에서는 유전체 연구를 기반으로 바이오 의약품·유전자 진단·치료·기능성 바이오 소재·바이오 칩 등의 개발과 암·치매 등 각종 난치병 퇴치와 질병예방이 가능해질 것으로 전망된다. 또한 농업·해양·식품 분야에서는 유전체 이용 식품의 품질 향상과 유전자변형 농수산물의 생산 등으로 기술발전이 가속화되고 있으며, 환경·에너지 등의 영역에서는 생명공학기술이 적용되어 이전과는 새로운 개념의 공정·제품·서비스 등이 등장하고 있다.

■ 나노기술(NT) 분야

나노기술은 정보통신·생명공학·재료·환경 등과 융합되어 모든 산업의 기술혁신을 주도해 나갈 것으로 전망된다. 나노기술발전에 의해 정보통신 분야에서는 기존 반도체의 집적도나 속도의 한계를 극복할 수 있는 새로운 정보저장 메모리 반도체·평판표시장치 등의 처리속도 100만배, 집적도 100배 이상, 주파수 대역 100배 증가 개발이 가능하다. 생명공학기술과의 융합을 통해 기존에 인체 적용이 불가능하다고 생각되었던 미세영역의 적용으로 보건의료 분야의 나노진단 및 치료장치·생체센서·약물전달체계개발 등 유전자 차원에서 생명현상의 이해와 질병진단 치료효과의 획기적인 개선 발전을 도모할 수 있다. 또한 분자단위에서 설계된 고기능성·고성능·고효율 나노소재기술이 개발되어 100°C에서 녹고 강도는 3배 이상인 고분자 소재 등 소재산업의 부가가치를 획

[나노기술(NT)분야 중점개발기술]

구 분	기 술 명	비 고
나노소자 및 시스템	나노전자소자기술	"나노바이오칩, 소자", "나노고분자", "나노바이오센서", "인공감각" 포함
	나노정보저장기술	전략적 중요도, 공공성 및 파급효과가 큰 원천기술
	가변 파장 광소자기술	산업경쟁력 강화에 필요한 원천기술
	나노 photonics 기술	- 전략적 중요도, 공공성 및 파급효과가 큰 기술 - 산업발전에 기여할 수 있는 미래원천기술
나노소재	나노소재기술(나노분말소재, 광학용 나노소재, 고기능 시너지 소재, 촉매·환경·기공소재에 중점)	- 산업발전에 기여도가 크고 전략적 중요도 및 파급효과가 큰 기술 - 세계적 경쟁우위를 유지하기 위한 미래원천기술
나노 바이오 보건	나노 바이오 물질 합성 및 분석 기술	- NT와 BT의 융합기술과 미래원천기술 - 전략적 중요도와 파급효과가 큰 기술
	의약 약물전달 시스템	- 공공성과 파급효과가 큰 기술 - 의약분야의 중요성 반영
나노 기반 · 공정	원자·분자 레벨 물질 조작기술	- 전략적 중요도, 공공성 및 파급효과가 큰 미래원천기술
	나노 측정기술(100nm 이하)	- 전략적 중요도, 공공성이 높은 기초기반기술 - 산업경쟁력 강화에 기여하는 기술
	나노 모사 기술	산업발전에 기여할 수 있는 미래원천기술
	계면 혹은 표면의 나노구조화 기술	산업발전에 기여도가 크고 기술개발 가능성이 높은 기술
	나노 신기능 분자 합성기술	전략적 중요도와 공공성이 큰 기초연구기술
	나노 패터닝 공정기술	세계적 경쟁우위를 확보할 수 있는 미래원천기술
	나노화학 공정기술	산업경쟁력 강화에 기여도가 크고 공공성이 강한 원천기술

기적으로 제고시킬 수 있다. 뿐만 아니라 오염물 감소 및 제거용, 재활용 등 화학·환경 나노소재기술의 발전으로 환경오염의 원인과 결과를 측정·제어하여 눈에 보이지 않는 분진·미세먼지 등의 제거 등 환경문제 해결에도 기여할 수 있다. 그리고 길이·질량·자성 및 기타물질을 원자크기의 수준에서 측정할 수 있는 기술 개발로 기존 표준화, 측정 및 도량화 개념과 나노수준의 물질분석, 측정 및 공정을 위한 관련 장비 및 기술체계의 변화가 불가피하다.

■ 우주항공기술(ST) 분야

미국·EU 등 소수 선진국이 우주항공기술을 선도하고 있으며, 우위기술을 바탕으로 우주 및 항공기 관련연구의 고도화를 추구하고 있다. 인공위성 발사는 통신, 관측 등 다양한 목적으로 개발·활용되고 있으나 대용량 자료전송, 정밀도 향상, 지상해상도 향상 등의 성능개선 수요에 따라 고정밀도화·대형화·고출력화·경량화 등 관련기술 개발

[우주항공기술(ST)분야 중점개발기술]

구 분	기 술 명	비 고
위성	위성 설계 및 개발기술	- 고정밀 해상도를 지닌 위성개발 기술로서 전략적 중요도가 큰 기술 - "초정밀 저궤도 지구 탐사위성 설계 및 개발기술", "정지궤도 기상위성 설계 및 개발기술", "통신위성 설계 및 개발기술", "소형 과학시험위성 설계 및 개발기술", "이동통신 위성기술" 포함
	위성 관제기술	- 위성 운용을 위한 핵심 기술로서 전략적 중요도가 높고 기초, 응용, 개발 단계의 포괄적 연구로 파급효과가 큼
	차세대 통신위성 탑재체 기술	- 전략적 중요도 및 공공성이 높은 기술로서 향후 통신 위성의 성공적 개발에 필요한 원천 기술
발사체	로켓 추진기관 기술	- 국가안전 및 성공적 발사체 기술 확보를 위한 원천기술
	소형 위성 발사체 개발기술	- 국가 안전에의 기여 및 성공적 위성 발사기술 확보에 필수적인 원천 기술
	발사 운용, 통제 및 관제 기술	- 기술개발 가능성이 낮으나 전략적 중요도, 공공성이 매우 높고 성공적 위성 및 발사체 개발에 필수
항공기	항공기 체계종합 및 비행성능 기반 기술	- 항공기 개발과 관련하여 반드시 확보하여야 하는 원천기술로서 전략적으로 중요한 기술
	지능형 자율비행 무인 비행기기 시스템 기술	- 전략적으로 중요하고 공공성이 큰 기술로서 기초 연구 단계의 기술
	다목적 헬리콥터기술 개발	- 전략적으로 중요하고 공공성이 매우 높은 기술로서 경제적 파급효과가 큰 기술

경쟁이 치열해질 전망이며, GPS·첩보위성·군용통신위성 개발 등 군사우주기술 개발도 전략적 핵심 분야로서 세계적 경쟁이 가열되는 추세이다. 발사체 분야는 대형 저궤도 위성 등의 수요증가에 따라 고출력 발사체 기술에 대한 연구가 수행되고 있으며, 2세대 재사용 발사체(Reusable Launch Vehicle : RLV)개발이 추진 중에 있으며, 항공기 분야에서는 항해안전기술·저소음항공기기술·소형항공기운송시스템·무인비행체(UAV)·초소형비행체(MAV) 등의 개발 및 차세대 항공기 개발에 주력하고 있다.

유인 우주 비행분야에서는 국제우주정거장을 활용한 우주공간에서의 인간 활동 및 제품생산 등의 연구수행을 통하여 우주영역의 상업적 활용 가능성이 증대되고 있을 뿐만 아니라 우주왕복선의 안정성 향상을 통한 보다 안전하고 신뢰성 있는 우주극소중력이 생명체에 미치는 영향에 대한 기초연구를 수행하고 있으며, 우주의학연구가 추진되고 있다. 우주과학 관련 연구로는 태양계 탐사, 행성발견, 외계생명체발견 등에 대한 탐사가 수행되고 있으며, 우주의 신비를 탐구하는 연구가 국제협력을 통하여 확대될 전망이다.

■ 환경기술(ET) 분야

세계적인 환경규제 강화와 무역·환경의 연계 등으로 인하여 환경산업 시장이 급성장할 것으로 예상된다. 세계적 환경규제가 강화됨에 따라 오염물질 배출의 저감 및 제거, 폐기물처리 및 활용 등 환경기술의 연구개발에 대한 경쟁이 심화됨에 따라 쾌적한 삶에 대한 욕구가 국가 주요 정책에 반영되어 자연환경의 보전 및 오염예방, 복원에 대한 기술 개발이 급속히 확대되고 있는 추세이다. 지구온난화 방지를 위한 기후변화 협약 등으로 인하여 에너지 기술 혁신의 중요성이 증대되고 연료전지·바이오에너지 등 대체에너지기술 개발에 따른 관련 시장의 확대와 연구개발 경쟁의 심화가 급속히 확대될 전망이며, 대체에너지기술 개발 및 에너지자원의 효율적 활용 제고를 위한 에너지 절약 및 효율향상기술 개발은 온실가스배출저감 효과와 함께 시장확보를 통한 산업경제에의 파급효과가 지대할 것이다. 뿐만 아니라 오염물질의 유출을 원천적으로 억제하기 위한 청정생산기술의 중요성이 강조되면서 환경문제 해결에의 산업계 의무 및 참여가 확대되고 지속가능한 성장의 달성과 연계하여 원료 획득에서부터 제조, 사용 및 처리에 이르기까지의 산업체별 특징에 따라 환경친화적 소재개발·혁신공정기술 개발 등 소재 및 에너지원단위 감축·재생가능자원의 이용 극대화·제품의 내구성 확대 등 청정생산의 핵심인 환경효율성 제고 방안 연구의 가속화로 청정생산기술 개발이 확대될 전망이다. 또한 오염물질의 국가 간 이동방지, 해양폐기물처리 및 해양 생태계보전 규제에 대응하기 위한 관련 연구개발의 촉진과 자국의 관할 수역에 대한 체계적 환경 감시망을 구축하고 전 지구 기후변화 및 이에 따른 연안환경변화를 모니터링 할 수 있는 기술 축적 추진이 국가 간 협력을 강화하는 방향으로 전개될 것으로 전망되고 있다.

[환경기술(ET)분야 중점개발기술]

구 분	기 술 명	비 고
환경기반	대기오염물질 저감 및 제거 기술	- 오염물질 허용기준의 강화로 인하여 반드시 확보해야 하는 전략기술 - 공공성 및 파급효과가 매우 큼
	자연환경·오염토양·지하수의 정화·복원기술	- 삶의 질 향상에 필요한 환경기술로서 공공성이 매우 큰 기술
	수질오염처리 및 재이용 기술	- 사회적 수요가 큰 기반기술로서 삶의 질 향상에 기여
	폐기물 처리 및 활용 기술	- 시장전망 또한 밝아 경제적 파급효과가 큼
	환경관리·정보 및 시스템 기술	- 삶의 질 향상을 위한 공공성이 매우 크고 전략적으로 중요함
에너지	에너지 소재기술	- 에너지의 지속적 확보를 위한 원천기술로서 전략적 중요도 및 공공성이 매우 큼
	미활용 에너지 이용기술	- 에너지 절약 잠재력이 커서 기술개발시 파급효과가 큰 기술
	고효율 반응 분리공정기술	- 석유화학 산업 등 세계적 우위를 견지할 수 있는 산업경쟁력 강화 기술 - 경제적 파급효과가 큰 전략적 기술
	연료전지기술	- 무공해 동력 시스템 개발을 위한 미래원천기술 - 경제적 파급효과가 크고 전략적으로 중요
	수소생산 이용기술	- 에너지의 지속적 확보를 위한 미래원천기술
	바이오 에너지기술	- 에너지의 지속적 확보 및 산업경쟁력 강화에 기여할 수 있는 전략적 중요기술
	에너지저장 이용기술	- 응용 분야 및 시장이 넓어 산업경쟁력 강화에 기여하며 경제적 파급효과가 큼
청정생산	청정원천공정기술	- 사전오염방지 기술로서 국민 삶의 질 향상에 크게 기여할 수 있으며 경제적 파급효과도 큼
	환경친화형소재 개발기술	- 삶의 질 향상을 위한 공공성이 높은 기술로서 전략적으로 중요함
	유해성 원부재료 대체기술	- 향후 시장성이 큰 미래원천기술 - 공공성 및 전략적 중요도가 큼
	공정내 재자원화 기술	- 공공성과 파급효과가 큰 전략적 중요기술
해양	해양환경 관리기술	- 해양환경분야 핵심기술 개발은 국가적 전략적 주요과제
	연안생태계 복원기술	- 공공성 및 전략적 중요도가 매우 높음

■ 문화기술(CT) 분야

문화기술은 기존의 아날로그 콘텐츠를 디지털화시키기 위한 기술로서 인간생활에 직접 영향을 주고, 부가가치가 높은 중요한 기술이다. 선진국을 중심으로 정보기술과 창의적인 상상력을 바탕으로 한 문화가 결합하여 급속한 발전이 전망되는 기술로서 디지털 콘텐츠 제작편집기술, 유통·관리기술, 서비스 기술 등 디지털화된 데이터는 가공·처리·유통·활용하는 기술이 발전되어 3차원 음향, 가상현실(VR) 및 그래픽, 3차원 게임 및 애니메이션, 하이퍼텍스트 기술 등이 개방되어 새로운 개념의 첨단 콘텐츠가 등장하였다. 이에 따라 급변하는 세계의 표준화 동향에 적극대응하기 위하여 디지털 콘텐츠 분야별로 표준화연구가 활성화되어 왔으며, 사이버 공간상에서의 의사소통 기술 및 문화, 역사, 공공정보 등 양질의 콘텐츠 제작기술이 발전되어 초고속 정보통신망, 위성방송 등 정보기반이 구축됨에 따라 양질의 콘텐츠에 대한 수요가 증가하고 있다.

[문화기술(CT)분야 중점개발기술]

구 분	기 술 명	비 고
문화 콘텐츠	가상현실 및 인공지능 응용기술	- 신산업 창출 가능성이 높은 기술
	디지털영상·음향 디자인기술	- 전략적 중요도와 파급효과가 높은 기술 - 미래문화산업과 접목되는 첨단기술
	영화·영상·디지털미디어 표준화 기술	- 전략적 중요도 및 경쟁력 제고의 핵심기술 - 기술개발 가능성과 파급효과가 큰 기술
	디지털 콘텐츠 저작도구	- 전략적 중요도와 파급효과가 높은 기술 - 경쟁력 제고를 위한 핵심기술
	게임 엔진제작 및 기반기술	- 전략적 중요도와 파급효과가 크며 신시장 창출 가능성이 높음
생활문화	사이버 커뮤니케이션 기술	- 전략적 중요도 및 기술·사회·문화적 파급효과가 큰 기술 - 미래문화산업과 접목되는 첨단기술
문화유산	문화원형 복원기술	- 공공성과 기술·사회·문화적 파급효과가 큰 기술 - 신산업 창출가능성이 높은 기술

2. 신기술의 평가

전통적 의미의 기술평가는 기술이 개발되어 사회에 도입되고 이후 발전 또는 보완되었을 때 사회에 미칠 수 있는 효과를 체계적으로 조사·검토하는 것이다. 기술평가는 정책 현안들을 파악하고 여러 가지 대안들이 미칠 제반 영향들을 평가하여 그 결과를 제시하는 것으로 기술 프로그램의 특성·의미·상태 및 장점 등을 체계적으로 평가하는 분석방법이다. 그러므로 기술평가의 본래 의미는 정책연구의 한 형태로서 정책 입안자에게 균형 잡힌 평가를 제공하는 데 그 목적이 있다. 이러한 의미의 기술평가는 정책연구의 하나로서 예기치 못한 간접적인 영향과 나중에 나타날 영향을 중점적으로 다루기 위해서 도입되었다. 따라서 기술평가의 주안점은 기술은 사회에 영향을 미치기 때문에 기술이 사용되기 전에 그 영향을 충분히 검토되어야 한다는 것이다.

그러나 80년대 이후에 정보기술의 발달과 더불어 기술의 변화 속도가 급변하고 기술집약적인 기업에 대한 가치가 새롭게 조명되면서 기술가치에 대한 평가에 본격적인 관심을 보이게 되었다. 신기술은 아이디어 발굴단계에서부터 상업화에 이르기까지 여러 가지 검증을 거쳐야 한다. 그리고 신기술의 사업화를 위한 평가나 타당성분석은 이미 다양한 형태로 이루어지고 있으나 대부분이 암묵지적인 컨설팅의 형태로 제공되었다. 90년대 이후에 벤처기업의 등장과 신기술의 가속화로 과학기술이나 신기술의 사업화 및 상품화를 위한 이행속도가 빨라지면서 신기술의 사업화를 위한 평가체계에 눈을 돌리게 되었다. 이러한 일련의 의사결정에서 기술은 어떤 형태로든지 평가하여야 한다. 이러한 평가방법은 새로운 사업아이템을 구한다든지, 그리고 기술개발 전략에서 향후 시장가치가 높은 기술을 파악하기 위한 평가인 것이다. 이 책에서는 새로운 기술을 상품화하기 위해서 사용되는 여러 가지 모델 중에서 대표적인 방법 몇 가지를 정리하였다. 신기술의 사업화를 위해서 아이템을 스크리닝하는 기본적인 평가방법, 그리고 유망한 아이템을 선정하는 평가방법에 대해서 설명하고자 한다. 이러한 평가기법은 실제로 기업에서의 신사업 아이템의 도입이나 사업의 구조조정을 위해서 사용되고 있기도 하다.

기술이전과 유망기술의 발굴을 위해서 기본적으로 스크리닝 테스트(screening test)가 이루어져야 한다. 이러한 평가단계는 기술·시장 및 사업화를 위한 기본적인 내용을 조사하고 체크하는 것이라 할 수 있다. 이러한 스크리닝 테스트는 단순히 기술이전을 위한 아이템 선정 외에도 벤처기술의 유망아이템 선정, 벤처밸리 등의 입주를 위한 아이템 선정 등에도 적용될 수 있다. 이 방법은 단지 최소한의 아이템 선정을 위한 가이드라인을 제시하는 것이다.

신기술 사업의 선행성평가가 끝나면 BMO평가를 하게 된다. BMO평가에 관해서는 이미 앞에시 설명하였기에 이 절에서는 생략히기로 한다.

[신기술의 사업화를 위한 선행성평가]

구 분	테 스 트	No / Low	Yes / High	Rating 1-5
기본 테스트	특허검색 완료, 문헌검색 완료, 기술에 대한 우선권 주장 여부 및 특허에 의해 보호된 기술인지의 여부			
기술성	새로운 산업기술, 기술의 현황, 기술의 설명에 대한 용이성, 중요한 장점 및 특이성, 시작품의 제작, 기존 특허와의 우위성 및 제품수명의 각 항목 평가			
시장성	시장의 니즈, 시장규모 및 성장성, 시장 잠재성, 경쟁제품에 대한 경쟁성, 확실한 틈새시장, 시장접근성 및 기술과 제품의 일치성의 각 항목 평가			
사업성	시장의 니즈, 시장규모 및 성장성, 시장 잠재성, 경쟁제품에 대한 경쟁성, 확실한 틈새시장, 시장접근성 및 기술과 제품의 일치성의 각 항목 평가 연구기반에 의한 사업화, 미래 라이선싱 확보, 생산성 향상 및 가격 저감, 재무적 위험도, 스핀오프 회사를 위한 기술기초, 지속적 경쟁적 이익 및 제품 및 기술의 표준문제			
발명자	발명자의 특허에 대한 수상경력, 발명자의 현실성 및 발명자의 팀 플레이어 여부			

기술가치의 평가

기술평가는 전략적 관점에서 기술예측을 통하여 기술적 자원이 어떠한 영향을 미치는가를 파악하는 넓은 의미를 갖고 있다. 반면에 기술가치평가는 기술 자체가 갖고 있는 공정한 시장가치를 평가하거나 기술의 금전적 가치를 측정하므로 기술평가와는 차이가 있다.

기술가치평가는 다양한 분류기준으로 구분되고 있다. 먼저 기술평가에 대하여 기업전체를 대상으로 할 때와 기업이 보유하고 있는 개별기술에 대한 평가로 나눌 수 있다. 특히 개별기술, 즉 개발이 완료된 기술자체를 대상으로 하여 기술의 경제성 및 상업적 가치를 측정하여 이를 기술시장에 상정하여 기술의 수요자들에게 객관적인 기준척도를 제공하고자 하는 경우, 정성적인 평가단계로서 기술투자의 상대적 우선순위를 정하는 과정인 등급평가를 하거나 개별기술 자체의 경제적 가치를 금전적으로 평가를 한다. 기술자산평가를 하는데 있어서 기술등급평가와 기술가치평가가 있고, 아울러 기술등급평가 및 정량적 기술가치평가를 포괄하여 기술에 대한 전반적인 평가를 의미하는 용어로 기술가치평가를 정의할 수 있다.

개별 기술평가의 접근방법으로 얻어지는 기술의 평가치는 기술이 수행하는 기능을 명확히 파악해야 하고, 기능의 수행정도를 잘 나타내는 단일 또는 복수의 측정요소를 선정해야 한다. 현재까지 가치평가에 개발된 모형을 보면 평점모형, 체크리스트 방법, 전통적 자본예산기법, 지수 또는 공식을 이용하는 방법, OR기법을 이용하는 방법, 동태적 모형 등 여러 가지 형태로 많은 모형이 존재 한다. 위에서 언급한 대부분의 가치평가모형들은 연구개발의 프로젝트 선정에 관련된 평가모형으로 사용되었으나 개별기술에 대한 가치평가방법으로써 현재 많이 사용되고 있다. 그리고 이러한 다양한 평가기법이 있듯이 평가기법을 분류하는 방법도 여러 가지이다. 대표적인 분류 방법이 결정론적 평가법·경제론적 평가법·OR적 평가법 등으로 분류된 기준과 선정모형·평가모형·포트폴리오분석모형으로 분류된 기준 등이 있다.

현재 기술등급평가를 시행하고 있는 사례들을 살펴보면 국내에서 기술평가를 하는 기관으로는 점검표모형 및 평점모형을 이용하는 기술신용보증기금·국민은행과 서술형

[기술신용보증기금의 기술평가보증 심사기준]

항 목 별	점 수	심 사 기 준
경영주의 기술능력	25점	- 기술지식 수준 (5점) - 기술경험 수준 (5점) - 경영능력 (5점) - 자금조달 능력 (5점) - 경영진의 인적구성 및 팀워크 (5점)
기술수준	35점	- 기술개발환경 (5점) - 기술개발실적,인증, 특허권 (5점) - 신규기술개발과제 수행여부 및 성공가능성 (5점) - 기술의 우수성 (10점) - 기술의 제품화 능력 (10점)
기술의 시장성	20점	- 시장규모 (5점) - 시장의 성격 및 경쟁상황 (5점) - 제품의 경쟁력 (10점)
사업계획의 타당성 및 수익성	20점	- 판매계획의 타당성 (10점) • 소액·창업의 경우 - 사업추진 일정의 적정성 (5점) - 투사내비 회수가능성 (5점) • 기타 기업의 경우 - 매출액경상이익률 (5점) - 수익전망 (5점)
합계 점수	100	

식의 평가모델을 이용하는 한국발명진흥회 이외의 12개 이상의 연구기관이 있다. 평점 모형으로 기술신용보증기금의 기술평가보증심사기준을 보면 기술평가항목을 4가지, 즉 경영주의 기술능력·기술수준·기술의 시장성·사업계획의 타당성 및 수익성으로 나눈 다음 각 항목별로 심사 항목들을 다시 나누었다. 기술신용보증기금의 기술평가 전문가가 기업의 기술에 대하여 항목별로 점수를 주어 합계를 한다. 이 합계점수가 기업이 가지고 있는 기술수준을 나타내고 있다. 미국에서 진행하고 있는 대표적인 기술평가 정부산하기관으로는 National Technology Transfer Center(NTTC)가 있다. 기술평가 이외에도 대학·NASA·기업, 그리고 군대를 연계하여 교육·자금지원·특허 등 여러 가지 지원 정책을 하고 있다.

3. 벤처기술의 사업성평가

벤처기업에 대한 기술경쟁력 혹은 기술성 평가에 대한 관심이 대두되고 있다. 특히 대학이나 연구기관 그리고 협회나 기업들이 창업 기업의 기술 및 경영을 지원하기 위해 운영하고 있는 인큐베이터센터 등에서는 기업의 기술성 및 사업성에 대한 평가 기준과 평가방법 등 별도의 평가 모델이 다양하게 개발되고 있다. 이러한 평가도 결국은 기업의 기술경쟁력 평가와 관련이 되므로 창업기업의 기술력 평가 모델을 활용한다고 할 수 있다.

과학기술의 발달이 심화될수록 전통적인 유형의 생산요소보다 무형의 생산요소, 즉 지적 재산이 더 큰 부가가치를 창출함에 따라 기술자산의 거래와 기술투자의 세계화가 활발히 일어나고 있다.

기업간의 경쟁이 요구되는 상황에서 기술자산을 올바르게 평가하고 투자하기 위하여 정부나 기업에서도 기술자산의 효율적 관리 및 축적이 필요하므로 많은 관심을 보이고 있다. 최근 우리나라에서도 기술을 강조한 벤처 기업의 활발한 창업이 일어나고 있으며, 정부는 이러한 벤처 기업을 지원하기 위한 각종 정책을 시행하고 있다.

벤처기업의 평가는 각 평가주체마다 평가항목과 평가 시스템이 다르다. 이러한 평가는 대부분 등급평가의 형태를 취하고 있다.

우리나라의 경우 벤처기업의 사업성평가는 주로 기술보증기금이 KTRS 모형에 의한 기술평가를 실시하고 있다. KTRS는 투자·융자, 보증, 기술이전 거래 등 기술금융 활용과 기술사업 타당성 평가 등에 활용하기 위해 연세대 산업통계연구실팀과 공동 개발을 통해 만들어졌다.

KTRS의 가장 큰 특징은 기술의 사업성공 가능성뿐만 아니라 사업실패 위험성을 동시에 고려한 것이다.

각각 10단계로 이루어진 기술수준과 위험수준을 매트릭스로 조합해 기술평가등급을 산출한다. 기술수준은 다년간 기술평가 업무에 종사해 온 전문가들의 평가기준에 따라 만들어진 평점모형에 의해 사업조직 등급, 기술성 등급, 시장성 등급, 사업성 등급을 도출하고 이들 등급의 조합을 통해 평점이 매겨진다. 우수한 순서대로 V1에서 V10까지 10개 등급으로 표시된다. 기술사업화 위험과 함께 경제환경변수, 기업환경변수 등이 계산에 포함된다. R1에서 R10까지 10개 등급이 부여된다.

신기술의 평가는 기술의 종류나 기술발전 단계별로 획일적으로 평가할 수는 없다. 신기술의 도입과 평가도 결국은 기업의 이윤추구라는 목적 하에서 이루어져야 하기 때문이다. 실제로 기업에서 신기술을 평가함에 있어, 이러한 평가모델을 기본으로 하여 기업과 기술의 특성에 맞게 활용할 수 있을 것이다. 결국 신기술의 사업화 결정은 기업 내부에서 하기 마련이지만 원활한 의사결정을 위한 잣대로 활용될 수 있을 기본적인 도구가 필요한 것이다.

창업기업과 벤처기업의 기술력 평가항목을 사례로 보면 다음 표와 같다.

[창업기업과 벤처기업에 대한 기술력평가항목]

구 분	사업성 평가항목	사업성 평가내용
기술면의 우위	기술이 사업상 필요로 하는 정도	기술이 출현 니즈에 대한 고객요구, 시장조사 등으로 예측
	기술을 해결하는 문제점의 신규성	신분야의 개척, 종래 기술에 있어서 새로운 문제점의 파악
	기술성의 대소	산업상 이용되는 기술을 대상으로 하고, 공지된 기술이나 특허심사기준, 심의판결 등으로 판단
	사업화에 따른 효과의 대소	발명특유의 효과, 종래기술과의 대비에 따른 발명의 확인
	발명에 관여된 기술의 완성도	아이디어 수준, 실험실적 확인, 공업화의 가능성 등을 확인
	실시화시 기술적 용이성	경제적 실시의 난이성, 주변기술의 진보도 등을 참작
	실시응용분야의 대소	발명의 실시응용분야가 넓을수록 산업상 실시화가 큼.
권리면의 강약	특허로서의 기본성	기본특허인 경우가 개량기술(특허)보다 권리가치 높음
	당해 기술분야에서 실시의 필연성	권리범위의 광협, 발명에 대항하여 기술적, 경제적으로 성립하는 회피기술의 유무 판단
	타사와 크로스라이센스루의 역할정도	특허상의 이용관계의 존재, 타사가 욕심내는 발명 여부
	침해실시 파악의 용이성	물질발명이 방법발명의 경우보다 실시상태 파악용이
	타사 권리의 이용회피 가능성	타사특허의 권리관계의 존재, 또는 타사 권리를 이용하는 편이 유리한 경우 가치가 적음.
	자사 주변특허로서의 보강성	기본특허를 보강하여 특허망을 구성하는 것은 가치가 큼.

구 분	사업성 평가항목	사업성 평가내용
경제적이익의 대소	기술제품의 수요예상량의 대소	시장성의 대소, 발명의 실시규모의 대소
	제품의 예상이익액의 다소	발명품에 대한 실질적인 영업상의 기여
	판매경쟁력에 대한 기여도	가격면에서 우위성, 경쟁기술의 출현을 배제하고 독점적 지위를 유지할 수 있는 정도
	기술이 계속 사용되는 기간	발명기술이 진부화되지 않고 오랜기간 동안 사용할 수 있는 것은 우수함.
	계약에 의해 얻어지는 이익액의 다소	기본발명, 시장성이 큰 발명, 양산화가 가능한 발명 등은 예상이익 규모가 큼.

벤처기업 평가모형

기술중심의 벤처투자에 대한 관심이 높아짐에 따라 벤처캐피탈, 엔젤클럽, 벤처펀드 등의 결성이 확대되어 벤처기업의 평가가 중시되고 있다. 활성화된 벤처기업의 평가는 벤처기업의 기술내용 진위 및 기술수준의 검증, 벤처기업의 기술동향 정보 및 성장잠재력 분석, 대상기업 기술의 상용화까지의 현실성 검토 및 사업화 과정 분석 등 다양한 측면으로 제시되고 있을 뿐만 아니라 평가방법론은 다양하다. 현재 한국신용평가에서 사용되고 있는 벤처기업평가방법을 살펴보면 자체 개발한 V-60점검표 모형(시장성·경쟁력·비용구조·외부환경변수)을 활용하여 성장성·수익성·안정성 측면의 전반적인 평가로 벤처기업의 등급을 평가하는데, 환경요인의 변화와 경영자의 능력에 따른 의사결정의 관점에서 동적 현금흐름법(dynamic DCF)과 실물옵션(real options) 방법을 통합한 3단계 방법론을 사용하고 있다

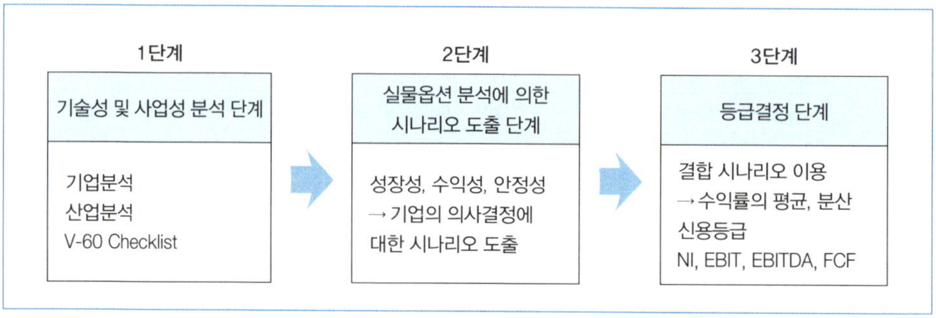

한국신용평가의 벤처기업 평가법

04 프로젝트의 경제성평가

프로젝트의 경제성평가란 선택 가능한 몇 가지 대안에 대해 투입되는 비용과 산출된 결과를 동시에 비교·분석하는 평가방법이다. 즉, 비용이 동일하다면 어느 대안이 더 큰 효과를 가져다줄 수 있는지, 혹은 동일한 효과를 얻는데 비용이 더 적게 들어가는 대안은 어느 것인지를 확인하는 것이다. 프로젝트의 경제성평가는 그 특성상 자원배분을 위한 의사결정에 주로 사용 되는데 프로젝트의 경제적 가치를 평가하고자 할 때 흔히 사용된다. 프로젝트의 경제성평가를 하는 목적은 새로운 기술이 빠르게 도입, 확산됨에 따라 기존의 기술을 대체하면서 비용증가를 선도하고 있다. 이에 따라 새로운 기술이 비용에 상응하는 가치를 가지고 있는지에 대한 관심이 증가하기 시작하였으며 프로젝트의 경제성평가의 필요성이 중요하게 인식 되었다.

1. 프로젝트의 관리 및 평가

프로젝트란 새로운 서비스나 사업을 창출하는 과제를 목적으로 비용·시간·기술적 측면의 제약 아래에서 특정한 목적을 달성하기 위하여 인적·물적 자원을 투입하여 일정한 기간 동안에 수행하여야 할 상호 관련성을 가진 일련의 활동을 말한다. 프로젝트의 속성은 어떠한 규격 내에서 완료해야 할 특정한 목적이 있어야 하고, 프로젝트의 시작과 종료까지의 시간의 제약을 받게 된다. 뿐만 아니라 프로젝트를 추진하는데 소요되는 비용인 예산의 제약과 인적 및 물적 자원이 소요됨에 따라 기업의 여러 기능과 조직이 참여하는 다기능적인 속성을 가지고 있다.

■ 프로젝트의 특성

프로젝트가 창출하고자 하는 과제는 불확실성을 내포하고 있기 때문에 일회성과 유일성이란 특성으로 인해 비반복적인 업무를 수행하게 되며, 일반적으로 프로젝트는 대규모의 신사업에 적용됨에 따라 상당히 복잡한 구조를 갖게 되며 따라서 여러 조직이 동시에 하나의 프로젝트에 참여 하게 된다. 따라서 프로젝트는 구조적이며 순차적인 특성을 가지고 있으므로 다양한 활동을 요구한다.

프로젝트의 관리

프로젝트의 목적인 기술적인 측면과 비용적인 측면과 시간적인 제약요인들을 충족시키고 프로젝트를 효율적으로 달성하기 위해서는 필요한 활동들을 정의하고, 경영자원을 효율적으로 투입하기 위하여 이를 체계적으로 계획하고 지휘와 통제를 하는 일련의 관리활동을 프로젝트관리라고 할 수 있다. 효율적으로 프로젝트를 관리함으로써 얻을 수 있는 것은 고객만족의 극대화와 개발기간의 단축·품질향상·시간과 노력·비용절감 등을 통한 생산성 향상을 도모할 수 있을 뿐만 아니라 기술적 능력을 배양할 수가 있다.

프로젝트의 유형

프로젝트의 유형은 기술집약도와 물류관리 집약도의 수준에 따라 아래 도표와 같이 분류할 수 있다.

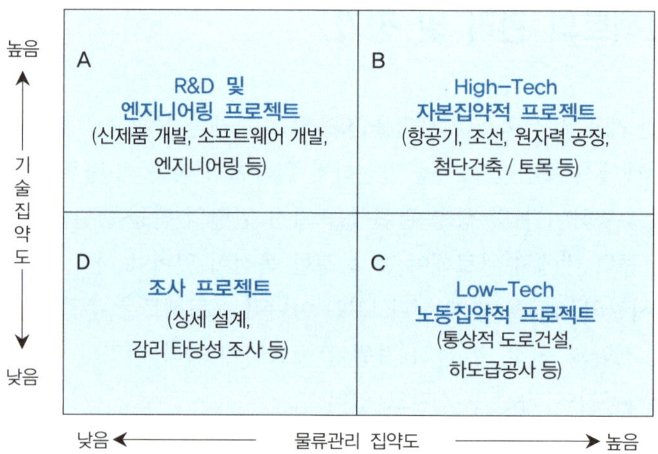

프로젝트별 유형

■ 유형별 관리요소

프로젝트의 유형별 관리요소는 다음과 같다.

[프로젝트의 유형별 관리요소]

유 형	프 로 젝 트	관 리 요 소
A	R&D, 엔지니어링 프로젝트	고급기술인력의 확보, 프로젝트 관리능력
B	High-Tech, 자본집약적 프로젝트	고급인력자원 및 첨단기술의 확보, 물류관리 능력
C	Low-Tech, 노동집약적 프로젝트	노무관리, 물류관리 능력
D	조사 프로젝트	노하우 보유인력, 보고서

■ 관리단계와 활동

프로젝트의 관리단계와 세부 활동은 다음과 같다.

주 요 활 동	세 부 활 동
프로젝트 창출	• 기술예측 및 산업정보 수집 • 개발 전략 기획 • 연구개발 / 기술도입 제안서 작성 • 경제성 분석 및 프로젝트 선정
프로젝트 계획	• 일정(schedule) 계획 • 예산(budget) 계획 • 자원(resource) 계획
프로젝트 수행	• 진도 및 예산 관리 • 중간평가 및 수정
프로젝트 평가	• 최종평가 및 보고 • 사후관리

2. 경제성평가의 모형

■ 상대적 순위모형

상대적 순위모형이란 프로젝트의 경제성 평가에 있어서 대안들에 대하여 상대적 가치의 순위를 매긴 후 그 순위에 따라 대안들의 경제성을 평가하는 기법으로 상대적 가치 표현방법으로서는 시각적 도형과 점수 또는 지표 등으로 표현한다. 상대적 순위모형은 방법론상으로는 이해와 적용이 쉽지만 상대적인 순위만을 제시하기 때문에 대안들의 실질적이고 절대적인 경제성 파악이 어렵고 대안들 간의 차이에 대한 명확한 비교가 어렵다는 단점을 가지고 있다. 상대적 순위모형의 대표적인 평가기법으로는 프로파일모형·점수모형·계층분석과정인 AHP모형 등이 있다.

■ 경제적 가치모형

경제적 가치모형이란 프로젝트의 경제성평가에 있어서 대안들에 대하여 경제적 가치를 측정한 후 그 값의 차이에 의해 대안들의 경제성을 평가하는 기법으로 결과치가 절대적 경제가치인 화폐가치로 표현됨으로 의미가 분명하고, 대안들 간의 차이를 명확히 알 수 있다는 장점이 있는 반면에 가치측정을 위한 미래 현금흐름에 대한 값을 정확히 추정하기 어렵다는 단점도 지니고 있다. 경제적 가치모형의 대표적인 평가기법으로는 자본예산모형·비용－이익모형·경제성지표모형·의사결정이론모형·수리계획모형 등이 있다.

■ 파급효과 분석모형

파급효과 분석모형이란 특정대안의 경제·사회적 파급효과를 분석하는 것을 목적으로 한다. 이에 따라 하나의 대안이 있을 때 그 대안이 가져 올 파급효과가 어느 정도인가를 측정하여 그 대안의 경제성을 판단하게 된다. 파급효과 분석모형의 대표적인 평가기법에는 투입-산출분석모형, 교차영향분석모형, 생산함수분석모형, 비용함수분석모형 등을 꼽을 수 있다.

■ 평가모형의 선택

경제성평가모형은 과제의 성격과 목적에 따라 그 평가방법을 선택하고 활용지침을 정하여야 한다.

[경제성평가모형]

과제의 성격	과제의 목적	적합한 평가모형
연구성 과제	- 중장기형 기초연구 - 미래형 탐색단계 연구	- 프로파일분석 - 점수모형 - AHP모형
개발성 과제	- 기초연구의 응용 - 개념설계의 구현	- 경제성지표모형 - 의사결정이론모형
상업화 과제	- 개발기술의 양산 시험 - 초기시장의 개척	- 자본예산모형 - 수리계획모형
공공성 과제	- 사회간접자본 투자 - 대형·공공기술의 개발	- 비용-이익분석모형 - 투입-산출분석모형 - 상호영향분석모형 - 생산함수분석모형

05 평가기법의 모형

프로젝트의 경제성평가를 위한 평가모형의 선택에 대해서는 이미 앞에서 살펴 본 바와 같다. 여기에서는 6가지의 평가모형에 대해서 간략하게 설명하고자 한다.

1. 프로파일모형

프로파일모형이란 비교대상이 되는 대안들에 대하여 중요한 평가항목을 설정한 후 각 항목의 평가결과를 직관적인 도형으로 표시하는 방법이다. 프로파일모형은 단순하여 이해하기가 쉬울 뿐만 아니라 시각적인 효과가 높다는 장점이 있는 반면 우열을 쉽게 판단하기가 어려운 경우가 많으며, 대안의 수가 많은 경우 하나의 도형 안에 모두를 표현하기가 어렵다는 단점도 있다. 프로파일모형의 표시방식으로는 차트방식과 방사형 방식을 주로 많이 사용하고 있다.

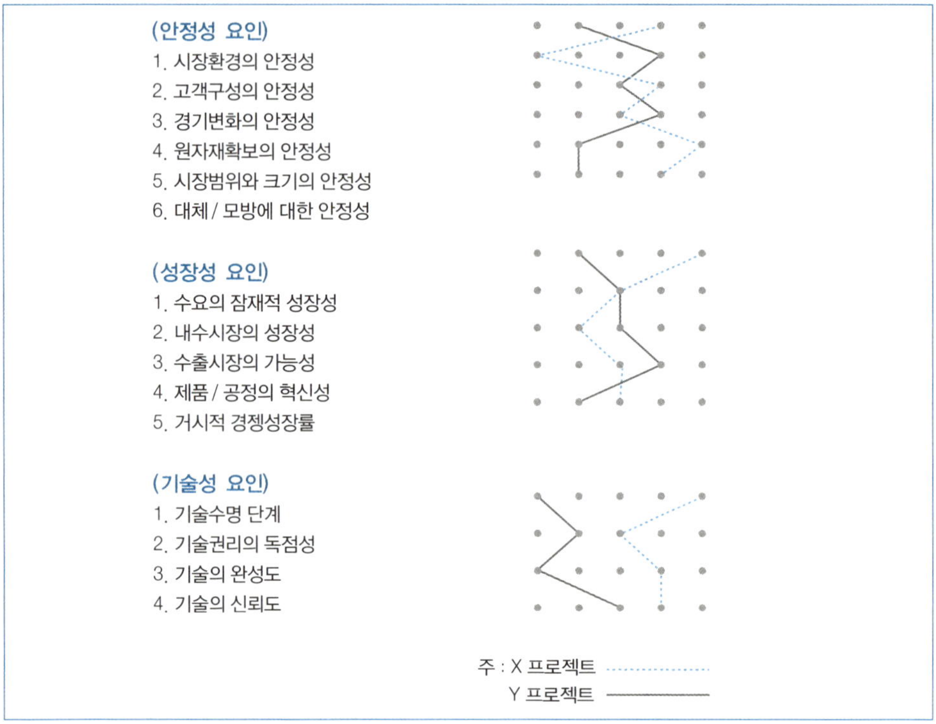

차트방식의 프로파일모형

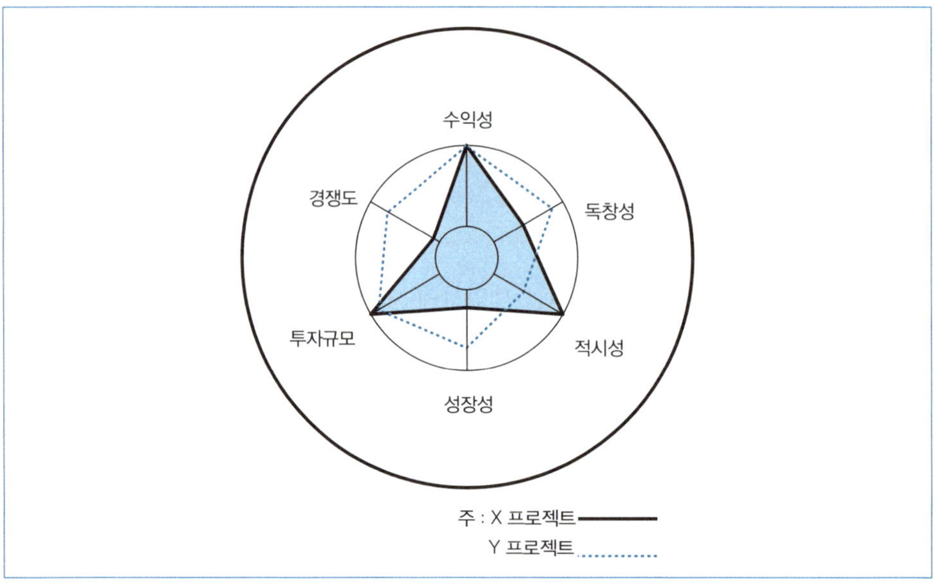

방사형(Radial)방식

2. 점수모형

점수모형이란 대안의 경제성을 점수로 측정하여 점수의 크기에 의하여 대안의 우열을 결정하는 방식으로 먼저 중요한 평가항목을 설정한 후 항목별 배점기준을 정하여 평가점수를 부여함으로써 최종점수를 계산한다. 점수모형 또한 프로파일모형과 같이 비교적 이해하기가 쉽고 프로파일모형에 비해 세부항목들을 고려할 수가 있을 뿐만 아니라 점수 도출기준 설정 시 융통성을 부여할 수 있는 장점을 가지고 있다. 반면에 단점으로는 평가자의 주관적 판단에 의존함으로써 실질적인 경제성 파악이 어려울 뿐만 아니라 각 대안들 간의 차이를 절대치의 차이로 비교하기가 어렵다. 점수모형의 방식에는 단순가산방식과 가중치가산방식·연승방식·가승방식이 있다.

■ 단순가산방식

단순가산방식은 점수모형의 가장 기본적인 형태로서 각 평가 항목의 평점을 단순히 합계하는 방식으로 그 산식은 다음과 같다.

$$T = \sum_{i=1}^{n} S_i$$

T : 최종점수
S_i : 각 항목의 점수
i : 개별항목의 번호

단순가산방식에 의한 평가 예는 아래 표와 같다.

대항목	소 항 목	배 점	평 점(S)
기술성	완성도 및 신뢰도	15	
	기술수명주기	10	
	독창성 및 권리성	10	
	소 계	35	
경제성	시장성 및 성장성	15	
	가격·품질 경쟁력	10	
	타제품·기술 응용 가능성	10	
	소 계	35	

대 항 목	소 항 목	배 점	평 점(S)
환경성	대내외 경쟁 환경	10	
	상업화 외부조건	10	
	기술 인프라 환경	10	
	소 계	30	
총 계 (T)		100	

■ 가중치가산방식

가중치가산방식은 배점의 신축성을 높이기 위하여 각 평가항목의 중요도에 따라 가중치를 부여하는 방식으로 그 산식은 다음과 같다.

$$T = \sum_{i=1}^{n} W_i \ S_i$$

T : 최종점수 S_i : 각 항목의 점수

W_i : 각 항목에 대한 가중치

I : 개별항목의 번호

가중치가산방식에서의 가중치의 설정은 직관적인 판단에 의해 가중치를 주관적으로 설정하는 직관적 방법과 요인간의 상대적인 중요도의 순위에 의하여 가중치를 설정하는 순위합방법, 요인의 순위의 역수를 기준으로 가중치를 설정하는 순위역수방법이 있다.

가중치가산방식에 의한 평가 예는 아래 표와 같다.

[가중치가산방식의 평가표]

대 항 목	소 항 목	배 점	평 점(S)	가중치(W)	가중평균(W·S)
기술성	완성도 및 신뢰도	10		1.5	
	기술수명주기	10		1.5	
	독창성 및 권리성	10		1.0	
	소 계				40
경제성	시장성 및 성장성	10		1.5	
	가격·품질 경쟁력	10		1.5	
	타제품·기술 응용 가능성	10		1.0	
	소 계				40

대 항 목	소 항 목	배 점	평 점(S)	가중치(W)	가중평균(W·S)
환경성	대내외 경쟁 환경	10		1.0	
	상업화 외부조건	10		1.0	
	기술 인프라 환경	10		1.0	
	소 계				30
총 계 (T)					110

■ 연승방식

연승방식은 각 평가항목의 평점을 곱하는 방식으로 대안들 간의 우열이 분명하게 나타남으로써 평가의 민감도를 높이는 장점도 있지만 총점을 제한할 수 없고, 항목 수 또는 항목별 배점 증가에 따라 최종점수 차이가 비현실적으로 나타나는 단점도 지니고 있다. 연승방식에 의한 평가 예는 아래 표와 같다.

$$T = \prod_{n=1}^{n} S_i$$

T : 최종점수

S_i : 각 항목의 점수

I : 개별항목의 번호

[연승방식의 평가표]

평 가 항 목	배 점	평 점(S)
기술적 우수성	5	
상업화 가능성	5	
경제적 수익성	5	
가격 경쟁력	5	
시장 환경	5	
총 계 (T)	3,125	

■ 가승방식

가승방식은 가산방식과 연승방식을 적절히 혼합한 평가방식으로 그 산식과 가승방식에 의한 평가 예는 아래 표와 같다.

$$T = (a+b+c) \times (d+e+f) \times (g+h+i)$$

T : 최종점수

$a,\ b,\ c,\ d,\ \cdots\ i$: 각 소항목의 점수

[가승방식의 평가표]

대 항 목	소 항 목	배 점	평 점(S)
기술성	독창성	5	
	기술수명	5	
	독점성	5	
	소 계	15	
경제성	시장성장성	5	
	시장점유율	5	
	수익성	5	
	소 계	15	
환경성	경쟁 환경	5	
	상업화 조건	5	
	인프라 환경	5	
	소 계	15	
총 계 (T)		3,375	

3. 계층분석과정모형

AHP는 대안의 우선순위를 계층화해 줄 수 있다는 점에서 기업활동을 영속해 나가는 환경 내에서 경쟁적 우위를 확보하기 위한 최적자원배분모형으로 사용되고 있다. AHP는 의사결정의 계층구조를 구성하고 있는 요소간의 쌍대비교를 통해 평가자의 지식·경험 및 직관을 포착하는 의사결정방법론 중 하나이다. 즉 의사결정의 전 과정을 여러 단계로 나눈 후 이를 단계별로 분석 해결함으로써 최종적인 의사결정에 이르는 방법이라고 할 수 있다. 즉 AHP는 다수의 대안에 대하여 다면적인 평가기준과 다수 주체에 의한 의사결정을 위해 설계된 방법이다. 의사결정자의 직관적, 합리적 또는 비합리적 판단을 근거로 정량적인 요소와 정성적인 요소를 동시에 고려함으로써 의사결정문제의 해결을 위한 포괄적인 틀을 제공해준다. AHP의 과정은 다음과 같다.

우선 직면한 의사결정 문제를 구성하고 있는 모든 요소를 나열한다. 그 요소로는 의사결정의 목적·대안·그 대안을 평가할 수 있는 기준 등이 있다. 이러한 요소들을 계층의 형태로 만든다. 이후 그 계층을 구성하고 있는 요소들 간 1대1로 쌍대비교를 한다. 비교결과를 선형대수학의 고유 벡터법을 이용하여 요소들의 가중치를 구한다. 마지막으로 각 레벨에서 구한 요소들의 가중치를 상위레벨에서 하위레벨로 곱하게 되면 의사결정대안의 최종가중치가 구해지고 이를 토대로 의사결정을 내리게 된다.

계층분석과정모형의 절차는 아래와 같다.

단계 1	의사결정 문제를 분석하여 계층 구조를 형성한다.
단계 2	계층 별로 의사결정 요소들 간의 쌍대비교를 수행한다.
단계 3	계층 내 의사결정 요소들 간의 상대적 중요도를 도출한다.
단계 4	계층 별 중요도를 종합하여 대안들의 우선순위를 결정한다.
단계 5	AHP 적용과정에서 판단의 일관성을 검증한다.

경영방침 수립 Process

4. 경제성지표모형

경제성지표모형은 경제성분석의 결과를 간단히 나타낼 수 있는 지표를 사용하는 평가방법으로 사업화 성공확률과 기술적 성공확률 그리고 시장성 등의 지표를 곱하여 수치로 표현하는 방식이다. 평가과제의 판단기준이 되는 지표는 여러 가지가 제안되고 있으나 근본적으로 "지표 = (수익 × 성공확률) / 비용"의 형태를 취한다. 이 방법의 장점은 적용이 간단하고 재무적 자료를 이용함으로 실용적이기는 하나 단일지표만 가지고서는 성공확률·수익·비용간의 대체관계를 설명할 수가 없으며 여러 개의 차원을 동시에 고려할 수 없다는 단점을 가지고 있다.

■ Olsen법

미국의 웨스턴 카트리지의 부사장을 지낸 F. Olsen이 제안한 방법으로 대표적인 경제론적인 평가방법의 하나이다. 올슨은 프로젝트 개발성과를 신제품의 매출액·개량제품의 매출액·공정합리화 절감액 등 세 가지 경우로 구분하고 신제품매출액은 5년간 해당제품 총매출액의 3%, 개량제품매출액은 2년간 개량제품총매출액의 2%, 공정합리화 절감액은 1년간 절감액으로 정의한 후 이들의 합계치를 프로젝트수익지수로 나타내고 이러한 프로젝 수익지수를 프로젝트개발비로 나눈 것이 프로젝트개발수익비로서 그 값이 3 이상일 때가 바람직스럽다고 판단하고 있다. 올슨법은 실제경험을 바탕으로 한 방법으로 단순 명쾌하고 계산도 간단하며 개별프로젝트에 대한 평가뿐만 아니라 프로젝트개발 관련 전체평가 및 프로젝트의사전평가에도 사용할 수 있는 장점이 있다.

프로젝트 수익지표＝프로젝트 예상수익 / 프로젝트 예상비용
프로젝트 예상비용＝(신제품 예상매출액의 3% × 5년)
+(개량제품 예상매출액의 2% × 2년)
+(공정혁신 비용감소액×1년)

■ Pacifico법

미국 알코락사의 C. Pacifico가 제안한 방법으로 프로젝트지수(PN)를 산출하여 투자에 대한 평가지표로 사용한다. 이 방법에 의한 투자평가 결과에서 프로젝트지수는 1 이상이어야 바람직한 투자라 할 수 있으며 프로젝트개발수익을 계상하는 대상기간은 최저 5년 정도가 되어야 평가의 객관성을 유지할 수 있다.

프로젝트 지수＝프로젝트 예상수익 / 프로젝트 예상비용
프로젝트 예상수익＝(기술적 성공확률 × 상업화 성공확률)
× (판매가격 - 판매원가)
× (연간 예상매출액 × 제품수명)

■ Teal법

Teal법은 텍사스 인스투르먼트사의 G. Teal이 제안한 방법으로 프로젝트 유효도지수를 평가지표로 사용하고 있다. 현재 사용되고 있는 투자평가방법 중 프로젝트개발 성

과를 기업 활동적인 측면에서 다면적으로 평가하려고 한 방식으로 가장 정밀한 결과를 산출할 수 있는 것으로 평가되고 있다. 즉, 프로젝트평가를 프로젝트개발수익·고정자본수익·매출액증가·시장점유율의 각 지수를 곱하여 평가하는데 결과 값이 1 이상인 프로젝트만 투자의 합리성을 인정하는 방식이다. 여기에서 평가요소로 취한 각 지수의 기준으로서 프로젝트개발수익은 연구개발비의 25배, 설비투자는 이자율 6%로 10년 정률의 초년도 상각에 상응하는 투자일 경우, 그리고 매출액증가는 총매출액의 4%, 시장점유율은 전체의 50%를 각각의 목표로 한 경우의 목표 값으로 하고 있다. 프로젝트 유효도 지수에 대한 계산에 있어서 신제품은 매출액, 수익은 전체 수명주기를 대상으로 하기 때문에 기업의 총매출액도 신제품의 시장에 출하에서부터 대체상품의 출현으로 매출이 발생하지 않을 때까지의 전체 상품수명주기를 대상으로 한다.

이같이 제품의 평가요소 수를 확대한 것이 평가를 보다 정밀하게 할 수 있을 것으로 판단할 수 있으나 이는 어떤 요소에 대한 평가의 결과가 나쁘더라도 기타요소의 평가결과가 좋으면 전체적인 면에서 좋은 평가를 받게 되므로 프로젝트가 채택될 가능성이 있다. 이와 같은 위험을 회피하기 위해서 각각의 요인에 대해 사전에 하한 기준을 설정해 놓고 그 하한 기준선에 미치지 못하는 평가요소가 있으면 프로젝트지수가 1을 상회하는 프로젝트라 할지라도 채택하지 않거나 다른 방법을 활용하여 재평가 하는 등 기타 프로젝트와의 상호비교를 합리적으로 행할 필요가 있다.

■ Sideny sobelman법

이 방법은 S. Sobelman이 제안한 것으로 제품가치를 평가지표로 활용코자 하는 평가방법이다. 제품가치 계식식은 투자가치 모델의 기초가 되고 있는데 이 방법은 신제품의 개발성과를 단순히 그 순익과 개발비 추정액으로만 보지 않고 제품 평균개발기간과 제품수명도 고려해 계산한다는 특성을 지니고 있다.

5. 자본예산모형

자본예산모형에는 투자회수기간법과 순현가법, 내부수익률법을 활용할 수 있다. 우리는 이미 앞에서 이러한 기법에 대한 내용을 고찰한 바가 있다. 따라서 여기에서는 이러한 평가모델을 상호 비교하고 그 장단점에 대해 생각해 보기로 한다.

투자회수기간법

자본회수기간(Payback Period)이란 투자에 소요된 자금을 그 투자로부터 발생하는 현금흐름으로부터 모두 회수하는데 걸리는 기간을 말한다. 투자회수기간법은 이러한 자본회수기간을 비교하여 투자 안을 평가하는 방법으로 자본회수기간이 빠른 투자 안으로부터 우선순위를 갖는다. 즉 회수기간법이란 투자지출액을 현금흐름으로 회수하는데 소요되는 기간을 뜻하며, 연간의 현금흐름(순수익+감가상각비)을 가지고 투자지출액을 회수하는 기간의 장·단으로 투자 안을 평가하는 방법이다. 회수기간법의 투자의사결정기준은 어떤 투자안의 회수기간을 기업이 설정한 최장기간과 비교하는 것이다. 그 투자안의 회수기간이 이 표준시간보다 짧으면 그 투자 안을 채택하게 된다.

Tip 투자회수기간법의 장점

- 이해하기 쉽고 계산하기 간편하다. 많은 투자안을 평가할 경우 시간과 비용을 절약할 수 있다.
- 회수기간은 해당 투자안의 위험도를 나타내는 위험지표로 이용되어 기업에 유리한 정보를 제공할 수 있다. 투자기간이 긴 투자일수록 미래의 불확실성이 크므로 기업은 회수기간이 짧은 투자 안을 선택함으로써 미래의 불확실성을 어느 정도 제거할 수 있다.
- 위험이 높은 시설이나 제품에 대한 투자결정이나 인플레이션률이 계속 상승하고 있을 경우에는 효과적으로 사용할 수 있다.
- 화폐의 시간적 가치를 도입하여 순현재가치법이나 내부수익률법과 같은 현금흐름할인법을 이용하면 여러 단점을 보안할 수 있다. 또한, 회수기간이 가장 긴 한계기간을 설정하여 두면 투자안의 선택과 우선순위의 결정에 도움이 된다.

Tip 투자회수기간법의 단점

- 투자결정의 가장 기본적인 기준은 투자의 수익성에 있다. 회수기간법은 시간성이 판단의 기준이 되므로 투자결정기법으로 적합하지 못하다.
- 현금흐름에 대한 화폐의 시간적 가치를 무사하고 있다. 즉, 현가개념을 무시하고 있다.
- 회수기간 이후의 현금흐름을 고려하지 않고 있다. 시설투자의 경우에는 회수기간 이후에도 수년간 높은 현금유입이 발생하는 경우가 많다.
- 투자위험의 측정 방법이 없다.

순현가법

순현재가치는 현금유입의 현재가치에서 현금유출의 현재가치를 차감한 것으로 투자안의 순이익의 현재가치를 의미하며, 순현가법(NPV)은 계획된 프로젝트에 대한 편익의 순현재가치와 비용의 순현재가치의 차이에 의해 경제적 채산성을 판단하는 것으로 사업의 경제성을 가늠하는 척도 가운데 대안 선택에 있어서 정확한 기준을 제시해 주고 계산이 용이하여 경제성분석 시 보편적으로 이용되는 방법이다.

순현재가치(NPV) = 현금유입의 현재가치(PVCI)
- 현금유출의 현재가치(PVCO)

순현가(NPV)법은 모든 현금흐름을 고려한다. 따라서 모든 현금흐름은 그 현재가치를 결정하기 위하여 적정한 자본비용으로 할인한다. 각 현금흐름을 적정 할인율로 할인하여 그 현재가치를 각각 구하고 할인된 현금흐름을 모두 합하여 그 합계를 그 투자안의 순현재가치로 정의한다. 따라서 투자안의 현금흐름의 순현재가치가 양수이면 그 투자안을 채택하고 현금흐름의 순현재가치가 음수이면 투자안을 기각한다. 순현가법의 기준은 프로젝트에서 발생하는 순현금유입의 현재가치가 합인 순현가가 0보다 큰 프로젝트를 선택함으로써 기업가치를 증가시킬 수 있다는 의미를 가진다.

NPV 〉 0 ------ 투자안 채택
NPV 〈 0 ------ 투자안 기각

순현가는 기업가치에 대한 해당 투자안의 공헌도를 나타내므로 순현가법은 자본예산 평가기법 중 가장 우월한 기법이다. 그런데 순현가법에서는 자본비용을 할인율로 사용하므로 자본비용을 정확히 산출하는 것이 투자안 평가의 핵심이 된다.

■ 내부수익률법

내부수익률(IRR)이란 투자로부터 기대되는 현금유입의 현재가치와 현금유출의 현재가치를 같게 하는 할인율을 말한다. 즉 투자안의 순현재가치를 0으로 만드는 할인율을 의미하는 것으로 편익과 비용의 현재가치의 차이가 0 이 되는 할인율이 사회적 기회비용보다 높으면 프로젝트의 수익성이 있다고 보는 기준이다.

내부수익률은 프로젝트평가에 적용할 적합한 할인율이 알려져 있지 않을 경우에 정책 결정자가 여러 가지 상황을 고려하여 할인율의 최저한계를 설정해 놓은 다음 프로젝트의 분석결과 내부수익률이 설정해 놓은 최저선을 넘으면 해당 프로젝트를 채택하게 된다. 내부수익률은 어떤 지역이나 나라의 자본의 기회비용보다 높으면 일단 수익률이 있다고 판단할 수 있는데 자본의 기회비용을 초과하는 대안 중에서 내부수익률이 가장 높은 대안을 선택하게 된다.

자본의 기회비용을 일반적으로 그 나라의 이자율과 동일하다고 보기 때문에 만약 그 나라의 이자율이 13%라면 어느 사업이 경제성이 있으려면 내부수익률이 최소한 13% 이상은 되어야 한다는 논리가 성립한다.

내부수익률(IRR) = 투자안의 순현재가치(NPV)를 0으로 만드는 할인율

내부수익률법은 내부이익률을 산출하여 그것이 자본비용, 즉 최소요구이익률보다 크면 투자안을 선택하고 그렇지 않으면 기각하는 기법을 말한다.

IRR 〉 자본비용 ------- 투자안 채택

IRR 〈 자본비용 ------- 투자안 기각

내부수익률법은 화폐의 시간적 가치를 고려하고 있으므로 회계적 이익률법과 회수기간법보다 우월한 평가방법이다. 그러나 내부수익률법은 투자안에 따라 복수의 내부수익률이 존재하는 경우도 있는데, 이 경우에는 명백한 의사결정이 어렵고 내부수익률법이 암시적으로 가정하고 있는 재투자수익률이 비현실적이고 낙관적이라는 단점을 가지고 있다.

[자본예산모형 비교]

구분	회수기간법	순현가법	내부수익률법
기준	투자자금 회수기간	현재가치의 극대화	투자수익률의 극대화
적용	회수기간이 짧은 프로젝트의 선택	- 순현재가치가 0보다 큰 프로젝트의 선택 - 순현재가치가 더 큰 프로젝트의 선택	- 내부수익률이 자본비용보다 더 높은 프로젝트 선택 - 내부수익률이 더 높은 프로젝트의 선택
계산	$\min(n): \sum_{t=1}^{n} C_t - I_0 > 0$	$NPV = \sum_{t=1}^{n} \frac{C_t}{(1+r)^t} - I_0 > 0$	$\sum_{t=1}^{n} \frac{C_t}{(1+IPR)^t} - I_0 = 0$ $IPR > WACC$

내부수익률법은 순현가법과 마찬가지로 현금흐름할인법에 속하고 또 많은 평가자들이 실무에서 이 방법을 활용하고 있으며 대개의 경우 NPV법과 IRR법은 동일한 결과를 가져오지만 특정한 경우에 IRR법은 몇 가지 문제점을 가지고 있기 때문에 순현가법에 비해서 그 활용도가 낮다고 볼 수 있다.

6. 위험분석모형

프로젝트의 주요 불확실성의 요소인 프로젝트의 수행기간, 비용 및 성과 등의 계획은 실패 없이 추진되어야 하는 것은 무엇보다 중요하다. 특히 신기술이나 대형 프로젝트일 경우 그 성과달성의 위험성은 상대적으로 더 크며, 이러한 위험분석이 더욱이 요구되어진다. 프로젝트의 수행과정에서 수행과정의 위험성이 관련되어있는 경우 위험구분·평가 및 통제 등 위험분석이 이루어져야 할 것이다. 여기에서 위험분석이란 위험구분·위험예측 및 평가 등의 과정이고 위험관리는 계획된 위험의 통제와 관리 분석과정을 포함한다. 위험평가는 위험이 예상되는 곳에 대한 적절한 조치 및 반응을 위한 절차로서 의사결정자의 여러 가지 의사결정 경우마다 이에 따른 결과를 위험측면에서 분석하는 과정이다. 이러한 위험분석은 위험 자체가 위험분석비용보다 클 경우에만 적용되어야 할 것이다. 프로젝트 수행의 각 단계에서 계획된 성과를 성공적으로 수행하는데 위험성을 분석하기 위한실용적인 모형을 적용해야 할 것이다. 여기에서는 위험분석모형으로써 위험평가요인법과 Network Simulation Model에 대하여 고찰해 보고자 한다.

■ 위험평가 요인법

이 평가모형은 2가지 평가단계의 평가가치를 고려한다. 즉 기초평가와 연구 후 평가이다. 기초평가는 대형 프로젝트의 경우 순수 투자만으로 프로젝트를 수행할 때 이 계획이 성공적 확률을 추정하는 과정이다. 이 단계의 위험추정치는 평가표에 기초가치로 사용된다. 또한 연구 후의 평가는 프로젝트를 위한 기초연구가 사전에 추진된 상황에서 프로젝트 수행계획을 상대적으로 평가하기 위한 시도이다. 이 모형은 위험평가표를 이용하여 4가지 단계에 따라 이루어지는 절차이다.

- 1단계 : 각 평가항목의 평점 란의 평점을 −2～+2로 평가한다.
- 2단계 : AHP기법에 의하여 산출된 모든 항목들에 할당된 가중치를 단계1의 점수에 곱하여 합을 구한 다음 위험평가표를 이용하여 이에 해당하는 성공확률을 구한다.
- 3단계 : 전체 위험확률을 결정하기 위하여 4가지 요인의 확률 값을 곱한다.
- 4단계 : 프로젝트의 수행이 완전히 성공적이고 프로젝트 수행업무가 적극적인 지원 가정하에 절차를 반복한다.

본 모형의 응용은 실제 문제에서 간편하면서도 일반적인 평점법 보다는 합리적이므로 이의 계산과정을 전산화하고 주요 항목별평점을 주관적인 확률 Code에 의하여 전문가의 의견을 사용하여 객관적인 판단을 도출해 내도록 개선 할 경우 널리 활용될 수 있을 것이다.

[프로젝트 위험 평가표]

<table>
<tr><th colspan="2" rowspan="2">주 요 항 목</th><th rowspan="2">AHP
가중치</th><th colspan="2">평 점</th><th colspan="2">가중치 고려</th></tr>
<tr><th>기 초</th><th>연구 후</th><th>기 초</th><th>연구 후</th></tr>
<tr><td rowspan="2">산업기여도</td><td rowspan="2">1. 필요성
2. 비용의 기여도
3. 신뢰성
4. 활용성
5. 경쟁성
6. 진부화</td><td></td><td></td><td></td><td></td><td></td></tr>
<tr><td>PF</td><td></td><td></td><td></td><td></td></tr>
<tr><td rowspan="2">기술적타당성</td><td rowspan="2">1. 기술적 가능성
2. 기술적 성취기간
3. 전문가의 경험
4. 난이도
5. 기술 진부화
6. 설비</td><td></td><td></td><td></td><td></td><td></td></tr>
<tr><td>Pr</td><td></td><td></td><td></td><td></td></tr>
<tr><td rowspan="2">경제적효과</td><td rowspan="2">1. 소요예산의적정성
2. 운영유지비의 적절
3. 기술기반조성
4. 순기비용의 적절성</td><td></td><td></td><td></td><td></td><td></td></tr>
<tr><td>PE</td><td></td><td></td><td></td><td></td></tr>
<tr><td>제도적타당성</td><td>1. 관련부서의 의지
2. 법적 장애요인
3. 환경적 장애요인
4. 미성숙도</td><td></td><td></td><td></td><td></td><td></td></tr>
<tr><td colspan="2"></td><td>PI</td><td></td><td></td><td></td><td></td></tr>
</table>

■ Network Simulation모형

Network Simulation모형은 기술 및 여건 변화에 신속히 대처하기 위하여 VERT (Venture Evaluation & Review Teqnique)를 이용한 확률적 시뮬레이션모형에 의한 위험분석방법이다. 프로젝트 수행의 각 활동의 Network를 작성하고 전체 네트워크 시스템에서 기간·비용 및 성과 등의 불확실한 요인을 고려하여 성공 또는 실패의 확률을 계산한다.

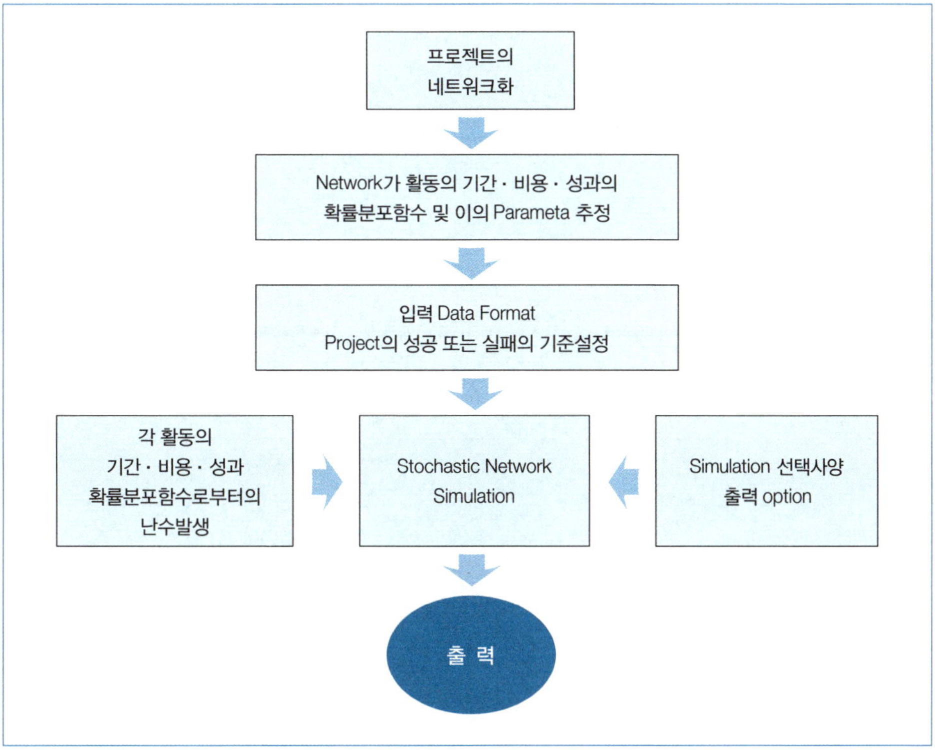

확률적 Network Simulation 구조

Network 시뮬레이션모형을 이용하여 프로젝트의 사업기간과 비용에 관련된 불확실성인 위험도를 추정하고 예산 및 주요 활동의 여유시간을 산출하여 사업의 타당성검증 및 프로젝트 수행에 필요한 위험분석 정보를 얻을 수 있다.

제4편
내부감사와 경영진단

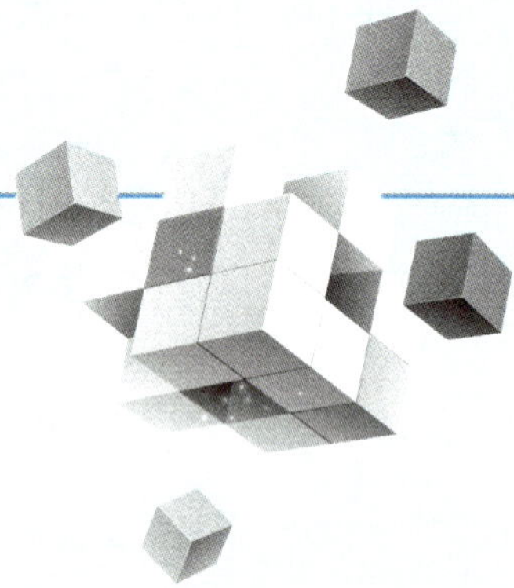

Chapter 9 기업내부감사

01 감사증거

02 감사기술과 내부감사의 일반절차

03 예비조사와 내부통제

04 감사계획

05 감사조서

06 감사보고서

01 감사증거

감사(Audit)란 자질을 갖춘 독립적인 제3자가 특정 경제실체의 계량적 정보에 대하여 미리 설정된 평가 기준과의 일치 정도를 결정하고 보고할 목적으로 증거를 수집하고 평가하는 것이다.

1. 감사증거의 의의

감사증거란 감사에 있어서 일정한 사실의 존재나 부존재, 일정한 사실의 진위, 정부 또는 당부를 객관적으로 입증하는 자료로서 감사인의 의견을 형성하기 위한 기초자료가 되는 사실을 감사증거라고 할 수 있다. 따라서 감사증거는 감사대상이 되는 사항의 진위와 적법·타당성 여부에 관한 감사인의 판단을 객관적으로 뒷받침할 수 있는 자료를 말한다. 감사인은 감사절차에 따라 감사를 실시하고, 감사를 실시하면서 획득한 합리적인 증거를 기초로 감사의견을 형성하여야 한다. 감사증거는 감사인이 검증할 수 있어야 하고, 감사목적과 부합되는 합목적성을 지녀야하고 감사의견의 형성에 필요하고도 충분한 정보를 포함해야 할 뿐만 아니라 감사인이 신뢰할 수 있어야 한다.

감사활동 및 감사결과의 적정성은 이를 입증할 수 있는 감사증거에 의하여 판단한다. 이러한 의미에서 감사는 감사증거의 수집 및 검증과정이라고도 할 수 있다. 감사증거는 처분(요구)의 대상이 되는 위법·부당사항의 입증뿐만 아니라 감사대상 업무가 적법·타당하게 수행되었음을 입증하기 위해서도 필요하다. 이와 관련하여 감사업무의 수행과정에서 감사대상 업무의 처리가 위법·부당하다는 사실이 입증되기 전까지는 그러한 처리가 적법·타당하다고 간주하여야 하며, 위법·부당성은 이를 주장하는 감사인이 입증하여야 한다. 이러한 경우에 감사인은 증거의 불비(不備)로 인하여 위법·부당한 사실이 적법·타당하다는 결론에 이르지 않도록 유의하여야 한다

감사증거의 효력 또는 신뢰력은 "증거력" 또는 "증명력"이라고 하는데 감사증거가 갖는 증거력 및 적합력은 그 종류나 여건에 따라 상이하다. 대체적으로 직접증거는 간접증거보다도, 외부증거는 내부증거보다도 증거력은 강한 반면에 입수하기가 용이치 않고 적합력이 적은 것이다.

증거능력

증거능력을 갖기 위해서는 감사증거의 근거가 확실해야 하며 적합해야 한다. 증거물의 근거의 확인성은 그것이 입수되는 상황에 따라 크게 좌우되므로 여러 상황의 증거의 신뢰성에 관한 보편화된 의견은 중요한 예외를 수반한다. 확증적인 증거능력은 여러 가지 요인에 의존한다. 그러므로 감사를 적용함에 있어서 고려해야 할 사항들로서 적절성·원천성·적시성·객관성을 들 수 있다.

적절성(relevance) 이는 감사인이 내리려고 하는 의사결정과 관련성이 높은 증거가 신뢰할 수 있는 것이라는 것이다. 바꾸어 말하면 감사목적과 관련 없는 감사증거는 시간과 불필요한 비용의 낭비 결과일 뿐 신뢰할 수 있는 것은 되지 못한다.

원천(Source) 이는 증거가 얻어진 원천이 어디냐에 따라 신뢰성이 다르다는 것이다. 예를 들어 현금실사의 경우 감사인이 직접 실사한 증거와 피감사인이 실사하고 그 결과를 감사인이 보고 받은 증거는 전자의 증거가 신뢰성이 높은 것과 같다. 그러므로 외부로부터의 독립적으로 얻은 증거와 내부통제 제도가 완벽한 경우, 직접증거가 간접증거보다 더 신뢰성이 높다.

적시성(Timeliness) 이는 증거를 수집한 날과 증거의 신뢰성과의 관련을 의미한다. 예를 들어 영업부문의 매출수익과 매출채권의 잔액확인을 함에 있어서의 감사시점을 기준일로 하느냐, 감사시점 이전의 월말을 기준일로 하느냐에 따라 증거가 적용되는 날짜가 달라지므로 그 신뢰성이 달라질 수 있다. 따라서 감사증거의 신뢰성을 높이려면 감사절차의 시기를 적절히 선택하여야 한다.

객관성(Objectivity) 이는 수집된 증거의 성격과 신뢰성과의 관계를 말한다. 객관성은 본질상 객관적인 증거가 일반적으로 주관적인 증거보다는 더욱 신뢰성이 있다고 생각하는 기준이다.

증거자료의 충분성

내부감사인이 내부감사 결과 감사인의 의견을 뒷받침하기 위하여 요청되는 증거물건의 수량과 종류는 전문가적 판단에 의하여 감사인 스스로가 결정하지 않으면 안 된다. 확증적인 정보의 충분성을 판단함에 있어서는 다음 요소를 고려해 볼 필요가 있다.

중요성 중요한 항목에 대한 감사에서는 상대적으로 그 중요성이 작은 감사항목의 감사 때보다는 충분한 양의 증거를 확보해야 한다. 예를 들면 오류나 부정의 발생 가능성이 높은 것이 오류나 부정의 발생가능성이 낮은 항목이나 대상보다 더 중요한 것으로 보는 것이다.

위험성 위험성은 오류나 부정이 나타나기 쉬운 감사항목을 말하는 것으로서 예를 들면 공장의 기계는 제품이나 현금보다 오류나 부정의 발생가능성이 낮기 때문에 위험성이 적고 따라서 증거의 양도 위험성이 높은 것보다 적어도 된다.

증거의 질 이는 증거력이 강한 증거와 증거력이 약한 증거를 구분하는 것으로써 외부증거는 내부증거보다, 계약서는 출근부보다, 자인서는 구술서보다 증거력이 강하기 때문에 양질의 증거이다. 따라서 양질의 증거일수록 그 증거의 양은 상대적으로 적어진다.

경제성 감사증거는 그것을 얻는데 소요되는 시간과 비용의 일정한계 내에서 얻어지는 것이지 희생을 따르는 무리한 증거모집은 아무런 도움을 주지 못한다. 따라서 증거는 합리적인 일정한 시간과 비용의 범위 내에서 얻어지는 것이어야 한다.

증거자료의 수집

감사증거란 감사의견의 근거가 되는 결론에 이르기까지 수집한 제반 정보로서 이는 적정한 감사의견을 형성하고 합리적인 감사절차를 실시하였음을 입증하는 중요한 요소이기도 하다. 그러므로 입증절차에서 수집해야 할 감사증거의 요건으로서 첫째는 내부통제의 시사(試査)에서 수집할 감사증거의 요건이다. 이는 평가한 통제위험의 수준을 지지해 줄 충분성과 적합성에 대해 고려해야 한다. 피감사 부문의 업무분장 내용과 내부통제제도의 측면에서 적절한 설계가 되어 있는지의 여부와 감사대상기간 동안 효과적으로 운용되고 있는지를 체크해야 한다. 둘째는 입증절차에서 수집해야 할 감사증거의 요건이다.

감사증거의 적합성 감사증거의 적합성은 감사증거의 질에 대한 척도로서 다음 사항을 고려해야 한다.

- 특정 주장에 대한 관련성
- 실제성 : 실사·입회확인조회확인서·원시증빙서류

- 발생사실 : 원시증빙서류
- 권리의무 : 조회확인서·권리입증서류·원시증빙서류·구두증거
- 완전성 : 원시증빙서류·분석적 증거·기간귀속부분 증거
- 평가
- 측정
- 신뢰성

감사증거의 충분성 감사증거의 충분성은 감사증거의 양에 대한 척도로서 다음 사항을 고려해야 한다.

- 감사위험의 크기
- 감사대상 항목의 중요성
- 감사증거 수집비용

감사증거의 신뢰성 감사증거의 신뢰성에 있어서 다음 사항을 고려해야 한다.

- 증거의 입수원천(외부증거 VS 내부증거)
- 내부통제제도의 유효성
- 증거수집의 직접성(직접증거 VS 간접증거)
- 감사증거의 형태(문서 VS 구두)

[직접 통신에 의한 외부증거 예]

거래잔액확인 의뢰서

(거래처보관용)

귀하

귀사의 번영을 축원하오며 항상 각별하신 애호와 협조에 감사드립니다. 바쁘신줄 아오나 20__년 __월 __일 현재의 귀사와의 거래 잔액과 그 내용을 확인하고자 하오니 그 상위 유무를 통보하여 주시기 바랍니다.

이 확인서는 감사목적 이외에는 사용치 않을 것이며 이에 대한 비밀은 절대 보장될 것입니다.

구 분	적 요	금 액	비 고

200 년 월 일

× × 주 식 회 사

대표이사 ㊞

(점선 윗부분을 귀사에서 보관하시고 점선 아래 부분을 당회사 감사인 앞으로 우송하여 주십시요.)

--------------------------- 절 ------------- 취 ----------- 선 ---------------------------

거래 잔고 확인서

회 신 용

× ×회사 감사실 귀중

구 분	적 요	금 액	비 고

1. 위에 기재된 금액과 내용은 20 년 월 일 현재의 귀사와의 거래 잔액과 상위 없음을 확인하고 이에 서명날인 하여 통보합니다.
2. 아래와 같이 상위점이 있음을 알려드립니다. (일자, 내용, 금액을 기재하여 주십시요.)

200 년 월 일

주소:

상호: 대표자명: ㊞

2. 감사증거의 유형

■ 감사증거의 종류

감사증거는 크게 세 가지의 유형으로서 조사방법에 따른 분류와 형태에 따른 분류, 입증사실에 따른 분류방식으로 구분한다.

조사방법에 따른 분류 조사방법에 따라 인증·물증·증거서류로 구분할 수 있다.

- 인증 : 사람이 진술자로서 행한 진술내용으로 문답서·확인서·감정 등이 있다.
- 물증 : 물체 또는 사람의 신체가 증거로 되는 경우로서 실물표본 등을 둘 수 있다.
- 증거서류 : 서면에 나타난 내용의 의미가 증거가 되는 것으로서 사본·등본 등이 있다. 그러나 서면의 내용이 아니고 서류라는 물건 자체가 증거가 되는 경우에는 물증에 속한다.

형태에 따른 분류 감사증거의 형태에 따라 물리적 증거·서면증거·증언적 증거·분석적 증거로 구분할 수 있다.

- 물리적 증거(physical evidence) : 물리적 증거는 감사인 자신이 인적접촉에 의하여 재화의 물리적 존재를 확인하는 것으로 증거력은 강하나 입수하는 범위에는 제한이 있다. 감사인이 사람·재산 또는 사업 등에 대해 직접 검사하거나 관찰하여 얻은 증거로서 비망록·그림·차트·지도·실물표본 등이 이에 속한다.
- 서면증거(documentary evidence) : 각종 계약서·증빙서·증명서·회계장부와 같은 문서에 의한 증거로서 입수하기는 비교적 쉬우나 증거력은 내부증거인 경우는 약하고 외부증거일 때는 강하다. 그러나 물리적 증거이던 증언적 증거이든 서면증거이든 간에 외부증거와는 밀접한 관계를 가지고 있다.
- 증언적 증거(testimonial evidence) : 증언적 증거는 기업 내외의 관계자나 책임자에 대하여 일정한 사실이나 불명확한 사항을 문의하여 구두로 설명 회답 또는 증언을 받는 것으로서 문서적 증거보다는 증거력이 약하다. 조사·면담·질문 등을 통하여 획득한 증거를 말한다.
- 분석적 증거(analytical evidence) : 계산·비교·요인별 정보 분류 또는 합리적인 논증 등으로부터 획득한 것을 의미한다.

입증사실에 따른 분류 이는 감사증거의 기능을 중심으로 한 분류로서 직접증거와 간접증거, 내부증거와 외부증거로 구분 할 수 있다.

- 직접증거
  감사항목의 부정 또는 적부를 직접적으로 입증하는 증거로서 재산의 물리적 존재, 채권·채무의 확인에 의한 회답서, 계약서, 각종 증빙서, 각종 증명서 등이 이에 속한다.

- 간접증거
  일정한 사실을 간접적으로 추론할 수 있는 모체로서의 증거로서 내부통제의 조사서, 구두질문에 대한 회답, 직전 감사시의 감사보고서 및 지적사항 등 대개 직접증거를 보강하기 위해 사용되는 증거이다.

- 내부증거
  이는 입수장소 또는 원천에 의한 분류로서 내부증거는 기업의 경영조직 내부에서 입수하는 증거자료로서 입수하기가 용이하고 대부분 감사항목의 검증에 이용할 수 있으며 증거의 적합력이 크며 다음과 같은 것이 있다.
  - 회사의 내부에서 작성되어 외부에 유통되는 증거
    · 외부에 발송한 문서의 원본 또는 부본
    · 계약서·약정서 등
  - 회사의 내부에서 작성되어 내부에서 유통되는 증거
    · 회계전표·회계장부
    · 회의록
    · 재무제표·재고조사표
    · 가입신청서·인감신고서 등

- 외부증거
  외부증거란 감사인 자신이 독립적으로 기업의 경영조직의 외부에서 입수한 증거자료로서 대부분 그 증거력이 크다. 그러나 양적 범위가 제한되어 있으므로 내부증거처럼 광범위하게 입수하기가 어렵고 증거 적합력도 적다. 따라서 감사업무는 우선 내부증거를 입수한 다음에 외부증거를 보완하고 또는 재확인하기 위하여 입수하는 것이다. 외부증거에는 다음과 같은 방법을 사용할 수 있다.
  - 인적 접촉에 의한 외부증거 : 감사인 자신이 자산을 실제로 실사 또는 입회하여 구하는 물적 증거
  - 직접 통신에 의한 외부증거 : 채권·채무의 확인 및 불분명한 사항에 대한 질문과 같이 일정한 사실에 대하여 내외의 관계자에게 문서 또는 구두로 문의하고 감사인이 직접

입수한 회답이나 설명을 말한다.

- 독립적 분석 비교에 의한 외부증거 : 계정분석·비교·비율·음미 등에 의하여 분석 검토하고 문제점을 파악하는 방법을 말한다.

3. 감사증거의 획득

감사증거의 수집방법

감사증거의 수집방법으로는 다음과 같은 방법이 있다.

실물확인 봉인에 의하여 현물의 수량 또는 유효성을 직접 조사한다.

입회확인 감사대상부서의 재고조사 현장에 감사인이 입회하여 그 실시상황을 관찰하고 정·부를 확인한다.

조회 거래처 등에 채권·채무 등 회계기록과 관련된 확인의뢰서를 발송하여 문서에 의한 회답을 징구한다.

문서검증 기장자료인 증거서류와 관계 장부의 기록을 대조하여 기록의 정·부를 확인하거나 관계 장부간 기록내용의 상호일치 여부를 대조한다.

질문 피감사인 또는 감사사항과 관련이 있는 자에게 구두 또는 문서로 질문하여 설명 또는 회답을 구한다. 감사인은 질문에 대한 응답에서 새로운 정보나 확인적 감사증거를 입수한다.

계산검증 원시증거서류와 회계기록의 가로 또는 세로의 합계액·잔액·적수 등을 검산하여 그 산술적인 정확성을 확인한다.

재수행 감사대상부서에서 수행한 업무처리 절차를 감사인이 재수행하여 차이의 여부와 그 정도를 발견한다.

개관 및 관찰 장부·증빙자료·기타자료 등을 개략적으로 관찰하여 비정상적인 사항 또는 중요한 사항의 유무를 확인하거나, 감사 대상기관의 재고자산 및 고정자산의 상태, 임직원의 업무 등을 주의 깊게 살펴본다.

분석적 검토 각 계정의 구성내용을 분석하거나, 중요한 재무비율 및 추이를 분석하여 그 차이점 또는 불규칙성 등을 검토하거나 각각 다른 원천으로부터 입수된 상호 관련되는 여러 개의 수치를 비교하여 예측치 또는 관련 정보와의 일치 여부에 의하여 그 정·부를 입증한다.

협조요구 필요한 경우에 감사대상부서 이외의 자에 대하여 자료의 제출이나 출석 또는 답변을 요구한다.

증거서류 사본의 징구

증거서류의 사본은 관계 증거서류의 원본을 필기 또는 복사하여 작성한다. 작성된 사본에는 반드시 "원본과 상위 없음을 확인함"이라고 기재하고 확인일자, 확인자의 직·성명을 기명날인하게 하여야 하며, 원본과 상위 없이 사본이 작성되었는지를 반드시 확인하여야 한다. 특히 사본을 요구함에 있어서는 위법 부당한 것을 입증할 수 있는 최소한의 부분을 사본하도록 요구하는데 유의하여야 한다.

등본 또는 사본 징구시

- 해당서류를 취급하는 담당자 등으로 하여금 원본과 상위 없음을 확인하게 하여야 한다.
- 사본의 결재란에 결재자의 성명을 부기해야 한다.
- 시정조치(요구)서에 인용될 연·월·일·주소·성명·숫자 등이 불명확한 증거서류는 반드시 확인하여 보완하여야 한다.
- 부분적인 사본의 경우에는 출처를 반드시 명기해야 한다.
- 중요한 수량과 금액은 산출근거를 명시해야 한다.
- 유형이나 방법이 동일한 지적사항이 많은 경우에는 명세서를 작성하고 대표적인 사항의 사본만을 작성하는 것이 바람직하다.
- 확인서·조사표·명세서 등에 의하여 입증이 가능한 사항은 별도의 증거서류 사본을 징구할 필요가 없다.
- 서면만으로 현장 등의 실태를 표현하기 곤란한 경우에는 표본·도표·사진·녹음 등을 징구 하여야 한다.
- 부분적인 사본이나 명세서를 작성할 때에는 전체적인 흐름이 연결되도록 하고, 부분적인 사본만 보아서 전체적인 내용과 전혀 다른 뜻이 되거나 내용이 가감되어 사실의 축소·확대 또는 왜곡을 가져오지 않도록 유의해야 한다.

명세표 또는 집계표 작성 시

- 기준시점 또는 기간·단위 등을 명확히 표시해야 한다.
- 처분요구서 설시 등에 필요한 사항이 채택되도록 작성해야한다.
- 작성자의 직·성명 및 작성일자를 명기해야 한다.
- 다수의 증거서류 내용을 발췌하여 작성하는 경우에는 사실이 축소·확대 또는 왜곡되지 않도록 유의하며, 원래의 증거서류의 출처를 명시하고 작성자 및 검토자의 소속과 직·성명을 기재하도록 하고 날인(서명)을 받아야 한다.

표본품 채취 시

- 표본품으로 징구할 수 있는 물품에는 재고자산·유형자산·기타자산·유형부채와 현금·수표 등이 있으나 현금·수표는 가능하면 자세한 내용의 확인서를 징구하여야 한다.
- 모집단을 대표할 수 있는 표본품을 채취해야 한다.
- 채취한 표본품이 사건과 관련된 물품임을 증명할 수 있도록 물품의 고유번호·규격·특징 등을 확인하고, 징구한 다른 증거에 이러한 특징이 기술되어있지 아니한 경우에는 별도의 확인서에 의하여 이를 밝혀 두어야 한다.
- 표본품의 사양서·내용설명서·보증서 등이 있는 경우에는 이들을 첨부해야 한다.

사진 채취 시

- 부실시공 현장과 같이 감사대상의 상황을 사진으로 설명할 필요가 있거나 과거시점의 상태 또는 그것과 현황의 비교가 필요한 경우 혹은 증거인멸이 우려되는 경우에는 사진 촬영의 방법으로 증거를 확보해야 한다.
- 중요한 증거로 사용될 사진은 촬영자의 소속·직·성명·촬영일시·촬영위치·상황설명 등을 기재한 확인서를 촬영자로부터 징구해야 한다.

비밀서류 징구 시 회사의 문서규정상의 비밀문서 취급절차에 따라야 한다. 감사인이 입수한 증거서류 중에는 비밀 또는 이에 준하여 관리해야 할 중요한 문서가 있을 수 있고, 비록 비밀로 분류되지 않았다 하더라도 외부에 유출되는 경우에는 바람직하지 못한 결과를 가져올 수 있으므로 그 보관 및 관리를 철저히 해야 한다.

■ 확인서

확인서란 어떤 사실에 대하여 경위 또는 내용을 자인시키는 입증서이다. 그 명칭은 자인서·경위서·전말서·입증서 등으로 불리고 있으나, 어떤 사실을 확인시키는 것은 확인서, 어떤 경위를 진술시키는 것은 경위서로 하는 것이 타당하다. 확인서는 감사사실 및 증거를 기술 정리한 것이므로 사건개요의 확대에 필요하다. 따라서 감사인이 인지한 특정한 사실에 대하여 감사인 이외의 자가 틀림이 없음을 입증하는 서면이기 때문에 확인서는 일정한 규격 또는 서식은 없고 특정한 사실을 필요에 따라 기재하면 되나 그 내용에는 피감사인 또는 이해관계가 있는 제3자가 확인하는 사실의 인지가 나타나야 한다. 그러나 확인서는 사실에 대한 다른 입증방법이 있을 때에는 감사결과 처리의 필수적 증거서류는 아니다.

Tip 확인서작성 시 유의사항

- 확인자의 소속·직위·성명을 명백히 할 것
- 확인서는 당해 사실을 확인할 수 있는 책임 있는 상위자일 것
- 제목은 지적 내용을 일견할 수 있는 것으로 표현할 것
- 내용은 육하원칙에 따라 위법 부당사실을 적시할 것
- 관련자의 소속·직위·성명·관리기간·담당업무·비위내용·현업무 부서를 명기하도록 하여 이를 확인할 것
- 일자를 기재하고 기명·날인하게 할 것
- 가급적 입회인을 참여시킬 것 등
- 관계서류의 사본만 있으면 충분한 사실 또는 설명하지 아니하여도 당연히 인정되는 사실에 대하여는 확인서를 받을 필요가 없다.
- 확인서는 사실관계의 입증을 위하여 작성하는 것이므로 반드시 사실을 확인하는 내용의 근거가 포함되도록 작성해야 한다.
- 특정사실만 확인하게 하고 정당론이나 원인·동기 등을 기재하도록 강요해서는 아니 된다.
- 확인서를 징구할 때에는 가능한 한 해당사실을 객관적으로 입증할 수 있는 증거를 별도로 보강해야 한다.
- 감사현장을 떠나거나 시간이 경과하면 다시 확인할 수 없거나 변경될 가능성이 있는 사항은 현장에서 반드시 확인서를 받아야 한다,
- 어떤 행위사실의 확인은 그 행위자 또는 행위의 목격자, 현장 확인사실은 현장의 확인자 등이 되어야 하며, 행위자나 목격자가 없거나 확인을 거절한다고 해서 제3자에게 행위자의 행위사실을 확인하게 하거나 감사인이 현장 확인을 하고 와서 현장에 가보지도 아니한 사람에게 현장 확인 내용을 확인서로 받아서는 아니 된다.
- 입회자는 필수적인 것은 아니지만 확인서의 신뢰도를 높이기 위하여 대체로 피감사대상 부서의 책임자가 된다.

확 인 서

작성일자 년 월 일

감사실시 중 지적된 사실로서 객관적으로 입증을 요하는 사실을 다음과 같이 확인합니다.

	순위	소 속	직위	성 명	담당업무	현업근무기간	지적사항
관련자인적사항	1						별첨자료
	2						
	3						
	4						
	5						
	6						

확인사항

(여백이 부족할 시에는 별지를 사용하여 작성해 주시기 바랍니다.)

확 인 자	소속 :	직위 :	성명 : ㉧
입 회 인	소속 :	직위 :	성명 : ㉧
감 사 인	소속 :	직위 :	성명 : ㉧

■ 질문서

질문서란 감사결과 위법 부당한 것으로 인정되는 사항 및 사무처리의 내용이 미심한 사항과 직무상 부당한 일이 있다고 인정되는 사항 등에 대하여 설명 또는 변명을 요구할 필요가 있을 때에 관련자에게 발부하는 심리문서이다. 질문서는 피감사인으로부터 사건의 경위·사건의 배경·처리대책·기타 의견 등을 들을 필요가 있을 때 사용한다. 답변자가 질문사항과 관련된 사무처리, 업무집행실태 및 행위사실 등 사건내용을 파악할 수 있도록 육하원칙에 의하여 간략하게 설시한 다음, 사안의 내용에 따라 처리경위·사유·원인·책임소재·의견 및 관련자 등으로 질문사항을 설시하되, 문답서 등 증거서류에 의하여 알 수 있는 사항은 이를 생략한다.

질문서는 사실과 행위 그리고 그 결과 등 질문내용을 간결하고 요령있게 기술하고 다음과 같은 사항에 대하여 답변을 구한다.

- 사실이 이루어진 사유 또는 경위
- 위법 부당성에 대한 의견
- 위법 부당하게 처리한 책임소재
- 위법 부당사항에 대한 금후 처리대책
- 관련자
- 추가증거 및 임의진술의 요구
- 기타 필요한 사항 등

<table>
<tr><td colspan="2">

질 문 서

작성일자 년 월 일</td></tr>
<tr><td colspan="2">제 목 :</td></tr>
<tr><td>질문사항

년 월 일
________________ 귀하

감사인 ㊞

아래 사항에 대하여 년 월 일까지 답변하여 주시기 바랍니다.</td><td>답변사항

년 월 일

답변자 소속 직위
성명 ㊞

아래와 같이 답변합니다.</td></tr>
<tr><td></td><td>(여백이 부족할 시에는 별지를 사용하여 작성해 주십시오.)</td></tr>
</table>

문답서

문답서란 사실 또는 행위에 대한 인식과 그 정부를 확인하기 위하여 관계인과 대질문답에서 이루어지는 증거획득 방법이다. 감사결과 위법 부당한 것으로 인정되는 사항 또는 사무처리의 내용이 미비한 사항과 직무상 부당한 처사가 있다고 인정되는 사항 등에 대하여 증거서류·확인서·기타문서로서는 책임의 한계를 명확하게 규명할 수 없을 때에 작성한다.

문답서와 질문서는 사실을 입증하기 위한 증거방법이라는 점에서는 동일하나, 문답서는 책임한계가 불분명할 때 또는 위법 부당사항에 관련된 자의 정황을 소상하게 알 필요가 있거나, 질문사항이 많아 질문서로서는 증거로서 실효를 거두기 어렵다고 인정될 때 작성하는 것이며, 단기간 내에 사실규명이 가능하다는 이점이 있고 질문서는 비교적 간단한 여유를 가지고 변명할 수 있다는 이점이 있다.

문답서작성 사전유의사항

- 사건을 완전히 파악할 것
- 규명해야 할 사항을 결정할 것
- 검증자료를 준비할 것
- 논리 전개의 구상을 할 것
- 문답의 순서를 정할 것

문답서작성 시 착안점

- 호칭은 존댓말을 사용하며, 문자는 쉬운 한글을 사용하되 자연스럽고 간명하게 기재할 것
- 작성하기 전에 상대방에게 진술을 거부할 수 있음을 고지할 것
- 문답은 사건의 진행순서에 따라 진행하고 기억하기 쉬운 것부터 질문할 것
- 질문은 짧게 하고 답변은 길게 하도록 유도할 것
- 진술의 취지를 그대로 기재하고 진술인에게 유리한 내용은 물론 변명도 기재할 것
- 진술자가 사용하는 용어를 그대로 기재하되 외래어·학술용어·약어·방언 등에는 괄호 안에 간단한 설명을 하는 것이 바람직하다.
- 수법이 같은 여러 사실에 대하여 문답할 때에는 한두 가지의 대표적 사실에 대하여만 기재하고 나머지 사실은 일람표로 작성
- 진술인의 내심의 뜻을 추측하여 기재해서는 아니 된다.
- 부인하는 경우에는 부인 → 반박자료 제시 → 모순노출의 조사과정이 명백하게 나타나

도록 기재할 것

- 고압적인 자세를 버리고 진술인의 인격을 존중할 것
- 문답 중 이론투쟁을 하지 말 것
- 문제의 핵심을 빠뜨리지 말 것
- 감정표시를 하지 말고 친절할 것
- 답변에 충분한 시간을 줄 것
- 진술내용의 비밀을 지킬 것
- 간인과 정정 인을 날인할 것
- 입회인을 참여케 할 것
- 서명·날인하기 전에 반드시 진술인이 열람·확인하도록 하고, 진술인의 서명 날인은 본인이 하도록 한다.
- 관계책임자가 여러 사람인 경우에는 모든 관계자별로 충실하게 문답서를 작성하여야 하며, 주책임자에 대한 문답서만을 충실히 작성하고 다른 사람에 대하여는 간단히 하는 일이 없도록 한다.
- 정정할 부분이 있을 때에는 두 선을 그어 정정하되, 정정한 부분을 알아볼 수 있도록 가볍게 날인하고 좌우여백에 「2자 정정」 등으로 기재한 후 날인한다.
- 문답서 각 쪽 간에는 감사인과 진술인이 같이 간인을 하고, 감사책임자 또는 진술인의 상급자 등을 입회시킨 경우에는 입회자의 서명 날인을 받는다.

문 답 서

소 속 :
직 위 :
성 명 :

위의 사람은 ____________건에 관하여 20 년 월 일________에서 감사인 ________와 다음과 같이 자유로이 임의 문답하다.

문	
답	
문	
답	
문	
답	
문	
답	
문	
답	
문	(여백이 부족할 시 문답은 여러 쪽으로 작성한다)
답	
문	
답	
문	
답	

위와 같이 문답한 후 진술인에게(열람·낭독)하게 하였더니 진술내용과 상위 없으며 오기나 증감한 사항이 전혀 없음을 확인하므로 간인한 후 서명(날인·무인)하게 하다.

20 년 월 일

진술자 : 직위 성명 : ㊞
입회자 : 직위 성명 : ㊞
감사인 : 직위 성명 : ㊞

4. 거래검증을 위한 감사증거

감사인이 감사절차를 수행하면서 그때의 사정에 따라 적절하다고 판단되는 바에 따라 거래나 질차를 검증한다. 감사인은 감사목표를 달성하기 위하여 여러 가지의 감사기술을 자신이 판단하여 이용할 수 있다. 일반적으로 감사인이 감사절차를 수행하면서 이용할 수 있는 방법으로 관찰·질문·분석·검토·조사·평가 등의 감사기술을 활용한다. 관찰에서 조사까지의 형태는 측정절차의 부분으로 생각할 수 있으며 평가는 감사인이 모집한 정보에 의미를 부여하는 것이 된다.

■ 관 찰

관찰이란 어떤 사물을 주목하여 살펴봄으로 알기 쉽도록 살피는 것을 의미한다. 그러므로 관찰에 있어서는 목적의식을 가진 시각적인 검증, 즉 기준에 대한 정신적인 비교, 평가적인 관찰을 의미한다. 관찰은 자료를 기록하고 정리하는 분석과는 구별된다.

관찰은 살피고, 정신적으로 주목하고 판단해야 하므로 적절한 관찰은 가장 어려운 감사기술의 하나일 수 있다. 관찰은 보통 분석이나 조사에 의해서 확인되어야 한다. 관찰은 감사인이 피감사인이 반응과 행동을 주목하게 되는 질문과 문답 시에도 행하여진다. 공장감사를 실시할 경우 작업진도·설비·환경상태를 살펴보는 것에서부터 관찰은 시작된다. 뿐만 아니라 유휴장비나 유휴시설, 안전예방 상태, 위험도와 안전관리 위반사항 등을 관찰할 수 있다. 지적인 관찰은 예리한 통찰력을 마련하게 되지만 감사인은 결격사항을 언급함에 있어서 어떻게 관찰할 것인가 주의하여야 한다.

■ 질 문

질문은 감사인이 감사절차를 수행하는데 있어서 가장 많이 사용되며 또한 가장 손쉬운 감사기술 중 하나이다. 질문은 감사가 진행되는 기간 동안 계속 이루어지며 그 방법으로서 구두질문과 서면질문을 들 수 있다.

구두질문은 피감사인의 진술에 의하여 이루어지므로 피감사인이 주는 정보가 옳지 않거나 불완전한 경우가 있다. 이러한 경우에는 동일한 내용의 질문을 적어도 두 사람 이상에게 같은 질문을 하여 그 진부를 확인해 볼 필요가 있다. 구두질문은 때때로 한 업무가 어떻게 훌륭하게 또는 허술하게 수행되고 있는지를 판단하는데 있어서 가장 만족스런 감사기술이 될 수 있다.

서면질문에 대해서는 이미 앞에서 질문서에 관하여 언급하였으므로 여기에서는 생략하기로 한다.

■ 분 석

분석은 세밀한 검사를 의미한다. 분석은 그 진실성을 판단하기 위하여 상호 관계된 것들을 분해할 것을 강조한다. 분석은 어떤 기능·업무 또는 거래의 내용을 규명하고 관계부문 간의 관계를 판별하는 것을 의미한다.

분석은 품질·원인·동기와 가능성을 발견하거나 밝혀보려는 의도를 의미하는데, 이와 같은 분석은 감사인이 감사를 진행하는데 있어서 판단의 기준이 되어 감사결과를 유용하고 건전하며 약점이 없는 것이 되도록 한다.

■ 검 증

검증은 어떤 사항에 대한 사실성·정확성·진실성 또는 타당성을 증명하는 것이다. 검증은 감사인이 이용하여 온 가장 오래된 기법이다. 검증은 계정이나 기술서 등과 같은 사항에 나타난 것이 실제사실 또는 세부사항에 일치하는가를 확인하는데 이용된다.

검증은 시사를 통하여 어떠한 기준과 비교사항이 정확하며 사실인가를 입증하기 위하여 한다. 여기에서 시사라 함은 확인할 수 있는 사실이나 원본 또는 어떤 기준과 비교하는 것을 의미하며 그 예로서 증빙서류와 회계 기장의 비교, 전결 규정과 집행 사항의 검증, 구매 타당성의 검증, 계약서 내용과 실제 처리된 사항의 검증 등을 들 수 있다.

■ 조 사

조사는 일반적으로 사실의 전개와 진실성의 확증을 얻을 목적으로 감사인이 발견하려고 하였거나 알기를 원하는 사항에 대하여 조직적으로 추적하는 것을 의미한다. 그러므로 조사는 다른 감사기술의 하나의 부분 또는 결과로서 행하여 질 수 있다. 또한 조사는 하나의 거래 또는 일련의 거래에 대한 사실을 확인하는데 관련된다. 그러나 조사는 분석보다 한정된 경향을 갖고 있으며 감사인의 권한을 침해하고 회사로 하여금 명예훼손에 대한 소송·중상·악덕행위·악의적인 소송 등 예견치 못하는 결과를 야기할 수 있는 감사인에게 부여된 권한을 벗어난 조사방법을 사용하지 않도록 조심하여야 한다.

02 감사기술과 내부감사의 일반절차

1. 감사기술의 종류

감사기술(Auditing Techniques)이라 함은 감사인이 의견표명에 있어서 뒷받침이 되는 기초자료로서의 증거를 구하는 입수 수단을 의미한다. 감사기술은 크게 두 가지로 나누어 내부증거를 구하는 수단으로서 일반감사기술과 외부증거를 구하기 위하여 각 업무에 대하여 개별적으로 적용할 수 있는 특수감사기술인 개별감사기술로 대별할 수 있다.

■ 일반감사기술

증빙대조·장부대조·계산검증 등과 같이 내부증거를 구하는 감사기술로서 기중거래의 기장, 기말결산잔액의 계산, 결산정리기입 등이 경영활동 전반에 기본적으로 적용되어 그 정확성 또는 타당성을 확인하는데 효과가 있으며 일반적 감사기술의 특징은 관계기록의 면밀한 대조에 있으며 단순한 기계적 작업으로서 작업량이 많고 시간과 노력이 많이 소요되는 단점을 가지고 있으므로 원칙적으로 시사의 방법을 적용하게 되며 다음과 같은 방법을 많이 사용한다.

증빙대조(Vouching) 증빙대조란 기장자료인 증빙서류와 관계 장부 기록과를 대조하여 그 기록의 정부를 명확히 하는 기술이다.

- 증빙서류 자체의 정부 음미
- 내용의 진실성
- 거래의 적법성
- 금액이나 수량 계산의 정확성
- 일자나 상대명의 적정성
- 정당한 책임자의 승인

장부대조(Checking Posting) 장부대조란 일정 항목의 감사에 있어서 상호 관련하는 장부를 대조하여 전기나 기록의 정부를 확인하는 기술이다.

- 분개장과 총계정 원장의 전기 대조
- 총계정 원장의 통제계정과 보조장의 대조

계산검증(Footing) 계산검증이란 각종 장부 또는 계산표에 있어서의 종횡의 합계액, 차인잔액, 종류 등의 계산을 검증하여 그 수적 정확성을 확인하는 기술이다.

계정대조(Checking Account) 계정대조란 총계정 원장에 있어서 상호 관련 있는 제 계정을 대조하여 그 기록의 정부를 확인하는 기술이다.

전표대조(Checking Slips) 전표대조란 회계전표와 증빙서 및 관계장부 기록을 대조하여 기록의 정부를 음미하는 방법이다.

통사(Scanning) 통사(通査)란 업무기록을 통람하여 이상항목과 예외사항을 발견하여 문제점을 명확히 하는 기술이다.

열람(Review) 열람(閱覽)이란 각종의 감사자료를 비판적으로 사열하여 기업의 업무에 관한 방침·현상·처리절차의 정당한 승인의 유무, 전기(前期)와의 변경 유무 등을 파악하는 방법이다. 특히 예비조사 시에 유용하다.

합법성 검토 관계사무의 처리에 있어서 법규·정관·규정·지침의 준수여부를 검토하여 그 법적 준수성을 확보하는 것이다.

합목적성 검토 관계 업무의 성과여부를 분석하여 그 목적달성 여부를 확인하는 것이다.

■ 개별감사기술

외부증거를 구하기 위하여 각 업무에 대하여 개별적으로 적용되는 특수기술로서 실사·입회·확인·질문·계정분석 등이 있으며 회계감사의 경우 기말계정잔액의 정부나 적부를 확인하는 유효한 수단으로서 보통은 대차대조표항목의 잔액감사에 적용되어지나 기중감사에 간혹 적용되기도 한다. 개별감사기술에 대하여 입수한 감사증거는 강력한 외부증거이나 입수범위의 제한으로 일반감사기술과 같이 업무기록 전부에 대하여 적용하기가 어렵다.

실사(Physical inspection) 실사란 자산의 실재성 및 수량을 확인하기 위하여 감사인 스스로가 그 자산의 현물에 대하여 직접 물리적으로 조사를 행하는 것으로서 기업이 현재 보유하고 있는 현금이나 예금증서·유가증권에 적용된다.

입회(Observation) 입회란 재고자산의 실지 재고조사를 행할 때 감사인이 현장에 출석하여 그 실제상황을 관찰하여 그 처리의 적부를 확인하는 것이다. 재고자산의 금액이 중요한 경우에는 실시 가능하고 합리적인 한 감사인은 반드시 입회하도록 한다.

확인 또는 조회(Confirmation) 확인이란 외부의 거래처에 조회하여 일정한 사실이나 계산의 정부를 확인하여 문서에 의한 회답을 직접 입수하는 것으로, 주로 채권채무·은행예금이나 타처에 보관되어 있는 기업소유의 자산에 대하여 적용하며 확인방법에는 적극적 확인과 소극적 확인이 있으며 적극적 확인이란 조회사항이 정부에 불구하고 확인의 결과를 회답토록 의존하는 방법을 말하며 소극적 확인이란 조회사항에 이의가 있는 경우에만 그 요지를 회답토록 하는 방법을 말한다.

질문(Inquiry) 질문이란 불명한 사실이나 기타의 의문사항에 대하여 해당부문의 업무담당자나 책임자에게 문의하여 설명 또는 회답을 구하는 것으로서 보충적 입증 수단이다.

계정분석(Account Analysis) 계정분석이란 계정의 차변기입 및 대변기입의 구성요건을 명백히 하는 것으로서 계정기입 및 계정잔액의 정확성·타당성·합법성을 확인하여 비용항목을 구별하여 회계원칙의 적용에 관한 원리적 오류를 발견하는데 유효하다.

비교음미(Ratio Testing) 비교음미란 재무분석 상의 비교법을 응용하여 업무기록의 정부를 대국적으로 판단하는 방법으로 기말재고의 감사 등에 이용된다.

비교(Comparison) 비교란 두 개 이상의 수치를 비교하여 기간의 이동점 또는 불규칙성을 발견하는 방법으로 특히 계절지수·Trend 분석 등의 감사에 유효하다. 그러나 문제점의 해명에는 다른 기술을 채용하여야 한다.

조정(Reconciliation) 조정이란 별개의 원천에서 입수된 관련 있는 두 개 이상의 수치를 비교하여 상위가 있는 부분에 대하여 관계자료에 정리하여 실질적으로 일치함을 확인하는 것으로 당좌예금의 잔액의 조정책에 이용된다.

시사(Test Checking) 시험적 검사의 줄인 말로서 표본법이라고도 한다. 감사대상의 일부를 표본으로 추출하여 정밀히 검사하고 그 결과에 의하여 전체를 추정하는 것이다. 시사의 종류 등에 관하여서는 뒤에 자세히 살펴보기로 한다.

2. 시사(試査)

■ 시사의 의의

시사(Test Checking, Testing)라 함은 "회계기록의 일부분을 적당히 선택하여 검사하고 그 결과로서 다른 부분의 정부를 추정하는 것을 말한다." 또한 시사에 대조적인 것으로서의 정사(Complete Checking)는 "회계기록의 전부에 대하여 이것을 검사함을 말한다."라고 일본의 감사실시준칙에서 설명되고 있는데 재무제표감사로서 대표되는 근대감사에 있어서는 감사절차의 적용은 원칙적으로 시사에 의하는 것이 상례인 것이다.

시사는 시험적 조사의 약칭이며 감사대상의 일부를 적당히 추출하여 세밀하게 검사해서 그 결과에 의하여 전체 회계기록의 정부를 추정하는 방법인 것이다. 따라서 시사는 장부대조나 증빙대조와 같은 내부증거를 구하는 일반감사기술로서 적용되는 절차뿐만 아니라 실사·확인·기타의 개별감사기술로 적용된다. 모든 감사사정에 이용되는 것으로 시사는 이와 같이 감사기술의 적용방법인 점에서 주로 거래기장의 감사 또는 기중감사에 이용되며 결산기장의 감사에서는 부분적으로 이용되는 것이다.

근대감사에서 시사를 이용하는 이론적 근거는 다음의 세 가지로 요약할 수가 있다.

첫째, 수학적 확률론에 의한 것이다. 감사할 특정항목의 전체를 대표할 수 있는 약간의 Sample을 추출하여 세밀하게 검사하면 충분하다는 것이다.

둘째, 기업에 있어서의 내부통제 조직의 확립인 것이다. 이 조직이 잘 정비되어 있으면 효과적인 사무관리가 이루어져서 회계 상의 부정이나 오류의 발생 여지가 없을 정도로 Checking도 되어 있을 것이니 일부러 정사까지 할 필요가 없다는 것이다.

셋째, 감사비용의 절감이라는 경제적 이유에도 있는 것이다. 경제규모가 확대되고 거래량이 확대됨에 따라서 모든 거래를 하나하나 정사(精査)한다는 것은 기업으로 하여금 막대한 경비를 부담하게 할 뿐만 아니라 많은 시간과 노력이 드는 까닭으로 비능률적이고 비효과적이라는 것이다.

■ 시사의 종류

시사는 Sample 추출방법에 따라서 두 가지로 나눌 수가 있다. 그 하나는 경험적 시사이고 또 하나는 통계적 시사이다.

경험적 시사 시사의 적용은 대체로 오늘날까지 오로지 감사인의 경험에 따라서 행하여져 왔던 것이다. 즉 기업의 내부통제의 정도, 항목의 중요성, 상대적 위험성 등을 고려하여서 감사의 다년간 경험과 숙련으로서 적당한 판단으로 Sample의 크기와 추출방법을 결정하고 주관적으로 시사의 결과를 해결하는 것이다. 이것은 간편하고 용이하게 적용할 수가 있어서 탄력적이라고 볼 수가 있으나 과학적인 것이 되지 못한다는 결점이 있다.

통계적 시사 이상의 비과학적인 경험적 시사는 Sample의 크기에 대한 타당성이나 오류의 위험률이 판명되지 못하고 또한 그 신뢰도도 분명치 못한 것이다. 이것을 시정하기 위하여 최근 통계적 표본조사법의 응용에 대한 연구가 활발하게 진행되고 있다. 이와 같이 통계학상의 표본조사법을 응용한 시사를 통계적 시사(Statistical Sampling) 또는 통계적 TEST라고 한다. 이 방법을 실제로 적용하는 데는 다음 3단계가 필요하다.

- 제 1단계 : 시사의 범위의 결정
- 제 2단계 : Sample 추출법의 결정
- 제 3단계 : 시사의 결정에 대한 판단이다.

시사의 범위에 대한 결정

Sample의 방법을 이용하는 경우 제일 먼저 결정할 것은 Sample의 크기에 대한 결정이다. 이것은 다음의 사항에 따라서 종합적으로 결정하는 것이 좋다.

내부통제조직의 유인성 내부통제조직이 정비되었으면 시사범위가 축소될 것이고 불비 불완전한 경우에는 그 범위가 확대될 것이다.

감사항목의 중요성과 상대적 위급성 중요한 항목 또는 부정 오류가 발생하기 쉬운 것은 다른 항목보다 광범위한 시사가 필요하다.

감사항목의 자의성의 정도 감사항목에 변동성이 있어서 조사해야 할 사항이 많을수록 시사의 범위는 넓어야 한다.

감사비용과 감사일수 시사의 희생과 효과를 비교 측량하여 경제적인 한계를 넘지 않도록 배려해야 할 것이다.

이상이 시사의 범위를 결정하는 일반적인 요소인데 여기에 따라서 모집단의 최대허용, 오류율의 결정과 시사의 위급률의 허용한계를 결정해야 하는 것이다. 즉 일정한 사정 하에서 모집단을 만족한 것으로서 허용할 수 있는 최대오류율과 또한 이 한계에 비추어서 시사의 결과에서 판정한 결론의 신뢰도에 대한 최저한계를 결정할 것이다. 보통은 90% 이상의 신뢰도 또는 5% 이상의 위험률이 필요한 것이다.

Sample 추출법의 결정

이와 같이해서 시사의 범위가 결정되면 추출하는 방법이 결정되어야 한다. 그 방법은 여러 가지가 있으나 여기에서는 내부감사인이 실제감사에서 쉽게 적용할 수 있는 것으로서 다음에서 보는 바와 같다.

난수법(亂數法) 되는대로 숫자를 나열한 난수법(Random Number Table)에 의하여 표본을 추출하는 방법이다. 이 방법에 의하면 감사대상의 모든 부분은 표본으로서 추출되고 확률이 같게 된다. 따라서 감사인의 의사여하에 불문하고 표본은 전혀 임의로 추출된다.

계통추출법(Systematic Sampling) 이것은 전체의 크기 N과 표본의 크기의 비율로서 추출법($r=\frac{n}{N}$)을 결정하고 추출률의 역수 ($\frac{1}{r}$)를 추출 간격으로 하여 v본을 추출하는 방법인 것이다. 예를 들면 3,000명의 직원 출자금 감사에 있어서 100개의 Sample을 추출하자면 30번째마다 하나씩 추출하면 되는 것이다. 이 방법으로서는 순환적 오류를 발견하기는 어려울 것이다. 일반적으로 내부감사에 있어서 공장감사 시 재고자산 중 품목과 규격이 많은 원재료의 재고실사에서 많이 사용되고 있다.

점형표본법(Spot or Black Sampling) 이 방법은 사업연도 중 어느 1개월이라든가 또는 외상매출금의 수많은 인명계정 중에서 일련의 항목을 추출하고 다시 그 중에서 어느 부분과 부분을 추출한 것을 표의 기회를 줄 수가 없는 결점이 있다.

층별표본법(Stratified Sampling) 감사항목 중에서 동질적인 것을 모아서 수개의 계층을 만들고 각 계층마다 임의대로 표본을 추출하는 방법인데, 예를 들면 외상매출금의 채권잔액조회를 실시코자 할 경우 일정액 이상의 큰 금액은 전부 조회서를 발송하고 그 이하의 소액의 경우 10개의 1개씩 시사한다든가 또는 금액별로 나누어서 표본을 추출하는 따위이다. 이와 같이 층별화 하면 각 계층내의 변동성이 분산되어 모집단 전체의 변동보다 적어지므로 그만큼 시사의 결과가 좋아질 것이다. 그러므로 표본의 수가 적어도 될 것이다.

■ 시사결과의 판정

필요한 크기의 표본이 추출되고 여기에 대하여 감사가 행하여지면 그 다음은 시사한 결과가 나타난다. 그러면 이것을 어떻게 보느냐, 또는 모집단을 만족한 것으로 채택할 것인가, 그렇지 않으면 포기할 것인가를 결정해야 한다. 시사결과가 불만족하다면 Sample을 추가하여 시사의 범위를 넓혀 나아가서 허용할 수 있는 신뢰도에 도달할 때까지 시사를 계속할 것이다. 그래도 믿을 수가 없다면 모집단 전체를 부정확한 것으로 보고 시사를 중지하고 정사를 해야 할 것이다.

3. 내부감사의 일반절차

내부감사에 있어서 감사의 관행으로서 감사인이 통상 실시하여야 할 감사절차로서는 실시가능하고 합리적인 한 함부로 생략해서는 안 되는 중요한 절차이다. 내부감사의 일반적인 절차는 크게 나누어 감사계획 및 준비, 현장감사, 발견사항 보고, 감사 사후관리로 4단계 구분할 수 있다.

■ 감사계획의 준비

이는 연간 감사계획에 의해서 먼저 피감사 부문을 선정하고 감사실시를 품의한다. 감사실시 품의서에 반드시 포함되어야 할 사항으로서 감사일정, 감사대상, 주요 착안점 등을 들 수 있다.

감사실시 품의가 승인되면 즉시 피감사 부문의 장이나 책임자에게 이를 통보한다. 감사실시 통보는 정규감사시에 필요한 절차이나, 감사목적과 감사해야 할 내용이 비밀을 요구하는 경우에는 이를 생략할 수 있다. 이러한 방법은 불시감사 또는 비정규감사 때에 적용된다.

감사실시 통보를 할 때에는 감사 절차상 필요한 감사 자료를 피감사 부문에 요청한다. 감사계획서를 작성할 때에는 피감사 부문의 특성과 업무의 성격에 따라서 감사요원을 선발하고 각 감사인이 수행해야 할 업무를 분장하는 일을 명확히 해둘 필요가 있다. 이러한 일련의 절차가 끝나면 감사실시를 위한 준비를 해야 한다. 이때 무엇을 어떻게 감사할 것인가 하는 Check Point의 점검이 반드시 따라야 하며, 감사항목의 선정 시 준비하여야 할 사항으로써 경영분석비율 등 관리 Data·회의록·품의서·업무 Flowchart, 경영층과의 대화, 타 부서와의 대화를 들 수 있다. 이밖에도 피감사 부문의 특성에 따라서 본 감사를 실시하기 전 절차로서 충분한 예비조사가 선행되어야 만이 효율적인 감사 업무를 수행할 수 있다. 개별 감사계획을 준비함에 있어서 사전에 고려해야 할 사항은 다음과 같다.

감사환경의 전망 정치·경제·사회·문화 등이 끊임없이 변해가고 감사대상도 이러한 환경 속에서 직·간접으로 영향을 받고 있기 때문에 변화해 가는 감사환경을 이해하고 전망할 필요가 있다.

감사운영 기본방향과 감사중점의 설정 감사환경을 이해하고 내다본 결과를 토대로 한 해 동안 감사운영을 어떻게 할 것인지 그 기본방향을 설정하고, 이에 따라 구체적인 감사중점을 설정하여 한 해 동안 점검할 분야를 선정한다.

각종 자료 수집·분석 감사계획을 준비할 때에는 다음에서 설명하고 있는 각종 자료를 수집하여 분석하여야 한다.

- 관련 법령
- 기능·조직·인력·예산 등 일반현황
- 주요 업무계획과 분석결과
- 성과계획과 성과보고서
- 직전 감사자료 및 감사자료의 분석결과
- 선행감사결과 의 지적사항에 대한 시정조치 상황
- 기타 감사와 관련하여 필요한 자료

예비조사의 실시 감사대상부서 또는 감사대상 업무가 구체적으로 선정된 후 감사를 효율적으로 수행하기 위하여 본 감사에 앞서 실시하는 사전 조사활동을 총칭하며, 감사대상과 관련된 자료 및 정보의 수집과 확인, 그리고 감사대상의 일부에 대한 표본조사 등을 포함한다.

성과감사에 있어서는 합법성감사보다 훨씬 높은 감사인의 전문성이 요구되므로 예비조사가 필수적이다. 철저한 예비조사는 구체적인 감사방향, 감사중점 및 절차 등의 결정에 도움이 되며, 본 감사 기간의 단축과 함께 감사자원의 낭비를 예방할 수 있다. 예비조사결과 본 감사가 불필요 하거나 감사성과가 적을 것으로 판단될 경우에는 과감히 감사계획을 변경하여야 한다.

Tip 예비조사시 유의사항

- 감사대상 업무와 관련되는 유관부서, 감사대상 업무와 유사한 업무를 수행하는 부서 또는 감사대상 업무에 의하여 직·간접적으로 영향을 받거나 관심이 있는 이해관계인 등과의 면담, 자료 및 정보의 수집 등은 감사대상 업무의 실상을 파악하고 문제점을 발굴하는 데에 기여할 수 있다.
- 성과감사를 수행하기 위한 예비조사과정에는 반드시 현장조사를 실시해야 한다.
- 예비조사결과 수집된 감사 자료는 면밀히 분석하고 본 감사에 유용한 자료로 이용될 수 있도록 정비하여야 한다.
- 감사 자료의 분석과정에서 전문지식과 기술이 필요한 부문에 대하여는 사전에 전문가의 자문 등 도움을 구해야 한다. 전문가의 자문 또는 참여는 감사대상 업무에 대한 감사인의 편견을 예방하고 감사실시 절차 및 감사결과의 신뢰성을 제고하는데 도움이 된다.

현장감사

현장감사는 본 감사로서 실제 피감사 부문에 출장하여 감사를 실시하는 것을 말하며, 이때에 감사인은 감사대상 항목의 성질에 따라서 감사 접근기법을 활용하여 감사를 실시하여야 한다. 현장감사에서 감사인이 사용할 수 있는 도구로서 감사조서가 있다.

감사조서를 작성하는 것은 거래기록의 검토 및 검증에만 있는 것이 아니고 감사증거를 확보하는 데 그 목적이 있다. 그러므로 감사조서를 작성할 때에는 미미한 사항이라 할지라도 반드시 조서에 남겨놓는 것이 중요하다. 왜냐하면 후일에 어떤 문제가 발생할 경우 일일이 감사인의 기억에만 의존할 수가 없을 뿐만 아니라 감사증거가 없을 경우 그 책임이 감사인에게 전가될 수도 있기 때문이다. 그러므로 감사조서는 단순한 감사사항을 주서 또는 TICK MARK를 사용하여 정리해 나아가야 한다. 현장감사가 종료되는 감사팀의 장은 피감사 부서와의 감사실시 결과에 대한 강평회를 실시하여야 한다. 강평회에서는 감사실시에서 발견한 문제점과 검토사항에 대한 개선, 시정을 권고하여 피감사인으로 하여금 객관적으로 볼 때에 감사인이 지정한 사항들에 대하여 수긍하고 인정할 수 있는 기회를 제공한다.

발견사항 보고

현장감사가 끝나게 되면 감사인은 감사보고서를 작성하여 최고경영자에게 보고하게 된다. 감사보고서는 반드시 감사조서를 기초로 하여 작성되어야 한다. 내부감사인의 감사보고서의 보고가 이루어지면 다음으로 피감사 부서에 시정, 개선, 권고사항을 서면으로 이를 통보한다.

■ 감사 사후관리

내부감사에 있어서 감사 사후관리는 다른 어떤 절차보다도 중요하다. 감사실시 결과 지적되거나 적출된 문제점은 단순히 지적으로만 끝나버리면 비용의 낭비만 가져오는 것이 아니라 감사부서의 존재가치마저 상실하게 하는 원인이 될 수도 있다. 감사결과에 대한 사후관리는 이러한 측면에서도 중요한 것이다. 그러므로 감사결과 지적사항은 피감사 부서에서 제출한 시정계획서를 면밀히 검토하여 그 시정계획의 타당성과 합리성을 바탕으로 계속 시정결과를 점검하고 차기 감사 시 중점적으로 확인하여야 한다.

03 예비조사와 내부통제

감사계획 및 준비절차에서 감사팀이 편성되면 현장감사에 필요한 자료모집에 들어간다. 그것에는 피감사 부서와 관련된 특성을 이해하기 위한 자료, 즉 외부자료와 피감사 부서에 요청하여 접수한 자료 및 감사인이 감사실시를 위하여 필요하다고 판단되는 내부 자료를 모집하여 그 내용을 검토하게 된다. 이러한 일련의 프로세스를 예비조사라고 한다.

예비조사의 목적은 감사인으로 하여금 현장감사를 실시하기 전에 피감사 부문의 업무를 충분히 이해하고 익히는데 그쳐서는 안 되며, 업무의 진수를 파악하고 기본적인 통제수단을 강구하며, 관리자의 자질을 이해하고, 직원의 품위를 파악하여야 한다. 그럼으로써 감사인은 중요한 통제사항을 정하게 되고 사려 깊은 감사계획을 세워 해야 할 감사의 굳건한 기초를 마련하게 된다. 적절하지 못한 업무에 대한 이해는 불충분한 감사분담 사항의 파악, 부당한 감사실시 계획과 감사활동의 편중을 가져오기 쉽다. 충분한 예비조사는 현장감사를 원활하게 할 뿐 아니라, 정밀감사의 필요를 줄일 수도 있기 때문이다. 예비조사란 모집, 열거, 요약한 후 감사실시 계획을 전개하는데 이용하는 것을 말한다. 그러므로 감사인은 충분한 예비조사를 하여야 한다.

1. 예비조사

■ 예비조사표

예비조사표는 양식·내용을 달리하는 여러 종류의 것이 있으며 감사의 목적, 감사대상 부문의 성격에 따라서도 달라진다. 조직도표·인원현황·개인신상조서·업무분장명세서 등 어느 부서에서나 공통으로 적용되는 내용에 대해서는 미리 예비조사표 양식을 표준화해 두면 현장감사를 효과적으로 실시할 수 있으므로 예비조사에서 작성해야 할 자료에 대해서는 이를 깊이 연구할 필요가 있다. 이와 같은 조사표를 일반적으로 예비조사표라 하는데 그 양식이나 조사사항을 결정할 때에는 예비조사의 성격상 다음과 같은 조건을 갖추는 것이 바람직한 일이다.

- 양식을 표준화시킬 것
- 감사인 누구나 쉽게 Check하여 정보를 모집할 수 있을 것
- 가능한 한 예비조사자는 Check List의 형식을 취할 것

기타의 방법으로서 사전에 피감사 부문에 대한 내부통제 질문서를 만들어 자료 요청시에 함께 발송하고 회수하여 검토·분석해 볼 수도 있다.

내부통제 질문서에 관한 내용은 다음에 연구해 보기로 한다.

■ 자료조사

피감사부문에 요청한 자료 및 내·외부자료의 모집이 완료되면 자료조사를 한다. 이 자료조사는 자연히 탁상조사가 주가 되며 그 조사대상은 다음과 같다.

계수적 자료 주로 회계자료가 중심이 되며, 이밖에 생산·판매·자재·노무 등의 업무에 관한 자료가 포함된다. 계수를 주로 한 자료는 그 분석을 해야 하는 현장감사의 실시 전까지 미리 작성하는 것이 피감사 부문의 업무를 이해하는데 크게 활용할 수 있기 때문이다. 작성 자료의 종류나 내용은 피감사 부문에 따라 제각기 달라질 수 있다. 그러나 직전 감사시의 감사조서철을 보면 대강 어떤 자료의 작성이 필요한 것인지는 판별될 수 있다.

장표류 생산이나 판매 등의 실무운영에 관련해서 사용되는 것으로 다음 단계의 현장감사에 대한 예비조사의 의의를 갖고 있다. 즉 장표의 양식을 보면 사무절차의 개요를

파악할 수 있으므로 각 장표를 세부별로 정리하도록 한다.

규정류 조직도·업무분장규정·취업규칙·회계규칙·업무운영규정·작업표준 등 제 규정에 대한 조사로서 다음 단계의 현장검사를 위한 예비조사의 성격을 가지고 있다. 이러한 자료조사는 현장감사시의 시간과 노력을 절약하여 감사의 목적을 달성하려는데 이용하기 위해 필요한 예비조사이다.

■ 예비조사결과 분석

현장감사에 앞서 감사인이 실시한 예비조사결과의 분석은 관례적으로 중요하다고 생각되어진 어떠한 검사를 생략하고도 현장감사를 훌륭히 수행할 수 있게 한다. 그러므로 예비조사에 사용된 시간은 보통보다 경제적인 감사에 의하여 보상된다. 예비조사결과를 분석함으로써 감사인이 얻을 수 있는 정보는 업무에 대한 이해뿐만 아니라 문제점과 현장감사시 착안하여야 할 많은 사항들을 사전에 파악할 수 있는 이점을 주기 때문이다. 예를 들어 예비조사에서 모집한 피감사부문의 인원현황과 업무분장표와 직전 감사시의 인원현황과 업무분장표를 비교분석해 보면 인원의 증감원인이나 업무분장 상의 문제점을 발견할 수 있다. 이러한 착안사항을 미리 체크해 둔다면 현장감사시 그 원인과 문제점의 내용을 파악하고 이를 지적하여 개선·시정 권고하는데 쉽게 적용할 수 있을 뿐만 아니라 감사업무를 효율적으로 진행할 수 있는 원동력이 된다.

■ 예비회의

예비회의는 현장감사 착수 전에 할 수도 있으며 이것은 감사업무에 협력할 수 있게 하는 분위기를 조성하는데 필요하다. 예비회의를 진행함에 있어서 감사인은 감사목표를 명확히 설명하여야 하며 질문은 정보를 얻으려는 자세로서 예의범절을 지키는 언행이어야지 심문하는 어조나 언행으로 하여서는 아니 된다. 피감사부문의 책임자는 공정하게 취급되고 객관적으로 검토되기를 원할 뿐만 아니라 발견사항은 적절하게 다루어지고 모든 지적사항은 감사인과 함께 확인하기를 바란다. 그러므로 감사인은 이러한 피감사부문의 책임자의 의도를 망각해서는 아니 되며 겸손한 태도를 견지하여야 한다.

예비회의의 목적은 감사인으로 하여금 감사업무를 원활히 수행할 수 있기 위하여 피감사 부문으로부터의 협조와 감사목표를 효과적으로 달성하기 위한 것이다. 그러므로 감사팀장은 이때에 감사업무의 착수소감을 간략히 설명하고 감사인은 각 부문의 중간관리자들을 소개받고 추가적인 자료와 정보의 출처에 대하여 도움을 받을 수 있어야 한다. 또한 감사인이 업무를 수행하는데 필요한 책상·조직도표·제규정철·보고서철·품의서철 등 기타 필요한 사항에 대한 협조를 구해야 한다. 예비회의 종료 전 반드시 감사인은 피감사인이 갖기 쉬운 거부감·비협조적 태도 등을 불식시킬 수 있도록 충분히 설득하여야 할 것이며, 그렇게 해야만 효과적인 업무수행이 가능해질 수 있게 된다.

2. 내부통제의 조사

오늘날의 기업경영은 기업의 규모가 점차적으로 확대되어 가고 또한 경영내용이 복잡해짐에 따라 소유경영체제에서 전문경영체제로 바뀌어 가고 있는 추세이다. 이러한 현상은 경영자로 하여금 기업의 모든 부분에 대하여 지식을 가질 길이 없게 되고 결과적으로 정보조직에 의하여 공급되는 정보밖에는 의존할 수 없게 만들고 있다. 이리하여 입수되는 정보의 신뢰성 및 정확성을 경영자에게 확보할 수 있는 방법을 강구하기 위하여 연구 개발된 것이 내부통제 조직이라 할 수 있다. 내부통제제도는 그 출발은 명확하지 않으나 1949년 발간된 미국공인회계사협회의 보고서에 감사업무(Auditing practice) 가운데 그 중요성이 비교적 낮은 세목으로 존재하다가 차츰 내부통제의 범위가 점차적으로 확대되었다. 1980년대 전까지는 회계신뢰성과 준거성 영역이 주로 내부통제이 대상이 되었으므로 이때의 내부통제시스템은 주로 회계통제시스템을 의미하였다. 1900년대 중반부터 내부통제의 중요성에 대한 관심이 고조되면서 회계통제 뿐만 아니라 경영효율성과 효과성 영역으로 통제대상이 확대되었다. 일반적으로 내부통제라 하면 기업의 목표수립에서 부터 경영활동을 조정·평가하기 위하여 경영자가 수행하는 일체의 행위를 말한다. 즉 기업이 계획(plan)·실행(do)·평가(see)하기 위해 설정한 제도·조직·방법 및 절차를 의미한다. 내부감사는 기업의 내부통제의 한 부분이면서 동시에 내부통제가 효율적이고 타당하게 이루어지는지에 대한 검토와 평가작업을 동시에 수행하게 된다. 이를 통해 통제시스템을 효율적으로 운용하는 데 기여할 수 있고 나아가서 기업의 발전을 위해 부가가치 있는 활동을 제공할 수 있다. 따라서 내부감사기능은 경영자의 내부통제 권한과 결합될 때 비로소 그 효과가 발생한다. 궁극적으로 내부통제시스템이 완벽하게 정비되어 있고 효과적으로 운용된다면 내부감사의 필요성은 줄어들 것이고 통제시스템에 많은 허점이 있다면 내부감사가 활동할 수 있는 범위는 그만큼 커질 것이다. 즉 모든 기업에서 내부감사기능의 위상은 기업의 문화, 최고 경영자의 통제능력, 이사회의 권한 등 여러 가지 요소를 감안하여 달라질 수에 없다.

■ 내부통제의 의의

내부통제(Internal Control)란 경영관리를 위하여 기업의 경영활동 각 부문에서 행해지는 것으로서 기업 외부로부터 행해지는 통제와는 다른 것이다. COSO보고서의 감사기준서에 의한 내부통제란 "재무보고의 신뢰성, 업무의 유효성과 효율성, 적용되는 법률 및 규칙의 준수라고 하는 사항의 제 목적을 달성하기 위한 합리적 보증의 의도로 설정된 기업의 이사회·경영자·기타 구성원에 의하여 실시되는 절차"라고 정의하고 있다. 이는 기업의 경영활동 및 업무집행이 적법하게 이루어질 수 있도록 내부통제체계가 마련되어 기업내부의 의사결정과 업무집행에 관하여 적절한 감독이 이루어져야 한다는 것을 의미한다. 그러나 일반적으로 기업경영에 있어서의 통제개념은 첫째로, 재산보전을 중심으로 한 통제와 다음으로, 능률관리에 대한 통제 그리고 조직절차 방법의 정리와 통제, 마지막으로 근대적 통제로 구분할 수 있다. 이러한 각종 통제개념은 내부통제에 있어서도 거기서 다루는 통제 대상·목적 등에 관하여 여러 유형으로 나누어 볼 수 있다. 내부통제와 내부감사는 부정·과실을 발견, 방지 또는 예방하는 동시에 기업이 정하는 업무절차가 지켜지고 있는가의 여부를 검사하는 것이다. 내부통제는 자산을 보전하고, 회계자료의 정확성과 신뢰성을 점검하며 경영능률을 증진하고, 정해진 경영방침의 일관성 있는 추진을 위하여 기업 내에서 채택된 조직계획 및 이에 조정 통합되어야 할 방법과 수단을 구성하는 것이다. 여기서 내부통제란 기업의 최고경영방침에 의거하여 경영자가 기업의 전체적 관점에서 집행활동을 계획하고, 집행과정을 조정하며 그 집행결과를 평가하는 것으로서, 이것들을 계산적 통제의 방법에 의하여 행하는 것이다.

내부통제는 미리 정해진 경영방침에 따라서 그 실시에 대한 경영계획의 설정, 계획의 실시 방법에 있어 기준을 할 적당한 실시절차의 제정, 집행부문에 있어서 달성목표로 한 표준의 설정, 각 집행 부문에서의 집행 활동의 실시 상황은 회계절차에 의해 기록하고 표준과의 관계에서 경영의 업적을 평가한다. 내부통제의 기본 원리를 배경으로 하여 내부통제제도의 정의를 분석하면 내부통제의 목적은, 첫째 자산을 보호하는 목적, 둘째 회계자료의 정확성과 신뢰성을 확보하는 목적, 셋째 경영활동의 종합적으로 계획·조정·통제하는 세 가지 목적을 달성하기 위하여 경영자가 설정한 제도임을 알 수 있다.

내부통제시스템의 정의 내부통제시스템이란 회사 경영자의 목적달성을 지원하기 위해 경영자가 채택한 모든 정책과 절차를 말한다. 내부통제시스템은 회계제도의 기능에 직접 관련된 내부회계관리제도뿐만 아니라 그 이외의 기업의 경영활동 전반에 관련된 기타의 운영통제를 포함한다.

- 경영정책의 준수를 포함한 영업의 효율적 수행
- 회사 자산의 보호
- 부정과 오류의 방지와 발견
- 정확하고 완전한 회계기록유지
- 신뢰할 수 있는 경영정보의 적시 작성

내부통제시스템의 구성요소 내부통제시스템은 회계제도(accounting system)와 업무통제제도로 구분할 수 있다. 이중 회계제도는 내부통제시스템의 핵심적인 기능을 담당하고 있다. 회계제도는 외감법에서 내부회계관리제도라고 부르는 것으로서 회사가 거래의 회계기록을 유지하고 이를 토대로 이해 관계자들에게 기업의 재무정보를 투명하고 충실하게 보고하기 위하여 수행하는 일련의 조직과 절차를 말하며, 이는 모든 거래와 사건을 식별·측정·평가·분석·계산·분류·기록·요약 및 보고하는 기능을 가지고 있다.

2. 내부통제의 조사

우리나라의 경우 내부통제제도 및 기업지배구조와 관련된 내용들이 여러 법규에 규정되어 있다. 그 중에서 가장 기본적인 것은 이사의 직무집행에 대해 감사를 실시하여 그 결과를 주주총회에 보고하도록 되어 있는 상법상의 감사라고 할 수 있겠다. 또한 상법에는 정관이 정하는 바에 따라 이사회가 정한 하부위원회로서 설치되고 3인 이상의 사외이사 및 사내 이사로 구성되어 감사에 갈음하여 그의 역할을 대신할 수 있는 감사위원회가 규정되어 있다. 현재는 일정규모 이상의 금융회사 및 상장회사에 대해서는 감사위원회의 설치가 의무화되어 있는 상태이다. 한편 은행 및 보험회사 등의 금융기관은 자본시장법에 의하여 준법감시인제도가 의무화되어 있으며 준법감시인은 내부통제제도의 구축, 실태에 대한 모니터링 및 개성, 시정요구 등을 주요기능으로 삼고 있다.

내부통제제도는 회계정보의 투명성을 위한 종전의 소극적인 내부회계관리 통제의 한정된 분야에서 벗어나 기업 내의 업무관리 통제제도를 포괄하는 넓은 의미의 위험관리시스템으로서의 내부통제제도로 발전히고 있다. 이러한 내부통제제도에 대하어 법이나 규제조항에서 규정하고 있는 사항들은 그 성격상 최소한의 요구사항만을 규정할 수밖에 없는 것이 현실이다. 우리가 현재 갖고 있는 내부통제제도는 조직이 설정한 규정·제도 그리고 내부 외부감사의 운영으로 구성되어 있다. 기업의 입장에서는 수동적으로 이러한 구제사항들만을 충족시키기 위한 차원에서 소극적으로 대응할 것이 아니라 능동적으로 기업·주주 그리고 더 나아가서는 종업원을 포함한 모든 이해관계자를 위하여 건전한 내부통제제도를 구축하고 이를 운용할 수 있도록 하여야 한다. 이 과정에서 건전한 내부통제제도를 구축하기 위하여 필요한 성공요소들을 항상 염두에 두고 있어야 할 것이며 무엇보다도 중요한 것은 기업의 조직문화가 바뀌어야 하고 이를 위해서는 기업 내의 경영진을 포함함 임직원들의 의식의 변화가 선행되어야 한다는 것이다.

단순히 법규를 준수하기 위하여 건전한 내부통제제도를 유지하는 것이 아니라 기업조직 자체의 경쟁력 유지를 통한 장기적 성장을 위하여 내부통제제도를 유지하는 것이고 그로 인한 유효성을 조직자체가 가장 먼저 누리게 될 것이라는 점을 인식 하는 것에서 모든 것이 출발되어야 할 것이다.

■ 내부통제조사 파악

내부통제는 기업의 경영방침, 경영조직 및 기업 특성에 따라 제각기 다르다. 그러나 내부조사에서의 내부통제의 파악은 조사대상, 조사목적과 관련 있는 회사의 제도를 조사 파악하는 것이다. 내부통제의 목적에 비추어 볼 때 내부통제를 조사 파악하기 위한 자료모집 방법으로서 피감사 대상부서의 직원에 대한 질문이나 해당규정의 검토, 조직도의 검토 등의 방법이 있지만 가장 일반적이고, 비교적 타당성이 있는 방법으로는 질문서법·기술법·Flow-Chart법을 들 수 있다.

질문서법(Questionaire Approach) 각 부문의 업무와 관련하여 발생하기 쉬운 오류나 부정의 예방절차에 관한 질문서를 작성하여 피감사인에게 "예" 또는 "아니요"라는 답을 적도록 하는 일종의 Check-List식 조사방법으로 가장 전통적인 자료모집 방법이다.

기술법(Narrative Description Approach) 기술법은 내부통제의 정비, 운영상황을 감사인이 순차적으로 기술하는 조사방법이다. 이 방법을 채택하기 위해서는 감사대상항목별로 담당자와 그 업무관계, 작성되는 문서·제 기록·업무분장 등을 기술하여야 한다. 이 방법은 주로 질문서법이나 Flow-Chart를 보충하는 목적으로 많이 이용되며 기술법이 단독으로 사용되는 예는 비교적 조직이 단순한 부문에서만 볼 수 있다.

Flow-Chart법 이는 '업무처리절차도'라고도 하며 도표를 이용하여 내부통제를 조사하는 방법이다. 피감사부서의 자료처리 System이나 내부통제를 이용하는 데에는

System Flow-Chart를 이용하는 것이 질문서법이나 기술법에 의하는 것보다는 유용하다. System Flow-Chart란 어떤 시스템이 움직이는 절차를 기호로 나타낸 도표를 말하며 절차의 성질이나 앞뒤의 관련성·책임분담·문서의 작성자와 그것의 선행, 거래기록의 종류와 소재를 표시함으로써 어떤 제도를 개관하기에 편리하다. Flow- Chart를 그리는 부호는 비교적 대동소이하나 가능한 자신이 알기 쉽게 개발하여 사용하는 것도 좋은 방법 중의 하나일 것이다.

■ 내부통제의 운용검토

내부통제의 감사절차에 따라서 수집·파악된 내부통제시스템이 잘 적용되고 있는지의 여부를 검토하는 목적은 내부통제제도의 신뢰성을 확인하기 위한 것으로 해당 업무담당자에 대한 질문에 의한 방법, 업무처리과정을 관찰하는 방법, 처리된 업무에 대한 인증서류를 검사하는 방법, 재연법 등이 있다. 이러한 방법을 사용하여 내부통제의 운용사항을 검토하는 것을 준거감사라고 부른다.

3. 내부통제의 평가

내부통제에 관한 조사가 파악되고 그 운영 여부가 확인되면 다음으로 이들에 대한 평가가 이루어져야 한다. 내부통제제도의 평가목적은 내부통제제도의 신뢰성을 기초로 한 적절한 감사절차의 선택과 피감사부문에 대한 내부통제제도의 개선에 관한 건의에 선택이 있다. 그러므로 내부통제제도에 존재하는 결함을 발견하고, 파악 확인한 내부통제제도와 그 결함이 앞으로 진행할 감사에 미칠 영향을 발견하여야 한다. 내부통제제도의 평가에는 양적평가와 질적평가가 있다.

양적평가란 예정된 내부통제제도와는 달리 실제 적용되고 있는 횟수를 봄으로써 내부통제시스템의 효율을 판정하는 것이고 질적평가는 부정을 암시하는 거래발생 유형을 찾아봄으로써 그 효율을 판정하려는 것이다. 양적평가는 주로 통계적 방법에 의하나, 질적평가는 주관적 방법에 의하는 것이 보통이다.

따라시 감사인은 내부통제에 대한 조사를 하고 내부통제의 신뢰성의 평가결과에 따라 시사의 범위를 결정하거나 감사계획의 수정 여부를 결정하게 된다.

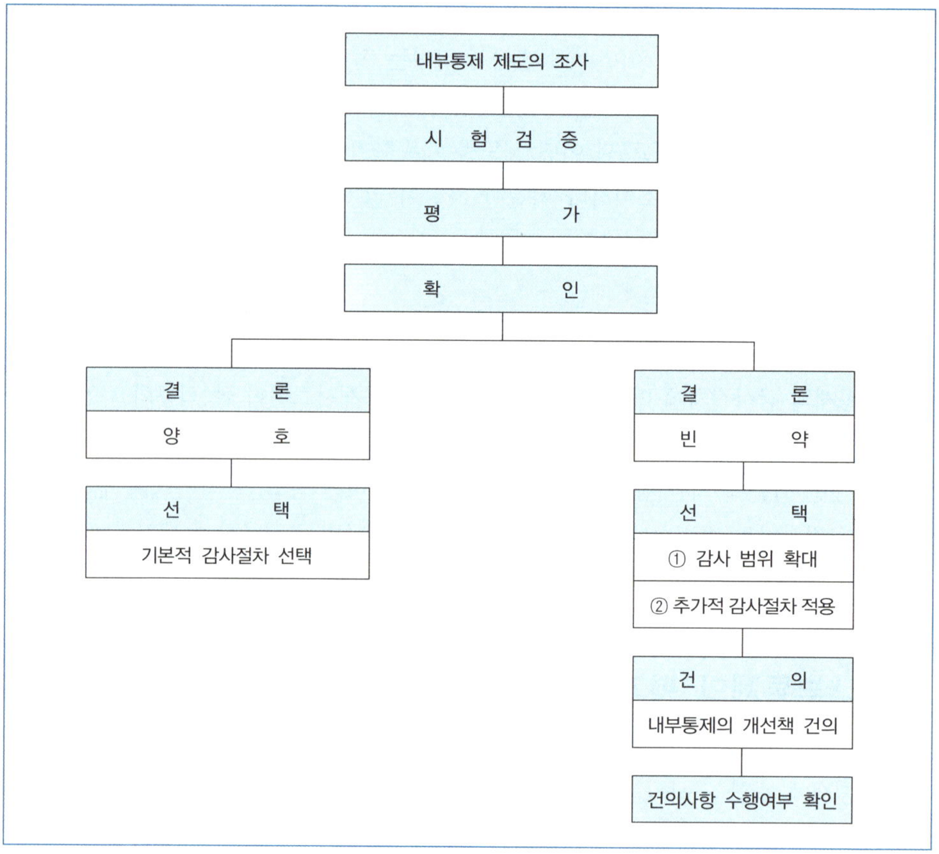
내부통제 제도의 조사
시 험 검 증
평 가
확 인
결 론
양 호
선 택
기본적 감사절차 선택
결 론
빈 약
선 택
① 감사 범위 확대
② 추가적 감사절차 적용
건 의
내부통제의 개선책 건의
건의사항 수행여부 확인

내부통제의 평가절차

[공장감사 내부통제질문서 예]

질 문 내 용	Y / N	기타특기사항
A. 일반개요		
공장 전체		
1. 직별, 직무규정이 있는가		
2. 직무규정에는 책임소재가 명확하게 구분되고 책임의 내용이 충실하게 설명되어 있는가		
3. 업무면의 관리통제를 위하여		
① 장·단기 생산, 출하, 원부재료 수급계획서가 작성 이용되고 있는가		
② 표준제도가 설정되고 있는가		
③ 대외자료와의 비교분석 방법이 사용되는가		
4. 경영정책 결정을 위한 경영자료 보고서가 적기에 작성되고 유용한 자료가 보고되도록 양식화되어 있는가		
5. 공장 각 부서의 업무가 본사의 통제방식에 의하여 통제되고 있는가		
회계 및 재정		
6. 회계처리규정에 따라 회계 처리되며 본사의 지시사항 및 내규에 따라 처리되고 있는가		
7. 회계담당 직원의 사내외 교육계획이 계속적으로 실시되고 있는가		
8. 회계장부가 매월 마감되고 월차 재무제표가 작성되는가		
9. 월차 재무제표는 공장장 및 공장 간부회의에서 이용되고 있는가		
10. 제품별 원가 차이 분석이 이루어지고 있는가		
B. 생산관리		
조직운영 및 보고면의 관리통제		
1. 적절한 관리통제를 위하여		
① 생산계획, 제조, 재고, 생산기술, 공무 등에 대한 책임소재가 명확하고 이것을 종합 관리하는 자가 있어 조직 면에서 관리통제가 이루어지고 있는가		
② 상기 제 기능을 효율적으로 수행하기 위하여 다음과 같은 방법을 이용하는가		
ⓐ 장·단기 생산계획표 작성		
ⓑ 재료, 노무, 경비 등 생산요소에 대한 표준 투입량 설정		
ⓒ 적정 재고량 또는 재주문 재고량의 설정		
ⓓ 품질관리 기준 설정		
③ 생산과 재고에 관한 경영지표보고서는 다음과 같은 유용한 정보가 포함되어 있는가		
ⓐ 계획 또는 표준과의 실적 대비		
ⓑ 차이분석		
ⓒ 적정재고량과 재 주문량 및 품질관리 기준		
ⓓ 계획과 표준의 수정		
ⓔ 관련 부서와의 협조요망 사항		
④ 경영지표보고서는 실기하지 않고 적시에 보고되고 있는가		

질 문 내 용	Y / N	기타특기사항
직무담당		
2. 생산부서의 직원이 재고자산의 보관 또는 관리를 겸하고 있지는 않은가		
3. 재고자산 보관자가 재고자산 보조부의 기장 관리를 겸하지 않는가		
4. 재고자산 보관자 이외의 직원이 검수업무를 담당하고 있는가		
5. 재고자산 보조장 기록, 총원장 기록 및 원가계산 기능을 각각 분담하고 있는가		
6. 재고자산 실사는 재고자산 보관자 이외의 책임자 등에 의하여 주관되는가		
절차상 통제		
7. 재고자산의 적절한 보관 관리를 위하여		
① 재고자산의 보관장소는 도난, 수·화재, 유용 등으로부터의 안전장치가 되어 있는가		
② 보관자 이외 자의 출입이 통제되고 있는가		
③ 매각용 작업폐물, 구입 즉시 비용 처리된 저장품 등도 재고자산 보관자가 관리하는가		
④ 생산입고서, 검수증, 환입지시서, 출고지시서 등의 증빙서류에 의해서만 입출고 되는가		
⑤ 멸실, 도난, 훼손, 진부화 또는 장기 정체된 재고를 정기적으로 파악하여 보고하고 있는가		
⑥ 재고자산 보관자는 다음의 장부와 서류를 보관 또는 기록하고 있는가		
ⓐ 입출고의 근거서류		
ⓑ 재고자산 대장		
ⓒ 각 품목의 저장위치에 붙여 놓은 재고표		
⑦ 외부에 보관되어 있는 외탁품, 하청재고, 창고업자 보관재고 등에 대해서는 주기적으로 조회, 확인받거나 실사를 하는가		
⑧ 외부로부터의 수주품에 대해서는 자사 재고와 구별 보관하고 정기적으로 실사를 하는가		
⑨ 재고자산은 1년에 한번은 실사를 하는가		
⑩ 재고자산의 적절한 통제로서		
ⓐ 재고실사 지침서가 준비되고 실사자들이 실사교육을 받는가		
ⓑ 각 품목의 수량, 단가, 금액, 소재, 단위, 완성도 등이 표시되어 있는가		
ⓒ 적정재고량 또는 재 주문 재고량이 설정 표시되어 있는가		
ⓓ 검수증, 생산입고서, 출고서에 의해서 기록되는가		
ⓔ 구입 원재료, 부재료, 저장품과 제품에 대한 단가 결정이 적시에 통보되는가		
ⓕ 월차, 증감 합계액은 구매, 생산, 출하보고서 등을 통해서 재고자산 보조부 담당자 이외의 자가 일치 여부를 검토하는가		
ⓖ 재고자산 보조부는 매월 총계정원장과 대조 조정되는가		
8. 원가계산의 적절한 통제를 위해서		
① 생산에 투입된 모든 재료는 생산부서에 의하여 부문별, 공정별, 작업 지시서별, 제품별 등으로 집계 보고되는가		
② 재료의 출고단가는 재고자산 보조부 담당자가 정확하게 통보해 주는가		

질　문　내　용	Y / N	기타특기사항
③ 노무는 작업일지나 생산보고서 등에 의하여 그 사용부문별, 작업지시서별, 제품별로 집계 보고되는가 ④ 생산에 투입된 재료와 노무는 재고자산 보조부로부터 작성된 재료수불 보고서와 급여대장과 대조 검토되는가 ⑤ 경비는 부문별, 공정별 기타 원가 중심점별로 분류 집계되어 보고되는가 ⑥ 제조경비와 공통부문 배부기준은 생산부, 기술부, 공무부 등 관련부서의 기술적 집계를 토대로 작성되었는가 ⑦ 배부율을 정할 때 조업단축, 잉여설비 등과 같이 표준 또는 정상이 아닌 원가차이 요소가 고려되었는가 ⑧ 원가요소의 비목을 적당한 원가배부를 위하여 충분히 세분되어 집계되고 있는가 ⑨ 제조원가, 원가요소, 원가차이 등이 부문별, 공정별, 작업지시서별, 제품별 수치를 전기 및 계획수치와 비교 검토하는 보고서가 매월 또는 정기적으로 작성되는가 - 이 하 생 략 -		

[지점감사 내부통제질문서 예]

질 문 내 용	Y / N	기타특기사항
A. 지점 영업소 관리의 조직과 운영		
1. 지점장의 전체 조직운영을 위하여		
① 영업사원별 월간 판매계획에 관한 영업사원별 목표대비 일일 실적을 체크하는가		
② 계획 대 실적 미달성 원인을 규명하고 그 대책 방안을 수립하고 있는가		
③ 경쟁사의 정보 및 시장동향을 수집 분석하는가		
④ 목표관리일지에서 특기사항을 발췌하여 적절한 조치를 취하는가		
⑤ 매일 특별히 직원교육을 실시할 사항을 점검하는가		
⑥ 거래처별 신용조사평가표에 기록할 사항은 없는가		
⑦ 오늘 지시 및 전달할 사항은 준비되어 있는가		
⑧ 현금 및 예금일일보고서에 나타난 특기할 만한 사항은 없는가		
⑨ 현금시재액은 현금출납장과 일치하며 일계표와 일치한가		
⑩ 받을어음 보관분 등 만기일이 경과한 분은 없는가		
⑪ 당일 마감원칙에 의하여 마감되지 않은 사유는 납득이 될 수 있는 사유인가		
⑫ 타인발행어음의 뒷면 배서가 누락된 부분은 없는가		
⑬ 받을어음 입금 시 어음기일이 통상에 비하여 기일이 긴 어음을 수취하는 일은 없는가		
⑭ 수금 시 입금표와 입금증의 날짜는 동일한가		
⑮ 입금표관리대장의 입금표 발행분과 영업사원이 소지한 입금표를 대조하고 그 이상 유무를 확인하였는가		
⑯ 사고 및 과다 미수채권에 대하여 회수독촉 및 법적조치를 고려하고 있는가		
⑰ D / O를 과다하게 발행한 거래처의 채권회수를 위하여 동태파악을 철저히 하고 있는가		
⑱ 장기미수 및 과다채권 거래처 체크 리스트를 작성하여 입금 체크를 하고 있는가		
⑲ 제품재고에 대하여 적정 실사할 시기가 늦은 감은 없는가		
⑳ 장기체화 재고에 대하여 적절한 조치를 취하고 있는가		
㉑ 오손·파손품의 교환 시 거래처 파손품 교환요청확인서에 의해서만 교환되는지 확인하는가		
㉒ 당일 출하된 거래처에 대한 인수증은 즉시 회수되는가		
㉓ 지점장의 승인 없이 선 출하된 제품은 없는가		
㉔ 거래장 등에 인지 첨부가 누락된 부분은 없는가		
㉕ 반품교환은 즉시 처리 반영되고 있는가		
㉖ 시외전화를 과다하게 사용하고 있는 일이 없는가를 확인하기 위하여 시외전화사용부를 검토해 보았는가		
㉗ 유류티켓 발생의 정상 유무를 검토해 보았는가		
㉘ 차량수선이 반드시 전일의 차량운행일보의 이상 유무 보고사항에 의해서만 이루어지고 있는가		
2. 조직관리의 내부통제를 위하여		
① 권한과 책임의 한계가 적절히 위임되어 운영되어지고 있는가		

질 문 내 용	Y/N	기타특기사항
② 모든 직무에는 책임소재가 명확하게 구분되고 책임의 내용이 충실하게 반영되어 있는가		
③ 소속직원 개개인의 업무를 지점장이 충분히 파악하고 있는가		
④ 매일의 업무 활동 결과는 즉시 보고되어 확인 또는 조치되고 있는가		
⑤ 모든 문서는 지점장에 의하여 매일 매일 확인되어 지시사항이 하달되는가		
⑥ 모든 업무처리는 지시사항 및 내규에 의해서만 집행되는가		
⑦ 소속직원들이 본사의 지시사항, 내규 등을 충분히 숙지하여 업무 수행 시 즉시 반영되고 있는가		
⑧ 본사에 발송되는 보고서 등은 사전에 검토되어 영업활동 방향결정의 자료로서 충분히 이용되고 있는가		
⑨ 직원환경조사서는 작성 비치되어 지점장이 소속직원 개인신상을 충분히 파악하고 있는가		
⑩ 지점 업무분장표는 작성되어 있으며 개인별업무분장이 적절히 이루어지고 있는가		
⑪ 직원 개개인의 업무분담이 직무수행능력, 직원 상호간의 관계, 대외적인 인간관계 등에 비추어 적절히 분장조정 되고 있는가		
⑫ 비상연락망은 설치되어 이용되고 있는가		
⑬ 주요 판매처, 대리점리스트는 작성 운영되고 있는가		
⑭ 지점 자체회의, 대리점회의에 관한 기록이 유지되고 있는가		
- 이 하 생 략 -		

04 감사계획

계획이란 어떤 업무에 있어서 소기의 목적을 달성하고자 필요한 제반사항을 예견하여 배열하고 그 실시에 필요한 방법을 검토하여 최선의 것을 준비하는 행동지침의 결정이다.

계획은 언세나 미래에 있을 사안에 관계되는 것이므로 계획을 결정하기 전에 장래에 그 계획에 작용할 제반 여건을 미리 예견하고 그것이 계획에 어떤 영향을 줄 것인가를 면밀히 통찰하여 결정하여야 하고, 이를 결정한 후에는 그 타당성이 존속하는 한 계획대로 집행하여야 하며, 또 집행 후에는 예기한 결과가 나타났는가를 심사 분석하여 평가하는 등 일련의 연속적인 과정을 고려함이 긴요하다.

감사계획은 감사목적을 효과적으로 달성하기 위하여 감사대상사항 및 감사사항을 선정하고, 이를 감사하는데 필요한 최선의 방법을 미리 선정하여 결정한 감사지향 지침이다. 그러므로 감사계획은 평소 충분히 모집되고, 신중히 분석된 감사대상의 기초적인 사실과 감사대상의 중요도 및 우선순위 등을 고려한 합리적 조정, 장래의 정세 및 감사효과에 대한 전망과 과거의 반성 등에 입각하여야 한다. 즉 감사계획은 이러한 제반 사실을 판단의 기초로 하여 감사의 목적을 달성하려는 합리적인 수단을 의미하며, 단순한 희망에 의한 것이 아니라 성취 가능한 것이어야 하며, 일반적인 것이 아니라 계속적인 것으로서, 현재의 계획은 장래에 다른 계획의 기초와 모체가 될 수 있는 합리성을 내포하여야 한다. 아울러 감사계획은 감사목적을 달성하는데 있어서 관련된 제반 사실을 체계화하고 각종 행동방안을 가치적 견지에서 비교하여 취사선택하는 것이므로 의식적 가치판단에 입각한 과학적 수단으로서 감사활동을 규제하는 규범적 역할을 할 수 있도록 합리성과 일관성이 있어야 한다. 또 감사대상 부문에 따른 감사활동의 조화를 도모하여 전체로서는 경제적이고 능률적인 감사효과를 올릴 수 있어야 하며, 충실한 감사임무 수행을 위하여 투철한 관찰력과 신념에 바탕을 둔 명백한 주관이 있어야 하는 반면, 정세의 변화에 따라 융통성 있게 대처할 수 있는 탄력성을 또한 갖추어야 한다.

1. 감사계획의 개요

감사계획은 감사실시의 출발점이며 감사계획의 적부 여하가 감사의 효과를 좌우한다고 해도 지나친 말은 아닐 것이다. 제한된 능력으로 최대의 감사효과를 얻기 위해서는 필연적으로 계획적인 감사가 요청되며, 이러한 요청은 감사대상이 팽창되는데 따라 이에 정비례하여 더욱 가중하게 되는 것이다.

계획은 그 자체가 바로 합리적인 사고와 행동의 방법으로 인식되기 때문에 오늘날 정치·경제 및 사회활동의 모든 부문에서 보편화되기에 이른 것이다. 즉 계획은 목적에 정당성, 행동 순서의 합리성, 제반 관련사항의 적합성, 방법 및 절차의 건전성, 또는 시간·경비·인원 등의 유효적절한 사용 등 목표달성에 필요한 제반요소들이 고려되는 것이므로, 계획을 통하여 효율적인 임무수행을 위한 타당한 목표 및 방침을 설정하고, 방향을 제시하며 또 목적에 도달하는 합리적인 행동방법을 선정함으로써 시간과 노력 및 경비 등의 낭비를 제거하는 등 가장 효율적인 감사 업무를 수행할 수 있도록 하는 것이다. 따라서 감사업무의 체계적·효과적인 수행을 위해서는 치밀하고 적절한 감사계획의 수립이 필수적이다. 감사는 한정된 인력과 예산으로 실시하기 때문에 최대의 감사성과를 확보하기 위해서는 계획적인 감사가 필요하며, 그 필요성은 감사대상이 양적으로 팽창되고 질적으로 전문화됨에 따라 더욱 증가되고 있다

이와 같은 계획은 장래에 대한 정확한 예측이 쉽지 않고, 수단 변경이 곤란하여 경직화 될 우려가 있고 또 개인의 창의력을 제한하는 등 여러 가지 제약이 있음에도 불구하고 보다 큰 효과를 기대할 수 있기 때문에 오늘날 관리기능의 필수적인 요소로 등장하게 되는 것이다. 이와 같은 사항 가운데 그 중요성과 시의성(時宜性)을 감안하여 합리적으로 선정 배열함으로써 가장 적합한 감사를 실시할 수 있을 뿐만 아니라, 감사수행에 있어서 개개의 감사사항 및 감사영역의 중복 또는 탈루를 방지하고, 결함과 모순점을 제거하는데 기준이 되게 하며, 감사결과 계속 이를 보정하여 감사업무의 발전을 기하게 함으로써 제한된 인원, 시간 및 예산으로 유효적절하게 능률적인 감사를 수행할 수 있게 한다는 것을 말하는 것이다. 이러한 효과는 일반적으로 인정되고 있는 계획의 필요성을 바로 역설하고 있는 것이다.

2. 감사계획 설정요건

■ 감사계획의 종류

감사목표를 달성하기 의한 감사계획은 중·장기 감사계획, 단기감사계획 및 개별감사계획으로 나뉘며, 이들은 서로 조화를 이루어야 한다.

장기감사계획 5년 이상의 기간을 대상으로 기업이 지향하는 가치와 비전을 제시한다. 특히 장기목표는 출발점과 종착점 사이에 감사환경의 변화에 따라 수정요인이 생기는 것이 보통이므로 중간목표를 설정해야 한다.

중기감사계획 장기감사계획을 토대로 전략적인 관점에서 3년 내지 5년을 주기로 수립한다. 따라서 중기전략 감사계획을 수립하여 감사계획수립 기본방향을 설정할 필요성이 대두되고 있다.

단기감사계획 중기감사계획을 이행하기 위한 전술적인 차원에서 1년 단위로 작성한다. 단기감사계획의 하위계획으로 분기별 또는 월별감사계획도 함께 수립해야 한다.

개별감사계획 개별감사대상부서 또는 감사사항에 실제로 적용할 실행계획으로 감사인은 단기감사계획에 따라 특정감사대상부서 또는 업무에 대한 실지감사를 실시하기 이전에 당해 감사대상부서 또는 업무를 면밀히 분석하여 문제점을 도출한 후 구체적인 감사실시계획을 작성하여 실지감사에 임해야 한다.

감사계획 설정에 있어서 고려하여야 할 요건을 간추려 보면 다음과 같이 요약 정리할 수 있다.

- 감사내용에 합치되도록 계획을 설정하여야 한다. 즉 감사의 목적·감사의 범위·감사 개시일·소요일수·보고해야 할 사항 등과 같은 조항을 고려할 것이다.
- 피감사부문의 개황을 파악하여 그 실정에 맞는 계획을 세울 것이다. 특히 초회(初回)감사인 경우에는 더욱 상세한 조사가 필요한 것이다.
- 내부통제조직의 정비여부가 시사의 범위를 결정해 주는 요건인 것이므로 그 조직의 신뢰성의 정도를 충분히 참작해서 감사계획을 세워야 한다.
- 종전에 작성된 피감사 부문의 감사보고서를 조사하고 충분히 참고로 하여 감사절차의 실시요령을 결정해서 계획을 세워야 한다.
- 감사항목의 중요성과 위험성을 각 항목마다 분별하고 거기에 응분된 절차를 실시토록 유의할 것은 물론이다.
- 감사절차의 경제성도 무시하지 못할 계획 설정의 요건이다. 즉 감사비용과 감사의 효과를 미리 비교 측량하여 집행부에 가중한 부담이 되지 않도록 감사절차의 적용범위·방법 및 일수 등을 조정하여 계획을 세워야 한다.
- 감사절차의 적시성과 질서성을 무시하고서는 감사계획의 목적한 효과를 거두기가 어려운 것이다. 적시성이란 감사절차의 집행에 관한 적절하고 합당한 시기와 절차의 동시집행을 뜻하는 것이며, 질서성이란 감사절차의 적용 순서를 요령 있게 결정함을 뜻한다.

Tip 감사계획설정 시 착안사항

- 감사목적·감사범위·감사시간
- 피감사 부문의 제반사항
- 감사인의 능력 및 업무량
- 중점감사 착안점으로 비능률적·비경제적 요구사항

3. 감사계획의 구분

내부감사계획은 기본계획·연도계획 및 실시계획으로 구분할 수 있다.

■ 기본계획

기본계획은 2년간에 걸쳐 적용한 업무수행의 기본이 되는 계획이다. 계획의 적용시간은 이를 장래의 전망에 대한 합리적 타당성의 확신정도에 따라 일정하게 구분한다. 즉 감사계획은 수많은 감사대상 업무계획과 관련성이 있으므로 그 대상업무의 추세에 중점을 두어 적정한 기간을 정하여야 한다. 기본계획은 감사인의 임무에 입각한 감사목적을 실현하기 위하여 나아갈 기본방향을 제시하고 매해 발전적인 감사활동을 도모하도록 하는데 그 의의가 있다. 이와 같은 기본계획은 비교적 장기에 걸치는 목표와 소망을 결정함으로써 연도계획에 있어서 감사중점과 방침을 제공하는 것이다.

통상적으로 계획의 적용기간이 장기일수록 목표의 불확실성은 증가되는 것이므로 기본계획은 특히 융통성이 있어야 하고, 중요한 감사사항을 광범하게 망라하여 전 계획기간에 타당성이 유지되도록 유의하여야 한다.

■ 연도계획

연도계획은 기본계획에 입각하여 1년간에 걸쳐 적용할 연간 감사계획이다. 연도계획에는 기본계획에서 제시된 장기적 구상을 지침으로 해당 연도의 감사중점 및 운영지침에 따라 감사사항을 선정하게 된다. 그러므로 연도계획의 연속적인 집행결과는 기본계획의 목표에 도달될 것을 전제로 하지 않으면 안 된다. 따라서 연도계획은 기본계획의 목표 하에서 해당 연도에 실현시킬 감사활동 방향의 구체적 지침을 제공하는데 그 의의가 있다.

■ 실시계획

실시계획은 연도계획의 채정된 감사사항과 계획 외에 수시로 실시하는 감사사항에 대하여 감사의 실시에 필요한 제 수단을 세부에 걸쳐 수립하는 개별계획이며, 그 감사를 구체화하기에 필요한 제반사항을 결정하는 계획이다. 그러므로 실시계획은 바로 감사활동의 기본이 되는 것으로서 감사의 효과를 직접 좌우하며 감사활동에 명확한 지침을 제공하며 감사수행 중 처리의 기준이 되게 할 뿐만 아니라, 방향원칙에 입각하여 책임의 한계를 분명히 하고 계획적인 감사를 용이하게 실시할 수 있도록 하는 데 그 의의가 있다.

4. 감사계획의 수립

감사계획을 수립하기에 앞서 사전에 고려해야할 사항은 감사환경의 전망과 감사운영 기본방향과 감사중점의 설정이다.

첫째, 감사환경의 전망을 함에 있어 정치·경제·사회·문화 등이 끊임없이 변해가고 감사대상도 이러한 환경 속에서 직·간접으로 영향을 받고 있기 때문에 변화해 가는 감사환경을 이해하고 전망할 필요가 있다.

둘째, 감사운영 기본방향과 감사중점의 설정에 있어서 감사환경을 이해하고 내다본 결과를 토대로 한 해 동안 감사운영을 어떻게 할 것인지 그 기본방향을 설정하고, 이에 따라 구체적인 감사중점을 설정하여 한 해 동안 점검할 분야를 선정한다.

■ 기본계획의 수립

먼저 기본목표와 방침을 결정한다. 기본목표도 기본계획의 적용기간인 2년 동안 감사지향 목표이며, 기본방침이란 기본목표에 도달하기 위한 감사수단이다. 즉 감사인의 임무를 충실하게 수행하기 위하여 회사의 주요정책을 중심으로 장래 사회적, 경제적 여건의 변동에 따른 경영활동의 추세를 예측하고 사회발전에 따른 감사의 방향을 결정하여 발전적인 감사활동을 시도하는 것이 바로 내부감사의 기본목표 및 방침이다. 이러한 기본목표 및 방침은 기본계획의 감사사항을 선정하는 기본이 될 뿐만 아니라 연도계획의 지침이 되는 것이므로 감사의 궁극적 목적인 경영활동 전반의 합리적 운영을 도모하기 위한 장기적이고 고차적(高次的)인 안목에 입각한 소망과 현실여건을 조화함에 있어서는 합리성과 아울러 점차 합목적성 및 능률성을 확보하는 감사로 전향(轉向)하여 본연의 임무수행을 다할 수 있는 발전 지향적 노력을 전제로 하지 않으면 안 된다.

■ 기본계획의 결정

기본계획을 결정하기 위해서는 기본방침에 따라 감사를 필요로 한다고 인정되는 것에 대하여 감사대상·실태·문제점·장래전망·감사목적·감사범위·감사년도·감사소요일수 및 인원 등을 고려하여 결정하여야 한다.

감사대상 선정 기본방침에 의거 감사를 할 필요가 있다고 인정되는 감사대상에 대해 시는 충분한 자료를 모집하고 실대를 신중히 검토히여 문제점을 도출함과 동시에 그 문제점이 장래 어떻게 진전될 것인가, 혹은 분석결과 현재로서는 별반 문제점이 없다 하더라도 장래 어떤 효과를 기할 수 있을 것인가 하는 감사목적 등을 종합적으로 고려하여 감사대상을 선정한다.

기타사항 결정 선정된 감사대상을 장래 감사함에 있어서 소기의 목적을 달성하기 위한 감사범위, 효과적인 감사종류와 감사의 효율적 수행에 필요한 기간과 인원 등을 예측하여 결정한 후 계획기간 중 어느 시기에 감사를 실시하는 것이 가장 효과적인가를 고려하여 그 실시시기를 결정한다.

특히 시기결정에 있어 예측할 수 없었던 돌발적인 사태에 따라 실시하는 감사 등을 고려함은 물론, 개개의 감사가 종적으로 연결되어 장기적인 시야에서 이를 집대성함으로써 집합적인 감사결과를 확보할 것을 염두에 두어야 한다. 그 뿐만 아니라 계획기간 내에 소망한 목표를 향하여 감사의 계속성 및 일괄성이 확보되도록 배려함으로써 기본계획의 목표에 도달하도록 하여야 한다.

기본계획의 보정 제반사항을 신중히 고려하여 결정한 기본계획은 지속성이 있어야 한다. 그러나 장기에 걸치는 예측은 변화하는 사회 및 경제적 여건에 지속 그 타당성이 유지되기는 어렵다. 그러므로 기본계획은 이러한 변동되는 상황에 직면할 때 새로운 사태에 적합하도록 보정되지 않으면 안 될 뿐만 아니라, 일정 계획기간의 1년도 경과 후에는 다시 1년도분의 연도계획을 집행 할 수 있도록 매년 보완수정하지 않으면 안 된다. 이와 같은 기본계획은 매년 이미 결정된 기본계획을 재검토하고 새로운 1년도 분을 기본 계획에 추가하여 재조정 수립하여야 하나 이미 결정된 기본목표는 그 타당성이 지속되는 한 이를 변경할 필요는 없다.

■ 연도계획의 수립

연도계획의 수립에는 다음 사항들을 검토하고 결정하여야 한다.

연도감사중점 결정 연도감사중점은 기본계획의 장기적 구상을 지침으로 하여 해당 연도에 실시할 감사의 역점사항이다. 그러므로 연도감사중점의 결정은 당해 연도의 감사방향을 제시하는 것이며, 이를 구체화하기 위한 연도감사방침과 함께 연도계획의 지침을 제공하는 것이다. 따라서 연도감사방침 중점결정은 기본활동상황을 고려하여 결정하여야 한다.

연도감사방침 결정 연도감사방침은 연도계획결정 및 당해 연도 내 실시하는 기타 감사활동의 지침을 제공하기 위하여 감사중점에 따라 감사해야 할 분야의 개관적인 결정으로써 구체적 감사사항을 도출할 수 있는 지침이 되어야 한다.

연도계획의 결정 연도계획에는 특별감사대상과 일반감사대상 사항 및 시기, 실시예정시기, 기간 및 인원, 담당부문 등을 결정하며 예측하지 못한 사태에 대처하여야 할 감사 등 융통성을 고려하여 수립하여야 한다.

감사대상 선정 감사사항의 선정은 기본계획과 연도감사중점 및 방침에 따라 선정하며, 각 감사실시 및 처리에 필요한 시기 등을 감안하여 인력 및 예산 등 감사능력에 적정한 감사해야 할 량을 결정하여야 한다.

기타사항 결정 이와 같이 선정된 감사대상에 대하여 감사실시에 필요한 기간 및 인원, 담당부문을 결정한다. 특히 실시시기를 결정함에 있어서는 개개의 감사실시가 가능한 한 종적·횡적으로 연결되어 연도중점분야의 감사활동에 대한 종합적 평가를 가능케 하도록 고려하여야 한다.

■ 실시계획의 수립

실시계획을 수립함에 있어서는 특별감사와 일반감로 구분하여 실시계획을 수립토록 한다.

특별감사 특별감사 실시계획을 수립함에 있어서는 다음 사항을 고려하여야 한다.

- 감사목적
- 감사중점
- 감사범위(감사대상 및 감사사항)
- 감사 실시기간 및 처리기간(보고 및 처리)
- 감사업무분담
- 착안사항
- 실시요령

- 처리요령
- 기타필요사항(보고서식 등)

일반감사 일반감사 실시계획을 수립함에 있어서도 다음 사항을 고려하여야 한다.

- 감사목적
- 감사중점
- 감사범위(대상기간 및 대상사항)
- 감사 실시기간
- 감사업무분담
- 착안사항

05 감사조서

1. 감사조서의 의의 및 기능

■ 감사조서의 의의

감사조서라 함은 감사보고서 작성의 기초가 되는 것으로서 감사시작에서부터 감사종료 시까지의 감사인 자신이 작성한 각종의 서류 및 내부 또는 외부로부터 모집한 제 자료를 총칭하는 것이다.

E. Peloubet는 "감사조서라 함은 내부감사인 혹은 회계전문가가 감사를 실시한 기록이며 감사의 업무를 최소의 시간과 노력으로서 집행케 하고 또한 감사에 대한 충분하고도 명료한 설명을 보존시키는 것이다." 라고 정의를 내리고 있다. 그러므로 감사조서는 감사인이 감사업무를 수행하는 과정에서 실시한 감사절차와 감사의견의 기초가 되는 감사증거로서 모집한 각종 정보 및 도달한 결론을 감사인이 작성한 제 서류로서 감사의 수행을 돕고 감사보고서에 표시되는 감사인의 의견표명을 뒷받침하는 증거를 제공하기 위한 것이다.

또한 감사조서는 감사인이 선택 적용한 감사절차와 그것을 적용한 결과 발견한 제사항 및 입수한 자료를 세밀하게 또한 구체적으로 기록한 것으로서 감사절차서 또는 감사집무서라고도 한다.

감사조서의 기능

감사인은 감사업무 수행을 함에 있어 여러 가지 다른 목적을 위하여 감사조서를 작성한다. 이와 같이 작성되는 감사조서의 기능을 보면 대략 다음과 같이 요약 정리할 수 있다.

- 감사보고서 작성의 자료로서의 기능을 갖는다.
- 감사업무에 대해서 감행한 그 내용이 상세하게 표시된다.
- 감사에 대한 영구적 기록이 되고 다음 감사에서 실시할 참고자료가 된다.
- 재판·기타의 사건이 발생할 때에 감사인의 행위를 입증하기 위한 유력한 수단인 동시에 증거가 되는 것이다.
- 감사의 기억을 돕는다.
- 감사인의 숙련도를 나타낼 수 있으며 또한 감사실시의 진행상황을 알 수 있을 뿐만 아니라 상호비판하고 상호모순을 지적할 수가 있는 까닭으로 감사조서가 감사인의 감사내부통제(Auditing internal control)를 달성할 수도 있다.

감사조서의 목적

감사인은 감사보고서에 대한 의견표명을 위한 기초로서 유효적절하고 신뢰할 수 있는 증거자료를 모집해야 하므로 감사대상과 관련되는 증거를 모집하여 감사조서 상에 기재하여야 한다. 그러므로 감사조서는 감사도구로서 유용할 뿐만 아니라 이미 행한 감사실시의 영구적 기록으로서도 중요시된다. 이러한 관점에서 볼 때 감사조서를 작성하는 목적은 감사조서의 기능적 측면과 결부시켜 생각해 볼 필요가 있다. 감사조서를 작성하는 목적은 다음과 같다.

- 감사인의 감사활동 내용을 문서화하고 감사인 자신의 감사가 질서 있게 수행되도록 돕기 위한 것이다.
- 감사인의 질의·검토·분석 및 거래검사를 통하여 얻게 되는 정보를 기록하기 위한 것이다.
- 피감사인과의 토의 시 자료제공을 위하여 필요한 것이다.
- 감사보고서 작성의 자료로서 사용하기 위한 것이다.
- 결함사항의 실제와 정도를 판단하기 위하여 필요한 증거를 모집하여 결함사항을 규명하

고 서면화하기 위한 것이다.

- 차기 감사실시 때의 검토를 위한 근거와 참고자료의 구실이 될 수 있다.
- 감사의 진행과 성과에 대한 감독자의 검토기준이 되기 위한 것이다.

감사인의 결론과 권고사항이 도전을 받게 될 때 방어선의 구실을 하기 위한 것 등이 감사조서를 사용하는 목적이 될 수 있다.

2. 감사조서의 작성

■ 감사조서 작성의 구비조건

감사조서가 감사조서로서의 제 기능을 발휘하고 감사의견을 뒷받침하는 중요자료로서 그 임무를 완수하려면 그 작성에 있어서 다음의 제 요건을 갖추어야 할 것이다.

완전성 감사의견의 형식에 필요한 사항은 전부 포함해서 감사조서가 작성되어야 하며, 불필요하고 무관계한 사항의 조서는 감사조서로서의 가치가 없으므로 이러한 점들을 분명하게 가려내야 한다.

명료성 감사조서는 이를 작성하는 사람뿐만 아니라 다른 사람이 보더라도 용이하게 이해할 수 있도록 명료하게 기재해야 한다. 특히 감사인에게 사고가 발생할 경우 다른 감사인에게 남아 있는 감사업무를 맡길 때에도 더욱 필요하다.

연결성 관련사항 및 관련조서와의 연결을 분명히 할 것이다. 예를 들어 차입금과 지급이자와 같이 관련되는 항목을 한 표에 모아야 할 것이며, 다른 조서와의 연결 관계에 대해서는 조서번호나 색인법을 채용할 것이다.

질서성 조사한 사항을 각 항목마다 질서정연하게 정리하여 둔다. 필요한 사항은 즉시 참고할 수 있도록 조직적인 색인법을 채용할 것이다.

진실성 감사조서의 기재내용은 진실하고 계산은 정확해야 한다. 계수가 정확해야 함은 물론 적당한 증빙에 의해서 그 내용의 진실성을 입증할 수 있는 것이라야 한다.

경제성 감사조서를 작성할 때에는 가장 경제적인 방법에 의하여 조서가 작성되어야 한다. 감사인은 비용을 줄일 수 있는 모든 기회를 이용할 것이고, 피감사 부문의 책임자의 협력을 구하여 가능한 한 감사비용 절감에 노력할 것이다. 이것은 부수되는 요건이라 볼 수 있다.

능률성 감사집무 시 능률을 높이기 위해서는 감사인이 사용하는 감사조서용지는 될 수 있는 한 일정한 양식으로 표준화하여 사용하고 그 사용법에 대하여 항상 주의를 기여야 한다.

■ 감사조서의 작성 요령

감사조서를 작성하는데 일반적으로 이용되는 기본적 기법은 여러 가지가 있다. 감사조서는 감사인이 작성하는 구체적인 감사증거로서 감사조서의 양식을 표준화하고 각 조서의 관계를 명백히 할 뿐만 아니라 제3자가 찾아보기 쉽게 작성하고, 감사를 능률적으로 수행하며 조서 편철은 합리적이어야 하며, 감사조서의 궁극적 목적인 감사보고서 작성을 용이하게 하기 위하여 작성되어야 한다. 감사조서를 작성함에 있어서 일반적으로 필요한 요점은 다음과 같은 것들이 있다.

- 감사조서용지는 통일된 양식을 인쇄하여 사용하는 것이 효율적이다.
- 감사조서의 중앙 최상단에 피감사 부서 또는 감사장소를 기입한다.
- 피감사 부서 바로 밑에 주제, 즉 제목을 기입한다.
- 조서의 좌측 상단에 감사 기준일을 기입한다.
- 조서의 우측 상단에 조서번호를 기입한다.
- 각 조서에는 수행한 감사절차, 모집한 정보 및 이들로부터 얻은 정보를 기록한다.
- 조서 우측 하단에는 조서 작성자의 서명과 조서의 실제 작성완료 일자를 기입한다.
- 감사조서 용지는 일면만 사용한다.
- 한 장의 조서에는 하나의 계정과목 또는 업무내용을 취급한다.
- 감사인이 이용할 수 있는 표식으로 Tick Mark를 사용한다.
- 조서간의 연결된 정보가 참고 되는 경우에는 Cross index한다.
- 조서는 수학적 오류가 없도록 작성하여 색인의 순서에 따라 편철한다.
- 의사록 또는 계약서는 복사하지 말고 그 내용을 발췌하여 기록한다.
- 감사조서에 조정된 잔액은 정산표의 시산금액과 일치하여야 한다.
- 감사인이 직접 작성하지 않은 자료는 그 출처를 기록하고 간단한 평가를 한다.
- 중요한 증거자료는 가능하면 직접 Copy로 모집하고, 그 내용을 간략하게 기록한다.

이러한 요점을 토대로 하여 각 감사 구분별로 상세한 감사목적을 감사조서에 기재하여야 한다. 이와 같은 목적은 감사실시계획에 포함된 사항과 망라되지 않은 사항을 나타내는 감사범위를 감사조서에 기재하여야 한다. 조서의 이 부분에서 감사인의 자신이 이용한 표본추출법과 표본의 크기에 대하여 언급한다.

감사인은 시사를 행하고 그 결과를 분석한 후에 감사조서에 자신의 발견사항을 기록한다. 발견사항을 기록할 때에는 나쁜 점만 아니라 좋은 점도 포함시켜 사실에 한하도록 한다. 그러므로 발견사항은 결론을 유도하기 위한 것이 아니라 결론을 끌어낼 수 있는 꾸밈없는 사실을 기록하는 것이다.

감사인이 수행한 감사절차를 조서에 나타내는 방법의 하나로서 Tick Mark를 많이 사용한다. Tick Mark의 예를 다음과 같이 살펴보기로 한다.

Tick Mark

L	: 총계정원장과 일치확인
V	: 관계증빙서와 대조확인
T	: 가감승제 등 계산검산
C	: 조회서와 일치
W	: 총계정원장과 보조원장 대사
D	: 계약서 등 중요서류와 대조확인
M	: 주주총회, 이사회 등의 의사록과 대조확인
To	: 관계되는 곳으로 참조시킨다는 뜻
See	: 발생원천을 보라는 뜻
/	: WTB(정산표)와 일치한다는 뜻
W	: 특별한 이유로 원시적인 증빙자료를 상세히 추적
米	: 특별한 사유가 있어 추가적인 설명이 있음을 표시
φ	: 계산명세서와 대조확인
S	: 신문 등 정기간행물의 공시자료와 대조확인
WTB	: 정산표
∀	: 합계액 검사
Ȼ	: 거래처 확인
∧	: 연령조사
W	: A에서 B를 추적

3. 감사조서의 조직

감사조서는 일관성 있는 서식과 배열방법에 따라 조작되어야 한다. 감사조서 작성요령에 따라 감사업무를 수행하게 되면 감사인은 감사항목별로 감사조서를 구분하여 그 때그때 검토가 끝난 조서는 정리해 나가야 한다. 감사조서의 기능과 그 목적의 취지에 어긋나지 않게 감사조서를 조직하는 것도 감사기술 중에 하나이다. 실제 기업에서 활동하고 있는 내부감사인의 대부분이 이러한 기술이 부족한 것 또한 앞으로 해결해야 할 당면한 과제라고 해도 과언이 아닐 것이다.

내부감사에 있어서 감사조서의 조직방법은 사람에 따라 제각기 다를 수가 있지만 일반적으로 많이 활용되고 있는 방법으로 누구나 쉽게 판별하기 쉬운 방법이 가장 효과적인 조서의 조직방법이라 할 수 있다.

■ 총괄표

총괄표는 세부조서의 중요한 사항과 감사결과에 대한 총체적인 조서로서 다음과 같은 것들이 포함되어야 한다.

- 감사항목별 감사지시서(감사 수행사항 명기)
- 감사항목별 적출사항 요약
- 중요한 발견사항에 대한 조치사항
- 내부통제질문서(답변 후 회수분) 및 내부통제평가 및 결론
- 직전감사 시 적출사항에 대한 개선조치결과 및 평가와 결론
- 피감사부서의 의견 및 건의사항 요약
- 감사인의 감사결과 종합의견 요약
- 기타 중요사항

■ 세부조서

세부조서는 감사대상 항목별 Work Sheet를 감사항목 배열순에 의하여 조직한다. 각 항목별 감사내용에 대한 모집된 감사증거는 감사조서 용지에 붙이고 그 앞장에 해당항목의 실시한 감사조서 용지를 편철한다. 일반적으로 각 감사조서에는 조서간의 상관관계를 표시하는 방법으로 상호 참조표시인 Cross Referencing를 반드시 하여야 하며 그 예로서 To-Form 기법을 활용하는 것이 효과적인 방법이다.

세부조서 조직 시 감사증거로서 모집되어 편철되어야 할 사항은 다음과 같다.

- 은행으로부터 확인한 예금잔액증명서
- 피감사부문으로부터 확인한 현금실사표
- 피감사부문으로부터 확인한 받을어음 보관명세서
- 재고자산실사표(확인 날인 필)
- 거래처로부터 회수한 매출채권 잔액확인서
- 발견사항에 대한 피감사부서로부터 확인한 감사인의 질문서에 대한 답변서
- 중요 지적사항에 대한 피감사부서로부터 확인한 확인서
- 거래처로부터 회수한 매입채무잔액확인서
- 영구감사 조서철 해당사항
- 기타 내·외부 증거가 되는 자료

■ 감사조서철

감사조서철은 크게 나누어 영구감사 조서철과 기별감사 조서철로 구분하며 기별감사 조서는 당기감사조서를 말한다.

영구 감사조서철에 포함되어야 할 사항은 다음과 같다.

- 조직에 관한 자료
- 정관·사규 및 관계법령
- 계약서 담보제공에 관한 현황, 거래약정서
- 주요 소송사건
- 경영정책 및 절차

영구조서목록

피감사부서 관련 개황	징구 또는 기록여부	작성연도	갱신연도
- 정관·법인등기부등본·사업자등록증			
- 피감사부서의 조직변경사항			
- 조직도표			
- 업무분장에 관한 사항			
- 직원명부 및 개인별인사기록부			
- 외부 관계처 및 관련자 목록			
- 계약서 및 담보제공에 관한 현황			
- 주요 소송사건			
- 경영정책 및 절차			
관련 규정			
- 관련규정 요약(조직·회계·인사·판매·구매 등)			
의사록			
- 주주총회의사록(정기·임시)			
- 이사회의사록요약			
인·허가서 및 주요 계약서			
- 주요 인·허가서 사본			
- 임대차계약서 사본			
- 리스계약서 사본			
- 각종 계약서 사본			
- 각종협약서 사본			
기타 장기간 계속적으로 필요한 서류			
-			
-			

(주) 본 목록은 예시적으로 열거된 것이므로 필요시 추가하여야 함.

기별조서목록

피감사부서명 :

감사 기준일 :

조 서 명	작 성 자	작 성 일
일반사항		
-		
-		
-		
-		
-		
-		
-		
-		
-		
입증감사절차		
-		
-		
-		
-		
-		
-		
-		
-		
감사완결(8000)		
- 시정조치 통보		
- 시정조치 결과보고		
- 상벌 상신 내용		
- 인사위원회 통보사항 및 회신		
- 감사인의 의견 요약		
- 감사보고서		

표준감사조서(예시)

(농업협동조합[중앙회 제외])

입 증 감 사 절 차

(A. 현금및현금성자산, 장단기금융상품, 금융업예(치)금)

구 분	유의적 위험 (Y / N)	추가감사절차				조서번호
		내부통제 이해 및 평가 실시여부 (Y / N)	내부통제 테스트 실시여부 (Y / N)	실증절차 실시여부		
				실증적 분석절차 실시여부 (Y / N)	세부 테스트 실시여부 (Y / N)	

감 사 절 차	조서번호
1. 총괄표 작성 당기말잔액은 총계정원장과, 전기말잔액은 조합원총회에서 승인된 전기재무제표(또는 전기감사보고서)와 각각 대조하고, 양년도간 특별한 변동사항은 그 원인을 규명한다. 2. 명세서 (1) 당기말의 점별 현금및현금등가물, 예(치)금, 장단기금융상품의 종류별, 예치처별 명세서를 입수하여 계산검증하고, 출납정산표, 잔고증명 및 점별 합계잔액시산표와 대조확인한다. (2) 명세서를 스캔하여 유의적이거나 비경상적인 항목들을 검토한다. 3. 현금(타점권 어음·수표 포함), 미사용수표 및 어음에 대한 회사의 실사과정에 입회한다. (1) 본지점 중 표본을 선정하여 실사계획 및 요약조서를 작성하고 회사의 담당직원이 수행하는 현금실사를 입회하여 관찰한다. (2) 실사된 금액을 실사 기준일의 합계잔액시산표 계정잔액과 대사하고, 거액의 비경상적인 조정항목에 대해서는 설명을 확인하며 관련 증빙이나 현금출납부 상의 기록 등과 적절히 대사한다. (3) 보고기간 말 이외의 일자에 실사가 이루어진다면, 보고기간 말까지의 변동을 확인한다. (4) 타점권 어음·수표 실사는 반드시 실시하여야 한다. 4. 양도성예금증서(CD) 및 표지어음의 실사과정에 입회한다. (1) CD의 사본(또는 발생사실 확인서)이 아니라 반드시 실물을 회사가 소유하고 있는지 기말재고실사시 및 기말감사시점에 모두 확인한다. (2) 분석적절차를 통하여 회사의 영업현황, 재무구조 또는 자금능력 등에 비추어 그 보유사유의 타당성과 보유규모의 적정성을 평가한다.	

감 사 절 차	조서번호
(3) 회사에게 취득자금의 원천 및 입·출금 관련 증빙자료(통장기록등)를 요구하여 정상적인 회사의 자금능력으로 해당 CD 등을 취득하였는지 여부를 검토한다. (4) 기말감사시점에 동 CD가 양도되었다면 그 양도대금이 정상적으로 회사에 입금되었는지 확인힌다. (5) 경영자확인서에 그 내역을 기재하고, 회사소유임을 확인받는 절차를 고려한다. 5. 금융기관 등에 대한 조회 외부 조회에 대한 구체적인 절차는 Audit Guide 3320 외부조회를 참고한다. ※ 금융기관 등에 대한 조회 시 유의사항 3.1.1.1.1. 당기 및 전기말의 대내예치금은 농협중앙회 잔액확인서를 직접 조회·출력하여 대조확인하고 일치하지 않을 경우 그 차이를 분석한다. 3.1.1.1.2. 대내예치금 외 기중에 거래가 해지되었거나 잔액이 없는 예금계정을 포함하여 모든 금융기관으로부터 조회서를 발송 및 회수한다. 3.1.1.1.3. 조회서상의 미회수 어음 / 수표내역을 보고기간종료일 현재 미사용, 견질제공, 지급어음명세서 등을 통하여 확인한다. 3.1.1.1.4. 은행연합회가 제공하는 월보 및 일보(여수신현황표)를 입수하여 차입금, 여신한도, 담보제공, 지급보증, 파생상품 등의 내역이 금융기관조회서의 내용과 일치하는지 확인한다. 3.1.1.1.5. 회사로부터 조회서 발송대상 금융기관 리스트를 입수하여 다음과 같은 절차를 수행한다. 3.1.1.1.5.1.1. 당기 또는 전기말 현재 예·적금, 차입금, 지급보증 등의 잔액이 있는 모든 금융기관이 포함되어 있는지를 잔액명세서와 대조하여 확인한다. 3.1.1.1.5.1.2. 당기말 현재 잔액은 없으나 기중 거래가 있었던 모든 금융기관이 포함되어 있는지를 확인하기 위하여 예금, 차입금 및 이자비용 장부를 개관한다. 3.1.1.1.5.1.3. 당기중 파생상품거래, 지급보증거래, 한도거래 등이 있었던 모든 금융기관이 포함되어 있는지를 확인하기 위하여 회사의 자금 담당자에게 질문하고 또한 징구 받은 제계약서 및 제의사록을 검토한다. 3.1.1.1.6. 모든 계좌를 조회하지 않는 경우 그 근거를 조서화한다. 3.1.1.1.7. 금융기관조회서의 작성은 회사가 하는 것이 효율적이나, 발송과 회신은 감사인이 직접 수행하여야 한다. 6. 사용이 제한된 예금과 장기성예금 해당 여부 예금의 사용제한이나 질권, 기타 담보제공 및 장기성 예금 여부를 확인하기 위하여 은행조회서, 의사록, 대출약정서 등을 검토하고, 경영진에게 질문한다. 7. 외화현금및예(치)금은 그 환산기준과 환산내용에 대한 적절한 회계처리여부를 확인한다. 8. 은행계정간 자금이체를 검토한다. (1) 보고기간말에 근접하여 발생한 회사의 은행계정과 타인을 위하여 관리하는 계정간의 자금이체를 식별한다.	

감 사 절 차	조서번호
(2) 각각의 입금과 출금이 동일한 회계기간의 회계기록에 반영되었는지 검토한다. (3) 동일한 회계기간에 은행에 기록되지 않은 항목이 은행계정조정표에 적절하게 나타나고 있는지 검토한다. (4) 타인을 위하여 관리하는 계정의 경우, 내부거래계정이 적절히 설정되었음을 검증하고 자금이체는 기말 이후에 취소되었는지 여부를 검토하여 해당 거래가 실질이 없었으며 기말에 취소되었어야 했는지 검토한다. 9. 보고기간종료일 전후의 현금예금 거래의 기간귀속의 적정성을 검토한다. 10. 이자부예금에 대한 수입이자, 미수수익 등의 적정성 확인 및 관련 손익계정과 연결한다. 11. 사업연도 종료일부터 감사종료일까지 입출금거래전표를 개관하고 특이한 거래 또는 부외부채의 유무를 확인한다. - 이 하 생 략 -	

06 감사보고서

1. 감사보고서의 개요

■ 감사보고서의 의의

감사인이 실시한 감사의 개요 및 감사내용의 적·부에 관한 비판적 의견을 기재한 감사의 결론서이다. 이 보고서는 감사절차의 적용 및 그 결과를 모은 감사조서에 의해서 작성되는 것이니 감사보고서는 감사절차의 결정(結晶)이며 감사조서의 요약서이다.

내부감사인은 감사업무가 완료되면 그 결과에 대하여 공식적으로 보고서를 작성하여 최고경영자에게 보고하여야 한다. 이 보고서에는 감사인이 실시한 감사의 개요를 기술하고 또는 감사실시중에 발견한 사항에 대한 감사인의 의견을 진술하는 것이며 또한 감사인 자신의 책임한계도 명백히 밝히게 되는 것이다. 따라서 감사업무가 아무리 훌륭하게 수행되었다고 하더라도 보고서에 그 결과가 잘 표현되지 않으면 그만큼 감사보고서의 가치는 소멸되는 것이다.

■ 감사보고서의 기능

감사보고서는 최고경영자와 내부감사인과의 커뮤니케이션의 수단이 된다. 최고경영자는 내부감사인을 통하여 경영관리 활동 각 부문의 현황과 문제점을 객관적으로 판단할 수 있을 뿐만 아니라 의사결정의 수단으로서 이를 활용할 수 있기 때문이다. 또한 감사보고서는 내부감사의 유효성의 판단기준과 경영관리에 있어서 개선조치의 검토기준으로서의 기능을 가지고 있다. 더 나아가서는 '주식회사의 내부감사에 관한 법률'에 의한 공인회계사 감사의 검사대상 결정의 자료로서의 기능을 할 수 있으며, 차기 감사시의 기초자료로서 사용되어진다. 감사보고서의 기능은 이와 같은 여러 가지 측면에서의 다목적 기능을 가지고 있으므로 감사보고서의 중요성이 점차 증대되고 있다.

■ 보고기준

감사보고서는 비교 측정되어질 수 있으며 감사보고서의 보고기준은 정확성·간결성·명확성·적시성 등이다.

정확성 감사보고서는 완전하고 면밀할 뿐만 아니라 사실적이어야 한다. 감사보고서는 사실에 근거를 두고 확고한 증거의 기초를 두어야 한다. 그렇게 하지 않은 경우 신뢰성을 가질 수 없기 때문이다. 정확성은 상호 유기적인 관련성을 가진 균형상태의 개념을 내포하고 있다. 감사보고 사항은 객관적인 관찰에 의해 중요하지 않거나 적정하지 못한 사실은 제외되어야 한다. 그러므로 내부감사인이 작성한 감사보고서는 진실하고 적정하여야 하며, 상호 유기적인 관련성을 가진 것이어야 한다.

간결성 간결성은 불필요한 사항을 제거시킨 것을 말한다. 감사보고서의 중심내용에 도움을 줄 수 없는 발견사항·문장·구절은 될 수 있는 한 제거하는 것이 올바르다. 그러나 간결성은 짧은 문장만을 사용하는 것을 의미하지는 않는다. 어떤 경우 간결한 보고는 충분한 보고를 제공하지 못하는 경우도 있기 때문이다. 따라서 보고의 간결성 여부는 보고받는 사람에 따라서 적절하게 조정하는 것이 좋다.

명료성 명료성은 감사인이 보고서에 기술하려고 하는 의도를 그대로 상대방에게 전달할 수 있다면 충분히 그 목적을 달성한 것이라고 볼 수 있다. 감사인이 마음속에 명확한 개념을 파악하고 있지 않으면 문장 자체도 명확하게 기술되지 않는다. 따라서 보고서를 작성할 때에는 감사인 자신이 말하고자 하는 바를 완전히 파악하기까지는 감사대상인 업무를 계속 연구 검토해야 한다. 감사보고서의 목적은 만족할 만한 행동을 취하도록 하는데 있다. 이는 효과적이어야만 목적을 달성할 수 있는데, 효과적이기 위해서는 명확하여야 한다.

적시성 공식적이고 최종적인 보고서는 과거 사실의 지적에만 그쳐서는 안 되며, 현재의 상황에 대한 유용한 정보를 최고 경영자에게 제공하여 의사결정을 행할 수 있도록 하여야 한다. 여기에서 보고서의 적시성이 요구되며 이에 따라 그 효과성 여부가 결정된다. 그러나 신중하게 고찰하다 보면 적시성과의 사이에 마찰이 생기는 경우가 발생할 수 있다. 이러한 때에는 서로를 조정하여야 하며 그 방법으로서 감사업무 수행 중에 비공식적인 중간보고를 할 수 있다. 그러나 즉각적인 어떤 조치를 취하여야 할 필요성이 있을 때에는 중간보고를 서면으로 하는 것도 중요한 일이다.

품격 감사보고서는 품격을 갖추어 공정하고 객관적이며 신중하게 작성되어야 한다. 이 보고서가 피감사부서의 구성원에게 어떠한 영향을 미치게 될 것인가를 고려해야 한다. 그러므로 개인이나 개인의 잘못만을 밝히는데 치중되어서는 안 되며 속어나 난해한 용어의 사용은 피하여야 한다. 그러므로 감사보고서는 공정성과 객관성을 유지하여 신중하게 작성되어야 한다.

2. 감사보고서의 형식

감사보고서의 형식은 보고를 받는 사람이 이 보고서에 대한 관심과 기대 여하에 따라 달라질 수 있으며, 보고받는 자의 시간적 여유에 따라 영향을 받게 된다. 또한 감사업무의 성격과 내용에 따라서 보고서의 형식은 달라지게 된다. 감사보고서의 체제가 어떻게 되었든 보고서는 일관성이 있어야 하며, 보고서를 읽는 사람이 어떠한 유익한 점을 찾아낼 수 있는가를 염두에 두고 작성하도록 유의하여야 한다.

공식보고와 비공식보고

공식보고는 일괄적으로 내부감사인이 감사업무를 종료하고 난 후 감사결과에 대하여 작성하는 전형적인 보고형식이라 말할 수 있다. 대부분 내부감사에서는 공식보고서를 작성하게 되며 통상적인 감사보고서가 이에 속하는 형식이다. 그러나 비공식보고서는 공식보고서를 보충하기 위하여 감사업무를 수행하는 도중에 발생하는 경우가 있으며, 감사업무 수행 중에 발생한 중요사항에 대한 구두보고를 보충 설명함으로써 경영자의 즉각적인 관심이 요구되는 경우와 감사업무 진행 중 중간보고 사항에 대한 경영자의 확인을 받아두어야 할 경우, 또한 감사 진행 중인 업무를 연기시키거나 중도에서 포기하고 철수해야 할 필요성이 있는 때에는 비공식적인 서면보고를 하여야 한다.

■ 완결보고와 중간보고

완결보고는 반드시 공식적인 보고서의 형식을 취하게 된다. 그러나 감사업무가 완결된 후 공식보고서를 작성하는 데까지 소요되는 시간을 감안하여 중요한 사항을 요약, 공식보고서를 작성하기 전에 요약보고를 미리 하는 것도 좋은 방법이 될 수 없다. 중간보고는 감사업무 진행기간이 장기간 소요되거나 어떤 특정사안에 대하여 경영자의 사전 주문이 있을 때에는 공식적이거나 비공식적 방법을 통하여 보고하게 된다. 이때 감사인은 중간보고의 성격이나 그 내용을 판단하여 스스로 보고방법을 선택할 수 있다. 또한 비공식보고의 형식은 감사업무 진행 중에 발생되므로 중간보고라고 볼 수 있다.

■ 서면보고와 구두보고

서면보고는 일정한 절차와 요식행위를 갖추어 보고하는 형식을 취하게 되지만 구두보고는 이러한 절차와 요식행위를 갖출 수는 없지만 유용하게 사용되는 경우가 많다. 구두보고는 감사인이 발견한 사항이 현재 조치되어야 하는 때에는 이를 경영자에게 즉각적으로 보고할 수가 있다. 그러나 구두보고는 신중히 이루어져야 하며 일관성이 있도록 해야 한다.

■ 장문보고와 요약보고

장문보고는 공식보고로서 감사업무가 종료되었을 때 하는 완결보고로서 서면보고의 형식을 취하게 된다. 감사업무 대상의 개요로부터 시작하여 보고서 작성형식으로서 장문의 보고서이다. 그러나 요약보고는 감사결과의 성과보고와 감사결론 보고로서의 두 가지 기능을 갖는다. 성과보고는 경영자의 주목을 끄는 중요한 발견사항과 권고사항을 요약하게 된다. 그러므로 요약한 성과보고는 감사인이 무엇을 이루었는가를 총괄적으로 나타내게 되며 경영자에게 적시에 정보를 제공하게 된다. 감사결론을 요약하는데 감사의견의 요약, 발견사항의 원인에 대한 요약 등이 있으며 이와 같은 보고는 경영자에게 중요한 정보원천이 될 뿐만 아니라 합리적인 경영관리를 위한 평가의 기준이 될 수 있다.

3. 감사보고서의 작성

감사보고서는 여러 가지 규격과 형태로 되어져 왔고, 표준양식을 갖지 못하여 왔으며 또한 가질 수도 없다. 그러나 내부감사보고서의 양식은 새로운 변화에 적응할 수 있도록 검토하고 개선되어져 가야 한다. 훌륭한 보고서를 작성하기 위해서는 우수한 사고가 바탕이 되어야 한다.

그러므로 감사인은 보고서 작성을 위하여 개념정립에 혼돈과 혼란이 일어나서는 안되며, 원인과 결과의 원리적 관계를 완전히 파악하여야 하며 발견사항을 적절히 배열하여 두어야만 좋은 보고서를 작성할 수 있게 된다. 감사보고서의 작성방법이나 절차는 각기 차이가 있으므로 어떤 형태의 보고서가 좋고, 어느 것이 나쁘다고 말하기는 어려운 것이다. 그러나 여기에서는 실제로 현업에 종사하고 있는 내부감사인이 체계적이고 보편타당한 방법에 의해서 보고서를 작성하는데 필요한 절차적 의미를 살펴보는 것에 주안점을 두기로 한다.

■ 감사대상 업무의 개요

감사보고서의 서문(序文)은 감사대상 업무의 개요로부터 시작된다. 이 개요는 감사결과를 요약한 것으로서 개괄적인 평가 즉 총평의 성격을 띄고 있다. 이 부문은 간결성의 원칙에 따라 간결하게 기술되어야 하며 다음과 같은 목적으로 쓰여 진다.

- 정기감사인지 또는 특별한 목적에 의한 특수한 감사인지를 밝히기 위하여
- 감사대상인 조직의 기능을 밝히기 위하여
- 정기감사와의 관련사항을 제시하기 위하여
- 정기감사의 발견사항과 권고사항의 표시와 이에 대한 현재 처리상황을 나타내기 위하여
- 감사대상이 어떠한 것인지를 설명하기 위하여
- 감사대상 업무의 중요성을 알리기 위하여
- 감사대상 업무의 양과 가치를 기술하기 위하여

이 개요를 기술함으로써 어떤 상황에 대한 정보를 간단하고 쉽게 전달할 수가 있으며, 합리적이고 표준화된 양식이 구비되어 있다면 보다 보고내용을 간략하게 할 수가 있다.

감사목적과 감사범위

감사목적은 감사보고서가 어떤 목적을 가지고 있으며 수행한 감사가 어떠한 목적에 따라서 계획되고 집행되어졌는가를 이해할 수 있도록 설명되어야 한다. 감사범위는 감사의 범위를 어떤 부문 또는 어느 정도로 한정시켜 실시하게 되었는가를 알려준다.

특히 감사절차를 수행하는데 있어서 일반적인 감사절차와 특별한 감사절차를 병행하여 실시하게 되는 경우에는 감사범위의 표시는 중요한 것이다. 그러나 감사인은 감사를 실시함에 적용한 감사절차에 대하여 상세하게 기술할 필요성은 없다. 왜냐하면 피감사부문에서 이를 근거로 하여 업무를 조작할 가능성이 있기 때문이다.

발견사항

발견사항은 감사종료 후 감사인의 의견표명과 권고를 위하는데 있어서 원천이 된다. 발견사항은 업무수행의 적정상태와 부적정상태, 즉 시정의 필요 여부를 구별해 주는 증적이 된다.

일반적으로 내부감사에 있어서 발견사항은 내부통제의 취약점과 개선이 요구되는 점과 업무가 불만족한 상태에 있는 경우 이의 결합을 지적하는 사항으로 크게 나눌 수 있다. 물론 감사업무 수행 중 피감사부문의 업무가 적정한 상태에 있으며 타 부문이나 기준에 비하여 모범이 되는 경우를 발견하게 되는 때도 많다. 이러한 사항은 감사인의 의견표명 시에 기술함으로써 피감사부문과의 보다 좋은 관계를 유지하는데 필요한 것이다. 그러나 결함사항을 지적한 발견사항은 중요한 것과 그다지 중요하지 않은 것으로 나눌 수 있다.

중요한 결함사항은 기업의 중요한 목적을 달성하는데 있어서 그 활동, 기능 또는 조직을 저해하는 사항으로서 만족스럽다는 의견 대신에 불만족스럽다는 의견을 표명할 수밖에 없는 사항이다. 그러나 중요치 않은 결함사항은 기업의 중요한 목적달성을 저해하는 요소는 아니지만 즉각적인 보고에 의하여 시정조치가 취해져야 할 사항으로서 이에 대해서 불만족스럽다는 의견을 표명할 것까지는 되지 않는 사항이다. 이와 같은 기준은 일관성 있고 신중하게 적용되어야 하며, 모든 결함사항을 지적한 발견사항은 감사보고서에 보고되어야 한다.

감사의견

감사의견은 감사결과에 대한 종합적인 감사인의 의견표명이므로 최고경영자에게 감사의견을 요약보고하기 위해서는 일반적인 기준을 마련해 두는 감사보고를 받게 되는 과정에서 다시 한번 감사인의 의견을 음미해 볼 수 있는 기회를 갖게 된다. 이렇게 할 때 경영자는 감사의견을 검토하여 감사인의 입장도 이해할 수 있는 기회를 갖게 된다. 감사의견은 단순하게 표명하는 것보다는 감사대상 항목별로 구분하여 피감사부문의 업무의 개선이 이루어질 수 있도록 최고경영자의 의사결정을 유발시킬 수 있는 전문가적인 의견을 표명하는 것이 중요하다.

권고사항

감사인이 발견한 문제점이나 결함사항은 단순히 지적되는 것으로 끝나는 것이 되어서는 안 된다. 감사인은 전문가적 판단능력에 따라 감사결과 지적된 사항에 대한 개선방안이나 잘못 적용된 점에 대해서는 이를 시정조치토록 권고하여야 한다. 권고사항은 감사인 자신의 주관적인 판단에 의해서 이루어지는 것이 아니라 감사결과 지적사항에 대한 감사인의 처리의견이므로 객관적인 입장을 견지하고, 일관성 있고 합리적인 사고가 바탕이 되지 않는다면 피감사 부문에 도리어 피해를 주는 결과를 가져올 수 있으므로 신중하게 검토하여야 한다. 왜냐하면 감사인이 제시한 처리의견을 대부분 원안대로 승인하게 되기 때문이다.

4. 감사결과 관리

시정조치 사항의 점검

감사결과에 대한 보고서의 결제가 득해지면 다음 단계로서 감사결과를 피감사부서에 통보하게 되며 피감사부서는 보고받은 내용에 따라서 지적사항에 대한 시정조치를 하게 된다. 그러나 조치되어야 할 사항이 단기간 내에 조치되는 것도 있지만, 일정기간이나 장기간을 통하여 조치되어져야 하는 경우도 있다. 그러므로 시정조치를 할 때에는 반드시 언제까지 조치할 것인가 기일을 명시하는 경우와 피감사부서로 하여금 시정계획서를 제출토록 하여 이를 확인 점검해야 하는 경우가 있다. 그러므로 내부감사에는 자기가 실시한 감사부문에 대해서는 계속 이를 체크하고 확인하는 일에 게을리 해서는 아니 된다.

내부감사의 목적은 현상의 지적에만 치중하는 것이 아니라 문제점이나 요 시정사항에 대한 개선 내지 조치의 중요성을 부여해야하기 때문이다. 뿐만 아니라 시정사항에 대해서 피감사부서로부터 조치결과를 서면으로 통보받아야 하며, 이를 체크 확인하여야 한다. 그리고 차기감사를 실시할 때에는 반드시 다시 확인하는 것도 잊어서는 안 된다.

■ 이의신청

감사인의 보고서가 때로는 도전을 받게 되는 경우도 발생할 수 있다. 감사결과를 통보받은 피감사부서가 이에 대한 이의를 제기하였을 때에는 감사인과 피감사부서 책임자는 이를 긍정적으로 받아들여 제기된 사항에 대하여 재검토를 하여야 하며 재검토된 결과를 피감사부서에 통보해 주어야 한다.

이러한 일이 발생되는 원인은 감사가 종료되었을 때에 감사결과 중요한 사실에 대해서 피감사부문과의 평가 및 요지에 대한 설명이 없었다든지, 설명이 부족한데 기인하는 경우가 많다. 그러므로 이러한 일이 발생하지 않기 위해서는 반드시 감사가 종료되면 피감사부서장과의 회합의 기회를 갖는 것이 중요하다.

■ 신상필벌의 상신

내부감사 조직의 지위를 유지하고 감사업무와 보고서가 충분한 영향력과 효과를 갖기 위해서는 내부감사 결과에 따른 신상필벌을 상신할 수 있는 권한을 감사조직에 제도화해 두는 것도 중요하다. 감사결과 우수하다고 인정되는 부문이나 개인에 대해서는 표창을 상신하고 감사결과 결함사항이나 지적사항이 사규에 규정된 바에 따라 기업에 손해를 끼치게 되었을 때에는 징계위원회에 회부하여 응당의 징계를 받도록 조치하는 일도 검사결과에 대한 사후관리이다.

감사 보고서 예시

- 금융기관 -

보고서 목차

Ⅰ. 감사실시 개요

1. 감사배경 및 목적
   - 사내근로복지기금의 자금관리업무 전반을 점검하여 보유자금 관리의 적정성 제고 및 금전사고 사전 예방
   - 보유자금 운용시 「자금운용지침」 준수 여부, 업무유치와 연계성, 단기매출채권 잔액 현황 등을 점검하여 자금 운용의 안정성 및 효율성 제고

2. 감사 중점사항

가. 자금관리 분야
   - 현금시재금, 예금 등 자금보유 및 관리의 적정성 점검

나. 자금운용 분야
   - 보유자금 운용시 「자금운용지침」 및 「보상수탁자금 운용기준」 준수여부 및 업무유치와의 연계 여부 등 점검

다. 자금집행의 적정성 분야
   - 회계규정, 예산집행지침 등 관련 규정에 따른 지출원칙 준수 여부와 집행과정에서의 오류방지 및 금전사고 예방시스템 운영현황 등 점검

라. 단기매출채권 관리 분야
   - 단기매출채권 조기 회수를 위해 기관별·발생연도별 단기매출채권 잔액 및 증감 내역 등 점검

3. 감사대상 및 범위
   - 여신부서의 20×× 년도 상반기(20××. 01. 01 ~ 06. 30) 자금관리·운용업무 및 단기매출채권 관리업무 전반

4. 감사기간 및 감사인

가. 감사기간 : 20×× . 09.01 ~ 09.09 : 9일간

나. 감사인 : 선임검사역 홍길동 외 2인

직위	성명	담당업무	비고
선임검사역	홍길동	총괄	
선임검사역	김동일	업무전반	
검사역	이칠성	업무전반	이행관리전담인

Ⅱ. 감사대상현황

(생 략)

Ⅲ. 감사결과 지적사항

분 야 명	지적내용	시정조치요구
자금관리		
자금운용		
자금집행		
단기매출 채권관리		

Ⅳ 감사결과 조치사항

1. 시정조치 요구사항 일람표

일련번호	감사대상부서(관계부서)	건 명	시정조치 요구			조치기한
			처분 종류	조치 금액	조치 인원	
1	경영관리실 재무관리부	카드대금 결제계좌 관리방법 개선	권고	-	-	20××. ××.××.
2	경영관리실 재무관리부 / 보상사업처	보상시스템과 회계시스템 연계 강화	권고	-	-	20××. ××.××.

2. 시정조치 요구내역 요약

- 카드대금 결제계좌 관리방법 개선 : 권고사항
  - 법인카드 등 카드대금 결제 계좌를 예적금관리시스템에 등록·관리하는 등 회계 투명성 제고를 위한 개선방안 마련

- 보상시스템과 회계시스템 연계 강화 : 권고사항
  - 보상시스템(CMP)과 회계시스템 연계를 강화하여 보상자금계좌 개설 및 해지내역이 체계적으로 관리될 수 있도록 시스템 및 업무절차를 개선하고 종료사업의 예금계좌 해지가 누락되지 않도록 매뉴얼 작성 및 교육에 철저를 기할 것.

3. 개별처분요구서

지적연번호	1

권 고 사 항

부서명	경영관리실 재무관리부
제목	카드대금 결제계좌 관리방법 개선

「회계규정」제5조(회계처리), 제31조(총액계상) 등에 따라 회계는 일반적으로 공정·타당하다고 인정되는 회계관습에 따라야 하며, 자산·부채 및 자본은 총액에 의하여 계상하고 그 전부 또는 일부를 재무상태표에서 제외하여서는 아니됩니다.

그러나, 귀 부서는 회계처리 편의, 전산시스템 미비 및 중요성의 원칙적용 등을 이유로 법인카드 등 카드대금 결제계좌를 예적금관리시스템에 등록하지 않고 별도로 관리하고 있는 바, 이는 일반적인 자금관리 기준에 따라 시정되어질 필요가 있습니다.

귀 부서에서는 관련 제도와 시스템을 개선하여 카드대금 결제계좌를 예적금관리시스템에 등록·관리하는 등 회계투명성 제고를 위한 개선방안을 마련하시기 바랍니다.

상기사항에 대하여 "권고"하오니 귀 부서는 적의 조치하시기 바랍니다.

감 사 실 장

지적연번호	2

권 고 사 항

부서명	경영관리실 재무관리부, 보상사업부
제목	보상시스템과 회계시스템 연계 강화

회계규정 제63조(자금의 보유) 등에 따라 여유자금은 본점에서 집중관리하고 있으며, 이에 따라 보상수탁사업 업무수행시 보상자금계좌는 보상사업처의 요청에 의하여 재무관리부에서 개설하고 보상사업처에서는 보상시스템(CMP) 매뉴얼 등에 따라 시스템에 각 보상사업별 계좌를 등록하도록 되어 있습니다.

그러나, 보상자금계좌 개설·해지사항의 시스템 등록이 각각 수기로 이루어져 보상자금 계좌의 시스템 등록이 누락되거나 보상사업 종료 및 사업비 정산 이후에도 해지되지 않는 계좌가 발생하는 바, 보상자금계좌 관리의 내부통제가 미약합니다.

귀 부서에서는 보상시스템(CMP)와 회계시스템 연계를 강화하여 보상자금 계좌 개설 및 해지내역이 체계적으로 관리될 수 있도록 시스템 및 업무절차를 개선하고 종료사업의 예금계좌 해지가 누락되지 않도록 매뉴얼 작성 및 교육에 철저를 기하여 주시기 바랍니다.

상기사항에 대하여 "권고"하오니 귀 부서는 적의 조치하시기 바랍니다.

감 사 실 장

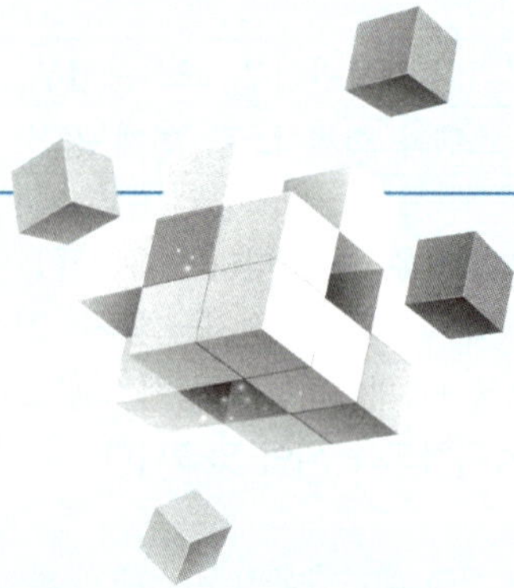

Chapter 10 기업경영진단

01 경영진단의 개요

경영의 목적인 매출액 또는 순이익의 극대화를 위해서는 경영전체가 합리적으로 조직되고 운영되어야 하는데, 이를 위해서는 치밀하게 계획된 순서와 방법에 따라서 모든 경영활동이 계획되고 실천하여야 충분한 성과를 얻을 수 있다. 또한 치밀한 경영활동의 계획을 세우려면 먼저 경영실태를 파악하기 위한 경영분석이 선행되어 장단점을 찾아내고 장점은 유지·발전시키며 단점은 개선책을 마련한 다음 경영에 반영하는데 이러한 일련의 과정을 경영진단이라 한다.

경영진단을 하는 이유로 경영개선을 위해서는 경영설계를 한 후 실천한 결과를 정확하게 판단하고 진단함으로써 보다 나은 경영설계를 할 수 있다.

1. 경영진단의 정의

미국ACME(Association of Consulting Management Engineers in the U.S.A)는 '경영진단이란 특별히 훈련되고 경험 있는 사람들이 전문적 지식과 기법, 그리고 경영진단사의 유기적인 분석을 기초로 한 논리적인 판단을 적용함으로써 회사의 경영상 문제점을 해결하고 회사 업무를 개선하고 증진되도록 도와주는 조직화된 노력을 의미한다.'라고 정의하고 있다. 또한 영국IMC(The institute of Management consultants in the United Kingdom)는 경영진단을 '독립적이고 적성이 맞는 사람들이 기업의 경영계획·방침·조직·업무절차·방법과 관련된 문제들을 확인하고 조사하여 적합한 조치를 권고하고 그 권고안들이 기업에서 이행되도록 도와주는 서비스이다'라고 정의하고 있다.

■ 진단의 독립적 서비스

외부 진단사는 회사의 변화를 결정하고 개선안을 이행할 만한 직접적인 권한이 없다. 그러나 이것을 약점으로 보아서는 안 된다. 따라서 진단사는 그의 독립성을 포기하지 말고 개선에 실질적인 촉매역할을 할 수 있는 기술에 통달하여야한다. 그러므로 진단사는 기업내부 일에 최대한 개입을 보장받도록 하여 진단의뢰 기업과의 공동성취가 되도록 해야 최종적인 진단에 성공할 수 있다.

■ 진단의 권고적 서비스

이는 외부진단사가 절망적인 기업에 대하여 기업을 운영하거나 중대한 결정을 내리기 위하여 동원된 것이 아니고 진단사는 권고자이기 때문에 권고의 질과 성실성에 대한 책임이 있는 것이다. 따라서 클라이언트에 적합한 권고를 적정한 방법으로 적기에 제공하는 것이 진단사의 기초적인 기술인 것이다. 진단업무는 실질적인 경영문제와 관련된 전문적 지식과 기법을 제공하는 서비스이다. 그러므로 진단은 복잡한 경영문제에 대한 기적적인 해결책을 제공하는 서비스가 아니다. 본래 진단은 어려운 사실들의 분석을 기초로 하여 상상력을 동원하여 가능성 있는 해결방안을 추구하는 어렵고 유기적이고 훈련된 일이기 때문에 기업의 문제해결에 대한 강력한 수용태세와 기업과 진단사의 협동이 전제되어야 한다.

■ 컨설팅의 정의

ILO는 '컨설팅이란 기업 또는 기업의 집단이 지니고 있는 경영상의 문제점, 특히 관리기술에 대하여 경영에 관한 학식과 경험이 풍부한 외부의 전문가(Management Consultant)가 기업의 요청에 응하여 실증적으로 조사 분석하여 그 기업의 견실한 발전을 촉진하기 위한 필요한 권고를 하거나, 권고를 실천하기 위한 제 문제를 지도·조언하는 경영개선의 기법이다'라고 한다. 따라서 컨설팅이란 조직의 목적을 달성하는데 있어서, 경영과 업무상의 문제점을 해결하고 새로운 기회를 발견·포착하여 학습을 촉진하며, 변화를 실현하는 관리자와 조직을 지원하는 독립적인 전문서비스를 말한다.

Tip 경영진단의 3대 Service

- 고객의 현재의 여건, 상황, 또는 계획에 대한 객관적 평가를 제공하는 일
- 이미 고객이 활용하지 않는 전문적 기술적 knowhow를 제공하는 일
- 고객에 필요한 전문적인 능력이 없는 분야의 project 수행을 도와주는 일

2. 경영진단의 목적

■ 조직의 목적달성

경영진단은 리더십의 확보, 경쟁우위의 강화, 고객만족 도 향상, 총체적인 품질관리

와 생산성 향상 등을 통해 조직의 성장·발전에 기여하도록 함은 물론, 진단의뢰인이 추구하는 목표를 달성하기 위한 목적이 명확하지 않은 경우에도 미래의 비전을 명확하게 제시하여 장기적인 조직의 목적설정에 기여하여야 한다.

■ 경영상의 문제해결

경영진단은 다양한 각도에서 경영상의 문제점을 적시하여 분석하고 해결안을 제시함으로써 문제해결을 위한 의사결정에 도움을 주어야 한다.

■ 새로운 기회의 발견과 포착

경영진단을 통해 당면문제를 해결해 나가는 가운데 수진회사 측에 항상 업무향상과 혁신·품질향상·고객만족도 향상·새로운 시장의 개척·종업원의 업무수행 역량향상과 동기부여 등은 물론 새로운 사업기회의 발견과 포착기회를 제공하게 된다.

■ 학습의 증대

경영진단은 수진회사의 경쟁력 확충이나 새로운 경쟁력의 확보를 위해 수행되는 것이므로 경영진단자가 이와 같은 목적을 충족하기 위해 기술적인 지식과 진단방법을 검토하고 학습할 수 있는 기회를 제공하게 된다.

■ 변화의 실행

기업이 치열한 경쟁 속에서 생존을 지속하고 성장·발전하기 위해서는 조직과 조직원의 성공적인 변화를 유도하고 관리할 필요가 있다. 이를 위해 경영진단을 통해 진단내용을 정리하고 구현하는 과정에서 조직구성원에게 변화를 이해시키고 이를 성공적으로 수행하도록 하는데 기여하게 된다.

3. 경영진단의 특징

조사는 서류조사와 실제조사를 막론하고 대상의 객관적 사실을 채집·정리하여 이것이 어떠한 기준에 얼마나 합치되는가를 검토하는데 불과하다. 그러나 경영진단은 경영능력을 개발하고 결함을 발견하여 개선하며 직접적으로 수익성을 높이는 데 그 궁극적인 목표가 있다. 그렇게 하기 위하여 먼저 개황청취에 의하여 그 기업의 경영정책을 알게 되며, 각 부문의 경영적인 계수에 의하여 실태를 표현하고 평가한다. 그리고 수익성·유동성·활동성·생산성 등을 분석하여 검토하면 기업의 현황을 알 수 있을 뿐만 아니라 장래의 경향을 예측할 수 있게 된다. 이러한 판단의 결과를 기초로 하여 개선방법을 권고하는 것이 진단이다. 이와 같은 진단과정에서 전체조건으로서 조사가 필요하지만 조사자료를 분석하여 통합·조정하는 것은 경영진단의 독자적인 방법이라고 할 수 있다.

■ 경영진단의 특질

경영진단을 통하여 구하자고 하는 사실은 권고지도의 종합성, 특히 윤리성에 있다고 볼 수 있다. 모든 경영진단은 실증적인 임상에 있으며 경영의 실증인식을 통하여서 경영개선 지도를 행하는 것이라고 할 수가 있다. 사실인식을 위해서 분석은 불가피하다. 종래의 기업조사방법은 사실의미로 기업의 실태파악을 할 수가 없기 때문이다. 이에 반하여 임상적인 진단적 조사야말로 바른 기업의 조사방법이라고 말할 수가 있다.

경영활동의 실태를 바르게 파악을 하기 위하여서는 경영이론을 당면 배경으로 실전적인 경영활동에 있어서 경영을 인식하는 것이 무엇보다도 바른 방법이라고 할 수가 있다. 또한 진단팀의 통일적 활동에 따라서 계수를 하나의 인식수단으로서 경영진단 수법과 경영균형 발전분석, 경영활동 성과분석, 작업능률분석 등 다각적인 시각에서 경영을 추구하는데 있다고 할 수가 있으며 경영개선안 창출과 실행을 목표로 하여 종합적이고 통일적·조직적·진단 작업을 진행해야 한다. 경영이론의 발전과 향상은 당연히 실전에 있어서도 영향을 주는 것이 많은 관계로 임상경영에 있어서도 많은 파급을 몰고 온다고 할 수가 있다. 경영진단을 행하고 있는 주체적인 측면에 요구되어진 요건은 고도의 경영이론에 있으며 깊은 사고적인 체험에 있고 교육적·인격적 요소에 있다고 말할 수가 있다. 따라서 이론과 실전이 각각 그 깊이와 넓이에 있어서도 충분히 구비 되어야만 한다는 것이 요구되고 있기 때문이다. 특히 이러한 이론적인 경험 이상으로 인격적인 것이 실전의 장으로서 중시되어야 한다. 경영진단은 경영진단의 기술과 분석능력만으로서는 충분하지가 않으며 그 보다 종합적·인격적·교육적인 특질을 가지고 있다는 사실을 재확인할 필요가 있다.

■ 경영진단의 구조

경영진단구조라는 것은 경영진단에 있어서 경영진단의 문제의 발견·문제의 해결·문제의 평가를 하는 경우 기본이 되는 구조적인 사고방법이라고 할 수가 있다. 모든 경영진단구조는 경영기초진단·경영기능진단,·경영종합진단에도 해당한다. 여기에서 중요한 것은 경영진단을 할 경우 꼭 이 세 가지의 진단 구조적인 사고가 불가피하다는 것이다. 경영활동은 상호의 시스템으로서 전반적인 진단 사항 위에 기능에 따른 부분별의 진단활동이 있고, 특히 그것이 종합 조정되고, 바른 경영문제의 발견, 순위별 개선책의 발견이 가능한 것에 있다. 이러한 사실로 미루어보아 부분진단이란 것은 결코 존재를 하지 않는다는 것이다.

[경영진단의 구조]

구 분	진단형태별	내 용
경영진단구조	경영기초진단	- 경영환경진단 - 경영자, 종업원 진단 - 경영방침, 계획, 전략진단 - 경영계수진단
	경영기능진단	- 생산활동진단 - 판매활동진단 - 구매활동진단 - 경리자금진단 - 노무활동진단
	경영종합진단	- 경영수익성 / 경영기초진단 상호조정 - 경영안정성 / 경영기능진단 상호조정 - 경영생산성 / 경영기초진단·경영기능진단 상호조정

4. 경영진단의 원칙

기업진단을 효율적인 목적으로 실시하기 위하여서는 진단의 기준목표 원칙이 필요하게 된다. 진단활동을 통한 목적과 진단성과를 달성하기 위하여서는 진단원칙이 필요하며 다음과 같은 사항으로 열거를 할 수가 있다

■ 종합성의 원칙

기업진단은 경영의 한 부분만의 시점에서 진단해서는 아니 되며 항상 종합적이고 전체적인 시점에서 종합 조정되어야 한다. 부분적 타당성은 반드시 전체적으로서 바르다고 할 수는 없다. 종합균형은 경영의 각 기능과 요소에 대하여 중시되어야 하기 때문이다.

■ 비용효과의 원칙

기업진단은 경제 Bass에서 하는 것으로서 예비진단을 통하여 진단내용이 비용효과 면에서 장·단기적으로 불합리하다는 것이 판명되면 상호 이해를 하는 것이 필요로 하게 된다. 또 권고안도 당연 효과 면에서 구체적인 방법 기술을 교시할 뿐이며 실시 도중에 고가의 비용을 필요로 하는 것은 당연 채산성에 있어서 타당성을 근거로 할 필요가 있는 것이다.

■ 실시가능성의 원칙

진단내용을 실행을 함에 있어서 효과를 거둘 수 있는 것이어야 한다. 추상적이거나 현실에 맞지 않는 것, 또는 실행하기에는 많은 규제가 뒤따르는 이를 테면 가까운 친척·자극적·설비 등이 요구되는 이상론을 중시해서는 안 된다.

■ 자주자발성의 원칙

진단은 진단자와 수진자 모두가 자발적으로 실시하는 것이 바람직하다. 진단의 내용과 대상에 따라서 진단자의 능력에 대한 장점과 전문분야도 한정을 하여 수진기법을 총동원하여 상세히 진단을 하는 것 또한 사후효과를 최대로 올릴 수 있는 것이라고 할 수 있다. 진단권고서의 내용이 기업의 실태파악이 올바르며 내부에 존재하는 여러 세부적인 부분까지도 상세히 진단을 한다면 진단권고 내용도 적중율이 높으며 내용적으로도 가치가 있게 된다. 따라서 진단자는 실태파악 노력을 경주하고 올바른 객관적인 자료를 입수하여야 과학적인 진단을 행할 수가 있다.

■ 성장 발전성의 원칙

기업진단에 있어 진단자는 항시 기업과는 성장발전 도상에 있다고 하는 관점에서 경영진단을 해야 한다. 현상 유지적인 시점에서의 진단은 수진기업 장래 방향의 설정만으로는 바람직하다 할 수 없다. 성장발전단계에 상응한 장래 성장단계를 고려한 진단보고를 해야 한다는 것이다.

■ 권고지도의 원칙

기업진단은 권고서의 작성과 이것을 기반으로 한 경영지도가 필요 불가결하다. 점차적으로 구두에서 서면에 의한 권고서로 바뀌는 경향이 있지만 이것은 아직 편의적인 방법이고 진단결과는 진단권고서 중에 명확히 표시를 하고 진단 관계자에 권고지도의 요점을 표시해주어야 한다. 개선효과의 측정 파악도 명료하게 밝혀야 한다.

진단윤리의 원칙

기업진단의 주체자는 어디가지나 중립적이고 제3자의 입장에서 객관적인 진단을 실시함과 동시에 진단상의 비밀과 특별한 이해관계에서 결코 진단을 해서는 아니 된다. 여기에 모든 진단원의 윤리규율에 대한 중요성이 있다고 말할 수가 있다. 특히 부당한 진단보수를 요구해서는 안 되며 진단계약을 합리적으로 지켜나가야만 한다. 그러한 사항 중에서 살펴본 진단원칙으로서는 다음의 것들을 둘 수가 있다.

- 분석비교의 원칙
- 계속성의 원칙
- 문제명확화의 원칙
- 전체성의 원칙
- 개별성, 특수성의 원칙
- 균형성의 원칙
- 비용·효과의 원칙
- 환경 의식의 원칙
- 중립성의 원칙
- 권고지도의 원칙
- 진단원 윤리의 원칙

Tip 경영진단시 주의사항

경영은 정지하고 있는 것이 아니라 환경의 변화에 적응하여 항상 움직이고 있는 것이므로 정태적으로 파악할 것이 아니라 동태적인 경영체로 파악하여 경영자가 환경변화에 잘 적응하는가를 판단하여야 된다.

02 경영진단 절차

[경영진단 단계별 추진절차]

구 분	단 계 별	추 진 절 차
경영진단의 단계	1단계 경영진단 준비	- 경영진단 발의 - 예비진단 및 경영진단계획 수립 - 진단제안서 작성·제출 - 경영진단 합의와 계약
	2단계 경영문제점 분석과 진단	- 진단 주안점 파악 - 진단자료 수집 및 필요사실 확인 - 진단자료 분석 - 피드백 및 진단결과 보고
	3단계 경영개선안 수립	- 경영개선안 수립 - 경영진단 보고서 작성
	4단계 경영개선 실시지도	- 경영개선 권고 - 교육훈련 및 미팅 - 성과평가 및 수정권고

1. 제1단계 / 경영진단 준비

■ 경영진단 발의

일반적으로 경영진단은 진단의뢰인이 먼저 경영진단자에게 연락을 취함으로써 이루어진다. 즉 진단의뢰인이 스스로 자신의 성과와 경영활동에 문제가 있다고 인식하고 객관적인 어드바이스의 제공을 필요로 하는 경우이다. 이와는 반대로 경영진단자가 수진기업에 관한 정보를 갖고 있고 수진기업이 직면하고 있는 문제와 추구하는 바에 정통하여 이와 관련된 문제의 발견과 해결방안을 제공할 수 있는 상황에서 이루어지는 경우도 있다. 이와 같이 진단의뢰인과의 접촉을 통해 첫째, 진단의뢰인이 변화와 달성하고자 하는 것이 무엇인지 둘째, 경영진단자가 어떻게 도와줄 수 있는지 셋째, 진단의뢰인과 경영진단자의 역할분담 등에 관해 협의하기 시작하는 것으로 경영진단이 발의된다.

예비진단 및 경영진단계획 수립

경영진단의 발의가 이루어진 다음에는 예비진단이 실시되어야 한다. 예비진단 과정에는 경영진단 계획이 반드시 포함되어야 한다.

예비진단 예비진단의 목적은 문제의 발견과 해결을 위한 방안을 제시하기 위한 것이 아니라, 경영진단계획을 수립하고 진단목적 및 방향성을 규정하기 위한 것이다. 따라서 진단의뢰인의 진단 의뢰목적이 분명한 경우에는 예비진단 과정을 생략할 수 있다.

- 예비진단은 경영진단자의 경험과 판단에 따라 수진회사가 직면하고 있는 상황을 정확하게 이해하고 이를 폭넓은 맥락에서 바라보며 실제로 수진회사를 도와줄 수 있는가를 판단하는데 필요한 정보들을 신속하게 수집·분석하는 것이다.
- 예비진단은 일반적인 사항에서 특정한 사항으로 진행되는 것이 바람직하다. 즉, 수진회사의 전반적인 목표와 성과에 대한 개요조사 후 몇 가지 해당영역에 대한 상세조사를 시행하는 순서로 진행한다.
- 예비진단을 위한 주요정보들은 출판물이나 기록·관찰과 인터뷰·수진회사 관련 외부인이나 조직들과의 접촉을 통해서 얻을 수 있으며 필요한 경우에는 문제발견 워크-숍이나 경영진의 자가진단 방법 등을 활용한다.
- 필요 시 수진회사가 경영진단 의뢰계획서와 제안요청서를 제출하도록 하여 예비진단 효과를 높인다.

Tip 예비진단을 위한 자료

- 대내외 발간 간행물(회기별 재무보고서와 사내 홍보물 등)
- 조직내부 자료(경영성과 보고서·내부평가지침·조직도·제품과 서비스 내용 등)
- 업계현황(거시경제동향·해당산업 추세·시장환경·선진사례 등)
- 기타(산업표준자료·과거진단자료·유사사례 보고서 등)

경영진단계획 수립

- 경영진단계획의 기본적인 측면은 진단방향을 결정하는 것이며, 이에 따라 진단자와 수진회사의 역할·진단형태·자원배분·진행 수행 일정 등에 대한 계획을 수립하고, 이 계획은 진단제안서의 형태로 수진회사에 제시되도록 한다.
- 경영진단계획에서 다루어야 할 주요내용은 다음과 같다.
  - 진단목적의 명확화
  - 진단영역의 선정 및 진단항목의 설계

- 진단항목별 조사방법의 설계
- 자료 분석수준 및 방법에 대한 검토
- 산출물에 대한 설계
- 진단조직 및 담당자 투입계획
- 진단소요기간(MD) 및 예산
- 진단일정계획 등

진단제안서 작성 제출

진단제안서는 경영진단을 어떻게 수행할 것인지를 포괄적으로 정리한 문서로서, 이에 포함할 내용은 진단 기본방침·진단대상·진단범위 및 절차·진단 시기·진단책임자 및 업무분장·소요경비 등이다. 진단제안서 제출은 우편 등에 의한 것보다 직접 만나 제출하되, 제안된 프로젝트가 어떻게 착수되는지에 관한 수진기업 측의 질문에 답할 준비와 진단을 통해 얻게 될 이익에 관해 명확하게 설명함으로써 해당기업의 관심을 끌도록 한다. 가능하면 진단제안서에 대한 발표기회를 마련하고 발표과정을 통해 해당기업의 반응과 자신들이 어떠한 평가를 받고 있는지 파악하는 기회로 삼도록 하는 것이 중요하다.

경영진단 합의와 계약

경영진단의 합의 또는 계약체결을 위해 구체적인 항목에 기초하여 공식적인 절차에 따라 합의서 또는 계약서를 작성함으로써 이해관계자에게 불필요한 오해를 주지 않도록 하되, 특히 위험요인과 이의 발생에 따른 책임조항을 상세하게 기술하여야 하며 합의서와 계약서의 주요내용은 다음과 같다.

- 합의 또는 계약의 주체
- 프로젝트 범위
- 작업단계와 일정
- 각 단계의 종료의 확인
- 산출물
- 투입인력과 비용
- 프로젝트 비용부담과 처리절차
- 손해보상 관련 내용
- 분쟁 발생 시 중재활동
- 서명 및 서명일자

2. 제2단계 / 경영문제점 분석과 진단

■ 진단 주안점 파악

제1단계의 경영진단을 위한 준비가 완료되면 그 다음 다음단계로 경영현안에 대한 문제점과 이에 대한 진단이 실시된다.

진단이 추구하는 목적 설정 회사의 경영상의 문제는 그 조직의 구성원이 가장 잘 알고 있겠으나 그들의 생각 속에 내재되어 있는 것이므로, 이를 이끌어 내도록 하기 위해서는 먼저 이들과의 관계를 원만하게 유지하기 위한 심리적인 전술과 대화하는 기술이 필요하다. '회사의 문제가 무엇이냐'는 식으로 접근하기 보다는 회사의 성장과 발전을 위해 '성취해야 할 것이 무엇이겠는가'에 대해 함께 협의해 보는 식으로 접근함으로써 상대가 적극 동참하도록 유도함과 동시에 격의 없는 질문을 통해 시급히 해결해야 될 과제와 진단이 추구해야 될 목적이 올바르게 설정되도록 한다.

문제의 도출 및 본질과 성격 규명 예비진단에 의하여 분석된 상황을 참고하여 조직의 구성원이 현재의 상태와 목표하는 상태간의 차이를 인식하고 이를 변화시키고자 하는 문제점들을 도출하여 이의 본질과 성격을 규명하도록 한다.

문제의 원인을 규정 진단은 문제의 원인들에 대한 일부의 제한된 지식 혹은 가정을 갖고 진행되는 것이므로 진단자의 피상적인 추측보다는 가능한 한 많은 가설을 설정하는 것이 효과적이며, 자료의 수집과 분석을 통하여 가설로 설정된 원인들의 제거 및 첨부를 통한 접근방법으로 실질적인 원인을 정의하도록 한다.

의미 있는 연관관계들의 배려 면담을 통해 현재 나타나고 있는 현상 외에 장래에 발생할 가능성이 있는 문제점에 대하여 이러한 문제가 나타나게 된 의미 있는 연관관계 등에 대해서도 항상 생각하고 배려해 가도록 노력하며, 면담자의 개인적인 어려움을 조직전체나 프로세스의 문제와 동일시하지 않도록 주의한다.

진단의뢰인의 문제해결 역량 강화 수진기업이 문제를 해결하는데 필요한 물질적·재정적 자원을 소유하고 있는지, 기술적 전문성을 가지고 있는지 등을 조사해 볼 필요가 있으며, 만약 잠재능력을 보유하고 있지 않다면 경영진단을 추진하면서 이를 개발할 수 있는 여건을 조성하도록 한다.

향후 활동방향을 준비 진단의 목적은 경영상의 문제점을 적시하고 문제해결을 위한 활동을 준비하는데 있다. 따라서 첫째, 경영상의 어떠한 결함이 존재하는지 둘째, 그 문제가 어떻게 개선될 수 있는지 셋째, 이러한 개선안이 진단의뢰인의 목적에 부합하는지 넷째, 진단의뢰인의 사업개선에 얼마나 공헌할 수 있는지에 대한 철저한 조사와 정보 및 아이디어의 수집으로 향후의 활동방향에 대한 개선안을 제시하는데 부족함이 없도록 한다.

■ 진단자료의 수집 및 필요사실의 확인

경영현안에 대한 문제점에 대한 주안점이 파악되면 이러한 문제점에 대한 자료 수집을 위한 계획을 수립하고 자료의 원천과 자료의 획득방법에 대하여 검토와 결정을 한다. 또한 필요한 사실에 대하여는 반드시 확인절차를 이행토록 한다.

자료수집을 위한 계획수립 문제의 명확한 근거와 해결단서를 찾기 위한 자료수집을 위해 먼저 필요한 정도와 범위를 정하여 수집계획을 세우되, 대부분의 자료가 기업 내부에 있으므로 수진기업의 협조가 중요하다. 자료요청 시에는 수진기업에서 자료를 찾아서 작성해야 할 경우나 외부에서 자료를 구해야 하는 경우를 가정하여 시간을 충분히 고려하여 요구하도록 한다.

자료의 원천 필요자료의 원천은 기록·사건과 상황·기억의 형태로 존재하며, 조직원을 직접 대면하여 물어보는 방법이 효과적이다. 조직원은 자신들의 조직에 관해 믿을 수 없을 정도로 많은 지식을 보유하고 있고 조직이 필요로 하는 개선 아이디어들도 많이 가지고 있으나 먼저 이야기하지 않는 경향이 있다.

자료 획득 방법

- 인터뷰

  경영진단에 있어 가장 폭넓게 사용되는 기법중의 하나로써 인터뷰에 응하는 사람들의 직접적인 대답뿐만 아니라 이들이 답변하면서 표현하는 자세·의견·태도·몸짓 등 모든 반응으로부터 자료를 입수하고 필요사실을 확인하도록 노력한다.

- 관 찰

  자료확보가 여의치 않은 경우에는 관찰기법을 활용해 볼 수 있다. 이런 경우에는 구성원의 근무형태·작업흐름·작업방식 및 주기·관리자의 태도·구성원 집단 간의 관계 등에 초점을 맞추도록 한다.

- 설문지

  설문지를 이용할 경우 응답자에게 작성 및 제출 방법에 대해 충분히 설명한 후 배포하도록 하여 응답자의 관심 속에 진지하게 답할 수 있도록 유도하여 회수율을 높이도록 한다.

- 기 타
  - 기존자료의 복구
  - 데이터 수집을 위한 회의
  - 종업원의 태도 조사
  - 추정 등의 방법 활용

[진단자료 수집과 분석기법]

방 법	내 용	장 점	단 점
인터뷰법	수진대상자를 직접 면담 기업현황 파악	깊이 있는 정보 수집	시간이 많이 소요됨
설문지법	핵심성과요인에 대한 설문을 통한 현황분석	신속성과 객관성 확보	응답기피 또는 설문의 이해부족으로 부정확성 높음.
정량분석 정성분석	재무제표와 같이 계수로 표시되는 정보는 정량적 분석, 활동 및 프로세스와 같이 계수로 표시될 수 없는 정보는 정성적으로 분석		
체크리스트법	정성분석시 핵심성과지 표를 토대로 현황파악	빠른 정보수집이 가능	리스트 구성에 많은 시간 소요
Gap 분석	벤치마킹을 통한 비교분석을 통한 문제점의 도출		

■ 진단자료 분석

수집된 자료는 자료내용을 유형별로 분류하고 적절한 진단 분석기법을 활용하여 자료 분석에 들어간다.

진단자료의 정리와 조직화 수집된 진단자료는 내용의 진실성 및 누락여부·자료범위의 유효성·자료간의 일치성·신뢰성 등을 검증한 후 분석을 통해 경영실상을 정확히 반영하도록 하여야 하며, 분석 자료를 체계적으로 정리하여 향후 다른 용도에도 활용할 수 있도록 이를 조직에 내재화시켜 지적 자산화 하도록 한다.

진단자료의 분석 자료 분석방법은 비율분석과 인과분석 등 다양한 형태가 있으나 진단자의 판단에 따라 상황에 적합한 기법을 선택하여 적용하고, 자료 분석과정이 종료되면 진단목적에 따라 그 결과를 활용하도록 한다.

- 비율분석
  구성요소간의 상대적 관계를 일목요연하게 파악하는데 용이하다(매출 및 주당 순이익률·고객불만 및 품질 불량율·EVA 등).

- 추세분석
  반복되는 사안에 대한 예측 및 과거실적에 대한 원인규명과 인과분석에 유용함 최근에는 복합적인 기법들을 활용하며 비주기적 변동분석을 위한 추세기법을 적용하려는 시도들이 많이 나타나고 있다.

- 인과분석
  원인과 결과간의 인과 관계 규명에 목적이 있으며 향후 변화관리와 실행단계에서 매우 중요하다.

- 비교분석
  해당기업의 향후의 목표설정 또는 현재의 문제점에 대한 정의나 원인파악 등에 유용하며 객관적이고 설득력 있는 진단을 가능하게 한다.

- 미래분석
  경영진단은 반드시 미래지향적으로 진행되도록 하며, 현존하지 않는 미래에 관련된 데이터도 수집하여 평가함으로 해당기업이 취해야 할 바람직한 활동방향을 제시하도록 한다.

■ 진단기법 및 태도

경영진단자는 전문가로서의 자질과 숙련된 진단전문가로서의 태도를 견지하여야 한다.

- 경영의 맥을 알고 맹점을 찾아내려고 노력한다.
- 면담 시에는 암시력을 발휘하여 상대가 무엇인가 말할 수 있도록 자극한다.
- 면담 중 상대방에게 도움을 줄 수 있도록 최신 정보나 기술 동향·관심사항에 대한 자료를 지참한다.
- 반드시 얻는 결론이 있도록 하며 불필요하게 많은 자료를 쌓아 놓거나 과다하게 면담시간을 할애하여 이에 얽매이지 않도록 한다.
- 과업 실시에 필요한 도움이 되도록 평소 문장이나 그림에 숙달 하도록 노력한다.
- 프로경영진단자로서의 자세를 갖추도록 노력한다.
  - 봉사관념에 투철한다.
  - 가벼운 마음으로 상대를 편하게 한다.

- 상대방의 지식 및 지능 정도를 고려하여 인격을 존중한다.
- 당면 문제에 필요한 사항만을 진술한다.
- 단정을 내리지 않으며, 단정한 것에 대해서는 책임을 진다.
- 경험을 쌓고 꾸준히 연구한다.
- 넓은 지식과 시야를 가지도록 노력한다.
- 인간관계를 연구하여 인격적으로 감화하도록 한다.
- 자기 자신의 역량을 스스로 가늠한다.

■ 피드백 및 진단결과 보고

일련의 과정에 따른 경영진단 활동이 끝나게 되면 진단에서 발견된 문제점이나 개선요청사항에 대하여 해당기업에 피드백을 통한 정보의 제공과 진단결과 보고를 하여야 한다.

피드백 경영진단의 경우는 감사와 달리 잘못이나 문제점을 비판하기 보다는 경영자원에 대해 최대한의 활용방법에 대한 연구와 가능성에 대한 도전을 지도하는 것이므로, 진단에서 발견된 사항을 해당회사가 잘 모르고 있거나 도출된 결론에 대해 이견의 폭이 크게 있는 경우에는 부정적인 태도나 반응을 보일 가능성이 있다. 따라서 첫째, 진단실시 중에도 필요 시 마다 다루고 있는 주제에 관해 더 이상의 정보가 필요한지 둘째, 조직에 관한 새롭고 의미 있는 무엇인가를 말해 줄 것이 있는지 셋째, 진단에서 취하고 있는 문제접근 방법 및 조사과정은 어떠한지 등에 대해 정보를 제공하여 양측이 공감대를 가질 필요가 있다. 진단 실시 종료시점에는 진단을 통해 발견된 중요사실들을 검토하기 위한 피드백 모임을 가지고 관련자들로 하여금 자료 분석에 있어서의 최종적으로 확인해야 할 사항을 준비하게 하는데 도움을 주도록 한다.

진단결과의 보고 일반적으로 경영진단은 문제점을 분석하고 진단하는 과정을 거친 후 개선안을 수립하고 권고안을 실행하는 것으로 종료되나 회계감사의 경우와 같이 계약내용에 따라서는 분석·진단과정이 경영진단의 완결로 종료되는 경우도 있다. 이런 경우 진단보고서는 개선안이 생략된 최종보고서로서의 역할을 하게 된다. 또한 일반적인 경우에도 필요시에는 분석·진단단계의 후반 부문에 진행보고서의 형태로 진단결과를 진단의뢰인에게 보고하는 것이 좋으며, 그 내용으로 첫째, 어디에 초점을 맞추어 분석·진단작업이 진행되었고 둘째, 자료가 어떻게 만들어졌으며 셋째, 어떠한 문제들과 기회들이 분석·진단작업을 통해 확인되었고 마지막으로 향후 작업방향이 어떻게 진행될 것인지 등의 사항을 분명하게 전달할 수 있도록 하여야 한다.

Tip 효과적인 인터뷰 요령

1. 인터뷰 전
   - 필요한 사실을 밝혀낼 수 있는 질문을 준비한다.
   - 인터뷰에 응하는 사람들의 직무내용과 성격에 관한 정보를 조사한다.
   - 인터뷰의 목적을 인터뷰에 응하는 사람들에게 미리 알려준다.
2. 인터뷰 중
   - 인터뷰에 응하는 사람들에게 인터뷰 초기에 상세한 설명을 제공하고, 문제를 해결하는 데 적극적으로 도와줄 것을 요청한다.
   - 어색한 분위기를 없앤 다음 편안하고 유쾌한 분위기에서 인터뷰를 시작한다.
   - 인터뷰에 응하는 사람들이 지나치게 사소한 사항에 집착하거나 조사 중인 주제를 벗어나는 경우를 제외하고는 자신의 사고체계에 따라 응답하도록 한다. 이때 인터뷰 질문자는 자신이 원하는 정보를 이야기하도록 유도하는 질문을 던진다.
   - 추가로 질문을 하거나 인터뷰에 응하는 사람들의 답변에 관해 긍정적인 코멘트를 제공하거나 정보가 흥미롭고 새로운 것이라는 표현을 미소·끄덕거림·코멘트 등을 통해 나타냄으로써 인터뷰에 응하는 사람들의 자발적인 정보유출을 유인한다.
   - 인터뷰에 응하는 사람들이 자신의 의견을 더욱더 많이 이야기하도록 하기 위한 감탄사 등을 제외하고는 이야기 중에 절대로 끼여들지 않는다. 진단자가 그들의 응답에 대해 비판적인 태도를 취하면 반감을 살 수 있다는 점에 유념하고 개선을 위한 제안에 관해 논쟁하거나 결론을 빨리 내려고 서두르지 않는다.
   - 질문에 대한 대답이 모호한 경우에는 대답이 명확해질 때까지 유쾌한 상태를 유지하면서 질문을 던진다.
   - 비언어적 메시지·감정·인상 등이 주는 단서를 놓치지 않는다.
   - 인터뷰 응답자의 동의하에 인터뷰 동안에 나온 사실들과 의견들을 기록하며, 인터뷰가 끝난 후에는 인상과 느낀 점들을 기록한다.
   - 인터뷰를 끝내고 헤어지기 전에 메모·기록한 것을 확인하고 인터뷰에 응해준 것에 대해 감사를 표현한다. 필요하다면 추가 인터뷰를 다시 할 수 있는 분위기를 조성한다.
3. 인터뷰 후
   - 인터뷰할 체크사항에 관한 목록을 작성하여, 믿을만한 정보는 진단작업을 위해 설정한 정보 분류기준에 따라 분류하여 기록한다.
   - 필요하다면 인터뷰 내용을 확인하기 위한 요약을 사본하여 보내준다.
   - 비교확인(cross-checking)을 위해 인터뷰 응답자로부터 나온 정보를 다른 사람과 인터뷰할 때의 질문사항에 포함시킨다.

3. 제3단계 / 경영개선안 수립

■ 경영개선안 수립

진단작업 결과 발견·분석된 문제점과 제시된 문제해결의 방향성을 근거로 하여 한 개 또는 그 이상의 필요한 대안적 해결안을 만들고 변화를 실행하기 위한 방안을 작성하는 과정으로 개선안을 수립한다. 개선안은 일반적으로 정교한 내용보다는 개선활동의 윤곽(Outline)을 제시하는 수준으로 수진기업의 아이디어를 적극적으로 반영할 필요가 있으며, 구체적인 세부실행계획은 경영진단 결과가 보고된 후 수진기업이 자체적으로 혹은 필요시 외부 용역기관의 협조를 얻어 수립하도록 한다.

해결안 탐색 문제의 기술적 성질·복합성·친밀도를 참고로 하여 해결안의 방향을 설정한 후 진단자의 경험과 창의적 사고, 그리고 벤치마킹 등의 외부자료를 총동원하여 여러 대안을 탐색하고 필요시에는 해당분야의 전문가의 의견도 활용하도록 한다.

대안의 개발과 평가 탐색된 여러 대안을 평가기준에 의거 사전에 선별하는 작업을 진행한 후 선택된 대안에 대해서는 필요한 사실적 자료를 충분히 동원하여 이를 검증하고 구체화한 뒤 최종적으로 경제성과 타당성평가를 거쳐 개선권고안을 수립하여 작성하도록 한다.

■ 경영진단보고서의 작성

개선안의 수립이 이루어진 다음 경영개선 권고 내용에 대한 경영진단보고서의 작성 절차에 들어가게 된다.

경영진단보고서 작성기준

- 경영진단보고서는 진단자가 발견한 내용·의견·결론·권고·개선안을 전달하는 중요산출물로서 자료의 수집과 문제파악에 이르기까지 과정의 적정성을 보여주고, 진단실시과정에서 진단의뢰인과 중요한 정보를 공유하게 되었음을 공감할 수 있는 창조적인 해결안이 제시되도록 한다.
- 경영진단보고서는 받아보는 수진기업의 수준에 맞게 용이하게 작성하고, 제안내용이 해당기업의 규모나 실천능력을 고려한 실제적인 것이 되도록 하며, 중요도·긴급도·난이도 등을 고려하여 단계별로 제시한다.

- 경영진단보고서의 기술순서는 총평과 경영의 보편적 기반에 관한 사항부터 순차적으로 각 부문의 상관적 요소에 대하여 기술하고, 미래지향에 관련된 장기적인 노력목표와 당면의 노력 목표를 구체적으로 제시하도록 한다.

경영진단보고서 작성 유의사항

- 경영진단보고서는 수진기업의 경영발전과 개선방향을 구체적으로 나타내는 기록이므로 간결하고 명확하게 표현한다.
- 경영개선권고서는 경영전반에 관한 권고사항과 각 부문에 관한 권고사항으로 구분하여 작성하되, 권고서가 너무 두껍거나 각 부문단위로 배부하기에 불편할 경우에는 분리하여 작성한다.
- 경영개선 권고 내용에 관해서는 수진기업의 담당자도 충분히 납득이 가는 내용을 담도록 하고, 의견이 상이한 점이 있는 부문에 대해서는 그 의견 차이 내용을 밝혀 정확히 논지를 제시하도록 한다.
- 경영개선 권고내용에 따라서는 이를 실시하게 될 담당자에게 적합한 표현으로 쓰도록 한다.
- 난해한 기호나 문자는 되도록 피하고, 이해를 구하기 위해 그래프나 도표·차트 등도 사용한다.
- 뜻이 애매한 단어, 예컨데 '탄력적으로'·'적절히'등의 표현은 가급적 피하도록 한다.
- 경영개선 권고를 하는 경우, 그 이유나 원인도 병기하여 무엇 때문에·어떻게·언제·누가 개선해야 하는가를 확실히 기재한다.
- 디자인·문자·표지 등에도 충분히 유의하고 상대가 적극적으로 개선권고안을 수용하려는 마음이 들도록 편집한다.
- 간단히 요약하여 표현함 필요 이상으로 자료가 방대하게 되면 수진회사로서도 조사 현황 보고서 같은 느낌이 들어 관심을 잃게 될 우려가 있음을 상기한다.

경영진단 보고서의 전달

- 경영진단보고서의 전달은 수진기업이 진단결과 및 권고사항을 받아들이도록 하는데 목적이 있으므로 문서화된 증거들과 시청각 자료들을 구두로 프리젠테이션 하는 것이 선호되고 있다.
- 프리젠테이션 회합은 수진기업의 최고경영자 및 주요 의사결정자들이 참석한 가운데 공식적인 발표회가 되게 하며, 발표내용은 논리적인 단계를 통해 납득이 되도록 하고, 권고사항이 효과적으로 구성되어 수진회사가 주저하지 않고, 이를 받아들일 수 있도록 한다.

- 참여자의 성향 또는 견해 차이는 항상 존재하기 마련이므로 사전에 중간 실무자급을 대상으로 하는 설명회를 통해 완충단계를 거치거나 전달방식상의 심사숙고를 통해 보고내용이 조정·공감될 수 있도록 함으로써 쟁점사항에 대한 합의를 미리 도출하여 향후 작업 진행에 도움이 되도록 한다.

4. 제4단계 / 경영개선 실시 지도

■ 경영개선 권고

경영진단 결과에 의한 경영개선 권고안은 해당기업의 보유자원과 역량을 고려하여 경영체질과 특성에 맞게 실천에 옮기도록 하는 것이 중요하며, 현실적인 문제로 경영층의 경영개선에 대한 인식 및 의욕이 결여되어 있거나 일반 직원들의 경우 경영자의 일방적 요구만 있을 때에 저항감을 나타낼 수 있으므로 충분한 이해와 협력을 이끌어 내도록 해야 한다. 경영개선권고안의 실행을 담보하기 위해서는 추진상황의 상시 관찰을 통해 실행과정에서 간과하게 될지도 모르는 위험을 조기에 인지하여 시의적절한 정보를 제공할 수 있도록 해야 한다.

■ 교육훈련 및 미팅

기회를 보아 사내교육이나 미팅 등을 통하여 합리적인 사고를 하는 기술이나 기법을 전수함으로써 자신감을 심어주어 경영개선 권고안이 확실하게 시행되게 함으로써 경영진단의 목적이 달성될 수 있도록 하여야 한다.

■ 성과평가 및 수정권고

경영진단의 결과뿐만 아니라 자원 활용의 효율성에 대한 객관적인 성과평가를 한다. 또한 새로운 문제해결의 방향성이 변경되는 경우에는 수정개선 권고안을 작성토록 한다.

성과평가

- 경영진단의 종료부분에는 경영진단자와 진단의뢰인에 의해 경영진단의 결과와 자원활용의 효율성에 대한 성과평가가 이루어지도록 하며, 인터뷰·관찰·설문지·회의를 통한 토의 등에 의하여 도출된 성과평가는 보고서 형태로 요약되어 최종보고서의 한 부분 또는 별도로 전달되도록 한다.

- 경영진단의 결과에 대한 평가
  - 경영진단 그 자체의 목적 달성
  - 진단의뢰인의 구체적인 이익
  - 기대한 결과가 달성되지 못한 경우
  - 추가적으로 달성한 결과
- 자원활용 효율성에 대한 평가
  - 경영진단의 설계
  - 투입된 자원의 질과 양
  - 경영진단의 진행과정
  - 경영진단의 형태 및 경영진단자의 업무수행 수준
- 경영진단자는 자신이 수행한 경영진단의 내용에 대해 설문지 등을 활용하여 자기평가를 객관적으로 편견 없이 실시하도록 한다.

수정권고 경영개선권고안이 전달·실행되고 있는 중에도 새로운 문제점이 발생하여 문제해결의 방향성 변경이 필요하다든가, 경영개선의 대상영역에서 새로운 기술적인 개선방안이 개발되어 이의 적용이 필요하다고 판단되는 경우에는 수정개선 권고안을 작성·전달하여 경영개선의 실시지도를 진행시키도록 한다.

03 경영진단의 모형

[분석대상에 따른 진단모형]

분석 대상	진단 부문	진단모형(Tool)
외부환경분석	거시환경분석	PEST분석
	산업환경분석	산업구조모형
	경쟁구조분석	5Force 모형
내부환경분석	사업구조분석	BCG·GE Metrics, 9Building Block
	조직구조분석	7S분석
	프로세스분석	가치사슬분석
기업전략분석	경영전략분석	SWOT분석

1. PEST분석 / 거시환경분석

PEST(Political, Economic, Social and Technological analysis)는 전략관리 구성요소 중 환경파악에 사용되는 거시적 환경요소를 묘사한다. 일부 학자들은 이 내용에 법적(Legal) 특성을 추가하여 SLEPT로 부르기도 하며 환경 분야를 추가하여 PESTEL 혹은 PESTLE로 칭하기도 한다. 시장조사나 전략분석을 할 경우 특별히 거시경제요소에서 기업이 의사결정을 내려야할 시 사용하는 기법이다. 시장성장과 축소, 사업 포지셔닝, 사업방향 등을 파악하는 데 효과적인 도구이다. 일반환경(General Environment)은 특정 산업분야에 관계없이 한 사회 내에서 모든 조직에 대체로 유사한 영향을 미친다. 일반환경이란 개별조직이 어떠한 노력을 기울이더라도 그에 영향을 미칠 수 없는 환경으로써 거시환경이라고도 한다. 예를 들어 보호무역주의나 FTA 등은 한 사회 내의 모든 기업에 유사한 영향을 미치게 되며 개별 기업의 입장에서는 그 영향을 통제하기가 힘들다. 이러한 변화가 기업 활동에 기회와 위협 요인으로 작용하게 된다. 중요한 것은 사전에 변화의 흐름을 예측하고 이에 대한 대응전략을 세워나가는 것이 중요한 거시환경 분석을 PEST 분석이라고도 한다.

■ Political

정치적(Political) 요소는 정부가 경제에 간섭하는 정도이다. 특별하게는 세금·노동법·무역 제재·환경법·관세·정치적 안정성 등을 포괄한다. 정치적 요소는 정부 차원에서 진흥하거나 제재하고자 하는 재화나 용역의 종류를 포함하기도 한다. 국가적 차원에서 중앙정부가 보건·교육·인프라 구축 등에 끼치는 영향을 고려한다.

■ Economic

경제적(Economic) 요소는 경제성장률·금리·환율·인플레이션 정도 등을 포함한다. 이러한 요소는 경제 주체가 의사결정을 내리는데 막대한 영향을 끼친다. 일례로 금리는 비용에 영향을 끼치기 때문에 어느 정도에서 기업이 성장하고 확대될 지를 가늠한다. 환율 또한 수출입 및 수입가격에 적잖은 영향을 끼치는 요소이다.

■ Social

사회적(Social) 요소는 문화적 요소와 보건 인지도·인구성장률·연령대 분포·직업 태도·

안전 관련 요소 등이 포함된다. 사회적 요소에 따라서 기업체의 제품과 경영방식이 영향을 받을 수도 있다. 고령인구가 많다면 노동력이 줄고 노동투입비용은 늘어날 것이다. 또한 다양한 경영전략을 세워서 중장년층 채용과 같은 사회적 변화를 반영하게 될 것이다.

■ Technological

기술적(Technological) 요소는 R&D 활동·자동화·기술 관련 인센티브·기술혁신 등을 포함한다. 위 요소는 진입장벽·최소효용생산수중·아웃소싱 등에 영향을 미친다. 기술적 요소는 기술 투자와 품질·비용 및 혁신에도 영향을 끼치는 요소이다.

법적(Legal) 요소는 차별법·소비자법·고용법·독점금지법 등을 포함한다. 환경적(Environmental) 요소는 생태학적·환경적 요소로 날씨·기후·기후변화 등을 포함하며 관광·농업·보험업계 등에도 영향을 끼치는 것으로 본다. 기후변화의 문제점이 대두되면서 제공 생산품의 경영과 신시장 개척, 현존하는 제품의 단종과 변화, 제품의 시장 축소나 소멸 등에도 영향을 미치는 부분이다.

2. 산업구조모형 / 산업환경분석

기업이 경영활동을 하는 공간으로서의 산업환경은 경영전략에 직접적인 영향을 준다. 따라서 산업환경의 분석은 경영진단에 있어서 중요한 요소 중의 하나이기도 하다. 산업환경은 그 산업 내의 기업들에게 직접적인 영향을 미치며, 경쟁의 정도를 결정한다는 점에서 경쟁환경이라고도 한다.

[산업환경분석 Sheet]

환경요인	주요항목	현 재	미 래	기 회	위 협
정 치					
제품 서비스					
자 원					
경 쟁					
기 술					
기 타					

■ 산업예측모형

산업연관표를 이용해서 장기간에 걸친 산업구조의 추이를 전망하기 위한 경제모델로서 산업모형은 경제의 주요 변수를 GNP로 파악하고 이를 구성하는 총체적 최종 수요와 부가가치만을 분석대상으로 하는 계량모형과는 달리 다음과 같은 세 가지 특징을 지닌다. 산업구조모형은 첫째, 최종수요와 각 최종수요의 구성을 결정해야 하고 둘째, 산업간의 기술적 관계, 즉 투입산출계수를 결정해야 하며 셋째, 생산량과 산업간의 중간수요량, 즉 한 산업으로부터 다른 산업으로의 판매량을 결정해야 한다.

3. 5Force모형 / 경쟁구조분석

산업분석이란 한 산업과 관련된 제품 시장에 관한 분석을 의미하며 주요한 목적으로는 특정산업에 대해 현재와 잠재적 진입자에게 그 산업의 매력도를 결정하게 하는 것과 특정산업에서 성공할 수 있는 핵심요인이 무엇인가를 파악하려는 것이다. 경쟁구조분석은 사업부수준의 전략과 기업수준의 전략을 수립하는데 아주 중요한 역할을 한다. 기업전략은 그 기업이 어느 신규 사업분야로 진출하고 어느 사업 분야에서 탈퇴할 것인가에 관한 결정을 한다. 그러한 결정을 내리기 위해서는 기업의 개별사업 분야가 속해 있는 각각의 산업이 유망한지 또는 사양화단계에 있는가를 판단할 필요가 있다. 이러한 산업구조의 분석을 통해 궁극적으로 그 사업부에서 어떠한 전략을 수립하여야 기업의 수익률을 높일 수 있는가에 대한 해답을 구할 수 있다. 또한 기업이 그 산업에서 성공하는 데 필요한 산업 특유의 성공요인(key success factor)을 알 수 있다. 산업구조를 분석하는 기법을 처음으로 경영전략에 도입한 사람은 Harvard 경영대학원의 Michael Porter이다. 그의 분석틀에 의하면 다섯 가지 경쟁적인 세력에 의해 산업의 수익률이 결정된다.

특정산업의 수익과 이익 정도는 그 산업의 구조적 특징에 의해 결정된다. 따라서 산업의 경쟁강도를 결정짓는 구조적 요인에 대한 분석은 산업분석에서 매우 중요한 위치를 차지한다. 5 Force의 구성요소는 잠재진입자의 위협·구매자의 교섭력·공급자의 교섭력·대체재의 위협·경쟁자의 위협으로 구성되어 있다. 이러한 5가지 요소를 통해서 보다 넓은 시야로 산업조직의 Big picture 분석이 가능하며, 진출하고자 하는 산업이 매력적인지 아닌지를 판단할 수 있다.

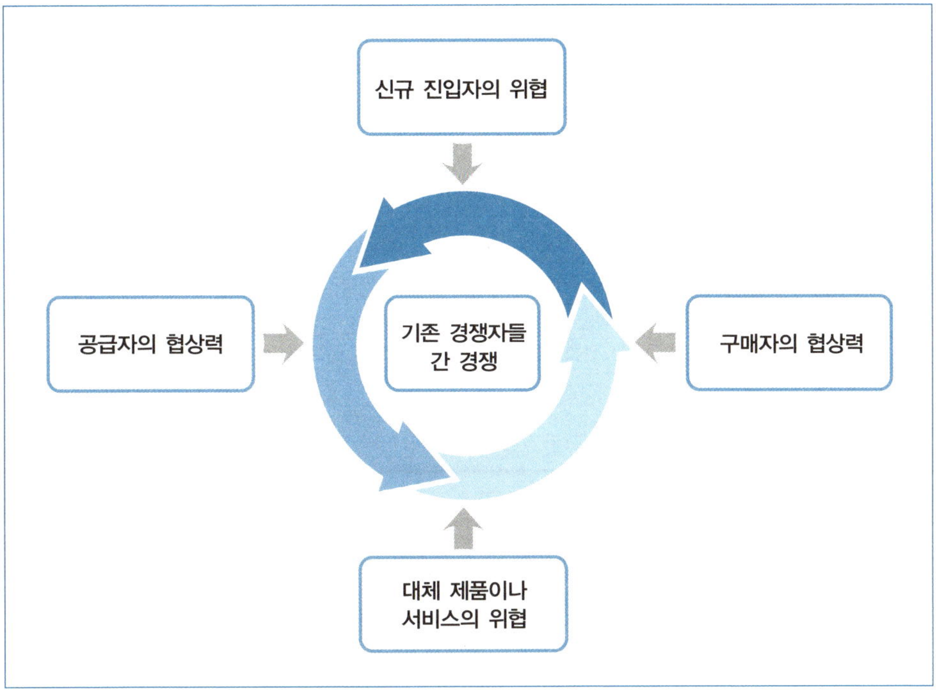

산업의 경쟁을 형성하는 다섯 가지 요인

■ 잠재진입자의 위협

이는 해당산업으로 진출하려는 기업으로부터의 위협을 말하며, 해당산업 내에 존재하는 기업들이 높은 이익을 내고 있을 때 산업에 진입하려는 의도가 생성된다. 따라서 해당산업으로의 유입에 따른 비용, 즉 진입비용에 따라 진입자의 위협의 크기가 달라진다. 진입장벽이 높을수록 후발주자가 산업에 진출하기 힘들어지며, 이미 진출해 있는 기업의 경우에는 진입장벽이 높을수록 산업이 매력적이며 앞으로 진출할 기업에게는 산업이 매력적이지 않다. 예를 들어, 가성비의 끝판왕으로 불리우는 샤오미가 가격 경쟁력으로 신규 진입을 하고 있는 모습도 하나의 좋은 사례라고 할 수 있다. 진입장벽의 종류는 다음과 같다.

- 규모의 경제장벽
- 제품차별화장벽
- 자본장벽
- 정부정책장벽

- 유통경로 접근가능성
- 교체비용
- 절대적 원가우위

Tip 진입비용을 높이는 산업의 구조적 특성

1. **규모의 경제** : 일정수준 이상의 생산단위당 생산비용이 낮아질 때
2. **제품의 차별화** : 제품차별화로 인한 동일선상에서 경쟁할 수 없을 때
3. **규모와 무관한 원가우위** : 학습곡선에 따른 원가 우위
4. **진입을 막는 정부의 규제** : 정책목표에 따라 특정산업으로 진입을 막는 경우

구매자의 교섭력

이는 제품구입을 하는 수요자로부터의 위협을 말하며, 소비자들은 제품의 불만이나, 압력 등을 통하여 기업에 직접적인 영향력을 행사할 수 있다. 제품의 개선 요구나 가격을 낮춰달라는 등의 의견들을 내세워 재개발이나 시장가격의 영향을 줄 수 있는 사태가 발생할 수 있다. 구매자의 협상력이 강해질 경우 산업의 매력은 감소한다. 구매자의 구매량이 많을 때, 부가가치가 낮은 표준화 제품을 구매하는 경우, 구매자의 부가가치가 높을 때에는 구매자의 협상력이 강해진다. 구매자의 교섭력 분석요소는 다음과 같다.

- 구매비용
- 구매량
- 제품의 차별화 정도
- 교체비용
- 구매자의 후방통합 가능성
- 구매자가 가진 정보력
- 구매자의 가격민감도

Tip 수요자 위협이 높아지는 산업의 특성

- 구매자가 소수일 때
- 구매되는 제품이 차별화되어 있지 않고 규격품일 때
- 구매되는 제품이 구매자의 최종원가에서 큰 부분을 차지할 때
- 구매자들이 높은 수준의 경제적 이익을 얻지 못하고 있을 때
- 구매자들이 후방수직통합을 할 것이라고 위협할 때

공급자의 교섭력

이는 자산을 공급하는 공급자로부터의 위협을 의미한다. 기업이 필요로 하는 원재료·노동력·기타 자산을 공급함으로써 기업의 원가를 높이는 위협을 발생시킨다. 핵심부품의 업체가 가격을 올리면 제품의 가격이 오르는 것은 어쩔 수 없는 시장의 법칙이다. 기업은 공급자와의 협상을 통해서 최소의 가격으로 구입해야 할 것이다. 따라서 공급자의 협상력이 강해질수록 산업의 매력은 감소한다. 제품을 취급하는 경쟁사가 적을수록, 공급자의 제품 수요가 높을 때, 타 제품으로 대체가 되지 않을 때에는 공급자의 협상력이 강해진다. 공급자의 교섭력 분석요소는 다음과 같다.

- 공급량의 비중
- 제품(원료, 부품)의 차별화 정도
- 교체비용
- 대체품의 존재여부
- 공급제품의 중요도
- 공급자의 전방통합능력

대체재의 위협

대체재란 고객이 가진 욕구를 다른 방법으로 충족시키는 재화를 말한다. 에를 들어 기존의 디젤·가솔린 자동차시장에 뛰어든 전기자동차는 대체 제품이나 서비스의 위협의 사례로 적당하다. 엔진 방식에서 모터 방식으로 변경됨으로 인해서 모든 부품들이 간소화되고 바뀌게 된다. 따라서 대체할 수 있는 제품이 많을수록 산업의 매력은 감소한다. 동종 경쟁사뿐만 아니라 타종 경쟁사 중에 제품을 대체할 수 있는 제품도 포함된다.

- 대체재가 많으면 많을수록 산업의 수익률은 낮아지게 된다.
- 소비자들이 쉽게 대체재로 옮겨갈 수 있는 경우 경쟁은 치열하게 된다.
- 소득수준이 높은 소비자 계층은 브랜드 충성도가 높기 때문에 대체재로 쉽게 이동하지 않으나, 소득수준이 낮은 계층은 쉽게 대체재로 이동할 가능성이 높다.
- 가격에 대비한 품질 등 대체재의 유용성의 차이에 의해 대체재로의 이동이 결정된다.

Tip 대체재 위협의 영향

- 산업 내에서 가질 수 있는 가격과 이익의 상한선을 결정한다.
- 다양한 산업의 이익 감소의 주요 원인이 된다.

■ 기존 경쟁자의 위협

경쟁자의 위협은 같은 산업 내에서 직접적으로 경쟁하는 경쟁자로부터의 위협을 의미한다. 특히, 다수의 비슷한 규모의 경쟁기업이 존재하는 산업, 산업성장률이 낮은 산업, 차별화의 부재 혹은 차별화가 힘든 특성을 지닌 산업, 큰 단위로만 큰 단위로만 이루어지는 공급량 증가가 발생하는 산업의 경우 높은 경쟁자 위협이 존재할 가능성이 높다. 아울러 경쟁자들은 다양한 형태로 경쟁을 하며 기업에 위협을 주는데 잦은 가격하락, 잦은 신제품 출현, 높은 광고 지출, 긴박한 경쟁적 조치 등이 대표적이라 할 수 있다. 잦은 가격 하락은 항공사들 간의 경쟁이 대표적 사례이다. 잦은 신제품은 출현은 삼성과 애플의 스마트 폰 경쟁을 통해, 높은 광고 지출은 펩시와 코카콜라의 광고 전쟁을 통해 알 수 있다. 긴박한 경쟁적 조치는 다양하게 나타나는데, 앞서 언급한 삼성 스마트 폰의 방수 컨셉을 애플이 빠르게 다음 모델에 해당 기술을 적용하는 경우나 대한항공의 갑작스러운 가격인하 정책에 따른 아시아나의 긴박한 가격조정 조치 정도로 볼 수 있다. 기존 경쟁자의 위협 분석요소는 다음과 같다.

- 경쟁사의 수
- 산업에 대한 가치부여 정도
- 산업성장률
- 현재의 제품차별화 정도
- 고정비가 전체비용에서 차지하는 비율
- 철수장벽의 유무

Tip 경쟁자의 위협을 높이는 산업의 특성

- 다수의 비슷한 규모의 경쟁기업이 존재하는 산업
- 낮은 산업성장율
- 차별화의 부재 또는 차별화가 힘든 산업
- 대량 단위로만 이루어지는 공급량 증가가 발생하는 산업

4. BCG·GE Metrics, 9 Building Block / 사업구조분석

사업구조분석은 전략사업단위별로 경제적 부가가치 정도를 분석·평가하여 이에 기초한 다양한 사업단위가 전사 차원에서 어떻게 현재 또는 미래의 기업가치에 기여할 것인

가를 평가하게 된다. 현재의 사업 단위들이 가치창조를 하고 있는지, 아니면 가치훼손을 하고 있는지를 우선 평가 한다. 아울러 사업구조를 평가하게 되며 사업구조란 기업이 전개하고 있는 다양한 사업들의 구성형태를 말한다. 사업구조분석에서는 사업단위 간의 전략적 연계성을 검토하고 사업단위 간의 현금흐름은 문제가 없는지, 전사적 수익성과 성장성 전망은 어떠한지 등의 문제를 분석한다. 사업 다각화의 정도, 사업간 재무자원 및 인적자원의 배분형태, 사업전망에 따른 구성분포 등을 전사적 차원의 기업전략 관점에서 평가하는 것이다. 사업구조분석에 있어서 포트폴리오 분석방법으로 가장 많이 쓰이는 모형으로서는 BCG성장·맥캔지와 GE가 공동 개발한 GE 매트릭스와 9 빌딩 블록이 있다.

■ BCG 매트릭스

기업전략이란 기업의 주어진 자원 내에서 타 기업보다 경쟁우위를 누리는 것을 의미한다. 이때 여러 사업부를 갖고 있거나 하나의 사업부서라도 여러 제품을 취급하고 있는 조직에서는 조직의 자원을 기업차원에서 어떻게 배분하는 것이 유리한가를 결정하는 것은 매우 중요한 의사결정이다. BCG 매트릭스는 여러 사업을 수행하는 기업들의 전략수립을 위한 모델로서 사업부서간의 자원배분문제를 해결하는데 이용되는 모델이다.

BCG 매트릭스는 두가지 주요한 개념을 바탕으로 하고 있는데 하나는 시장성장율이고, 다른 하나는 전략적 사업단위의 시장점유율이다. 수평축에는 시장점유율을 수직축에는 시장성장율을 표시하여 전체를 네개의 사업집단으로 나누고 있다. 시장점유율은 전체 시장에서 차지하는 판매액의 비율로 나타낼 수 있으며 높은 시장점유율을 가지고 있다는 것은 그 사업이 리더라는 것을 의미한다.

■ GE 매트릭스

GE매트릭스는 시장경쟁력이라는 기준을 사용하며, 각 기준의 수준에 따라 고, 중, 저 3개로 구분한다. 시장 매력도와 시장경쟁력 수준을 결정하는 데는 다양한 요인들이 고려된다. 가령 시장성장률은 시장 매력도를 결정하는 하나의 요인이지만, 그 밖에도 유동성 확보, 수출입창구역할 등도 시장 매력도를 결정하는 데 고려해야 할 요인에 포함될 수 있다. 마찬가지로 시장점유율은 시장경쟁력을 결정하는 하나의 요인이 되지만, 그 밖에 다양한 요인들이 시장경쟁력의 구성요인으로 포함될 수 있다. 만일 현재의 시장점유율은 적지만, 마케팅 등을 통해 성장할 수 있는 잠재력을 보유하고 있다면, 이

사업은 시장경쟁력이 있다고 판단할 수 있다.

GE매트릭스상의 위치 파악을 위해서는 먼저 해당산업의 시장매력도 구성요인과 해당사업부의 시장경쟁력 구성요인들을 결정하고, 각 구성요인들의 중요도에 따라 가중치를 결정한다. 이들의 구성요소에는 정성적 및 정략적 요소들이 모두 포함될 수 있다. 가로축인 시장경쟁력은 기업이 통제할 수 있는 내부 요인에 해당하며, 세로축인 시장매력도는 기업이 통제하기 어려운 외부요인에 해당한다. 각 구성요소들에 대하여 평가하고, 부여된 가중치에 따라 시장 매력도와 시장경쟁력의 총 점수를 산출한 다음에 이에 의거하여 고·중·저 중에서 적절한 위치를 부여한다.

산업매력도 ＼ 사업강점	강	평균	약
5 고	시장지위유지 또는 집중투자	시장지위 구축을 위한 투자	선별적 투자
중	선별적 투자	선별적 투자 독자적 수익 창출	제한적 확장 단계별 철수
저 1	시장지위보호 또는 신규진출 탐색	독자적 수익창출	철수

GE 매트릭스

9 Building Block

Biz model canvas에 9개의 비지니스 모델을 빌딩블록 도표로 표현한 것으로 9개의 블록으로 구성한 '캔버스'로 집약될 수 있다. 이 캔버스는 9가지 블록에 간단하게 요소를 채워 넣는 방법으로 누구나 시각적으로 이해할 수 있는 탁월한 수단이라고 할 수 있다.

고객 세그먼트 조직은 하나 이상의 고객 세그먼트에게 상품이나 서비스를 제공한다. 조직은 고객이 처한 문제를 해결해주고 욕구를 충족시키는 특정한 가치를 제공한다.

- 누구를 위해 가치를 창조해야 하는가?
- 누가 우리의 가장 중요한 고객인가?

- 매스마켓?
- 틈새시장?,
- 세그먼트가 명확히 이루어진 시장?
- 복합적인 세그먼트가 혼재돼있는 시장?
- 멀티 사이드 시징?

Tip 세그멘테이션(Segmentation)

세분화 또는 분할이란 뜻으로 기업이 상품을 제조·판매하고자 할 때 시장 전체에 그 수요가 꼭 있다고는 단정할 수 없다. 따라서 어떠한 층에 잠재고객 그룹이 존재하는가를 분석해 이를 목표로 마케팅을 전개할 필요가 있다. 세그멘테이션은 시장을 공통적인 수요와 구매행동을 가진 층으로 나누어서 그 층의 욕구(Wants)와 필요(Needs)에 맞추어 제품을 디자인하여 제공하는 것을 말한다. 세분화의 기준에는 인구학적·지역적·사회적·심리적 방법 등이 있다. 보급률이 포화상태에 도달했거나 먼저 나온 상품이 강할 때 세그멘테이션 전략이 전개된다.

가치제안 조직은 고객이 처한 문제를 해결해주고 욕구를 충족시켜주는 특정한 가치를 제공한다.

- 고객에게 어떤 가치를 전달할 것인가?
- 우리가 제공하는 가치가 고객이 처한 문제점을 해결해 주는가?
- 제각기 다른 고객 세그먼트에게 어떤 상품이나 서비스를 제공하고 있는가?
- 그 실체가 무엇인가?
- 고객의 니즈를 충족시켜주는가?

채널 조직이 제공하는 가치는 커뮤니케이션, 물류, 세일즈 채널 등을 통해 고객에게 도달한다.

- 각각의 고객 세그먼트들은 어떤 채널을 통해서 자신에게 가치가 전달되길 원하는가?
- 그들에게 어떻게 다가가는가?
- 채널은 어떤 기준으로 통합돼 있는가?
- 어느 채널이 가장 효과적인가?
- 어느 채널이 가장 비용 효율적인가?
- 채널과 고객을 위한 업무는 제대로 통합되어 있는가?
- 상품이나 서비스에 대한 고객의 이해도를 어떻게 끌어롤릴 것인가?
- 고객이 가치 제안을 제대로 평가할 수 있도록 어떻게 도울 것인가?
- 어떻게 하면 고객이 더욱 원할하게 상품이나 서비스를 구매하게 할 것인가?

- 어떤 방법으로 고객에게 가치 제안을 전달할 것인가?
- 판매 이후 구매 고객을 어떻게 지원할 것인가?

고객관계 고객과의 관계는 각각의 고객 세그먼트 별로 특징적으로 확립되고 유지된다.

- 각각의 고객 세그먼트들은 어떤 방식의 고객관계가 만들어지고 유지되기를 원하는가?
- 우리는 어떤 고객관계를 확립했는가?
- 다른 비지니스 모델 상의 요소들과는 어떻게 통합되는가?
- 비용은 얼마나 드는가?

수익원 조직은 고객들에게 전달하고자 하는 가치를 성공적으로 제공했을 때 수익을 얻는다.

- 고객들은 어떤 가치를 위해 기꺼이 돈을 지불하는가?
- 현재 무엇을 위해 돈을 지불하고 있는가?
- 현재 어떻게 지불하고 있는가?
- 고객들은 어떻게 지불하고 싶어 하는가?
- 각각의 수익원은 전체 수익에 얼마나 기여하는가?

핵심자원 물적 자원, 지적자산, 인적자원, 재무자원 Value를 실현하려면 자산으로서 핵심자원이 필요하다.

- 우리의 밸류 프로포지션은 어떤 핵심자원을 필요로 하는가?
- 공급 채널을 위해선 어떤 자원이 필요한가?
- 고객관계를 위해선, 수익을 위해선, 어떤 자원이 필요한가?

핵심활동 Value를 실현하려면 조직은 또한 여러 유형의 핵심 활동을 수행해야만 한다.

- 우리의 밸류 프로포지션은 어떤 핵심활동을 필요로 하는가?
- 공급 채널을 위해선 어떤 활동이 필요한가?
- 고객관계를 위해선, 수익원을 위해선, 어떤 활동이 필요한가?

핵심 파트너십 특정한 활동들은 외부의 파트너십을 통해 수행하며(아웃소싱), 일부 자원 역시 조직 외부에서 얻는다.

- 누가 핵심 파트너인가?
- 우리의 핵심 공급자는 누구인가?

- 파트너로부터 어떤 핵심자원을 획득할 수 있는가?
- 파트너가 어떤 핵심 활동을 수행하는가?

비용구조 비지니스 모델의 여러 요소를 수행하자면 비용이 든다.

- 우리의 비지니스 모델이 안고 가야 하는 가장 중요한 비용은 무엇인가?
- 어떤 핵심 자원을 확보하는 데 가장 많은 비용이 드는가?
- 어떤 핵심 활동을 수행하는 데 가장 많은 비용이 드는가?
- 비용주도, 가치주도
- 고정비, 변동비, 규모의 경제, 범위의 경제

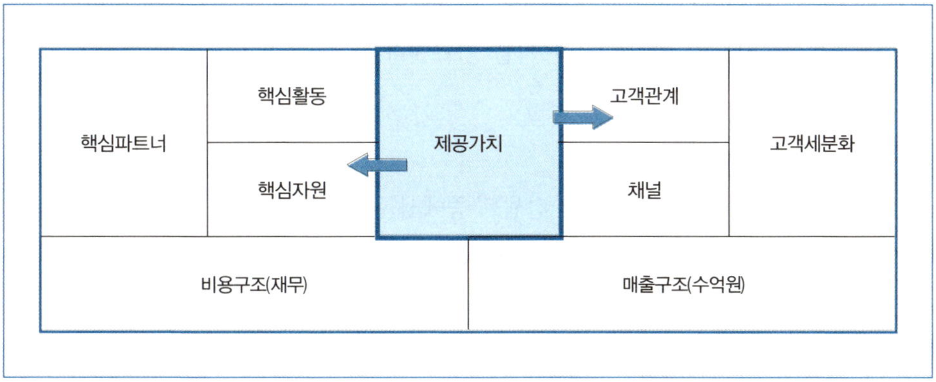

9 빌딩블록 BMC

5. 7S분석 / 조직구조분석

매킨지의 7S 모델은 순수한 전략모델이라기보다도 조직개발 또는 조직 변혁 모델이라 할 수 있다. 이 명칭은 매켄지가 조직개발 측면에서 꼭 필요하다고 생각한 일곱 가지 요인, 즉 전략(Strategy)·기술(Skill)·공유가치(Shared Value)·구조(Structure)·시스템(System)·종업원(Staff)·스타일(Style) 등의 7S로 구성되어 조직의 혁신을 기하고자 할 때 사용하는 모델이다.

■ 전략(Strategy)

조직의 변혁을 위해서는 먼저 전략을 정해야 한다. 다음으로 그 전략 을 실행할 수 있는 어떤 조직이 필요한가? 즉 어떤 기술을 숙련하고 육성하여야 하는가를 명확히 해야 한다. 다음으로 나머지 다섯 가지의 요인을 어떻게 바꾸어야 하는가를 정한다. 전략이란 기업 또는 사업 단위가 그 자원을 어디에 집중할 것이며, 어디에서 경쟁하는가, 경쟁우 위를 지속하기에는 어떤 행동의 조정이 필요한가를 서술하는 것이다.

■ 기술(Skill)

기업의 적절한 전략이 수립되면 다음의 행동은 새로운 전략이 요구하는 기술이 무엇인가를 정하는 것이다. 기업이 시장 환경에 어떻게 적응하여 능력을 발휘하는가 하는 것이 전략이라면, 기술은 전략을 어떻게 실행할 것인가 하는 문제이다. 기술은 전략과 새로운 시대와의 연관을 표현하고 있음과 동시에 다른5S , 즉 구조·시스템·종업원·스타일·공유가치를 어떻게 변혁할 것인 가를 가르친다.

■ 구조(Structure)

기업의 구조는 조직 변혁에 관한 컨셉트 중에서는 가장 중요하다. 이 것은 사업분야, 사업 단위를 상호 관련 있는 그룹으로 나누는 방법이 다.구조가 조직 속에서는 가장 눈에 띄는 요인이면서, 조직 변혁은 구조의 변화에서부터 시작해야 한다.

■ 시스템(System)

시스템이란 많은 종업원이 해야 할 일이나 결정을 내려야 할 주요 문제를 판별하기 위한 양식 또는 과정이라고 정의한다. 시스템은 조직 내에 무엇이 일어나는가에 강한 영향력을 갖고 있으며 ,경영자에 대해 조직변혁의 강력한 무기를 제공해 준다.

■ 종업원(Staff)

종업원은 기업이 필요로 하는 사람의 유형을 정의하고 있다. 이것은 개개 사원의 능력이라기보다는 조직 내 구성원들이 갖는 전체적 노하우의 문제이다.

■ 스타일(Style)

스타일은 무시되기 쉽지만 중요한 요소이다. 스타일에는 2가지 요소가 있는데, 하나는 행동으로 상징되는 개인의 스타일이고, 다른 하나는 조직의 일원으로서의 스타일을 말한다.

■ 공유가치(Shared Value)

공유가치는 조직을 리더하는 한 가지 또는 그 이상의 것으로, 모든 사원이 특별히 중요하며 조직의 존속과 성공에서 결정적이라고 의식하는 것이다.

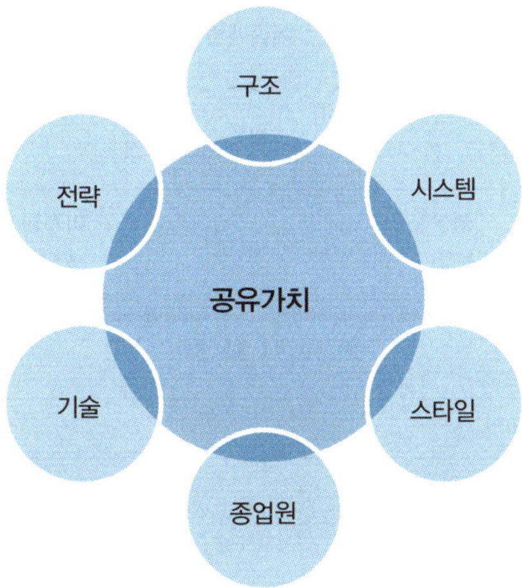

메킨지의 7S Analysis Model

6. 가치사슬분석 / 프로세스 분석

가치사슬이란 컨설팅 회사인 McKinsey가 개발한 Business System을 Porter가 훨씬 정교한 분석틀로 발전시킨 것으로 기업의 전반적인 경영활동을 주 활동 부분과 보조 활동부분으로 나누어서 기업의 구매활동에서부터 생산·물류·판매·재고관리·애프터서비스 단계에 이르기까지 각각의 부문에서 비용이 얼마나 들고 소비자들에게 얼마나 부가가치를 창출할 수 있는가를 정교하게 분석할 수 있게 해 준다.

가치사슬(Value Chain)은 한 기업의 활동을 전략적으로 연관성이 있는 몇 개의 활동들로 나누어 원가가 발생하는 원천과 자사 제품을 경쟁사의 제품과 차별화시키는 원천을 밝혀내기 위해 도입된 개념이다. 가치사슬 분석은 회사의 경쟁하는 방법을 검증하는 중요한 기법으로서 회사 전체의 비즈니스 프로세스와 활동을 연구하고, 정해진 프로세스에 대한 코스트의 할당과 서로 다른 프로세스에 의해 발생된 가치를 결정한다.

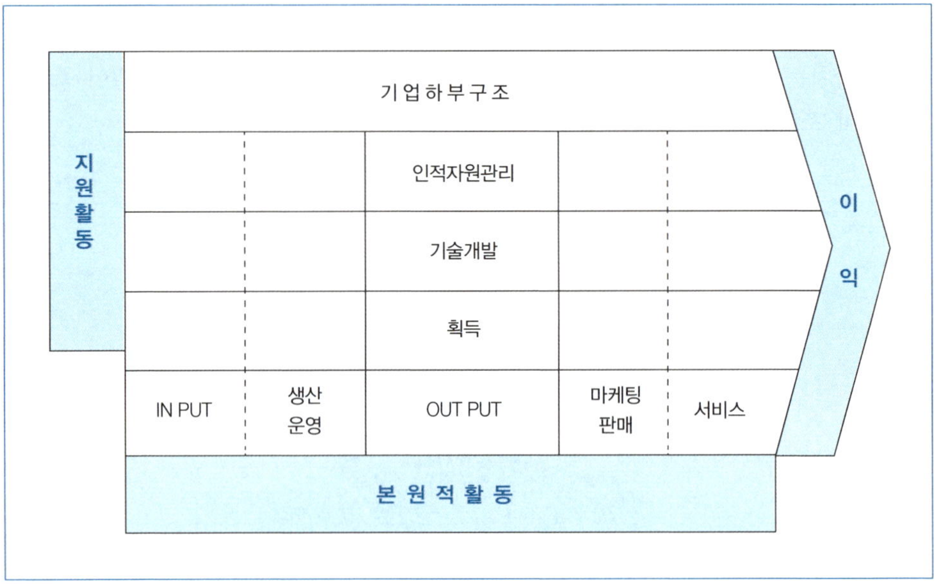

마이클 포터의 가치사슬 모형

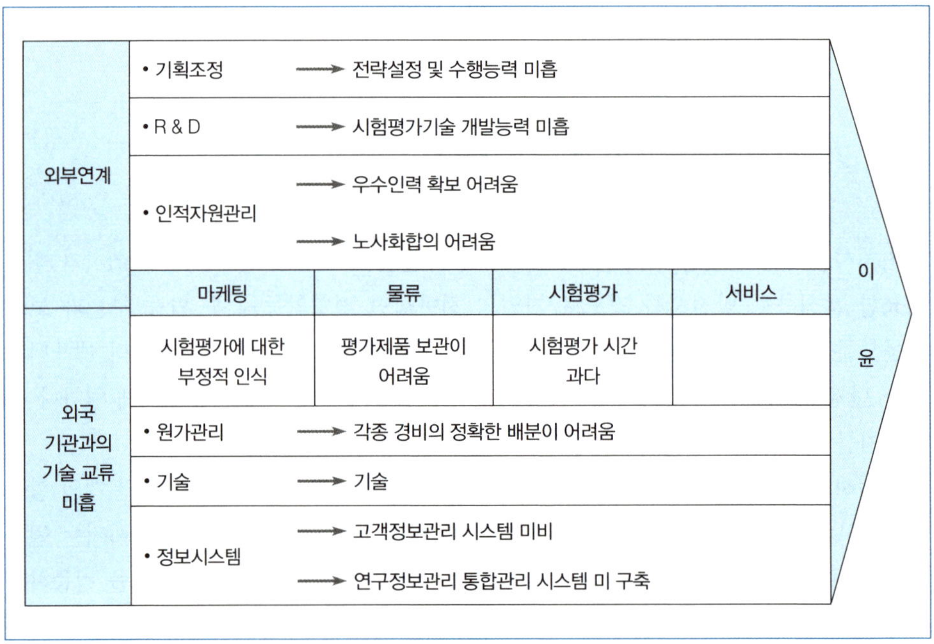

Value Chain 분석 예시

7. SWOT분석 / 경영전략분석

SWOT는 강점(Strength), 약점(Weakness), 기회(Opportunity), 위협(Threat)의 머리글자를 모아 만든 단어로 경영 전략을 수립하기 위한 분석 도구이다. 내적인 면을 분석하는 강점·약점 분석과, 외적 환경을 분석하는 기회·위협 분석으로 나누기도 하며 긍정적인 면을 보는 강점과 기회 그리고 그 반대로 위험을 불러오는 약점, 위협을 저울질하는 도구이다. 보통 X,Y축으로 2차원의 사분면을 그리고 각각 하나의 사분면에 하나씩 배치하여 연관된 사항들을 우선순위로 배치한다.

이러한 분석을 통해 경영자는 회사가 처한 시장 상황에 대한 인식을 할 수 있으며 앞으로의 전략을 수립하기 위한 중요한 자료로 삼을 수 있다. 이 방법은 스탠퍼드 대학에서 1960년대와 1970년대에 포춘지 선정 500대 기업들을 연구하면서 얻게 된 결과를 바탕으로 알버트 험프리가 고안해낸 내·외부환경 분석 방법의 하나이다.

SWOT 분석은 전략적인 분석수단으로서 외부환경의 기회요인(Opportunity factor)과 위협요인(Threat factor) 그리고 기업내부의 강점(Strength)과 약점(Weakness)간의 적합한 연결을 통해 외부환경 분석에서 도출되는 기회요인과 위협요인 및 내부분석에서 도출되는 강점과 약점을 하나의 틀 속에 결합함으로써 기업의 전체 상황을 평가하고, 효과적인 전략을 수립하는데 도움을 주는 분석기법이다

다시 말하면 SWOT 분석은 외부환경 분석을 통하여 기회요인과 위협요인을 파악하고, 기회요인은 활용하며, 위협요인은 회피하며, 내부분석을 통하여 강점과 약점을 파악하고, 강점은 강화시키며, 약점은 극복하는 전략을 수립하는데 이용하는 분석기법이다.

04 진단 결과의 평가

1. 분야별 진단항목

■ 경영관리종합

경영일반에 관한 진단 항목으로는 크게 보아 경영방침과 경영계획·경영 효율·경영자원·경영 체질·경영개발로 구분하여 접근할 수 있다.

경영방침과 경영계획

- 경영방침·계획에 관한 자료 수집
- 경영방침설정을 위한 조직을 검토
- 경영방침설정 과정 조사, 방침 설정의 동기
- 설정된 경영방침의 객관성을 입증하기 위한 각종 자료
- 이익개선 프로그램의 조사

경영 효율의 진단

- 경영조직
- 경영전략
- 경영환경
- 경영자원
- 경영체질
- 경영자

경영자원의 진단

- 인적자원 진단
- 물적자원 진단
- 기술적 자원 진단
- 경영 KNOW-HOW의 자원 진단

경영 체질 진단

- 경영자의 의식
- 경영이념의 변역 과정
- 종업원의 질
- 경영보유기술
- 거래기업의 구성과 내용
- 경영조직 구조

경영개발의 진단

- 현재 사업부분의 업적 추이와 장래 전망
- 사업부분 평가 방법
- 신규사업 분야로의 진출 의사 유무와 그 타당성,
- 현 사업부분의 효율화를 위한 전략, 전개의 타당성 진단

■ 인사·조직관리

인사조직관리에 관한 진단 항목으로는 크게 보아 인사 및 노무관리와 근무조건, 조직관리로 구분하여 접근할 수 있다.

인사 및 노무관리

- 노동조합 유무
- 경영자의 고용 현황에 대한 인식
- 고용구조의 변화
- 노동 통계의 활용
- 종업원 수와 연령 별 추이
- 신규채용의 확보 현황
- 고용 방침
- 퇴직자와 신규 채용자의 균형
- 근속 년수의 검토
- 기업 내의 기술 훈련의 필요성 검토
- 연고 채용 비율
- 임금 노동 조건의 개선현황
- 임금의 일반 평균 수준과 비교

- 초임 상승곡선 분석
- 업계의 표준 임금과의 비교
- 임금 자료의 취합과 비교
- 종업원의 업적 능력의 평가 방법
- 인사고과의 적정성 분석
- 노동환경 : 조명 / 환기, 기온소음 후생시설 기숙사 시설 조사
- 제안 제도 (moral servey)
- 목표에 대한 관리
- 노사 관계 현황
- 연령구성, 출근율, 직장 사고 발생 건수 분석, 이직률, 근속년수
- 복지 후생설비관련 채용계획, 인건비, 계획, 노동생산성분석

근무조건

- 인건비의 전년대비 증가율과 매출액 증가율
- 인건비의 임금수준, 종업원의 수, 생산성
- 취업시간, 휴일, 잔업, 퇴직 등
- 임금 승급과 생계비 곡선과의 비교
- 업적평과와 성과배분
- 직장의 근무환경

조직관리

- 조직의 창조성
- 조직의 효율성
- 조직의 협조성
- 조직의 통제
- 직무의 관련성과 방침과 조직과의 관계
- 조직의 교육 계획 면에서의 성과
- 조직의 활동성과 평가
- 단위 조직 상호간의 컴뮤니케이션 정도
- 조직 구성원의 인간관계
- 권한과 책임의 적절한 위양

■ 재무관리

재무관리에 관한 진단 항목으로는 크게 보아 재무부문 관리와 재무분석, 자금관리와 자금의 운용으로 구분하여 접근할 수 있다.

재무부문 관리

- 사업 부분별 채산제의 실시여부
- 예산 통제시스템의 운영 실태
- 월차 부분별 손익계산 실시와 예산집행 내역 비교
- 비용과 수익의 관리현황

재무분석

- 자본이익률분석
  - 자본수익률의 분석
  - 총자본주식자본(납입자본)이익률의 분석이익률의 분석
  - 경영자본이익률의 분석
  - 경영 외 자본이익률의 분석
  - 매출액총이익의 분석
  - 영업비율(판매비 및 일반관리비)의 분석
  - 금융비용율의 분석
  - 매출액의 분석

- 자본이용도의 분석
  - 경영자본회전율의 분석
  - 고정자산이용도(고정자산회전율)의 분석
  - 매출채권이용도(매출채권회전율)의 분석
  - 재고자산이용도(재고자산회전율)의 분석

- 손익분기점 분석
  - 한계이익율분석
  - 레버리지분석
  - 경영안전율분석
  - 자본회수분기점분석
  - 비용분해표의 작성

- 원가분석
  - 표준과 실제 비교
  - 실제원가 분석
  - 원가변동의 원인분석

자금관리

- 자금조달 및 운용 합리성 검토
- 자금수지계획의 합리성 검토
- 판매조직과 판매예측의 실효성 분석
- 자금수지 계획의 적절성 평가
- 은행차입현황의 균형
- 차입금 중도변제능력
- 지불금리의 실질부담률과 자본이익률의 비교 검토
- 예산통제의 적절성
- 부분별 독립채산제도의 문제점 유무 확인
- 원자재대금, 매출채권, 재고, 매각금 등의 회전기간의 표준설정

자금의 운용

- 자금수지의 불균형
- 자기자본과 차입자금과의 적합성
- 설비투자계획과 계획서과 재무적합성
- 전표·장부 처리능력
- 관리 자료의 작성과 활용의 균형
- 관리회계 사고와 담당자의 능력

■ 생산관리

생산관리에 관한 진단항목으로는 크게 보아 공장관리 일반, 제품관리, 공정관리와 설비관리로 구분하여 접근할 수 있다.

공장관리일반

- 공장의 조직도 작성
- 종업원의 일람표의 작성

- 관리자의 직무 권한, 책임 사항의 조사
- 업무의 할당, 지도 담당자의 조사
- 매월 작업 예정자 조사
- 제조 명령 전달 체제
- 작업 기록의 작성 현황
- 작업 분업화·책임·지도
- 기록 필요성의 이해도
- 실적·기록의 표준 분석
- 객관적인 관리제도

제품관리

- 주력 제품·생산 유형의 검토
- 대량생산 견품생산, 생산계획화, 표준화 정도의 검토
- 소량다종, 주문생산, 생산방침, 제품계획 체크
- 제품별 부가가치액의 계산
- 품질 면에서의 문제 제품의 발견, 반품·Claim의 상황조사
- 공정 검사, 납품 검사
- 납기 조사

공정관리

- 공정 분석도의 작성
- 각 공정 소요시간의 예측
- 운반 공정, 정채 공정의 비율 분석
- 가공·운반·검사·정체의 집계 검토
- 공정의 생략, 분할의 검토
- 정채 공정의 검토
- 차기 공정의 대기 운휴 시간의 검토
- 생산계획의 합리화 검토
- 계획외의 작업 직접할딩 금지 준수 체크
- 운반 공정의 분석
- 검사 공정의 진단.
- 원재료의 구입과 보관·관리 실태 조사

- 가공공정에 따른 원재료의 소비 유무 조사
- 원재료의 관리상태 파악
- 저가 물품 구매 방식, 계획 구매 방식

설비관리

- 소유 기계의 일람표 작성
- 공장 도면 작성
- 기계 대수, 성능, 배치의 조사
- 운휴 기계의 격납 검사
- 사용하지 않고 있는 기계의 유무 조사
- 기계 취득의 년차, 감가삼각의 조사
- 수선비 기록부 조사
- 기계 성능상호의 균형 검토
- 고성능 기계의 불충분한 활용 여부 검토
- 가동 현황 조사
- 기계 운전 시간 조사
- 기계 가동 횟수 조사
- 고성능 기계의 불충분한 활용빈도 조사

■ 마케팅관리

마케팅관리에 관한 진단항목으로는 영업활동과 이를 지원하기 위한 판매관리·광고 및 판매촉진·신제품개발과 거래처관리로 구분하여 접근할 수 있다.

판매관리

- 영업 현황조사
- 현상분석, 제품특색, 과거 7년간의 판매실적 분석
- 수요예측을 위한 현상분석
- 판매계획을 위한 현상분석
- 거래처별 판매실적 자료 분석
- 영업사원의 구성현황 파악
- 판매활동 지역현황 파악
- 교육훈련계획 대비 실적 분석

- 유통경로와 판매비 자료 분석
- 판매비의 내역표
- 제품별, 표준재고량과 실적 재고량의 조사표
- 매출액이익율과 제품회전율의 분석
- 제품별 판매 활동 신단
- 제품별 한계이익율의 조사
- 판매부진 제품의 이유 분석
- 매출채권의 회수표 분석

광고 및 판매촉진

- 광고비 예산 대 실적 분석
- 광고 효과분석표
- 경쟁사의 광고 선전 실태분석표
- 판매촉진비용의 효율성 분석
- 판매촉진 활동 계획 조사

신제품개발

- 제품 구성과 수요의 파악
- 상품의 수명측정에 따른 제품 개발 계획
- 상품별 성장성 분석
- 신제품 개발의 노력
- 제품의 수명주기(PLC)의 분석

거래처관리

- 판매경로도의 작성
- 시장 정보의 파악
- 신규 거래선 개척 실적표
- 동업 경쟁사 제품별 매출액 분석표
- 제품 종류별 Market share 분석표
- 영업사원 개인별 판매실적표
- 제품별·경쟁사별 가격차이 조사
- 거래처의 매출액 분석과 신장성의 분석(5년간)
- 거래처의 점유율 파악

[진단항목별 평가기준표]

분 야	진 단 항 목	평가점수
1. 경영관리종합	경영계획 및 경영분석	4
2. 인사·조직관리	1. 조직기능 2. 인사제도 3. 임금관리 4. 사무·문서관리	16
3. 재무관리	1. 재무정보·세무대책 2. 관리회계 3. 자금관리	12
4. 생산관리	1. 사기앙양 2. 설비보전 3. 적정조달 4. 공정개선 5. 품질경영 6. 원가절감 7. 납기준수 8. 환경·안전 9. 연구개발 10. 기술관리 11. 치공구·자동화 12. 정보화 13. 능률관리	52
5. 마케팅관리	1. 마케팅정보 2. 제품·가격정책 3. 유통·시장관리 4. 영업·촉진활동	16
5분야	25 항 목	100

2. 단계별 평가기준

■ 단계별 평가점수

단계별로 각 평가기준에서 정하고 있는 점수의 범위는 다음의 표에서 설명하는 바와 같다.

구 분		점 수 범 위	비 고
단계별	평 가 기 준		
1단계	초보적 관리	30점 미만	최하 단위 10점
2단계	관리기반 구축	30~50 미만	
3단계	과학적 체계화	50~70 미만	
4단계	완숙단계	50~70 미만	
5단계	첨단수준	90점 이상	

■ 단계별 평가기준

단계별 각 평가기준별 평가기준과 점수의 범위는 다음에서 정한 바와 같다.

- 단계와 항목은 5분야 25항을 평가대상으로 한다. 5개의 대항목으로 또는 25개의 소항목으로 설정하여 여건에 따라 평가하는 것이 효과적이다.
- 각 항목을 4점으로 하여 100점을 만점으로 한다.
- 각 항목별로 평가는 항목마다 100점을 만점으로 평가하여 4점 만점으로 환산한다.
- 각 항목 세부평가 요령
  - 항목 100점을 만점으로 하여 평가하되 주요항목을 감안하여 종합적으로 진단 평가한다.
  - 최하점수는 10점으로 하며 5점 단위로 평가한다(예 : 10, 15, 20, 25···).
  - 업체 실정으로 보아 진단이 불필요한 항목은 전체 평균치의 점수를 적용한다(예 : 생산설비 없는 공장의 설비보전, 전량 하청 기업의 마케팅분야 해당 부문 등).

3. 진단 분석항목

분야별 주요 진단 분석항목은 다음과 같이 실시한다.

<table>
<tr><td colspan="2">주 요 항 목</td><td colspan="2">- 현금수불관리
- 자금계획수립
- 자금의 조달
- 자금의 운용
- 자금의 운용분석</td></tr>
<tr><td rowspan="5">자금관리정성평가</td><td>초보적 관리</td><td>1. 일일자금관리
3. 당좌거래</td><td>2. 사장 직접 자금관리
4. 현금출납부작성으로 자금운용</td></tr>
<tr><td>관리기반 구축</td><td>1. 월별자금관리
3. 금융기관, 거래처관리</td><td>2. 수불 관련장부 확보
4. 금융권을 통한 자금조달</td></tr>
<tr><td>과학적 체계화</td><td>1. 연차 자금관리
3. 내부 자금조달운용</td><td>2. 전략적 외부자금조달
4. 현금흐름표 작성</td></tr>
<tr><td>완숙 단계</td><td colspan="2">1. 자금관리를 적시성과 수익성을 감안 전략
2. 중·장기 자금계획 수립 및 전략적 자금운영
3. 자금운영을 통한 이익관리</td></tr>
<tr><td>첨단 수준</td><td>1. 일류기업 재무구조 조정 능력 확보
3. 자금 조달 COST 비교 선택</td><td>2. 국제금융 조달
4. 투자전략 선택</td></tr>
</table>

<table>
<tr><td colspan="2">주 요 항 목</td><td colspan="2">- 목표관리 - 귀속감 - 교육훈련
- 작업규율 - 치우 - 노사관계
- 일체감 - 평가제도 - 사기지수</td></tr>
<tr><td rowspan="5">생산관리정성평가</td><td>초보적 관리</td><td>1. 경영목표 업무한계 불명확
3. 현장 근로자 출근율 85%</td><td>2. 작업수칙 없이 작업의 의존
4. 처우불만이 높고 사기지수 50%</td></tr>
<tr><td>관리기반 구축</td><td>1. 부서목표를 인식하고 작업
3. 업무범위 명확, 책임한계 구분</td><td>2. 작업수칙이 명시되고, 준수노력
4. 팀장의 리더쉽에 의하여 일체감</td></tr>
<tr><td>과학적 체계화</td><td>1. 목표대실적 분석, 대책 강구
3. 종업원 교육훈련 계획 수립</td><td>2. 인사고과로 상여금, 승진, 승급 반영
4. 현장근무자 출근율 91-95%</td></tr>
<tr><td>완숙 단계</td><td colspan="2">1. 타부서 목표를 고려, 균형적인 목표달성
2. 작업장의 팀웍이 높고, 관리감독자의 리더쉽 발휘
3. 노사관계 원할
4. 다기능화, 자기계발이 가능한 업무분담</td></tr>
<tr><td>첨단 수준</td><td colspan="2">1. 전사적 입장에서 목표의식
2. 작업시작과 동시에 부가가치 작업
3. 팀의 일체감이 높아 어떠한 임무도 완수
4. 귀속감 업무 및 처우 만족</td></tr>
</table>

주 요 항 목		- 레이아웃 - 인원배치 - 공정계획 - 운반과 물류 - 작업 - 자작, 외주 - 라인밸런스 - 다공정 작업
공정개선정성평가	초보적 관리	1. 공장 내 물류의 중요성 인식, 통로확정 정도 2. 운반낭비절감 의지는 있으나 효과 미흡 3. 관리력 부족으로 재공품 절감 노력 무위 4. 작업 실시 효과 인식
	관리기반 구축	1. 공정중심의 레이아웃 2. 운반활성지수가 2이상이며, 재공품 정돈 3. 통로가 효과적으로 확보, 물류의 혼란이 적다. 4. 작업효율 향상을 위한 개선 연구
	과학적 체계화	1. 공정흐름이 혼란되지 않고, 안전한 레이아웃 2. 운반활성지수가 3, 물류낭비 감수 3. 라인화에 따라 대기, 정지 등의 낭비 제거 4. 재공품을 줄이고 전후 공정 원활화
	완숙 단계	1. 레이아웃이 계획적이고, 운반활성지수가 3이상 2. 공정간 Line화 3. 다기능화, 라인밸런스 효율 90% 4. 공정균형으로 다수대, 다공정작업 효율화
	첨단 수준	1. 공정계획과 Line화 2. 조립 Line의 Line밸런스 효율 95% 3. 전체적으로 레이아웃과 운반표준화로 물류 신속 4. 다기능화로 변화의 신속 대응

주 요 항 목		- 판매유통 조직 - 거래처 분석 - 특약 또는 대리점 - 고 객 - 물적 유통 - 거래처관리 - 딜러 마진 - 납기 및 A/S
유통 및 시장관리정성평가	초보적 관리	1. 고객관리 등 시장관리는 등한시 2. 주먹구구식의 판매유통조직 3. 주문에 따른 비정기적 배송 4. 단순판매 통계로 거래처 분석
	관리기반 구축	1. 전국 판매망 구축 2. 용차 자체 배송 혼재 3. 도매상, 대리점 혼재 4. A/S 체제 도입
	과학적 체계화	1. 벤치마킹 기법 활용 새로운 변화 시도 2. 대리점 시스템에 의한 유통체널 실시 3. 신규거래처 확보 노력 4. 전국 대리점 네트워크 형성
	완숙 단계	1. 대기업과 경쟁체제 2. 지역별 물류거점 마련 3. 대리점의 판매점 계열화 4. A/S 부서 설치
	첨단 수준	1. 국제 마케팅 전개 2. 배송센터 및 배송회사 3. 시장을 과학적, 합리적으로 계수 관리 4. 사전 서비스, A/S 회사 설치

■ 진단결과 종합평가표

경영진단 결과 종합적인 평가표는 다음과 같이 설정하여 평과 결과를 평가지수로 표시하고 각 항목별로 진단자의 종합적인 의견을 기술토록 한다.

<table>
<tr><th colspan="3" rowspan="3">항 목</th><th rowspan="3">기준
지수</th><th colspan="2">판 정</th><th rowspan="3">의 견</th></tr>
<tr><th>전</th><th>후</th></tr>
<tr><th>평가
지수</th><th>평가
지수</th></tr>
<tr><td colspan="2" rowspan="6">경영기본</td><td>경영자</td><td>10</td><td></td><td></td><td rowspan="6"></td></tr>
<tr><td>경영부문</td><td>10</td><td></td><td></td></tr>
<tr><td>경쟁력</td><td>10</td><td></td><td></td></tr>
<tr><td>상품력</td><td>10</td><td></td><td></td></tr>
<tr><td>재무상태</td><td>10</td><td></td><td></td></tr>
<tr><td>소 계</td><td>(50)</td><td>( )</td><td>( )</td></tr>
<tr><td rowspan="5">경영활동부문</td><td>생산기술부문</td><td>기술력</td><td>15</td><td></td><td></td><td rowspan="5"></td></tr>
<tr><td>마케팅부문</td><td>제품력</td><td>10</td><td></td><td></td></tr>
<tr><td>재무부문</td><td>자금운용</td><td>15</td><td></td><td></td></tr>
<tr><td>인사·조직
기타부문</td><td>인적구성 및
조직</td><td>10</td><td></td><td></td></tr>
<tr><td colspan="2">소 계</td><td>(50)</td><td>( )</td><td>( )</td></tr>
<tr><td colspan="3">합 계</td><td>(100)</td><td>[ ]</td><td>[ ]</td><td></td></tr>
</table>

제5편
기업공개

Chapter 11 기업공개(IPO)

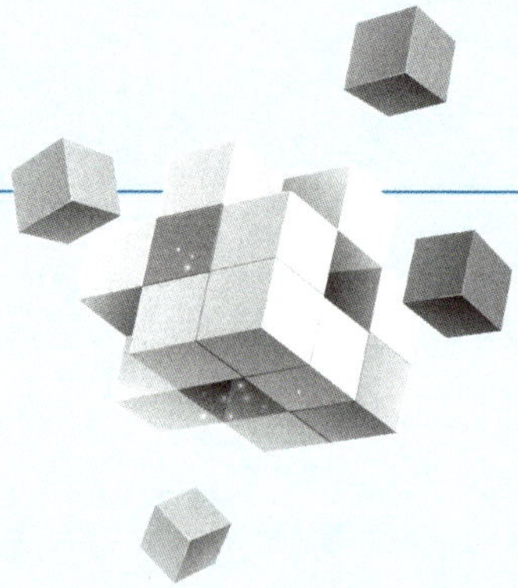

Chapter 11 기업공개(IPO)

01 IPO의 개요

IPO(Initial Public Offering)란 주식을 신규로 상장하기 위하여 자본시장법에 의한 모집 또는 매출의 방법으로 주식을 새로이 발행하거나 이미 발행된 주식을 매도하는 것을 의미하는 것으로써 주식회사가 발행한 주식을 일반 대중에게 균일한 조건으로 공모하거나 이미 발행되어 대주주가 소유하고 있는 주식의 일부를 매출하여 주식을 분산시키고 재무내용 등 기업의 실체를 알리는 것을 말한다. 기업공개는 증권시장에서 자유롭게 거래될 수 있게 함으로써 직접금융방식에 의한 기업의 자금조달을 원활하게 하고 자본과 경영권의 분리에 의한 경영합리화를 도모함과 동시 기업의 건전한 발전을 통한 경쟁력 강화와 사회적 책임을 다할 수 있게 함으로써 국민기업으로 성장할 수 있는 기초를 마련하는 데 그 의의가 있다.

1. IPO의 구조

기업공개란 폐쇄된 기업이 최초로 일반인을 대상으로 신주를 발행하거나, 이미 발행된 주식을 매도함으로써 주식을 분산시키는 행위를 의미하며, 거래소 상장을 위한 주식공모행위를 기업공개라고 한다. 기업공개는 광의의 의미로 소수인의 주주로 구성된 폐쇄기업(Closed company)이 최초로 일반인을 대상으로 신주를 발행하거나, 이미 발행된 주식을 매도함으로써 주식을 분산시키는 행위를 의미하며 협의의 의미에서의 기업공개란 당해 법인의 주식을 한국거래소가 개설하는 증권시장에서 거래하기 위하여 일반인을 대상으로 신주를 모집하거나 구주를 매출하는 일련의 절차를 말한다. '증권인수업무에 관한 규정'에서는 "기업공개란 유가증권시장 또는 코스닥시장에 주권(외국증권예탁증권을 포함한다)을 신규로 상장하거나 유가증권시장(코스닥시장)의 주권상장법인이 코스닥시장(유가증권시장)에 주권을 신규로 상장하기 위하여 행하는 공모를 말한다."라고 정의를 내리고 있다.

Tip IPO의 중요성

- 장내공모를 통한 적시성 있는 자금조달이 가능해 짐에 따라 기업의 직접금융의 조달기회가 확대된다.
- 기업 홍보효과와 공신력을 제고할 수 있다.
- 기업의 경영합리화와 사업다각화 추진이 용이해진다.
- 상장규정에서 정하고 있는 기업분할제도, 지주회사제도, 장내매매를 통한 M&A 등의 다양한 방법을 통해 구조조정과 관련된 경영합리화 정책 및 사업다각화의 추진이 가능하다.
- 발행주식의 20% 범위 안에서 당해법인의 우리사주조합에 우선배정이 가능케 됨으로써 종업원의 사기진작과 사주조합 우선배정을 통한 주인의식 고취와 이를 통한 생산성향상 및 우수인력확보가 용이해 진다.
- 세제상의 혜택으로는 양도소득세 비과세 및 증권거래세, 농특세 등을 경감 받을 수 있다.

■ 증권시장의 구조

증권시장은 일반적으로 기업이 유가증권을 발행하여 자금을 조달하고 일반인이 자금을 제공하여 당해 유가증권을 취득하는 발행시장과 투자자가 취득한 유가증권을 현금화할 수 있는 유통시장으로 구성되어 있으며, 발행된 유가증권을 상장을 통하여 유통시장에서 매매할 수 있어야 유가증권을 취득한 투자자의 투자자금 회수가 가능하고 발행주체도 계속 유가증권을 원활히 발행할 수 있다. 우리나라의 유통시장은 한국거래소가 개설한 유가증권시장·코스닥시장·선물시장 및 금융투자협회가 개설한 장외주식시장인 프리보드를 통하여 유가증권의 매매가 이루어지는 시장이 있다.

■ 자율성 확대

주관회사의 공모가격 및 물량배정 자율권이 강화되었으며 개인투자자나 해외투자자의 수요예측 참여를 허용할 뿐 아니라 기관투자자의 청약증거금제도가 폐지되었다. 또한, 개인 청약증거금률의 자율화와 풋백옵션제도의 폐지 및 초과배정물량 자율배정권을 강화하여 유가증권 상장공모 시에 구주매출을 100%(코스닥의 경우 50%) 허용하고 있다.

■ 투명성 강화

지정감사제도에 의한 공개예정기업에 대한 회계감리의 실시, 분식회계 기업에 대한 수사기관 통보, 과징금 부과, 3년간 증권시장 진입 제한 등 자금관리·회계시스템·내부감사 독립성 등 내부통제시스템 집중 심사를 통한 투명성을 확보하였으며, 증권회사의 기업실사의무의 방안으로 현지 확인 및 최대주주 등의 평판실사를 강화하고 공시서류의 허위기재 및 누락을 방지하기 위해 대표이사의 확인서명의무화 제도를 운영하고 있다.

유가증권시장

일반적으로 넓은 의미에서는 유가증권의 매매거래가 이루어지는 시장을 유가증권시장이라고 지칭하나 한국거래소법 등 법률상 유가증권시장은 거래소시장을 의미하며, 한국거래소 설립에 따라 동 거래소가 개설하는 시장이 유가증권시장·코스닥시장 및 파생상품시장으로 나누어져 있다. 자본시장법이 '유가증권시장'과 '코스닥시장'을 기초개념으로 하여 전개되고 있는 점을 감안한 결과로 이해할 수 있다.

코스닥시장

코스닥시장은 중소·벤처기업 중심의 고위험·고수익을 추구하는 역동적인 증권시장으로서 유망 벤처기업·중소기업 등이 발행한 주식에 대하여 환금성을 부여함으로써 이들 비상장 중소·벤처기업이 신주공모 등을 통해 안정적인 자금을 조달투자자에게 유가증권시장에 상장된 대형주 이외에 작지만 강한 기업들의 주식에 투자할 수 있는 수단을 제공할 수 있는 기회를 부여하고 있다.

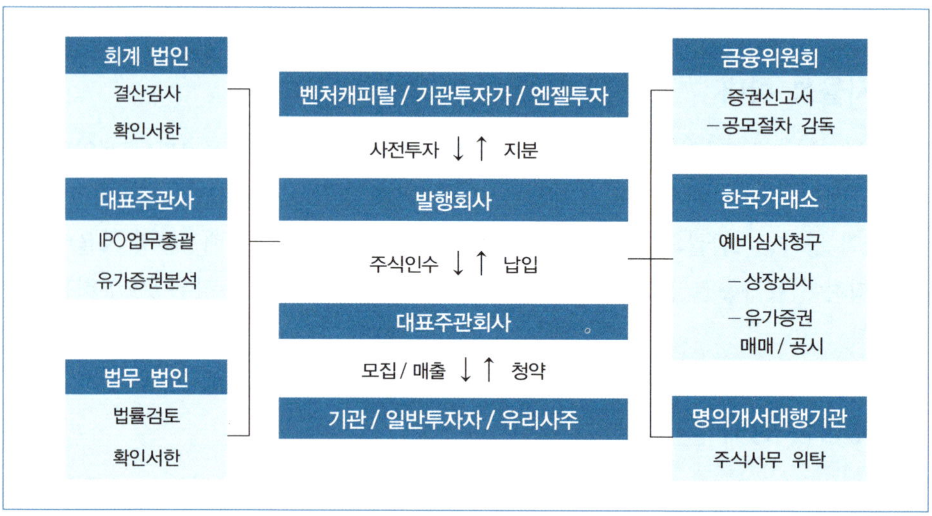

IPO의 기본구조도

신생 벤처기업에 투자를 전문으로 하는 벤처금융(Venture Capital)회사들이 코스닥 시장을 통하여 투자한 자금을 회수하는 한편 새로운 유망 벤처기업을 발굴하여 지원하기도 한다.

2. IPO의 유형

■ 신규상장

신규상장이란 거래소가 일정한 요건을 충족한 법인이 발행한 유가증권을 증권시장에서의 매매거래대상으로 인정하는 것으로서, 공모 여부에 따라 공모상장과 유통 상장인 직상장으로 구분된다.

신규상장이란 일정한 요건을 충족한 기업들이 발행하는 유가증권에 대하여 거래소가 증권시장에서 최초로 매매 거래될 수 있는 자격을 부여하는 것을 말하며, 그 자격을 얻은 유가증권을 상장유가증권이라고 한다. 한국거래소에 주권을 상장하지 아니한 발행기업이 주식분산을 통하여 처음으로 발행 주권을 상장하는 것을 주권신규상장이라고 하며, 모집 또는 매출 여부에 따라 공모상장과 직상장으로 구분된다.

■ 공모상장

공모상장이란 거래소의 예비상장심사 결과, 상장적격통보를 받은 기업이 모집 또는 매출을 통하여 자금을 조달한 후 상장을 하는 형태의 신규상장을 말한다. 즉, 한국거래소에 신규상장을 원하는 기업이 상장을 추진하는 과정에서 일반투자자들을 대상으로 공모를 통하여 자금조달을 한 후 상장하는 형태를 말한다.

■ 직상장

직상장이란 이미 분산요건을 충족한 기업이 한국거래소의 예비상장심사 후 공모를 통한 자금조달을 하지 아니하고 주권을 바로 상장하는 형태의 신규상장을 말하며 유통상장이라고도 한다. 즉, 상장을 추진하는 과정에서 자금조달이 수반되지 아니하는 형태이며, 금융투자협회 등록법인에 한하여 허용되고 있다.

3. 주권상장의 효과

기업은 발행한 주식을 어느 시장에서 유통시킬 것인가를 결정하기 위하여 유통시장별 진입기준과 유통시장의 특성뿐만 아니라, 산업 및 기업의 특성, 중장기적 성장전략, 주주 및 이해관계자의 요구와 경쟁기업의 동향 등을 종합적으로 고려하여야 한다. 거래소에 주권상장을 하게 되면 기업은 다음과 같은 효과를 누릴 수 있다.

■ 직접금융 조달기회 및 능력의 증대

주권상장법인은 유상증자와 사채발행 등 다양한 방법으로 일반대중으로부터 필요한 자금을 조달할 수 있다. 특히 한국거래소는 주식·전환사채·신주인수권부사·채교환사채·신주인수권증권·신주인수권증서 등을 상장 매매하고 있는 종합증권시장이라 할 수 있다. 따라서 주권상장법인은 자금조달목적에 적합한 유가증권을 발행하여 한국거래소에 상장함으로써 장기안정적인 자금을 조달할 수 있으며, 발행한 유가증권 전체를 종합적으로 관리할 수 있다. 상장유가증권에는 주권(뮤추얼펀드·리츠 포함) 신주인수권증권 및 신주인수권증서채권(국공채 및 주식 관련 사채 포함) 주가지수(Kospi200)선물·옵션, 개별주식옵션 수익증권 등이 있다.

■ 기업의 국제적 인지도의 제고

주권상장법인은 국내외 투자자를 비롯한 많은 사람들의 관심의 대상이 되며, 기업의 재무내용이나 경영상황이 매개체, 증권 관계기관의 각종 자료 등을 통하여 국내외에 전달됨으로써 기업의 인지도를 제고하는 효과를 얻을 수 있다. 특히 한국거래소는 주요 선진국의 증권관계기관으로부터 해외지정증권시장 등으로 인정받고 있으며, 국제 분산투자자 및 해외 바이어들은 국제적으로 인정된 증권시장에 상장된 기업에 많은 관심을 기울이고 있다. 따라서 상장기업은 해외진출 및 해외합작투자를 모색할 경우에 상장기업으로서의 지명도를 활용할 수 있다.

■ 기업의 원활한 구조조정 추진

주권상장법인은 상장규정에서 정하고 있는 다양한 방법으로 구조조정을 추진할 수 있다. 즉, 기업분할제도·지주회사제도 등 기업의 구조조정과 관련된 상장제도를 적극적으로 활용하여 기업의 목적에 맞는 방법으로 구조조정을 추진할 수 있다. 특히, 상장기업이 인적분할 및 물적분할을 하는 경우 분할재상장제도를 이용하여 상장할 수 있으며, 상장기업이 기존 상장기업을 자회사로 하는 지주회사(사업지주회사 및 금융지주회사)를 설립하는 경우에도 상장규정의 특례를 적용받아 신속하게 상장할 수 있다. 또한, 비상장법인이 합병·분할·분할합병 또는 영업양수(양수한 영업부문이 회사의 주된 영업에 해당할 경우에 한정)를 한 경우에도 실질적인 영업활동기간이 3년 이상일 경우에는 설립 후 3년이 경과하지 않은 경우에도 상장을 신청할 수 있어 기업구조조정 성과를 조기에 달성할 수 있다.

■ 종업원의 사기진작과 경영권 안정

주권상장법인 또는 주식을 신규로 상장하고자 하는 법인이 주식을 모집·매출하는 경우 당해 법인의 우리사주조합에 모집 또는 매출하는 주식총수의 20% 범위 안에서 우선적으로 배정하여야 한다. 따라서 상장기업은 발행하는 주식을 종업원에게 우선적으로 배정함으로써 종업원의 사기진작과 주인의식을 제고시키며 생산성향상을 기대할 수 있다. 또한, 종업원이 자사주식을 보유하게 되면 우호적인 주주집단이 되어 경영권의 안정을 도모하는 효과도 얻을 수 있다.

■ 상장에 따른 혜택

우리나라의 각종 법령에 따라 주권상장법인에 대하여 혜택을 부여하고 있다. 따라서 일반법인 뿐만 아니라 중소기업 및 벤처기업이 한국거래소에 상장하면 혜택을 유지할 수 있다.

일반 공모증자의 용이 주권상장법인은 정관이 정하는 바에 따라 이사회의 결의로써 주주의 신주인수권을 배제하고 불특정 다수인을 상대로 하여 용이하게 신주를 모집할 수 있다.

의결권 없는 주식의 발행한도 특례 상법상 의결권 없는 주식은 발행주식 총수의 25%까지 발행할 수 있으나, 주권상장법인이 외국에서 주식을 발행하거나 외국에서 발행한 해외전환사채·해외신주인수권부사채·기타 주식과 관련된 증권 또는 증서의 권리행사로 발행하는 의결권 없는 주식은 발행한도의 계산에 산입되지 않는다.

주식배당의 특례 상법상 주식배당은 이익배당총액의 1 / 2을 초과하지 못하나, 주권상장법인의 경우에는 이익배당총액에 상당하는 금액까지 주식배당을 실시할 수 있다.

신종사채의 발행 주권상장법인은 전환사채와 신주인수권부사채 이외에도 교환사채 등의 신종사채를 발행할 수 있다. 특히, 자본시장법의 규정에 따라 주권상장법인은 취득하여 보유하고 있는 자사주를 기초로 교환사채를 발행할 수 있으므로 일반사채에 비하여 유리한 조건으로 자금조달이 가능하다. 자사주 교환사채를 발행하는 경우에는 전환사채와는 달리 교환권청구 시 신주를 발행하지 않고 보유하고 있는 자사주와 교환하게 되므로 다른 주주의 이익을 침해하지 않는다.

사채발행의 한도 확대 주권상장법인이 발행한 전환사채나 신주인수권부사채 중 주식으로 전환 또는 신주인수권의 행사가 가능한 부분에 해당하는 금액은 상법의 규정에 의한 사채발행한도(순자산액의 4배를 초과하지 못함)의 제한을 받지 않는다.

주주총회 소집절차의 간소화 상법상 주주총회의 소집통지는 각 주주에게 서면으로 하게 되어 있으나, 주권상장법인은 의결권 있는 발행주식 총수의 1% 이하를 소유하는 주주에 대하여는 주주총회일 2주 전에 2개 이상의 일간신문에 각각 2회 이상 공고함으로써 주주총회의 소집통지를 갈음할 수 있다.

중소기업의 사업손실준비금적립 주권상장법인이 사업손실을 보전할 목적으로 사업손실준비금을 손금으로 계상한 때에는 조세특례제한법에 따라 상장일이 속하는 연도를 포함하여 3년간 소득금액의 30% 범위 안에서 적립할 수 있다. 코스닥상장법인이 유가증권시장에 상장한 경우에도 손금산입할 수 있는 과세연도는 합산하여 3년 이내로 한다.

자사주 처분 손실준비금적립 주권상장법인이 주가안정을 위하여 자사주를 취득한 경우 공주식의 처분에 따른 손실을 보전할 목적으로 자사주처분손실준비금을 손금으로 계상한 때에는 조세특례제한법에 따라 당해 과세연도에 취득한 자기주식 취득가액의 30% 범위 내에서 소득금액계산 시 이를 손금에 산입할 수 있다. 자기주식 취득 후 6월 이내에 처분하는 경우 당해 자기주식에 상당하는 준비금은 처분 연도에 익금으로 산입한다. 익금에 산입하지 아니한 준비금은 자기주식처분손실이 발생하는 경우 당해 손실과 상계하여야 하며, 상계 후 잔액은 손금산입연도 종료일로부터 5년째 되는 과세연도 소득금액 계산 시 이를 익금에 산입한다.

주주의 배당소득에 대한 분리과세 주권상장법인의 경우 소액주주의 배당소득은 15%의 원천징수세율로 분리과세 되며, 소액주주가 아닌 자의 배당만 종합과세 된다. 그러나 비상장 법인의 경우에는 대주주뿐만 아니라 단 1주의 주식을 소유한 주주의 배당소득도 모두 종합과세의 대상이 된다.

02 주식연계채권

주식연계채권으로는 전환사채·신주인수권부사채·교환사채 등을 들 수 있다. 이들 사채는 기업이 자본을 조달하는 방법으로 발행하지만, 일정기간이 지난 후에 주식으로 전환되거나 신주를 인수할 수 있는 권한이 있는 특수한 사채이다.

1. 전환사채(CB)

전환사채(Convertible Bond)란 사채권자가 그 자유의사에 따라 일정한 조건하에 발행회사의 주식으로 전환할 수 있는 권리, 즉 전환권이 부여된 특수한 사채이다. 전환사채는 사채권을 표방하고 있는 유가증권이면서 주식으로 전환될 수 있는 전환권을 지님으로써 주식과 사채의 중간적 형태를 취하고 있다. 전환사채는 주식으로 전환될 수 있는 전환권이 부여되어 있으므로 일반사채보다 낮은 확정이자를 지급하게 된다. 일반적으로 일반사채와 비교해 1/3 정도의 이자비용을 줄이는 효과가 있는 것으로 나타났다. 모든 기업이 이자비용을 줄이는 목적으로 전환사채를 발행하지는 않았지만, 전환사채의 낮은 이자비용은 이자부담이 높은 기업이나 특정상태의 기업에는 좋은 자금조달수단이 된다. 전환사채는 사채에 전환권을 부여함으로써 낮은 확정이자를 지불하게 되고 이러한 낮은 이자율은 재무 불안이 높은 기업에 있어서는 좋은 자금조달 수단이 된다. 그러므로 재무 불안이 높은 기업의 전환사채발행은 기업의 이해관계자들에게 좋은 정보적 가치가 있다.

전환사채 발행조건

전환사채의 발행조건은 다음과 같다.

- 이자지급 방법 : 매 사업연도 말 후급
- 상환기한 : 자율적으로 결정
- 전환가액 : 상장법인은 기준주가의 90% 이상이나, 비상장법인은 주식공모전에는 발행주식의 액면가액 이상, 주식공모 이후는 공모가액 이상
- 전환청구기간 : 자율적으로 정하되 대개 정관에서 정하는 바에 의하여 발행일 익일부터 상환 직전일까지로 되어 있다.
- 전환금지기간 : 전환사채를 발행하는 경우에는 3개월이 경과한 후에 전환할 수 있는 조건으로 이를 발행하여야 한다. 다만, 모집이 외의 방법으로 전환사채를 발행하는 경우에는 발행 후 1년이 경과한 후에 전환할 수 있는 조건으로 이를 발행하여야 한다.
- 기한 전 상환청구 : 비상장법인이 전환사채 발행 후 1년 이내에 당해 법인의 주권을 증권거래소에 상장하지 아니한 때에는 전환사채권자가 상환기한 전에 원리금상환을 청구할 수 있고, 발행회사는 청구일로부터 30일 이내에 이를 지급한다는 조건으로 발행되어야 한다. 기한 전 상환청구시의 상환가액은 발행회사가 발행 시에 제시한 기한 전 상환청구 시 적용되는 이자율에 의하여 산출한 발행일로부터 경과일까지의 이자액을 권면액에 가산한 금액으로 한다.

발행규모

전환사채의 발행규모는 상법상 사채발행한도와 소요자금계획, 발행시점에 있어서 주식동향 등을 고려하여 결정하여야 한다. 또한, 발행기업의 정관에 규정된 한도 내에서 발행하여야 하며, 전환대상 주식이 무의결권 우선주인 경우에는 전환 후 납입자본의 1 / 4 이내의 범위 내에서만 발행이 가능하다.

전환대상 주식

전환사채 발행의 궁극적인 목적이 기업의 재무구조를 개선하고 낮은 비용으로 장기저리 자금을 조달하는 데 있으므로 보통주식으로 전환시키는 것이 일반적이다. 그러나 보통주로 전환을 정하는 경우에는 상황에 따라 경영지배권의 약화를 초래하여 경영권의 침해를 받을 수 있다. 전환대상 주식을 보통주식으로, 우선주식으로 또는 일정금액의 보통주식과 일정금액의 우선주식의 병행할 것인지를 정관상에 정하여야 한다.

■ 표면이율

표면이율은 앞에서 언급한 바와 같이 전환조건과 상호 밀접한 관계를 가지고 있으며 보증사채이율보다 낮은 것이 보통이다. 발행회사가 스스로 모집하는 경우에는 신중하게 결정하여야 한다. 주간사 회사를 통하여 사채를 발행하는 경우에는 발행회사와 주간사의 협의에 의하여 결정하여야 한다.

■ 전환비율

전환비율이란 전환사채와 이에 대하여 주어질 주식의 비율을 말하는데, 전환비율도 전환사채 발행을 결정하는데 중요한 부분이다. 즉 전환비율에 따라 전환사채의 발행금액도 달라지고, 전환사채의 평가도 달라지고, 투자자의 호응도가 결정된다. 전환비율을 부분전환으로 발행할 수 있으나 통상적으로 100% 전환으로 발행하는 기업이 대부분이다.

■ 발행 시기

일반적으로 전환사채의 가치는 전환 전의 채권가치뿐만 아니라 향후 주가상승에 따른 시세차익을 겨냥한 주식가치에 의하여 결정된다. 따라서 주식시장 전체의 시황전망이나 개별기업의 향후전망이 유리하게 전망될 때 발행하는 것이 발행회사의 입장에서는 보다 저렴하게 전환사채를 통한 자금을 조달할 수 있다.

■ 전환사채의 한도

비상장 주식회사는 상법상 사채의 발행한도는 최종의 대차대조표에 의하여 회사에 현존하는 순자산액의 4배를 초과하지 못하므로 제한이 있다. 다만, 주권상장법인이 발행하는 전환사채 및 신주인수권부사채 중 주식으로의 전환 또는 신주인수권 행사가 가능한 분에 해당하는 금액은 상법 규정에도 불구하고 사채발행한도의 제한을 받지 않는다.

■ 전환사채 발행절차

전환사채의 발행절차를 다음과 같이 요약하여 정리해 볼 수 있다.

전환사채 발행의 결정 이사회 결의 또는 정관이 규정하는 바에 따라 주주총회의 결의로 전환사채를 발행할 수 있다. 단, 자본의 총액이 5억원 미만인 주식회사로 이사가 1인인 경우에는 주주총회에서 결의한다. 사채의 일반적인 발행사항 외에 다음의 사항에 대하여 정관의 규정이 없으면 이사회 또는 정관에서 주주총회에서 결정하기로 한 경우에는 주주총회에서 이를 결정하여야 한다.

- 전환사채의 총액
- 전환의 조건
- 전환으로 인하여 발행한 주식의 내용
- 전환을 청구할 수 있는 기간
- 주주에게 전환사채의 인수권을 준다는 뜻과 인수권의 목적인 전환사채의 액
- 주주 외의 자에게 전환사채를 발행하는 것과 이에 대하여 발행할 전환사채의 액

주주 이외의 자에 대하여 전환사채를 발행하는 경우에 그 발행할 수 있는 전환사채의 액, 전환의 조건, 전환으로 인하여 발행할 주식의 내용과 전환을 청구할 수 있는 기간에 관하여 정관에 규정이 없으면 주주총회의 특별결의로써 이를 정하여야 한다.

전환사채의 발행제한 및 전환금지기간 주권상장법인은 다음 각 호의 기간 중에는 「상법」 제513조의2제1항에 따라 주주에게 사채의 인수권을 부여하여 모집하거나 영 제176조의8제1항의 방법으로 사채를 모집하는 방식(이하 "공모발행방식"이라 한다) 외의 방법으로 전환사채를 발행할 수 없다.

- 자본시장법 제29조에 따른 소수주주(이하 "소수주주"라 한다)가 해당 주권상장법인의 임원 해임을 위하여 주주총회의 소집을 청구하거나 법원에 그 소집의 허가를 청구한 때에는 청구 시부터 해당 임원의 해임 여부가 결정될 때까지의 기간
- 소수주주가 법원에 해당 주권상장법인 임원의 직무집행정지를 청구하거나 주주총회결의의 무효·취소 등의 소를 제기하는 등 해당 주권상장법인의 경영과 관련된 분쟁으로 소송이 진행 중인 기간
- 위 각호에 준하는 해당 주권상장법인의 경영권분쟁사실이 신고·공시된 후 그 절차가 진행 중인 기간
- 주권상장법인이 전환사채를 발행하는 경우에는 그 발행 후 1년이 경과한 후에 전환할 수 있는 조건으로 이를 발행하여야 한다. 다만, 공모발행방식으로 발행하는 경우에는 그 발행 후 1월이 경과한 후에 전환할 수 있는 조건으로 이를 발행할 수 있다.

주주배정에 의한 발행 신주인수권과 달리 주주는 당연히 전환사채의 인수권을 갖는 것이 아니고 정관의 규정 또는 이사회 또는 법률이나 정관의 정하는 바에 따라 주주총회의 결의에 의하여 인수권이 부여된다. 주주에게 인수권을 부여하는 경우에는 신주발

행의 경우와 같이 배정일의 공고와 실권예고부 최고 내지 공고를 하여야 한다. 주주 이외의 자에 대해 발행코자 할 때에는 정관 또는 주주총회의 특별결의로 정한 발행사항의 범위 내에서 구체적인 사항을 이사회에서 결정한다.

사채의 청약은 청약서에 의한다. 다만, 총액인수와 위탁모집에 의할 경우 그 인수권에 대하여는 청약서에 의할 필요가 없다. 사채의 모집이 완료한 때에는 이사는 지체 없이 인수인에 대하여 각 사채의 전부 또는 제1회의 납입을 시켜야 한다. 그 납입장소는 은행 또는 기타 금융기관일 필요는 없다. 사채의 발행은 그 총액에 대한 응모와 납입이 없으면 전체로서 성립하지 아니한다.

■ 전환의 청구

전환사채는 사채발행회사의 주식으로의 전환권이 사채권자에게 주어진 사채이다. 따라서 전환권이야말로 전환사채의 핵심을 이루는 권리이다. 상법상 사채권자는 일정기간 내에 전환청구를 할 수 있는데, 그 일방적 의사표시에 의하여 당연히 전환의 효력이 나타나서 사채권자는 주주의 지위를 취득하게 되므로 전환권은 사채권자를 주주로 변경하는 형성권이다.

전환청구기간 내에 주식의 전환을 청구하는 자는 청구서 2통에 채권을 첨부하여 회사에 제출하여야 한다. 그 청구서에는 전환하고자 하는 사채와 청구 연월일을 기재하고 기명날인 또는 서명하여야 한다. 전환의 청구는 주주명부 폐쇄기간 중에도 할 수 있다. 단, 이때에는 전환된 주식의 주주는 그 기간의 총회의 결의에 관하여는 결의권을 행사할 수 없다. 왜냐하면, 전환청구를 한 때 그 효력이 나타나서 주주가 되는데, 의결권은 이익배당 청구권과는 달리 즉시 행사할 수 있을 것이므로 주주총회의 소집통지 등 총회의 진행에 복잡한 문제가 생기기 때문이다.

전환사채의 전환가액 결정 주권상장법인이 전환사채를 발행하는 경우 그 전환가액은 전환사채 발행을 위한 이사회결의일 전일을 기산일로 하여 그 기산일부터 소급하여 산정한 다음 각 호의 가액 중 높은 가액(자본시장법 시행령 제176조의8제1항의 방법으로 사채를 모집하는 방식으로 발행하는 경우에는 낮은 가액) 이상으로 한다. 다만, 전환에 따라 발행할 주식이 증권시장에서 시가가 형성되어 있지 않은 종목의 주식인 경우에는 증권의 발행 및 공시에 관한 규정을 준용한다.

- 1개월 가중산술평균주가, 1주일 가중산술평균주가 및 최근일 가중산술평균주가를 산술평균한 가액

- 최근일 가중산술평균주가
- 청약일 전(청약일이 없는 경우에는 납입일) 제3거래일 가중산술평균주가
- 주권상장법인이 발행하는 전환사채가 다음 각 호의 어느 하나에 해당하는 경우에는 전환가액을 100분의 90 이상으로 할 수 있다.
  - 2 이상의 신용평가업자가 평가한 해당 채권의 신용평가등급(해당 채권의 발행일부터 과거 3월 이내에 평가한 채권의 등급이 있는 경우 그 등급으로 갈음할 수 있다)이 투기등급(BB+ 이하)인 경우
  - 해당 사채를 「자산유동화에 관한 법률」에 따라 발행하는 유동화증권의 기초자산으로 하는 경우
- 다음 각 호의 어느 하나에 해당하는 주권상장법인이 금융기관의 대출금 또는 사채를 상환하기 위하여 전환사채를 발행하는 경우에는 위 규정을 적용하지 아니할 수 있다.
  - 기업구조조정 촉진을 위한 금융기관협약에 의하여 기업개선 작업을 추진 중인 기업
  - 금융기관이 공동으로 경영정상화를 추진 중인 기업이 경영정상화 계획에서 정한 자를 대상으로 전환사채를 발행하는 경우 해당 기업

전환가액의 조정 주권상장법인이 전환가액을 조정할 수 있는 전환사채를 발행하는 경우에는 다음 각 호의 방법에 따라야 한다. 전환사채의 발행을 위한 이사회에서 증자·감자·주식배당·또는 시가변동 등 조정을 하고자 하는 각 사유별로 전환가액을 조정할 수 있다는 내용, 전환가액을 조정하는 기준이 되는 날(이하 "조정일"이라 한다) 및 구체적인 조정방법을 정하여야 한다. 시가하락에 따른 전환가액의 조정 시 조정 후 전환가액은 다음 각 목의 가액 이상으로 하여야 한다.

- 발행당시의 전환가액(조정일 전에 신주의 할인발행 등의 사유로 전환가액을 이미 조정한 경우에는 이를 감안하여 산정한 가액)의 100분의 70에 해당하는 가액. 다만, 정관의 규정으로 조정 후 전환가액의 최저한도(이하 "최저조정가액"이라 한다), 최저조정가액을 적용하여 발행할 수 있는 전환사채의 발행사유 및 금액을 구체적으로 정한 경우 또는 정관의 규정으로 전환가액의 조정에 관한 사항을 주주총회의 특별결의로 정하도록 하고 해당 전환사채 발행 시 주주총회에서 최저조정가액 및 해당 사채의 금액을 구체적으로 정한 경우에는 정관 또는 주주총회에서 정한 최저조정가액
- 조정일 전일을 기산일로 하여 증권의 발행 및 공시에 관한 규정 에 의하여 산정한 가액

전환의 효력발행 주식의 전환은 그 청구를 한 때에 효력이 생긴다. 즉, 전환청구를 한 때에 전환사채권자는 사채권자의 지위를 상실하고 주주가 된다. 다만, 전환권을 행

사한 자의 이자의 지급이나 이익의 배당에 관하여는 그 청구를 한 때가 속하는 영업연도 말에 전환된 것으로 본다. 이 경우 신주에 대한 이익이나 이자의 배당에 관하여는 정관이 정하는 바에 따라 그 청구를 한 때가 속하는 영업연도의 직전 영업연도 말에 전환된 것으로 할 수 있다. 전환의 효력이 발행한 때에는 사채는 감소 또는 소멸하고 발행주식이 증가하며 이에 따라 자본총액도 증가한다. 전환사채권자가 전환청구를 하면 회사는 주식을 발행해 주어야 한다. 전환권은 형성권이므로 회사의 승낙 없이 당연히 전환의 효력이 나타난다. 전환의 효력발생 시기는 전환을 청구한 때이다. 다만, 이익이나 이자의 배당에 관하여는 청구를 한 때가 속하는 영업연도 말에 전환된 것으로 본다. 영업연도 말에 전환한 것으로 보는 것은 이익배당에 있어서 일할 계산하는 번잡을 덜고 획일적으로 처리하기 위한 것이다.

그러나 이러한 편리는 전환권을 행사하는 때의 전 영업연도 말에 전환한 것으로 보도록 해도 같은 효과를 얻을 수 있다. 오히려 이렇게 하는 것이 전환사채의 묘미를 한층 더 발휘하는 길일 것이다. 전환의 효력이 발생하면 사채권자는 그때부터 주주가 되고, 사채권자로서의 지위를 상실하므로 회사는 새로 주식을 발행하여야 하고, 사채권은 법적 효력을 상실하게 된다. 전환사채의 전환청구가 있으면 전환사채를 목적으로 한 질권자는 전환으로 인해 받을 주식에 대해서 물상대위권을 행사하게 된다.

전환과 자본금 전환사채의 전환은 곧 신주의 발행이므로 발행주식수의 증가와 사채의 감소를 가져온다. 발행주식수의 증가는 자본의 증가를 의미하는데, 상법은 주식의 액면미달 발행금지의 취지를 살려서 전환주식의 전환에도 준용하고 있다. 따라서 전환으로 인하여 발행하는 주식의 발행가액은 전환사채의 발행가액과 일치하도록 하여야 한다. 그 결과 등가전환의 경우에는 전환사채의 감소액만큼 자본이 증가하게 되고, 시가전환의 경우에는 전환사채의 감소액보다 적은 액은 자본증가를 하게 되고, 그 차액은 자본준비금으로 적립하게 된다.

2. 신주인수권부사채(BW)

신주인수권부사채(Bond with Warrant)란 회사채 형식으로 발행되며 일정 기간이 지나면 미리 정해진 가격으로 주식을 청구할 수 있는 사채로써 주식·채권·외환 등의 정해진 수량을 약정한 값에 매매할 수 있는 권리를 워런트라고 하는데, 발행기업의 주식을 매입할 수 있는 권리가 부여된 사채를 워런트가 붙은 사채, 곧 신주인수권부사채라 한다. 신주인수권부사채는 대개 고정된 이자를 받을 수 있는 채권과 주식인수권리가 따로 매매될 수 있다. 워런트 소지자가 주식을 요구할 경우 대개 신주를 발행하여 교부하는 것이 일반적이다. 투자자들은 발행기업의 주가가 약정된 매입가를 상회하면 워런트를 행사해 차익을 얻을 수 있다. 그렇지 않으면 워런트를 포기하면 된다. 채권 부분의 고정금리를 확보하며 주식의 시세차익도 가능한 것이다. 사채권자에게 발행 후 일정한 행사기간 내에 정해진 행사가격으로 발행회사의 신주발행을 청구할 수 있는 권리인 신주인수권이 부여된 사채를 의미한다. 신주인수권부사채의 발행회사는 자금조달 코스트가 낮은 자금을 이용할 수 있으며 사채발행과 신주발행을 통하여 사채액면 총액의 2배까지 자금조달이 가능하다. 신주인수권부사채가 발행된 후 사채권자가 신주인수권을 행사하여 신주가 발행되면 자본의 구성이 변동된다. 신주인수권부사채의 특성은 무엇보다도 투자자에게는 투자의 안정성과 투기성이라는 양면의 매력을 부여하고 발행회사에는 자금조달을 다양화할 수 있다는 점에서 여타 사채와 비교하여 다른 경제적 기능을 찾아볼 수 있다.

신주인수권부사채와 전환사채

신주인수권부사채와 전환사채의 차이점은 다음과 같이 요약할 수 있다.

신주인수권부사채

- 주식을 취득하는 권리의 내용 : 사채발행회사의 신주를 인수하는 권리
- 신주취득의 한도 : 사채금액의 범위 내에서 발행
- 주식납입금 : 회사가 임의로 정하는 금액 현금납입. 그러나 발행회사가 인정하면 대용증권으로도 납입도 가능하다.
- 권리행사 후 : 사채권은 존속. 그러나 대용증권을 납입한 경우는 사채권은 소멸한다.
- 권리행사에 의한 발행회사의 자본구성 변화 : 자본금 및 자본준비금 증가, 대용납입인 경우 사채감소, 자본계정증가
- 발행이율 : 보통사채와 전환사채의 중간수준
- 권리의 행사가격 : 행사가격

전환사채

- 신주취득의 한도 : 사채금액과 같은 금액
- 주식납입금 : 사채금액과 대체

- 권리행사 후 : 사채권 소멸
- 권리행사에 의한 발행회사의 자본구성 변화 : 사채(부채계정)감소, 자본계정 증가
- 발행이율 : 보통사채보다 현저히 낮음
- 권리의 행사가격 : 전환가격

신주인수권부사채의 종류

신주인수권부사채는 다음과 같이 분류할 수 있다.

보증 유무에 따라

- 보증 신주인수권부사채
- 담보부 신주인수권부사채
- 무보증 신주인수권부사채

발행형태에 따라

- 분리형 : 신주인수권은 사채권과 별도의 신주인수증권으로 표시되어 사채권에서 따로 분리하여 양도가 가능하게 독자적으로 유통된다. 분리형의 신주인수권은 그 가치가 주식의 시가와 행사가격의 차이가 되므로 주식보다도 투기성이 강하다.
- 비분리형 : 사채권에 사채의 권리와 병행하여 표시하기 때문에 신주인수권은 사채권에서 따로 분리하여 양도할 수 없다고 되어 있다. 대용납입제도를 허용하는 경우에는 전환사채와 제도 면에서 별 차이가 없기 때문에 대용납입을 허용하지 않고 있다.

발행 시 검토사항

신주인수권부사채를 발행함에 있어서 검토되어야 할 사항은 다음과 같다.

사채표면이율 표면이율은 신주인수권의 가치에 따라 결정되는데 주가 상승률이 높아 신주인수권의 가치가 높은 경우에는 상대적으로 표면이율을 낮추어 발행할 수 있다. 일반적으로 신주인수권부사채의 표면이율은 보증사채보다는 낮고 전환사채보다는 높다. 신주인수권 행사시 그 행사가액을 결정하기 위한 기준가격으로 산출방식은 전환사채와 동일하다.

행사가격 행사가격의 결정은 향후 신주발행 시 자본금 및 주식발행초과금 발생규모에 영향을 준다. 현재 우리나라에서는 행사가격을 기준주가의 100% 이상으로 정하고

있으며, 비상장법인의 경우에는 주식공모 전은 발행주식의 액면가액 이상, 주식공모 후는 공모가액이상으로 정하고 있다. 행사가격을 높게 결정할 경우에는 발행주식수가 줄어들어 자본금 증가는 작고 주식발행초과금의 규모는 커져서 제3자 배정의 경우에도 대주주 지분율의 감소가 작고 향후 배당압박도 적다.

또한 행사가격을 낮게 결정할 경우에는 발행주식수가 늘어나서 자본금의 증가는 커지고 주식발행초과금의 규모는 작아져서 상대적으로 배당압력이 커지고 대주주 지분율의 감소도 커진다. 그러나 행사가능성이 높아져서 자금 코스트의 경감을 기대할 수 있다.

연보장수익률 주식시장의 침체로 인해 만기까지 행사가 이루어지지 못할 경우 원금상환 시 사채권 소유자에게 원금에 일정의 할증금을 더해서 상환함으로써 사채권자의 저수익율을 보전해 주는데 이 경우를 연보장수익율이라고 한다. 이 연보장수익율을 적절히 올려줌으로써 표면이율이 낮은 신주인수권부사채의 사채가치를 높여서 매출이 원활하게 할 수 있다.

행사비율 행사비율이란 사채금액에 대한 신주의 발행비율을 말하는데 이 행사비율은 기업의 적정자본금 규모, 대주주의 지분율 등을 감안하여 결정하여야 한다.

■ 신주인수권부사채의 발행요건

신주인수권부사채를 발행함에 있어서 갖추어야 할 사항은 다음과 같다.

발행대상기업 및 한도 상장법인 및 비상장법인이 정관의 한도 내에서 발행 가능하다. 그러나 상법에 의해 상장법인이 발행하는 신주인수권부사채 중 신주인수권의 행사가 가능한 부분에 해당하는 금액은 사채발행한도의 제한을 받지 아니한다. 주권상장법인이 신주인수권부사채를 발행하는 경우 각 신주인수권부사채에 부여된 신주인수권의 행사로 인하여 발행할 주식의 발행가액의 합계액은 각 신주인수권부사채의 발행가액을 초과할 수 없으며, 공모발행방식 외의 방법으로 분리형 신주인수권부사채를 발행하는 경우에는 사채의 발행일부터 해당 사채 만기의 3분의 1에 해당하는 기간(그 기간이 1년 이하인 경우에는 1년)이 경과하기 전까지는 해당 신주인수권부사채의 신주인수권증권이 분리된 사채만을 매입하지 않는 조건으로 이를 발행하여야 한다.

정관상의 제한

- 주주에 대하여 발행하는 경우 : 정관에 규정이 없는 것은 다음 사항을 이사회가 결정한다. 그러나 정관으로 주주총회에서 이를 결정하도록 할 수 있다. 정관 또는 이사회에서 결정할 사항은 다음과 같다.
  - 신주인수권부사채의 총액
  - 각 신주인수권부사채에 부여된 신주인수권의 내용
  - 신주인수권을 행사할 수 있는 기간
  - 이익이나 이자의 배당에 관하여는 신주납입을 한때가 속하는 영업연도 말(또는 직전 영업연도 말)에 신주의 발행이 있는 것으로 본다는 뜻
  - 주주에게 신주인수권부사채의 인수권을 준다는 뜻과 인수권의 목적인 신주인수권부사채의 금액
- 제3자에 대하여 발행하는 경우 : 주주 외의 자에 대하여 신주인수권부사채를 발행하는 경우에는 정관의 규정 혹은 주주총회의 특별결의로 다음 사항을 결정하여야 한다.
- 결정하여야 할 사항
  - 주주 외의 자에게 발행할 신주인수권부사채의 금액
  - 신주인수권 내용
  - 신주인수권을 행사할 수 있는 기간

중요 발행조건 검토 신주인수권부사채도 전환사채와 같이 발행조건 중 가장 중요한 요인으로 고려하여야 할 것은 발행금리, 즉 표면이율과 만기보장수익률 그리고 신주인수조건이다. 이 세 가지 요인은 상관관계를 가지며 신주인수권부사채의 소화에 직접적 영향을 미치게 된다. 신주인수권부사채의 발행금리는 전환사채보다는 높으나 일반적인 회사채(보증사채, 무보증사채)의 발행 금리보다 낮다. 그 이유는 채권가치 외에 향후 주가상승 시에 신주 인수에 따른 주식매매차익이라는 메리트가 첨가되었기 때문이다. 일반적으로 신주인수권부사채의 표면이율이 낮으면 할인율이 높고(할증률이 낮고), 표면이율이 높으면 할인율이 낮은 것(할증률이 높은 것)이 보통이며 양자는 서로 보완관계에 있다. 즉 발행금리가 낮으면 행사가액도 낮게 책정되어야 하고, 발행금리가 높으면 그 대신 행사가액을 높게 책정할 수 있다. 신주인수권 행사가 곤란할 경우 저율의 표면금리로 발행되는 신주인수권부사채는 매출이 어렵다. 이러한 투자위험을 제거해 주기 위해 만기도래 시 미행사된 신주인수권부사채에 타 금융상품에 상응하는 수익률을 보장해 주는 것이 만기보장수익률이다. 행사청구기간 동안 코스닥 상장 등이 확실시되는 기업은 높은 보장수익률로 발행금리를 더욱 낮출 수 있고, 신주인수권부사채의 소화를

용이하게 하는 등 일거양득의 효과를 얻을 수 있다.

발행조건

- 신주인수권 행사로 인하여 발행할 주식의 종류 : 보통주 또는 무의결권 우선주 단, 무의결권 우선주 발행에 관해서는 정관에 정함이 있어야 한다.
- 발행이율 : 자율적으로 결정. 표면이자율의 경우 전환사채보다는 높으며, 보통사채보다는 낮다.
- 이자지급방법 : 자율로 정하나 통상적으로 매 3개월 또는 매 사업연도 말 후급으로 한다.
- 신주인수권 행사로 발행되는 신주의 주금납입 : 현금납입
- 상환기한 : 자율적으로 결정
- 행사가액 : 상장법인은 기준주가의 100% 이상, 비상장법인의 경우 주식공모 전에는 발행주식의 액면가격, 주식공모 이후 공모가격 이상
- 행사기간 : 자율적으로 정하되 대개 정관에서 정하는 바에 의하여 발행일 익일부터 상환직전일까지로 되어 있다.
- 행사비율 : 100% 이내
- 청구금지기간 : 신주인수권부사채를 발행하는 경우에는 3개월이 경과한 후에 행사할 수 있는 조건으로 이를 발행하여야 한다. 다만, 모집 이외의 방법으로 신주인수권부사채를 발행하는 경우에는 발행 후 1년이 경과한 후에 행사할 수 있는 조건으로 이를 발행하여야 한다.
- 기한 전 상환청구 : 상장법인이 신주인수권부사채 발행 후 1년 이내 공모를 하지 아니한 때에는 신주인수권부 사채권자가 상환기한 전에 발행일로부터 경과일까지의 기간에 대하여 신주인수권부사채 발행 시에 제시한 기한 전 상환청구 시 적용되는 이자율에 의한 이자액을 권면금액에 가산한 금액으로 상환을 청구할 수 있고 발행회사는 청구일로부터 30일 이내에 이를 지급한다는 조건으로 발행되어야 한다.

■ 신주인수권부사채의 발행절차

신주인수권부사채의 발행절차는 다음과 같이 요약 정리해 볼 수 있다.

보증 신주인수권 사채

- 예비절차
  - 주간사선정 및 업무협의
  - 이사회결의

  - 이사회결의 내용통보
- 본 절차
  - 원리금지급보증계약 체결
  - 총액인수 및 매출계약 체결
  - 등록기관 지정
  - 증권신고서 제출, 상장신청서 제출
  - 사채발행 안내공고
  - 증권신고서효력 발생, 사업설명서 배포, 사채청약서 작성배포
  - 사채청약서 작성배포
  - 사채청약 및 납입
  - 상장
  - 사채등기, 납입금 인출
  - 증권발행실적 보고
  - 등록필증 견양교부 신청
  - 사채원부작성

무보증 신주인수권 사채

- 예비절차
  - 주간사선정 및 업무협의
  - 이사회결의
  - 이사회결의 내용통보
- 본절차
  - 신용평가회사의 사채등급평가
  - 증권분석보고서 작성
  - 사채모집위탁계약 체결, 원리금지급대행계약 체결
  - 총액인수 및 매출계약체결
  - 등록기관지정
  - 증권신고서 제출, 상장신청서 제출
    사채발행 안내공고
  - 증권신고서효력 발생, 사업설명서 배포, 사채청약서 작성 배포
  - 사채청약
  - 사채납입, 상장

- 사채동기, 납입금 인출
- 증권발행실적 보고
- 사채원부작성

■ 신주인수권의 행사

신주인수권을 행사하려는 자는 청구서를 발행회사(명의개서대행기관)에 제출하고 청구서를 제출함에 있어서 신주인수권증권이 발행된 때에는 신주인수권 증권을 첨부하고 이를 발행하지 아니한 때에는 채권을 제시하여야 한다. 이 경우의 제출된 신주인수권증권은 회사가 회수하고 비분리형의 경우에 회사에 제시된 채권은 신주인수권의 행사가 있었다는 기재를 하고 다시 제시한 자에게 반환된다. 주주명부 폐쇄 기간 중에도 신주인수권 행사를 할 수 있다.

납 입 신주인수권을 행사하는 경우에 신주의 발행가격 해당금액을 납입하여야 하며 납입은 채권 또는 신주인수권증권에 기재한 은행 기타 금융기관의 납입장소에서 하여야 한다. 그러나 신주인수권부사채의 상환에 갈음하여 그 발행가액으로 신주에 대한 납입이 있는 것으로 본다는 뜻의 정함이 있는 때에는 사채의 상환금에 의한 대용납입이 가능하다. 즉 예외적으로 상계에 의한 납입이 인정되는 셈이다. 이밖에 납입에 관하여는 납입금보관자의 변경 및 납입금 보관자의 증명과 책임에 관한 규정이 적용된다.

효 력 신주인수권을 행사한 자는 신주의 발행가액의 전 금액을 납입한 때에 주주가 된다. 그리고 신주인수권부사채의 상환에 갈음하여 주금을 대용 납입한 경우는 신주인수권의 행사를 위한 청구서에 신주인수권증권(분리형의 경우)이나 채권을 첨부하여 회사에 제출한 때에 주주가 된다. 그러나 이익이나 이자의 배당에 관하여 주주로 보는 시기는 그 청구를 한때가 속하는 영업연도 말로 본다. 그러나 정관에 따로 정한 경우에는 그 청구를 한때가 속하는 영업연도의 직전 영업연도 말에 전환된 것으로 할 수 있다.

변경등기 신주인수권의 행사에 의하여 등기사항이 변경된 때는(발행주식 총수의 증가, 대용납입에 의한 신주인수권부사채의 총액의 감소 등) 변경등기를 하여야 한다.

행사가격의 조정 발행회사가 유상증자·주식배당·준비금의 자본전입 또는 합병 등을 하는 경우 신주인수권 행사가액을 조정한다.

주주의 보호 신주인수권부사채의 발행은 전환사채와 같이 기존주주의 이해관계에 중대한 영향을 미치므로 주주보호를 위한 장치가 필요하다. 다음 두 가지 제도가 이 같은 목적에 기여한다. 신주인수권부사채의 발행은 통상의 신주발행이나 전환사채의 발행과 마찬가지로 주주에게는 중대한 이해가 걸린 문제이다. 따라서 신주인수권부사채의 인수권을 원칙적으로 주주가 가지는 것으로 하고, 주주가 아닌 자에게 신주인수권부사채를 발행할 경우에는 신주인수권부사채의 가액, 신주인수권의 내용과 신주인수권을 행사할 수 있는 기간에 관하여 정관의 규정 또는 주주총회의 특별결의로 정하게 하고 있다. 이를 결의하기 위해 주주총회를 소집할 경우에는 소집통지와 공고에 신주인수권부사채의 발행에 관한 의안 요령도 기재하여야 한다.

사채권자의 보호 신주인수권부사채를 발행한 후에 발행회사가 주식배당을 하거나 준비금 자본전입을 하거나 혹은 신주인수권부사채가 인수권을 행사함으로써 발행할 신주의 발행가액을 하회하는 가액으로 유상신주를 발행하는 경우에는 사채권자가 인수할 신주의 가치가 희석되므로 전환사채에서와 마찬가지로 신주 발행가를 조정해야 한다. '유가증권 인수업무 규정'에서는 사채발행 당시 주간사회사와 발행회사와 특약으로 발행가액을 조정하게 하고 있다.

신주인수권부사채 행사가액의 조정은 전환사채 전환가액의 조정과 동일하다. BW의 발행으로 저렴한 비용의 안정적 자금을 조달하게 됨으로써 회사의 자금사정이 호전되고 경영실적이 크게 개선되며 배당률이 높아진다면 발행회사·사채권자·기존주주 세 사람의 이익이 대체적으로 합치될 수 있을 것이나, 만약 그렇지 못할게 될 경우에는 세 사람 사이에 이익 상반이 발생할 수 있다. 즉 기존주주 특히 경영권과는 전혀 무관한 소액주주의 입장에서 BW의 발행에 동의할 때에는 그에 상응하는 반대급부가 돌아올 것을 기대하고 동의한 것인데 BW의 발행에도 불구하고 배당 및 자본차익의 측면에서 이익을 얻지 못한다면 발행주식수의 증가에 의한 불이익만을 받게 된다.

3. 교환사채

교환사채(Exchangeable Bonds)란 채권을 보유한 투자자가 일정시일 경과 후 발행사가 보유중인 다른 회사 주식으로 교환할 수 있는 권리가 붙은 사채로써 주식전환이 가능한 채권이라는 점에서 전환사채와 유사하나 전환대상 주식이 발행사가 아닌 다른 회사의 것이라는 차이점이 있다. 1995년 정부가 해외에서 증권을 쉽게 발행할 수 있게 하기 위해 새롭게 허용해 준 해외증권 발행방법으로 기업이 투자하고 싶은 곳은 많지만 국내 이자율이 높아 국내에서 조달하기 힘들 때 유리한 자금동원방법이라 할 수 있다. 그리고 대기업들은 공정거래법의 상호출자제한 때문에 어쩔 수 없이 팔아야 하는 주식을 해외에서 좋은 조건에 팔 수 있는 장점을 제공하기도 한다. 발행사 측면에서는 자기회사 지분율이 변하는 위험을 없애면서 보유주식을 보다 비싼 값에 팔 수 있는 이점이 있다. 다만, 교환대상 주식을 발행한 기업이 동의해야만 교환사채를 발행할 수 있다.

회사가 필요한 자금을 자본시장을 통하여 조달함에 있어서 자기자본에 해당하는 주식의 발행 그리고 타인자본에 해당하는 사채의 발행 등이 일반적으로 사용되고 있다. 이러한 방법을 사용함에 있어서 양질의 장기자금을 충분히 조달하기 위하여 교환사채 등 이른바 신종사채의 발행에 관한 규정을 도입하였다. 교환사채는 원래 프랑스 회사법에서 발행회사의 주식과 교환이 가능한 사채의 발행을 허용한 것을 본받은 제도이다. 교환사채에 관한 규정은 자본시장법으로 흡수되었다. 교환사채에 관하여 자본시장법에 기재되지 아니한 사항은 상법의 적용을 받는다.

■ 교환사채의 발행요건

주권상장법인은 이사회의 결의에 따라 해당 법인이 소유하고 있는 상장증권(자본시장법에 따라 취득한 자기주식을 포함한다)과 교환을 청구할 수 있는 권리가 부여된 사채를 발행할 수 있다. 교환사채에 관하여는 사채청약서·채권 및 사채원부에 다음 각 호의 사항을 기재하여야 한다.

- 상장증권과 교환을 청구할 수 있는 권리가 부여되었다는 뜻
- 교환할 상장증권의 내용
- 교환의 조건
- 교환을 청구할 수 있는 기간

교환사채를 발행하는 주권상장법인은 사채권자의 교환청구가 있는 때 또는 그 사채의 교환청구기간이 만료하는 때까지 교환에 필요한 상장증권을 예탁결제원에 예탁하여야 한다. 이 경우 한국예탁결제원은 그 증권이 신탁재산임을 표시하여 관리할 수 있다. 교환사채를 상장증권과 교환하는 경우에는 상법을 준용한다. 교환권 청구 시 추가적인 자금유입이 없다는 점에서 신주인수권부사채와 다르며, 자본금의 증가가 수반되지 않는다는 점에서 전환사채와 다르다.

- 발행대상 법인 : 주권상장법인

- 표면이자율 : 자율적으로 정한다.
- 이자지급 방법 : 자율적으로 정한다.
- 교환가액 : 자율적으로 정한다.
- 상환기간 : 자율적으로 정한다.
- 교환의 조건 : 이사회 결의사항
- 교환을 청구할 수 있는 기간 : 이사회 결의사항
- 교환대상 유가증권의 예탁 : 교환사채를 발행하는 주권상장법인은 교환에 필요한 상장유가증권을 사채권자의 교환청구가 있을 때 또는 당해사채의 교환청구기간이 만료하는 시점까지 예탁결제원에 예탁하여야 한다.
- 사채발행한도 : 상법의 한도제한을 적용받게 된다.
- 교환할 상장 유가증권의 내용 기재 : 주권상장법인이 교환사채를 발행할 경우 사채청약서·채권 및 사채원부에 다음의 사항을 기재하여야 한다.
  - 상장유가증권과 교환을 청구할 수 있는 권리부여의 뜻
  - 교환할 상장유가증권의 내용
  - 교환의 조건
  - 교환을 청구할 수 있는 기간
- 정관상의 제한 : 주권상장법인은 정관의 정함이 없는 경우 이사회 결의만으로 교환사채를 발행할 수 있다.

사채 표면이자율 교환사채는 이자와 함께 주식으로 교환할 수 있는 장점이 있으므로 표면이자율은 일반적인 사채보다는 낮은 수준이며 교환대상 주식의 배당수익률보다는 높은 수준이다.

교환가격 교환가격의 결정은 사채발행규모에 직접적인 영향을 미친다. 즉 교환대상 주식수가 확정되어 있으므로 교환가격을 높일 경우 사채발행규모가 크며, 교환가격을 낮출 경우 사채발행규모가 낮아진다. 그러나 높은 교환가격은 사채의 소화에 악영향을 미치므로 역효과일 수 있다.

연보장 수익률 주식시장이 기대만큼 활황이 되지 못하여 사채권자가 교환을 신청하지 않을 경우, 원리금 상환 시 사채권 소유자에게 원금에 일정의 할증금을 더해서 상환함으로써 일정이율의 복리상품을 만들어 사채권자의 저수익율을 보전해 주게 되는데 이때의 일정이율을 연보장수익률이라 한다.

교환비율 교환비율이란 사채권면액 중에서 교환에 참여할 수 있는 금액을 의미한다.

즉 교환가격이 10,000원이고 교환사채 100,000원을 소유한 사채권자가 전액 교환을 청구할 때 교환율이 100%이면 기업은 10주의 주식을 교환해 주어야 하고 교환비율이 50%이면 5주의 주식을 교환해주게 된다. 결국, 교환비율은 사채발행 규모와 교환대상 주식의 총규모를 감안하여 결정한다.

교환을 청구할 수 있는 기간 교환청구를 할 수 있는 기간은 이사회결의에 의해 정한다.

■ 발행절차

교환사채의 발행절차는 다음에 의하여 이루어져야 한다.

이사회의 결의 주권상장법인은 이사회의 결의에 의하여 교환사채를 발행할 수 있다. 교환사채도 사채의 일종이므로 사채에 관한 일반적인 사항, 예컨대 사채의 총액·각 사채의 금액·이율·이자의 지급방법과 기한·상환의 방법과 기한·발행방법·납입기일·사채모집의 수탁회사 등을 정하여야 한다. 명문의 규정은 없더라도 교환의 조건, 교환으로 인하여 제공할 유가증권의 내용, 교환을 청구할 수 있는 기간 등도 정하여야 하며 중요한 사항은 다음과 같다.

- 사채의 총액
  사채를 발행함에 있어서 그 총액은 최종의 대차대조표에 의하여 회사에 현존하는 순자산액의 4배를 초과하지 못한다. 이러한 사채의 발행한도를 둔 것은 사채의 상환능력을 고려한 것이라고 할 것이며, 이미 발행한 사채의 금액도 포함하는 잔고의 의미를 가지고 있다. 다만 차환발행, 즉 기존의 사채를 상환하기 위하여 새로이 사채를 발행하는 경우에는 구사채의 금액은 사채의 총액에 산입하지 아니한다.

- 교환으로 인하여 제공할 유가증권의 내용
  교환으로 인하여 제공할 유가증권의 내용으로서 자본시장법에서 정하고 있는 것은 상장유가증권이다. 상장유가증권으로는 주권, 외국주권 또는 외국주식예탁증서, 채권, 외국채권, 수익증권 등이 그 대상이 될 수 있을 것이다. 그러나 현실적으로는 주식만이 주로 그 대상이 될 것으로 보인다. 경제적으로 보건대 다른 사채로 교환이 가능한 교환사채는 별로 매력이 많지 않을 것으로 보이며, 자본시장법도 전환주식의 전환에 관한 상법의 규정을 교환사채 교환의 경우에 준용하도록 하고 있어 주식을 전제로 한 것으로 이해된다.

- 교환의 조건
  교환사채의 교환으로 인하여 제공되는 유가증권과의 교환비율 또는 교환가액을 뜻한다.

예컨대 "사채 100,000원을 모 주식회사의 주식 1주로 교환할 수 있다."라는 식으로 정하는 것과 같다. 통상 교환가액은 대상 유가증권의 시가를 기준으로 어느 정도의 할증(premium)을 하여 정하는 것이 일반적이다. 할증률은 교환대상 유가증권의 발행회사의 사업내용, 사업전망, 유가증권의 시세 추이, 유통성 등 여러 가지 사항을 고려하여 정하게 되고 사채권자의 입장에서는 교환사채의 원리금 지급에 관한 권리와 교환으로 인한 수익 등 두 가지 가운데 한 가지를 선택할 수 있는 것이므로 그 할증을 지급할 합리적인 이유가 있게 되고, 교환사채 발행회사의 입장에서는 대상 유가증권을 시장에 매각하는 것보다 더 많은 금액을 받을 수 있는 가능성이 있으며, 그러한 교환이 이루어지지 아니하더라도 금전 융통적인 효과가 있으므로 이를 발행하게 되는 것이다.

- 교환가액의 조정(주식의 발행 등에 의한 경우)

사채가 발행된 이후에 교환대상 유가증권을 발행한 회사의 사정으로 주식구성에 변경이 생기는 등의 사유가 발생한 경우 교환으로 인하여 받을 유가증권의 실질적 가치에 변경이 생기므로 기존의 교환조건을 그대로 유지하는 것은 사채권자에게 불리하다. 이러한 변경을 통상 희박화(dilution)라고 부른다. 이러한 희박화의 경우에 그 실질적인 가치를 확보하여 주기 위하여 사채권관련 계약서에 미리 교환가액을 조정하여 주는 조항을 포함시키게 된다. 희박화의 경우에 그 교환가액을 조정하여 주는 방법으로는 통상적으로 2가지가 사용된다. 그 하나는 주식의 시가를 기준금액으로 하는 것이며, 다른 하나는 당해 교환사채의 교환가액을 기준금액으로 하는 것이다. 해외증권에 있어서 통상적으로 시가를 기준금액으로 하는 방법이 사용된다. 통상적으로 이러한 교환가액의 조정사유로 예시되는 것들로는 무상증자, 주식분할, 주식의 병합, 기준금액보다 낮은 액면으로 하는 주식배당, 기준금액보다 낮은 발행가액으로 하는 유상증자, 기준금액보다 낮은 전환가액이나 인수가액을 가진 전환사채나 신주인수권부사채의 발행, 주주에게 기준금액보다 낮은 가액으로 주식 / 자산을 배분하거나 주식 / 자산을 인수할 수 있는 권리를 주는 경우 등이 있다.

- 교환가액의 조정(시가하락을 반영하는 경우)

사채가 발행된 이후에 교환대상 유가증권(특히 주식의 경우)의 시가가 하락하여 교환권을 행사할 배경이 이루어지지 않는 경우 그 교환을 촉진하기 위하여 교환가액을 임의로 감액하여 줄 수 있는 경우를 미리 예정하여 사채발행약정에 미리 포함시켜 놓는 경우도 있다.

- 교환기간

사채권자가 교환을 청구할 수 있는 시기와 종기를 정하여야 한다. 예컨대 "발행 후 3개월이 경과한 때부터 만기 1개월 전까지"로 정할 수 있다. "교환대상 주식이 일정한 조건으로 거래소에서 거래될 때 교환기간이 시작된다."와 같이 조건을 첨부하여 정할 수도 있을 것이다.

교환대상 유가증권의 예탁 교환사채를 발행하는 주권상장법인은 교환에 필요한 상장유가증권을 사채권자의 교환청구가 있는 때 또는 당해 사채의 교환청구기간이 만료하는 때까지 한국예탁결제원에 예탁하여야 한다. 이것은 교환대상 유가증권을 확보하여 교환사채권자의 교환청구에 응할 수 있도록 하기 위함이다. 이 경우 교환사채를 발행하는 회사는 예탁결제원을 계약당사자로 하여 교환대상 주식의 예탁관리계약을 체결하고 이를 예탁결제원으로 인도한다. 예탁된 교환대상 주식의 주권은 교환사채권자의 교환권 행사 이외에는 반환이 금지되므로 예탁결제원은 교환대상 주식의 처분을 제한하여 그 주식수를 관리한다. 교환대상 유가증권의 반환사유는 교환사채의 상환이 도래하는 때이다. 따라서 이 경우에는 교환대상 유가증권의 교환사채의 발행회사로 인도한다.

■ 교환권의 행사

교환사채에 있어서 교환의 청구절차와 그 효력발생은 다음과 같다.

교환의 청구절차 교환을 청구하는 교환사채권자는 청구서 2통에 교환사채권을 첨부하여 회사에 제출하여야 한다. 해외증권의 경우에는 해외에 교환 대리인을 선정하는 예가 많고, 그러한 경우에는 약정에 따라서 해외에 소재하는 교환 대리인에게 서류를 제출함으로써 같은 효과가 인정될 수 있을 것이다.

교환청구의 효력 발생 교환사채에 있어서 교환은 그 청구를 한 때에 효력이 생긴다는 것이다. 그러나 교환대상 유가증권은 이미 발행되어 교환사채 발행회사가 소유하고 있는 상태이므로, 이론상으로나 현실적으로나 교환청구를 하면 바로 교환의 효과가 생기도록 하는 것은 쉬운 일이 아니다. 이 규정은 교환청구에 대해 회사의 승낙을 요하지 아니하고 바로 대상 유가증권을 사채권자에게 인도해 줄 의무가 생긴다. 그리고 교환청구는 주주명부 폐쇄기간 중에도 할 수 있으나, 만일 그 교환청구가 교환대상 주식 발행회사의 주주명부 폐쇄기간 중 이루어진 경우에는 그 폐쇄기간 중 총회의 결의에 관하여는 의결권을 행사할 수 없다.

■ 자기주식의 취득 및 처분

일반적으로 회사가 자기주식을 취득하는 것은 상법의 규정에 의하여 엄격하게 규제되고 있다. 그리고 예외적으로 주식을 취득한 경우에도 지체 없이 주식실효의 절차를 밟거나 상당한 시기에 처분을 하여야 한다. 자기주식 취득의 방법에 의한 교환사채 발행에 관한 일반적인 절차는 아래와 같다.

자기주식의 취득에 관한 이사회 결의 주권상장법인이 자기주식을 취득하고자 하는 경우에는 일정한 사항에 관하여 이사회의 결의를 거쳐야 한다. 이사회의 결의를 거쳐야 하는 내용으로는 취득의 목적, 취득예정금액, 취득에 소요되는 자금의 조달방법, 주식의 종류 및 수, 취득하고자 하는 주식의 가격, 취득방법, 취득하고자 하는 기간, 취득 후 보유하고자 하는 예상기간, 취득을 위탁할 증권회사의 명칭, 기타 투자자보호를 위하여 필요한 사항 등이다.

자기주식취득신고서의 제출 주권상장법인이 자기주식을 취득할 것을 이사회에서 결의한 때에는 지체 없이 자기주식의 취득에 관련되는 사항을 기재한 취득신고서를 금융위원회에 제출하여야 한다.

취득기간 주권상장법인이 자기주식을 취득하고자 하는 경우에는 그 취득신고서를 제출한 후 3일이 경과한 날부터 3개월 이내에 금융위원회가 정하는 방법에 따라 유가증권시장 또는 코스닥시장에서 이를 취득하여야 한다. 한편, 이 기간에는 일정한 제한이 가해진다.

매수주문의 방법 취득신고서를 제출하거나 이익소각신고를 한 주권상장법인이 유가증권시장 및 코스닥시장을 통하여 자기주식을 취득하기 위하여 매수주문을 하고자 할 때에는 발행 및 공시규정에서 정하는 일정한 요건을 따라야 한다. 다만, 정부, 한국은행, 예금보험공사, 한국산업은행, 중소기업은행, 한국수출입은행 기타 정부가 납입자본금의 100분의 50 이상을 출자한 법인으로부터 자기주식을 취득하는 경우에는 거래소가 정하는 시간 외 대량매매의 방법에 의할 수 있으며, 시장상황 급변 등으로 투자자보호와 시장안정을 유지하기 위하여 즉각적인 조치가 필요한 경우의 특례를 인정하고 있다.

취득보고 취득신고서를 제출한 주권상장법인이 자기주식의 취득을 완료하거나 이를 취득하고자 하는 기간이 만료된 때에는 그날부터 5일 이내에 자기주식의 취득에 관한 취득결과보고서를 금융위원회에 제출하여야 한다.

자기주식의 처분에 관한 이사회 결의 주권상장법인이 자기주식을 교환사채 발행의 방법으로 처분하고자 하는 경우에는 처분에 관한 일정한 사항에 관하여 이사회의 결의를 거쳐야 한다. 이 이사회의 결의는 교환사채 발행의 이사회 결의와는 별도의 내용에 관한 것으로서 반드시 거쳐야 한다. 물론 두 가지를 하나의 회의에서 처리하는 것은 무방하다. 이사회의 결의를 거쳐야 하는 내용으로는 처분목적, 처분예정금액, 주식의 종류 및 수, 처분하고자 하는 주식의 가격, 처분방법, 처분하고자 하는 기간, 처분을 위탁할 증권회사의 명칭, 기타 투자자보호를 위하여 필요한 사항 등이다.

자기주식처분신고서의 제출 주권상장법인이 자기주식을 처분할 것을 이사회에서 결의한 때에는 지체 없이 자기주식의 처분에 관련되는 사항을 기재한 서류를 금융위원회에 제출하여야 한다.

[CB / BW / EB의 비교]

<table>
<tr><th>구 분</th><th>전환사채</th><th>신주인수권부사채</th><th>교환사채</th></tr>
<tr><td>발행가능법인</td><td colspan="2">모든 법인</td><td>상장법인</td></tr>
<tr><td>권리행사목적</td><td colspan="2">사채발행회사의 신주</td><td>상장증권</td></tr>
<tr><td>정관의 근거</td><td colspan="2">정관에 근거가 있어야 발행 가능하며, 주주 외의 자에게 발행하는 경우에는 정관에 발행 한도를 설정하여야 함</td><td>불필요</td></tr>
<tr><td>행사가액제한</td><td colspan="2">상장법인은 시가 이상
투기등급(BB+) 채권 및 유동화증권의 기초자산으로 발행하는 전환사채의 전환가액은 시가의 90% 이상 워크아웃기업 등 구조조정 대상기업에 대하여는 전환가액 제한 면제</td><td>불필요</td></tr>
<tr><td>행사기간제한</td><td colspan="2">발행일로부터 1월(사모는 1년) 이상경과 후</td><td>자기주식을 교환 대상으로 하는 교환사채의 경우
1. 장내매수, 공개매수로 취득한 주식은 6월 경과
2. 주식매수청구에 응하여 취득한 주식은 취득 즉시 청구가능, 취득일로부터 3년 이내</td></tr>
<tr><td>대금납입방법</td><td>사채로 납입</td><td>현금 또는 사채</td><td>사채로 납입</td></tr>
<tr><td>권리의 분할</td><td>분할불가</td><td>분할 가능</td><td>분할 불가</td></tr>
<tr><td>등기 여부</td><td>등 기</td><td>등 기</td><td>불필요</td></tr>
</table>

처분기간 주권상장법인이 취득한 자기주식을 처분함에 있어서는 일반적으로 그 기간에 대한 제한이 있다. 그러나 '공기업의 경영구조개선 및 민영화에 관한 법률'의 적용을 받는 기업이 민영화를 위하여 당해기업의 주식과 교환을 청구할 수 있는 교환사채권을 발행하는 경우에는 그 기간의 제한이 없다.

교환사채의 발행 주권상장법인이 자기주식을 교환대상으로 하는 교환사채를 발행한 경우에는 당해 사채를 발행하는 때에 자기주식을 처분한 것으로 본다.

처분보고 주권상장법인이 교환사채의 발행을 완료한 때에는 그날로부터 5일 이내에 자기주식의 처분에 관한 결과보고서를 금융위원회에 제출하여야 한다.

03 유가증권 상장

상장주식의 경우에는 대주주 등을 제외하고는 주식양도에 따른 양도소득세를 부과하지 않으나, 비상장 주식의 경우 양도차익의 20%(중소기업의 경우 10%, 대기업이 발행한 주식을 소유한 대주주로서 1년 미만 보유 시 30%)를 세금으로 납부하여야 한다. 그러나 주권상장을 위해 모집하거나, 증권시장을 통하여 양도하는 경우에는 양도소득세가 면제된다.

유가증권의 상장은 당해 유가증권의 발행인으로부터 상장신청이 있어야 한다. 즉, 한국거래소 상장은 유가증권 발행인의 자유의사에 의한 신청에 의해서만 이루어지게 된다. 주권을 상장하고자 하는 경우 이미 발행한 주식 중 그 일부만을 상장신청 할 수 없으며 회사가 발행하고 있는 주식 전부를 상장해야 한다. 예외적으로 우선주 등 보통주를 제외한 주식의 경우에는 종목별로 상장신청을 하지 않을 수 있다.

한국거래소는 발행주권과 관련하여 주권의 배당기산일이 주식의 종류별로 동일하지 아니하거나, 신주발행의 효력과 관련하여 소송이 제기된 경우에 상장을 유예하고 있다. 또한, 보통주를 제외한 주식을 발행한 경우 유통성을 확보하기 위하여 상장 신청 주식 수가 일정수량(액면 5,000원 기준으로 5만주) 미만에 해당하는 경우에도 상장을 유예하고 있다.

1. 유가증권시장 상장요건

■ 형식적 상장요건

기업공개 대상기업의 주식이 유가증권시장에서 원활히 유통될 수 있기 위한 최소한의 요소를 제시한 것으로써 다양한 사항이 포함되어 있지만 크게 나누어 기업의 규모·재무내용·유통성·건전성 및 공익과 투자자보호에 관한 요건을 충족해야 한다. 유가증권시장 신규상장 요건은 다음과 같다.

영업활동기간 설립 후 3년경과 계속 영업 활동을 하고 있을 것

기업규모 등

- 상장예정주식총수가 100만주 이상일 것
- 자기자본 100억원 이상 또는 기준시가총액 200억원 이상 일 것(코스닥시장 상장법인의 경우 300억원 이상일 것)

주식의 분산

- 소액주주의 소유주식수 등
  - 의결권 있는 주식총수가 25% 이상일 것
  - 공모할 주식수가 10% 이상으로 자기자본 기준으로
    - ㉠ 500억원~1,000억원 : 100만주 이상
    - ㉡ 1,000억원 이상~2,500억원 : 200만주 이상
    - ㉢ 2,500억원 이상 : 500만주 이상
  - 신규상장신청일 현재 기준시가총액
    - ㉠ 1,000억원~2,000억원 : 100만주 이상
    - ㉡ 2,000억원~5,000억원 : 200만주 이상
    - ㉢ 5,000억원 이상 : 500만주 이상
  - 국내외 동시공모 10% 이상으로서 국내공모 100만주 이상
    - ㉠ 상장예비심사 후 공모할 주식의 수가 5% 이상일 것
    - ㉡ 소액주주수 1,000명 이상일 것
- 경영성과(다음 중 하나일 것)
  - 매출액 및 이익 등

㉠ 최근 매출액 300억원 이상 및 3년평균 200억원 이상

㉡ 최근 사업연도의 영업이익, 법인세차감전 계속사업이익 및 당기순이익 각각 실현

㉢ 다음 중 하나를 충족하면 됨

* ROE : 최근 5%와 3년 합계 10% 이상

* 이익액 : 최근 25억원과 3년 합계 50억원 이상

* 자기자본 1천억원 이상법인 : 최근 ROE 3% 또는 이익액 50억원 이상이고 현금흐름이 양(+)일 것

- 매출액 및 기준시가총액
  - ㉠ 최근 매출액 500억원 이상일 것
  - ㉡ 기준시가총액 1천억원 이상일 것
- 매출액 / 기준시가총액 및 영업현금흐름
  - ㉠ 최근 매출액 700억원 이상
  - ㉡ 최근 기준시가총액 500억원 이상
  - ㉢ 최근 영업현금흐름 20억원 이상

• 최대주주 : 예비심사청구일부터 1년 전의 날 현재 최대주주가 상장예비심사 청구일 전 1년 이내에 변경이 없을 것

• 감사의견 : 최근년도 적정, 직전 2년 적정 또는 한정(감사 범위 제한으로 인한 한정 제외)

• 합병 등
  - 합병·분할·분할합병·영업전부 또는 중요한 일부의 양수도 및 감자의 경우 당해 연도 결산이 확정될 것
  - 합병 등의 기일부터 당해 사업연도말까지의 기간이 3월 미만인 경우 다음 사업연도 반기재무제표가 확정될 것

• 매각제한(보호예수)
  - 최대주주 등 소유주식과 상장예비심사청구전 1년 이내 최대주주 등으로부터 양수한 주식 : 상장후 6월간
  - 상장예비심사청구전 1년 이내 제3자 배정 신주 : 발행일로부터 1년간. 단, 그날이 상장일로부터 6월 이내인 경우에는 상장 후 6월간

• 기 타
  - 주식양도에 대한 제한이 없을 것
  - 명의개서대행계약이 체결되어 있을 것
  - 주권이 통일규격 유가증권일 것
  - 액면가액은 100원, 200원, 500원, 1,000원, 2,500원, 5,000원 중에서 택일

- 사외이사는 이사 총수의 1 / 4 이상일 것(상장 후 최초 정기주총선임)
- 최근연도 말 자산총액이 1천억원 이상 법인은 상근감사를 둘 것

■ 질적 상장요건

질적 심사기준은 기업경영의 계속성(Going Concern), 기업의 지배구조(Corporate Governance), 기업공시에 관한 사항과 주주이익보호에 관한 사항 등으로 구성되어 있으며 한국거래소는 상장심사의 객관성을 확보하기 위하여 상장심사지침을 제정, 운영하고 있다.

2. 코스닥시장 상장요건

■ 형식적 상장요건

코스닥시장의 형식적 상장요건은 다음과 같다.

설립 후 경과연수 3년 이상(합병·분할·분할합병·종속회사의 편입·영업양수에 의하여 설립 시에는 실질적인 영업환경을 고려할 수 있음)

자기자본과 시가총액(택1)

- 자기자본
  - 일반기업 30억원
  - 벤처기업 15억원
  - 신성장동력기업 15억원 이상
- 시가총액 : 일반기업·벤처기업·신성장동력기업 공히 90억원 이상

주식분산

- 모집상장(하나의 요건을 충족)
  - 소액주주 500명 이상과 지분 25%이상으로서(택1)
    - * 심사청구일 현재 소액주주지분이 25%이상인 경우 : 청구 후 5%(10억원) 이상 모집
    - * 심사청구일 현재 소액주주지분이 25%미만인 경우 : 청구 후 10% 이상 모집
  - 자기자본 500억원 이상법인-소액주주 500명 이상과 심사청구 후 모집지분이 10%이상으로서 자기자본 / 시가총액 규모별 일정 주식수 이상

  - 공모 25% 이상과 소액주주 500인
- 기분산 직상장(모집없이 상장) : 심사청구일 현재 소액주주가 500명 이상이고 그 소액주주가 모집에 의해 소유한 지분이 25% 이상인 경우 위 ①, ② 요건 비적용

자본상태 자본잠식이 없을 것

경영성과

- 일반법인 : 법인세비용차감전 계속사업이익 시현
- 벤처기업 : 법인세비용차감전 계속사업이익 시현
- 신성장동력기업 : 해당없음

이익규모 / 매출액과 기준시가총액(택1)

- 일반기업
  - ROE 10%
  - 당기순이익 20억
  - 최근 매출액 100억원과 기준시가총액 300억원 이상
- 벤처기업
  - ROE 5%
  - 당기순이익 10억
  - 최근 매출액 50억원과 기준시가총액 300억원 이상
- 신성장동력기업 : 해당사항 없음

무상증자 최근 1년간 잉여금의 자본전입 총액이 2년 전 자본금의 100% 이하

유상증자 1년간 총액이 2년전 자본금의 100% 이하

최대주주 변경제한 심사청구일 이전 1년간 최대주주 변경금지

감사의견 최근연도 적정

합병 등

- 합병 등을 한 경우 합병 등의 기일이 속한 사업연도의 결산재무제표가 확정되었을 것
- 합병 등의 기일로부터 사업연도말까지의 기간이 3월 미만 시 다음 반기재무제표 확정

기타외형요건

- 주식양도에 대한 제한이 없을 것
- 세칙에서 정한 액면가일 것

질적 상장요건

코스닥시장의 질적 상장요건은 다음과 같다.

시장성

- 주력시장 등의 규모
- 주력시장의 경쟁 정도
- 주력시장 등의 성장률
- 매출의 지속 여부

수익성

- 매출 및 이익규모
- 주력제품의 원가율 및 수익구조

재무상태

- 우발채무 위험도
- 매출채권 및 재고자산의 건전성
- 차입금 상환계획의 적정성
- 주요 재무비율의 악화 여부
- 영업활동으로 인한 현금흐름이 양호할 것

기술성

- 핵심기술 및 지적재산권의 보유 여부
- 핵심기술 인력의 고용안정 여부

경영성

- 경영진의 불법행위 여부
- 내부통제구조의 적정성

- 안정적인 경영권 확보 여부
- 이해관계자 거래의 적정성
- 지배구조의 독립성
- 관계회사의 경영성과에 의한 부실화 가능성

코스닥시장의 상장심사 시 우선순위로써 벤처기업의 경우에는 기술성·시장성·수익성·경영성·재무상태의 순서에 의하여 평가하며, 일반기업의 경우에는 수익성·시장성·재무상태·경영성·기술성의 순서에 따라 심사 평가한다.

3. 사전 검토사항

성공적인 상장을 위해서는 먼저 적정한 IPO 시점을 선정하는 것이 무엇보다 중요하다. 그렇기 위해서는 기업의 성장속도, 주식시장 여건 등을 고려하여 이익 급증시점을 선택하는 것이 필요하다. 상장 이후 안정적인 매출구조의 형성과 지속적인 기업성장을 유지하는 것 또한 IPO 목적을 달성하는데 있어서의 빼놓을 수 없는 중요한 일이다. 성공적인 IPO를 위해서는 다음 사항들을 반드시 체크해야만 한다.

구체적 자본계획 수립

- IPO로 인한 자금유입은 기업 자금조달 목적에 적합하게 사용
- 자본금 변동, 유·무상 증자, 대주주 지분 변동제한 등을 고려

검토단계부터 관리부문 정비

- 최대주주, 관계회사 및 자금관리 등에 대한 내부통제시스템 구축
- 전문 컨설팅회사의 자문 및 우수 관리 인력의 채용

신뢰성있는 회계법인의 외부감사 수검

- IPO시점 최소 2년전부터 공신력 있는 회계법인의 외부감사 수검
- 회계처리 관련하여 관리체계의 적정성 확보

최적의 Win-Win전략 구현을 위한 주관회사 선정

- 기업실사, 심사대응, 공모가 결정능력 등 최적의 증권회사 선정
- 등록심사 시, 문제가능 부분의 사전점검 등 Due Diligence Review 실시로 개선

적정한 가치 산정

- 기간·산업별 특성에 맞는 Tool을 적용하여 적정 공모가격 산정
- 우호적 심사환경 조성 및 투자자 관심도 제고를 위한 마케팅 Tapping 수행

차별화된 IR전략 수행

- One-on-One, 투자설명회 등 투자자별 차별화된 전략 수행으로 성공적인 상장 유도
- 상장 이후 우호적 투자가 확보, 경영투명성 제고 등 지속적 기업 이미지 관리로 적정주가 유지

대주주 지분 관리

- 지분투자의 장, 단점을 정확히 파악하고 대처
- 경영권 확보에 필요한 자기지분 및 우호지분 유지
- IPO 이전단계부터 지분율 변동에 대한 구체적 시뮬레이션을 시행
- IPO 후 유상증자 등에 대한 자금소요계획 사전 준비

[IPO 사전 주요검토사항 일람표]

점검항목	주요 검토사항	유의사항
최대주주 등에 관한 사항	• 최근 2개년 최대주주 등과의 자금거래 내역 • 최대주주 등에 대한 주식, CB, BW, Stock Option	가수금 / 가지급금 유의
이해관계자에 관한 사항	• 이해관계자에 대한 유상증자, 대여금, 지급보증, 담보제공, 기타 비현금거래내역 등 • 이해관계자와의 거래 적정성 및 객관성	이해관계자와의 거래
이사회,감사 및 외부감사인	• 최대주주의 특수관계인 포함 여부[가족기업 → 공개기업] • 이사회의사록, 주총의사록, 감사일지 등 내부관리의 적정성 및 내규확립 여부 • 이사, 감사 등의 증권거래법 자격요건 결격 여부 및 내부거래 내역 • 외부감사인의 변경 여부 및 변경사유 / 주식 등의 보유 여부 및 독립성	이사회의사록, 주총의사록 정리
회계처리에 관한 사항	• 회계업무의 자체 기장 여부 및 전산화 수준 • 회계와 자금의 업무분장 현황 • 매출, 매입, 재고자산 등 주요 회계장부의 관리체계의 적정성	개발비 적정성 회계장부 관리
자금관리시스템에 관한 사항	• 매출 / 매입관련 자금거래에 대한 증빙현황 / 거래처와의 대금방법 및 현황 • 자금의 입출금 절차관리의 적정성 / 사내 대여금 규정 정비 • 어음, 수표, 현금출납장 등의 관리현황	관련증빙 정리
관계회사에 관한 사항	• 관계회사와의 지분관계 / 경영의 독립성 확보 / 재무 안정성 • 임원겸직 여부 및 이로 인한 이해상충 가능성 • 관계회사와의 거래관계의 적정성 및 객관성, 내부 통제 절차의 확보 여부	임원겸직 해소, 거래의 적정성

04 상장절차

1. 사전 준비단계

■ 기업공개 및 상장 시기결정

일반적으로 소수주주가 경영하던 폐쇄기업이 공모를 통해 기업공개를 하고 발행주식을 한국거래소에 상장하기 위해서는 사전에 철저한 준비를 하여야 한다. 특히 기업공개 및 신규상장은 기업의 성장 및 발전과정에서 단 한 차례만 실시하는 것이므로 의사결정에 신중을 기하여야 한다. 기업공개 및 신규상장의 시기 결정시에는 일반적으로 다음과 같은 상황을 고려할 수 있다.

- 기업의 수익력 및 장래의 수익력 확보 가능성
- 자본조달의 필요성 및 향후 재무정책
- R&D 또는 신규투자계획
- 기업신뢰도 및 인지도 확대
- 우리사주조합제도를 활용한 사내 분위기 진작
- 증권시장의 동향 등

특히, 한국거래소의 상장예비심사결과 상장적격성을 통보받은 기업은 상장적격성 통지접수일로부터 6개월 이내에 상장신청을 할 수 있어 상장적격성을 통보받은 후 증권시장의 동향 등을 고려하여 공모시기를 조절할 수 있다.

■ 기업공개 및 상장 준비팀의 구성

기업공개 및 상장을 추진하기 위해서는 경영관리조직의 정비와 각종 내규정비, 관련 서류작성, 상장심사 및 증권신고서 제출 등에 대한 적절한 대응이 필요하다. 일반적으로 기업공개 및 상장 관련 업무는 전략팀·재무회계팀 또는 홍보(IR)팀 등에서 담당하도록 하고 있으나, 기업가치를 극대화하고 효율적인 대응과 준비를 위해서는 기업공개를 위한 IPO 프로젝트팀을 구성하기도 한다.

회사 내부에서 기업공개 및 상장 관련 업무를 담당하는 팀에서는 주간사회사·회계법인 및 법무법인·기타 관계기관 등과의 교섭창구역할을 하게 되며, 다음과 같은 업무를 영위하게 된다.

- 기업공개 및 상장 일정 작성
- 경영관리조직의 정비
- 내규 등 제반 규정정비
- 내부통제제도 및 회계관리제도의 정비
- 이익계획 및 예산통제계획
- 관계회사 및 이해관계자와의 거래정비
- 기업공개 및 상장신청(예비상장심사청구서 포함)과 관련된 서류 작성
- 관계기관접촉 등

따라서 기업공개 및 상장추진을 위해서는 위와 같은 업무에 적합한 인재를 사전에 확보하여 준비하는 것이 바람직하다.

2. 상장준비

■ 재무정책 및 자본정책 등

한국거래소는 투자자를 보호하고 안정적인 경영권확보를 확인하기 위하여 상장예비심사청구일 전의 일정기간에 대해서 다음과 같이 특정행위를 제한하고 있으므로 상장을 희망하는 기업은 이러한 행위제한에 대하여 사전에 충분하게 주지하고 있어야 한다.

■ 상장신청 전 유·무상증자

상장 전에 과도한 유·무상증자를 실시하는 경우 주식가치의 희석화가 발생할 우려가 있으므로 거래소는 적립금·잉여금 및 자본금 등을 고려하여 상장예비심사청구일로부터 소급하여 1년간 일정금액 이상의 유·무상증자 규모를 제한하고 있다.

■ 합병 등

합병(소규모합병 제외), 분할 또는 분할합병, 영업의 전부 또는 일부의 양수도("합병 등"이라 함) 및 감자 등 경영상 중요한 변화가 발생한 경우에는 그러한 경영의사결정이 회사의 수익성으로 연결될 수 있는지를 확인할 수 있어야 한다. 따라서 한국거래소는

이러한 사실이 발생한 경우에는 당해 사업연도의 결산재무제표를 확정한 후에 상장을 신청할 수 있도록 하고 있으며, 특히 당해 합병 등의 기일과 감자의 등기일로부터 사업연도 말까지의 기간이 3월 미만인 경우에는 다음 사업연도의 반기재무제표를 확정한 후에 상장 신청할 수 있도록 하고 있다.

■ 상장 전 최대주주 등의 지분변동

한국거래소는 회사의 안정적인 경영권 유지를 확인하고 상장 이전에 특정인으로의 지분이전을 통한 상장차익획득 등을 방지하기 위하여 상장예비심사청구일을 기준으로 1년 전부터 최대주주 등 및 1% 이상 소유주주의 소유주식비율변동을 제한하고 있다.

■ 회계감사인 선정 및 회계감사

상장을 추진하는 법인은 상장 직전사업연도에 한하여 한국거래소가 지정한 회계감사인(지정감사인)으로부터 회계감사를 받아야 한다. 그러나 한국거래소가 미리 지정한 회계법인으로부터 감사를 받은 경우 지정감사인으로부터 회계감사를 받은 것으로 본다. 거래소는 매년 상장예정법인을 감사할 수 있는 회계감사법인을 선정 발표하고 있다.

■ 주간사회사 선정

주간사회사는 발행주식을 인수함에 있어서 인수회사를 대표하여 발행회사와 인수조건 등을 결정하고, 인수 및 청약업무를 총괄하여 관리하며 기타 발행주식인수와 관련하여 필요한 업무를 수행하게 된다. 상장을 추진하는 법인이 주식의 인수를 의뢰하고 상장에 관련된 제반업무를 원활하게 진행하기 위해서는 금융투자회사를 주간사회사로 선정하고 주간사계약을 체결해야 한다. 상장예비심사청구서를 제출하는 경우에는 상장예비심사청구일로부터 6월 이전에 주간사계약을 체결하여야 한다.

주간사회사 선정 시에는 "증권 인수업무에 관한 규정"에서 규정하고 있는 제한요건에 해당하지 않는가를 사전에 검토하여야 한다. 기업공개 및 상장과 관련하여 주간사회사는 다음과 같은 기능을 담당한다.

- 발행회사의 경영실적 및 영업 관련 사항 등에 대한 자료 확인 및 현지조사
- 발행회사의 재무·회계 및 세무관리에 대한 지도 및 점검
- 상장요건과 관련한 협의 및 지도
- 상장관련 진척사항의 정기점검

- 주식분석 및 발행가 협의
- 상장관련서류작성 지원
- 수요예측
- 공모 및 청약사무주관
- 상장 후 시장조성 관련업무 등

한국금융투자협회 등록법인의 직상장 추진과 관련한 상장주선인의 주요한 기능은 다음과 같다.

- 상장에 대비한 지원 및 경영자문
- 상장관련서류작성 지원
- 상장요건 충족에 관한 사항
- 주식분석에 관한 사항 등

정관 정비

상장을 신청하고자 하는 기업은 주식관련 사무를 원활하게 처리하기 위해서 상장을 신청하기 전에 상장회사협의회가 제정한 "상장회사 표준정관"을 참고하여 회사에 적합하게 정관의 내용을 정비할 필요가 있다. 표준정관은 상장회사의 주식관련사무의 편의와 표준화를 도모하기 위해 상장회사협의회가 주식업무자문위원회의 심의를 거쳐 정한다.

증권발행인의 등록

자본시장법에서는 유가증권발행의 공정성을 기하고 기업의 공시를 위하여 한국금융투자협회 등록법인이 아닌 비상장법인으로서 유가증권을 모집·매출하고자 하는 법인에 대하여 금융위원회에 등록하도록 하고 있다. 따라서 한국거래소에 상장을 위해 모집 또는 매출을 계획하고 있는 법인은 사전에 금융위원회에 등록하여야만 한다. 금융위원회에 기업을 등록한다는 것은 증권의 모집 또는 매출 등을 위한 기본적인 공시의무를 이행한 법인이 된다는 것을 의미하며, 모집 또는 매출을 통하여 상장하고자 하는 법인은 등록법인신청서(회사의 개황, 사업의 내용, 재무에 관한 사항, 관계회사, 주식에 대한 사항, 임원 및 종업원에 관한 사항, 이해관계자와의 거래내용 등을 기재)에 정관·등기부등본·주주명부 및 최근연도의 결산서류 등을 첨부하여 금융위원회에 제출하여야 한다.

증권발행인의 등록은 증권의 모집·매출행위를 개시하기 전에 완료하여야 한다. 즉 공모를 위한 청약권유 전에 등록이 완료되어야 하며, 증권발행인 등록신청서의 처리기간이 7일(공휴일 제외)인 점을 고려할 때 사전에 등록신청서를 금융위원회에 제출하여야 한다. 등록신청법인은 신청서제출일로부터 7일 후 서면으로 "유가증권 발행인 등록 통지서"를 수령함으로써 발행인 등록이 완료된다.

■ 명의개서 대행계약 체결

상장법인이 되면 주주수가 많아지고 주식의 매매거래가 빈번해짐에 따라 주주명부 및 주권의 관리 등 주식사무의 양이 방대해지므로 주식명의개서 및 주권발행업무 등 주식사무를 전문적으로 대행하는 명의개서 대행회사에 위임할 필요가 있다. 상장규정에서는 특별한 법인을 제외하고는 의무적으로 명의개서대행회사를 선임하도록 규정하고 있다. 따라서 상장에 앞서 정관의 근거조항에 의하여 명의개서대행회사를 선정하고 명의개서 대행계약을 체결하여야 한다. 상장예비심사청구 후 공모하는 법인은 증권신고서 제출 시에 이러한 사항을 기재해야 하는 점을 감안하여 거래소로부터 상장예비심사결과를 통보받은 후부터 증권신고서 제출일 전까지 계약을 체결하면 된다.

■ 우리사주조합의 구성

우리사주조합은 기업의 공개여부에 관계없이 어느 기업이든지 자율적으로 전 종업원을 대상으로 결성할 수 있다. 그러나 자본시장법에서는 "주권상장법인 또는 주권을 신규로 상장하고자 하는 법인이 주식을 모집 또는 매출하는 경우에 특별한 경우를 제외하고는 당해 법인의 우리사주조합원에게 모집 또는 매출하는 주식총수의 20% 범위 안에서 우선적으로 배정받을 권리"를 부여하고 있다. 따라서 공모를 통하여 상장하고자 하는 기업은 사전에 우리사주조합을 구성하여 공모하는 주식총수의 20%를 우리사주조합원에게 우선적으로 배정하여야 한다.

■ 한국거래소와의 예비접촉

주권을 상장하고자 하는 법인은 상장예비심사청구서 제출 이전에 거래소와 미리 접촉하여 상장절차와 상장예비심사청구시기 및 상장일정 등에 관하여 협의함으로써 상장과 관련한 시간과 노력을 절약할 수 있다. 거래소는 상장희망기업 및 주간사회사들의 상장 관련 업무를 지원하기 위하여 상장지원팀을 운영하고 있으며, 상장을 준비하거나 희망하는 기업 및 주간사회사의 담당자는 상장심사기준, 상장절차, 상장신청서 작성방법 및 제출서류, 기타 상장과 관련한 각종 제도 등에 대하여 거래소와 사전에 접촉함으로써 상장 관련 업무를 원활하게 추진할 수 있다.

상장을 위한 이사회 결의

상장을 위한 이사회결의는 공모상장의 경우와 직상장의 경우로 구분하여 볼 수 있다.

공모상장의 경우 주권을 신규로 상장하기 위하여 신주를 발행하는 경우에 정관에 규정이 없으면 이사회(정관으로 주주총회에서 결정하기로 정한 경우에는 주주총회)에서 다음 사항에 대해 결의하여야 한다.

- 신주의 종류와 수
- 신주의 발행가액과 납입예정기일
- 신주의 인수방법
- 우리사주조합에 대한 우선배정에 관한 사항
- 공모일정 및 기타사항
- 구주주의 신주인수권 배제에 관한 사항

구주매출을 통해 주권을 상장하는 경우에 최대주주로부터 매출주식 수 및 매출가액 등 구주 매출에 관한 제반사항에 대한 위임을 받아 이사회 결의에 따라 매출을 하게 된다.

직상장(유통상장)의 경우 코스닥시장 상장법인이 공모를 하지 않고 유가증권시장으로 이전하고자 하는 경우에는 동 사실에 대한 이사회 결의를 거친 후 상장신청하면 된다.

최대주주 등의 소유주식 보호예수

거래소는 신규상장 후 최대주주 등의 보유주식 매각에 따른 주가하락과 이에 따른 일반투자자의 피해를 방지하기 위하여 최대주주 등이 소유하고 있는 주식 등에 대해서 예비상장심사청구일 전일부터 상장 후 일정기간 동안 한국예탁결제원에 보호예수 하도록 정하고 있다. 이는 상장 후 최대주주 등이 보유하고 있는 주식이 일시에 증권시장에 유통될 경우 가격하락에 따른 시장의 충격이 발생하게 되고, 일반투자자의 손실이 발생할 가능성이 있기 때문에 이를 방지하기 위함이다. 이를 위해 발행회사의 대표이사는 최대주주 등으로부터 주식 등의 보호예수와 관련된 업무를 위임받아 주간사회사와 "최대주주 등의 확약서 제출에 관한 약정"을 체결하여야 하며, 이 약정에 따라 발행회사는 최대주주 등이 소유하고 있는 주식 등을 주간사회사 또는 상장주선인에게 예탁하고, 주

제1편 경영전략
제2편 경영계획
제3편 사업성 분석과 평가
제4편 내부감사와 경영진단
제5편 기업공개
제6편 기업인수 합병
제7편 업적평가

간사회사 또는 상장주선인은 당해 예탁주식 등을 한국예탁결제원에 주주별로 보호예수시켜야 한다. 또한 예비상장심사청구법인은 최대주주 등이 소유하는 주식 등을 한국예탁결제원에 보관하여 거래소가 필요하다고 인정하는 경우 이외에는 그 주식 등을 인출하거나 양도하지 않겠다는 "소유주식 등의 계속보유확약서"와 한국예탁결제원이 발행하는 최대주주 등의 소유주식 등 보관증명서를 제출하여야 한다.

3. 상장예비심사

주권을 신규로 상장하고자 하는 법인은 신규상장신청 전에 상장예비심사청구서를 한국거래소에 제출하여 상장적격성 여부에 대한 심사를 받아야 한다.

■ 상장예비심사청구서 제출

상장예비심사청구서의 제출이 가능한 시기는 12월 결산법인의 경우 결산확정, 외부감사보고서의 제출 및 주주총회의 일정을 감안하여야 한다. 특히 결산 재무제표 확정을 위한 정기주주총회를 개최하기 위해서 이사는 정기주주총회의 6주간 전에 재무제표 및 영업보고서를 감사에게 제출하여야 하고, 감사는 동 서류를 받은 날로부터 4주간 내에 감사보고서를 이사에게 제출해야 하므로, 당해기일이 종료한 이후에 상장예비심사청구서를 제출할 수 있다. 또한, 외부감사인으로부터 회계감사를 받은 감사보고서는 주주총회 1주일 전에 회사에 제출하여야 한다.

또한, 당해 사업연도의 반기가 경과한 때에는 반기재무제표에 대한 외부감사인의 검토보고서의 제출을 감안하여야 한다. 상장예비심사청구 후 신규상장일 전일까지 다음에 관한 사항이 발생하였을 경우에는 신청법인은 그에 관한 서류를 제출하여야 한다.

- 유가증권에 관한 사항에 대한 이사회나 주주총회의 결의가 있을 때에는 그 의사록 사본
- 다음의 경영상 중대한 사실이 발생하였을 때에는 그 보고서
  - 발행한 수표 또는 어음의 부도
  - 영업활동의 정지
  - 재해 또는 과다한 손실의 발생
  - 다액의 고정자산 매각
  - 소송의 제기
  - 임원의 변경

- 합병·분할 및 분할합병(물적 분할에 의한 분할, 분할합병을 포함)
- 영업의 양수도
- 주요자산의 임대
- 경영위임 결의 등(지주회사의 경우에는 자회사에 관한 사항을 포함)

- 모집 또는 매출의 신고를 한 때에는 사업설명서(예비사업설명서 및 간이사업설명서 포함)
- 당해 사업연도 반기종료 후 45일이 경과한 경우 반기재무제표 및 반기 재무제표에 대한 감사인의 검토보고서

상장예비심사 및 심사결과통지

거래소는 상장예비심사청구서를 접수하여 주식의 분산요건 등을 제외한 상장요건의 충족 여부를 심사하며, 심사과정에서 필요한 경우에는 현지실사를 실시하게 된다. 거래소는 상장위원회의 심의를 거쳐 상장적격성 여부를 확정하며, 그 결과를 심사청구일로부터 2개월 이내에 신청법인과 금융위원회에 문서로 통지한다. 다만, 상장예비심사청구서 및 첨부서류의 정정 또는 보완, 기타 불가피한 사유가 있을 경우에는 그 결과 통지를 연기할 수 있으며, 이 경우에 그 사유와 예상처리기간을 명시하여 당해 신청법인과 금융위원회에 문서로 통지한다. 그러나 상장예비심사결과를 신규상장신청인에게 통지한 후 심사결과에 중대한 영향을 미칠 수 있다고 인정할 만한 사유가 발생한 경우, 한국거래소는 상장예비심사결과에 대해 효력을 인정하지 아니할 수 있다. 이 경우 당해법인은 상장예비심사청구서를 다시 제출하여 심사를 받아야 한다. 상장예비심사결과의 효력을 인정하지 않는 경우란 다음의 사항이 발생하여 상장예비심사결과에 중대한 영향을 미치는 경우라고 할 수 있다.

- 다음의 경영상 중대한 사실이 발생한 경우
  - 발행한 수표 또는 어음의 부도
  - 영업활동정지
  - 재해 또는 과대한 손실의 발생
  - 다액의 고정자산 매각
  - 소송의 제기
  - 임원의 변경
  - 합병·분할 및 분할합병(물적 분할에 의한 분할, 분할합병을 포함)
  - 영업의 양수도
  - 주요자산의 임대

- 경영위임 결의 등(지주회사의 경우에는 자회사에 관한 사항을 포함)

- 예비상장심사청구서에 허위의 기재 또는 표시가 있거나 중요한 사항을 기재 또는 표시하지 않은 사실이 발견된 경우
- 사업설명서(예비사업설명서 및 간이사업설명서 포함)의 내용이 정정된 경우
- 상장심사결과를 통보받은 날로부터 6월 이내에 신규상장신청서를 제출하지 아니한 경우
- 기타 상장심사결과에 중대한 영향을 미치는 것으로 거래소가 인정하는 경우 등

■ 증권신고서 제출

한국거래소로부터 상장적격통지를 받은 신청인은 상장예비심사결과 사본 등을 첨부하여 증권신고서를 금융위원회에 제출하여야 한다. 당해 법인은 증권신고서가 수리되어 효력이 발생되어야 상장을 위한 유가증권을 모집 또는 매출을 할 수 있다. 상장을 위한 증권신고서는 수리한 날로부터 15일이 경과하면 그 효력이 발생한다.

4. 공모절차

■ 기업설명회 개최

IR 활동은 주주·투자자·애널리스트 등에게 회사의 사업내용, 경영전략, 장래 비전 등에 관한 정보를 제공함으로써 기업의 이미지를 향상시키고 시장으로부터 적절한 평가를 받기 위하여 실시하는 것으로써 최종적으로는 주식시장과 회사와의 신뢰관계를 구축하기 위해 실시하는 것이다. 일반적으로 기업공개 및 신규상장과 관련하여 실시하는 IR 활동은 증권신고서 효력이 발생한 이후부터 공모가격 결정을 위한 수요예측을 하기 이전의 기간 사이에 실시하게 된다. 기업은 독자적인 인력을 활용하여 IR을 실시할 수 있으며, 기관투자자 및 애널리스트 등 핵심투자자를 선정하여 초청하고 IR 활동과 관련한 전문적인 조언을 구하기 위해서 주간사회사 또는 IR 활동을 전문적으로 지원하는 회사 등과 협의하여 실시할 수 있다. 한국거래소는 상장예정법인이 요청하는 경우에 IR 개최 장소를 제공한다.

■ 수요예측 및 공모가격 결정

공모가격은 본질가치인 자산가치와 수익가치, 상대가치, 사업성가치를 고려하여 발행회사와 주간사회사가 공모희망가격을 제시하고 수요예측 등의 절차를 통해 결정된다.

사업성가치 산정

회사가 속한 사업의 향후 성장성, 유사업종의 본질가치 대비 발행가할증률 등을 고려한 가치를 말한다. 사업성가치는 주간사회사와 발행회사가 협의하여 발행가액 산정에 고려할 수 있는 선택사항이며 강제조항은 아니다. 사업성 가치 산출방법은 다음의 3가지 방법 중 2가지 이상의 방법으로 산정한 비율의 단순평균을 본질가치에 할증하여 산정한다.

- 발행회사가 속한 산업(업종)의 시장규모 및 성장가능성과 외국의 사례 등을 감안하여 합리적으로 산정한 발행회사의 향후 성장률
- 최근 1년 이내 신규상장 회사 발행회사와 동일 또는 유사한 업종의 법인이 상장 또는 등록을 위한 공모 시에 적용한 공모희망가액 및 확정공모가격을 본질가치와 대비한 할증률의 평균
- 기타 객관적이고 합리적인 자료에 근거하여 산출한 비율

공모희망가 제시

수요예측 시 발행회사와 주간사회사는 본질가치, 상대가치 및 사업성 가치를 고려하여 공모희망가격을 제시한다. 공모희망가액은 발행회사의 희망가액과 인수회사의 희망가액 두 가지로 하며, 최고가액(발행기업의 희망가액)은 최저가액(인수회사의 희망가액)의 150% 범위 이내로 한다.

수요예측 실시

수요예측(Book Building)이란 기업공개를 위한 신주공모 시 공모가격을 결정하기 위하여 공모주 청약을 정식으로 받기 전 기관투자가와 금융투자회사들로부터 사전수요(희망매수가격과 수량)를 조사하는 것을 말한다.

최종공모가 결정

수요예측에 따른 가중평균가격의 30%의 범위에서 발행회사와 주간사회사가 협의하여 최종 공모가격을 결정한다.

■ 사업설명서 제출

사업설명서(prospectus)는 유가증권의 청약을 권유할 때 일반투자자에게 제공하는 투자권유문서로서 증권신고서의 내용을 보다 알기 쉽고 이해하기 쉽게 작성하여 일반투자자에게 제시해 줌으로써 올바른 투자판단을 하게 할 수 있도록 하는 문서이다. 예비사업설명서는 증권신고서가 수리된 후 효력발생기간 전에 청약권유를 위하여 사용하는 것인데 비해, 사업설명서는 증권신고서의 신고가 수리되어 효력이 발생한 후 사용할 수 있는 투자권유문서이다

사업설명서에는 증권신고서에 기재된 내용과 상이한 내용을 표시하거나 그 기재사항을 누락하여서는 아니 되며, 발행인은 사업설명서를 작성하여 발행회사의 본·지점뿐만 아니라 금융위원회, 한국거래소 및 청약사무를 취급하는 장소에 비치하고 일반인들이 공람할 수 있도록 하여야 한다.

■ 청약 및 배정

주간사회사는 증권신고서가 수리되어 효력이 발생하면 발행회사와 협의하여 발행회사, 간사회사, 인수회사 및 청약사무취급회사 전원의 연명으로 청약안내공고를 한다. 주간사회사는 주식청약서, 청약명세서 및 청약예정금액 확인서 등 주식의 청약에 필요한 서류와 사업설명서를 인쇄하여 청약취급처에 배포한다. 주식의 모집·매출에 대한 청약은 증권신고서의 효력이 발생한 후 통상 2일간 실시하며, 청약자는 청약서를 작성·날인하고 청약증거금을 납부하게 된다.

■ 납입

주간사회사는 배정된 주식에 대한 납입금액을 청약증거금에서 대체시키며 청약증거금이 주금납입금에 미달한 경우 청약자는 납입기일 전일까지 그 미달금액을 추가로 납입하여야 한다. 최종실권주식에 대해서는 주간사회사가 자기계산으로 인수하게 된다. 납입금을 초과하는 청약증거금은 납입기일의 전일부터 환불한다.

■ 자본금 증자등기 및 증권발행실적 보고

주금납입이 완료되면 발행회사는 납입일 익일부터 2주간 이내에 본점소재지 관할법원에서 자본금 변경등기를 하여야 한다. 증자등기 완료 후에는 등기부등본 등을 첨부하

여 주금 납입처에 제시하여 주금을 수령하게 된다. 또한, 주식발행이 완료되면 발행회사는 금융위원회에 증권발행실적보고서를 제출하여야 하며, 그 사본을 거래소에 제출하여야 한다.(신규상장신청 시 제출가능) 동 신고서에는 발행인의 명칭, 간사회사의 명칭, 청약에 관한 사항, 공시이행에 관한 사항, 유가증권교부일, 상장일 및 등기일, 유상증자 전후의 주요주주 지분변동상황, 신주인수권증서의 발행내역 등을 기재하여야 한다.

5. 신규상장

■ 신규상장신청서 제출

한국거래소로부터 적격의 상장예비심사결과를 통보받아 증권신고서를 제출하고 모든 공모절차를 종료한 법인은 모집 또는 매출의 납입기일 후 일주일 이내에 신규상장신청서를 거래소에 제출하여야 한다. 신규상장신청 시에는 신규상장신청서 2부에 다음의 서류를 첨부하여 제출하여야 하며, 예비상장심사청구서 제출 후 모집 또는 매출하지 않거나, 상장예비심사청구 시 제출한 서류로서 변경사항이 없을 경우 생략할 수 있다.

- 당해 주권의 권종별 견양(예탁자계좌부 기재확인서로 우선 갈음 가능)
- 법인등기부등본(자본금 증자등기 사항 포함)
- 증권발행실적보고서 사본
- 주식분포상황표
- 명의개서대행계약서 사본
- 상장계약서
- 상장명세서(예비상장심사청구 후 공모하지 않는 법인에 한함)
- 기타 거래소가 신규상장에 중대한 영향을 미칠 수 있다고 인정하는 사항이 있는 경우 그 관련서류

주권발행 전에 유가증권시장 또는 코스닥시장에서의 매매거래를 고객계좌부 또는 예탁자계좌부상 계좌 간 대체의 방법으로 결제하는 경우에는 발행회사에 대하여 효력을 인정하고 있으므로 신규상장신청법인은 주권 견양에 갈음하여 한국예탁결제원이 발행하는 예탁자계좌부기재확인서를 상장신청 시 제출함으로써 주권을 발행하기 이전에도 상장신청할 수가 있다.

■ 상장승인 및 통보

예탁자계좌부기재확인서 등 제반서류가 완비된 신규상장신청서를 제출하면 거래소는 주식분산요건 등 상장예비심사 시에 확인되지 않은 사항과 명의개서대행계약체결 사실 및 통일규격유가증권 발행 여부를 확인한다. 거래소는 신규상장신청서를 접수한 후 일주일 내에 신규상장승인 여부를 신규상장신청법인 및 관계기관에게 통보한다.

[유가증권시장 상장절차]

세부절차		내용
선행절차	지정감사인 감사	증선위가 지정하나 회계감사인에 의하여 직전사업연도에 대한 감사
	기업 등록	금융위원회(이하 "금융위"라 한다)에 등록
사전준비	대표주관회사계약 체결	대표주관회사 선임 및 계약 체결
	정관 정비	상장회사협의회에서 정한 표준정관 참고
	명의개서대행계약 체결	한국예탁결제원, 국민은행, 하나은행 중에서 선택 및 계약 체결
	우리사주조합 결성	
	유가증권시장본부 예비접촉	상장요건 및 일정 등에 관하여 협의
상장예비 심사	상장심사청구	상장예비심사청구서 제출
	상장심사	계량적, 비계량적 요건 심사
	유가증권시장상장위원회 심의	상장 적격성 심의
	상장심사결과 통보	상장신청인과 금융위에 통보
공모	증권신고서 제출	금융위에 제출(수리후 15일 경과되면 효력발생)
	수요예측 및 발행가격 결정	수요예측 후 인수회사와 협의하여 발행가격 결정
	청약·배정 및 납입	납입 후 등기
	증권발행실적 보고	증권발행실적을 금융위에 보고
상장	상장신청	납입일까지 상장신청서 제출
	상장 및 매매거래 개시	

[코스닥시장 상장절차]

구 분	주 체	일정 (예시)	비 고
외감법에 의한 외부 감사(지정감사인 지정)	발행사, 금감원, 회계법인		금융감독원 회계제도실
대표주관사 계약 체결	발행사, 증권사		금융투자협회 자율규제기획부에 계약서 등 제출(체결일로부터 5영업일 이내)
정관 정비 및 사전준비	발행사, 증권사		표준 정관으로 개정
기업실사 및 발행가액 분석자료 준비	발행사, 증권사		
명의개서대행기관 선정	발행사		국민은행, 하나은행, 한국예탁결제원
주권가쇄 계약	발행사, 가쇄소		
예비심사청구서 제출	발행사, 증권사	D	
예비심사청구서 검토	코스닥시장본부 상장심사팀		
청구기업 심의	코스닥시장 상장위원회	D+60일	상장위원회 상정
예비심사 승인	코스닥시장본부	D+63일	
증권신고서 제출	발행사, 감독원	D+65일	
발행가액 결정	발행사, 증권사	D+75일	
증권신고서 효력발생	-	D+81일	수리 후 15일
청약	증권사	D+82 ~84일	
배정	증권사	D+91일	
신규상장 신청	발행사, 증권사	D+92일	
증자 등기	발행사	D+93일	
코스닥상장 승인	코스닥시장본부	D+94일	
매매 개시	코스닥시장본부	D+96일	

05 우회상장

비공개법인이 공개법인을 인수하여 합병하거나 영업양수도·현물출자·주식교환 등을 통해 일반적인 기업공개의 절차를 거치지 않고 공개법인으로 전환되는 것을 우회공개 또는 우회등록·우회상장이라고 한다. 이러한 우회상장은 기업공개를 위한 복잡한 일반적인 절차를 거치지 않고 비교적 간단한 방법으로 공개를 할 수 있기 때문에 기업의 가치혁신을 위한 전략으로 많이 활용되고 있으며 우회공개가 이루어질 경우 많은 이점을 함께 누릴 수가 있다.

1. 직접적 우회상장

■ 직접적 우회상장 방법

직접적 우회상장은 비공개법인이 공개법인과 합병의 과정을 거쳐 공개법인으로 전환하는 것으로 우호적 M&A의 한 형태이다. 직접적인 우회공개를 위한 M&A는 반드시 비공개법인과 공개법인이 합병한 후 비공개법인은 소멸하고 공개법인이 합병 후 존속하는 흡수합병의 형태를 택한다. 다만, 주식의 지분은 우회공개를 하고자 하는 비공개법인 또는 비공개법인의 대주주가 1대 주주가 되어 합병 후 공개법인의 경영권을 갖는 것이 일반적이다.

■ 우회상장의 목적

우회상장은 비공개기업이 공개기업과의 합병을 통해 공개기업으로 전환되는 것으로 그 목적은 다음과 같다.

첫째, R&D를 통해 높은 기술력을 갖추었거나 성장성이 높은 비공개 기업이 시간을 단축하여 조기에 우회상장을 하고자 하는 경우

둘째, 우회상장을 통해 기업의 이미지를 상승시키고 자본시장에서 금융조달을 원활히 하고 법적 혜택을 얻고자 하는 경우

셋째, 자금력은 있으나 매출이 부족한 공개기업을 인수하여 자신이 소유한 우량한 비공개 기업과의 합병을 통해 조기에 경영을 정상화시켜 기업의 가치를 극대화하고자 할 경우

넷째, 기업공개의 심사과정에서 보류 또는 기각판정을 받을 수 있는 위험요소를 사전에 제거하고 보다 확실하게 기업공개를 하고자 하는 경우이다.

■ 우회상장에 따른 주주의 영향

우회상장이 성사될 경우 주주의 입장은 투자한 주식이 공개되므로 주식의 환금성이 보장되고 투자자금을 회수할 수 있는 길이 열리게 되는 것이며, 주식을 매각하거나 상속 또는 증여할 경우 조세혜택을 얻을 수 있다. 또한 대주주일 경우 M&A 과정에서 경영권을 포함한 프리미엄의 가격으로 소유지분을 양도할 수 있어 창업이득과 투자자금을 회수할 수 있는 반면 M&A 과정에서 지분의 변동으로 소유지분이 축소되거나 증가될 수 있어 경영권에 영향을 미칠 수 있다.

2. 직접적 우회상장의 절차

주요절차		주요업무내용
1단계	기본전략수립	• Task force team 구성 • 우회상장 기본전략수립
2단계	주식지분인수	• 주식인수 • CB 또는 BW인 수 후 주식전환 • 제3자 배정 신주인수 • 시장매수 • 공개매수 • 주식교환
3단계	경영권 확보	• 주주총회개최를 위한 이사회결의 • 주주총회에서 이사 및 감사선임
4단계	기업구조조정	• 재무구조조절 • 사업구조조정
5단계	합병	• 우회상장완료에 따른 시너지 창출과 법적 혜택 • 주주의 투자자금회수와 주식의 환금성 확보
6단계	Post M&A	• 기업가치 극대화를 위한 프로그램수립 • 기업문화 통합을 위한 프로그램 수립

■ 기본전략수립

우회상장을 위한 M&A를 실시하기 위해 우선적으로 검토해야 할 사항은 업무를 효과적으로 수행할 전담부서(Task force team)를 구성하여 우회상장과 관련되는 기본적인 전략의 수립이 요구되며, 전담부서의 구성이 힘들 경우에 M&A 전문중개회사의 협조를 받을 수 있다.

■ 주식지분 인수

비공개법인 또는 비공개법인의 대주주가 인수합병 대상회사인 공개법인의 주식인수를 위해 정밀실사와 기업가치 평가, 주식인수를 위한 조건 등의 최종협상을 거치게 되며 주식인수의 방법은 공개법인의 대주주 등이 소유한 구주인수, 전환사채(CB) 또는 신주인수권부사채(BW)의 인수 후 주식전환·제3자배정 신주인수·시장매수·공개매수·주식교환 등이 있다.

■ 경영권 확보

인수대상 공개회사의 경영권 획득을 위한 주식의 인수가 완료될 경우 그 즉시 정기주주총회에서 이사 및 감사의 선임으로 경영권확보를 완료한다.

■ 기업구조조정

기업구조조정의 과정은 반드시 필요로 하는 것은 아니나 비공개법인의 인수 측이 인수대상회사인 공개법인의 재무구조조정이나 사업구조조정이 필요한 경우 합병을 실시하기 전에 기업구조조정을 거치는 경우가 있다. 예컨대 공개법인의 재무구조가 악화되어 있거나 자산의 부실화가 심할 경우 사전에 정밀실사를 거쳐 적정한 기업가치를 평가할 필요가 있으며 자본의 무상감자를 실시하여 유상증자를 하거나 합병가치산정을 위한 재무구조개선을 실시한다.

■ 합 병

비공개법인이 공개법인과의 합병을 통해 비공개법인이 공개법인으로 전화되는 절차가 마무리되며, 공개법인으로서의 시너지 창출과 법적인 혜택을 동시에 얻을 수 있다. 또한, 비공개법인의 주주에 대한 투자자금의 회수와 주식에 대한 환금성을 확보할 수 있게 된다.

■ PMI

합병 후 기업의 경쟁력 확보와 기업의 가치극대화를 위한 프로그램이 필요하며 또한 이질적인 기업문화의 통합을 위한 노력이 요구된다.

3. 간접적 우회상장

비공개법인이 공개법인과의 합병에 의한 직접적 우회상장방법은 엄격한 심사와 법적 제한으로 많은 시간이 소요되고 그 성공가능성을 예측하기 힘든 것이 사실이다. 따라서 합병에 의한 직접적 우회상장의 방법을 택하지 않고 영업양수도·현물출자·주식교환에 의한 우회상장 방법을 택함으로써 짧은 시간 내에 비교적 쉬운 절차를 통해 공개법인의 효과를 창출하는 것으로 간접적 우회상장이라고 한다.

■ 영업양·수도에 의한 우회공개

영업양·수도에 의한 우회공개의 방법은 비공개법인 또는 비공개법인의 대주주가 공개법인의 유상증자에 참여하여 공개법인의 주식을 인수한 다음 비공개법인의 영업을 공개법인에 양도한 후 공개법인으로부터 영업양도대금을 받음으로써 두 회사 간의 영업이 하나로 합쳐지게 되어 실질적인 우회공개의 효과를 얻는 방법이다. 그 후 비공개법인의 주주는 비공개법인으로부터 청산배당을 수취하는 방법이다. 영업양·수도에 의한 우회상장을 위해 먼저 검토하여야 할 사항은 다음과 같다.

공개법인의 증자 공개법인이 비공개법인의 영업을 양수하기 위해 자금이 소요되며 이러한 자금조달을 위해 대부분의 경우 공개법인의 증자를 먼저 실시하고 그 증자에 비공개법인 또는 비공개법인의 대주주 등이 참여한다. 이러한 공개법인의 증자에 참여한 비공개법인 또는 비공개법인의 주주 등에 대한 자금의 회수 전략을 살펴보면 첫째, 비공개법인일 경우 비공개법인이 공개법인으로부터 받은 영업 양도대금으로 증자대금을 회수하게 되며 둘째, 비공개법인의 주주일 경우 비공개법인으로부터 받은 청산배당을 통하여 증자대금을 회수하게 된다.

청산배당 시 청산배당금액이 당초 비공개법인의 주식을 취득하기 위하여 투자한 금액을 초과하는 경우에 의제배당에 대한 과세 문제가 발생하므로 비공개법인의 주주는 관련세금 부담을 함께 검토할 필요가 있다.

법적 절차검토 공개법인이 비공개법인의 영업양수를 할 때 다음에 해당할 경우에는 자본시장법에서 정하고 있는 규정에 따라 영업양·수도를 위한 주주총회의 특별결의, 반대주주의 주식매수청구권행사, 금융위원회 및 거래소에 주요사항보고서 제출 등의 절차를 거쳐야 한다.

- 영업양수부분이 최근 사업연도 자산총액의 10% 이상
- 영업양수부분의 매출액이 최근 사업연도 매출액의 10% 이상
- 영업양수에 따라 인수할 부채액이 최근사업연도 부채액의 10%이상
- 영업전부의 양수

법적 제한사항 검토

- 주요사항보고서 제출 : 공개법인이 비공개법인의 중요한 영업의 전부 또는 중요한 영업의 일부를 양수할 경우 자본시장법에 의하여 금융위원회, 거래소에 주요사항보고서를 제출해야 한다.
- 매각제한 : 코스닥상장법인이 감자와 병행 또는 감자 후 1년 내에 제3자 배정유상증자를 하는 경우 동 증자참여자 중 코스닥상장법인의 최대주주 및 특수 관계인은 배정받은 주식을 당해 주식의 교부일로부터 1년간 계속 보유해야 한다.
- 주주총회 특별결의 : 상법에 따른 영업양수·양도계약서 승인을 위한 주주총회의를 개최하여 특별결의를 해야 한다.
- 주식매수청구권 : 반대주주에 대한 주식매수청구권을 인정해야 한다.

■ 현물출자에 의한 우회상장

현물출자에 의한 우회상장의 방법은 비공개법인의 모든 영업부문 또는 중요한 영업부문을 공개법인에 현물출자(양도)하고 공개법인이 발행한 신주를 인수한다. 이러한 과정을 통하여 실질적으로 두 회사 간 합병의 효과가 발생한다. 비공개법인은 현물출자의 대가로 받은 공개기업의 주식을 증권시장에서 매각하여 비공개법인의 주주들에게 현금으로 배당하거나 직접 공개법인의 주식을 비공개법인의 주주에게 청산배당하고 비공개법인은 청산하는 경우의 방식이다.

현물출자에 의한 우회상장의 장점은 비공개법인 주주는 현금배당 또는 공개법인의 주식배당으로 주식의 환금성 확보와 공개법인이 비공개법인의 영업양수대가로 공개법인 주식으로 지급하기 때문에 현금지급부담이 없고 그만큼 시간을 절약할 수 있다. 반면, 단점으로는 비공개법인의 영업양도에 대한 회수를 현금이 아닌 공개법인주식으로

회수하는 것과 등기가 필요하고 등기 시 검사인의 선임을 법원에 청구하거나 공인된 감정인의 감정이 필요할 뿐만 아니라 법원의 현물출자에 대한 심사가 필요하다.

■ 주식교환에 의한 우회상장

주식교환에 의한 우회상장제도는 모회사가 자회사의 주식을 100% 소유하는 주식의 포괄적 교환제도와 모회사가 자회사 주식의 일부를 소유하는 주식의 부분적 교환제도로 구분할 수 있다.

주식의 포괄적 교환에 의한 우회상장 포괄적 주식교환에 의한 우회상장의 방법은 비공개법인의 주식은 소멸되고 비공개법인의 주주는 공개법인의 주주로 전환되어 공개법인의 주주로서 효과를 얻게 되는 우회상장 방식이며, 공개법인에 대한 유상증자 대가를 현금이 아닌 비공개법인의 구주로 납입하는 것이 인정된다. 결과적으로 비공개법인의 모든 주주는 공개법인의 주주가 되고 비공개법인은 완전 자회사가 되는 형태를 갖는 주식의 포괄적 교환에 의한 우회상장이 되는 것이다.

주식의 부분적 교환에 의한 우회상장 부분적 주식교환에 의한 우회상장은 비공개법인의 주주가 공개법인의 주식을 인수하기 위하여 비공개법인의 구주를 공개법인에 매각하는 대신 공개법인의 신규증자에 참여하는 절차를 걸쳐 비공개법인의 우회상장 효과를 얻는 방식이다. 부분적 주식교환에 의한 우회상장에 검토되어야 할 사항은 조세특례제한법 및 상법상 혜택을 받지 않는 대신 주주총회승인, 반대주주의 주식매수청구권 인정 등 특별한 법적 절차도 필요하지 않다.

4. 우회상장법인의 혜택

비공개법인이 공개법인을 인수하여 합병하거나 주식교환방식을 통해 합병하여 공개법인으로 전환될 경우 자본시장법에서 정한 자본조달과 양도소득세 등 세법에서 정한 세제혜택, 기업의 공신력제고와 홍보, 기타 자기주식취득 등 공개법인으로서의 여러 가지 혜택을 얻을 수 있다.

■ 자본시장 혜택

비공개법인이 공개법인을 인수하여 합병하거나 주식교환방식을 통해 합병하여 공개

제1편 경영전략
제2편 경영계획
제3편 사업성 분석과 평가
제4편 내부감사와 경영진단
제5편 기업공개
제6편 기업인수 합병
제7편 업적평가

법인으로 전환될 경우자본시장을 통해서 얻을 수 있는 혜택에는 다음의 것들이 있다.

이익소각 공개법인은 정관에 이익소각을 규정한 경우 배당가능 이익 범위 내에서 이사회 결의로 주식소각이 가능하다.

자기주식 취득 비공개법인은 불가피한 경우를 제외하고는 자기주식을 취득할 수 없으나 공개법인은 배당가능이익 범위 내에서 자기주식 취득이 가능하여 경영권 방어나 주가관리 등에 용이하다.

일반공모 증자 공개법인은 정관규정에 따라 이사회결의를 통해 주주의 신주인수권을 배제하고 불특정 다수인을 상대로 하여 용이하게 신주를 모집하여 자본을 조달할 수 있다.

의결권 없는 주식의 발행 한도 특례 상법상 의결권 없는 주식은 발행주식 총수의 1 / 4까지 발행할 수 있으나 주권상장법인이 외국에서 주식을 발행하거나 외국에서 발행한 해외전환사채·해외신주인수권부사채·기타 주식과 관련된 증권 또는 증서의 권리행사로 발행하는 의결권 없는 주식을 발행한도의 계산에 산입되지 않는다. 다만, 자본시장법의 의결권 없는 주식과 상법 규정에 의한 의결권 없는 주식을 합한 의결권 없는 주식의 총수는 발행주식 총수의 2분의 1을 초과하지 못한다.

주식배당 한도확대 비공개법인은 이익배당총액의 1 / 2까지 주식배당이 가능하나, 공개법인은 시가가 액면가액 이상일 경우 이익배당총액까지 주식배당이 가능하다.

신종사채 발행 가능 공개법인은 전환사채 및 신주인수권부사채 외에 이익참가부사채, 교환사채의 발행이 가능하다. 특히 자본시장법의 규정에 따라 주권상장법인은 취득하여 보유하고 있는 자사주를 기초로 교환사채를 발행할 수 있으므로 일반사채에 비하여 유리한 조건으로 자금조달이 가능하다.

사채발행 한도 비공개 법인은 순자산의 4배까지 사채를 발행할 수 있으나 공개법인은 전환사채와 신주인수권부사채에 대해 주식전환 또는 신주인수권 행사가 가능한 부분은 상법상 사채 발행한도의 제한을 받지 않는다.

주식의 액면미달발행 비공개법인은 주주총회 특별결의와 법원의 인가에 의하여 액면미달발행이 가능하나 공개법인은 주주총회 특별결의에 의해서만 액면미달발행이 가능하다.

■ 일반적 혜택

비공개법인이 공개법인을 인수하여 합병하거나 주식교환방식을 통해 합병하여 공개법인으로 전환될 경우 얻을 수 있는 일반적인 혜택에는 다음의 것들이 있다.

기업의 홍보효과 및 공신력 제고 공개법인은 국내외 투자자를 비롯한 많은 사람들의 관심의 대상이 되며 기업의 재무내용이나 경영상황이 신문·TV·증권 관계기관의 각종 자료 등을 통하여 국내외에 전달됨으로써 기업의 인지도를 제고하는 효과를 얻을 수 있다. 따라서 공개기업은 홍보효과를 통해 대외적인 신인도 제고는 물론 기업의 해외진출 및 해외합작투자를 모색할 경우에 공개기업으로서의 지명도를 최대한 활용 할 수 있다.

기업의 원활한 구조조정 추진 상장법인은 유가증권시장상장규정에서 정하고 있는 다양한 방법으로 구조조정을 추진할 수 있다. 즉 기업분할제도·지주회사제도 등 기업의 구조조정과 관련된 상장제도를 적극적으로 활용하여 기업의 목적에 맞는 방법으로 구조조정을 추진할 수 있다.

경영합리화 도모 기업의 재무내용 공시를 통해 동업종 타사와의 비교가 용이하고 주가를 통해 경영실적이 객관적으로 평가받게 되어 경영합리화를 도모하게 된다.

주주총회 소집절차의 간소화 상법상 주주총회의 소집통지는 각 주주에게 서면으로 하게 되어 있으나 상장법인은 의결권 있는 발행주식 총수의 1% 이하를 소유하는 주주에 대하여는 주주총회일 2주 전에 2개 이상의 일간신문에 각각 2회 이상 공고함으로써 주주총회의 소집통지를 갈음할 수 있다.

중소기업의 사업손실준비금 적립 상장법인이 사업손실을 보전할 목적으로 사업손실준비금을 손금으로 계산할 때에는 상장일이 속하는 연도를 포함하여 3년간 소득금액의 30% 범위 안에서 적립할 수 있다. 코스닥상장법인이 거래소에 상장한 경우에도 손금산입할 수 있는 과세연도는 합산하여 3년 이내로 한다.

자사주처분 손실준비금 적립 상장법인이 주가안정을 위하여 자사주를 취득한 경우 공주식의 처분에 따른 손실을 보전할 목적으로 준비금을 손금으로 계산할 때에는 당해 과세연도에 취득한 자기주식 취득가액의 30% 범위 내에서 소득금액 계산 시 이를 손금에 산입할 수 있다. 자기주식 취득 후 6개월 이내에 처분하는 경우 당해 자기주식에 상당하는 준비금은 처분연도에 익금으로 산입한다. 익금에 산입하지 아니한 준비금은 자기주식처분손실이 발생하는 경우 당해 손실과 상계하여야 하며, 상계 후 잔액은 손금산입연도 종료일로부터 5년째 되는 과세연도 소득금액계산 시 이를 익금에 산입한다.

제6편
기업인수합병

Chapter 13 합병

Chapter 13 M&A의 절차

Chapter 14 기업회생절차와 M&A

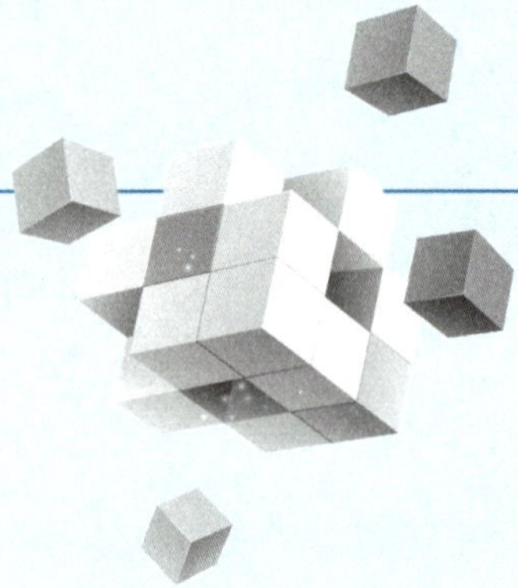

Chapter 12 합병

01 합병의 개요
02 합병비율과 합병가액
03 합병의 일반절차
04 합병의 특수절차

01 합병의 개요

합병이란 회사의 일부나 전부가 해산하게 되어 재산과 권리 그리고 의무가 포괄적으로 존속회사나 신설회사에 이전되어 회사의 구성원이 존속회사나 신설회사의 구성원으로 되는 것을 의미한다. 합병은 기업합동형태로서 경쟁력적인 부분의 강화를 위한 기업규모의 확장과 영업비 절약 등의 경영합리화, 경쟁의 회피와 시장의 확등의 목적으로 이루어지게 된다. 이러한 합병은 신설합병과 흡수합병으로 나누어지게 되는데, 신설합병은 현재의 회사를 모두 해산시키고 동시에 새로운 회사를 설립하게 되는 경우를 의미하며, 흡수합병은 현재의 회사는 존속하고 다른 회사는 해산을 하게 되는 경우를 말한다. 합병은 회사의 자유이지만 상법 및 특별법에서 제한을 하는 경우들이 있다.

1. 합병의 개념

회사는 자본집중에 의한 이윤추가라는 본래의 목적을 달성하기 위하여 내부적으로 기술혁신과 경영합리화를 도모하는 것에 만족하기 않고 생산비의 절감, 규모경제의 실현, 시장의 독점, 각종 조세의 감면 등의 경제적 요인에 의하여 외부적으로 다른 회사와 결합하게 된다. 이러한 기업결합 중에 가장 완전한 형태의 법형식이 바로 합병이다. 합병이란 두개 이상의 회사 또는 일부가 해산하고 소멸하면서 그 회사의 권리의무의 전부가 청산절차를 거치지 않고 합병으로 인하여 성립된 회사 또는 합병 후 존속하는 회사에 포괄적으로 승계되는 회사법상의 법률사실을 말한다. 회사의 합병으로 인하여 소멸

[합병·영업양수도·분할 절차의 비교]

구 분	합 병	분 할	영업양수도
근거법	상법	상법	상법
주주총회 결의여부	원칙은 필요하나 소규모합병시 불요	불요	중요한 영업양수도의 경우 해당
주주총회 승인요건	특별결의	특별결의	특별결의
반대주주의 주식매수청구권	원칙은 존재하나 소규모합병시 미해당	단순분할시 청구권 없음	주총승인을 받은 경우 청구권 있음
채권자 보호절차	있음	분할합병 시에는 있음	없음

된 회사의 권리의무는 신설회사 또는 존속회사에 포괄적으로 승계되고, 원칙적으로 소멸회사의 주주는 신설회사 또는 존속회사로 수용되는 효과가 발생한다.

합병의 본질이 무엇인가에 관해서는 크게 인격합일설과 현물출자설이 대립하고 있다.

인격합일설은 합병은 2개 이상의 회사가 하나의 회사로 합일되는 단체법상의 특별한 법률사실이라고 보는 입장이다. 이 견해에 의하면 합병에 의하여 회사가 하나로 합일되는 결과 회사재산의 이전이나 사원(주주)의 수용 등이 일어난다고 한다.

현물출자설은 합병은 해산하는 회사의 영업 전부를 현물 출자함으로써 새로운 회사가 설립되거나 존속하는 회사의 자본이 증가된다고 한다. 이 견해에 의하면 회사가 현물출자를 하지만 회사의 실질적 소유자로서 사원(주주)이 소멸회사의 재산을 이전한 대가를 받음으로써 소멸회사의 사원(주주)이 신설회사 또는 존속회사의 주식을 배정받아 그 사원(주주)가 된다고 한다. 현물출자설에 의하게 되면 재산의 이전을 초래하는 현물출자나 영업양도와 같은 다른 법현상과의 구분이 애매하게 된다.

대체로 입격합일설이 합병의 경제적 동기와 목적을 직접 설명하기에는 어려움이 있다고 해도, 인격합일설에 의할 때 채무초과회사의 합병과 무증자합병 및 합병에 따른 주주의 수용을 무리없이 설명할 수 있다는 점에서 다수의 지지를 받고 있다.

2. 합병의 종류

■ 신설합병과 흡수합병

합병에는 먼저 신설합병과 흡수합병으로 나눌 수 있다. 신설합병은 합병당사회사의 전부가 해산하고 그와 동시에 새로운 회사가 설립되어 해산회사의 권리의무를 포괄적으로 승계하는 방법이다. 이에 대해 흡수합병은 합병당사회사 중 하나의 회사만이 존속하고 나머지 회사는 모두 해산하고 존속회사가 해산회사의 권리의무를 포괄적으로 승계하는 방법이다. 실무상 이루어지는 합병은 대부분 흡수합병이고 신설합병의 예는 극히 드물다. 그 이유로서는 합병당사회사 간에 경제적 우열이 있어 우세한 쪽이 존속하기를 원하기 때문이기도 하고, 경제적으로 대등한 회사 사이의 합병이라고 하여 새로운 회사를 설립하는 것은 절차적·경제적 부담이 있을 뿐만 아니라 세제상의 유불리가 있기 때문이다.

■ 삼각합병과 역삼각합병

삼각합병은 지주회사법의 제정과 더불어 도입된 제도로써 모회사의 자회사가 제3의

회사와 합병하는 형태의 합병으로 이를 통해 모회사가 제3회사의 영업과 자산을 획득하는 것을 말한다. 삼각합병의 종류에는 전진형(forward)와 후진형(reverse)가 있는데, 전진형은 모회사가 자회사를 설립한 후 자회사에 대상회사를 흡수 합병시키는 것이고, 후진형은 모회사가 대상회사의 합병을 목적으로 자회사를 설립하고, 그 자회사가 대상회사에 합병되어 소멸되고 대상회사가 합병 후에 존속하는 형태이다.

역삼각합병은 자회사가 흡수합병하면서 소멸회사가 되고 상대방회사가 존속회사가 되고 자회사는 모회사의 주식을 주면서 재산이 없어 소멸하는 것이고 존속회사는 모회사의 주식을 갖고 자기회사의 주식을 모회사에 주게 되어 모회사의 자회사가 되는 것이다. 이는 모회사의 주식을 많이 갖는 것이 아니라 자회사가 가지고 있는 주식을 주되 모회사가 존속회사의 주식을 소유함으로써 모회사가 되는 형태이다. 자회사와 합병하면서 모회사의 주식을 준다는 의미이고 존속회사의 주식을 모회사가 소유함으로써 모회사가 존속회사의 모회사가 된다는 것이다.

■ 삼각분할합병

지난 2012년 개정 시행된 상법에서는 자회사(A)가 인수대상기업(B)를 인수하면서 그 대가로 모회사 주식(A)을 인수 대상회사 주주에게 교부할 수 있도록 하는 삼각합병만 허용되었지만 2016년3월부터 시행된 개정상법의 삼각분할합병은 인수하는 회사(A)는 인수대상 기업(B)에서 인수하고 싶은 특정사업부(B1)만 인수하고, B회사 주주에게는 A회사 지분이 아닌 A의 모회사(A‘)의 지분을 교부한다. 자회사 A의 인수합병이기에 A’회사는 주주총회를 열 필요가 없고 A’회사 주주 에게 매수청구권이 발생하지 않는다. 주주총회는 B회사에서만 1회 열리고, 매수청구권 또한 분할 된 B1 주주로 한정된다. 따라서 매수청구권이 최소화된다. A회사와 합병에 불만이 있는 B 주주는 자회사 A가 아닌 A’회사(모회사 혹은 지주회사) 주식을 배정받기에 반대도 많지 않을 것으로 판단된다. 따라서 인수 기업 입장에서는 지분율이 부족한 핵심회사 및 사업부 지배력 강화할 수 있고, 오너 입장에서는 보유 중인 자회사를 통해 모회사 격인 지주사 지분율을 높이는 방안으로 활용될 수 있다.

■ 간이합병과 소규모합병

주식회사가 합병하는 경우에는 합병당사회사의 주주총회의 특별결의가 필요한데, 상법은 경우에 따라 흡수합병시 소멸회사 또는 존속회사의 이사회의 승인결의로 주주총회의 승인결의에 갈음할 수 있는 간이합병과 소규모합병을 인정하고 있다. 간이합병은 흡수합병시 소멸회사의 총주주의 동의가 있거나 존속회사가 소멸회사의 발행주식 총수의 100분의 90 이상에 해당하는 주식을 소유하고 있는 때에는 소멸회사의 주주총회의 승인결의 없이 이사회의 결의만으로 합병할 수 있다.

소규모합병은 흡수합병시 존속회사가 합병으로 인하여 발행하는 신주의 종수가 그 발행주식 총수의 100분의 10을 초과하지 않고 또 존속회사가 소멸회사의 주주에게 지급할 합병교부금을 정한 경우에 그 합병교부금이 존속회사의 최종의 대차대조표상의 순자산액의 100분의 5를 초과하지 않는 때에는 존속회사의 주주총회의 결의 없이 이사회의 결의만으로 합병할 수 있다. 그러나 합병 후 존속하는 회사의 발행주식 총수의 100분의 20 이상에 해당하는 주식을 가진 주주의 반대가 있는 때에는 이 절차를 이용할 수 없다.

간이합병과 소규모합병은 주주총회를 소집하는 것이 무의미하거나 그 실익이 없는 경우에 주주총회의 소집에 드는 시간과 사무적 부담을 들어 줌으로써 합병의 신속과 편의를 도모하기 위하여 빈번하게 이용되고 있다. 어느 경우나 주주의 참가 없이 이사회가 행하는 결의의 공정성 문제가 제기될 수 있다.

3. 합병의 자유와 제한

■ 종류가 다른 회사 간의 합병

회사는 다른 종류의 회사와도 합병을 할 수 있지만, 합병당사회사가 주식회사이거나 유한회사일 때에는 합병에 대한 제한이 있다. 즉 합병당사회사 중 일방 또는 쌍방이 주식회사나 유한회사인 때에는 합병 후 존속하는 회사 또는 신설되는 회사는 주식회사 또는 유한회사이어야 한다(상법 제174조 제2항). 그 이유는 주식회사 또는 유한회사가 합병하여 합명회사 또는 합자회사로 신설되거나 존속함으로써 주주 또는 사원이 무한책임을 지는 것을 방지하는데 있다.

주식회사와 유한회사가 합병을 하는 경우 법원의 인가를 얻지 아니하면 주식회사를 신설회사 또는 존속회사로 하지 못하고, 주식회사가 사채를 상환하기 전에는 유한회사를 신설회사 또는 존속회사로 하지 못한다. 이는 유한회사에 인정되는 사원의 자본전보책임을 합병을 통해 회피하거나, 사채를 발행할 수 없는 유한회사가 합병에 의해 사채상환의무를 부담하게 되는 것을 방지하기 위함이다.

청산중의 회사 등의 합병

해산 후 청산중에 있는 회사도 청산이 주주총회에 의한 결산보고서의 승인되기 전까지는 합병할 수 있으나 반드시 존립중의 회사를 존속회사로 하여야 한다. 파산절차 중인 회사는 파산재단의 관리·처분권한이 파산관재인에게 전속하여(채무자 회생 및 파산에 관한 법) 주주총회가 합병승인결의를 할 수 없기 때문에 합병할 수 없다. 그러나 회사정리절차 또는 갱생절차 중인 회사는 정리절차 또는 갱생절차에 의하여 합병할 수 있다.

채무초과회사의 합병 또는 무증자합병

존속회사가 자본금을 증가시키지 않는 합병을 할 수 있는가에 관해서는 다툼이 있었다. 존속회사가 합병대가로 교부할 수 있는 충분한 자기주식을 가지고 있는 경우에는 신주를 발행할 필요가 없고, 존속회사가 100% 지분을 소유하고 있는 자회사를 흡수합병하는 경우에는 합병신주를 배정할 수도 있다는 견해와 배정하지 않아도 된다는 견해가 대립하고 있었다. 금전교부합병(교부금합병) 또는 현물제공합병이 허용되는 개정 상법에서는 무증자합병이 당연히 발생하게 되고, 채무초과회사를 소멸회사로 할 경우에는 이를 인정할 필요가 있다. 합병의 본질을 인격의 합일로 보는 한 무증자합병은 자연스럽게 인정된다고 본다. 실제 무증자합병의 사례가 있으며, 등기실무도 가능한 것으로 취급하고 있다.

존속회사가 해산회사의 주식을 가지고 있는 경우 그 주식에 배정되는 존속회사의 주식은 자기주식에 해당하여 취득이 금지된다고 볼 여지도 있고, 해산회사가 자기주식을 소유하는 경우 그 주식에 대해 존속회사의 주식을 발행하게 되면 해산회사가 청산절차 없이 소멸하는 합병의 성질상에 반하게 되는 점을 생각한다면 무증자합병은 인정되어야 한다고 본다.

채무초과상태에 있는 물적회사의 경우에는 국민경제적 차원에서 법령상 인정하거나 사원권이 희석되는 다른 합병당사회사의 사원 전원의 동의가 있는 경우를 제외하고 사원권 보호의 관점에서 원칙적으로 허용되지 아니한다고 하고, 대법원도 채무초과회사를 해산회사로 하는 합병을 불허하고 있다고 한다.

기타 법령상의 제한 또는 규제

일정한 거래분야에서 경쟁을 실질적으로 제한하는 합병은 영업양도 등과 마찬가지로 허용되지 않는다.(독점규제법) 대규모 회사가 합병 등 기업결합행위를 하는 경우에는 주주총회의 결의가 있은 후 30일 이내에 공정거래위원회애 신고하여야 하며 신고 후 30일 이 경과할 때까지는 합병등기, 영업양수의 이행행위 등을 할 수 없다.

특정한 업종을 영위하는 법인간의 합병 등에 대해서는 주무관청의 인·허가를 받아야 한다. 예컨대 주권상장법인이 다른 법인과 합병·영업양수도·주식의 포괄적 교환과 이전·분할 또는 분할합병을 하는 때에는 대통령령으로 정하는 요건과 방법 등의 기준에 따라야 하고, 주무관청의 승인을 받아야 한다(자본시장과 금융투자업에 관한 법률)

4. 합병의 효과

■ 회사의 소멸과 정관의 변경 또는 회사의 설립

합병등기를 한 때에는 합병당사회사의 일부 또는 전부가 해산과 동시에 소멸하고 소멸회사의 주주는 그 자격을 상실한다. 합병의 경우에는 해산한 회사는 당연히 소멸하고 청산절차를 밟을 필요가 없다. 흡수합병의 경우에는 합병등기 시에 합병계약과 합병결의에 따라 정관이 변경되고, 신설합병의 경우에는 새로운 회사가 설립된다.

■ 권리의무의 포괄적 승계

신설회사 또는 존속회사는 합병에 의하여 소멸회사의 권리의무를 포괄적으로 승계한다. 권리의무의 승계는 법률상 당연히 이루어지는 것으로 각개의 권리의무에 관하여 개별적 이전행위를 하거나 채무인수절차를 밟을 필요는 없다. 그러나 신설회사 또는 존속회사가 포괄승계한 권리를 처분하기 위해서는 등기·등록 등 공시방법을 갖추어야 하고, 권리의 이전에 대항요건을 필요로 하는 경우에는 제3자에 대항하기 위해서는 대항요건을 갖추어야 한다. 소멸회사의 권리의무는 포괄적으로 승계되기 때문에 특약으로 재산의 일부 또는 영업의 일부를 승계대상에서 제외할 수는 없다. 따라서 소멸회사의 채무의 전부 또는 일부를 승계하지 않는다는 뜻의 합병승인결의를 하더라도 승계하지 아니한다는 뜻의 조항은 무효로 된다.

■ 공법상의 권리의무 및 형사책임 등의 승계

합병에 의하여 소멸회사의 공법상의 권리의무가 신설회사 또는 존속회사에 승계되는지의 여부는 해당 공법상의 제도의 취지에 따라 개별적으로 판단되어야 할 것이지만, 원칙적으로 공법상의 권리의무도 승계되는 권리의무에 포함된다. 신설회사 또는 존속회사에 대하여 소멸회사의 형사책임을 추궁할 수는 없다. 그러나 이미 소멸회사에 대하여

벌금 등이 확정된 경우에는 합병에 의한 신설회사 또는 합병 후의 존속회사에 대하여 집행할 수 있다(형사소송법). 소멸회사가 당사자로 된 민사소송은 합병에 의하여 중단되고 신설회사 또는 존속회사가 이를 수계한다(민사소송법). 소멸회사를 피고로 하는 회사법상의 소도 합병에 의하여 소의 이익이 소멸하는 예외적인 것(이사선임결의취소의 소 등)을 제외하고는 원칙적으로 신설회사 또는 존속회사에 승계된다고 본다. 주주의 신주인수권을 무시한 신주발행은 합병 후에도 주주가 소유하는 주식의 비율에 영향을 미치기 때문에 소멸회사를 피고를 한 신주발행무효의 소도 신설회사 또는 존속회사에 승계된다. 반면에 소멸회사에 대하여 소를 제기한 원고주주가 흡수합병시 존속회사의 주식을 배정받지 못한 때에는 존속회사의 주주자격을 갖지 못하기 때문에 원고적격을 상실한다.

02 합병비율과 합병가액

기업이 합병하는 경우 합병회사는 피합병회사의 자산과 부채를 승계하고 그 대가로서 합병회사의 신주를 교부하게 되며, 이때 승계된 피합병회사의 순자산가액과 그 대가로서 지급하는 합병회사 주식가액과의 비율을 합병비율이라 한다. 따라서 합병비율은 피합병회사의 주식과 합병회사의 주식과의 주식 교환비율(stock exchange ratio)을 의미한다. 이러한 합병비율은 합병당사회사간의 협의에 의하여 결정되며, 주주의 입장에서 볼 때 합병비율은 합병당사회사의 객관적 기업가치 또는 1주의 내재적 가치에 상응하도록 공정하게 결정되는 것이 바람직하다. 기업이 합병을 하는 경우 합병회사는 피합병회사의 자산과 부채를 승계하고 그 대가로서 합병회사의 주식을 발행하여 교부하여야 한다. 기업합병의 대가는 원칙적으로 주식이어야 하기 때문에 합병비율은 합병으로 인하여 수입하는 피합병회사의 순자산가액과 그 대가로서 지급하는 합병회사 주식가액과의 비율을 말하며 이는 곧 합병회사의 주식과 피합병회사의 주식과의 주식교환비율이라고 할 수 있다.

1. 합병비율산정을 위한 평가방법

기업이 합병을 하는 경우 합병회사는 피합병회사의 자산과 부채를 승계하고 그 대가로서 합병회사의 주식을 발행하여 교부하여야 한다. 기업합병의 대가는 원칙적으로 주식이어야 하기 때문에 합병비율은 합병으로 인하여 수입하는 피합병회사의 순자산가액과 그 대가로서 지급하는 합병회사 주식가액과의 비율을 말하며 이는 곧 합병회사의 주식과 피합병회사의 주식과의 주식교환비율이라고 할 수 있다. 합병비율을 결정하려면 합병 당사회사에 있어서는 기업의 평가가 먼저 이루어져야 하며 이러한 기업의 평가에 따라 합병대가를 결정할 수 있게 된다.

기업가치 평가방법

결론부터 말하면 대상기업에 대한 객관적인 평가기준은 존재하지 않는다. 특히 우리나라의 M&A의 역사는 일천하기 때문에 기업가치 평가방법이 케이스로 축적되어 참고할 만한 것이 적고 일반화된 평가방법이 도출되었다고 보기 어렵다. 다만, 합병당사법인에 상장법인이 포함되어 있을 경우에는 자본시장법 및 동법 시행령, 유가증권발행 및 공시에 관한 규정 등에 의하여 평가방법이 규정되어 있으므로 이를 검토하여야 한다.

[합병비율 결정을 위한 평가기법]

평 가 기 법	내 용	비 고
유가증권발행 및 공시에 관한 정(본질가치산정방식)	자산수준과 수익가치의 가중 평균치로서 미래가치인 수익가치의 비중이 60%임.	실무적으로 가장 빈번히 사용되나, 이론적 충실성 부족
상속, 증여세법에 의한 평가	과거 3년간 순손익가치와 최근 사업연도의 순자산가치중 큰 금액	참고목적 사용 / 신생 벤처기업의 경우 적용 곤란
현금흐름(CF)할인법	미래의 영업 현금흐름을 리스크 프레미엄을 반영한 할인율로 현재가치화	이론적으로 유력하며, 실무적으로도 많이 이용
PER Analysis	동 업종 상장기업의 PER를 적용하여 미래 기업가치 추정	시장적 접근법으로 참고목적 사용
상대가치법	유사업종 상장사의 주가와 주당 순자산, 경상이익등을 기준으로 발행사의 동 지표를 비교하여 산정함	참고목적 사용
배당평가모형	향후 배당금 예측하여 일정한 할인율로 현재가치화	실무적으로 거의 미적용
경제적 부가가치(EVA)	자본비용 초과분 영업이익을 가중평균 자본비용으로 할인	실무적으로 거의 미적용
Revenue승수법	업종별로 매출액에 일정한 승수를 곱하여 가치 추정	VC가 실무적으로 이용. 승수의 이론적 근거취약
가입자 단가법	회원 또는 서비스가입자의 단위당 일정단가 적용	VC가 특정업종에 적용

2. 합병가액의 산정

■ 기업공개 여부에 따른 산정

합병회사	피합병회사	합병회사	피합병회사
비공개	비공개	제한 없음	제한 없음
공 개	비공개	기준주가, 기준주가 산정 불가 시 본질가치	$\frac{\text{자산가치} \times 1 + \text{상대가치} \times \frac{1.5}{2.5} + \text{상대가치}}{2}$ 상대가치를 산정할 수 없는 경우에는 자산가치와 수익가치를 가중 평균 산정
공 개	공 개	기준주가	기준주가
분석 기준일		주요사항보고서를 제출하는 날의 5일 전일	

■ 합병가액의 산정방법

기준주가 산정방법

합병가액	산 정 내 역
기준주가	기준주가 = MIN[(ⓐ + ⓑ + ⓒ) / 3, ⓒ] ⓐ 이사회결의일과 합병계약을 체결한 날 중 앞서는 날의 전일을 기산일로 거래량으로 가중한 1개월 평균종가 ⓑ 최근 1주일간 평균종가 ⓒ 최근일의 종가

본질가치 산정방법 본질가치는 다음에서 산정하는 자산가치와 수익가치를 각각 4 : 6으로 가중 평균하여 산정한다.

구 분	산 정 방 법
자산가치	(A)
수익가치	(B)
본질가치	C = (A × 0.4) + (B × 0.6)
규 정	증권의 발행 및 공시 등에 관한 규정

자산가치 산정방법 자산가치는 주요사항보고서를 제출하는 사업연도의 직전 연도말 자본총계에서 다음과 같은 사항을 가감하여 산정한다.

구 분	산 정 방 법
1. 합병신고서 제출일 직전연도 감사보고서상 자본총계	A
(1) 가산항목	B = a + b + c
- 자기주식	a
- 결산기 이후 유상증자액	b
- 결산기 이후 자본잉여금 증가액	c
(2) 차감항목	C = a + b + c + d + e + f + g
- 무형자산	a
- 회수불능채권	b
- 투자주식 및 관계회사 주식 평가	c
- 퇴직급여충당금 부족 설정액	d
- 전환권 및 신주인수권 대가	e
- 결산기 이후 특별손실	f
- 결산기 이후 전기 오류수정손실	g
2. 순자산	D = A + B + C
3. 발행주식 총수	E = a + b + c
- 최근 사업연도말 발행 주식수	a
- 결산기 이후 유상증자 주식수	b
- 결산기 이후 무상증자 주식수	c
4. 1주당 자산가치	F = D / E
규 정	증권의 발행 및 공시 등에 관한 규정

수익가치 산정방법 수익가치는 다음과 같이 주요사항보고서를 제출하는 사업연도와 그 다음 사업연도 2개년을 추정하여 산정한 주당 추정이익을 자본환원율(할인율)로 할인하여 산정한다. 수익가치를 할인하기 위한 할인율은 분 석기준일 현재 국민, 우리, 신한, 외환은행 등 4개 은행의 1년 만기 정기예금 최저이율 평균치의 1.5배를 적용한다.

구 분	T=1	T=2	산정방법
1. 추정연도 경상이익			A
2. 유상증자 추정이익			B
3. 소 계			C = A + B
4. 법인세등			D
5. 각사업연도추정이익	a	b	E = C - D
6. 발행주식 총수	c	d	
7. 1주당추정이익	F = a / c	G = b / d	
8. 추정연도별가중치	60%	40%	
9. 1주당평균추정이익	F × 60%	G × 40%	H
10. 자본환원율			I
11. 1주당수익가치			J = I / H
규 정	증권의 발행 및 공시 등에 관한 규정		

상대가치 산정방법

구 분	산 정 방 법
1. 상대가치	상대가치 =MIN[①, ②] ① 유사회사별 비교가치를 평균한 가액의 30% 이상을 할인한 가액 ② 유사회사 주가의 평균치 ※ 유사회사 주가는 분석기준일 전일부터 소급하여 1월간 종가의 산술평균으로 함.
2. 상대가치 산출요약	① 유사회사별로 비교가치를 평균한 가액의 30% 이상을 할인한 가액 ② 유사회사별 비교가치 $\text{유사회사주가} \times \left(\frac{\text{발행회사주당경상이익}}{\text{유사회사주당 경상이익}} + \frac{\text{유사회사 주당순자산}}{\text{발행회사주당순자산}} \right) \times \frac{1}{2}$ ③ 주당경상이익 $\left(\frac{\text{최근연도 경상이익}}{\text{발행회사주식총수}} + \frac{\text{직전연도 경상이익}}{\text{발행주식총수}} \right) \times \frac{1}{2}$ ④ 발행주식총수는 분석기준일 현재를 기준으로 산정.
3. 유사회사의 조건	유사회사는 평가대상회사와 자본금, 매출액, 주요재무비율, 주당순이익, 제품구성비 등이 유사한 공개법인으로서 다음의 요건을 충족하는 2개 이상의 주권상장법인으로 한다. ① 주당경상이익이 액면가액의 10% 이상일 것 ② 주당순자산이 액면가액 이상일 것 ③ 상장 또는 협회등록일이 속하는 사업연도의 결산을 종료하였을 것 ④ 최근사업연도 감사의견이 적정 또는 한정일 것
4. 규 정	증권의 발행 및 공시 등에 관한 규정

3. 합병가액의 공정성 확보

■ 외부평가기관의 평가의무

합병가액의 공정성을 확보하기 위한 외부평가기관의 평가의무는 다음과 같다.

- 주권상장법인과 주권상장법인이 합병하여 주권상장법인이 되는 경우에는 원칙적으로 외부평가를 받을 의무가 없으나 예외적으로 유가증권시장 상장법인과 코스닥시장 상장법인 간 합병의 경우로서 기준가격을 산정할 수 없는 때에는 외부평가를 받아야 한다.
- 주권상장법인과 주권비상장법인이 합병하여 주권상장법인이 되는 경우에는 외부평가기관의 외부평가를 받아야 한다.
- 주권상장법인이 다른 법인과 합병하여 주권비상장법인이 되는 경우에는 원칙적으로 외부평가를 받아야 하나 합병 당사회사가 모두 기준주가에 따라 합병가액을 산정하는 경우에는 외부평가를 받지 않을 수 있다.
- 정부의 문서 등에 의한 합병 시 합병 당사회사가 계열회사 관계에 있고 합병가액을 시장에서의 거래가격으로 산정하지 않고 합병하는 경우에는 외부평가기관의 평가를 의무화하고 있다.

■ 외부평가기관

외부평가기관으로서는 인수업무 및 모집·사모·매출의 주선 업무를 인가받은 자, 신용정보의 이용 및 보호에 관한 법률 제4조에 따라 신용평가업무에 대하여 허가를 받은 자, 공인회계사법에 따른 회계법인으로 구분할 수 있다.

■ 부실평가 방지장치

외부평가기관이 평가의 대상이 되는 법인과 다음의 특별관계가 있는 경우에는 평가를 금지한다.

- 외부평가기관이 합병당사회사에 그 자본금의 3% 이상을 출자하고 있는 경우 또는 그 반대의 경우
- 외부평가기관에 그 자본금의 5% 이상을 출자하고 있는 주주와 합병당사법인에 그 자본금의 5% 이상을 출자하고 있는 주주가 동일인이거나 그 특수관계인인 경우. 단, 기관투자자로서 실질 지배관계에 있지 않는 경우는 예외에 속한다.
- 외부평가기관의 임원이 합병당사회사에 1% 이상 출자하고 있는 경우 또는 그 반대의 경우

- 외부평가기관 또는 합병당사회사의 임원이 합병당사회사 또는 외부평가기관의 주요주주의 특수 관계인인 경우
- 동일인이 외부평가기관 및 합병당사회사의 주요한 경영사항에 대하여 사실상 영향력을 행사하는 관계에 있는 경우
- 외부평가기관이 합병 당사회사의 감사인인 경우

03 합병의 일반절차

주식회사가 합병을 함에는 합병계약을 체결하기 전에 합병당사회사는 다양한 방법으로 합병을 위한 조사와 교섭을 진행한다. 그런 다음 합병계약을 체결하고 합병계약서에 대한 주주총회의 승인결의를 거쳐 채권자이의절차를 밟게 된다. 합병에 반대하는 주주가 있는 때에는 주식의 매수를 청구하게 된다. 소멸회사의 주주에 대해 주권제출에 관한 공고와 통지를 하여 신주권을 교부하고, 소멸회사의 재산 등을 이전하는 절차를 이행한 후 합병등기를 한다. 합병에 관한 이해관계자에게 필요한 정보를 제공하기 위하여 합병서류를 사전과 사후에 공시하여야 한다. 합병은 이와 같은 일련의 절차를 거쳐 완성된다.

■ 합병대상회사에 대한 조사와 교섭

기업 인수합병이 오랜 기간 거래관계에 있던 회사 사이에서 이루어지든 금융기관의 중개에 의하든, 합병계약을 체결하기 전에 먼저 기업인수합병의 상대방회사에 대해 조사와 교섭을 행한다. 통상의 절차로서는 비밀준수계약을 체결한 후 상대방회사에 관한 미공개정보를 포함한 정보를 입수하고, 그 정보가 진실하다는 가정 하에 합병비율 등 합병조건을 제시하고 이에 대해 합의가 성립하면 기본합의서를 작성한다. 곧이어 합병대상회사에 대한 실지조사를 실시하고 이 때 알게 된 사실을 기초로 재차 합병비율 등 합병조건에 관한 교섭이 이루어지고, 합의가 성립되면 최종적으로 합병계약서를 작성한다. 영업재산의 인도 후에 합병대상회사는 자산과 부채 등을 검사하고 절차상 가능하다면 그 결과에 기하여 합병비율 등의 수정이 이루어진다. 이 과정에서 교섭기간 중에는 매수대상회사는 다른 회사와 인수합병 등의 교섭을 금지하는 합의를 하기도 한다.

■ 합병계약서의 작성

주식회사가 합병을 하는 경우에는 합병당사회사는 회사의 대표기관을 통해 합병계약을 체결하고 일정한 사항을 기재한 합병계약서를 작성하여 주주총회의 승인을 얻어야 한다. 합병계약은 합병에 관한 단체법상의 특별한 계약으로서 합병조건, 존속회사 또는 신설회사의 조직·체제, 합병절차의 진행 등 합병의 기본적 사항을 정하게 된다. 합병계약의 내용은 합병당사회사 및 주주 등 이해관계자에 대해 미치는 영향이 크기 때문에 그 내용의 결정에 대해서 단체법적인 제약이 많고 사적자치가 크게 제한을 받게 된다. 상법은 합병계약서에 기재할 사항을 합병의 종류에 따라 다르게 정하고 있다. 합병계약서에 기재해야 할 사항은 신주의 배정사항이나, 금전교부합병 등에 관한 사항 등 법정사항 외에 임의적 기재사항으로서 합병당사회사의 선관의무, 합병조건의 변경, 합병계약의 해제, 재산의 인계, 임원의 퇴직금, 근로자의 승계 등을 합병계약서에 기재할 수 있다. 또한 실제로 그렇게 하고 있다.

■ 채권자이의절차

합병에 의해 합병당사회사의 일부 또는 전부가 소멸하게 되고, 경영상태가 좋지 아니한 회사와 합병을 하는 경우에는 책임재산의 악화에 따라 채권회수가 곤란해지는 위험이 있게 된다. 또한 합병계약에서 존속회사 또는 신설회사의 증가할 자본금과 준비금의 총액을 어떻게 정하는가에 따라 존속회사 또는 신설회사의 자본금과 준비금의 총액이 합병전의 합병당사회사의 자본금과 준비금의 총액보다 적어지는 경우가 발생할 수 있다. 따라서 합병으로 인하여 합병전보다 불리한 지위에 처할 수 있는 채권자를 보호하기 위하여 상법은 합병당사회사로 하여금 채권자이의절차를 밟도록 하고 있다.

회사는 합병승인결의가 있은 날부터 2주 내에 회사채권자에 대하여 합병에 이의가 있으면 1월 이상의 일정한 기간 내에 이의를 제출할 것을 공고하고, 알고 있는 채권자에 대하여 이를 각각 최고하여야 한다(상법). 여기서 회사가 '알고 있는 채권자'란 채권자가 누구이고 채권이 어떠한 내용의 청구권인지가 대체로 회사에 알려져 있는 채권자를 말한다. 간이합병과 소규모합병의 경우에는 공고·최고의 기간은 이사회의 결의가 있은 날로부터 기산한다.

채권자가 위 기간 내에 이의제출을 하지 아니한 때에는 합병을 승인한 것으로 본다. 채권자가 이의제출을 한 때에는 회사는 그 채권자에 대하여 변제 또는 상당한 담보를 제출하거나 이를 목적으로 하여 상당한 재산을 신탁회사에 신탁하여야 한다. 주식회사의 사채권자가 회사에 이의를 제출하는 경우에는 사채권자집회의 결의가 있어야 하고, 이 경우 법원은 이해관계인의 청구에 의하여 사채권자를 위하여 이의제출기한을 연장할 수 있다

1. 흡수합병 절차

합병계약서의 작성

합병을 위해서는 먼저 이사회의 결의에 의하여 당사자 간의 합병계약을 체결하게 된다. 이사회에서 결의하여야 할 사항으로는 합병목적·합병방법·합병비율·합병교부금·합병 후 자본금 및 주식 수·합병계약일·합병기일·배당기산일·주식매수청구권 등이 포함된다.

흡수합병계약서의 법정기재사항은 다음과 같다.

- 존속하는 회사가 합병으로 인하여 발행할 주식총수를 증가한 때에는 그 주식의 총수·종류와 수, 이는 소멸회사의 주주에게 교부할 신주를 발행하기에 발행 예정 주식 총수가 부족한 때에는 이를 증가 변경하여야 하므로 이를 기재 사항으로 한 것이다.
- 존속하는 회사의 증가할 자본과 준비금 총액, 존속회사가 소멸회사로부터 승계하는 것은 소멸회사의 실질 재산이므로 합병당사회사의 자본이나 준비금의 합계가 합병 후의 자본이나 준비금의 액이 되는 것은 아니다.
- 존속하는 회사가 합병 당시에 발행하는 신주의 총수·종류와 수 및 합병으로 인하여 소멸하는 회사의 주주에 대한 신주의 배정에 관한 사항, 소멸회사의 주주가 받을 주식의 내용과 배정비율에 관한 것을 정한 것이다. 이는 합병당사회사의 재산 상태에 따라 결정된다.
- 존속하는 회사가 합병으로 인하여 소멸하는 회사의 주주에게 지급할 금액을 정한 때에는 그 규정, 이를 보통 합병교부금이라고 한다. 주식을 전혀 교부하지 않고 금전만을 교부할 수는 없다.
- 각 회사가 승인결의를 할 사원총회 또는 주주총회의 기일, 합병계약서는 주주총회의 특별결의에 의한 승인을 얻어야 하며 이는 합병의 효력발생요건이다.
- 합병을 할 날, 이것을 합병기일이라고 한다. 합병의 효력은 등기에 의하여 발생하므로 합병의 효력발생일과는 관계가 없다.
- 존속하는 회사가 합병으로 인하여 정관을 변경하기로 정한 때에는 그 규정
- 소규모합병의 경우 존속하는 회사 주주총회의 승인을 이사회의 승인으로 갈음하는 경우에 존속하는 회사의 합병계약서 주주총회의 승인을 얻지 아니하고 합병을 한다는 뜻
- 기 타

이상의 법정기재사항 외에 소멸회사의 해산비용·대차대조표작성 등에 관한 임의적인 기재사항을 기재할 수 있을 것이다.

■ 주요사항보고서 제출

사업보고서 제출 대상법인이 다른 법인과 합병계약을 체결하거나 이사회에서 합병을 결의한 때에는 그 다음날까지 주요사항보고서를 금융위원회와 한국거래소에 제출하여야 한다.

주요사항보고서에 기재해야 할 사항은 다음과 같다.

- 합병의 개요
- 합병의 목적
- 합병의 방법
- 합병의 요령
- 합병비율 및 그 산출근거
- 상장법인이 비상장 법인과 합병 시 외부전문기관의 평가의견 요약
- 합병 당사회사 간의 출자, 채무보증 기타 거래
- 주식매수청구권의 내용 및 행사에 관한 사항
- 기타 투자자보호에 필요한 사항
- 합병당사회사에 관한 사항
- 회사의 개황
- 사업의 내용
- 재무에 관한 사항
- 감사인의 감사의견
- 관계회사 등의 현황
- 임원 및 종업원에 관한 사항
- 주식에 관한 사항
- 기타 필요한 사항

■ 기업결합신고

자산총액 또는 매출액의 규모가 2조원 이상인 기업결합신고대상인 회사가 회사자산총액 또는 매출액의 규모가 2천억원 이상인 기업결합 대상회사를 합병하는 경우에는 공정거래위원회에 합병등기일로부터 30일 이내에 신고해야 한다.

■ 합병계약서 등의 공시

합병결의를 하기 위한 주주총회일의 2주 전부터 합병을 한 날 이후 6월이 경과하는 날까지 다음 각 호의 서류를 본점에 비치하여야 한다.

- 합병계약서
- 합병으로 인하여 소멸하는 회사의 주주에게 발행하는 주식의 배정에 관하여 그 이유를 기재한 서면
- 각 회사의 최종의 대차대조표와 손익계산서

주주 및 채권자는 영업시간 내에는 언제든지 그 열람을 청구할 수 있고, 비용을 지급하여 등본이나 초본의 교부를 청구할 수 있다.

■ 합병승인총회

주식회사가 합병을 함에는 합병계약서를 작성하여 주주총회의 특별결의에 의한 승인을 얻어야 한다. 합병승인 주주총회에 앞서 주주권을 행사할 자를 확정하기 위해 주주명부 폐쇄 및 기준일을 정한 때에는 그 기간 또는 2주 전에 공고하여야 하며 합병승인 주주총회일의 2주간 전에 각 주주에게 서면으로 합병계약의 요령을 기재한 소집통지를 발송해야 한다. 상장법인의 경우 합병승인 주주총회 소집을 위하여 주주에게 통지하는 경우에는 주요사항보고서에 기재한 합병의 개요와 주요사항보고서를 위원회에 제출한 사실 및 시기 등을 요약하며 함께 통지 또는 공고해야 하며, 그 문안을 사전에 금융위원회에 제출하여야 할 뿐만 아니라 영업현황 등 사업개요와 주주총회의 목적사항별로 금융위원회가 정하는 방법에 따라 작성한 참고서류를 통지·공고하거나 일정한 장소에 이를 비치하여야 한다.

간이합병의 경우에는 상법이 규정한 조건하에서 합병으로 인하여 소멸하는 회사 주주총회의 승인은 이를 이사회의 승인으로 갈음할 수 있다. 소규모합병의 경우에는 합병 후 존속하는 회사가 합병으로 인하여 발행하는 신주의 총수가 그 회사의 발행주식 총수의 100분의 5를 초과하지 아니하는 때에는 그 존속하는 회사 주주총회의 승인은 이를 이사회의 승인으로 갈음할 수 있다.

■ 합병반대 주주의 주식매수청구

합병계약서의 주주총회의 승인에 관하여 이사회의 결의가 있는 때에 그 결의에 반대

하는 주주는 주주총회 전에 회사에 대하여 서면으로 그 결의에 반대하는 의사를 통지한 경우에는 그 총회의 결의일로부터 20일 이내에 주식의 종류와 수를 기재한 서면으로 회사에 대하여 자기가 소유하고 있는 주식의 매수를 청구할 수 있다.

간이합병의 경우 공고 또는 통지를 한 날로부터 2주 내에 회사에 대하여 서면으로 합병에 대한 반대의사를 통지한 주주는 그 기간이 경과한 날부터 20일 이내에 주식의 종류와 수를 기재한 서면으로 회사에 대하여 자기가 소유하고 있는 주식의 매수를 청구할 수 있다.

■ 채권자보호절차의 이행

합병계약서에 대한 주주총회의 승인결의가 있는 날부터 2주 내에 채권자에 대하여 합병에 이의가 있으면 1월 이상의 기간 내에 이를 제출할 것을 공고하고 알고 있는 채권자에 대하여는 따로따로 이를 최고하여야 한다. 단, 간이합병과 소규모합병의 경우에는 이사회의 승인결의를 주주총회의 승인결의로 본다. 채권자가 이러한 기간 내에 이의를 제출하지 아니한 때에는 합병을 승인한 것으로 보며, 이의를 제출한 채권자가 있는 때에는 회사는 그 채권자에 대하여 변제 또는 상당한 담보를 제공하거나 이를 목적으로 하여 상당한 재산을 신탁회사에 신탁하여야 한다. 합병 후 소멸하는 회사의 재무제표상에 채무가 없다는 이유만으로는 그 절차를 생략하거나 보다 간략한 방법으로 채권자의 보호절차를 밟을 수 없다.

■ 구 주권제출 공고

소멸회사의 1주에 대하여 존속회사의 주식 1주를 부여하는 1 : 1의 합병의 경우 외에는 소멸회사의 주식에 관하여 합병 또는 분할을 하여야 하므로, 1월 이상의 기간을 정하여 그 뜻과 그 기간 내에 주권을 회사에 제출할 것을 공고하고 주주명부에 기재된 주주와 질권자에 대하여는 각별로 그 통지를 하여야 한다. 즉 소멸회사의 1주에 대하여 존속회사의 주식 수주를 부여하거나 소멸회사의 수주에 대하여 존속회의의 주식 1주를 부여하는 경우에 주권제출공고를 하여야 하는 것이다. 소멸회사의 주식 1주에 대하여 존속회사의 주식 1주를 부여하는 경우에는 주권제출의 공고가 필요 없다. 공고는 소멸회사의 정관 소정의 공고방법에 의하여야 한다. 합병에 적당하지 아니한 단주가 발생하면 이는 상법에서 규정하고 있는 단주처리방식에 의한다.

합병실행

합병계약서에 정해진 합병기일에 소멸회사의 재산 및 주주관계서류가 존속회사에 인도되고 소멸회사의 주주에게 신주가 배정되게 되는데 합병의 효력은 등기에 의해 발생하지만, 합병기일에 주주명부의 합산이나 사채원부의 합산 등의 절차를 실행하게 된다. 합병기일을 선정함에 있어서는 주식병합을 위한 구 주권 제출 종료일과 합병기일은 동일한 날이거나 합병기일이 구 주권 제출기간 종료일 이후의 날이어야 한다. 합병 후 존속회사는 합병계약서에 정한 기일에 합병으로 인하여 소멸하는 회사가 가지는 권리의무 일체를 인계받고 소멸회사는 청산절차를 요하지 아니한다.

합병보고총회

채권자보호절차 완료 후 주식의 합병·분할이 있는 때에는 그 절차 완료 후, 존속하는 회사가 단주가 있는 경우 그 처리를 한 후, 지체 없이 주주총회를 소집하여 합병에 관한 사항을 보고하여야 한다. 소멸회사의 주주로서 존속회사 신주의 배정을 받은 자는 이 총회에서 주주와 동일한 권리가 있다. 그러나 흡수합병의 경우에는 이사회의 결의에 의한 공고로써 주주총회에 대한 보고에 갈음할 수 있다. 이때 합병 시에 발행하는 신주의 인수인에게도 주주총회 소집을 통지하여야 한다.

합병종료보고

주요사항보고서를 제출한 상장법인 또는 그 업무를 승계한 법인은 합병등기를 한 때에는 지체 없이 합병종료 보고서를 금융위원회와 거래소에 제출하여야 한다. 또한, 공정거래법에 의한 대규모회사 또는 시장지배적 사업자는 합병등기 후 30일 이내에 공정거래 위원회에 통지하여야 한다.

신주권 발행 및 합병교부금 교부

합병등기로 합병의 효력이 생기면 존속회사는 소멸회사의 주주에게 주식을 발행하여 교부해야 한다. 또한, 상장회사가 합병 후 존속하는 회사라면 주식에 대한 상장절차도 필요하다. 합병당사회사의 재산상태 등이 일정한 비율에 의한 주식의 배정을 곤란하게 하는 경우에는 그 조정을 위하여 존속회사가 해산회사의 주주에게 주식 이외에 합병교부금을 교부하기도 하는데 이는 합병계약서에 기재되어 있어야만 지급할 수 있다. 합병교부금의 지급 시기는 합병등기를 종료한 때이다.

변경등기와 해산등기

'갑'회사와 '을'회사가 합병하여 '갑'회사가 된 경우 '갑'회사는 변경등기를 해야 하고 '을'회사는 해산등기를 하여야 한다. 이 두 개의 등기는 당사자가 서로 다른 경우에 해당하므로 하나의 신청서로 작성할 수는 없고 별개의 신청서로 작성하여야 한다. 비송 217조, 195조 2항은 합병으로 인해 본점소재지에서 하는 해산등기의 신청과 합병으로 인한 변경등기의 신청은 동시에 신청서로 하여야 한다. 합병으로 인한 해산등기를 신청할 본점소재지를 관할하는 등기소와 변경등기를 신청할 본점소재지를 관할하는 등기소가 일치하지 아니한 경우에는 해산등기는 부득이 존속회사의 본점소재지의 관할등기소를 거쳐 신청하여야 한다. 이점은 본점의 타관이전의 경우와 다르다.

신청서의 조사 존속회사를 관할하는 등기소는 동시에 신청된 위 양쪽의 등기신청 중 어느 하나에 관하여 각하사유가 있는 때에는 이들 신청을 함께 각하하여야 한다(비송 217조, 196조 1항). 합병으로 인한 변경등기는 합병으로 인한 소멸회사의 해산등기가 완료될 때까지 보류하지 않고 바로 등기를 한 후 소멸회사의 관할등기소에 해산등기신청서를 송부하는 점이 본점이전의 경우와 다르다.

등기기간 합병으로 인한 변경등기의 경우 존속회사에 있어서는 합병보고총회가 종료한 날 또는 보고에 갈음하는 공고일로부터 본점소재지에서 2주, 지점소재지에서는 3주 내에 그 등기를 신청하여야 하며, 합병으로 말미암은 해산등기에 있어서 흡수합병의 경우에는 존속회사의 합병보고총회가 종결한 날 또는 보고에 갈음하는 공고일로부터 소멸회사의 본점소재지에서는 2주, 지점소재지에서는 3주내에 해산의 등기를 하여야 한다.

신청인 존속회사의 대표이사가 그 변경등기를 신청하여야 하며, 소멸하는 회사의 대표이사가 그 해산의 등기를 신청하여야 한다.

합병으로 인한 변경등기 합병으로 인하여 전환사채 또는 신주인수권부사채를 승계한 때에는 그 사채의 등기도 동시에 신청하여야 한다.

- 합병으로 인하여 소멸한 회사의 상호·본점 및 합병한 취지
- 수권주식을 증가 변경한 경우 합병 후 존속회사가 발행할 주식의 총수
- 합병 후 존속회사의 발행주식의 총수와 그 종류 및 각각의 수
- 합병 후의 존속회사의 자본총액
- 지점소재지에서는 합병의 연월일

흡수합병으로 소멸하는 주식회사의 지점에도 해산 등기를 하여야 하므로 소멸회사의 지점 지배인을 존속회사의 지점 지배인으로 계속하려면 존속회사의 해당 지점에 새로이 지배인 선임 등기를 하여야 한다.

합병으로 인한 해산등기 존속회사의 상호·본점 및 합병으로 인하여 해산한 취지와 그 연월일이다. 해산 연월일은 존속회사의 변경등기 연월일이다.

[합병절차의 소요기간]

구 분	주 요 절 차	기한(기일)	근거규정
1. 합병이사회 결의	1. 외부감사인 지정신청 2. 합병비율적정성 외부 평가	결산기말 1개월 전까지 합병승인 주총 6개월 전까지 신고서 제출 전까지	상법 자본시장법
2. 합병계약	1. 합병계약서체결, 합병고시	이사회결의(또는 합병계약 체결) 후 지체 없이	상법
3. 주요사항 보고서 제출	1. 사업보고서제출 대상법인	계약 또는 이사회결의 익일	자본시장법
4. 합병승인 주총	1. 주총소집 이사회결의 2. 주주명부 폐쇄 공고 3. 주총소집통지 발송 4. 합병대차대조표 공시 5. 주총개최·합병승인	폐쇄기간 2주일 전에 주총일 2주일 전에 주총일 2주 전부터	상법
5. 주주보호 절차	1. 반대주주 주식매수 청구	주총일후 20일 이내 청구	자본시장법
6. 채권자보호절차	1. 이의제출 공고, 최고	주총일 2주일 내	상법
7. 주식병합 절차	1. 주권제출 공고, 통지 2. 단주처리	합병승인 주총 후	상법
8. 합병실행	1. 합병기일		
9. 합병보고 총회	1. 주총소집 이사회 결의 2. 주주명부 폐쇄경고 3. 주주명부 폐쇄개시 4. 주총소집 통지발송 5. 주총개최	폐쇄기간 2주일 전 주총일 2주 전 폐쇄기간 2주일 후 합병기일 후 지체없이	상법
10. 합병등기	1. 변경등기(존속회사) 2. 소멸등기(소멸회사)	본점 : 보고총회 후 2주 내 지점 : 보고총회 후 3주 내	상법
11. 합병종료 보고	1. 합병종료보고서 제출 2. 합병사실 통지	합병 후 지체 없이 합병 후 지체 없이	자본시장법
12. 신주권 및 합병 교부금 교부		등기일로부터 1개월 정도	증권발행 및 공시에 관한 규정
13. 매수청구 주식 매수		매수청구기간 종료일 후 1월	자본시장법

합 병 계 약 서

(흡수합병)

××주식회사(이하 "갑"이라 칭한다)와 ○○주식회사(이하 "을"이라 칭한다)는 상호 신의 성실의 원칙에 입각하여 다음과 같이 합병 계약을 체결한다.

제 1 조【합병】

"갑"은 "을"을 합병해서 존속하며, "을"은 해산한다.

제 2 조【증자】

1. "갑"은 합병에 의해 지금까지 발행하던 주식 총수를 ____만주 증가한다.
2. 전 항에서 증가한 주식은 모두 액면 보통주식(1주의 액면금액 ______원)으로 한다.

제 3 조【합병비율】

1. "갑"은 합병 시에 보통주식 ____주(1주 액면금액 금 _____원)를 발행하고 합병기일 현재 "을"의 최종 주식에서 "을"이 소유하고 있는 액면 _____원의 보통주식 1주에 대해 "갑"의 보통주식 1주당 비율을 할당 교부한다.
2. 이 합병에 의해 "갑"은 자본금 ______만원, 자본준비금 ______만원, 이익준비금 _______만원, 임의준비금 _____만원으로 증가한다. 단, 자본준비금에 대해서는 병합기일을 기준으로 "을"의 자산상태에 따라 "갑"과 "을"이 협의하여 변경할 수 있다.

제 4 조【장부액인수】

1. "을"은 20__년 __월 __일 현재의 회계장부, 대차대조표, 그 외 동일 계산을 기초로 해서 합병기일에 자산, 부채 및 권리의무 일체를 "갑"이 인수한다.
2. "을"은 20__년 __월 __일 이후 합병기일까지 자산, 부채에 변동이 생길 경우에는 별도로 계산서를 첨부하고 그 내용을 즉시 "갑"에게 명시해야 한다.

제 5 조【관리의무】

"을"은 계약체결 후에 합병기일까지 관리자의 주도하에 업무를 집행하고 모든 재산을 관리한다.

제 6 조【합병기일】

"갑"과 "을"의 합병기일은 20__년 __월 __일로 한다. 단, 동 기일까지 합병에 필요한 절차를 진행할 수 없는 경우에는 "갑"과 "을"은 협의하여 이를 연기할 수 있다.

제 7 조【신주의 배당】

합병으로 인해 발행한 "갑"의 신 주식에 대한 배당은 합병기일로부터 기산한다.

제 8 조【종업원의 인수】

"을"의 종업원은 합병기일로부터 "갑"이 인수하며, 근속연수는 전후 통산한다.

제 9 조【"을"의 해산】

"을"의 해산에 필요한 비용은 전부 "을"이 부담한다.

제 10 조【계약의 조정】

계약체결일로부터 합병의 실행에 이르기까지 천재지변이나 그 외의 이유로 인해 "갑"이나 "을"의 자산상태나 경영상태에 중대한 변경을 가져왔을 경우, 또는 다른 하자가 발생했을 경우에는 "갑"과 "을"의 협의하에 합병을 취소하고 합병조건을 변경할 수 있다.

제 11 조【기타】

이 계약에서 정한 것 외에 합병과 관련해서 필요한 사항이 있는 경우, 그 계약의 취지에 기초해서 "갑"과 "을"의 각 대표자가 협의하여 결정한다.

제 12 조【주주총회의 소집】

"갑" 및 "을"은 20___년 ___월 ___일을 기해서 각각 주주총회를 소집하고 이 계약의 승인 및 실행에 필요한 사항에 있어서 결의를 거쳐야 하며 그 승인 결정 후 "갑"과 "을"은 서로의 취지를 통보한다.

제 13 조【효력발생시기】

이 계약은 "갑" 및 "을"의 주주총회의 승인을 얻어 주요 관청의 허가를 얻음과 동시에 효력이 발생한다.

본 계약을 증명하기 위해 본 계약서 2통을 작성하고 각자 기명·날인한 후 각각 1통씩 보관한다.

20___년 ____월 ____일

(갑) 주소 :
상호 :
대표자 : ㊞

(을) 주소 :
상호 :
대표자 : ㊞

2. 신설합병 절차

■ 합병계약서 작성

합병계약서를 작성하여 주주총회의 승인을 얻어야 하는 점은 흡수합병의 경우와 같으나, 신설합병은 새로운 회사를 설립하여야 하므로 정관의 작성 기타 설립행위를 할 설립위원을 각 회사에서 선임하여 이들이 설립에 관한 제반절차를 이행한 후 창립총회를 소집하게 된다. 합병계약서의 기재사항은 다음과 같다.

- 신설회사의 목적과 상호
- 회사가 발행할 주식의 총수
- 1주의 금액
- 수종의 주식을 발행하는 때에는 그 종류와 수
- 본점소재지
- 신설회사가 합병 당시에 발행하는 주식의 총수·종류와 수 및 각 회사의 주주에 대한 주식의 배정에 관한 사항
- 신설회사의 자본과 준비금의 총액
- 각 회사의 주주에게 지급할 교부금에 관한 사항(교부금에 대한 정함이 있는 경우)
- 각 회사에서 합병의 승인결의를 할 사원총회 또는 주주총회의 기일
- 합병기일에 정함이 있는 경우 합병기일

주요사항보고서 제출 사업보고서 제출 대상법인이 다른 법인과 합병계약을 체결하거나 이사회에서 합병을 결의한 때에는 그 다음 날까지 주요사항보고서를 금융위원회와 거래소에 제출하여야 한다. 주요사항보고서에 기재해야 할 사항은 금융위원회가 고시한 바에 따른다.

합병계약서의 승인과 설립위원의 선임 주주총회의 특별결의에 의하여 합병계약서의 승인을 받고 또 설립위원을 선임하여야 한다.

채권자보호절차의 이행 / 주권제출의 공고 및 재산의 인계 이와 관련된 모든 절차는 흡수합병의 절차와 동일하다.

정관작성 설립위원은 합병계약서에 정하는 바에 따라 정관을 작성하고 기명날인 또는 서명하여야 한다. 이 정관은 원시정관이 아니므로 인증은 필요 없다.

창립총회 설립위원은 각 소멸회사에서 채권자 보호절차를 이행한 후, 주식의 병합 또는 분할을 요할 경우에는 그 절차종료 후 창립총회를 소집하여야 한다. 창립총회의 소집절차·결의방법·결의사항 등은 통상의 주식회사 설립의 경우와 같다. 창립총회에서는 정관변경의 결의를 할 수 있다. 그러나 합병계약의 취지에 위반하는 결의는 하지 못한다. 이사회는 공고로써 창립총회에 대한 보고에 갈음할 수 있다.

대표이사의 선임 이사회를 열어 대표이사를 선임한다.

설립등기와 해산등기

합병등기의 신청절차와 신청서의 조사에 대하여는 흡수합병의 등기절차와 동일하다.

합병으로 인한 설립등기 창립총회가 종결된 날 또는 보고에 갈음하는 공고일로부터 본점 소재지에서는 2주, 지점소재지에서는 3주 내에 그 등기를 하여야 한다.

합병으로 인한 해산등기 창립총회가 종결한 날 또는 보고에 갈음하는 공고일로부터 소멸회사의 본점소재지에서는 2주, 지점소재지에서는 3주 내에 그 해산의 등기를 하여야 한다.

신청인 합병으로 인한 설립등기 시에는 설립회사를 대표하는 자가 그 등기를 신청하고 합병으로 인한 해산등기 시에는 해산되는 회사를 대표하는 자가 그 등기를 신청한다.

등기사항 합병으로 인한 설립등기 시 소멸회사의 전환사채 또는 신주인수권부사채를 승계한 때에는 그 사채의 등기도 동시에 신청하여야 한다.

- 통상의 설립등기사항
- 소멸회사의 상호·본점 및 합병한 취지
- 지점소재지에 있어서는 회사 성립 연월일 추가

합병으로 인한 해산등기 시 신설회사의 상호, 본점 및 합병으로 인하여 해산한 취지와 그 연월일이다.

설립등기 첨부서면 설립등기의 첨부하여야 할 서류는 다음과 같다.

- 합병계약서
- 소멸회사의 합병에 관한 주주총회나 이사회의사록, 사원총회의사록 또는 총사원의 동의가 있음을 증명하는 서면

- 상법 제527조의5 제1항의 규정에 의한 공고 및 최고를 한 사실과 이의를 진술한 채권자가 있는 때에는 이에 대하여 변제 또는 담보를 제공하거나 신탁을 한 사실을 증명하는 서면
- 소멸회사의 등기부등본
- 주권제출의 공고사실을 증명하는 서면
- 이사회의 공고로써 창립총회에 대한 보고에 갈음하는 경우 그 공고사실을 증명하는 서면
- 설립위원의 자격을 증명하는 서면
- 신설회사의 정관
- 창립총회의사록
- 이사회의사록
- 임원의 취임을 증명하는 서면
- 임원의 주민등록번호를 증명하는 서면
- 명의개서대리인을 둔 때에는 명의개서대리인과의 계약 증명하는 서면

합병으로 인한 해산등기시에는 위임장 외에는 첨부 서면이 필요 없다.

합 병 계 약 서

(신설합병)

××주식회사(이하 '갑'이라 칭함) ○○주식회사(이하 '을'이라 칭함) △△주식회사(이하 '병'이라 칭함) 간의 회사합병에 관하여 다음과 같이 합병계약을 체결한다.

제1조 갑·을·병은 합병하여 새로운 회사(이하 '신회사'라 칭한다)를 설립하고 갑·을·병은 해산한다.

제2조 신회사의 상호, 목적 및 본점소재지는 다음과 같다.
1. 상호 : 신주식회사(가칭)
2. 목적
   (1) ....
   (2) ....
   (3) ....
3. 본점 소재지 서울시 ___구 ___동 ___번지

제3조 1. 신회사가 발행하는 주식총수는 184만주로 하고 액면주식 1주의 금액은 금________원으로 한다.
2. 신회사의 자본액은 금____백만원으로 하고, 준비금액은 금____백만원으로 한다.

제4조 신회사가 합병 시에 발행하는 주식은 전부 액면 보통주식으로 하고 그 총수는 _____주로 한다.

제5조 1. 합병실행일을 20__년 ___월 ___일로 한다.
2. 갑·을·병은 20__년 ___월 ___일 현재의 재산목록 및 대차대조표를 기초로 하여 전 항의 합병실행일까지의 수지를 가감하여 각기 자산, 부채 및 영업에 관한 권리의무 일체를 신회사에 인계한다.

제6조 1. 신회사는 합병실행당일에 있어서의 갑·을·병의 각 주주에 대하여 각기 다음 비율에 의하여 신주식 및 교부금을 교부한다.
   갑의 주식 ______주에 대하여 신주식 ______주
   을의 주식 ______주에 대하여 신주식 ______주
   병의 주식 ______주에 대하여 신주식 ______주
2. 본 계약체결 후 합병실행일 까지의 갑·을·병 중 어느 쪽의 수지상태에 기한 변동이 있을 때는 갑·을·병의 각 대표자의 협의로서 전 항의 교부금의 비율 및 제3조제2항의 준비금을 변경할 수 있다.

제7조 합병실행 당일에 있어서의 갑·을·병의 종업원은 당사회사와 협정하여 신회사에 인계한다.

제8조 갑·을·병은 본 계약 후 제5조제2항의 인계에 이르기까지 선량한 관리자의 주의로서 각 회사기 서로 협조히여 업무를 운영할 것이며 시업 또는 지산상데에 중대한 영향을 미치는 사항 및 적립금의 사용, 통상 외의 경비로서 다액에 걸치는 비용의 지출 등을 할 때는 사전에 각사 대표자 간에 협조하여 이를 결정한다.

제9조 1. 갑·을·병은 본 계약에 관하여 20_년 __월 __일에 각기 주주총회의 승인을 얻어야 한다.
2. 신회사의 설립위원은 각 회사 3명으로 하여 각기 전항의 주주총회에서 선임한다.
3. 신회사의 창립총회는 20__년 ___월 ___일에 개최한다.

제10조 갑·을·병이 신회사에 인계한 자산에 관하여 합병행위 후 2개년 이내에 중대한 하자가 발견되었을 때는 본 계약체결 시에 존재한 당해회사의 기타 관계자는 각각 그 책임을 부담한다.

제11조 본 합병절차상 부득이한 사정이 생겼을 때는 갑·을·병의 각 대표자는 협의하여 합병실행일, 창립총회 개최일 등을 변경할 수 있다.

제12조 본 계약의 효력은 갑·을·병의 각 주주총회의 승인을 얻고 또한 관계관청에 대한 허가 등의 절차를 완료할 때에 발생한다.

제13조 제2조의 상호 및 본 계약에 규정되지 않은 사항에 관하여는 합병의 취지에 위반하지 않는 한 갑·을·병의 각 대표자가 협의하여 결정한다.

제14조 본 계약체결일로부터 합병실행에 이르기까지 천재 기타 불측한 사유로 말미암아 갑·을·병의 자산 및 경영상태에 중대한 변동이 발생할 때나 숨은 중대한 하자가 있을 때는 갑·을·병의 각 대표자의 협의로서 다시 합병조건을 변경하거나 본 계약을 해제할 수 있다.

상기 계약의 증명으로 본 계약서 3통을 작성하여 갑·을·병의 각 대표자는 서명 날일하고 각각 1통을 보유한다.

20____년 ____월 ____일

(갑)
(을)
(병)

3. 분할과 분할합병 절차

회사의 분할이란 「분할회사의 자산·부채·자본의 전부 또는 일부가 분리되어 적어도 하나 이상의 신설 또는 기존의 승계회사에 분할회사의 권리의무가 부분적으로 포괄 승계되고, 그 대가로 원칙적으로 승계회사의 주식이 분할회사의 주주에게 그리고 예외적으로 분할회사 자신에게 부여되는 회사법상의 법률요건 또는 회사법상의 행위 내지 제도」를 말한다. 현행 상법상 주식회사에 한하여 회사의 분할을 허용하고 있으며, 회사는 분할에 의하여 1개 또는 수 개의 회사를 설립하거나(단순분할), 1개 또는 수 개의 존립 중의 회사와 합병하는 것 또는 분할되는 회사의 일부가 다른 회사 또는 다른 회사의 일부와 분할합병을 하여 회사를 설립하는 경우(분할합병), 그리고 회사는 분할에 의하여 1개 또는 수 개의 회사를 설립함과 동시에 분할합병을 할 수 있다(단순분할과 분할합병의 병행)고 규정하고 있다. 또한 상법은 분할신설회사 또는 분할합병의 상대방회사 주식을 분할회사의 주주에게 귀속시키지 않고 분할회사가 그대로 소유하는 것을 허용하고 있다(물적분할). 그리고 개정상법은 자회사(분할승계회사)가 분할회사의 특정 사업부문만을 분리하여 분할합병 할 때 자회사가 모회사의 주식을 분할회사에 대가로 주는 방식을 허용했다(삼각분할합병).

■ 단순분할

합병과 관련을 갖지 않는 회사분할을 단순분할이라 한다. 단순분할에는 새로운 회사가 설립되고 분할 전 회사는 청산절차 없이 소멸되는 완전분할과 분할 전 회사의 재산의 일부만이 분할 후 회사에 이전되고 분할 전 회사는 존속하는 불완전분할이 있다.

■ 분할합병

어느 회사가 분할한 후에 그 분할된 부분이 다른 기존회사나 또는 다른 회사의 분할된 부분과 합쳐져서 하나의 회사가 되는 형태를 분할합병이라 한다. 분할합병에는 분할된 부분이 다른 회사에 흡수되는 흡수분할합병과 분할된 부분이 다른 기존 회사 또는 다른 회사의 분할된 부분과 합쳐져 회사가 신설되는 신설분할합병이 있다.

분할의 효력발생

회사의 분할 또는 분할합병은 분할 또는 분할합병 후 존속하는 회사 또는 분할로 인하여 설립되는 회사가 그 본점소재지에서 분할 또는 분할합병의 등기를 함으로써 그 효력이 생긴다. 분할 또는 분할합병의 등기는 분할 또는 분할합병의 효력발생요건이며, 창설적 효력이 있다. 분할 또는 분할합병으로 인하여 설립된 회사 또는 존속하는 회사는 분할하는 회사의 권리와 의무를 분할계획서 또는 분할합병계획서가 정하는 바에 따라서 승계한다.

분할 및 분할합병의 절차

절차의 간소화를 위하여 분할 또는 분할합병에 의하여 설립되는 회사가 분할 전 회사의 출자만으로 설립되는 경우에도 분할 전 회사의 주주에게 손해가 되지 않는 경우에는 검사인 등에 의한 조사를 생략하도록 하였다.

분할계획서 또는 분할합병계약서의 작성 회사가 분할 또는 분할합병을 하는 때에는 분할계획서 또는 분할합병계약서를 작성하여 주주총회의 승인을 얻어야 한다.

단순분할계획서의 기재사항 분할에 의하여 회사를 설립하고자 하는 경우에는 분할계획서에 다음의 사항을 기재하여야 한다.

- 설립되는 회사의 상호, 목적, 본점소재지 및 공고방법
- 설립되는 회사가 발행할 주식의 총수 및 1주의 금액
- 설립되는 회사가 분할 당시에 발행하는 주식의 총수, 종류 및 종류별 주식의 수
- 분할되는 회사의 주주에 대한 설립되는 회사 주식의 배정에 관한 사항 및 배정에 따른 주식의 병합 또는 분할을 하는 경우에는 그에 관한 사항
- 분할되는 회사의 주주에게 지급할 금액을 정한 때에는 그 규정
- 설립되는 회사의 자본과 준비금에 관한 사항
- 설립되는 회사에 이전될 재산과 그 가액
- 분할 후의 회사의 책임에 관한 정함이 있는 경우에는 그 내용
- 설립되는 회사의 이사와 감사 또는 감사위원회를 설치하는 경우 감사위원의 그 성명과 주민등록번호
- 설립되는 회사의 정관에 기재할 그 밖의 사항

분할에 의해 존속하는 회사의 경우에는 분할계획서에 다음의 사항을 기재하여야 한다.

- 감소할 자본과 준비금의 액
- 자본감소의 방법
- 분할로 인하여 이전할 재산과 그 가액
- 분할 후의 발행주식의 총수
- 회사가 발행할 주식의 총수를 감소하는 경우에는 그 감소할 주식의 총수, 종류 및 종류별 주식의 수
- 정관변경을 가져오게 하는 그 밖의 사항

분할합병계획서의 기재사항 분할되는 회사의 일부가 다른 회사와 합병하여 그 다른 회사가 존속하는 경우에는 분할합병계획서에 다음의 사항을 기재하여야 한다.

- 분할합병의 상대방 회사가 분할합병으로 인하여 발행할 주식의 총수를 증가하는 경우에는 증가할 주식의 총수, 종류 및 종류별 주식의 수
- 분할합병의 상대방 회사가 분할합병을 함에 있어서 발행하는 신주의 총수, 종류 및 종류별 주식의 수
- 분할되는 회사의 주주에 대한 분할합병의 상대방 회사 주식의 배정에 관한 사항 및 배정에 따른 주식의 병합 또는 분할을 하는 경우에 그에 관한 사항
- 분할되는 회사의 주주에 대하여 분할합병의 상대방 회사가 지급할 금액을 정한 때에는 그 규정
- 분할합병의 상대방 회사의 증가할 자본의 총액과 준비금에 관한 사항
- 분할되는 회사가 분할합병의 상대방 회사에 이전할 재산과 그 가액
- 분할합병 후의 회사의 책임의 정함이 있는 경우에는 그 내용
- 각 회사가 분할합병계약서의 결의를 할 주주총회의 기일
- 분할합병을 할 날
- 분할합병의 상대방 회사의 이사와 감사 또는 감사위원회를 설치하는 경우 감사위원의 그 성명과 주민등록번호
- 분할합병의 상대방 회사의 정관변경을 가져오게 하는 그 밖의 사항

분할되는 회사의 일부가 다른 회사 또는 다른 회사의 일부와 분할합병을 하여 회사를 설립하는 경우에는 분할합병계획서에 다음의 사항을 기재하여야 한다.

- 설립되는 회사의 상호, 목적, 본점소재지 및 공고방법

- 설립되는 회사가 발행할 주식의 총수 및 1주의 금액
- 설립되는 회사의 자본과 준비금에 관한 사항
- 설립되는 회사에 이전될 재산과 그 가액
- 분할 후의 회사의 책임에 관한 정함이 있는 경우에는 그 내용
- 설립되는 회사의 이사와 감사 또는 감사위원회를 설치하는 경우 감사위원의 그 성명과 주민등록번호
- 설립되는 회사의 정관에 기재할 그 밖의 사항
- 설립되는 회사가 분할합병을 함에 있어서 발행하는 주식의 총수, 종류 및 종류별 주식의 수
- 각 회사의 주주에 대한 주식의 배정에 관한 사항과 배정에 따른 주식의 병합 또는 분할을 하는 경우에는 그 규정
- 각 회사가 설립되는 회사에 이전할 재산과 그 가액
- 각 회사의 주주에게 지급할 금액을 정한 때에는 그 규정
- 각 회사에서 분할합병계약서의 승인 결의를 할 주주총회의 기일
- 분할합병을 할 날

단순분할계획서의 기재사항은 분할합병을 하지 아니하는 부분의 기재에 관하여 이를 준용한다.

분할대차대조표 등의 공시 분할되는 회사의 경우에는 분할계획서 또는 분할합병계획서의 승인을 위한 주주총회의 회의일의 2주 전부터 분할의 등기를 한 날 또는 분할합병을 한 날 이후 6월 간 다음 각 호의 서류를 본점에 비치하여야 한다.

- 분할계획서 또는 분할합병계약서
- 분할되는 부분의 대차대조표
- 분할합병의 경우 분할합병의 상대방 회사의 대차대조표
- 분할되는 회사의 주주에게 발행할 주식의 배정에 관하여 그 이유를 기재한 서면

분할되는 회사의 일부가 다른 회사와 합병하여 그 다른 회사가 존속하는 경우(분할합병의 상대방회사)에 그 회사의 이사는 분할합병을 승인하는 주주총회의 회일의 2주 전부터 분할합병의 등기를 한 후 6월간 다음 각 호의 서류를 본점에 비치하여야 한다.

- 분할합병계약서
- 분할되는 회사의 분할되는 부분의 대차대조표
- 분할되는 회사의 주주에게 발행할 주식의 배정에 관하여 그 이유를 기재한 서면

주주총회의 승인 회사가 분할 또는 분할합병을 하는 때에는 분할계획서 또는 분할합병계획서를 작성하여 주주총회의 특별결의로써 그 승인을 얻어야 한다. 이 승인결의에 관하여는 의결권 없는 주식의 주주도 결의권이 있다. 어느 종류의 주주에게 손해를 미치게 되는 때에는 그 종류 주주의 총회의 결의도 있어야 한다. 만약 회사의 분할 또는 분할합병으로 인하여 분할 또는 분할합병에 관련되는 각 회사 주주의 부담이 가중되는 경우에는 그 주주 전원의 동의가 있어야 한다. 분할합병의 경우에는 분할결의에 관한 주주총회의 특별결의에 반대하는 주주에게 합병의 경우와 같이 주식매수청구권이 인정되어 있으나 단순분할의 경우에는 원칙적으로 이러한 주식매수청구권이 인정되지 않는다.

채권자의 보호절차 분할합병의 경우 당사자인 회사는 주주총회의 분할승인결의가 있는 날로부터 2주간 내에 채권자에 대하여 분할에 이의가 있으면 1월 이상의 기간 내에 이를 제출할 것을 공고하고 또 알고 있는 채권자에 대하여 각별로 최고하여야 한다. 채권자가 위의 기간 내에 이의를 제출하지 아니한 때에는 분할을 승인한 것으로 보고, 이의를 제출한 때에는 회사는 그 채권자에 대하여 변제 또는 상당한 담보를 제공하거나 이를 목적으로 하여 상당한 재산을 신탁회사에 신탁하여야 한다. 이때 사채권자가 이의를 함에는 사채권자 집회의 결의가 있어야 하는데, 이 경우 법원은 이해관계인의 청구에 의하여 사채권자를 위하여 이의의 기간을 연장할 수 있다.

주권제출의 공고 등 회사의 분할에 따라 주식의 분할과 병합이 있는 경우에는 이를 위한 주권제출공고 등을 한다.

보고총회 분할 또는 분할합병에 의하여 존속하는 회사의 이사는 채권자보호절차 완료 후, 주식의 합병·분할이 있는 때에는 그 절차 완료 후 존속하는 회사가 단주가 있는 경우 그 처리를 한 후 주주총회를 소집하여 분할 또는 분할합병에 관한 사항을 보고하여야 한다. 이사회의 공고로서 주주총회에 대한 보고에 갈음할 수 있다. 단, 자본의 총액이 5억원 미만인 회사로써 이사가 1인이 된 경우에는 그러하지 아니하다.

창립총회 분할에 의하여 회사가 설립되는 경우에는 대표이사가 설립위원이 되며, 설립위원은 각 소멸회사에서 채권자 보호절차를 이행한 후, 주식의 병합 또는 분할을 요할 경우에는 그 절차종료 후 창립총회를 소집하여야 한다. 창립총회의 소집절차·결의방법·결의사항 등은 통상의 주식회사 설립의 경우와 같다. 창립총회에서는 정관변경의 결의를 할 수 있다. 그러나 분할합병계약의 취지에 위반하는 결의는 하지 못한다. 이사회는 공고로써 주주총회에 대한 보고에 갈음할 수 있다.

기타 절차 회사분할에 따라 주식분할, 주식병합, 단주처리의 필요가 있는 경우에는 상법의 해당규정을 준용한다. 회사분할에 의한 회사의 설립에 관하여는 주식회사의 설립에 관한 규정은 준용한다. 다만, 설립위원은 대표이사루 한다. 이때 분할에 의하여 설립되는 회사는 분할 전의 회사의 출자만으로 설립할 수 있는데, 이 경우 분할 전 회사의 주주에게 그 주주가 가지는 그 회사의 비율에 따라서 분할 후 신설되는 회사의 주식이 발행되는 때에는 주식회사의 변태설립사항에 대하여 적용되는 법원이 선임한 검사인 등에 의한 조사·보고의 규정은 적용되지 않는다.

분할등기의 절차

등기기간 회사가 분할을 한 경우 본점소재지에서는 2주간 내, 지점소재지에서는 3주간 내에 분할 후 존속하는 회사에 있어서는 변경등기, 분할로 인하여 소멸하는 회사에 있어서는 해산등기, 분할로 인하여 설립되는 회사에 있어서는 설립등기를 하여야 한다. 그러한 등기기간의 기산일은 합병의 경우와 같다. 분할합병의 경우에는 보고총회가 종결한 날(이러한 보고총회에 갈음하여 이사회가 공고하는 경우에는 공고일)이고, 단순분할의 경우에는 창립총회가 종결한 날(이러한 창립총회에 갈음하여 이사회가 공고하는 경우에는 공고일)이다.

등기신청인 분할에 의하여 회사가 설립되지 않는 경우에는 기존의 각 회사의 대표자가, 회사가 설립되는 경우에는 기존회사의 변경등기는 기존회사의 대표이사가, 신설되는 회사의 설립등기는 신설되는 회사의 대표이사가 각 신청하여야 할 것이다. 분할 또는 분할합병으로 인한 소멸회사의 해산등기는 분할 또는 분할합병 후 존속 또는 설립하는 회사의 대표자가 소멸회사를 대표하여 신청할 수 있다.

등기신청서를 제출할 등기소 존속회사·신설회사·소멸회사의 관할등기소(본점소재지의 관할등기소를 의미한다. 이하 같다)가 서로 다른 경우, 분할 또는 분할합병으로 인한 등기의 신청서를 제출하여야 할 등기소는 다음과 같다.

- '갑' 회사의 일부를 분할하여 '을' 회사를 설립한 경우에는 '갑' 회사의 관할등기소
- '갑' 회사를 분할하여 '을' 회사와 '병' 회사를 각 설립하고 '갑' 회사는 소멸하는 경우에는 '갑' 회사의 관할등기소
- '갑' 회사의 일부를 분할하여 '을' 회사와 '병' 회사를 각 설립하고 '갑' 회사는 존속하는

경우에는 '갑' 회사의 관할등기소

- '갑' 회사의 일부는 분할하여 그 분할된 부분을 '을' 회사에 합병하고 '갑' 회사와 '을' 회사가 모두 존속하는 경우에는 '갑' 회사의 관할등기소
- '갑' 회사의 일부를 분할하여 그 분할된 부분과 '을' 회사를 합병하여 '병' 회사를 설립하고 '갑' 회사는 존속하며 '을' 회사는 소멸하는 경우에는 '을' 회사의 관할등기소
- '갑' 회사와 '을' 회사가 각 일부를 분할하여 그 분할된 부분을 합하여 '병' 회사를 설립하고 '갑' 및 '을' 회사가 존속하는 경우
  - '갑' 회사와 '을' 회사의 관할등기소가 같은 경우에는 '갑' 및 '을' 회사의 관할등기소
  - '갑' 회사와 '을' 회사의 관할등기소가 서로 다른 경우에는 '병' 회사의 관할등기소가 '갑' 또는 '을' 회사 중 어느 한 회사의 관할등기소와 같은 경우에는 '병' 회사와 관할등기소를 같이하는 '갑' 또는 '을' 회사의 관할등기소
  - '갑' 회사와 '을' 회사 및 '병' 회사의 관할등기소가 서로 다른 경우에는 '갑' 또는 '을' 회사 중 어느 한 회사의 관할등기소
- '갑' 회사의 일부는 분할하여 그 분할된 부분과 '을' 및 '병' 회사를 합병하여 '정' 회사를 설립하고 '갑' 회사는 존속하며 '을' 및 '병' 회사는 소멸하는 경우
  - '을' 회사와 '병'회사의 관할등기소가 같은 경우에는 '을' 및 '병' 회사의 관할등기소
  - '을' 회사와 '병' 회사의 관할등기소가 서로 다른 경우에는 다음의 순서에 따른다.
  - '갑' 회사의 관할등기소가 '을' 또는 '병' 회사 중 어느 한 회사의 관할등기소와 같은 경우에는 '갑' 회사와 관할등기소를 같이하는 '을' 또는 '병' 회사의 관할등기소
- '정' 회사의 관할등기소가 '을' 또는 '병' 회사 중 어느 한 회사의 관할등기소와 같은 경우에는 '정' 회사와 관할등기소를 같이하는 '을' 또는 '병' 회사의 관할등기소
- '갑', '을', '병', '정' 회사의 관할등기소가 모두 다른 경우에는 '을' 또는 '병' 회사 중 어느 한 회사의 관할등기소
- 기타의 경우 : 존속회사, 신설회사, 소멸회사의 관할등기소가 같지 않은 경우로서 위에서 언급한 사례 이외의 경우에는 원칙적으로 소멸회사의 관할등기소, 존속회사의 관할등기소 순에 의하되, 소멸회사 또는 존속회사가 둘 이상인 경우에는 그 밖의 다른 관련회사 중 소멸회사 또는 존속회사와 관할등기소를 같이하는 회사가 있는 때에는 다른 관련 회사와 관할등기소를 같이 하는 그 소멸회사 또는 존속회사의 관할등기소에, 그와 같은 회사도 없는 때에는 둘 이상의 소멸회사 또는 존속회사 중 어느 한 회사의 관할등기소에 제출하는 것으로 한다.

동시 신청 분할 또는 분할합병으로 인한 변경등기와 설립등기 및 해산등기의 신청은 각 회사의 관할등기소가 같은 경우이든 서로 다른 경우이든 동시에 신청하여야 한다.

등기사항 분할 또는 분할합병에 의한 변경등기, 해산등기 또는 설립등기의 경우 다음과 같은 사항을 등기하여야 할 것이다.

- 분할 또는 분할합병에 의한 변경등기 : 분할 또는 분할합병으로 인하여 전환사채 또는 신주인수권부사채를 승계한 때에는 그 사채의 등기도 동시에 신청하여야 한다. 다만, 지점소재지에서는 분할한 회사의 상호·본점 및 분할합병의 연월일만 등기하여야 한다.
  - 분할 또는 분할합병 후 소멸하는 회사 또는 분할한 회사의 상호·본점 및 분할 또는 분할 합병한 취지
  - 분할 또는 분할합병 후 존속회사가 발행할 주식의 총수(수권주식을 증가 변경한 경우)
  - 분할 또는 분할합병 후 존속회사의 발행주식의 총수와 그 종류 및 각각의 수
  - 분할 또는 분할합병 후의 존속회사의 자본총액
  - 분할합병 상대방회사의 이사와 감사를 정한 때에는 그 성명과 주민등록번호
  - 지점소재지에서는 분할 또는 분할합병의 연월일
- 분할 또는 분할합병에 의한 해산등기 : 신설회사의 상호, 본점 또는 분할합병의 상대방회사의 상호, 본점 및 분할 또는 분할합병으로 인하여 해산한 취지와 그 연월일이다.
- 분할 또는 분할합병에 의한 설립등기 : 소멸회사의 전환사채 또는 신주인수권부 사채를 승계한 때에는 그 사채의 등기도 동시에 신청하여야 한다.
  - 통상의 설립등기사항
  - 소멸회사의 상호·본점 및 분할 또는 분할 합병한 취지
  - 지점소재지에 있어서는 회사성립 연월일 추가

첨부서면 분할 또는 분할합병에 의한 변경등기에는 다음의 서면을 첨부해야한다.

- 분할 또는 분할합병계약서(비송 216조의2)
- 분할회사의 주주총회(분할 또는 분할합병계약서의 승인)이나 종료 주주총회의사록
- 분할합병 상대방회사의 주주총회의사록(분할 또는 분할합병계약서의 승인총회와 분할 또는 분할합병의 보고총회의 2개의 총회 또는 분할합병보고총회를 이사회의 공고로써 갈음한 경우에는 공고를 하였음을 입증하는 서면
- 상법 527조의5 제1항의 규정에 의한 공고 및 최고를 한 사실과 이의를 진술한 채권자가 있는 때에는 이에 대하여 변제 또는 담보를 제공하거나 신탁을 한 사실을 증명하는 서면
- 소멸회사의 등기부등본(존속회사의 본점 관할등기소에 소멸회사의 본점 또는 지점의 등기가 없는 경우)
  - 주권제출의 공고사실을 증명하는 서면(소멸회사의 주식에 관하여 병합 또는 분할을 한 경우)

- 단주가 발생하여 임의 매각한 경우에는 법원에 허가서

분할로 인한 설립등기에는 다음의 서면을 첨부해야 한다.

- 분할 또는 분할합병계약서
- 소멸회사의 분할에 관한 주주총회의사록
- 상법 제527조의5 제1항의 규정에 의한 공고 및 최고를 한 사실과 이의를 진술한 채권자가 있는 때에는 이에 대하여 변제 또는 담보를 제공하거나 신탁을 한 사실을 증명하는 서면
- 소멸회사의 등기부 등본(신설회사의 본점소재지 관할등기소에 소멸회사의 본점 또는 지점의 등기가 없는 경우)
- 주권제출의 공고사실을 증명하는 서면(주식의 병합 또는 분할을 한 경우)
- 이사회의 공고로써 주주총회에 대한 보고에 갈음하는 경우 그 공고사실을 증명하는 서면
- 신설회사의 정관(인증불요)
- 창립총회의사록(인증)
- 이사회의사록(인증)
- 임원의 취임을 증명하는 서면
- 임원의 주민등록번호를 증명하는 서면

[단순분할 중 존속분할절차]

절　　차	일정	관련법규	비　　고
1. 분할을 위한 이사회결의	D-16	상법	
2. 이사회 결의사항 공시·신고	D-16	자본시장법법 증권의 발행 및 공시규정 유가증권시장 공시규정 코스닥시장 공시규정	이사회 결의 후 지체 없이
3. 분할계획서 작성	D-16	상법	
4. 주요사항보고서 제출	D-16	자본시장법, 증권의 발행 및 공시규정	
5. 주주명부 기준일 및 폐쇄 공고	D-15	상법	기준일 2주간 전
6. 분할계획 통보	D-13		
7. 주주명부확정 기준일	D	상법	주주명부폐쇄기간 : D+1~+10
8. 권리주주 확정	D+7		
9. 주주일람부·주총참석장 작성	D+8		

절　　차	일정	관련법규	비　　고
10. 주총소집 통지문 인계	D+9		주총참석장 사송분 인출
11. 주총소집통지서 발송(공고)	D+12	상법	주총 2주 전까지 무의결권 우선주주 포함 필요 시 종류주주총회도 소집
12. 분할대차대조표 등의 공시	D+12	상법	주총 2주 전부터 분할등기일 또는 분할합병일 이후 6월간
13. 경영참고사항 비치	D+12	증권의 발행 및 공시규정	주총 소집통지·공고시점부터 주총종료일까지
14. 주주총회 개최	D+27	상법	분할합병계약서 승인(특별결의)
15. 주주총회결과 보고	D+27	증권의 발행 및 공시규정 유가증권시장 공시규정 코스닥시장 공시규정	주총결의 후 즉시
16.채권자이의제출공고·통지	D+28	상법	채권자 이의 제출기간 : D+29~ +58
17. 구주권 제출공고·통지	D+28	상법	구주권 제출기간 : D+29~ +58
※ 현물출자일	D+29		※분할회사만 해당
18. 주식매매거래기간 공고	D+47	유가증권시장상장규정	매매거래기간 : D+57~상장 전일
19. 채권자보호절차 종료, 주식병합 절차 종료	D+58	상법	
20. 주식병합효력발생일 분할합병 기일	D+59	상법	
21. 보고총회(창립총회) 및 공고	D+60	상법	총회는 이사회 결의로 갈음 가능
22. 등기	D+61	상법	분할회사 : 자본감소등기 신설회사 : 설립등기
23. 분할종료보고서 제출	D+61	증권의 발행 및 공시규정	변경등기 후 즉시
24. 임원·주요주주 주식현황 보고	D+61	자본시장법법	변동일 익월 10일까지
25 최대주주 등 주식 변동상황 제출	D+61	유가증권시장상장규정	소유주식변동 즉시
26. 신주발행 의뢰	D+64		

[분할합병 중 존속분할합병절차]

절 차	일정		관련법규	비 고
	위탁사	대행사		
1. 분할합병을 위한 이사회결의	D-16		상법	
2. 이사회 결의사항 공시·신고	D-16		자본시장법 증권의 발행 및 공시규정 유가증권시장 공시규정 코스닥시장 공시규정	사유발생 즉시
3. 분할합병계약체결	D-16		상법	
4. 주요사항보고서 제출	D-16		자본시장법 증권의 발행 및 공시규정	
5. 주주명부 기준일 및 폐쇄 공고	D-15		상법	기준일 2주간 전
※ 기업결합 신고	D-14		공정거래법	분할합병 상대방회사만 해당
6. 분할합병계획 통보	D-13			
7. 주주명부확정 기준일		D	상법	주주명부폐쇄기간 : D+1~+10
8. 권리주주 확정		D+7		
9. 주주일람부·주총 참석장 작성		D+8		
10. 주총소집 통지서 인계	D+9			분할합병계약의 요령 포함 참석장 사송분 인출
11. 주총 소집통지서 발송(공고)	D+12		상법 자본시장법	주총 2주 전까지 무의결권우선주도 의결권 행사 필요 시 종류주주총회도 소집
12. 분할대차대조표 등의 공시	D+12		상법	주총 2주 전부터 분할등기일 또는 분할합병일 이후 6월간
13. 경영참고사항 비치	D+12		자본시장법 증권의 발행 및 공시규정	주총 소집통지·공고시점부터 주총종료일까지
14.분할합병반대의사 접수	D+12 ~+26		상법 자본시장법	분할합병반대의사 표시주주만 주식매수청구권 행사 가능
15. 주주총회 개최	D+27		상법	분할합병계약서승인(특별결의)
16. 주주총회결과 보고	D+27		증권의 발행 및 공시규정 유가증권시장 공시규정 코스닥시장 공시규정	주총결의 후 즉시
17. 채권자이의제출 공고·통지	D+28		상법	채권자이의제출기간 : D+29~+58
18. 구주권제출 공고·통지	D+28		상법	구주권제출기간 : D+29~+58
※ 현물출자일	D+29			분할회사만 해당

절 차	일정		관련법규	비 고
	위탁사	대행사		
19. 주식매수청구 기간 만료	D+47		상법 자본시장법	주총결의일부터 20일 내
20. 주식매수청구권 행사내역 보고	D+47		증권의 발행 및 공시규정 유가증권시장 상장규정	
21. 주식매매거래 기간 공고	D+47		유가증권시장 상장규정	매매거래기간 : D+57~상장 전일
22. 채권자보호 절차종료 식병합절차종료	D+58		상법	
23. 주식병합효력 발생일 분할합병기일	D+59		상법	
24. 분할합병보고 이사회 결의 및 공고	D+60		상법	분할합병보고주주총회에 갈음
25. 등기	D+61		상법	분할회사 : 자본감소 등기 상대방회사 : 합병등기
26. 분할합병종료 보고서 제출	D+61		증권의 발행 및 공시규정	변경등기 후 즉시
27. 임원·주요주주 주식현황 보고	D+61		자본시장법	변동일 익월 10일까지
28. 최대주주 등 주식 변동상황 제출	D+61		유가증권시장상장규정	소유주식 변동 즉시
29. 신주발행 의뢰	D+64			

04 합병의 특수절차

1. 소규모합병

특정 회사가 다른 법인과 합병을 하려면 주주총회를 열고 합병에 반대하는 주주들에겐 적정가격을 적용해 주식매수를 해주어야 한다. 그러나 합병 주체 회사가 피합병회사 주주들에게 교환해줄 주식 수가 당초 발행 주식 수의 5% 이하일 경우에는 그 절차를 생략할 수 있다. 이런 간단한 합병절차를 밟는 것이 소규모 합병이다. 다시 말하면 대규모 회사가 소규모의 회사를 흡수 합병하는 경우에는 대규모 회사의 입장에서는 일상적인 영업활동의 규모에 지나지 않는 자산취득임에도 불구하고 주총의 결의와 주식매수청구절차를 거침은 비경제적이라고 판단하여 소규모의 회사를 흡수 합병하는 경우 주총의 승인결의를 생략하고 이사회의 결의로 대신할 수 있다.

■ 소규모합병의 요건

합병 후 존속하는 회사가 합병으로 인하여 발행하는 신주의 총수가 발행주식 총수의 100분 10을 초과하지 아니하는 때(2016. 03. 02.개정)에는 그 존속회사의 주주총회의 승인을 이사회의 승인으로 갈음할 수 있다. 다만, 다음의 경우에는 소규모합병이 허용되지 않고 주주총회의 승인이 요구된다.

- 소멸회사의 주주에게 지급하는 교부금이 존속회사 최종 대차대조표상 현존하는 순자산액의 2%를 초과하는 때
- 합병대가 규모가 존속회사 발행주식 총수의 20% 이상인 경우 소유주주가 공고 또는 통지일로부터 2주 내에 회사에 대하여 서면으로 소규모합병에 대한 반대의사를 통지한 때

■ 절차 및 효과

소규모합병의 절차와 효과는 다음과 같이 간단히 요약할 수 있다.

- 합병존속회사의 신주가 발행주식 총수의 5 / 100 이내인 경우, 이사회의 승인으로 갈음한다.

- 합병계약서에 주총의 승인 없이 합병한다는 뜻을 기재해야 한다.
- 소규모 합병의 공고와 통지를 해야 한다.
- 합병계약서를 작성한날부터 2주내에 피합병 법인의 상호·본점·소재지·합병한날·주총의 승인 없이 합병을 한다는 뜻을 공지 또는 통지해야한다.

■ 소규모합병의 제한

합병교부금이 존속회사 순자산액의 2% 초과하거나 존속회사의 발행주식 총수의 20% 이상 소유주주가 반대하는 경우에는 이사회 결의로 소규모 합병을 인정하지 않으며, 주식매수청구권행사가 인정되지 아니한다.

■ 소규모합병의 특례

존속하는 회사의 합병계약서에는 주주총회의 승인을 얻지 아니하고 합병을 한다는 뜻을 기재하여야 한다. 존속하는 회사는 합병계약서를 작성한 날부터 2주 내에 소멸하는 회사의 상호 및 본점의 소재지, 합병을 할 날, 주주총회의 승인을 얻지 아니하고 합병을 한다는 뜻을 공고하거나 주주에게 통지하여야 한다. 존속하는 회사의 주주에 대해서는 주식매수청구권이 인정되지 않는다.

2. 간이합병

■ 간이합병의 요건

합병으로 인하여 소멸하는 회사의 총주주의 동의가 있거나 그 회사의 발행주식 총수의 100분의 80 이상(2016.03.02 개정)을 합병 후 존속하는 회사가 소유하고 있는 때에는 합병으로 인하여 소멸하는 회사의 주주총회의 승인을 이사회의 승인으로 갈음할 수 있다. 또한 간이합병은 흡수합병의 소멸회사에만 적용된다.

■ 절차 및 효과

간이합병의 절차와 효과는 다음과 같이 간단히 요약할 수 있다.

- 이사회의 결의만으로 합병이 가능하다.
- 소멸회사는 합병한다는 뜻을 공고 하거나 주주에게 통지해야 한다. 다만 주주전원의 동

의가 있는 경우에는 공고나 통지를 하지 않는다.

- 주식매수청구권 행사가 가능하다.
- 간이합병의 공고, 통지가 있은 후 2주간 내 회사에 서면으로 합병의 반대를 통지한 주주는 그 기 간이 경과 후 20일내에 주식매수청구권을 행사할 수 있다.

간이합병의 특례

소멸하는 회사는 합병계약서를 작성한 날부터 2주 내에 주주총회의의 승인을 얻지 아니하고 합병을 한다는 뜻을 공고하거나 주주에게 통지하여야 한다. 다만, 총 주주의 동의가 있는 경우는 제외한다.

분할합병에 대해서도 간이·소규모합병제도가 준용된다.

[소규모합병과 간이합병의 차이점]

구 분	소규모 합병	간이 합병
적용대상	존속회사	소멸회사
적용요건	소멸회사의 규모가 극히 소규모여서 존속회사 주주에 미치는 영향이 매우 적은 경우	존속회사가 소멸회사 주식의 90% 이상을 소유하여 합병 여부가 존속회사의 의사만으로 결정되거나 소멸회사 총주주의 동의가 이미 존재하는 경우
주주총회 여부	존속회사의 주주총회 불필요	소멸회사의 주주총회 불필요
견제 장치	존속회사 주식의 20% 이상이 소규모합병에 반대하는 경우에는 합병승인총회 필요	
주식매수 청구권	• 존속회사 – 불인정 • 소멸회사 – 인정	• 존속회사 – 인정 • 소멸회사 – 불인정

3. 소규모·간이합병의 절차

합병계약의 체결

간이합병과 소규모합병도 합병계약의 체결에서 시작된다. 일반 합병과 마찬가지로 합병당사회사의 대표이사가 체결하며, 합병비율 등 합병에 관한 모든 사항을 기재한다. 특히 소규모합병의 경우에는 "주주총회의 승인을 받지 아니하고 합병한다는 뜻"도 기재하여야 한다.

■ 간이 / 소규모합병 공고 및 통지

간이합병의 경우 소멸회사는 합병계약서를 작성한 날로부터 2주내에 "주주총회의 승인을 얻지 않고 합병한다는 뜻"을 공고하거나 또는 주주에게 통지하여야 한다. 다만, 총주주의 동의가 있거나 존속회사가 소멸회사의 주식 전부를 소유한 경우에는 이러한 통지나 공고가 불필요하다. 소규모합병의 경우에도 존속회사는 합병계약서를 작성한 날로부터 2주내에 소멸회사의 상호, 본점소재지, 합병을 할 날(합병기일), 주주총회의 승인결의 없이 합병을 한다는 뜻을 공고하거나 주주에게 통지하여야 한다.

■ 합병반대의사통지 및 정식절차 진행

존속회사의 발행주식 총수의 100분의 20 이상을 소유하는 주주가 위의 통지 또는 공고일로부터 2주간 내에 서면으로 합병반대의사를 통지한 경우 주주총회 결의를 생략할 수 없다. 따라서 이 경우 소규모합병이 아닌 정식합병으로 가야한다.

■ 이사회의 승인결의

간이합병의 경우 소멸회사는 이사회에서 합병계약을 승인한다. 실무상으로는 소멸회사는 존속회사의 거의 100% 자회사이므로 주주총회를 생략하는 것이 큰 의미는 없다. 이에 반해 소규모합병의 존속회사는 상장(등록)회사인 경우가 흔하고, 주주가 다수인 경우가 많아 주주총회를 생략하고, 이사회로 갈음할 실익이 크다.

■ 합병계약서 등의 비치

주주 및 채권자가 사전에 합병에 관한 구체적 사항을 파악하도록 소정사항을 공시하여야 한다. 즉, 쌍방회사의 대표이사는 합병승인을 위한 이사회의 2주간 전부터 일정기간동안 합병계약서, 소멸회사의 주주에 대한 존속회사 주식의 배정사항과 그 이유를 기재한 서면, 합병당사회사의 대차대조표를 본점에 비치하여야 한다.

■ 주식매수청구절차

존속회사가 소멸회사의 주식 전부를 소유하는 경우에는 주식매수청구의 문제가 발생하지 않는다. 다만 소멸회사의 주식 100분의 90 이상을 소유하는 것을 사유로 간이합병하는 경우에는 반대주주가 있을 수 있으므로 주식매수청구절차를 생략할 수 없다.

이 경우 반대주주는 위 통지 또는 공고일로부터 2주간 내에 합병반대의사를 서면으로 통지할 수 있으며, 통지 또는 공고일로부터 2주간이 경과한 날로부터 20일 이내에 주식의 매수를 청구할 수 있다. 소규모합병의 경우에는 반대주주의 주식매수청구를 인정하지 않는다.

■ 채권자보호절차

소멸회사와 존속회사는 각각 합병승인 결의일로부터 2주내에 1월 이상의 기간을 정하여 회사채권자에 대하여 합병에 이의가 있으면 그 기간 내에 이의를 제출할 것을 공고하고 또 알고 있는 채권자에게 대하여는 따로따로 이를 최고하여야 한다.

■ 거래소 등에 대한 신고

상장법인이 다른 법인과 합병하고자 하는 경우에는 금융위원회와 한국거래소에 신고하여야 하며, 특히 상장법인이 비상장법인과 합병하고자 하는 경우에는 합병승인 주주총회의 결의는 비상장법인이 금융위원회에 유가증권발행인으로 등록한 후 2월이 경과하여야만 그 효력이 있다.

■ 보고총회의 개최

간이소규모합병의 경우에도 존속회사는 보고총회를 개최하여야 한다. 다만, 보고총회는 원래부터 이사회의 결의와 그 공고로써 갈음할 수 있으므로 실무상으로는 이사회의 공고로 갈음한다.

■ 합병등기

합병은 합병등기를 한 때 그 효력이 생긴다. 존속회사에 있어서는 합병취지의 등기와 자본금이 증가하는 경우에는 증자등기를, 소멸회사는 해산등기를 동시에 신청하게 된다.

[소규모합병절차]

절 차	일 정	내 용	관련규정
사전순비설자		합병관련 법률, 회계, 조세 문제 검토 합병비율 결정 합병일정 및 절차 결정 합병계약서, 합병신고서 등 관련서류 작성 금융위 , 거래소 담당자와 사전협의	
외부평가기관과 평가계약 체결	D-48	금융위, 거래소에 신고	발행·공시규정
합병 이사회결의	D-41		
합병 이사회결의 공시·신고		금융위, 거래소에 신고	자본시장법 발행·공시규정
합병신고서 제출		주주명부폐쇄 및 기준일 공고 전일까지	발행·공시규정
합병계약 체결	D-28	합병계약 공고 또는 통지 2주 이내	상법
합병계약서, 합병 B/S 비치공시	D-15	합병주주총회갈음 이사회 결의 2주 전~합병을 한 날 이후 6개월간	상법
합병계약 공고 또는 통지		합병계약서 체결일로부터 2주 이내 존속회사는 합병주주총회 없이 합병한다는 뜻 기재	상법
반대주주 반대의사 통지 완료	D-1	합병계약공고 또는 통지일로부터 2주 내 서면통보 20% 이상 주주 반대시 소규모합병 불가	상법
주주총회 갈음 이사회 승인	D	소규모 합병시 이사회 승인이 주주총회 대체	상법
채권자 이의제출 공고 및 최고	D+1	합병주주총회갈음 이사회 결의일로부터 2주 내 공고, 공고기간 1개월 이상	상법
합병기일	D+33	실질적인 합병일	
합병보고총회갈음 이사회 결의	D+34	합병보고주주총회 대체	상법
합병등기	D+36	합병보고주주총회일 또는 합병 보고총회갈음 이사회결의 공고일로부터 본점 : 2주 내 , 지점 : 3주 내	상법

합병계약서

××주식회사를 "갑", ○○주식회사를 "을"로 하여 "갑"과 "을" 간의 합병에 의한 계약을 다음과 같이 체결한다.

제 1 조【합병】
"갑"은 "을"을 합병해서 존속하며, "을"은 해산한다.

제 2 조【증자】
1. "갑"은 합병에 의해 지금까지 발행하던 주식 총수를 ________주 증가한다.
2. 전 항에서 증가한 주식은 모두 액면 보통주식(1주의 액면금액 금 ________ 원)으로 한다.

제 3 조【합병비율】
1. "갑"은 합병 시, 보통주식 ________주(1주 액면금액 금________원)를 발행하고 합병기일 현재 "을"의 최종 주식에서 "을"이 소유하고 있는 액면 ________원의 보통주식 1주에 대해 "갑"의 보통주식 1주당 비율을 할당 교부한다.
2. 이 합병에 의해 "갑"은 자본금 ________만원, 자본준비금________만원, 이익준비금________만원, 임의준비금________만원으로 증가한다. 단, 자본준비금에 대해서는 병합기일을 기준으로 "을"의 자산상태에 따라 "갑"과 "을"이 협의하여 변경할 수 있다.

제 4 조【장부액인수】
1. "을"은 20__년 __월 __일 현재의 회계장부, 대차대조표, 그 외 동일 계산을 기초로 해서 합병기일에 자산, 부채 및 권리의무 일체를 "갑"이 인수한다.
2. "을"은 20__년 __월 __일 이후 합병기일까지 자산, 부채에 변동이 생길 경우에는 별도로 계산서를 첨부하고 그 내용을 즉시 "갑"에게 명시해야 한다.

제 5 조【관리의무】
"을"은 계약체결 후에 합병기일까지 관리자의 주도하에 업무를 집행하고 모든 재산을 관리한다.

제 6 조【합병기일】
"갑"과 "을"의 합병기일은 20_년 ___월 ___일로 한다. 단, 동 기일까지 합병에 필요한 절차를 진행할 수 없는 경우에는 "갑"과 "을"은 협의하여 이를 연기할 수 있다.

제 7 조【신주의 배당】
합병으로 인해 발행한 "갑"의 신 주식에 대한 배당은 합병기일로부터 기산한다.

제 8 조【종업원의 인수】
"을"의 종업원은 합병기일로부터 "갑"이 인수하며, 근속연수는 전후 통산한다.

제 9 조【"을"의 해산】
"을"의 해산에 필요한 비용은 전부 "을"이 부담한다.

제 10 조【계약의 조정】
계약체결일로부터 합병의 실행에 이르기까지 천재지변이나 그 외의 이유로 인해 "갑"이나 "을"의 자산상태나 경영 상태에 중대한 변경을 가져왔을 경우, 또는 다른 하자가 발생했을 경우에는 "갑"과 "을"의 협의 하에 합병을 취소하고 합병조건을 변경할 수 있다.

제 11 조【기타】
이 계약에서 정한 것 외에 합병과 관련해서 필요한 사항이 있는 경우, 그 계약의 취지에 기초해서 "갑"과 "을"의 각 대표자가 협의하여 결정한다.

제 12 조【주주총회의 소집】
"갑" 및 "을"은 20__년 __월 __일을 기해서 각각 주주총회를 소집하고 이 계약의 승인 및 실행에 필요한 사항에 있어서 결의를 거쳐야 하며 그 승인 결정 후 "갑", "을"이 서로의 취지를 통보한다.

제 13 조【효력발생시기】
이 계약은 "갑" 및 "을"의 주주총회의 승인을 얻어 주요 관청의 허가를 얻음과 동시에 효력이 발생한다.

본 계약을 증명하기 위해 본서 2통을 작성하고 각자 기명날인한 본 계약서를 각각 1통씩 보관한다.

20__년 __월 __일

(갑) 주소 :
회사명 :
대표이사 : ㊞

(을) 주소 :
회사명 :
대표이사 : ㊞

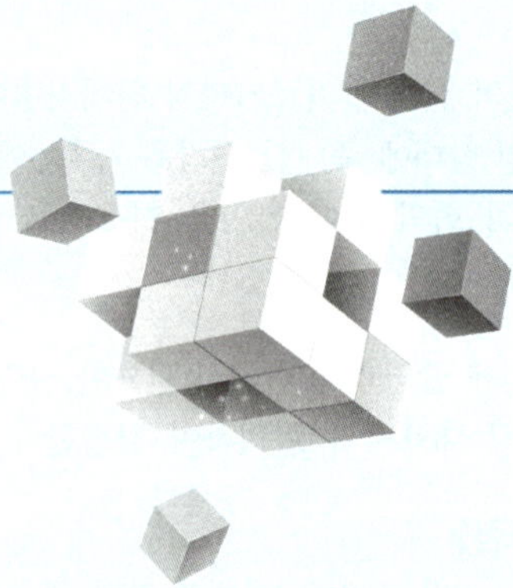

Chapter 13 M&A의 절차

M&A의 목적이 구체적으로 결정되어 실제적인 M&A가 일어나기 위해서는 여러 단계의 절차가 매우 중요하고도 신중하게 이루어져야 할 것이다. M&A의 모든 과정은 연속적으로 진행되며 시기적으로 중첩될 수도 있다. 특히 새로 회사를 설립하는 것과는 완전히 다른 각도에서 검토되어야 된다.

M&A 진행절차는 일반적으로 정형화되어 있거나 표준화되어 있는 것이 아니며, 주어진 여건 및 기업환경에 따라 달라질 수도 있다.

단계	내용
1 단계	**전략수립 및 대상기업의 선정** • M&A 기본전략 수립 • 실무팀 구성 • 대상업계 기초조사 • 대상기업 선정 · 평가 · 결정 • 자금조달계획 수립
2 단계	**교섭 및 MOU 체결** • 대상회사 교섭 • 매수 희망 제안서 제시 • 예비실사 • 최종제안서 제시 • 우선협상대상자 선정 • MOU 체결
3 단계	**M&A 협상 및 계약체결** • 정밀실사 • M&A 협상 • 본 계약체결
4 단계	**대금지급 및 사후관리** • 대금지급 • 종결(Closing) • PMI(Post Merger Integration)

01 전략수립과 대상기업 선정

1. 기본전략수립

기업의 M&A가 실제 일어나기 위해서는 사업상의 판단에 의해서 그 방법이 결정되어야 하는데 이에 영향을 주는 요소는 여러 가지 이지만 가장 중요한 요소는 M&A를 하게 되는 목적이다. 어떤 형태의 M&A이든 기업에는 큰 변화가 있게 되므로 확고하고 전략적인 의사결정이 필요하다.

M&A 전략수립에 있어서 먼저 객관적이고 구체적인 분석을 통한 인수능력의 검토가 선행되어야 하며 자기진단과 관련하여 다음과 같은 사항들이 반드시 고려되어야 한다.

- 우리 기업에서 동원할 수 있는 현금과 재력은 어느 정도인가.
- 기업이 보유하고 있는 시장능력과 Market share는 어느 정도인가.
- 현 경영진의 능력은 어느 정도이고 향후 기업의 목표는 무엇인가.
- 현재 경영을 맡고 있는 인물은 누구이며 누가 새로운 인수기업을 운영할 것인가.

이러한 자가진단을 통해서 자기회사를 먼저 점검한 후 본격적으로 M&A 대상기업을 찾거나 일부 사업부문 매입을 추진하게 된다. 기업의 M&A는 사전적인 치밀한 계획과 전략이 필요하며 기업의 성장 또는 생존을 위한 것인지 또는 업종다각화를 위한 것인지 시장점유율을 높이기 위한 것인지 등 그 목적을 명확히 해야 한다. 어떤 업종을 선택할 것인지 해당 업종이 처해있는 상황이나 중장기적인 환경변화와 전망 등에 대해서 현황과 문제점 파악 등 M&A 추진을 위해 처음부터 종결까지 전반적인 추진계획 및 전략계획을 수립해야 한다.

■ 시장가치의 판단

자기기업의 가치를 모르고 다른 기업과의 M&A를 통한 시너지를 계산할 수는 없기 때문에 가장 먼저 해야 할 일은 자기기업의 시장가치가 얼마나 되는지 정확히 파악하는 일이다. 기업의 재무상태 뿐만 아니라 조직·환경 등의 요인이 반영된 상태가 시장에서 어떻게 평가되는가와 한 기업이 갖고 있는 강점과 약점은 무엇인가, 외부에서 다가오고 있는 위협과 기회 요소는 무엇인가 하는 분석의 결과가 시장가치 판단의 기준이 된다.

M&A나 전략적 제휴에 있어서 전략의 선정 시장에서 자기 기업의 상황과 위치를 파악해 보면 기업의 사업 방향을 새로 설정하거나 새롭게 할 필요성을 느낄 수 있다. 이러한 필요에 따라 설정된 목표 및 사업 방향의 추진을 위해 가장 먼저 해야 할 일은 시장에서 요구하는 기업의 수준과 기업의 현재 위치와의 차이를 파악하는 것이다. 이것이 바로 기업의 가치 차이 파악인데 이를 통해서 기업은 변화와 발전의 폭이 얼마나 되는지 그리고 기업이 얼마만큼의 노력을 기울여야 하는 지가 결정된다.

가치차이분석을 통해 기업의 변화 폭이 결정되면 차이가 난 기업가치를 획득할 수 있는 방법, 성장전략으로서 적합한 방법은 무엇인지를 결정해야 한다. 전략의 선택은 기업 고유의 업종상 특징, 경영상 특징, 문화적 특징 등을 종합적으로 살펴 이루어지는데 이를 통해 자신에게 가장 유리한 방법이 무엇인지 선별하게 된다. 우리 기업에는 M&A가 적합한지, 전략적 제휴가 적합한지를 판단해야 한다.

예상이슈 검토

M&A 거래를 진행함에 있어서 매도인과 매수인은 여러 이슈에 직면하게 되며 이러한 이슈들에 대한 해결 정도에 따라 그 성패가 좌우되어진다. 성공적인 거래를 위해 준비단계에서 예상되는 이슈들에 대한 세부적인 검토와 실행계획의 수립이 이루어져야 한다.

- 자산 : 현금성자산, 예금액과 활용 가능성(Viability)
- 토지 매입과 건물에 대한 건설비용
- 연료·용수·운송·통신에의 접근 용이성
- 원자재의 공급
- 관세와 수입 장벽
- 기존 시장과 예상시장
- 기술·기계·노동·품질
- 생산·허가·기술이전
- 이자율·환율·세금·다른 사고로 인한 비용과 이익
- 잠재적 부가가치
- 환경에 미치는 영향
- 프로젝트의 위험성과 국가별 위험성을 위한 보험

추진 기본계획

추진 기본계획에서 고려해야 할 대표적인 항목들로서 거래절차·입찰·계약방식·거래형태 등이 있다. 거래절차는 복수의 대상기업을 상대로 하는 경우 입찰의 수, 실사의 기회 수 등에 따라 달라질 수 있다. 입찰 계약의 방식에는 수의계약·제한적 경쟁입찰·완전경쟁입찰 등이 있다. 또한, 거래방식은 자산양수도방식·주식양수도방식·영업양수도방식이 있다.

2. 전략팀 구성

M&A는 단순한 투자와는 달리 사업전반에 대한 깊이 있는 이해가 필요하기 때문에 본격적인 M&A단계에서 가장 먼저 해야 할 일은 전략팀을 구성하는 것이다. M&A거래는 여러 분야에 대한 경험과 지식이 복합적으로 적용되는 거래이기에 인수하려고 하는 기업의 내부인력과 더불어 그 효율성을 증대하기 위해 Team을 형성하여 M&A업무를 진행하는 것이 요청된다.

M&A의 실천전략수립과 진행, 관련 자료의 취합분석 등을 통해 M&A의 사전단계부터 M&A의 협상단계까지 M&A를 진행시켜 나가는 전담 팀을 구성하는 것이다. Task Force팀은 외부전문 자문기관들과 한 팀이 되어 진행하는 것이 가장 이상적이며, 크게 사전M&A팀·협상팀·사후M&A팀으로 나누어지고 다시 세부단계와 전략에 따라 구성된다. 예컨대 실사팀에는 변호사·회계사·금융전문가·컨설턴트 등의 전문가들과 함께 M&A를 시도하는 회사의 구성원들이 전략설정, 실사와 거래준비, 협상 등을 담당한다. 주로 처음 조직된 전략팀을 주축으로 단계마다 팀원이 보충되면서 계속 새로운 팀을 구성해 나가는 것이 바람직스러운 일이다.

3. 기초조사

우호적이든 강제적이든 대상기업을 탐색하고 선정하기 위해서는 기업과 소유구조, 경영전략, 기업인수 가능성을 분석하는데 있어서는 정보자료의 수집이 매우 중요하다.

- 회사의 개황 등의 일반적인 기본정보
- 재무상태, 경영성과 및 기타 재무적 현황
- 생산·판매 및 유통 현황
- 기술 수준 및 연구개발 동향
- 조직형태 및 인사, 노사관계 상황
- 중요계약 및 기타 관리시스템의 현황

수집해야 할 대상이 되는 정보는 위와 같으며 인수대상기업에 대한 정보자료를 수집하는 과정에서는 정보의 노출우려가 있으므로 극비리에 진행시키는 것이 중요하며 수집된 여러 자료를 근거로 과학적으로 후보기업들을 사전조사, 분석하는 것이 중요하다.

4. 대상기업 선정

인수후보를 선정하기 위한 사전정보자료에 의거 기본적인 조사가 완료되면 대상기업을 선정하게 된다. 이때 대상기업을 최종선정하기 위해서는 후보기업에 대해서 보다 구체적인 부문에 대해서 검토·평가해야 한다. 즉, 후보대상기업 들을 회계·세무·시너지효과·법적인 측면·경영요인·외부경쟁자 환경·인수기업 내 장기경영전략의 부합 여·부경쟁기업과의 인수경합가능성·후보기업의 경영자원과 인수기업의 경영자원이 결합했을 때의 시너지효과·노동·경영·정부 문제까지 포함한 리스크 관리를 종합적으로 검토해야 한다. 그리고 후보기업평가를 보다 정확하게 하기 위해서는 회사의 역사와 배경·시장·유통·기술·생산·조직·재무와 같은 내부평가를 한 후 현재의 경쟁자, 향후 시장진입이 가능한 경쟁자 등 경쟁자분석이 병행해서 이루어져야 한다.

대상기업의 세부적인 내외적 요인을 분석한 후에는 인수기업의 재무적인 내용과 비재무적인 내용을 근거로 거래 경제성을 분석해야 한다. 당기순이익과 매출액·제조원가와 매출원가·부채액·자본 등의 대차대조표 항목과 재무제표 각 항목 간의 관계를 통해서 안정성·수익성·유동성을 살펴보고 해당 기업의 지배관계나 인적자원 수준 그리고 경영진의 경영능력과 시장점유율, 기능수준과 의존도 등의 비재무적인 내용을 살펴서 경제성을 분석한다. 이러한 거래 경제성분석을 근거로 해당 기업을 인수한 후 발생할 수 있는 시장지배력과 영업력 증대를 통한 피인수 기업의 결합가치를 도출하고 연결재무제표를 작성하여 가치를 평가하고 마지막으로 경영층이 의견일치를 보면 대상기업을 최종적으로 결정하게 된다.

대상기업의 선정 시에는 투자은행과 같은 M&A전문 중개기관에 매수대상기업의 선정을 의뢰하는 방법과 회사 스스로 직접 선정하는 방법이 있다. M&A 대상기업 선별을 위한 접근방법으로는 기회주의적 방법·연구조사방법·기회주의적이며 연구 조사하는 방법 등 세 가지가 있다.

■ 기회주의적 방법

매도의사가 있는 기업을 먼저 발견한 후 어떤 회사가 적합한지를 결정하는 것으로 시간절약의 효과가 있다.

■ 연구조사 방법

기업전략에 입각한 선별기준을 설정, 운영하여 매도의사 있는 회사를 타진하는 것으로 이상적인 방법이지만 많은 노력이 요구된다.

■ 복합적 방법

기업전략에 입각한 선별기준을 보유하고 매수대상기업을 추적하면서 M&A 중개기관과 끊임없는 접촉을 통해 가장 매력적이며 적합한 매수기업의 매수기회를 탐색하는 방법이라 할 수 있다.

인수대상 후보기업의 선정 우선순위를 정할 때 활용되는 선정기준으로는 아래와 같은 항목이 적용된다.

- 서비스 산업과 제조업 중 선호 업종 : 지역, 산업형태
- 매수기업과의 결합 가능 정도 : 경영자 태도, 기업문화, 금융시너지, 향후 이미지 및 시장효과
- 매수호가 범위
- 산업구조 : 경쟁사 숫자 및 크기
- 경쟁적 위치 : 시장주도 혹은 부실기업
- 과거 수익성 : 자산수익률, 총투자수익률, 매출액수익률, 매출 및 이윤의 순환성, 평균주가수익률, 동종 기업 간의 차이점 및 그 이유
- 과거와 예측된 미래의 성장추세
- 단기·중기·장기 성장
- 자본투자의 강도 : 현금사용률
- 기술·시장·법률 및 정치적 위험부담
- 자본시장 전체 대비 투자위험도
- 피매수기업의 재무상태 예측 : 현금흐름(cash flow), 내부이익률(IRR) 및 투자수익률, 주당수익률(PER)
- 금융 및 영업의 leverage effect : 부채정도, 상대적 구조

5. 자금조달계획 수립

인수자 측이 M&A전략 수립 시에 우선적으로 고려해야 할 사항이 자금조달 계획이

다. M&A는 다양성과 비정형성을 띠고 있기 때문에 다양한 파이낸싱 기법을 활용할 수가 있다. 자금조달방법으로는 자기자본이나 채무에 의한 자금조달, 후순위 유가증권에 의한 조달 등 여러 가지 방법이 이용되고 있다.

■ 자기자본에 의한 자금조달

회사의 영업이익을 활용하거나 유가증권을 발행하는 방법으로 기업인수에 소요될 자금을 마련하는 방식이다.

■ 회사채에 의한 자금조달

주식회사가 장기자금을 마련하기 위하여 발행하는 회사채를 통한 자금조달로 균일한 금액으로 분할된 유통증권은 주식과 더불어 증권시장에서 활발하게 매매가 이루어지고 있다. 회사채 발행은 일반적으로 전문적인 증권회사나 집합투자기구 등 인수업자에 의한 인수단을 구성하고 일정한 위탁발행수수료를 지급하고 간접발행의 형식을 취하고 있다. 여기에 참가하는 각 인수업자는 맡은 역할에 따라 주간사·공동간사·인수 및 매출사 등이 있으며 인수단은 공개모집 방법을 채택하고 있다.

■ CB·BW에 의한 자금조달

전환사채(CB)나 신주인수권부사채(BW)는 일정기간 경과 후 소유자의 청구에 의하여 보통주식으로 전환할 수 있는 사채를 말한다. 발행사의 입장에서는 사채와 주식의 양면성을 가지고 있으므로 사채와 주식의 양면에 걸친 투자자를 대상으로 모집할 수 있는 장점이 있으며, 발행회사는 전환옵션가치로 인하여 보증사채나 무보증사채보다 유리한 이율로 자금의 조달비용을 절감하는 효과를 가져 올 수 있다. 또한, 회사의 수익성이 향상되어 주식의 배당수익이 사채의 이자수입보다 높아진 시점에서 주식으로 전환할 수 있는 이점이 있으므로 주가상승으로 주식으로의 전환이 진행되면 회사로써는 비교적 수월하게 자기자본의 충실을 기할 수 있다.

■ 차입매수(LBO)

타인자본을 이용하여 기업을 매수하는 수단으로 적은 자본으로도 기업매수가 가능하지만, 거액의 차입을 수반하기 때문에 기업매수 후에는 자기자본비율이 크게 저하되어

신용위험이 높아지는 단점이 있다. 국내에서는 활발하지 않았으나 최근에 이르러 LBO 파이낸싱을 이용한 M&A 성공 사례가 증가하고 있는 추세이다.

■ M&A 펀드

M&A 펀드로는 사모펀드(PEF)와 CRC펀드를 대표적으로 들 수 있다. 사모펀드(PEF)는 고수익기업투자펀드라고도 하며 자본시장법에서는 100인 이하의 투자자, 뮤추얼펀드는 50인 이하의 투자자를 대상으로 모집하는 펀드를 말한다. 사모펀드는 비공개로 투자자를 모집하여 자산가치가 저평가된 기업에 자본참여를 하게 하여 기업가치를 높인 다음 기업주식을 되파는 전략을 취한다. 우리나라에서는 M&A를 활성화하기 위한 수단으로 사모펀드를 도입하여 시행하고 있다.

반면 CRC 펀드는 기업구조조정전문회사가 주식인수·합병·영업양수를 통한 구조조정기업의 인수를 통한 정상화 및 재매각을 전문으로 설립된 상법상의 주식회사로써 기업구조조정투자회사(CRV)는 워크아웃기업 처리를 위한 펀드형태의 Paper Company 이며, 이들 회사 모두 기업구조조정을 위해 설립되지만 CRV가 한 개의 워크아웃기업을 맡는 한시적인 기업인 반면 CRC는 영속적으로 존재하며 상대적으로 다양한 업무를 수행하고 있다. 채권금융기관은 CRV나 CRC에 주식을 넘겨 조기에 자금을 회수할 수 있으며 산업별 기업경영 전문가나 펀드매니저로 구성된 CRV는 싼값에 주식을 사들인 다음 전문경영인을 파견해 구조조정에 나선다.

6. 정밀조사

인수대상기업이 선정되면 한 기업이 다른 기업을 인수할 때 부담해야 하는 위험을 최소화하고 위험의 대가를 부담하더라도 계산된 위험에 따라 부담하는 방안을 찾기 위해서 더 구체적이고 세밀하게 인수대상기업에 대한 정밀조사를 하게 된다. 정밀조사를 할 때는 먼저 전략적인 측면이 얼마나 조화를 이룰 수 있는가를 파악하고 그 차이가 극복될 수 있는 정도면 다음으로 운영적인 면의 조화를 살피게 되는데 운영 시스템 파악은 비즈니스모델을 통하여 두 기업 간의 문화적인 차이점과 조화 정도를 살피게 된다.

인수기업과 피인수기업 간에 존재하는 차이점의 정도를 찾아내고 그 차이가 좁힐 수 있는 정도인지 아니면 극복하기 어려운 정도인지를 분석한다. 분석결과 발견된 차이점이 극복할 수 있는 정도면 실천계획을 설정한다. 먼저 하고 있는 일이나 업무의 중복성이 심하다고 판단되면 이에 따른 인력의 재배치나 감원 등의 조치를 취할 수 있다. 그리고 두 기업이 유사한 시장평가를 받고 있어 M&A를 통한 이미지 제고가 불투명하다면 지금보다 강력한 홍보를 통해 새로운 이미지를 창출하는 방안을 마련한다. 정밀조사에 있어서 체크해야 할 사항은 다음과 같이 요약할 수 있다.

■ 일반사항 체크리스트

대상기업의 정밀조사를 위하여 일반적으로 체크해야할 사항은 다음과 같다.

예비지식

- 연혁, 배경, 소유권, 주주
- 기업 실체의 종류
- 조직 구조에 따른 종업원의 지위
- 공장의 크기 : 토지 면적, 건물 평수, 생산 설비

영업활동

- 제품세분화
- 시장점유율과 시장 추세
- 유통경로
- 주요고객(거리를 포함한 지리적 범위)
- 결제관행(어음, 현금, 신용거래) 6) 수요 예측

재무구조

- 손익계산서·대차대조표·현금흐름표를 포함한 5년간의 회계감사보고서
- 자금능력

노무관리

- 급여체계
- 노동조합(역할과 활동)
- 기타 애로사항

중장기적 비전

- 주력사업에 대한 사업계획
- 주요상품에 대한 사업계획
- 주요상품에 대한 기업환경

■ Marketing부문 체크리스트

Marketing부문에 있어서 일반적으로 체크해야 할 사항은 다음과 같다.

- 한국과 해외시장의 특정상품에 관한 수요와 공급의 예측
- 생산능력과 마케팅전략
- 주요 추진하는 마케팅전략 품질·가격·운송 등등
- 유통경로에 있어서 하부산업 단계와의 관계
- 주요 하부산업의 향후전망
- 영업지역
- 유통비용 : 각각 유통경로에 대한 비용분석

■ 공장입지부문 체크리스트

공장입지부문에 있어서 일반적으로 체크해야 할 사항은 다음과 같다.

입지조건

- 입지형태
- 지리적 조건
- 지진·연강우량, 풍속, 습도, 홍수, 태풍을 동반한 연 기후정보
- 주변 여건(산업단지·주거단지 등)
- 부대시설(정비시설·사무실·창고·연구실·매점·휴게실 등)
- 토지취득의 제한
- 지가와 기타 관련세금
- 향후 전망

원자재의 조달

- 주요 원자재를 위한 충분한 항만시설과 하역시설

- 원자재 공급자·납기·지불기간·재고·품질·관세
- 원자재 보관 탱크, 창고

설비

- 산업용수원과 용량
- 전력공급(가격·공급원 등)
- 탄소배출권, 폐기물 처리시설의 존재와 배출기준

기계류

- 국내시장에서의 구매가능성
- 주요 공급자
- 가격과 지불기간
- 수입산 기계와 제한
- 기계의 임대
- 국내에서의 적절한 유지와 보수

건물

- 공장설립 비용과 내용 연수
- 관련 건축법
- 설계 시 특별주의사항(기후·법률)
- 건설비용과 기간
- 관련기관으로부터의 인허가 절차와 소요시간
- 신뢰할만한 설계사무소 유무
- 건설자재의 지역 내 조달

투자환경부문 체크리스트

투자환경부문에 있어서 일반적으로 체크해야 할 사항은 다음과 같다.

관련법과 규제사항

- 법률의 응용 : 폐수배출기준, 소방정책, 소음정책
- 통신 : 통신장애, 설치비용, 운임구조

- 인력 : 공동체에서의 노동권의 영향력, 실업률, 연 분포, 급여수준, 다른 공장에서의 업무 책임
- 운송
- 원자재의 운송방법 : 매출과 운송을 위한 거리와 시간
- 일반적 운송체계 : 항만, 공항시설
- 운임구조 : 통관절차에 관한 시간과 예상되는 비용

투자조건

- 산업개발 단지의 존재
- 투자지원과 제한

지역금융

- 시중은행, 지역은행 또는 외국계 투자은행
- 이자율과 조건

세금

- 법인세, 소득세
- 부가세 등 매출에 대한 세금
- 수입관세
- 기타 세금

■ 재무정보 및 재무자료 체크리스트

재무정보 및 재무자료에 있어서 일반적으로 체크해야 할 사항은 다음과 같다.

- 3~5년간의 회계감사 보고서 검토와 요청
  - 손익계산서·대차대조표
  - 현금 흐름 분석·연간 보고서
  - 세금 환급·주문 잔고
  - 지난 3~5년간 자본지출 분석
- 거래 은행 목록
- 지난 5년간 행해진 배당 정책은 무엇인가.
- 주요 부채는 무엇인가.

  - 어음
  - 담보제공
- 재무 통제 시스템
  - 수익 부서별 예산을 포함하는가.
  - 예산 분석을 포함하는가.
  - 적시성을 띄는가.
- 회사는 총체적인 경영정보시스템을 가지고 있는가.
- 내부관리보고서와 수정본에 대한 전체 목록을 요청하라.
- 부서별·사업부별 결과분석을 요청하라.
- 회계 정책, 회계 차트와 작성과정의 목록 및 사본을 요청하라.
- 표본 비용보고서를 분석하라.
- 행해진 모든 투자와 담보를 분석하라.
- 모든 보험정책과 중요한 임대계약의 목록을 요청하라.
- 주식의 종류와 지분구조를 분석하라.
- 기간별 외상매출금과 고객별 외상매출액을 검토하라.
- 외상매출금 회수기간을 검토하라.
- 기간별 외상매입금과 판매자별 외상매입금을 검토하라.
- 종업원 급여수당과 다른 종류의 급여를 검토하라.
- 장단기부채의 종류를 검토하라.
- 재무예측에서
  - 수익
  - 현금흐름
- 다른 재무적 요소가 있는가.
- 회사가 독립적인 회계법인의 감사를 받았는가.
- 회사가 내부감사를 수행했는가.
- 이연법인세가 기업 활동에 미치는 영향은 어느 정도인가.
- 재고자산정책은 무엇인가.
- 자산의 상세목록이 있는가.
- 잔여설비에 대한 기록이 있는가.
- 지출통제승인에 대한 총괄적인 목록이 있는가.
- 매일매일 기업의 재무관리의 적절한 점검과 균형이 있는가.

경영부문 체크리스트

경영부문에 있어서 일반적으로 체크해야 할 사항은 다음과 같다.

- 회사의 규모는 어떠한가.
- 조직이 변화에 대해 신속히 내응할 수 있는가.
- 조직구조는 체계화되어 있는가.
- 정책매뉴얼이 있는가.
- 표준절차매뉴얼이 있는가.
- 대상기업은 공익적 활동경력이 있는가.
- 지출권한과 승인제한의 수준은.
- 적절한 종업원복지시설이 있는가.
- 회사가 교육훈련계획을 가지고 있는가.
- 회사가 공동체 작업과 관련하여 어느 정도의 경영이 관련되어 있는가.
- 조직도가 있는가.
  - 어느 정도 수준인가.
  - 최근 것인가.
- 관리개발프로그램이 존재하는가.
- 회사가 심각한 사업위기 시 대처할 수 있는 우발계획이 있는가.

인적자원 체크리스트

인적자원과 관련하여 일반적으로 체크해야 할 사항은 다음과 같다.

- 종업원을 종류·연령·성별·숙련도·교육에 따라 분류하라.
- 복리후생에 대한 조사는 이루어지는가. 얼마나 자주 이루어지는가.
- 부가적인 복리후생프로그램은 있는가.
- 복수노조의 경우 어느 노조가 종업원을 대표하는가.
- 노조 계약기간은 얼마인가.
- 노조관계의 이력은 어떠한가.
- 이익분배가 있는가. 누가 참여하는가.
- 스톡옵션이 영향력이 있는가. 누가 참여하는가.
- 전체를 대상으로 하는 효율적인 공식훈련프로그램이 존재하는가.
- 관리개발프로그램은 존재하는가.

- 공식적인 교육지원·실습·훈련프로그램이 있는가.
- 분류별로 노동이직을 분석하라.
- 결근율은 어느 정도인가.
- 사고의 빈도와 심각성은 어느 정도인가.
- 주요 관리를 위한 특별한 근로계약이 있는가.
- 회사는 노동자·컨설턴트와 어느 정도로 계약을 하는가.

제품·시장 체크리스트

제품·시장에 있어서 일반적으로 체크해야 할 사항은 다음과 같다.

- 매출의 분석 : 3년간 실적 / 향후 3년간 예측
- 내수와 수출의 비율
- 지역별 매출 점검
- 전체 주문목록
- 주요 제품이나 서비스의 현황
- 전체 제품과 서비스의 비율을 요청하라.
- 회사는 국제적인 업무를 위해 어떻게 조직되어 있는가.
- 지역별·고객별로 대체할 수 있는 부분을 분석하라.
- 주문의 평균규모는 어떠한가.
- 제품성장곡선에서 어느 위치에 있는가.
- 당해연도의 신제품출시는 어느 정도인가. 내년도 계획은.
- 주요경쟁자은 누구인가.
- 경쟁자들의 시장점유율은 어떠한가.
- 각 경쟁자들의 강점과 약점은 무엇인가.
- 최근 경쟁자들의 시장진입과 철수현황을 조사하라.
- 제품은 어떻게 유통되는가.
- 유통경로를 조사하고 견본계약서를 요청하라.
- 시너지를 일으킬 대상기업·제품·유통방법을 결정하라.
- 기업의 명성을 점검할 수 있는 임의의 고객명단을 확보하라.
- 마케팅전략의 주안점은 무엇인가.
- 가격추세, 피보증인, 매출정책은 무엇인가.
- 이 부분에 대해서 산업통계와의 비교방법은 되고 있는가.

- 영업부분의 조직구조를 파악하라.
- 판매 시 어떤 종류의 인센티브프로그램이 존재하는가.
- 고객관리기능이 존재하는가.
- 서비스 기록, 제품과 보증에 대한 정보가 있는가.
- 제품이나 구성요소에 대한 특별한 라이센스가 존재하는가.
- 고객이나 공급업자와 장기적인 계약관계가 있는가.
- 광고의 종류와 판매증진전략은 무엇인가.
- 기업이 산업·상품전람회 등에 참여하는가.
- 비용을 분석하라.
  - 매출비용은 어느 정도인가.
  - 광고비용은 어느 정도인가.
  - 시장조사비용은 어느 정도인가.

■ 기술·연구개발 점검 체크리스트

기술·연구개발의 점검과 관련하여 일반적으로 체크해야 할 사항은 다음과 같다.

- 기업의 특허권에 대한 기록, 상표권, 특허의 상품화는 무엇인가.
- 특허가 침해받기 용이한가.
- 사업에 있어 특허권의 중요도는 어느 정도인가.
- 부서안의 기능별 인원을 분석하라.
- 주요 인물의 자질·이력·경험이 무엇인가.
- 조직도를 요청하라.
- 매출액 대비 연구개발비용의 비율은 어떠한가.
- 연구개발·엔지니어링부분의 문서보안의 유지는 어떻게 하고 있는가.
- 기술정보의 변화와 관계된 과정과 절차는 무엇인가.
- R&D가 기업 외부와의 계약에 미치는 영향은 어느 정도인가.
- 개발이 완료되어 실행가능 한 R&D프로젝트의 리스트를 획득하라.
- 제품의 개량·개선의 빈도는 적절한가.
- 공학적인 노력이 개량에 얼마나 영향을 미치는가.
- 신기술과 관련된 기계장치·설비 등을 평가하라.
- 장기목표과제와 프로그램을 검토하라.
- 설계와 제품혁신에 있어서 누가 대상기업의 주 경쟁자인지 확인하라.

- 대상기업의 연구개발비용을 자사나 산업 또는 경쟁사와 어떻게 비교하는가.
- 대상기업의 직원이 세미나·산업회의에서 보고서를 발표하는 것에 활동적인가.
- 견본에 대한 제시를 요구하라.
- 경쟁자의 기술개발을 후보군의 기술개발과 비교하라.

■ 수익개선 점검 체크리스트

수익개선 점검과 관련하여 일반적으로 체크해야 할 사항은 다음과 같다.

- 수익개선과 투자수익율 개선을 위한 확고한 목표가 있는가.
- 현재 목표가 있는가.
- 목표달성을 위한 책임은 어떻게 할당되어 있는가.
- 주요 참모진이 장기전략계획과 연관된 노력에 참여하는가.
- 수익개선 노력이 장기전략계획과 연관되어 있는가.
- 진행상황에 대한 보고서가 정기적으로 발행되는가.
- 수익개선에 대한 공헌도가 종업원의 성과급제도와 연계되어 있는가.
- 기업은 종업원제안제도를 실시하는가.
- 수익개선노력을 지원하기 위해 최우선적으로 추진하는 것은 무엇인가.

■ 법률부문 체크리스트

법률부문에 있어서 일반적으로 체크해야 할 사항은 다음과 같다.

- 대상기업의 변호인단이 누구이고 어디에 위치하는가.
- 대상기업이 전업 법률자문을 두고 있는가.
- 소송에 대한 경험이 있으며 현재 진행 중인 소송은 있는가.
- 기업이 공정거래 및 반독점소송의 대상이 된 적이 있는가.
- 라이센스나 로열티 지급에 대한 협약이 있는가.
- 대상기업의 리스·로열티·고용협약·공급계약·공개된 계약 및 약정 등이 있는가.
- 특별한 유치권이 있는가.
- 적절한 보험에 들어있는가.
- 법률적인 규제 또는 다수의 법을 따라야 하는가.
- 연금제도의 법적인 연관성은 무엇인가.
- 대상기업은 근로협약에 어떻게 영향을 받는가.

■ 생산부문 체크리스트

생산부문에 있어서 일반적으로 체크해야 할 사항은 다음과 같다.

- 개인을 부서별로 분석하라.
- 기계장치·설비·노구·신기술 관련 사항을 평가하라.
- 품질조정 기능이 있는가.
- Quality circle이 사용되고 있는가.
- 효율적인 자재요구계획체계가 있는가.
- 납기는 제 때에 맞추어지고 있는가.
- 제조공정 / 방법에 대한 개선계획은 있는가.
- 여유설비의 현 수준은 어느 정도인가.
  - 기계 설비는
  - 노동 효율성은
  - 평균 직접 노무 비율
  - 초과 생산량
- 제조비용을 분석하라.
- 생산통제는 다음의 것으로 이루어져 있는가.
  - 부분별 원가계산체계
  - 표준원가계산체계
  - 노동효율성
  - 품질수준 실행보고
  - 불량품보고
  - 안전과 사고보고.
- 성과급제의 구체적인 계획이 있는가.
- 생산성에 대한 계량프로그램이 있는가.
- 활동적인 산업공학프로그램이 있는가.
- 에너지 보존·절감프로그램 노력은 무엇인가.
- 사무실·공장·창고관리는 적절한가.
- 노동력의 공급원은 어디인가.
- 지역 내에서 적절한 노동력의 공급이 가능한가.
- 개인별 숙련·미숙련을 분석하라.
- 직접노무자에 대한 감독의 비율은 어떠한가.

- 생산성을 산업, 자사와 주요경쟁자와 어떻게 비교하는가.
- 공식적인 생산구매 노력이 있는가.
- 구매 또는 하청의 비율은 어떠한가.
- 제품제조주기 및 시간은 적절한가.
- 주문접수에서 배달까지 걸리는 시간 합당한가.
- 우수한 제조공정이 있는가.
- 평균작업량(작업부하)이 단계별로 되어있는가.
- 기계와 건물에 대한 사전 유지보수프로그램이 있는가.
- 공장 레이아웃과 제조공정도를 요구하라.
- 공장에 대한 비사용 시간을 기록하라.
- 원자재 구매 시 경쟁입찰이 이루어지는가.
- 자재구매에 있어 단일공급원과 약점은 무엇인가.
- 원자재 구매평균 소요시간은 얼마나 되는가.
- 공적·법적규제가 있는 제품공정과 기계장치가 있는가.
- 다음 재고들을 분석하라.
  - 직접원재료
  - 수선을 위한 비품
  - 공장장비
  - 사무실장비
- 모든 제조통제보고서의 사본을 요청하라.
- 모든 장비는 적절한 보안 안에 있는가.

자산점검 체크리스트

지신점검과 관련하여 일반적으로 체크해야 할 사항은 다음과 같다.

- 현재의 임대 및 소유하고 있는 장비목록을 요청하라.
- 취득원가, 현재가격을 기록하라.
- 시장가치와 현재 장부가격을 비교하라.
- 설비는 적절하게 유지보수 되었는가.
- 리스·렌탈·보유 장비목록을 요청하라.
- 공적·법적 규정에 따른 설비가 있는가.
- 불용시설이나 장비가 있는가.

- 자산폐기에 대한 정책이 있는가.
- 적절한 설비가 있는가.
- 공장장비와 설비를 통제하기 위해 사용하는 기술수준은 어떠한가.
- 설비는 화재예방이 충분한가.
- 설비에 대한 보험은 들었는가.
- 현 입지에 증설에 대한 여유는 있는가.
- 설비 증설계획의 사본을 재검토하라.

02 교섭과 MOU체결

M&A에서 가장 중요한 부분의 하나가 거래협상 단계이다. 다른 모든 부분이 제대로 준비되고 분석되었다 하더라도 거래가 결렬되면 M&A는 성사될 수 없기 때문이다. 그만큼 거래협상의 중요성은 크다. 기본적인 협의에 앞서 비밀유지협약을 체결한 투자자에게는 보다 상세한 정보를 포함한 상세자료를 제시하게 되며 때에 따라서는 대외비 성격의 정보를 포함하는 경우도 있다. 일반적으로 상세정보는 회사 운영전반에 대한 정보를 포함하며, 상세자료를 바탕으로 투자의향서(LOI : Letter Of Interest)를 제출함으로써 인수 또는 투자를 위한 정보를 수집하기 위하여 예비실사에 참여하게 된다.

1. 대상회사 교섭

M&A 대상기업을 확정하고 인수팀을 구성한 후는 그 대상기업의 경영진이나 대주주와의 접촉을 통해 기업매각의 의사가 있는지를 비공식적으로 은밀하게 타진하여야 할 것이다. 이를 통해 기업매각의 의사가 기업매각에 부정적인 상태이지만 인수하고자 하는 쪽에서 꼭 인수를 하겠다고 생각되면 적대적 기업인수를 강행할 것인지 결정하여야 한다. 한편, 상대방이 기업매각 의사를 밝히고 M&A 거래에 응할 의사가 있는 경우 반드시 당사자 간에 '비밀유지협약'을 체결해야 한다.

■ Tapping

매도인 입장에서 매수가능성이 있는 잠재매수인 리스트를 작성하고 반대로 매수인 측에서는 설정된 전략 및 인수필요성에 의거하여 잠재인수대상기업 리스트를 준비한다. 상대기업의 M&A에 대한 필요성 및 자금여력, 거래 후 얻을 수 있는 효과 등 전반적인 요소를 감안하여 접촉대상 리스트가 준비되어야 하며 회사의 경영상, 전략상 필요성에 바탕을 두고 접촉대상을 선정하게 된다. 이러한 투자자와의 초기접촉을 "태핑"이라고 하며, 초기접촉을 통한 잠재투자자의 매각대상기업에 대한 관심도 파악 및 투자안내서 전달과 함께 인적접촉을 통한 거래참여유발 및 잠재투자자의 선별효과를 동시에 이끌어 내는 절차이다.

■ 비밀유지협약 체결

태핑단계 이후 해당 M&A에 대한 관심을 진지하게 표명하는 투자자와 비밀유지협약(CA) 또는 NDA를 체결함으로써 거래에 대한 진행을 제한된 투자자와 진행하게 된다. 현실적으로는 해당기업에 대한 운영 노하우 및 해당기업에 대한 사업정보 획득을 목표로 CA를 체결하는 투자자도 존재하는 것이 사실이나 거래 진행을 위해 CA 체결 후 추가 정보를 제공하게 되는 것이 불가피한 현실이라 할 수 있다.

2. 매수희망제안서 제시

M&A절차에 있어 제안서를 제출하는 시기는 상이하게 나타날 수 있다. 뿐만 아니라 이러한 제안서의 성격 또한 각각의 사례마다 다를 수가 있다. 매도 기업 측에서 제공한 상세자료와 외부에 알려진 정보 및 매도인과의 접촉을 통해서 획득한 정보를 바탕으로 제시하게 되는 Indicative Offer의 경우에는 통상적으로 법률적으로 구속을 받지 않는 제안으로 받아들여진다. 매도인은 이러한 매수희망제안서를 검토하여 다수의 매수 희망자들 가운데서 거래종결 가능성이 높고 높은 인수가격을 제시한 잠재 매수인을 1차적으로 선별하여 예비실사에 참여시킨다.

3. 예비실사

실사는 매각대상기업의 규모, 거래의 복잡성에 따라 그 기간이나 범위가 달라지며 당사자인 매도인과 매수인의 협의를 거쳐 실사기간, 실사범위가 정해진다. 통상적으로 본 실사기간에 매각 대상회사의 주요 경영진과의 인터뷰, 공장 등의 현장실사, 매각대상회사 경영진의 회사소개가 행해지며, 매수인 측은 매각대상회사의 운영 및 사업파악, 인수 후 계획수립을 위해 회사내부인력을 실사에 참여시킨다. 외부전문기관인 회계법인·법무법인 등이 각각 재무실사 및 법률실사를 실시한다.

자문사는 전체 실사를 관장하고 최종제안서 제시를 위한 매각대상회사의 가치평가 작업을 매수회사와 함께 진행한다. 아울러 실사기간 동안 양측은 서로에 대한 의사파악 및 서로가 원하는 거래구조, 가격범위에 상대방을 유인하기 위한 노력을 기울인다.

4. 최종제안서 제시

잠재매수인의 실사기간이 종료되면 매수인은 최종제안서를 작성한다. 최종제안서는 법률적으로 구속력이 있는 제안이며, 최종제안서에 언급된 제안부분을 매도인이 수용할 경우 매수인은 조건변경을 요구할 수 없다. 물론 본 계약체결 시 최종제안서에 제시된 내용 변경이 반영되지만, 원칙적으로 매도인이 최종제안서를 토대로 잠재매수인을 우선협상대상자로 지정하여 거래를 진행하는 경우 최종제안서의 내용은 법률적으로 큰 의미를 갖는다.

통상적으로 최종제안서에 포함되어야 할 사항은 다음과 같이 요약할 수 있다.

- 인수주체 : 매수인의 명칭, 조직형태, 5% 이상의 주주명부, 계류 중인 사건내역, 관련법적, 내부적 승인여부 및 계획
- 인수 제안대상 및 가격
- 대금지급방법과 시기
- 인수거래구조
- 인수인의 자금조달계획
- 인수선행조건
- 최종제안서의 유효기간
- 인수인 측 담당자 연락처
- 인수 후 경영계획 및 기타 요구사항

비밀유지계약서(NDA)

(계약당사자)

"갑" 회사명 :
대표자 :

"을" 회사명 :
대표자 :

위 계약 당사자간에 있어 "갑"이 제공하는 ○○주식회사(이하 '대상회사'라 한다)의 주식 인수 및 경영권 인수와 관련하여 확보한 모든 자료 등(이하 '관련자료'라 한다)을 "을"에게 제공함에 있어 다음과 같이 비밀유지계약을 체결한다.

제 1 조 (계약의 목적) 본 계약은 대상회사의 주식인수 및 경영권 인수와 관련된 비밀정보를 제공함에 있어 대상회사의 비밀정보를 보호하기 위함을 목적으로 한다.

제 2 조 (비밀의 범위) 본 계약서상의 비밀준수를 요하는 관련 자료의 범위에는 대상회사의 명칭, 투자기관 및 "갑" 및 "을"이 동 계약을 의도하고 있다는 사실을 포함하여 동 계약에 관련하여 제공된 문서, 자료 및 동 계약에 관련된 교섭, 토의사항, 그 내용 및 조건 등을 포함한다.

제 3 조 (비밀의 유지) 모든 관련 자료는 동 거래의 성사 목적으로만 이용되어져야 하고, "을"이 "을" 이외의 투자자에게 관련자료를 제공하는 경우에는 "갑"의 사전 동의를 구하여야 하며, "을"은 그에 따른 비밀을 유지한다.

제 4 조 (정보의 사용용도 제한) "을"은 상기 대상 주식의 인수와 관련하여 상기 대상주식 소유권자와 "갑"의 사전 서면동의 없이 직접 접촉할 수 없으며 모든 의사전달은 "갑"을 통하여 행한다. 만약, "을" 또는 "을"의 특수관계인이나 기타 "을"으로부터 관련 자료를 제공받은 자가 "갑"의 사전 서면동의 없이 동 거래를 추진하려 하거나, 추진하여 성사된 경우 "을"은 "갑"에게 "갑"의 주선 또는 중개에 대한 보상 및 "갑"이 부담하게 되는 모든 손실에 대한 보상을 한다.

제 5 조 (자료의 반환) "을"은 상호 제공된 모든 관련 자료를 보존, 관리해야 하며, 일방 당사자의 요청 시에는 제공된 모든 관련 자료는 물론 그 복사본도 즉시 그 일방 당사자에게 반환한다.

제 6 조 (비밀준수의무 면제) 법적인 조치 등으로 인하여 불가피하게 동 계약에 관한 관련 자료를 제3자에게 제공하여야 하는 경우에는 본 비밀준수계약 의무를 면제한다. 단, 이러한 불가피한 제공을 하여야 할 경우가 발생되더라도 반드시 상대방에게 사전에 그 사실을 통고하여 상대방이 적절한 보호 또는 대응조치를 할 수 있도록 하여야 한다. 만일 적절한 보호 또는 대응조치를 취할 시간적 여유가 없이 불가피하게 제3자에게 정보가 제공되어야 하는 경우에는 최소한의 정보와 자료만이 제공되도록 최선을 다한다.

제 7 조 (의무위반 시정요구) 본 계약의 일방 당사자가 본 비밀준수의무를 위반하였을 경우에 타방 당사자는 동 위반행위에 대하여 시정을 요구할 수 있으며 이때 일방 당사자는 시정요구에 대하여 즉시 응한다.

제 8 조 (권리의 부존재 등) 본 계약상 제공되는 비밀정보에 관한 모든 권리는 제공한 당사자에 속하고 본 계약은 어떠한 경우에도, 본 계약상 제공된 비밀정보에 관하여 상대방에게 어떠한 권리나 사용권을 부여하는 것으로 해석되지 않는다.

제 9 조 (손해배상) "을" 및 "을"의 특수관계인이나 "을"로부터 관련 자료를 제공 받은 자가 본 비밀준수계약을 위반하여 "갑"이나 대상회사에 손해를 입힌 경우에 "을"은 손해를 입은 "갑"이나 대상회사에 대하여 모든 손해를 배상한다.

제 10 조 (계약기간) 본 계약은 본 계약체결일을 기산점으로 하여
20__년 ___월 ___일까지 그 효력을 가진다.

제 11 조 (효력발생) 본 비밀준수계약은 본 계약서 서명 날인일로부터 효력을 발생한다.

제12조 (특약사항)

1.
2
3

제 13 조 (분쟁의 해결) 본 계약과 관련하여 분쟁이 발생한 경우 당사자의 상호 협의에 의한 해결을 모색하되, 분쟁에 관한 합의가 이루어지지 아니한 경우에는 ×× 법원을 합의관할로 하여 소송을 통해 분쟁을 해결하기로 한다.

본 계약의 체결사실 및 계약내용을 증명하기 위하여 본 계약서를 2통 작성하여 계약 당사자가 각각 서명 또는 날인한 후 각 1통씩 보관한다.

20__년 ____월 ____일

(갑) 주 소
회 사 명
대표이사

(을) 주 소
회 사 명
대표이사

인수의향서 제출 안내서

주식회사 × ×(이하 "회사"라 칭함)는 회사의 장기적인 성장 및 발전을 도모할 수 있는 외부 투자자를 대상으로 외부자본유치를 통한 M&A(이하 "본 거래"라 칭함)를 실시하기 위하여 ○○○회계법인을 재무자문사(이하 "자문사"라 칭함)로 선정하여 본 거래를 추진하고 있습니다.

1. 거래구조

____

____

____

____

____

____

____

2. 제출서류와 접수 시한 및 장소 등

2-1 제출서류

본 거래를 위한 입찰절차에 참여할 의향이 있는 투자자(이하 "잠재적 투자자"라 칭함)는 인수의향서를 포함한 다음의 서류(이하 "인수의향서 및 관련서류"라 칭함)를 제출하여 주시기 바랍니다.

- 인수의향서
- 비밀유지확약서

외국법인 또는 외국인 개인이 인수의향서의 첨부서류인 법인등기부등본, 법인인감증명서, 사업자등록증을 보유하고 있지 않은 경우에는 입찰 전에 자문사와의 사전 서면 협의에 따라 이에 준하는 서류를 제출해야 합니다.

2-2 접수일시 : 20___년 ___월 ___일 ____~____시까지

2-3 접수장소 :

2-4 제출방법 : 안내서 상의 모든 제출서류를 빠짐없이 작성하여 원본 1부와 사본 1부를 봉인하여 직접 또는 대리인을 통하여 제출하여야 하며 전자메일, 우편 등의 방법에 의한 접수는 불가합니다.

3. 향후 입찰절차의 진행일정

인수의향서 및 관련서류를 제출한 잠재적 투자자에게는 인수위향서 및 관련서류 제출 마감 후 3영업일 이내에 개별적으로 향후 예비실사의 시기, 예비실사 이후의 일정 등 입찰서를 작성함에 필요한 사항들에 관하여 공지할 예정이며, 동시에 회사소개서를 송부하여 드리고 예비실사 기회를 드릴 예정입니다.

향후 본 거래를 위한입찰절차의 잠정적인 진행일정은 다음과 같습니다. 다음의 일정은 회사 및 자문사의 사정에 의해 변경될 수 있습니다.

- 인수의향서 접수 : 20___년 __월 __일
- 예 비 실 사 : 20___년 __월 __일 ~ 20___년 __월 __일
- 입찰서류 제출 : 20___년 __월 __일

4. 비밀유지

본 거래를 진행하는 동안 잠재적 투자자 및 잠재적 투자자의 자문사는 본 거래와 관련하여 제공되는 어떠한 정보에 대해서도 비밀을 유지하여야 하며, 잠재적 투자자 및 잠재적 투자자의 자문사는 획득한 정보를 오로지 본 거래를 위하여서만 사용하여야 합니다. 본 거래에 참여하기를 희망하는 잠재적 투자자께서는 비밀유지확약서에 서명하여 이를 자문사에 제출하여 주시기 바랍니다.

5. 기타 유의사항

잠재적 투자자는 다음의 사항에 유의하여 주시기 바랍니다.

1. 인수의향서 및 관련 서류 등 제출서류는 제출인 본인의 날인을 필요로 합니다. 만약, 대리인이나 자문사가 날인할 경우 공증을 득한 위임장을 첨부하여 제출해야 합니다.
2. 인수의향서 및 관련서류는 원본 1부와 사본 2부를 제출하여야 하며, 원본과 사본의 내용이 상이할 경우에는 원본의 내용이 우선합니다.
3. 잠재적 투자자는 본 거래에 관심이 있는 다른 투자자와 컨소시엄을 구성하여 본 거래에 참여할 수 있습니다. 이 경우, 컨소시엄의 명칭과 컨소시엄 대표자를 정하여야 하며, 인수의향서 및 관련 서류는 컨소시엄 대표자가 제출합니다. 또한, 인수의향서 및 비밀유지확약서에 각 컨소시엄의 구성원 전원의 날인이 이루어져야 합니다.
4. 일단 접수된 인수의향서 및 관련 서류는 취소, 철회, 회수, 교환 또는 변경할 수 없습니다.
5. 중개 또는 자문용역비 등 본 거래의 진행과 관련하여 잠재적 투자자에게 발생하는 모든 비용은 잠재적 투자자의 부담으로 합니다.

6. 잠재적 투자자가 본 거래와 관련된 추가적인 자료 및 정보를 요청하는 경우, 해당 자료 및 정보의 제출 및 설명은 반드시 주간사를 통하여 이루어질 것이며, 주간사를 통하지 아니하고 다른 어떠한 방식으로도 대상회사 및 대상회사의 임직원과의 개별적인 접촉은 허용되지 않습니다.
7. 본 거래의 진행과 관련하여 불필요하거나 적합하지 않다고 판단되는 자료나 정보의 제공 요구에 대하여 회생회사 및 주간사는 해당 자료나 정보의 제공을 거부할 권리를 갖습니다.
8. 대상회사와 주간사 및 대상회사와 주간사의 임직원은 잠재적 투자자에게 제공하는 모든 정보 및 자료의 정확성과 완전성에 대하여 어떠한 보증이나 책임도 부담하지 아니합니다.
9. 잠재적 투자자가 인수의향서를 제출할 경우 이는 본 안내서 및 첨부에 기재된 조건에 동의한 것으로 간주됩니다.

본 거래와 관련하여 추가 질문사항이 있으시면 아래에 기재된 자문사 임직원에게 연락하여 주시기 바랍니다.

성　　명
전화번호
직　　책
이 메 일

성　　명
전화번호
직　　책
이 메 일

성　　명
전화번호
직　　책
이 메 일

첨부목록

1. 인수의향서 - 단독 신청인용
2. 인수의향서 - 컨소시엄 신청인용
3. 투자소개서
4. 비밀유지확약서

5. 우선협상대상자 선정

최종제안서 접수 결과를 토대로 매도인 측은 제안가격, 제안 거래구조, 제안 인수조건 등을 평가한 후 가장 양호한 제안을 한 잠재매수인을 우선협상대상자로 지정한다. 일반적으로 우선협상대상자는 일정기간 동안 독점권을 가지고 매도인과 협상을 진행할 권리를 부여받는다. 그러나 우선협상대상자와 협상결렬에 대비할 목적으로 차선협상대상자를 함께 선정하는 경우도 있다.

6. 양해각서 체결

우선협상대상자와 매도인은 우선협상대상자가 제출한 최종제안서를 토대로 양해각서(MOU)를 체결한다. 양해각서에는 거래당사자인 매도인과 우선협상대상자가 상호 합의한 거래와 관련한 사항, 향후의 일정, 독점권 부여기간, 상세 실사의 범위 및 일정 등이 담겨지며 당사자 간의 합의에 따라 그 내용은 달라질 수 있다. 보통 MOU는 아래 분류와 같이 형식적으로 구분해 볼 수 있으나, 실제로는 단일한 MOU가 여러 측면을 갖고 있는 경우가 많다.

■ 기록의 MOU(Memorialization MOU)

MOU의 가장 중요한 용도는 예비적 합의나 부분적 합의 또는 협상과정 중 합의에 이르지 못한 부분 등을 기록하는 것이다. 이로써 장기의 복잡한 계약과정에서 협상자들 기억의 부담을 경감시키고, 이미 합의된 부분을 계약의 일부로서 종결시킴으로써 이 부분을 재협상의 대상으로 삼지 않고 장래 협상의 효율성을 높이는 동시에 이미 합의된 부분에 당사자의 신뢰에 기초하여 최소한 도덕적 구속감을 발생시키는 효과를 갖고자 하는 것이다.

■ 확약의 MOU(Assurance MOU)

MOU의 주요한 기능의 하나는 이를 통해 일방당사자 장래 계약의 협상에 대한 의도의 진지성 등 당사자의 계약에 임하는 태도를 나타내는 것이라 할 수 있다. 즉 복잡한 거래에서 잠재적 대상자들과의 접촉을 가진 후 특정 상대방을 구체적 협상의 상대로 지정했다거나 적어도 협상의 대상이 축소되었다는 것을 보여주기도 하고 또 앞으로 보다 핵심적인 문제에 집중하여 협상을 진행시키겠다는 의도를 보이기도 한다. 이것은 타방 당사자로 하여금 은행 등과 결재수단 등의 금융관련 문제를 협상하거나 그 밖의 이해관계에 있는 제3자에게 제시하여 성실히 당해 거래를 추진해 나가는데 도움을 주기도 한다.

협상계획의 MOU(Framework MOU)

MOU는 종종 장래의 협상 전반적인 구도를 설계함에 있어서 이용되기도 한다. 특히 M&A 거래에서는 협상 자체가 하나의 큰 업무이므로 예컨대 협상의 책임자는 누구이며 협상의 주요 일정, 양 당사자의 노력 범위, 협상 중의 합의의 성격 등이 정해진다. 또 협상에 부수적인 상표권의 보호나 비밀유지의무, 협상 중의 비용분담의 문제 등이 정해지기도 한다.

인수의향서(LOI)

수 신 : ______________귀하
참 조 :

아래의 조건으로 대상 회사에 대한 인수의향서를 제출합니다.
본 의향서에는 법적 구속력이 없음을 함께 밝힙니다.

1. 회사개요

회 사 명
대표자 성 명
설 립 일 자
사업자등록번호
자 본 금
매 출 액
본 점 소 재 지
기 업 형 태
주요 사업 내용

2. 매수방법 및 절차

매수방법 : □ 주식매수 □ 자산매수 □ 합병
매수기한 : 20___년 ____월 ____일까지
실사 방법 / 기간 : MOU 체결 후 간이실사 ___일
정식계약 후 주간 정밀실사

3. 매수가격

매수희망금액 : _____~ _____억원
가격산정방식 : 상대가치평가 + 경영권 프리미엄 _____억 (첨부자료 참조)
지불방법 : 계약금 10%, 중도금 40%, 임시주주총회 후 50%

4. 기타 매수조건

기타 사항
(인허가 등)

별첨 : 1. 비밀유지계약서
2. 위임장
3. 잔고증명
4. 회사소개서
5. 상대가치평가

20___년 ___월 ___일

회사명 :
대표자 : ㉥
주소 :

양해각서(MOU)

본 양해각서는 XX 주식회사(이하 "갑"이라 칭한다)와 OO 주식회사(이하 "을"이라 칭한다)가 M&A를 목적으로 상호 신의 성실의 원칙에 입각하여 20__년 __월 __일 체결되었다.

제 1 조 (목적) 본 양해각서는 ×× 주식회사(이하 "회사"라 한다)에 대한 실사, 최종인수제안서의 제출, 최종인수자의 선정 및 인수계약의 체결 등을 비롯한, "갑"이 보유하고 있는 회사 발행주식 __%(보통주 ___주, 이하 "본건 주식"이라 한다)의 매각(이하 "본건 매각"이라 한다) 과정에 있어 필요한 제반 사항을 규정함을 목적으로 한다.

제 2 조 (우선협상대상자의 선정)

① "갑"은 본건 매각과 관련하여 "을"을 우선 협상대상자로 선정한다.

② "갑"은 본 양해각서 체결일로부터 90일의 기간(이하 "우선협상기간"이라 한다) 동안 "을" 이외의 제3자와 본건 주식 또는 그 일부의 매각과 관련한 일체의 협상을 하여서는 아니된다.

제 3 조 (이행보증금의 납입) ① "을"은 본 양해각서 체결일로부터 7일 이내에 현금 ____억원(이하 본건 "현금"이라 한다)을 '갑 '이 지정하는 은행 _____계좌(이하 "예탁 계좌"라 한다)에, "갑", "을" 및 위 은행 사이에서 제2항 내지 제4항의 인출 조건을 내용으로 한 예탁 계약을 체결하는 것을 조건으로 예탁한다.

② "갑"은 다음 각 호의 경우에 본 건 현금을 인출할 수 있다.

1. "을"이 우선협상기간 종료 전에 제4조제2항에 따른 최종인수제안서를 제출하지 아니하는 경우(다만 제11조제2항에 의하여 본 양해각서가 이미 해지된 경우는 제외한다.)
2. "을"이 제6조의 기간 내에 인수계약의 체결을 거부하는 경우(다만 최종인수제안서에 기재되지 아니한 사항에 관한 당사자 사이의 이견 기타 "을"의 책임 없는 사유로 인수계약을 체결할 수 없게 되는 경우는 제외한다.)
3. "을"이 인수계약에 규정된 기간 내에 인수대금을 지급하지 아니하는 경우

③ "을"은 전항 각 호의 경우를 제외하고는 제11조에 의하여 본 양해 각서가 해지되는 즉시 본 건 현금을 인출할 수 있다.

④ "갑"과 "을"이 인수계약을 체결하는 경우에는 본 건 현금은 전액 인수 계약금으로 자동적으로 대체된다.

제 4 조 (실사) ① "을"은 전조 제1항에 따라 본건 현금을 납입한 다음 날로부터 30일간 "갑"이 지정하는 회사 내의 장소에서 회사의 장부와 자료의 열람 및 회사의 임직원과의 질의·응답(이하 일괄하여 실사라 한다)을 할 수 있다. 다만 위의 실사 기간은 당사자들의 합의에 의하여 5영업일의 범위 내에서 연장할 수 있다.

② "갑"은 회사로 하여금 "을"이 열람을 요구하는 회사의 장부와 자료를 "을"에게 제공하게 하며, 회사의 임직원으로 하여금 "을"의 질의에 응답하게 한다.

제 5 조 (최종인수제안서의 제출) ① "을"은 우선협상기간 종료 전에 "갑"에게 최종인수제안서를 제출한다.

② 전항의 최종인수제안서의 내용은 다음 각 호에 부합하여야 하며, "을"이 그에 부합하지 아니하는 내용의 최종인수제안서를 제출하는 경우에는 최종인수제안서가 제출되지 아니하는 것으로 본다.

1. 본건 주식의 인수대금은 억원 이상일 것(다만 실사 결과 회사에 공개되지 아니한 우발채무 또는 기타의 재산상 손해 발생의 위험이 존재하는 것으로 판명된 경우에는 그러하지 아니하다.)
2. 인수계약체결 후 30일 내에 인수대금 전액을 지급할 것
3. 회사의 현 대표이사 및 상무이사 1인의 잔여 임기를 보장하고 위 임기 동안 현재의 보수 수준을 유지할 것
4. 인수계약체결 후 상당한 기간 내에 회사의 상호를 변경할 것

제 6 조 (최종인수자의 선정) "갑"은 "을"이 전조 제2항에 따른 최종인수제안서를 제출한 경우 "을"을 최종인수자로 선정하여야 한다.

제 7 조 (인수계약의 체결) 당사자들은 "을"이 제4조제2항에 따른 최종인수제안서를 제출한 날로부터 10일 이내에 최종인수제안서의 내용 및 제7조의 보장 사항을 반영한 인수계약을 체결한다.

제 8 조 ("갑"의 보장 사항) 회사가 보유한 재고자산을 "갑"이 판매하는 것과 관련하여, "갑"은 인수계약체결 후 1년 6월의 기간 동안 본 양해각서 체결일 현재의 판매대행계약상의 조건과 동일한 조건으로 최소 물량(본 양해각서 체결일 전월 말 현재 "갑"이 판매한 위 재고자산의 물량을 말한다)이상을 유지할 것임을 보장한다.

제 9 조 (비밀 유지) "을"은 실사에 의하여 또는 기타의 방법으로 지득한 회사에 관한 정보를 법령상 그 공개가 요구되는 경우를 제외하고는 "갑"의 사전 서면 동의 없이 제3자에게 공개하여서는 아니된다.

제 10 조 (손해배상책임 등의 제한) 본 양해각서에 별도로 규정된 경우를 제외하고는 일방 당사자는 상대방에 대하여 본 양해각서의 위반 또는 기타의 어떠한 사유로도 손해의 배상 또는 비용의 보상 등을 청구할 수 없다.

제 11 조 (양도의 제한) "을"은 "갑"의 사전 서면 동의 없이 본 양해각서상의 "을"의 지위, 권리 또는 의무의 전부 또는 일부를 제3자에게 양도하거나 제3자로 하여금 승계하게 할 수 없다.

제 12 조 (해지) ① 일방 당사자는 상대방이 본 양해각서의 규정에 위반하는 경우 서면

통지에 의하여 본 양해각서를 해지할 수 있다.

② 본 양해각서는 다음 각 호의 경우에 자동적으로 해지된다.

1. 법령의 규정, 정부 기타 관계기관의 관련 인허가의 거부, 행정명령 또는 행정지도 등으로 인하여 "을"이 본건 주식을 인수할 수 없는 것으로 확정되는 경우
2. 회사의 장부 또는 자료 제출의 거부 등으로 인하여 "을"이 회사에 대한 실사를 정상적으로 수행할 수 없는 경우
3. 일방 당사자의 책임 없는 사유로 제6조의 기간 내에 인수계약이 체결되지 아니하는 경우

제 13 조 (준거법) 본 양해각서의 내용은 대한민국 법령에 따라 해석 및 규율된다.

제 14 조 (관할 합의) 본 양해각서의 해석 또는 이행과 관련하여 당사자들 사이에 분쟁이 발생하는 경우에는 서울중앙지방법원을 관할법원으로 한다.

이상의 증거로서 당사자들은 본 양해각서 2부를 작성하여 그에 각 기명날인한 후 각 1부씩 보관하기로 한다.

20___년 ___월 ___일

"갑" : 주식회사 ××
서울시 구 동 번지
대표이사 ㊞

"을" : 주식회사 ○○
서울시 구 동 번지
대표이사 ㊞

03 협상 및 계약체결

대부분의 M&A의 경우 협상으로 시작해서 협상으로 끝난다고 해도 과언이 아니다. 즉 모든 거래단계별로 협상을 통해 합의함으로써 다음 단계로 넘어갈 수 있기 때문이다. 또한, 다른 모든 부분이 제대로 준비되고 분석되었다 해도 협상에서 거래가 결렬되면 M&A는 성사될 수 없다. 그만큼 거래협상의 중요성이 크며 전통적으로 거래협상은 기업 간 매매에서 비교우위를 획득하려는 단순한 금전적인 합의방법으로 해석되어 왔다. 그러나 거래협상은 미래의 가치에 기반을 둔 새로운 개념이지 금전적 거래협상만을 의미하는 것은 아니다. 다시 말해 합병 후 얻을 수 있는 가치와 새로운 가치창출을 포함한 광범위한 의미의 합의방법이라 할 수 있다.

1. 정밀실사

우선협상대상자의 정밀실사는 전 단계의 실사보다는 한층 세밀하게 진행됨으로 우선협상대상자와 매도인 측 회사의 관계자가 직접접촉하게 된다. M&A진행절차에서 실사라 함은 기업의 인수합병에 따르는 위험 또는 문제점을 인수합병계약서에 서명하기 이전에 파악하는 절차로서 대상기업에 대한 재무·영업·법적인 현황 등에 대하여 조사하는 과정을 의미한다. 정밀실사는 이해당사자인 실사의뢰자의 의뢰에 따라 전문컨설턴트·회계사·변호사 등 외부 전문가에 의해 수행되는 경우가 일반적이라고 할 수 있다. 정밀실사는 수행하는 업무의 내용에 따라 여러 가지로 구분될 수 있으며, 통상적으로 다음과 같이 구분하여 수행할 수 있다.

정밀실사를 위하여 대상기업 분석리스트는 다음과 같이 정리할 수 있다.

■ 회사 일반 자료

- 주주 간의 합의서, 회사정관
- 회사 사규와 기타규정
- 자본금 변동사항
- 주주명부 : 지분율·출자방식·주요주주에 관한 정보, 주주사이에 통제
- 관계 존재여부 및 지분에 대한 담보설정현황

- 주주총회 및 이사회의사록
- 자회사·계열사·합작회사의 영업허가증·정관·회사의 지배구조도·지분관계도 및 거래관계에 대한 정보
- 영업허가증 및 영업소 목록
- 회사소개서
- 회사의 조직구조도

정부 인·허가 및 규제 관련 서류

- 현재 영위하는 사업과 관련된 허가·인가·관련 정부기관에 진행한 등록·신고 목록, 인허가 증명서 및 이면, 인허가서류 취득 시 제출한 서류
- 회사 또는 임직원에 대하여 진행되었거나 진행되거나 진행될 우려가 있는 정부기관의 조사 및 검사와 관련된 목록과 서류
- 회사 또는 임직원의 법률위반사항 및 법률을 위반할 우려가 있는 사항
- 사업 활동과 관련하여 회사가 정부로부터 받은 행정처벌 관련 자료

재무 회계

- 최근 3개년도의 재무제표
- 회사의 차입계약 및 이에 관하여 회사가 제공한 담보에 관한 계약 및 관련 서류일체
- 회사가 타인에게 제공한 담보의 내역
- 회사의 채무에 대하여 제3자가 제공한 보증, 담보관련 일체서류
- 금융기관을 제외한 채권자에 대한 채무현황과 채무잔액을 확인할 수 있는 증서
- 최근 3개년도의 감사보고서·영업보고서·내부감사자료
- 미수금 채권현황 및 대손충당금잔액 및 증감사항
- 회사설립 이후의 세금납부내역, 조세체납내역
- 매출 및 구매·공급계약
  - 최근 연도별 매출실적 및 추세
  - 주요 판매계약 내용
  - 마케딩 및 굉고전략
  - 원부자재 구매기준 및 계약현황
  - 원자재 공급조건
- 자산 및 부채관리

- 매출채권 잔액 및 불량채권 내역
- 당좌자산 잔액
- 재고자산 연령조사 분석
- 유형자산, 무형자산 내역
- 상각자산 감가상각 내역 및 현황
- 매입채무 잔액
- 차입금명세 및 상환계획

- 추정재무제표
  - 추정B / S, I / S
  - 추정현금흐름표
- 회계 및 정보시스템

재고자산 / 유형자산

- 시설·기계 및 장비 등 주요 유형자산과 재고자산의 목록 및 증가 내역, 취득방식 및 분할 납부 금액과 융자임대에 관한 사항. 재고자산의 평가방법
- 차량 및 사용 계약서, 차량의 등록원부 등
- 유형자산의 임대차 목록 및 상세 내역
- 유형자산에 대한 각종 담보권 : 저당·질권설정·보증·유치권 등에 대한 세부 내역
- 최근의 재고가격 및 재고자산평가에 미치는 영향
- 토지·건물·건축 중인 건축물 및 기타 고정설비의 목록
- 부동산등기부 및 당해권리의 주장자에 대한 세부내역
- 부동산에 설정한 각종담보
- 토지의 용도, 지역 및 도시계획에 관한 서류
- 부동산평가보고서 또는 감정서 등

사업 활동과 관련된 중요한 계약

- 회사와 임직원 간에 체결된 채용계약
- 회사와 관계회사 또는 관련 자연인과의 거래에 관한 계약의 목록
- 회사의 영업활동과 관련하여 체결된 기본계약서, 구매계약서, 판매계약서, 제품개발계약서, 서비스계약서, 광고계약서 등 구매·판매·공급 관련 일체 계약의 목록 및 그 계약서 사본

- 프랜차이즈계약·합작계약·컨소시엄계약 또는 경영위임계약이 있는 경우 그 계약서 사본
- 회사의 사업내용을 제한할 수 있는 계약 조항(불경쟁조항·비밀유지조항 등)이 있는 계약 일체
- 주식 또는 기타 자산, 사업의 취득 또는 처분에 관하여 취득한 계약 및 기타 서류의 목록 및 사본, 회사의 합병 또는 기타 기업결합의 관련 계약서 및 문서 목록 및 사본
- 종업원주식·주식매입선택권(Stock option)을 부여한 경우, 그 관련 서류, 회사에서 등록 자본금 증가와 관련하여 주주 또는 제3자와 체결한 모든 계약서 및 기타 서류
- 수도·전기·가스·청소·경비용역 등 각종 utility 관련 계약서
- 회사 또는 주주가 동종산업에 투자한 경우 그 내역
- 회사의 이사, 기타 사업부서 책임자가 회사 명의로 또는 회사의 업무와 관련하여 제3자에게 써준 각서·확약서·증명서 기타 서류일체
- 회사를 당사자로 하는 의무·청구에 대한 권리, 구제수단 또는 항변을 가능하게 하는 구두 이해사항, 관례 등의 내역
- 광고서비스 계약 및 관련 서류
- 라이센스 사용 관련 계약서 및 기타 서류
- 기타 중요한 계약의 목록 및 사본

■ 대외투자에 관한 내역

- 주권 지배 가능한 기타 회사의 명칭·지분참여비율·출자액·출자방식·경영범위·영업허가증·정관
- 지분 참여한 회사의 명칭·지분 참여비·율출자액·출자방식·경영범위·영업허가증·정관

■ 인적자원관리

- 각 업무부문의 인원현황표(업무부문별 인원수 포함, 임원·팀장 및 기술개발직 인력을 중심으로 작성 요)
- 각 업무부문별 업무분장규정 및 업무분장표
- 고용계약서(정규직·계약직·임시직 구분 Sample)
- 취업규칙·인사규정 및 노동관서에 대한 신고서류, 퇴직금지급규정
- 단체협약·단체협약 최근 3년간 단체교섭 의사록
- 임금협약 및 종업원의 근속연수 위약 규정 연간 인건비 등의 급여내역서
- 근로복지 관련 운영규약 및 운영현황

- 복지후생시설 및 운영현황
- 의료보험·실업보험·공상보험과 관련된 각종 보험증서, 약관 및 보험계약서 일체
- 의료보험·실업보험·공상보험의 최근 보험료납부신고서, 납부영수증, 집계총괄표
- 퇴직금·단체보험 등 근로자에 관한 기타 보험증권 및 보험약관
- 최근 산재보고서, 안전·보건 관리 직원의 임명과 그들의 업무 수행, 안전·보건 관리의 위임 또는 대리업무에 관한 문서, 산업안전·보건교육 수행에 관한 문서, 근로환경측정의 결과
- 파견근로계약 등 용역계약서, 파견회사의 관련 인허가 증명서
- Stock option 내역
- 최근 12개월 동한 자진 퇴사한 근로자명단, 지난 3년간 회사가 해고하거나 해고를 유도하여 퇴직한 모든 근로자의 명단 및 해고 사유
- 국가 유공자 및 그 자녀 고용실태에 관한 자료, 장애인고용 실태에 관한 자료
- 노동 관련 행정청이나 법원에 대한 노동 및 고용에 관한 소송 및 청원있을 경우 그 세부 내역

지적재산권

- 회사의 영업과 관련하여 소유 또는 사용하거나 회사 및 그 사업에 영향을 주는 특허·상표·의장·상호·저작권 등 지적재산권에 관한 모든 계약 및 이에 관한 등록·출원서 목록과 관련서류 일체(거부된 출원 포함), 특히 저작권의 양도·허여계약·저작권 등기증서 등
- 회사에 의한 또는 회사에 대한 지적재산권의 소유·사용·침해 등에 대한 모든 과거, 진행 중 또는 예상되는 클레임에 대한 목록과 내역
- 기타 라이센스·기술도입·노하우 등에 관하여 체결한 계약
- 영업비밀 침해와 관련하여 제3자로부터 회사가 중지 및 항의문서들을 수신하였는지 여부에 대한 정보, 다른 회사로부터 스카우트(scout)한 경력직 직원에 의한 영업비밀 침해 또는 비밀유지계약 위반가능성에 대한 정보, 최근 1년간 스카우트한 인력현황

소송·중재 및 행정처벌

- 회사 임직원 및 주주에 대한 사건을 포함하여 회사를 당사자로 하는 소송 등(재산의 보전과 사전집행, 기타 신청절차, 행정심판, 중재, 외국에서의 소송 등 일체의 행정 및 사법절차 포함) 이미 종결된 사건의 소장·답변서·효력 발생한 판결문서, 소송계류 중인 사건목록 및 관련서류, 향후 소송으로 발전될 수 있는 사건목록

- 분쟁에 관여된 변호사로부터 받은 서신 및 서류의 목록 및 사본
- 진행 중이거나 계류 중인 사건과 관련하여 작성되거나 발송된 판결·결정·명령·사건처분 통지·화해계약·분쟁종결합의서의 목록 및 사본

보 험

- 회사의 보험가입현황
- 보험증권·보험약관·영수증 등 보험 관련 서류일체
- 각 보험별 기존에 발생한 보험사고의 내용 및 결과 진행상황 등
- 보험금 청구관련 정보 및 문서 및 보험회사가 작성한 보고서, 기타 문서
- 보험증서에 설정된 담보 또는 질권현황

조 세

- 국세와 지방세 완납증명서
- 세무조사 및 계류 중인 분쟁의 내역

환경관리

- 각종 환경관련 시설개요 및 현황
- 각종 환경 련 인가·허가 및 신고수리 기타 정부기관의 처분에 관한 목록 및 서류
- 최근 3개년도의 환경관련 법규위반사항(종결된 사항 / 진행 중인 사항 / 예상되는 사항별로 구별하여 그 경위·제재 등의 내용, 회사의 시정여부 등에 관한 정보포함)
- 최근 환경관련 사고발생현황
- 오염물질 유출관련보고서 등 환경관련 제반보고서 및 평가서
- 폐기물처리, 화학물질처리 내역 및 관련서류

유의사항

정밀실사를 적시에 수행하는 것은 해당 거래에 포함된 위험을 사전에 인식하여 관리하는데 매우 중요하다. 정밀실사를 계약체결 이전에 미리 수행하는 것은 실사의뢰자로 하여금 거래가격에 영향을 주는 요인을 사전에 인식하게 함으로써 인수합병 거래와 관련된 시간과 비용 그리고 노력을 효과적으로 감소시켜 향후 발생할 수 있는 잠재적인 문제를 예상하고 이에 대해 효율적인 대응전략의 기초를 제공해 줄 수가 있다.

2. M&A 협상

M&A 추진절차의 진행과정에서 협상은 정밀실사가 끝난 후 대상기업에 대한 기본적이고 핵심적인 정보의 수집과 전략의 수립 후 계약체결을 위해 대상기업과 교섭을 통한 실질적인 통합을 위한 단계로 대상기업과의 인수가격·인수형태·제반 법적문제 등이 원만히 조정될 수 있도록 한다. 이러한 협상은 대개 우호적인 M&A에서 적용되며, 매수자와 매도자 상호 간의 의견을 조정함으로써 최적화된 조건으로 거래가 성사되도록 하는 단계이다. 따라서 협상은 이전 단계에서 시간과 비용이 투하됨에 따른 계약성패의 결정적이고 중요한 단계라고 할 수 있다.

뿐만 아니라 협상은 두 기업의 이견을 좁히고 산재된 조건을 확정하여 거래 금액을 결정하는 등 핵심적인 상황과 밀접한 관계가 있으므로 전문가들로 구성된 협상 추진팀을 구성하여 세부사항과 법적절차 등에 대한 철저한 조사와 교섭을 통해 추진되어야 한다.

■ 협상준비

협상에 있어서 정보수집 단계에서 협상 상대방에 대한 인물정보, 대상 업체에 대한 기업정보, 업종에 대한 산업정보 등 관련된 정보를 가능한 많이 수집해야 한다. 무엇보다도 상대방의 정확의사를 파악하여 실제 협상에 임하여 발생할 수 있는 다양한 시나리오 전개에 있어서 유연하게 대응함으로써 의견충돌을 최소화할 필요가 있다. 뿐만 아니라 M&A와 관련된 커뮤니케이션, 정보보안유지는 실제 소요시간과 비용이나 최종성공 여부까지 중대한 영향을 미칠 수 있다. 예상치 못한 경쟁자의 등장이나 주식시장의 부정적인 반응 등에 대한 방지를 위해 철저한 보안은 협상진행에 있어서 중요한 요소이다. 또한, 협상에서 유리한 고지를 선점하기 위해서는 사전에 치밀한 대안의 준비는 상대방을 설득시키는데 영향을 미치게 한다.

■ 협상전략

기업이란 각 기업이 가지고 있는 고유한 기업문화로 이루어진 유기체적인 공동체라고 할 수 있다. 그러므로 기업이란 상품의 거래를 위한 효율적인 협상전략은 매우 중요하며 효율적인 전략에 의한 교섭과 협상능력에 따라 거래의 조건과 성사 여부가 결정되어진다. 협상은 서로 다른 이해관계자들이 특정한 이슈에 대한 합의점에 도달하는 과정이다. 따라서 협상은 합의점에 도달하지 못한 이슈 가운데 가장 쉬운 부분부터 우선적으로 해결하여야 한다. 협상과 관련된 주장은 가능한 논리적이고 합리적이어야 하며, 이 시점에서 상식을 벗어난 터무니없는 요구조건은 협상 상대방에게 좌절감과 불쾌감을 불러 일으켜 별다른 진척 없이 논의를 종결시키는 결과를 초래할 수도 있기 때문에 상대방의 신뢰를 확보하기 위한 객관적인 노력을 기울일 필요가 있다.

3. 본 계약체결

교섭과 협상이 완전히 끝나면 인수의향서에 합의된 내용을 정밀실사 결과에 따라 재조정하고 인수가격을 확정한 다음 거래의 쌍방은 계약서를 작성·날인하게 된다. M&A의 모든 거래에 계약서 작성이 의무화되는 것은 아니지만, 양측의 의사표시를 명확히 하고 오해를 피하기 위해 관행적으로 이를 작성하는 것이 일반적이다. 합병과 상장법인의 영업양도 등의 경우에는 계약서의 작성이 법률상으로 요구되고 있다.

M&A는 기업의 지배권인 경영권의 거래를 의미한다. 주식매매계약을 통해 대주주 지분에 해당하는 주식을 취득하여 대주주가 되면 이사회를 장악하여 경영권을 확보하게 된다. 이러한 M&A의 대부분 절차 및 최종결과는 결국 계약서에 의해서 확정된다. 따라서 계약체결에 대한 중요성은 M&A실무에서 가장 중요한 부분이며 M&A의 실패는 계약서 작성과 이에 따른 계약체결에서 판가름이 나게 된다.

기업의 경영권을 확보하거나 매각을 하는 인수합병거래에 있어 절차에 따라 단계별로 문서화하는 것이 필요하다. 인수대상기업이 발행한 대주주 등이 소유한 주식인수를 통한 대상기업의 경영권획득에 대한 M&A의 최종적 조건협상이 마무리 되었다면 지체 없이 본 계약을 위한 계약서를 작성한다. 계약서 작성 시 중점적으로 검토하여야 할 내용은 당사자 간 서면에 의한 합의사항과 메모 또는 구두형식으로 합의한 사항들이 빠짐없이 계약서에 반영될 수 있도록 하여야 한다. M&A 본 계약에 따라 거래대금을 지급하며 거래당사자는 주식양수도와 관련되는 세무신고를 하여야 한다. M&A에 대한 본 계약을 체결하고 거래당사자의 각자에 해당하는 세무신고를 마무리함으로써 M&A의 모든 과정은 종결된다.

일반적으로 계약서에는 다음의 사항이 포함되어야 한다.

■ 서론(Introduction)

일반적으로 계약서에 쌍방의 의사를 서술하는 데 사용되는 형식으로 거래의 목적, 계약서에서 사용되는 용어의 해설 등을 기재하여 향후 분쟁이 발생할 경우 중요하게 사용된다.

■ 가격과 양도방법(Price and Mechanic of The Transfer)

이 항목에서는 주식양도·자산양도·혹은 합병 등으로 거래구조를 정의하고 M&A 대상기업의 자산을 인수자에게 양도하는 방법을 기재하고 인수자의 거래대금 예탁의 필요성 혹은 인수자의 거래종결 이행보장을 언급하게 된다.

■ 실태설명과 보증(Representation & Warranties)

M&A 계약에서 가장 중요하고 법적인 분쟁이 발생하기 쉬운 항목을 사전에 명문화해놓는 작업이다.

- 양도대상이 되는 기업의 법적지위 및 기타사항이 인수에 의해 회사정관 및 관련법규에 위배되는지의 여부
- 대상기업의 자본계정·자산·계열회사에 대한 내용설명과 저당권으로 인한 자산의 계류상태
- 회사 재무상태가 일반적으로 인정되는 회계기준에 따라서 작성되었는지의 여부 및 부외부채 알려지지 않은 거래 급격한 재무상태의 변수 유무
- 세금납부 상태, 계류 중인 소송이나 정부기관으로부터의 시정명령 접수 여부
- 종업원과의 노사협약 등 노사관계
- 자산의 등기상태, 회사가 체결한 계약, 보험가입 여부, 재고현황, 특허권 및 상표권 등의 유효성

■ 서약(Covenants)

이 약정조항은 통상 계약체결 시로부터 closing(계약종결)까지의 기간동안 특정의 작위 또는 부작위를 약속하는 것을 내용으로 하며 보증(warranties)이 보통 과거나 현재의 사실을 대상으로 하는데 비해 서약은 미래의 행위를 대상으로 한다. 그러므로 대상행위는 closing까지의 행위가 대부분이나 때로는 closing 이후의 행위(겸업금지)인 경우도 있다. 특히 서약조항은 주로 매도회사의 행위를 대상으로 하지만 매수자 측의 행위를 대상으로 하는 경우도 있다. '

■ 종결조건(condition)

이 조항에는 그것이 실현되지 않으면 당사자가 배상책임을 부담하지 않고 closing을 거부할 수 있는 사유를 기재한다. 조건사항에는 보장조항이 closing 시점에서 이루어진 것과 마찬가지로 보장사실이 closing 시점 현재에도 진실하며 약정사항이 closing시까

지 모두 이행될 것 등이 기재되는 것이 보통이다. 이 경우 조건으로 명시되지 않았을 경우에도 보장사항이 허위로 드러나거나 약정사항을 불이행한 때에는 계약법의 일반원칙상 상대방이 계약을 해제할 수도 있을 것이다. 그러나 계약을 해제할 수 있는 것은 계약의 불이행이 중대한 경우에 한하여야 할 것이다.

■ 손해배상(indemnifications)

이 손해배상 조항은 보장사항이나 약정사항의 위반에 대한 손해배상 책임을 규정하는 조항이다. 보장은 계약체결 시 약정 혹은 서약은 계약체결 시부터 closing까지 종결조건은 closing 시점을 대상으로 한 것인 데 비하여 손해배상은 주로 closing 이후에 효용을 발휘하는 것이다. 한 예를 들어 매도자 측이 M&A 기업의 영업자산 일부가 채무를 위한 담보권의 대상이 되어 있는 것이 밝혀졌다면 매수자가 그 담보권의 소멸을 위해 채무를 대신 변제한다면 매수자는 그 금액에 상당하는 배상을 매도자 측에 요구할 수 있는 것이다. 물론 손해배상조항이 없더라도 매수자는 보장조항 위반으로 매도자 측에 손해배상을 청구할 수 있다.

■ 해약절차와 구제책(Termination Procedures & Remedies)

M&A 거래 당사자 중 일방이 거래를 해약할 수 있는 경우와 그 해약의 결과에 대해서 이 항목에서 취급하게 된다. 통상종결을 달성해야 하는 날짜가 명기되지 못하고 일방의 행위 또는 불이행으로 인해서 끝나게 된다면 상대방은 계약을 해약함과 더불어 계약위반을 이유로 상대방에게 손해배상을 청구할 수 있게 된다. 한편, 구제책은 계약위반으로 인한 손해배상 청구와 특별구제책이 있다. 즉, 특별구제책은 손해배상청구권을 갖게 되는 일방이 즉시 활용할 수 있는 조치를 취하는 것이다.

■ 기타 법률관계(Legal Miscellany)

M&A 계약서의 해석지침과 이로 인해 발생하는 의무를 다루는 것으로 비록 이런 규정을 계약과정에서 협상하지 않았다 하더라도 종종 몇 개의 조항은 쌍방에게 유용한 권리를 제공하기도 하는 것이다.

04 대금지급과 사후관리

1. 대금지급

M&A 거래에 따른 모든 대내외 절차가 완료되어 계약의 효력이 발생하면 대금을 지급하게 된다. 대금지급의 방법·형태 및 일정 등에 대해서는 계약조건에 따라 인수자는 의무를 이행하면 된다. 즉, 인수자에 의한 대금의 지급이 완료되면 M&A의 거래는 성공적으로 종결되게 된다. 거래대금의 지급은 보통 현금에 의한 지급, 채무증서에 의한 지급, 주식에 의한 지급, 연계방식에 의한 지급이 있다.

M&A의 대금지급 시기는 본 계약서에 거래 상대방이 합의한 일정에 따라 지급된다. 가장 간단하고 일반적인 방법은 거래 종결일에 대금을 지급하는 방법이며, 국내에서 흔히 행해지는 본 계약체결일에 일정부분을 지급하고 종결일에 잔금을 지급하는 방법은 우리나라에서는 흔히 볼 수 있는 경우이지만 외국에서는 그렇지가 않다. 또한, 입찰보증금 역시 해외에서는 찾아보기 힘든 일이지만 우리나라에서는 자주 사용되고 있다.

2. 종결(Closing)

M&A의 최종절차는 인수대금의 지급 완료와 함께 매수대상인 자산 또는 영업권이나 주식을 매수자에게 이전하는 절차이다. 이 경우 대체로 매도자와 매수자의 자문기관으로 참여한 변호사 및 중개기관 등 관련자들이 대부분 참가한 가운데 필요한 서류들을 교환하는 것으로 이루어진다. 결국, 종결에서는 M&A 절차의 종결인 동시에 그에 따른 금융문제의 종결을 의미하는 것이다. 그러나 계약당사자 간에 의하여 선정된 특정의 Escrow Agent에 의해 수행되는 Escrow Closing도 있다. 이러한 경우에는 거래완결을 위한 필요조건이 충족되지 않은 상태에서 종결되므로 Escrow Agreement를 명확히 설정할 필요가 있다. 또한, 이행되지 않은 조건이 치명적으로 중요할 때는 종결하지 않는 것이 바람직한 일이다. 종결 시에 수반해야 할 사항으로서는 최종서류의 확인 및 확정, 이사회의 승인, 인·허가의 완료, 주식의 양도, 합병승인, 거래대금의 지급이며, 종결일자는 추가적으로 발생될 변경할 날짜를 수정할 시간을 갖기 위해 통상적으로 공휴일 전일을 기준일로 정하는 것이 다반사이다.

3. PMI(Post Merger Integration)

합병 후 통합관리(Post Merger Integration)는 M&A의 최종단계로 계약체결 후 업무방식과 조직문화 등 제반환경이 다른 조직을 진정한 이미의 단일 실체로 변화시켜, 인수·합병한 조직의 새로운 미션에 모든 업무와 조직문화가 정렬되어 M&A의 효과를 기대할 수 있는 상태까지 도달시키는 활동으로 정의할 수 있다. 물리적으로 합병했다고 해서 모든 기업이 시너지효과를 누릴 수 있는 것은 아니다. 진정한 인수합병의 성공은 PMI를 성공적으로 완성했을 때 가능하다. M&A에는 두 가지 측면이 있는데, 하나는 M&A 계약자체의 성사에 이르는 Deal Making이고, 다른 하나는 PMI, 즉 기업인수합병 후 통합이다. 인수합병 후에 일어나는 통합의 문제는 그 복잡함이나 조직에 미치는 영향력에 있어 더 많은 주의와 노력을 요한다. PMI란 이와 같은 인수합병 이후 예상되는 조직의 변화관리에 초점을 맞추는 것이다.

PMI가 중요하게 부각된 배경으로는 인수합병을 단행한다고 해서 모든 기업이 의도했던 주주가치창출이나 경영성과의 향상과 같은 시너지효과를 누리지는 못한다는 사실을 들 수가 있다. 바로 이런 점에서 PMI에 대한 최고경영진의 관심은 높아질 수밖에 없다.

기업통합의 성공을 위한 PMI 준비는 계약체결 이전부터 이루어져야 한다. 많은 기업들이 인수 합병 후에서야 비로소 조직통합을 고려하는 데서 M&A 실패의 원인을 찾을 수 있다. PMI에는 조직의 변화관리, 다양한 심리문제, 문화 차이의 극복 등 수 많은 난관이 도사리고 있어 문제가 발생한 후에 수동적으로 대처하는 접근방식으로는 온전한 해답을 찾기가 어렵다.

두 기업 간의 결합은 쌍방에 급격한 변화와 마찰, 동요를 가져 주기도 한다. 회사는 M&A를 통해 법적으로는 하나의 기업이 되겠지만 조직 구성원들은 서로 다른 조직의 틀에서 지내왔고 업무방식이나 변화의 수용능력, 기업 문화 등 여러 면에서 서로 다르기 때문에 내부적으로는 아직 별개의 조직으로 갈라져 있다고 할 수 있다. 이와 같은 문제들을 해결하기 위해서는 조직 구성원들을 구분하는 기준이 되는 문화, 업무 방식, 조직 구조, 변화에 대한 수용 능력 등을 하나로 묶는 조정 과정을 반드시 거쳐야 한다.

Tip PMI의 성공포인트

첫째는 비전이다.
비전은 변화에 대응하고 변화를 이용할 수 있게 해 준다. 비전은 이상과 현실 간의 균형을 의미하므로 상호 적합성에 대한 집착을 버려야 한다.

둘째는 리더십이다.
리더십의 공백을 막기 위해서는 강력한 추진력과 단호함이 요구된다.

셋째는 성장이다.
합병에 있어서 성장이 아닌 비용절감이 주목적이 되어서는 아니 되며, 영속적인 성장을 목표로 하여야 한다.

넷째는 초기의 가시적인 성과이다.
가시적이고 지속적인 성과창출이 가능한 분야를 먼저 발굴하여야 하며 특히 자산, 고객, 지식에서 초기의 성과를 찾는데 노력해야 한다.

다섯째는 기업문화의 차이 극복이다.
기업문화에 대한 근시안적 접근방법은 합병을 통한 가치를 파괴하게 된다. 따라서 한쪽 문화를 다른 쪽으로 이식시키거나, 양쪽 문화를 유지하면서 점진적 통합이나 복합적인 문화를 창조하는 방법도 있다.

여섯째는 리스크 관리이다.
리스크는 피하지 말고 적극 수용하는 것이 중요하다. 그러기위해 먼저 프로젝트의 우선순위를 정하고 문제를 파악하여 사안의 중요성에 따라 리스크를 분류하여 관리한다.

■ 사후관리팀 구성

사후관리팀은 인수합병 후 운영방안을 계획하고 새로 탄생한 기업이 안정화될 때까지의 일련의 과정을 수행하게 된다. 사후관리팀은 실무경험이 풍부하면서 전문지식을 갖춘 조직을 변화시킬 수 있는 능력이 있는 사람들로 구성하여 정해진 스케줄에 따라 목적된 업무를 완수하게 되면 해체하고 본연의 부서로 제각기 복귀함으로써 그 기능을 완수하게 된다.

■ 공유비전의 창조

공유비전은 두 조직이 실질적으로 결합하는데 필요한 미래에 대한 방향을 제시하는 것이다. 공유비전을 통해 구성원들은 조직의 미래상을 분명히 깨달으면서 전략적 우선순위를 가늠하게 된다. 전략적 비전이란 기업이 설정하고 있는 경영이념 및 공유해야 할 이념을 기초로 회사가 도달할 수 있는 최대한의 마땅히 있어야 할 모습과 목표를 설정하고 그에 도달하기 위한 시나리오·방침 그리고 행동규범을 설정하는 것이다. 공유비전은 구성원과 고객·주주 등 이해당사자들에게 새로운 행동양식과 실행이 필요함을 일깨워 주고 매일매일 벌어지는 의사결정과정에 지침이 된다.

공유비전에는 새 기업이 품질과 가격·서비스·전달체계를 어떻게 결합해야 자기 업종에서 다른 기업과 차별화된 기업이 될 수 있는가 하는 가치제시와 다른 기업보다 월등한 성과를 내기 위해 우리 회사가 반드시 갖추어야 하는 필수 기술과 지식·경험이 무엇인지를 규정하는 차별화된 역량 그리고 M&A의 이득이 누구를 위한 것인지에 대한 설명, 지속적인 고객가치를 창출하기 위해 필요한 조직에 대한 명시, 재무적인 측면과 기업의 성장률, 고객서비스 같은 영역에서의 성과목표에 대한 내용을 담고 있어야 한다.

■ 프로세스 재구축

프로세스란 특정한 목적을 달성하기 위해 구성된 일련의 행위들을 말한다. 따라서 경영전략 방침 및 목표의 달성을 위해 필요한 프로세스를 재구축해야 한다. 새로운 조직을 이끌어 나가기 위해서는 핵심적인 수용능력과 업무방식(Process)을 파악하는 것은 매우 중요한 일로써 기업의 경쟁력강화와 비전달성의 목표로 새로운 수용능력개발과 운영방식을 통해 불필요하거나 중복되는 부분을 없애 나가면서 조직의 수직적 분화와 수평적 분화를 통하여 결합된 조직을 효율적으로 운영하기 위한 방안을 제시해야 한다.

■ 업무통합

업무통합이란 불필요한 업무단계의 폐지, 유사업무의 통합, 처리절차의 간소화 등을 총칭한다. 업무통합 계획에는 먼저 두 회사의 프로세스와 사업부문 기능을 통합하기 위한 방안으로 기존자료의 정비 및 업무절차 개선방안, 관련 정보시스템의 연계통합방안, 서비스체계 구축방안 등 경영정보 일원화를 위한 마스터 플랜이 수립되어야 한다. 이를 위해서는 상세한 점검표가 필수적이며 결정적인 성공요소와 실패요소가 무엇인지를 정리한다. 또 최악의 상황을 고려한 비상계획도 담아야 하며 의사소통과 보고를 원활하게 하기 위한 요구조건들도 정리하고 이런 모든 사항을 뒷받침하기 위한 재무결과를 예측해 봐야 한다.

■ 공유문화 창출

기업문화의 일반적인 개념은 한 조직체의 구성원들이 모두 공유하고 있는 가치관과 신념, 이데올로기와 관습, 규범과 전통, 그리고 지식과 기술 등을 포함한 종합적인 개념으로 조직구성원과 조직전체의 행동에 영향을 주는 기본요소를 말한다. 따라서 공유문화는 M&A를 통해 새롭게 재편된 조직이 전사적으로 공유할 기업전반의 문화이다. 공유문화는 인수합병 이전 이질적인 기업문화를 하나의 새로운 공통문화로 대체할 수 있도록 하여 결국 새로운 조직의 결속력 및 동질성 확립을 위한 필수요소가 된다. 공유문화를 통해 구성원들 간에 공감대가 형성되어 있지 않으면 M&A에 따른 변화가 조직에 효과적으로 흡수되지 않고 오히려 파벌형성, 직원 간의 갈등증대, 직원의 사기와 업무능률이 떨어지기 쉽다. 공유문화는 기존의 조직 구성원에게 새로운 협력 가능성 및 효용성을 믿게 하고 제한사항을 제거함으로써 정착될 수 있다.

■ 인적자원통합관리 시스템 구축

새로 만든 문화를 성공적으로 정착시키기 위해서는 조직의 인력에 대한 관리방법 또한 적절하게 바꾸어야 한다. 인적자원관리의 통합은 조직구성원들이 내·외부 환경변화에 자발적으로 대응하면서 조직 목적달성에 적극적으로 기여하게 하여 조직발전과 함께 개인의 만족과 발전을 동시에 달성케 할 수 있도록 체계화시켜야 한다.

시스템적 관점에서 인적자원관리는 기업의 생산성 및 구성원 만족을 동시에 달성하는 것을 목표로 하여 인적자원을 관리하는 일련의 프로세스이며 물적 자원과 인적자원을 투입하고, 양자의 결합을 통해 조직목표달성 및 구성원의 만족을 꾀하려는 체계적 시스템인 것이다. 따라서 M&A 후의 통합된 인적자원관리 시스템의 구축은 보다 면밀히 검토되어야 할 것이다.

■ 통합 조직구조 창출

기존 조직의 역량, 조직구조 특성 간의 상호관계가 M&A 후에 미치는 영향을 파악하는 것은 매우 중요한 일이다. 새로운 조직으로 거듭나서 완벽한 통합화를 이루기 위한 단계로서 향후 조직구조에 대한 청사진을 만들고 제시된 통합된 조직구조를 지원하기 위해 지원기술을 연결하는 작업이 필요하다. 조직에 통합화 구조를 일시에 적용하는 것은 그에 따른 위험이 크기 때문에 일반적으로 몇 개의 사업부문 또는 하위조직 기능에 먼저 시범적으로 실행해 보는 것도 좋은 방법이 될 수 있다. 이 시범실행을 통해서 통합화 구조가 각 업무방식과 수용능력 그리고 기능적인 측면을 어떻게 효율적으로 지원하는지 알 수 있으며 그렇지 못할 경우 어느 부분에서 통합화 구조가 기능의 결여 또는 지원이 불가능한지를 파악할 수 있다. 통합구조는 한 번 설치해도 고정적인 구조가 아니라 기술의 변화, 시장의 재구성 또는 내부의 재무적 문제점과 같은 사항으로 변경 가능한 구조다. 이를 위해서 기술표준에 대한 벤치마킹, 시장의 변화관찰과 재무적 문제점들에 대해 재조정하고 보완해야 한다. 따라서 새로운 환경에 적응이 용이한 유기적 조직구조로의 전환이 무엇보다 중요하며, 또한 핵심역량 개발에 더불어 관심을 가져야 한다.

4. PMI 체크리스트

PMI란 기업 인수 또는 합병을 통해 두 회사가 하나가 된 뒤 운영체계·조직문화 등 기업경영과 관련된 각종 요소를 하나로 묶으면서 가치와 문화를 공유하는 하나의 조직으로 거듭나는 통합과정을 말한다. 인수·합병 후 양자 간 통합전략은 M&A의 성패를 좌우하는 핵심요소로서 그 중요성이 증대되고 있지만, 많은 기업들이 PMI계획수립에 충분한 시간을 투자하지 못하거나 PMI계획을 효과적으로 실행하지 못하고 있다. 사전에 PMI계획을 체계적으로 세워 인수초기부터 통합이슈에 적극적으로 대처해야만 M&A를 통한 시너지효과를 창출할 수 있다.

■ 실 사

PMI를 함에 있어 제일 먼저 진행해야 할 일은 실사이다. 이는 M&A를 진행하는 과정에서 대상회사가 제출한 자료를 근거로 한 정밀실사의 절차와는 전혀 다른 형태라고 할 수 있다. 왜냐하면 이는 M&A 이후의 과정이기 때문이기도 하다.

- 인수회사의 법률 이슈
- 소송 및 미결제 금액
- 회사의 감사보고서 및 규제관련 보고서 등
- 임직원 복지후생
  - 회사의 휴가정책
  - 연기금현황
  - 부서이동과 승진 등
  - 주식발행계획 및 현황

  - 연금보장대책, 임직원 이익배분 상태
  - 학자금현황 및 무급휴가제도
  - 퇴직금정책
  - 임직원보험, 보상제도 및 기록
  - 임직원채용 및 해고기록
  - 정년퇴직 제도
  - 각종 계약 및 미실현 약정 등
  - 각종 보험 및 관련계약
- 보 상
  - 고용계약서
  - 연봉 및 상여금 지급계획
  - 황금낙하산
  - 주요 경영진의 특권·혜택
  - 각종 인센티브제도
  - 용역업체 계약(임시직원·인턴사원 등 포함)
- 내부감사 및 시정조치
- 서류·기록의 보존 및 보존연한
- 컨설팅, 독점 또는 기밀유지계약 등
- 직원수첩·연락망
- 해외지사망 및 실적 등

■ 통합 인사정책

통합을 촉진하기 위해서는 인력운영 및 인사관리의 뒷받침이 이루어져야 한다. 기존 조직의 인사정책과 인사제도의 차이를 확인 하고 적절한 인사융합관리를 통해 인적통합을 추진하는 것이 무엇보다 필요하다.

- 보 상
  - 연봉과 상여금 및 다른 지급계획이 조화를 이루고 있는가.
  - 통합조직에 표준화된 업무를 적용할 수 있는가.
  - 통합 시에 양사의 불균형에 대한 기회비용은 어느 정도인가.
  - 통합에 대한 과정과 업무영역에 대한 보상은 어떻게 할 것인가.
- 두 개 회사의 급여시스템을 결합할 수 있을 것인가.

- 기존의 급여지급 정책이나 절차를 변경하거나 변경사항을 알려주기 위한 의사소통계획은 무엇인가.
- 새롭게 합병된 합병기업의 비전과 전략을 기반으로 장기적인 급여지급의 전략은 무엇인가.
- 인사정책
  - 두 회사의 인사정책 비교
  - 두 회사 간의 정책 사이의 차이점 극복
  - 관계자들의 요구사항을 고려하여 새로운 정책을 적용할 날짜를 결정
  - 정책에 대한 의사소통계획에 대한 정의
- 성과관리
  - 유사한 업무영역에 대한 성과기준의 표준화
  - 기존의 성과평가의 절차에 대한 통합의 고려
  - 새롭게 합병된 기업의 합병과정에 따른 저조한 성과의 고려
  - 업무에서 성과관리시스템의 통합을 위한 관리자와 종업원이 의사소통 및 교육훈련의 제공
- 운영 및 기술
  - 인사정보시스템의 통합방안 결정
  - 모든 인사기록정보를 분석하기 위한 절차 결정
  - 인수된 기업의 조직을 표준화하기 위한 인사관련 양식의 결정
  - 새로운 회사의 요구와 절차에 대한 내부인사정보
  - 인수된 기업조직의 요구와 절차에 따라 필요한 인사정보
  - 새로운 조직의 개인인사기록정보 처리를 위한 관행과 정책
- 채 용
  - 인수기업의 신규인력 채용절차
  - 신규인력을 채용하기 위한 예산, 계획, 광고·홍보의 실행 방법
- 복리후생
  - 종업원에게 제공하기 위한 복리후생계획
  - 종업원 복리후생에 대한 결정방법
  - 고용주·종업원의 기여도에 따라 복리후생에 대한 예산, 가격, 학점(해당되는 경우) 등을 설계하는 방법
  - 지속적인 복리후생에 대한 관리 절차
  - 복리후생을 위한 의사소통 계획
- 종업원 관계
  - 양사의 노동조합을 효과적으로 통합하기 위한 전략

- 회사의 모든 업무영역에서 종업원의 요구사항에 대한 인사정책
- 합병기업의 종업원 준수사항의 이행
- 종업원관리(노조)를 위한 법적 비용의 산정

• 교육훈련 및 개발
  - 합병과정을 지원하기 위한 단기적인 교육훈련
  - 합병과정을 지원하기 위한 중장기교육훈련
  - 합병기업의 교육훈련프로그램은 동업종 최고의 프로그램으로 구성 검토
  - 교육훈련 관리절차
• 국제 인사관리
• 위에서 전술한 합병기업의 통합을 위한 모든 인사분야 문제는 해외지사 등에도 동일하게 적용토록 한다.

조직설계 및 채용

조직문화란 조직의 구성원들이 보편적으로 공유하는 가치·태도·신념의 총체로 공유된 가치의식이 그 핵심을 이룬다. 공유된 가치의식은 기업의 경영이념, 경영진의 강조정신, 구성원의 행동방식, 조직의 상징특성과 관리관행으로 표출되어 나타난다.

• 조직설계
  - 합병된 기업의 유사한 기능조직을 통합할 것인가 아니면 분리하여 운영할 것인가.
  - 만일 유사기능조직을 통합한다면 통합조직을 위한 올바른 조직설계는 무엇인가.
  - 유사기능조직을 한 번에 일시적으로 통합할 것인가 아니면 천천히 통합할 것인가.
  - 이러한 조직설계를 위해 참고할 만한 유사한 기업이 있는가.
  - 새로운 합병기업을 지원하기 위하여 얼마나 크게 기능조직을 통합할 것인가.
  - 새로운 회사에서 조직설계를 위해 선호하는 방법은 무엇인가.
  - 새로운 회사에는 얼마나 많은 조직계층이 있는가.
  - 합병기업의 새로운 비전과 전략을 지원하기 위한 새로운 기능조직이 있는가.
  - 합병으로 인해 자체관리팀과 같이 혁신적인 조직으로 향해 갈 수 있는 기회가 있는가.
  - 특정한 부분에 대하여 아웃소싱이 가능한가.
• 합병기업조직에서 개인적인 업무의 선택권이 있는가.
  - 필요한 인재가 조직에 존재하는가.
  - 의사결정을 위한 선택기준이 존재하는가.
  - 외부의 자원이 필요한 경우 어떻게 공급되고 선택되는가.

- 성과급(인센티브) 제도를 통해 핵심인재를 확보할 수 있는가.
- 조직의 슬림화는 어떻게 관리되는가.
- 종업원 채용과 이동 등의 지원을 위한 내·외부의 의사소통프로그램은 존재하는가.
- 인재를 확보하기 위한 지속적인 지원제도가 있는가.

■ 인사부문의 재설계

인사 관련부서의 역할을 재정립하고 과거 두 조직의 인사정책과 인사제도의 공통점과 차이점을 확인·분석하여 통합조직에 현실적으로 적합한 대안을 마련해야 할 것이다.

- 인력의 규모와 지역적인 분산
- 추진 중인 업무의 형태
- 업계 벤치마크(유사사례 참조)
- 사업전략에서 인사부분의 역할 분석
- 인사부문의 자동화 단계·등급
- 아웃소싱 규모
- 인사부서 직원의 역량
- 인사 분야 기능면에서의 질적인 능력에 대한 측정
- 해외지사 등 해외인력 지원 인사제도

■ 변화관리

변화관리를 위한 업무통폐합, 인력재배치, 조직재설계, 사업조정 등 조직 및 기능 재조정과 관련하여 비전과 전략·조직문화·조직 및 기능·업무시스템·인사융합관리의 활동과 향후 방법론을 개선할 필요가 있다.

- 리더십 역량 : 합병의 성공을 위해 매주 중요한 지도자의 역할
- 성과관리 : 새로운 업무에 적응도를 높이는 인사시스템
- 의사소통계획 : 적절한 시기에 적절한 형식으로 종업원간에 정보의 교류
- 비전 / 미션 / 전략 : 관리팀의 새로운 조직의 비전, 미션과 전략의 가치를 확정
- 양사의 문화 정체성과 다양성 : 문화적인 문제
- 문화 : 합병회사의 문화를 이해하고 양사의 문화를 합치는 것에 대한 이해
- 팀 구축 : 새로운 조직의 생산성 향상에 기여
- 새로운 관리자의 역할 : 새로운 과제를 실행하기 위한 새로운 관리자의 역할

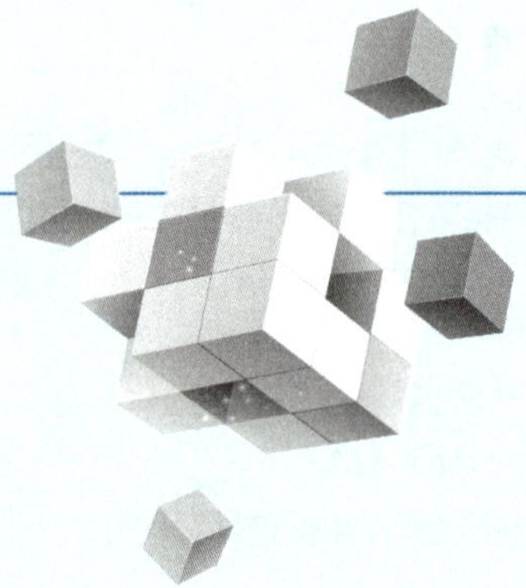

Chapter 14 기업회생절차와 M&A

기업회생절차란 상당한 영업이익이 발생되고 있음에도 불구하고 과도한 투자나 금융사고 등으로 인해 부채가 많아 금융비용을 영업이익으로 감당할 수 없는 경우 부채를 기업이 감당할 수 있는 수준으로 조정하고 일부 채무를 탕감하거나 주식으로 전환하는 등의 방법으로 기업에게 재기의 기회를 부여하는 제도이다. 우리나라의 회생절차는 다른 나라와 비교해 볼 때 두드러진 차이점 중의 하나가 M&A의 적극적 활용이라 할 수 있다. 회생계획을 인가받은 대부분의 회사는 자의 또는 타의에 의하여 M&A를 적극적으로 추구하는데, 그동안의 회생절차는 최초의 회생계획 입안단계에서부터 M&A에 지장을 초래할 만한 요소들을 제거하는 것을 중점 검토사항 중의 하나로 여길 정도로 M&A를 회생절차에서 필수적인 것으로 파악하여 왔다. 또한 회생계획 인가 후 관리인이 관리업무를 수행함에서도 항상 M&A를 염두에 두도록 지도·감독하여 왔으며, 그 결과 M&A가 경영부실기업이 회생절차를 통하여 회생하는 유일한 방안으로 자리 잡아 왔다고 해도 과언이 아니다.

현재 시행되고 있는 「채무자 회생 및 파산에 관한 법률」에서는 '기존경영자 관리인제도'를 도입하여 운영하고 있음에 따라 기존 경영자의 관리인의 업무수행을 견제·감시할 수 있도록 채권자협의회의 기능과 권한을 대폭 강화하고 있다. 기존경영자 관리인으로서는 가급적 사업 수행권의 유지는 물론 회생계획인가 후에도 회생절차에 의한 회사의 지배권도 유지하려고 할 것이기 때문에 M&A에 소극적인 태도를 취할 소지가 있어 회생절차에 의한 회사에 필요한 적절한 시기에 M&A에 착수하는 것이 어려워질 수가 있다. 반면 강화된 채권자협의회의 기능과 권한을 활용하여 채권자 측의 이해관계를 반영하려고 할 수도 있기 때문에, 특히 M&A 절차와 관련하여 더욱 복잡한 이해관계의 조정이 필요해질 수도 있다.

01 회생절차의 M&A 개요

'채무자 회생 및 파산에 관한 법률'에서 규정하고 있는 법인회생제도란 재정적 어려움으로 파탄의 상황에 직면한 회사에 대하여 사업을 계속할 때의 가치가 사업을 청산할 때의 가치보다 크다고 인정되는 경우, 법원의 감독 하에 채권자·주주·지분권자 등 이해관계인의 법률관계를 조정하여 법인의 효율성 또는 사업의 효율성을 도모하는 것을 주

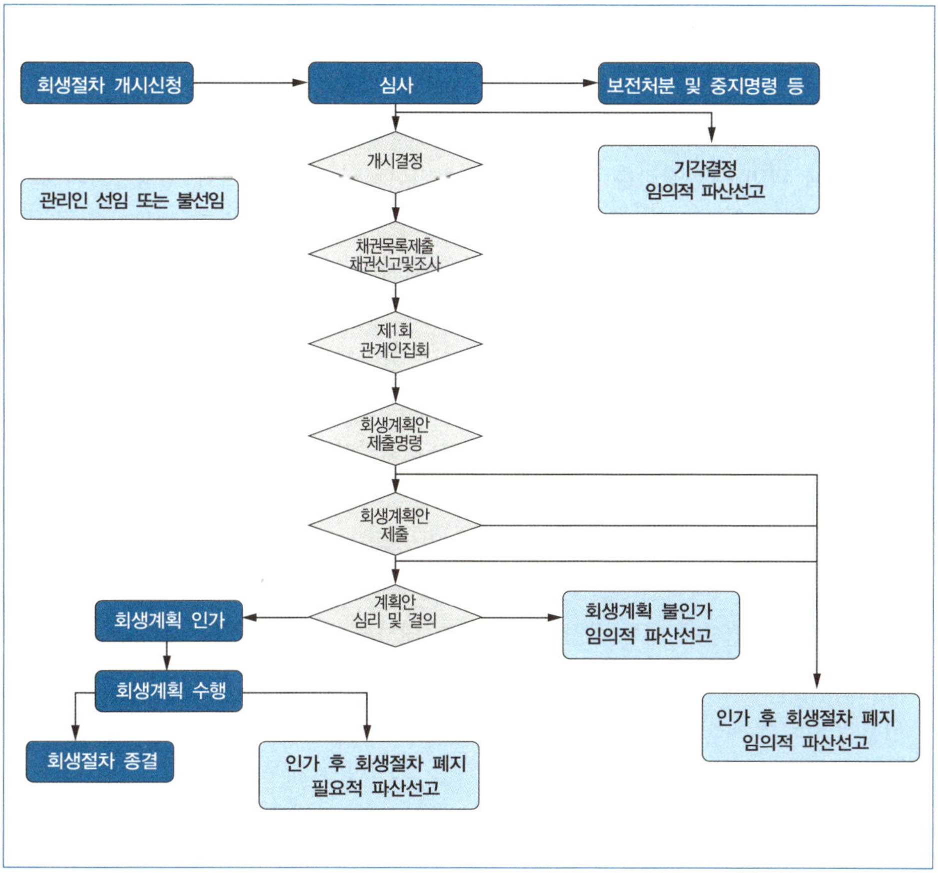

기업회생절차의 Process

된 목적으로 하는 기업회생 제도를 말한다.

또한 법인파산제도란 법인이 지급불능의 상태 또는 채무초과의 상태에 있을 때 파산선고를 하고 법원의 감독에 따라 채권조사절차를 통하여 채권자의 권리를 확정한 다음 기업의 재산을 환가하여 권리의 우선순위와 채권액에 따라 환가된 금액을 분배하는 과정을 말한다. 다시 말하면 경제적 파탄상태에 빠져 있는 회생이 어려운 법인의 총 재산을 강제적으로 관리 및 환가하여 전체 채권자에게 공평하게 분배 및 변제를 행하는 것을 의미한다.

1. 회생절차 M&A의 의의

기업이 계속기업으로써의 기능을 지속적으로 유지하기가 어렵게 되어 경영상태가 위기에 처하게 되면 사적정리를 통한 정리를 하거나 또는 파산절차나 회생절차와 같은 법적절차를 선택하게 된다. '사적정리'란 도산절차에 의하지 아니하고 채무가가 중심이 되어 문제를 해결하는 임의적 채무정리방법을 의미한다. 이에 반해 '도산절차'란 채무자가 지급불능·지급정지 또는 채무초과의 상황에 놓이거나 계속기업으로서의 현저한 지장을 초래함이 없이 채무변제가 불가능하다고 판단되었을 때에 법원의 관여를 구하여 현안문제에 대한 해결을 도모하고자 하는 법적절차이라고 할 수 있다.

사적정리와 도산절차를 비교해 볼 때 채무자와 채권자 간에 채무의 정리에 관한 원만한 합의가 도출될 수 있는 경우가 아니라면 기업의 도산처리는 사적정리보다는 도산절차에 의하도록 유도하는 것이 더욱 바람직한 일이라고 할 수 있다. 사적정리의 경우에는 채무자 중심의 임의적인 채무정리방법이라는 점에서 비교적 적은 비용이 소요된다 하더라도 모든 채권자에 대한 공평한 변제를 기대하기가 어려울 뿐만 아니라 채무자의 도덕적 해이를 효과적으로 통제하기가 어렵다.

회생절차는 재정적 어려움으로 인하여 파탄에 직면하여 있는 채무자에 대하여 채권자·주주·지분권자 등 이해관계인의 법률관계를 조정하여 채무자 또는 그 사업의 효율적인 회생을 도모하는 것을 목적으로 하는 제도인 것을 이미 설명한 바 있다. 재정적 어려움에 처한 채무자의 경우에 경제적으로 회생시킬 가치가 있음에도 불구하고 회생할 수 있는 기회를 주지도 아니하고 바로 파산적 청산절차를 거치도록 한다면 사회경제적인 손실이 클 뿐만 아니라 채권자 기타 이해관계인에게도 손해가 되는 경우가 많다. 이와 같은 점을 고려하여 비록 채무자가 현 시점에서 재정적인 파탄에 직면하고 있다 하여도 원칙적으로 채무자의 사업을 계속할 때의 가치가 채무자의 사업을 청산할 때의 가치보다 크다고 인정되는 때에 법원의 감독 아래 채권자·주주·지분권자 등 이해관계인의 법률관계를 조정하여 채무자 또는 그 사업을 회생시키고자 하는 것이 회생절차의 목적인 것이다.

우리나라 기업의 도산처리에 관한 법적절차를 규율하는 법률로는 「채무자의 회생 및 파산에 관한 법률」이 있다. 파산절차란 채무자가 경제적으로 파탄한 경우 모든 채권자에 대한 공평한 변제를 위하여 채무자의 재산관계를 청산하는 법적절차를 말한다. 반면에 회생절차란 채무자가 경제적 파탄에 직면하였지만 채권자·주주·기타의 이해관계인의 이해를 조정하여 채무자의 갱생을 도모하는 법적절차를 말한다. 회생절차를 선택하는 기업은 채무금액의 탕감과 채무변제의 유예를 받아 자력으로 재건을 도모할 수도 있으며, 다른 기업과의 합병이나 기업인수·양도나 영업양수도와 같은 M&A방식을 통하여 재건을 도모할 수도 있다.

2. 회생절차 M&A의 필요성

회생절차란 재정적인 어려움으로 도산 위기에 직면해 있는 채무자 기업에 대하여 채무자의 사업을 계속할 때의 가치가 채무자의 사업을 청산할 때의 가치보다 크다고 인정되는 때에 법원의 감독 아래 채권자, 주주·지분권자 등 이해관계인의 법률관계를 조정하여 채무자의 사업 또는 경제생활을 회생시키는 절차를 말한다.

회생계획은 회생절차에 의한 회사가 조기에 그 수익구조를 회복하지 못한다는 현실을 감안하여 계획기간 초기에는 일정한 기간 동안 채무 변제를 유예하는 내용의 회생계획을 작성함으로써 회생계획이 인가된 후, 일정한 기간 동안 채무의 압박에서 벗어나 오로지 사업과 수익능력 복원에 집중할 수 있도록 하여 장차 회생계획 수행의 토대를 조기에 확보하는 방향으로 입안되어 왔다. 따라서 회생절차에 의한 회사가 당초 예상한 대로 수익능력을 조기에 회복하여 사업의 계속을 위한 안정적인 토대를 마련하는 경우, 그 이후에는 인가된 회생계획을 그대로 수행하기만 하면 회생절차를 성공적으로 종료하여 독자적인 회생이 가능해 진다. 그러나 대부분의 회생절차에 의한 회사는 이러한 계획을 달성하지 못하고 있어 채무변제 유예기간을 지나 본격적인 채무 변제시기에 접어들면 회생계획의 수행에 심각한 어려움을 겪는 것이 보통이고, 이를 방치할 경우에는 더 나아가 회생절차 폐지에 이르게 되는 것이 현실이었다. 회생절차에 의한 M&A 회사가 이와 같이 회생계획 수행에 어려움을 겪는 것은 당초부터 회생절차에 의한 M&A 회사의 사업에 대한 전망을 지나치게 낙관적으로 예측하였거나, 채권자들의 동의를 얻기 위하여 감당할 수 있는 한계를 넘는 회생계획을 작성하였던 것이 원인이 되기도 하였다. 그러나 그 외에도 부도를 내고 시장에서 실패한 경험을 갖고 있는 채무자가 시장에서 부도 전의 신뢰를 회복하는 것이 채무자의 노력만으로 이루어질 수 없는 것일 뿐 아니라, 하루가 다르게 급변하는 경제현실 속에서 10년이라는 장기간 동안 인가 전에 예상한 회생계획을 수행할 것을 요구하는 것 자체가 불가능에 가깝기 때문일 것이다.

이와 같이 회생절차 중인 회사가 회생계획 수행 불가능의 단계에 이른 경우에 법원은 회생절차 중인 회사에 대하여 회생절차를 폐지하고 파산을 선고하면 됨으로 회생절차 내부에서 별다른 문제는 일어나지 않는다. 그러나 회생절차가 가져야 할 기본적인 기능을 생각해 보면, 회생계획의 수행이 어려운 회사에 대하여 폐지결정과 파산선고를 하는 것은 여러 이해관계인이 많은 시간과 비용을 들여 복잡한 절차를 거쳤음에도 불구하고 목적을 달성하지 못한 채 파산선고의 시기만 잠시 유예한 것과 같은 결과가 되어 회생절차가 무용한 절차라는 비판을 들을 수 있다.따라서 회생절차 중인 회사가 당초 예정한 대로 사업을 수행하지 못하더라도 재정적 파탄상태에서 벗어나면서 동시에 채권자의 이해관계를 보호하고 자신의 회생을 도모할 수 있는 방안이 있다면 그 계획을 변경해서라도 이를 추구하는 것이 회사회생제도의 취지에 부합하는 것이라고 할 것이고 그 동안 실제로 그 방안으로 추진되어 온 것이 M&A이다. 회생절차는 채권의 만족과 채무자의 회생'이라는 목적 하에 M&A를 추구하여 왔는데, 회사의 회생을 위해서는 회사를 운영할 책임 있는 경영 주체의 확보가 반드시 필요하다.

3. 회생절차 M&A의 특징

회생절차는 재정적 어려움으로 인하여 파탄에 직면한 채무자를 둘러싼 채권자·주주 등 여러 이해관계의 조정을 거쳐 채무자 사업의 효율적인 회생을 도모하는 것을 목적으로 하는 집단적 채무조정절차라고 정의할 수 있다. 회생절차가 가지는 사회적·경제적 기능은 다양하게 설명될 수 있겠지만, 회생절차는 집단적 채무조정 절차의 하나로서 자산과 수익을 채권자들에게 공정하게 배분하는 기능을 기본으로 한다. 다만 청산적 도산절차인 파산절차가 채무자의 해체와 사업의 중단을 전제로 하는 절차인 반면 회생절차는 채무자의 사업의 계속을 전제로 하여 그 수익금으로 채무변제를 하면서 채무자 자신의 회생을 도모한다는 점에서 차이가 있다. 즉 회생절차는 '사업의 계속'과 이를 통한'채권 만족의 극대화'라는 두 가지 목표를 동시에 추구한다는 특징이 있는 도산절차이다.

회생절차에서의 M&A는 일반적인 M&A와 대비해 볼 때 다음과 같은 특징을 가지고 있다.

■ 매도자 중심의 M&A

회생절차 내에서 진행되는 M&A는 매도자 중심의 M&A이다. 회생회사 M&A의 주관자는 관리인이며, 관리인은 채무자와 그의 채권자 및 주주 등으로 이루어진 이해관계

단체의 공적 수탁자로서 복잡하게 교차하는 이해관계를 중립적인 견지에서 조정하여야 하는 입장에 있어 M&A 과정에서 발생하는 여러 문제점에 대하여 이러한 이해관계를 두루 고려할 수밖에 없으므로 중요한 사항에 대하여는 관리인 스스로 선택할 수 있는 방안에 적지 않은 제약이 있다. M&A 절차에 참여하는 인수희망자의 입장에서 보면 일반적인 M&A에서 충분히 협상을 통하여 해결될 수 있는 사항에 대하여도 관리인이 엄격한 잣대로 접근하는 것을 종종 느끼게 되는 것이 이와 같은 이유 때문이다. 이런 측면에서 보면, 회생절차 M&A는 채무자의 회생과 채권만족에 필요한 사항을 매수자에게 수용하도록 강제하는 매도자 중심의 M&A라고 표현할 수 있다.

■ 회생추구와 제약

회생절차 M&A는 '채무변제 재원의 조달'과'책임 있는 경영 주체의 확보'를 통한 회사의 회생이다. 그중에서 '회생절차회사의 회생'이라는 목적을 달성하기 위하여 유상증자 참여의 우대, 경영능력의 요구, 인수 주식의 보호예수 강제, 법령상의 제약 요소의 사전 제거 요구 등 여러 측면에서 제약을 가지고 있다.

■ 신속한 절차

회생절차의 M&A는 공고 후에는 매우 신속하게 진행된다. 관리인은 입찰 전에 입찰 참가자들에게 입찰서 마감 후 진행되는 일정으로 우선협상대상자 선정 후 양해각서 체결 시한, 인수대금 조정을 위한 상세실사 허용 시한, 인수대금 조정협상 시한, 투자계약 체결 시한 등을 정해 놓고 있고, 인수인의 필요에 의하여 이를 연장할 경우에는 법원의 허가를 받도록 함과 동시에 그 시한 연장마저 일정한 제한을 가하는 것이 보통이다. 이는 M&A 과정에서 거치게 되는 여러 단계의 협상을 조기에 확정함으로써 M&A가 지연되는 일이 없도록 하여 채무자의 사업을 조기에 안정시키기 위한 것이다.

■ 회생법 절차의 수반

회생절차의 M&A는 대부분 회생계획의 변경절차라는 회생법 특유의 절차를 거치게 된다. 따라서 M&A에 고유한 사항 이외에도 회생절차 내부에서의 법적인 사항, 특히 회생계획 변경 시에 요구되는 사항과 회생절차의 종결 가능성에 대하여 면밀한 사전 검토가 필요하다.

■ 공정성과 투명성 강조

회생절차의 M&A에는 기본적으로 채권의 만족을 추구하는 기능이 있고, 이를 위해서는 당연히 높은 인수금액을 제시하는 인수희망자를 유치하여야 한다. 회생절차회사는 이에 대하여는 중립적인 이해관계를 갖고 있다고 할 수 있다. 회생절차에 의한 M&A에 대한 시장의 관심이 점차 높아짐에 따라 직접 인수를 희망하거나 주간사로 선정되려는 업체가 경쟁적으로 나서고 있는 상황이고, 경쟁에서 탈락한 업체들이 선정 과정에 대해서 이의를 제기할 가능성이 상존하고 있으므로 절차의 투명성과 공정성을 유지하는 것이 매우 중요하다. 이를 위해서 회생법의 규칙에서는 "관리인은 영업 또는 사업의 양도 등에 관하여 매각주간사, 채무자의 영업 및 재산을 실사할 법인 또는 우선협상대상자를 선정하는 때에는 미리 채권자협의회의 의견을 묻는 등 공정하게 절차를 진행하여야 한다."라고 하여 M&A 등의 공정한 절차 진행을 규정하고 있고, 서울중앙지방법원 파산부 실무준칙인 '회생회사 M&A에 관한 준칙', '회생절차에서의 M&A에 관한 준칙'에서도 M&A 등의 매각 주간사 선정 또는 우선협상대상자 선정 시 최종 용역제안서나 인수제안서(Binding Bid Offer)를 제출받기 전에 유상증자·기타 인수대금의 규모, 자금조달 가능성, 인수희망자 재무구조의 건전성, 채무자를 실제로 경영·발전시킬 의사와 능력이 있는지 여부 등을 평가항목으로 한 구체적인 평가기준을 관리인이 법원과 협의하여 미리 작성하여 두도록 하는 등 공정한 M&A 절차 진행을 강조하고 있다.

회생절차의 M&A는 법원의 감독 하에 모든 절차가 투명하고 공정하게 이루어진다. 회생절차의 M&A는 회생계획 변경절차를 통하여 법적인 효력을 갖추게 되므로 최종적으로 회생계획 변경계획의 결의를 위한 관계인 집회에서 채권자 측의 동의를 얻는 절차를 거치게 되어 있으나, 채권자 측의 동의절차에 이르기 전이라도 M&A 착수, M&A 주간사의 선정 입찰공고, 입찰안내서 및 양해각서 초안의 제시, 우선협상대상자의 선정, 양해각서의 협상, 인수대금 조정, 투자계약의 협상 등 모든 단계에 대하여 관리인이 그 권한을 행사함에 있어서 법원의 허가 및 감독을 받고 있어 일반적인 M&A보다 절차가 투명하고 공정하게 진행된다. 관리인과 회생법원이 M&A 절차에서 공정·투명성을 강조하는 또 다른 이유는 공정·투명한 진행으로 M&A 참가자들 사이에 경쟁이 유지될 수 있도록 하여 경쟁이 회생회사의 M&A 인수대금을 제고하는 기능을 하도록 함으로써 결과적으로 채권자들의 만족을 제고하려는 목적도 있다.

02 회생절차의 M&A 유형

회생절차에서 활용되는 M&A의 유형은 시기에 의한 분류방식과 내용에 의한 분류방식으로 대별할 수 있다. 전자에는 사전 M&A·회생절차개시 후 계획인가 전 M&A·회생계획에 의한 M&A·변경회생계획에 의한 M&A로 구분할 수 있으며, 후자에 속하는 것은 제3자 배정 신주인수·영업양수도·자산양수도 등의 방식을 들 수 있으나 대부분은 제3자 배정 신주인수방식이 주로 이용되고 있으며 부분적으로 영업양수도 방식이나 자산양수도 방식이 활용되고 있는 실정이다. 다만, 회사에 따라 여러 부문의 사업부를 가지고 있으나 그 사정이 각각 달라 어느 하나의 M&A 방식에만 의하면 M&A 목적을 조화롭게 달성하기 어려운 경우에는 여러 방식을 혼용하여 활용하기도 한다. 또한 M&A를 원활하게 진행하기 위아여 필요한 경우에는 회사분할절차 등이 수반하기도 한다.

1. 사전 M&A

가급적 조기에 M&A에 착수하는 것이 채무자의 회생과 채권자의 만족이라는 두 측면에서 모두 도움이 되는 경우도 있을 수 있다. 채무자가 비록 재정적 어려움으로 말미암아 부득이 부도를 경험하고 회생절차를 신청하였다 하더라도 신청 당시까지 사업의 기반이 아직 와해되지 않고 계속기업으로서의 이익을 유지하고 있는 경우라면 효율성의 측면에서 가급적 조기에 M&A에 착수하는 것이 바람직할 것이다. 그리고 회생절차개시 신청 전에 이루어진 M&A가 채무자가 채권자와 협의 하에 관리·진행되어 온 경우라면 그 협의 과정에서 채무자의 의사에 따라 회생을 위하여 필요한 사항도 적절하게 반영되어 있을 것이고, 채권자 측의 의사도 충분히 반영되어 있을 것이므로, 이러한 M&A는 회생절차 내에서 관리인이 법원의 감독 하에 진행하는 M&A와 다르지 않다.

이런 이유로 개시신청 전 M&A를 완료한 경우에는 M&A 결과를 존중하여 그 M&A를 토대로 회생절차를 진행하게 된다.

■ 사전 M&A에 대한 검토사항

회생절차개시신청 전에 이루어진 M&A를 토대로 회생절차를 진행하기 위해서는 그 M&A가 채무자와 채권자 사이의 협의 하에 이루어진 것이어야 하고, 공정·투명하고 합리적인 절차에 따라 이루어진 것이어야 한다. 따라서 사전 M&A가 회생절차 내에서 존중받기 위해서는 채권자 또는 채무자가 다른 이해관계인과의 협의 없이 자신의 이익만을 추구하는 것이어서는 아니 된다. 그리고 통상의 M&A와 같이 M&A 주간사 등을 선정하여 기업가치를 평가하고 이를 토대로 공개경쟁입찰방식으로 진행한 M&A에 대하여 채권자협의회의 동의를 얻었다면 그 M&A 절차를 그대로 승인할 수 있을 것이다. 특히 M&A 진행절차의 공정성·투명성·합리성은 인수희망자들 사이의 공정한 경쟁을 통한 적절한 인수대금의 확보에 매우 중요한 사항이므로 충분히 검토할 예정이다.

만일 이와 같은 부분에 의문이 있을 경우에는 사전 M&A 우선협상대상자가 제시한 조건보다 나은 조건으로 채무자를 인수할 것을 다시 공개경쟁입찰의 방식으로 부칠 수도 있고, 그와 같은 절차를 거쳤음에도 불구하고 사전 M&A보다 나은 조건을 제시하는 인수희망자가 없다면 M&A 절차의 공정성 등에 다소 의문이 있어도 채권자협의회의 동의 아래 그 결과를 수용할 수도 있다. (서울중앙지방법원 파산부 '회생절차에서의M&A에 관한 준칙'7항 참조)

■ 관리인불선임결정 및 회생절차의 신속한 진행

회생절차개시 전에 채무자와 채권단의 협의 하에 M&A 절차가 추진되어 왔고, M&A를 내용으로 하는 회생계획안의 주요 내용에 대하여 채무자와 채권단 사이에 협의가 완료된 채무자에 대하여는 법원은 관리인을 선임하지 아니하고 채무자의 대표자를 관리인으로 볼 수 있는 사전M&A가 채무자와 채권자 사이에 충분한 협의 하에 이루어진 경우 법원은 관리인을 선임하기보다는 관리인불선임결정을 하여 이해관계인이 자율적으로 선출한 채무자의 대표자를 관리인으로 보아 그 대표자로 하여금 관리인이 갖는 각종 권한을 행사하도록 하면서 회생절차를 진행·종결토록 하고 있다.

■ 청산가치 및 계속기업가치의 평가

회생절차개시 전에 M&A 주간사 등에 의하여 이루어진 채무자에 관한 청산가치 및 계속기업가치 평가는 채권자협의회의 승인이 있는 경우에는 특별한 사정이 없는 한 회생절차개시 후에도 존중하며, 이 경우 법원은 조사위원에게 채무자에 관한 청산가치 및 계속기업가치의 조사·보고의무를 명하지 아니할 수 있으므로(서울중앙지방법원 회생실무준칙 '조사위원의 선정,보수기준 및 조사·보고사항' 9항 참조),조사위원의 조사를 위한 상당한 시간을 줄일 수 있다.

■ 회생절차의 조기종결

이와 같이 사전 M&A를 통하여 회생의 기반을 마련한 채무자에 대하여는 그 M&A를 내용으로 하는 회생계획안이 인가되면 이를 수행하고 회생절차를 조기에 종결하게 된다.

2. 회생절차개시 후 계획인가 전 M&A

회생절차에 들어가는 M&A가 대폭 간소화되었다. 서울중앙지법 파산부는 기업 회생절차개시나 회생계획인가 전에 추진된 M&A 관련절차를 간소화하는 `회생절차에서의 M&A에 관한 준칙`을 개정하였다. 기업이 회생절차에 들어가면 기존 주식에 대해서는 감자절차가 이뤄지고 부채가 출자전환 되면서 채권자들이 대주주 지위에 오르기 때문에 진행되던 M&A는 대부분 중단되는 일이 발생했다. 하지만 개정을 통해 인수기업은 회사의 경영권 변화에 신경 쓰지 않고 M&A를 진행할 수 있게 돼 회생기업의 M&A가 활성화된다. 회생절차개시 이전 추진된 M&A는 관리인이 법원의 허가를 받으면 그 진행결과를 유효한 것으로 인정받게 된다. 이에 따라 인수자와 본 계약을 맺거나 본 계약 체결 이전이라고 하더라도 계속해서 M&A를 진행할 수 있다. 그러나 절차의 공정성이 의심될 때는 인수조건을 비밀에 부치고 더 나은 인수조건을 제시하는 공정한 선정절차를 거치면 된다. 다만 이 경우에도 인가 후 M&A와 같이 엄격한 절차로 한정하지는 않기 때문에 신속한 M&A가 가능해진다.

회생절차는 개시됐지만 회생계획이 인가되기 전에 추진된 M&A도 간소화된 절차에 따라 주간사를 선정해 M&A를 진행할 수 있다. 주간사 선정에 걸리는 시간을 단축해 M&A 추진이 회생절차 진행을 지연시키는 요인이 되지 않도록 하고 인수가격이 조사보고서의 영향을 받지 않게 하는 효과도 생기게 한다. 또 대법원 홈페이지에는 회생절차에서 진행되는 M&A의 경우 채무자 정보를 제공하고, 특히 장차 M&A를 추진할 의사가 있는 채무자 정보까지 제공하도록 M&A 관련 홈페이지 관리요령준칙도 마련했다. 이에 따라 회생절차 장기화로 기업가치와 신용도가 하락하는 건설업이나 서비스업, 기술발전 속도가 빠른 업종이 신속하게 회생의 길을 모색할 수 있다.

■ 회생계획인가 전의 영업양도

회생절차개시 이후 회생절차인가 전이라도 관리인은 채무자의 회생을 위하여 필요한 경우 법원의 허가를 받아 채무자의 영업 또는 사업의 전부 또는 중요한 일부를 양도할 수 있다. 회생계획인가 전의 영업양도의 필요성은 회생절차개시신청 전의 부도 등의 여파로 신용도의 급격한 하락, 기존 거래관계의 붕괴, 유능한 직원의 이탈 등으로 인하여 기업가치가 손상되거나 하락하여 청산가치가 계속기업가치보다 상회하는 결과에 이를 수가 있기 때문이다.

회생계획인가 전 영업양도의 요건 회생절차인가 전의 영업양도를 하기 위해서는 영업 또는 사업의 전부 또는 중요한 일부의 양도가 채무자의 회생을 위하여 필요한 경우에 해당하여야 한다. 회생계획인가 전의 영업양도에서 채무자의 회생을 위하여 필요한 경우란 채무자의 회생절차개시신청에 의한 신용훼손으로 인하여 영업이 급격히 악화되고 회생계획의 인가를 기다려서는 영업의 환가가치가 크게 하락하게 되기 때문에 이를 방지하기 위해서는 조기에 영업을 양도할 필요가 있는 경우를 말한다. 따라서 회생계획인가 전의 영업양도에서는 통상 그 신청 전후에 양수인 후보자가 존재하거나 선정되어 있는 상태일 것이다.

회생법이 영업의 전부 또는 중요한 일부의 양도가 행하여지는 경우에 인가 전 영업양도 절차를 이용할 수 있다고 규정하고 있으므로, 영업의 중요하지 않은 일부를 양도하는 경우에는 위 규정에 의하지 않고 관리인의 재산처분권 행사로서 이를 할 수 있는지가 문제될 수 있다. 관리인이 영업이나 재산의 전부 혹은 일부를 양도하는 경우에는 회생계획에 의하도록 정하고 있음에 비추어 단순한 법원의 허가에만 의하여 영업을 양도하는 것은 원칙적으로 허용되지 않는다고 보아야 할 것이지만, 당해 영업이 채무자의 사업에 중요하지 아니하고 그 영업의 계속이 지속적으로 손실을 발생시켜 회생계획의 인가전이라고 시급히 당해 영업을 정리하는 것이 이익이 되는 경우에는 회생계획의 인가에 의하지 아니하고 법원의 허가에 의하여 영업을 양도할 수 있다고 할 것이다.

회생계획인가 전 영업양도의 절차

- 의견청취 : 회생계획인가 전 영업 등의 양도에 대한 허가를 하는 때에는 법원은 관리위원회·채권자협의회·채무자의 과반수로 조직된 노동조합의 의견을 들어야 한다. 근로자의 과반수로 조직된 노동조합이 없을 때에는 채무자의 근로자의 과반수를 대표하는 자의 의견을 들어야 한다.
- 주주보호절차
  - 회생계획에 의한 영업양도의 경우 영업양도에 의한 상법의 규정이 적용되지 않는 것은 명백하다. 주식회사인 채무자의 부채총액이 자산총액을 초과하는 때에는 법원은 관리인의 신청에 의하여 결정으로 상법 규정에 의한 주주총회의 결의에 갈음할 수

있다. 이 경우 상법 및 자본시장법에서 정하고 있는 주주의 주식매수청구권의 규정을 적용하지 아니한다.

- 법원은 위 주주총회의 결의에 갈음하게 하는 결정을 할 때에는 그 결정서를 관리인에게 송달하고 그 결정의 요지를 기재한 서면을 주주에게 송달하여야 한다. 위 주주총회의 결의에 갈음하게 하는 결정에 대하여 주주는 즉시항고를 할 수 있다. 위 즉시항고에는 집행정지의 효력이 있다.

• 법원의 허가
- 법원이 허가를 하는 경우 법원은 양도대가의 사용방법을 정해야 한다. 법원의 허가를 받지 아니하고 한 영업 등의 양도는 무효로 한다. 다만, 선의의 제3자에게 대항하지 못한다.
- 법원이 허가 여부의 결정시 고려할 사항은 양수인 후보자의 산정방법이 합리적일 것, 입찰조건에 가액을 하락시키는 부당한 조건이 부가되어 있지 않을 것, 양수인 후보자의 선정절차가 공정하게 진행되었을 것
- 채무자는 회생계획인가 전의 영업양도를 추진함에 있어서 미리 주요 회생담보권자 및 회생채권자와 사이에 양도대가의 사용방법을 포함한 회생계획안의 주요내용에 관하여 사전에 합의하는 것이 좋다.

• 영업양도계약의 내용
- 영업양도계약에는 양도대상인 재산의 범위, 양도가격, 담보권의 취급 및 담보권의 소멸, 교섭책임의 소재, 종업원의 고용승계여부 및 처우, 거래처의 승계, 양도실행일 등이 주요내용으로 포함될 것이다.
- 회생담보권의 목적인 재산이 양도대상에 포함되는 경우에는 담보권의 취급이 중요한 문제가 된다. 법원의 결정에 의하여 담보권을 소멸시키는 제도가 마련되어 있지 않은 이상 관리인이 회생담보권자와의 교섭을 통하여 담보권의 처리방법을 정할 수밖에 없을 것이다.

• 강제집행 등의 취소 : 법원은 영업 등의 양도허가가 있은 후 관리인의 신청에 의하여 강제집행 등의 취소를 명할 수 있을 것이다.

3. 회생계획에 의한 M&A

채무자는 회생절차의 개시 이후 회생절차가 종료될 때까지 신주를 발행하거나 영업을 양도하는 등의 M&A를 하려면 원칙적으로 회생계획에 의하여야 한다. 회생계획에 의한 M&A의 경우라도 회생절차개시신청 전에 채권단과 협의하여 공정하고 합리적인

기업가치평가 및 인수자 선정절차를 거치고 그에 따라 M&A를 내용으로 하는 계획안을 사전에 마련한 후 신속하게 관계인집회에 결의에 부치는 경우에는 사실상 인가 전 영업양도와 같이 조기에 절차를 종결시킬 수 있다. 회생법에서는 회생절차개시 이후부터 그 회생절차가 종료될 때까지 채무자는 회생절차에 의하지 아니하고는 다음에서 정하고 있는 행위를 할 수 없다고 명시하고 있다.

- 자본 또는 출자액의 감소
- 지분권자의 가입, 신주 또는 사채의 발행
- 자본 또는 출자액의 증가
- 주식의 포괄적 교환 또는 주식의 포괄적 이전
- 합병·분할·분할합병 또는 조직변경
- 해산 또는 회사의 계속
- 이익 또는 이자의 배당

■ 제3자배정 신주인수

제3자배정 신주인수방식은 회생회사를 직접 경영할 의사와 능력이 있는 제3자에게 신주를 배정·발행하여 지배주주가 되도록 하고 그가 납입한 유상증자대금으로 정리채무를 일시에 변제함으로써 개선된 재무구조를 바탕으로 회생회사가 회생절차에서 조기에 벗어나는 것이 가능케 한다. 회생절차에서는 기존 주식의 감자를 시행할 경우 주주총회 특별결의나 채권자보호절차를 거칠 필요가 없고 회생회사의 부채가 자산을 초과하는 경우 주주는 관계인 집회에서의 의결권이 인정되지 않으므로 일반 M&A에 비하여 지배구조 변경이 신속하고 경제적으로 이루어질 수 있는 이점이 있다.

■ 영업 양·수도

회생회사의 영업의 전부 또는 일부에 관하여 이를 해체하지 않고 인적·물적 조직을 그 동일성을 유지하면서 일체로서 제3자에게 이전하는 방식이다. 영업 양·수도에 있어서 이전의 목적이 되는 것은 단순한 물건 또는 권리의무뿐만 아니라 거래선, 영업상의 비밀, 노하우 같은 경영조직의 사실관계를 포함한 유기적 일체로서 양수인은 이를 이용하여 양도인과 같은 영업자의 지위를 취득하게 된다. 특별한 사정이 없는 한 근로관계는 양수인에게 포괄적으로 승계된다. 회생절차에 의한 영업양도는 주주총회 특별결의를 거칠 필요가 없고, 반대주주의 주식매수청구권도 인정되지 않기 때문에 상법상의 영업양도에 비하여 여러모로 편리하다. 다만 영업 양·수도방식은 양도대상 자산 및 부채를 양수인에게 개별적으로 이전하는 특정승계절차를 취하므로 제3자 배정 신주인수방식에 비하여 절차가 복잡하고 양도되지 않은 잔존자산의 처분 등에 상당한 시일이 소요되어 회생절차를 곧바로 종결할 수 없다는 단점이 있다. 실무상으로도 영업 양·수도방식은 위와 같은 특수한 사정이 있는 경우에 한하여 이용되고 있는 실정이다.

4. 변경회생계획에 의한 M&A

회생계획의 변경이라 함은 회생계획인가의 결정이 있은 후 부득이한 사유로 계획에 정한 사항을 변경하는 것을 말한다. 일반적으로 회생계획은 이미 기존의 관계인집회 절차와 법원의 인가를 거쳐 확정된 것이기 때문에 권리변경이 불가하며, 이미 실권의 효과가 발생되어 변제의 수행이 이루어지고 있는 상태임으로 수정 및 변경은 인정되지 않는다. 변경신청을 받은 법원은 재출한 내용이 관련 회생담보권자나 회생채권자·주주·지분권자들에게 혹여나 불리한 내용이 있는지 확인하고 그러한 내용이 없다면 변경신청을 승인한다. 하지만 심사과정에서 누군가에게 불리한 내용이 있다고 판단되면 변경을 원하는 회생계획안의 심리절차와 결의절차를 거치게 된다. 이와 관련하여 관계인집회를 열어 결의 혹은 서면결의로 가결이 되면 변경된 회생계획에 대한 인가결정을 되고, 부결이 되었을 때에는 권리보호조항을 정해 인가결정을 내리거나 변경불허결정을 내린다.

■ 회생계획 변경의 필요성

채무자의 M&A에 있어 인수자들은 자신들의 투자에 대응하여 자본의 감소·채무조정 및 회생절차의 종결을 요구함이 일반적이며, M&A가 성사된 채무자에 대한 회생절차를 계속하는 것도 바람직한 일이 아닐 것이므로 M&A 과정에는 채무재조정을 내용으로 하는 회생계획변경과 이를 위한 변경회생계획안의 결의절차가 수반되는 것이 보통이다. 이 경우의 변경회생계획안의 내용은 일반적으로 M&A 추진경위, 인수계약의 내용, 기존 주식의 소각 또는 병합, 인수자에 대한 유상증자 내지 회사채발행, 회생채무의 감면과 인수대금에 의한 일괄변제, 관리인의 종결의무 등을 그 내용으로 한다.

그러나 회생계획 인가 후의 M&A가 성사된 후 회생절차를 종결하기 위하여 항상 회생계획변경 등의 절차가 수반되는 것은 아니다. 회생회사의 관리인이 이와 같은 제3자

배정방식의 신주발행을 계획한 회생계획 조항에 따라 신규자금을 유치할 목적으로 수권자본금 내에서 회생법원의 허가를 받아 신주를 발행하는 경우에는 회생회사의 기존 주주들이 회생계획에 의하여 감수하기로 예정한 불이익이 구체적으로 현실화되는 것에 불과하므로 특별한 사정이 없는 한 제3자 배정방식의 신주발행을 위하여 정리계획 변경절차를 거칠 필요가 없다고 판시하였다.(대법원 2008.05.09.자 2007그127결정)

■ 채무조정의 방식

채무조정의 방식으로써 회생담보권·회생채권 모두 원 회생계획에서 정한 연도별 변제예정금액을 변경회생계획안의 결의를 위한 관계인집회 전일을 기준으로 하여 할인한 금액과 변제재원을 일치시키는 내부수익률을 산정한 다음 각 회생담보권 및 회생채권별로 연도별 변제예정금액을 내부수익률을 적용하여 현재가치로 할인한 금액을 현금변제하는 내용으로 회생계획안을 변경하여 작성하는 방식이 원래의 회생계획에서 권리의 순위를 고려하여 정한 공정·형평한 차등을 훼손시키지 않으면서도 변제재원을 합리적으로 배분할 수 있어 발함직하다. 그러나 이와 같은 배분방식은 원래의 회생계획상 생 담보권자에 비해 변제조건이 상대적으로 열악한 회생채권자들에 대하여는 변제금액이 줄어드는 결과가 되기 때문에 변제재원이 충분하지 않은 경우 회생채권자조의 동의를 얻는데 장애가 될 수 있다. 따라서 우선 변재재원에서 회생담보권의 담보물의 청산가치에 해당하는 금액만큼 회생담보권자에게 선순위로 배당하고, 회생담보권 중 담보물의 청산가치를 초과하는 부분은 일반 회생채권과 동등하게 취급하여 후순위로 배분하는 방법이 자주 활용된다.

■ 회생계획 변경절차를 요하는 경우

회생계획 변경절차를 요하는 경우는 다음에서 설명하고 있는 두 가지의 경우에 한한다.

회생계획에서 정한 사항의 교환적 변경 회생계획에서 정한 사항의 변경은 향후의 영업추정 등과 같이 단순한 예상 내지 목표로서의 정함이 아닌 한 절대적 기재사항은 물론이고 상대적 기재사항이라도 반드시 회생계획 변경절차를 밟아야 한다. 이 중에서 가장 중요한 사항은 채권자와 주주의 권리에 관한 조항이다. 예컨대 채권 가운데 다시 일부를 더 면제하거나 변제기를 또 다시 연기하거나 주주의 권리를 재감축하는 경우 등이 이에 속한다. 연체된 회생채권이나 개시 후 이자도 변경의 대상이 되고, 조세 등의 청구권도 징수권자가 동의하면 권리를 변경할 수 있다. 인가일 이후의 개시 후 이자도 회생채권에 부수한 채권으로서 변경계획안에 의한 권리변경의 대상이 될 수 있다. 주식의 경우에는 원래의 회생계획인가 당시의 주식은 물론이고 인가 후의 새로운 주식도 계획의 정한 바에 따라서 발행된 이상 권리변경의 대상이 된다. 그러나 변경계획안에서 회생채권에 갈음하여 발행된 주식에 한하여 권리변경을 하고 새로이 불입 또는 현물출자를 하여 발행한 신주는 권리변경 대상에서 제외하더라도 주주평등의 원칙에 반하는 것은 아니라고 해석된다.

회생계획에서 정함이 없는 사항의 추가적 변경 회생절차에 의하지 않으면 할 수 없는 사항으로써 자본의 감소·신주 및 사채의 발행·이익 및 이자의 배당·합병·해산·조직변경·청산 등은 절차 종료 전까지는 반드시 회생계획의 정함에 따라 행하여야 함으로 당초의 회생계획에는 없었으나 인가 후에 이러한 사항을 행할 필요가 있는 경우에는 반드시 회생계획 변경의 절차를 거쳐야 한다.

■ 회생계획의 변경절차

회생계획의 변경 신청권자는 관리인·회사 또는 신고한 회생채권자·회생담보권자 또는 주주이며 직권에 의한 변경은 불가능하다. 회생계획의 변경이 허용되는 경우에는 인가결정이 있은 후 부득이한 사유로 계획에 정한 사항을 변경해야 할 필요가 생긴 때일 경우에만 가능하다. '부득이한 사유'라고 함은 원 회생계획의 인가 당시 그러한 사정이 예상되었다면 당연히 현재와는 다른 계획이 수립되었을 것이라는 사태의 출현을 말한다. 인가 후 경제상황의 급변, 법령의 개폐와 같은 일반적인 사정변경이나 행정청으로부터 인·허가를 예정대로 받지 못하였거나 취소당한 경우, 관련기업의 부도발생 등 외부적 사유가 이에 해당될 것이나 주력공장의 소실, 의외의 영업부진과 같은 내부적 사유도 원 회생계획인가 당시 예상할 수 없었던 경우에는 부득이한 사유에 해당된다고 볼 수 있을 것이다. '계획에 정한 사항을 변경할 필요'라고 함은 현재의 상태를 그대로 내버려두면 회생계획의 전부 또는 일부가 수행 불가능해지거나 현저하게 곤란하게 되는 상황에 처해 있거나 그 계획을 변경한다면 그와 같은 사태를 회피할 수 있고 기업의 유지 갱생을 도모할 수 있는 경우를 말한다.

회생계획 변경의 신청이 요건에 대한 구비조건이 충족된 경우에는 법원은 변경의 내용을 심리하게 된다. 즉, 변경 내용이 법률의 규정에 위반하거나 공정·형평의 원칙에 반한 경우 또는 수행 불가능한 경우에는 변경계획안의 수정을 명할 수 있으며, 수정명령에 응하지 않거나 수정명령에 응하더라도 흠결이 치유될 수 없다고 판단되는 경우에는 회생계획변경 불허가결정을 한다.

■ 회생계획 변경의 효과

회생계획변경은 이를 인정하는 법원의 회생계획변경결정(이해관계인에게 불리한 경향을 미치지 않는 경우의 결정) 또는 변경계획인가결정((이해관계인에게 불리한 경향을 미치는 경우의 결정)이 있은 때로부터 그 효력이 발생한다. 원래의 회생계획 중 회생계획변경계획에 저촉되는 부분은 장래에 향하여 효력을 잃고, 효력을 잃지 않는 나머지 부분과 변경계획이 일체로 되어 하나의 회생계획을 형성한다. 회생계획변경결정 또는 회생계획인가결정에 대해서는 즉시 항고가 허용되므로 항고심에서 항고의 이유가 있다고 인정되면 원 결정을 취소하고 변경불허결정 또는 변경계획불인가결정을 하게 된다.

03 회생절차의 M&A 진행절차

회생절차에 의한 M&A의 진행절차는 사안에 따라 차이가 있기는 하지만 일반적으로 다음과 같은 각 단계의 단계별 일정을 따른다. 회생절차 종결까지 최소한 수개월 이상의 기간이 소요된다.

- M&A 추진 결정
- M&A 주간사 선정
- M&A 주간사의 자체실사
- M&A 공고
- 인수의향서 접수
- 우선협상대상자 선정기준 작성
- 인수제안서 접수
- 우선협상대상자 선정
- 양해각서 체결
- 우선협상대상자의 정밀실사

- 본 계약 체결
- 후속절차 : 회생계획 변경계획안 작성→ 인수대금의 예치 → 관계인집회 → 회생계획 변경계획안의 인가 → (인수기획단 파견) → 감자·유상증자·회사채인수 등 절차이행 → 회생채권변제, 회생담보권 말소등기촉탁 → 인수기획단 파견, 임원진 개편 → 회생절차 종결

1. M&A 추진결정

회생절차 중인 회사의 M&A 추진의 주체는 관리인이다. 관리인은 회생절차회사의 사업의 경영과 재산의 관리처분권을 갖고 있고, 회생절차회사·채권자·주주 등 이해관계인의 공적 수탁자로서 회생절차회사를 갱생시킬 임무가 있기 때문이다. 회생절차에 의한 M&A가 관리인의 권한에 속하는 것이기는 하지만, 관리인이 이를 추진함에 있어서는 착수부터 종료 시까지 회생법원의 허가를 받아야 하므로 관리인이 M&A에 관한 사무를 자의적으로 처리할 수는 없다.

관리인이나 회생절차에 의한 M&A를 감독하는 법원의 입장에서 가장 어려운 것 중의 하나가 M&A 착수 시점의 결정이다. 회생절차 중인 회사의 M&A 추진 시기를 결정함에 있어서 고려하여야 할 현실적인 제약사항 중의 하나가 M&A 실패로 인한 부작용이다. 회생절차에 의한 회사는 회생계획의 인가결정을 통하여 회생의 발판을 마련한 회사이기는 하지만 아직 회생을 확언할 수 없는 불안정한 상태의 회사이고, 또 이미 부도를 경험하고 시장에서 실패한 경험이 있는 회사이기 때문에 추진하던 M&A가 실패하는 경우 회사 조직의 붕괴와 시장에 대한 이미지가 부정적으로 형성될 소지가 있으며, 경우에 따라서는 그 정도가 매우 심각하여 회사의 인적자원의 유출, 시장에서의 거래 단절 등을 초래하여 결과적으로 회생을 위하여 시도한 M&A가 회사의 존립을 위태롭게 할 수도 있으므로 관리인이나 회생법원 입장에서는 M&A의 성공 가능성을 면밀히 검토하지 아니한 채 그 착수 시점을 결정할 수는 없다. 따라서 관리인은 해당 업계의 현황, 잠재적 투자자들의 동향, 동종 업체가 시장에 매물로 나와 있는지 여부 등을 꼼꼼히 검토하여 M&A 추진시기를 신중하게 선택하여야 한다. 관리인에 따라서는 신중한 검토 없이 M&A를 서두르는 수도 있으나 M&A를 무리하게 추진하는 것보다는 M&A 시기를 신중하게 선택하고 M&A 추진에 앞서 기업가치를 높이는 데 주력하는 것이 바람직한 경우도 있다.

2. M&A 주간사 선정

M&A 주간사는 추진주체인 관리인에 대하여 M&A 절차와 관련된 일련의 업무에 관하여 자문 및 용역을 제공하는 회사를 말한다. M&A 절차 전반에 걸쳐 전문성과 공정성을 확보하기 위해서 공개경쟁입찰방식으로 주간사를 선정하는 것을 원칙으로 하고 있고, 그 선정의 공정성을 제고하기 위하여 관리인으로 하여금 용역제안서를 제출받기 전에 미리 법원과 협의하여 용역제안 업체의 M&A 수행·자문실적, M&A 성공실적, 제안서 내용의 충실도, 참여 인원의 능력 및 경험, 인수희망자 확보 여부, 회생절차대상회사·회생절차·M&A에 대한 이해도, 업무추진력 등 제반 요소를 종합적으로 고려한 구체적인 주간사 선정기준을 마련하여 두고 있다. 회생절차에 의한 M&A에 있어서는 인수자가 채무재조정 및 기존 주식의 감자를 요구하는 경우가 대부분이므로 인수자를 포함한 이해관계인들과의 협상 및 이해 조정능력도 주간사 선정 시 중요한 고려요소의 하나이다. 따라서 관리인은 예상 주간사 후보자들을 대상으로 용역제안요청서를 발송하여 용역제안서가 제출되면 위 선정기준에 따라 이를 심사를 거쳐 우수한 용역제안 회사를 주간사로 내정한 후 용역수수료·계약기간 등 구체적인 용역계약조건에 관하여 협상을 벌여 용역계약을 체결하고 법원의 허가를 받는 과정을 거치게 된다.

주간사는 통상 회계법인·신용평가기관·은행 또는 금융기관의 M&A팀,기업구조조정전문회사(CRC) 중에서 선정되는데, 기업가치 평가·M&A 전략 수립·기업소개서(Information Memorandum) 작성·투자자 유인·인수 의향서(LOI) 접수 및 평가·채무재조정안 수립·채권자 설득 등 일련의 절차를 관리인과 함께 진행하게 된다. 실제에 있어서 회계법인이 단독으로 주간사가 되는 경우가 많으나 규모가 큰 회생절차에 의한 M&A에서는 기업구조조정전문회사 등과 회계법인이 컨소시엄을 구성하거나 공동 주간사가 되어M&A 절차를 진행하는 경우도 있고, 그 외에 투자은행(IB)이 주간사로 선정된 사례도 있다. 이외에도 관리인이 M&A 구도와 전략, 투자자 유치 등을 담당하는 주간사만을 선정한 후 그 주간사가 기업가치 평가를 담당하는 회계자문사와 법률적 사항을 조언하는 법무자문사를 관리인의 사전 동의 아래 따로 선임하도록 하는 경우도 있다. 이 경우에 M&A 주간사의 보수와 별도로 주간사의 회계·법무자문사 용역보수를 회생절차에 의한 회사가 부담하는 경우가 있고, M&A 주간사 용역보수에서 그 자문사 용역보수를 지급하도록 하는 경우도 있다.

3. 주간사의 자체실사

주간사는 직접 또는 회계법인 등을 통하여 회생절차에 의한 회사의 자산 및 부채에 대하여 실사(due diligence)를 하고 이를 토대로 청산가치와 계속기업가치를 산정한다. 청산가치 산출은 M&A 성공 시 작성하는 회생계획, 변경계획안에서 채권자들에게 보장해 주어야 할 최소한의 몫이기 때문에 그 이하의 금액으로는 M&A를 추진할 수 없다는 점에서 중요한 의미를 갖는다. 계속기업가치의 산출은 M&A 자체에는 특별한 의미가 있지는 않지만 M&A 구도와 매각전략 수립에 필요한 M&A 인수대금을 예상하는 데에 중요한 참고자료로 이용된다.

주간사는 이와 같이 평가를 마친 후 관리인과 협의하면서 M&A 구도와 전략을 수립하게 된다. 이 단계에서 회생절차회사의 M&A 매각 예상금액을 잠정적으로 결정한다. 매각 예상금액은 통상 청산가치와 계속기업가치 사이에서 정해지는데, 이를 활용하여 추후 작성 가능한 변경계획을 개략적으로 예측하여 관계인 집회에서의 채권자들의 동의 가능성 등을 사전에 가늠하여 보면서 M&A 구도와 전략을 수립하게 된다. 회생절차에 의한 M&A의 매각구도를 검토할 때는 채무 변제재원의 확보와 회사의 회생 도모라는 두 가지 목적이 조화롭게 달성될 수 있는 방안을 모색하게 된다. 제3자 신주인수방식·영업양도방식·자산매각방식 중 어느 방식으로 M&A를 추진할 것인지를 이 시점에서 확정하게 된다. 회사의 존속과 회생이라는 목적을 달성하기 위해서는 제3자 신주배정방식으로 추진하는 것이 유리한 방안이 될 것이지만, 이 목적만을 고집할 경우에는 채권자의 이해관계가 훼손될 수 있으므로, 추진방식은 위 두 가지 목표를 고려하여 신중히 결정되어야 한다.

근래에는 회생절차에 의한 M&A가 다수의 인수희망자들 사이의 치열한 경쟁 속에 이루어지는 경우가 있고, 그 결과 실제 제시된 인수대금이 주간사 등이 사전에 예상한 금액을 훨씬 뛰어넘는 경우도 빈번하게 발견됨에 따라 ,제3자 배정방식과 영업양도방식의 인수대금을 사전에 검토해 본 결과 영업양도방식이 채권자에게 더 많은 채권변제를 할 수 있는 것으로 예상이 된다고 하더라도 쉽게 제3자 신주배정방식을 포기할 것은 아니라고 하겠다. 매각 예상금액을 정함에서 공익채권를 고려하는 방식이 통일되어 있지는 않은데, 인수자의 입장에서는 인수대금에서 변제되지 않고 회생절차회사에 그대로 남아 승계되는 채무이므로 청산가치와 계속기업가치에서 공익채권를 각각 차감한 금액을 기준으로 매각예상금액을 정하는 경우도 있고, 공익채권은 사업을 통한 영업수익으로 감당이 되는 채무이기 때문에 계속기업가치 평가에 이미 반영된 사항으로 인수가격에 영향을 주지 아니한다고 보아 계속기업가치 산정에 있어서는 이를 고려하지 않은 채 정하는 경우도 있다. 이와는 별도로 우선협상대상자 선정기준을 확정할 무렵에 실제 인수제안서 평가시 적용할 최저입찰금액은 따로 정하는 경우가 보통이다. 최저입찰금액은 청산가치와 계속기업가치 사이에서 입찰 참가자들 사이의 경쟁정도 등을 고려하여 정하게 되는데, 회생절차회사가 M&A 시장에서 통용될 수 있는 수익력을 갖고 있고 경쟁이 치열하게 이루어지는 경우에는 계속기업가치에 보다 가까운 금액으로 결정하게 되고, 만약 M&A가 성사되지 않을 경우 회생절차를 폐지하여야 할 정도로 상황이 좋지 않은 회사라면 청산가치 이상으로만 매각되면 채권자들의 이익을 크게 해치는 것이 아니라고 할 것이므로 청산가치 수준에서 결정하기도 한다. 최근에는 최저입찰예정금액을 정하여 입찰서 제출상황을 보아 가면서 해당 입찰서는 무효화할 것인지를 결정하는 방식을 활용하기도 한다. 이러한 청산가치, 계속기업가치 및 최저입찰금액은 이를 공표할 경우 경쟁을 통한 시장가격의 형성을 저해할 우려가 있고, 특히 인수호감도가 낮은 회사의 경우 인수금액이 청산가치 수준으로 수렴할 우려가 있다고 판단하여 이를 공표하지 않고 있다.

관리인과 주간사는 M&A를 어떤 구도로 추진할 것인지에 관하여 구체적인 전략을 수립하고 잠재적 투자자(Potential Buyer)를 물색하며 입찰안내서, 양해각서 초안, 우선협상대상자 선정 기준표 초안, 기업소개서 등)에 필요한 서류를 준비하여야 한다. M&A 구도와 전략을 수립함에 있어서는 회사의 장·단점, 잠재적 투자자들의 동향, 채권관계 및 회사 지배구조의 분석 및 채권자 및 주주의 동향, 기타 이해관계인의 동향 등 여러 사정을 검토하고 있다.

4. M&A 공고

M&A 구도와 전략이 수립되면 관리인은 법원의 허가를 받아 인수의향서 제출기간, 제출장소, 제출서류, 진행일정 등을 정하여 일간신문과 회사 홈페이지 등을 통하여 M&A 공고를 하는데, 이때가 M&A 절차가 본격적으로 개시되는 시점이다. 관리인과 주간사는 예상 투자자들에게 teaser(간단한 회사소개, 투자가치의 홍보, 일정 안내 등)를 배포하는 등 마케팅작업에 착수한다.

5. 인수의향서 접수

인수의향서(LOI)는 일반적으로 법적 구속력이 없기 때문에 M&A 과정 중에 변경 또는 수정될 수 있고 인수금액도 기재하지 않는다. 이 단계에서 인수의향서 제출업체로부터는 비밀유지확약서(Confidential Agreement)를 제출받는 것이 보통이다. 인수의향서의 제출과 입찰 참가자격을 연계하지 않는 것이 보통이므로 통상의 경우에는 인수의향서를 제출하지 아니하였다 하더라도 입찰서를 제출하는 데에 아무런 지장이 없다. 다만 인수의향서를 제출한 업체가 너무 많거나 인수의지가 불명확하거나 인수능력이 의문시되는 등 부적절한 업체들이 인수의향서를 제출하는 경우에는 사전에 마련된 평가기준에 따라 인수의향서를 평가하여 일부 업체를 배제하고 적정한 업체만을 선정하여 예비실사 참가자격과 입찰참가 자격을 부여하는 경우도 있다.

인수의향서 제출 업체 중 일부를 배제할 계획이 있는 경우에는 M&A 공고를 하면서 이를 사전에 알리는 것이 보통이다. 그 후 관리인은 예비실사에 참가할 업체들에게 기업소개서(IM)를 배포한다. 기업소개서에는 회사의 영업비밀에 해당하는 사항 등은 포함되지 않으나, 가급적 회사의 실상에 대한 정보를 충실히 포함시키고 있고, 특히 인수희망자들이 입찰대금의 결정에 중대한 영향을 미칠 사항은 그와 같은 판단을 할 수 있는 사실관계를 중심으로 상세히 기술하고 있다. 예비실사 참가자들에게는 소정의 정보이용료를 납부시키는 것이 보통이다. 예비실사 참가자들은 회사에 마련된 데이터 룸에서 회사의 재무자료, 영업 관련 자료 등을 열람할 수 있다. 예비실사단계에서는 인수희망업체들이 M&A 주간사를 통하여 질문을 하여 회사로부터 답변을 들을 수 있고, 필요한 경우에는 관리인과 주요 임직원들이 예비실사대상자별로 경영진 설명회를 개최하여 질의·응답을 하기도 한다. 관리인은 이 단계에서 예비실사 참가자들에게 입찰안내서를 배포하는데, 구속력 있는 인수제안서를 제출하는 방식과 필요한 사항의 안내와 우선협상대상자와 체결할 양해각서의 초안 등을 주된 내용으로 한다.

6. 우선협상대상자 선정기준 작성

우선협상대상자 선정기준 사전 작성 과거 회생실무에 M&A가 도입된 직후에는 우선협상대상자 선정기준을 마련하지 않은 상태에서 관리인이 주간사의 자문을 얻어 사후적으로 입찰제안서를 평가한 사례도 있었으나, 최근에는 입찰제안서 마감 전까지는 우선협상대상자 선정기준을 사전에 마련하여 두고 있다. 이와 같이 우선협상대상자 선정기준을 사전에 마련하는 이유는 우선협상대상자 선정의 공정성·객관성을 유지하고자 함이다.

우선협상대상자 선정기준은 M&A 공고 전에 미리 작성할 필요는 없고, 오히려 미리 작성하여 둘 경우 세부적인 선정기준이 공개될 위험이 있으므로 입찰제안서 제출일 직전에 관리인이 법원에 허가신청서를 제출하고 법원은 입찰마감 직후 허가서 등본을 관리인에게 교부하는 것이 보통이다. 우선협상대상자 선정기준은 공표하지 않고 있으나, 인수희망자들의 입찰 준비의 편의와 입찰을 회사에 유리한 방향으로 유도하기 위하여 입찰 제안서 평가 항목과 제한된 범위 내에서 평가기준을 입찰 참가자들에게 공표하기도 한다.

■ 우선협상대상자 선정기준

우선협상대상자 선정기준을 작성함에 있어서는 통상 인수대금의 규모 및 유상증자비율, 인수대금 중 부채부분의 조달조건, 인수대금의 조달능력 ,인수 후 경영능력, 주 인수자의 재무건전성, 고용승계 여부 등을 배점기준에 포함시키고, 양해각서초안의 수정요청 여부를 배점기준에 포함시키는 경우도 간혹 있다. 인수대금 규모의 배점이 당연히 높게 마련인데, 인수대금의 규모에 따른 변별력이 비계량지표인 인수 후 경영능력, 고용승계 여부, 주 인수자의 재무건전성, 양해각서초안의 수정요청 여부 등에 비하여 지나치게 낮게 책정되지는 않았는지, 유상증자비율에 따라 배점에 차별을 둘 것인지, 비계량지표의 배점은 적절한지, 전략적 투자자가 재무적 투자자에 비하여 우대받도록 배점이 되어 있는지 등을 면밀히 검토하여야 한다. 이를 위해서 다양한 예상 데이터를 가지고 시뮬레이션을 실시하여 배점의 적정성을 점검하고 있다.

■ 평가항목별 고려요소

우선협상대상자 선정기준을 작성함에 있어서 평가항목별로 고려되어야 할 요소는 다음과 같다.

- 인수대금의 규모와 유상증자의 범위
- 인수대금 중 부채부분의 조달조건
- 인수대금의 조달능력
- 인수 후 경영능력
- 인수자의 재무건전성
- 고용승계 여부 및 고용 개선조건

7. 인수제안서 접수

인수희망자들은 예비실사 결과를 토대로 미리 배포된 입찰안내서에 따라 인수금액을 기재한 구속력 있는 인수제안서를 제출하게 된다. 입찰서 제출이 마감되면 관리인과 주간사가 함께 제출된 입찰서를 법원으로 가져와 개봉하는 경우가 많다. 인수제안서가 제출된 이후에는 컨소시엄의 구성원을 임의로 변경할 수 없는 것이 원칙이고, 예외적으로 불가피한 경우에 한하여 관리인이 법원의 허가를 얻어 컨소시엄 구성원 변경을 허용하고 있다. 컨소시엄 구성원의 변경에 대한 제한은 이외에도 인수의향서 제출단계에서 예비실사에 참가할 수 있는 적격자를 선별한 경우에는 인수의향서 제출 이후에 입찰서 제출 전까지 컨소시엄 구성원의 변경에 제한을 가하기도 하는데, 인수제안서 제출 이후에는 컨소시엄 구성원의 변경이 우선협상대상자 선정을 위한 평가 내용을 초래한다는 점에서 보다 엄격하게 제한을 하고 있다.

8. 우선협상대상자 선정

■ 입찰제안서의 평가주체

제출된 입찰제안서의 평가주체는 관리인이다. 대부분의 회생절차에 의한 M&A에서는 관리인이 주간사의 자문을 얻어 입찰제안서를 평가하여 우선협상대상자를 내정한 뒤 법원의 허가를 얻어 이를 선정하고 있다. 다만 몇몇 사례에서는 입찰평가위원회를 구성하여 여러 명의 평가위원이 평가에 참여한 경우도 있는데, 이때 평가위원회는 관리인·회사 임직원·주간사의 M&A 담당자들로 구성되는 것이 보통이다.

■ 우선협상대상자의 선정

우선협상대상자 선정 시 인수희망자들이 제출한 입찰제안서를 평가한 결과에 따라 우선순위를 정하게 되는데, 동점자가 있을 경우에는 인수금액의 규모가 큰 인수제안서 제출자를, 인수금액 규모까지 동일할 경우에는 유상증자금액이 큰 인수제안서 제출자를, 유상증자금액까지 동일할 경우에는 기타 비계량지표의 배점점수가 큰 고득점 순으로 우선협상대상자를 선정하는 것이 일반적이다. 우선협상대상자를 선정하면서 평가점수 순위에 따라 예비협상대상자를 추가로 선정하여 두는 경우가 많다. 이는 우선협상대상자와의 협상이 결렬될 경우에 대비하여 처음부터 다시 절차를 밟을 필요 없이 당초의 우선협상대상자의 지위를 상실시키고 예비협상대상자에게 새로운 우선협상대상자의 지위를 부여할 수 있도록 하여 M&A 절차를 이어 가기 위한 것이다. 실제 예비협상대상자의 존재 자체가 관리인의 협상력을 높일 수 있으므로 사전에 정해 놓은 매각금액을 넘는 복수의 인수제안서 제출자가 있다면 가급적 예비협상대상자를 함께 선정하여 두는 것이 여러모로 유리하다.

한편 인수 제안서 제출자가 다수이고 그 우열을 가리기가 쉽지 않은 경우, 특히 입찰금액의 차이가 근소하고 비계량적 평가항목에서 다소 차이를 보이고 있으나 비계량적 평가항목에서 제시한 조건에 대하여 채무자에게 유리한 조건으로 개선할 용의가 있는 경우에는 우선협상대상자를 복수로 선정한 후 복수의 우선협상대상자 사이에 재입찰을 실시하여 최종적으로 우선협상대상자를 선정할 수도 있다. 우선협상대상자는 선정통보일로부터 수일 이내에 양해각서를 체결하여야 하고, 양해각서 체결일 전일까지 인수 제안금액의 5%에 해당하는 금액을 이행보증금으로 납입하여야 한다.

9. 양해각서 체결

관리인은 우선협상대상자와 기 배포된 양해각서초안에 대한 협상을 거쳐 양해각서(MOU)를 체결하고 법원의 허가를 받는다. 이 단계에서 협상이 결렬되는 수도 있는데, 예컨대 당초 우선협상대상자로 선정된 기업이 회생절차에 의한 M&A에서 관행적으로 수용되고 있던 조건들의 수정(이행보증금제도의 철폐, 관할법원을 외국의 중재기관으로 할 것, 정밀실사의 범위를 무제한으로 허용하여 줄 것 등)을 요구하면서 협상을 끌다가 결국 협상포기를 선언하여 우선협상대상자의 지위를 상실한 적이 있고, 영업양도방식으로 M&A를 추진하던 중 우선협상대상자가 영업양도일까지 양수도대금의 무제한적인 정산을 요구하여 협상이 결렬된 적도 있다. 통상적인 순서로는 관리인이 우선협상대상자를 선정한 후 그와 양해각서의 내용에 대하여 협의를 하게 되지만, 우선협상대상자가 양해각서초안에 대하여 많은 수정 사항을 요구하고 진행하는 M&A의 성공이 반드시 필요한 경우로서 우선협상대상자 이외에 달리 대안이 마땅치 않은 경우에는 우선협상대상자 선정 이전에 양해각서에 대한 협의를 먼저 거치는 경우도 있다.

10. 우선협상대상자 정밀실사

우선협상대상자는 양해각서에서 정한 방법에 따라 회생절차에 의한 M&A 회사에 대한 정밀실사를 실시한다. 실사기간은 대개 2주 정도로 정하는데, 회사의 규모에 따라서는 한 달 이상 장기간으로 정하는 경우도 있고, 추가적인 실사기간이 필요한 경우에는 법원의 허가를 얻어 연장하는 경우도 있다. 우선협상대상자의 정밀 실사의 목적은 회생절차에 의한 M&A 회사의 실사결과가 실사기준일 현재 실사범위에 해당하는 자산·부채가 실사기준에 따라 적정하게 평가되어 있는지 확인하도록 하는 것이다. 정밀실사 후 우선협상대상자는 인수대금조정요청서 또는 최종 인수제안서를 제출하는데, 우선협상대상자에 따라서는 실사기준일 이후의 자산·부채의 변동사항을 가지고 인수대금 조정요청을 하는 경우가 있기 때문에 관리인은 미리 우선협상대상자에게 인수대금 조정요청의 범위를 주지시킬 필요가 있다. 인수대금의 조정 대상은 회생절차에 의한 M&A 회사의 실사 결과가 중대하고도 명백한 오류나 누락에 해당하는 사항에 한하여 이루어진다.

실제로 회생절차에 의한 M&A 에서는 일반 M&A와는 달리 부외부채나 우발채무의 발생 가능성이 거의 없기 때문에 통상 양해각서에 인수대금의 5% 한도 내에서 인수대금을 조정할 수 있는 것으로 정하고 있다. 우선협상대상자로부터 인수대금의 조정요청이 있는 경우에 M&A를 감독하는 회생법원은 관리인에 대하여 우선협상대상자의 조정요청 내용과 양해각서에 정해진 조정사유의 존부와 그 수용 여부에 관한 의견 및 이에 대한 구체적인 근거자료를 제시할 것을 요구하고 있고, 특히 매각공고 전에 자체실사를 주관한 주간사에 대하여는 인수자의 정밀실사 결과와 주간사의 자체실사 결과가 차이나는 이유를 납득할 수 있도록 설명할 것을 요구하고 다. 언뜻 생각하면 매도자인 관리인과 매수자인 우선협상대상자 사이에 인수대금의 조정에 관하여 의견의 일치가 이루어지면 이를 존중하여 합의된 내용에 따라 인수대금을 조정하고, 그 결과에 대해서는 채권자들에게 관계인 집회에서 의결권 행사를 통하여 수용 여부를 의사결정 하도록 할 수도 있는 것이므로 인수대금의 조정에 대하여 합리적인 근거를 제시하도록 하는 것은 너무 엄격한 것이 아니냐는 지적이 있을 수 있다.그러나 제시된 입찰대금을 감액하는 것은 채권자에게 배분될 몫을 감소시키는 것이므로 그 감액에 합리적인 근거를 요구하는 것은 당연하다고 할 것이다. 더구나 채권자협의회가 현실적으로 총채권자의 이해관계 충족도를 좌우하는 M&A를 관리인과 회생법원이 지나치게 주도하고 있다는 비판이 제기되고 있는 상황을 감안해 보면, 인수대금의 감액 여부는 엄격한 근거를 요구할 수밖에 없을 것이다.

통상 인수대금의 조정은 상당한 시일이 소요될 뿐 아니라 양측의 협상력을 가늠해 볼 수 있는 중요한 기회이다. 관리인으로서는 우선협상대상자의 근거 없는 조정요청을 거절하면서도 우선협상대상자가 계약을 포기하거나 절차의 진행이 지나치게 지연되지 않도록 협상력을 발휘하여야 할 필요가 있다. 현실적으로 M&A가 이 단계에 이르면 관리인과 주간사가 M&A를 추진하는 근본목적이 총채권자의 만족을 극대화하는 재원의 조달이라는 점에 있다는 것을 주의 깊게 생각하지 않는 경우가 있고, 부득이 회생법원이 관리인과 주간사가 제시하는 인수대금 감액 근거의 합리성을 회생법원이 심도 있는 재검토하는 경우도 있다. 실제에 있어 인수대금조정 요청서를 검토하다 보면 인수인에 따라 천차만별의 차이를 보이고 있다. 인수대금조정 요청을 하면서 양해각서상의 기준에 따른 조정 요청사항과 그 이외의 조정 요청 사항을 함께 제출하면서 그 금액도 양해각서상의 인수대금조정 요청 한도액을 초과하는 사례가 있고, 인수대금의 조정보다는 M&A의 조속한 종결을 위하여 조정요청을 하지 않아 입찰대금이 그대로 최종인수대금으로 확정되는 사례도 있는데, 전자의 경우가 훨씬 많다.

11. 본 계약 체결

인수대금조정 협상이 끝나면 기타 인수조건에 관해서도 세부적인 협상을 벌여 타결되면 본 계약을 체결한다. 본 계약에는 인수대금액수, 인수대금의 지급 시기와 방법, 지급조건 등 그간 협상해 온 M&A에 관한 모든 사항은 물론 후속절차에 대한 내용(회생계획 변경절차에 관한 내용, 회생담보권·회생채권의 변제에 관한 내용, 자본감소·유상증자·회사채 인수에 관한 내용, 인수기획단의 파견·회생절차의 종결에 관한 내용 등을 기재한다.

실제에 있어 이 단계에서 거의 모든 경우에 문제가 되는 것은 기존 주식의 감자비율이다. 종전에는 본 계약 체결 시 기존 주식의 감자 여부 및 감자비율은 추후 관리인이 회생계획 변경계획안을 작성하면서 상호 협의 하에 정하는 정도로 규정되어 왔는데, 지금은 아예 일정한 감자비율을 본 계약에 명시하자고 요구하는 경우가 자주 발생하고 있다. 이 과정에서 인수인 측에서 들고 있는 주된 논거는 (-)의 가치를 가지는 기존 주주가 인수인의 출재로 말미암아 (+)의 가치를 갖게 되어 부당하다는 것이다. 회생절차에 의한 M&A 회사의 부채가 자산을 초과하여 기존 주주의 가치가 없는 경우에는 그 주장을 받아들이는 것에 큰 문제가 없지만, 자산이 부채를 초과하여 기존 주주의 가치가 있고 기존 주주에게 정리계획 변경계획안에 대한 의결권도 있는 경우에는 그 주장을 받아들이는 것이 용이하지 않다. 이 문제는 결국 M&A 후의 기존 주주의 잔존가치를 얼마나 남겨 둘 것인가 하는 것인데, 이는 신주를 인수하는 인수인과 기존 주주 사이에서 결정될 문제는 아니고 회생계획 변경계획안에서 정하는 회생채권자의 손실률과 기존 주주의 손실률을 비교 형량하여 '공정·형평한 차등'이라는 관점에서 정해져야 하는 문제이다. 종래 회생계획에서 이해관계인 사이에 차등을 두는 것이 공정·형평한 것인지가 주로 문제가 되었으나, 요즈음은 이해관계인 사이에 차등을 두는 것이 정당하다고 하더라도 어느 정도의 차등을 공정·형평한 것이라고 할 수 있는 것인지에 대한 논란이 제기되기도 하므로 이 단계에서 구체적인 감자비율을 정하는 것은 매우 곤란하다고 할 것이다.

본 계약에는 통상 인수자가 컨소시엄인 경우에는 컨소시엄 구성원 사이에 연대의무관계에 있다는 내용을 기재하고, 원칙적으로 컨소시엄 구성원은 변경할 수 없으며, 예외적으로 불가피한 경우에 한하여 관리인이 법원의 허가를 얻어 컨소시엄 구성원을 변경할 수 있도록 함으로써 인수대금의 납입을 담보하게 하고 있다. 또한 본 계약 체결 당일 인수자로 하여금 인수대금의 10% (기 납입된 이행보증금 5% 포함)를 계약금으로 예치하게 하고, 인수자의 귀책사유로 인하여 본 계약이 해제 또는 해지되는 경우에는 위 계약금을 위약금으로서 몰취하는 조항을 본 계약에 명시함으로써 인수자가 부당하게 계약을 파기하지 못하도록 구속력을 확보하여 두고 있다. 계약금을 제외한 나머지 인수대금은 회생계획 변경계획안 심리 및 결의를 위한 관계인 집회 수일 전까지 예치하도록 정하는 것이 보통인데, 인수자에 따라서는 본 계약 체결 후 인수대금을 마련하지 못하였다는 이유로 인수대금 예치기한을 연장하여 줄 것을 요청하는 경우가 종종 있다. 인수자에게 회생절차에 의한 M&A는 우발채무 발생 가능성이 거의 없는 상대적으로 안전한 투자인 반면, 회생절차에 의한 회사로서는 본 계약만으로 M&A가 곧바로 종료되지 않고 회생계획 변경계획안 제출 및 관계인 집회에서의 가결까지 수개월이 소요되는 것이 보통이므로 인수대금 납입에 대한 구속력을 확보하기 위하여 위약금 규정은 불가피한 면이 있다.

12. 후속절차

회생절차에 의한 M&A는 인수자가 납입한 인수대금으로 회생담보권과 회생채권을 전부 변제하여(따라서 인수자는 공익채권만을 승계하는 것이 보통이다) 재무구조를 개선하고 인수자는 지배주주가 되어 회생절차 종결 후 개선된 재무구조를 바탕으로 정상적인 기업을 운영해 나가는 것을 기본구조로 한다. 이에 따라 관리인은 인수자와 본 계약 체결 후 인수대금을 변제재원으로 하여 회생채권 및 회생담보권을 변제하는 내용의 회생계획 변경계획안을 작성·제출한다. 그런데 회생절차에 의한 M&A 회사가 부담하는 회생채무의 규모가 커서 인수대금으로 회생채무를 전액 변제하지 못하고 채무재조정을 통하여 일부만 변제하여야 하는 경우와 같이 회생계획 변경계획안이 이해관계인에게 불리한 영향을 미치는 경우 관리인은 채무재조정을 내용으로 하는 회생계획 변경계획안을 제출하여 관계인 집회의 심리 및 결의를 거쳐야 한다.

채무재조정방식으로서 회생담보권·회생채권 모두 원 회생계획에서 정한 연도별 변제예정금액을 회생계획 변경계획안의 결의를 위한 관계인 집회 전일을 기준으로 하여 할인한 금액과 변제재원을 일치시키는 내부수익률을 산정한 다음 각 회생담보권 및 회생채권별로 이러한 내부수익률을 할인율로 적용하여 현재가치로 할인한 금액을 현금 변제하는 내용으로 정리계획 변경계획안을 작성할 수 있다면, 그와 같은 회생계획 변경계획안은 원 회생계획에서 권리의 순위를 고려하여 정한 공정·평형한 차등의 정신을 훼손시키지 않으면서도 변제재원을 합리적으로 배분할 수 있어 바람직하다고 할 수 있다. 그러나 이와 같은 배분방식은 원 회생계획상 회생담보권자들에 비하여 상대적으로 변제조건이 열악한 회생채권자들에 대하여는 변제금액이 줄어드는 결과가 되기 때문에 변제재원이 충분하지 않은 경우 회생채권자조의 동의를 얻는 데 장애가 될 수 있다. 이에 따라 우선 변제재원에서 회생담보권의 담보물의 청산가치에 해당하는 금액만큼 회생담보권자에게 선순위로 배분하고, 회생담보권 중 담보물의 청산가치를 초과하는 부분은 회생채권과 마찬가지로 취급하여 후순위로 배분하는 방법이 자주 활용된다.

회생계획 변경계획안이 인가된 후에는 인수자의 희망에 따라 인수기획단이 파견되고, 인가결정에 대한 즉시항고가 없으면 회생계획 변경계획에 따라 기존주식의 감자·인수자에 대한 유상증자 및 회사채 발행, 인수대금에 의한 회생채무 변제, 회생담보권 말소등기촉탁 등 후속절차를 신속하게 진행하여 지배주주가 된 인수자의 경영권 행사가 늦어지는 일이 없도록 하고 있으며, 이러한 절차가 마쳐지면 임원진 개편 등의 후속절차를 진행하게 된다. 회생채권이 변제되면 관리인은 곧바로 회생절차 종결신청을 하고, 법원은 채권자협의회와 관리위원회의 의견을 들어 회생절차 종결결정을 하게 된다.

제7편
업적평가

Chapter 15 업적평가와 보상
Chapter 16 핵심성과지표 KPI

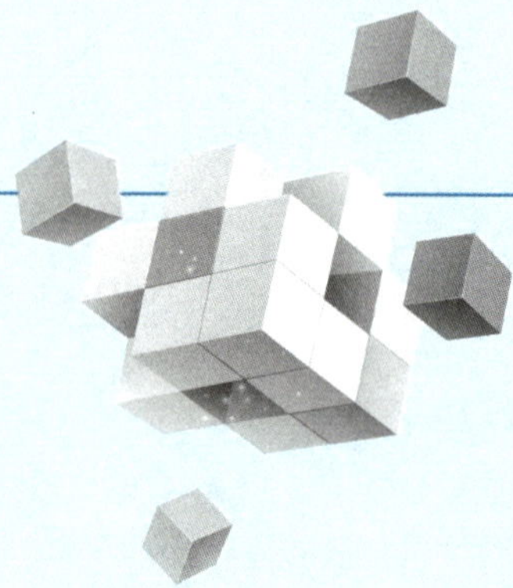

Chapter 15 업적평가와 보상

성과관리 및 평가시스템은 목표에 대한 전사적인 공감대를 형성하고 이와 함께 체계적인 시스템구축을 통해 평가를 실시하는 것이다. 성과관리 및 조직평가의 기본방향은 첫째, 평가 및 보상과 연계된 구체적인 목표를 부여하여 목표달성에 대한 조직구성원의 의지를 진작시키고 둘째, 사전적인 모니터링 및 Warning 시스템을 구현하며 셋째, 일관성 있는 목표를 부여하고 넷째, 철저한 사후분석과 평가를 통해 향후 기업의 자원 배분 시 피드백 기능을 강화할 수 있도록 한다.

이를 바탕으로 각 년도 경영계획 수립 시 팀별·사업부문별 자원배분 후 목표달성 실행방안을 수립하고 목표달성을 위한 조직별 KPI를 제시하도록 한다. 목표에 대한 부서의 평가는 부서장의 보상을 함께 연계하여 전사 성과달성의 동기를 부여하고 실적평가 및 분석을 통하여 자원배분 시 재조정 기능을 구현하도록 하는 것이다.

기업은 조직별 목표를 부여하고 이를 기반으로 개인별 업무목표를 설정하고 평가는 개인과 조직을 구분하고, 개인평가는 업적평가(성과평가)와 역량평가로 나누어 실시하며, 평가결과에 따른 보상은 기본연봉, 성과연봉, 승격 및 경영성과 인센티브로 구성된다. 부서별 업적 평가결과는 부서장 보상에 반영하고 각 부서원의 업적평가 때 일정비율을 반영하여 보상과 연계하도록 설계되고, 부서업적평가와 역량평가를 반영하여 팀 단위로 평가하며 팀 성과를 부서업적 평가에 반영하되, 전사 업적은 팀 지표를 설정할 때 포함하도록 하고 있다.

평가 및 보상체계를 통한 기대효과는 기업 조직측면에서는 성과중심의 기업문화를 실현하고, 고객 지향적인 업무 프로세스로 전환하며 조직의 전 부문에서 윤리성과 투명성을 확보하고자 노력한다는 것이다.

또한 개개인에게는 보다 강력한 동기부여를 통해 핵심인재를 확보·유지하고 리더십을 제고하며, 예측 가능한 시스템을 통한 구성원들의 신뢰를 제고하여, 이를 통해 기업의 경영성과를 지속적으로 향상시키고 기업의 경쟁력을 확보하고자 하는 데 목적을 두고 있다.

01 성과관리 업적평가

조직에서 그 구성원들의 의욕을 불러일으키는 것은 조직의 발전은 물론 조직구성원 개인의 발전을 위해서도 매우 중요한 의미가 있다. 직무에 대한 성공적인 업무수행 정도는 그 직무를 대하는 조직구성원이 얼마나 자신의 업무를 이해하고 있는가에 따라 달라진다. 직무에 대한 조직구성원의 직무수행결과를 의미하는 성과는 성과평가 결과와 동일하게 취급되어져야 한다. 만일 연공서열식의 성과측정이나 직무의 수행과는 관련 없이 개인의 성과평가가 이루어진다면 직무와 성과에 대한 객관적인 관련성이 사라져 조직의 효율성이 저하된다. 직무에 대한 개인의 성과측정 결과로부터 이루어지는 내재적 보상은 조직구성원 개인의 내면적 만족과 관련되어야 한다. 따라서 성과평가를 획일적으로 하는 경우 조직구성원 개개인의 다양한 내재적 만족을 충족시킬 수 없다. 직무의 성공적인 수행과 관련된 보수수준·승진·안전 등의 요인들이 성과평가를 통해 제도화되었을 경우 직무를 대하는 개인 스스로의 만족을 이끌어 낼 수 있고 이를 통해서 조직의 업무수행이 능률적으로 이루어질 수 있다. 이와 같이 업무에 대한 성과는 성과평가 결과에 의해 내재적·외재적 보상으로 이루어지고 이러한 보상은 다시 공정성에 대한 인식에 의해 만족으로 이어지며 이러한 만족은 다시 환류하여 개인의 노력으로 이어지는 것이다. 따라서 조직구성원의 생산성 향상, 즉 성과향상은 성과평가제도의 타당성·신뢰성·객관성 여하에 달려있는 것이라고 할 수 있다.

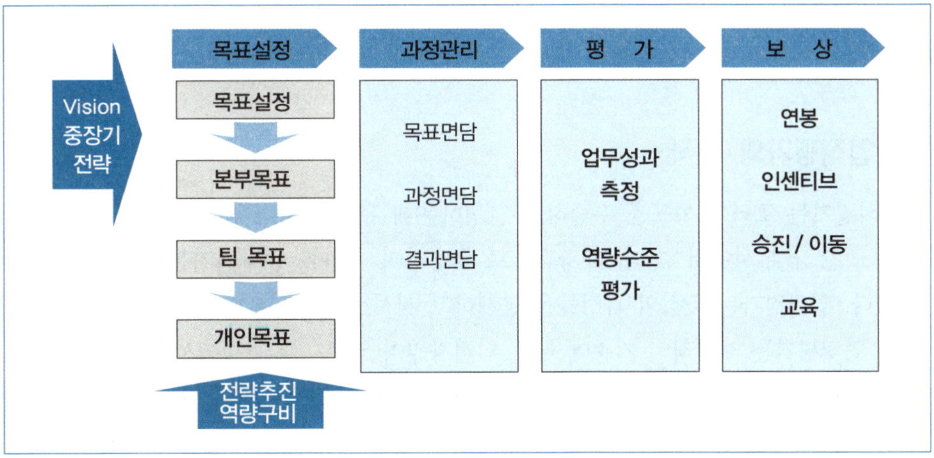

전략적 성과관리시스템

1. 업적평가의 개요

성과관리란 기업의 전략목표에 따른 개인·조직의 목표를 설정하여 평가하고 feed back을 통하여 개인과 조직의 시너지효과를 창출하고 성과의 계속적인 관리로 인하여 급변하는 기업 경영환경에 부응하기 위한 제도이다. 따라서 성과관리 업적평가는 단순히 보상을 위한 평가가 아닌 역량개발을 통한 동기부여와 과정코칭, 평과결과 상담으로 인한 계속적 성과를 이끌어내기 위한 관리제도라고 할 수 있다. 업적평가는 무엇보다 실적이나 성과의 정확한 측정과 평가가 선행되어야 한다. 성과에 대한 정의가 분명히 내려져야하고 직무에 대한 면밀한 분석이 이루어져야 하며, 성과 및 성과측정은 경영자가 통제 가능한 요소에 근거해야 하고, 각 사업단위별로 적절한 성과척도를 선택해야 하며, 개인·팀·기업 차원의 성과측정이 명확히 이루어져야 한다. 조직구성원들의 의사결정이나 활동에 대한 협조가 필요하거나 사업의 속성상 팀워크가 중요할 때는 개인성과보다 집단성과를 측정하고 보상해야 한다.

■ 업적평가의 중요성

조직에서 업적은 업무의 질이나 경쟁력·효율성으로 표현될 수 있다. 개인적인 수준에서의 업적은 상급자나 동료와 비교되는 행태나 행동으로 표현될 수 있을 것이다. 조직은 조직구조나 조직원, 조직 내 집단, 그리고 의사결정과 의사전달을 포함하는 조직과정상에서 허용되는 업적 개관과 평가과정을 통해 환류를 얻고 있는데 이를 통해 업적개선이 조직변동의 기술들을 통하여 성취될 수 있다는 것을 알 수 있다. 이에 업적평가는 조직이 조직원들의 효율성에 대한 환류를 얻을 수 있는 과정으로 정의된다.

■ 업적평가의 목적

업적평가는 조직이 목표를 수립하고 달성하는데 유용한 가장 중요한 도구이다. 이러한 목표는 각 부서에서 좀 더 효과적으로 운영하여 성과를 증가시키는 것으로 인식될 수 있다. 업적평가는 조직의 과정들을 통제하고 지시하는데 필요한 정보를 제공해 주게 된다. 업적평가는 객관적인 기준에 따라 인적자원이 업무수행 과정에서 이룩해 낸 성과를 평가하기 위한 방법과 절차를 의미한다. 업적평가는 인적자원의 직무효율을 높이도록 동기를 부여해 궁극적으로는 조직 경쟁력을 높이고 생산성을 향상시키려는 목적을 갖는다.

업적평가 기법

업적평가는 다양한 기법으로 평가할 수 있다. 이 책에서는 일반적으로 사용하고 있는 기법들에 대해서만 살펴보기로 한다.

서열법 서열법은 교대서열법과 쌍대비교법이 있는데, 직무에 중요한 역할을 하는 소가 무엇인지를 하나씩 따져서 서열을 정하는 것이 아니라, 직무의 상대적 가치 모두를 한꺼번에 파악한 뒤 전체적으로 순위를 정한다.

분류법 직무등급이라고도 하는데, 전반적인 직무가치나 난이도 정도 등 분류기준에 따라 사전에 여러 등급을 정하고 각 직무를 적절히 판정하여 그 등급에 맞추어 넣는 방법이다. 직무의 수가 많아지고 그 내용이 복잡해지면 정확한 분류를 할 수 없고, 고정된 등급의 설정 때문에 탄력성이 부족하다는 단점이 있어 주로 공공기관에서 사용된다.

점수법 단순점수법과 가중점수법이 있는데, 각 직무에 공통되는 평가요소를 선정하여 각 평가요소에 가중치를 둔 다음 각 직무마다 얻은 합계 점수에 따라 각 직무의 상대적 가치를 평가하는 방법이다.

요소비교법 기준직무법 또는 직무비교법이라 불리기도 하는데, 이 방법은 조직 내의 가장 중심이 되는 직무, 곧 기준직무를 선정하여 요소별로 직무평가를 한 다음 평가하고자 하는 다른 모든 직무를 기준직무의 요소에 결부시켜 이들을 서로 비교함으로써 조직 내에서 이들이 차지하는 상대적 가치를 분석적으로 판단하는 방법이다.

중요사건기록법 이 방법은 평가기간 중 중요사건을 중점적으로 기록·검토하여 피평정자의 직무태도와 업무수행 능력을 개선하도록 하는 평정방법이다. 이 방법은 피평정자에게 미래 평정기간을 위한 관리의 우선순위를 알릴 수 있고 적절한 훈련이 모든 구성원의 발전을 위해 제공 가능하다.

도식평정척도법 도식평정척도법은 일정하게 통일된 문항이 5~8단계의 척도에 표시하는 평가방법으로 가장 많이 쓰이는 방법이다.

강제선택법 이 평정 방법은 30~50개 정도의 블록을 구성하고 각 블록마다 3~5개의 문장을 제시하고 이 가운데 피평정자에 가장 적합한 문장 또는 가장 적합하지 않은 문장 중 어느 하나를 반드시 선택하게 하는 방법이다.

행동기준고과법 행동기대고과법이라고도 불리는 이 방법은 중요사건 기록방법과 도식평정척도법을 결합하여 이두방법의 장점을 강화하고 단점을 보완함으로써 고과결과의 정확성과 타당성을 높이려 하고 있다.

혼합기준척도법 BARS(행위기준평정척도법)와 형식적 평정의 장점을 혼합한 척도로 개인성과를 확인하기 위하여 보통 세 가지 기준을 혼재하여 문항을 구성한다. 이것은 good-poor까지 3단계 척도를 사용한다.

목표관리법 이 방법은 관리자와 피평정자가 합의하여 업무목표를 설정하고 이에 대한 성과를 측정하고 평가하는 방법으로 부하는 목표설정에 참여의 기회를 가질 수 있고, 상사는 부하의 목표달성을 돕는 기회를 가질 수 있다.

팀 평가 팀 평가는 팀의 결과에 따라 개인의 공헌을 평가하는 방법이다. 팀 평가는 개개인의 성과보다는 집단의 성과를 중시하는 평가방법이다.

자기평가법 자기평가법은 자기 자신이 자신에 대하여 평가하는 방법으로 다른 평정방법의 보조적 역할로 사용된다.

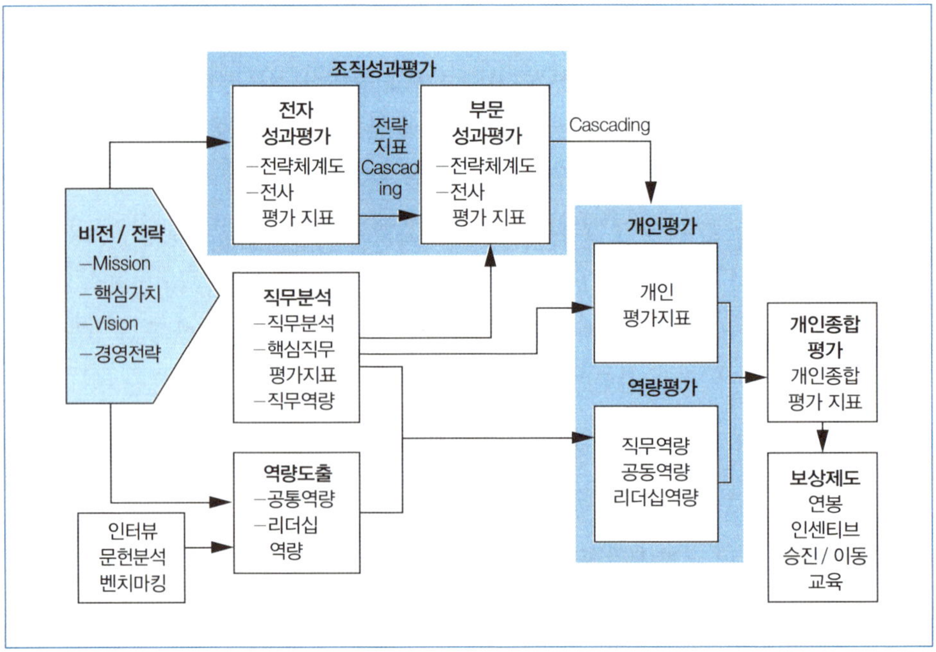

성과평가 및 보상체계구축 Framework

■ 업적평가의 중요이슈

업적평가의 기간 및 횟수 평가를 얼마나 자주 해야 하는가에 대해서는 두 가지 이슈가 있다. 첫째로 조직은 1년을 평가기간으로 할 것인가, 아니면 사업의 완성과 같은 '실제적 측면'을 기준으로 조직원들을 평가할 것인가를 선택해야 한다. 둘째로 조직은 상위자들이 평가를 자의적으로 시작하는 체계인가, 혹은 조직원들이 요구하여 시작하는 체계인가를 결정해야 할 것이다. 업적평가 결과의 의사전달 방식 환류가 없다면 조직원들의 업적이 변화하지도 개선되지도 않는다. 업적평가의 결과를 조직원들에게 다시 전달하는 것은 아마도 업적평가 순환에서 가장 중요한 단계가 될 것이다. 또한 평가가 업적에 영향을 주기 위해서는 업적평가의 과정이 조직원들에게 정당하며 정확한 것으로 인식되어야 한다.

2. 업적평가

지식산업사회에서 기업의 인적자산은 조직의 가장 중요한 수익창출 요소이다. 즉, 가장 능력 있고 창조적인 인적자본을 보유한 기업만이 경쟁에서 승리를 할 수 있다는 것이다. 인적자본의 투자수익률에 관심을 가질수록 조직의 성과의 질이 높아진다는 통계도 보고된 만큼 조직체의 경쟁력은 조직체가 얼마나 높은 수준의 성과를 계속 유지하느냐에 달려 있으며 이는 조직구성원에 대한 성과 및 업적평가의 최적화를 통해 인적자본의 질적 수준을 높이는 것과 직결된다고 할 수 있다.

■ 성과관리와 업적평가

성과관리에 있어서 업적평가는 가장 중요한 핵심요소이다. 조직의 평가체계에 따라서 관리자와 리더는 공정한 평가를 하고 평가를 받을 수 있는 역량을 갖추어야 한다. 평가자로서 피평가자의 업적과 역량을 평가하는 일은 관리적 업무 가운데 가장 어려운 일 중의 하나이다. 그러므로 평가자는 평가에 대해 학습하고 어떻게 하면 객관적이고 신뢰성 있는 평가를 할 수 있을까를 고민해야 한다는 것이다. 모든 평가의 기본절차는 목표설정·중간점검·평가·피드백으로 이루어진다. 이 절차에서는 면담을 통한 커뮤니케이션이 중요하다. 또한 목표설정 때부터 구체적이고 합리적인 목표설정이 중요하다. 왜냐하면 이때에 평가기준이 만들어지기 때문이다. 또한 중간 점검을 통해 성과달성을 위한 충분한 조정과 지원이 이루어져야 한다. 업적평가를 할 때에는 평가기준에 대한 명확한 적용이 필요하다. 그리고 그 결과는 충분히 피드백 되어야 한다. 평가제도의 기본 절차 가운데 어느 하나라도 소홀히 취급된다면 평가제도의 신뢰성은 크게 떨어지게 된다.

[성과관리 업적평가 기본구조]

구 분		평 가 내 용	평가주기
양적평가	성과관리 업적평가	핵심업무(Key Job)와 부서의 Mission을 중심으로 한 성과목표 관리 평가	연간
	업무 Sheet 평가	본인 업무 수행(목표)실적을 기록하고 수행실적을 상사가 평가	월간
질적평가	전략가점 평가	업무목표 / 수행의 난이도 , 업무의 양, 노력도 등을 상사가 평가	연간
경영혁신평가		- 실행위원회 활동 평가 - 모니터링 평가	연간

[성과관리 업적평가]

업적평가표

팀 팀장

핵심업무 (Key Job)	평가항목 (CSF)	측정지표 (KPI)	Leveling		우선 순위	등급평가기준				
			조정치	구간치		S	A	B	C	D
협조 / 지원										

[주] 조정치 = (실적치+목표치) / 2 , 구간치 = 목표치-조정치

업무 Sheet 평가

- 작성대상업 : 무수행의 성격상 수치화된 평가항목의 적용이 불가능하여 개별적인 성과측정이 어려운 경우와 본인의 책임과 권한이 명확하지 않은 경영지원부서의 실무자 등을 대상으로 한다.

[평가단계별 작성 내용]

평가단계별	작 성 내 용
월간 업무계획 작성	- 업무 유형 - 핵심 업무 내용 - 완료 기한 - 중점 해결 과제 - 업무 가중치
월간 업무실적 점검	- 완료 여부 - 특이사항(잘한 점과 미흡한 점) - 자기평가
상사 평가	- 성과평가 - 기한 준수 - 창의성·발전성 - 평가의견

[업무 Sheet 평가표]

<table>
<tr><td colspan="4" rowspan="3">업무계획 작성</td><td>평가구분</td><td>월</td></tr>
<tr><td>평가 월</td><td>00-00-00</td></tr>
<tr><td>상사합의</td><td>미합의</td></tr>
<tr><td colspan="5">업무목표(본인기재란)</td><td rowspan="2">업무
가중치</td></tr>
<tr><td>업무유형</td><td>핵심 업무</td><td>완료기한</td><td colspan="2">중점해결과제</td></tr>
<tr><td></td><td></td><td></td><td colspan="2"></td><td></td></tr>
<tr><td></td><td></td><td></td><td colspan="2"></td><td></td></tr>
<tr><td></td><td></td><td></td><td colspan="2"></td><td></td></tr>
</table>

<table>
<tr><td colspan="8" rowspan="3">상사 업무평가</td><td>평가대상자</td><td></td></tr>
<tr><td>평가구분</td><td>월</td></tr>
<tr><td>평가 월</td><td>00-00-00</td></tr>
<tr><td>업무내용</td><td colspan="2">가중치</td><td colspan="2">평가</td><td colspan="2">기한준수</td><td rowspan="2">창의성
발전성</td><td>특이사항</td></tr>
<tr><td>중점해결과제</td><td>본인</td><td>상사</td><td>본인</td><td>상사</td><td>본인</td><td>상사</td><td>상사평가의견</td></tr>
<tr><td></td><td rowspan="2"></td><td rowspan="2"></td><td rowspan="2"></td><td rowspan="2"></td><td rowspan="2"></td><td rowspan="2"></td><td rowspan="2"></td><td></td></tr>
<tr><td></td><td></td></tr>
</table>

[전략가점평가]

구 분	내 용	비 고
목 적	- 실적에 대한 질적인 부분을 평가 - 성과목표관리 / 업무 Sheet 등 양적평가를 보완	
평가내용	- 목표의 달성 난이도 - 업무량 정도 - 목표달성을 위해 노력한 정도 - 전체를 위해 자기희생, 협조한 정도 - 기타	기타 : 계층별 / 직종별 특성에 따라 평가 항목 설정
평가방법	각 항목별 5단계 체크리스트 방식	

■ 업적평가 프로세스

모든 제도는 조직이 처한 환경과 여건에 따라 그 내용이 다르게 설계되고 운영된다. 그러므로 다양한 환경아래 있는 조직의 업적평가시스템의 운영 프로세스를 일괄적으로 설명하기란 매우 난감한 일이다. 그러나 평가시스템에 대한 기본적인 관점과 핵심에 대한 구체성을 이해하는 것은 매우 중요한 일이다. 특히 팀장은 팀과 팀원들의 성과평가지표에 관한 사항을 잘 이해하고 적용해야 한다. 업적평가는 설정된 목표에 대해 과정관리를 거친 후 최종적으로 그 결과를 평가하는 일이다. 먼저자신이 설정된 목표에 대해 달성사실을 기록하고 자기평가를 실시한다. 그 결과를 가지고 결과평가 면담을 하게 된다. 팀장은 피평가자가 이룬 결과와 과정에 대해 육성의 관점에서 면담을 진행하며 평가한다. 이 때 팀장은 1차 평가자가 되며 2차 평가자는 차 상위조직의 책임자가 된다. 평가결과는 정해진 경로를 통해 피드백되어야 하며 인사자료 및 경영관리에 반영된다. 팀장은 업적평가를 함에 있어 다음 사항에 대해 유의할 필요가 있다.

- 업무목표의 내용인 CSF와 KPI에 대해 평가 전에 다시 명확히 한다.
- 업무목표별로 성과평가지표와 평가기준에 대비하여 평가하는 객관성을 갖는다.
- 중간성과 기록 및 관찰결과를 가지고 사실에 기초하여 평가한다.
- 인정이나 기타 요소에 영향을 받지 않도록 한다.

■ 평가등급

평가는 평가기간 내의 목표달성 실적을 비교하여 절대평가를 실시한다. 평가등급은 일반적으로 5단계 척도로 설계된다. 등급평가는 결과면담의 준비 및 면담실행 과정에서 이루어지고 확정된다. 업적평가 시트나 전산 프로그램에서 목표달성 실적을 작성하고 자신이 스스로 자기평가를 한 다음 상사와 결과평가 면담을 하게 된다. 이 때 상사의 평가와 부하의 자기평가는 서로 차이가 나게 되지만 이에 대한 이해와 조정·합의 과정이 매우 중요하다. 평가등급을 부여함에 있어 팀장은 결과에 대한 평가뿐만 아니라 노력도 등의 과정에 대한 평가도 참고하여 종합적으로 점수와 등급을 부여한다.

구 분		등급평가기준				
		S	A	B	C	D
점 수		100~90	89~80	79~70	69~60	60 미만
평가기준		Excellent	Good	Average	Basic	Poor
향상된 목표 설정		목표 초과 달성	목표달성	목표 약간 미달	현상유지	현상악화
목표악화의 경우		현상유지	목표달성	목표 약간 미달	목표 상당 미달	목표 완전 미달
분포	비율1	10%	25%	30%	25%	10%
	비율2	5%	30%	40%	20%	5%

■ 평가결과 피드백

평가결과는 피드백 되어야 한다. 목표달성에 전념하지 않는 이유 중의 하나가 피드백이 없기 때문이라고 생각하는 사람들이 적지 않다. 팀원 각자의 목표달성이 팀 전체의 목표달성에 어느 정도 영향을 미쳤으며 그에 따른 평가결과와 보상은 어떻게 주어지는지 피드백이 없으면 전혀 알 수가 없다.

■ 성과평가도구

성과평가방법은 차별화된 성과주의제도가 확산되면서 관심의 대상이 되고 있다. 이러한 성과를 측정하는 방법은 다양하게 발전해 왔다. 1960년대까지 평정척도법이 활용되었고, 1960년대 이후 행위기준평정척도법·행위관찰법 등이 적용되기 시작하였다. 성과관리업적평가 초기의 평가방법이 Rating(평정)에 의해서였다면 1960년대 이후엔 Appraisal(고과) 90년대 이후엔 Evaluation(평가)에 의해서이다.

자질 평정척도법(Trait rating scale method) 미국에서 60년대까지 가장 빈번하게 사용한 자질 평정척도는 개인의 특성적인 자질을 척도를 이용하여 측정한 것으로 직무성과와 관련이 있는 일반적인 인적자질을 평가한다는 점, 그리고 평정이 쉽다는 점에서 광범위하게 활용이 되었다. 우리나라의 기업에서 능력과 태도와 관련한 자질을 평가할 때 가장 많이 사용하고 있는 방법 중에 하나다. 평가자는 피평가자의 능력이나 태도와 관련한 평가항목을 3점 척도, 5점 척도 혹은 7점 척도 등으로 측정한다. 평정척도법은 자질을 평가한다는 측면에서 안면타당성(face validity)이 있고, 평가하기 쉽다는 장점이 있지만 척도를 이용하여 평가할 때 발생하는 여러 가지 오류의 발생 가능성이 높다는 단점을 지니고 있다.

서열법(Ranking method) 서열법은 가장 간단한 평가제도로서 피평가자의 능력이나 업적의 정도를 평가자가 서로 비교하여 서열을 매기는 방법이다. 서열법은 단순서열법, 교대서열법, 쌍대교법 등이 있다.

단순서열법은 평가자가 피평가자의 능력이나 업적을 총체적으로 비교하여 피평가자의 순서를 단순하게 결정하는 방법이다. 피평가자의 수가 적을 때는 직관적으로 순서를 정할 수가 있지만 많을 경우에는 서열을 매기는 것이 쉽지 않다.

교대서열법은 부하 중에서 능력이나 성과가 가장 우수한 사람과 가장 못한 사람을 정하고, 나머지 중에서 그 다음으로 우수한 사람과 그 다음으로 못한 사람을 정하는 방식으로 순차적으로 서열을 메겨 모든 피평가자의 서열을 정하는 방법이다.

한편 쌍대비교법은 교대서열법보다 좀 더 정교하게 피평가자를 2명씩 짝을 지어 서로 비교한 결과를 토대로 전체 서열을 판정하는 방법이다. 서열법은 일반적으로 평가가 용이하며 관대화 경향이나 중심화 경향과 같은 개인 간의 항상오차(constant errors)를 제거할 수 있다. 반면에 단점으로는 첫째, 평가대상자가 20-30명을 넘을 때에는 평정이 어려워지며, 그럴 때에는 몇 그룹으로 나누어 그 내부에서 순위를 정하여 그것을 종합하는 방법을 취해야 하며, 이와 반대로 너무 인원수가 적을 때에는 순위를 매기더라도 별로 의미가 없다. 둘째, 이 방법은 같은 직무의 범위에서만 적용할 수 있으며 부서간의 상호비교는 불가능하다. 셋째, 평가가 다만 순위만으로 표시되기 때문에 그 가치가 어느 정도 상이한가 하는 양적 차이가 불명확하고, 따라서 실제의 성적을 정확하게 표시할 수 없다. 넷째, 평가가 구체적인 기준에 의하지 않고 있으므로 평가결과에 대하여 설득력이 부족하다.

강제할당법(Forced distribution method) 이 방법은 일정한 평가 단위에 속한 피평가자들의 평가성적이나 등급을 사전에 정해진 비율에 따라 강제로 할당하는 방법이다. 예컨대 개별 평가항목의 성적이나 혹은 최종 등급을 S·A·B·C·D로 평정을 할 때 S는 10%, A는 20%, B는 40%, C은 20%, D는 10% 등의 형태로 비율을 강제 할당한 후 평정을 하도록 하는 방법이다. 평정척도법을 적용할 경우 평가자의 관대화나 중심화 경향이 쉽게 나타나기 때문에 이를 막기 위해서 대안으로 적용하는 방법이다. 그러나 실제로 피평가자들의 능력이나 업적이 강제 할당한 비율과 일치하지 않을 수도 있고, 피평가자의 인원이 서로 틀릴 경우 할당 비율을 공정하게 지킬 수도 없다. 위에 예시한 할당 비율이 무리 없이 적용되려면 최소한 피평가자가 10명 이상이어야 하기 때문이다. 또 할당 비율을 반올림할 경우 평가단위 간의 할당이 불균등할 가능성이 높다. 따라서 소규모 평가단위를 대상으로 이 방법을 적용해서는 곤란하다.

행위기준평정척도법(Behaviorally Anchored Rating Scales : BARS) 표준화된 평정기준이 부족하여 평가자의 자의적인 판단에 따라 평정을 하기 때문에 평정오류가 발생한다. 이 문제를 해결하기 위한 대안으로 개발된 평가 방법이 행위기준평정척도법이다. 일반적인 평정척도가 지니고 있는 근본적인 문제를 해결하려면 개별과업을 수행하는 성과를 판정할 수 있는 기준(예컨대 불량률)의 정도를 다양하게 예시(예: 상위 10%, 아주 우수 등)하여 평가의 착안사항을 만들면 된다. 이러한 착안사항을 기준으로 만들어진 것이 행위기준 평정척도법이다. 행위기준평정척도는 다른 말로 기대행위척도라고도 한다. 바람직하거나 기대하는 수준을 서술한 행위사례를 기준으로 평가항목을 만들기 때문이다. 예컨대 근무태도를 전통적인 평정척도로 측정하면 아주우수, 우수, 보통, 불량, 아주불량 등의 척도로 평가하는 반면에 행위기준평정 척도는 근무태도의 수준을 구체적으로 묘사하는 행위사례를 기준으로 평가한다. 매주 5일간 꼬박꼬박 빠짐없이 일을 잘하면 7점이고, 한 달에 2~3일은 결근이나 지각을 하면 3점이고, 근무태도가 불량하여 종잡을 수가 없으면 1점으로 평정을 함으로써 보다 정확하고 객관적인 평가를 할 수 있게 된다. 전통적인 평정척도와 비교할 때 행위기준평정척도의 가장 큰 장점은 육성형 기능을 발휘할 수가 있다는 점이다. 업무수행 과정에서 구체적으로 어떻게 행동하였기 때문에 몇 점이라는 것을 설명하면서 피평가자를 지도할 수 있기 때문이다. 그러나 이러한 장점에도 불구하고 행위기준평정 척도의 단점이 지적되고 있다. 평가기준으로 활용하는 행위 사례가 평가해야할 내용을 모두 포함하기 어렵다는 점, 척도를 개발하는 과정에 주관적인 오류가 개입될 여지가 많다는 점, 평가 시점에서 평가자가 판단하기 보다는 일정 기간 동안 피평가자의 근무행위를 지속적으로 관찰한 결과를 갖고 평가하는 것이 바람직하지만 현실적으로 그렇지 못하여 평정상의 오류가 발생한다는 점 등이 지적되고 있다.

3. 역량평가

역량(competency)이란 '성과를 지속적으로 올릴 수 있는 행동특성' 또는 '재현성 있는 성과행동능력'으로 정의된다. 역량은 하버드대학교의 맥클렌드 교수가 제기한 능력평가의 새로운 개념으로 잭 웰치 회장이 이끈 GE에 도입되어 일약 각광을 받아왔다. 역량이 예전에는 성과평가의 작은 한 요소였지만 최근에 들어 업적평가와 대등한 의미의 하나의 성과평가 지표로써 사용되어가는 추세이다. 업적평가가 과거 조직구성원의 성과에 대한 평가라면 역량평가는 미래 조직구성원이 이루어 낼 성과에 대한 평가라 할 수 있다는 점에서 기업이 과거실적에 대한 집착에서 벗어나 미래기업의 역할에서 조직구성원이 수행할 수 있는 역량까지 평가한다고 볼 수 있다.

■ 역량평가의 개념

역량평가시스템(Competency Evaluation System)이란 조직에 기여할 뛰어난 성과를 올리기 위하여 행동으로 발휘되는 개인의 능력을 평가하는 시스템이다. 성과를 올리기 위해서는 합리적인 업무목표나 과제를 올바른 방법으로 해결하고 수행해야 하므로 평가에 대한 정확한 개념과 내용을 파악해야 한다.

■ 역량평가의 목적

조직 구성원들의 자발적인 능력개발 유도 및 전문성을 확보하고, 업무 수행과정에서 능력을 적극 발휘하게 하여 조직역량을 향상시키는 것이 역량평가의 목적이다. 역량평가의 기대효과는 다음과 같다.

조직적 측면

- 비전·사업전략 강화·우수인재 양성·직무만족도 향상·목표수립의 명확화
- 평가를 통한 필요인력의 구체적인 자료 제공 및 핵심역량 축적과 표준화된 Career Level을 제공

평가자 측면

- 채용·선발의 평가기준 제시
- 평가자와 피평가자의 성과개발 면담 시 명확한 근거를 제공

- 피평가자 측면에서는 역할의 성공적 수행기준을 제공
- 피평가자의 장단점에 대한 객관적인 평가와 보완이 이루어져 전략적 경영성과 달성이 용이

	정 의	내 용
1 단계	수행 효과성의 준거	– 객관적 자료 : 매출액 · 수익성 · 생산성 – 상사의 추천, 동료의 평가 부하의 평가
2 단계	준거(Criteria) 집단	– 우수자 집단 – 평균 집단
3 단계	준거(Criteria) 집단 확인	– 행동 사건 면접(BEI), 패널 활용, 설문 조사, 360도 평가 – 전문가 시스템, D / B, 과업 / 기능 분석, 직업 관찰
4 단계	직무과업 직무역량	– 수행해야할 업무 요소 – 우수 업무 수행자들의 특징 : 역량 모델
5 단계	역량 모델의 검증	– 행동 사건 면접, 시험 – 평가 센터
6 단계	적용	– 채용 면접, 교육 · 개발, 성과 평가 – 직무 승계 계획 – 훈련, 개발 프로그램 평가

직무역량평가 과정

역량평가 유의사항

역량평가를 수행함에 있어서 유의하여야 할 사항을 정리해보면 다음과 같다.

역량평가 항목 선정의 방법 매년 사업전략과 경영방침에 근거하여 자사의 고유하고 독특한 역량을 추출하여야 한다. 역량평가 항목의 숫자는 핵심이 되는 총 10개 이내 정도가 적당하다. 평가항목 중 매년 20~30%는 갱신되는 것이 바람직하다. 경영환경의 변화 등을 감안하여야 하기 때문이다.

역량평가 설계 시 구성원의 역할 자신의 직급·직종에서 어떤 역량이 필요한지를 가장 잘 아는 사람은 바로 자기 자신이다. 평가는 주관부서나 상사가 하는 것이라고 미루지만 말고, 자신의 평가 받을 항목을 스스로 적극적으로 개발하여 제시하는 것이 자신이나 조직의 성장을 위해 바람직하다.

역량평가는 장기적인 관점에서 활용되어야 한다. 특정 조직구성원이 어떤 업무에 적합한지 또는 이 업무에 적합한 후보자 가운데 누가 적임자인지를 판단하기 위해서는 단기적인 관점보다는 장기적인 관찰과 측정이 필요하다.

[역량평가의 장단점]

장 점	단 점
- 역량평가 결과는 조직의 의사결정을 위한 중요한 도구가 된다. - 평가된 역량은 조직의 문 해결 방향을 제시한다. - 다면평가에 의해 평가된 평가는 조직구성원의 수용성을 높일 수 있다. - 역량평가는 평가를 통해 조직구성원들을 시장에서의 변화에 적응시킬 수 있다. - 행위지표를 통해 평가자와 피평가자에게 기대되고 개발하여야 하는 행동이나 능력이 무엇인지가 명확해지고, 평가의 신뢰도가 높아지며, 개발 및 육성의 방향이 명확해진다.	- 역량평가는 시간과 비용이 많이 소요된다. - 역량평가 시 외부 일반모델을 도입한 경우는 자사화(customization) 작업의 소요비용이 높다. - 외부 일반모델 도입 시 자사화 작업을 한다손 치더라도 자사 실무에 그대로 적용하는 것은 정확성이 떨어진다는 문제점을 안고 있다.

■ 역량평가 설계프로세스

역량평가는 역량의 정의 및 검토, 역량개발 활동의 수행, 역량평가의 실시, 평가결과의 피드백 및 보상의 과정으로 이루어진다.

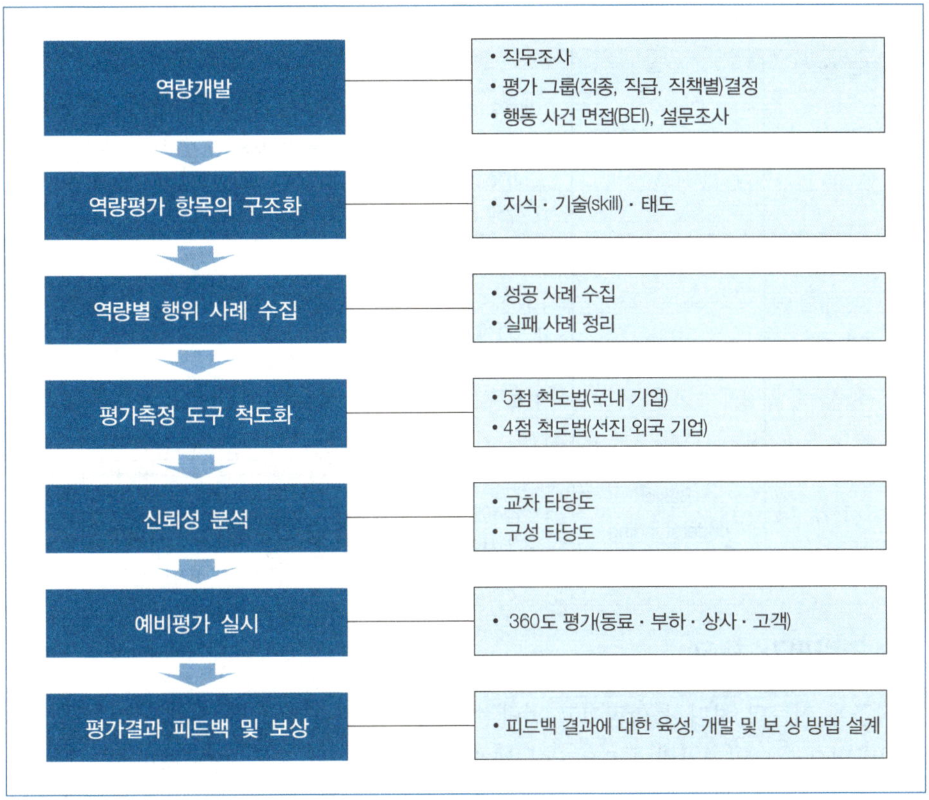

역량평가 설계프로세스

■ 역량수준측정 Frame

조직이 현재 또는 미래에 필요한 지식, 전문 역량, 가치체계를 어느 정도 보유하고 있는가를 진단하여 인재의 총량은 어느 정도인가를 판단하는 것이 매우 중요하다. 국내 기업은 주로 5단계로 이에 접근하고 있다. 역량의 수준측정은 High performer의 행동 특성을 정리하여 사업전략과의 연계, Job의 명확화, 그리고 성과와 연계하여 관찰과 측정이 가능해야 한다.

[5단계 역량 수준 측정 Frame]

등급(점수)	수 준	기 준
S(9~10)	Super Excellence	- 새로운 패러다임 제시, 차별화된 전문가 • World Best를 알고 있고 특정 분야의 혁신을 주도할 수 있는 전문가적 능력발휘 • 문제나 상황에 대한 새로운 Solution을 제공
A		
B(5~6)	Good	- 응용 • 업무에 대하여 잘 이해하고, 응용할 수 있고, 타인을 지도할 수 있는 능력을 발휘 • 문제나 상황을 정확히 파악하고 대안을 제시
C		
D(1~2)	Basic understanding	- 기본적 이해 • 업무에 대한 지식을 기본적으로 이해하고 있는 정도의 능력 발휘 - 상사의 지시에 의해 업무를 수행

역량평가 도구

최근에 이르러 보다 통합적이고 전략적인 피드백 시스템을 구축하는 성과지향적인 평가방법으로 역량평가법이 도입되어 체계를 잡아가고 있다. 90년대 초반 역량평가가 처음 도입되었을 때 역량평가는 성과평가 요소 중 작은 한 부분에 지나지 않았다.

다면평가방법 상사가 부하를 일방적으로 평가하는 방식에서 벗어나 다양한 원천인 자기 자신·동료·상사·부하·내부 및 외부고객으로부터 피평가자에 대한 정보를 수집하고 피드백해 주는 일련의 과정을 다면평가 방법이라고 할 수 있다.

구 분	전통적 일방적 평가	다면 평가
주요 활용 목적	급여, 승진	개발, 육성, 피드백
우선 적용직급	모든 구성원	관리자급 이상
주요 평가항목	정량적 지표, 업적	정성적 지표, 리더십 / 태도 / 역량 / 팀웍
업무 특성	개인의 창의성 중시 개인단위 작업 중심	부서간 협력, 팀워크 중시 팀 단위 작업 중시
적용 가능직무	영업, R&D, 디자인	지원 스탭, 인사 / 재무 / 총무 / 기획 등
조직 문화	위계적 / 수직적 / 폐쇄적	수평적 / 개방적

평가센터방법 대부분의 역량평가방법들은 피평가자의 주관적 자기표현이나 평가자의 주관적 평정에 크게 의존하고 있기 때문에 신뢰도와 타당도에 한계가 있을 수밖에 없다. 또한 과거의 성공은 새로운 역할과 책임의 성공을 보장 할 수 없다. 따라서 여건이 허락할 경우 가능한 미래 성공에 필요한 역량행동을 직접 관찰하고, 구조화된 평가 지침과 코드에 따라 평가하는 직접적인 방식이 필요하다. 그러한 방식 가운데 가장 보편적인 것이 Assessment Center이다. 즉 특정 업무나 역할의 핵심을 묘사한 다양한 과제와 상황을 설계하여 제시하고, 평가대상자의 문제해결 과정과 결과를 자격을 갖춘 평가자가 관찰·평가함으로써 향후의 성과 수준을 예측하는 방법이다.

평가를 공정하고 객관적으로 실현하기 위해서는 자사에 잘 맞는 평가도구를 설계하여 적용하여야 한다. 평가의 신뢰성은 이제 조직의 성과달성과 직결되어 있다. 평가의 신뢰성가 타당성을 확보하는 것이 조직의 경쟁력과 조직구성원들의 동기부여 차원에서 중요하다 할 것이다. 업적평가를 통해 구성원들의 상벌을 분명히 하여 동기를 부여하는 것도 중요하지만 역량평가를 통해 피평가자의 부족한 역량을 보완하기 위한 맞춤식 과제를 부여하고, 이와 함께 앞으로 경력개발에 필요한 로드맵을 제시하는 것이 조직의 미래를 위해 더 중요하다.

4. 보상제도

일반적으로 기업의 성과관리와 이에 따른 보상관리는 그 체계가 복잡하고 이해하기에 쉽지 않으며 다양한 대안들이 존재한다. 기업은 새로운 보상제도를 도입하거나 제도에 수정을 요할 때 종업원에게 제공하는 다양한 보상전체를 종합적인 관점에서 봐야 한다. 이러한 총체적 관점은 기업에게 주어진 예산과 비용제약의 조건 속에서 전략적 보상체계나 요소를 파악할 수 있게 하며 장기적으로 보상제도의 개선방향을 제시할 수 있게 한다.

■ 효과적인 보상제도의 필요성

성과와 연계된 보상제도는 조직의 합리적 기반을 조성하고 조직공헌도에 따라 개인 또는 집단에게 보상함으로써 기업의 생산성을 제고하며, 궁극적으로 자율적이고 창의적인 조직문화의 유도에 그 의의가 있다. 새로운 경영패러다임의 전환과 이에 따른 새로운 하부구조의 핵심은 분권화된 의사결정시스템과 분권화 구조에 적합한 내부통제시스템이다. 이에 직원에 대한 실적평가시스템과 실적평가에 따른 보상시스템이 혁신적으로 동반되어야 한다. 경영자 및 직원이 주인의식을 갖고 일할 수 있도록 하고, 장기적인 안목을 갖고 불필요한 기업자원을 낭비하지 않도록 보상시스템을 설계해야 한다. 또한 보상시스템은 기업의 전략·문화·특성 등과 서로 상승효과를 발휘할 수 있도록 설계되어야 한다.

기업의 보상체계의 의의는 그것이 어떻게 설계되고 운영되는가 하는 것이 경영방식이나 조직문화를 결정한다는 것이다. 왜냐하면 보상체계는 기업과 경영층이 조직구성원에게 기대하는 행동이 무엇인가 하는 메시지를 전달하기 때문이다. 또한 보상체계는 기업이 경쟁력을 확보하는 데에도 매우 중요한 역할을 한다. 보상체계는 정적인 것이 아니라 동적으로 지속적으로 혁신적 노력을 할 때에 비로소 그 성과를 나타나게 된다.

보상제도의 종류와 특징

기업에서 사용되는 보상제도는 크게 직접보상과 간접보상으로 나눌 수 있다. 직접보상은 근로의 대가를 현금으로 직접 근로자에게 지불 하는 것이며, 간접보상은 근로의 대가를 현금 이외의 각종 복리후생·교육훈련·연금과 같은 서비스나 간접적은 편익으로 지불되는 것을 말한다. 직접보상은 크게 고정급과 변동급으로 나누어지며, 고정급은 개인이나 기업의 성과와는 무관하게 고정적으로 지급되는 임금이며, 변동급은 개인이나 기업의 성과에 따라 지급되는 금액이 달라지는 것으로 보너스 등 각종의 인센티브 제도라고 할 수 있다. 이 책에서는 기업의 보상제도 중 가장 보편적으로 사용되고 있는 연봉제와 성과배분제도에 관해 살펴보기로 한다.

연봉제 기존의 연공급제는 개인의 능력과 성과에 관계없이 연령·근속연수·경험에 따라 임금을 일률적으로 지불함으로써 개인에게는 임금에 대한 불만, 기업에게는 경쟁력 약화의 요인으로 작용한다. 기본적으로 성과주의 시각의 연봉제는 일종의 성과에 의한 인상(merit increase)으로 근로자의 일정기간 동안의 수행성과를 평가하여 그 평가결과에 따라 임금인상을 결정하는 방식을 의미한다. 즉, 기본급은 직무급(pay-for-job)에 의해 결정되고 기본급 인상은 성과에 의한 결정되는 임금체계로서 일종의 직무성과급 혹은 업적고과급으로 불리기도 한다. 연봉제는 직원의 능력과 성과에 따라 합당한 보상을 하는 제도로 저비용 고효율 전략을 통해 기업의 경쟁력 강화를 목적으로 한다.

인센티브 기업에서 사용되는 변동급여의 대표적인 예인 인센티브는 고정급과 달리

지급금액이 성과에 연동되어 변화한다는 것이다. 인센티브는 결정기준이나 방법에 따라 그 종류가 다양하다. 일반적으로 개인의 성과에 따라 결정되는 개별인센티브와 집단의 성과에 따라 결정되는 집단인센티브로 나누어진다. 또한 근래 우리나라 기업에서도 활발하게 도입되고 있는 장기적 인센티브 성격의 스톡옵션제도 역시 중요한 인센티브 제도의 하나이다.

간접보상 간접보상의 중요한 특징은 현금의 형태가 아니라 간접적인 서비스나 재화형태로 편익의 보상이 이루어진다는 것이다. 가장 대표적인 간접보상은 초기에는 단순히 부가적 혜택으로 시작하였으나 갈수록 그 역할과 비중이 증대되고 있는 복리후생제도이다.

■ 보상제도의 유형

보상제도의 일반적인 유형은 크게 보아 이익분배제·집단성과배분제도·스톡옵션제로 구분할 수 있으며 이에 대해 구체적으로 살펴보고자 한다.

이익분배제 이익분배제는 일정기간 동안 발생한 기업이익을 사전에 정해진 분배공식에 따라 종업원에게 나누어주는 제도라고 정의할 수 있다. 종업원에게 배분되는 금액의 크기는 이익달성 정도와 사전에 정해진 배분비율에 따라 결정되며 개인이 지급받게 되는 몫은 임금에 비례하여 결정되기도 하고 업무성과에 따라 차등적으로 지급되기도 한다. 구체적인 지급형태는 현금이나 은퇴 및 저축연금, 회사주식 등 다양한 형태를 취한다.

이익분배제제는 종업원의 태도개선과 기업의 생산성 향상 등 조직의 성과증대에 긍정적인 영향을 미치고 있는 것으로 나타나고 있다. 이익분배제가 성공하기 위해서는 성과를 위해 종업원과 경영층이 공동으로 노력하고 그 성과를 공동으로 나누어 가져야 한다는 최고경영자의 경영철학이 필요하다. 그러기 위해서는 기업문화에 뿌리박고 있는 이익분배제를 환경이나 상황변화에 맞추어 적절히 개선하려는 노력을 게을리 해서는 안 된다. 또한 합리적인 관리과정과 업적평가가 이루어져 한다. 그렇지 않은 경우 무임승차자 문제가 발생하여 종업원 모두가 성과를 키우기 위해 공동으로 노력하는 것이 방해를 받게 되고 나누어 가져야 할 분배 몫을 감소시킨다. 뿐만 아니라 종업원의 느낌이나 의견들은 사원만족도 조사, 순회관리, 오픈도어, 티 타임 등을 통해 파악하여 경영관리 개선과 성과에 적극적으로 활용하여야 한다.

집단성과배분제도 집단성과제도는 근로자들의 참여와 노력에 의해 달성한 생산성향상이나 비용의 절감을 사전에 정해진 기준에 의해 노사 간에 배분하는 제도를 의미한다. 집단성과배분제도의 정의를 내리면 그룹단위의 보너스제도와 종업원참여제도가 결합된 조직개발기법, 즉, 집단성과배분제도에서는 종업원들이 경영에 참가하여 원가절감·생산성향상 등의 활동을 통해 조직성과의 향상을 도모하고 그 과실을 회사와 종업원들이 분배하는 제도이다.

따라서 집단성과배분제도의 성공 여부를 결정짓는 주요 요소는 효과적인 종업원 경영참여의 틀과 보너스의 공평한 배분을 위한 제도를 확립하는 것이다. 매출액이나 이익증대가 아닌 생산비 절감 및 생산성 향상을 목표로 한다는 점에서 이익분배제도와 구별된다. 집단성과배분제도의 원리는 참여적인 경영에 있다. 종업원의 적극적인 참여를 전제로 하여 단순히 보너스를 산정하는 임금제도의 범위를 넘어선다. 따라서 참여적인 조직문화가 형성되어 있지 않을 경우 효과를 얻기 힘들다.

스톡옵션제 스톡옵션은 회사가 직원에게 제공하는 자사 주식을 사전에 약정된 가격으로 일정수량을 일정기간 내에 매입할 수 있는 권리이다. 스톡옵션을 부여받은 직원은 자신이 가지고 있는 권리를 행사할 수 있는 시점에 도달했을 때 권리를 행사할 수도 있고 않을 수도 있기 때문에 이로 인해 손해를 보는 일은 발생하지 않는다. 즉, 스톡옵션을 가진 개인은 자신이 부여받은 행사가격보다 주식가격이 높은 경우에만 자신의 권리를 행사하여 그 차익을 가지려고 할 것이기 때문에, 우리사주조합의 경우와 같이 주가하락으로 인한 임직원의 손실은 발생하지 않는다.

스톡옵션은 성과 지향적 보상수단으로 우수인력의 유치를 목적으로 부여하는 스톡옵션의 경우에 우수인력의 확보와 활용을 통한 기업성과의 개선이라는 목적이 그 근저에 자리 잡고 있다.

장기적인 인센티브 수단으로 스톡옵션이 부여되면 권한확정기간 동안 옵션의 행사가 금지되므로 스톡옵션을 부여받은 개인은 이 기간 동안 기업성과를 향상시키기 위해 노력하게 된다. 유연한 보상수단으로 보상액이 사전에 확정되거나 시간이 흐르면 자동적으로 결정되는 것이 아니라 성과개선이 이루어지고 주가가 상승되는 경우에만 보상이 이루어진다. 따라서 보상이 고정급이 아니라 성과에 연동된 변동급적 성격을 띠게 되며 그 결과 기업의 인건비 관리가 유연하게 이루질 수 있게 된다.

02 업적평가시스템 구축

경쟁이 격화될수록 조직의 전체 구성원이 목표를 위해 경쟁 환경에 의도적이며 체계적으로 대응할 필요가 있다. 조직구성원들의 이러한 노력을 이끌어내는 것이 업적평가시스템이다. 업적평가시스템이 합리적으로 구축되기 위해서는 각 사업부문의 최적화가 기업 전체의 최적화가 될 수 있도록 설계되어야 하며, 경영활동이 목표에 미달 되었을 경우에는 이를 조정할 수 있는 정보를 담고 있어야 한다. 따라서 업적평가시스템은 기업 경영목표와 이를 실천하는 전략방향과 일관성을 가져야 할 뿐만 아니라 결과에 이르는 과정에 관한 정보도 가지고 있어야 한다. 최근 경영환경 변화는 기존의 성과평가시스템에 대한 변화를 요구하고 있다. 전략적 평가시스템은 전통적인 업적평가의 기능을 포함하면서 경영전체를 통제하고 조정하는 기능을 추가한 것이다. 품질관리가 품질을 매개로 하여 전사적인 경영혁신을 추진하는 것이라면 전략적 평가는 종업원과 종업원의 업무수행 성과를 평가함으로써 전사적인 경영혁신을 Feedback하는 것이다. 위로는 임원으로부터 아래로는 일반 팀원에게 이르는 전 구성원이 계획하고 실천한 사항을 통제하고 Monitering하는 전사적이고 전략적인 평가시스템을 구축할 경우 계획과정과 실천과정의 혁신 프로그램을 더욱 효과적으로 추진할 수가 있다. 그러기 위해서는 업적평가의 경우 종래의 사업계획 수립과 실천·방침관리·목표관리·업무감사 등의 기능을 통합하는 평가시스템이 되도록 설계를 하여야 하고, 능력평가의 경우 직무수행과 관련한 바람직한 인재상을 측정할 수 있도록 설계되어야 한다.

1. 업적평가시스템 구축 개요

업적평가란 구성원 또는 조직이 특정한 업무 목표를 정한 후 그 업무수행을 위하여 갖추고 있는 지식과 숙련도와 같은 협의의 능력이나 적성을 말하며 광의의 의미로써는 협의의 능력을 발휘한 결과가 어느 정도 성과를 발휘되었는가를 평가하는 일을 말한다. 업적평가시스템 구축의 기본방향은 객관적이며 공정한 평가를 통해 더욱 효율적이고 합리적인 능력과업적위주의 성과관리제도를 정착시킴으로써 조직의 효율을 도모하고 기업이 달성하길 원하는 공통의 비전과 경영목표를 구현하기 위한 구체적인 경영지표로 활용한다.

성과중시	– 업적평가와 능력평가를 실시 : 조직의 성과 및 직무수행 능력의 질적 향상 도모 – 성과지향적 조직문화 조성
단순화 추구	– 평가체계의 단순화를 통해 이해와 편리성 확보 • 평가양식의 명료화 • 평가항목(요소), 평가계산방법의 단순화
혁신성 강화	– 환경변화에 대한 대응력 강화 – 직원들의 핵심역량을 통한 핵심스킬 배양
조직시너지 중시	– 개인과 조직성과를 연계하여 조직성과 극대화 유도 • 업적평가상에 Teamwork 중시(개인 업적과 팀 업적 조화)

■ 업적평가시스템 구축의 목적

업무혁신이 지속적 성과향상이 실현되는 조직은 구성원의 가치향상 업무가 생활화되고 있음을 의미한다. 그러나 생각하는 것만큼 지속적인 혁신활동이 이루어지지 못하는 것이 현실이다. 지속적 성과향상을 하려면, 구성원의 의욕을 끊임없이 개발해 주어야 하며, 이를 위하여 업적평가 제도인 인사고과 실시로 인적능력을 개발하여 업적평가시스템을 구축하여야 한다.

- 구성원의 왕성한 업무의욕 개발
- 구성원의 능력개발 향상도 배증
- 지속적인 업무혁신활동 추진
- 저비용·고효율의 조직운영 풍토 조성을 목적으로 한다.

■ 업적평가시스템 구축의 구성요소

업적평가시스템 구축의 구성요소는 첫째, 성과관리 활동평가와 프로세스 변화관리 둘째, 업적평가시스템 구축과 신인사관리 셋째, 업적평가제도와 신인사고과관리 넷째, 인사고과규정과 급여관리로 구분할 수 있다.

성과관리 활동평가와 프로세스 변화관리 경영층과 관리자는 경영활동에 지장을 초래하는 기업의 제도 및 관리의 불합리한 상태를 재정비하여야 한다. 또한 업무혁신을 TF팀이나 외부 컨설턴트에 의한 단기간의 추진은 순간 또는 부분적 성과는 기대할 수는 있으나 그 조직의 관리프로세스가 함께 변화하지 못하여 성과관리 목표성과도 지속적 향상을 기대할 수 없다. 따라서 현재 실시하고 있는 유지관리의 감독 대상이 되는 업무를 조직구성원에게 위임하고 업무추진 성과지표를 정기적으로 작성하고 업무효율 향상에 공헌 인자를 평가하여 보다 획기적인 성과를 실현할 수 있도록 시스템을 구축하여야 한다.

■ 업적평가방법과 신인사관리

업적평가 방법과 신인사 관리 방법에는 다음과 같은 것들이 있다.

업적평가 업적평가는 개인 또는 부서의 업무수행 결과를 판정하는 것이다. 과거에는 영업부문 및 생산부서인 라인부문에서 판매·생산목표를 설정한 후에 개인·그룹의 업적평가와 목표관리에 의한 실적평가 결과를 기준으로 급여 또는 상여금 지급으로 업무의욕을 유발하여 기업의 목표이익 증대를 목적으로 하였다.

- 관리직 업적평가방법 : 관리직은 담당 업무별 수행결과를 객관적인 정량적 평가 자료로 인사고과 적용과 연봉결정 및 갱신기준에 적용한다. 제조업이든 서비스업이든 모든 사원에 적용할 수 있다. 업적평가를 용이하게 할 수 있는 부문별 평가기준표는 판매부문·제조부문·구매부문·물류부문·관리부문·지원부문 등으로 구분하였다.
- 목표관리의 업적평가방법 : 목표관리평가는 연봉액 결정과 조정의 방법으로 사용하는 설정기준이 된다. 목표달성율은 개인의 실적평가이면서 부서의 목표달성율로 측정할 수 있다.
- 집단업적 평가방법 : 소집단·소조직 및 단순 독립채산제 도입 시 이익감각을 증대하여 가시적인 손익계산을 하는 방법으로 단순이익 계산순서는 매출액, 총이익, 영업이익의 순으로 계산한다. 간접비는 영업이익에 포함한다.

인사고과평가

- 인사고과 평가의 불신조건
  - 고과자의 관대한 경향
  - 안정주의 중심 경향
  - 평가자의 평가시간 부족
  - 고과자·피고과자의 사회적 관계 적용
  - 평가 결과의 비공개
  - 고과자의 윤리배경의 미흡

- 인사고과 평가에 대한 저항
- 방법기술에 관한 불신 및 의혹
  - 심리적 태도 및 개인적인 차이
  - 잠재능력평가 난이
  - 분석적 방법 치중과 인간 정체성 파악 난이
- 인간의 측면
  - 체면상 있는 그대로 평가를 하지 못함
  - 비논리적이므로 분석측정 불신
  - 봉건적 관념, 공사구분 난이
- 인사고과의 적용 목적별 실시
  - 효율 (Efficiency)
  - 의욕 (Moral)
  - 인간관계 (Human relation)

인사고과의 새로운 방향

- 다면평가 방식 : 피고과자를 평가할 경우 상사의 1차 고과 또는 2차 고과에 따라 실시하였으나 현재는 피고과자 자신과 직속상사 1차 2차 또는 조정(3차)을 하거나 관련부서 상사, 관련부서 동료 및 부사사원에 평가를 받는 다면평가가 증가되고 있다. 문제는 피고과자가 인사고과의 평가결과에 대하여 공정성과 신뢰성이 있다고 하면 어느 방법으로 평가해도 문제는 되지 않는다. 다면평가방식 출현은 평가기준이 미흡하다는 반증일 수도 있다.
- 행동중심 평가방식 : 생각·잠재능력 보다 행동능력 측면의 평가를 중시하는 방법이다.
  - 행동중심 방식 내용
  - 평가제도 설정 대안

신인사고과제도 인사고과 제도는 기업마다 다르나 목표성과관리 평가내용을 인사고과규정에 연계하여 실시한다면 공정한 업적평가가 이루어진다. 인사고과 결과에 따라 승진·배치 및 승급 시 연봉액 결정에 기준이 된다. 공정한 인사고과는 경영혁신 활동에 기여되어 높은 혁신성과가 구현된다.

- 신인사고과 제도의 방향과 목적
  - 연공과 능력의 균형
  - 사람과 연공중심에서 능력과 직무중심으로 변화

- 인사고과 방식 개선
- 신인사고과의 목적
  - 능력주의 인사관리 정착과 업무효율증대
  - 적재적소 배치관리자료 제공 및 인적자원 효율화
  - 신상필벌 실현으로 근로 의욕과 업적향상
- 신인사고과의 특징
  - 업적고과와 능력고과의 분리
  - 자기신고서 작성의 반영 강화
  - 평가인력 가중치 강제배분(S=5%, A=10%, B=70%, C=10, D=5)
  - 평가요소 및 가중치
- 인사고과의 향후 전망
  - 가점주의 강화
  - 업적고과 점수 방식 폐지
  - 능력고과 평가항목 개선
  - 현업 부서장에 고과권한 위임
  - 고과결과 100% 공개
  - 인사고과 방식의 자율성 확대
  - 다면평가제도 정착
  - 적정평가 인력 배분율 상향화 추세

인사고과와 급여관리

연봉제 급여관리제도에서는 업적평가가 매우 중요하다. 업적평가를 기본으로 결정하기 때문이다. 따라서 사업연도 초기의 업적 목표설정 시 반드시 미팅을 실시하여 본인이 설정한 목표의 달성도를 상사의 입장에서 검토한 후 개정사항이 있으면 기선한 후 인사 담당부로 송부하여 조정과정을 통하여 경영층의 최종 승인을 받아 실시한다.

2. 업적평가체계의 설계

■ 성과평가시스템 설계 Framework

성과평가시스템의 설계는 다음과 같은 전체적인 관점에서 유기적인 연계성을 갖도록 설계한다.

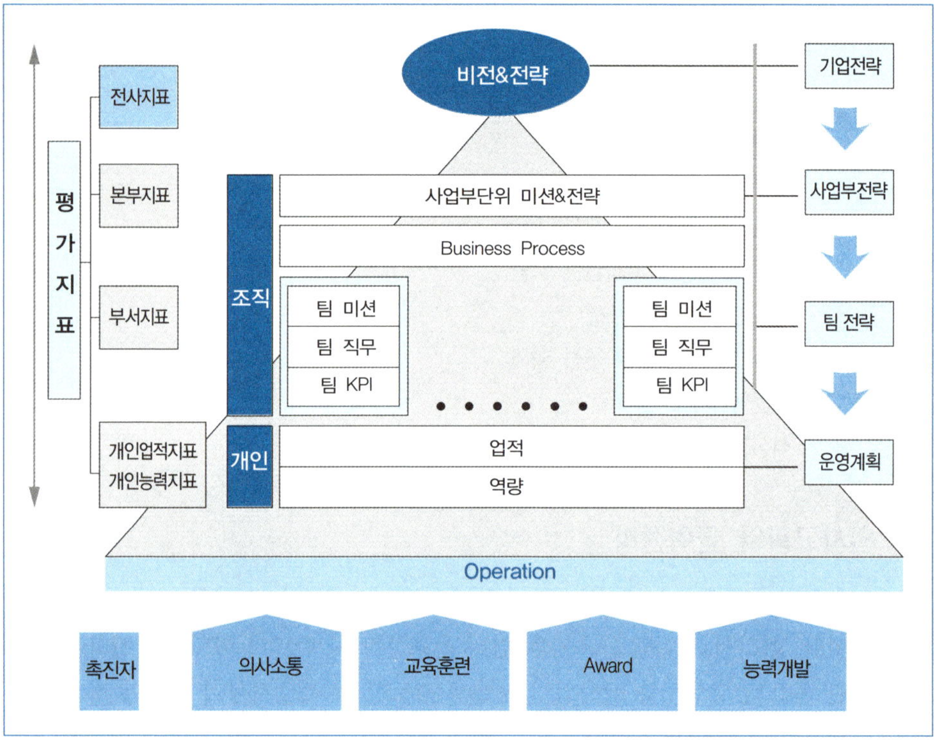

성과평가시스템 Frame

■ 성과평가시스템과 보상시스템의 연계

업적평가시스템의 체계 설계에 있어 고려해야 할 사항은 인사시스템과의 보상에 관한 사항이다. 이미 앞에서 수없이 언급한 바와 같이 성과관리의 궁극적인 목적은 기업목표의 달성을 위하여 조직구성원의 능력을 향상시키고 역량을 강화하는데 있으며, 이는 기업성과로 직결되는 것이기 때문이기도 하다. 따라서 평가시스템의 설계에서 보상시스템과의 연계는 매우 중요한 임팩트이기도 하다.

	개념 성의	평가내용	평가주기	활 용
개 인	**업적평가** 각 개인의 능력을 기초로 태도 / 의욕이 발휘되어 나타난 최종업무수행 결과 및 과정 평가 **능력평가** 직무와 관련 각 개인이 중장기에 걸친 업무수행 잠재력 및 직무수행능력 평가	태도 / 행동 업무지식 관리능력	능력평가등급	연봉 승진 전환배치 교육
팀	**업적평가** 회사 평가등급을 기초로 하여 팀의 목표 달성 및 업적에 대하여 전반적 내용 평가	목표달성도 업적에 대한 평가	업적평가등급	성과급
본 부	**업적평가** 회사 평가등급을 기초로 하여 본부의 목표 달성 및 업적에 대하여 전반적 내용 평가	목표달성도 업적에 대한 평가	업적평가등급	성과급

■ 성과평가시스템 설계 Framework

성과평가시스템의 설계를 위해서는 먼저 단계별 성과평가지표의 설정방향을 정해야 한다.

전사 지표 전사지표 도출과 활용에 있어서 기업의 경영패러다임 전개방향을 고려하여 단순한 지표의 관리·통제가 아니라 원인의 규명을 통한 성과동인의 발굴에 의하여 경영활동을 통제한다.

본부 지표 회사의 비전·중장기 전략·경영방침 등을 수행하기 위한 전략적 측면에서의 경영성과를 극대화하기 위한 전략지표를 설정하여야 하며, 본부별 전략지표는 기업의 비전 및 전략을 기준으로 하여 설정된 전사지표에서 각 본부별 사업 특성에 따라

Top-Down 및 체계적 Break-down에 의거하여 설정한다.

팀 지표 기업의 비전·본부의 중장기 전략·방침 등 수행하기 위한 전략적 측면에서의 경영성과를 극대화하기 위한 전략지표, 부서별 미션의 달성 및 기능적 업무의 효율적 수행을 위한 핵심 업무를 팀 핵심고유지표로 설정토록 하여야 한다. 팀별 전략지표는 비전 및 본부전략을 기준으로 Top-Down 및 체계적 Break-down에 의거하여 부문별 전략지표 Pool에서 선정한다. 팀별 핵심 고유지표는 팀의 Mission 및 고유기능을 감안하여 자율적으로 설정토록 한다.

개인 지표 전사전략 및 기본목표를 달성하기 위해 개인별로 수행하고 있는 직무의 성과를 토대로 설정하며, 직군별·직위별로 수행하는 직무의 미션 및 해당 직무별 핵심성공요인을 근거로 핵심성과지표를 도출한다.

전사 평가지표설계

전사 평가지표 개발체계는 회사의 비전과 기업사명(Mission Statement)에 의하여 이미 설정되어 있는 핵심전략과제를 전략을 달성하기 위한 전사 스코어카드는 4가지 관점에서 구축한다. 전통적인 재무관점 일변도에서 탈피하여 고객·내부프로세스·학습 및 성장관점으로 확대하여 성과측정지표를 개발한다.

재무적 관점 재무적 관점에서는 다음의 프로세스에 의하여 성과지표를 도출하고 관리하게 된다.

구 분	재무적 목표확정	SBU 전략 방향	지표개발	연 계
핵심과제	**재무적 관점** – 수익증대 – 비용과 생산성 개선 – 재무구조개선	**수명주기와 연결** – 성장기 – 성숙기 – 수확기	**핵심규준** – 이익 – 매출액 – 원가비율 – ROIC – 회수율 – 투자회수기간 단축율	**다른 관점** – 고객 – 내부 프로세스 – 학습 및 성장

고객 관점 고객 관점에서는 다음의 프로세스에 의하여 성과지표를 도출하고 관리하게 된다.

구 분	가치명제 확정	시장세부화 방향	지표개빌	연 계
핵심과제	**3 카테고리** – 제품 / 서비스 속성 – 이미지 관계	**표적 고객** – 고객분류 – 표적고객 선택 – 고객유인을 위한 가치명제 학정	**5 핵심규준** – 시장점유율 – 고객수익성 – 고객만족도 – 고객확보율 – 고객유지율	**다른 관점** – 재무적 – 내부 프로세스 – 학습 및 성장

내부프로세스 관점 내부 프로세스 관점에서는 다음의 프로세스에 의하여 성과지표를 도출하고 관리하게 된다.

구 분	목표 확정	프로세스 식별	지표개발	연 계
핵심과제	**가치 / 명제** – 주주 기대 – 고객 기대	**가치사슬 모델** – 혁신 프로세스 – 운영 프로세스 – 판매 / 서비스 – 프로세스	**3 핵심규준** – 비용 – 품질 – 순환주기	**다른 관점** – 재무적 – 내부 프로세스 – 학습 및 성장

학습과 성장 관점 학습과 성장 관점에서는 다음의 프로세스에 의하여 성과지표를 도출하고 관리하게 된다.

구 분	목표 확정	방향 설정	지표개발	연 계
핵심과제	**4부문을 지원 하는 하부구조** – 조직구성원의 역량 – 기술 기반 구조 – 행동지향적 분위기	**가치사슬 모델** – 개선과제 도출 – 개선부문 설정 – 개선요소 설정	**3 핵심규준** – 조직구성원의 만족도 – 근무연수(유지도) – 인당 생산성	**다른 관점** – 재무적 – 내부 프로세스 – 학습 및 성장

본부 평가지표설계

본부 평가지표 개발체계는 사업부제 조직운영원칙과 성과평가와 관련하여 외부환경은 조직의 패러다임을 변화시키고 있어 이에 대한 적절한 조직전략의 구사가 필요하며, 고객·이익 및 성과중심 조직인 전략 사업부제의 도입이 중요한 관건이다. 본부 평가지표의 설계는 전사 핵심전략과제별로 전사 선행지표가 설정되고 이에 따라 본부단위별로 연결되어야 한다. 예를 들면 A본부가 주관(100%)이 되었을 경우 B본부는 이를 지원(50%)하고 C본부가 관련(25%)본부로서 각각의 목표할당과 책임율에 대ㅎ해서 연결된다. 그 다음 프로세스는 본부별 핵심전략과제의 선정이다. 각 핵심전략과제에 대한 핵심성공요소(CSF) 와 주요성공지표(KPI)를 도출한다. 이때 후행지표는 본부개별지표, 본부과정지표, 본부결과지표로 구분해서 정의하여야 한다. 본부의 공통지표로는 EVA·ROE·ROA·Cash Flow·영업수익·당기순이익·인당생산성지표 등이 있다.

팀 평가지표설계

팀 평가지표의 필요성은 팀원 상호간의 협조정신 배가를 통한 팀워크 지향적 조직문화를 형성하게 되고 팀 성과 및 역량의 극대화를 통한 기업의 경쟁력 강화 및 생산성 향상을 가져오게 되며 업적에 따른 팀 업적을 개인성과 및 보상에 반영함으로써 공정한 보상을 실현할 수 있다. 팀 성과평가의 설계방향을 예시하면 다음과 같다.

- 비전·중장기 전략·경영방침 등을 수행하기 위한 전략적 측면에서의 경영성과를 극대화하기 위한 전략지표, 부서별 미션의 달성 및 기능적 업무의 효율적 수행을 위한 핵심고유과제를 팀 핵심고유지표로 한다.
- 부서별 전략지표는 회사의 비전 및 전략을 기준으로 Top-Down 및 체계적 Break-down에 의거하여 설정한다.
- 부서별 핵심고유지표는 팀의 Mission 및 고유기능을 감안하여 자율적으로 설정토록 한다.
- 설정된 지표별 가중치는 과학적 가중치 설정방법인 AHP(계층분석과정) 기법을 통하여 팀에서 자율적으로 결정한다.
- 비계량지표의 경우 성과를 측정하기 위한 성과기준을 구체적으로 명시함으로써 성과측정의 객관성 및 정확성을 높인다.

팀 미션 설정방법 팀 미션이란 단위조직의 사명 및 존재목적을 말하며 부서에서 파악하고 있는 자기 부서의 존재목적을 설정한다. 실제의 예를 살펴보면 경영정보팀은 고객에게 정보기술을 이용하여 의사결정에 필요한 경영정보를 제공함으로써 내부·외부

고객만족의 극대화를 추구한다. 팀 평가지표의 도출방법은 먼저 팀 업무분장 및 개인 직무조사를 실시하고 팀 사업 및 업무계획과 목표를 설정한다. 그런 연후에 핵심전략과 제와 핵심고유과제를 도출한 후 핵심성공요인을 파악한다. 핵심성공요인에 따라 주요 평가지표를 도출하고 각 평가지표별 평가 산식 및 착안점과 기준을 개발한다.

팀 핵심고유과제 도출방법

핵심업무란 단위조직의 사명과 존재목적을 달성하기 위하여 해당부서에서 반드시 필요한 업무로서 가장 중요하며 비중 있는 업무로 전사 공통업무, 팀 당해 전략업무, 팀 고유업무로 구분되며 핵심업무는 다차원 분석표(MDA) 작성방법에 의해 선정된다.

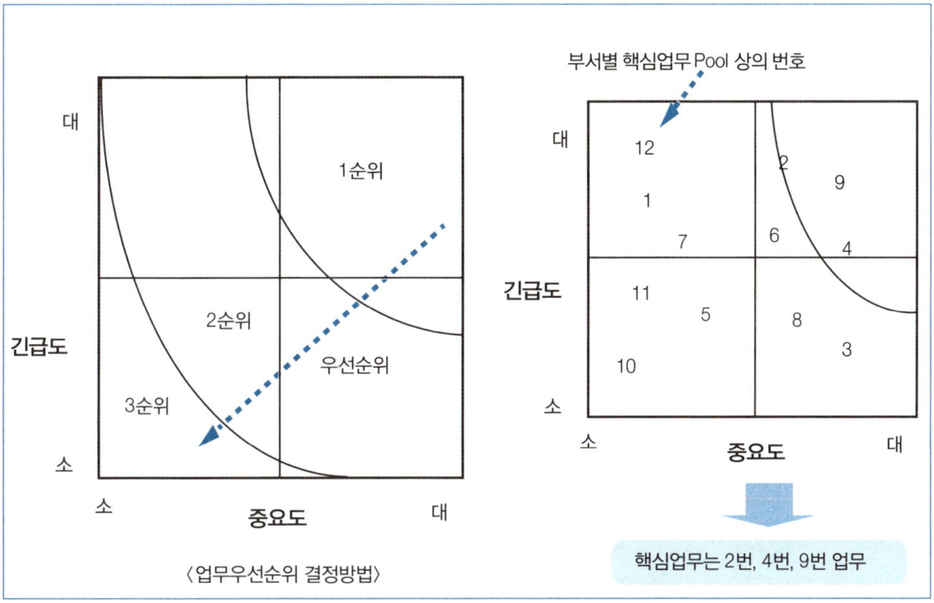

핵심업무 다차원 분석표

핵심성공요인 파악

- 핵심성공요인이란 핵심 업무를 가장 성공적으로 수행하기 위해 반드시 달성해야 하는 가장 중요하고 근본적인 요소로 결과지향적, 과정지향적, 질적인 측면으로 구분한다.
- 핵심성공요인 도출방법
  - 해당업무의 핵심고객이 누구인지를 명확히 한다.
  - 핵심고객이 해당업무를 통하여 얻고자 하는 것이 무엇인지, 즉 고객의 요구사항이 무

엇인지를 밝혀낸다.

- 고객 요구사항의 속성을 파악한 후 이를 근거하여 핵심성공요인을 파악한다.

주요평가지표 도출 핵심성공요인(평가항목)이 효과적으로 이루어지는지를 평가하기 위한 기 준으로 금액·시간·빈도·정도 등을 이용하여 객관적으로 측정할 수 있는 값으로 전환시킨다.

BSC관점	학습 및 성장		팀 명 :					
전략방향	학습성장목표	선행지표	가중치	팀 전략과제	가중치	평가지표(KPI)	목표	선행지표

팀 전략과제에 대한 평가지표 도출

평가산식의 개발 평가산식은 변수화한 평가항목의 등급화가 전사차원에서 혹은 평가집단의 범위 내에서 동일한 조건으로 설정되도록 조정하면서 해당 팀의 여건을 최대한 반영할 수 있도록 조정한다.

- 계량 지표인 경우 : 목표유형, 추세유형, 절대유형으로 구분
- 질적 지표인 경우 : 질적 지표에 상응하는 평가내용을 구체적으로 기재한다.
- 평가 산식의 개발 방법
  - 과거 실적치는 전년도 기준을 원칙으로 하고, 실적치가 없는 경우 상반기 실적치를 원용한다.
  - 연도별 변화가 심할 경우 과거 2~3년 수치를 기준으로 과거 평균 실적치를 설정하여 활용하며 목표치는 업계 최고수준을 벤치마킹하는 것을 원칙으로 벤치마킹이 곤란한 경우 부서장의 판단으로 설정하고 담당임원과 주무부서 팀장이 조정한다.
  - 주무부서 팀장과 담당임원이 평가기준의 선정이 타당한지를 점검하고 최종 확정한다.

3. 능력평가체계의 설계

능력평가는 인재상을 반영하고 직렬별·직위별로 직무의 특성을 반영하여 설정함으로써 직무수행능력의 수준여부를 객관적으로 측정하고 행동기준의 명확한 정의를 통하여 평가의 객관성을 유지토록 한다.

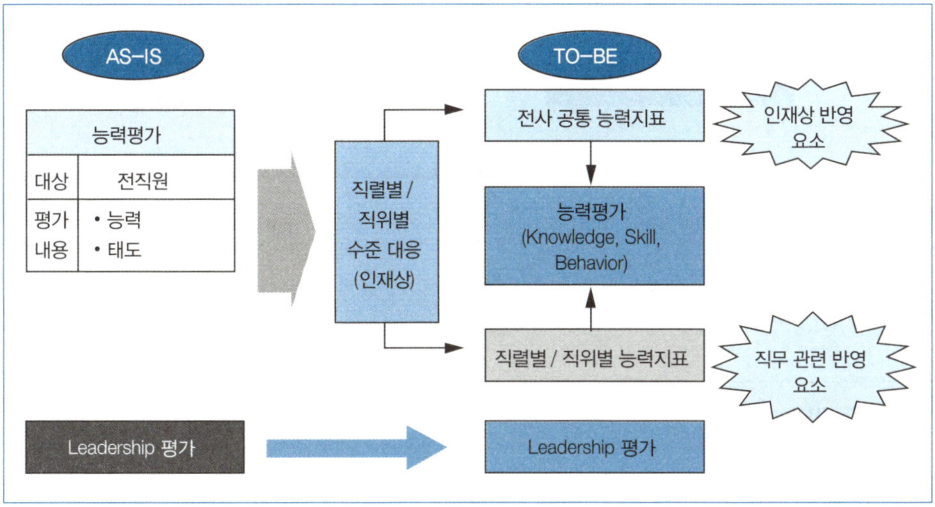

능력평가체계

■ 능력지표 구분

능력평가체계의 능력지표는 능력의 바람직한 행위모형을 기술하여 평가의 공정성과 객관성을 유도하기 위한 행위기준을 기반으로 한 3가지 형태의 지표로 구분하여 살펴볼 수 있다.

전사 공통능력지표 전사 핵심가치에 의해 도출된 인재상을 기반으로 한 전사 공통능력요소로서 조직구성원이 갖추어야 할 바람직한 자질과 능력의 표준을 정의한다.

직렬별 공통능력지표 전사 인재상에 기반을 둔 직렬별 특성에 따른 직렬별 공통능력요소로서 동일 직렬에 속한 조직구성원이면 누구든지 갖추어야 할 바람직한 자질과 능력의 표준을 정의한다.

직위별 능력지표 직위별 역할과 책임에 의거 도출된 능력요소로서 해당 직위의 바람직한 자질과 능력의 표준을 정의한다.

능력평가항목

능력평가항목은 다음과 같이 구분하여 운영할 수 있다.

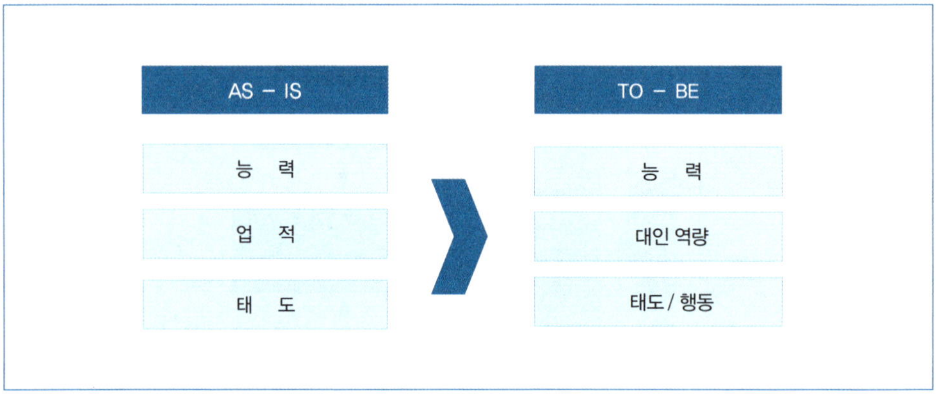

능력평가항목

능력평가요소

능력평가지표의 설정을 위한 능력평가요소는 다음과 같이 구분하여 운영할 수 있다.

<table>
<tr><td>전사공통요소</td><td>자율성</td><td>전문성</td><td>도전의식</td><td>책임감</td></tr>
<tr><td rowspan="3">직종별
공통요소</td><td>관리직</td><td>영업직</td><td>연구직</td><td>생산직</td></tr>
<tr><td>실무지식</td><td>실무지식</td><td>실무지식</td><td>실무지식</td></tr>
<tr><td>업무추진능력</td><td>대인관계능력</td><td>정보분석능력</td><td>상황대처능력</td></tr>
</table>

<table>
<tr><td rowspan="4">역할별
공통요소</td><td rowspan="2">팀장급</td><td colspan="2">팀원급</td></tr>
<tr><td>선임급</td><td>담당급</td></tr>
<tr><td>평가 및 피드백 능력</td><td>정보수집 및 분석력</td><td>솔선수범/적극성</td></tr>
<tr><td>리더십</td><td>자기개발</td><td>자기개발</td></tr>
</table>

능력평가요소

■ 능력평가표

능력평가표는 기업의 사업특성과 성과관리시스템의 유형에 따라 제각기 달리 사용할 수 있으며, 직렬별·직위별 Sheet의 포맷은 기업 실정에 맞게 설계하여 사용할 수 있다.

능력평가표(팀장용)

구분	자기평가	1차평가	2차평가
평가등급			
평가점수			

평가요소	능력평가 세부내용	배점	평가등급(1차)					평가등급(2차)					1차 고과자 의견
			A	B	C	D	E	A	B	C	D	E	
지식	목표설정 및 목표관리 능력	15	15	12	9	6	3	15	12	9	6	3	
	문제해결능력	5											
	부하육성능력	10											
	기획력	10											
대인역량	조직리더십	15											
	업무지도능력	10											2차 고과자 의견
	교섭설득력	5											
	의사결정능력	10											
태도 및 행동	경영의식	10											
	솔선수범	5											
	원가의식	5											
계		100											

능력평가표(팀원용)	구분	자기평가	1차평가	2차평가
	평가등급			
	평가점수			

평가요소	능력평가 세부내용	배점	평가등급(1차)					평가등급(2차)					1차 고과자 의견
			A	B	C	D	E	A	B	C	D	E	
지식 (능력)	목표설정 및 목표관리 능력	15	15	12	9	6	3	15	12	9	6	3	
	문제해결능력	10											
	부하육성능력	5											
	기획력	10											
대인역량	업무지도능력	10											
	교섭설득력	10											2차 고과자 의견
	의사결정능력	10											
	팀웍 / 협동능력	10											
태도 및 행동	경영의식	10											
	솔선수범	5											
	원가의식	5											
계		100											

4. 평가운영체계의 설계

■ 조직평가운영체계

조직평가운영체계의 프로세스 주요 내용을 요약하면 다음과 같다.

- 경영환경변화에 따른 전사 방침 및 목표 설정
- 전사 방침 / 목표에 따른 Moon Chart 작성 (목표의 배분)
- 전사방침 및 목표에 따른 팀 목표 배분
- 팀 목표를 확정
- 팀 목표 항목·지표 및 비중 작성
- 목표항목·지표 및 비중 확정

- 팀 별로 확정 목표의 실행
- 평가 실시
- 평가결과의 분석
- 평가결과의 조정
- 평가결과를 평가 대상 팀에 통보
- 평가결과에 대해 불복 시 평가소원제도에 의해 재평가 요구
- 평가결과의 최종 정리 및 확정

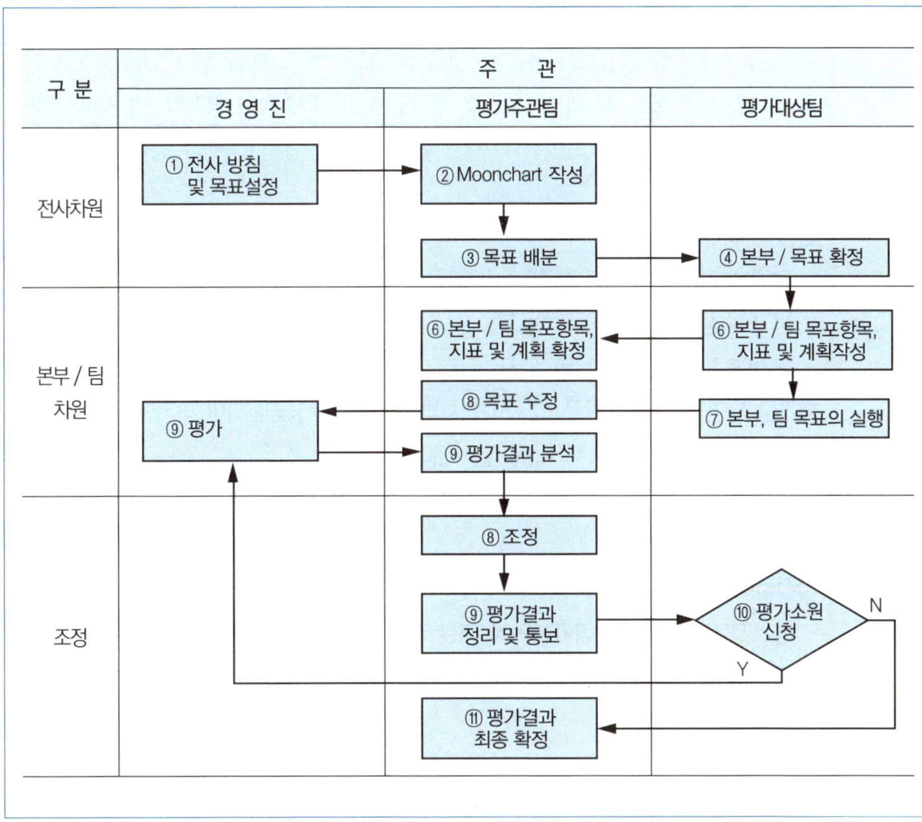

조직운영평가 프로세스

조직평가의 주관 조직평가의 주관은 조직평가운영에 관련된 제반 업무를 총괄 관리하는 기획실에서 담당하고 그 역할은 조직평가 주관 팀이 결정하기 어려운 사항에 대한 의사결정과 아래와 같은 사항을 지원한다.

- 조직평가운영 총괄 지원
- 전사지표 설정 안 조정
- 팀별 평가지표의 설정 / 확정 지원
- 조직평가체계의 개선 지원
- 조직평가 운영결과 분석·보고 및 사후관리 지원과 협조

조직평가위원회 조직평가위원회의 위원은 임원으로 구성하고 평가위원장은 대표이사가 맡으며 다음과 같이 운영한다.

- 구성시기 : 정기평가 실시 3주전 구성
- 구성방법 : 내부 임원급으로 구성하는 것을 원칙으로 하며, 전문적인 판단을 요하는 분야의 평가를 위해 필요 시 외부전문가를 평가단원으로 위촉하여 평가의 전문성과 객관성을 제고토록 한다.
- 평가단의 역할
- 주관 팀의 지원
  - 담당 평가분야별 사전 설정된 기준에 의거하여 객관적이고 공정한 평가 수행
  - 평가 수행결과의 작성 및 보고
  - 평가에 관련된 기밀 보안 유지
- 평가단 운영원칙 : 평가단은 반드시 전사의 업무를 숙지해야 하며 평가단 구성 후 평가전에 평가교육 및 Work shop을 실시해야 한다.

조직평가위원회 운영절차

- 사전검토 단계
  - 평가지표별 정의 및 평가항목에 대한 사전 충분한 이해 필요
  - 평가 목표별, 지표별 Check Point 작성
  - 기술내용 검증
  - 보완부분 현업 팀 Feedback
- 실사단계
  - 기술내용 확인
  - 보완요청항목 점검
  - 오류부분 수정기록
  - 1차 판정

- 평가단계
  - 실사결과 공유
  - 평가지표별 토의 및 팀별 판정
  - 팀 전체 평가결과 검토 및 조정
  - 팀별 최종 평가결과 확정

조직평가대상과 시기

- 평가대상 : 본부 / 전 팀
- 평가방법 : 등급평가, 절대평가
- 평가기준 : 본부·팀의 목표 및 평가지표, 세부추진계획, 일정 등
- 평가등급 : 등급평가(S~D)

조직평가지표를 활용한 평가방법

- 정량지표

목표달성율 평가	지표명	평가점수 = 달성율(%) × 지표 가중치			달성율 상하한선 (110%~80%)	
기준시점 대비 증가율 평가등급	기　　준	증가율 및 등급을 5단계 평가				
	등　　급	S	A	B	C	D
	등급적용기준	110% ↑	110% ↓	100%	80% ↑	80 ↓
	배점기준	100%	90%	80%	70%	60%
	평가산식	평가점수 = 등급별 배점기준 × 지표 가중치				

- 정성지표

기　　준		• 착안점별로 S,A,B,C,D 등급평가 • 각 착안점의 배점 적용비율 평균치 적용				
지표명	착안점1	S	A	B	C	D
	착안점2	S	A	B	C	D
	착안점3	S	A	B	C	D
지표가중치		1.0	0.9	0.8	0.7	0.6
배점비율						
평가산식		평가점수 = 평균배점비율 × 지표 가중치				
비　　고		평균 배점비율 = Σ착안점별 배점비율 ÷ 착안점 수				

비계량지표의 등급평가기준

- S급
  - 착안점에서 요구하는 사항을 월등히 만족시킨 경우나 아주 탁월한 실적으로 전 팀에 파급시킬 정도의 효과가 인정되는 경우
  - 전년에 비해 경영개선 실적이 아주 탁월하거나 성과가 상당하여 전사의 경영실적 향상에 크게 기여한 경우
- A급
  - 착안점에서 요구하는 사항을 매우 만족시킨 경우
  - 전년에 비해 경영개선 실적이 매우 우수한 경우
  - 기존제도의 변경·개선으로 성과가 우수하여 전사의 경영실적 향상에 기여하거나 향후 성과가 기대되는 경우
- B급
  - 착안점에서 요구하는 사항을 만족시킨 경우 (100%)
  - 경영개선 실적이 전년 수준인 경우
  - 기존방법을 보완하여 현상 유지한 경우
- C급
  - 착안점에서 요구하는 사항이 미흡한 경우나 형식적인 처리 또는 수행과정이 부적절한 경우
  - 전년보다 경영개선 실적이 미흡한 경우
- D급
  - 착안점에서 요구사항이 상당부문 결여되어 있거나 부족한 경우
  - 전년에 비해 경영개선 실적이 극히 부진한 경우
  - 비합리적인 업무수행 방법을 개선치 않고 방치한 경우

내부 및 외부 고객만족도 평가방법 고객만족도 평가는 외부고객 및 내부고객으로 나누어 평가한다. 내부고객만족도와 외부고객만족도 평가는 년 1회 정기적으로 실시하고, 필요시 수시로 평가를 실시한다. 내부고객만족도 평가는 전 팀을 대상으로 각 팀에서 접촉하고 있는 팀의 업무협조, 업무처리의 정확도, 신속도, 친절도 등 착안사항에 대하여 설문을 통하여 평가한다. 외부고객만족도 평가는 이해관계자 만족도 평가와 특정지표 관련 해당 팀의 지표측정에 해당되는 고객을 대상으로 실시하고 각 팀마다 대상고객을 확정한 후 일정한 설문 및 인터뷰 결과를 토대로 평가한다.

평가결과 활용

- 동기부여
  - 팀별 순위에 의하여 인센티브를 차등 지급
  - 조직평가 결과(팀 평가)는 개인 업적평가에 일정비율 반영
  - 포상금 혹은 인센티브
- 차기 조직평가지표 설정 및 업무계획 수립에 Feedback
  - 조직평가 결과분석 보고서 발간
  - 평가분석 결과 조직평가지표 개선에 활용
  - 부진실적 지표의 차기 핵심성과지표로의 반영

■ 개인평가운영체계

개인평가운영체계의 주요 내용을 요약하면 다음과 같다.

개인 인사고과 체계 인사고과는 업적평가와 능력평가를 통하여 이루어진다. 업적평가는 개인업적평가와 조직업적평가로 구분하여 실시하며, 개인업적평가의 경우 팀장을 제외한 전 구성원의 KPI Pool에서 선정하고 조직업적평가의 경우 팀 업적평가표 상의 KPI를 기준으로 한다. 또한 능력평가의 경우 전사공통·직군별·역할별 능력평가 요소를 기준으로 한다.

고과체계 구성	업적평가[개인업적평가 + 조직(팀)업적평가] + 능력평가
개인업적평가	- 팀의 직무단위 및 단위업무별 수행업무 내용과 팀 단위의 개인목표를 기준으로 평가. - 개인의 업무목표 달성도를 질적·양적 요소로 평가.
개인능력평가	- 전사공통 핵심역량 및 직군별·역할별 핵심역량을 기준으로 구성. - 중장기적인 관점에서 조직의 미래경영역량 제고 및 우수인재확보를 위하여 Knowledge, Skill, Behavior 등 개인의 잠재적 능력을 평가.
팀 업적평가	- 팀의 업적평가결과를 개인평가에 반영. - 팀의 목표달성도를 제고하며 조직구성원 상호간의 공동책임의식 및 상호협력을 강화할 수 있도록 지표화.
평정점수 반영기준	인사고과점수=개인업적평가점수+조직(팀)업적평가점수+개인능력평가점수

개인평가 형태별 가중치 설정

- 가중치 배부기준 : 직위별 역하에 따른 업무 특성을 고려하여 능력 및 업적의 비중을 조

정한다. 신입사원의 경우에는 평가시점 기준 입사 1년 미만자는 능력고과만을 평가한다. 팀장 평가의 경우 조직업적평가점수가 개인업적평가 점수에 그대로 반영된다. 등급비율은 기업의 실적을 감안하여 사전에 설정한다.

- 업적중심 : 팀장급 〉 선임급 팀원 〉 담당급 팀원
  * 대부분의 의사결정이 상위직에서 이루어지고, 따라서 업무의 최종결과에 대한 책임이 상대적으로 크다.
- 능력중심 : 팀장급 〈 선임급 팀원 〈 담당급 팀원
  * 하위직의 업무특성상 업무수행 핵심 스킬이 더 요구된다.

평가항목별 가중치(%)				평가요소별 가중치(%)						
					연 봉			승 진		
구 분	팀장	선임	담당	구 분	팀장	선임	담당	팀장	선임	담당
팀업적	80	30	20	업적	80	80	80	30	30	30
개인업적	20	70	80	능력	20	20	20	70	70	70
계	100	100	100	계	100	100	100	100	100	100

개인 평가대상 및 시기

- 평가대상 : 평가대상기간 중 3개월 이상 근무자를 평가대상으로 하고, 채용 후 6개월이 경과되지 않은 경우는 평가대상에서 제외된다.
- 평가시기

종 류	평가주체	평가 기준일	평가 대상기간	목표설정 시기	과정관리 시기	평가시기	FeedBack 시기
개인업적	상사	12 / 31	1년	매년12월	1~6월 7~12월	매년 7월, 12월	익년2월
개인능력	상사	12 / 31	1년	–	–	–	익년2월
부문 / 팀	상사 / 관팀	12 / 31	1년	매년10월	1~12월	익년1월	익년2월

개인 업적평가 단계별 프로세스 개인 업적평가의 평가 단계별 프로세스의 주요 내용은 다음과 같다.

- 경영환경변화에 따른 팀 목표 설정
- 팀 목표에 따른 Moon Chart 작성 (목표의 배분)
- 팀 목표에 따른 각 개인의 목표 배분

- 개인 목표를 확정
- 개인 목표 항목·지표 및 비중 작성
- 개인 목표항목·지표 및 비중 확정
- 팀 별로 확정 목표의 실행
- 평가 실시
- 평가결과의 분석
- 평가결과의 조정
- 평가결과를 평가 개인에 통보
- 평가결과에 대해 불복 시 평가소원제도에 의해 재평가 요구
- 평가결과의 최종 정리 및 확정

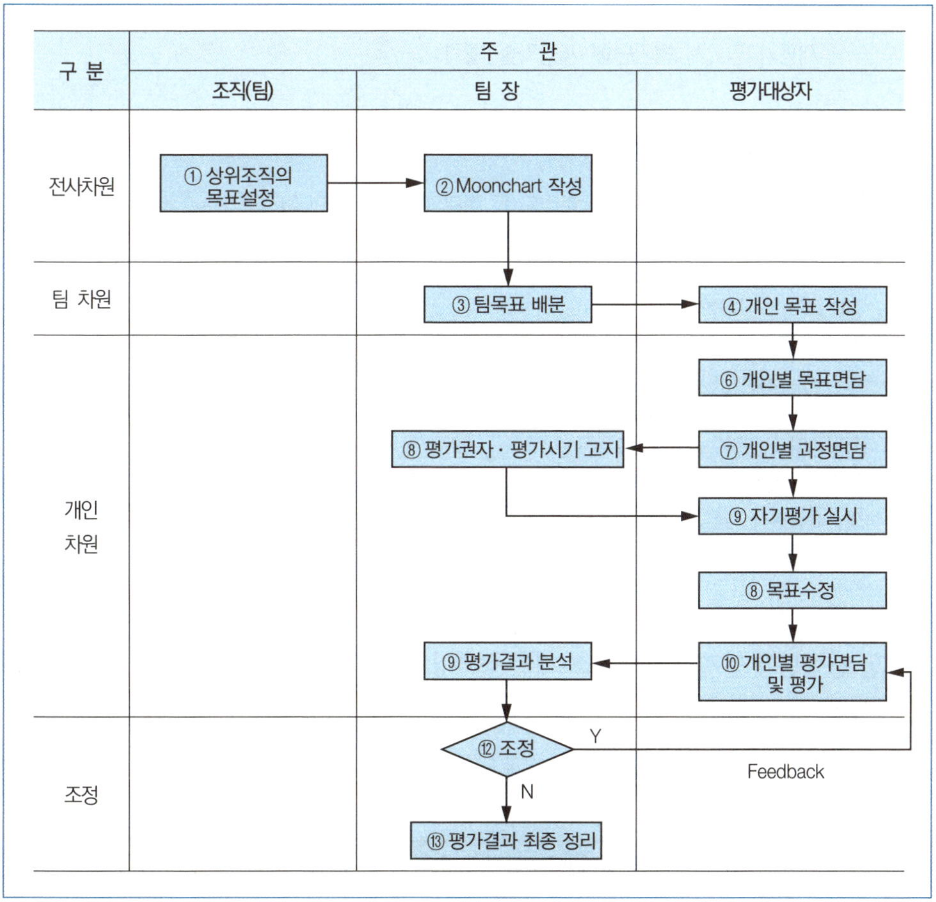

개인 업적평가 프로세스

개인 업적평가

- 평가자
  - 업적평가 면담 및 업적평가
  - 독립평가 / 절대평가
- 평가위원회
  - 개인업적평가 점수를 조정함
  - 최종업적평가점수를 역할별로 서열화 및 등급화
  - 재평가 필요시 재평가를 실시함
- 주관 팀
  - 조직업적평가 점수와 개인업적평가 점수를 가중 평균하여 개인별 최종 업적평가 점수를 산출
- 재평가 필요시 평가단에 재평가를 의뢰

Tip 개인업적평가시 착안사항

- 설정된 목표에 대한 달성도·일정준수도 등 객관화 가능한 개인 업적평가는 2차 평가로 종결한다.
- 평가자인 팀장은 구체적인 평가목표 및 평가기준을 기준으로 하여 팀원들의 업적에 대하여 절대평가를 실시한다.
- 업적평가의 경우 목표 설정 및 평가가 직무단위별 업적지표기술서상의 평가기준을 기준으로 하여 성과목표관리체계에 의해 운영된다.
- 100점을 만점으로 평가하고, 조직업적평가 대비 개인업적평가에 해당하는 비율로 환산하여 적용한다.
- 평가점수에 대한 역할별 서열화 및 등급화는 주관 팀에서 일괄 수행 한다.
- 개인업적평가 최종점수는 해당 팀의 업적평가점수와 개인 직무별 평가지표에 대한 업적평가 점수를 자격등급별로 차등하여 적용한다.

개인 능력평가 단계별 프로세스 개인 능력평가의 평가 단계별 프로세스의 주요 내용은 다음과 같다.

- 경영환경변화에 따른 전사방침 확정
- 전사공통·직군별·역할별 지표 확정
- 당해 연도 전략방향 및 인력육성전략 중심으로 지표별 비중 설정
- 능력평가표 확정

- 평가권자의 설정
- 평가권자 및 평가시기 고지
- 피평가자의 평가기간 동안 개인능력향상 내용에 근거하여 자기평가 실시
- 팀장은 자기평가 내용과 평가기간 중 피평가자의 능력요소를 기준으로 절대평가
- 평가결과를 주관 팀으로 송부 후 평가오류 검증·분석
- 평가결과를 확인·조정
- 평가결과의 최종정리

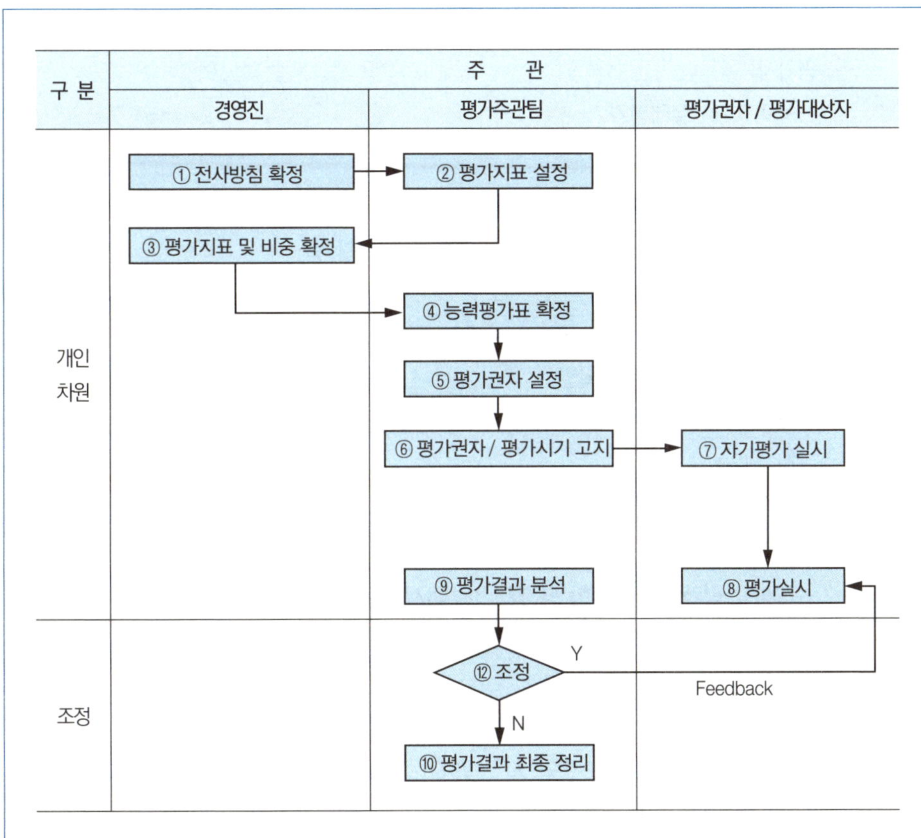

개인 능력평가 프로세스

개인 능력평가

[개인능력평가 평가관계자]

피평가자	능력평가 평가관계자	
	1차 평가자	2차 평가자
팀 장	사업본부장(70%)	최고경영자(30%)
선임급 팀원	팀장(70%)	사업본부장(30%)
담당급 팀원	팀장(70%)	사업본부장(30%)

- 평가자
  - 능력평가 / 절대평가
- 평가단
  - 개인능력평가점수를 조정함
  - 최종능력평가점수를 역할별로 서열화 및 등급화 함
  - 재평가 필요시 재평가를 실시함
- 주관 팀
  - 개인능력평가점수를 확인
  - 개인능력평가점수에 대한 팀 간 통계적 조정을 통하여 최종능력평가 점수를 산출(팀장 제외)
  - 재평가 필요시 평가단에 재평가를 의뢰
- 착안사항
  - 정성적 평가요소에 의한 평가가 이루어지지만 팀 간 평가 결과 수치에 대한 통계적 조정 및 평가오류에 대한 자료 요청 등의 보완책을 통하여 정성적 평가의 오류를 보완하고 2차 평가로 종결한다.
  - 평가의 객관성 확보를 위해 평가자의 절대평가를 실시한다.
  - 자기계발 목표는 목표 면담 시 팀장과 협의하여 설정하고 평가전 자기역량 향상 내용에 대하여 자기평가를 실시하고 그 실적을 평가 한다.
  - 능력평가요소는 전사 공통요소, 직군별 공통요소, 역할별 공통요소, 직능자격 등급별 요소 등의 요소를 기준으로 평가한다.
  - 5 Scale의 평가등급을 100점을 만점으로 평가한다.
  - 개인능력평가의 경우 업적평가와는 달리 정성적 평가로 인해 평가자의 관대화 혹은 가혹화 현상이 발생할 우려가 있어 주관 팀에서 팀 간 평가점수를 통계적 기법에 의하여 조정한다.

- 최종 능력평가 점수가 전년대비 2등급 이상 차이 발생 시 주관 팀에서 평가자에게 증빙 자료를 요청한다.

■ 평가 / 등급설정 / 결과반영 절차

개인평가의 운영체계 설계에 있어 평가·등급설정·결과 반영절차는 다음과 같이 설계할 수 있다.

구분	개인평가		조직평가
	능력평가	업적평가	업적평가
평가실시	핵심스킬 항목평가	수행업적평가	조직목표평가
	5단계 척도 평가		
등급산정	개인능력평가 등급	개인업적평가 등급	조직업적평가 등급
등급산정 (인사고과점수)	능력평가등급 점수 ×가중치	개인업적평가 등급 점수×가중치×난이도	조직업적평가 등급 점수×가중치
열화 및 최종등급산정	합산점수 등급결정 직급별 점수서열화	분포비율별 등급산정	분포비율별 등급산정

개인평가의 결과를 예시(선임급 팀원의 경우)하면 다음과 같다.

- 개인능력평가 : 평균평가점수 / 80점
- 개인업적평가 : 평가목표(지표 / 산식 및 착안점)+가중치+(업무난이도)
  평가점수 / 80점
- 조직업적평가 : 평가점수 / 80점
- 가중치 반영비율 : 개인평가 : 조직평가 = 90%:10%
  능력평가 : 업적평가 = 30%:70%
- 인사고과점수 = [(80점×30%) + (90점×70%)] ×90% + [80점×10%]
  = [24점 + 63점] ×90% + 8점
  = 78.3점 + 8점 = 86.3점

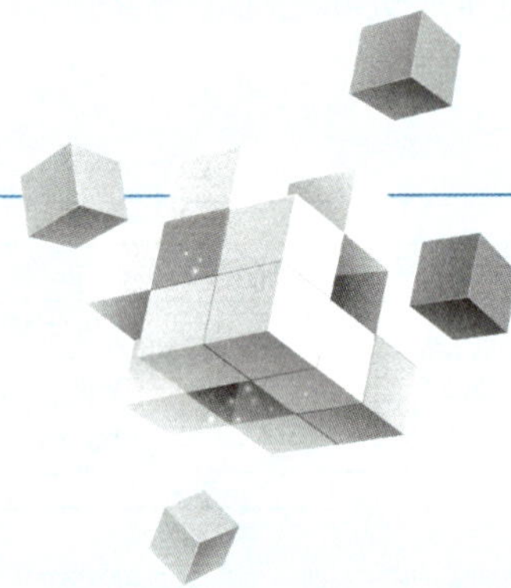

Chapter 16 핵심성과지표 KPI

01 KPI의 개요

기존의 성과지표의 문제를 해결하고자 많은 기업들이 새로운 방식으로 성과지표를 정립하고 있다. 재무적 성과는 과거활동의 성과이므로 어떠한 활동을 통해 성과를 달성할지에 대한 정보를 주지 못한다는 한계가 있다. 이러한 재무 성과지표 위주의 측정에 문제가 있음을 인식한 기업들이 기존 성과지표의 문제를 해결하고자 새로운 방식으로 KPI를 정립하고 있다. KPI를 새롭게 정립하려는 기업의 공통점은 BSC(Balanced Scorecard)관점에서 KPI를 재구축한다는 것이다. 즉, 기업비전이나 전략방향을 반영하되 각 KPI간의 인과관계를 고려하며, 또한 재무적 성과뿐만 아니라 고객·프로세스·학습역량 등 균형 잡힌 관점에서 KPI를 정립하고 있다. 유럽에 기반을 둔 금융 회사인 스칸디아의 경우, 지적 자본을 측정할 수 있는 성과지표의 개발에 초점을 두고, 재무/고객/프로세스/개발/인적 측면에서 지적 자본 지표를 구체화한 'Skandia Navigator'를 개발하여 운영하고 있다. 이는 현재 연말 회계보고서와 함께 공시되고 있으며, 이처럼 KPI를 새롭게 정립하려는 기업들은 하나의 공통점을 가지고 있다. 그것은 BSC(Balanced Scorecard) 관점에서 KPI를 재구축한다는 것이다.

1. KPI의 의의

핵심성과지표(KPI: Key Performance Indicator)란 조직 및 개인이 수행하는 업무 중 가장 중요한 성과책임영역을 정의함에 있어 업적에 대한 기존의 개념적·추상적 평가요소를 측정 가능한 구체적·계량적 형태로 나타낸 평가지표를 의미한다. KPI의 정립에 대해 관심이 높은 이유를 다음 몇 가지로 설명할 수 있다. 그 첫째는 활동성과에 대한 투명성 요구이다. 이는 IMF 이후 우리 사회 전반적으로 활동성과를 투명하게 공개하여야 한다는 인식이 확고히 자리 잡고 있기 때문이기도 하다. 특히 활동성과에 대한 투명성 제고는 기업 단위뿐만 아니라 기업 내부의 임원 조직단위, 팀 조직단위, 그리고 개인단위까지 확대되고 있다. 실제 활동성과가 있는 그대로 공개되고 평가될 수 있는 기반이 마련되어야 한다. KPI 정립에 대해 관심이 높은 둘째 요인은 성과주의 보상 때문이다. 사실 우리 기업들은 그 동안 성과평가의 중요성을 그다지 크게 느끼지 않았다. 기업 전체의 양적성장을 중요시 하는 분위기 아래에서 기업 내부조직단위의 활동성과 파악에 대해서는 그다지 큰 관심을 두지 않았을 뿐만 아니라 연공서열 위주의 인사관리시스템으로 인해 성과평가를 통한 차별 관리의 필요성을 크게 느끼지 않았기 때문이다. 그러나 경 활동의 포인트가 질적 성과중심으로 바뀌면서 기업내부 하위조직단위의 성과 파악이 매우 중요해지고 있으며, 성과중심의 급여시스템을 도입하면서 활동성과를 있는 그대로 나타낼 수 있는 KPI의 재정립 필요성이 높아지고 있는 것이다.

■ KPI의 역할

경영의 순환 사이클에 의한 KPI의 역할을 살펴보면 먼저 계획(Plan) 단계에서의 역할은 목표수립 과정에서 업적목표수준 설정에 대한 계량적 지침과 가이드라인을 제시한다. 실행(Do)적 측면에서의 역할은 직무수행과정에서 업무의 우선순위결정, 직무성과의 극대화를 위한 행동준거로 작용한다. 마지막으로 통제(See)면에서의 역할은 업적목표수준 달성도에 대한 모니터링, 개선 필요사항 피드백을 위한 기초자료의 제공을 한다.

■ KPI 구축목적

KPI를 정립하는 외형적인 목적은 물론 활동성과를 제대로 평가하는데 있다. 그러나 이를 KPI의 궁극적인 활용목적이라고는 할 수가 없다. 왜냐하면 기업 활동의 목적이 평가활동 자체가 아니기 때문이다. 평가는 업무를 수행하는 구성원들과 정기적으로 커뮤니케이션 수단이며, 이를 통해 구성원들로 하여금 보다 높은 성과를 창출하도록 동기부여 하는 것으로 그 궁극적인 목적이 있다. 결국 KPI를 도출하고 활용하는 궁극적인 목적은 구성원들을 기업이 원하는 방향으로 동기부여 하는 것에 있는 것이다. 따라서 KPI를 도출할 때 가장 중요하게 고려되어야 할 원칙은 바로 KPI 활용을 통해 구성원들을 동기부여 할 수 있느냐의 여부이다. 특히 바람직하지 못한 KPI를 활용할 경우에는 구성원들의 사고와 행동의 초점을 잘못된 방향으로 이끌게 되며, 이는 궁극적으로 구성원들의 의욕저하를 초래하고 기업 전체의 성과저하도 초래하는 결과를 가져올 수 있음을 명심할 필요가 있다. KPI의 구축 목적은 다음과 같이 요약할 수 있다.

전략과 성과지표의 연계성 강화 전략으로부터 도출된 성과지표 도출을 통해 전략의 실행과 성과관리를 긴밀히 연계·전략을 달성하기 위해 중요한 동인들을 파악할 수 있으며, 이들 간의 인과관계를 포함한 상호작용을 이해할 수 있다.

전략적 성과의 최적화 유도 특정 부문에서의 성과향상 노력이 다른 부문의 성과저하를 유도함으로써 발생하는 부분 최적화를 방지하고, 목표수준에 대한 적절한 조정을 통한 전체최적화를 유도할 수 있다.

장단기 성과관리의 균형성 확보 단기적 성과개선 노력이 장기적인 기업 가치를 저해할 수 있는 위험성에 대한 인식을 높이고 이를 통해 경영자의 올바른 의사결정을 유도한다.

지표 간 인과관계를 통한 전략적 학습 문제의 원인에 대한 단선적 해결을 지양하고 구조적인 원인에 대한 분석을 통한 전략적 학습기회를 제공하고 결과에 대한 선행 성과동인을 규명함으로써 성과지표 간 인과관계를 확인한다.

전략의 전사적 공유 전략으로부터 성과지표를 도출하는 과정에서 전략에 대한 임원의 확인 및 합의, 성과모델 작성 시 실무진의 참여, KPI 확정을 위한 워크숍 등을 통해 전사적으로 전략과 KPI를 커뮤니케이션하며 이를 통해 전략에 대한 이해 및 공유를 증진한다.

KPI 선정원칙

KPI는 조직에서 일의 진전에 대한 정의와 측정을 통해 조직의 목표를 달성하도록 돕는다. 조직에서 합의된 핵심지표이며, 성공요인을 반영하면서도 측정 가능한 지표다. 선택된 KPI는 조직의 목표를 반영해야 하며 성과에 중요해야 하고 측정할 수 있어야 한다. 핵심성과지표는 조직에 대한 장기적인 고려이다. KPI의 도입 목적을 고려할 때 KPI를 선정하는 원칙은 관리 중요성, 통제 가능성, 그리고 측정 가능성 등 3가지로 요약할 수 있다. 다음에서는 이러한 3가지 요인을 실제 어떻게 적용하여 비전과 연계된 KPI를 도출할 것인지에 대해 보다 구체적으로 살펴보기로 한다.

관리 중요성 관리 중요성이란 경영활동을 대표할 수 있는 핵심요인 중심으로 성과지표를 선정하는 것을 의미하며, 이를 통해 업적평가의 타당성을 높일 수 있다. 특히 관리 중요성이 높은 지표를 KPI로 활용함으로써 구성원들로 하여금 기업 전체의 성과향상을 위해 스스로가 중요한 역할을 담당하고 있다는 인식을 줄 수 있기 때문에 관리 중요성은 구성원들을 동기 부여하는데 매우 중요한 요인이다. 관리 중요성을 기준으로 KPI를 도출할 경우 기업이 추구하는 전략방향이 먼저 고려되어야 한다. 기업이 추구하는 전략방향이란 일반적으로 기업의 성장단계에 따라 달라진다. 기업이 성장기·성숙기·수확기 등 어떠한 라이프 사이클 단계에 있는가에 따라 KPI 개발의 초점이 달라져야 한다. 성장기에 있는 기업의 경우 생산 설비의 건설 및 확장, 운용역량의 구축, 고객과의 관계설정을 중심으로 KPI를 개발하는 것이 필요하며, 반면 성숙기에 있는 기업의 경우 현 시장점유율 유지 및 향상, 투하자본으로부터의 수익극대화 등과 같은 방향에 의거하여 KPI를 개발하는 것이 필요하다. 사업성공요인을 잘못 파악한 상태에서 KPI를 도출·활용할 경우 부정적인 결과를 초래할 수 있다. BSC 관점에서 KPI를 도출하기 위해서는 기업이 지향하는 전략적 방향이 우선적으로 고려되어야 한다.

통제 가능성 KPI를 구성원들의 업무 방향제시 및 동기부여 요인으로 활용하기 위해서 도출된 KPI는 구성원들이 자신의 업무권한 범위 내에서 직접 통제할 수 있는 것이어야 한다. 자신이 직접 통제할 수 있는 KPI가 아닐 경우 구성원들의 의욕저하를 가져올 수밖에 없기 때문이다. 특히 우리 기업들이 과거에 활용하였던 지표를 보면 통제 가능성이 낮은 지표를 많이 활용해 온 경향이 있다. 이는 과거 우리 기업에서 하위조직단위에 성과지표를 부과하는 방식이 일반적으로 탑-다운 방식이었으며, 탑-다운 방식으로 할당된 성과지표에 대해서는 자신이 통제 가능한지, 그렇지 않은지에 대해 논란을 벌이는 것이 허용되는 분위기가 아니었기 때문이다. 또한 우리 기업들의 조직운영방식이 수평조직과 같이 해당 프로세스와 관련된 업무를 통합 수행하는 것이 아니라 각 기능별로 업무를 분화해서 수행하는 체제였기 때문에 지표의 통제 가능성 측면에서 문제가 발생하기 쉬웠다. 통제 가능성을 고려하여 KPI를 도출하고자 할 때에는 다음 몇 가지 점을 고려하는 것이 필요하다.

> 첫째, 전사적인 조직 운영 방식에 대한 고려가 필요하다. 전사적인 조직 운영방식이 협조적인 업무처리 방식을 강조하고 있는지, 아니면 각 부문 간의 경쟁적 업무처리 방식을 강조하는가에 따라 KPI의 관리책임 부여방식이 달라져야 한다.
>
> 둘째, 미션과 업무분장표에 의해 관리책임을 부여한다는 것이다. 이는 기업 내부의 공식적인 규정에 의해 작업하는 것이기 때문에 적용에 무리가 없다는 장점이 있으나 실제 미션이나 수행업무분장이 자주 변화되기 때문에 엄격하게 적용하기 어렵다는 단점이 있다.
>
> 셋째, 업무 담당자와의 컨센서스를 중요시 하여야 한다는 것이다. 아무리 과학적이고 합리적인 방식으로 KPI를 개발하였다 하더라도 개발된 KPI를 업무 담당자가 수용하지 않으면 아무런 소용이 없기 때문이다.

측정 가능성 KPI로 활용되기 위해서는 기본적으로 측정 가능하여야 한다. 측정하지 않고서는 최종성과가 어떤 수준인지, 성과에 문제가 있다면 무엇 때문인지, 그리고 이를 어떻게 개선할 것인지를 파악하는 것이 어렵기 때문이다. 측정 가능성을 고려한 KPI를 개발할 경우 여러 가지의 성과동인을 종합적으로 반영한 통합지표를 개발하는 것이 바람직하다. 예를 들어 품질의 다양한 요인에 대해서는 고객 특성별로 중요도를 달리 적용한 종합품질지수(OQI: Overall Quality Index)를 개발하여 활용하거나, 고객만족의 개별지표는 고객만족지수(CSI: Customer Satisfaction Index)로, 그리고 구성원 만족도와 관련된 개별측정치는 구성원만족지수(ESI: Employee Satisfaction Index)로 종합하여 활용하는 것이 바람직하다. 또한 측정방식의 개선을 통해서 관리 중요성이나 통제 가능성을 개선할 수 있기 때문에 측정방식에 대한 정교한 정의도 매우 중요하다.

■ KPI의 기본요건

좋은 KPI가 되기 위한 요건은 성과측정가능성, 업무 대표성, 관리가능성, 지표간 균형성, 상하간 연계성이라고 볼 수 있으므로 이와 관련하여 구체적으로 살펴보기로 한다.

성과측정가능성 성과측정가능성이란 각 KPI를 주관적인 판단에 의해 측정결과가 좌우되지 않고 누구나 정해진 절차와 산출식에 의해 객관적으로 측정이 가능하도록 해야 한다는 것을 의미한다. 예를 들어 KPI로 고객만족도가 있다고 할 때, 공식적인 산출방법에 의해 측정되지 않고 단순히 고객만족에 대한 막연한 판단에 의해 측정된다고 하면 성과측정가능성 측면에서 부적합한 KPI라고 할 수 있다. 이런 상태라면 고객만족도보다는 다른 KPI 즉 고객클레임건수로 대체하여 평가·측정하는 것이 성과측정가능성 측면에서 볼 때 더 나을 것이다.

업무대표성 업무대표성이란 해당업무 내용을 대표하는 KPI가 되어야 한다는 것을 의미한다. 즉, KPI가 해당업무의 특성을 한마디로 표현할 수 있으면서 해당업무의 성공과 실패 여부를 판단할 수 있을 정도가 되어야 한다는 뜻이다. 영업부서의 경우 해당부서의 매출액·판매량 등이 좋은 예가 된다.

관리가능성 관리가능성이란 개인 혹은 단위조직이 해당 KPI를 본연의 업무수행을 통해 관리해 나갈 수 있어야 한다는 것을 의미한다. 경영지원팀의 KPI는 영업비용 보다는 '소모품 비용' 등과 같이 통제가 가능한 KPI로 설정하는 것이 바람직하고 공정하다.

지표간 균형성 지표간 균형성이란 가능한 한 다양한 성격의 KPI들이 함께 구성되어 있어야 한다는 의미이다. 즉, 정성적·정량적 지표, 재무적·비재무적 지표, 선행·후행지표들이 어느 한쪽으로 쏠리지 않고 골고루 지표로서 채택되어야 한다는 뜻이다. 일반적으로 지나치게 재무적인 지표로 KPI들이 설정되어 있는 경우가 상당히 많은데, 이는 재무적 지표가 상대적으로 객관적이며 결산과 회계감사를 통통해 산출하기가 매우 용이하기 때문이다. 적절하게 정성적이며 비재무적이고 과정 중심의 KPI로 균형을 잡는 것이 중요하다.

상하간 연계성 상하간 연계성이란 KPI에 의해 상위조직과 하위조직이 동일하게 목표로 정렬(align)될 수 있도록 해야 한다는 것이다. 즉, 전략적으로 중요한 KPI를 단위조직과 개인에게까지 동일하게 부여함으로써 모든 구성원이 비전과 전략에 초점을 맞출 수 있도록 해야 한다는 뜻이다.

■ KPI 도출이슈

KPI는 기업이 현재의 경영성과뿐만 아니라 미래의 가치를 증대시키기 위해서 무엇을 관리해야 하는지를 알려준다. KPI는 기업의 전략적 의미가 담겨져 있으므로 미래예측을 가능하게 하는 정보를 제공하기 때문에 기업의 영구존속과 발전을 가능하게 할 수 있는 핵심적인 지표만을 선정해야 한다. KPI는 변화하는 환경에서 관리의 핵심이 무엇인지, 조직의 전략과 비전을 달성할 수 있는 지표에 초점을 두어야 한다.

Tip KPI 개발이슈

- 무엇이 핵심인가 / 핵심 가치 동인을 규명하는 문제
- 무엇이 원인이고 결과인가 / 선행지표와 후행지표들을 올바르게 선택하는 문제
- 무엇이 Best Practice인가 / 경쟁사의 벤치마킹 자료 입수 문제
- 어떻게 지표 간의 균형을 맞추는가 / 재무적 지표들과 비재무적 지표간의 균형을 이루는 문제
- 같은 지표를 사용해도 좋은가 / 상이한 전략사업단위 간에 일관된 지표를 적용하는 문제
- 이해관계자가 누구인가 / 서로 다른 이해관계를 파악하고 조정하는 문제
- 몇 개가 적당한가 / 적정한 지표 개수 선정의 문제

2. 성과지표의 종류

성과지표(Performance Indicator)란 개인 또는 조직의 임무·전략목표·성과목표·성

과 등의 달성여부를 측정하는데 사용되는 척도로서 성과를 측정할 수 있도록 계량적 혹은 질적으로 나타낸 것을 말한다. 산출 및 성과에 대한 직접적인 계량지표가 없을 경우에는 성과관리의 목적을 달성할 수 없기 때문에 성과지표는 성과를 측정하고 관리하는데 가장 중요한 요소이다.

핵심성과지표(Key Performance Indicator)는 목표를 성공적으로 달성하기 위해 핵심적으로 관리해야 하는 요소들에 대한 성과지표를 말한다. KPI는 미래성과에 영향을 주는 여러 핵심자료를 묶은 성과평가의 기준이다. 기존에는 이익·매출·비용과 같이 과거 재무적인 지표를 기준으로 성과를 평가했지만 재무성과는 과거활동의 성과라는 점에서 미래성과를 예측하고 반영하는데 미흡하고 결과만 보여 줄 뿐 과정에 대한 정보도 없다. 성과측정의 대상으로 과정이 중요한 이유는 과정을 관리함으로써 단기목표를 달성할 뿐만 아니라 중장기적인 목표도 도달할 수 있기 때문이다.

■ 정량지표

정량지표는 성과의 결과가 계량적인 수치로 산출 가능한 지표를 의미하며 사전에 설정한 목표 대비 달성도에 따른 성과를 측정한다. 정량지표는 구성원의 수용도가 높다는 장점을 가지고 있는 반면 가용한 Pool이 제한적인 경향이 있다는 단점을 내포하고 있다. 정량지표의 유형은 최대추구형, 범위형, 최소추구형, 순위비교형, 상대비율형으로 나눌 수 있다.

최대추구형 최대추구형의 주요 특징은 가장 일반적인 정량지표의 형태로써 성과에 대한 달성도가 높을수록 좋다. 일반적으로 목표를 초과한 실적에 대하여 최고 점수를 부여하고, 일정 이상의 실적은 상한선을 두어 관리하여야 하며 매출액·영업이익 등이 여기에 속한다.

범위형 범위형의 주요 특징은 적정 수준의 범위 내에서 성과가 달성되는 것이 가장 효율적이다. 주어진 목표를 초과하는 것은 오히려 낮은 평가결과를 초래하게 된다. 일반적으로 비용과 관련된 지표에 해당되며 예산 대비 실적·부채비율 등이 여기에 속한다.

최소추구형 최소추구형의 주요 특징은 발생률이 Zero에 근접할수록 우수한 성과이다. 일반적으로 적정한 수준의 하한을 설정하고 이에 대한 최대 등급을 부여한다. 불량률·소송발생건수 등이 여기에 속한다.

순위비교형 순위비교형의 주요 특징은 실적이 순위로 평가 가능한 경우로써 순위가 높을수록 우수한 성과이다. 일반적으로 순위에 구간을 설정하여 구간별 등급을 부여한다. 동종업계 매출 순위·입사하고 싶은 기업 순위 등이 여기에 속한다.

상대비율형 상대비율형의 주요 특징은 실적이 상대적 비율인 경우로써 목표달성도로 수치화하기 보다는 비율 그대로가 더 편리할 때 사용한다. 일반적으로 비율에 구간을 설정하여 구간별 등급을 부여한다. 시장점유율 등이 여기에 속한다.

■ 정성지표

정성지표는 결과가 수치로 산출되지 않아 평가자의 주관적인 판단이 요구되는 성과에 대한 평가이다. 따라서 요구되는 평균 수준의 성과를 정의하고 이를 기준으로 평가가의 가이드라인을 설정한다. 단, 평가의 공정성의 확보를 우해 초과 달성 및 미달에 대해 피평가자와 사전 협의가 필요하며 인사제도 개선의 적절성 등이 이에 속하며 정성지표에 대한 평가기준을 예시하면 다음과 같다.

평가기준	내 용
탁월	목표대비 일정·양·질적인 면에서 기대 수준을 크게 초과 한 매우 탁월한 성과
우수	목표대비 일정·양·질적인 면에서 기대 수준을 상회하는 만족스러운 성과
보통	목표대비 일정·양·질적인 면에서 기대 수준에 부합하는 성과 또는 평균 수준의 성과
미흡	목표대비 일정·양·질적인 면에서 기대 수준에 미치지 못하는 성과
매우미흡	목표대비 일정·양·질적인 면에서 기대수준 보다 크게 낮아 개선이 필요한 성과

정성지표의 대상

구 분	보고업무	일상업무
주요특징	각종개선·도입 안건 및 분석·조사활동의 결과 보고에 대한 평가	일상적으로 행해지는 관리 및 업무 수행 결과에 대한 평가
평가시 고려요소	- 활용성 / 유용성 - 창의성 / 혁신성 - 실행 가능성 등	- 일정준수 - 절차준수 - 성실성 등
예시	- 마케팅전략 수립의 적정성 - 경쟁현황 분석 보고의 정확성	- 회의체 운영 효율성 - 자료 관리 정확성

02 KPI 평가지표 설정

평가시스템의 차원은 크게 조직차원의 집단평가와 개인평가로 구성되며 개인의 경우 성과뿐만 아니라 육성의 차원에서 역량(Competency)의 수준도 평가하게 된다. 이러한 조직과 개인의 연계를 통하여 전사 차원의 성과목표가 조직내부와 개인까지 내면화 되어 실제적이고 체계적인 성과목표 달성을 가능케 한다.

1. 지표설정의 의의

평가지표의 설정은 고객·협력사·주주·조직구성원에게 기업의 가치를 창출하는데 궁극적인 목적을 둔다. 이를 통하여 기업 목표를 전 조직에 걸쳐 공유하게 함으로써 기업목표에 대한 관심을 집중시킬 수 있을 뿐만 아니라 조직구성원·개별 조직단위·부서간의 공감대를 형성하고, 경영진으로 하여금 기업에 관해 지표를 좀 더 객관적인 관점으로 파악할 수 있게 할 수 있다.

■ 지표설정 방향

성과측정 및 책임은 조직의 모든 레벨에 적용된다. 지표·절차·측정방법과 자원은 대개 각 레벨에 따라 다르고 동일 레벨에서도 다를 수 있다. 전사와 부문 및 팀의 수행능력 측정을 동일한 방식으로 측정하지 않도록 하며 서로 다른 부문 간 수행능력 측정을 동일한 방법으로 하지 않도록 하여야 한다. 단계별 성과평가지표의 설정방향은 다음과 같이 요약하여 정리할 수 있다.

구분	설정방향
전사지표	- 전사지표 도출과 활용에 있어서 경영패러다임의 전개방향을 고려하며 단순한 지표의 관리통제가 아니라 원인의 규명을 통한 성과동인의 발굴에 의하여 경영활동을 통제한다.
부문지표	- 기업의 비전·중장기 전략·경영방침 등을 수행하기 위한 전략적 측면에서의 경영성과를 극대화하기 위한 전략지표로 한다. - 부문별 전략지표는 기업 비전 및 전략을 기준으로 하여 설정된 전사지표에서 각 부문별 사업 특성에 따라 Top Down 및 체계적 Break down에 의거하여 설정한다.

팀 지표	- 비전·부문의 중장기전략·방침 등을 수행하기 위한 전략적 측면에서의 경영성과를 극대화하기 위한 전략지표, 팀별 미션의 달성 및 기능적 업무의 효율적 수행을 위한 핵심업무를 팀 핵심고유지표로 한다. - 팀별 전략지표는 비전 및 부문전략을 기준으로 Top Down 및 체계적 Break down에 의거하여 설정한다. (팀 전략지표 Pool에서 선정) - 팀별 핵심고유지표는 팀의 Mission 및 고유기능을 감안하여 자율적으로 설정토록 한다.
개인지표	- 전사 전략 및 기본목표를 달성하기 위해 개인별로 수행하고 있는 직무의 성과를 토대로 설정한다. - 직군별 / 직위별로 수행하는 직무의 미션 및 해당 직무별 핵심성공요인을 근거로 핵심성과지표를 도출한다.

■ 바람직한 성과평가지표

성과측정 관리지표가 객관성을 유지하고 이해관계자 모두가 공감할 수 있는 방향으로 설계되기 위해서는 다음 요소들을 검토하여 설계하여야 한다.

요 소	내 용
측정 영역	사실상 모든 영역이 성과 측정과 책임의 대상이 될 수 있다.
구조	모든 측정치에는 분명한 목표와 성취 하는 측면이 있다(능력 허용 범위일 경우도 있다).
지표의 갯수	가능한 적게 한다. 결과 – 적어도 링크된 지표 2개, 원인 – 필요한대로
난이도	시기적절하고 정확한 데이터 수집·정비·리포팅을 위해 가능한 간단하게 한다.
연속형 지표	시간 경과에 따른 퍼포먼스의 변화·동향·개선 상황 등을 보여 준다
주기	측정대상의 민감성에 따라 적당한 빈도로 측정한다(예 고속 자동 기계의 경우 분단위로, 재고의 경우 월 단위 혹은 분기단위로 한다).
고위 관리자 검토	측정치가 기업의 목적을 반영할 수 있도록 하기 위해 정기적으로 필요하다.
피드백	측정치가 나오면 곧 측정 대상인에게 피드백이 되어야 한다.

2. 지표설정 프로세스

■ KPI의 선정기준

KPI의 선정은 경영방침에 의거한 중점 추진과제별로 각각의 핵심성공요인을 분석하여 후표지표를 선정하여 검토한 후 이들 중에서 최종적인 지표들을 선택하여 선정한다.

항 목	내 용
전략과의 연계성	KPI가 전략과 연계된 CSF를 실현하기 위해 성과를 제대로 평가하고 있는가.
통제가능성	선정된 KPI에 의해 평가되는 업무가 성과향상을 위해 통제가능 하는가.
측정가능성	해당 KPI가 수치화 가능하고 객관적인 측정방법이 존재 하는가.
데이터 가용성	KPI 측정을 위한 데이터 가용여부와 데이터 수집이 가능 하는가.
목표설정 용이성	해당 지표의 과거 데이터가 존재하고, 벤치마킹 할 수 있는 대상이 존재하며 객관적인 목표 설정 모델이 있는가.

전사 지표설정 Process

성과관리는 전사의 비전 및 전략을 달성하기 위한 수단으로서 활용되며, 따라서 전사·부문·팀 및 개인 업적평가지표의 구축은 기업의 비전 및 전략으로부터 시작되는 프로세스에 의하여 도출된다.

제1단계 / 전략확인 전사 지표설정의 제1단계에서는 조직 및 전략의 이해와 확인과정이라고 할 수 있다. 따라서 전략의 상호충돌을 방지하고 종합적인 시너지를 유도하여 전체적인 최적목표 실현이 가능하도록 전사-부문(본부)-팀별 전략을 정렬한다.

제2단계 / 관점설정 이 단계에서는 기업의 가치가 어디에서 창출되는지를 정의하여 경쟁우위의 원천을 밝히는 과정이다. 기본적으로 균형성과지표(BSC) 관점으로 설정토록 한다.

- 기업의 가치를 제공하는 근본이 되는 '고객' 정의
- 고객에게 가치를 제공하는 '내부 프로세스' 설정
- 내부프로세스가 지속적인 경쟁우위를 창출할 수 있도록 만드는 기반인 '학습 능력과 혁신활동' 설정
- 각 관점은 궁극적으로 기업이 지향하는 '재무' 가치로 연계

또한 BSC의 4가지 관점 외에 각사의 전략달성에 반드시 요구되는 특수한 관점이 있는 경우 포함 가능하다.

- 당해연도에 특별히 강조되는 전략이 있는 경우 또는 사업 특성상 특수한 경우 추가적인 관점 설정으로 예컨대 환경관점, 공급자 성과관점, 종업원 만족도관점, 품질관점 등도 가능하다.
- 전사적인 일관성 확보를 위해 가능한 한 BSC 4가지 관점에 포괄시키는 것을 원칙으로 한다.

Tip 관점설정 시 체크포인트

- 전략적 요구와 이해관계자의 요구가 포괄되어 있는가.
- 부서의 특수성이 반영되어 있는가(㉰ 환경·공급자 등).
- 특수한 관점의 경우 BSC의 관점으로 포함시키는 것이 가능한가.
- 관점간의 균형과 가중치가 적절한가.
- 상위조직과 가중치를 다르게 설정할 것인가.

[관점과 전략 연계 Mapping]

조직명칭		작성자		승인자	
전 략					

관 점	가중치	각 관점별 세부전략
재무 관점		
고객 관점		
내부 비즈니스 프로세스 관점		
학습과 성장 관점		
Total	100%	

제3단계 / CSF 도출 기 확정된 BSC 관점과 전략을 바탕으로 각 세부 전략의 성공적 달성에 필요한 핵심성공요인(Critical Success Factor : CSF)을 도출하고 Map을 작성한다.

- 예비 CSF 도출 : BSC의 4가지 관점별로 주요 고려사항을 정리하여 예비 CSF를 도출한다.
- 전사 CSF 도출 : 비전 및 전략 리뷰, 인터뷰 결과를 바탕으로 고객사가 고려해야 할 사항을 정리하고 도출된 Key Initiative의 관련성을 고려한 그룹핑을 통해 전략 테마를 달성할 수 있는 요인을 CSF로 선정한다.
- 전략 맵 작성 : 전략 테마를 달성할 수 있는 CSF에 대해 BSC의 4가지 관점에 따른 인과관계를 고려하여 전략 맵을 작성한다.

Tip CSF 도출 시 체크포인트

- 세부 전략을 가장 성공적으로 수행하기 위해 반드시 달성해야 하는 가장 중요하고 근본적인 요소인가.
- 전략과 상관없는 요인이 포함되지는 않았는가.
- 궁극적으로 회사의 장기적 경쟁우위 확보에 기여하는 요소인가.
- 각 세부 전략별로 구체화되어 있는가.
- 각 전략별 CSF가 너무 많아서 초점이 흐려지지는 않았는가.
- 도출시 최고경영진, 업계의 전문가, 핵심 구성원의 검토를 받았는가.

[전략별 핵심성공요인 Mapping]

조직명칭		작성자		승인자	

관 점	전 략	세 부 전 략	핵심성공요인 (CSF)
고객			

제4단계 / KPI 선정 도출된 핵심성공요인에 근거하여 전략의 달성여부를 판단할 수 있는 핵심성과지표를 도출한다. 핵심성과지표의 올바른 생성은 성과관리시스템 구축의 가장 중요하고 결정적인 과정이다. 전략별로 관리와 측정이 가능한 핵심성과지표를 도출한다. 이때 전사전략 및 성과지표와의 조정과정을 거쳐 보다 상세하고 현실성 있는 지표가 되도록 수정 보완하여야 하며, 공통지표에 대한 관련 조직 간의 성과책임 배분과 유사지표의 전사적인 조정을 위해 상·하간의 담당자 워크숍·조정회의 등의 수평적 커뮤니케이션이 필요하다.

- 지표 Set 구성 : BSC 관점 및 CSF를 측정할 수 있는 지표 Set를 구성한다.
  - 전략과제를 Drill Down하여 도출
  - 고객사의 기존 지표 적용
  - 관련지표 Pool 적용
  - 업무 분장 등 프로세스분석을 통한 지표 도출

- 조직별 예비 KPI 선정 : 예비 KPI 선정을 위한 선정기준을 수립한다.
  - 주요 선정기준 – 목적적합성, 측정가능성, 통제가능성, 실행용이성
  - 선정 기준을 적용하여 예비 KPI를 선정한다.
  - 선정 사유 및 고려 사항을 분석한다.
- KPI 협의 및 확정
  - 선정된 예비 KPI에 대해 경영진 및 본부장 리뷰 및 협의를 통해 재조정 및 확정
  - KPI에 따라 CSF 조정이 발생할시 이를 반영한다.
  - 조직 레벨별 BSC를 제시한다.
- 조직 레벨별 KPI Cascading 분석

  전사 KPI와 팀별 KPI 관계를 분석하여 CSF별로 Cascading 체계를 마련한다. 이때에 조직 레벨별 KPI가 전사 KPI와 동일하거나 전사 KPI가 조직별로 Break Down, 무관한 조직별 자체 KPI로 구분되어 Cascading 되어야 한다.

Tip KPI 도출 시 기본 체크포인트

- 사업전략 및 핵심성공요인은 지표가 전략을 대표 하는가.
- 최고경영자, 이해관계자의 니즈를 반영하고 있는가.
- 지표의 숫자가 적절한가(가급적 적은 수의 핵심지표만으로 구성하는 것이 바람직하다).
- 효과적으로 측정 가능한 명확한 지표인가(가급적 정량 지표화 하는 것이 바람직하다).
- 통제 가능한 지표인가.

[핵심성과지표(KPI) Sheet]

조직명칭		작성자		승인자	

세부전략	핵심성공요인(CSF)	핵심성과지표(KPI)

핵심성과지표(KPI)	지표정의	지표 계산식

제5단계 / 목표설정 업무 수행자가 동의하는 적절한 목표치의 설정을 목적으로 한다. 목표설정은 절차적 공정성을 갖춰 충분한 납득이 되어야만 한다. 그러므로 목표설정 과정에서 활발한 쌍방 간의 커뮤니케이션을 통해 목표에 대한 충분한 검토와 토의가 이루지고 상호 동의를 얻어내는 것이 중요하다. 전사목표에 대한 이해와 과거 실적, 내외의 비즈니스 환경에 근거한 전망자료, 비교기업의 현황 등 자료 수집 및 분석이 이루어져야 하며 대상기간 동안 달성 가능한 목표치를 기간별·조직단위별로 수립하도록 한다. 이 과정에서 상급자(부서)와의 협의·조정 및 확정과 더불어 상세한 개별목표를 수립한다.

- 목표 합의 워크샵 : 기 선정 KPI와 팀 평가 항목의 차이를 분석하고 이에 대한 대응방안을 수립한다. 기 선정된 팀별 KPI의 실적치 취합을 통해 Data의 타당성분석을 실시한다.
- 이슈 조정 : 기 선정 KPI의 목적 적합성, Data 신뢰성 및 측정 가능성 등의 관점에서 팀별 이슈 KPI를 도출·분석하고 이에 대한 해결 방안을 도출한다.
- 지표 / 가중치 / 목표치 확정 : 이슈 KPI의 수정·삭제·대체 등을 통해 팀 지표를 확정한다. 선정된 팀 지표 중 지표의 중요도 및 통제 가능성을 토대로 평가지표를 확정하고 이에 대한 가중치를 부여한다.
- 목표합의서 확정 : CEO 및 임원과의 협의를 통해 팀별 목표합의서를 최종적으로 확정한다. 일부 지표에 대해서는 설계 후 목표치의 변경 및 재확정을 한다.
- 목표설정 시 고려항목

항 목	내 용
비교 기업 지표	동업종 경쟁 또는 선진 기업의 지표와 그 수준
과거연도 지표	과거 최고치, 평균치, 전년도치, 회귀분석 통계치
목표치	최고경영자의 기대수준, 예산상의 달성 목표치
표준치	시장여건과 내부여건(제조원가, 작업표준치 등)을 고려한 적정치
상한치	지표의 성격상 상한값(100%)이 있는 경우에 제시
합의 기준치	평가등급(S, A, B, C)별로 상호 합의한 목표치로서 실제 평가기준으로 활용
측정 주기	각 목표지표의 적정 측정주기를 설정 (1년, 분기, 월 등)

Tip 목표설정 시 체크포인트

- 목표 수준이 너무 높거나 낮지는 않은가.
- 조직의 전략 달성에 적절한 수준에서 설정되었는가.
- 본인의 이해와 동의가 충분히 이루어졌는가.
- 과거 실적, 비교기업 실적, 업계 수준 등 비교지표에 대한 검토가 이루어졌는가.
- 목표가 구체적이고 측정 가능한가.

[목표설정 Sheet]

조직명칭		작성자		승인자	

KPI 명칭	참조치	측정주기	성과달성 정도 평가기준			
			S	A	B	C

제6단계 / KPI 상세설계 KPI의 최종단계인 상세설계는 측정정보 중심의 1차 설계를 수행하여야 하며, 1차 설계가 끝나면 분석정보 중심의 2차 설계가 이루어진다. 이러한 과정을 마치게 되면 마지막으로 설계확정의 수행에 들어간다,

- KPI 1차 설계(측정정보 중심) : 산식 및 상세 정의, 측정 고려사항, Data Source, 측정주기 및 단위 등 KPI의 측정 정보를 중심으로 1차 설계를 수행한다.
- KPI 2차 설계(분석정보 중심) : 분석 Dimension, Drill Down, 분석 고려사항, 측정주기별 목표치 및 실행과제 등 KPI 분석정보를 중심으로 2차 설계를 수행한다.
- KPI 설계 확정 : Review를 통한 산식 및 상세정의 수정·분석 Dimension 조정 등 수행과 공동 Ownership 및 전사 공통 이슈지표에 대해 팀간 협의 및 재조정이 이루어지며, 수작업 지표에 대한 증빙자료 및 지표관리 주체를 확정한다. 또한 지표의 데이터 획득 가능성에 대한 상세분석과 지표에 대한 모니터링 기준을 확정한다. 그리고 마지막으로 팀별 지표정의서를 최종 확정한다.

KPI 지표개발 시 유의사항 KPI의 지표개발에 있어서 유의하여야 할 사항을 다음과 같이 요약할 수 있다.

- 조직 단위별로 20개 내외, 관점별로 4~5개 정도의 KPI 선정한다.
- 원인지표와 결과지표 적정한 비율로 구축한다.
- 조직 내부의 참여와 협의구조가 조성되어야 한다.
- Top-down과 Bottom-up이 조화된 지표 개발이 필요하다.

3. KPI 정의서

KPI 정의

KPI는 어떤 계획을 달성하기 위해 반드시 필요한 요소라고 할 수 있다. 다시 말해서 목표를 설정하고 이를 달성하기 위해 반드시 이루어져야 하는 요소가 무엇인지 설정하는 것이다. 즉 다음 사업연도의 경영계획이 매출액 30%성장과 고용안정율 20%상승, 고객대응속도 5%상승, 제품불량율 50%감소, 신제품 개발주기 연간 2회에서 3회로 단축이라고 설정되었다면 이러한 목표를 달성하기 위해 각 부문별로 자신들의 Job을 정의하는 것이다. 매출액 30%의 성장을 위해서는 영업부문, 영업지원 부문, 마케팅부문, 홍보부서, 전략사업부서가 직접적으로 Involve되게 된다. 영업부문에서 매출액 30%의 신장을 위해 신규 유통경로를 개척하여 대리점 수를 20% 증대해야 할 필요성이 대두되면 매출액 30%를 신장하기 위한 KPI는 '신규대리점 20% 증대'일 것이다. 영업지원 부문에서는 영업부문이 현장에서 즉각적으로 신규대리점에 대응할 수 있고 신규대리점이 보다 더 필요성을 느끼게 할 수 있는 리베이트 시스템이 필요하다면 KPI가 '신규대리점 5% 시장개척장려금 지급'이 될 것이다. 이러한 경영계획에 따라 부문별로 관련된 목표를 이루기 위한 핵심성공요소를 정의하는 것이 KPI정의라고 할 수 있다.

KPI 정의방법

KPI 정의를 위해서는 반드시 경영계획이 필요하다. 즉 사업계획이 어느 정도 잘 수립되었느냐에 따라 KPI 정의를 내리는 시간이 많이 절약된다. 경영계획에 기업 전체적인 전략목표가 설정되고 이를 수행하기 위한 각 부문간 전략목표가 설정되어 있다면 이를 활용하여 KPI 정의를 내리는 것이 바람직스러운 일이다. 따라서 전략목표는 Strategic Map 형태로 만들어야 한다. 전략목표간의 영향관계를 알아야 KPI 정의를 내릴 때 연관관계와 중요도를 확인할 수 있다. 전략 맵이 완성되면 각 전략을 달성하기 위한 요소를 추출해 낸다. 이 추출작업을 할 때 미리 부서에서 할 것을 설정하지 말고 해당 목표를 달성하기 위해 반드시 필요한 성과가 어떤 것들인지 만을 생각하고 추출작업을 하여야 한다. 추출작업이 완성되면 리스트작업과 연관 맵 작업을 하여야 하고, 그 다음으로 각 요소들이 연관된 부문과 팀을 리스팅한다. 하나의 요소에 여러 부문이 들어갈 수 있다는 것을 명심하고 너무 많은 부문이나 팀이 들어갔다고 빼거나 해서는 아니 된다. 그런 다음 각 부문과 팀이 해당 요소를 달성하기 위해 이루어야 할 일들과 그 일들을 위한 업무순서 등을 리스트 업 한 후 1차적으로 KPI 정의를 내리는 부서에서 논의를 거쳐 확정이 아닌 1차적인 작업으로 주요측정지표를 수치화할 수 있는 기준을 만든다.

<table>
<tr><th>구 분</th><th>내 용</th></tr>
<tr><td>
<table>
<tr><td>항 목</td><td>재무구조개선</td></tr>
<tr><td>가중치</td><td>15%</td></tr>
<tr><td>관 점</td><td>재무관점</td></tr>
<tr><td>목 적</td><td>안정적 기반 구축</td></tr>
<tr><td>산출공식</td><td>재고보유일수 × 30% +
매출채권회전일 × 30% +
순금융비용율 × 40%</td></tr>
<tr><td>목 표</td><td>재고보유일수 / 65일
매출채권회전율 / 31일
순금융비용율 / 0.5%</td></tr>
<tr><td>측정주기</td><td>월 단위</td></tr>
<tr><td>평가 Data</td><td>B / S, P / L</td></tr>
</table>
</td><td>
• 재고자산관리(30%)
- 이력관리로 회전일 단축 금융비용 절감
- 반품비 포함 원가정보제공 비용절감
• 매출채권 관리(30%)
- 결재일 미준수 거래처관리 강화
- 직거래처 회수기간 단축방안 강구
• 순금융비용 관리(40%)
- 최저금리 차입으로 금융이자 경감
- 단기여유자금 예치이자 이자수익 증대
평가기준 : 정량평가
<table>
<tr><th>등 급</th><th>S</th><th>A</th><th>B</th><th>C</th><th>D</th><th>E</th></tr>
<tr><td>재고자산</td><td>60일 이하</td><td></td><td></td><td></td><td></td><td></td></tr>
<tr><td>매출채권</td><td>31일 이하</td><td></td><td></td><td></td><td></td><td></td></tr>
<tr><td>금융비용</td><td>40억 이하</td><td></td><td></td><td></td><td></td><td></td></tr>
<tr><td>점 수</td><td colspan="6">목표 / 실적×100</td></tr>
</table>
</td></tr>
</table>

[KPI 정의 (사례)]

항 목	합계	1월	2월	3월	4월	5월	6월	7월	8월	9월	10월	11월	12월
재고자산													
매출채권	31.8												
순금융	50억												

■ KPI 정의서

앞에서 설명한 바와 같이 KPI에 대한 정의가 끝나면 다음으로 1차 KPI 정의서를 만들어야 하며 여기에는 해당 KPI가 관계된 전략목표·수행부서·연관부서·업무절차도·성공정의·측정기준한 등이 명기되어 있어야 한다. 이렇게 작성된 1차 KPI 정의서는 각 부문장 및 팀장과의 협의과정을 가져야 한다. 협의과정을 거치는 이유는 해당 KPI의 달성에 따라 인사적인 측면에 영향을 줄 수 있고 작성된 KPI 정의서의 측정방법이나 내용 등이 잘못 작성되어 있을 수 있기 때문이다. 뿐만 아니라 이러한 과정을 통해 각 부문·팀장이 해당 내용을 숙지하고 앞으로 문·팀을 어떻게 이끌어 가야할지 방향을 잡는 자리가 될 수 있다. 이러한 협의과정을 거쳐 KPI 정의서를 수정하고 확정하는 작을 한다.

[KPI 정의서(사례)]

<table>
<tr><td rowspan="3"></td><td rowspan="3">KPI 정의서
(Key Performance Indicator Defination)</td><td>KPI 번호</td><td></td></tr>
<tr><td>KPI 분류</td><td></td></tr>
<tr><td>KPI 수준</td><td></td></tr>
</table>

<table>
<tr><td>성과지표명</td><td></td><td>관련프로세스</td><td></td></tr>
<tr><td>관리책임</td><td></td><td>측정책임</td><td></td></tr>
<tr><td>지표관리 목적</td><td colspan="3"></td></tr>
<tr><td>지표적용범위</td><td colspan="3"></td></tr>
<tr><td>전결권한</td><td></td><td>평가주기</td><td></td></tr>
<tr><td>지표측정주기</td><td></td><td>측정단위</td><td></td></tr>
<tr><td>계산공식</td><td colspan="3"></td></tr>
<tr><td>계산규칙과 예외</td><td colspan="3">1.
2.
3.</td></tr>
<tr><td>용어 / 인자 정의</td><td colspan="3">1.
2.
3.</td></tr>
</table>

<table>
<tr><td colspan="3">측 정 방 법</td></tr>
<tr><td>인 자</td><td>데이터 출처</td><td>원시 데이터 기록 / 자료</td></tr>
<tr><td></td><td></td><td></td></tr>
</table>

<table>
<tr><td>작성자</td><td></td><td>작 성</td><td>검 토</td><td>승 인</td></tr>
<tr><td>작성일자</td><td></td><td rowspan="2"></td><td rowspan="2"></td><td rowspan="2"></td></tr>
<tr><td>Rev. No</td><td></td></tr>
</table>

4. 부문별 KPI Pool

부문별	전략기획	직 무 명	경영기획
직무개요	회사의 Vision과 전략 및 경영계획을 수립·관리하며 예산관리, 성과관리, 업무개선, 경영정보관리, 해외법인관리 등의 기획업무를 관장.		

단위과업	KPI	측정산식
연간사업계획 및 중장기 경영계획수립	사업계획 달성률	목표영업이익율 / 실제영업이익율
	사업계획 적시성	단계별수립시기
	사업계획 타당성	체크리스트 작성 달성율
경영성과 분석	경영실적분석 / 보고	보고횟수
	경영실적 보고 적시성	완료일
	경영성과 개선사항 도출건수	도출건수
신규사업계획의 수립	신규사업계획 수립 적시성	완료일
	신규사업계획 타당성	예상투자성과 / 예상투자액
	신규사업계획 달성율	예상투자성과 / 실제투자성과
예산관리	예산제도 시행	지속성 없는 KPI
	예산편성 대비 집행편차	예상예산금액 / 집행금액
성과평가 시스템 운영	성과평가시트 접수율	제출부서 / 전체부서
	성과평가시스템 개선 건수	개선 건수
	평가시스템 만족도	오류건수+부적합건수
KPI의 설정	KPI POOL 구축율	지속성 없는 KPI
	전사 Matrix 작성 적합성	S-D로 평가
	전사 Matrix 작성 적시성	완료일
	전사 Matrix 유지 관리율	월별 지표관리율
목표성과측정	보고서의 보고 적시성	완료일-매주 지정요일
	KPI 보완대책서 접수율	제출부서 / 전체부서
	제도개선 도입건수	도입건수
업무 및 제도의 개선	제도개선 채택율	채택건수 / 전체건수
	제도개선 만족도	설문조사 결과점수
	지시사항 조치 완료율	조치건수 / 지시건수
	지시사항 조치 만족도	평균등급(S-D)
홈페이지관리	홈페이지 문제발생건수 zero	문제 발생건수
경영정보수집 분석 / 보고	경영정보 보고 횟수	보고건수
	경영정보 보고 적시성	완료일
해외법인 관련 업무	해외법인관리 현지화율 지표 정의 및 실적관리	지속성 없는 KPI
	해외법인 현지화율 지표관리	목표 대비 평균달성율
	현지관리자 육성방안 실행율	체크리스트 달성율
	해외법인 개선업무	개선건수
기타	프로젝트 성 보고 업무	보고서 건수
	경영정보시스템 만족도	설문조사 결과점수

부문별	전략기획	직 무 명	경영혁신
직무개요	회사의 모든 업무의 프로세스관리, 혁신활동, 품질경영시스템 등의 경영혁신 활동을 관장함.		

단위과업	KPI	측정산식
프로세스 개선	개정필요 프로세스 개선율	개선완료건수 / 개선대상건수
	업무 프로세스 개선 건수	개선 건수
	업무 프로세스 개선 적정성	개선완료 / 목표(계획)
	공장 업무매뉴얼 작성	완료건수 / 대상건수
	본사 업무매뉴얼 작성	완료건수 / 대상건수
	업무매뉴얼 작성 적시성	개선완료일 - 작성인지시점
	본사 IS-MAP 작성	완료건수 / 대상건수
	해외법인 IS-MAP 작성	완료건수 / 대상건수
해외법인 혁신활동 지원	프로세스 전문가 육성	교육횟수
	프로세스 기반 관리시스템 구축	구축여부 및 유지관리
	절차서 제 / 개정 건수	제 / 개정 건수
혁신마인드 조성	공정개선 지원	보고서 건수
품질환경 경영시스템의 유지	공정개선 건수	개선 건수
	현지관리자 혁신활동 수행건수	수행 건수
	혁신전문가 양성 수	교육+보고서작성 완료인원
경영혁신 활동의 수행	해외법인 혁신활동 재무성과	보고서 상 재무성과금액 합계
	혁신캠페인 실시	캠페인 활동 건수
기타	전사적 혁신 / 제안활동 수행건수	수행건수
	감사 실시횟수	실시횟수
	시정 및 예방조치 완료율	완료건수 / 발생건수
	사후관리 처리기간	개선일-접수일
	시스템 개선 건수	개선 건수
	프로젝트 재무성과	보고서 상 재무성과금액 합계
	프로젝트 검증성과	검증된 재무성과금액 합계
	프로젝트 수행건수	프로젝트 완료건수
	현지관리자 업무능력 Skiil up	보고서 건수

부문별	경영지원	직 무 명	총무 및 서무
직무개요	회사 전반적인 총무 및 서무에 관련된 사항과 복리후생 등의 업무를 관장함.		

단위과업	KPI	측정산식
복리후생 운영	복리후생 직원만족도	설문조사 결과점수
	복리후생 변경제도 시행률	제도시행건수 / 제도변경계획건수
	복리후생 개선 / 도입건수	개선 / 도입건수
	복리후생 운영 실적	시행건수 / 계획건수
	매출액 대비 복리후생 비용	목표 대비 실적율
경비관리	적재화물 검문 실시	검문실시차량 수 / 총출입화물 수
	회사 내 불법 주차수	불법주차 수 / 총 주차대수
	표찰 미 착용자수	표찰미착용 적발자 수 / 총 인원
	당직 발생상황 보고 누락 건수	누락 건수 / 보고사항 수
제 증명 발급 및 직인 관리	증명서 발급 기준 미 준수	기준 미 이행 건수 / 총 발급건수
	인감 날인 기록부 미 작성 건수	미 작성 건수 / 총 날인 횟수
	제증명 처리시간	규정 위반 횟수 / 총 발행 횟수
	증명서 발급대장 미 정리 건수	미 정리 건수 / 총 발급 횟수
차량관리	차량배차 일지 / 증명서 미작성	배차증 및 일지 미 작성횟수
	차량 정비소요 방치	정비소요 방치 횟수
	차량 일일점검 미 실시 횟수	일일 점검 미 실시 횟수
	차량별 각종시험 기록유지	장비 이력카드 미 작성 차량수
	법규 위반사례확인 책임부여	위반자 책임 미부여 건수
	차량 유지비 절감율	(차량유지비 / 예산) × 100
비품 / 소모품 관리	소요판단 예산대비 절감율	(구입비품 / 예산)×100
	비 규격품 구입 횟수	비규격품 구입 횟수
	구입 비품 재산등록	구입 / 폐기물 재산정리 미 실시건수
	조기 폐기 비품 수	비품 조기폐기 횟수
협회 / 도서관리	비품 지급의 적시성	지급일 - 요청일
	협회가입·회비납부 지연	납부 / 보고 지연일수
	간행물 미 수령 건수	간행물 미 수령 건수
법무관리	간행물 활용정도	도서윤독 실적율
	소송자료 관련법규 제시	법 적용 미 이행 횟수
	법률검토 증빙자료 제시	행정서류 착오 횟수
	법률상담 기간준수	기간 준수 미 이행 횟수

단위과업	KPI	측정산식
통신업무	통신비 계획대비 감소율	납부금 / 예산
	통신망 유지보수 지연건수	지연건 수 / 총 유지보수 건수
	통신장비 관리 일지 기록유지	기록 누락 건수
구내 식당관리	장비정비 보수 기록 누락 건수	기록 누락 건수
	연간 소요예산 수립의 정확성	(식비 / 예산) × 100
	식수인원관리의 정확성	(급식인원 - 계획인원) × 100
	메뉴표 임의 변경	메뉴표 임의 변경 횟수
문서관리	식수인원과 식권차이(5%내)	(식수인원 - 식권) / 식수 인원
	문서수발 지연 / 미 전달 건수	지연 미 전달건수 / 총 수발 건수
	문서분류표에 의한 문서 미분류	미 분류 수 / 총 문서 수
	문서폐기 목록 미 작성 건수	목록 미 작성건수 / 폐기문서 목록 수
	신청 즉시 문서 열람가능	지연 열람 문서 수 / 총 열람 문서 수
	문서 열람의 용이성	불편 발생건수 / 총 열람건수
	문서폐기 목록 미 작성 건수	(미등록건수 / 폐기문서 수) × 100
비서업무	문서 열람 지연 건수	지연 건수 / 총 건수
	중역일정 예정사항 중복·누락	누락 또는 중복 발생 건수
	전화 송수신 친절도	전화응대 콤프레인 발생 건수
	사용경비 누락 및 항목정확성	누락 또는 항목 부적절 적용 건수
	손님응대 결례 요소 제거	결례 사례 건수
건축물 유지관리	협회관리 명부·회부 현황 유지	현황 유지 누락 건수
	하자보수 신고접수철 작성	(부수건수 / 하자보수소요) × 100
	기한 내 보수 실시	희망일 / 완료일 차이율
사택관리 업무	재보수율	하자보수 계획 대비 달성율
	하자보수 적시 파악 신속성	보수 희망일 - 보수일
	공과금 연체 금액	연체금액 / 총 납부금액
예비군 업무	기본훈련 참석률	(참석 / 대상) × 100
	자원관리	(무단불참 / 대상) × 100
	비상대비계획 자원누락 건수	대상자원 누락건수
	훈련실시 기록카드 미 정리건수	전출입자 기록정리 누락 건수
	장비 및 물자정비 년2회 실시	훈련 실시 유무
	정기 감사 지적 건수	제대별 감사 결과(합격, 불합격)
	병력운용계획과 일치 여부	병력운용계획과 불일치 건수

부문별	HRM	직 무 명	인적자원관리
직무개요	합리적이고 공정한 채용·전보·승진·평가업무 수행을 통하여 조직 구성원의 직무만족도 제고 및 조직역량 강화		

단위과업	KPI	측정산식
인사기획	직무분석서의 적정성	계획-실적
	인력운영계획서의 적정성	사업계획-인력운영계획의 달성도
	인사제도 방침 계획의 보안성	보안 취약 사건 발생횟수
	조직개편 업무의 신속성	계획 승인일- 실시일
	직무만족도	자기관찰표 평가
채용	채용시기의 적정성	채용계획 대비 실적 차이
	시험 면접 합격기준의 객관성	정성평가 / 합격 사정기준의 적합도
	부서배치의 적정성	정성평가 / 전공 및 적성
	이직율	6개월이상 근속 / 적정배치×100
승진	승진기준 안의 타당성	정성평가 / 인사정책과의 적합성
	합리적인 사정기준	정성평가 / 승진규정 이행도
	품의서의 보안유지	정성평가 / 보안유지도
	발령의 신속성	정성평가 / 품의일자와 발령일의 차이
인사고과	평가기준 안의 타당성	정성평가 / 인사정책과의 적합성 정도
	평가자 교육내용의 충실도	정성평가 / 내용의 충실도 정도
	고과 명부의 정확성	정성평가 / 명부의 정확성 정도
	평가결과의 신속성	정성평가 / 기준일 대비 실시일
	평가결과의 적정성	정성평가 / 기준 대비 적정성 정도
전환배치	직무순환계획의 타당성	정성평가 / 정책과의 적합성 유무
	배치발령의 보안성	정성평가 / 사전 유출 정도
	배치발령의 신속성	정성평가 / 품의일자와 배치일의 차이
	전환배치율	• 실제대상자 / 희망대상자 × 100
임금관리	임금체계·수준 검토의 정확성	정성평가 / 조사 자료의 정확도 정도
	인사제도와 연계성검토 타당성	정성평가 / 연계성의 충분성 정도
	인건비 계획의 적시성	정성평가 / 사업계획 일정과의 적시성
	월 인건비 지급계획의 정확성	정성평가 / 계획의 만족도 정도
	임금인상 계획안의 적절성	정성평가 / 검토안의 적절성 정도

단위과업	KPI	측정산식
급여	각종 통계자료 검토의 적시성	정성평가 / 적시성 정도
	급여 등 지급계산의 정확성	목표치 - 계산오류횟수
	인사사항등록 계산의 적시성	기준일자 - 실 계산 일자
	재직 / 경력 증명서 발급 신속성	발급일 - 요청일
	경조금 / 공조금 지급의 신속성	신청일-지급일
상벌관리	포상대상자 선정의 객관성	정성평가 / 증명서류의 객관성 정도
	징계방법에 대한 타당성	징계방법 검토의 충분성 정도
근태관리	상벌관리대장 등록의 신속성	품의 확정일-등록일의 차이
	근태정정 횟수	정정횟수 - '0'를 목표로 설정
	일 근태관리 입력의 적시성	정성평가 / 실제 입력일과 차이
출장관리	특근현황 입력의 정확성	정성평가 / 실제 입력내용과 차이
	출장비 정산 오류 횟수	목표횟수 - 계산오류 횟수
교육기획	출장비 계산의 신속성	복귀일 - 정산일
	교육계획의 적정성	경영방침에 부합 정도
	교육식별의 적정성	교육 needs에 따른 식별 정도
	계획수립의 적시성	연간사업계획 기준 준수 정도
	프로그램구성의 유용성	교육프로그램이 요구사항에 부합 정도
	교육과정개발의 적시성	연간 경영계획과의 일치성 유뮤
교육운영	핵심인력 육성수	목표 대비 실적
	교육실행율	(실행건수 ÷ 교육계획건수) × 100
	교육참여율	(참가인원 ÷ 교육대상인원) × 100
	교육평가관리의 충실도	교육만족도 설문 항목의 적절성 정도
	교육평가의 만족도	평가만족도 - 목표만족도(설문지)
	교육평가의 적시성	완료일
	교육이력관리의 충실도	자료의 정확성 정도
사규관리	고용보험 환급율	• (환급실적 - 환급예상금액) × 100
	제·개정자료의 수집	정성평가 / 자료수집의 충분성 정도
	제·개정안의 적정성	정성평가 / 적정성 검토의 충분성 정도
	사규 제·개정 건수	• 제·개정목표 치-실 제·개정횟수
	조직 내 제·개정내용 인지도	정성평가 / 공지정도의 충분성 정도

부문별	HRM	직 무 명	노무관리
직무개요	근로자와 경영진의 협력관계를 증진하여 안정적이고 미래 지향적인 노사관계로 발전시키는 것을 미션으로 한다.		

단위과업	KPI	측정산식
노동조합 관련업무	노사화합 행사 횟수	계획 횟수-행사실시 횟수
	노동업계 동향파악보고서정확성	정성평가 / 조사의 정확성 정도
	노동조합 행사지원 만족도	조합의 만족도 설문조사
	노사분규 횟수	목표 - '0'
노사협의회	노사협의회 개최횟수	계획 횟수-실적 횟수
	안건 검토의 타당성	정성평가 / 검토의 충분성 정도
	노사협의회 보고서의 신속성	개최일시-보고서 제출 일시 차이 정도
단체협약	동봉업체 비교표의 정확성	정성평가 / 정확성 정도
	관계법령에 대한 연관성 파악	정성평가 / 검토의 충분성 정도
	단체협약 시행의 적시성	협약체결일-시행일과의 날짜경과일수
고충처리제도 운영	고충처리 건수	계획 건수 / 실제 발생 건수
	종업원 면담 건수	계획 건수 / 면담 건수

부문별	IR	직 무 명	홍보
직무개요	회사의 기능 및 사업 영역을 국내외적으로 홍보하여 회사에 대한 이해를 도모.		

단위과업	KPI	측정산식
홍보기획	홍보 기획의 충실도	홍보계획·예산·의 적정성 정도
광고	광고의 충실도	광고 프로세스의 적정성 정도
	광고비용 절감율	(광고비지출액 / 목표광고비지출액)*100
PR	공보의 충실도	보도 자료의 합목적성의 정도
	기사 자료 게재의 적시성	계획된 게재일-실제 게재일
사보	사보편집방향 설정의 충실성	구성원의 만족도
	자료수집과 발행 충실성	구성원의 만족도

부문별	재무관리	직 무 명	자금
직무개요	합리적인 자금조달 및 지출로 인하여 회사의 유동성 확보 및 금융비용 절감에 기여.		

단위과업	KPI	측정산식
자금 관리	마감일 준수	기준마감일과 실제 마감일 차이
	자금계획 수립	수립일-완료일
	자금 입출금 실적관리	보고일정 준수와 완료일
	경비지급 시 현금결제율 감소	전년대비 계좌 이체율
	차입금 잔액	실적차이 / 목표차입금잔액
	차입금 의존도	차입금 / 부채 및 자본총계
	자금조달액 목표달성률	조달실적 / 조달목표
	자금운용 수익률	실적금액 / 목표금액
	순차입금 대비 금융비용율	순금융비용 / 순차입금
	차입금 평균이자율	평균이자율 / 목표이자율
원화금융	조달 비용 절감률	(절감 실적 / 조달비용 목표)*100
	조달자금 목표 달성도	(조달실적 / 조달목표) x 100
	Risk 관리 달성도	(실제 risk / 목표 risk)*100
외화금융	조달비용 절감융	(절감 실적 / 조달비용 목표)*100
	조달자금 목표 달성도	(조달실적 / 조달목표) x 100
출납	외환 Risk 관리 달성도	(실제 risk / 목표 risk)*100
	어음 관리의 정확성	정확성 정도 기준과의 차이
	마감시일의 적시성	기준일과 실제 마감일의 차이 일수
	출납 업무의 정확성	사고발생 건수 및 금액

부문별	재무관리	직 무 명	세무
직무개요	합리적인 세무 회계 관리를 통하여 회사의 금융비용을 감소시키고 대·내외 투명성 제고.		

단위과업	KPI	측정산식
법인세관리	신고 / 납부의 정확성	가산세 지불액
	신고 / 납부의 적시성	완료일
	절세방안 건수	(기존절세방안 / 개선절세 안)*100
법인세 외 관리	Issue 보고서 내용의 효율성	Issue 보고서 제안 건 수
	신고 / 납부의 정확성	가산세 지불액
	신고 / 납부의 적시성	완료일
	절세방안 건수	(기존절세방안 / 개선절세 안)*100
	Issue 보고서 내용의 효율성	Issue 보고서 제안 건 수

부문별	재무관리	직 무 명	재무회계
직무개요	합리적인 경영의사결정을 지원하기 위하여 회계감사 및 결산업무 등의 중요한 경영정보를 제공.		

단위과업	KPI	측정산식
재무 관리	마감일정(제조경비, 판관비)	기준 마감일 / 실제 마감일
	미결산계정정산	기준 마감일 / 실제 마감일
	매출채권의 관리	보고 완료일 / 보고 기준일
	매입채무의 관리	보고 완료일 / 보고 기준일
	결산일정 엄수	기준 마감일 / 실제 마감일
	수익계정의 마감단축	기준 마감일 / 실제 마감일
	비용계정의 마감단축	기준 마감일 / 실제 마감일
	월차결산 및 보고	보고 완료일 / 보고 기준일
	법무채권 관리현황 보고	보고 완료일 / 보고 기준일
	문제성 매출채권현황 보고	보고 완료일 / 보고 기준일
	월별 가계정 관리현황 보고	보고 완료일 / 보고 기준일
	감사 지적 수	지적 건수
	수정회계 처리건수 zero	처리 건수
	매출액 대비 판관비 절감율	전년실적 / 금년실적
	목표 총자본이익률	실적이익률 / 목표총자본이익률
	목표 유동비율	실적유동비율 / 목표유동비율
	목표 자본회전율	실적회전율 / 목표자본회전율
회계감사	감사 결과보고의 적시성	완료일 / 목표 기일
	감사 내용의 공정성	(외부감사보고-내부결산보고)*100
	내부보고의 정확성	감사 지적 건수
결산	결산업무의 충실도	기준 대비 자료작성의 충실성
	결산 일정의 적시성	완료일 / 목표 기일
	결산보고의 적시성	완료일 / 목표 기일
제 보험 업무	사고 시 조치의 효율성	(사고금액 / 보상금액)*100
	일정관리의 정확성	일정관리 예정일 / 완료일
채권 / 채무관리	담보 확보율	담보금액 / 채권금액100
	채권관리 충실도	부실채권 발생 건수
	채권 회전률	부실채권 발생 금액

부문별	마케팅관리	직 무 명	마케팅
직무개요	시장에서의 자사의 위치를 파악하고 고수익 창출과 지속적 시장점유율 증대와 성장을 위한 핵심역량확보의 업무를 수행.		

단위과업	KPI	측정산식
마케팅전략	마켓 포트폴리오 전략의 활용도	제품전략에의 반영도 정도
	경쟁사 동향 파악 Report 건수	실제건수 / 목표건수
	중장기Marketing Plan의 충성도	전략수립의 유용성과 체계적 구성도
경쟁사조사 및 시장분석	정보수집의 적시성	목표일 / 완료일
	정보수집의 충실도	정보의 최신성의 정도
	분석의 충실도	정보의 유용성 및 분석기법의 정확도
	Report 건수	실제 건수 / 목표 건수
PM (Product Management)	고객기술 교류 횟수	실제 교류회 건수-목표 교류회 건수
	제품전략의 활용도	제품전략의 실제 반영도의 정도
	정보수집의 적시성	완료일 / 목표일
	정보수집의 유용성	고객정보와 고객관리의 일치성 정도
	신규거래처 매출기여도	(신시장매출실적 / 신시장매출목표)*100
	전략제품 고객 확보 수	실제 고객 확보수 / 목표 고객 확보수-
	고객만족도	고객만족 지수
상품 기획	Marketing 실행계획 타당성	관련 평가자 S-D 등급부여
	Marketing 실행계획 달성 효과	달성효과 / 목표효과
	Marketing Tool 개발 건수	적용 건수
	월별경쟁사Trend 분석자료작성	제출 건수
	신규 ITEM 제안·발굴건수	제안·발굴 건수
	신상품 기획	작성건수
	신제품 사양 검증	사양변경요청 or 매출기여도
	고객 승인 (가격·품질 등)	매출기여도
판촉 전략	웹사이트 구축	지속성 없는 KPI
	E-Commerce 사이트 구축	지속성 없는 KPI
	전시장 운영	지속성 없는 KPI
	제품홍보 및 설명회	실시 횟수 / 계획 횟수
	웹사이트 리뉴얼	지속성 없는 KPI
	해외언론매체 게재 횟수	게재 횟수
	Magazine Award 획득	획득 건수
	판촉전략 수립 타당성	관련 평가자 S-D 등급부여
	브랜드 인지도	설문조사
	프로모션 효용성	매출액 / 판촉비용
	Sponsorship 운영	실시 횟수
	Power User 선정 건수	선정 건수

부문별	마케팅관리	직 무 명	영업
직무개요	고객의 Needs에 부응하는 제품과 서비스를 제공하는 업무를 수행.		

단위과업	KPI	측정산식
	판매 달성율	(실적 판매량 / 목표 판매량)*100
	판매이익 달성율	(실적 이익 / 목표 이익)*100
	계약내용의 정확성	요구조건 반영 충실성 정도
	수금의 적시성	수금일 / 계획일
	신규고객 매출액	신규고객 매출액 / 총매출액
	신제품 매출액	신제품 매출액 / 총매출액
수주관리	신모델 출시건수	출시 건수
	거래처 방문 영업정보 수집	보고서 건수
	거래처 방문 신규고객수주	보고서 건수
	신규 거래처 확보 수	신규거래서 확보 수
	전략 고객 확보 수	실적 / 목표
	전략 모델 매출비율	전략모델매출액 / 총매출액
	기존 거래처 유지관리	전년(월)실적 / 금년(월)실적
	고객불만처리 경과기간	실제 처리일수 / 목표 처리일수
	고객만족도조사 회수율	실적회수율 / 계획회수율
	고객만족도조사 평가점수	고객만족도 조사 결과점수
고객불만처리	고객대응서비스 교육실시	교육 횟수
	품질평가 합격율	실제 합격률 / 목표 합격율
	제품 정보인지	배포 건수
	고객불만 발행 건수	발행 건수
	전년대비 매출증가율	전년실적 / 금년실적
제품판매계획	인당 매출목표 달성율	매출액 / 인원(실적 / 목표)
	매출실적 관리 정확성	실적관리 Gap 차이
	시장점유율 확대	시장점유율
	매출액 영업이익률	영업이익률
	영업이익률 달성율	실제영업이익률 / 목표영업이익률
	영업손실비용 감축율	실제손실비용 / 목표손실비용
영업이익확보 계획	일반관리비 절감	일반관리비 / 총매출액
	물류비 절감율	실적 / 목표금액*100
	착하검사 무검사율	실적 / 목표
	고객 수익성	비수익고객 비율

단위과업	KPI	측정산식
고객납기관리	적기 인도비율	적기 인도 건수 / 총 인도 건수
	적정 재고수량	실적 / 목표
	완제품 재고회전율	매출액 / 평균 재고금액
	주문접수 대비 준수율	준수 / 주문 접수
	계획 출하율	실제 출하대수 / 계획 대수
채권관리	미수금 관리	실적 회수기간 / 목표 회수기간
	미수금 회수율	실적 회수율 / 목표 회수율
	미수금 회수 입금일 준수율	준수율
	SAMPLE 수금실적	수금 실적율
수금관리	계산서 발행의 정확성	계산서 발행일 / 제품 출하일
	미수금관리의 정확성	장기채권 여부, 수금 예정일의 체크
채권관리	담보확보율	(매출채권 / 담보한도)*100
	채권관리의 충실도	자료의 누락, 현황변동 기록유지
	매출채권회전율	(매출 / 매출채권)*100
고객정보관리	정보수집의 적시성	완료일 / 목표일
	고객접촉 빈도수	접촉 빈도수-목표 빈도수
	수집정보의 유용성	최신성, 적합성,일치성 유무
	고객DB충실도	핵심고객 파악 유무

부문별	무역	직 무 명	수출·입 업무
직무개요	국외를 통한 제품 및 서비스의 수출과 원자재 및 기계장치 등 자본재의 수입에 관한 일체의 업무.		

단위과업	KPI	측정산식
수출 / 입 업무	수입면허 실사	완료일 / 계획일
	정상 외 수출비용 발생보고	완료일 / 계획일
	정상 외 수출비용 절감율	전년실적 / 금년실적
	수출입 비용의 목표달성율	실적금액 / 목표금액
	수출입 경비 마감일정 단축	완료일 / 계획일
	통관 면허 정정 건의 '0'화	정정 건수
	수출입 신고서 UP LOAD	완료일 / 계획일
	NEGO 절감율	NEGO금액 / 예상금액 × 100
	계약내용의 충실도	납기 및 대금지불조건의 적합성
	클레임 처리의 효과성	진행사항의 Feed Back 여부
	클레임 처리의 적시성	처리일-접수일
	출하 준수율	(실제 출하수량 / 계획 출하수량)*100
	선적 준수율	(실제 선적기간 / 계획 선적기간)*100
	Invoice, 출하요청서의 정확도	관련서류 준비의 정확도
	L / C오픈, 보험가입의 충실도	등록서류의 유지 관리 여부
	발생비용 정산	완료일 / 계획일
	발생비용 절감액	전년실적 / 금년실적
	발생비용 절감방안	절감방안 건수
관세 환급	관세환급 / 비환급금 구분관리	보고일 / 계획일
	관세 환급일정 조기단축	보고일 / 계획일
외환관리 업무	외환 손실율	실적환율 / 기준환율
	외환 Risk 관리 달성도	실제 Risk / 목표 Risk
	원화, 외화 조달비용 절감율	실적금액 / 목표금액
기타	업무·프로세스 개선 건수	실적 개선 건수 / 목표 건수

부문별	경영정보	직 무 명	전산업무
직무개요	경영정보시스템을 통하여 각 부문의 요구사항을 충족시키며 보다 향상된 업무를 지원한다.		

단위과업	KPI	측정산식
정보화 추진계획	현 전산화 정도의 합리성	수집된 자료의 신뢰성
	정보화 방향의 효과성	정보화 수준의 객관성 평가
	사업계획 수립의 적정성	회사의 경영지표 및 효율의 고려 정도
	시스템 효율의 적정성	Data증가량, CPU와 메모리 사용률
Application	ERP의 프로그램 만족도	프로그램의 오류율
	홈페이지 관리의 적정성	수정·개발·Needs의 반영 여부
	Groupware의 유효성 평가	개발요청 계획 대 실적
	EDI의 유효성 평가	User의 만족도 평가
SERVER 관리	메일 장애발생 건수	장애발생 건수
	바이러스 발생 후 조치시간	실적시간 / 목표시간
	화상회의 사용률	실제사용률 / 목표사용률
Database 관리	Database File 구성도 설계의 적정성	Database 선정 시 업무성격 고려도
	Database Quality 〉 96%	개발자와 협의 정도
	Missing Index = 0(단 Active table)	개발자와 협의 정도
	Performance = Green	최초의 설계대로 설치 여부
	Tablespace 총사용량 / 사용가능량 × 100 〈 90	최초의 설계대로 설치 여부
Backup 관리	백업 계획수립의 적정성	백업 스케쥴의 부하 고려 여부
	백업 실시 준수도	설계시 Restore / Recovery의 고려
	백업 확인 정확성	중복 백업 설계 여부
	Restore / Recovery의 신속성	백업 스케쥴 - 백업 실시
Network 관리	Network 설계의 효율성	현업요구 수용성 정도
	Network 설치작업의 신속성	접수건수 - 처리건수
전산기기 구입	구매 계획의 적정성	구매 내용의 충분성 정도
	구매 품의의 적시성	구매시기의 적절성 정도
	전산기기 관리의 신속성	수리접수건수 - 처리건수

부문별	생산관리	직 무 명	구매
직무개요	제품 생산을 원활히 수행하기 위하여 적기에 원자재를 공급을 함으로써 품질확보 및 결품 예상을 사전에 방지하여 최적생산에 목적을 둔다.		

단위과업	KPI	측정산식
원자재 구매	생산계획 접수의 적시성	생산계획의 적기 접수
	소요량 산정의 정확성	소요량 산정 충분히 반영 여부
	자재 수급예측의 정확성	생산계획이 적기 접수
	재고관리의 정확, 적절성	재고회전율
	결품 건수	결품발생율
	최적의 외주 임가공요청	가공예측의 적시성 여부
	입고의 신속한 SYSTEM 입력	즉시 입고 처리 여부
	벤더별 실적분석의 정확성	소요계획 수립의 적시성
	정확한 매입금액 집계 보고	날짜 및 집계의 정확성
	계획대비 사용량의 차이 최소화	MAKER 실적 분석의 적절성
개발구매	금형 등록관리	등록 관리 횟수
	Cost Down 계획 수립 건수	수립 건수
	신규업체 개발 건수	개발 건수
	업체 평가 및 관리	평가 및 관리 횟수
	단가결정 akc wjdalfeh	단가결정일 준수
	Cost Table 작성	적용시기
	조달계획 달성율	구매계획 / 실적
	발주서 검증 및 배포 확인	검증 및 배포 확인율
	구매납기 준수율	납기준수율
	업체 평가시스템 구축	구축시기 / 완성일
	현지업체 개발 달성율	실적 / 목표
	우수 협력업체 유지	우수협력업체 유지율
수선 및 소모 자재 구매	• 요청서류 검토의 적정성	• 오류 여부의 파악
	가격 및 업체결정	전문성 및 경쟁력
	발주의 적시성	발주의 신속성 여부
	• 매입집계의 신속성과 정확성	• 마감일시의 정확성과 정산의 정확성
	• 계획 대 실적 분석표	• 실적 / 계획 × 100 = 달성율

단위과업	KPI	측정산식
구매업체관리	등록업체 요청	법률적 하자 및 적격성 여부
	협력업체 등록	평가기준 부합 여부
	업체 평가 및 관리	정해진 규정대로 실시 여부
클레임 처리	불량사진의 선명도와 정확성	적시 통보 여부
	정확한 품질문제 통보서의 작성	불량발생부서와의 긴밀한 협조 여부
	실사 및 클레임 협의	보상 협의의 수행 여부
	고객 클레임 내역서 접수	적시 내역서 접수 유무
	COST CENTER별 정확한 집행	클레임 내역서의 적시 통보 여부

부문별	생산관리	직 무 명	품질
직무개요	공정 LINE의 안전성을 위하여 공정을 검토하고 분석하여 고객의 요구 품질을 충족하고, 공정에서 일어날 문제점을 사전에 예방하여 공정 LINE의 품질 안정성을 확보.		

단위과업	KPI	측정산식
PILOT 부품관리	외주 입고품의 적합성	요구 품질에의 부합 정도
	부품입고 계획의 준수도	실적 / 계획
	부품 전수검사의 정확성 / 신속도	검사ITEM 수량 / 대상ITEM 수량×100
	공정능력 조사의 적합성	요구조건에의 부합 정도
	공정능력 조사계획의 준수도	• 조사항목 수량 / 대상항목 수량×100
부적합품 관리	품질문제 조사의 적합성	요구 품질에의 부합 정도
	품질문제 개선계획의 수준도	실적 / 계획
	품질문제 개선의 정확성 / 신속도	개선 건수 / 문제점 건수×100
품질개선	공정감사의 효과성	품질확보의 효과성 여부
	품질확보 요구서의 준수도	실적 / 계획
	사전품질확보의 기여도	개선완료 건수 / 문제점등록 건수×100
	품질개선 일정의 준수도	실적 / 계획
	고객 품질만족의 기여도	만족도 설문조사 결과 점수
	공정능력 조사의 효과성	조사결과 보고서
A/S 반송품 관리	부적합품 분석의 적정성	(발생건수÷등록건수)×100
	검토기준의 적정성	기준에 근거한 검토 여부
	합·부 판정의 적정성	처리건수 및 기준 적용 판정 여부

단위과업	KPI	측정산식
품질경영계획	자주능력향상 업무표준화 정립	실적 / 목표
	품질비용 절감	전년실적 / 금년실적
품질기획	양산품 품질보증 시스템 활성	진행율 / 목표
	품질목표 달성율	실적 / 목표
	품질개선 대안수립	개선 건수
신모델 개발단계별 검토	신모델 검토 처리기간 단축	완료일 / 목표일
	신제품완성도 100% 확보	평가표 달성율
시장, 고객불만의 조치	고객불만 요구서 접수 건수	접수 건수
	고객불만 처리기간 단축	소요기간-목표소요기간
	양산품 정기평가 고객불만 대응 평가	부적합 건 처리건수 / 부적합 건
	부적합건 재발율 zero	재발건수 / 부적합건
	고객 품질등급	품질 등급
공장 품질관리	착하품질 달성율	실적 / 목표
	공정불량 달성율	실적 / 목표
	시장불량 달성율	실적 / 목표
	착하 LOT 부적합 건수	발생건수 / 목표건수
	착하품질 개선	실적 / 목표
	공장별 전사품질 목표달성도	실적 / 목표
	품질운영실태조사(공장Audit)	체크리스트 달성율
	전담담당제 운영	실적 / 목표
	품질 개선일정 준수	완료일 / 목표일
	품질 문제점 해결 건수	해결 건수
환경관련	유해물질 관리계획	실적 / 계획
	환경유해물질 서류정확도 향상	오류 건수
	환경관련 고객불만 처리 기간단축	소요기간-목표소요기간
	환경유해 부품의 규제 일정 대비 처리기간	처리기간-목표처리기간
계측기 관리	계측기 품목의 적정성·정확성	이력카드의 정리 상태
	검사필증 접수의 준수도	검교정 실시 / 검교정대상 검사구×100
	검교정 성적관리의 정확성	검교정 성적서 결과 판정 유무
	계측기 유용성, 효과성	R / R 실시계측기수 / 대상계측기수×100

단위과업	KPI	측정산식
수입검사	입고검사 적시성	검사전환통보서 작성 및 배포 유무
	수입검사 문제점 정확성	수입검사 문제점 보고 여부
	입고품질지수의 합리성	실제 지수 / 표준 지수
	CLAIM의 정확성	CLAIM 처리 / CLAIM 건수×100
	개선대책 정확성·효율성	개선 대책 접수 및 유효성이 검증
	공정 중 외주불량	발생율 / 목표율
	입고 불량율	발생율 / 목표율
공정 / 최종검사	공정검사기준서의 적정성	공정검사기준서의 작성 유무
	검사의 적정성·효과성·적시성	검사주기, 실시 및 기록 유지
	제품 감사의 준수도	제품감사수 / 월 제품감사수 × 100
	공정 불량율	발생율 / 목표율
	반송 불량율	발생율 / 목표율
품질보증	부적합품 기록 집게의 정확성	집계 SHEET의 기록관리
	부적합품 지수 산출의 적시성	정기적인 불량율의 집계
	품질시스템 규정의제·개정	절차에 다른 이행사태
	품질시스템의 부적합 사항 개선	부적합 빈도에 따른 감사횟수
	품질시스템의 운영성과 효율성	검토 안건의 사업계획서 반영 여부

부문별	생산관리	직 무 명	자재관리
직무개요	효율적인 자재관리를 통하여 양질의 자재를 확보, 공급하며 판매·생산·구매 활동에 효율적으로 활용.		

단위과업	KPI	측정산식
재고관리	재고자재 최소화 관리 적정성	수량 및 금액 기준 진행 적정성
	사급자재 계획 대 실적 적정성	사급계획 대 실적분석
	장기재고 최소화 충실도	실적치 - 목표치
	재고회전율	실적치 - 목표치
	장기재고 감소율	실적치 - 목표치
	시급자재 변상금액	실적치 - 목표치
	A자재 재고조정 금액	실적치 - 목표치
	저장품의 적용시점 적시성	적용일 / 목표일
	자재의 결품율	실적 결품율 / 목표 결품율
	구분적재 정확도	적재상태 양호도 검증

부문별	생산관리	직 무 명	생산
직무개요	시스템을 정확히 운영하여 전 모듈에 공통적으로 연계되어 판매·생산·구매 활동에 효율적으로 활용.		

단위과업	KPI	측정산식
생산계획 및 관리	생산계획 달성율	생산실적 / 생산계획
	납기 달성율	출하수 / 요청수량
	생산계획 변경 적용율	계획변경통보건수 / 수주변경접수건수
	외주 임율 Down	전기 실적 / 당기 실적
	제품별 표준원가관리	표준원가수립 / 양산모델
CAPA 분석	CAPA 분석자료 작성 타당성	관련 평가자 S-D등급 부여
	CAPA 문제점 대책수립 건수	수립 건수
생산실적분석	생산성 종합분석	Data의 오류 정도
	이론 자재비의 정확성	실적 원 단위 / 표준 원 단위
	계획대비 매출액 기여도	계획 달성율
	계획대비 M / H 오차율	오차율 / 표준오차율
	재공품 회전율	실적 회전율 / 계획 회전율
	자재별 Data 오류건수	실적 건수 / 목표 건수
	생산성분석 지연일수	지연 일수 / 목표일수
기준정보 관리	DATA의 정확성	DATA 오류정도
	DATA의 적시성	필요한 시기 구성 여부
	입력의 신속성	적용일 - 목표일
	EXCESS의 금액관리	실적치 - 목표치
SYSTEM 운영	System 개선 건수	DATA 오류정도
	T / S 관련 SYSTEM 관리	완료일 / 목표일
	물류창고BAR-CODE관리정확성	SYSTEM 운영의 정확도
	자재 EDI 관리	오류의 신속 조치 여부
LINE 개발	투자의 효율성	설비투자 인원 투입의 적절성
	도면 검토 등 일정의 적시성	목표일정 / 완료일
	LINE 개발계획 분석의 적정성	기초자료의 유효성 여부
	개발공법수립의 적정성	현 생산기술로 제조 가능 여부
	개발공법수립 일정의 적시성	고객일정>완료일
	제조공법의 적정성	품질확보방안 수립 여부

부문별	생산관리	직 무 명	공정관리
직무개요	체계적인 공정관리로 생산성을 향상시키고 품질의 신뢰성을 확보.		

단위과업	KPI	측정산식
작업공정	공정진행 적정성	공정진행 실적 / 공정진행 계획
	생산성 향상률	실적 생산성 / 목표 생산성
	공정 불량율	발생 불량률 / 목표 불량율
	가동율	실제 가동율 / 목표가동율
	납기지연건수	발생 건수
	노무비 절감액	실적 / 계획
	원재자 절감액	실적 / 계획
	수선 / 소모품비 절감액	실적 / 계획
	무재해 건수	실적 건수 / 목표 건수
	제안건수	실적 건수 / 목표 건수
공정관리 시정조치	품질문제 현황접수	문제발생 건수
	개선효과 금액	실적 금액 / 목표 금액
	개선대책의 객관성	동일 문제 발생 여부
	개선일정 준수	실적 / 계획
	동일불량 재발 건수	발생 건수 / 기준 건수
	시정조치 건수	발생 건수 / 기준 건수
작업공정계획	신속한 생산계획접수	생산계획 적기 접수 여부
	자체 생산계획수립 신속성	생산계획의 신뢰도 정도
	정확한 C / T분석도	C / T DATA의 신뢰도 정도
	정확한 CAPA 분석	CAPA 분석의 신뢰도 정도
	인원배치의 적정성	생산 작업 문제발생 건수
공정 원자재 관리	지정된 장소에 정확하게 보관	문제발생 건수 / 목표 건수
	작업 실적의 정확성	작업실적의 ERP 입력 정확도
	부산물의 량	실적 / 계획
공정개선활동	문제점 분석 / 접수의 정확성	부정확 건수 / 총 접수 건수
	개선안의 충실성	개선계획의 내용 충실도 정도
	활동의 적시성	실제 일정 / 계획 일정
	개선 후 불량감소율	실적 / 목표
	개선 후 절감금액	절감금액 / 목표금액
계측기관리	신규 등록 및 변경내용 정확성	등록대장의 개정 여부
	유효기간 사용	유효기간 초과 여부
	검사구의 정도확보	검사구의 정도는 신뢰할 수 있는가

부문별	생산관리	직 무 명	안전관리
직무개요	안전사고 예방에 대한 기준을 확립하고 전 구성원이 재해로부터 안심하고 작업할 수 있도록 인적·물적 안전대책을 수립.		

단위과업	KPI	측정산식
안전점검	안전일지 작성의 적정성	업무내용 기록 관리의 충실도
	순회점검 회수	순회건수 / 목표회수
	잠재위험 개선대책의 적정성	위험요소 발굴과 개선대책의 타당성
	안전관리 개선 건수	개선량 / 목표량
	재해통계분석의 정확성	재해자료 통계의 파악 정도
	안전 대책의 적시성	재발방지 대책의 유효성
	표지판 관리 상태의 적정성	위험요소와 표지판 내용의 일치 여부
	표지판 교체의 적시성	파손된 표지판 교체시기의 적정 여부
	보호구 적격품 선정 우수성	기준에 부합 여부
	비용의 합리성	예산계획 부합 정도
안전검사	위험기계 검사계획수립의정확성	법적 기준 적용 여부
	자체 검사 합격 건수	합격대수 / 검사대수
	정기검사 문제점 개선 건수	개선 건수 - 문제점 지적량
무재해 운동	무재해운동 목표설정의 적정성	목표기간 산정의 적합도
	목표설정 자료수집의 적정성	무재해 목표설정 자료수집의 적정성
	무재해 달성일자 관리의 적합성	적절한 활동의 전개 여부
	무재해 목표달성	무재해일수 / 목표일
안전교육	연간 교육계획의 적정성	계획 수립의 법적기준 준수 여부
	교육자료 수립의 적정성	일자와 시간의 적정성 여부
	신입사원교육 교안의 적정분량	연간 경영계획의 부합 정도
	정기안전교육 내용의 충실도	목적에 맞는 구성 여부
	관리감독자 법적시간 준수	(참석인원 ÷전체인원) × 100
	각종 교육 수료증	수료인원 / 목표인원
재해자관리	후송 및 응급처치의 적시성	신속성 여부
	사고조사 및 방지대책의 적합성	현장조사의 신속성, 대책의 충실도
	재해보상신청 내용의 정확성	기록의 정확성 유무
	신청서류와 접수의 적정성	접수일 / 목표일
방화관리	소방계획서의 적합성	법적기준 부합 정도
	소방시설 점검표의 정확성	화재예방에 부합 정도
	소방 교육 훈련의 충실도	연간 계획에 부합 정도
	위험물 점검일지의 정확성	법적기준 준수 여부

부문별	생산관리	직 무 명	기술관리
직무개요	고객이 요구하는 일정 및 제품 품질 달성을 위해 최적의 생산설비를 구축 하여 각 단계별 기술관리 업무를 효율적으로 수행.		

단위과업	KPI	측정산식
금형개발	공법설정의 적정성	성형 가능 공법 설정 유무
	투자비 산출의 적정성	투자비 검토의 충분성 여부
	CAPA분석의 적정성	생산능력 기초자료의 정확성여부
	금형공의 결정의 적정성	충분한 검토 및 협의 정도
	성형해석 결과의 정확성	공정별 성형해석 입력 자료의 신중성
	제작비의 효율적 소요경비검토	경비절감 검토 유무 및 정도
	제조공정 설계의 적정성	현장LINE의 적합도
	개발 계획의 적정성	판매일정과 개발계획 수립의 일치성
	업체 평가의 적정성	업체의 기술·납기 등 선정기준 준수
	투자비 산출에 대한 적정성	투자비 산출시 신중성 여부
	사양 확정에 대한 정확성	적합한 사양의 엄선 확정 여부
	개발관리 일정의 적정성	경영계획 일정관리 일치성
기술 개선	제품 품질 만족도	개선업무계획의 품질만족도 효과
	개선의 활용도	개선업무의 활용성 검토
	자료 분석의 정확성	개선활동의 계획수립 적합도
	적용기술의 정확성	적용 공법기술과 시공법의 적합도
	일정계획의 수행도	계획 관리의 업무수행도 충실성
	손익·비용절감의 효과성	개선효과에 의한 효율성과
	개선 계획에 대한 이행도	개선 계획 이행 상태
	선업무에 대한 기여도	개선내용의 생산 적합도
생산설비	설비 분석의 적정성	평가항목에 준한 객관적인 평가
	설비제작 일정의 적시성	계획 대비 진척율
	설비 사양의 적정성	체크 SHEET항목별 평가 실시
	설계 및 제작 일정의 적시성	계획 대비 진척율
	도면의 적정성	사용도에 맞는 설계 여부
	설치 일정의 적시성	계획 대비 진척율
	품질의 적정성	검사 성적서
	초기관리 일정의 정시성	판매 일정에 납품 준비
	검사의 정확성	통계적 기법 활용 정도

부문별	R&D	직 무 명	제품개발
직무개요	신규제품 및 R&D 업무가 효율적이고 합리적으로 운영될 수 있도록 체계화함으로써 고객이 만족하는 양질의제품을 개발.		

단위과업	KPI	측정산식
신제품개발의뢰접수 및 제품기획	견적원가 개선율	초기견적원가 / 개선견적원가
	신규ITEM 개발도입	도입(개발) 건수
	진행모델 신기술 적용건수	적용 건수
	신제품개발계획서 작성	실적 / 목표
	설계시방서 제안	제안 건수
	개발 원가견적 종합관리	보고 건수
	이벤트별 목표원가보고	실적 건수 / 계획 보고건수
	UNIT 제품군별 다양한 개발	개발 건수 / 계획건수
	신개념 적용한 제품 / 부품개발	개발 건수 / 계획건수
	개발모델 중 양산진행 건수	진행건수 / 계획건수
	개발회의 진행 건수	진행건수 / 계획건수
	국내외 고객 Need 파악 건수	보고 건수
	정보수집 건수	보고 건수
	신제품 개발계획 대비 달성율	실적 / 계획
제품 설계	개발일정 준수율	실제일정 / 계획일정
	신제품 개발건수	개발 건수
	샘플제작평균 소요기간	완료일 / 목표일
	창의품 개발건수	개발 건수
	설계 오류 건수	오류 건수
	설계 변경 건수	변경 건수
	설계검증 및 개선안 도출	개선안 도출건수
	제품설계의 정확성	실적 / 계획
연구수행	특허 출원건수	출원 건수
	연구수행건수	연구수행 건수
	연구개발 Road map 달성율	실적 / 목표
	연구개발 진행경과 평가	실적 / 계획
	연구개발 성과 및 기술보고	보고서 건수

단위과업	KPI	측정산식
설계 구현	설계일정관리	추진일정 / 계획일정
	양산모델 수	양산모델 수
	설계결함 발생률 최소화	문제발생모델 / 양산이관모델
	개발일정 단축	소요기간-목표소요기간
	양산 안정화기간	실적 / 목표
승인업무 개발 관리	제품품질 완성도	실적 / 계획
	프로젝트 승인 / 완료보고	실적 / 계획
	샘플결과보고서 발생횟수	보고서 건수
설계 변경	설계변경 결함 발생률	결함발생 / 전체
	제조기술 개선제안	제안 건수
	공정검토 및 개선지원	개선 건수
	개선된 설계 및 재료적용	적용 건수
	공정개선 지원	보고서 건수
원가 절감 및 VE 활동	실패Cost 절감	손실비용 집계액
	Cost Down 효과금액	실적 / 목표
	VE활동 제안건수	제안 건수
	부품공용화 건수	공용화 건수
	부품공용화 비율	공용화비율 / 전체
	부품업체 개발 및 관리	업체 수
	원가절감 달성율	실적 / 목표
기타	R&D문서 제 / 개정	제 / 개정 건수
	개발 및 설계 절차서 제 / 개정	제 / 개정 건수
	설계 / 기술 표준화기준서제 / 개정	제 / 개정 건수
	세미나식 전수교육 건수	교육 건수
	정기적인 교육실시	발표건수
	신규 고객기술지원 건수	지원 건수
	업무 / 프로세스 개선 건수	지원 건수

찾아보기

영어

기타

저자 약력

남 영 호

- 경희대경영대학원 졸업
- 한국능률협회 지도위원 역임
- 한국상장회사협의회 감사회 전문위원 역임
- 주식회사 신동방 이사
- 삼부벤처캐피탈(주) 전무이사
- 현대아이티(주) 전무이사
- (현) Young 컨설팅그룹 LLC. 대표컨설턴트
- 원가관리사 / 경영진단사 / 경영정보관리사

〈주요저서〉

- 유통서비스의 소집단활동 / 한국능률협회
- 문제해결기법 / 한국능률협회
- 주먹구구론 돈 벌 수 없다 / 세명서관
- 소비자금융 중심의 여신금융실무 / 세명서관
- 전략사업계획서실무 / 세명서관
- 전략적 M&A실무 / 세명서관
- 파이낸스금융 이론과실무 / 세명서관
- 업무매뉴얼 전략기획실무 / 세명서관
- 목표에 의한 성과관리 / 세명서관
- 개정제7판 기업내부의 감사진단실무 / 세명서관
- M&A War Game 창과 방패 / 세명서관
- 개정증보4판 신규사업과 프로젝트 사업타당성 분석 / 세명서관

기획실업무편람

2018년 4월 17일 초판 발행
2018년 4월 26일 초판 인쇄

지은이 | 남 영 호
발행인 | 오 영 환
발행처 | 세명서관
등 록 | 1989. 2. 20. 제2-409호

주 소 | 서울특별시 중구 동호로 15길43(신당동) 미래빌딩305호
전 화 | (02) 2238-9055, 2235-9601
F A X | (02) 2234-9291
E-mail | semyoungbook@hanmail.net

값 80,000원 ISBN 978-89-89097-54-9 92320